JN442950

Media Law

# 미디어법

김명전

傅 英 社

# 머 리 말

2010 경인년, 백호(白虎)의 해 벽두부터 하얗게 눈에 덮인 서울을 보면서 잠시 감회에 잠겨본다. 거의 1백 년 만에 최대의 기록적인 폭설이라지만 하얀 눈으로 덮인 세상이 그렇게 싫지만은 않고 왠지 상서로움마저 느껴진다. 그동안 6개월여 기간을 역삼동 사무실에 스스로 몸을 가두고 집필의 마무리를 서둘러 왔는데, 오늘 드디어 본문의 원고를 끝냈기 때문이다.

저자는 대학에서 법학을 전공하였다. 대학졸업 후 KBS한국방송에서 프로듀서와 기자생활을 하면서 언론학에 대한 무지를 보완하겠다는 생각으로 석사과정을 병행하다 박사과정까지 졸업하게 되었다. 그리고 언론계의 마지막 직장으로 EBS한국교육방송공사 부사장직을 수행하는 과분한 경험도 갖게 되었다. 지금에 와서 뒤돌아보면, 저자가 언론 현직에 몸담고 있던 시절에는 언론과 관련된 법과 법의식을 현장에서는 거의 발현해 본 경험이 없었던 것으로 기억된다. 그 후 대학에서 강의를 하게 되면서 비로소 미디어법 분야를 깊이 있게 들여다보게 되었다. 그러면서 갖게 된 안타까운 마음과 아쉬움이 집필의 만용을 부리도록 만들었다. 미디어와 관련한 많은 법제들이 있음에도 불구하고 정작 그것에 대한 접근은 거의 없었던 탓에 언론인으로서 또는 언론경영을 책임진 CEO로서 꼭 알아야 할 미디어 관련 법과 제도를 모르고 있었던 것이다.

지난 2009년은 미디어법 개정으로 인한 정치적 파동의 여파가 사회 전반을 뒤흔들었다 해도 지나치지 않을 만큼 크게 확산된 해였다. 그 여진은 아직도 계속되고 있지만 연구자의 입장에서 현재의 법제에 대한 이론정립과 해석의 작업은 멈출 수 없기에 출판을 강행하지 않을 수 없었다. 이 책은 법학이나 신문방송 등 언론정보학을 전공하는 대학·대학원생을 비롯하여 미디어업계에 종사하는 언론인과 임직원들도 활용할 수 있도록 서술하였다. 따라서 이 책은 기존의 미디어법 또는 언론관계법 서적들과는 차별화하여 미디어법 관련 법제 전체를 총괄하여 담았다.

이 책의 구성은 최상위 법인 헌법에서부터 미디어에 대한 법원(法源)을 탐색하여 언론에 대한 이론적인 틀과 규범 및 판례를 분석하는 것으로 출발하였다. 헌법의 하위법으로는 먼저 신문진흥법('신문 등의 진흥에 관한 법률')과 舊신문법('신문 등의 자유와 기능보장에 관한 법률')을 다루었다. '신문진흥법'에서는 인터넷뉴스서비스문제를 포함하고 있으며, 동시에 舊신문법을 비중 있게 다룬 것은 노무현 참여정부의 對 언론에 대한 인식과 권력 특성이 잘 반영되어 있어 연구자의 입장에서 지속적으로 탐구해야 할 필요성을 느끼고 있기 때문이다. 이어서 방송법을 다루고, 방송법과 유사한 법체계를 갖추고 있으면서 뉴미디어법제에 해당하는 방송과 컴퓨터의 융합으로 탄생한 IPTV법('인터넷멀티미디어사업법')을 다루었다. 다음은 뉴미디어의 원조라 할 수 있는 인터넷매체를 법제화한 '정보통신망이용촉진 및 정보보호 등에 관한 법률'을 다루어 인터넷이라는 정보통신망 이용자들이 인터넷매체의 이용과 현실에 대한 규범적 이해를 쉽게 할 수 있도록 하였다. 뉴스통신진흥법에서는 연합뉴스 등 뉴스통신서비스사업, 언론중재법('언론중재 및 피해구제 등에 관한 법률')에서는 미디어의 취재 보도로 인한 권익침해의 문제를 제도적으로 어떻게 조정하는지를 밝혔다. 이어지는 '정보공개법(공공기관의 정보공개에 관한 법률)'에서는 언론인과 국민이 알 권리를 어떻게 보장받을 수 있는지 그 현주소와 한계를 해석하였다.

마지막장인 제10장의 '전파법'은 미디어법제에서 최초로 다룬 내용이다. 전파법은 미디어법의 근간이 되는 전파자원에 관한 이해와 활용 등을 담고 있다. 전파법은 산업의 쌀이라 통하는 철강처럼 미디어산업의 쌀에 해당하는 전파에 대한 기본적인 지식과 법체계를 이해함으로써 미디어 법제를 연구하는 데 있어 튼튼한 밑거름이 되도록 하기 위함이다.

이 책의 집필을 시작한 지 2년여, 그동안 미디어법 전반의 大개정이 반복되면서 많은 수고와 노력이 수포로 돌아가기도 하고 다시 쓰고 고치는 번거로움도 많았다. 그만큼 많은 사람의 조력이 절실했고 큰 힘이 되었다. 특히 성균관대학교 법과대학 대학원 변성영 조교의 도움이 큰 힘이 되었으며, 이 책을 집필할 수 있도록 고무 격려해 준 성균관대학교 법과대학 정규상 교수님, 언론정보대학원장 이효성 교수님께도 감사드린다. 여러 가지로 많이 부족한 사람이 감히 책을 세상에 내놓는다는 것이 두렵지만 무지함이 주는 만용으로 이해해 주셨으면 한다. 이 책의 출판을 허락해 준 박영사 안종만 회장님을 비롯해 편집과 제본, 교정 등에 정성을 다해준 관계자 여러분께 감사드린다. 그리고 항상 곁에서 성원을 아끼지 않은 長兄, 특히 출간을 축하하고 격려해 주던 친구 故정병섭님의 영전에 이 책을 올리며 머리 숙여 깊이 감사드린다.

그 밖에도 많은 분들의 조력이 큰 힘이 되었다. 공휴일마다 식사대용으로 행복한 고구마를 맛있게 구워 챙겨주며 말없는 기도와 성원을 보내준 아내 조정영 선생과 '아름다운 열매 영태·세란'에게 사랑의 마음을 담아 이 책을 선물한다. 끝으로 赤手空拳으로 7남매를 기르시며 어느덧 인생의 황혼 앞에서 이생의 남은 시간을 갈무리하고 계시는 老부모님의 은혜를 기리고 건강을 기원하며 拙著를 두 분 앞에 헌정한다.

2010년 2월

삼정KPMG그룹 사무실에서

김 명 전 拜

# 차 례

## 제1장 미디어법 서설

Ⅰ. 미디어법제의 특징 ········· 2
Ⅱ. 언론으로서 미디어에 대한 법학적 논의 ········· 3
Ⅲ. 미디어법 세계 ········· 4
Ⅳ. 미디어 관련법 개정과정(09년 7월 22일) ········· 5
1. 개정 미디어법의 핵심쟁점 5
2. 미디어법 개정에 대한 정부의 입장 6
3. 미디어법 개정과 관련한 정치권의 입장 7
4. 학계의 입장 8
5. 미디어법 개정과정의 위헌문제에 대한 헌법재판소의 결정 10
6. 미디어법 개정일지 17

## 제2장 헌법상의 미디어법원

제1절 기본권으로서 언론의 자유 ········· 20
Ⅰ. 기본권으로서 언론의 자유의 의의 ········· 20
1. 기본권의 개념 20
2. 언론의 자유의 의의 21
Ⅱ. 헌법적 보장의 배경 ········· 22
제2절 언론의 자유의 법적 성격 ········· 24
Ⅰ. 법적 성격에 대한 이론과 판례 ········· 24
1. 학 설 24
2. 판 례 25

Ⅱ. 언론의 자유와 다른 기본권과의 관계 …… 26
1. 집회·결사의 자유와의 관계 26
2. 양심·종교·학문과 예술의 자유와의 관계 26
제3절 언론의 자유의 주체 및 내용 …… 29
Ⅰ. 언론의 자유의 주체 …… 29
Ⅱ. 언론의 자유의 범주 및 내용 …… 29
1. 언론의 개념 및 언론의 자유의 범주 29
2. 의사표현의 자유 33
3. 알 권리 34
4. 보도의 자유 47
5. 언론기관 설립의 자유 51
6. 액세스권 53
제4절 언론의 자유의 한계와 제한 …… 59
Ⅰ. 언론의 자유의 한계 …… 59
1. 명예훼손 61
2. 언론에 의한 사생활의 비밀과 자유의 침해 68
3. 공중도덕 및 사회윤리의 침해 71
Ⅱ. 언론의 자유의 제한 …… 72
1. 사전제한 72
2. 사후제한 85
3. 언론의 자유에 대한 제한의 한계 95

제3장 신문진흥법 — 신문 등의 진흥에 관한 법률

제1절 서 설 …… 98
Ⅰ. 신문의 발전과 입법의 전개 …… 98
Ⅱ. 舊신문법의 주요 내용과 위헌문제 …… 99
1. 舊신문법의 주요 내용 99
2. 위헌성 문제 100
Ⅲ. 舊신문법의 위헌성 문제 보완 …… 101

Ⅳ. 신문 등 진흥에 관한 법률 개정배경 ………… 104
Ⅴ. 개정과정의 쟁점 ………… 105
1. 언론의 독과점과 다양성 훼손 105
2. 신문·방송 등 매체융합의 강점 106
Ⅵ. 개정 신문진흥법 주요 내용 ………… 107
1. 舊신문법의 문제점과 신문진흥법의 주요 내용 107
2. 독자의 권리보호 114
제 2 절 신문진흥법 총설 ………… 114
Ⅰ. 신문의 개념·종류 ………… 114
1. 신문의 개념 114
2. 신문의 종류 114
3. 신문진흥법상 용어의 정의 116
Ⅱ. 신문의 자유와 책임 ………… 116
Ⅲ. 편집의 자유와 독립 ………… 117
1. 편집의 개념과 편집권의 의의 117
2. 신문법의 편집의 자유와 독립에 관한 해석 118
3. 편집위원회의 설치 120
4. 독자의 권익보호와 편집의 자유의 제한 121
5. 편집권의 수범자 범위에 대한 이해 123
Ⅳ. 신문의 공정성 및 사회적 책임 ………… 125
1. 신문의 공정성 125
2. 신문의 사회적 책임 126
제 3 절 신문의 발행 ………… 128
Ⅰ. 신문의 등록 ………… 128
1. 신문사업의 등록 128
2. 인터넷뉴스서비스사업자의 준수사항 130
Ⅱ. 발행인의 자격제한 ………… 130
1. 발행인 및 편집인의 자격제한 130
2. 발행인의 국적에 의한 자격제한 131
3. 외국자금의 출연·출자 132
Ⅲ. 신문사업의 폐업 및 직권말소 ………… 132

1. 폐업신고 132
2. 신문사업의 승계 132

제 4 절 신문사업의 소유제한 ···· 133

Ⅰ. 소유제한의 의의 ···· 133

Ⅱ. 대기업의 신문사업 소유제한 ···· 134

1. 대기업 소유제한의 취지 134
2. 신문진흥법의 대기업 소유제한 135
3. 대기업과 특수관계자의 소유제한 136
4. 소유제한 위반에 대한 제재 137

Ⅲ. 신문진흥법의 언론다양성 보장제도 ···· 138

1. 여론집중도조사위원회 138
2. 자료제출의 요구 139

Ⅳ. 舊신문법, 소유제한 규정의 위헌성 검토 ···· 140

1. 舊신문법의 위헌성 문제 140
2. 신문사업자 겸영금지와 위헌성 문제 141
3. 미디어간 소유제한의 위헌성 문제 144
4. 신문 사업자료의 신고 및 공개의 위헌성 문제 148
5. 신문사업의 시장지배적 사업자 지정과 제재의 위헌성 문제 152

제 5 절 신문발행의 등록취소 ···· 161

Ⅰ. 신문의 발행정지 및 등록취소 ···· 161

1. 발행정지 처분 161
2. 등록취소 심판청구 161
3. 직권등록취소 162
4. 과징금 부과 163

Ⅱ. 등록취소심의위원회 ···· 163

1. 등록취소심의위원회의 설치 163
2. 위원회의 구성·위원의 임기 163
3. 등록취소의 심의·의결 164
4. 등록취소의 효력 165

Ⅲ. 외국신문의 지사 설치 및 허가취소 ···· 165

제 6 절 신문산업 진흥지원 제도 ···· 166

Ⅰ. 신문산업 지원기관의 통합 ........ 166
Ⅱ. 한국언론진흥재단의 신설 ........ 166
1. 한국언론진흥재단의 설치 166
2. 한국언론진흥재단의 구성 및 운영 167
3. 한국언론진흥재단의 직무 167
4. 한국언론진흥재단의 운영재원 167
Ⅲ. 신문유통지원기구 설치 ........ 168
1. 신문진흥법에 의한 신문유통지원 168
2. 舊신문법에 의한 '신문유통원' 169
Ⅳ. 언론진흥기금의 설치 ........ 169
1. 언론진흥기금의 조성 169
2. 언론진흥기금의 용도 170
3. 언론진흥기금의 관리·운용 171
4. 언론진흥기금 사용성과의 평가 171
Ⅴ. 디지털 뉴스 분류체계 표준화 지원 ........ 172
Ⅵ. 신문 등 사업자의 연수지원 ........ 172
Ⅶ. 舊신문법의 신문산업 지원제도(신문발전위원회) ........ 173
1. 신문발전위원회의 설치 및 구성 173
2. 신문발전위원회의 권한 및 임기 173
3. 위원회의 직무 174
4. 위원회의 운영 174

## 제 4 장 방송법

제 1 절 한국, 방송법 서설 ........ 178
Ⅰ. 한국 방송제도의 변천 ........ 178
1. 방송제노의 분류 178
2. 한국 방송체제의 변천 179
Ⅱ. 방송법의 변천 ........ 189
1. 방송법 변천사 개요 189
2. 2000년, 제정 방송법 189

3. 2004년 개정 방송법의 주요 내용 191
4. 2006년 개정 방송법의 주요 내용 192
5. 2007년 1월 및 7월 개정 방송법의 개요 193

제 2 절 방송법의 내용 및 구성 ······ 195

Ⅰ. 방송법 총설 ······ 195

1. 2009년 7월, 방송법 개정배경 및 목적 195
2. 개정 방송법의 핵심 종합편성채널의 의의 195
3. 방송의 개념 및 종류 197
4. 방송사업·방송사업자의 개념 정의 198
5. 방송 편성권의 자유와 독립 보장 200
6. 방송의 공공성과 공적 책임 206

Ⅱ. 방송의 다양성 보장과 방송사업자의 자격요건 ······ 211

1. 다양성 보장 의의 211
2. 방송의 다양성 보장을 위한 제도 213
3. 방송의 다양성 보장을 위한 자격제한 215

Ⅲ. 방송사업을 위한 방송국 허가 및 등록 ······ 229

1. 방송사업의 허가 및 등록 요건 229
2. 방송사업 법인의 대표 및 편성책임자의 자격요건 244
3. 방송사업의 외국자본 출자·출연 244
4. 방송사업의 변경 248
5. 허가·승인의 유효기간 및 재허가·승인 251
6. 허가·승인·등록의 취소 253

제 3 절 방송의 내용구성 및 방송사업의 운영 ······ 255

Ⅰ. 방송프로그램의 편성 및 채널 운용 ······ 255

1. 방송프로그램의 편성 255
2. 시청점유율 제한 259
3. 방송 채널의 구성과 운용 260
4. 국내 방송프로그램의 편성 265
5. 외주제작 방송프로그램의 편성 267

Ⅱ. 방송광고 사업의 운영 ······ 269

1. 방송광고의 개념 및 종류 269
2. 방송광고의 운용 270
3. 방송광고 판매대행제도와 방송광고 274

4. 방송광고의 사전심의제도 280

Ⅲ. 방송프로그램의 협찬고지 ······ 281

1. 방송프로그램 협찬고지 의의 281
2. 방송프로그램 협찬고지의 목적 281
3. 방송프로그램 협찬고지 허용의 범위 283
4. 방송프로그램 협찬고지 위반에 대한 제재 285

Ⅳ. 재난방송 ······ 287

1. 재난방송의 법적 근거 287
2. 재난의 개념 및 재난방송 287

Ⅴ. 보편적 시청권의 보장 ······ 289

1. 보편적 시청권의 의의 289
2. 보편적 서비스 실현을 위한 제도 294
3. 보편적시청권보장위원회 298
4. 보편적 시청권 보장을 위한 조치 298
5. 중계방송권의 공동계약 및 중계방송의 순차편성 300

Ⅵ. 유료방송의 승인 ······ 301

Ⅶ. 방송내용의 기록 및 보존 ······ 301

Ⅷ. 방송사업의 폐업 및 휴업 ······ 302

제 4 절 시청자의 권익보호 및 방송발전지원 ······ 303

Ⅰ. 시청자의 권익보호 ······ 303

1. 방송사업자의 자체심의 의무 303
2. 방송사업자의 시청자위원회 설치의무 303
3. 시청자 평가프로그램 편성의 의무 304
4. 방송사업자의 시청자 의견수용 의무 305
5. 방송사업자의 정보공개 의무 305

Ⅱ. 방송발전의 지원 ······ 306

1. 방송발전지원 정책의 수립 및 시행의무 306
2. 방송프로그램의 보관 및 활용 306
3. 방송전문인력의 양성 등 307
4. 방송제작단지 조성·지원 307
5. 방송프로그램의 유통 지원 307
6. 방송의 국제협력 307

Ⅲ. 방송사업자의 자료제출 의무 ········ 307
Ⅳ. 방송통신위원회의 시정명령권 ········ 308

제 5 절 방송법상의 방송기관 ········ 309

Ⅰ. 방송통신위원회 ········ 309
1. 방송통신위원회의 구성 309
2. 방송통신위원회의 소속위원회의 구성 및 운영 315
3. 방송발전기금 322

Ⅱ. 한국방송공사 ········ 324
1. 한국방송공사의 설치 및 운영 324
2. 한국방송공사 경영의 평가 330
3. 방송 수신료 331

## 제 5 장 인터넷멀티미디어방송사업법(IPTV법)

제 1 절 서 설 ········ 336

Ⅰ. 법제화 과정 및 쟁점 ········ 336
1. 법제화 과정 및 추진일지 336
2. 법제화 과정의 주요 쟁점 337

Ⅱ. 법제화의 의미와 배경 ········ 338
1. 법제화의 의의 338
2. IPTV법의 매체 간의 불균형 조정 및 효과 340

제 2 절 IPTV법의 주요 내용 ········ 341

Ⅰ. 총 설 ········ 341
1. 제정배경 및 목적 341
2. 인터넷 멀티미디어 방송의 개념과 내용 342

Ⅱ. IPTV 사업의 허가 및 자격요건 ········ 344
1. 방송사업의 허가 344
2. 재허가 345
3. IPTV 방송권역의 획정과 사업자의 자격요건 346
4. IPTV 방송사업자의 소유제한 347

Ⅲ. IPTV 공정경쟁의 보장 ········ 349

1. 공정경쟁의 보장 349
2. 경쟁상황에 대한 감독 및 평가 349
3. IPTV 공정경쟁을 위한 제재 및 지원 352

Ⅳ. IPTV 이용자 보호 ········ 353

1. 이용자에 대한 정보보호 의무 353
2. 이용자의 이익 보호 354
3. 이용자의 이익 침해에 대한 제재 355

제 3 절 인터넷 멀티미디어 방송의 내용과 운용 ········ 355

Ⅰ. IPTV 방송프로그램의 제공 ········ 355

1. 프로그램 공급자에 대한 차별금지 355
2. IPTV 콘텐츠사업의 신고·등록 및 발전정책 356

Ⅱ. IPTV 방송프로그램의 구성과 운용 ········ 359

1. 직접 사용채널 운용금지 359
2. IPTV방송내용의 심의 359
3. 방송프로그램 운용의 원칙 361

Ⅲ. 방송프로그램의 공급 및 보편적 시청권 보장 ········ 368

1. 보편적 시청권 보장의무 368
2. 보편적 시청권 보장을 위한 조치 369
3. 동시재송신 의무 편성 370

제 4 절 IPTV법 위반에 대한 제재 ········ 372

Ⅰ. IPTV 방송사업의 휴지·폐지 ········ 372

1. 방송사업의 사업의 휴지·폐지의 신고 372
2. 방송사업의 허가취소와 사업정지 372

Ⅱ. IPTV 방송 제공사업자의 제재 ········ 374

1. 과징금의 부과 374
2. 시정명령 375
3. 서비스제공의 중지 및 시정조치 375
4. IPTV법 위반에 대한 처벌 375

## 제 6 장 정보통신망이용촉진법 — 정보통신망 이용촉진 및 정보보호 등에 관한 법률

제 1 절 총 설 ······ 380

Ⅰ. 정보소통의 혁명과 입법의 전개 ······ 380

1. 우리나라 통신의 발달과 현주소 380
2. 인터넷과 권리침해의 문제 382
3. 입법취지와 목적 387

Ⅱ. 정보통신의 개념 및 용어정의 ······ 389

Ⅲ. 정보통신서비스 제공자 및 이용자의 책무 ······ 390

Ⅳ. 정보화사회 기반조성 정책 수립 ······ 391

제 2 절 정보통신망의 이용촉진 ······ 391

Ⅰ. 정보통신망 기술개발 ······ 391

Ⅱ. 기술관련 정보의 관리 및 보급 ······ 392

Ⅲ. 정보통신망의 표준화 및 응용서비스 개발지원 ······ 392

1. 정보통신망의 표준화 392
2. 인증기관의 지정 393
3. 정보내용물의 개발 및 정보통신망 응용서비스 개발지원 393
4. 정보의 공동활용체제 구축 지원 394

Ⅴ. 정보통신망의 이용촉진 사업 ······ 394

1. 정보통신망의 이용촉진 394
2. 전자문서중계자를 통한 전자문서의 활용 395

제 3 절 정보의 보호 ······ 397

Ⅰ. 개인정보의 보호 ······ 397

1. 정보통신서비스 제공자의 개인정보 이용 397
2. 정보통신서비스 제공자의 개인정보 수집제한 397
3. 정보통신서비스 제공자의 개인정보의 이용 제한 398
4. 개인정보의 제공 동의 399
5. 개인정보의 취급위탁 399

6. 개인정보의 이전 400
7. 개인정보의 관리 및 파기 401

Ⅱ. 이용자의 권리 ········ 404
1. 이용자의 권리 404

Ⅲ. 개인정보분쟁조정위원회 ········ 407
1. 개인정보분쟁조정위원회의 설치 407
2. 분쟁의 조정 408

제 4 절 정보통신망 관리 ········ 410

Ⅰ. 정보통신망에서의 이용자 보호 ········ 410
1. 징보동신망 유통정보의 실태와 문제 410
2. 청소년 이용자 보호대책 413
3. 정보통신망에서의 권리보호 415
4. 명예훼손 분쟁조정 420

Ⅱ. 정보통신망의 안정성 확보 ········ 421
1. 정보통신망 보호조치 421
2. 이용자의 정보보호 425
3. 침해행위 대응 426

Ⅲ. 광고성 정보의 전송제한 ········ 429
1. 영리목적의 광고전송 제한 429
2. 영리목적 광고전송의 사전고지 의무 430
3. 전자우편주소의 무단 수집 금지 430
4. 영리목적 광고성 정보전송의 위탁 책임 431
5. 정보전송 역무제공의 제한 431
6. 영리목적의 광고성 프로그램 제한 432

Ⅳ. 중요 정보의 국외유출 제한 ········ 433

Ⅴ. 국제협력 ········ 433
1. 국제협력 사항 433
2. 국외 이전 개인정보의 보호 434

Ⅵ. 정보통신망 자료관리 ········ 434
1. 자료의 제출 434
2. 자료의 보호 및 폐기(정보통신망이용촉진법 제64조의2) 437

제 5 절 통신과금서비스 ······ 439

Ⅰ. 통신과금서비스 제공자의 등록 ······ 439

1. 통신과금서비스 사업자 등록요건 439
2. 등록의 제한 439
3. 등록의 취소명령 440

Ⅱ. 통신과금서비스의 안전성 ······ 441

1. 통신과금서비스의 안전성 확보 441
2. 통신과금서비스 이용자의 권리 441
3. 통신과금서비스 분쟁해결 442
4. 통신과금서비스 이용자 손해배상 442
5. 통신과금서비스의 이용제한 442

제 6 절 정보통신 진흥지원 기관 ······ 443

Ⅰ. 한국인터넷진흥원 ······ 443

1. 인터넷진흥원 설치 목적 443
2. 인터넷진흥원의 사업 443

Ⅱ. 한국정보통신산업협회(정보통신망이용촉진법 제68조) ······ 445

Ⅲ. 한국정보보호산업협회(정보통신망이용촉진법 제68조의2 설립) ······ 445

## 제 7 장 뉴스통신법 — 뉴스통신진흥에 관한 법률

제 1 절 서 설 ······ 448

Ⅰ. 입법의 전개 ······ 448

1. 뉴스통신법의 제정취지 448
2. 뉴스통신법 주요 내용 449
3. 뉴스통신법의 개정 450

제 2 절 현행 뉴스통신법의 내용 및 구성 ······ 451

Ⅰ. 총 설 ······ 451

1. 개정배경 및 목적 451
2. 뉴스통신의 개념 및 용어정의 452
3. 뉴스통신사업자의 의무와 책임 452

4. 뉴스통신의 공정성과 공익성 453
5. 뉴스통신 진흥지원 453

Ⅱ. 언론의 다양성 보장 ········· 454

Ⅲ. 뉴스통신사업의 등록 및 취소 ········· 454

1. 뉴스통신사업의 등록 454
2. 뉴스통신사업자의 자격제한 456
3. 뉴스통신사업의 등록취소 458
4. 외국뉴스통신의 국내 지사 설치 461

제 3 절 뉴스통신법상의 기관 ········· 462

Ⅰ. 연합뉴스사 ········· 462

1. 설치배경 및 의의 462
2. 연합뉴스사의 지위와 기능 465
3. 연합뉴스사의 조직 구성 467
4. 뉴스 수용자의 권익보호 469
5. 뉴스정보의 구독계약 469
6. 연합뉴스 경영의 평가 470

Ⅱ. 뉴스통신진흥회 ········· 472

1. 진흥회의 설립 472
2. 진흥회의 업무 472
3. 임원의 선임 및 직무 473
4. 이사회 474
5. 뉴스통신진흥자금 조성 및 운용 475
6. 연합뉴스 경영실적의 평가 476

## 제 8 장 언론중재법 — 언론중재 및 피해구제 등에 관한 법률

제 1 절 서 설 ········· 478

Ⅰ. 언론중재법의 제정 ········· 478

Ⅱ. 제정 언론중재법의 취지 및 주요 내용 ········· 478

1. 제정취지 478
2. 주요 내용 479

Ⅲ. 개정 언론중재법의 취지 및 내용 ········· 481
1. 개정취지 481
2. 주요 내용 481
제 2 절 언론중재법의 주요 내용 및 구성 ········· 483
Ⅰ. 총 설 ········· 483
1. 언론중재법의 목적 및 주요 개념 483
2. 언론의 자유와 책임 484
3. 언론 피해구제의 원칙 485
4. 고충처리인 제도 486
제 3 절 언론에 의한 권익침해 구제제도 ········· 489
Ⅰ. 언론중재위원회 설치 ········· 489
1. 언론중재위원회의 구성 및 운용 489
2. 중재위원의 직무상 독립보장 490
3. 중재부의 구성 492
4. 중재위원 직무집행의 공정성 보장 492
5. 언론중재위원회 사무처 494
6. 중재위원회의 운영재원 및 활동보고 495
Ⅱ. 언론보도에 의한 침해의 구제 ········· 495
1. 정정보도청구권 495
2. 반론보도청구권 502
3. 추후보도청구권 503
Ⅲ. 언론보도에 의한 분쟁의 조정 ········· 503
1. 조정신청 503
2. 분쟁의 조정 505
3. 증거조사 506
4. 조정의 결정 506
5. 조정결정의 효력 507
Ⅳ. 언론보도에 의한 분쟁의 중재 ········· 507
1. 중 재 507
2. 중재결정의 효력 508
Ⅴ. 언론보도에 대한 소송 ········· 508
1. '정정보도청구 등'의 소 508

2. 정정보도청구 소(訴)의 재판 512
3. 재판에 대한 불복절차 513
4. 손해의 배상 513

Ⅵ. 언론보도에 의한 침해의 시정권고 ……… 514

## 제9장 정보공개법—공공기관의 정보공개에 관한 법률

제1절 총 설 ……… 518

Ⅰ. 입법의 배경 및 목적 ……… 518
Ⅱ. 정보공개의 원칙 ……… 519
Ⅲ. 정보공개청구권 ……… 519

1. 정보공개 청구권자 519
2. 공공기관의 의무 520
3. 정보목록의 작성 및 비치 520

제2절 정보의 공개 ……… 521

Ⅰ. 정보공개의 절차 ……… 521

1. 청구권자의 청구 521
2. 정보공개의 결정 및 통지 521
3. 정보의 공개 523

Ⅱ. 비공개대상정보 ……… 525
Ⅲ. 정보공개심의회의 운용 ……… 526

1. 정보공개심의회의 설치 및 구성 526
2. 심의회의 직무 및 임기 527

제3절 정보비공개에 대한 불복구제절차 ……… 528

Ⅰ. 이의신청 ……… 528
Ⅱ. 행정심판 ……… 528
Ⅲ. 행정소송 ……… 529
Ⅳ. 정보공개위원회 운용 ……… 530

1. 정보공개위원회의 설치 및 구성 530
2. 정보공개위원회의 역할 530

## 제10장 전파법

제 1 절 총 설 ··· 534

Ⅰ. 입법취지 및 개념정의 ··· 534

Ⅱ. 전파자원의 관리 운용 ··· 535

1. 전파자원의 확보 535
2. 전파자원의 이용효율개선 535
3. 전파 시설자의 손실보상 536

Ⅲ. 전파진흥 기본계획 ··· 537

제 2 절 전파자원의 배분 ··· 538

Ⅰ. 주파수분배 ··· 538

Ⅱ. 주파수할당 ··· 538

1. 주파수할당 신청 538
2. 주파수할당 539
3. 주파수할당의 대가 540
4. 주파수할당의 취소 541
5. 주파수 재할당 541
6. 주파수할당의 전환 542

Ⅲ. 주파수이용권 ··· 543

1. 주파수이용권의 양도 543
2. 주파수의 이용기간 544
3. 주파수이용권 관리 544

제 3 절 전파자원의 이용 ··· 544

Ⅰ. 무선국의 허가 ··· 544

1. 무선국의 개설 544
2. 무선국 개설의 자격제한 545
3. 외국인의 무선국 개설 546
4. 무선국의 개설조건 547
5. 무선국의 개설허가 547
6. 무선국개설허가의 승계 548

Ⅱ. 무선국의 운용 ··· 549

1. 무선국의 운용 549
2. 무선국 운용의 변경 550
3. 무선국 통신과 조난통신협조 의무 551
4. 통신보안 준수의무 551

Ⅲ. 무선국의 폐지 및 운용 휴지 …… 552

제 4 절 방송국의 개설허가 및 운용 …… 552

Ⅰ. 방송국의 개설허가 …… 552

Ⅱ. 방송국의 개설조건 …… 553

제 5 절 우주통신의 운용 …… 553

Ⅰ. 위성궤도 확보 …… 553

Ⅱ. 위성궤노의 할당 …… 554

Ⅲ. 우주국의 개설조건 …… 555

제 6 절 전파자원의 보호 및 진흥 …… 555

Ⅰ. 전파자원의 보호 …… 555

1. 무선설비기의 형식검정 및 등록의무 555
2. 무선설비의 안전시설 설치 556
3. 무선설비의 효율적 이용 557
4. 전파환경의 측정 558

Ⅱ. 전파자원의 진흥 …… 559

1. 전파이용의 촉진 559
2. 한국전파진흥원의 설치 561
3. 한국전파진흥협회 562
4. 전파사용료 563
5. 무선종사자의 관리 564

제 7 절 전파법 위반에 대한 제재 …… 565

Ⅰ. 위반에 대한 제재의 원칙 …… 565

Ⅱ. 전파법 위반의 형사제재 …… 565

1. 통신내용 불법성에 대한 제재 565
2. 조난통신 위반에 대한 제재 566
3. 무선통신 방해에 대한 제재 567
4. 무선국개설의 위법에 대한 제재 567

Ⅲ. 전파법 위반의 행정제재 ······ 568
1. 과태료 처분 568
2. 과태료징수 절차 569

부록: 미디어 관련 주요 법률 ······ 571

참고문헌 ······ 715

찾아보기 ······ 718

# 인용약어

## 1. 법　률

舊신문 등의 자유와 기능보장에 관한 법률 ➡ 舊신문법
신문 등의 진흥에 관한 법률 ➡ 신문진흥법
인터넷 멀티미디어 방송사업법 ➡ IPTV법
정보통신망 이용촉진 및 정보보호 등에 관한 법률 ➡ 정보통신망이용촉진법
뉴스통신진흥에 관한 법률 ➡ 뉴스통신법
언론중재 및 피해구제 등에 관한 법률 ➡ 언론중재법
공공기관의 정보공개에 관한 법률 ➡ 정보공개법

## 2. 판　례

헌법재판소 ➡ 헌재
대법원 ➡ 대판

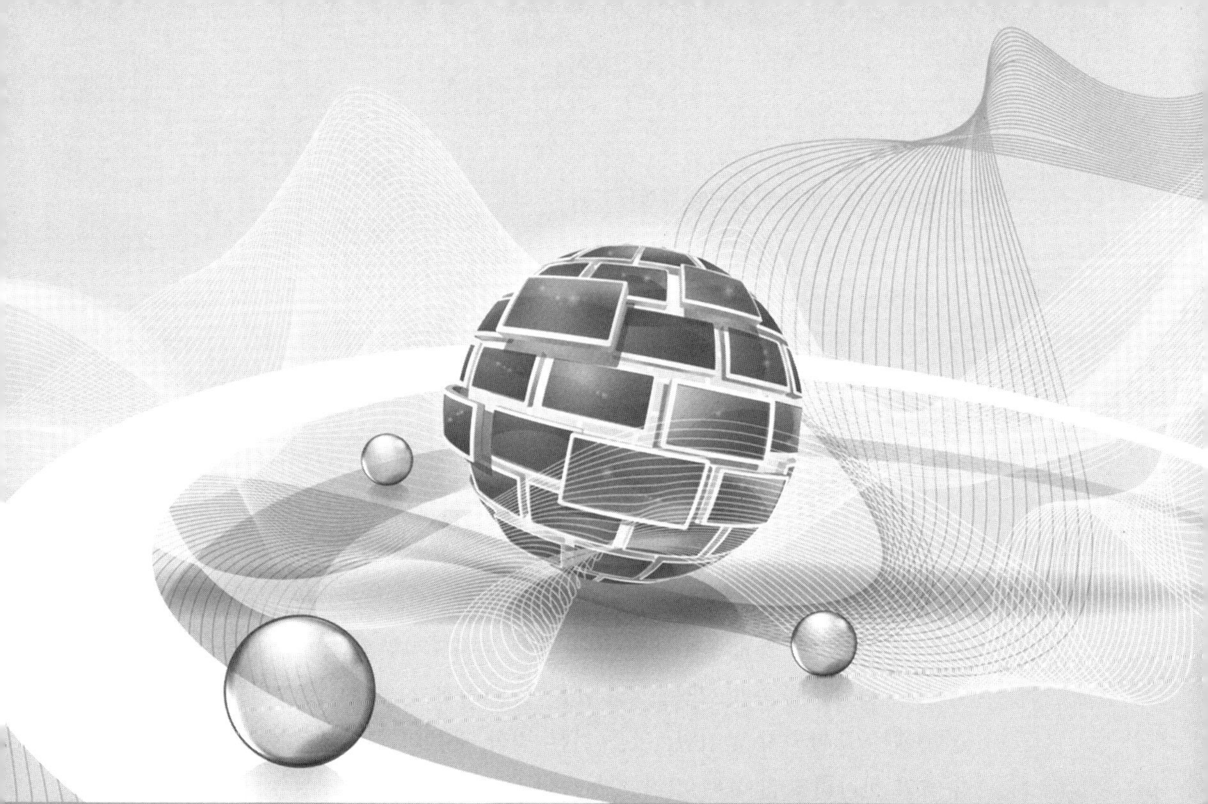

제 1 장

# 미디어법 서설(序說)

제1장 미디어법 서설(序說)

## Ⅰ. 미디어법제의 특징

미디어법은 법체계에 대한 전통적인 분류방식인 6법(헌법·민법·형법·상법·민사소송법·형사소송법) 또는 7법(헌법·민법·형법·상법·민사소송법·형사소송법·행정법)에는 포함되지 않지만, 이들 기본 법학 과목의 일부분을 이루는 새로운 법 영역의 하나라고 말하는 것이 가능하다.[1] 미디어관련 법제는 매체의 발달과 함께 제도화의 발달과정을 거치면서 다양한 방법으로 입법되었다. 특히 현대의 급속한 전자·통신 기술의 발전은 인터넷 등 다양한 미디어 매체와 다(多)채널의 커뮤니케이션 수단을 창출하였다. 더 나아가서는 미디어관련 기술의 고도화에 따라 방송과 통신, 신문과 통신, 인터넷과 방송·신문이 결합하는 미디어융합 현상이 심화되고 있다. 뉴미디어의 등장에 따라 매체 간의 융합 등 급변하는 미디어 환경으로 인하여 종래의 언론법 개념으로 뉴미디어 분야를 다루기에는 한계가 있다.

따라서 이와 같은 미디어의 발전에 맞추어 새로운 커뮤니케이션의 수단과 방법을 대상으로 하는 새로운 법률 제정의 필요성도 계속 증가하고 있다. 예를 들면, 언론환경의 변화는 미디어관련 법제의 영역 차원에서도 미디어법의 범주 속에는 '정보통신이용촉진법', '전파법' 등을 포함시킬 수 있지만 언론법의 개념 속에는 미디어 관련 법제를 모두 포괄하기에는 논란의 여지가 있기 때문이다. 때마침 2009년 미디어법 개정과 관련하여 입법 기관인 국회를 비롯하여 학계와 언론계에서 '미디어법'이라는 명칭을 공통적으로 사용함으로써 순수한 우리말은 아니지만 원칙적으로 언론 및 미디어관련 법률을 통칭하여 미디어법으로 표기하고자 한다.

모두에서 이해를 돕기 위하여 미디어에 대한 법학적 논의에 앞서 먼저 '언

1) 성낙인, 언론정보법, 나남출판사, 1998, 32면 참조.

론'의 의미에 대한 언론학적 시각과 법학적 차원의 의미를 정리할 필요가 있다. 언론법 자체가 '언론'을 대상으로 하는 영역이기 때문에 언론학 차원의 정의를 먼저 이해할 필요가 있다. 언론학 차원에서 '언론'이란 인간의 모든 의사소통 및 그와 관련한 활동을 의미하는 것으로 커뮤니케이션(communication), 매스커뮤니케이션(mass communication), 저널리즘(journalism) 등의 개념을 포괄하고 있다는 것이 언론학계의 통념적인 입장이다. 여기에 사람과 사람의 관계에서 커뮤니케이션을 위한 소통과정에서 의사표현의 수단 및 도구적 개념으로써 미디어가 언론의 범주를 포괄하는 개념으로 이해하는 데 무리가 없다는 것이 저자의 생각이다.

## Ⅱ. 언론으로서 미디어에 대한 법학적 논의

법학적 차원에서 '언론'이란 헌법 제21조에서 보장하고 있는 언론·출판, 즉 사상·의견 등의 표명(발표의 자유)과 그것을 전파하는 것을 포괄하는 것으로 이해하고 다룬다. 여기에는 사상·의견과 같은 '정신에 따른 활동' 또는 '정신적 표현'뿐만 아니라 지식·정보 등의 외부적 표현도 포함되는 것으로 보아야 한다.

'언론'의 의미를 이와 같이 이해할 경우 '언론의 자유'의 의미 또한 개인이 인간으로서의 존엄과 가치를 누리고 행복을 추구하며 국민주권을 실현하는 데 필수불가결한 것으로서 사상·의견의 자유로운 표명(발표의 자유)과 그것을 전파할 자유(전달의 자유), 즉 표현의 자유를 말하는 것이라고 설명할 수 있다. 이 때 '언론의 자유'의 내용으로는 의사표현·전파의 자유, 정보의 자유, 신문의 자유 및 방송·방영의 자유 등이 있다.

이러한 표현의 자유의 내용 중, 의사표현·전파의 자유에 있어서 의사표현 또는 전파의 매개체는 어떠한 형태이건 가능하며 그 제한이 없다. 따라서 담화·연설·토론·연극·방송·음악·영화[2]·가요 등과 문서·소설·시가·도화·

2) 헌법재판소는 등급분류보류제도가 영화에 대한 규제수단으로서 기능한다고 할 때, 영화의 법적 성격을 어떻게 파악해야 하는가에 대하여 "영화도 의사형성적 작용을 하는 한 의사의 표현·전파의 형식의 하나로 인정되며, 결국 언론·출판의 자유에 의해서 보호되는 의사표현의 매개체라는 점은 의문의 여지가 없다"라고 판시하고 있다(헌재 2001. 8. 30, 2000헌가9).

사진·조각·서화 등 모든 형상의 의사표현 또는 의사전파의 매개체를 포함하는 것이다.

헌법재판소의 판례에서도 "언론법이 역사적으로 매체의 발전 형태와 더불어 다양한 규율체계로 발전하여 왔고(예를 들어 인쇄술의 발전은 출판에 관한 규율을, 방송기술의 발전은 방송에 관한 규율을, 전자공학의 발전은 뉴미디어에 관한 규율을 필요로 하게 되었다), 앞으로도 새로운 전자기술의 발전은 또 다른 커뮤니케이션 방법을 창출해 낼 것이며 따라서 법의 공백 없이 이와 같이 새롭고 다양하게 나타나는 매체를 하나의 법 영역에 묶기 위해서는 이러한 포괄적인 개념정의가 보다 적절할 것이다[3)]"라고 판시하고 있다.

## Ⅲ. 미디어법 체계

기존의 기본법과 마찬가지로 미디어를 대상으로 하는 법률과 규범 등에 있어서도 최상위의 법원(法源)은 헌법이다. 다시 말해 헌법을 기본으로 각 개별 영역에 있어서 이를 구체화하는 법령 등이 존재하는 것이다. 이미 설명했듯이 미디어에 관한 법률은 민법이나 형법과 같이 하나의 단일법으로 구성하는 것이 현실적으로 매우 어렵기 때문에 신문법, 방송법 등과 같이 공·사법[4)] 전반에 걸쳐 산재해 있는 형태로 존재하고 있다. 지금까지는 이러한 각각의 언론과 관련된 법령 등을 총칭하여 '언론법'이라 분류하여 왔다. 다시 말해 신문·잡지·방송·뉴스통신 등 언론과 관련되는 법 현상을 규율하는 법규범의 총체를 지금까지는 '언론법'이라[5)] 칭하여 온 것이다. 그렇지만 앞에서 서술했듯이 언론환경의 급속한 변화 등으로 최근에는 언론법 대신 미디어법으로 언론관련 법체를 통칭하는 것이 보편적인 추세이다.

미디어법의 법원적(法源的) 지위를 가지고 있는 헌법 제21조 제 1 항은 언론

---

3) 헌재 1993. 5. 13, 91헌바17; 헌재 1996. 10. 4, 93헌가13; 헌재 2001. 8. 30, 2000헌가9 참조.

4) 미디어법의 주요 연구대상은 헌법을 주축으로 헌법을 구체화하는 공법상의 언론관련 법령 등이지만 언론보도에 의한 개인의 손해를 전보하기 위해서는 민사법에 의한 절차가 필요할 것이다.

5) 임병국, 언론법제와 보도, 나남출판사, 2005, 32면.

의 자유 보장을 원론적으로 규정하고 있고, 동조 제2항은 사전검열금지(事前檢閱禁止), 동조 제3항은 언론사(言論社)시설 법정주의(法定主義), 동조 제4항은 언론의 사회적 책임을 규정하고 있다. 이러한 헌법 규정을 구체화하는 법률로는 '신문 등의 진흥에 관한 법률(이하 '신문진흥법'으로 약칭), '방송법', '뉴스통신진흥에 관한 법률'(이하 '뉴스통신법'으로 약칭), '언론중재 및 피해구제 등에 관한 법률'(이하 '언론중재법'으로 약칭), '공공기관의 정보공개에 관한 법률'(이하 정보공개법으로 약칭) 등이 있으며 그 밖에도 직·간접적으로 언론 및 미디어와 관련된 다양한 각종의 법률이 미디어법의 범주에 포함된다고 볼 수 있다.

이와 같이 미디어법은 수많은 실정법(實定法) 영역에 산재해 있기 때문에 미디어법을 연구하기 위해서는 언론과 관련한 사항을 규율하고 있는 헌법·행정법·형법·형사소송법·민법·저작권법·공정거래법 등의 법률 등은 물론이고 그에 따른 각종의 하위규범(下位規範)들까지도 고찰(考察)의 대상에 포함시켜야 한다. 따라서 미디어법은 헌법을 비롯하여 법률과 명령(시행령 및 시행규칙 등), 규칙 등의 형식으로 출판(간행물)·뉴스통신·연극·연예·영화·전파·광고·공직선거·군사 및 국가기밀, 정당·공보기구, 등록과 시설, 언론기업경영·공정거래·손해배상·형사적 제재·중재와 심의 등을 규제대상 및 규제사항으로 하는 모든 규범체계를 망라하는 것으로 규정할 수 있다.

## Ⅳ. 미디어 관련법 개정과정(09년 7월 22일)

### 1. 개정 미디어법의 핵심쟁점

미디어법 개정안의 핵심쟁점은 '신문-방송 겸영' 금지와 대기업의 미디어 진입규제 완화이다. 신문-방송 겸영금지 완화를 찬성하는 입장은, OECD국가 중 한국만 유일하게 신문방송의 겸영을 금지하고 있다. 신문과 방송의 겸영은 세계적 추세이고, 한·미 FTA가 발효되면 우리 방송시장도 완전히 개방된다." 겸영을 허용하지 않으면 오히려 방송시장만 육성해서 신문이 위축되어 여론의 다양성이나 균형을 잃을 수도 있다.[6]

6) 동아일보, 2009. 2. 26자 참조.

이에 대해 신문-방송 겸영금지 완화를 반대하는 입장은, 신문법과 방송법 개정이 대기업의 언론진출과 거대 미디어그룹 탄생으로 여론 독과점 현상을 부추길 것이다. 신문과 방송의 겸영은 세계적 추세라는 주장에는 몇 가지 전제 조건이 있다. 현재 조선, 중앙 등 일부 신문이 전문채널 여러 개를 소유하고 운영하는 것처럼 유료방송시장인 케이블TV나 스카이라이프 IPTV 등에 전문채널을 소유하고 경영하는 것을 말할 때는 맞다. 한국도 그런 의미에서는 신문과 방송의 겸영이 허용된 나라이다. 하지만 여론의 독과점 문제는 어느 나라에서도 문제가 되기 때문에 사실상 '보도전문채널'과 '종합편성채널'은 상당히 많은 규제를 두고 있고, 완전허용은 OECD 국가 중 일본이 유일하다.[7)]

## 2. 미디어법 개정에 대한 정부의 입장

미디어산업진흥 관련 법개정에 대해 정부가 공식입장[8)]은 "개정 미디어법은 ① 미디어산업진흥 관련 법안이 '민생법안'이며 미디어산업 발전을 위한 개혁 법안이다. ② 언론 다양성의 신장, 콘텐츠 산업의 육성, 미디어 시장 활성화 등을 균형 있게 추진하기 위한 것이다. ③ 경제 살리기와 미디어산업 선진화, 미디어 독과점 및 규제 해소에 역점을 두었다"는 것이다.

---

7) 신문·방송 겸영이 세계적 추세라고? <미디어스 양문석(언론학박사)> / 뉴스, 2008.9.2.
미국은 1975년 이후 지난 32년 동안 동일한 지역에서 신문과 방송의 교차소유를 금지해왔다. 미국의 방송이란 지상파를 의미하고, 지상파는 종합편성채널을 포함하는 개념이다. 지난해 12월 우리나라의 방송통신위원회 격인 미국연방통신위원회(FCC)가 이 교차소유 금지를 완화하는 결정을 내렸다. 결정 내용을 보면, 상위 20개 지역에 한해서 신문과 지상파의 동시 소유 및 경영을 가능하게 한다는 엄격한 조건을 달아 완화했다고 FCC는 설명하지만, … 예를 들어, FCC는 상위 20개 지역으로 한정한다고 하지만, 상위 20개 지역은 미국 가구의 43% 이상을 포함하고 있고, 인구수로는 1억2천만 명에 해당하기 때문이라는 것이다. 이런 FCC의 결정에 대해 2008년 5월 16일 미국 상원은 심각한 문제가 있다고 불승인 결의안을 통과시켰다.
한미FTA로 한국방송시장이 완전개방된다는 주장도 잘못된 것이다. 방송시장 개방과 관련해서는 '발효 직후부터 5년의 유예기간'을 두었다. 한미 FTA 체결 내용은, 미국이 우리나라에 법인을 세우면 그 법인에 간접적으로 지분을 투자하는 데 50% 초과 금지 제한을 해제한 수준이다. 그리고 개방된 것은 외국에서 수입해 온 방송물 방영 총시간 중 특정 국가로부터 수입한 프로그램이 현행 방송법에는 60%를 넘지 못하게 되어 있는데, 이를 80%까지 완화한 것 정도가 한미 FAT 방송시장 개방의 핵심이다. 이는 완전개방과는 전혀 맥락이 닿지 않는 영역이다.

8) 2009년 1월 5일, 유인촌 문화체육관광부 장관과 이윤호 지식경제부 장관 광화문 중앙청사 공동기자회견.

미디어법 개정의 취지는 "① 미래 성장 동력인 콘텐츠 산업에 대한 신규 투자 및 글로벌 미디어그룹 육성이 시급하기 때문에 이를 위해 과도한 시장 진입 규제를 완화하고, 또 ② 매체 간 융합이라는 미디어 환경 변화에 부응하여 미디어 산업의 경쟁력 강화와 시장 활성화가 절대적으로 필요하며, ③ 선진 각국이 이런 시대적 조류에 대응하여 칸막이 형태의 규제를 과감히 철폐하고 있는 추세를 반영하고 있다. 특히 과거에도 디지털방송전환, IPTV 도입 등이 지연돼 방송통신 산업 발전에 큰 걸림돌이 되었으며 이번에 또 늦어질 경우 2012년으로 예정된 방송통신의 디지털화 흐름에서 다시 도태될 뿐 아니라 세계적 경쟁 속에서 IT 강국 한국의 위상 실추도 우려된다"고 설명하고 있다.

정부의 입장은 "방송·통신 융합으로 상징되는 미디어 산업은 일자리 창출과 산업 유발 효과가 큰 영역이고, IT 전통을 잇는 신성장 동력이며 그 중에서도 콘텐츠 산업을 미래 유망 산업이다. 콘텐츠 산업에 대한 투자를 늘리고 글로벌 미디어그룹을 만들기 위해선 시장 경쟁을 강화해야 한다. 그래서 과도한 시장 규제를 푸는 게 이번 개정 법안의 핵심"이라는 점을 상소하고 있다. 다만 공익성을 고려해 일정 제한(신문·대기업이 지상파 방송의 20%, 종합편성 채널의 30% 소유)을 두었다는 설명이다.[9)]

## 3. 미디어법 개정과 관련한 정치권의 입장

국회를 통과한 방송법, 신문법 등 6개 미디어 관계법과 관련한 22개 개정안에서 여야 간 핵심 쟁점은 신문 방송의 겸영 허용과 사이버 모욕죄 도입 등 이었다.

한나라당은 개정안의 취지를 "미디어 관계 법안들이 방송 통신 융합 추세에 부응하고 세계적 경쟁력을 지닌 글로벌 미디어를 육성하면서 일자리를 창출할 수 있는 '경제 살리기법'"이라고 밝히고 있다. 민주당은 "재벌에 방송을 넘겨주거나 정권이 방송을 장악하기 위한 개정"이라고 반대하였다.

또한 한나라당은 신문과 방송의 겸영을 허용하기 위해 규제를 완화하려고

9) "미디어법 개정은 언론 다양성과 발전 위한 것" 대한민국정책포털, 2009.1.5.
"일부방송사 편향보도, 국민 알권리 침해·방송법 위반"

하지만 민주당은 규제를 풀면 여론의 다양성이 훼손될 수 있다고 반대해 왔다. 한나라당은 수백 개 채널이 제공되는 다채널 환경에서 여론 독점을 우려하는 것은 기우이며 오히려 법 개정을 통해 여론 다양성을 향상시킬 수 있다고 주장하여 왔다.

한나라당은 인터넷멀티미디어 방송사업법으로 불리는 인터넷TV(IPTV)법 개정안은 유사 서비스를 하고 있는 케이블 및 위성방송과의 규제 형평성을 맞추기 위해 신문과 대기업의 종합편성 채널과 보도 채널을 허용했다는 입장이며, 민주당은 이 법안에 대해서도 여론 독과점이 우려된다며 반대 의견을 주장해 왔다.

정보통신망법 개정안의 쟁점인 사이버 모욕죄도 여야 의견이 크게 다르다. 한나라당은 익명의 근거 없는 비방과 무분별한 악성 댓글 예방을 위한 조항이라고 한 반면 민주당은 표현의 자유를 제한한다며 반대하였다.

한나라당은 지상파TV의 디지털 전환 특별법은 2012년 아날로그방송 종료에 대비해 지상파가 예정대로 디지털 전환을 완료할 수 있도록 지원 방안을 마련하는 데 초점을 맞췄지만 민주당은 저소득층의 디지털TV 지원 등을 강화해야 한다는 입장이다.

## 4. 학계의 입장

언론학계의 논점은 크게 두 가지로 요약할 수 있다. 하나는 신문법을 개정해 신문·방송 겸영을 허가하는 문제고, 다른 하나는 방송법을 개정해 신문사와 대기업의 방송사 지분 소유를 허용하는 문제다.[10)]

정부와 여당은 이런 규제를 철폐해 일자리를 창출하고 미디어 산업의 글로벌 경쟁력을 키울 수 있다고 주장하지만, 여기에 대해 반대하는 언론학자들은 이런 규제 완화가 '여론 독과점'을 심화시키고 미디어산업의 육성과 일자리 창출 효과도 그리 크지 않다며 반대하고 있다.

그 효과에 관한 연구사례를 보면, 정보통신정책연구원(KISDI)은 2009년 8월 '미디어 개혁법안의 경제적 효과 분석'[11)]이란 연구보고서를 통해 방송법이 통과

10) 경향신문, 2009.1.6, "허황된 '미디어산업 일자리 창출', 정부發 보고서 근거 없고 업계 실태와 거리" 참조.

11) 정보통신정책연구원(KISDI, 국무총리실 산하), 2009년 '미디어 개혁법안의 경제적 효과 분석' 보고서 참조.

되면 방송산업에서만 1조5,600억원 등 4조원의 경제효과와 2만6,000개의 일자리가 새로 생길 것으로 예측했다. 이에 대해 방송학자들은 "KISDI의 전망은 현재 방송산업 종사자가 3만 명(방통위 집계)에 불과하고, 기업의 광고비 축소 추세와 구조조정 흐름 등을 고려할 때 현실과 동떨어진다"고 지적하고 있다. 대기업인 KT의 스카이라이프, SK텔레콤의 TU미디어 등이 수천억원대의 누적적자에 시달리고 있는 것은 규제 때문이라기보다 포화상태에 이른 방송시장 구조 때문으로 보고 있다.

또 다른 연구사례를 보면, 방송통신위원회는 한국전자통신연구원(ETRI)의 보고서를 토대로 IPTV를 활성화하면 8조9,000억원의 생산유발 효과와 3만6,000개의 일자리 창출 효과가 나타날 것이라고 보고했다.[12] 이때 제시된 연노별 신규 고용 전망은 2009년 8,300명, 2010년 1만5,200명, 2011년 2만2,600명, 2012년 2만9,700명 등이다. 경향신문이 IPTV 사업자인 KT · SK브로드밴드 · LG데이콤을 상대로 조사한 결과, 지난해와 올해 신규채용 인력은 모두 222명에 불과했다. IPTV 연관 업체의 고용효과까지 감안해도 정부의 IPTV 개국 1차년도 고용 예상치인 8,300명에 크게 못 미친다. 2008년부터 KT는 100명, SK브로드밴드는 42명, LG데이콤은 LG파워콤과 공동으로 80명을 채용했다. 여기에는 IPTV 사업 외에 초고속통신, 인터넷 전화 등 다른 분야 인력도 포함돼 있다. 정인숙 교수(경원대 신문방송학)는 경제효과 부풀리기가 대기업의 뉴미디어 진출을 허용하기 위한 명분일 뿐이라고 주장한다. 구체적인 사례를 보면 "위성방송이 시작될 때, 2005년까지 30조원 생산 유발 효과를 낳고 10만여 명 고용을 창출할 것이라고 했다. 그러나 위성방송의 2008년 매출액은 3,874억원, 종사자 수는 513명이었다. 지상파 DMB와 위성 DMB가 2012년까지 5조2,000억원 생산 유발 효과를 낳고 7만4,000명 고용을 창출할 것이라고 했다. 위성 DMB는 2008년 말 현재 누적적자 2,703억원으로 거의 자본 잠식 상황이고 종사자 수는 고작 226명이다. 지상파 DMB도 누적적자가 1,014억원이다"라고 지적하고 있다. 대기업은 케이블TV, 위성방송, 위성 DMB, 지상파 DMB, IPTV 등 모든 뉴미디어 사업과 영화산업과 음반산업에도 진출했지만 성공하지 못하고 시장만 피폐하게 만들고 있다는 주장이다.

12) 한국전자통신연구원(ETRI, 지식경제부 산하), 2008년 9월 4일 대통령보고서 참조.

언론학자들은 대기업의 뉴미디어 사업 실패 역사가 '규제 완화를 통한 우리 미디어 산업의 글로벌 경쟁력 강화' 주장이 허구라는 것을 보여주는 증거라고 설명하고 있다. 지난 10년이 넘는 기간 동안 수조원을 투자해 단 하나도 성공 사례를 만들지 못하고 단 하나의 매력적인 콘텐츠를 만들어내지 못해 국내에서도 실패한 대기업들이 무슨 글로벌 경쟁력이 있겠느냐는 것이다.

또한, 언론학자들은 신문법·방송법 등 미디어 관련 7대 법안 개정안을 국회에 상정하면서 관련 분야의 의견을 수렴하는 공청회 절차를 거치지 않고 2008년 12월 3일 국회에 제출한 것은 근본적인 문제라고 지적하고 있다. 이에 대해 최영묵 교수(성공회대 신문방송학)는 "위성방송을 도입하면서 4년 동안 400회 넘는 토론회가 열렸다. IPTV가 도입되면서 3년 동안 300회 넘는 토론회가 열렸다. 국가의 방송정책 근간을 바꾸면서 공청회 한번 제대로 열지 않고 법안을 제출한다는 것은 납득할 수 없다"고 비판하고 있다.

결론적으로 언론학자들은 선진 각국에서 나타나는 방송의 문제점이 우리나라에 집약적으로 나타날 수 있다고 경고하고 있다. 즉, 이탈리아처럼 언론이 총리에게 지배당하고, 일본처럼 여당이 공영방송 예산을 좌지우지하고, 미국처럼 공영방송이 영향력이 없고, 타이완처럼 지상파 방송사들이 붕괴되어 대중문화가 한류(韓流)·일류(日流) 등에 잠식당하는 최악의 시나리오가 실현될 수도 있다는 것이다. 언론학자 203명이 '한국 사회는 언론의 자유와 독립, 그리고 미디어 공공성의 훼손으로 민주주의의 심각한 위기를 맞고 있다'며 미디어공공성포럼을 발족하는 등 미디어법 개정 과정의 후유증은 계속되고 있다.[13]

## 5. 미디어법 개정과정의 위헌문제에 대한 헌법재판소의 결정

### (1) 헌재 결정요지

2009년 10월 29일 헌법재판소는 2009년 7월 22일 국회본회의를 통과한 신문법·방송법 등 미디어법에 대하여 야당의 권한쟁의심판[14] 청구에 대한 결정

13) 시사인 2009년 2월 09일 "한나라당 미디어법 언론학자도 뿔났다" 참조.
"9월 서울 중구 프레스센터에서 열린 '미디어 공공성 포럼' 출범식.

14) 권한쟁의심판이란 국가기관·지자체간 권한 범위 갈등 때 헌재가 중재하는 제도로서 위헌법률심판과 함께 헌법재판소의 주요 기능이다. 헌법상 헌재에 부여된 권한은 일반적인 위헌법률심판과 함께 △ 탄핵심판, △ 정당해산심판, △ 헌법소원, △ 권한쟁의심판 등 5가

에서 처리과정의 위헌·위법성은 인정하면서도 민주당 등 야당의 무효 확인 청구는 기각했다.

헌법재판소의 결정의 요지를 간추리면 '방송법안 표결은 의결정족수 미달로 부결되었고, 이것을 다시 재투표에 붙인 것은 일사부재의 원칙에 위배이며, 이는 국회의원의 법률안 심의·표결권을 침해한 것이다. 그러나 방송법안 가결 선포행위 자체가 무효가 되는 것은 아니다. 즉, 일사부재의 원칙 위배로 국회의원의 법률안 심의·표결권을 침해했다는 주장은 인정하면서 가결선포행위가 무효임을 확인해 달라는 주장은 기각했다. 이런 헌법재판소의 결정에 대해 논란이 계속되고 있다.

헌재의 결정에 대해 쟁점이 되고 있는 내용은 ① 방송법안 표결은 부결된 것이며, ② 그럼에도 불구하고 다시 곧바로 재투표에 부친 것은 일사부재의 원칙을 위반한 것이 아닌가, ③ 방송법안 전자표결에서 의원들의 대리투표 등 위계에 의한 공무집행방해죄에 해당하는 행위가 있었는가, ④ 대리 투표가 있었을 때 해당 법안에 대한 투표 행위의 효력은 인정할 것인가 등이 핵심 쟁점이었다.

## (2) 헌법재판소 결정의 문제점 검토[15)]

### 1) 국회 입법권 행사의 정당성 문제

국회는 입법기관이기 때문에 방송법을 포함한 모든 법률을 개정할 수 있다. 그러나 국회가 행사하는 입법권은 어떠한 절차를 통해서건 행사할 수 있는 것이 아니며, 어떠한 내용의 법률 조항이라도 만들거나 개정하거나 폐지할 수 있는 것이 아니다. 여기에서 요구되는 것이 입법권 행사의 절차적 정당성과 실체적 정당성이다. 절차적 정당성이란 헌법과 국회법 등이 규정하는 의사절차에 관한 원칙을 지켜야 한다는 것을 말하고, 실체적 정당성이란 법률의 내용이 헌

---

지다. 권한쟁의심판은 국가기관·지방자치단체 상호간 권한의 범위 등을 둘러싸고 갈등이 빚어졌을 때 헌재가 중재자가 돼 분쟁을 해결하는 제도. 국가기관이나 지자체 간 다툼을 조속히 해결하지 않을 경우 국가 기능에 혼선이 초래돼 궁극적으로 국민 기본권을 침해할 수 있다는 점에서 그 중요성이 크다. 법률 위헌 여부가 아닌 권한의 범위를 따지는 만큼 헌법재판관의 판단도 청구인의 주장을 받아들일지(인용), 불허할지(기각 혹은 각하) 여부로 갈린다. 권한쟁의심판은 재판관 9명 중 과반수인 5명 이상이 청구인 측 주장에 동의해야 인용결정을 얻게 된다.

15) 김승한, "방송법안 사건과 헌법질서," 인터넷신문 프레시안, 2009. 11. 11 주로 참조.

법을 위반하지 않아야 한다는 것을 가리킨다.

민주주의의 의사 결정 방식 중 최선의 것은 '합의의 원리'이다. 국회법 제112조 제 3 항이 의장은 안건에 대한 이의의 유무를 물어서 이의가 없다고 인정한 때에는 가결되었음을 선포할 수 있다고 규정하고 있는 것도 바로 이러한 합의의 원리를 전제로 하고 있는 것이다. 특정 법률의 개정이 국민의 기본권, 헌법 질서, 민주주의 등에 미치는 영향이 크면 클수록 다수결의 방식보다는 합의의 방식으로 처리하는 것이 바람직하다. 그러나 현실적으로 무한정 합의의 원리만을 강조할 수 없기 때문에 나오는 것이 '다수결의 원리'이다. 여기에서 다수결이란 재적의원 과반수의 출석과 출석의원 과반수의 찬성이라는 '단순다수결(헌법 제49조와 국회법 제109조)'을 의미한다. 그러나 헌법과 국회법은 안건의 내용이 중대할수록 단순다수결을 지양하고, 가중다수결을 요구하고 있다. 헌법개정안(헌법 제130조 제 1 항), 국회의원의 제명의결(헌법 제64조 제 3 항), 탄핵소추의결(헌법 제65조 제 2 항) 등이 이에 해당한다. 또한 다수결이란 단순히 숫자의 우세를 가리는 기술이 아니다. 다수가 정당한 다수로 인정받기 위해서는 헌법적 가치를 바탕으로 소수의 의견을 존중하면서, 국민에게 사실을 정확히 알리고 그에 따른 여론을 수렴하는 다수이어야 한다.

### 2) 방송법안 처리절차의 '일사부재의 원칙' 위반 문제

2009년 7월 22일 국회의 방송법안 표결의 사실관계를 살펴보면, 당일 이윤성 국회 부의장의 사회로 방송법안이 표결에 부쳐졌다. 사회자의 투표 종결 선언 후, 전광판에는 재석의원이 145명(당시 재적의원은 294명)으로 기록되었다. 그러나 이윤성은 곧바로 "재석의원이 부족해 표결 불성립되었으므로 다시 투표해 달라"고 요청하였고, 이에 따라 곧이어 재투표가 실시된 후, 방송법안이 가결되었음을 선포하였다.

방송법안은 1차 투표 시 이미 부결된 것이다. 그 근거는 일반의결정족수를 규정하고 있는 헌법 제49조와 국회법 제109조에 있다. 헌법 제49조에 따르면 국회는 헌법 또는 법률에 특별한 규정이 있는 경우를 제외하고는 재적의원 과반수의 출석과 출석의원 과반수의 찬성으로 의결한다. 의사정족수는 국회법 제73조가 "본회의는 재적의원 5분의 1 이상의 출석으로 개의한다"고 규정하고 있다.

방송법안이라는 하나의 법률안이 일반의결정족수를 충족하기 위해서는 두 개의 요건을 갖추어야 한다. 하나는 재적의원 과반수의 출석이고, 다른 하나는 출석의원 과반수의 찬성이다. 그런데 방송법안은 1차 투표에서 첫 번째 요건인 재적의원 과반수의 출석을 채우지 못해서 부결된 것이다. 일사부재의의 원칙에 따라 부결된 안건은 같은 회기중에 다시 발의 또는 제출하지 못한다(국회법 제92조). 부결된 법률안을 같은 회기중에는 차수를 바꾼다 하여도 다시 발의 또는 제출하면 그것은 일사부재의 원칙에 위배된다. 회기중에 부결된 법률안은 같은 회기중에 다시 발의 또는 제출하지 못하는 것은 물론, 재투표에 부치지도 못한다. 그럼에도 불구하고 방송법안의 경우 한 번 부결된 것을 재투표에 부쳐 가결을 선포하였다.

일사부재의 원칙은 회의체의 의사 결정에 일반적으로 적용되는 원칙이다. 회의체에 상정되는 안건을 표결에 부친 결과 부결로 나타나면 같은 회기중에는 그것을 다시 안건으로 상정하지 말라는 뜻을 가지고 있다. 만약 부결된 안건을 계속해서 몇 번이고 표결을 부칠 수 있도록 한다면 그에 따른 의사결정의 결과는 표결 참여자의 자유로운 의사에 의한 것이라는 신뢰성을 가질 수 없을 뿐만 아니라, 해당 회의체는 안정성과 예측 가능성을 유지하지 못하게 된다. 이로 인해 회의체 구성원의 권리 또는 권한이 침해될 수 있다(국회의원의 법률안 심의·표결권은 권리가 아니라 권한이기 때문에 권리와는 달리 그것은 포기할 수도 없다).

일사부재의 원칙은 회의체의 의사결정과정의 절차적 정당성을 확보하기 위한 것이다. 절차적 정당성을 확보하지 못하면 실체적 정당성도 갖추지 못하는 경우가 대부분이기 때문에 절차적 정당성의 가치는 매우 중요한 민주주의 원리이다. 일사부재의 원칙은 국회의 의결에 안정성과 예측 가능성 및 공신력을 부여하기 때문에 엄격하게 적용되어야 한다. 이 원칙은 또한 국회의원의 법률안 심의·표결권을 보호하는 장치이기도 하다.

일사부재의 원칙은 회의공개의 원칙(헌법 제50조), 다수결원칙(헌법 제49조)과 함께 국회의 의사 절차를 기속하고 지탱하는 3대원칙이다. 국회에서의 법률안 처리가 일사부재의 원칙에 위배하는 경우, 그것은 헌법 질서에 위해를 가하는 작용을 한다.

### 3) 방송법안 가결선포행위의 유효성 문제

방송법안에 대한 야당의 권한쟁의심판 청구에 대해 헌법재판소의 결정은 「방송법안 투표는 의결정족수 미달로 부결되었다, 재투표에 부친 것은 일사부재의원칙에 위배되는 것이다, 일사부재의 원칙 위배는 국회의원의 법률안 심의·표결권을 침해한 것이다, 그러나 방송법안 가결선포행위가 무효가 되는 것은 아니다」라는 것이었다.

일사부재의 원칙 위배로 국회의원의 법률안 심의·표결권을 침해했다는 주장은 인용하고, 가결선포행위가 무효임을 확인해 달라는 주장은 기각했다. 여기에서 생기는 의문이 있다. 헌법재판소는 대체 어느 정도의 절차상의 하자가 있어야 법률안 가결선포행위가 무효임을 확인하겠다는 것인가? 이러한 의문에 대한 헌법재판소의 판단요지는 "우리 헌법은 국회의 의사절차에 관한 기본원칙으로 제49조에서 '다수결의 원칙'을, 제50조에서 '회의공개의 원칙'을 각 선언하고 있으므로, 결국 법률안의 가결선포행위의 효력은 입법절차상 위 헌법규정을 명백히 위반한 하자가 있었는지에 따라 결정되어야 할 것이다"라는 것이다.

헌재의 결정은 "첫째, 헌법재판소법 제61조 제1항에 따르면 권한쟁의심판 청구의 사유로는 피청구인의 처분 또는 부작위가 헌법 또는 법률에 의하여 부여받은 청구인의 권한을 침해하였거나 침해할 현저한 위험이 있어야 한다. 침해된 권한이 법률상의 권한일지라도 권한쟁의심판을 청구할 수 있다. 그러나 헌재의 태도에 따르면 이 경우에는 무효 확인은 하지 못한다. 헌재는 이런 반론을 받아야 한다. 그럼에도 불구하고 헌법재판소법이 법률상의 권한침해의 경우에도 심판청구를 할 수 있다고 말하는 이유는 무엇인가? 그러한 심판청구를 통해서 무엇을 얻을 수 있다는 것인가? 둘째, 헌법재판소의 태도에 따르면 방송법안 가결선포행위가 다수결의 원칙이나 회의공개의 원칙과 같은 헌법상의 원칙을 침해했다면 무효확인을 해 줬을 것이지만, 일사부재의 원칙이라는 국회법상의 원칙을 침해했기 때문에 무효확인을 할 수는 없다는 것이다. 여기에서 던지는 질문은 헌법재판관들은 일사부재의 원칙을 헌법상의 원칙이 아니라 법률상의 원칙이라고 생각하는가이다. 만약 그렇다면 그들은 철저하게 법실증주의적 해석의 수준에 머물러 있는 것이다. 하나의 법원칙은 전체의 법질서에서 차지하는 비중에 따라 그 법적 성격이 결정되어야 한다. 일사부재의 원칙은 국회법

제92조가 규정하고 있지만, 설사 국회법 조항이 없다 하더라도 당연히 인정되는 (불문의) 헌법원칙이다. 또한 헌재는 방송법안 처리절차에 대리투표라는 범죄행위가 개입해 있었다는 사실을 확인했음에도 불구하고, 그러한 범죄 행위가 개입된 법률안 가결선포행위는 무효가 아니라고 보았다. 이것은 달리 말하면 국회의원들의 범죄 행위를 정당화시켜 준 것이 아니고 무엇인가.

헌재의 입장은 "법안의 효력은 유효하지만 심의·표결권을 침해했다는 헌재의 결정도 유효하다. 앞으로 국회의장이 헌재의 결정 취지에 따라 처리해야 할 문제"라고 정리하고 있다.

#### 4) 국회 입법권(법률제정권)의 침해 여부 문제

헌재는 방송법안을 재두표에 부친 것은 일사부재의 원칙에 위배되는 것이고, 결국 국회의원의 법률안 심의·표결권을 침해했다고 보았다. 헌재는 또한 국회의원의 법률안 심의·표결권을 가리켜 "국회입법권의 근본적 구성요소"라는 말도 했다. 그러면서 헌재는 국회입법권의 의미에 관한 설명은 하지 않았다.

헌법 제40조는 입법권은 국회에 속한다고 규정하고 있다. 여기에서 입법권이란 법률제정권을 말한다. 입법권의 본질적 구성요소는 법률안 발의권, 심의권, 표결권, 의결권으로 구성되어 있다. 본질적 구성요소라는 표현을 사용하는 것은, 그 중의 어느 하나라도 침해되면 그것은 입법권이 침해되었다는 것을 의미한다는 것이다. 그만큼 헌법적 사태가 심각하다는 것이다. 헌재재판관들은 '의사공개의 원칙', '다수결의 원칙', '일사부재의 원칙'이 왜 필요하고 중요한지에 대한 설명을 게을리 했다. 국회의 의사 절차를 기속하는 3대 원칙은 바로 국회의 입법권을 보호하기 위한 것이고, 입법권을 보호하는 것은 국민의 자유와 권리를 보호하기 위한 것이다. 헌재재판관들은 국회의원의 법률안 심의·표결권은 국회입법권의 근본적 구성요소라는 표현을 쓰면서 과연 그 말의 뜻이 무엇인지를 제대로 인식하고 있었는지 궁금하기 짝이 없다.

#### 5) 헌법재판소 결정의 효력 문제

방송법안에 대한 헌재의 결정을 지지하는 견해는 다음과 같다. 헌법재판소법 제67조 제 1 항에 따르면 "헌법재판소의 권한쟁의심판의 결정은 모든 국가기관과 지방자치단체를 기속한다"는 것이다. 즉, 헌재가 방송법안이 부결되었음에도 불구하고 국회의장이 이를 재투표에 부쳐 가결을 선포한 것은 국회의원의 법률안 심의·표결권을 침해했다는 것을 확인했기 때문에, 그 부분에 대해서는 피청구인을 기속한다는 것이다.

기속력이라는 말을 하기 위해서는 헌재의 결정에 피청구인이 묶이지 않으려고 할 때 그것을 제어할 수 있는 힘이 있어야 한다. 그러나 헌재 결정 이후 국회의장이나 한나라당이나 전투는 끝났다는 태도로 일관하고 있다. 헌재가 국회의장이 야당의원들의 법률안 심의·표결권을 침해했다는 것을 확인한 결정이 기속력을 가진다는 것을 스스로 증명해 보일 기회는 하나 있다. 그것은 국회의장 김형오가 헌재가 결정문에서 확인한 방송법안 처리절차상의 하자를 제거하는 행위를 하지 않을 때, 이를 이유로(즉, 부작위를 이유로) 야당이 권한쟁의심판을 청구하면 그 청구를 인용하고, 방송법안 가결선포행위를 무효라고 확인하는 것이다.

헌재가 스스로 강조하고 있는 것처럼, 헌법불합치결정은 본질적으로 위헌결정이다. 계속적용명령은 무엇을 말하는가? 위헌법률을 적용하여 유죄판결을 선고하라는 명령을 하고 있는 것이다.[16] 법원의 판사들은 그것을 거부한 것이다. 그것은 헌법 제103조가 규정하는 법관의 심판의 독립을 건드렸다고 판단한 것은 아닐까? 헌법 제103조는 "법관은 헌법과 법률에 의하여 그 양심에 따라 독

'위법' 짚고도 무효화 안해…자기모순 빠진 헌재

일사부재의 위반·대리투표 등 조목조목 밝혀
"제안설명·질의토론 절차 생략도 위법" 지적
학계 "절차 정당성 부정하며 실체 인정" 비판

자료: 한겨레신문, 2009.10.30, 3면.

16) 김승한, 전게 기고문 내용 중 예시사례: 야간옥외집회시위를 금지하는 집시법 제10조에 대해 헌법불합치결정을 내리면서 계속적용명령을 내린 것은 하나의 '사건'이다. 정의의 원칙을 강조하는 형벌법규가 헌법에 합치하지 않는다는 결정을 내리면서, 입법자가 개정할 때까지 계속 적용하라는 명령을 붙였기 때문이다.

립하여 심판한다"라고 규정하고 있다. 여기에서 법률이란 헌법에 위반하지 않는 법률을 가리킨다. 그런데 헌재가 형벌법규를 위헌법률이라고 선언해 놓고, 그 법률에 따라 피고인을 처벌하라고 하면 법원의 판사들은 헌재의 명령을 따라야 하는가, 아니면 헌법의 명령을 따라야 하는가. 헌재가 하는 일은 무엇이 헌법인가를 말하는 것이지, 무엇이 정치인가를 말하는 것이 아니다"라며 헌재 결정에 대해 문제를 제기하고 있다.

## 6. 미디어법 개정일지

미디어 매체의 디지털화가 가속화되면서 방송과 통신, 신문 등 매체 간의 융합현상에 따른 진반적인 입법체계의 개정과 개편이 절실하게 요구되고 있었다. 이 같은 현실적인 요구에 맞추어 미디어관련 법 전반의 개정이 2008년부터 본격적으로 진행되었다. 2009년 7월 22일 한나라당 단독국회를 통과한 미디어법은 동년 10월 29일 야당의 위헌심판청구가 기각되는 등 우여곡절을 겪어 왔으며 그 주요 진행 상황은 다음과 같다.

〈2008년〉

- 12월 3일 — 한나라당, 신문법 개정안 등 7개 법률개정안 제출 확정
- 12월 19일 — 민주당, 법안상정 저지, 문광부방송통신위원회 등 상임위 회의장 점거
- 12월 26일 — 민주당, 국회 본회의장 점거. 전국언론노동조합 총파업 돌입

〈2009년〉

- 1월 3일 — 김형오 국회의장, 국회경위 동원 민주당·민노당 강제해산
- 1월 4일 — 김형오 국회의장, 직권상정 불가 뜻 표명
- 1월 6일 — 여야 생점법안 처리방안 합의. 민주당·민노당, 본회의장 농성 해산
- 1월 13일 — 미디어법 중 전파법·언론중재법 국회 본회의 통과
- 2월 25일 — 국회 상임위 (문광부통신위원장) 미디어법 관련법 직권상정
- 3월 16일 — '미디어발전국민위원회' 구성의결. 100일간 활동 돌입

- 6월 17일 — '미디어발전국민위원회' 활동종료
- 6월 22일 — 한나라당 미디어법 대안발표 vs 민주당 6월 처리 반대
- 6월 25일 — '미디어발전국민위원회' 최종보고서 국회 문방위 제출
- 7월 9일 — 민주당, 미디어법 대안 제시
- 7월 21일 — 한나라당, 최종수정안 제시
- 7월 22일 — 한나라당, 국회의장석 점거 및 국회부의장 미디어법 직권상정·표결처리
- 7월 23일 — 민주당 등 야당, 헌법재판소에 권한쟁의심판 청구
- 7월 30일 — 민주당, 헌법재판소에 증거조사신청
- 7월 31일 — 헌재, 국회에 폐쇄회로TV(CCTV) 증거자료 제출 요청
- 9월 10일 — 헌법재판소, 미디어법 권한쟁의 1차 공개변론
- 9월 22일 — 헌재 (송두환 재판관 주재) CCTV 녹화영상 등 증거검증
- 9월 29일 — 헌법재판소, 미디어법 권한쟁의 2차 공개변론
- 10월 29일 — 헌재, 미디어법 권한쟁의 "권한침해 있으나 가결, 무효청구 기각" 선고

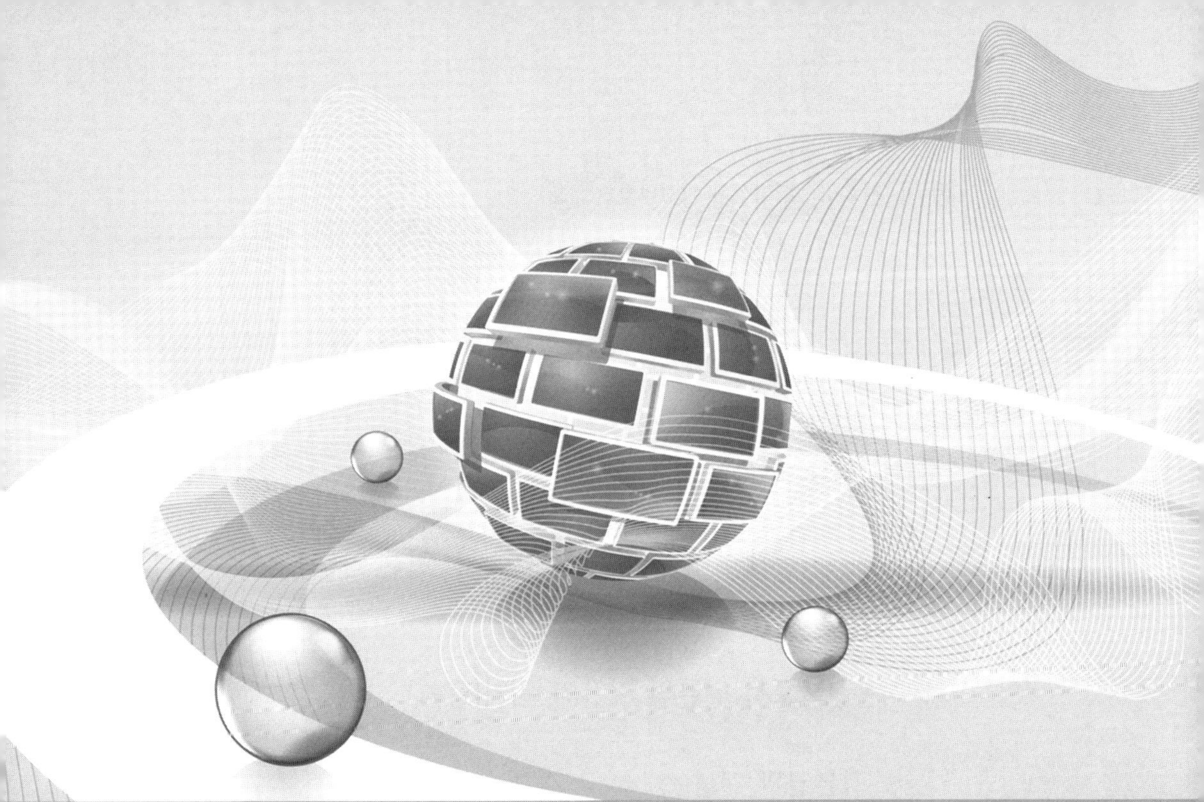

제 2 장

# 헌법상의 미디어법원(言論法源)


제 1 절 기본권으로서 언론의 자유

제 2 절 언론의 자유의 법적 성격

제 3 절 언론의 자유의 주체 및 내용

제 4 절 언론의 자유의 한계와 제한

제 2 장 헌법상의 미디어법원(言論法源)

# 제 1 절 기본권으로서 언론의 자유

## Ⅰ. 기본권으로서 언론의 자유의 의의(意義)

### 1. 기본권의 개념

기본적 인권이란 모든 사람이 인간으로서 누구나 그 존엄성에 바탕하여 천부적(天賦的)으로 가지는 권리로서 자연법 정신에 입각한 개념이라는 것이 통설적 입장이며, 이러한 의미의 인권을 최초로 선언한 것은 버지니아권리장전(1776년)과 프랑스 인권선언이다. 인간으로서의 권리인 인권과 기본권은 같은 개념이라고 할 수는 없지만 독일 등 일부 국가에서는 동일한 개념으로 사용하기도 한다.

기본적 인권은 보편성(普遍性), 천부성(天賦性), 항구성(恒久性), 불가침성(不可侵性) 등 네 가지의 특성을 가지고 있다. 즉, 모든 인간이 인종·성별·신분 등의 차이에 의해 차별받지 않는 보편적인 권리이며, 인간으로서의 가치와 존엄성에 근거하여 당연히 주어지는 것이고, 살아 있는 동안은 물론 죽어서도 누리는 영구적인 권리이자, 누구도 침해해서는 안 되는 권리임을 의미한다.[1)]

우리나라는 헌법상 기본권을 '국민의 자유와 권리'라는 개념으로 사용하고 있으며 헌법 제10조가 기본권의 보장을 규정하고 있다.

1) 권영성, 헌법학원론, 법문사, 2009, 285면.

## 2. 언론의 자유의 의의

헌법 제21조 제 1 항은 “모든 국민은 언론·출판의 자유와 집회·결사(結社)의 자유를 가진다”라고 규정하고 있다. 여기서의 ‘언론·출판의 자유와 집회·결사의 자유’를 ‘표현의 자유’라고 한다. 표현의 자유(freedom of expression)라는 이름으로 보장되고 있는 표현행위에는 적극적으로 자기의 의사 등을 방해받지 않고 외부로 표현하는 자유뿐만 아니라 소극적으로 일정한 내용의 표명을 강제당하지 아니할 자유까지도 포괄하여 보장하는 의미로 이해하는 것이 통설적 입장이다.[2)]

여기서 중요한 점은 언론·출판의 자유와 표현의 자유의 관계이다. 표현의 자유는 사상이나 의견 등을 외부로 표현할 수 있는 자유로서 언론·출판의 자유는 물론이고 집단적 형태를 취하고 있는 집회·결사의 자유까지도 포함하는 개념이다. 따라서 표현의 자유는 언론·출판의 자유보다 더 넓은 개념이며,[3)] 집단적 표현의 자유인 집회·결사의 자유는 언론법의 고찰대상에서 제외하였다.

고전적(古典的) 의미에서의 언론[4)]·출판[5)]의 자유는 사상·의견 등을 언어·문자 등을 통하여 불특정 다수인[6)]에게 표명하는 자유를 말하는 것이었지만, 현대적 의미에서의 언론·출판의 자유는 사상·의견 등을 표명하는 자유 이외에도 알 권리·액세스권·언론사 설립권뿐만 아니라 언론사의 취재의 자유와 편집·편성권 및 그 내부적 자유까지도 포괄하는 의미로 사용되고 있다.[7)]

---

2) 김철수, 헌법학신론, 박영사, 2009, 719면.

3) 권영성, 전게서, 2009, 491-492면; 임병국, 전게서, 65면; 유일상, 언론법제론, 박영사, 2007, 114면.

4) 언론은 담화·토론·연설·방송·음악·영화·음반 등 구두에 의한 사상 또는 의견의 발표를 의미한다. 김철수, 전게서, 728-729면; 권영성, 전게서, 491면; 성낙인, 헌법학, 법문사, 2009, 518면; 헌재 1993. 5. 13, 91헌바17; 헌재 2001. 8. 30, 2000헌가9; 헌재 2002. 2. 28, 99헌바117.

5) 출판은 문서·도화·사진·조각·서화·소설·시가·비디오물·CD-ROM 등 문자와 형상에 의한 사상 또는 의견의 발표를 의미한다. 김철수, 전게서, 728-729면; 권영성, 전게서, 491면; 성낙인, 전게서, 518면; 헌재 1993. 5. 13, 91헌바17; 헌재 2001. 8. 30, 2000헌가9; 헌재 2002. 2. 28, 99헌바117.

6) 언론·출판은 사상·의견 등을 불특정다수인을 상대로 표현하는 행위를 말하는 것이므로, 개인 간의 일상적인 회화(會話)나 통신(通信)은 언론·출판의 자유로서 보호받는 것이 아니라 통신의 자유 또는 통신의 자유를 내포하는 사생활의 비밀과 자유로서 보호받는 것이다. 권영성, 전게서, 493면; 성낙인, 전게서, 518면 참조.

7) 권영성, 전게서, 491·494-495면; 김철수, 전게서, 730-733면; 임병국, 전게서, 65·49-50면.

## Ⅱ. 헌법적 보장의 배경

언론·출판의 자유(이하 '언론의 자유'로 약칭)는 정신적 자유의 외부적 표현이며,[8] 현대의 대중 민주정치에 있어서는 필수불가결한 자유이기 때문에 정치적 자유의 성격도 가지고 있다.[9] 민주정치는 언론의 자유를 전제로 하고 있으며, 언론의 자유가 보장되지 않는 민주정치란 생각할 수가 없다. 민주주의 정치체제(政治體制)는 사상의 자유로운 형성(形成)과 전달에 의하여 비로소 제 기능을 발휘할 수 있다. 민주적인 정치·법적 질서를 형성하고 유지하기 위해서는 자유로운 사상·의견전달의 수단과 기회가 보장되어야 하기 때문이다.[10]

언론의 자유는 인격의 발현(發顯)을 포함한 개인의 자기실현을 보장하는 수단, 다양성의 촉진을 통한 지식의 신장과 진리의 발견, 정보제공·여론형성의 수단(모든 사회구성원의 정책결정에의 참여기능), 사회의 질서유지를 위한 안정과 변화 간의 균형보장도구의 기능을 하고 있으며,[11] 궁극적으로는 민주주의를 실현

---

조재현 교수는 일반적으로 언론의 자유의 내용으로는 의사표현·전파의 자유, 알 권리(정보의 자유), 신문의 자유 및 방송·방영의 자유, 액세스권 등이 있다고 설명하고 있으며(조재현, 언론법, 동아대학교 출판부, 2007, 15면), 유일상 교수도 "오늘날의 언론의 자유는 정보유통과 관련된 모든 자유를 말하는바, 정보의 공급·전달·수요의 주체들이 서로 상대방의 자율성을 존중하면서 많은 사람들의 평화와 행복을 위해 정보를 공유하는 언론평등의 과정에서 요구되는 기본권"이라고 설명하고 있다(유일상, 전게서, 152면).

8) 헌재 1992. 11. 12, 89헌마88.

9) 김철수 교수는 "민주정치는 국민의 정치적 의지와 정치적 의견의 존재를 전제로 하여 선거와 투표를 행사케 하고 있다. 따라서 정치적 의지와 정치적 의견의 형성을 촉진하여 선거와 투표의 본래의 목적을 발휘하게 할 언론·출판의 자유는 민주정치의 생명선"이라고 하며, 이러한 민주주의적인 원칙에서뿐만 아니라 "언론의 자유는 인간의 존엄과 직결되어 있으며, 사유·사상의 자유를 전제로 하고 있는 점에서도 중요성을 가진다"라고 설명하고 있다(김철수, 전게서, 719면); 권영성 교수는 "표현의 자유로 압축되는 언론·출판의 자유는 정신적 자유와 정치적 자유의 중핵"이라고 한다(권영성, 전게서, 491면).

10) 인간의 존엄을 지키기 위한 자유, 사회를 통합시키기 위한 자유, 여론형성을 통한 정치적 선택의 자유는 모두 자유로운 표현활동에 기초하는 것이고, 따라서 자유로운 표현활동이 없다면 인간은 자주적일 수 없고 사회적일 수 없으며 정치적이 될 수도 없는 것이라고 한다(유일상, 전게서, 77면).

11) Thomas I. Emerson, *System of Freedom of Expression,* Random House Inc., 1970, 6-7면; 헌법재판소 또한 "통치권자와 피통치자가 이념상 자동적(自同的)인 자유민주주의 체제하에서는 정치지도자들이 내리는 결정이나 행동에 관해서 충분히 지식을 가지고 있는 국민대중을 필요로 하며, 자유스러운 표현체계의 유지는 개인의 자기실현을 확보하고 진리에 도달하는 수단이며 사회구성원의 정치적·사회적인 결단의 형성에 참가하는 것을 확보하는 수단일 뿐만 아니라 사회의 안정과 변혁과의 사이의 균형을 유지하는 수단"이라고 하면

시키는 수단으로서의 역할을 하고 있다.[12)]

또한 언론의 자유가 보장되지 않고서는 다른 모든 자유와 권리의 진정한 보장이 어렵기 때문에 언론·출판의 자유는 다른 모든 자유의 기초라고도 할 수 있다.[13)] 이와 같이 중요한 의미를 가지는 기본권인 언론의 자유가 대부분의 현대국가에 있어서 헌법상 보장되고 있는 것은 당연하다 할 수 있을 것이다.[14)]

우리나라 헌법에서 언론의 자유를 최초로 규정한 것은 1948년의 건국헌법(建國憲法)[15)]이지만, 그 후 정치상황에 따라 허가제와 검열제에 관한 규정이 신설 또는 삭제되기도 하였으며, 1988년 현행 헌법에 이르러서야 언론의 자유의

---

서 이에 덧붙여 "또한 자유민주주의 사회는 전체주의 사회와 달라서 정부의 무류성(無謬性)을 믿지 않으며 정부는 개인이나 일반대중과 마찬가지로 또는 그 이상으로 오류를 범한 가능성이 있을 뿐만 아니라 권력을 가진 자가 오류를 범한 경우의 영향은 대단히 크다고 하는 역사적 경험을 전제로 하여 정부가 국민의 비판을 수렴함으로써 오류를 최소화할 수 있다는 사고방식을 보편적으로 수용하고 있는 것이다"라고 설시하고 있다(헌재 1992. 2. 25, 89헌가104).

12) 헌법재판소도 "우리나라는 헌법 제21조에 언론·출판의 자유, 즉 표현의 자유를 규정하고 있는데 이 자유는 전통적으로는 사상 또는 의견의 자유로운 표명(발표의 자유)과 그것을 전파할 자유(전달의 자유)를 의미하는 것으로서 개인이 인간으로서의 존엄과 가치를 유지하고 행복을 추구하며 국민주권을 실현하는 데 필수불가결한 것으로 오늘날 민주국가에서 국민이 갖는 가장 중요한 기본권의 하나로 인식되고 있는 것"이라고 언론의 자유가 가지고 있는 중요성에 대해 설명하고 있으며(헌재 1989. 9. 4, 88헌마22), 대법원 또한 "대한민국 헌법 제21조 제 1 항은 언론과 출판의 자유를 보장하고 있는바, 이러한 자유의 보장은 가치의 다양성을 인정하여 여러 견해의 자유로운 개진과 공개된 토론을 허용하고 이로써 보다 올바른 결론에 도달할 수 있다는 신념에 따른 것으로서 민주주의의 기초가 되는 기본권"이라고 설시하고 있다(대판 2002. 1. 22, 2000다37524).

13) 계희열, 헌법학(중), 박영사, 2007, 428면; 유일상, 전게서, 77면; 헌법재판소 또한 "표현의 자유가 다른 기본권에 우선하는 헌법상의 지위를 갖는다고 일컬어지는 것도 그것이 단순히 개인의 자유인데 그치는 것이 아니고 통치권자를 비판함으로써 피치자가 스스로 지배기구에 참가한다고 하는 자치정체(自治政體)의 이념을 그 근간으로 하고 있기 때문인 것이다(헌재 1992. 2. 25, 89헌가104).

14) 언론의 자유는 바로 민주국가의 존립과 발전을 위한 기초가 되기 때문에 특히 우월적인 지위를 지니고 있는 것이 현대 헌법의 특징이다(헌재 1991. 9. 16, 89헌마165). 언론의 자유는 영국의 1649년 인민협약(The Agreement of the People)에 의해 선언되고, 1695년 검열법(The Licensing Act)의 폐지로 확립된 이래, 1776년 버지니아 권리장전(제12조), 1789년 프랑스의 인권선언 제11조(사상과 의견의 자유로운 소통은 인간의 가장 귀중한 권리의 하나이다. 따라서 모든 시민은 자유로이 발언하고 기술하고 인쇄할 수 있다. 다만, 법에 의해 규정된 경우에 있어서 자유의 남용은 책임을 져야 한다), 1791년 미연방헌법(수정 제 1조) 등에서 표현의 자유가 명문으로 규정되었고, 현재는 거의 모든 각국의 헌법이 표현의 자유를 명문으로 규정하고 있다. 권영성, 전게서, 491-492면; 김철수, 전게서, 726면; 유일상, 전게서, 28·106면 참조.

15) 1948년 헌법 제13조 "모든 국민은 법률에 의하지 아니하고는 언론, 출판, 집회, 결사의 자유를 제한받지 아니한다"라고만 규정하고 있어 그 한계에 대하여는 명시하고 있지 않다.

내재적 한계, 허가제와 검열제의 금지, 그리고 통신·방송의 시설기준 등의 법정주의(法定主義) 원칙이 확고하게 자리잡고 있다.

## 제 2 절 언론의 자유의 법적 성격

### Ⅰ. 법적 성격에 대한 이론과 판례

언론의 자유의 법적 성격에 관해서는 이를 파악하는 관점에 따라 자유권설과 제도적 보장설, 그리고 결합설로 나뉘어져 있다.

#### 1. 학 설

##### (1) 자유권설

언론의 자유는 전통적인 기본권의 하나로서 국민의 소극적인 지위에서 나오는 시민의 방어적(防禦的)인 자유권이라고 보는 견해이다. 다시 말해 언론의 자유는 국가권력의 방해를 받지 않고 자유롭게 사상·의견 등을 발표할 수 있는 대(對)국가적인 방어권의 성격을 가지고 있다고 보는 것이다.

##### (2) 제도적 보장설

제도적 보장설은 민주·법치국가적 질서를 형성하고 유지하기 위해서는 자유로운 여론형성과 여론의 존중이 보장되어야 하며 언론의 자유는 이러한 제도적 보장으로서의 성격을 지닌다고 보는 견해이다.[16] 제도적 보장설은 언론의 자유를 개개인의 인간에서 바라보는 것이 아니라 조직적인 사회의 관점에서 민주정치의 필수요소로서의 여론형성의 자유를 제도적으로 보장하는 것이라는 입장이다.

---

16) 언론의 자유가 민주주의적 정치과정의 하나로서 사회적 효용성을 가질 뿐만 아니라, 더 나아가 국민주권을 지키는 입장에서 정치적·제도적으로 보호되는 자유라고 보는 견해이다.

### (3) 결합설

언론의 자유의 성격은 언론의 자유가 최대한 보장되어야 한다는 자유권적인 성격과 언론·출판제도의 본질을 결코 침해하여서는 안 되며, 민주주의의 전제가 되는 언론·출판제도를 제도적으로 보장한다는 제도보장적인 성격이 결합된 것으로 보는 견해이다. 다시 말해 이 설은 언론의 자유는 국가권력의 방해를 받지 않고 자유로이 사상·의견 등을 표명할 수 있어야 한다는 자유권적인 성격과 민주·법치국가적 질서를 형성하고 유지하기 위해서는 필수적으로 자유로운 여론형성과 여론의 존중이 보장되어야 한다는 제도보장적인 성격을 아울러 가지고 있는 것이라는 입장이다. 우리나라의 통설[17]이자 판례의 입장이기도 하다.

## 2. 판례(判例)

헌법재판소[18]는 헌법 제21조 제 1 항의 규정이 언론의 자유를 보장하고 있고, 언론의 자유에 신문의 자유와 같은 언론매체의 자유가 포함됨은 물론이라고 하면서, “신문은 그 취재와 보도를 통하여 정치·경제·사회·문화 등 다양한 분야에서 일상적인 커뮤니케이션을 매개(媒介)하고 있고, 특히 민주주의 정치과정에서 정치적 의사를 형성·전파하는 매체(媒體)로서 중요한 역할을 담당한다. 신문의 자유는 개인의 주관적 기본권으로서 보호될 뿐만 아니라, ‘자유 신문’이라는 객관적 제도로서도 보장되고 있다. 객관적 제도로서의 ‘자유 신문’은 신문의 사(私)경제적·사법적(私法的) 조직과 존립의 보장 및 그 논조와 경향(傾向), 정치적 색채 또는 세계관에 있어 국가권력의 간섭과 검열을 받지 않는 자유롭고 독립적인 신문의 보장을 내용으로 하는 한편, 자유롭고 다양한 의사형성을 위한 상호 경쟁적인 다수 신문의 존재는 다원주의(多元主義)를 본질로 하는 민주주의사회에서 필수불가결한 요소가 된다”라고 하여 통설의 입장과 마찬가지로 결합설의 입장을 취하고 있다.

---

17) 김철수, 전게서, 728면; 권영성, 전게서, 492-493면; 성낙인, 전게서, 517면; 홍성방, 헌법학, 현암사, 2009, 500면; 허영, 헌법이론과 헌법, 박영사, 2009, 735-736면.

18) 헌재 2006. 6. 29, 2005헌마165.

## Ⅱ. 언론의 자유와 다른 기본권과의 관계

### 1. 집회·결사의 자유와의 관계

언론의 자유와 집회·결사의 자유는 모두 표현의 자유에 해당하나, 언론의 자유는 개인적 표현의 자유인 데 반해 집회·결사의 자유는 집단적 표현의 자유라는 점에서 양자는 구별된다. 집회에 참가하여 발언을 하는 경우에 그러한 행위가 언론의 자유에 해당하는지 집회의 자유에 해당하는지에 관해서는 학설이 나뉘어져 있다.[19] 그러나 이 같은 견해는 실정법을 적용하는 차원에서는 구분하는 것이 유의미할 수 있지만, 기본적으로 표현의 자유의 범주 속에 집회의 자유는 포괄되어 있으며 양자는 경쟁적이라기보다는 상호 보완적이며 자유를 구현하는 방법상의 차이를 설명하는 것으로 이해하는 것이 타당할 것이다.

### 2. 양심·종교·학문과 예술의 자유와의 관계

헌법 제20조 제 1 항은 "모든 국민은 종교의 자유를 가진다"라고 규정하고 있다. 종교적 신념을 표현(자기가 신봉하는 종교를 선전하는 행위 및 다른 종교를 비판하거나 다른 종교의 신자에 대하여 개종을 권고하는 행위, 이른바 선교행위를 포함)하는 행위에 대해서는 종교의 자유에 관한 헌법 제20조 제 1 항이 표현의 자유에 관한 헌법 제21조 제 1 항에 대하여 특별 규정의 성격을 갖는다고 보아 종교의 자유를 규정하고 있는 헌법 제20조 제 1 항이 우선적으로 적용된다는 점에서는 학설[20]과 판례[21]가 별다른 이견이 없다.

19) 대체로 다수의 학자가 우리 헌법이 표현의 자유를 전부 동일조문에서 규정하고 있기 때문에 이를 구별할 실익이 없다고 하면서도, 집회·결사조항을 언론·출판조항에 대한 특별법적 규정으로 보아 집회에 참가하여 발언을 하는 경우(집회에서 연설·토론 등을 하는 경우), 이러한 행위는 집회의 자유로서 보장된다고 하는 견해(권영성, 전게서, 493면; 허영, 전게서, 760면; 홍성방, 전게서, 520면)와 집회에 참가하여 발언을 하는 경우에는 언론의 자유로서 보장되는 것으로 보아야 한다는 견해(김철수, 전게서, 727면; 성낙인, 전게서, 564면)가 나뉘어져 있다. 헌법재판소는 집회에서의 의사표현 자체를 제한하는 경우, 그 제한되는 기본권의 핵심은 "집회에 있어서의 표현의 자유"라고 하여 후설의 입장을 취하는 것으로 보인다(헌재 1992. 1. 28, 89헌가8).

20) 권영성, 전게서, 493면; 김철수, 전게서, 693·727면; 허영, 전게서, 593-594면; 계희열, 전게서, 351-355면; 성낙인, 전게서, 490-491·518면; 홍성방, 전게서, 496·500면.

21) 대법원은 "종교의 자유에는 자기가 신봉하는 종교를 선전하고 새로운 신자를 규합하기

그러나 양심·학문과 예술의 자유와 언론의 자유와의 관계에 대해서는 학설이 나뉘고 있다. 양심·학문과 예술의 자유와 언론의 자유와의 관계도 종교의 자유와 마찬가지로 양심 및 학문과 예술의 외부적 표현에 대해서는 양심의 자유에 관한 헌법 제19조 및 학문과 예술의 자유에 관한 헌법 제22조 제1항이 우선적으로 적용되어야 한다는 견해[22]와 종교 이외의 외부적 표현행위에는 언론의 자유에 관한 헌법 제21조 제1항이 적용된다는 견해[23]가 있다.

---

위한 선교의 자유가 포함되고 선교의 자유에는 다른 종교를 비판하거나 다른 종교의 신자에 대하여 개종을 권고하는 자유도 포함되는바, 종교적 선전, 타종교에 대한 비판 등은 동시에 표현의 자유의 보호대상이 되는 것이나, 그 경우 종교의 자유에 관한 헌법 제20조 제1항은 표현의 자유에 관한 헌법 제21조 제1항에 대하여 특별 규정의 성격을 갖는다 할 것이므로 종교적 목적을 위한 언론·출판의 경우에는 그 밖의 일반적인 언론·출판에 비하여 보다 고도의 보장을 받게 된다"라고 판시하고 있다(대판 1996. 9. 6, 96다19246; 대판 2007. 4. 26, 2006다87903).

22) 허영 교수는 양심의 결정을 행동으로 표현하는 경우에 종종 양심의 자유만을 실현하는 것이 아니고 동시에 다른 기본권(언론의 자유 등)을 실현하는 결과가 되는 때가 있는데, 이러한 경우에는 양심의 자유와 그 다른 기본권 사이에는 이른바 경쟁관계가 성립한다고 볼 수 있으며, 기본권의 경쟁관계에 관한 이론이 적용되어야 할 것이라고 한다. 그리고 학문과 예술의 소산인 언론·출판(순수한 학술적인 의사표시 또는 예술적인 의사표시)은 학문과 예술의 자유에 의해서 보호되기 때문에 '의사표시의 자유'로서가 아니고 학문과 예술활동의 자유로서 보호된다고 한다(허영, 전게서, 589·601면). 권영성, 전게서, 493면; 성낙인, 전게서, 505면·518면; 계희열, 전게서, 369-370·384면; 홍성방 교수는 양심의 자유의 내용을 양심형성의(양심결정의) 자유와 양심유지의 자유로 봄으로써 그 내용에 양심실현의 자유는 포함되지 않는다고 보고 있다. 따라서 양심의 자유에 대해서는 언론의 자유와 경합관계에 있는 것으로 보지 않고, 학문 및 예술의 자유에 대해서만 언론·출판의 자유의 특별법적 규정으로 보는 입장이다(홍성방, 전게서, 488-492·528·533면 참조).

23) 김철수 교수는 "종교상의 외부적 표현에는 헌법 제20조 제1항(모든 국민은 종교의 자유를 가진다)이 우선적으로 적용되지만, 그 외의 외부적 표현행위에는 언론·출판의 자유의 규정이 적용된다. 학문·예술의 자유와 언론·출판의 자유와의 관계도 이에 준하는 것으로 본다"라고 하거나(김철수, 전게서, 727면), 동 교과서 688면에서 "양심의 외부적 표현은 표현의 자유에 속한다"라고 하여 이와 같은 입장을 취하고 있지만, 예술의 자유에 대한 설명에서는 "예술의 자유는 미(美)의 추구의 자유이며 예술창작의 자유와 예술 표현의 자유, 예술적 집회결사의 자유를 포함한다"라거나(김철수, 전게서, 708-710면), 학문의 자유에 대하여도 "학문의 자유는 연구의 자유, 연구발표의 자유와 교수의 자유를 내포하는 것이라고 보아야 할 것"(김철수, 전게서, 701면) 또는 "학문의 연구결과를 발표하는 자유를 연구발표의 자유라고 말하며, 표현의 자유의 한 형태라고도 말할 수 있을 것이다. 순수한 학문의 연구결과를 동학자들이 모인 학회에서나 교육기관에서 발표하는 경우에는 그 목적이 학술연구결과의 전수에 있다면 일반적인 표현의 자유(언론·출판의 자유)보다 강력히 보호받을 것이다. 따라서 이러한 연구결과발표의 자유는 표현의 자유에 대하여 특별법적 지위를 가진다"(김철수, 전게서, 702·708면), 즉 연구결과발표의 발표장소와 그 상황에 따라 일반적인 표현의 자유의 보호를 받느냐, 아니면 그보다 강한 학문의 자유의 보호를 받느냐가 결정된다고 하여 (다소 모순된다고도 볼 수 있는) 색다른 의견을 표명하고 있다. 이에 대해 연구결과발표의 자유가 표현의 자유에 대해 특별법적 지위를 가지는 것은 그 발표내용이 學問性을 가지고 있기 때문이지 그 발표의 장소·상황 때문은 아니라면서,

이에 대해 헌법재판소[24)]는 "헌법 제19조가 보호하고 있는 양심의 자유는 양심형성의 자유와 양심적 결정의 자유를 포함하는 내심적 자유(forum internum) 뿐만 아니라, 양심적 결정을 외부로 표현하고 실현할 수 있는 양심실현의 자유(forum externum)를 포함한다고 할 수 있다"라고 하여 헌법재판소가 양심의 외부적 표현행위에 대한 해석에 있어서도 이를 헌법 제19조가 보장하는 양심의 내용에 포함되는 양심실현으로 보아 양심의 자유를 규정하고 있는 헌법 제19조가 언론의 자유를 규정하고 있는 헌법 제21조 제 1 항에 대해 경합적으로 적용된다는 점을 시사하고 있다.[25)] 학문과 예술의 외부적 표현에 관하여 언론의 자유를 규정하고 있는 헌법 제21조 제 1 항과 학문과 예술의 자유를 규정하고 있는 헌법 제22조 제 1 항 중 어느 규정이 적용될 것인가에 대해서도 헌법재판소는 양 규정이 경합적으로 적용이 되는 것으로 보고 있다.[26)]

---

이러한 발표장소·상황은 그 발표의 내용이 學問性을 가지는 것인지에 대한 부수적 고려의 대상은 되겠지만 이에 따라 적용되는 기본권 규정이 달라지는 것은 아니라는 비판이 있다(계희열, 전게서, 370면).

24) 헌재 1998. 7. 16, 96헌바35.

25) 헌법재판소는 또 다른 사안에서도 "헌법 제19조의 양심의 자유는 크게 양심형성의 내부영역과 형성된 양심을 실현하는 외부영역으로 나누어 볼 수 있으므로, 그 구체적인 보장내용에 있어서도 내심의 자유인 '양심형성의 자유'와 양심적 결정을 외부로 표현하고 실현하는 '양심실현의 자유'로 구분된다. 양심형성의 자유란 외부로부터의 부당한 간섭이나 강제를 받지 않고 개인의 내심영역에서 양심을 형성하고 양심상의 결정을 내리는 자유를 말하고, 양심실현의 자유란 형성된 양심을 외부로 표명하고 양심에 따라 삶을 형성할 자유, 구체적으로는 양심을 표명하거나 또는 양심을 표명하도록 강요받지 아니할 자유(양심표명의 자유), 양심에 반하는 행동을 강요받지 아니할 자유(부작위(不作爲)에 의한 양심실현의 자유), 양심에 따른 행동을 할 자유(작위에 의한 양심실현의 자유)를 모두 포함한다"라고 하여 헌법 제19조가 규정하고 있는 양심의 자유를 내심의 자유에 한정하여 해석하지 않고, 내부에서 형성된 양심을 외부로 표현하고 실현하는 외부적 표현행위까지 포괄하는 의미로 해석하고 있다(헌재 2004. 8. 26, 2002헌가1).

26) 헌법재판소는 "헌법 제22조는 모든 국민은 학문과 예술의 자유를 가진다고 규정하고 있다. 예술의 자유의 내용으로서는 일반적으로 예술창작의 자유, 예술표현의 자유, 예술적 집회 및 결사의 자유 등을 들고 있다 … 예술표현의 자유는 창작한 예술품을 일반대중에게 전시·공연·보급할 수 있는 자유이다. 예술품보급의 자유와 관련해서 예술품보급을 목적으로 하는 예술출판자 등도 이러한 의미에서의 예술의 자유의 보호를 받는다고 하겠다. 따라서 비디오물을 포함하는 음반제작자도 이러한 의미에서의 예술표현의 자유를 향유한다고 할 것"이라고 설명함과 동시에 "의사표현의 자유는 헌법 제21조 제 1 항이 규정하는 언론·출판의 자유에 속하고, 여기서 의사표현의 매개체는 어떠한 형태이건 그 제한이 없다고 할 것이다. 영화도 의사표현의 한 수단이므로 영화의 제작 및 상영은 다른 의사표현수단과 마찬가지로 헌법에 의한 보장을 받음은 물론 영화는 학문적 연구결과를 발표하는 수단이 되기도 하고, 예술표현의 수단이 되기도 하므로 그 제작 및 상영은 학문·예술의 자유를 규정하고 있는 헌법 제22조 제 1 항에 의하여도 보장을 받는다"라고 설시하고 있다(헌재 1993. 5. 13, 91헌바17).

# 제 3 절 언론의 자유의 주체 및 내용

## Ⅰ. 언론의 자유의 주체

언론의 자유는 국민의 권리가 아니라 인간(人間)으로서의 권리이기 때문에, 국민뿐만 아니라 외국인에게도 보장되는 기본권이다.[27] 그리고 앞서 살펴본 바와 같이 언론의 자유는 자유권적인 성격과 (자유로운 여론형성과 여론의 존중이 보장되어야 한다는) 언론기관의 자유를 포함하는 제도보장적인 성격을 아울러 가지고 있으므로 자연인(自然人)뿐만 아니라 법인(法人)에 대해서도 그 적용이 가능한 사항(의견표시·정보수집·보도의 자유 등)에는 언론의 자유가 보장된다.[28]

그 밖에 헌법재판소[29]는 권리능력 없는 사단(社團)의 성격을 가지고 있는 언론인들의 협동단체에 대한 헌법소원 심판청구의 적법 여부에 관한 판단에서 "언론·출판의 자유는 그 성질상 법인이나 권리능력 없는 사단도 누릴 수 있는 권리이므로 (권리능력 없는 사단인) 청구인협회가 언론·출판의 자유를 직접 구체적으로 침해받은 경우에는 헌법소원심판을 청구할 수 있다"라고 하여 언론의 자유는 그 성질상 권리능력 없는 사단도 누릴 수 있는 권리임을 인정하고 있다.

## Ⅱ. 언론의 자유의 범주 및 내용

### 1. 언론의 개념 및 언론의 자유의 범주(範疇)

#### (1) 언론의 개념

언론의 자유에 있어서의 언론이라 함은 담화·연설·토론·연극·방송·음악·

27) 외국인에 대한 언론의 자유는 일반적으로 보호되지만, 정치적 표현의 자유는 제한될 수 있다고 한다. 김철수, 전게서, 728면; 성낙인, 전게서, 517면 참조.

28) 권영성, 전게서, 494면; 홍성방, 전게서, 500면; 성낙인, 전게서, 517면; 계희열, 전게서, 460-461면; 신문사도 언론의 자유의 향유 주체가 될 수 있으며, 헌법소원의 청구인적격이 인정된다(헌재 2006. 6. 29, 2005헌마165).

29) 헌재 1995. 7. 21, 92헌마177.

영화·가요 등과 문서·도화·사진·조각·서화·소설·시가 기타 형상에 의한 모든 것, 즉 사상·양심·지식·경험 등을 표현하는 모든 수단을 의미한다고 해석된다.[30] 법률 측면에서 개념규정의 실례를 보면 언론중재법에서는 언론을 "방송, 신문, 잡지 등 정기간행물, 뉴스통신 및 인터넷신문을 말한다[31]"고 정의하고 있고, 그로 인한 침해를 중재법의 심판 대상으로 하고 있다.

참고로 언론학에서 정의하는 언론의 개념은 인간의 모든 커뮤니케이션 활동을 포괄하는 것이며, 특정한 커뮤니케이션 활동을 지칭할 경우는 필요에 따라 매스커뮤니케이션, 대면 커뮤니케이션, 저널리즘 등의 용어를 사용하고 있다.[32]

### (2) 언론의 자유의 범주

고전적 의미에서의(초기의) 언론의 자유는 불특정다수인을 상대로 자신의 의견·사상 등을 자유로이 표명하거나 전달할 수 있는 자유로 이해되고 있었다. 헌법 제21조가 이와 같은 의견·사상 등의 표명과 전달의 자유를 보장하고 있는 결과, 공권력은 이와 관련하여 인신구속·사전검열·입법조치·도청 등의 수단으로 의견·사상 등의 발표 또는 전달을 억제할 수 없게 되는 것이다.[33]

문제는 '언론의 자유'라는 이름으로 헌법상 보장되는, 자유로운 표명의 대상이 되는 사상·의견 등(의사표현)의 범위는 어디까지인가 하는 것이다. 표현의 자유는 정신적 자유의 하나로서 정신활동의 자유·정신적 표현의 자유를 말하는 것이며, 여기서의 '정신활동' 또는 '정신적 표현'이라고 하는 것은 직접적으로

---

30) 권영성, 전게서, 494면; 김철수, 전게서, 728-729면; 성낙인, 전게서, 518-519면; 홍성방, 전게서, 502면; 유일상, 전게서, 1면.

헌법재판소도 "헌법 제21조 제1항은 모든 국민은 언론·출판의 자유를 가진다고 규정하여 언론·출판의 자유를 보장하고 있는바, 의사표현의 자유는 바로 언론·출판의 자유에 속한다. 따라서 의사표현의 매개체를 의사표현을 위한 수단이라고 전제할 때, 이러한 의사표현의 매개체는 헌법 제21조 제1항이 보장하고 있는 언론·출판의 자유의 보호대상이 된다고 할 것이다. 그리고 의사표현·전파의 자유에 있어서 의사표현 또는 전파의 매개체는 어떠한 형태이건 가능하며 그 제한이 없다고 하는 것이 우리 재판소의 확립된 견해이다. 즉, 담화·연설·토론·연극·방송·음악·영화·가요 등과 문서·소설·시가·도화·사진·조각·서화 등 모든 형상의 의사표현 또는 의사전파의 매개체를 포함한다고 할 것이다"라고 하여 같은 입장을 취하고 있다(헌법재판소 2001. 8. 30, 2000헌가9).

31) 언론중재법 제2조 제1항.

32) 한국언론학회 편, 언론학원론, 범우사, 2008.3, 22면.

33) 권영성, 전게서, 494면.

인격발현을 목적으로 하는 활동이어야만 한다는 견해이다. 이 견해에 따르면 정신활동의 자유라고 볼 수 없는 영리적인 광고 등은 표현의 자유로는 파악할 수 없고 영업의 자유로 이해하여야 할 것이라고 한다.[34)]

이와는 달리 표현의 자유가 반드시 인격발현을 목적으로 하는 활동만을 그 대상으로 한다고 보기에는 다소 무리가 있다고 하면서, 언론의 자유의 보호대상이 되는 '의사표현'에는 인격발현을 목적으로 하는 활동, 즉 '정신활동' 또는 '정신적 표현'뿐만 아니라 그 밖에 단순한 정보·지식은 물론 영리를 목적으로 하는 활동까지도 포괄하는 넓은 개념으로 보는 것이 타당하다고 하는 견해가 있다. 후자의 견해는 표현의 자유를 정신활동의 자유 내지 정신적 표현의 자유로 보고 이 자유를 직접적인 인격발현을 목적으로 하는 활동에 국한하여 이해하는 견해와 같이 정신을 물질이나 육체와 대립하는 실존(實存)으로 이해하게 되면, 영리적인 광고 등은 정신활동의 자유라고 볼 수 없고 물질 경제적 자유에서 논의되어야 할 문제이지 표현의 자유에 포함시킬 수 없다는 결론이 나오게 된다면서, 표현이란 인간의 내면인 뇌수에 간직되어 있는 것 가운데 일부를 의도적으로 또는 반(半)의식적이거나 무의식중에 때로는 실수로 말·글 또는 각종의 상징을 통해 외부로 표현하는 것이므로, 표현의 자유의 내용 중에는 사상과 의견뿐만 아니라 정보 또는 지식 등이 포함되어야 한다고 한다. 그리고 이렇게 이해할 때 비로소 알 권리와 정보의 자유(freedom of information)는 표현의 자유 속에 포섭될 수 있으며 이 자유의 확보를 바탕으로 하여 현대의 대중민주주의 사회가 필요로 하는 여론의 자유로운 형성에 대한 이해가 가능할 것이라고 한다.[35)]

헌법재판소의 판례 또한 "우리 헌법은 … 현대 자유민주주의의 존립과 발전에 필수불가결한 기본권으로 언론·출판의 자유를 강력하게 보장하고 있는바, 광고물도 사상·지식·정보 등을 불특정다수인에게 전파하는 것으로서 언론·출판의 자유에 의한 보호를 받는 대상이 됨은 물론이다"라고 하여 광고 또한 헌법이 보장하고 있는 언론의 자유의 대상에 포함시키고 있다(헌재 1998. 2. 27, 96헌바2). 헌법재판소의 이와 같은 입장은 이후의 판결에서도 계속 유지되고 있으며

34) 김철수, 전게서, 718-719면; 신평, 언론법, 삼영사, 2007, 85면 참조.

35) 유일상, 전게서, 109-110면(또는 헌재 1998. 2. 27, 96헌바2; 헌재 2000. 3. 30, 97헌마108; 헌재 2002. 12. 18, 2000헌마764 참조).

(헌재 2000. 3. 30, 97헌마108; 헌재 2002. 12. 18, 2000헌마764), '2000헌마764' 판결에서는 "광고는 … 기업언론으로서의 존재 의의를 가지고 있다. 광고는 상품의 품질, 특징, 가격 등의 정보를 제공함으로써 소비자의 소비선택을 위한 판단과 의사결정에 보조적인 역할을 수행함과 동시에 구매의사결정에 설득적으로 작용함으로써 구매욕구를 자극시킨다 … 뿐만 아니라 국민의 알 권리는 국민 누구나가 일반적으로 접근할 수 있는 모든 정보원(情報原)으로부터 정보를 수집할 수 있는 권리로서 정보수집의 수단에는 제한이 없는 권리인바, 알 권리의 정보원으로서 광고를 배제시킬 합리적인 이유가 없음을 고려할 때, 광고는 이러한 관점에서도 표현의 자유에 속한다고 할 것이다"라고 판시하여 광고가 언론의 자유의 보호대상이 되는 근거를 알 권리라는 측면에서 새롭게 시도하고 있다(헌재 2002. 12. 18, 2000헌마764).

앞서 언급한 바와 같이 헌법이 보장하고 있는 언론의 자유가 가지고 있는 현대적 의의는 초기의 그것과는 명확하게 구별된다. 언론의 자유가 헌법에 의해 보장되기 시작한 초기의 언론의 자유의 의의는 불특정 다수인을 상대로 자신의 의견·사상 등을 자유로이 표명하거나 전달할 수 있는 자유로 이해되고 있었다. 그렇지만, 현대의 언론의 자유가 가지는 의미는 알 권리·액세스권·반론권·언론사 설립권뿐만 아니라 언론사의 취재의 자유와 편집·편성권 및 그 내부적 자유까지도 포괄하고 있다. 사상·의견 등을 자유로이 표명할 수 있을 때 개개인은 인간으로서의 존엄과 가치를 유지하고 자유로운 인격발현을 성취할 수 있다는 기본적인 생각은 과거와 동일하지만, 오늘날은 그러한 자유로운 사상·의견 등의 표명을 가능하게 하는 전제의 중요성이 부각되었기 때문이다.[36] 다시 말해 그러한 사상·의견 등의 형성이 가능해지기 위해서는 국가·사회로부터 필요한 정보를 광범하게 수집할 수 있어야 하고, 일반적인 정보원(情

36) 유일상 교수는 "현대적 의미에서의 언론의 자유는 정보유통과정과 관련된 모든 자유를 표현의 자유에 포함시킨다. 따라서 정보의 자유는 언론자유의 핵심으로 이해되고 있다. 이러한 이해는 사람들의 인식이 커뮤니케이션의 전 과정을 종합적으로 보장하는 자유가 아닌 한 표현의 자유가 총체적으로 확보되기 어렵다는 데까지 높아졌고, 그 사회적 공감대가 크게 확대된 결과에 따라 표현의 핵심인 정보의 자유에 언론자유의 비중을 무겁게 두는 것이다"라고 설명하고 있다(유일상, 전게서, 116면). 김철수 교수 또한 "정보의 자유는 여론의 자유로운 형성을 위한 전제로서 민주정치에 필수불가결한 요소이기 때문에 우리 헌법상에서도 인정된다고 할 것이고, 헌법재판소도 인정하고 있다"라고 설명하고 있다(김철수, 전게서, 730면). 여기에서의 '정보의 자유'라는 것은 '의사표현을 받아들이는 자유', 즉 '읽을 권리', '알 권리' 등을 의미한다.

報源)에 접근할 수 있어야 한다.[37]

따라서 오늘날 헌법이 보장하고 있는 언론의 자유는 고전적 의미에서의 언론의 자유의 기능, 즉 여론의 자유로운 형성을 위한 전제(前提)가 되는 알 권리·액세스권·언론사 설립권뿐만 아니라 언론사의 취재의 자유와 편집·편성권 및 그 내부적 자유까지도 포괄하고 있다.[38]

## 2. 의사표현(意思表現)의 자유

고전적 의미에서의 언론의 자유는 자신의 사상·의견 등을 언어·문자 등을 통하여 불특정 다수인에게 표명할 수 있는 자유를 말하는 것[39]으로 인간으로서 가져야 하는 기본적인 권리의 하나이다. 이러한 '의사(意思)의 자유로운 표명'이 초기 언론의 자유의 핵심적 개념요소였으며, 현대에 와서도 언론의 자유를 규정하는데 있어 가장 근본적이며 원초적 개념임에는 변함이 없다.

그런데 앞에 기술한 바와 같이 '언론의 자유'의 한 내용으로서의 '意思(사상·의견 등) 표현의 자유'에서 '의사(사상·의견 등)'의 범위는 어디까지인가 하는 것이 논의의 대상이 되고 있다. '의사(사상·의견 등)'의 개념을 좁게 해석하여 합리적이고 평가적인 사고의 과정을 거친 '평가적인 의사'만이 여기에서의 '의사'에 해당한다고 하는 견해[40]가 있다(평가적 의사설). 즉 이 견해는 '단순한 사실의 전달'은 '의사'의 개념에 포함되지 않는다고 보는 견해로서 '의사(사상·의견 등) 표현의 자유'와 후술하는 (언론의 자유의 또 다른 내용으로서의) '보도의 자유'를 구별하여 이해하는 입장으로 '의사표현의 자유'는 원칙적으로 합리적인 사고과정을 거친 평가적인 의사를 표현하고, 그것을 타인에게 전달하고, 그러한 의사표현을 통해 여론형성에 직접 참여할 수 있는 자유를 보호하기 위한 것이며, '단순한 사실의 전달'과 같이 전달하는 사람의 주관이 개입할 여지가 전혀 없는 경우에는 '의사

37) 권영성, 전게서, 492면; 김철수, 전게서, 730-733면 참조.

38) 현대국가에서의 정보의 유통과정은 ① 정보원(情報源) ➡ ② 정보수집 ➡ ③ 정보처리 ➡ ④ 정보전달의 과정으로 단계화할 수 있는데, 오늘날 헌법 제21조가 보장하고 있는 언론의 자유는 이러한 정보의 전(全) 유통과정에서의 자유를 의미하는 것이다. 권영성, 전게서, 494-496면; 성낙인, 전게서, 511·518면; 유일상, 전게서, 116면.

39) 언론의 자유는 전통적으로 사상 또는 의견의 자유로운 표명(발표의 자유)과 그것을 전파할 자유(전달의 자유)를 의미하는 것이다(헌재 1992. 2. 25, 89헌가104).

40) 허영, 전게서, 737-738면.

표현의 자유'가 아닌 '보도의 자유'에 의해 보호되는 영역이라는 것이다.

이와 달리 '의사(사상·의견 등)표현의 자유'에 있어서의 '의사(사상·의견 등)'의 개념에 '단순한 사실의 전달'까지도 포함시키려는 견해[41]가 있다(사실전달포함설). 이와 같은 사실전달포함설은 평가적 의사설이 주장하는 '평가적인 의사'와 '단순한 사실의 전달'을 확연하게 구별한다는 것이 사실상 불가능하다는 것을 전제로 하며, 사실상 '단순한 사실의 전달'이라 하더라도 그것이 언론·출판에 의해서 전달·전파되는 경우에는 전달·전파하고자 하는 주체의 주관적인 색체가 개입할 소지가 많고, 전달·전파하고자 하는 '사실'의 선정 자체가 (해당 사실을 전달·전파하고자 하는 주체의) 평가적인 의사표시가 이미 개입되어 있다고 보는 입장이다. 사실전달포함설이 제시하고 있는 그 밖의 논거에는, 어떤 '사실'에 대한 주장은 일반대중이 공적 의사를 형성하는 데 결정적 역할을 한다는 점과 의사를 '단순한 사실의 전달'까지도 포함하는 것으로 이해하여야 의사표현의 자유를 흠결 없이 보호해줄 수 있다는 점(평가적 의사설의 입장에서는 '단순한 사실의 전달'은 '보도의 자유'에 의하여 보호되기 때문에 '의사표현의 자유'에서는 평가적 의사만을 보호하는 것으로 이해하는 것이 합리적이라고 하지만, 이러한 주장은 보도기관의 사실 전달만을 고려한 것으로서 이러한 평가적 의사설에 따르면 '사인에 의한 사실전달'을 '보도의 자유'에 포함시키지 않는 한 '사인에 의한 사실전달'을 언론의 자유로서 보호해 줄 수 없다는 것을 의미한다고 한다[42]) 등이 있다.[43]

## 3. 알 권리(right to know)

### (1) 알 권리의 의의

헌법 제21조는 언론의 자유, 즉 표현의 자유를 규정하고 있는데 이 자유는

41) 계희열 교수는 자신의 의사와 상관없이 의사형성을 가능하게 하고 영향을 주는 사실은 의사표현의 자유에 의해 보호된다고 한다(계희열, 전게서, 433면). 성낙인 교수도 언론의 자유는 단순히 자기의 가치판단에 따른 견해 표현뿐만 아니라 사실보도까지 포괄한다고 한다(성낙인, 전게서, 512면). 홍성방 교수 또한 "진실이 아닌 사실전달, 왜곡된 설명, 사실의 왜곡, 진실이 아닌 보도, 잘못된 인용이 아닌 한 그것이 평가적인 것이든 또는 사실전달이든 의사표현의 자유에 의하여 보호되는 것"이라고 설명하고 있다(홍성방, 전게서, 501-502면).

42) 일반적인 표현대로 '보도의 자유'를 '매스컴의 자유'로 정의하는 한 '사인에 의한 의사전달'을 일반적인 의미에서 '보도'라 부를 수는 없을 것이다.

43) 홍성방, 전게서, 501-502면 참조.

전통적으로 사상·의견 등의 자유로운 표명과 그것을 전파할 자유를 의미하는 것이며, 사상·의견 등의 자유로운 표명은 자유로운 의사의 형성을 전제로 한다. 즉 사상·의견 등의 자유로운 표명의 전제가 되는 자유로운 의사의 형성은 정보(情報)에의 접근이 충분히 보장됨으로써 비로소 가능한 것이다.[44)]

알 권리(right to know)라 함은 정보에의 접근·수집·처리의 자유, 즉 모든 정보원(情報源)으로부터 일반적 정보를 수집하고 또 처리할 수 있는 권리를 말한다.[45)] 여기서 '일반적'이란 불특정의 다수인에게 개방될 수 있는 것(신문, 잡지, 방송, 라디오 등의 대중매체수단이 대표적인 예)을 말하고, '정보'란 양심·사

44) 헌법 제21조 언론의 자유가 의사표현의 자유만을 의미하는가, 그렇지 않으면 의사표현을 받아들이는 자유를 포함하는가의 문제이다. 의사표현을 받아들이는 자유는 여론의 자유로운 형성을 위한 전제로서 민주정치에 필수불가결한 요소이기 때문에 우리 헌법상에서도 당연히 인정된다고 할 것이다. 헌법재판소 또한 "사상 또는 의견의 자유로운 표명은 자유로운 의사의 형성을 전제로 하는데, 자유로운 의사의 형성은 충분한 정보에의 접근이 보장됨으로써 비로소 가능한 것이며, 다른 한편으로 자유로운 표명은 (정보의) 자유로운 수용 또는 접수와 불가분의 관계에 있다고 할 것이다. 그러한 의미에서 정보에의 접근·수집·처리의 자유 즉 '알 권리'는 표현의 자유에 당연히 포함되는 것으로 보아야 하는 것이다 …. 이러한 관점에서 청구인의 자기에게 정당한 이해관계가 있는 정부 보유 정보의 개시(開示) 요구에 대하여 행정청이 아무런 검토 없이 불응하였다면 이는 청구인이 갖는 헌법 제21조에 규정된 언론 출판의 자유 또는 표현의 자유의 한 내용인 '알 권리'를 침해한 것"이라고 판시하여 헌법해석상 직접적인 권리로서의 '알 권리'를 설명하고 있다(헌재 1989. 9. 4, 88헌마22).

45) 권영성, 전게서, 495-496면; 유일상, 전게서, 116-118면 참조.

> 현대국가에서의 정보의 유통과정은 ① 정보원(情報源) ➡ ② 정보수집 ➡ ③ 정보처리 ➡ ④ 정보전달의 과정으로 단계화할 수 있다고 한다. '정보원(情報源)'이라 함은 정보의 원천으로서 정보자료의 출처를 말하는 것이며, 정보관리자를 기준으로 나누어 국가·지방자치단체 등이 관리하는 공공기관정보와 정치단체·경제단체·언론기관 등의 사회단체가 관리하는 사회집단정보, 그리고 개인이 관리하는 개인정보 등이 있다. '정보수집'이라 함은 정보원(情報源)으로부터 정보를 수집하는 행위를 말하며, 정보수집의 권리는 크게 두 가지로 나누어질 수 있는데, 하나는 언론기관의 취재(取材)의 자유라는 권리이고 다른 하나는 일반 국민의 정보공개청구권이다. 언론기관의 취재의 자유는 자유권적인 성격을 가지는 반면, 정보공개청구권은 청구권적인 성격을 가지고 있다. '정보처리'라 함은 정보를 선택하고 재구성하는 행위를 말하며, 정보의 선택과 재구성 작업은 개인·공공기관·언론기관·기업체·정치단체 등에서도 행해지고 있다. 특히 언론기관의 경우에는 내부에서의 정보의 편집 및 편성과정이 여기에 해당한다. '정보전달'이라 함은 처리된 정보를 전달하는 행위를 말하며, 고전적 의미의 언론의 자유가 바로 정보전달의 자유를 보장하는 것을 의미하는 것이라고 한다. 이러한 정보전달의 자유가 오늘날 특히 의미를 가지는 것은 언론기관에의 접근과 그 이용권이라고 불리는 액세스권과 관련하여서이며, 언론기관의 정보전달에 반론을 게재하는 반론권(反論權)도 그 중의 하나이다.

상·의견·지식 등의 형성에 관련이 있는 일체의 자료를 말한다.[46] 정보의 생성·유통의 과정을 보면 ① 정보원(情報源)이 정보를 생성하거나 관리하는 주체가 되며, ② 정보의 수집은 언론기관이나 개인이 알 권리 차원에서 취재나 정보공개요구를 통해 정보를 취득하는 것이고, ③ 정보의 처리는 개인이나 언론기관이 취득한 정보를 활용하여 필요에 따라 신문이나 방송의 기사로 가공하거나 인용하는 등의 행위를 말한다. ④ 정보의 전달은 취득한 정보를 가공하거나 그대로 공중 또는 특정인에게 공개하는 것을 의미한다.[47]

앞에서 기술한 정보의 생성 및 유통과정에서도 확인할 수 있듯이 알 권리는 취재의 자유, 편집의 자유, 보도와 방송의 자유 등을 관철하는 데 있어 핵심이 되는 자유이다. 또한, 수감자의 신문구독 등 독서의 자유, 여론조사 등 선거관련 정보의 공개요구, 소송기록 열람청구, 각종 공공 정보공개요구 등으로 실현된다. 따라서 헌법상 보장되는 알 권리는 국민생활에 필요한 정보를 대량으로 생산·보유하고 있는 정부와 지자체 또는 공공기관에 대해 정보를 공개할 것을 요구하는 권리이기 때문에 '공공기관의 정보공개에 관한 법률'(정보공개법)에 의해 구현되고 있다.

언론의 자유가 대체로 언론기관을 중심으로 한 송신자 측의 자유를 대변해 왔는데 대해, 알 권리는 수신자인 일반국민이 정보의 원천(源泉)에 관해 정보공개를 요구하는 권리까지를 포함시킴으로써 언론의 자유의 범위를 넓혔다는 평가를 받고 있다.[48]

다만, 알 권리는 국민이 일반적으로 정보에 접근·수집·처리함에 있어서 국가권력의 방해를 받지 않음을 보장하고 의사형성이나 여론 형성에 필요한 정보를 적극적으로 수집하고 수집에 대한 방해의 제거를 청구할 수 있는 권리이지만 원칙적으로 국가에게 이해관계인의 공개청구 이전에 적극적으로 정보를

46) 권영성, 전게서, 496면; 계희열, 전게서, 437면.

47) 권영성. 전게서. 495면.

48) 유일상, 전게서, 175면; 20세기에 들어오면서 시작된 매스미디어의 발달은 정보발신자인 매스미디어와 정보수용자인 일반인 간의 현저한 분리, 즉 일방적인 정보의 흐름이라는 현상을 야기시켰고, 이러한 발신자와 수신자 간의 분리가 현저한 상황에서는 발신자를 중심으로 하는 표현의 자유관(自由觀)은 자신의 인격 발현 및 정치과정에의 참여라는 언론자유의 보장의 헌법적 가치를 본래적 의미 그대로 구현할 수 없게 되었고, 따라서 본래의 가치를 실재화하기 위해서 표현의 자유의 개념을 재구성할 수밖에 없었는데, 이렇게 등장한 것이 바로 '알 권리'의 개념이다. 임병국, 전게서, 87-88면 참조.

공개할 것을 요구하는 것까지 알 권리로 보장되는 것은 아니다. 따라서 일반적으로 국민의 권리의무에 영향을 미치거나 국민의 이해관계와 밀접한 관련이 있는 정책결정 등에 관하여 적극적으로 그 내용을 알 수 있도록 공개할 국가의 의무는 기본권인 알 권리에 의해 바로 인정될 수는 없고 이에 대한 구체적인 입법이 있는 경우에야 비로소 가능하다.[49)]

### (2) 알 권리의 법적 근거 및 성격

대한민국 헌법은 알 권리를 명문으로 규정하고 있지 않지만, 점차 독자적인 개별적 기본권으로서 자리매김하고 있으며,[50)] 학설·판례 모두 알 권리의 헌법적 보장을 인정하고 있다. 다시 말해 알 권리는 언론의 자유와는 표리일체의 관계에 있다고 할 수 있으며, 민주적인 국정참여 및 인격의 자유로운 발현과 인간다운 생활을 확보하기 위하여 필요한 정보수집권을 의미한다는 점에서(언론의 자유를 규정하고 있는 헌법 제21조 외에도) 헌법 제 1 조(국민주권의 원리)·헌법 제10조(인간의 존엄성 존중과 행복추구권)[51)]·헌법 제34조 제 1 항(인간다운 생활을 할 권리)과도 깊은 관련이 있다.[52)] 또한 인권에 관한 세계선언 제19조도 알 권리를 명시적으로 보장하고 있다.[53)]

---

49) 헌재 2004. 12. 16, 2002헌마579.

50) 성낙인, 전게서, 520·551-552면.

51) 허영 교수는 "누구나 자신의 관심사에 대해서 정보를 수집하고 알고자 노력하는 것은 행복추구의 한 양태를 뜻할 수도 있기 때문에 '정보의 자유' 내지 '알 권리'를 보장하는 것은 자주적 인간에게 행복추구의 전제조건을 보장하는 것이나 다름없다"라고 설명하고 있다(허영, 전게서, 739면).

52) 권영성, 전게서, 497면; 헌법재판소도 "알 권리는 민주국가에 있어서 국정의 공개와도 밀접한 관련이 있는데 우리 헌법에 보면 입법의 공개(제50조 제1항), 재판의 공개(제109조)에는 명문규정을 두고 행정의 공개에 관하여서는 명문규정을 두고 있지 않으나, '알 권리'의 생성기반을 살펴볼 때 이 권리의 핵심은 정부가 보유하고 있는 정보에 대한 국민의 알 권리, 즉 국민의 정부에 대한 일반적 정보공개를 구할 권리(청구권적 기본권)라고 할 것이며, 또한 자유민주적 기본질서를 천명하고 있는 헌법 전문과 제1조 및 제4조의 해석상 당연한 것이라고 봐야 할 것이다"라고 하여 알 권리의 헌법적 근거에 대해 같은 입장을 취하고 있다(헌재 1989. 9. 4, 88헌마22); 성낙인, 전게서, 551-552면(그러나 성낙인 교수는 알 권리의 주된 근거를 헌법 제1조, 제10조, 제21조 제1항에서 찾아야 한다면서도 헌법 제34조 제1항을 알 권리의 헌법적 기초로 이해하는 것은 자칫 헌법에 열거되지 아니한 기본권의 헌법적 근거를 지나치게 확대해석할 소지가 있기 때문에 문제가 있다고 한다).

53) 인권에 관한 세계선언 제19조는 "모든 사람은 모든 수단에 의하여 국경을 초월하여 정보와 사상을 탐구하거나 입수 또는 전달할 자유를 갖는다"라고 하여 '알 권리'를 명시적으로 규정하고 있다.

알 권리는 자유권적 성질과 청구권적 성질을 공유하고 있는데, 국민이 일반적으로 접근할 수 있는 정보원(情報源)으로부터 정보를 수집·처리함에 있어서 헌법과 법률에 의하지 않고는 제한받지 않는다는(국가권력의 방해를 받지 않는다는) 의미에서는 자유권적인 성격을 가지는 것이지만, 의사형성이나 여론 형성에 필요한 정보를 적극적으로 수집하고 수집을 방해하는 방해제거를 청구할 수 있다(이는 정보수집권 또는 정보공개청구권으로 나타난다)는 점에서는 청구권적(請求權的)인 성격을 가지는 복합적인 성격의 권리이다.[54] 더 나아가 현대사회가 고도의 정보화사회로 이행해 감에 따라 알 권리는 생활권적 성질까지도 획득해나가고 있다고 한다.[55]

이와 같이 헌법 제21조 언론의 자유와 표리일체의 관계에 있으며, 그 밖에도 헌법 제 1 조(국민주권의 원리)·헌법 제10조(인간의 존엄성 존중과 행복추구권)·헌법 제34조 제 1 항(인간다운 생활을 할 권리)에서도 그 헌법적 근거를 찾을 수 있는 알 권리의 실현은 법률의 제정이 헌법 규정들에 뒤따라 이를 구체화하는 것이 실정법의 법체계상 바람직할 것이다.[56] 그러나 그러한 법률이 제정되어 있지 않다고 하더라도 알 권리의 행사 또는 실현이 불가능한 것은 아니고 헌법 제21조에 의해 직접 보장될 수 있다고 하는 것이 헌법재판소의 확립된 판례이다.[57]

---

54) 권영성, 전게서, 497면; 홍성방, 전게서, 503면; 헌법재판소도 "정보에의 접근·수집·처리의 자유, 즉 알 권리는 헌법 제21조 소정의 표현의 자유와 표리의 관계에 있으며 자유권적 성질과 청구권적 성질을 공유하는 것"이라고 설명하고 있다(헌재 1991. 5. 13, 90헌마133).

55) 허영 교수는 오늘의 정보는 어제의 자본과 같다는 의미에서 정보의 자유 내지 알 권리는 현대인의 생활권적인 의미도 더불어 가진다고 하며, 헌법재판소 또한 이와 같은 입장이다(헌재 1991. 5. 13, 90헌마133 참조).

56) 성낙인, 전게서, 558면.

57) 헌재 1989. 9. 4, 88헌마22; 헌법재판소는 "알 권리의 실현은 법률의 제정이 뒤따라 이를 구체화시키는 것이 충실하고도 바람직하지만, 그러한 법률이 제정되어 있지 않다고 하더라도 불가능한 것은 아니고 헌법 제21조에 의해 직접 보장될 수 있다고 하는 것이 헌법재판소의 확립된 판례인 것이다. 이러한 '알 권리'의 보장의 범위와 한계는 헌법 제21조 제4항, 제37조 제2항에 의해 제한이 가능하고 장차는 법률에 의하여 그 구체적인 내용이 규정되겠지만, '알 권리'에 대한 제한의 정도는 청구인에게 이해관계가 있고 타인의 기본권을 침해하지 않으면서 동시에 공익실현에 장애가 되지 않는다면 가급적 널리 인정하여야 할 것이고 적어도 직접의 이해관계가 있는 자에 대하여는 특단의 사정이 없는 한 의무적으로 공개하여야 한다고 할 것이다. 위와 같이 해석하는 것이 헌법 제21조에 규정된 표현의 자유의 한 내용인 국민의 '알 권리'를 충실히 보호하는 것이라고 할 것이며, 이는 국민주권주의 (헌법 제1조), 인간의 존엄과 가치(제10조), 인간다운 생활을 할 권리(제34조 제1항)도 아울러 신장시키는 결과가 된다고 할 것이다"라고 판시하고 있다(헌재 1991. 5.

### (3) 알 권리의 내용

알 권리는 민주국가에서 국민의 국정참여를 보장하고 인격의 자유로운 발현 및 인간다운 생활의 확보를 위하여 필요한 정보수집의 자유와 권리를 보장하는, 즉 민주주의의 이념을 구현하기 위한 국민의 기본적인 권리이다. 국민이 일반적으로 접근할 수 있는 정보원(情報源)으로부터 아무런 간섭 없이 '들을 권리'·'읽을 권리'·'볼 권리'·'받을 권리' 등이 알 권리의 개념요소들이다.[58]

알 권리는 의사형성이나 여론 형성에 필요한 일반적인 정보에 접근하고 적극적으로 수집·처리하거나 수집을 방해하는 방해제거를 청구할 수 있는 권리라는 개념정의에서 알 수 있듯이 정보에의 접근·수집·처리의 모든 과정에서 간섭·방해받지 아니하고 정보를 획득하거나 정보를 요구할 수 있는 권리이다. 이 때 정보에의 접근·수집의 수단은 듣고, 보고, 읽는 것은 물론이고 그 외의 모든 방법을 포함하는 최광의의 수단으로 해석해야 한다고 한다.[59]

공공기관이 보유·관리하는 정보에 대한 국민의 공개청구 및 공공기관의 공개의무에 관해 필요한 사항을 정함으로써 국민의 알 권리를 보장하고 국정에 대한 국민의 참여와 국정운영의 투명성을 확보함을 목적으로 하는 법률로서 1998. 1. 1.부터 시행되고 있는 '공공기관의 정보공개에 관한 법률'(2008. 2. 29 일부개정)이 있다.

### (4) 알 권리의 한계(限界)와 제한(制限)

#### 1) 알 권리의 한계와 제한에 관한 일반원칙

알 권리는 무제한적으로 인정되는 절대적인 권리가 아니다. 헌법적 근거를 가지고 있는 알 권리 또한 다른 기본권과 조화를 이루어야 하며, 다른 법익을 침해해서는 안 된다. 즉 알 권리가 다른 기본권 또는 국가·사회적 법익과 상충 또는 마찰을 일으키는 경우(예를 들어 알 권리가 타인의 명예 또는 사생활·공중도덕

13, 90헌마133); 이와 같은 헌법재판소의 입장에 대해 성낙인 교수는 "헌법재판소가 명문의 규정이 없더라도 헌법적 가치를 갖는 알 권리로부터 바로 국민의 정보공개청구권을 도출하고 있는 것은 알 권리의 실효성을 담보하는 중요한 결정"이라고 평가하고 있다(성낙인, 전게서, 553면).

58) 권영성 교수도 "알 권리는 들을 권리·읽을 권리·볼 권리 등을 주된 내용으로 하는 것"이라고 설명하고 있다(권영성, 전게서, 498면).

59) 권영성, 전게서, 498면.

이나 사회윤리·국가의 안전보장 등에 침해를 가하는 경우)에는 그 행사가 제한될 수 있다.[60)]

알 권리 또한 일반적 법률유보조항(헌법 제37조 제 2 항)에 의하여 제한될 수 있음은 물론이지만, 이와 같이 알 권리를 제한하는 경우에도 비례의 원칙이나 이익형량의 원칙 등은 충분히 고려되어야 하며, 그 제한은 알 권리의 본질적인 내용을 침해하지 않는 범위 내에서 최소한도로 이루어져야 한다.[61)]

### 2) 알 권리와 국가기밀 보호의 충돌

#### a) 국가기밀에 의한 알 권리의 제한

알 권리의 제한과 관련하여 특히 문제가 되는 것은 국가기밀과 관련하여서이다.[62)] 현재 우리나라뿐만 아니라 다른 국가에 있어서도 국가기밀의 영역이 확대일로에 있고 그에 대한 규제도 강화되고 있다고 한다.[63)] '국가이익' 또는 '국가기밀'이라는 개념 자체도 추상적이고 불명확할 뿐만 아니라, 현실적으로 국가기밀인지 아닌지에 관한 판단권이 전적으로 정부의 재량사항으로 인식되고

60) 성낙인, 전게서, 556면; 헌재 1992. 2. 25, 89헌가104; 헌법 제21조 제4항: 언론·출판은 타인의 명예나 권리 또는 공중도덕이나 사회윤리를 침해하여서는 아니된다. 언론·출판이 타인의 명예나 권리를 침해한 때에는 피해자는 이에 대한 피해의 배상을 청구할 수 있다.

61) 권영성, 전게서, 498면; 성낙인, 전게서, 556면; 홍성방, 전게서, 504면; 헌법재판소 또한 "국가의 안전보장을 위하여 국민의 기본권 제한이 가능하다고 할지라도 그 제한의 한계는 어디까지나 국민의 자유와 권리의 본질적인 내용을 침해하지 않는 한도 내에서 행하여져야 할 것이며, 아울러 과잉금지의 원칙(그 중에서도 피해의 최소성·법익의 균형성)에 저촉되어서도 아니될 것이므로 국가기밀의 보호를 통한 국가의 안전보장이라는 공공의 이익이 국민의 '알 권리'라는 개인적 법익보호보다 명백히 우월한 경우에 한해야 한다고 할 것이다"라고 판시하고 있다(헌재 1992. 2. 25, 89헌가104).

헌법재판소는 또 다른 사안에서도 "알 권리(내지 표현의 자유)라고 하는 국민의 기본권이 법률로써 제한 가능하다고 하더라도 그 본질적인 내용을 침해할 수 없음은 물론, 과잉금지의 원칙에도 위배되어서는 아니되는데(제37조 제2항), 과잉금지의 원칙이라 함은 국가작용의 한계를 명시한 것으로서 목적의 정당성·방법의 적정성·피해의 최소성·법익의 균형성을 의미하며 그 어느 하나에라도 저촉이 되면 위헌"이라고 판시하고 있다(헌재 1989. 12. 22, 88헌가13).

62) 헌법재판소도 "국민의 표현의 자유 내지 '알 권리'와 국가의 안전보장은 다 같이 헌법상 대단히 중요한 법익으로서 보호되어야 하지만, 경우에 따라 서로 충돌되거나 갈등하는 부분이 있기 때문에 어떤 범위에서 국민의 '알 권리'가 보호되어야 하느냐(환언하면 군사상의 기밀의 범위가 제한되어야 하느냐) 하는 한계의 문제는 자유민주주의 헌법을 갖고 있는 국가에서는 매우 중요한 과제라고 아니할 수 없는 것이다"라고 설시하고 있다.

63) 우리나라에는 국가기밀을 보호하거나 그 누설을 방지하기 위한 단행법률은 없지만, 국가기밀보호를 위한 개별법 규정은 적지 않다. 형법·국가보안법·군사기밀보호법·군사시설보호법·국가정보원법 등이 국가기밀보호에 관한 규정을 두고 있다. 권영성, 전게서, 498-499면 참조.

있기 때문에 알 권리의 대상이 국가기밀일 경우 알 권리가 어느 정도까지 제한될 수 있는지가 문제시되고, 결국 이러한 '국가기밀'이라는 개념이 알 권리에 대한 중대한 제약요인으로 작용할 여지가 있다.[64]

b) 국가기밀에 의한 알 권리 제한의 판례(헌법재판소 및 대법원)

추상적이고 불명확한 국가기밀의 개념을 어떻게 이해하는가에 따라 알 권리의 제한의 정도도 달라진다고 할 수 있을 것인데, 이에 관한 대법원 및 헌법재판소의 입장을 검토해보면 시기별로 많은 변화가 있었음을 알 수 있다.

종래 대법원[65]은 일관되게 "국가기밀이라고 하는 것은 그것이 반국가단체에 대하여 비밀로 하거나 확인되지 아니함이 대한민국의 이익을 위하여 필요하다고 생각되는 보는 정보자료를 말한다고 할 것이므로, 순전한 의미에서 국가기밀에 한하지 아니하고 정치·경제·사회·문화 등 각 방면에 관한 기밀사항이 모두 포함되며, 나아가 그 내용 사실이 대한민국에서는 자명하고도 당연하여 상식에 속하는 공지의 사실이라고 하더라도 그것이 반국가단체에는 유리한 자

64) 언론이 국가기밀을 보도하였다 하여 재판에 회부되거나, 한국신문윤리위원회의 심의에 회부된 사건들도 적지 않다고 한다. 권영성, 전게서, 498-499면; 헌법재판소 또한 군사기밀보호법 소정의 군사기밀의 개념 및 그 범위에 관하여 "그것이 비록 이른바 '너무 광범위하여 무효'인 경우에까지는 이르지 않는다고 할지라도 국민의 '알 권리'와 충돌하는 면이 매우 큰 것을 부인할 수는 없는 것이다"라고 하면서 이에 덧붙여 "국가의 안전보장을 위하여 일정범위의 군사사항을 군사기밀로서 지정 분류하여 보호하고 있음은 앞서 살펴본 바와 같이 선진민주주의 국가라고 할지라도 예외가 없는 터이지만, 거기에는 스스로 한계가 있는 것이며 그것이 필요 이상으로 광범위하여 국민의 '알 권리'를 유명무실하게 할 정도가 되면 군사분야의 문제는 국민의 비판과 감시권 밖의 성역이 되어 오히려 그 역기능이 문제될 수 있는 것이니 그 보호막을 배경으로 불법 비리 책임회피적인 사태가 야기될 수 있는 것이다 … 필요 이상의 비밀의 양산은 국민의 정당한 비판과 감독의 여지를 말살하게 되어 주무기관의 자의와 전횡의 우려는 물론 국민의 불신·비협조·유언비어의 난무 등 부정적 결과를 초래하고 아울러 국민의 국가에 대한 귀속의식 내지 공동체 구성원의식을 희석시키고 정치적 무력감, 소외감, 적대감을 갖게 할 우려도 배제할 수 없는 것이다. 정부는 국가의 안전보장을 주도하고 책임지는 입장에서 비비밀(非秘密)의 비공개(非公開)에서 오는 부작용보다는 비밀이 공개되었을 때의 피해에 대하여 과민반응을 보일 수 있고 따라서 의심스러우면 일단 비밀로 해놓으로써 국가안보에 대비하고, 겸하여 국민의 비판과 감책을 면하는 것은 물론 사법부의 통제까지도 벗어나고자 하는 시도를 하기 쉬운 것이다. 그러나 국가의 안전보장을 이유로 분류한 기밀이 시각과 관점의 여하에 따라서는 국가의 안전보장을 침해할 우려가 적은 것으로 보일 수 있는 때가 있을 수 있고 설사 일부 그 기밀성이 인정된다고 하더라도 이를 비밀로 함으로써 얻는 국익보다 국민의 '알 권리'를 제한함으로써 초래될 수 있는 대내적 손실이 더 크다거나 대외적으로 한국의 국위선양을 크게 저해하는 결과를 초래할 수 있다는 우려도 간과할 수 없는 것이다"라고 설시하고 있다(헌재 1992. 2. 25, 89헌가104).

65) 대판 1990. 6. 8, 90도646.

료가 되고 우리에게는 불이익을 초래할 수 있는 것이면 국가기밀에 속한다"라고 하여 '국가기밀'의 개념을 상당히 확대하여 해석하고 있었다.[66]

1990년대 초반 헌법재판소[67]는 '군사기밀'의 범위를 국민의 표현의 자유 내지 알 권리의 대상영역을 가능한 최대한 넓혀 줄 수 있도록 필요·최소한도로 한정적으로 해석하는 것이 온당하며, '군사기밀'이라 함은 비공지의 사실[68]로서 관계기관에 의하여 적법절차에 따라 '군사기밀'로 분류표시 또는 고지된 군사관련 사항이어야 할 뿐만 아니라 아울러 그 내용이 누설될 경우 국가의 안전보장에 명백한 위험이 초래된다고 할 수 있을 정도로 그 내용 자체가 실질적인 비밀가치를 지닌 비공지의 사실에 한하는 것[69]이라고 한정 해석해야 할 것이라는 입장을 표명하였다.[70]

66) 본문에 소개된 판례 외에도 대판 1986. 7. 22, 86도808; 대판 1986. 9. 23, 86도1429; 대판 1987. 5. 26, 87도432; 대판 1987. 6. 23, 87도705; 대판 1987. 9. 8, 87도1446; 대판 1988. 11. 8, 88도1630 판결 등이 이와 같은 입장의 판결을 하였다.

67) 헌재 1992. 2. 25, 89헌가104(이 판결에서 헌법재판소는 동 사안의 "위헌심판 대상인 (舊) 군사기밀보호법 제6조, 제7조, 제10조는 같은 법 제2조 제1항 소정의 군사기밀이 비공지의 사실로서 적법절차에 따라 군사기밀로서의 표지(標識)를 갖춤과 아울러 그 내용이 누설될 경우 국가의 안전보장에 명백한 위험을 초래한다고 볼 만큼 실질가치를 지닌 것으로 인정되는 경우에 한하여 적용된다고 할 것이므로 그러한 해석하에 헌법에 위반되지 아니한다"라고 하여 한정합헌결정을 하였고, 동 판결내용중의 "… 그러한 해석하에 헌법에 위반되지 아니한다"라는 문귀의 취지는 (舊)군사기밀보호법 제6조, 제7조, 제10조, 제2조 제1항 소정의 군사상의 기밀의 개념 및 그 범위에 대한 한정축소해석을 통해 얻어진 일정한 합헌적 의미를 천명한 것이며 그 의미를 넘어선 확대해석은 바로 헌법에 합치하지 않는 것으로서 채택될 수 없다는 뜻이다).

68) 헌법재판소는 "기밀이라는 용어 자체가 한정된 사람에게만 알려진 사항을 의미하며 통상의 지식·경험을 갖추고 있는 보통의 사람이 상식으로 알고 있는 사실이라면 이미 더 이상 기밀이 될 수 없을 것이며 따라서 공지의 사실을 누설(고지라고 하는 것이 옳은 표현일 것이다) 하였다면 군사기밀보호법위반으로 의율하여서는 안될 것"이라고 한다(헌재 1992. 2. 25, 89헌가104). 다시 말해 헌법재판소는 국가기밀에 해당한다고 하기 위하여는 문제가 된 사실·물건 또는 지식이 공지인 것이 아니어야 하며, 일반인에게 널리 알려져 있는 사실 즉 공지의 사실은 '국가기밀'의 개념에서 제외되어야 한다는 입장이다.

69) 헌법재판소는 "그러므로 그 내용이 명백히 국가의 안전보장에 관련된 사항<진성비밀(眞性秘密)>이 아니고 다만 정부의 정치적 이익 내지 행정편의에 관련된 사항<의사비밀(擬似秘密) 내지 가성비밀(假性秘密)>임에 불과할 때에는 군사기밀보호법의 보호대상이 아닌 것"이라고 설시하고 있다(헌재 1992. 2. 25, 89헌가104).

70) 헌법재판소는 동 사안에서 군사기밀의 범위는 국민의 표현의 자유 내지 알 권리의 대상영역을 가능한 최대한 넓혀 줄 수 있도록 필요·최소한도로 한정되어야 하며 군사기밀보호법 소정의 '군사기밀'의 개념을 보면 군사사항을 거의 망라하였다고 할 수 있을 정도로 그 범위가 광범위하기 때문에, 무효인 정도는 아니라고 할지라도 국민의 '알 권리'를 제한하는 면이 매우 크다고 하면서 국민의 '알 권리'를 보호하고 아울러 이를 신장하기 위하여서는 그 범위가 한정적으로 해석되는 것이 온당하다고 설시하였다. 헌법재판소는 이 판결에서 '군사기밀'에 관한 중요한 개념표지를 설정하였는데, 정리해 보면 다음과 같다.

1990년 초반에 표명된 헌법재판소의 이와 같은 입장에도 불구하고 대법원은 (헌법재판소의 견해와 상반되는) 종래와 같은 입장을 1990년대 중반까지 유지하였다.[71] 1990년대 중반 헌법재판소가 대법원의 이와 같은 입장에 대하여 변화를 촉구하는 판결[72]을 내린 이후, 대법원은 1997년 전원합의체 판결을 기점으로 헌법재판소의 견해를 수용하는 입장을 표명하기 시작하였다.[73] 그러한 입장은 지

① 군사기밀이라 함은 비공지의 사실로서 관계기관에 의하여 적법절차에 따라 군사기밀로 분류표시 또는 고지된 군사관련 사항이어야 한다<비공지성>. ② 국가의 안전에 대한 불이익의 발생을 방지하기 위하여 그것이 적국 또는 반국가단체에 알려지지 아니하도록 할 필요성이 있어야 한다<요비닉성>. ③ 그것이 누설되는 경우 국가의 안전에 명백한 위험을 초래한다고 볼 만큼의 실질적 가치가 있는 것이어야 한다<실질비성(實質秘性)>(헌재 1992. 2. 25, 89헌가104; 헌재 1997. 1. 16, 92헌바6).

71) 대판 1995. 9. 26, 95도1624(대법원은 동 사안에서 "국가보안법 제4조 제1항 제2호 소정의 국가기밀이라 함은 반국가단체에 대하여 비밀로 하거나 확인되지 아니함이 대한민국의 이익을 위하여 필요한 모든 정보자료로서, 순전한 의미에서의 국가기밀에 한하지 아니하고 정치, 경제, 문화, 사회 등 각 방면에 관한 국가의 모든 기밀사항이 포함되며, 그것이 국내에서의 적법한 절차 등을 거쳐 널리 알려진 공지의 사항이라도 반국가단체인 북한에게는 유리한 자료가 되고 대한민국에게 불이익을 초래할 수 있는 것이면 국가기밀에 속한다"라고 판시하고 있다); 대판 1992. 10. 27, 92도2068; 대판 1993. 10. 8, 93도1951; 대판 1994. 4. 15, 94도126; 대판 1994. 5. 24, 94도930; 대판 1995. 7. 25, 95도1148, 대판 1995. 7. 28, 95도1121.

72) 헌재 1997. 1. 16, 92헌바6 판결에서 헌법재판소는 "대법원의 판례는 일관하여, 신법(新국가보안법) 제4조 제1항 제2호 '나'목 소정의 '국가기밀'이라고 함은, 반국가단체에 대하여 비밀로 하거나 확인되지 아니함이 대한민국의 이익을 위하여 필요한 모든 정보자료로서, 순전한 의미에서의 국가기밀에 한하지 않고 정치, 경제, 사회, 문화 등 각 방면에 관한 국가의 모든 기밀사항이 포함되며, 그것이 국내에서의 적법한 절차 등을 거쳐 널리 알려진 공지의 사항이라도 반국가단체인 북한에게는 유리한 자료가 되고 대한민국에는 불이익을 초래할 수도 있는 것이면 국가기밀에 속한다는 견해를 표명하고 있는바, 신법(新국가보안법) 자체에 '국가기밀'의 개념에 관한 정의규정이 없어 대법원의 확립된 해석론(판례)이 법규적 기능을 하고 있으므로 이를 살펴보건대, 이러한 해석론은 '국가기밀'이라는 문언의 문의적 한계를 훨씬 벗어나고 '기밀'의 실질적 요건을 헐어버린 것으로서 그 적용범위가 지나치게 광범하고 모호하여, 법피적용자에게 무엇이 금지되고 처벌되는 행위인가에 관하여 명확한 예측가능성을 제공하는 기능을 하지 못할 뿐만 아니라 법적용당국의 자의적인 법해석·적용을 초래할 우려가 있어 결국 죄형법정주의에 위배되므로 이를 헌법에 합치되도록 축소·제한하여 해석할 필요가 있다고 할 것이다"라고 판시하여 대법원의 종래의 입장을 비판하고 있다.

73) 대판(전원합의체) 1997. 7. 16, 97도985(대법원은 동 전원합의체 판결에서 "기밀을 해석함에 있어서 그 기밀은 정치·경제·사회·문화 등 각 방면에 관하여 반국가단체에 대하여 비밀로 하거나 확인되지 아니함이 대한민국의 이익이 되는 모든 사실·물건 또는 지식으로서, 그것들이 국내에서의 적법한 절차 등을 거쳐 이미 일반인에게 널리 알려진 공지의 사실·물건 또는 지식에 속하지 아니한 것이어야 하고, 또 그 내용이 누설되는 경우 국가의 안전에 위험을 초래할 우려가 있어 기밀로 보호할 실질가치를 갖춘 것이어야 한다… 그것들이 공지된 것인지 여부는 신문·방송 등 대중매체나 통신수단 등의 발달 정도·독자 및 청취의 범위·공표의 주체 등 여러 사정에 비추어 보아 반국가단체 또는 그 지령을 받은 자가 더 이상 탐지·수집이나 확인·확증의 필요가 없는 것이라고 판단되는 경우 등

금까지 계속 유지되고 있으며 '군사기밀'이라 함은 비공지의 사실로서 관계기관에 의하여 적법절차에 따라 군사기밀로 분류표시 또는 고지된 군사관련 사항이어야 한다는 '비공지성'과 국가의 안전에 대한 불이익의 발생을 방지하기 위하여 그것이 적국 또는 반국가단체에 알려지지 않도록 할 필요성이 있어야 한다는 '요비닉성(要秘匿性)',[74] 그리고 마지막으로 그것이 누설되는 경우 국가의 안전에 명백한 위험을 초래한다고 볼 만큼의 실질적 가치가 있는 것이어야 한다는 '실질비성(實質秘性)'[75]이 국가기밀의 개념표지로서 판례상 확립되었다고 할 수 있다.

### 3) 알 권리의 제한과 관련한 기타의 문제

#### a) 선거기간 동안의 여론조사의 결과공표금지

선거에 관한 여론조사(인기투표나 모의투표를 포함한다) 자체는 금지되지 아니하고, 선거일 공고일부터 선거일까지의 선거기간 중에 선거에 관한 여론조사의 경위와 그 결과의 공표만이 규제의 대상이 되었던 舊대통령선거법 제65조[76]에 대하여 헌법재판소[77]는 동 법률규정이 언론의 자유를 침해한 것인지의 여부는 기본권 제한의 일반원칙(언론·출판의 자유도 국가안전보장·질서유지 또는 공공복리를 위하여 필요한 경우에는 법률에 의하여 제한할 수 있으나 이 경우에도 헌법 제37조 제 2 항에서 정한 기본권제한입법의 한계인 과잉금지의 원칙은 지켜져야 한다)을 준수하고 있는지에 따라 결정될 것이다. 특히 이 경우에는 과잉금지의 원칙의 한 내용을 이루는 법익의 균형성 내지 법익형량(法益刑量)의 기준이 위헌 여부를 가리는 데 중요한 판단기준이 된다고 하였다. 그러한 판단기준을 적용하여 헌법재판소는 선거일을 앞두고 어느 정도의 기간 동안 선거에 관한 여론조사결과의

---

이라 할 것"이라고 설시하고 있다); 대판 1997. 11. 20, 97도2021.

74) 다시 말해 요비닉성이란 비밀로 감추고 보호해야 할 필요성과 상당성을 말한다.

75) 다시 말해 실질비성이란 비밀로서 보호될 만한 실질적 가치가 있음을 말한다. 그리고 헌법재판소는 이러한 비밀로서의 실질가치를 가지는지의 여부는 그 내용을 객관적으로 판단하여 결정하여야 하며, 비밀주체 내지 비밀관리자의 비밀유지 의사만을 기준으로 판단할 수는 없다고 한다. 따라서 형사소추된 사건에서 비밀의 실질가치 유무에 대한 최종심사는 의당 법원에 의해 객관적으로 행해져야 할 것이라고 한다(헌재 1992. 2. 25, 89헌가104; 헌재 1997. 1. 16, 92헌바6).

76) 舊대통령선거법(1994. 3. 16. 법률 제4739호 공직선거법 부칙 제2조에 의하여 폐지) 제65조(여론조사의 결과공표 금지) 제1항: 누구든지 선거일공고일부터 선거일까지에는 선거에 관하여 정당에 대한 지지도나 당선인을 예상하게 하는 여론조사(인기투표나 모의투표를 포함한다)의 경위와 그 결과를 공표하여서는 아니 된다.

77) 헌재 1995. 7. 21, 92헌마177.

공표를 금지하는 것 자체는 부득이하다고 할 수 있으므로 그 금지기간이 지나치게 길지 않는 한 이를 두고 위헌이라고 할 수 없고, 동 규정이 선거일 공고일로부터 선거일까지의 선거기간 중에는[78] 선거에 관한 여론조사의 결과 등의 공표를 금지하는 것은 필요하고도 합리적인 범위 내에서의 제한이라고 할 것이므로, 해당 규정이 헌법 제37조 제 2 항이 정하고 있는 한계인 과잉금지의 원칙에 위배하여 언론의 자유와 알 권리 및 선거권을 침해하였다고 할 수 없다고 판결하였다. 선거기간 동안의 여론조사결과공표 금지규정에 대한 헌법재판소의 이와 같은 입장은 舊공직선거 및 선거부정방지법을 새로 제정한 이후에도 계속 유지되었다.[79] 그러나 舊공직선거 및 선거부정방지법의 해당 조항(제108조)[80]이 규정하는 기본권 제한의 내용은 국민의 알 권리·표현의 자유의 핵심부분을 제한하여 여론형성을 제대로 못하게 하는 결과를 가져오기 때문에 그 입법목적의

78) 헌법재판소도 동 판결에서 공표금지기간의 지나친 장기화는 여론조사가 갖는 민주정치 구현수단으로서의 긍정적 기능을 저해하고, 무엇보다도 민주국가에서 고도의 공공적 기능을 지니고 있고 또한 마땅히 최대한 보장되어야 하는 언론의 자유를 본질적으로 침해하는 것이 될 수 있으므로 위헌의 소지가 있다고 하였다. 다만 선거에 관한 여론조사결과의 공표를 어느 수준에서 허용할 것인가, 즉 선거에 관한 여론조사결과의 공표금지기간을 어느 정도로 할 것인가는 그 나라의 입법 당시의 시대적 상황과 여론조사의 수준과 실태·선거문화·국민의식수준 등을 종합적으로 고려하여 (선거의 공정과 언론의 자유의 보장이 조화를 이룰 수 있도록) 입법부가 재량에 의하여 정책적으로 결정할 사항이라 할 것이므로, 그 금지기간이 현저하게 불합리하여 입법재량의 범위를 벗어난 것이 아닌 한 위헌이라고 할 수는 없을 것이며, 특히 선거법은 정치성이 짙은 분야이므로 그것이 국민의 기본권을 현저히 제한하는 것이 아닌 한 가능하면 그에 관한 국회의 정치적 판단을 존중해 주는 것이 바람직하다고 하고 있다(헌재 1995. 7. 21, 92헌마177 참조).

79) 선거관리의 효율성을 제고하고 새로운 선거문화의 정착을 도모하기 위해 종전에 여러 갈래로 나누어졌던(별개의 선거법 체계로 되어 있던) 舊대통령선거법·舊국회의원선거법·舊지방의회의원선거법·舊지방자치단체의장선거법을 하나의 단일법으로 통합하여 1994. 3. 16. 舊공직선거 및 선거부정방지법을 제정하였다. 헌법재판소는 舊대통령선거법 제65조 제1항에 대한 헌법재판소의 합헌결정은 동법의 같은 내용의 조항(동법 제108조와 舊대통령선거법 제65조 제1항의 규정을 서로 비교하면 그 내용이 거의 같다)에서도 그대로 타당하고, 위 결정 선고 이후에 그 이유와 결론을 달리할 만한 사정 변경이 있는 것도 아니라고 하면서 동 조항(동법 제108조) 또한 헌법에 위반되는 규정으로 볼 수 없다고 판결하였다(헌재 1998. 5. 28, 97헌마362; 헌재 1999. 1. 28, 98헌바64).

80) 舊공직선거 및 선거부정방지법 제108조(여론조사의 결과공표금지 등) ① 누구든지 선거기간개시일부터 선거일의 투표마감시각까지 선거에 관하여 정당에 대한 지지도나 당선인을 예상하게 하는 여론조사(모의투표나 인기투표에 의한 경우를 포함한다)의 경위와 그 결과를 공표하거나 인용하여 보도할 수 없다. ② 누구든지 선거일전 60일(보궐선거 등에 있어서는 그 선거실시사유가 확정된 때)부터 선거일까지 선거에 관한 여론조사를 투표용지와 유사한 모형에 의한 방법을 사용하거나 후보자(후보자가 되고자 하는 자를 포함한다) 또는 정당(창당준비위원회를 포함한다)의 명의로 선거에 관한 여론조사를 할 수 없다.

정당성은 수긍이 된다고 할지라도 그 목적을 달성하기 위한 수단으로는 적절성·합리성을 갖춘 것으로 보기 어렵다고 하여 헌법에 위반된다는 견해가 꾸준히 제시되었고,[81] 2005. 8. 4 일부개정·시행된 공직선거법[82]은 이와 같은 비판을 수용하여 선거에 관하여 정당에 대한 지지도나 당선인을 예상하게 하는 여론조사의 경위와 그 결과를 공표·인용하여 보도할 수 없는 기간을 선거일 전 6일부터 선거일의 투표마감시각까지로 한정하였다.[83] 2009. 2. 12 일부개정·시행된 현행 공직선거법도 이와 같은 내용을 유지하고 있다.

b) 수형자에 대한 신문구독의 제한[84]

미결수용자가 구독하는 신문들에 대해 구치소측이 일부 기사를 삭제한 채 구독하게 한 경우에, 이러한 신문기사의 일부 삭제처분이 미결수용자의 알 권리를 침해하였는지에 대하여는 알 권리의 제한을 허용할 만한 정당한 사유가 있는지 여부, 즉 과잉금지 원칙이 준수되었는지 여부에 따라 판단해야 한다.

미결수용자에게 자비로 신문을 구독할 수 있도록 한 것은 일반적으로 접근할 수 있는 정보에 대한 능동적 접근에 관한 개인의 행동, 즉 알 권리의 행사이므로 국가는 원칙적으로 이를 제한할 수 없을 뿐만 아니라 최대한 보장해 주어야 할 의무가 있지만, 구금되고 있는 상태·구금시설의 상황 등을 고려하였을 때 그러한 신문구독은 무한정 인정될 수는 없고 구독할 신문 종류의 제한 등과 같은 합리적인 범위 내의 제한은 불가피하다. 따라서 이러한 삭제행위가 구치소 내 질서유지와 보안을 위한 것이며, 그러한 삭제의 대상이 되는 신문기사의 내용도 합리적인 범위 내에서 선정되는 것이라면 이는 수용질서를 위한 미결수용자의 알 권리에 대한 최소한의 제한이라고 볼 수 있다. 다시 말해 침해되는 미결수용자에 대한 정보획득의 방해와 그러한 기사 삭제를 통해 얻을 수 있는 구치소의 질서유지와 보안에 대한 공익을 비교하여 미결수용자의 알 권리를 과도하게 침해하였는지 여부, 즉 알 권리의 본질적 내용을 침해하였는지를 판단해야 한다.

81) 헌재 1998. 5. 28, 97헌마362 및 헌재 1999. 1. 28, 98헌바64 판결에서의 재판관 이영모의 반대의견 참조.
82) 법률 명칭이 舊공직선거 및 선거부정방지법에서 공직선거법으로 변경.
83) 제108조 제 1 항의 본문에서 '선거기간개시일'을 '선거일전 6일'로 변경.
84) 헌재 1998. 10. 29, 98헌마4 참조.

## 4. 보도의 자유[85)]

### (1) 보도의 자유의 의의

언론의 자유에는 신문·잡지·방송·텔레비전 등의 매스컴을 통한 보도의 자유도 포함되는데, 신문·방송의 자유라고도 하며, 법률로써 금지되는 것을 제외하고 모든 문제에 대하여 공평하고 사실에 입각하여 보도할 자유를 뜻하며,[86)] 보도의 진실성과 논평의 공정성 등을 확보하기 위해 보장되는 것이다.

### (2) 보도의 자유의 내용

보도의 자유는 매체의 유형에 따라 신문의 자유와 방송의 자유로 구분할 수 있으며, 세부적인 내용에 따라 취재의 자유·발행의 자유(프로그램의 기획·편성·제작의 자유)·배포의 자유(프로그램 송신의 자유)로 나눌 수 있다.

#### 1) 취재의 자유

취재[87)]의 자유는 알 권리를 가진 국민으로부터의 수탁(受託),[88)] 또는 언론매체의 자유[89)]를 규범적 근거로 하여 언론기관 또는 언론인이 정보의 원천에 자유롭게 접근·정보를 발굴할 수 있는 권리를 말한다.

헌법 제21조가 "모든 국민은 언론·출판의 자유 … 를 가진다"라고만 규정하고 있어 동 조항이 취재 및 편집과 같이 아직까지 표현의 단계에 이르지 못한

85) 교과서에 따라서는 '보도의 자유'를 취재의 자유, 편집의 자유 등과 병렬적인 지위를 가지는 좁은 의미로 파악하거나(조재현, 전게서, 151면 참조), 보도의 자유가 언론기관설립의 자유까지도 포함하는 것으로 보는 경우도 있다(홍성방, 전게서, 504면 참조).

86) 구병삭, 신헌법원론, 박영사, 1995, 446면; 성낙인, 전게서, 523면.

87) 취재는 보도를 위한 준비단계로서 언론이 보도를 위해 정보를 수집하는 행위라고 하며(임병국, 전게서, 155면), 정보의 원천과 정보의 수령자 사이에 제1차적인 접촉이 일어나는 현상이라고도 한다(유일상, 전게서, 153면).

88) 유일상, 전게서, 122면.

89) 헌법재판소는 "헌법 제21조 제1항은 … 언론의 자유를 보장하고 있는바, 언론의 자유에 신문의 자유와 같은 언론매체의 자유가 포함됨은 물론이다 … 신문의 자유는 개인의 주관적 기본권으로서 보호될 뿐만 아니라, '자유 신문'이라는 객관적 제도로서도 보장되고 있다. 객관적 제도로서의 '자유 신문'은 신문의 사경제적·사법적(私法的) 조직과 존립의 보장 및 그 논조와 경향(傾向), 정치적 색채 또는 세계관에 있어 국가권력의 간섭과 검열을 받지 않는 자유롭고 독립적인 신문의 보장을 내용으로 하는 한편, 자유롭고 다양한 의사형성을 위한 상호 경쟁적인 다수 신문의 존재는 다원주의를 본질로 하는 민주주의사회에서 필수불가결한 요소가 된다"라고 설시하고 있다(헌재 2006. 6. 29, 2005헌마165).

여러 활동까지도 아울러 보장하고 있는 것인지에 대한 의문이 제기될 수 있지만,[90] 앞서 이미 살펴보았듯이 현대에 있어서 헌법상 언론의 자유가 보장하고 있는 대상은 정보원으로부터 정보를 수집하는 단계에서부터 정보를 전달·전파하는 단계에 이르는, 정보의 유통 과정 전반에 걸치는 것이다. 따라서 취재의 자유가 헌법 제21조의 보장을 받는 점은 명확하다고 할 수 있다.[91]

[취재원묵비권의 인정 여부]

① **취재원묵비권의 의의:** 취재원 묵비권은 언론매체의 종사자로서 소정의 정보를 수집한 자가 자신이 수집한 정보의 출처(정보의 기초가 되는 내용·정보제공자의 성명 등)를 비밀로 할 수 있는 권리 또는 검찰의 수사과정이나 법원의 재판과정에서 이에 대한 증언을 요구받았을 때 거부할 수 있는 권리를 말한다.[92]

② **취재원묵비권의 인정 여부:** 취재원묵비권의 인정 여부에 관해서는 학설의 대립되어 있다. 긍정설은 취재원을 밝히지 않을 권리는 진실보도·사실보도·공정보도를 위한 불가결한 전제조건이며, 취재원묵비권이 인정되지 않는 경우 취재원의 봉쇄효과[93]를 가져와 진실보도·사실보도·공정보도 등의 공적 기능을 언론매체가 수행하기 어려우므로 취재의 자유에는 취재원묵비권이 당연히 포함된다고 하는 입장이다.[94] 이에 대해 부정설은 언론기관의

90) 홍성방 교수는 정확한 내용의 보도는 자유로운 취재활동을 전제로 하는 것이지만 지득한 사실을 전달하는 보도와 적극적으로 사실을 탐지하는 취재는 그 차원을 달리한다는 점을 이유로 보도의 자유에 취재의 자유가 당연히 포함되는 것은 아니라고 한다(홍성방, 전게서, 505면). 그리고 취재의 자유를 언론의 자유에 포섭되는 헌법상의 권리가 아닌 법률상의 권리에 불과하다고 보는 견해(문재완, 언론법—한국의 현실과 이론—, 늘봄출판사, 2008, 368-372면)가 있다. 그 논거로 언론의 자유는 표현의 자유를 의미한다는 것에 대해서는 사회적 합의가 있지만, 취재의 자유를 포함한다는 것에 대해서는 그렇지 않다는 점과 취재의 자유가 언론의 자유에 포함된다는 것은 실정헌법에 아무런 근거도 없이 해석에 의해 기본권을 창설하는 것과 마찬가지이므로 신중해야 한다는 점 등을 들고 있다.

91) 김철수 교수는 취재행위의 자유가 인정되는 것은 표현행위의 필수적 전제이므로, 우리 헌법상의 표현의 자유에 포함된다고 설명하고 있다(김철수, 전게서, 730면); 성낙인 교수도 보도의 자유는 취재의 자유없이는 실질적으로 확립될 수 없기 때문에, 보도의 자유는 취재의 자유를 당연히 포함하는 것이라고 한다(성낙인, 전게서, 527면); 권영성, 전게서, 495·503면.

92) 계희열, 전게서, 445면 참조.

93) 취재원묵비권이 인정되지 않는 경우 정보의 제공자는 자신의 신분이 노출될 경우 예상되는 일정한 보복이나 불이익 등으로 인해 정보의 제공을 기피하게 될 것이다.

94) 허영, 전게서, 743면; 김철수, 전게서, 730면; 성낙인, 전게서, 527-528면; 유일상, 전게서, 163면; 조재현, 전게서, 149-150면.

공공성에도 불구하고 특권은 인정할 수 없다는 견해로 공정하고 효과적인 법집행(공정한 재판의 실현 및 실체적 진실의 규명)이라는 공공이익을 보다 더 중시하는 입장이다.[95)]

현재 우리나라에서는 취재원묵비권에 관하여 규정하고 있는 언론관계법은 존재하지 않으며,[96)] 관련된 판례 또한 없다. 따라서 현재 취재원묵비권의 인정 여부, 더 나아가 취재원의 보호 및 편집상의 비밀보호에 관하여는 전적으로 해석론에 의존할 수밖에 없다. 국내 교과서들은 국내외의 통설이 언론기관의 공공적 기능에도 불구하고 취재원묵비권을 인정하지 않고 있다고 소개하고 있으나,[97)] 적어도 국내에서는 취재의 자유에 취재원묵비권이 당연히 포함된다고 하는 긍정설이 점차 많은 지지를 얻어가고 있는 듯하다.[98)]

### 2) 발행의 자유

발행의 자유(프로그램의 기획·편성·제작의 자유)는 언론기관의 내부적 자유[99)]에 해당하며, 여기서 쟁점이 되는 사안은 언론기업주가 가지고 있는 자유

95) 계희열, 전게서, 441면; 이와 같은 완전한 부정설의 입장으로는 과거 일본의 판례를 들 수 있다. 일본최고재판소는 증인으로서 법정에서 증언하는 것은 해당 개인의 입장에서는 커다란 희생을 강요당하는 것이라고 하면서, 그럼에도 불구하고 일반 국민에게 그러한 희생을 강요하는 것(증언의무를 부과하는 것)은 진실의 발견에 의해 법의 적정성을 실현해야 하는 사법재판의 사명을 달성하는 데 불가결한 조치이기 때문이라고 한다. 이어서 재판소는 신문기자에게 취재원에 대한 증언거절권을 인정할 것인지 여부는 입법정책상 고려의 여지가 있는 문제라고 하면서도, 헌법상의 언론자유보장은 일반인 누구에게나 평등한 것이며 신문기자들에게만 특별히 보장할 수 없다면서 (신문기자들에게) 공공복지를 위해 가장 중대한 사법권의 공정한 발동에 필요불가결한 증언의무에 대한 거부권까지도 보장할 수 있다는 주장은 이유 없다고 판시하였다(日本最判 1952. 8. 6). 한편 최근의 일본최고재판소는 형사재판에서의 증거의 중요성과 취재원을 공개함으로써 입게 되는 보도의 자유의 침해를 비교·형량하여 결정해야 한다는 입장을 취하고 있어 완전한 부정설의 입장에서 벗어나고 있는 듯하다(日本最判 1969. 11. 26).

96) 舊언론기본법 제8조 제1항은 취재원의 보호를 목적으로 "언론인은 그 공표사항의 필자, 제보자 또는 그 자료의 보유자의 신원이나 공표내용의 기초가 된 사실에 관하여 진술을 거부할 수 있다"고 하였으며, 제2항은 "진술거부권이 있는 자가 보관하는 자료는 공표사항의 필자, 제보자 또는 그 자료의 보유자를 수사하거나 공표내용에 기초가 된 사실을 확인·증명 또는 수사할 목적으로 압수 또는 수색할 수 없다"라고 규정하고 있었다. 그러나 동 법의 폐지 이후 현재까지 취재원묵비권에 관한 개별법령규정은 찾아볼 수가 없다.

97) 권영성, 전게서, 503면; 성낙인, 전게서, 527면.

98) 허영, 전게서, 743면; 김철수, 전게서, 730면; 성낙인, 전게서, 527-528면; 유일상, 전게서, 163면; 조재현, 전게서, 149-150면.

99) 언론기관의 내부적 자유의 핵심은 언론기관의 내부에서 언론의 자유가 보장되고 있느냐의 문제이다(계희열, 전게서, 446면 참조).

재산의 자유로운 행사와 언론기업 내부의 개별 언론인들의 표현의 자유라는 (자칫 상반될 소지가 큰) 두 입장의 조화의 문제이다.[100] 결국 발행인(언론기업주)의 출판의 자유를 보장하면서 언론기업 내에서 편집인과 언론인의 지위를 확보하여 주는 일은 입법자의 과제라고도 한다.[101] 이와 관련한 현행 개별법률 규정의 해석에 관해서는 해당 부분에서 자세히 기술하기로 한다.

3) 배포의 자유

배포의 자유(프로그램 송신의 자유)는 신문을 배부·배포하거나 제작된 프로그램을 송신할 수 있는 자유를 말하며, 언론기관에 대해 보장되는, 고전적 의미의 언론의 자유에 있어서의 표현행위(정보의 전달·전파 행위)의 자유에 해당한다고 할 수 있다.

### (3) 보도의 자유의 한계

언론은 타인의 명예나 권리 또는 공중도덕이나 사회윤리를 침해해서는 안 되며, 언론·출판이 타인의 명예나 권리를 침해한 때에는 피해자는 이에 대한 피해의 배상을 청구할 수 있다(헌법 제21조 제 4 항). 따라서 취재·발행(프로그램의 기획·편성·제작)·배포(프로그램 송신)의 전 과정에서 공정성과 객관성에 유의해야 하며, 타인의 명예나 권리를 침해해서는 안 된다.

보도의 자유와 관련하여 특히 문제가 되는 것은 '진실보도의무'에 관한 것이다. 보도의 자유에 허위의 내용을 보도할 자유까지 포함되는 것인가 하는 것이 주된 논점으로 원칙적으로 보도의 자유에는 허위의 내용을 보도할 자유까지 포함되는 것은 아니라고 보는 것이[102] 학계의 다수설이다. 그러나 허위보도에 해당하더라도 일정한 경우(예를 들어 경미한 과실에 의한 허위보도의 경우 등)에는 형사(刑事)책임이 면제될 수 있는데, 언론매체의 특수한 성격과 언론매체의 효

100) 계희열 교수는 언론기관의 내부적 자유에 있어서 오늘날 현실적으로 가장 큰 문제가 되는 것은 편집의 자유에 대한 경영권자의 간섭이라고 한다(계희열, 전게서, 446면); 유일상, 전게서, 122-123면 참조.

101) 계희열, 전게서, 448면; 성낙인, 전게서, 528면.

102) 허위보도는 언론의 자유를 남용한 경우에 해당하기 때문에 허위보도의 경우에도 형사상 처벌을 면제받아야 한다는 주장은 받아들일 수 없다고 한다(권영성, 전게서, 502·504면); 김철수, 전게서, 730-731면; 성낙인, 전게서, 523면(보도의 자유는 동시에 진실보도의무를 수반한다); 유일상, 전게서 121면.

과적인 활동이란 관점에서 언론매체가 非진실을 보도하는 것은 불가피하다고 볼 수 있기 때문이다.[103] 그러나 고의 또는 중대한 과실로 인한 허위보도[104]는 보도의 자유로서 보호받지 못하며, 형사·민사상의 책임을 부담해야 할 것이다. 이러한 경우에는 언론의 자유를 남용한 경우에 해당할 뿐만 아니라 언론의 자유를 지나치게 확대 해석함으로써 오히려 개인이나 사회적 이익을 심대하게 훼손하는 결과를 가져오게 되어 궁극적으로는 언론의 본연의 기능까지도 위협받을 수 있기 때문이다.

### 5. 언론기관 설립의 자유

언론의 자유는 현대 사회에 있어서 민주주의 이념의 구현에 필수불가결한 요소이며,[105] 언론의 자유가 가지는 사회적 기능을 실질적으로 보장하기 위해서는 언론사와 정기간행물인 신문 등의 발행을 업으로 하는 보도·출판매체가 정상적으로 설립·운영되는 것을 전제로 한다. 따라서 언론의 자유는 언론기관을 자유로이 설립할 수 있는 언론기관설립의 자유까지도 그 내용으로 한다.[106]

한편, 헌법 제21조 제3항은 "통신·방송의 시설기준과 신문의 기능을 보장하기 위하여 필요한 사항은 법률로 정한다"라고 하여 언론기관의 시설기준 법정주의(法定主義)를 규정하고 있는데, 동 규정은 언론기관의 설립 시 일정한 요건을 갖출 수 있도록 하는 등 제한을 가함으로써 언론기관의 무분별한 설립의 폐해를 방지하고자 하는 의미를 가지고 있다.[107] 그리고 이에 따라 '신문 등의

103) 권영성, 전게서, 504면; 김철수, 전게서, 730-731면; 계희열, 전게서 441면; 물론 이러한 경우에도 언론은 허위보도의 정정(訂正)이나, 민사상의 손해배상의무를 성실히 이행해야 한다.

104) '고의 또는 중대한 과실로 인한 허위보도'에는 ① 고의로 허위사실을 보도한 경우, ② 보도내용의 진실 여부를 검토하는 과정에서 중대한 과실을 범한 경우, ③ 보도내용의 진실 여부를 전혀 검토하지 아니한 경우 등이 있다. 권영성, 전게서, 504면 참조.

105) 헌법재판소는 "자유롭고 다양한 의사형성을 위한 상호 경쟁적인 다수 신문의 존재는 다원주의를 본질로 하는 민주주의사회에서 필수불가결한 요소가 된다"라고 설시하고 있다 (헌재 2006. 6. 29, 2005헌마165).

106) 권영성, 전게서, 500면.

107) 통신·방송 등의 시설기준·기타 필요한 사항의 적정성 여부가 문제된다. 이러한 기준이 지나치게 과중한 것이면 신문사나 통신·방송사 설립의 자유를 사실상 제한하는 것이 되기 때문이다(권영성, 전게서, 502면 참조). 그러나 헌법재판소는 이에 대해 헌법 제21조 제3항은 언론·출판으로 인한 타인의 명예나 권리의 보호를 규정하고 있는 헌법 제21조 제4항과 함께 다원화된 현대정보산업사회에서 언론·출판이 가지는 사회적 의무와 책임

자유와 기능보장에 관한 법률'·'방송법'·'잡지 등 정기간행물의 진흥에 관한 법률'·'뉴스통신진흥에 관한 법률' 등은 각각 언론기관 설립에 있어서의 일정한 제한 사항들을 규정하고 있다.[108] 그러나 언론기관으로서 기능을 수행할 수 있는 자격과 요건에 대한 제한은 최소한의 수준으로 명시해야 한다. 언론기관설립의 자유는 개인의 의사표현의 자유를 보장할 수 있는 중요한 수단으로써 거대한 국가권력이나 사회의 집단적인 물리력 앞에서 효과적으로 대응할 수 있는 제도적 장치이기 때문이다. 단, 여기서 언론기관 설립의 자유와 소유의 제한은 구분되어야 한다.

언론사의 사업자에 대한 소유지분의 제한은 설립의 자유와는 구분되어야 하지만 궁극적으로는 소유제한이 언론기관설립의 자유를 제한하는 효과로 나타나는 것은 인정하지 않을 수 없다. 그러나 언론기업의 독과점을 규제하여 언론의 다양성과 자유로운 여론형성을 보장하기 위한 소유제한은 불가피한 측면이 있다. 자본주의 국가에서는 언론사 및 보도·출판매체가 재벌기업이나 국가의 소유로 되어 있거나 상품화되는 경향이 강하고(언론기업들도 경쟁이 불가피하며 그러한 경쟁의 결과에 따라서는 독과점현상·집중화현상 등이 나타날 수 있는 것이다), 이러한 점은 국민의 의사가 특정 언론기업주 또는 운영자들에 의해서 왜곡되거나 정형화(定型化)될 위험성이 크기 때문에(다시 말해 자유로운 의사형성이 어렵게 된다) 국가는 언론기업의 독과점을 규제하고 있는 것이다.[109] 그러나 일반기업에 대한 규제기준을 훨씬 상회하는 언론기업에 대한 과도한 독과점 규제는 언론기관설립의 자유를 지나치게 제한하는 결과를 가져올 수 있으며, 경우에 따라서는 위헌 여부가 문제될 수 있을 것이다.[110]

이와 관련하여 자유언론제도의 보장은 보도의 자유에 내포된 민주주의 실현적 기능과 그 객관적 가치질서의 실효성을 높이기 위한 것이지, 보도의 자유

---

에 관하여 규정한 것이라는 입장을 취하고 있다(헌재 2006. 6. 29, 2005헌마165).

108) 이에 대해서는 해당 부분에서 자세히 살펴보기로 한다.

109) 권영성, 전게서, 501면.

110) 헌법재판소도 일간신문의 지배주주에 의한 신문의 복수소유를 규제하고 있는 제15조 제3항에 대해 신문의 다양성을 보장하기 위해 신문의 복수소유를 제한하는 것 자체가 헌법에 위반된다고 할 수 없지만, 신문의 복수소유가 언론의 다양성을 저해하지 않거나 오히려 이에 기여하는 경우도 있을 수 있는 데도 동 조항이 신문의 복수소유를 일률적으로 금지하고 있어서 필요 이상으로 신문의 자유를 제약하고 있다면서 헌법불합치결정을 선고하였다(헌재 2006. 6. 29, 2005헌마165).

에 내포된 주관적 공권을 부인키 위한 것은 결코 아니므로 보도의 자유를 제도적 보장으로 축소시켜서 이해하면 안 된다고 하면서 현행 언론관계법이 언론기업의 독과점 금지에 관한 충분한 규정을 두고 있음에도(신문법 제15조·방송법 제8조) 일간신문의 시장점유율을 기준으로 시장지배적 신문발행사업자를 선정해서 규제하도록 정한 것(신문법 제17조)은 오히려 자유언론제도의 보장에 역행하는 입법이라고 하는 견해가 있다.[111] 이에 관한 상세한 내용은 후술하기로 한다.

## 6. 액세스권(the right of access to mass media)

### (1) 액세스권의 의의

21세기, 지식정보화사회로 진입하면서 전자·정보통신·방송기술의 발달은 정보의 생산과 유통에서도 혁명적인 변화를 경험하고 있다. 우선 전통적인 언론매체를 중심으로는 "사회적으로 큰 영향력을 가지고 있는 매스미디어의 발달로 대량의 정보가 일방적으로만 유통이 되는 현상, 즉 정보발신자(매스미디어)와 정보수용자(일반국민)의 분리현상이 강하게 나타났다."[112] 이와 같은 매스미디어의 거대화 또는 독점화는 그들을 통해서 일방적으로 전달되는 정보를 획일·균일화시킴과 동시에, 일반 국민을 정보유통과정에서 수용자의 지위로 고정시킴으로써 언론의 자유의 향유주체인 일반 국민이 양 방향에서(정보발신자로서 또는 정보수용자로서) 언론의 자유를 누릴 수 있는 기회를 박탈하는 결과를 가져오게 되었다.

다시 말해 형식적으로는(법·제도상으로는) 완전한 언론의 자유가 보장되더라도, 실질적으로는 매스미디어의 정보발신자로서의 독점적인 지위로 인해 일반 국민이 누릴 수 있는 언론의 자유가 심각하게 제한되는 상황이 가속화하고 있었던 것이다.[113] 이러한 배경에서 1960년대 이후 본격적으로 주장되기 시작한

111) 허영, 전게서, 746면 참조.

112) 성낙인, 전게서, 520면; 임병국, 전게서, 87면.

113) 매스미디어의 배후에 존재하는 막강한 대자본들이 이제 언론의 자유마저 독점하는 시대가 되어 매스미디어가 취급하는 정보·지식, 사상·의견 등이 모든 국민의 다양한 목소리를 대변하는 것이 아님을 누구라도 알 수 있다고 하며(유일상, 전게서, 187면), 오늘날의 언론기업이 집중·독과점화됨으로써 언론기관이 자의적으로 그들 자신에 대한 일반대중들

권리가 액세스권(right of access to mass media)이다.[114] 일반적으로 액세스권이라 함은 일반 국민이 자신의 사상·의견을 발표하기 위하여 언론매체에 자유로이 접근하여 그것을 이용할 수 있는 권리를 말한다.[115] 반면에 뉴미디어의 하나인 인터넷을 통한 정보의 생산과 유통은 인터넷이라는 매체의 특성상 기존의 언론매체의 영역과 역할을 새롭게 정립하는 변화를 가져오고 있다. 즉, 인터넷을 이용한 정보의 소통은 네티즌을 중심으로 기존의 정보수용자와 공급자의 역할은 물론 정보에 대한 접근과 반론 차원에서도 대변혁이 일고 있다. 이 분야에 대한 논의는 별도로 상술하고자 한다.

### (2) 액세스권의 법적 근거 및 성격

액세스권도 알 권리와 마찬가지로 헌법 제21조 제 1 항(언론의 자유)·헌법 제10조(인간의 존엄성 존중과 행복추구권)·헌법 제34조 제 1 항(인간다운 생활을 할 권리) 등을 근거로 하여 헌법상 보장되는 권리라는 견해가 제시되고 있다.[116] 헌법재판소도 헌법 제21조 제 1 항 외에도 헌법 제10조 등을 액세스권의 근거로 제시하고 있다.[117] 전통적인 의미의 표현의 자유가 표현행위에 대한 국가권력의 부작위를 요구하는 소극적 자유권의 성격을 갖는 것과는 달리 액세스권은

---

의 접근을 거부할 경우 일반대중은 그들의 사상·의견 등을 발표하고 전달할 수 있는 장(場)을 상실하게 된다고 한다(권영서, 전게서, 499면; 홍성방, 전게서, 506면).

114) 현대적 언론 상황은 과거의 국가 대 국민의 양자관계가 아닌 국가·일반 대중·언론사라는 삼자관계이다. 액세스권은 이러한 삼자관계에서 일반 대중의 언론사에 대한 이용접근 권리, 즉 언론사에 대한 알 권리 그리고 (정보수용자의 지위를 갖는) 일반 대중이 (정보발신자로서의 지위를 갖는) 언론사에 대하여 자신의 의견·사상 등을 발표할 수 있는 장(場)을 제공할 것을 요구하는 권리 양자를 법적으로 구성한 것을 의미한다. 임병국, 전게서, 98면; 유일상, 전게서, 197면 참조.

115) 권영성, 전게서, 499면; 성낙인, 전게서, 522면; 매스미디어에 접근해서 매스미디어를 이용할 수 있는 보도매체접근이용권인 액세스권은 매스미디어를 자신의 의사표현을 위해 이용할 수 있는 광의의 액세스권과, 자기와 관계가 있는 보도에 대한 반론 내지 해명의 기회를 요구할 수 있는 반론권 및 해명권으로 구분할 수 있다. 광의의 액세스권은 모든 국민에게 민주적 여론형성과정에 참여할 수 있는 기회를 부여한다는 데에 그 헌법이론적 근거가 있지만, 반론권 및 해명권은 인간의 존엄성을 바탕으로 하는 인격권의 보호를 그 이론적 근거로 하는 것이다(허영, 전게서, 747면; 계희열, 전게서, 454면).

116) 권영성, 전게서, 499-500면; 조재현, 전게서, 30면; 특히 액세스권의 일종인 반론권은 헌법 제10조·21조 제1항 외에도 "모든 국민은 사생활의 비밀과 자유를 침해받지 아니한다"라고 규정하고 있는 헌법 제17조, "언론·출판이 타인의 명예나 권리 또는 공중도덕이나 사회윤리를 침해하여서는 아니된다"라고 규정하고 있는 헌법 제21조 제4항이 그 근거가 된다고 한다(헌재 1991. 9. 16, 89헌마165).

117) 헌재 1991. 9. 16, 89헌마165.

표현의 자유를 실현하기 위하여 발동을 적극적으로 요구하는 청구권적 성격의 권리이다.[118]

### (3) 액세스권의 유형 및 구체적인 내용

액세스권이라 함은 언론사에 대한 알 권리와 언론사에 대해 자신의 의견·사상 등을 발표할 수 있는 장(場)을 제공할 것을 요구할 수 있는 권리로서 양자를 포함한 언론사에 대한 이용접근 권리를 의미하는 것이다.[119] 그 중에서도 특히 언론사에 대해 자신의 의견·사상 등을 발표할 수 있는 장(場)을 제공할 것을 요구하는 것이 액세스권의 핵심내용이라고 할 수 있다.

이와 같이 자신의 의견·사상 등을 발표할 수 있는 장(場)을 제공할 것을 요구하는 권리에는 각국의 입법정책(액세스권의 법적 인정 범위)에 따라 여러 가지 형태가 있을 수 있겠지만, 현재 우리나라 실정법상 액세스권과 관련하여 주로 검토되고 있는 규정에는 '신문 등의 자유와 기능보장에 관한 법률' 제 8 조와 반론보도청구권·정정보도청구권·추후보도청구권를 규정하고 있는 언론중재 및 피해구제 등에 관한 법률 제14-17조·공직선거법 제 8 조의 4·제 8 조의 6 등이 있다.[120]

#### 1) 舊'신문 등의 자유와 기능보장에 관한 법률' 제 8 조

舊신문법('신문 등의 자유와 기능보장에 관한 법률') 제 8 조는 '독자의 권익보호'를 목적으로 "신문사업자 및 인터넷신문사업자는 독자가 신문 및 인터넷신문

118) 권영성, 전게서, 500면; 홍성방, 전게서, 507면. 그러나 허영 교수는 액세스권의 특성은 그것이 국민과 국가의 관계가 아닌 국민과 보도기관 사이에서 발생하는 문제라는 점에 있고, 구태여 액세스권을 국가와 결부시켜 논한다면, 보도매체를 균등하게 이용할 수 있는 여건의 조성과 반론권 및 해명권이 보장될 수 있는 여건의 조성과 반론권 및 해명권이 보장될 수 있는 제도적인 장치를 마련해야 할 국가적 의무를 말할 수 있겠지만, 그것은 엄격한 의미에서는 액세스권의 본질이라고 할 수 없고 액세스권은 어디까지나 국민의 국가에 대한 권리가 아닌 국민의 매스미디어에 대한 권리이며, 그 헌법이론적 근거는 언론·출판의 자유와 객관적 가치질서로서의 성격에서 찾아야 할 것이라는 입장을 취하고 있다(허영, 전게서, 747면).

119) 액세스권은 언론이 가지는 공공적 성격에 기초하여 제기된 이론이지만, 사적 기관인 언론에 대한 액세스권의 구현형태는 각국마다 이론과 제도상의 차이가 존재한다고 한다. 성낙인, 전게서, 522면 참조.

120) 구병삭 교수는 상법 제289조 제3항의 "회사의 공고는 관보 또는 시사에 관한 사항을 게재하는 일간신문지에 하여야 한다"라는 규정도 일종의 액세스권적인 규정으로 보고 있다(구병삭, 전게서, 458면).

의 편집 또는 제작에 관한 의사결정에 참여할 수 있도록 하고, 편집 또는 제작의 기본방침이 독자의 이익에 충실하도록 노력하여야 한다"라고 규정하고 있었다.[121]

### 2) 정정보도청구권

정정보도라 함은 언론의 보도내용의 전부 또는 일부가 진실하지 않은 경우 이를 진실에 부합되게 고쳐서 보도하는 것을 의미한다.[122] 정정보도청구권의 객체는 사실적 주장에 관한 '진실하지 않은' 언론보도라는 점에서 반론보도청구권의 객체와는 구별된다.[123] 정정보도는 고의·과실이나 위법성을 불문하고,[124] 언론의 사실적 주장이 진실하지 않을 때 이를 안 날로부터 3개월 이내, 언론보도일로부터 6개월 이내에 해당 '언론사 등'에 청구할 수 있다.[125] 한편, 정정보도청구권의 제도화와 그 실효성의 강화는 개안의 기본권 침해를 신속하게 구제할 수 있는 장점이 있는 것이지만, 이로 인해 언론의 위축효과가 발생할 우려가 있으므로 그 운용에 신중을 기해야 한다는 지적도 있다.[126] 이러한 취지에서 '언론중재 및 피해구제 등에 관한 법률' 제15조 제 4 항은 피해자가 정정보도청구권을 행사한 경우에도 일정한 사유에 해당할 경우에는 언론

121) 舊신문 등의 자유와 기능보장에 관한 법률 제8조<개정 2008. 6. 5>.

122) 언론중재 및 피해구제 등에 관한 법률 제2조 제15호 참조.

123) 헌법재판소는 언론중재 및 피해구제 등에 관한 법률상의 정정보도청구권의 법적성격 및 언론의 자유에 대한 침해 여부에 관하여 "언론중재법 제14조에서 규정하고 있는 정정보도청구권은 반론보도청구권이나 민법상 불법행위에 기한 청구권과는 전혀 다른 새로운 성격의 청구권이다 … 정정보도청구권은 그 내용이나 행사방법에 있어 필요 이상으로 신문의 자유를 제한하고 있지 않다. 일정한 경우 정정보도를 거부할 수 있는 사유도 인정하고 있고, 제소기간도 단기간으로 제한하고 있으며, 정정보도의 방법도 동일 지면에 동일 크기로 보도문을 내도록 하여 원래의 보도 이상의 부담을 지우고 있지도 않다. 따라서 언론중재법 제14조 제2항이 신문의 자유를 침해하는 것이라고 볼 수 없으며, 언론중재법 제31조 후문은 그 위치에도 불구하고 제14조 제2항과 동일한 내용을 명예훼손에 관하여 재확인하는 규정으로 보아야 할 것이므로 역시 헌법에 위반되지 않는다"라고 설시하고 있다(헌재 2006. 6. 29., 2005헌마165).

124) 언론중재 및 피해구제 등에 관한 법률 제14조 제2항 참조; 성낙인, 전게서, 545-546면; 허위의 신문보도로 피해를 입었을 때 피해자는 기존의 민·형사상 구제제도로 보호를 받을 수도 있지만, 신문사 측에 고의·과실이 없거나 위법성조각사유가 인정되는 등의 이유로 민사상의 불법행위책임이나 형사책임을 추궁할 수 없는 경우도 있다. 이러한 경우 피해자에 대한 적합한 구제책은 신문사나 신문기자 개인에 대한 책임추궁이 아니라, 문제의 보도가 허위임을 동일한 매체를 통하여 동일한 비중으로 보도·전파하도록 하는 것이다(헌재 2006. 6. 29, 2005헌마165).

125) 언론중재 및 피해구제 등에 관한 법률 제14조 제1항 참조.

126) 성낙인, 전게서, 546면.

사가 정정보도청구를 거부할 수 있도록 하고 있다.[127] 언론사가 행하는 정정보도에는 원래의 보도내용을 정정하는 사실적 진술, 그 진술의 내용을 대표할 수 있는 제목과 이를 충분히 전달하는 데 필요한 설명 또는 해명을 포함하되, 위법한 내용은 제외한다.[128] 언론사가 행하는 정정보도는 공정한 여론형성이 이루어지도록 그 사실공표 또는 보도가 행하여진 동일한 채널, 지면 또는 장소에 동일한 효과를 발생시킬 수 있는 방법으로 이를 하여야 하며, 방송의 정정보도문은 자막(라디오방송을 제외)과 함께 통상적인 속도로 읽을 수 있게 해야 한다.[129]

### 3) 반론보도청구권[130]

반론보도청구권이란 정기간행물이나 방송 등에서 공표된 사실적 주장[131]에 의해 피해를 입은 자가 발행인이나 방송사업자(편집인 또는 방송국의 장이나 편성책임자)에 대하여 그 피해자의 사실적 진술과 이를 명백히 전달하는 데 필요한 설명을 게재·방송하여 줄 것을 요구하는 권리이다. 반론보도청구권은 헌법상 보장된 인격권에 그 바탕을 둔 것으로서,[132] 피해자에게 보도된 사실적 내용에 대하여 반박의 기회를 허용함으로써 피해자의 인격권을 보호함[133]과 동시에 공정한 여론의 형성에 참여할 수 있도록 하여 언론보도의 객관성을 향상시켜

127) 1. 피해자가 정정보도청구권을 행사할 정당한 이익이 없는 때, 2. 청구된 정정보도의 내용이 명백히 사실에 반하는 때, 3. 청구된 정정보도의 내용이 명백히 위법한 내용인 때, 4. 정정보도의 청구가 상업적인 광고만을 목적으로 하는 때, 5. 청구된 정정보도의 내용이 국가·지방자치단체 또는 공공단체의 공개회의와 법원의 공개재판절차의 사실보도에 관한 것인 때.

128) 언론중재 및 피해구제 등에 관한 법률 제15조 제5항 참조.

129) 언론중재 및 피해구제 등에 관한 법률 제15조 제6항 참조.

130) 반론보도청구권은 언론중재 및 피해구제 등에 관한 법률 외에도 선거법 제8조의4·제8조의6에 규정되어 있다.

131) 반론보도청구권의 대상은 사실적인 주장에 국한되고 의견보도나 논평보도는 반론보도의 청구대상이 되지 않는다(대판 2006. 2. 10, 2002다49040 참조). 이와 같이 반론권의 범위를 좁게 해석하여 사실적 주장에 의해서만 반론을 허용하는 것은 독일형의 법제를 따른 것으로 볼 수 있다. 프랑스형의 반론권은 사실상의 주장은 물론이고 논평·비판 등의 의견이나 가치판단에 대해서도 반론을 허용하여 반론권의 범위를 넓게 인정하고 있다(헌재 1991. 9. 16, 89헌마165).

132) 허영, 전게서, 747면.

133) 언론기관이 특정인의 일반적 인격권이나 사생활의 비밀과 자유를 침해한 경우 피해를 받은 개인에게도 신속·적절하고 대등한 방어수단이 주어져야 함이 마땅하며 특히 공격내용과 동일한 효과를 갖게끔 보도된 매체 자체를 통해 방어 주장의 기회를 보장하는 반론권 제도가 적절하고 형평의 원칙에도 잘 부합할 수 있다.

제도로서의 언론보장을 더욱 충실하게 할 수 있을 것[134]이라는 취지 아래 규정된 것이다.[135]

반론보도청구권은 보도내용의 진실여부에 관계없이 피해자의 반박적인 주장을 보도하는 것에 그 취지가 있는 것이므로 보도내용(정기간행물이나 방송 등에서 공표된 사실적 주장)의 진실 여부를 따지거나 허위보도의 정정을 청구하기 위한 것이 아니다.[136] 따라서 그 청구에 있어서 (발행인이나 방송사업자 등) 언론기관의 고의·과실이나 위법성은 요구되지 않으며, 보도내용의 진실 여부를 묻지 않는다.[137] 반론보도청구에 관하여는 따로 규정된 것을 제외하고 정정보도에 관한 규정을 준용한다.[138]

반론보도청구권이 보도내용의 옳고 그름을 가리지 않고 피해자의 반론보도문을 무료로 게재할 의무를 부과하는 것이라는 점에서 보면 이러한 제도는 현실적으로 정기간행물이나 방송 등의 편집·편성의 자유를 제한하는 것이 됨은 물론 간접적으로 보도기관의 보도활동을 위축시키고 나아가 경영을 압박함으로써 보도의 자유에 대한 장애가 될 수 있다. 하지만, 반론보도청구권은 보도기관이 사실에 대한 보도과정에서 타인의 인격권 및 사생활의 비밀과 자유에 대한 중대한 침해가 될 직접적인 위험을 초래하게 되는 경우 이러한 법익을 보호하기 위한 적극적 요청에 의해 마련된 제도이지 언론의 자유를 제한하기 위한 소극적 필요에서 마련된 것이 아니므로 이러한 반론보도청구제도의 존재자체가 곧바로 보도의 자유를 포함한 언론의 자유의 본질적 내용을 침해하는 것으로 볼 수는 없을 것이다.[139]

---

134) 독자로서는 언론기관이 시간적 제약 아래 일방적으로 수집·공급하는 정보에만 의존하기보다는 상대방의 반대주장까지 들어야 비로소 올바른 판단을 내릴 수 있기 때문에 이 제도는 진실발견과 올바른 여론형성을 위하여 중요한 기여를 할 수 있게 된다는 것이다.

135) 헌재 1991. 9. 16, 89헌마165(반론보도청구권의 헌법적 근거는 헌법 제10조·제21조 제1항 외에도 헌법 제17조, 헌법 제21조 제4항을 들 수 있다고 한다).

136) 계희열, 전게서, 458면; 임병국, 전게서, 454면; 헌재 1991. 9. 16, 89헌마165.

137) 언론중재 및 피해구제 등에 관한 법률 제16조는 사실적 주장에 관한 언론보도 등으로 인하여 피해를 입은 자는 그 보도내용에 관한 반론보도를 '언론사 등'에 청구할 수 있고, 그 청구에는 '언론사 등'의 고의·과실이나 위법함을 요하지 않으며, 보도내용의 진실 여부를 불문한다고 규정하고 있다.

138) 언론중재 및 피해구제 등에 관한 법률 제16조 참조.

139) 헌재 1991. 9. 16, 89헌마165.

#### 4) 추후보도청구권

언론중재 및 피해구제 등에 관한 법률 제17조 제1항은 언론에 의해 범죄혐의가 있거나 형사상의 조치를 받았다고 보도 또는 공표된 자는 그에 대한 형사절차가 무죄판결 또는 이와 동등한 형태로 종결된 때에는 그 사실을 안 날로부터 3월 이내에 언론사에 이 사실에 관한 추후보도의 게재를 청구할 수 있다고 규정하고 있는바, 이러한 권리가 추후보도청구권이다.[140] 형사피의자로 고소·고발·입건·구속되거나 형사피고인으로 재판을 받고 있다고 보도되는 경우에는 향후 무죄판결 내지 이와 동등한 형태로 피의혐의에서 벗어난다고 하더라도 당사자는 사회생활에 있어서 (정신적 고통을 포함한) 많은 어려움을 겪게 된다. 이러한 경우에 피해자의 명예를 실질적·효과적으로 회복시켜 주기 위한 제도가 바로 추후보도청구권이며, 그 법적 성격은 반론보도청구권과 매우 유사하다.[141] 추후보도청구권은 특별한 사정이 있는 경우를 제외하고는 정정보도청구권이나 반론보도청구권의 행사에 영향을 미치지 않으며, 추후보도청구권에 관한 그 밖의 사항은 정정보도청구권에 관한 규정을 준용한다.[142]

## 제 4 절 언론의 자유의 한계와 제한

### Ⅰ. 언론의 자유의 한계(限界)

현대의 대중 민주주의는 언론의 자유를 전제로 하고 있으며, 언론의 자유

140) 추후보도에는 청구인의 명예나 권리회복에 필요한 설명 또는 해명이 포함되어야 한다(언론중재 및 피해구제 등에 관한 법률 제17조 제2항).

141) 추후보도청구권은 반론보도청구권과 상호배타적인 관계에 있는 것이 아니라 경합적인 관계에 있는 것이나. 추후보도청구권은 범죄사건 보도와 관련한 반론권행사를 보다 용이하게 하기 위한 것이고, 반론보도청구권과 비교하여 행사시기만 다를 뿐, 그 본질은 전혀 다를 것이 없으므로 무죄판결 등이 확정되기 전과 같이 추후보도청구권의 행사요건을 갖추지 못한 경우라도 해당 당사자는 반론보도청구권을 행사할 수 있을 뿐만 아니라, 무죄판결 등의 확정 이후에도 양자를 자유로이 선택하여 행사할 수 있다. 양경승, "반론보도청구권의 제 문제," 사법논집 제28호, 1997, 204면; 박용상, "새 정기간행물법상의 정정·추후보도청구권과 언론중재제도(상)," 인권과 정의, 1988. 3, 51면; 임병국, 전게서, 474-475면 참조.

142) 언론중재 및 피해구제 등에 관한 법률 제17조 제3항·제4항 참조.

가 보장되지 않는 민주주의란 생각할 수가 없다. 언론의 자유가 보장되지 않고서는 다른 모든 자유와 권리의 진정한 보장이 어렵기 때문에 언론·출판의 자유는 다른 모든 자유의 기초라고도 할 수 있다. 현대 헌법의 특징은 언론의 자유가 특히 우월적인 지위를 지니고 있는 것[143]이라고 말할 정도로 중요한 기본권인 언론의 자유가 최대한으로 보장되어야 한다는 점에는 이견이 없다.

그러나 언론·출판의 자유는 헌법이 예정하고 있듯이 결코 무제한적인 자유가 아니다. 언론·출판의 자유가 보장된다고 해서 그로 인해 공동체의 존립 자체가 파괴되거나 공동체에 소속되어 있는 다른 구성원들의 인간성과 인격이 파괴되는 것을 허용하는 것은 아니다. 헌법 제21조 제 4 항도 "언론·출판은 타인의 명예나 권리 또는 공중도덕이나 사회윤리를 침해하여서는 아니된다"라고 하여 언론·출판의 자유에 대한 한계를 분명히 선언하고 있다.

문제는 헌법상 보호되지 않는 언론의 한계는 무엇이며(헌법 제21조 제 4 항), 또 헌법상 보호되는 언론이라 하더라도 공익을 위한 국가의 개입이 어느 시점에서 어디까지 허용될 것인가(헌법 제37조 제 2 항) 하는 점이다. 법치국가의 기본권이론에 따를 때 원칙적으로 국민의 기본권은 최대한 보장되어야 하고, 국가의 제한은 최소한으로 억제되어야 한다. 특히 언론의 자유영역에 있어서는 국가의 개입이 더욱 제한적으로 이루어져야 할 몇 가지 특수상황이 존재한다.[144] 따라서 언론의 영역에서 국가는 단순히 어떤 표현이 가치없거나 유해하다는 주장만으로 해당 표현에 대한 규제를 정당화시킬 수는 없다. 다시 말해 대립되는 다양한 의견과 사상의 경쟁메커니즘에 의하여 그 표현의 해악이 해소될 수 없을 때에만 비로소 국가의 개입은 그 필요성이 인정되는 것이다. 따라서 언론의

143) 헌재 1991. 9. 16, 89헌마165.

144) 헌법재판소는 이에 대해 ① 언론의 자유가 지니는 헌법적 가치들은 입헌민주체제에서 반드시 확보되어야 할 중요한 가치라는 점과 ② 언론은 인격의 발현으로서 사상과 견해를 외부에 표출하는 것인데, 어떤 사상이나 견해가 옳고 가치 있는 것인지를 판단하는 절대적인 잣대가 자유민주체제에서는 존재할 수 없다는 사실(만약 국가 또는 사회의 다수가 그러한 절대적인 잣대를 가지고 사상과 견해를 재단하려 한다면, 그것이야말로 자유민주헌법이 가장 경원시하고 경계해야 할 것이라고 한다), 그리고 ③ 언론에 대한 규제는 통상 그 언론으로 말미암은 해악을 시정하고 방지하기 위한 것이고 이러한 국가의 노력은 정당하고 필요한 것이기는 하나, 국가의 개입에 앞서 그 해악을 해소시킬 수 있는 1차적 메커니즘, 즉 사상의 경쟁메커니즘이 시민사회 내부에 존재한다는 사실(시민사회 내부에서 서로 대립되는 다양한 사상과 의견들의 경쟁을 통하여 유해한 언론의 해악이 자체적으로 해소될 수 있다면 국가의 개입은 최소한도에 그쳐야 할 것이라고 한다)을 근거로 들고 있다(헌재 1998. 4. 30, 95헌가16).

영역에 있어서 국가의 개입은 원칙적으로 2차적인 것이다.

그러나 모든 표현이 시민사회의 자기교정기능에 의해서 해소될 수 있는 것은 아니다. 일정한 표현은 일단 표출되면 그 해악이 대립되는 사상의 자유경쟁에 의한다 하더라도 아예 처음부터 해소될 수 없는 성질의 것이거나 또는 다른 사상이나 표현을 기다려 해소되기에는 너무나 심대한 해악을 지닌 것이 있다. 바로 이러한 표현에 대하여는 국가의 개입이 1차적인 것으로 용인되고, 헌법상 언론의 자유에 의하여 보호되지 않는데, 헌법 제21조 제 4 항은 바로 이러한 언론의 자유에 있어서의 한계(즉 국가의 개입이 1차적인 것으로 용인되고, 헌법상 언론의 자유에 의하여 보호되지 않는 영역)를 설정한 것이다. 헌법 제21조 제 4 항과 관련하여 언론의 자유의 한계로서 주로 논의되고 있는 사안으로는 타인의 명예훼손(비방·개인적 모욕 포함)·타인의 사생활의 비밀과 자유 침해·공중도덕이나 사회윤리 침해(외설·폭력조장 등) 등을 들 수 있다.

## 1. 명예훼손(名譽毁損)[145]

### (1) 언론의 자유와 명예보호와의 관계

인간은 공동체 속에서 각자의 인격을 바탕으로 더불어 살아가는 사회적 존재이다. 명예라 함은 사람[146]이 사회생활에서 가지는 가치를 말한다.[147] 여기에

145) 명예훼손이란 명예주체에 대한 사회적 평가를 저하시키는 일체의 행위(대판 1999. 10. 8, 98다40077) 또는 사람의 품성·덕행·명성·신용 등 인격적 가치에 대하여 사회로부터 받는 객관적인 평가를 침해하는 행위를 의미한다(대판 2000. 7. 28, 99다6203).

146) 다수의 학설과 판례는 자연인 외에 법인도 명예훼손죄의 대상이 될 수 있다고 한다. 신평, 언론법, 삼영사, 2007, 123면 참조; 대판 1960. 11. 16, 4293형상244; 대판 2004. 11. 12, 2002다46423.

147) 통설은 명예의 내용을 내적 명예와 외적 명예 그리고 명예감정 세 가지로 나누는데, 내적 명예란 사람이 가지고 있는 인격의 내부적 가치 그 자체로서 타인의 평가와는 무관하게 절대적 가치로 존재하는 것이며 타인의 침해로 훼손된 성질의 것이 아니므로 이는 형법상 보호법익의 내용에서 제외된다. 외적 명예라 함은 사람의 인격가치 또는 행동에 대한 사회적 평가로서 누구나 자신의 외적 명예가 정당하게 평가되도록 사회의 다른 구성원에게 요구할 권리가 있는 것이기 때문에 명예훼손죄의 보호법익이 바로 이를 의미한다고 보는 것이 다수의 학설과 판례의 입장이다. 마지막으로 명예감정은 어떤 사람의 인격적 가치에 대해 그 사람 자신이 내리는 주관적인 평가를 의미하는 것으로서 이는 형법에 의한 보호가 피해자의 주관적 가치·감정이나 기준에 좌우되어서는 안된다는 이유로 형법상 보호법익의 내용에서 제외된다는 것이 일반적인 학설과 판례의 입장이다(신평, 전게서, 104-106면 참조).

서 가치라 함은 사람이 독립적인 인격체로서 존중받으며 지켜야 할 개인의 품격과 스스로 만들어온 평판 등을 의미한다고 할 수 있다. 사람은 사회의 일원으로서 하나의 인격체로 인정받음은 물론, 그 자신의 인격·신용·능력·지위 등에 따른 적합한 평가·처우를 받을 때 인간으로서의 존엄과 가치를 향유할 수 있고 개인의 행복추구권이 보장된다고 할 수 있다. 개인의 기본권인 언론의 자유와 타인의 인격권인 명예는 모두 인간으로서의 존엄과 가치·행복추구권에 그 뿌리를 두고 있으므로 이 양자의 권리는 단정적으로 선후(先後) 또는 우열(優劣)의 문제로 단정할 성질의 것이 아니다. 즉, 개인이 자신의 사상과 의견 표현의 자유를 누리기 위해 아무런 제한 없이 타인의 인격권인 명예를 함부로 침해할 수 있도록 허용된다면 언론의 자유는 자기모순에 빠지게 될 뿐만 아니라 공동체의 안녕과 질서를 훼손하게 될 것이다. 따라서 헌법 제21조 제 4 항은 "언론·출판은 타인의 명예 … 를 침해하여서는 아니된다"라고 하여 언론의 자유는 보장하되 명예보호와의 관계에서는 일정한 제한을 받도록 명료하게 규정하고 있다.[148] 개인의 명예보호를 구체화한 일반법으로는 민법과 형법을 들 수 있다.[149]

### (2) 언론의 자유의 한계설정에 대한 구체적 판단기준

국민의 알권리와 다양한 사상·의견 등을 표현하고 교환할 수 있도록 보장하는 언론의 자유는 민주주의 체제의 정체성을 좌우할 근간이 되는 핵심적인

148) 대법원도 "헌법 제10조는 모든 국민은 인간으로서의 존엄과 가치를 가지며 행복을 추구할 권리를 가진다고 규정하여 생명권, 인격권 등을 보장하고 있고, 인격권의 내용으로 명예를 침해당하지 아니할 권리가 포함되며, 이에 헌법 제21조 제 4 항은 '언론·출판은 타인의 명예나 권리 또는 공중도덕이나 사회윤리를 침해하여서는 아니된다. 언론·출판이 타인의 명예나 권리를 침해한 때에는 피해자는 이에 대한 피해의 배상을 청구할 수 있다'고 규정하여 언론·출판의 자유도 절대적인 것이 아니라 타인의 명예나 권리 등을 침해하여서는 아니 될 한계가 있음을 밝히고 있다"라고 설시하고 있다(대판 2002. 1. 22, 2000다37524).

149) 민법은 제750조, 제751조에서 고의 또는 과실로 인한 위법한 명예훼손적 표현으로 타인에게 손해를 가하거나 타인의 명예를 해한 자는 재산 이외의 손해에 대하여도 배상할 책임이 있다는 것과 제764조(명예훼손의 경우의 특칙)에서는 타인의 명예를 훼손한 자에 대하여는 법원은 피해자의 청구에 의하여 손해배상에 갈음하거나 손해배상과 함께 명예회복에 적당한 처분을 명할 수 있다는 규정을 두고 있으며, 형법은 제307조 내지 제309조에서 공연히 사실(또는 허위의 사실)을 적시하여 명예를 훼손하거나, 사람을 비방할 목적으로 신문·잡지 또는 라디오 기타 출판물에 의한 명예를 훼손하는 행위와 공연히 모욕하는 행위에 형사제재를 과하는 한편, 동법 제310조(사실적시 명예훼손의 행위가 진실한 사실로서 오로지 공공의 이익에 관한 때에는 처벌하지 아니한다)는 위법성의 조각으로 처벌하지 않는 경우에 대한 규정을 두고 있다.

기본권이고, 명예보호는 인간의 존엄과 가치, 행복을 추구하는 기초가 되는 권리이다. 그러므로 이 두 가지 권리를 비교형량(比較衡量)하여 어느 쪽이 우위에 서는지를 가리는 것은 헌법적인 평가 문제에 속하는 것이다.[150] 따라서 언론매체의 명예훼손적 표현에 대하여 위에서 본 실정법을 해석·적용할 때에는 언론의 자유의 보장과 명예 보호라는 상반되는 헌법상의 두 권리의 조정과정에 있어 구체적인 판단기준이 필요하다.

그 판단기준으로는 다음과 같이 사안에 따른 정황과 사실관계 등을 종합하여 구체적인 표현 내용과 방식에 따라 두 권리를 유형적으로 형량한 비례관계를 따져보는 등 구체적이고 객관성 있는 판단기준에 근거하여 언론의 자유에 대한 한계를 설정할 수 있다.[151]

[언론의 자유의 한계설정에 대한 구체적 판단기준]

① 해당 표현으로 인한 피해자가 공적 인물인가 아니면 사인(私人) 인가?
② 그 표현이 공적인 관심 사안에 관한 것인가, 순수한 사적인 영역에 속하는 사안인가?
③ 피해자가 해당 명예훼손적 표현의 위험을 자초(自招)한 것인가 그렇지 않은가?
④ 그 표현이 객관적으로 국민이 알아야 할 공공성·사회성을 갖춘 사실(알권리)로서 여론형성이나 공개토론에 기여하는 것인가 그렇지 않은가?

언론의 자유에 대한 한계설정을 위한 판단기준을 적용하는 데 있어서는 보도의 내용이 공적(公的) 인물과 사인(私人), 공적인 관심 사안과 사적인 영역에 속하는 사안 간에는 심사기준에 차이를 두어야 한다. 특히 공적 인물이 그의 공

150) 대법원도 "신문보도에 의한 표현의 자유가 헌법에 의하여 보장되는 권리라고 할지라도 그로 인하여 개인의 명예나 사생활의 자유와 비밀이라는 또 다른 법익이 침해되는 결과를 초래하게 될 경우에는 표현의 자유로 얻어지는 이익과 인격권의 보호에 의하여 달성되는 가치를 비교형량하여 그 위법성의 조각 여부를 판단하지 아니하면 아니되고, 이러한 이익을 비교형량함에 있어서는 보도 목적의 공익성과 보도 내용의 공공성, 보도 매체의 성격과 보도 내용이 신속한 보도를 요하는 것인가의 여부, 보도의 근거가 된 정보원(情報源)의 신빙성, 보도 내용의 진실성과 공정성 및 그 표현 방법, 보도로 인하여 피해자 등이 입게 될 피해의 정도 등 여러 사정을 종합하여 판단하여야 한다"라고 설시하고 있다(대판 1999. 1. 26, 97다10215).

151) 헌재 1999. 6. 24, 97헌마265.

적(公的) 활동과 관련된 명예훼손적인 표현은 그 제한이 더 완화[152]되어야 하는 등 개별사례에서의 이익형량에 따라 그 결론도 달라진다.[153] 다시 말해 언론의 자유와 명예보호 사이의 한계를 설정함에 있어서 표현된 내용이 공공적·사회적인 의미를 가진 사안에 관한 경우는 사적인 영역에 속하는 사안(事案)의 경우와는 평가를 달리해야 하고 언론의 자유에 대한 제한이 완화되어야 한다(언론보도의 내용이 객관적 자료에 의하여 최종적으로 확인되지는 않았다고 하더라도 공직자의 생활이나 공직 수행과 관련한 중요한 사항에 관해 어떤 의혹을 가질 만한 충분하고도 합리적인 이유가 있고 그 사항의 공개가 공공의 이익을 위해 필요하다고 인정되는 경우에는, 언론보도를 통해 위와 같은 의혹사항에 대해 의문을 제기하고 조사를 촉구하는 등의 감시와 비판행위는 언론자유의 중요한 내용 중의 하나인 보도의 자유에 속하는 것으로 평가될 수 있기 때문이다). 그리고 이러한 언론보도로 인해 공직자의 사회적 평가가 다소 저하될 수 있다고 하여 바로 공직자에 대한 명예훼손에 해당된다고

152) 헌재 1999. 6. 24, 97헌마265; 대법원도 "당해 표현이 공적인 존재의 정치적 이념에 관한 것인 때에는 특별한 의미가 있다. 그 공적인 존재가 가진 국가·사회적 영향력이 크면 클수록 그 존재가 가진 정치적 이념은 국가의 운명에까지 영향을 미치게 된다. 그러므로 그 존재가 가진 정치적 이념은 더욱 철저히 공개되고 검증되어야 하며, 이에 대한 의문이나 의혹은 그 개연성이 있는 한 광범위하게 문제제기가 허용되어야 하고 공개토론을 받아야 한다. 정확한 논증이나 공적인 판단이 내려지기 전이라 하여 그에 대한 의혹의 제기가 공적 존재의 명예보호라는 이름으로 봉쇄되어서는 안 되고 찬반토론을 통한 경쟁과정에서 도태되도록 하는 것이 민주적이다. 그런데 사람이나 단체가 가진 정치적 이념은 흔히 위장하는 일이 많을 뿐 아니라 정치적 이념의 성질상 그들이 어떠한 이념을 가지고 있는지를 정확히 증명해 낸다는 것은 거의 불가능한 일이다. 그러므로 이에 대한 의혹의 제기나 주관적인 평가가 진실에 부합하는지 혹은 진실하다고 믿을 만한 상당한 이유가 있는지를 따짐에 있어서는 일반의 경우에 있어서와 같이 엄격하게 입증해 낼 것을 요구해서는 안 되고, 그러한 의혹의 제기나 주관적인 평가를 내릴 수도 있는 구체적 정황의 제시로 입증의 부담을 완화해 주어야 한다. 그리고 그러한 구체적 정황을 입증하는 방법으로는 그들이 해 나온 정치적 주장과 활동 등을 입증함으로써 그들이 가진 정치적 이념을 미루어 판단하도록 할 수 있고, 그들이 해 나온 정치적 주장과 활동을 인정함에 있어서는 공인된 언론의 보도내용이 중요한 자료가 될 수 있으며, 여기에 공지의 사실이나 법원에 현저한 사실도 활용할 수 있다"라고 하여 이와 같은 입장을 취하고 있다(대판 2002. 1. 22, 2000다37524).

153) 시간과 싸우는 언론보도에 오류(誤謬)를 수반하는 표현은, 사상과 의견에 대한 아무런 제한 없는 자유로운 표현을 보장하는 데 따른 불가피한 결과이고 이러한 표현도 자유토론과 진실확인에 필요한 것이므로 함께 보호되어야 하기 때문이다(헌재 1999. 6. 24, 97헌마265). 더 나아가 행위자의 주요한 목적이나 동기가 공공의 이익을 위한 것이라면 부수적으로 다른 사익적 목적이나 동기가 내포되어 있더라도 무방하고, 여기서 '진실한 사실'이라고 함은 그 내용 전체의 취지를 살펴볼 때 중요한 부분이 객관적 사실과 합치되는 사실이라는 의미로서 세부에 있어 진실과 약간 차이가 나거나 다소 과장된 표현이 있더라도 무방하다고 설시하고 있다(대판 2002. 1. 22, 2000다37524).

할 수는 없다는 것이다.[154]

헌법재판소의 입장은 형법 제310조가 "제307조 제 1 항(사실적시 명예훼손)의 행위가 진실한 사실로서 오로지 공공의 이익에 관한 때에는 처벌하지 아니한다"라고 규정하여 언론의 자유와 명예 보호라는 두 가치를 유형적으로 형량하는 조정을 꾀하고 있다고 한다. 동 규정을 해석함에 있어서 진실성의 증명과 공공의 이익이라는 위법성의 조각 요건을 엄격하게 요구하면 형사제재의 범위는 넓어지고 언론의 자유는 위축되고, 비교형량의 비중은 명예보호 쪽에 너무 치우치게 된다고 하면서 명예훼손적 표현에 대한 형사법을 해석함에 있어서는 다음의 사항들을 고려할 것을 주문하고 있다.

① 그 표현이 진실한 사실이라는 입증이 없어도 행위자가 진실한 것으로 오인(誤認)하고 행위를 한 경우, 그 오인에 정당한 이유가 있는 때에는 명예훼손죄는 성립되지 않는 것으로 해석해야 한다.

② '오로지 공공의 이익에 관한 때에'라는 요건은 언론의 자유를 보장한다는 관점에서 그 적용범위를 넓혀야 한다. 국민의 알 권리의 배려라는 측면에서 객관적으로 국민이 알아야 할 필요가 있는 사실(알 권리)에는 공공성이 인정되어야 하고, 또 사인이라도 그가 관계하는 사회적 활동의 성질과 이로 인해 사회에 미칠 영향을 헤아려 공공의 이익은 쉽게 수긍할 수 있도록 해야 한다.

③ 명예훼손적 표현에서의 '비방할 목적'(형법 제309조)은 그 폭을 좁히는 제한된 해석이 필요하다. 법관은 엄격한 증거로써 입증이 되는 경우에 한해 행위자의 비방 목적을 인정해야 한다(헌재 1999. 6. 24, 97헌마265).

대법원도 신속한 보도를 생명으로 하는 신문의 속성상 허위를 진실한 것으로 믿고서 한 명예훼손적 표현에 정당성을 인정할 수 있거나, 중요한 내용이 아닌 사소한 부분에 대한 허위보도는 모두 형사제재의 위협으로부터 자유로워야 한다는 입장이다(대판 1996. 8. 23, 94도3191 참조).

언론의 자유에 근거한 언론보도가 명예훼손에 해당한다고 볼 수 있는 경우는 다음과 같이 적시할 수 있다. 보도의 내용이나 표현방식·의혹사항의 내용이 사실관계와 현저하게 차이가 날 경우, 공익성의 정도·공직자 또는 공직 사회의 사회적 평가를 저하시키기 위한 의도성이 강하게 드러날 경우, 취재과정이나

154) 형법 제310조가 규정하고 있는 바와 같이 사실적시 명예훼손의 행위가 진실한 사실로서 오로지 공공의 이익에 관한 때에는 위법성 조각사유에 해당하여 처벌받지 않는다.

취재로부터 보도에 이르기까지의 사실 확인을 위한 노력이 현저히 부족하거나 주의의무를 다하지 않는 등 경솔한 경우, 기타 주위의 여러 사정 등을 종합하여 판단할 때 해당 언론보도가 (공직자 또는 공직 사회에 대한 감시·비판·견제라는 정당한 언론활동의 범위를 벗어나) 악의적이거나 현저히 상당성을 잃은 것으로 평가되는 경우에는, (비록 공직자 또는 공직 사회에 대한 감시·비판·견제의 의도에서 비롯된 것이라고 하더라도) 명예훼손에 해당된다고 보아야 한다.[155)]

### (3) 언론보도의 명예훼손여부에 관한 구체적인 판단기준

언론의 보도에 의한 명예훼손이 성립하려면 피해자의 사회적 평가를 저하시킬 만한 구체적인 사실의 적시(摘示)가 있어야 한다. 여기에서 말하는 사실의 적시란 반드시 사실을 직접적으로 표현한 경우로 한정하는 것은 아니다. 간접적이고 우회적인 표현에 의하더라도 그 표현의 전 취지를 비추어 볼 때 그와 같은 사실의 존재를 암시하고, 또 이로써 특정인의 인격에 대한 사회적 가치, 내지 평가가 침해될 가능성이 있을 정도로 구체성이 있으면 충분하다.[156)]

일반적으로 신문·잡지 등 문자매체의 경우, 어떤 기사가 특정인의 명예를

155) 대판 2006. 5. 12, 2004다35199; 대판 2002. 1. 22, 2000다37524(아무리 공적인 존재의 공적인 관심사에 관한 문제의 제기가 널리 허용되어야 한다고 하더라도 구체적 정황의 뒷받침도 없이 악의적으로 모함하는 일이 허용되지 않도록 경계해야 함은 물론 구체적 정황에 근거한 것이라 하더라도 그 표현방법에 있어서는 상대방의 인격을 존중하는 바탕 위에서 어휘를 선택하여야 하고, 아무리 비판을 받아야 할 사항이 있다고 하더라도 모멸적인 표현으로 모욕을 가하는 일은 허용될 수 없다); 헌재 1999. 6. 24, 97헌마265(허위라는 것을 알거나 진실이라고 믿을 수 있는 정당한 이유가 없는데도 진위(眞僞)를 알아보지 않고 게재한 허위보도에 대하여는 면책을 주장할 수 없다).

156) 타인에 대한 명예훼손은 사실을 적시하는 방법으로 행해질 수도 있고, 의견을 표명하는 방법으로 행해질 수도 있는데, 후자의 경우 단순한 의견 개진만으로는 상대방의 사회적 평가가 저해된다고 할 수 없으므로, 의견 또는 논평의 표명이 사실의 적시를 전제로 하지 않은 순수한 의견 또는 논평일 경우에는 명예훼손으로 인한 손해배상책임은 성립되지 않는다. 다시 말해 의견 또는 논평을 표명하는 표현행위로 인한 명예훼손에 있어서는 그 의견 또는 논평 자체가 진실인가 혹은 객관적으로 정당한 것인가 하는 것은 위법성 판단의 기준이 될 수 없다는 것이다. 그러나 여기서 주의해야 할 점은 그 의견 또는 논평의 전제가 되는 사실이 중요한 부분에 있어서 진실이라는 증명이 있는가, 혹은 그러한 증명이 없다면 표현행위를 한 사람이 그 전제가 되는 사실이 중요한 부분에 있어서 진실이라고 믿을 만한 상당한 이유가 있는가 하는 것은 (명예훼손과 관련하여) 위법성 판단의 기준이 된다는 것이다. 따라서 어떠한 표현행위가 명예훼손과 관련하여 문제가 되는 경우 그 표현이 사실을 적시하는 것인가 아니면 의견·논평을 표명하는 것인가, 또 의견·논평을 표명하는 것이라면 그와 동시에 묵시적으로라도 그 전제가 되는 사실을 적시하고 있는 것인가 그렇지 않은가를 구별할 필요가 있다(대판 1999. 2. 9, 98다31356; 대판 2000. 7. 28, 99다6203; 대판 2006. 5. 12, 2004다35199 참조).

훼손하는 내용인지 여부를 판단하는 기준은 다음과 같다. 기본적으로 보통 수준의 일반 독자가 보통의 주의(注意)로 기사를 접하는 통상의 방법을 전제로 한다. 다음은 해당 기사의 전체적인 취지와의 연관하에서 기사의 객관적 내용·사용된 어휘의 통상적인 의미·기사의 전체적인 흐름·문구의 연결방법 등을 종합적으로 고려하여 그 기사가 독자에게 주는 전체적인 인상을 기준으로 판단해야 한다. 아울러 사실 적시와 의견 또는 논평 표명을 구분한다. 의견 또는 논평 표명의 경우에 전제되는 사실을 적시하고 있는 것인지 여부의 판별에 있어서는 해당 기사가 게재된 보다 넓은 문맥이나 배경이 되는 사회적 흐름 등도 함께 고려해야 할 것이다.[157]

방송 등의 음향영상매체의 경우 어떤 기사가 특정인의 명예를 훼손하는 내용인지 여부를 판단하는 기준은 다음과 같다. 기본적으로는 인쇄매체와 마찬가지로 당해 방송보도의 객관적인 내용과 아울러 일반의 시청자가 보통의 주의로 방송보도를 접하는 방법을 전제로 한다. 다음은 방송 보도 내용의 전체적인 흐름·화면의 구성방식·사용된 어휘의 통상적인 의미·문구의 연결 방법 등을 종합적으로 고려하여 그 보도 내용이 시청자에게 주는 전체적인 인상도 그 판단 기준으로 삼아야 한다.[158] 그리고 이 경우에도 사실 적시와 의견 또는 논평 표명의 구별, 의견 또는 논평 표명의 경우에 전제되는 사실을 적시하고 있는 것인지 여부의 판별에 있어서는 당해 방송보도내용(표현내용)의 배경이 되는 사회적 흐름 등도 함께 고려해야 할 것이다.[159]

157) 대판 1997. 10. 28, 96다38032; 대판 2001. 1. 19. 선고 2000다10208; 따라서 신문기사 가운데 그로 인한 명예훼손의 불법행위책임 인정 여부가 문제된 부분에 대해 거기서 사용된 어휘만을 통상의 의미에 좇아 이해하는 경우에는 그것이 증거에 의해 그 진위를 결정하는 것이 가능한 타인에 관한 특정의 사항을 주장하고 있는 것이라고 바로 해석되지 않는 경우라도 헤딩 부분 전후의 문맥과 기사가 게재될 당시에 일반의 독자가 가지고 있는 지식 내지 경험 등을 고려해 볼 때에 그 부분이 간접적으로 증거에 의해 그 진위를 결정하는 것이 가능한 타인에 관한 특정의 사항을 주장하는 것이라고 이해된다면 그 부분은 사실을 적시하는 것으로 보아야 할 것이고, 이를 묵시적으로 주장하는 것이라고 이해된다면 의견 또는 논평의 표명과 함께 그 전제되는 사실을 적시하는 것으로 보아야 한다(대판 1999. 2. 9, 98다31356).

158) 대판 2004. 2. 27, 2001다53387; 대판 2006. 5. 12, 2004다35199.

159) 임병국, 전게서, 252-253면.

## 2. 언론에 의한 사생활의 비밀과 자유의 침해

### (1) 언론의 자유와 사생활의 비밀과 자유와의 관계

사생활의 비밀과 자유는 인간으로서의 존엄과 가치를 규정하고 있는 헌법 제10조와 헌법 제17조 "모든 국민은 사생활의 비밀과 자유를 침해받지 아니한다"라는 규정에 의해 보장되는 헌법상의 기본권이다. 사생활의 비밀과 자유는 국가가 사생활의 영역을 들여다보거나 사생활의 자유로운 형성을 방해·금지하는 것에 대한 보호를 제공하는 기본권이다. 더 나아가서는 사생활과 관련된 사사로운 자신만의 영역이 본인의 의사에 반해서 타인에게 알려지지 않도록 할 수 있는 권리라고도 할 수 있다. 다시 말해 사생활의 비밀과 자유는 사회공동체의 일반적인 생활규범의 범위 내에서 사생활을 자유롭게 형성해 나가고 그 설계 및 내용에 대해서 외부로부터의 간섭을 받지 않을 권리를 의미한다.[160] 요컨대 헌법 제17조가 보호하고자 하는 기본권은 사생활영역의 자유로운 형성과 비밀유지라고 할 것이다.

구체적으로 살펴보면 사생활의 비밀과 자유가 보호하는 것은 개인의 내밀한 내용의 비밀을 유지할 권리·개인이 자신의 사생활의 불가침을 보장받을 수 있는 권리·개인의 양심영역이나 성적 영역과 같은 내밀한 영역에 대한 보호·인격적인 감정세계의 존중의 권리와 정신적인 내면생활이 침해받지 않을 권리 등이다.

이러한 전통적인 의미의 사생활의 비밀과 자유의 개념은 1990년대 후반에 들어서 개인정보자기결정권[161]을 강조하는 방향으로의 흐름을 보이고 있다.[162]

160) 헌재 2001. 8. 30, 99헌바92; 헌재 2003. 10. 30, 2002헌마518; 헌재 2003. 10. 30, 2002헌마518; 헌재 2007. 5. 31, 2005헌마1139.

161) 개인정보자기결정권은 자신에 관한 정보가 언제 누구에게 어느 범위까지 알려지고 또 이용되도록 할 것인지를 그 정보주체가 스스로 결정할 수 있는 권리이다. 즉 정보주체가 개인정보의 공개와 이용에 관해 스스로 결정할 권리를 말한다. 개인정보자기결정권의 보호대상이 되는 개인정보는 개인의 신체·신념·사회적 지위·신분 등과 같이 개인의 인격주체성을 특징짓는 사항으로서 그 개인의 동일성을 식별할 수 있게 하는 일체의 정보라고 할 수 있고, 반드시 개인의 내밀한 영역이나 사사(私事)의 영역에 속하는 정보에 국한되지 않고 공적 생활에서 형성되었거나 이미 공개된 개인정보까지 포함한다. 또한 그러한 개인정보를 대상으로 한 조사·수집·보관·처리·이용 등의 행위는 모두 원칙적으로 개인정보자기결정권에 대한 제한에 해당한다(헌재 2005. 5. 26, 99헌마513; 헌재 2005. 7. 21, 2003헌마282).

162) 문재완, 언론법, 늘봄출판사, 2008, 133면 참조.

다시 말해 헌법 제10조 및 헌법 제17조에 의해 보장되는 헌법상의 기본권인 사생활의 비밀과 자유는 개인의 사생활 활동이 타인으로부터 침해되거나 사생활이 함부로 공개되지 않을 소극적인 권리는 물론, 오늘날 고도로 정보화된 현대사회에서 자신에 대한 정보를 자율적으로 통제할 수 있는 적극적인 권리까지도 보장하려는 데에 그 취지가 있다고 보는 것이다.[163)]

### (2) 언론의 자유와의 충돌에 대한 조화적 해결이론[164)]

#### 1) 의 의

언론보도에 의한 사생활의 비밀과 자유의 침해는 명예훼손의 경우와 마찬가지로, 누구나 개인이 사생활을 함부로 공개당하지 않고 남에게 침해당하지 않을 자유를 가지고 있다는 헌법상의 기본권(사생활의 비밀과 자유)과 기본권 간의 충돌 문제이다. 두 가지 기본권이 충돌할 경우 어느 것을 우선시할 것인가에 관해 이 문제를 해결하기 위한 견해로는 권리포기의 이론, 공익(公益)의 이론, 공적 인물(公的 人物)의 이론 등이 있다.

#### 2) 기본권 간의 충돌에 대한 해결이론

권리포기의 이론은 일정한 사정하에서는 사생활의 비밀과 자유를 포기한 것으로 간주한다는 것이다. 따라서 이러한 경우에는 사생활의 비밀과 자유에 관한 권리가 소멸되므로 해당 당사자의 사생활을 공개하더라도 침해행위가 되지 않는다고 한다.

공익의 이론은 국민의 알 권리를 사생활의 비밀과 자유에 대해 우선시하는

163) 대판 1998. 7. 24, 96다42789; 이에 대해 헌법재판소의 입장은 대법원과는 다소 차이가 있다. 대법원은 헌법 제10조 및 헌법 제17조 규정이 (개인의 사생활 활동이 타인으로부터 침해되거나 사생활이 함부로 공개되지 않을 소극적인 권리는 물론) 오늘날 고도로 정보화된 현대사회에서 자신에 대한 정보를 자율적으로 통제할 수 있는 적극적인 권리까지도 보장하려는 데에 그 취지가 있는 것으로 해석하는 데 비해 헌법재판소는 "개인정보자기결정권의 헌법상 근거로는 헌법 제17조의 사생활의 비밀과 자유, 헌법 제10조 제1문의 인간의 존엄과 가치 및 행복추구권에 근거를 둔 일반적 인격권 또는 위 조문들과 동시에 우리 헌법의 자유민주적 기본질서 규정 또는 국민주권원리와 민주주의원리 등을 고려할 수 있으나, 개인정보자기결정권으로 보호하려는 내용을 위 각 기본권들 및 헌법원리들 중 일부에 완전히 포섭시키는 것은 불가능하다고 할 것이므로, 그 헌법적 근거를 굳이 어느 한두 개에 국한시키는 것은 바람직하지 않은 것으로 보이고, 오히려 개인정보자기결정권은 이들을 이념적 기초로 하는 독자적 기본권으로서 헌법에 명시되지 아니한 기본권"이라고 설명하고 있다(헌재 2005. 5. 26, 99헌마513).

164) 권영성, 전게서, 457-458면 참조.

이론으로서 국민의 (정당한) 알 권리의 대상이 되는 사항은 국민에게 알리는 것이 공공의 이익이 되므로, 보도적 가치·교육적 가치·계몽적 가치가 있는 사실의 공개는 침해행위가 되지 않는다거나 면책사유가 된다는 것이다. 범죄인의 체포·구금, 범죄피해자의 공개, 사이비 종교, 공중의 보건과 안전 등에 관한 사실의 공개가 이와 관련이 깊다.

공적 인물(公的 人物)의 이론이라 함은 사생활의 비밀과 자유를 향유하는 주체의 사회적 지위에 따라 개별적으로 (언론의 자유와 관련한) 사생활의 비밀과 자유의 한계가 결정되어야 한다는 것이다. 공적 인물은 사생활이 공개되더라도 일반인에 비해 수인해야 할 경우가 많다는 것을 전제로 한다. 동 이론에서의 공적 인물이란 그 재능·명성·생활양식·직업 등의 이유로 일반인들이 그 행위·인격에 관심을 가지는 대상이 되는 자(公的 人士·名士)를 의미하며, 이에는 자의로 공적 인물이 된 자(정치인·경제인·운동선수·연예인 등)와 타의(他意)로 공적 인물이 된 자(범인과 그 가족·피의자 등) 모두 포함된다.

### 3) 이론의 검토(檢討)

권리포기의 이론은 일정한 사정 하에서는 본인의 진의와는 관계없이 권리를 포기하는 것으로 의제한다는 점에서, 공익의 이론 및 공적 인물의 이론은 국민의 알 권리를 사생활의 비밀과 자유에 대해 지나치게 우선시하여 사생활의 비밀과 자유의 권리도 중요한 기본권임에도 이를 충분히 고려하지 못하고 있다는 점과 공적 인물 또한 자신만의 사생활의 영역이 있고 사생활의 비밀과 자유를 보장받아야 한다는 점에서 이들 중 어느 한 이론에 치우쳐서 양 기본권의 충돌문제를 판단·해결하는 것은 바람직하지 못하다.

궁극적으로 앞에서 제시한 여러 가지 이론은 기본권 간의 충돌이 발생하였을 경우 그 우열에 대한 판단요소들은 적용하는 데 필요한 논리체계를 정리한 것으로 볼 수 있다. 따라서 기본권의 제한이 불가피한 경우 그 구체적인 제한의 기준을 적용함에 있어 그 이론적인 배경을 이해할 필요가 있다. 그 같은 바탕위에서 양 기본권을 종합적으로 고려하고 비교형량함으로써 (사생활의 비밀과 자유와 관련한) 언론의 자유의 한계설정을 해야 할 것이다.[165)]

165) 성낙인, 전게서, 542-543면; 비록 언론의 자유와 사생활의 비밀과 자유라는 양 기본권의 충돌은 아니지만 이와 유사한 면이 있는 4급 이상 공무원들의 병역 면제사유인 질병 명을 관보와 인터넷을 통해 공개하도록 하는 것의 위헌 여부를 판단함에 있어서 헌법재판

### (3) 언론의 자유와 사생활의 비밀과 관련한 민사상의 문제

언론기관이 일반 국민의 사생활과 관련한 사항들을 (해당 당사자의 뜻에 반하여) 공표하였을 경우에 가장 문제시 되는 것은 해당 당사자가 그 (언론에 의한) 공표행위를 불법행위(민법 제751조)라 하여 사법적 구제를 구할 수 있는가라는 점이다. 이에 대해 사생활의 비밀과 자유에 대한 침해가 불법행위가 되려면, 첫째 공개된 내용이 일반인에게 알려져 있지 않은 사생활상의 사실일 것, 둘째 해당 당사자(공표된 사생활과 관련한 사항들의 주체)의 입장에서라면 공개를 원하지 않을 것으로 인정되는 사항이어야 한다는 견해가 제시되고 있다.[166]

## 3. 공중도덕 및 사회윤리의 침해

언론의 자유의 한계로서의 공중도덕이나 사회윤리가 무엇을 의미하는 것인지 일의적으로 규정하기는 매우 힘들다. '공중도덕이나 사회윤리'라는 것은 매우 다의적인 용어일 뿐만 아니라, 시대와 장소에 따라서 달라지는 것이며, 해당 언론의 내용 수위가 어느 정도에 이르러야 '공중도덕이나 사회윤리'를 침해하는 것인가라는 문제는 개별적·구체적으로 판단해야 하는 것이지 개개의 사안에 모두 적용할 수 있는 명확한 일반원칙은 존재하지 않기 때문이다.[167]

공중도덕이나 사회윤리를 침해하는 언론의 가장 대표적인 예는 음란물의 제작을 들 수 있다. 헌법재판소는 모든 성적 표현이 음란한 것은 아니기 때문에, 헌법의 보호영역 밖에 있는 음란표현과 헌법의 보호영역 안에 있는 성적표

---

소는 "공무원 개인의 극히 사적인 질병정보까지 '공적 사항', '공적 관심사'라는 명목으로 사생활 정보로서의 보호가치를 낮게 보아 국민의 눈과 입에 함부로 노출시켜도 무방하다고 보는 것은 공무원에 관한 한 사생활의 비밀과 자유를 기본권으로 보호하지 않겠다는 것과 다를 바 없는 결과를 초래할 수 있다"라고 함으로써(헌재 2007. 5. 31, 2005헌마1139), '공적 사항' 또는 '공적 관심사'라는 기준에만 지우쳐 판단하였을 때에는 사생활의 비밀과 자유를 국민의 기본권으로서 보장하고 있는 헌법 정신을 몰각시킬 수 있음을 시사하고 있다. 성낙인 교수도 공적인 존재·공적인 이익이 분명한 경우에는 언론의 자유에 중점을 둘 수밖에 없다고 하면서도 대중적·상업적 매스미디어의 범람으로 인해 야기되는 분명한 사생활의 침해는 처벌의 대상이 되거나(형법 제309조 이하), 불법행위가 된다고 한다.

166) 권영성, 전게서, 506면; 계희열, 전게서, 472면. 그리고 불법행위가 성립하기 위해서는 고의 또는 과실이 있어야 함은 물론이다.

167) 계희열, 전게서, 472-473면.

현은 엄밀한 기준하에 구분되어야 하고 헌법적인 평가 또한 달리해야 할 것이라고 한다. 다시 말해 '음란'[168]이란 인간존엄 내지 인간성을 왜곡하는 노골적이고 적나라한 성표현으로서 오로지 성적 흥미에만 호소할 뿐 전체적으로 보아 하등의 문학적·예술적·과학적 또는 정치적 가치를 지니지 않은 것이기 때문에 사회의 건전한 성도덕을 크게 해칠 뿐만 아니라 사상의 경쟁메커니즘에 의해서도 그 해악이 해소되기 어려워서 이러한 엄격한 의미의 음란표현은 언론의 자유에 의해서 보호되지 않는다고 할 것이지만, '저속한 간행물'은 '음란한 간행물'과 구별되는 것으로서 헌법의 보호영역 안에 있다고 보아야 할 것이라고 한다.[169]

## Ⅱ. 언론의 자유의 제한(制限)

언론의 자유는 민주체제에 있어서 불가결의 본질적 요소이지만 헌법이 예정하고 있듯이 결코 무제한적인 자유가 아니며, 헌법 제37조 제 2 항도 국가안전보장·질서유지 또는 공공복리를(성낙인, 전게서, 542-543면) 위하여 필요한 경우에 한하여 법률로써 언론의 자유를 제한할 수 있도록 하고 있다.[170] 언론의 자유에 대한 제한은 그 제한이 이루어지는 시기에 따라 사전제한과 사후제한으로 구분할 수 있다.

### 1. 사전제한(事前制限)

언론의 보도나 의견표명 및 표현이 (특정 또는 불특정의) 수용자(需用者)에게 도달하기 전의 단계에서 언론의 자유에 제한을 가하는 것을 사전제한이라 한

---

168) '음란(외설)'이란 '성욕의 흥분 또는 만족을 목적으로 하는 행위로서 선량한 풍속에 반하고 사람으로 하여금 수치나 혐오를 느끼게 하는 것'이라고 한다. 권영성, 전게서, 507면 참조.

169) 헌법적 평가가 상이한 '음란'과 '저속'의 개념을 구분하고 있다. 헌재 1998. 4. 30, 95헌가16 참조.

170) 헌법 제37조 제2항: 국민의 모든 자유와 권리는 국가안전보장·질서유지 또는 공공복리를 위하여 필요한 경우에 한하여 법률로써 제한할 수 있으며, 제한하는 경우에도 자유와 권리의 본질적인 내용을 침해할 수 없다.

다. 사전제한은 사후제한보다 언론의 자유라는 기본권을 침해할 소지가 훨씬 크다. 정보의 수용자에게 도달하기도 전에 표현에 대한 제한을 가하는 것은 표현을 하고자하는 자의 사상·의견 등을 표현할 자유를 근본적으로 억압하는 것은 물론이고, 수용자는 물론 개인의 알 권리, 즉 보고·듣고·읽을 권리까지도 침해하는 것이 된다. 뿐만 아니라, 사전제한의 주체가 정부나 국가 공권력일 경우는 국민이 무엇을 읽고, 듣고, 보고, 말할 것인가를 국가가 자의적으로 통제할 수 있는 가능성을 열어두는 것이기 때문이다.[171] 사전제한의 유형으로는 허가제와 검열제가 있다.

### (1) 허가·검열제와 금지(禁止)의 원칙

#### 1) 허가·검열의 의의(意義)

'허가'라 함은 국민이 본래 가지고 있는 자유에 대한 일반적인 금지를 특정한 경우에 특정의 상대방에게 해제하여, 적법하게 일정한 행위를 할 수 있게 해 주는 처분을 의미한다.[172] 언론에 대한 허가제 또한 본래 자연적인 권리에 속하는 언론의 자유를 일단 일반적으로 금지한 후에 특정한 경우에 한하여 특정한 상대방에 대하여 그 금지를 해제하여 주는 행정처분이라고 할 것이다.[173]

'검열'이라 함은 사상·의견 등이 발표되기 이전에 행정기관이 해당 표현물의 내용을 심사·선별함으로써 일정한 사상·의견 등의 표현을 사전에 억제하는 제도를 의미한다.[174] 즉 검열은 해당 표현물이 공표되기 전에 미리 그 내용을 심사·선별하여 표현의 자유에 제한을 가하는 것이며, 검열의 대상이 되는 표현물이라 함은 출판물·영화·음반·비디오물 등과 같이 객체화된 것을 의미하는 것이다.[175]

---

171) 권영성, 전게서, 508면.

172) 류지태·박종수, 행정법신론, 박영사, 2009, 168면; 최정일, 행정법의 정석, 박영사, 2009, 208면.

173) 권영성, 전게서, 508-509면.

174) 권영성, 전게서, 509면; 헌법재판소 또한 "검열은 그 명칭이나 형식과 관계없이 실질적으로 행정권이 주체가 되어 사상이나 의견 등이 발표되기 이전에 예방적 조치로서 그 내용을 심사, 선별하여 발표를 사전에 억제하는, 즉 허가받지 아니한 것의 발표를 금지하는 제도"라고 하고 있다(헌재 2001. 8. 30, 2000헌가9).

175) 권영성, 전게서, 509면.

#### 2) 허가·검열 금지의 원칙(헌법 제21조 제 2 항)

헌법 제21조 제 2 항은 “언론·출판에 대한 허가나 검열은 인정되지 아니한다”라고 명시하여 허가·검열제 금지의 원칙을 도입하고 있다. 이는 헌법이 언론의 자유는 ‘허가’ 및 ‘검열’의 대상이 될 수 없는 기본권임을 천명하고 있는 것이다. 허가 및 검열은 정치권력에 불리한 언론기관의 설립이나 언론의 보도를 사전에 억제하고, 무해(無害)하거나 유리한 언론보도만을 허용함으로써 언론매체를 권력의 일방적 선전도구로 전락시킬 우려가 있다. 따라서 언론에 대한 허가·검열은 언론의 자유를 과도하게 제약할 소지가 높기 때문에 허용되어서는 안 된다.

언론·출판에 대한 허가·검열제는 언론의 자유를 위축시킬 뿐만 아니라 국민의 문화·예술 활동의 독창성과 창의성을 심각하게 훼손하고 사상과 정신활동의 자유까지 침해하게 된다. 이렇게 될 경우 행정기관[176]이 집권자에게 불리한 내용의 표현을 사전에 억제함으로써 이른바 지배자(통치세력)에게 무해한 문화·예술 활동 및 관제언론(官制言論)에 의한 정보의 제공만 이루어지게 된다. 따라서 허가·검열제는 기본권의 침해를 넘어 여론조작으로 악용되는 등 민주주의 정체성을 파괴할 우려가 있기 때문에 민주주의 헌법체제 아래서는 절대적으로 금지하고 있는 것이다.[177]

#### 3) 허가·검열 금지의 구체적 내용

헌법 제21조 제 2 항이 언론·출판에 대한 허가 및 검열의 금지를 규정한 것은 비록 헌법 제37조 제 2 항이 국민의 자유와 권리를 국가안전보장·질서유지 또는 공공복리를 위하여 필요한 경우에 한하여 법률로써 제한할 수 있도록 규정하고 있다고 할지라도 언론·출판의 자유에 대하여는 허가 및 검열을 수단으로 한 제한만은 법률로써도 허용되지 않는다는 것을 밝힌 것이다.

---

176) 헌법 제21조 제2항이 금지하고 있는 검열의 주체는 국가기관이 아니라 행정권이다(성낙인, 전게서, 533면 참조). 헌법재판소도 헌법 제21조 제2항에서의 검열은 행정권이 주체가 되어 사상이나 의견 등이 발표되기 이전에 예방적 조치로서 그 내용을 심사·선별하여 발표를 사전에 억제하는, 즉 허가받지 아니한 것의 발표를 금지하는 제도를 뜻한다고 설시하고 있다(헌재 2001. 8. 30, 2000헌바36; 헌재 2005. 2. 3, 2004헌가8). 그러나 검열의 주체를 행정권에 한정한다는 취지가 행정권이 아닌 사법기관은 표현의 자유를 사전에 제한할 수 있다는 논리로 연결되어서는 안 된다고 한다(성낙인, 전게서, 534면).

177) 헌재 1996. 10. 4, 93헌가13; 헌재 2001. 8. 30, 2000헌가9 참조.

허가제 금지의 원칙을 도입한 것은, 언론에 대한 허가제의 의미가 언론의 자유를 일단 전면적으로 금지하고 특정의 경우에 한해 국가가 선별적으로 금지를 해제한다는 내용의 제도라는 점에서 민주주의 국가에서는 허용될 수 없는 제도임이 명백하기 때문이다. 언론의 자유는 현대의 대중 민주정치에 있어서는 필수불가결한 자유이자 다른 모든 자유의 기초라고도 할 수 있는데 언론에 대한 허가제가 실시된다는 것 자체가 이미 민주주의 정치체제에서 벗어난 것이기 때문이다.[178]

검열제 금지의 원칙에서 규정한 검열의 개념을 정의하기 위해서는 헌법 제21조 제 2 항이 금지하는 검열의 의미를 어떻게 해석할 것인가가 중요하다. 현행헌법은 명문으로 언론에 대한 검열금지원칙을 선언하면서도 헌법이 금지하는 검열이 구체적으로 어떠한 것인지에 대하여는 규정하고 있지 않기 때문이다.

헌법재판소[179]는 영화법 제12조 등에 대한 위헌제청 사건에서 헌법 제21조 제 2 항에서 규정하는 검열개념의 기준을 제시하였는데, 그 내용은 다음과 같다. 먼저 헌법재판소는 표현의 자유에 대한 검열을 수단으로 한 제한은 법률로써도 허용될 수 없는 것이기 때문에 검열의 의미는 제한적으로 해석할 필요가 있다고 전제하고 있다. 이러한 입장에 따르면 헌법 제21조 제 2 항이 금지하는 검열은 사전검열만을 의미하므로 개인이 정보와 사상을 발표하기 이전에 행정기관[180]이 미리 그 내용을 심사·선별하여 일정한 범위 내에서 발표를 저지하는 것만을 의미하고, 헌법상 보호되지 않는 의사표현에 대하여 공개한 뒤에 이를

178) 민주정치에 있어서 정치활동은 사상, 의견의 자유로운 표현과 교환을 통하여 이루어지는 것이므로 언론·출판의 자유가 보장되지 않는 상황에서 민주주의는 시행될 수 없으며 표현의 자유가 보장되어 있지 않은 나라는 엄격한 의미에서 민주국가라 하기 어려운 것이다(헌재 1992. 11. 12, 89헌마88).

179) 헌재 1996. 10. 4, 93헌가13.

180) 헌재 2008. 6. 26, 2005헌마506; 행정기관인가의 여부는 기관의 형식에 의하기보다는 그 실질에 따라 판단되어야 할 것이다. 예를 들면 검열을 행정기관이 아닌 독립적인 위원회에서 행한다고 하더라도 행정권이 주체가 되어 검열절차를 형성하고 검열기관의 구성에 지속적인 영향을 미칠 수 있는 경우라면 실질적으로 보아 검열기관은 행정기관이라고 보아야 한다. 왜냐하면 그렇게 해석하지 않는다면 검열기관의 구성은 입법기술의 문제이므로 정부에게 행정관청이 아닌 독립된 위원회의 구성을 통해 사실상 검열을 하면서도 헌법상 검열금지원칙을 위반하였다는 비난을 면할 수 있는 길을 열어주기 때문이다. 그러므로 공연윤리위원회가 민간인으로 구성된 자율적인 기관이라고 할지라도 영화법에서 영화에 대한 사전허가제도를 채택하고, 공연법에 의해 공연윤리위원회를 설치토록 하여 행정권이 공연윤리위원회의 구성에 지속적인 영향을 미칠 수 있게 하였으므로 공연윤리위원회는 검열기관으로 볼 수밖에 없다(헌재 1996. 10. 4, 93헌가13).

국가기관이 간섭하는 것까지 금지하는 것은 아니라고 한다.[181]

또한 검열금지의 원칙은 모든 형태의 사전적인 규제를 금지하는 것이 아니라 의사표현의 발표 여부가 오로지 행정권의 허가에 달려있는 사전심사만을 금지하는 것이므로 (헌법 제21조 제 2 항이 금지하고 있는) 검열이라 함은 일반적으로 허가를 받기 위한 표현물의 제출의무·행정권이 주체가 된 사전심사절차·허가를 받지 않은 의사표현의 금지 및 심사절차를 관철할 수 있는 강제수단 등의 요건을 갖춘 경우만을 의미하는 것이라고 설명한다.[182] 그리고 실질적으로 이러한 개념 요건을 모두 갖춘 경우에는 그 명칭이나 형식에 구애됨이 없이 헌법 제21조 제 2 항이 금지하는 검열에 해당하는 것이라고 한다.[183]

이러한 검열의 개념에 해당하지 않는 사후심사(검열의 성격을 띠지 아니하는) 그 외의 사전심사는 헌법 제21조 제 2 항이 금지하고 있는 검열에는 해당하지 않지만, 이러한 (검열의 성격을 띠지 아니한) 심사절차의 허용 여부는 표현의 자유와 이와 충돌되는 다른 법익 사이의 조화의 문제이므로 헌법상의 기본권제한의 일반적 원칙인 헌법 제37조 제 2 항에 의하여 상충하는 다른 법익과의 교량과정을 통하여 결정되어야 한다.[184] 즉, 헌법재판소가 제시하고 있는 검열의 개념요건을 정리해보면 다음과 같다.[185]

181) 교과용도서로서의 적격 여부를 검·인정제도의 방법으로 심사하는 것이 헌법 제21조 제 2 항이 금지하는 검열에 해당하는지의 여부를 판단함에 있어서 헌법재판소는 "검열이라 함은 개인이 정보와 사상을 발표하기 이전에 국가기관이 미리 그 내용을 심사·선별하여 일정한 범위 내에서 발표를 저지하는 것을 의미하므로 자신이 연구한 결과를 얼마든지 책자로서 발표할 수 있는 이 사건 교과서 문제와는 직접 관련이 없는 것이다. 그리고 교과서에 관련된 국정 또는 검·인정제도의 법적 성질은 인간의 자연적 자유의 제한에 대한 해제인 허가의 성질을 갖는다기보다는 어떠한 책자에 대하여 교과서라는 특수한 지위를 부여하거나 인정하는 제도이기 때문에 가치창설적인 형성적 행위로서 특허의 성질을 갖는 것으로 보아야 할 것이며, 그렇게 본다면 국가가 그에 대한 재량권을 갖는 것은 당연하다"라고 설명하고 있다(헌재 1992. 11. 12, 89헌마88).

182) 헌재 1992. 6. 26, 90헌바26; 헌재 1992. 11. 12, 89헌마88; 헌재 1996. 10. 4, 93헌가13; 헌재 1996. 10. 31, 94헌가6; 헌재 1998. 2. 27, 96헌바2; 헌재 2001. 8. 30, 2000헌가9.

183) 헌재 1996. 10. 4, 93헌가13; 헌재 1996. 10. 31, 94헌가6; 헌재 1997. 3. 27, 97헌가1; 헌재 1998. 2. 27, 96헌바2; 헌재 2001. 8. 30, 2000헌가9; 헌재 2001. 8. 30, 2000헌바36; 헌재 2005. 2. 3, 2004헌가8.

184) 헌재 1996. 10. 4, 93헌가13.

185) 헌재 2001. 8. 30, 2000헌가9; 헌재 2008. 10. 30, 2004헌가18 참조.

[헌법 제21조 제2항이 금지하는 검열의 개념요건]

① **행정권의 심사:** 헌법 제21조 제 2 항이 금지하고 있는 검열의 주체는 행정권이다. 따라서 법원이 사전에 내용을 심사하여 보도를 금지하는 것은 (행정권에 의한 사전심사가 아니어서) 여기에서의 검열에 해당하지 않는다.[186)]

② **사전심사:** 검열금지의 원칙은 모든 형태의 사전적인 규제를 금지하는 것이 아니고 단지 의사표현의 발표 여부가 오로지 행정권의 허가에 달려있는 사전심사만을 금지하는 것을 뜻하며, 의사표현 등의 공개 이후에(보도 이후에) 행정권이 이에 대해 간섭하는 것은 헌법 제21조 제 2 항에 의해 금지되는 검열에 해당하지 않는다.[187)]

③ **표현물의 내용에 대한 심사:** 표현물의 내용에 대한 심사가 아닌 경우에는 헌법 제21조 제 2 항에 의해 금지되는 검열에 해당하지 않는다. 다시 말해 검열의 목적이 내용의 규제가 아닌 경우에는 검열에 해당하지 않는다.[188)]

④ **표현물의 제출의무를 포함한 사전심사절차를 관철할 수 있는 강제수단의 존재 및 허가를 받지 아니한 의사표현의 금지를 관철할 수 있는 강제수단의 존재:** 표현물의 제출의무를 포함한 사전심사절차가 강제되고, 그러한 사전심사절차에 의해 허가 받지 못한 의사표현의 금지를 강제할 수 있는 수단이 존재하여야 헌법 제21조 제 2 항에 의해 금지되는 검열에 해당하는 것이다.[189)]

---

186) 헌재 2005. 2. 3, 2004헌가8; 방영금지가처분은 비록 제작 또는 방영되기 이전, 즉 사전에 그 내용을 심사하여 금지하는 것이기는 하나, 이는 행정권에 의한 사전심사나 금지처분이 아니라 개별 당사자 간의 분쟁에 관하여 사법부가 사법절차에 의하여 심리·결정하는 것이므로, 헌법에서 금지하는 사전검열에 해당하지 아니한다(헌재 2001. 8. 30, 2000헌바36).

187) 헌재 1996. 10. 4, 93헌가13; 헌재 1992. 11. 12, 89헌마88; 헌재 1992. 6. 26, 90헌바26.

188) 舊정기간행물의 등록 등에 관한 법률 제10조 제 1 항(제 7 조 제 1 항의 규정에 의하여 등록한 자가 정기간행물을 발행하였을 때에는 대통령령이 정하는 바에 따라 그 정기간행물 2부를 즉시 공보처장관에게 납본하여야 한다)의 규정에 따른 납본제도가 헌법 제21조 제 2 항이 금지하는 검열에 해당하는지의 여부를 판단함에 있어서 헌법재판소는 "등록한 정간물은 자유로이 발행할 수 있으며 다만 발행한 후에 그 정간물 2부를 납본하도록 하고 있음에 불과하다. 즉 정간물이 외부에 공개 내지 배포되기 이전에 그 표현내용을 심사하여 그 발행금지 내지 어떤 제한이나 제재가 가해지는 것은 아니다. 결국 발행된 정간물을 공보처에 납본하는 것은 그 정간물의 내용을 심사하여 이를 공개 내지 배포하는 데 대한 허가나 금지와는 전혀 관계없는 것으로서 사전검열이라고 볼 수 없다"라고 판시하고 있다(헌재 1992. 6. 26, 90헌바26). 그리고 헌법재판소는 옥외광고물 등 관리법 제 3 조가 헌법 제21조 제 2 항의 사전허가금지에 위반되는지 여부에 대해서 옥외광고물 등 관리법 제 3 조는 일정한 지역·장소 및 물건에 광고물 또는 게시시설을 표시하거나 설치하는 경우에 그 광고물 등의 종류·모양·크기·색깔, 표시 또는 설치의 방법 및 기간 등을 규제하고 있을 뿐, 광고물 등의 내용을 심사·선별하여 광고물을 사전에 통제하려는 제도가 아님은 명백하므로, 헌법 제21조 제 2 항이 정하는 사전허가·검열에 해당되지 않는다고 판시하고 있다(헌재 1998. 2. 27, 96헌바2).

189) 헌재 1992. 6. 26, 90헌바26; 헌재 1992. 11. 12, 89헌마88; 헌재 1996. 10. 31, 94헌가6 등

> 다시 말해 사전심사절차가 임의적인 것이 아닌 강제적인 것이어야 하며, 그러한 사전심사절차를 통해 허가를 받지 않으면 의사표현이 금지되고, 그러한 의사표현의 금지가 행정처분·형벌 등에 의해서 실제로 담보되는 경우에만 헌법 제21조 제 2 항에 의해 금지되는 검열에 해당한다는 것이다.[190]

그러나 영화·광고에 대한 사전검열의 경우는 어떻게 개념을 정의할 것인가의 문제가 있다. 영화·광고는 다양하고 광범한 대상을 상대로 표현행위가 이루어지기 때문에 그 파급력이 매우 크므로 사후제한만으로는 그 규제의 실효성이 떨어질 수 있는 특수한 영역이다. 특히 영화는 일단 상영되고 나면 그 자극이나 충격이 매우 강하게 그리고 직접적으로 전달되어 영향력이 클 뿐만 아니라, 비디오·인터넷 등의 보급이 일반화되면서 그 파급효과가 보다 더 광범위하게 이루어질 수 있게 되었고, 일단 소비자에게 보급되고 난 뒤에는 이를 효율적으로 규제할 방법마저 없다.[191] 그러므로 영화·광고를 상영 또는 보급하기 이전에 심사·규제해야 할 필요가 있음은 물론, 특히 청소년이 음란·폭력 등의 내용을 담고 있는 영화·광고에 접근하는 것을 미리 막아야 할 필요성은 매우 크다고 할 수 있다. 그러나 현행헌법은 영화·광고에 대한 검열의 허용 여부에 관해서 아무런 언급을 하고 있지 않기 때문에 그에 관한 해석에 있어서 논란의 여지가 있는 것이다.

영화·광고에 대해서 판례를 통해 확인할 수 있는 경향을 살펴보면, 헌법 제21조 제 1 항이 규정하는 언론의 자유에 의해 보장되는 의사표현의 매개체는 어떠한 형태이건 그 제한이 없으므로 영화 또한 의사표현의 한 수단으로서 영화·광고의 제작·상영은 다른 의사표현수단과 마찬가지로 헌법에 의한 보장을 받는다고 한다.[192] 특히 영화는 학문적 연구결과를 발표하는 수단이 되기도 하고, 예술표현의 수단이 되기도 하며, 광고 또한 이러한 경우 해당 영화의 제작·상영은 학문·예술의 자유를 규정하고 있는 헌법 제22조 제 1 항에 의해서도 보장을 받는다고 한다(기본권의 경합).[193] 이와 같이 헌법재판소는 영화·광고

다수 판결.

190) 성낙인, 전게서, 534-535면.

191) 헌재 1996. 10. 4, 93헌가13 참조.

192) 헌재 1996. 10. 4, 93헌가13; 헌재 2001. 8. 30, 2000헌가9; 헌재 2008. 6. 26, 2005헌마506.

193) 판례는 학문적 연구결과를 발표하는 수단 및 예술표현의 수단으로서의 영화 또한 그 제

또한 당연히 헌법 제21조 제 1 항이 보장하고 있는 언론의 자유의 보호대상이 되는 것으로 보고 있으며, 그 논리적인 귀결로서 영화·광고에 대해서도 헌법 제21조 제 2 항이 적용된다고 한다. 이처럼 영화·광고에 대해서도 행정권이 주체가 되고, (표현물의 제출의무를 포함한) 사전심사절차·그에 따른 허가를 받지 않은 의사표현의 금지, 그리고 이를 관철할 수 있는 강제수단 등의 요건이 갖춰

작 및 상영은 학문·예술의 자유를 규정하고 있는 헌법 제22조 제 1 항에 의해 보장을 받음은 물론, 헌법 제21조 제1항이 규정하는 언론의 자유에 의해서도 보장을 받는다고 하는데(헌재 1996. 10. 4, 93헌가13 참조), 이러한 판례의 시각은 매우 중요한 시사점을 가진다. 예를 들어 예술작품으로서의 영화의 제작 및 상영의 경우, 이를 예술의 자유를 규정하고 있는 헌법 제22조 제 1 항에 의해서만 보장되는 것이라고 보는 입장에서는 헌법 제21조 제2항에 의한 허가·검열제의 금지는 예술작품으로서의 영화의 제작 및 상영에는 그 적용이 없다고 볼 여지가 있기 때문이다. 실제로 방송위원회로부터 위탁을 받은 한국광고자율심의기구로 하여금 텔레비전 방송광고의 사전심의를 담당하도록 한 것이 헌법이 금지하는 사전검열에 해당하는지 여부에 관한 헌법재판소의 판결에서 별개의견(재판관 조대현)은 헌법 제21조는 모든 의사표현의 자유를 보장하는 것이 아닌 여러 가지 의사표현행위 중에서 언론·출판의 자유에 대해서만 규정하고 있는 것이라는 입장을 취하고 있다. 이 견해에 따르면 언론·출판 이외의 표현행위에 대해서는 통신의 자유(제18조), 양심의 자유(제19조), 종교의 자유(제20조), 학문과 예술의 자유(제22조) 등을 독립된 기본권으로 보장하고 있고, 일반적 표현(말하기, 글쓰기, 몸짓, 가무 등)의 자유를 헌법 제10조 및 제32조 제1항에 의해 보장하고 있기 때문에 우리 헌법에서는 언론·출판 이외의 표현행위를 모두 헌법 제21조 제1항의 언론·출판의 개념 속에 포함시켜 해석할 필요가 없는 것이라고 한다. 즉, 말이나 글이 아닌 다른 표현수단에 의한 표현행위·사람의 의견이나 사상이 아니라 감정이나 느낌을 표현하는 행위·말이나 글에 의한 의사표현이라고 하더라도 민주사회의 토론과 여론 형성을 목적으로 하지 않거나 불특정 또는 다수인에게 공표하거나 전파하는 것이 아닌 표현행위는 헌법 제21조의 언론·출판의 자유에 의해 보호되는 것이 아니라, 표현행위의 목적·방법·내용 등에 따라 통신의 자유, 양심표현의 자유, 종교표현의 자유, 학문과 예술의 표현의 자유, 일반적 표현의 자유(제10조·제32조 제 1 항) 등에 의해 보호되거나, 표현행위의 목적·방법·내용 등에 비추어 가장 밀접한 관련이 있는 기본권의 보호영역에 포섭된다는 것이다. 따라서 동 견해는 위와 같은 논리적인 귀결에 따라 헌법 제21조 제2항이 허가와 검열을 금지하는 언론·출판은 인간의 정신적 활동을 표현하고 전파하는 모든 행위와 수단을 의미하는 것이 아니라, '민주사회의 다양한 의사를 말이나 글로 표현하여 토론 및 여론 형성에 기여하기 위해 불특정 또는 다수인에게 공표하거나 전파하는 행위·수단'을 의미하는 것이라고 한정짓고 있으며, 언론·출판에 해당되지 않는 표현행위에 대하여는 헌법 제21조 제2항이 적용되지 않고 헌법 제37조 제2항에 따라 제한될 수 있는 것이라고 한다. 또한 텔레비전 방송광고의 경우에도 광고주나 광고제작자의 의견이나 사상을 말이나 글로 표현하여 민주사회의 다양한 의사의 하나로 불특정 또는 다수인에게 공표하고 전달하기 위한 것이라면 헌법 제21조 제2항의 언론에 해당되어 그에 대한 사전검열이 금지된다고 할 수 있지만, 상업적 방송광고는 일반 대중에게 영업이나 상품에 대한 정보를 제공하고 그 구매를 유인하는 내용으로 이루어지는 것이 보통이고 영업이나 상품의 홍보와 판매촉진을 주된 목적으로 하는 영리적 활동이므로 영업활동의 자유(헌법 제15조)에 포섭된다고 보는 것이 상당하다고 하면서 상업적 광고활동은 헌법 제37조 제2항에 따라 제한될 수 있는 것이고, 헌법 제21조 제2항에 의해 사전검열이 절대적으로 금지된다고 보기는 어렵다고 한다(헌재 2008. 6. 26, 2005헌마506 참조).

진 검열은 허용되지 않는다는 것이 헌법재판소의 입장이다.[194)]

[검열과 관련한 위헌 판결 CASE 1]

헌법재판소[195)]는 舊영화법 제12조 제 1 항[196)] 및 제 2 항[197)]·제13조 제 1 항[198)] 중 공연윤리위원회에 의한 심의에 관한 부분의 위헌 여부에 관해 동법이 규정하고 있는 영화에 대한 심의제의 내용은 심의기관인 공연윤리위원회가 영화의 상영에 앞서 그 내용을 심사하여 심의기준에 적합하지 아니한 영화에 대하여는 상영을 금지할 수 있고, 심의를 받지 않고 영화를 상영할 경우에는 형사처벌[199)]까지 가능하도록 한 것이 그 핵심이므로 이는 명백히 헌법 제21조 제 2 항이 금지한 사전검열제도를 채택하고 있어 (舊영화법 제12조 제 1 항 및 제 2 항·제13조 제 1 항에 근거한) 공연윤리위원회에 의한 영화에 대한 사전심의에 관한 부분은 위헌이라고 판결하였다.

[검열과 관련한 위헌 판결 CASE 2]

舊영화진흥법에 따르면 영화가 상영되기 위해서는 그 상영 이전에 영상물등급위원회로부터 등급을 분류받아야 하고(舊영화진흥법 제21조 제 1 항), 상영등급을 분류받지 않은 영화는 상영이 금지되며(舊영화진흥법 제21조 제 2 항), 만약 상영등급의 분류를 받지 않은 채 영화를 상영할 경우 과태료가 부과되고(舊영화진흥법 제41조 제 1 항 제 2 호), 상영등급을 분류받지 않은 영화가 상영되는 경우에는 문화관광부장관이 그 상영금지 혹은 정지명령을 발할 수 있으며(舊영화진흥법 제29조 제 1 호), 이러한 명령을 위반할 경우에는 형벌까지 부과할 수 있게 되어 있었다(舊영화진흥법 제40조 제 3 호). 헌법재판소[200)]는 舊영화

194) 헌재 2001. 8. 30, 2000헌가9; 헌재 2008. 6. 26, 2005헌마506 등 다수판결.

195) 헌재 1996. 10. 4, 93헌가13.

196) 舊영화법 제12조 제1항은 상영 전에 공연윤리위원회의 사전심의를 받아야 할 의무를 부과하고 있었다.

197) 舊영화법 제12조 제2항은 사전심의를 거치지 않은 모든 영화의 상영을 금지하는 내용을 규정하고 있었다.

198) 舊영화법 제13조 제1항은 영화에 대한 심의기준을 정하고, 심의기관인 공륜이 그 기준에 적합하지 않은 영화에 대하여는 심의필 결정을 할 수 없으나, 해당 부분을 삭제하여도 상영에 지장이 없다고 인정되는 경우에는 그 부분을 삭제하고 심의필을 결정할 수 있도록 규정하고 있었다.

199) 舊영화법 제32조 제5호는 사전심의를 받지 않고 영화를 상영한 자는 2년 이하의 징역 또는 500만원 이하의 벌금에 처하도록 규정하고 있었다.

200) 헌재 2001. 8. 30, 2000헌가9.

진흥법 제21조 제 4 항[201]이 규정하고 있는 이러한 영상물등급위원회에 의한 등급분류보류제도의 검열 해당 여부에 대해서 영화진흥법상의 등급분류보류는 영화에 대한 심의 및 상영등급분류를 그 논리적 전제로 하고 있는바, 그와 같은 심의 및 상영등급분류는 의사표현 전에 이루어지며, 등급분류보류의 횟수제한이 설정되어 있지 않아 등급분류보류기간의 상한선이 없는 것과 마찬가지의 효과가 발생하여 비록 형식적으로는 '등급분류보류'에 의하더라도 실질적으로는 영상물등급위원회의 허가를 받지 않는 한 무한정 영화를 통한 의사표현이 금지될 수 있고, (사전등급제 자체는 사전검열이 아니지만) 결과적으로 사전등급제를 관철하기 위한 강제수단들이 등급분류보류가 결정된 영화에 대해서도 적용된다는 점을 들어 동법이 규정하고 있는 영상물등급위원회에 의한 등급분류보류제도는 허가를 받기 위한 표현물의 제출의무·행정권이 주체가 된 사전심사절차·허가를 받지 않은 의사표현의 금지 및 심사절차를 관철할 수 있는 강제수단 등의 요건을 모두 충족시키는 (헌법이 절대적으로 금지하고 있는) 검열에 해당하는 것으로서 헌법에 위반된다고 한다.

### (2) 허가·검열금지의 원칙과 등록·신고제의 충돌문제

#### 1) 등록 및 신고제도의 문제점

언론·출판의 자유와 관련하여 허가·검열 금지의 원칙을 규정하고 있음에도 현재 헌법의 하위 법률에서 사전 허가적 성격을 가진 등록 및 신고제를 규정하고 있는 것이 논란의 대상이 되고 있다.

등록제를 규정하고 있는 법률에는 '신문 등의 진흥에 관한 법률'·'영화 및 비디오물의 진흥에 관한 법률'·'게임산업진흥에 관한 법률'·'음악산업진흥에 관

201) 舊영화진흥법 제21조(상영등급분류) 제4항

> 영상물등급위원회가 제3항의 규정에 의하여 상영등급을 분류함에 있어서 당해 영화가 다음 각 호의 1에 해당된다고 인정되는 경우에는 내용검토 등을 위하여 대통령령이 정하는 바에 따라 3월 이내의 기간을 정하여 그 상영등급의 분류를 보류할 수 있다.
>
> 제1호 헌법의 민주적 기본질서에 위배되거나 국가의 권익을 손상할 우려가 있을 때
>
> 제2호 폭력·음란 등의 과도한 묘사로 미풍양속을 해치거나 사회질서를 문란하게 할 우려가 있을 때
>
> 제3호 국제적 외교관계, 민족의 문화적 주체성 등을 훼손하여 국익을 해할 우려가 있을 때

한 법률' 등이 있다. 신고제를 규정하고 있는 법률에는 '출판문화산업 진흥법'·'인쇄문화산업 진흥법' 등이 있다.

문제는 이러한 등록·신고제가 헌법 제21조 제 2 항이 금지하고 있는 검열에 해당하는지 여부이다. 상기의 법률 등에서 규정하고 있는 등록·신고제가 실질적으로 표현물에 대한 사전제약을 의미하는지 여부는 형식적으로 쉽게 판단할 수 있는 문제가 아니며, 따라서 신중한 접근이 필요한 영역이라고 할 수 있다.[202] 그러나 이 법률에서 규정한 등록·신고제가 민주주의 체제에서 원칙적으로 언론의 자유를 최대한 보장한다는 헌법적 정신에 반하는 것이거나, 기술적으로 제약하기 위한 것이라면 위헌의 관점에서 엄격하게 해석하는 것이 타당하다고 본다.

#### 2) 판례분석을 통한 신고·등록제의 위헌성 검토

판례의 취지를 살펴보면, 영화의 경우는 창작의 자유를 보장하는 전제하에서 표현물의 매체적 특성을 감안하여 공공의 이익과 사회적 질서유지에 필요한 최소한의 규제입법은 과잉금지의 원칙을 위반하는 등 자의적이거나 재량남용이 아니라면 위헌이 아니라고 판시하고 있다. 정기간행물에 대한 판례도 발행인들에 의한 무책임한 정기간행물의 난립을 방지함으로써 언론의 공적 기능과 언론의 건전한 발전을 도모할 목적으로 제정된 법률규정은 헌법상 금지된 허가·검열제와는 다른 차원의 규정이기 때문에 위헌이 아니라고 판시하고 있다. 음반제작 등과 관련한 판례 역시 일정한 시설을 갖추어 주무 행정관청에 등록할 것을 명하는 것은 음반제작에 필수적인 기본시설을 갖추지 못함으로써 발생하는 폐해방지 등의 공공복리 목적을 위한 것으로 헌법상 금지된 허가·검열제와는 다른 차원의 규정이고, 예술의 자유나 언론의 자유를 본질적으로 침해하거나 헌법 제37조 제 2 항의 과잉금지의 원칙에 반하는 것이 아니라고 판시하고 있다.

이와 같은 판례의 경향이 큰 사회적 이견 없이 유지되고 있는 것은 해당 법률들이 일차적으로 우리의 입법절차상 정부입법이든 입법부에 의한 의원입법이든 간에 사전에 충분한 토론과 합의의 과정을 거쳤다는 데 있다고 본다. 또한 실제 법률운용의 과정에서도 이해당사자나 사회적 계층 및 집단 간의 큰 충돌

202) 김철수, 전게서, 743면; 성낙인, 전게서, 536면 참조.

이 발생하지 않고 있음도 그 이유가 될 것이다.

헌재의 판례를 구체적으로 적시해보면, 헌법재판소[203]는 舊영화법 제 4 조 제 1 항에서 영화제작업자에게 등록의무를 부과하는 것이 언론의 자유를 침해하는지 여부에 대해 舊영화법이 영화의 제작을 업으로 하고자 하는 자에게 등록의무를 부과하는 것은 영화산업의 육성발전을 촉진하고 영화예술의 질적 향상을 도모하기 위하여 주무행정관청이 영화제작업자의 실태를 파악하여 이를 건전하게 육성하고 그 기능이 공공의 이익과 질서유지에 합당하게 지속적으로 유지·발전하도록 하기 위한 것이므로 입법부가 그러한 규제를 함에 있어서 입법재량을 남용함으로써 과잉금지의 원칙에 위반하는 등 자의적인 입법을 하지 않는 이상 그 규제입법 자체는 위헌이 아니라고 판시하고 있다.

그리고 헌법재판소[204]는 정기간행물을 발행하고자 하는 자에게 일정한 물적 시설을 갖추어 등록할 것을 요구하는 '舊정기간행물의 등록 등에 관한 법률' 제 7 조 제 1 항이 위헌인지 여부에 대해서도 동법 제 7 조 제 1 항은 정기간행물의 발행인들에 의한 무책임한 정기간행물의 남립을 방지함으로써 언론의 공적 기능과 언론의 건전한 발전을 도모할 목적으로 제정된 법률규정으로 헌법상 금지된 허가·검열제와는 다른 차원의 규정이기 때문에 위헌이 아니라고 판시하고 있다.

또한 음반제작자에 대하여 일정한 시설을 갖추어 등록할 것을 요구하는 舊'음반에 관한 법률' 제 3 조 제 1 항이 위헌인지 여부에 대해서도 헌법재판소[205]는 동조가 비디오물을 포함하는 음반제작자에 대해 일정한 시설을 갖추어 주무행정관청에 등록할 것을 명하는 것은 음반제작에 필수적인 기본시설을 갖추지 못함으로써 발생하는 폐해방지 등의 공공복리 목적을 위한 것으로 헌법상 금지된 허가·검열제와는 다른 차원의 규정이고, 예술의 자유나 언론의 자유를 본질적으로 침해하거나 헌법 제37조 제 2 항의 과잉금지의 원칙에 반하는 것이 아니라고 판시하고 있다.

이상과 같이 헌법재판소는 등록·신고제 자체는 원칙적으로 검열의 개념에 해당하지 않으므로 위헌이 아니라는 입장을 취하고 있으나, 형식적으로는 이러

203) 헌재 1996. 8. 29, 94헌바15.
204) 헌재 1992. 6. 26, 90헌가23.
205) 헌재 1993. 5. 13, 91헌바17.

한 등록·신고제의 형태를 취하고 있더라도 그것이 사실상 해당 표현물제작업자의 자유로운 등록·신고를 제한하여 실질적으로 표현의 자유를 직·간접적으로 침해할 경우에는 헌법 제21조 제2항이 금지하고 있는 허가·검열제와 유사한 제한을 하는 것에 해당하여 표현의 자유를 본질적으로 침해하는 것으로 보고 있다.[206]

[검열과 관련한 위헌 판결 CASE 3]

舊 '정기간행물의 등록 등에 관한 법률' 제7조 제1항 제9호 소정의 '해당 시설'을 자기소유(自己所有)여야 하는 것으로 해석하는 경우 이러한 해석이 위헌인지의 여부에 대해 헌법재판소[207]는 동법 제7조 제1항 제9호 및 제6조 제3항 제1호 및 제2호에서 대통령령이 정하는 '해당 시설'을 갖추어야 한다는 것[208]은 동법의 시행령 제6조 제3호에서 동법 제6조 제3항 제1호 및 제2호에 해당하는 경우에는 그 소유임을 증명하는 서류를 등록해야 한다는 등의 요구를 규정하도록 백지위임한 것이 아니고 정기간행물을 발행하는 데 필요·적절한 시설에 대해 대통령령으로 규정하도록 한 것이라고 한다. 따라서 동 규정의 취지가 반드시 자기의 소유권을 가지는 시설을 갖추도록 그 법률원인까지 한정·제한하는 내용이라고 볼 수 없는데 행정부가 동법을 잘못 이해하고 있다고 한다. 다시 말해 동법이 요구하는 '해당 시설'을 갖추는 데에는 소유권이 아닌 임대차계약 등 기타 용익관계에 의한 여러 가지 법률원인에 의해서도 설치할 수 있고 더구나 리스산업이 발달한 현대사회에서는 그 시설이 자기소유여야 한다는 요건을 갖추지 않더라도 대량의 간행물의 발행이 충분히 가능한 것인데에도 불구하고 동법 제9호 소정의 '해당 시설'에 대한 자기소유권을 취득하여야 하는 것으로 동법을 해석하고 반드시 소유의 증명을 갖추어 제출하도록 요구하는 것은 동법에서 대통령령에 위임한 입법취지·위임범위를 잘못 이해하고 동법의 등록사항을 지나치게 엄격한 요건으로 제한 해석하는 것으로서 동법률을 자의적으로 해석·시행하고 있는 것이라고 한다. 결론적으로 헌법재판소는 헌법상 금지된 허가제의 수단으로 남용될 수 있는 (동법의) 이러한 해석·시행은 사회통념상 신문발행인의 자유를 직·간접적으로 간섭하기 위해 행정부에서 자의적으로 동법을 확대해석하여 시행하고 있는 것으로 볼 수 있으므로 위헌이라고 한다.

206) 헌재 1996. 8. 29, 94헌바15.

207) 헌재 1992. 6. 26, 90헌가23.

208) 동법 제7조 제1항 중 제9호에 의하면 "일간신문·일간주간신문 또는 통신의 경우에는 법

[검열과 관련한 위헌 판결 CASE 4]

舊'음반에 관한 법률' 제3조 제1항은 음반제작자는 녹음실, 녹음기 및 그 부수시설, 제작실, 제조기 및 그 부수시설, 녹화실, 녹화기 및 그 부수시설을 갖추어 등록하도록 규정하고 있었다. 그리고 舊'음반에 관한 법률시행령' 제1조는 음반제작자가 등록을 신청할 때 "음반제작시설의 명세와 그 시설이 자기소유(自己所有)임을 증명하는 서류"를 첨부하도록 규정하고 있었는데, 시행령과 같이 舊'음반에 관한 법률' 제3조 제1항 각호에 규정한 시설을 자기소유여야 하는 것으로 해석하는 것이 헌법에 위반되는지 여부에 대해서 헌법재판소[209]는 먼저 舊'음반에 관한 법률' 제3조 제1항은 동조항 소정시설을 갖추도록 규정하였을 뿐이지 그 시설이 반드시 자기소유여야 한다거나 기타 어떤 제한을 한 바가 없다는 것을 선제하였다. 그리고 동조는 음반을 제작하는 데 필요한 적정한 시설을 갖추도록 규정한 것이지 그 시설이 반드시 자기소유여야 하는 것으로 한정하여 규정한 바 없는데도 불구하고, 행정부는 아무런 법률상의 근거 없이 舊'음반에 관한 법률시행령' 제1조에서 舊'음반에 관한 법률' 제3조 제1항에서 규정하고 있는 소정의 시설이 자기 소유임을 증명하는 서류를 제출하도록 등록요건을 정하는 것은 자의적인 법률해석을 하고 있는 것이라고 하였다. 이는 헌법상 금지된 허가제의 수단으로 자칫 남용될 수도 있으므로 언론의 자유를 침해할 수 있게 되는 것이며 음반 및 비디오물을 통한 예술의 자유도 침해할 수 있게 되고 평등권을 침해할 수 있게 된다고 할 수 있어 헌법에 위반된다고 판시하고 있다.

## 2. 사후제한(事後制限)

### (1) 언론의 자유와 기본권 제한의 일반원칙[210]

자유민주주의를 정치체제로 하고 있는 나라에서 국민의 자유와 권리를 어디까지 인정할 수 있는가가 항상 중요한 연구대상이자 과제이다. 우리나라는

---

제6조 제3항의 규정에 의한 해당시설"을 등록하게 하고, 법 제6조 제3항 제2호에 의하면 일반주간신문의 해당시설은 "윤전기 1대 이상과 대통령령이 정하는 부수인쇄시설"로서 이는 대통령령인 위 법률시행령 제5조의 "조판시설 및 제판시설"을 말하고, 동 시행령 제6조 제3호에 의해 "법 제6조 제3항 제1호 및 제2호에 해당하는 경우에는 그 시설이 자기소유임을 증명하는 서류"를 등록신청서에 첨부하여 제출하도록 규정하고 있었다.

209) 헌재 1993. 5. 13, 91헌바17.

210) 헌법 제37조 제2항.

헌법 제37조 제 2 항에서 "국민의 모든 자유와 권리는 국가안전보장·질서유지 또는 공공복리를 위하여 필요한 경우에 한하여 법률로써 제한할 수 있으며, 제한하는 경우에도 자유와 권리의 본질적인 내용을 침해할 수 없다"라고 규정하고 있다.

이에 따라 사상·의견 등이 일단 표현된 후에는 그 내용에 대해 행정권이 사후검열을 할 수 있으며 그 내용이 법률에 반하는 경우에는 그에 따른 제재를 가할 수 있다. 그러나 기본권 제한의 일반원칙에 따라 언론의 자유가 제한되는 경우에도 자유와 권리의 본질적인 내용을 침해해서는 안 된다.

여기에서 '자유와 권리의 본질적인 내용을 침해할 수 없다'는 원칙이 갖는 의미는 국가안전보장·질서유지 또는 공공복리의 실현 등을 위해 필요한 불가피한 상황적 요인이 발생하였거나 공공의 이익을 위한 목표 달성이 필요하다 하더라도 자유와 권리의 본질적인 내용을 훼손하는 제한은 불가하며, 법률에 따라 사후검열과 같은 행정 절차적인 차원에서 자유와 권리의 현상적 실현을 일시적으로 유보하는 것으로 좁게 해석하는 것이 타당하다고 본다. 따라서 그 합헌성의 기준도 그만큼 엄격하게 제한되어야 한다.

### (2) 언론의 자유를 제한하는 법률의 합헌성 판단기준

#### 1) 합헌성 판단과 관련한 제 원칙(諸原則)

이미 언급한 바와 같이 국민의 기본적인 자유와 권리 중에서 언론의 자유 또한 국가안전보장·질서유지·공공복리를 위해 필요한 경우에는 헌법 제37조 제 2 항에 의해 법률로써 제한할 수 있다. 그렇지만 이러한 법률에 의한 제한에는 여러 가지 한계가 있다. 언론의 자유를 규제하는 법률의 합헌성 판단기준으로서 언론의 자유를 제한하는 법률의 한계를 설정하는 원칙들에는 과잉금지의 원칙을 비롯해 명확성의 원칙·이익형량이론·이중기준의 이론·명백하고 현존하는 위험의 원칙 등이 주요 이론으로 논의되어 오고 있다.

#### 2) 과잉금지(過剩禁止)의 원칙

언론의 자유도 국가안전보장·질서유지·공공복리를 위해 필요한 경우에는 헌법 제37조 제 2 항에 의해 법률로써 제한할 수 있다. 그러나 이러한 필요에 따른 법률에 의한 제한도 그 목적이 헌법 및 법률의 체계상 그 정당성이 인정되어야 하고(목적의 정당성), 그 목적달성을 위해 그 방법이 효과적이고 적절하여야 하며(방법의 적절성), 그로 인한 자유와 권리의 침해가 최소한도에 그쳐야 하며(피해의 최소성), 보호하려는 공익과 침해하는 사익을 비교형량할 때 보호되는 공익이 더 커야 한다는(법익의 균형성) 과잉금지의 원칙에 반하지 않는 한도 내에서 할 수 있다는 것이다. 따라서 언론의 자유를 규제하는 입법이 이러한 과잉금지의 원칙에 위배되는 내용을 담고 있는 경우에는 위헌입법이 되는 것이다.[211)]

### 3) 명확성(明確性)의 원칙

명확성의 원칙이란, 언론의 자유를 규제하는 법률의 규정은 명확해야 한다는 것을 의미한다. 다시 말해 불명확한 표현·내용의 규정으로 언론의 자유를 제한할 수는 없고, 언론의 자유를 제한하는 해당 법률조항이 불확정 개념이거나 막연할 때에는 이를 무효로 한다는 이론이다(이른바 '막연하기 때문에 무효'의 원칙).[212)]

언론의 자유를 규제하는 입법에 있어서 명확성의 원칙은 특별히 중요한 의미를 지닌다. 자유민주주의 체제에서 언론의 자유가 수행하는 역할·기능에 비추어 볼 때, 불명확한 규범에 의한 언론의 자유의 규제는 (헌법상 보호받는 표현에 대한) 위축적(萎縮的) 효과를 수반하기 때문이다. 그렇기 때문에 표현의 자유를 규제하는 법률은 그 규제로 인해, 마땅히 보호되어야 할 다른 표현에 대해서까지 위축적 효과가 미치지 않도록, 규제되는 표현의 개념을 세밀하고 명확하게 규정할 것이 헌법적으로 요구된다.[213)]

헌법재판소에 따르면 명확성의 원칙은 누구나 법률이 처벌하고자 하는 행위가 무엇이며 그에 대한 형벌이 어떠한 것인지를 예견할 수 있고 그에 따라 자신의 행위를 결정지을 수 있도록 구성요건이 명확할 것을 의미하는 것이며, 구성요건이 명확해야 한다는 것은 그 법률을 적용하는 단계에서 가치판단을 전혀

---

211) 권영성, 전게서, 513면.

212) 헌재 1990. 4. 2, 89헌가113; 헌재 1989. 12. 22, 88헌가13; 1990. 1. 15 , 89헌가103; 헌재 1998. 4. 30, 95헌가16; 헌재 1992. 4. 14, 90헌바23.

213) 헌재 1998. 4. 30, 95헌가16; 헌재 2002. 6. 27, 99헌마480; 헌재 2006. 6. 29, 2005헌마165 재판관 권성, 재판관 김효종, 재판관 조대현의 반대의견 참조.

배제한 무색투명한 서술적 개념으로 규정되어져야 한다는 것을 의미하는 것이 아니라 입법자의 입법의도가 건전한 일반상식을 가진 자에 의해 일의적으로 파악될 수 있는 정도의 것을 의미한다고 한다.[214)]

[언론의 위축적(萎縮的) 효과]

언론보도의 진실 여부는 쉽게 판명될 수 없는 경우가 많다. 진실 여부는 판단 주체에 따라 그 결론이 달라질 수도 있다. 일간신문 편집인은 마감시간에 쫓기면서 중요한 사회적 관심사에 대한 기사가 진실인지 여부를 놓고 고민하게 되는 때가 흔히 있게 된다. 정정보도청구가 인용될 경우 언론사로서는 자신의 보도가 잘못되었음을 판결의 효력에 따라 시인해야 하므로 공신력과 명예에 손상이 온다. 만일 진실에 부합하지 않을 개연성이 있다는 소명만으로 정정보도 책임을 지게 된다면 언론사로서는 사후의 분쟁에 대비하여 진실임을 확신할 수 있는 증거를 수집·확보하지 못하는 한, 사실주장에 관한 보도를 주저하게 될 것이다. 이는 중요한 사회적 관심사에 대하여 진위가 불명확하거나 신속하게 법정에서 방어할 자신이 없는 경우, 그 보도를 편집에서 배제하도록 작용할 것이다. 이와 같이 무엇이 금지되는 언론인지가 불명확한 경우에는 자신이 하고자하는 표현이 규제의 대상이 아니라는 확신이 없는 수규자는 표현행위를 스스로 사전에 억제하려는 경향이 강하게 나타나는데, 이를 '위축적 효과'라고 한다.[215)] 이러한 언론의 위축적 효과는 중요한 사회적 관심사에 대한 신속한 보도를 자제하는 결과를 초래하고 그로 인해 민주주의의 기초인 자유언론의 공적 기능이 저하된다는 피해가 발생한다.

214) 따라서 다소 광범위하고 어느 정도의 범위에서는 법관의 보충적인 해석을 필요로 하는 개념을 사용하여 규정하였다고 하더라도 그 적용단계에서 다의적(多義的)으로 해석될 우려가 없는 이상 그 점만으로 헌법이 요구하는 명확성의 요구에 배치된다고 보기는 어렵다고 한다. 그렇지 않으면 처벌법규의 구성요건이 지나치게 구체적이고 복잡하게 정형화되어 다양하게 변화하는 생활관계를 제대로 규율할 수 없게 될 것이라는 점을 이유로 들고 있다(헌재 1989. 12. 22, 88헌가13 참조).

215) 계희열, 전게서, 469-470면. 광범하고 불명확한 표현·내용의 조항들을 문리 그대로 해석·운영한다면 개인적으로는 자기가 행한 행위가 헌법상 보장된다고 생각되어도 그것이 법률의 문언상 규제 대상에 포함될 수 있기 때문에 무해한 표현행위라 하더라도 안심하고 자기의사의 창달이 힘들게 되므로 국민의 표현의 자유만 위협하고 위축시킬 경우가 나타날 것이다(헌재 1990. 4. 2, 89헌가113 참조).

#### 4) 명백(明白)·현존위험(現存危險)의 원칙

명백(明白)·현존(現存)위험의 원칙이란, 언론의 자유를 규제하기 위해서는 해당 언론이 법률상 금지된 해악을 초래할 명백하고 현존하는 위험을 가지고 있음을 입증해야 한다는 이론이다. 명백·현존위험의 원칙은 언론의 자유를 규제하는 입법에 대한 합헌성 판단의 기준으로서 미국에서 판례상 확립된 이론이다.

그 내용을 구체적으로 살펴보면, 명백·현존위험의 원칙에서 '명백'이라는 것은 해당 언론과 해악의 발생 사이에 뚜렷한(필연적) 인과관계가 존재함을 의미하며, '현존'이라 함은 해당 언론으로 인한 해악의 발생이 시간적으로 근접하고 있는 것을 의미한다. 그리고 '위험'이라는 것은 공공의 이익에 대한 해악발생의 개연성을 뜻한다. 따라서 이러한 명백·현존위험의 원칙을 언론의 자유를 규제하는 법률의 합헌성 판단기준으로 삼는다면, 언론의 자유를 제한하기 위해서는 해당 언론으로 인해 (공공의 이익에 대해) 중대한 해악이 발생할 개연성이 있고, 해당 언론과 그러한 해악의 발생 사이에 뚜렷한(필연적) 인과관계가 존재하며, 마지막으로 해악의 발생이 시간적으로 근접하여 목전에 임박한 경우에 해당 언론의 자유를 제한하는 것이 합헌성을 가지게 된다.[216)]

명백·현존위험의 원칙은 언론의 자유를 제한하는 이론적 근거로서의 역할과 (언론에 대한 규제는 해당 언론이 명백하고 현존하는 위험성을 가지고 있을 때에만 허용되며, 단순히 위험한 경향이 존재한다는 이유만으로는 규제할 수 없다는 점에서) 언론의 자유를 최대한 보장하는 원칙으로서의 역할을 동시에 하고 있다. 그러나 언론의 자유를 제한함에 있어서 다소 엄격한 요건을 설정하고 있다는 점을 주목한다면 언론의 자유를 제한하는 이론이라기보다는 언론의 자유를 보장하는 측면이 더 강하다고 할 수 있다.[217)] 그렇지만 이 원칙에 대해서도 위험의 근접성과 정도를 판단함에 있어서 필연적으로 주관이 개입할 수밖에 없고, 동 원칙이 (사후적인) 사법절차에 의한 판단의 기준으로는 적합하지만 사전에 행정청이 언론의 자유를 규제함에 있어서 이를 판단의 기준으로 삼기에는 부적합한 측면이 있다는 비판이 제기되고 있다.[218)]

216) 권영성, 전게서, 514-516면; 홍성방, 전게서, 514-515면.
217) 권영성, 전게서, 515면; 김철수, 전게서, 723면.
218) 권영성, 전게서, 515면; 김철수, 전게서, 723면; 성낙인, 전게서, 515면; 홍성방, 전게서, 515면 참조.

[명확성의 원칙 및 명백·현존위험의 원칙에 대한 판례의 입장 1]

헌법재판소[219]는 (1991. 5. 31 개정 이전의) 국가보안법 제7조 제1항[220] 및 제5항[221]의 위헌 여부를 판단함에 있어서 (국가안전보장이나 자유민주적 기본질서의 수호에 관계없는 경우까지 확대적용 될 만큼) 불투명하고 구체성이 결여되어 있는(다의적이고 광범위[222]한 문제점이 있는) 동 조항들을 문리 그대로 해석·운영한다면 헌법상의 언론·출판, 학문·예술의 자유를 위축시킬 염려가 있고, 적용범위가 과도하게 광범위하고 다의적인 것이 되어 법 운영당국에 의한 자의적 집행을 허용할 소지가 생길 것이므로 국가보안법의 입법목적 등에 맞추어 그 소정행위에 의해 국가의 존립·안전이나 자유민주적 기본질서에 실질적 해악을 줄 명백한 위험성이 있는 경우에만 축소적용되는 것으로 해석한다면 헌법에 위반되지 않는다고 한다. 여기에서 국가의 존립·안전이나 자유민주적 기본질서에 실질적 해악을 줄 명백한 위험성이 있는 경우란 (특단의 사정이 없는 한) 그 표현물의 내용이 국가의 존립·안전이나 자유민주적 기본질서에 실질적 해악을 줄 명백한 위험성이 있는 경우일 때이고, 국가의 존립·안전이나 자유민주적 기본질서에 실질적 해악이 될 정도가 못되거나 해악이 되는지 여부가 불분명한 경우에는 배제된다고 한다. 그 외에 문제의 표현물과 외부관련성의 정도 또한 이러한 위험성의 유무를 판단하는 별도의 기준이라고 한다.

[명확성의 원칙 및 명백·현존위험의 원칙에 대한 판례의 입장 2]

헌법재판소[223]는 (1991. 5. 31. 개정 이전의) 국가보안법 제9조 제2항[224]의 위헌 여부에 대해서도 동조 제2항에서 규제대상이 되는 편의제공은 문언해석

219) 헌재 1990. 4. 2, 89헌가113.

220) 1991. 5. 31 개정 이전의 국가보안법 제7조 제1항은 "반국가단체나 그 구성원 또는 그 지령을 받은 자의 활동을 찬양·고무 또는 이에 동조하거나 기타의 방법으로 반국가단체를 이롭게 한 자는 7년 이하의 징역에 처한다"라고 규정하고 있었다(1980. 12. 31. 법률 제3318호).

221) 1991. 5. 31 개정 이전의 국가보안법 제7조 제5항은 "제1항 내지 제4항의 행위를 할 목적으로 문서·도화 기타의 표현물을 제작·수입·복사·소지·운반·반포·판매 또는 취득한 자는 그 각항에 정한 형에 처한다"라고 규정하고 있었다(1980. 12. 31. 법률 제3318호).

222) 과도한 광범성은 잠재적인 명확성 결여의 경우로 볼 수 있다.

223) 헌재 1992. 4. 14, 90헌바23.

224) 1991. 5. 31. 개정 이전의 국가보안법 제9조 제2항은 "이 법의 죄를 범하거나 범하려는 자라는 정을 알면서 금품 기타 재산상의 이익을 제공하거나 잠복·회합·통신·연락을 위한 장소를 제공하거나 기타의 방법으로 편의를 제공한 자는 10년 이하의 징역에 처한다"라고 규정하고 있었다.

상 그 적용범위가 넓고 불명확하므로(광범위성과 불명확성) 헌법 제10조 소정의 행복추구권에서 파생하는 일반적 행동자유권은 물론, (도움은 말로도 줄 수 있는 것이라고 보았을 때) 헌법 제21조 소정의 표현의 자유마저 위축시킬 수 있으며,[225] 적용범위가 이처럼 과도하게 광범위하다면 법 운영당국에 의한 자의적 집행의 가능성도 배제할 수 없다면서 국가보안법 제9조 제2항은 그 소정행위가 국가의 존립·안전을 위태롭게 하거나 자유민주적 기본질서에 위해를 줄 명백한 위험성이 있는 경우에 한해 적용된다고 해석해야 헌법에 위반되지 않는다고 한다.

### 5) 이익형량(利益衡量)이론

이익형량이론이란, 구체적인 사건에서 언론의 자유를 보장함으로써 얻을 수 있는 개인의 이익과 언론의 자유를 제한하는 법률에서 추구하려는 공공의 이익을 형량하여 제한하여 얻을 수 있는 공공의 이익이 제한되는 개인의 이익보다 클 경우에, 언론의 자유에 대한 제한을 인정한다는 이론이다.[226]

이익형량이론에 대하여는, 첫째 이익형량이론은 언론의 자유를 향수함으로써 얻는 이익과 대립되는 이익은 일반적으로 공적 이익일 것이기 때문에 이러한 공적 이익을 우선시킬 가능성이 크고, 둘째 일정한 객관적 기준 없이 구체적인 사례마다 형량해야 하는 어려움이 있으며, 셋째 판단자(법관)에게 자의적인 법해석을 허용하게 되어 판단자의 주관이나 사회적인 분위기 등에 따라 규제의 틀이 달라질 수 있으므로 법적 안정성과 판결의 예측가능성을 저해할 우려가 있다는 문제점이 지적되고 있다.[227]

225) 원래 사회생활이란 사회구성원 간에 서로 편의를 제공하고 제공받는 협동생활인데 국가보안법위반 범인에 대한 편의제공이 무차별하게 여기의 구성요건에 해당된다면 안심하고 사회생활을 영위해 나가는데 커다란 장애요인이 아닐 수 없고, 이처럼 대한민국의 체제전복이나 자유민주적 기본질서에 위해를 초래할 염려가 없는 무해의 편의제공이라 하여도 편의제공죄로 의율될 수 있는 문제가 있다는 것이다.

226) 권영성, 전게서, 514면; 홍성방, 전게서, 513-514면.

227) 권영성, 전게서, 514면; 성낙인, 전게서, 515-516면; 홍성방, 전게서, 513-514면 참조.

[이익형량이론을 원용하고 있는 판례]

헌법재판소[228]는 공적 인물의 공적 활동에 관한 신문보도가 명예훼손적 표현을 담고 있는 경우 언론자유와 명예보호의 이익조정의 기준에 대한 판결에서 국민의 알 권리와 다양한 사상·의견의 교환을 보장하는 언론의 자유는 민주제의 근간이 되는 핵심적인 기본권이고, 명예 보호는 인간의 존엄과 가치·행복을 추구하는 기초가 되는 권리이므로, 이 두 권리를 비교형량하여 어느 쪽이 우위에 서는지를 가리는 것은 헌법적인 평가 문제에 속하는 것이라고 한다. 그리고 언론매체의 명예훼손적 표현에 실정법을 해석·적용할 때에는 언론의 자유와 명예 보호라는 상반되는 헌법상의 두 권리를 유형적으로 형량한 비례관계를 따져야 하며, 그 결과 개별사례에서의 이익형량에 따라 그 결론도 달라지게 된다고 하여 '이익형량이론'을 원용하고 있다.

### 6) 이중기준(二重基準)의 원칙

이중기준(二重基準)의 원칙이라 함은 법률에 의해 제한하고자 하는 헌법상의 권리가 표현의 자유 등 정신적 자유와 재산 등 경제적 자유를 구별하여 심사기준을 적용한다는 이론이다. 즉, 언론의 자유 등 정신적 자유권은 경제적 기본권에 비하여 우월성을 가지므로 그 제한과 규제에 있어서도 경제적 기본권의 규제입법에 관한 합헌성 판단기준인 '합리성(合理性)'보다 더 엄격한 기준에 따라야만 한다는 이론이다.[229]

[이중기준의 원칙을 원용하고 있는 헌법재판소 소수의견]

헌법재판소[230] 소수의견(재판관 변정수·재판관 김양균)은 재산적·경제적 권리(자유)에 관한 합헌성의 판단기준은 신체 및 정신작용과 관련된 인신보호(人身保護)를 위한 기본권 등에 대한 제한의 합헌성 판단기준이 엄격하게 적용되는 것과는 달리 관대하게 적용됨으로써 국가의 재량의 범위를 비교적 넓게 인정하는 것이 현대국가의 추세이며, 이것이 이른바 이중기준의 원칙이라고 한다.

---

228) 헌재 1999. 6. 24, 97헌마265.
229) 홍성방, 전게서, 514면 참조.
230) 헌재 1991. 6. 3, 89헌마204.

### (3) 합헌성 판단기준의 일반원칙에 대한 비판(批判)

이미 언급한 바와 같이 기본권의 제한에 있어 합헌성을 판단하는 기준으로 여러 가지 엄격한 원칙들을 적용하고 있다. 그 같은 기준을 설정하고 있는 본질적인 취지는 언론의 자유에 대한 제한을 최소화하기 위함이다. 그러나 현실에서의 실질적인 적용의 경우는 본질과는 상반되게 언론의 자유를 제약하는 역설로 작용하기도 한다는 비판을 받고 있다.

'명백하고 현존하는 위험의 원칙'으로 정립된 이 기준은 1919년 미국의 홈즈 대법관이 판례로 적용한 이래 세계 각국의 합헌성 판단기준으로 준용되어 왔다. 그러나 이 기준은 당초의 취지와는 다르게 오히려 언론의 자유를 제약하는 판단기준으로 활용되는 사례들이 나타나면서 이 이론의 실효성이 크게 훼손되었다는 비판을 받고 있다. 즉, 이론이 언론의 자유를 보장하기 위한 이론인지 아니면 언론의 자유에 대한 제한을 정당화시키는 것인지 명확하지 않다는 문제제기이다.

저자는 원칙적으로 이 이론은 언론의 자유에 대한 제한을 규제하기 위한 논거(論據)로써 유효하고 효과적으로 기능할 수 있다는 견해를 갖고 있다. 그렇지만 이 원칙은 전쟁 등 비정상적인 상황에서는 극히 제한적이기는 하지만 언론의 자유를 제약하는 이론으로 적용될 수도 있다는 점에도 동의하지 않을 수 없다. 왜냐하면 명백하고 현존하는 위험에 대한 비교형량의 기준이 상황에 가변적이기 때문이다. 즉 개인이 자유롭게 자신의 의견이나 사상 또는 주장 등을 대외적으로 밝히는 그 '표현' 자체가 명백하고 현존하는 위험을 초래하는지에 초점을 맞출 수도 있지만, 명백하고 현존하는 위험이 있는 상황에서는 그러한 위험을 악화시키는 표현을 제한할 수 있다는 논리로 탈바꿈할 수도 있다. 그렇기 때문에 언론의 자유에 더 큰 위협이 될 수 있다.[231]

우리 헌법에서는 상황에 따른 언론의 자유에 대한 제한 규정에서 응용될 수 있다. 즉, 언론의 자유는 헌법 제76조[232]에 따라 대통령이 긴급명령을 발동

231) 문재완, 언론법, 늘봄출판사, 2008, 240면.

232) 헌법 제76조.

> ① 대통령은 내우·외환·천재·지변 또는 중대한 재정·경제상의 위기에 있어서 국가의 안전보장 또는 공공의 안녕질서를 유지하기 위하여 긴급한 조치가 필요하고 국회의

한 경우에는 형식적 법률이 아닌 긴급명령에 의해서 제한을 받을 수 있으며, 헌법 제77조 제3항[233]에 따라 대통령이 비상계엄을 선포한 경우에도 계엄법이 정하는 바에 의해 계엄사령관이 포고령에 의해 언론의 자유에 대한 특별한 조치를 취할 수 있다고 규정하고 있다. 이와 같은 경우에 적용할 수 있는 논거로 '명백하고 현존하는 위험의 원칙'이 원용(援用)될 수 있다.

언론의 자유를 제한하는 합헌성의 평가기준으로써 '이익형량의 원칙'이 적용되는 경우로는 공무원·군인 또는 수형자 등 특수한 신분관계(이른바 특별권력관계)에 있는 국민의 언론의 자유는 관련 법률에 따라 일반국민과는 다르게 제한을 받을 수 있도록 용인하고 있는 사례 등이 있다.[234] 그러나 필자는 정보공개의 요구와 투명성에 대한 기대가 높아지고 있는 현대 민주주의 사회에서 일반국민과 특수한 신분을 구분하여 일반적인 원칙으로 기본권의 제한을 용인하는 것은 적절하지 않다고 본다. 이미 언급했듯이 이익형량이론은 언론의 자유를 향수함으로써 얻는 개인의 기본권적 이익이며 이와 대립되는 이익은 일반적으로 공적 이익으로서 이러한 경우는 공적 이익을 우선시킬 가능성이 크다. 따라서 이 경우 대부분은 정부나 공적기관과 같이 지배적 위치에 있는 권력기관과 개인 간의 권리관계를 비교형량하는 상황으로 이미 이익의 형량을 따질 수 있는 수준의 '힘의 균형'을 갖추고 있지 못한 상황도 고려되어야 한다. 뿐만 아니라 일정한 객관적 기준 없이 사안마다 각각의 구체적 사실관계에 맞추어 비교형량해야 하는 어려움이 있으며, 법원의 자의적인 법해석을 허용하게 됨으로써 판단자의 주관이나 사회적인 분위기나 상황 등에 따라 기준이 달라질 수 있다. 이러한 이유로 인해 법적 안정성과 판결의 예측가능성을 저해할 우려가 있다는 문제점이 지적되고 있다.[235]

---

> 집회를 기다릴 여유가 없을 때에 한하여 최소한으로 필요한 재정·경제상의 처분을 하거나 이에 관하여 법률의 효력을 가지는 명령을 발할 수 있다. ② 대통령은 국가의 안위에 관계되는 중대한 교전상태에 있어서 국가를 보위하기 위하여 긴급한 조치가 필요하고 국회의 집회가 불가능한 때에 한하여 법률의 효력을 가지는 명령을 발할 수 있다.

233) 헌법 제77조.

> ③ 비상계엄이 선포된 때에는 법률이 정하는 바에 의하여 영장제도, 언론·출판·집회·결사의 자유, 정부나 법원의 권한에 관하여 특별한 조치를 할 수 있다.

234) 성낙인, 전게서, 538-539면.

235) 권영성, 전게서, 514면; 성낙인, 전게서, 515-516면; 홍성방, 전게서, 513-514면 참조.

## 3. 언론의 자유에 대한 제한의 한계(限界)

헌법은 제21조 제 4 항(언론·출판은 타인의 명예나 권리 또는 공중도덕이나 사회윤리를 침해하여서는 아니된다)은 언론의 자유의 한계를 선언하고 있고, 헌법 제37조 제 2 항(국민의 모든 자유와 권리는 국가안전보장, 질서유지 또는 공공복리를 위하여 필요한 경우에 한하여 법률로써 이를 제한할 수 있으며, 제한하는 경우에도 자유와 권리의 본질적인 내용은 침해할 수 없다)은 언론의 자유를 포함한 기본권 제한에 있어서의 일반원칙을 규정하고 있다. 공공의 이익 등의 이유로 언론의 자유에 대한 제한이 불가피할 경우에는 헌법 제37조 제 2 항 및 그에 따른 개별 법률에 따라 언론의 자유도 제한을 받을 수 있는 기본권인은 분명하나, 이러한 경우에도 언론의 자유가 가지는 본질적인 내용은 침해할 수 없으며, 제한 시에는 과잉금지의 원칙은 물론 그 밖에 명확성의 원칙·이익형량이론·이중기준의 이론·명백하고 현존하는 위험의 원칙 등이 고려·준수되어야 할 것이다.

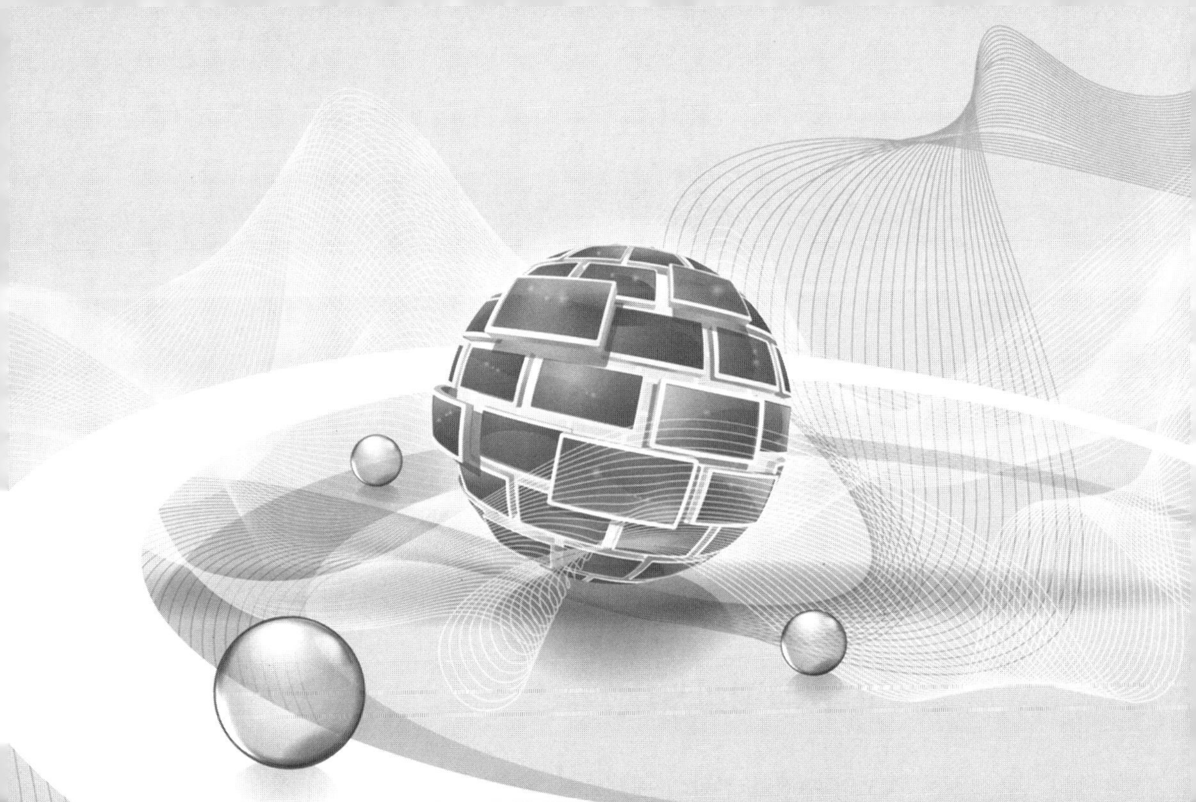

# 제 3 장

# 신문진흥법 – 신문 등의 진흥에 관한 법률

제 1 절 서설(序說)

제 2 절 신문진흥법 총설

제 3 절 신문의 발행

제 4 절 신문사업의 소유제한

제 5 절 신문발행의 등록취소

제 6 절 신문산업 진흥지원 제도

제 3 장 신문진흥법 — 신문 등의 진흥에 관한 법률[1)]

# 제 1 절 서설(序說)

## Ⅰ. 신문의 발전과 입법의 전개

정보의 수집과 전달의 매체로서 조직과 형식을 갖추어 신문이 등장한 것은 13세기 영국에서 사람의 손으로 써서 제작한 필사신문(筆寫新聞)이 그 시원(始原)이라 할 수 있다.[2)] 미디어로서 신문의 등장은 인쇄술의 발달과 함께 발전하여 왔다. 17세기 말 내지 18세기 초에 이르러 우편(郵便)이 등장하면서 일반 대중에 대한 배달체계가 갖추어지게 되면서 일간신문의 형태를 띤 근대신문이 등장하였다. 보급체계의 발달에 따라 신문의 보급이 확산되고 이것은 다시 대중적인 영향력의 확대로 나타나면서 오늘날 신문의 모습으로 진화할 수 있는 발판이 되었다.

이후, 매스미디어로서 현대적 신문의 발전과 더불어 언론매체로서 영향력이 확대 강화되면서 법제도로서 언론법의 제정이 이루어지게 되었고 21세기 정보통신기술의 발달은 뉴미디어의 탄생과 함께 매체융합화의 현상으로까지 미디어 환경을 변화시켜오고 있다.

舊'신문 등의 자유와 기능보장에 관한 법률'[3)]은 1987년 제정된 舊'정기간행물의 등록 등에 관한 법률'을 모태로 하여 전문 개정된 것이다. 1980년 언론통폐합을 뒷받침하기 위해 제정된 언론기본법이 1987년 폐지되면서 방송을 관장하는 '방송법'(1987. 11. 28. 법률 제3978호 제정)과 신문을 관장하는 舊'정기간행물의

1) 법률 제9785호, 2009. 7. 31. 전부개정, 2010. 2. 1. 시행.

2) 서정우 외, 언론통제이론, 법문사, 1993, 14면.

3) 2005. 1. 27. 개정되고 2005. 7. 28. 시행된 '신문 등의 자유와 기능보장에 관한 법'을 말한다.

등록 등에 관한 법률'(1987. 11. 28. 법률 제3979호 제정)[4]로 법체계가 분리되었다. 언론기본법 폐지 이후 신문·통신 등 정기간행물 발간을 위한 필요사항을 규정하고 있었던 舊'정기간행물의 등록 등에 관한 법률'은 제명이 변경되고, 2005년 1월 27일 국회에서 그 내용이 전부 개정되어 7월28일 발효되면서 舊'신문 등의 자유와 기능보장에 관한 법률(이하 '신문법'으로 약칭)'이란 이름으로 재탄생되었다.[5]

## Ⅱ. 舊신문법[6]의 주요 내용과 위헌문제

### 1. 舊신문법의 주요 내용

본 장에서는 舊신문법의 내용을 중심으로 신문이 가지고 있는 여러 가지의 현실적인 문제와 한계를 극복하기 위한 제도적인 특징들을 기술하고자 한다. 舊신문법은 개정되어 이미 '신문진흥법'으로 대체되었지만 연구자의 입장에서는 정치권력과 언론의 관계, 보수 주류신문과 진보 비주류 신문들의 경쟁 및 견제의 역학관계를 잘 반영하고 있어 의미있는 법제 연구의 대상이기 때문이다.

舊신문법의 주요 내용을 살펴보면, 동법 제10조는 독자의 권익을 보호하기 위해 필요한 범위에서 정기간행물사업자가 독자권익의 보호를 위한 회의를 개최하여 이를 지면에 반영할 수 있도록 하고, 정기간행물사업자에 대해 구독자의 의사에 반하여 구독계약을 체결·연장·해지하거나 불공정거래행위에 해당하는 무가지 및 무상의 경품을 제공하지 못하도록 하였다.

동법 제15조는 일간신문·뉴스통신 또는 방송사업을 경영하는 법인이 발행한 주식 또는 지분의 2분의 1 이상을 소유하는 자는 다른 일간신문 또는 뉴스통신을 경영하는 법인이 발행한 주식 또는 지분의 2분의 1 이상을 취득 또는 소유할 수 없도록 하였다.

또한 대기업과 그 계열회사는 일간신문이나 뉴스통신을 경영하는 법인이

4) 정기적으로 발행하는 신문·통신·잡지·기타간행물에 관한 사항을 규정함으로써 언론의 건전한 발전을 도모함을 목적으로 1987. 11. 28 제정되었다.

5) 한편, 언론중재법은 종전에 정간법·방송법 등 각 개별법에 분산되어 있던 언론피해구제 제도를 포괄, 단일화하여 새롭게 만든 법이라고 할 수 있다.

6) '신문 등의 자유와 기능보장에 관한 법률(2009. 7. 31. 개정 2009. 11. 1. 시행)'

발행하는 주식 또는 지분의 2분의 1을 초과하여 취득 또는 소유할 수 없도록 규정하였다(주식·지분의 소유제한). 그리고 이러한 소유제한규정을 위반하여 주식 또는 지분을 취득 또는 소유한 자는 그 초과분에 대한 의결권을 행사할 수 없도록 하고, 등록관청은 주식 또는 지분을 취득 또는 소유한 자에 대해 6개월 이내의 기간을 정해 이를 시정할 것을 명할 수 있도록 하였다(동법 제15조 제6·7항).

## 2. 위헌성(違憲性) 문제

舊신문법(2009. 7. 31. 개정 2009. 11. 1. 시행)은 수많은 논쟁[7] 끝에 헌법재판소의 위헌 및 헌법불합치 결정을 받은 규정의 정비·언론의 기능을 하고 있는 인터넷포털을 언론관계 법률의 규율 대상으로 포함시킬 필요성·업무가 중복되어 비효율적으로 운영되던 신문지원기관을 효율적으로 통합할 필요성·매체 간 융합추세 등 언론환경의 변화에 맞추어 일간신문·뉴스통신·방송사업 간의 겸영금지 및 주식·지분 소유 제한을 폐지하는 등 신문의 자유와 산업발전을 위한 법적 기반을 획기적으로 확충할 필요성 등의 이유로 전부개정이 되는데(법률 제9785호, 2009. 7. 31. 전부개정, 2010. 2. 1. 시행) 동 법률의 명칭 또한 '신문 등의 진흥에 관한 법률'로 변경된다. '신문 등의 진흥에 관한 법률'은 이러한 기술의 발달로 탄생한 인터넷신문 등 새로운 매체영역을 법체제로 수용하고 매체환경의 변화에 대응하기 위한 배경을 갖고 있다.

이미 언급하였듯이 舊신문법 제17조는 일반일간신문 및 특수일간신문 중 1개 정기간행물사업자의 시장점유율이 전년 12개월 평균 전국 발행부수의 100분의 30 이상이거나, 3개 이하 사업자의 시장점유율 합계가 전년 12개월 평균 전국 발행부수의 100분의 60 이상인 경우에는 '독점규제 및 공정거래에 관한 법률' 상의 시장지배적 사업자로 추정하도록 규정하였다. 그러나 이러한 겸영 또는 주식·지분 소유금지에 관한 규정 중 일부는 헌법불합치 결정을 받음으로써 시장지배적 사업자로의 추정에 관한 규정과 시장지배적 사업자에 대한 신문발전기금의 지원배제 규정은 위헌결정을 받았다(제 3 장 제 1 절 Ⅱ 참조).

7) 제281회 국회(임시회) 제6차 전체회의(2009. 02. 25) 회의록; 제283회 국회(임시회) 제1차 전체회의(2009. 07. 13) 회의록 참조.

이후에도 잡지 등 정기간행물에 관한 내용을 분법(分法)하여 '잡지 등 정기간행물의 진흥에 관한 법률'이 제정됨에 따라, 잡지 등 정기간행물 관련 조항을 삭제하거나 정리하려는 목적으로 2008. 6. 5. 신문법의 일부개정(시행 2008. 12. 6)이 있었지만 이때에도 2006년의 헌법재판소 판결에서 각각 헌법불합치결정과 위헌결정의 대상이 되었던 동법 제15조 제3항과 동법 제17조 및 제34조 제2항 제2호는 개정하지 않고 그대로 존치하고 있다.

신문, 방송, 통신, 인터넷이 융합되는 새로운 미디어 환경 변화에 부응하고 국제적 시장개방 조류에 대응하여 방송산업의 경쟁력을 강화하는 차원에서 기존 방송법상의 1인 지분 소유제한과 대기업, 신문·뉴스통신 및 외국자본의 종합편성 또는 보도전문편성 콘텐츠 사업에 대한 겸영 또는 주식·지분 소유금지 등의 규제를 완화하려는 목적으로 방송법의 일부개정(2009. 7. 31. 개정, 2009. 11. 1. 시행)이 이루어졌다. 이에 따라 신문법도 개정된 방송법과 관련된 규정들(신문법 제12조 제2항·제3항)에 대한 일부개정이 이루어졌다( 2009. 7. 31. 개정, 2009. 11. 1. 시행). 그러나 2009. 11. 1. 시행된 舊신문법 또한 2006년 헌법불합치 결정을 받은 부분과 위헌 결정을 받은 규정은 그대로 두고 있었다.

## Ⅲ. 舊신문법의 위헌성(違憲性) 문제 보완

이미 설명했듯이 舊신문법 제17조는 일반일간신문 및 특수일간신문 중 1개 정기간행물사업자의 시장점유율이 전년 12개월 평균 전국 발행부수의 100분의 30 이상이거나, 3개 이하 사업자의 시장점유율 합계가 전년 12개월 평균 전국 발행부수의 100분의 60 이상인 경우에는 '독점규제 및 공정거래에 관한 법률'상의 시장지배적 사업자로 추정하도록 규정하였다. 그러나 이러한 겸영 또는 주식·지분 소유금지에 관한 규정 중 일부는 헌법불합치 결정을 받음으로써 시장지배적 사업자로의 추정에 관한 규정과 시장지배적 사업자에 대한 신문발전기금의 지원배제 규정은 위헌결정[8]을 받았다.

헌재결정의 요지는 일간신문사 지배주주의 뉴스통신사 또는 다른 일간신

8) 헌재 2006. 6. 29, 2005헌마165 참조.

문사 주식·지분의 소유·취득을 제한하는 舊신문법 제15조 제 3 항이 신문사업자인 청구인들의 신문의 자유를 침해하는지 여부에 대해 舊신문법 제15조 제 3 항이 일간신문의 지배주주가 뉴스통신 법인의 주식 또는 지분의 2분의 1 이상을 취득 또는 소유하지 못하도록 함으로써 이종 미디어 간의 결합을 규제하는 부분은 언론의 다양성을 보장하기 위한 필요한 한도 내의 제한이어서 신문의 자유를 침해한다고 할 수 없지만, 동 조항이 이에 더 나아가 일간신문의 지배주주에 의한 신문의 복수소유를 규제하고 있는데, 이러한 점은 신문의 복수소유를 일률적으로 금지하고 있어서 필요 이상으로 신문의 자유를 제약하고 있다고 하였다. 그러나 신문의 다양성 보장을 위한 복수소유 규제의 기준을 어떻게 설정할지의 여부는 입법자의 재량에 맡겨져 있으므로 동 조항에 대해서는 단순위헌이 아닌 헌법불합치결정을 선고하였으며, 입법자의 개선입법이 있을 때까지 계속 적용을 허용하였다.

그리고 헌법재판소는 1개 일간신문사의 시장점유율 30%, 3개 일간신문사의 시장점유율 60% 이상인 자를 시장지배적 사업자로 추정하는 신문법 제17조가 신문사업자인 청구인들의 신문의 자유와 평등권을 침해하는지 여부에 대해서도 신문법 제17조가 신문사업자를 일반사업자에 비해 더 쉽게 시장지배적 사업자로 추정되도록 규정하고 있는데, 이러한 규제는 신문의 다양성 보장이라는 입법목적 달성을 위한 합리적이고도 적정한 수단이 되지 못하므로 신문사업자인 청구인들의 평등권과 신문의 자유를 침해하여 위헌이라고 판시하였다

또한 시장지배적 사업자를 신문발전기금의 지원대상에서 배제한 신문법 제34조 제 2 항 제 2 호가 신문사업자인 청구인들의 평등권을 침해하는지 여부에 대해서도 발행부수가 많은 신문사업자를 시장지배적사업자제도를 이용하여 규제하려고 한다면 먼저 그 지배력의 남용 유무를 조사하여 그 남용이 인정될 때에만 기금 지원의 배제라는 추가적 제재를 가하는 것이 시장지배적사업자제도의 취지에 맞다고 하면서, 단지 시장점유율이 높다는(독자의 선호도가 높아서 발행부수가 많다는) 이유만으로 신문사업자를 차별하는 것, 그것도 시장점유율 등을 고려하여 신문발전기금 지원의 범위와 정도에 있어 합리적 차등을 두는 것이 아니라 기금 지원의 대상에서 아예 배제하는 것은 불합리하기 때문에 결국 舊신문법 제34조 제 2 항 제 2 호는 합리적인 이유 없이 발행부수가 많은 신문사

업자를 차별하는 것이 되어 평등원칙에 위배된다고 판시하였다.

[헌재의 신문법 제15조 제 3 항, 제17조, 제34조 제 2 항 제 2 호의 불합리성 판단근거]

헌법재판소는 그 불합리성의 근거로 첫째 발행부수만을 기준으로 신문시장의 점유율을 평가하고 있는 점, 둘째 신문시장의 시장지배력을 평가함에 있어 서로 다른 경향을 가진 신문들에 대한 개별적인 선호도를 합쳐 이들을 하나의 시장으로 묶고 있는 점, 셋째 그 취급분야와 독자층이 완연히 다른 일반일간신문과 특수일간신문 사이에 시장의 동질성을 인정하고 있는 점, 넷째 신문의 시장지배적 지위는 결국 독자의 개별적·정신적 선택에 의하여 형성되는 것인 만큼 그것이 불공정행위의 산물이라고 보거나 불공정행위를 초래할 위험성이 특별히 크다고 볼만한 사정이 없는데도 신문사업자를 일반사업자에 비해 더 쉽게 시장지배적 사업자로 추정되도록 하고 있는 점 등을 들고 있다.

이후에도 잡지 등 정기간행물에 관한 내용을 분법(分法)하여 (정기간행물의 지원 및 육성을 위한 근거를 마련하고 관련 산업을 지원하는 내용으로) '잡지 등 정기간행물의 진흥에 관한 법률'이 제정됨에 따라, 잡지 등 정기간행물 관련 조항을 삭제하거나 정리하려는 목적으로 2008. 6. 5. 신문법의 일부개정(시행 2008. 12. 6)이 있었지만 이때에도 2006년의 헌법재판소 판결에서 각각 헌법불합치결정과 위헌결정의 대상이 되었던 동법 제15조 제 3 항과 동법 제17조 및 제34조 제 2 항 제2호는 개정하지 않고 그대로 두었다.

2009. 7. 31. 신문, 방송, 통신, 인터넷이 융합되는 새로운 미디어 환경 변화에 부응하고 국제적 시장개방 조류에 대응하여 방송산업의 경쟁력을 강화하고 미디어산업 발전에 적합한 환경을 조성하기 위해 현행 방송법상의 1인 지분 소유제한과 대기업, 신문·뉴스통신 및 외국자본의 종합편성 또는 보도전문편성 콘텐츠 사업에 대한 겸영 또는 주식·지분 소유금지 등의 규제를 완화하려는 목적으로 방송법의 일부개정(2009. 7. 31. 개정, 2009. 11. 1. 시행)이 이루어지게 되었다. 이에 따라 신문법도 개정된 방송법과 관련된 규정들(신문법 제12조 제 2 항·제 3 항)에 대한 일부개정이 이루어졌다(2009. 7. 31. 개정, 2009. 11. 1. 시행). 그러나 2009. 11. 1. 시행된 舊신문법 또한 타법개정에 의한 과도기적인 입법에 불과할 뿐인데다 2010. 2. 1. 시행예정이자 전부개정이 이루어지는 '신문 등의 진흥에

관한 법률'을 염두에 둔 탓인지 2006년 헌법불합치 결정을 받은 부분과 위헌 결정을 받은 규정은 그대로 두고 있었다.

## Ⅳ. 신문 등 진흥에 관한 법률 개정배경

舊신문법인 '신문 등의 자유와 기능보장에 관한 법률'은 제 1 조에서 "신문 및 인터넷신문의 발행의 자유와 독립을 보장하고 신문 및 인터넷신문의 사회적 책임을 높여 언론의 자유신장과 민주적인 여론형성 및 국민의 복리증진을 도모하고 언론의 건전한 발전 및 독자의 권익보호에 기여함을 목적으로 한다"라고 규정하고 있었다.

2010년 2월 시행되는 '신문 등의 진흥에 관한 법률(이하 '신문진흥법'으로 약칭)'에서는 제정 및 개정 목적을 "신문(인터넷 신문 등 포함) 등의 발행의 자유와 독립을 보장하고, 사회적 책임을 높이며 신문 산업을 지원·육성함으로써 언론의 자유신장과 민주적인 여론형성에 기여하기 위한 것"으로 밝히고 있다(제 1 조). 이와 같이 신문진흥법이 舊신문법상의 "국민의 복리를 증진한다"는 내용을 삭제하고 동법 제 6 조에서 독자의 권익보호 규정을 강화한 것은 동법의 목적이 매체의 수용자에게 향해 있음을 구체적으로 적시하고 있다는 의미를 가지는 것이다.

이 밖에 舊신문법을 '신문진흥법'으로 개정한 이유를 몇가지로 간추려 보면 첫째, 최근에 와서 언론의 기능을 하고 있는 인터넷포털을 언론관계 법률의 규율 대상으로 포함시키려는 것이다. 둘째 헌법재판소의 위헌 및 헌법불합치 결정을 받은 규정을 정비할 필요성 때문이다.[9] 셋째 일간신문·뉴스통신·방송사업 간의 겸영금지 및 주식·지분 소유 제한을 폐지하여 매체 간의 융합이라는 최근 언론환경의 변화에 맞추기 위함이다. 마지막으로 업무가 중복되어 비효율적으로 운영되던 신문지원기관을 효율적으로 통합하려는 것이다. 신문법의 전

9) 헌법재판소는 일간신문사 지배주주의 뉴스통신사 또는 다른 일간신문사 주식·지분의 소유·취득을 제한하는 신문법 제15조 제3항에 대해서는 헌법불합치결정을 선고하였고, 1개 일간신문사의 시장점유율 30%, 3개 일간신문사의 시장점유율 60% 이상인 자를 시장지배적 사업자로 추정하는 동법 제17조는 신문사업자의 평등권과 신문의 자유를 침해하는 위헌규정이라고 판시하였으며, 또한 시장지배적 사업자를 신문발전기금의 지원대상에서 배제한 동법 제34조 제2항 제2호에 대해서는 평등원칙에 위배되는 위헌규정이라고 판시하였다(헌재 2006. 6. 29, 2005헌마165 참조).

부개정과정에서 수많은 논란이 있었고, 이러한 논란은 지금도 여전히 계속되고 있지만, 일단 개정 신문진흥법은 신문의 자유와 산업발전을 위한 법적 기반을 획기적으로 확충하려는 의도에서 비롯된 것이라고 요약할 수 있을 것이다. 본서에서는 舊신문법의 주요 내용을 간추려 신문진흥법과 비교하여 이해할 수 있도록 후술하였다.

## Ⅴ. 개정과정의 쟁점

### 1. 언론의 독과점과 다양성 훼손

舊신문법이 신문진흥법으로 개정되는 과정의 핵심쟁점은[10]'신문-방송 겸영' 금지와 대기업의 미디어 진입규제 완화였다. 신문-방송 겸영금지 완화를 찬성하는 입장은 신문과 방송의 겸영은 세계적 추세이고, 한·미 FTA가 발효되면 우리 방송시장도 완전히 개방된다.[11] 겸영을 허용하지 않으면 오히려 방송시장만 육성해서 신문이 위축되어 여론의 다양성이나 균형을 잃을 수도 있다.

신문-방송 겸영금지 완화를 반대하는 입장은 신문법과 방송법 개정이 대기

---

10) 동아일보, 2009. 2. 26.

11) 신문·방송 겸영이 세계적 추세. <미디어스 양문석(언론학박사)> 뉴스2008, 9. 2.

미국은 1975년 이후 지난 32년 동안 동일한 지역에서 신문과 방송의 교차소유를 금지해왔다. 미국의 방송이란 지상파를 의미하고, 지상파는 종합편성채널을 포함하는 개념이다. 즉 미국의 신문이 미국의 지상파를 소유하는 것을 금지하는 것은 여론 다양성과 미디어 집중 방지를 위해서다. 이에 대해 지난해 12월 우리나라의 방송통신위원회 격인 미국 연방통신위원회(FCC)가 이 교차소유 금지를 완화하는 결정을 내렸다. 2003년에도 FCC는 이런 결정을 내렸다가 미국 상원에서 거부당한 적이 있는데, 2007년 또 다시 신문과 지상파방송 겸영 허용을 시도한 것이다.

한미FTA로 한국방송시장이 완전개방된다는 주장도 잘못된 것이다. 방송시장 개방과 관련해서는 '발효 직후부터 5년의 유예기간'을 두었다. 2007년 4월 노무현과 부시가 합의한 체결안을 보면, 핵심 내용이 PP개방인데, 이것도 아주 제한적이라는 사실을 알아야 한다. PP 자체를 미국이 직접 운영하는 것도 아니다. 현행 방송법에는 외국자본이 PP에 50% 초과해서 투자할 수 없다. 그런데 한미FTA 체결 내용은, 미국이 우리나라에 법인을 세우면 그 법인에 간접적으로 지분을 투자하는데 50% 초과 금지 제한을 해제한 수준이다. 그리고 개방된 것은 외국에서 수입해 온 방송물 방영 총시간 중 특정국가로부터 수입한 프로그램이 현행 방송법에는 60%를 넘지 못하게 되어 있는데, 이를 80%까지 완화한 것 정도가 한미FAT 방송시장 개방의 핵심이다. 이는 국가별 문화의 다양성을 확보하기 위한 장치 자체가 무너졌다는 점에서 집중 비판의 대상이 되었지만, 완전개방과는 전혀 맥락이 닿지 않는 영역이다.

업의 언론진출과 거대 미디어그룹 탄생으로 여론 독과점 현상을 부추길 것이라고 주장한다. 현재 조선 · 중앙 등 일부 신문이 방송 전문채널 여러 개를 소유하고 운영하는 것처럼 유료방송시장인 케이블TV나 스카이라이프 IPTV 등에 전문채널을 소유하고 경영하고 있는데 여기에 더해 '보도전문채널'과 '종합편성채널'까지 완전 허용할 경우 언론의 독과점을 허용하는 것이나 마찬가지라는 것이다. 현재 OECD 국가 중 일본만 유일하게 신문방송의 겸영을 완전하게 허용하고 있다.

## 2. 신문·방송 등 매체융합의 강점

신문·방송의 새로운 융합형 제작방식인 '크로스 미디어(Cross Media)'가 유럽·일본 등 세계 각국에서 주목받고 있으며, 매체의 융합시대에 신문방송의 겸영을 확대하는 것은 콘텐츠의 고급화는 물론 수용자에게 다양한 편익을 제공하고 정보의 소통역량을 강화시켜 준다는 주장이다.

'크로스 미디어(Cross Media)'는 콘텐츠(스토리)를 사람들에게 전달하는 새로운 방식으로 TV아사히·니혼게이자이신문과 같은 일본 방송·신문사들은 최근 크로스미디어국을 신설하고 융합 콘텐츠의 제작과 유통에 적극적으로 나서고 있다. 크로스미디어의 대표적 기획물로는 조선일보의 '천국의 국경을 넘다'를 사례로 들 수 있으며, 이 보도물은 국내 EBS·비즈니스앤·리얼TV 그리고 해외의 영국 BBC·프랑스 카날플러스·미국 PBS 등에서 방송되었다. 조선일보의 해당 기획물은 종이신문·온라인·방송을 융합시켜 탐사 저널리즘의 형식을 재정의했다고 평가하고 있다.[12] '크로스 미디어'가 주목받는 이유는 예전과 전혀 다른 신문·방송 융합형 콘텐츠를 추구하기 때문이다. 지금까지의 신문·방송·온라인간 융합은 단순히 인기 드라마·애니메이션과 같은 원본 제작물을 어떻게 다른 매체에서도 효과적으로 노출시켜 수익을 높이느냐는 '원 소스 멀티 유즈'(One Source Multi Use) 개념에 가까웠지만 크로스 미디어는 신문·방송·인터넷·DMB·IPTV 등 다양한 미디어에 들어갈 콘텐츠를 '한개 팀(team)'이 동시에 만드는 것이다. 크로스 미디어는 제작·기획 단계부터 신문·방송·인터넷과 같은 이질적인 미디어의 제작자들이 함께 참여함으로써 각자 매체의 특성을 녹여내 새

---

12) "매체 벽 허문 크로스 미디어(신문·방송의 융합형 제작)," 조선일보, 2009. 12. 7, A8면.

로운 영역의 콘텐츠를 만드는 것이다.[13)]

이 같은 주장은 종래에는 방송의 소유구조 및 언론의 다양성 문제가 핵심 쟁점이었지만 조선일보를 중심으로 방송과 신문의 겸영이 허용되면 보도의 내용과 제작시스템에서도 긍정적인 효과를 거둘 수 있다는 것으로 시각을 달리하여 신문·방송 겸영의 당위성을 주장하고 있다.

## Ⅵ. 개정 신문진흥법 주요 내용

### 1. 舊신문법의 문제점과 신문진흥법의 주요 내용

#### (1) 신문법 규율대상의 확대

##### 1) 舊신문법의 문제점[14)]

컴퓨터 보급이 대중화되면서 인터넷포털[15)]은 언론의 기능이라는 측면에서 막강한 영향력을 행사하고 있다. 포털사이트(portal site)라 함은 인터넷 이용자들이 인터넷을 이용하고자 할 때 각종의 콘텐츠를 쉽게 접속·이용할 수 있도록 매개해주는 (관문으로서의 의미를 가지는) 사이트를 의미하며, 그 개념요소로는 ① 해당 콘텐츠에 접속하기 위한 관문으로서의 역할, ② 일정한 수준이상의 이용자들을 확보할 수 있는 사이트, ③ 그러한 이용자들을 기반으로 하는 다양한 사업모델의 구현 및 수익의 창출 등을 들 수 있다.

---

13) "매체 벽 허문 크로스 미디어(신문·방송의 융합형 제작)," 조선일보, 2009. 12. 7, A8면; 크로스 미디어는 아직 완성된 성공 모델이라기보다는 진화중인 도전 모델이다. 수원대 이문행 교수는 "많은 시청자들에게 크로스 미디어가 받아들여지려면 보다 진화할 필요가 있다"고 했다. EBS에서 다큐멘터리를 연출하는 형건 PD는 "사람들의 시청 형태는 기존 방송으로는 담을 수 없을 정도로 바뀌고 있다"며 "크로스 미디어는 이런 변화를 따라가기 위한 시도로 가치 있다"고 말했다. 최성진 서울산업대 교수는 "세계 시장에서 글로벌 기업과 경쟁하려면 그들과 같은 방식의 콘텐츠 생산·유통에 매달려서는 승산이 없다"며 "국내 IT 기반을 바탕으로 새로운 융합 콘텐츠를 만들어야 그들도 한국을 단순한 프로그램 판매시장이 아닌 대등한 파트너로 대접해줄 것"이라고 한다.

14) 이동찬, "포털뉴스의 법적 규제에 관한 논의 ― 신문법과 언론중재법 개정안을 중심으로," 법학연구 제30집, 한국법학회, 2008, 1~12면을 주로 참조하였음을 밝혀둔다.

15) 현재 우리나라의 대표적인 인터넷포털사이트에는 네이버(naver)·다음(daum)·야후(yahoo)·구글(google) 등이 있다(이동찬, "포털뉴스의 법적 규제에 관한 논의 ― 신문법과 언론중재법 개정안을 중심으로," 법학연구 제30집, 한국법학회, 2008, 4~5면).

인터넷포털은 인터넷 보급 초기에는 방대한 정보를 쉽게 찾을 수 있도록 하는 검색 기능이나 전자우편 기능 중심이었으나, 이후 치열하게 시장경쟁 양상이 벌어지면서 새로운 사업 영역인 뉴스서비스에 눈을 돌리기 시작했다. 뉴스서비스를 시작한 초기의 인터넷포털은 각 종합일간지 및 주간지의 기사를 제공하면서 일체의 편집권을 행사하지 않고 뉴스리스트만을 단순히 게시하는 정도에 그쳤지만, 2001년을 전후하여 인터넷포털이 뉴스서비스를 담당하는 인력을 충원하고 뉴스를 제공함에 있어서도 이전에 비해 적극적으로 기사의 취사선택·배열 등을 함으로써(인터넷포털을 언론으로서 인정해야 하는지 여부를 둘러싸고) 논란의 대상으로 떠오르게 된 것이다.

舊신문법에서는 '인터넷신문'을 컴퓨터 등 정보처리능력을 가진 장치와 통신망을 이용하여 정치·경제·사회·문화·시사 등에 관한 보도·논평·여론 및 정보 등을 전파하기 위해 간행하는 전자간행물로서 독자적 기사 생산(취재 인력 2인 이상을 포함하여 취재 및 편집 인력 3인 이상을 상시적으로 고용하고, 주간 게재 기사 건수의 100분의 30 이상을 자체적으로 생산한 기사로 게재할 것)과 지속적인 발행(주간 단위로 새로운 기사를 게재할 것)을 충족하는 것이라고 정의하고 있다(舊신문법 제 2 조 제 2 호·동법 시행령 제 3 조[16]). 舊신문법에 따르면 대부분의 인터넷포털 뉴스는 '전자간행물'이라기보다는 뉴스기사를 매개하는 사이트에 불과할 뿐이기

16) 舊신문법 시행령 제3조(인터넷신문)

> ① 「신문 등의 자유와 기능보장에 관한 법률」(이하 "법"이라 한다) 제2조 제2호에서 "독자적 기사 생산과 지속적인 발행 등 대통령령이 정하는 기준"이란 다음 각 호의 기준을 말한다.
> 1. 독자적인 기사 생산을 위한 요건으로서 다음 각 목의 요건을 모두 충족할 것
>    가. 취재인력을 2명 이상을 포함하여 취재 및 편집 인력 3명 이상을 상시적으로 고용할 것
>    나. 주간 게재 기사 건수의 100분의 30 이상을 자체적으로 생산한 기사로 게재할 것
> 2. 지속적인 발행요건으로서 주간 단위로 새로운 기사를 게재할 것
>
> ② 제1항 제1호 나목에도 불구하고 다음 각 호의 어느 하나에 해당하는 자의 계열회사(「독점규제 및 공정거래에 관한 법률」 제2조 제3호에 따른 계열회사를 말한다)가 다음 각 호의 자가 생산하는 기사를 인터넷을 통하여 일반에 제공하는 경우에는 자체적으로 생산한 기사가 100분의 30 미만인 경우에도 제1항 제1호 나목의 기준을 충족한 것으로 본다. 1. 법 제2조 제3호에 따른 신문사업자, 2. 「잡지 등 정기간행물의 진흥에 관한 법률」 제2조 제1호 가목 또는 라목에 따른 잡지 또는 기타간행물을 발행하는 자, 3. 「뉴스통신진흥에 관한 법률」 제2조 제2호에 따른 뉴스통신사업을 영위하는 자

때문에 신문법이 상정하고 있는 '인터넷신문'에 해당하지 않을 소지가 크며, 게다가 舊신문법 시행령이 규정하고 있는 위의 요건들(취재 인력 2인 이상을 포함하여 취재 및 편집 인력 3인 이상을 상시적으로 고용하고, 주간 게재 기사 건수의 100분의 30 이상을 자체적으로 생산한 기사로 게재할 것과 주간 단위로 새로운 기사를 게재할 것)을 충족하는 인터넷포털은 사실상 없다고 보아야 하기 때문에 결국은 인터넷포털은 신문법의 규율대상이 아니라는 결론에 이르게 된다.

舊신문법(제 2 조 제 2 호)에서의 "독자적 기사 생산과 지속적인 발행 등 정하는 기준"이란 독자적인 기사 생산을 위한 요건으로서 ① 취재인력을 2명 이상을 포함하여 취재 및 편집 인력 3명 이상을 상시적으로 고용하고, ② 주간 게재 기사 건수의 100분의 30 이상을 자체적으로 생산한 기사로 게재할 것과 지속적인 발행요건으로서 주간 단위로 새로운 기사를 게재할 것 등을 말한다.

이상에서 본 바와 같이 신문의 기능이라는 측면과 여론의 형성에 있어서 인터넷포털뉴스의 영향력은 점차 커져 가는데, 이를 규율할 수 있는 법적인 수단이 없다는 것이 문제의 핵심이라고 할 수 있다.

2) 개정내용

개정 신문진흥법 제 2 조 제 5 호는 '인터넷뉴스서비스'를 신문, 인터넷신문, '뉴스통신진흥에 관한 법률'에 따른 뉴스통신, '방송법'에 따른 방송 및 '잡지 등정기간행물의 진흥에 관한 법률'에 따른 잡지 등의 기사를 인터넷을 통해 계속적으로 제공하거나 매개하는 전자간행물이라고 정의하고 있다. 다만, 제 2 호의 인터넷신문 및 '인터넷 멀티미디어 방송사업법' 제 2 조 제 1 호에 따른 인터넷 멀티미디어 방송, 그 밖에 대통령령으로 정하는 것을 제외한다"라고 규정하여 인터넷포털을 '인터넷뉴스서비스'로 정의함으로써 동법의 규율대상으로 포섭하고 있다.

또한 개정 신문진흥법 제10조는 인터넷뉴스서비스사업자는 기사배열의 기본방침과 기사배열책임자를 공개하도록 하고, 독자적으로 생산하지 않은 기사를 수정할 경우 기사 공급자의 동의를 얻도록 하며, 제공받은 기사와 독자가 생산한 의견을 혼동하지 않도록 구분하여 표시하도록 하는 등 인터넷뉴스서비스사업자의 준수사항을 규정함으로써 그동안의 인터넷포털뉴스에 대한 법적 공백을 메우고 있다.[17]

17) 개정 신문진흥법 제10조(인터넷뉴스서비스사업자의 준수사항)

### (2) 위헌·헌법불합치 규정의 정비

#### 1) 舊신문법의 위헌·헌법불합치 규정

앞서 살펴본 바와 같이 헌법재판소[18]는 舊신문법 제15조 제 3 항의 내용 중 일간신문을 경영하는 법인의 주식 또는 지분의 2분의 1 이상을 소유하는 자가 다른 일간신문법인의 주식 또는 지분의 2분의 1 이상을 취득 또는 소유하지 못하도록 하여 일간신문 상호 간의 복수소유를 규제하고 있는 부분에 대해 모든 일간신문의 지배주주에게 신문의 복수소유를 일률적으로 금지하고 있는 것은 지나치게 신문의 자유를 침해하는 것이라고 하여 헌법불합치결정을 선고하고, 다만 법적 공백을 우려해 입법자의 개선입법이 있을 때까지만 계속 적용을 허용하였다.

그리고 일반일간신문 및 특수일간신문(무료신문 제외)을 경영하는 신문사 중 1개 사업자의 시장점유율이 전년 12개월 평균 전국 발행부수의 30% 이상이거나 3개 이하 사업자의 시장점유율의 합계가 그 60% 이상(시장점유율이 10% 미만인 자 제외)인 자를 시장지배적 사업자로 추정한다고 규정하고 있었던 舊신문법 제17조에 대해서는 합리적인 이유 없이 신문사업자를 공정거래법상의 다른 사업자와 차별하여 신문사업자의 평등권을 침해하고, 불합리하고 부적절하게 신문의 자유를 침해하는 것이어서 위헌이라고 선고하였다.

또한 앞의 舊신문법 제17조의 규정에 해당하는 시장지배적 사업자에 대하여는 기금을 지원할 수 없다고 규정한 舊신문법 제34조 제 2 항 제 2 호에 대해서도 역시 합리적인 이유 없이 발행부수가 많은 신문사업자를 차별하는 것이므

---

① 인터넷뉴스서비스사업자는 기사배열의 기본방침이 독자의 이익에 충실하도록 노력하여야 하며, 그 기본방침과 기사배열의 책임자를 대통령령으로 정하는 바에 따라 공개하여야 한다.
② 인터넷뉴스서비스사업자는 독자적으로 생산하지 아니한 기사의 제목·내용 등을 수정하려는 경우 해당 기사를 공급한 자의 동의를 받아야 한다.
③ 인터넷뉴스서비스사업자는 제공 또는 매개하는 기사와 독자가 생산한 의견 등을 혼동되지 아니하도록 대통령령으로 정하는 바에 따라 구분하여 표시하여야 한다.
④ 인터넷뉴스서비스사업자는 제공 또는 매개하는 기사의 제목·내용 등의 변경이 발생하여 이를 재전송받은 경우 인터넷뉴스서비스사업자의 인터넷홈페이지에 재전송받은 기사로 즉시 대체하여야 한다.

18) 헌재 2006. 6. 29, 2005헌마165.

로 평등의 원칙에 반하는 위헌규정이라고 판시하였다.

#### 2) 개정 신문진흥법의 내용

개정 신문진흥법은 舊신문법 제15조 제 3 항 규정 자체를 삭제함으로써 일간신문 법인의 주식·지분 소유자의 일간신문 법인의 주식 및 지분 취득 제한을 폐지하는 것은 물론, 이종(異種) 미디어 간의 '교차소유'에 대한 제한규정까지도 이를 폐지하였다.

또한 개정 신문진흥법은 위헌결정을 선고받았던 舊신문법 제17조(신문사업에 있어서의 시장지배적 사업자의 추정) 규정을 삭제하였으며, 역시 위헌 결정을 선고받았던 또 다른 규정인 舊신문법 제34조 제 2 항 제 2 호(기존 신문법 제17조에 의해 추정된 시장지배적 사업자에 대한 신문발전기금 지원의 배제) 또한 이를 삭제하였다.

### (3) 겸영금지 및 소유 제한의 폐지

#### 1) 미디어 간의 겸영금지 규정의 폐지

개정 신문진흥법은 헌법재판소의 합헌결정을 받은 바 있는 舊신문법 제15조 제 2 항 일간신문·뉴스통신사업 간의 상호 겸영금지 규정[19]까지도 이를 폐지하였다. 매체 간 융합추세 등 언론환경의 변화에 맞추기 위함이 개정의 취지이다.

#### 2) 미디어간의 주식·지분 소유 제한의 폐지

舊신문법 제15조 제 3 항은 일간신문·뉴스통신 또는 '방송법'에 따른 종합편성 또는 보도에 관한 전문편성을 행하는 방송사업을 경영하는 법인의 주식·지분 소유자(2분의 1 이상)의 일간신문·뉴스통신 법인의 주식 및 지분 취득 제한을 규정하고 있었다.[20]

---

19) 舊신문법 제15조 제2항

> 일간신문과 뉴스통신진흥에관한법률의 규정에 의한 뉴스통신(이하 "뉴스통신"이라 한다)은 상호 겸영할 수 없다.

20) 舊신문법 제15조 제3항

> 일간신문·뉴스통신 또는 「방송법」에 따른 종합편성 또는 보도에 관한 전문편성을

개정 신문진흥법은 헌법불합치 결정을 선고받은 일간신문 상호 간의 복수소유를 규제하고 있는 부분을 개정·폐지함에 그치지 않고 일간신문 상호간의 주식·지분의 소유제한뿐만 아니라 (헌법불합치 결정의 대상이 아닌)[21] 일간신문·뉴스통신 또는 '방송법'에 따른 종합편성 또는 보도에 관한 전문편성을 행하는 방송사업 법인의 주식·지분 소유자의 뉴스통신 법인의 주식·지분 취득의 제한이나 뉴스통신 또는 '방송법'에 따른 종합편성 또는 보도에 관한 전문편성을 행하는 방송사업 법인의 주식·지분 소유자의 일간신문 법인의 주식·지분 취득의 제한까지도 이를 완전히 폐지하고 있다.

이러한 개정 신문진흥법의 미디어간의 주식·지분 소유제한의 폐지 또한 매체 간 융합추세 등 언론환경의 변화에 맞추기 위한 것으로 볼 수 있다.

[헌법불합치 결정요지, 헌재판결 참조][22]

헌법재판소는 "신문의 다양성을 보장하기 위해 동일한 지배주주가 복수의 일간신문을 지배하는 것을 규제하여 신문시장의 독과점과 집중을 방지할 필요가 있다는 점에서 신문기업의 복수신문 소유를 제한하는 것은 원칙적으로 헌법에 위반된다고 할 수 없지만, 모든 일간신문의 지배주주에게 신문의 복수소유를 일률적으로 금지하고 있는 것은 지나치게 신문의 자유를 침해하는 것이라 아니할 수 없다.

신문법 제15조 제 3 항의 취지가 언론의 다양성 보장에 있다면, 신문의 복수소유가 언론의 다양성을 저해하지 않거나 오히려 이에 기여하는 경우도 있을 수 있는데, 위와 같이 일간신문 지배주주의 신문 복수소유를 일률적으로 금지하는 것은 정당하다고 보기 어렵다"라고 설시하여 일간신문 상호간에 있어서도 그 상호간의 복수소유에 대한 규제자체가 법에 불합치한다고 보는 것이 아니라

---

행하는 방송사업을 경영하는 법인이 발행한 주식 또는 지분의 2분의 1 이상을 소유하는 자(대통령령이 정하는 동일계열의 기업이 소유하는 경우를 포함한다)는 다른 일간신문 또는 뉴스통신을 경영하는 법인이 발행한 주식 또는 지분의 2분의 1 이상을 취득 또는 소유할 수 없다.

21) 신문법 제15조 제3항 중 일간신문의 지배주주가 뉴스통신 법인의 주식 또는 지분의 2분의 1 이상을 취득 또는 소유하지 못하도록 함으로써 이종 미디어 간의 결합을 규제하는 부분은, 제15조 제2항에서 일간신문과 뉴스통신의 겸영을 금지하는 것과 마찬가지로 언론의 다양성을 보장하기 위한 필요한 한도 내의 제한이라고 할 것이어서, 이것이 신문의 자유를 침해한다고 할 수는 없다(헌재 2006. 6. 29, 2005헌마165).

22) 헌재 2006. 6. 29, 2005헌마165.

'모든' 일간신문에 대해 상호간에 복수소유를 하지 못하도록 '일률적·획일적으로' 제한하는 것이 헌법에 불합치한다고 보는 것이다.

#### 3) 대기업의 미디어 소유제한

舊신문법은 대기업이 미디어의 주식·지분을 소유하는 것을 제한함에 있어서 그 소유제한의 대상을 일간신문 전체와 뉴스통신까지도 포함하고 있었으나,[23] 개정 신문진흥법은 그 대상을 일반일간신문으로 한정하고 있다.[24]

#### 4) 신문사업자의 친족관계이사 수(數)의 제한

舊신문법은 친속집단에 의한 언론의 다양성 훼손을 방지하고자 하는 목적으로 친족관계에 있는 이사의 수를 제한하는 규정을 두고 있었는데, 동 규정은 그 제한의 대상이 되는 미디어를 일간신문 전체와 뉴스통신까지도 포함하고 있었으나,[25] 개정 신문진흥법은 친족관계에 있는 이사의 수를 제한함에 있어서 그 대상이 되는 미디어를 일반일간신문에 한정하고 있다.[26]

23) 舊신문법 제15조 제4항

> 대규모기업집단중 대통령령이 정하는 기준에 해당하는 기업집단에 속하는 회사(이하 "대기업"이라 한다)와 그 계열회사(대통령령이 정하는 특수한 관계에 있는 자를 포함한다)는 일간신문이나 뉴스통신을 경영하는 법인이 발행한 주식 또는 지분의 2분의 1을 초과하여 취득 또는 소유할 수 없다.

24) 개정 신문진흥법 제18조 제1항(대기업의 일반일간신문 소유제한 등)

> ①「독점규제및공정거래에관한법률」 제2조 제2호에 따른 기업집단 중 자산총액 등 대통령령으로 정하는 기준에 해당하는 기업집단에 속하는 회사(이하 "대기업"이라 한다)와 그 계열회사(대통령령으로 정하는 특수한 관계에 있는 자를 포함한다)는 일반일간신문을 경영하는 법인이 발행한 주식 또는 지분의 2분의 1을 초과하여 취득 또는 소유할 수 없다.

25) 舊신문법 제15조 제5항

> 일간신문이나 뉴스통신을 경영하는 법인의 이사(합명회사의 경우에는 업무집행사원, 합자회사의 경우에는 무한책임사원을 말한다)중 그 상호간에 민법 제777조에 규정된 친족관계에 있는 자가 그 총수의 3분의 1을 넘지 못한다.

26) 개정 신문진흥법 제18조(대기업의 일반일간신문 소유제한 등) 제2항.

> 일반일간신문을 경영하는 법인의 이사(합명회사의 경우에는 업무집행사원, 합자회사의 경우에는 무한책임사원을 말한다) 중 그 상호 간에 「민법」 제777조에 따른 친족관계에 있는 자가 그 총수의 3분의 1을 넘지 못한다.

### 2. 독자의 권리보호

신문진흥법(제 6 조 제1·2·3항)은 신문사업자·인터넷신문사업자 및 인터넷뉴스서비스사업자는 편집 또는 제작의 기본방침이 독자의 이익에 충실하도록 노력해야 한다. 신문사업자·인터넷신문사업자 및 인터넷뉴스서비스사업자는 독자의 권익을 보호하기 위한 자문기구로 독자권익위원회를 둘 수 있다. 신문·인터넷신문의 편집인 및 인터넷뉴스서비스의 기사배열책임자는 독자가 기사와 광고를 혼동하지 않도록 명확하게 구분하여 편집해야 한다.

# 제 2 절 신문진흥법 총설

## Ⅰ. 신문의 개념·종류

### 1. 신문의 개념

신문진흥법이 규정한 '신문'의 개념은 정치·경제·사회·문화·시사·산업·과학·종교·교육·체육 등 전체분야 또는 특정분야에 관한 보도·논평·여론 및 정보 등을 전파하기 위해 동일한 제호로 월 2회 이상 발행하는 간행물을 말한다(신문진흥법 제 2 조 제 1 호).

이와 함께 신문의 종류는 일반일간신문, 특수일간신문, 외국어일간신문, 일반주간신문, 특수주간신문 및 인터넷신문 등으로 규정하고 있다(동법 제 2 조 제 1·2호). 이와 같이 인터넷이라는 전자통신을 활용하여 정보를 생산 및 제공하는 매체를 새롭게 신문의 영역으로 편입한 것은 향후 매체의 융합화 현상이 심화될수록 방송과 통신 그리고 신문의 경계영역에서 논란이 될 수 있다.

### 2. 신문의 종류

신문진흥법 제 2 조에서 규정하고 있는 신문의 종류에 대한 분류 기준은 첫째, 발행하는 시간 단위에 따라 일간 및 주간, 매체에서 다루는 내용을 중심으로 일반과 특수, 사용하는 언어, 매체의 특성 등을 기준으로 분류하고 있다.

일반일간신문은 정치·경제·사회·문화·시사 등에 관한 보도·논평 및 여론 등을 전파하기 위해 동일한 제호로 매일 발행하는 간행물을 말한다. 특수일간신문은 산업·과학·종교·교육·체육 등 특정분야(정치를 제외한다)에 국한된 사항의 보도·논평·여론 등을 전파하기 위해 동일한 제호로 매일 발행하는 간행물을 말한다. 외국어일간신문은 외국어로 발행하는 일반일간신문 또는 특수일간신문을 말한다. 일반주간신문은 정치·경제·사회·문화·시사 등에 관한 보도·논평·여론 등을 전파하기 위해 매주 1회 발행하는 간행물(주 2회 또는 월 2회 이상 발행하는 것을 포함한다)을 말한다. 특수주간신문은 산업·과학·종교·교육·체육 등 특정분야(정치를 제외한다)에 국한된 사항의 보도·논평·여론 등을 전파하기 위해 매주 1회 발행하는 간행물(주 2회 또는 월 2회 이상 발행하는 것을 포함한다)을 말한다.

인터넷신문에 대해서는 "컴퓨터 등 정보처리능력을 가진 장치와 통신망을 이용하여 정치·경제·사회·문화 등에 관한 보도·논평 및 여론·정보 등을 전파하기 위하여 간행하는 전자간행물"로 정의하고 독자적 기사 생산과 지속적인 발행 등 대통령령으로 정하는 기준을 충족할 경우에 한해 인정한다는 별도의 규정을 두었다.[27]

---

27) 舊신문법 시행령 제3조(인터넷신문).

> ① 「신문 등의 자유와 기능보장에 관한 법률」(이하 '법'이라 한다) 제2조 제2호에서 "독자적 기사 생산과 지속적인 발행 등 대통령령이 정하는 기준"이란 다음 각 호의 기준을 말한다.
> 1. 독자적인 기사 생산을 위한 요건으로서 다음 각 목의 요건을 모두 충족할 것, 가. 취재인력을 2명 이상을 포함하여 취재 및 편집 인력 3명 이상을 상시적으로 고용할 것, 나. 주간 게재 기사 건수의 100분의 30 이상을 자체적으로 생산한 기사로 게재할 것
> 2. 지속적인 발행요건으로서 주간 단위로 새로운 기사를 게재할 것
>
> ② 제1항 제1호 나목에도 불구하고 다음 각 호의 어느 하나에 해당하는 자의 계열회사(「독점규제 및 공정거래에 관한 법률」 제2조 제3호에 따른 계열회사를 말한다)가 다음 각 호의 자가 생산하는 기사를 인터넷을 통하여 일반에 제공하는 경우에는 자체적으로 생산한 기사가 100분의 30 미만인 경우에도 제1항 제1호 나목의 기준을 충족한 것으로 본다. 1. 법 제2조 제3호에 따른 신문사업자, 2. 「잡지 등 정기간행물의 진흥에 관한 법률」 제2조 제1호 가목 또는 라목에 따른 잡지 또는 기타 간행물을 발행하는 자, 3. 「뉴스통신진흥에 관한 법률」 제2조 제2호에 따른 뉴스통신사업을 영위하는 자

### 3. 신문진흥법상 용어의 정의

신문진흥법(제 2 조 제 3 항부터 제12항)의 규정한 신문관련 용어의 정의는 '신문사업자'란 신문을 발행하는 자이며, '인터넷신문사업자'란 인터넷신문을 전자적으로 발행하는 자를 말한다. '인터넷뉴스서비스'란 신문, 인터넷신문, 「뉴스통신진흥에 관한 법률」에 따른 뉴스통신, 「방송법」에 따른 방송 및 「잡지 등 정기간행물의 진흥에 관한 법률」에 따른 잡지 등의 기사를 인터넷을 통하여 계속적으로 제공하거나 매개하는 전자간행물을 말하는 것이지만, 신문진흥법 제 2 조 제 2 호의 인터넷신문 및 인터넷 멀티미디어 방송사업법 제 2 조 제 1 호에 따른 인터넷 멀티미디어 방송, 그 밖에 대통령령으로 정하는 것은 제외한다.

'인터넷뉴스서비스사업자'란 제 5 호에 따른 전자간행물을 경영하는 자를 말한다. '발행인'이란 신문을 발행하거나 인터넷신문을 전자적으로 발행하는 대표자이며 '편집인'이란 신문의 편집 또는 인터넷신문의 공표에 관하여 책임을 지는 자를 말한다. '기사배열책임자'란 인터넷뉴스서비스의 기사배열에 관하여 책임을 지는 자를 말한다. '인쇄인'이란 신문사업자가 선임한 자 또는 신문사업자와 인쇄계약을 체결한 자로서 그 신문의 인쇄에 관하여 책임을 지는 자를 말한다.

'지사' 또는 '지국'이란 기사취재 등을 목적으로 신문의 발행소 소재지 외의 지역에 설치된 사무소를 말하며 '독자'란 신문을 유상 또는 무상으로 공급받는 자와 인터넷신문 또는 인터넷뉴스서비스를 유상 또는 무상으로 이용하는 자를 말한다.

## Ⅱ. 신문의 자유와 책임

개정 신문진흥법(제 3 조 제1·2·3항)은 신문 및 인터넷신문에 대한 언론의 자유와 독립은 보장된다. 신문 및 인터넷신문은 제1항의 언론자유의 하나로서 정보원에 대해 자유로이 접근할 권리와 그 취재한 정보를 자유로이 공표할 자유를 갖는다. 이어서 언론의 공공성에 근거하여 "신문 및 인터넷신문은 인간의 존엄과 가치 및 민주적 기본질서를 존중하여야 한다(동법 제 3 조 제 3 항)"고 규정하여 자유와 권리의 보장에 따르는 책임을 강조하고 있다.

## Ⅲ. 편집의 자유와 독립

### 1. 편집의 개념과 편집권의 의의

신문진흥법은 신문의 편집과 관련하여 언론의 자유를 보장하는 헌법정신을 바탕으로 내외부로부터 간섭이 없이 독립적이고 자유로운 상태에서 신문의 내용을 결정할 권리를 보장하고 있다. 언론학에서는 이 규정을 근거로 통설적으로 편집권이라는 용어를 쓰고 있다.

먼저, 편집의 개념은 언어적·정신적 활동을 통해 얻어진 기사를 원자료로 해서 그것을 분류·선택·종합·정리하여 다른 저작물의 형태를 제작하는 형태와 과정을 말한다.[28] 이러한 개념을 바탕으로 편집권은 신문의 제작과 관련하여 언론기관 내외부로부터 가해지는 간섭·규제·통제로부터 자유롭고 공정하게 보도의 내용을 결정하고, 자율적으로 제작할 수 있는 일체의 권리를 뜻하는 것으로 통념화되었다.

원래 편집권이라는 용어는 1948년 일본신문협회가 단체 내부의 준칙으로 '신문편집권의 확보에 관한 성명'을 발표하면서 사용한 개념이다. 여기에서 규정한 편집권의 내용은 "신문의 편집방침을 결정·시행하고 보도의 진실, 평론의 공정 및 공표방법의 적정을 유지하는 등 신문편집에 필요한 일체의 관리를 행하는 권능이다. 편집방침이란 기본적인 강령 이외에 수시 발생하는 뉴스취급에 관한 개별적 구체적인 방침을 포함한다"라고 하고 있다.[29]

신문진흥법(제 4 조 제 1 항)은 신문 및 인터넷신문의 편집의 자유와 독립은 보장된다고 규성하고 있으며, 신문사업자 및 인터넷신문사업자는 편집인의 자율적인 편집을 보장해야 한다(동조 제 2 항)고 명문화하여 강조하고 있다. 여기서 편집의 자유와 독립을 규정하고 있는 신문법 제 4 조가 상정하고 있는 수범자의

28) 조재현, 전게서, 102면.
29) 류한호, "편집권 개념의 쟁점과 발전방향," 광주대 사회과학연구 제6권, 1996, 4면.

범위가 어디까지인가 하는 문제가 제기된다.

## 2. 신문법의 편집의 자유와 독립에 관한 해석

편집의 자유와 독립을 규정하고 있는 신문진흥법 제 4 조는 그동안 개정 이전에는 그 해석을 어떻게 해석할 것인가를 두고 논의의 방향이 여러 갈래로 나누어져 있었다. 현행 신문진흥법 제 4 조를 해석함에 있어서는 논란의 소지가 상당히 정리되었다고 본다. 왜냐하면 저자는 동조 제 4 조 제 1 항은 신문 및 인터넷신문의 편집의 자유와 독립을 보장한다는 원칙적인 규정으로서 국가로 대표되는 모든 외부세력이나 집단 또는 개인에 의한 규제·간섭 등 외부의 압력으로부터 편집의 자유와 독립을 보호하는 의미로 해석해야 하며, 제 2 항은 신문기업 내부에서 발행인과 편집종사자의 관계를 규율하는 이른바 '신문의 내부적 자유'에 관한 규정으로 보아야 한다고 보기 때문이다.[30)]

동조를 이와 같이 해석하는 이유는 제 2 항에서 수범자(受範者)는 '신문사업자 및 인터넷신문사업자'를 특정하여 규정하고 있기 때문이다. 또한 편집의 자유에 대한 국가적·외부적 침해는 연혁적(沿革的)으로도 언론의 자유에 대한 심각한 침해로 인정되었던 반면에, 발행인과 편집인의 관계에 관하여는 국내·외를 막론하고 이론상으로나 실정법상으로나 아직 그 법적 논의가 정리되지 않은 채 다양한 주장이 제기되고 있는 단계이기 때문이다.[31)]

30) 헌재 2006. 6. 29, 2005헌마165 참조.

31) 舊신문법 제3조 제3항에 대해서도 최근에는 신문사의 소유와 경영이 분리됨에 따라 신문 발행인과 편집인이 분리되고 신문의 편집은 편집인 내지 편집국 기자들의 독자적이고 전문적인 작업에 의하여 이루어지는 경향이 있지만 연혁적인 측면에서는 신문의 발행인 혹은 신문사업자는 주로 자신의 정치적·사회적 주장을 알리기 위해 신문을 발행하였고 그에 따라 자신이 바로 신문의 편집인이 되었으며 신문에 의한 이러한 의견표현을 보호하는 것은 역사적으로 언론·출판의 자유의 중요하고도 주된 역할이었다고 하면서 동 조항은 신문사업자의 편집권을 박탈함으로써 신문사업자의 신문의 자유를 침해하는 위헌규정이라고 하는 입장도 있다. 이러한 주장의 근거로는 ① 신문의 발행은 신문의 편집과 분리하여 생각할 수 없는 것이고 오늘날에도 자신이 편집인을 겸하거나 아니거나 간에 신문사업자는 신문의 존속과 경영을 책임질 뿐만 아니라 신문의 편집에 대한 근본적인 권한과 책임을 지닌다고 보아야 한다는 점, ② 신문사업자에게 고용된 편집인은 고용계약에서 부여된 또는 위임계약(묵시적인 위임을 포함한다)에서 위임된 편집업무를 수행할 뿐이며 편집에 대한 기본방향 내지 신문의 경향성은 신문사업자가 결정하는 것이라는 점, ③ 편집내용의 잘잘못에 대한 최종적 영예와 책임 역시 신문사업자가 질 수밖에 없으므로, 비록 신문의 편집이 전문적인 언론인(편집인)에 의하여 행사될 필요가 있고 되도록 사주나 신문사업자

참고적으로 舊신문법[32]에서는 만약 제 1 항의 '신문사업자 및 인터넷신문사업자'가 포함되는 것으로 해석한다면 (동조 제 2 항도 신문의 내부적 자유를 보장하기 위한 규정으로 본다면) 동조 제 3 항에서 다시 수범주체(受範主體)를 '신문사업자 및 인터넷신문사업자'로 특정하고 이들로 하여금 편집인의 자율적인 편집을 보장하라는 규정을 따로 둘 이유가 없을 것이라는 견해가 있었다. 즉 편집권 보호에 관한 조항인 舊신문법 제 3 조 제 2 항은 국가로 대표되는 외부세력에 의한 규제·간섭으로부터 편집의 자유와 독립을 보호하는 규정으로 보아야 하며 (편집권이 누구에게 귀속되느냐에 관계없이) 이 조항은 발행인 또는 편집인·기자 등 신문사 내부의 구성원을 규율대상으로 하는 것이 아니라는 것이다.[33]

또한 저지는 신문진흥법 제 4 조 제 2 항은 신문기업 내부에서 발행인과 편집종사자의 관계를 규율하는 이른바 '신문의 내부적 자유'에 관한 규정으로서 개별언론인들(기자·편집인·편집책임자 등)에게 독점적으로 '편집권'이라는 법적 권리를 부여하거나 신문편집의 주체가 개별언론인(기자·편집인·편집책임자 등)이라는 것을 명시하는 것으로 볼 수 없고, 동 조항의 위반에 대한 제재규정도 없

의 지나친 상업적 관심과 폐쇄적 독단성을 순화하는 것이 바람직하다고 하더라도, 신문사업자를 신문의 편집에서 전적으로 배제하는 입법은 신문사업자의 본유적이고 고유한 편집권을 박탈하는 것이 되고 이것은 신문의 자유에 대한 침해로 연결되어 결코 허용할 수 없는 것이라는 점, ④ 신문의 편집권은 신문의 자유의 핵심에 속하므로 신문사업자로부터 편집권을 박탈하는 것은 신문사업자의 신문의 자유에 대한 완전한 침해로 직결된다는 점 등을 들고 있다(헌재 2006. 6. 29, 2005헌마165 재판관 권성, 재판관 김효종의 반대의견).

32) 舊신문법 제3조(편집의 자유와 독립)

> ① 신문 및 인터넷신문의 편집의 자유와 독립은 보장된다.
> ② 누구든지 신문 및 인터넷신문의 편집에 관하여 이 법 또는 다른 법률에 의하지 아니하고는 어떠한 규제나 간섭을 할 수 없다.
> ③ 신문사업자 및 인터넷신문사업자는 이 법이 정하는 바에 따라 편집인의 자율적인 편집을 보장하여야 한다.

33) 舊신문법 제3조 제2항이 누구든지 신문의 편집에 관하여 규제하거나 간섭하면 처벌하도록 규정한 것이므로, 그 '누구든지'에는 신문사업자도 포함된다고 해석해야 한다는 견해가 있다. 이에 따르면 동 규정이 신문사업자에 대해서는 편집에 관한 규제·간섭을 금지하는 정도에 그치지 않고 더 나아가 동법 제3조 제3항과 동법 제6조 제3항에서 신문사업자에게 편집인의 자율적인 편집을 보장하고 신문기업 근로자의 전문적인 언론활동을 보호하도록 적극적인 법적 의무를 부과하고 있는 것이라고 한다. 따라서 동법 제3조 제2항은 신문의 외부적 자유뿐만 아니라 내부적 자유까지 아울러 보장하려는 것이라고 보아야 한다면서, 제3조 제2항은 신문의 외부적 자유를, 제3조 제3항은 신문의 내부적 자유를 보장하려는 취지라고 해석하여서는 안 된다고 주장하고 있다(헌재 2006. 6. 29, 2005헌마165 재판관 조대현의 반대의견 참조).

으므로 기본적으로 선언적(宣言的)인 규정으로서의 성격을 가진다고 해석해야 한다[34]는 견해에 대해서도 동의하지 않는다. 동조 제 2 항의 규정은 언론사 내부에서 우월적 지위에 있는 사업자를 강제하기 위한 규정으로 엄격하게 해석해야 한다고 보기 때문이다.

## 3. 편집위원회의 설치

신문진흥법(제 5 조) 일반일간신문사업자는 편집위원회를 둘 수 있다고 규정하고 있다. 이 규정은 자칫 반드시 의무적으로 편집위원회를 설치해야 한다는 의미의 강제 규정이 아니라 설치하기를 권장하는 임의적 규정으로 해석할 수도 있다. 그러나 이 조항은 편집의 자유와 독립보장이라는 언론의 자유를 구현하는 헌법정신과 밀접하게 관련이 되어 있기 때문에 동법 시행령에 의해 세부적일 설치 및 운영지침을 마련하는 것이 바람직하다.

### (1) 舊신문법의 편집위원회

#### 1) 구성 및 운영

신문사업자에게 편집위원회를 구성하도록 함으로써 편집권에 대한 신문사 내외부의 간섭으로 부터 편집권의 독립을 실질적으로 보장할 수 있다는 취지에서 도입된 제도이다. 舊신문법(제18조 제 1 항)에 "일반일간신문을 경영하는 신문사업자는 편집위원회를 둘 수 있다"고 규정하고 있다. 이 조항은 신문사업자가 편집위원회의 구성 여부를 임의적으로 결정할 수 있는 선택적인 의미보다는 의무규정으로 보아야 한다는 것이 저자의 입장이다.

편집위원회는 노사 협의를 통해 구체적인 구성방법을 정하여 신문사업자

---

34) 舊신문법 제3조 제3항은 신문사업자로 하여금 동법이 정하는 바에 따라 편집인의 자율적인 편집을 보장하도록 규정하고 있지만, 이 조항이 편집인 또는 기자들에게 독점적으로 '편집권'이라는 법적 권리를 부여하였다거나 신문편집의 주체가 편집인 또는 기자들이라는 것을 명시한 것으로 볼 수 없을 뿐만 아니라, 이 조항 위반에 대한 제재규정도 없다. 그러므로 이 조항은 기본적으로 선언적인 규정으로서 이와 같은 조항 자체에 의해서는 기본권침해의 가능성 내지 직접성을 인정할 수 없다(헌재 2006. 6. 29, 2005헌마165 참조). 그러나 이에 대해 舊신문법 제3조 제3항은 신문사업자 등에게 신문의 편집에 관한 법적 의무를 부과하고 있으므로, 동 조항을 아무런 법적 효력이 없는 선언적 규정이라고 해석해서는 안 된다는 견해가 있다(헌재 2006. 6. 29, 2005헌마165 재판관 조대현의 반대의견 참조).

를 대표하는 편집위원과 취재·제작 활동에 종사하는 근로자를 대표하는 편집위원으로 구성한다(舊신문법 제18조 제 2 항·동법 시행령 제12조). 이 규정의 취지는 언론사내의 다양한 의견을 반영함으로써 균형있는 보도를 할 수 있도록 하기 위함이다.

2) 편집규약의 제정

편집위원회는 일반일간신문 제작의 자율성을 보장하기 위해 편집규약을 제정할 수 있다(舊신문법 제18조 제 3 항). 이와 같이 편집규약을 제정하는 경우 편집규약에 포함하여야 할 사항은 ① 편집위원회의 구성·권한·조직·위원의 임기·신분보장 및 운영에 관한 사항, ② 편집위원회의 자율성·독립성 및 공정성의 보장에 관한 사항, ③ 편집위원회의 규칙 제정 등에 관한 사항, ④ 편집의 공공성과 자율성 보장에 관한 사항, ⑤ 편집의 기본적인 원칙 및 지침에 관한 사항, ⑥ 편집의 기본원칙에 위배되는 내용으로서 양심에 반하는 취재 또는 제작에 대한 거부권에 대한 사항, ⑦ 편집·취재와 관련한 윤리지침에 관한 사항, ⑧ 편집책임사의 임면에 관한 사항, ⑨ 편집방향의 심의·결정 및 변경에 관한 사항, ⑩ 독자권익위원회의 구성 및 운영, 독자의 권익보호, 독자의견의 반영에 관한 사항 등이다.

舊신문법(동법 제18조 제 4 항)이 편집규약에 의무적으로 포함시키도록 명문화한 내용을 보더라도 편집위원회의 설치와 운영은 편집권의 독립과 보장을 강력하게 보장하기 위한 제도적인 장치라는 사실을 확인할 수 있다.

## 4. 독자의 권익보호와 편집의 자유의 제한

### (1) 신문진흥법의 개정내용

신문진흥법(제 6 조 제 1 항)은 신문사업자·인터넷신문사업자 및 인터넷뉴스서비스사업자는 편집 또는 제작의 기본방침이 독자의 이익에 충실하도록 노력하여야 한다고 규정하고 있다. 동조 제 1 항의 규정이 문제가 되는 것은 신문사업자·인터넷신문사업자 및 인터넷뉴스서비스사업자가 편집 또는 제작의 기본방침에 직접 관여하도록 규정하고 있다는 점이다. 이 부분은 향후 언론의 자유와 관련하여 위헌성의 시비가 생길 수 있는 내용이다. 물론 '독자의 이익'이라는 조건을 달고 있지만 이 조건이 시행령을 통해 명료하게 제시되지 않는다면 계속적인 논쟁의 소지가 될 수밖에 없다.

동조 제 3 항에서는 신문·인터넷신문의 편집인 및 인터넷뉴스서비스의 기사배열책임자는 독자가 기사와 광고를 혼동하지 않도록 명확하게 구분하여 편집해야 한다고 하였다. 이 조항은 편집인은 독자들이 '기사와 광고를 구분할 수 있도록' 이라는 독자의 이익을 명료하게 제시함으로써 편집권의 간섭이라는 오해의 소지를 차단하고 있다.

또한 신문진흥법은 독자의 권익을 보호하기 위한 목적으로 동법 제 7 조의 규정에 따라 신문사업자는 구독자의 의사에 반하여 구독계약을 체결·연장·해지하거나 불공정거래행위에 해당하는 무가지 및 무상의 경품을 제공해서는 안 되며, 제 1 항에 따른 불공정거래행위의 여부 및 그 처리 등에 관하여는 '독점규제 및 공정거래에 관한 법률'에서 정하는 바에 따른다고 정하고 있다.

### (2) 舊신문법과의 내용 비교

신문사업자 및 인터넷신문사업자는 독자가 신문 및 인터넷신문의 편집 또는 제작에 관한 의사결정에 참여할 수 있도록 하고, 편집 또는 제작의 기본방침이 독자의 이익에 충실하도록 노력해야 하며(舊신문법 제 8 조),[35] 신문사업자는 그 편집 또는 제작에 있어서 독자의 권익을 보호하기 위한 회의를 매달 1회 이상 열어 이를 지면에 반영할 수 있다(동법 제10조 제 1 항). 또한 일간신문(일반일간신문·특수일간신문 및 외국어일간신문을 말한다)을 경영하는 신문사업자는 독자의 권익을 보호하기 위한 자문기구로 독자권익위원회를 둘 수 있다(동법 제 9 조).

신문사업자는 구독자의 의사에 반해 구독계약을 체결·연장·해지하거나 불공정거래행위에 해당하는 무가지·무상의 경품을 제공해서는 안 되며(동법 제10조 제 2 항), 불공정거래행위의 여부 및 그 처리 등에 관하여는 '독점규제 및 공정거래에 관한 법률'이 정하는 바에 따른다(동법 제10조 제 3 항).

신문사업자는 광고로 인해 독자의 권익이 부당하게 침해당하지 않도록 노

35) 헌재 2006. 6. 29, 2005헌마165 재판관 조대현의 반대의견 참조.

력해야 하며, 광고의 내용이 사회윤리, 타인의 명예나 기본권을 명백히 침해한다고 판단되는 경우에는 그 게재를 거부할 수 있다(동법 제11조 제1항). 그리고 신문의 편집인은 독자가 기사와 광고를 혼동하지 않도록 명확하게 구분하여 편집해야 한다(동법 제11조 제2항).[36)]

### (3) 편집권과 독자의견 반영의 위헌성 문제

판례를 통해 舊신문법 제8조의 위헌성 문제를 검토해 보면, 독자를 신문의 편집 또는 제작에 관한 의사결정에 참여하게 하는 것은 독자의 의견을 신문의 편집 또는 제작에 반영하는 것과는 차원이 다른 문제이며, 신문 및 인터넷신문의 편집 또는 제작에 관한 의사결정은 신문사업자 및 인터넷신문사업자의 고유영역이고 언론기업 내의 전문적인 부서와 언론인들이 담당할 사항이지 독자가 관여할 사항이 아닌데다 (특정되지 않는 무수히 많은 대중인) 신문 및 인터넷신문의 독자를 신문 및 인터넷신문의 편집 또는 제작에 관한 의사결정에 참여시키는 것도 현실적으로 불가능하므로 동조는 신문사업자 및 인터넷신문사업자의 언론의 자유 및 기업의 자유를 침해할 가능성이 있다는 견해도 있다.

저자의 입장도 지면을 통해 독자의 권익을 보호하는 것은 반론권보장, 정정보도 등 다른 방법으로 수용할 수 있기 때문에 편집이나 신문제작에 의견을 반영하는 것은 옳지 않다고 보아 개정된 '신문진흥법'에서 이러한 문제점이 개선된 것은 바람직하다고 본다.

## 5. 편집권의 수범자(受範者) 범위에 대한 이해

신문법에 규정된 편집권의 수법자 범위설정과 관련하여 저자는 민주주의와 신문의 발달과정을 통한 자연법적으로 정착된 언론의 자유에 대한 인식에 근거해 이해하고자 한다.

신문의 발전 초기단계인 근대신문 기(期)에는 국가권력으로부터 언론의 자유를 확보하는 데 중점을 두었었다. 즉 국가권력을 주 수범자로 본 것이다. 오늘날 현대신문은 산업화를 넘어 지식정보화 사회로 진입하면서 대규모의 자본

36) 신문법 제11조 제2항의 규정을 위반하여 편집을 한 자는 2천만원 이하의 과태료에 처한다(舊신문법 제43조 제1호).

과 첨단시설이 투자되어 대량의 정보를 수집·정리하고 대량으로 생산하여 다수의 수용자에게 강력한 영향력을 미치게 되면서 입법, 행정, 사법의 뒤를 이어 제 4 의 권력으로까지 불리게 되었다. 이 같이 신문의 영향력이 증대되면서 이해관계에 따라 신문의 영향력을 이용하거나 간섭하려는 다양한 세력이 등장할 수밖에 없는 현실이다.

따라서 헌법의 정신과 그에 따른 법률의 입법취지로 볼 때 수범자의 범위는 확대해석하는 것이 바람직하다고 본다. 사회구성원간의 이해와 권리관계가 복잡하게 얽힌 현대사회의 복합적 사회구조 속에서 언론의 자유의 핵심인 편집의 자유와 독립성을 보장하기 위해서는 수범자의 범위를 국가권력은 물론 편집에 영향력을 행사할 수 있는 모든 개인이나 집단까지 포함하는 방향으로 해석하는 것이 합당하다고 보기 때문이다.

문제는 언론 기업주도 개별 언론인들(기자·편집인·편집책임자 등)에 대해 동 규정의 수범자에 해당되는가 여부이다. 언론사 내부의 편집권의 주체가 누구인가의 문제는 경영권과의 관계에서 독립적으로 볼 것이냐 아니면 경영권의 일부로 인정할 것이냐가 쟁점이다. 즉, 언론기관의 내부에서 언론기업주를 상대로 개별 언론인들의 언론의 자유가 보장되는지 여부를 판가름할 수 있기 때문이다. 저자는 당연히 언론기업의 특수성을 감안하여 독립적으로 보는 것이 타당하다는 입장이다. 경영주는 개별 언론인에 대한 인사권 등을 활용하여 영향력을 행사할 수 있는 우월적 위치에 있어 편집권에 실질적인 영향력을 행사할 수 있는 것이 현실이기 때문이다. 더 나아가 언론노조 등 사내의 영향력 있는 개인이나 집단으로부터 편집권의 침해를 막기 위해서 편집의 독립성은 더욱 엄격하게 보호되어야 한다. 왜냐하면 사주·신문사업자는 기업경영의 관점에서 이윤을 극대화하기 위해 그 영향력을 활용하려 하고, 광고주는 광고수수료를 대가로 자신의 경제적 이익을 도모하기 위해 신문의 내용에 간섭하려 하기 때문이다. 뿐만 아니라 언론노조 등 언론사 내부의 영향력 있는 세력들은 보도의 내용이 자신의 입장에 유리한 방향으로 기사화될 수 있도록 편집에 간여하려는 시도를 하기도 한다.

따라서 오늘날 언론의 자유와 독립은 언론사의 소유주와 경영주 및 광고주 등 기관의 내부적 영향력으로부터의 편집의 자유와 독립을 확보하는 것이 더욱 중요한 문제로 부각되고 있는 현실이다. 언론의 자유를 지키고 언론의 사명을 올바로 수행하기 위해서는 편집 및 편집권의 보장이라는 개념의 적용범주가 경영주나 광고주는 물론 노동조합 등의 내부적 간섭으로부터 자유롭고 독립적인 입장이 보장될 수 있는 것이 핵심적인 사항임에 명료하기 때문에 신문언론의 내부적 자유를 보장해야 할 필요성이 현저해졌다. 이것이 이른바 '언론의 내부적 자유'의 문제로서 그 핵심은 언론기관 내부에서 언론의 자유의 보장 여부이다.[37]

## Ⅳ. 신문의 공정성 및 사회적 책임

### 1. 신문의 공정성(公正性)

전면 개정된 신문진흥법에서는 보도의 공정성과 객관성에 관한 규정이 삭제되었다. 舊신문법은 신문에 의한 보도는 공정하고 객관적이어야 한다고 규정하고 있었다(신문법 제 5 조 제 1 항). 다시 말해 신문은 성별·연령·직업·신념·계층·지역·인종 등을 이유로 편집에 있어 불합리한 차별을 해서는 안 되고, 오히려 상대적으로 소수이거나 이익추구의 실현에 불리한 집단이나 계층의 이익을 충실하게 반영하도록 노력해야 하며, 정부·정당 또는 특정집단의 정책 등을 공표함에 있어 의견이 다른 집단에게 균등한 기회가 제공되도록 노력함으로써, 각 정치적 이해당사자에 관한 보도의 균형성을 유지해야 한다는 것을 규정하고 있었다(동법 제 5 조 제2·3·5항). 물론, 이 규정이 신문이 보도의 공정성을 지켜나갈 것을 요구하는 추상적·선언적 규정으로서의 성격을 가진다는[38] 것으로 해석되어 왔지만 개정법에서 삭제됨으로써 개정과정에서 시비의 대상이 되었다.

37) 계희열, 전게서, 446면 참조.
38) 헌재 2006. 6. 29, 2005헌마165.

## 2. 신문의 사회적 책임

### (1) 사회적 책임 규정의 해석

신문진흥법에서는 신문의 사회적 책임을 동법 제 1 조 이 법의 제정 목적에 압축적으로 반영하였다. 신문 등의 발행의 자유와 독립 및 그 기능을 보장하고 사회적 책임을 높이며 신문산업을 지원·육성함으로써 언론의 자유 신장과 민주적인 여론형성에 기여함을 목적으로 한다는 규정에 포함시키고 있다. 신문의 사회적 책임과 관련하여 언론의 자유를 침해할 수 있다는 비판적인 견해가 많았으며 개정과정에서 상징적으로 압축하여 동법 제 1 조에 반영하는 수준으로 개정되었다.

참고적으로, 舊신문법 제 4 조(동법 제 5 조의 일부 조항 포함)는 신문의 사회적 책임에 대해서 언급하고 있는 내용과 위헌성 문제를 연구자들에게 도움이 될 수 있도록 기술하고자 한다. 그 내용을 정리해보면 첫째, 신문 및 인터넷신문은 국민의 화합과 조화로운 국가의 발전 및 민주적 여론형성에 이바지하고, 사회 각계각층의 다양한 의견을 균형 있게 수렴함으로써 국민의 알 권리와 표현의 자유를 신장해야 하며(동법 제 4 조 제2·3항), 지역사회의 균형 있는 발전과 민족문화의 창달에도 힘써야 한다(동법 제 5 조 제 4 항). 신문이라는 매체를 통해 구현되는 언론의 자유는 다양성의 촉진을 통한 지식의 신장과 진리의 발견·정보제공 및 여론형성의 수단·사회의 질서유지를 위한 안정과 변화간의 균형보장도구의 역할을 하고 있으며, 궁극적으로는 민주주의를 실현시키는 수단으로서의 역할을 하고 있다. 동 규정들은 신문이 언론으로서 사회적 공기(公器) 역할을 수행하지 않을 수 없는 공공성에 기반하여 공익에 기여해야하는 신문의 역할과 사회적 책임에 대해서 규정하고 있는 것이다. 둘째, 신문 및 인터넷신문은 인간의 존엄과 가치 및 민주적 기본질서를 존중해야 하며(동법 제 4 조 제 1 항), 타인의 명예를 훼손하거나 권리를 침해해서는 안 된다(동법 제 4 조 제 4 항). 신문은 본질적으로 자유로워야 하지만 그 자유에 상응하는 공적 책임을 아울러 부담한다. 신문은 공정하고 객관적인 보도를 통하여 민주적 여론형성에 기여하고 국민의 알 권리를 충족시켜야 할 사회적 책임이 있지만, 그렇다고 해서 보도활동으로 인한 타인의 명예·권리 또는 사회윤리의 훼손·침해가 허용되는 것은 아니다. 우리 헌법 제21조는 언론의 자유와 언론의 공적 기능 및 책임의 어느 한 쪽에 치우치지 않고 양자를 조화시키려 하고 있는데, 헌법 제21조 제 4 항[39]이 바로 그러한 헌법적 요청을 표현하고 있는 규정이라고 할 수 있으며, 舊신문법 제 4 조 제1·4항은 이러한 헌법 제21조 제 4 항을 구체화한 내용으로도 볼 수 있다. 셋째, 신문·인터넷신문은 건전한 가정생활과 아동 및 청소년의 선도에 나쁜 영향을 끼치는 음란·퇴폐·폭력·범죄 및 부도덕한 행위나 사행심 그리고 지역·세대·계층·성별 간의 갈등을 조장하여서는 안 된다(舊신문법 제 4 조 제2·5·6항). 신문의 사회적 기능과 역할, 그리고 신문이 가지고 있는 영향력을 고려할 때 신문이 그의 기능·역할에 반하는 보도 또는 분열을 조장하는 보도를 해서는 안 된다는 사실은 너무나도 명백하다. 하지만 동 조항들 역시 추상적·선언적 규정으로서의 성격을 가진다고 해석해야 할 것이다.[40]

### (2) 신문의 사회적 책임에 대한 위헌성 문제

헌법재판소의 판례를 통해 신문의 사회적 책임을 규정하고 있는 舊신문법 제4·5조의 내용들의 위헌성 문제를 검토해 보면 다음과 같다. 즉, 언론사의 자율과 책임에 맡겨두어야 할 선택과 윤리적 결단을 법률상의 의무로써 강제하는 것이고 사적 기관인 언론사들에게 공익의 추구를 최우선적 과제로 부과하는 것이며, 이로써 언론사가 본래 정당하게 추구하고 지향할 수 있는 사익과 독자적인 경향성이 불가피하게 억제되는 효과가 발생하여 위헌의 소지가 있다는 견해가 있다.[41]

동 견해에 따르면 신문은 일정한 정치적 경향 등을 지닐 수 있고 그러한 경향에 부합하는 사람이나 집단에게 우호적인 논지를 펼 수 있어야 한다면서 신문이 표출하고 지지하는 일정한 경향이 비록 정부의 정책에 반대되거나 특정

---

39) 헌법 제21조 제4항은 언론·출판은 타인의 명예나 권리 또는 공중도덕이나 사회윤리를 침해하여서는 안 되며, 언론·출판이 타인의 명예나 권리를 침해한 때에는 피해자는 이에 대한 피해의 배상을 청구할 수 있다고 규정하고 있다.

40) 신문의 공정성·공익성 및 사회적 책임에 관한 동 규정들의 내용은 신문이나 인터넷신문이 언론의 자유와 언론의 공적 기능 및 책임의 어느 한 쪽에 치우치지 않고 양자를 조화시키려 하는 헌법의 요청, 나아가 우리 헌법의 전반적 가치질서를 위반해서는 안 되고, 그러한 헌법적 가치를 존중하고 이를 실현하기 위해 노력해야 한다는 것을 천명하고 있을 뿐이며, 이들 조항 위반에 대한 제재규정도 없으므로 동 조항들의 성격을 추상적·선언적 규정으로 해석하는 것이 바람직할 것이다(헌재 2006. 6. 29, 2005헌마165 참조).

41) 헌재 2006. 6. 29, 2005헌마165 재판관 권성, 재판관 김효종의 반대의견.

계층에게 불리하다 하더라도 이에 대한 평가와 선택의 문제는 여론과 사상의 자유시장에 맡기고 국가는 개입하면 안 된다고 한다(자유언론제도에 맞도록 다양한 언론이 시장에 나와서 서로 공정하게 경쟁할 수 있도록 국가가 정책적 배려를 할 수는 있지만 미리부터 모든 언론기관에게 중립적이고 균형 있게 다양한 의견을 전달할 것을 요구할 수는 없다고 한다).

따라서 국가가 나서서 보도가 '공정하고 객관적일 것', '소수집단이나 계층의 이해관계를 충실히 반영할 것', '보도의 균형성을 유지할 것' 등을 법률로 요구하는 것은 사적 주체인 신문에게 그가 지니는 개별적 경향성보다는 공익을 더 추구하도록 강요하는 것이며, 이렇게 되면 신문은 이 조항들이 요구하는 객관성, 공정성, 공익성에 부합하기 위하여 고유한 논조나 경향성을 표출하는 보도나 편집을 스스로 억제하게 될 것이어서 결과적으로 언론의 자유를 사전에 위축시키는 효과를 가져 오게 되므로 위헌의 소지가 있다는 것이다.

## 제 3 절 신문의 발행

### Ⅰ. 신문의 등록(登錄)

#### 1. 신문사업의 등록[42)]

신문을 발행하거나 인터넷신문 또는 인터넷뉴스서비스를 전자적으로 발행하려는 자는 대통령령으로 정하는 바에 따라 다음의 사항을 주사무소 소재지를 관할하는 특별시장·광역시장·도지사 또는 특별자치도지사에게 등록하여야 한다. 등록된 사항이 변경된 때에도 또한 같다. 다만, 국가 또는 지방자치단체가 발행 또는 관리하거나 법인이나 그 밖의 단체 또는 기관이 그 소속원에게 보급할 목적으로 발행하는 경우와 대통령령으로 정하는 경우에는 그렇지 않다.

① 신문 및 인터넷신문의 명칭(신문 및 인터넷신문에 한정)

---

42) 신문진흥법 제9조.

② 인터넷뉴스서비스의 상호 및 명칭(인터넷뉴스서비스에 한정)

③ 종별 및 간별(신문에 한정)

④ 신문사업자와 신문의 발행인·편집인(외국신문의 내용을 변경하지 아니하고 국내에서 그대로 인쇄·배포하는 경우를 제외) 및 인쇄인의 성명·생년월일·주소(신문사업자 또는 인쇄인이 법인이나 단체인 경우에는 그 명칭, 주사무소의 소재지와 그 대표자의 성명·생년월일·주소)

⑤ 인터넷신문사업자와 인터넷신문의 발행인 및 편집인의 성명·생년월일·주소(인터넷신문사업자가 법인이나 단체인 경우에는 그 명칭, 주사무소의 소재지와 그 대표자의 성명·생년월일·주소)

⑥ 인터넷뉴스서비스사업자와 기사배열책임자의 성명·생년월일·주소(인터넷뉴스서비스사업자가 법인이나 단체인 경우에는 그 명칭, 주사무소의 소재지와 그 대표자의 성명·생년월일·주소)

⑦ 발행소의 소재지

⑧ 발행목적과 발행내용

⑨ 주된 보급대상 및 보급지역(신문에 한정)

⑩ 발행 구분(무가 또는 유가)

⑪ 인터넷 홈페이지 주소 등 전자적 발행에 관한 사항

제 1 항에 따라 등록을 하려는 자(인터넷뉴스서비스사업자를 제외)가 법인 또는 단체인 경우 대표이사 또는 대표자를 발행인으로 하여야 한다. 다만, 대표이사 또는 대표자를 발행인으로 할 수 없는 정당한 사유가 있는 경우에는 이사회의 의결을 거쳐 다른 이사나 임원을 발행인으로 할 수 있다.

신문·인터넷신문 또는 인터넷뉴스서비스를 등록한 때에는 시·도지사는 지체 없이 등록증을 내주어야 한다. 이미 등록된 신문·인터넷신문·인터넷뉴스서비스, '잡지 등 정기간행물의 진흥에 관한 법률'에 따라 등록 또는 신고된 정기간행물 또는 '뉴스통신진흥에 관한 법률'에 따라 등록된 뉴스통신의 명칭과 같은 명칭의 신문·인터넷신문 또는 인터넷뉴스서비스는 등록할 수 없다. 다만, 해당 사업자가 명칭 사용을 허용하는 경우에는 사용할 수 있다.

### 2. 인터넷뉴스서비스사업자의 준수사항

인터넷뉴스서비스사업자는 기사배열의 기본방침이 독자의 이익에 충실하도록 노력해야 하며, 그 기본방침과 기사배열의 책임자를 대통령령으로 정하는 바에 따라 공개해야 한다(신문진흥법 제10조). 인터넷뉴스서비스사업자는 독자적으로 생산하지 않은 기사의 제목·내용 등을 수정하려는 경우 해당 기사를 공급한 자의 동의를 받아야 한다. 인터넷뉴스서비스사업자는 제공 또는 매개하는 기사와 독자가 생산한 의견 등을 혼동되지 않도록 대통령령으로 정하는 바에 따라 구분하여 표시해야 한다.

인터넷뉴스서비스사업자는 제공 또는 매개하는 기사의 제목·내용 등의 변경이 발생하여 이를 재전송받은 경우 인터넷뉴스서비스사업자의 인터넷홈페이지에 재전송받은 기사로 즉시 대체해야 한다.

## Ⅱ. 발행인의 자격제한

### 1. 발행인 및 편집인의 자격제한

신문진흥법(제13조 제 1 항)은 다음 중 어느 하나에 해당하는 경우는 신문 및 인터넷신문의 발행인 또는 편집인이 되거나 기사배열책임자가 될 수 없다고 엄격히 규정하고 있다.

① 대한민국의 국민이 아닌 사람, ②「잡지 등 정기간행물의 진흥에 관한 법률」,「뉴스통신진흥에 관한 법률」,「방송법」,「인터넷 멀티미디어 방송사업법」,「저작권법」을 위반하거나「형법」 제87조부터 제90조까지·제92조·제101조,「군형법」 제 5 조부터 제 8 조까지·제 9 조 제 2 항·제11조부터 제16조까지 또는「국가보안법」 제 3 조부터 제 9 조까지의 규정에 따른 죄를 범하여 금고 이상의 실형을 선고받고 그 집행이 종료(집행이 종료된 것으로 보는 경우를 포함)되거나 집행을 받지 아니하기로 확정된 후 1년이 지나지 아니하거나 금고 이상의 형의 집행유예를 선고받고 그 유예기간 중에 있는 사람, ③「잡지 등 정기간행

물의 진흥에 관한 법률」, 「뉴스통신진흥에 관한 법률」, 「방송법」, 「인터넷 멀티미디어 방송사업법」, 「저작권법」을 위반하거나 「형법」 제87조부터 제90조까지·제92조·제101조, 「군형법」 제 5 조부터 제 8 조까지·제 9 조 제 2 항·제11조부터 제16조까지 또는 「국가보안법」 제 3 조부터 제 9 조까지의 규정에 따른 죄를 범하여 금고 이상의 형의 선고유예를 받고 그 유예기간 중에 있는 사람, ④ 「보안관찰법」에 따른 보안관찰처분이나 「치료감호법」에 따른 치료감호의 집행 중에 있는 사람, ⑤ 이 법을 위반하여 벌금 이상의 형을 선고받고 그 형의 집행이 종료되거나 형을 받지 아니하기로 확정된 날부터 2년이 지나지 아니한 사람, ⑥ 이 법을 위반하여 등록이 취소된 신문·인터넷신문 및 인터넷뉴스서비스의 발행인·편집인 또는 기사배열책임자로서 그 등록이 취소된 날부터 2년이 지나지 아니한 자, ⑦ 미성년자·금치산자 또는 한정치산자, ⑧ 파산선고를 받고 복권되지 아니한 사람

신문진흥법 제 9 조에 따라 등록한 신문·인터넷신문 또는 인터넷뉴스서비스의 발행인·편집인 또는 기사배열책임자가 제 1 항에 따른 결격사유에 해당하게 된 때에는 그 사유가 발생한 날부터 1개월 이내에 발행인·편집인 또는 기사배열책임자의 변경등록을 해야 한다.

## 2. 발행인의 국적에 의한 자격제한

신문진흥법 제13조 제 4 항은 발행주체의 국적과 관련하여 다음의 어느 하나에 해당하는 자는 신문을 발행할 수 없도록 하였다. 다만, 그 소속원에게만 보급할 목적으로 발행하는 경우에는 자격을 인정해 주고 있다. ① 외국정부 또는 외국의 법인이나 단체, ② 대한민국의 국민이 아닌 사람이 그 대표자로 되어 있는 법인 또는 단체, ③ 외국인 또는 외국의 법인이나 단체로서 일간신문의 경우에는 100분의 30, 일간신문을 제외한 신문의 경우에는 100분의 50 이상 등 어느 하나에 해당하는 비율 이상의 주식 또는 지분을 소유하고 있는 경우는 신문을 발행할 수 없도록 하고 있다.

### 3. 외국자금의 출연·출자

신문 또는 인터넷신문을 발행하거나 발행하려는 자가 외국인 또는 외국의 법인이나 단체로부터 재산의 출자를 받을 때에는 '외국인투자 촉진법'[43]에 따라 지식경제부장관에게 신고한 사실을 입증하는 서류를 신문진흥법(제 9 조)에 따라 등록할 때나 신고한 날부터 15일 이내에 시·도지사에게 제출해야 한다(신문진흥법 제15조).

## Ⅲ. 신문사업의 폐업 및 직권말소

### 1. 폐업신고

제 9 조에 따라 등록을 한 자가 영업을 폐쇄한 경우에는 폐쇄한 날부터 1개월 이내에 대통령령으로 정하는 바에 따라 시·도지사에게 폐업신고를 해야 한다(신문진흥법 제11조). 시·도지사는 제 1 항을 위반하여 폐업신고를 하지 않은 자에 대하여는 대통령령으로 정하는 바에 따라 폐업한 사실을 확인한 후 등록사항을 직권으로 말소할 수 있다.

신문진흥법(제 9 조)에 따른 등록 또는 제11조에 따른 폐업신고를 받은 시·도지사는 매 분기마다 등록(변경등록을 포함) 및 폐업신고 사항을 문화체육관광부장관에게 제출해야 한다.

### 2. 신문사업의 승계

신문사업자 또는 인터넷신문사업자가 그 사업을 양도하거나 사망한 때 또는 법인의 합병 등이 있는 때에는 그 양수인·상속인 또는 합병 후 존속하는 법인이나 합병에 의해 설립되는 법인 등은 그 사업자의 지위를 승계한다(신문진흥법 제14조). '민사집행법'에 따른 경매, '채무자 회생 및 파산에 관한 법률'에 따른 환가, '국세징수법'·'관세법' 또는 '지방세법'에 따른 압류재산의 매각, 그 밖에

43) 외국인투자촉진법 제5조·제6조 또는 제7조.

이에 준하는 절차에 따라 신문 또는 인터넷신문을 인수한 자는 그 사업자의 지위를 승계한다. 동법(제14조 제 1 항 및 제 2 항)에 따라 신문사업자 또는 인터넷신문사업자의 지위를 승계한 자는 대통령령으로 정하는 바에 따라 관할 시·도지사에게 신고해야 한다.

## 제4절 신문사업의 소유제한

### Ⅰ. 소유제한(所有制限)의 의의

신문은 그 취재와 보도를 통하여 정치·경제·사회·문화 등 다양한 분야에서 일상적인 커뮤니케이션을 매개하고 있고, 특히 민주주의 정치과정에서 정치적 의사를 형성·전파하는 매체로서 중요한 역할을 담당한다. 신문의 자유는 개인의 주관적 기본권으로서 보호될 뿐만 아니라, '자유 신문'이라는 객관적 제도로서도 보장되고 있다.

객관적 제도로서의 '자유 신문'은 신문의 사경제적·사법적(私法的) 조직과 존립의 보장 및 그 논조·경향(傾向)·정치적 색채·세계관에 있어 국가권력의 간섭과 검열을 받지 않는 자유롭고 독립적인 신문의 보장을 내용으로 하는 한편, 자유롭고 다양한 의사형성을 위한 상호 경쟁적인 다수 신문의 존재는 다원주의를 본질로 하는 민주주의사회에서 필수불가결한 요소가 된다.

다시 말해 헌법이 주관적 기본권으로서뿐만 아니라 객관적 제도로서도 보장하고 있는 '자유 신문'의 기능이란 주로 민주적 의사형성에 있고, 그것은 다원주의를 본질로 하는 민주주의사회에서 언론의 다양성 보장[44]을 전제로 하는 것이므로, 신문의 기능을 보장하기 위함이란 결국 '신문의 다양성을 유지하기 위하여'란 의미를 포함하고 있는 것이다. 언론의 다양성의 보장문제는 바로 이러한 자유롭고 다양한 의사형성을 위한 상호 경쟁적인 매체가 공존할 수 있는 환경, 다시 말해 '신문의 다양성을 유지하기 위한 다수 신문의 존재'와 관련된 것

44) 헌재 2006. 6. 29, 2005헌마165 참조.

이다.

따라서 신문사업의 소유제한은 민주적 의사형성이라는 신문기능의 전제가 되는 언론의 다양성을 보장하기 위해 제도적인 환경을 조성하는 데 그 의의를 갖고 있다. 즉, 언론의 다양성은 각양각색(各樣各色)의 신문이 존재함으로써 각계각층(各界各層)의 다양한 의견과 사실을 전파할 수 있고 다수의 신문이 공존함으로써 가능하다는 해석을 전제로 하고 있다.

신문진흥법은 특정 재벌 등 대기업의 자본에 의해 신문 등 언론의 독과점 현상이 일어나지 않도록 그 소유한도를 제한함으로써 언론의 다양성을 보장하기 위한 장치를 마련해 두고 있다.

그러나 신문의 자유에 의해 보호되는 것은 정보의 획득에서부터 뉴스와 의견의 전파에 이르기까지 언론으로서 신문의 기능과 본질적으로 관련되는 모든 활동에 이르는 것이다. 그렇기 때문에 언론의 다양성 보장만을 목적으로 한다면 기존 신문법의 소유제한을 위한 여러 가지 규정, 즉 일간신문·뉴스통신사업·방송사업 등과 같은 이종(異種) 매체 간의 겸영(兼營)금지나 소유제한 또는 일간신문 상호 간의 소유제한 등은 역설적으로 신문의 자유를 제한하는 규정으로 해석될 수 있는 여지가 많아 위헌성의 문제도 않고 있다.

## Ⅱ. 대기업의 신문사업 소유제한

### 1. 대기업 소유제한의 취지

대기업의 신문사업 소유를 제한하고 있는 입법 취지는 대기업에 의한 언론의 독점·집중화를 방지하기 위한 규정이다. 언론이 막강한 경제력을 가진 대기업에 의해 장악된다면 언론의 다양성 보장을 통한 민주적 의사형성이라는 언론의 정상적인 기능은 기대하기 어려울 것이기 때문이다.

舊신문법(제15조)의 규정은 "대규모 기업집단 중 대통령령[45]이 정하는 기준

45) 舊신문법 시행령 제9조(동일계열의 기업 등).

> ② 법 제15조 제4항에서 "대통령령이 정하는 기준에 해당하는 기업집단에 속하는 회사와 그 계열회사"라 함은 「독점규제 및 공정거래에 관한 법률」 제2조 제2호 및

에 해당하는 기업집단에 속하는 회사("대기업")와 그 계열회사(대통령령[46])이 정하는 특수한 관계에 있는 자를 포함)는 일간신문이나 뉴스통신을 경영하는 법인이 발행한 주식 또는 지분의 2분의 1을 초과하여 취득 또는 소유할 수 없다"고 정하고 있었지만[47]) 개정법에서는 대폭 완화되었다.

## 2. 신문진흥법의 대기업 소유제한

개정된 신문진흥법은 舊신문법의 소유제한을 대폭 완화하였다. 신문진흥법(제18조)은 대기업의 일반일간신문 소유를 제한하기 위해 '독점규제 및 공정거래에 관한 법률'(제 2 조 제 2 호)[48])에 따른 기업집단 중 자산총액 등 대통령령으로 정하는 기준에 해당하는 기업집단에 속하는 회사를 "대기업"으로 규정하고 동시에 그 범주를 정함으로써 소유제한을 통한 언론의 다양성보장과 언론의 자유보장이라는 본질적인 문제와의 충돌에서 오는 위헌성 문제를 조율하고 있다.

또한 일반일간신문을 경영하는 법인이 이사(합명회사의 경우에는 업무집행사원, 합자회사의 경우에는 무한책임사원) 중 그 상호 간에 '민법' 제777조에 따른 친

---

> 제3호의 규정에 의한 기업집단 및 계열회사 중에서 동법 제14조의 규정에 의하여 지정된 상호출자제한기업집단으로서 자산총액이 3조원 이상인 기업집단(상호출자제한기업집단으로 지정된 날을 기준으로 한다)에 속하는 기업을 말한다.

46) 舊신문법 시행령 제9조(동일계열의 기업 등).

47) 舊신문법 제15조 제4항의 규정을 위반하여 주식·지분을 취득 또는 소유한 자는 그 초과분에 대한 의결권을 행사할 수 없으며(동법 제15조 제6항), 등록관청은 동법 제15조 제4항의 규정을 위반하여 주식·지분을 취득 또는 소유한 자에 대해 6개월 이내의 기간을 정해 이를 시정할 것을 명해야 한다(동법 제15조 제7항). 그리고 이와는 별개로 동법 제15조 제4항의 규정을 위반하여 주식 또는 지분을 취득 또는 소유한 자는 1년 이하의 징역 또는 2천만원 이하의 벌금에 처한다(동법 제40조 제3호). 역시 양벌규정이다(동법 제42조).

48) 독점규제법 제2조 제2호

> 2. "기업집단"이라 함은 동일인이 다음 各目의 구분에 따라 대통령령이 정하는 기준에 의하여 사실상 그 사업내용을 지배하는 회사의 집단을 말한다.
>    가. 동일인이 회사인 경우 그 동일인과 그 동일인이 지배하는 하나 이상의 회사의 집단,
>    나. 동일인이 회사가 아닌 경우 그 동일인이 지배하는 2 이상의 회사의 집단.
> 3. "계열회사"라 함은 2 이상의 회사가 동일한 기업집단에 속하는 경우에 이들 회사는 서로 상대방의 계열회사라 한다.

족관계에 있는 자가 그 총수의 3분의 1을 넘지 못하게 하였다. 민법(제777조)이 정하고 있는 친족의 범위는 친족관계로 인한 법률상 효력은 이 법 또는 다른 법률에 특별한 규정이 없는 한 8촌 이내의 혈족, 4촌 이내의 인척, 배우자를 친족으로 간주한다.[49)]

### 3. 대기업과 특수관계자의 소유제한

신문진흥법(제18조)은 대기업과 그 계열회사(대통령령으로 정하는 특수한 관계에 있는 자를 포함)는 일반일간신문을 경영하는 법인이 발행한 주식 또는 지분의 2분의 1을 초과하여 취득 또는 소유할 수 없도록 제한하고 있다.[50)]

---

49) 민법 제777조(친족의 범위) 친족관계로 인한 법률상 효력은 이 법 또는 다른 법률에 특별한 규정이 없는 한 다음 각호에 해당하는 자에 미친다. 1. 8촌 이내의 혈족, 2. 4촌 이내의 인척, 3. 배우자.

50) 신문진흥법 시행령 제14조(대기업과 특수관계자 등)

① 법 제18조 제1항에서 "자산총액 등 대통령령으로 정하는 기준에 해당하는 기업집단에 속하는 회사와 그 계열회사"란 「독점규제 및 공정거래에 관한 법률」 제2조 제2호 및 제3호에 따른 기업집단 및 계열회사 중에서 같은 법 제14조에 따라 지정된 상호출자제한기업집단으로서 자산총액(상호출자제한기업집단으로 지정된 날 현재의 자산총액을 말한다)이 10조원 이상인 기업집단에 속하는 기업을 말한다.

② 법 제18조 제1항에서 "대통령령으로 정하는 특수한 관계에 있는 자"란 제1항에 따른 기업(이하 "기업"이라 한다)과 다음 각 호의 어느 하나에 해당하는 관계에 있는 자를 말한다.

1. 임원(이사·감사·무한책임사원 또는 사실상 이와 동등한 지위에 있는 자를 말한다. 이하 이 조에서 같다),
2. 계열회사의 임원,
3. 단독으로 또는 다음 각 목의 어느 하나에 해당하는 관계에 있는 자와 합하여 기업에 100분의 30 이상을 출자 또는 출연하거나 그 밖에 해당 기업의 주요 경영사항에 대하여 사실상 영향력을 행사하고 있는 개인 및 그 개인과 다음 각 목의 어느 하나에 해당하는 관계에 있는 개인법인·단체(법인격이 없는 사단 또는 재단을 말한다. 이하 같다) 또는 그 임원
   가. 배우자(사실상의 혼인관계에 있는 사람을 포함), 6촌 이내의 혈족 또는 4촌 이내의 인척
   나. 기업이 단독으로 또는 가목의 관계에 있는 자와 합하여 100분의 30 이상을 출자 또는 출연하거나 그 밖에 법인 또는 단체의 주요 경영사항에 대하여 사실상 영향력을 행사하고 있는 경우 해당 법인 또는 단체나 그 임원
   다. 기업이 가목 및 나목의 관계에 있는 자와 합하여 100분의 30 이상을 출자 또는 출연하거나 그 밖에 법인 또는 단체의 주요 경영사항에 대하여 사실상 영향력을 행사하고 있는 경우 해당 법인 또는 단체나 그 임원
4. 기업이 단독으로 또는 그 기업과 제1호부터 제3호까지의 어느 하나에 해당하는

舊신문법(제15조 제5항)은 신문사업자의 겸영을 금지하기 위해 신문사업자와 친족관계에 있는 이사의 수까지 엄격하게 제한하고 있었다.[51] 동조항의 취지도 일간신문이나 뉴스통신을 경영하는 각 법인 이사의 총수에서 이사(理事) 상호간에 친족관계에 있는 자가 3분의 1을 넘지 못하도록 함으로써 친족집단에 의한 언론의 다양성 훼손을 방지하고자 하는 것이다.

## 4. 소유제한 위반에 대한 제재

신문진흥법은 대기업이 소유제한을 위반하여 주식 또는 지분을 취득 또는 소유한 경우는 그 초과분에 대한 의결권을 행사할 수 없도록 하였다(동법 제19조). 또한 해당 신문사업자가 속한 지역의 행정책임자인 시·도지사는 소유제한의 기준을 위반하여 주식 또는 지분을 취득 또는 소유한 자에 대해 6개월 이내의 기간을 정해 이를 시정할 것을 명해야 한다.

또한 시·도지사는 신문진흥법(제18조)에 따른 소유제한 사실을 확인하기 위해 대통령령으로 정하는 바에 따라 신문사업자에게 필요한 자료의 제출을 요청할 수 있다. 이 경우에 신문진흥법은 해당 사업자가 이에 따르도록 규정하여 자료제출의 의무를 명확히 부여하고 있다.

---

관계에 있는 자와 합하여 100분의 30 이상을 출자 또는 출연하거나 그 밖에 법인 또는 단체의 주요 경영사항에 대하여 사실상 영향력을 행사하고 있는 경우 해당 법인 또는 단체나 그 임원

51) 舊신문법 제15조

④ 대규모기업집단 중 대통령령이 정하는 기준에 해당하는 기업집단에 속하는 회사(이하 "대기업"이라 한다)와 그 계열회사(대통령령이 정하는 특수한 관계에 있는 자를 포함한다)는 일간신문이나 뉴스통신을 경영하는 법인이 발행한 주식 또는 지분의 2분의 1을 초과하여 취득 또는 소유할 수 없다.

⑤ 일간신문이나 뉴스통신을 경영하는 법인의 이사(합명회사의 경우에는 업무집행사원, 합자회사의 경우에는 무한책임사원을 말한다) 중 그 상호 간에 민법 제777조에 규정된 친족관계에 있는 자가 그 총수의 3분의 1을 넘지 못한다.

## Ⅲ. 신문진흥법의 언론다양성 보장제도

### 1. 여론집중도조사(輿論集中度調査)위원회

신문진흥법(제17조)은 특정 신문에 의한 여론의 독과점 또는 집중화를 방지하고 신문의 다양성을 확보하기 위하여 각 신문의 여론집중도를 조사하도록 하고 있다. 문화체육관광부장관은 여론집중도와 관련된 조사·연구 및 자문을 위하여 여론집중도조사위원회를 구성·운영할 수 있다. 여론집중도조사위원회는 ① 여론집중도조사의 범위 및 대상, ② 여론집중도를 산정하기 위한 조사내용·조사기관 또는 단체의 선정 등 조사방법에 관한 사항, ③ 여론집중도조사 결과 및 여론집중도의 산정에 관한 사항, ④ 그 밖에 문화체육관광부장관이 여론집중도조사를 위하여 요청한 사항 등을 심의한다.

여론집중도조사위원회는 위원장 1명과 부위원장 1명을 포함한 7명 이상 9명 이하의 위원으로 구성하며, 위원회의 위원은 다음 각 호의 사람 중에서 문화체육관광부장관이 위촉하고, 위원회의 위원장과 부위원장은 위원회의 위원 중에서 호선(互選)한다.

1. 「고등교육법」에 따른 전문대학 이상의 학교에서 다음 각 목의 분야와 관련된 학문을 가르치는 부교수 이상의 직위에 있거나 있었던 사람 또는 공인된 연구기관에서 다음 각 목의 분야의 연구원으로 5년 이상 있거나 있었던 사람
   가. 신문, 방송 등 미디어 관련 분야
   나. 시장경쟁정책 또는 산업조직 관련 분야
   다. 사회조사분석 또는 통계 분야
2. 미디어산업 또는 시장구조에 관한 학식과 경험이 풍부한 사람

위원의 임기는 3년으로 한다. 다만, 위원의 사임 등으로 새로 위촉된 위원의 임기는 전임위원 임기의 남은 기간으로 한다. 위원회의 회의에 출석하는 위원에게는 예산의 범위에서 수당과 여비를 지급할 수 있다.[52]

---

52) 신문진흥법 시행령 제12조(여론집중도조사위원회)

신문진흥법 제17조의 규정에 따라 문화체육관광부장관은 신문, 인터넷신문, 인터넷뉴스서비스, '방송법'(제 2 조 제 1 호)에 따른 텔레비전방송, 라디오방송, 이동멀티미디어방송 등을 대상으로 여론집중도를 대통령령으로 정하는 바에 따라 조사하여 이를 공표할 수 있다. 단, 문화체육관광부장관은 위원회의 심의를 거쳐 여론집중도조사 결과를 공표해야 한다(동법 시행령 제12조 제 7 항). 이 경우 문화체육관광부장관은 미리 방송통신위원회위원장과 협의해야 한다(동법 제17조 제 1 항). 또한 문화체육관광부장관은 여론집중도조사와 관련하여 「방송법」 제 2 조에 따른 방송과 「인터넷 멀티미디어 방송사업법」 제 2 조에 따른 인터넷 멀티미디어 방송을 대상으로 여론집중도 등을 조사하는 경우에는 조사대상, 조사시기, 조사기관 등 조사방법과 공표방법에 대하여 방송통신위원회위원장과 사전에 협의해야 한다. 기타 여론집중도의 산정·조사 방법과 위원회의 운영 등에 필요한 사항은 문화체육관광부장관이 정하도록 하였다(동법 시행령 제12조 제 9 항). 이 밖에 문화체육관광부장관은 여론집중도조사를 위하여 필요한 자료를 개인, 단체 및 기관에 요청할 수 있다. 이 경우 요청을 받은 개인, 단체 및 기관은 이에 따라야 한다.

## 2. 자료제출의 요구

신문진흥법은 언론의 집중화를 방지하고 다양성을 유지하기 위해 신문사업자의 소유한도를 조사하도록 하였다. 시·도지사는 제18조에 따른 소유제한 사실을 확인하기 위하여 대통령령으로 정하는 바에 따라 신문사업자에게 필요한 자료의 제출을 요청할 수 있고, 이 경우 신문진흥법은 해당 사업자가 이에 따르도록 규정하여 신문사업자의 자료제출을 의무화하였다(신문진흥법 제19조).

여기에서 신문진흥법은 자료제출의 요구 목적을 '소유제한 사실의 확인'으로 규정하여 舊신문법의 신문사업 자료의 신고와 공개를 규정한 조항[53]의 위헌성 문제를 최소화하려 하였다.

---

> ⑧ 문화체육관광부장관은 법 제29조 제1항에 따른 한국언론진흥재단(이하 "한국언론진흥재단"이라 한다)에 위원회의 사무처리에 대한 지원을 요청할 수 있다.

53) 舊신문법 제16조.

## Ⅳ. 舊신문법, 소유제한 규정의 위헌성 검토

### 1. 舊신문법의 위헌성 문제

舊신문법은 민주적 의사형성이 가능한 언론의 다양성을 보장하기 위해 여러 가지 규정을 마련해두고 있었다. 그러나 언론의 다양성을 보장하기 위한 여러 가지 규정, 즉 일간신문·뉴스통신사업·방송사업 등과 같은 이종(異種) 매체 간의 겸영(兼營)금지나 소유제한 또는 일간신문 상호 간의 소유제한 규정 등이 오히려 신문의 자유를 제한할 여지가 많아 헌법정신에 반하는 위헌제기를 받게 되었다. 그 내용의 핵심은 첫째, 신문기업이 방송 등 다른 언론매체를 통하여 그 의견을 표현할 수 있느냐의 여부는 자유로운 여론의 형성과 전파에 있어 중요한 요소가 된다는 것이며, 둘째는 일간신문의 지배주주가 복수의 신문을 소유함으로써 그 매체를 통해 의견을 표현할 수 있느냐의 여부도 여론의 형성과 전파에 있어 중요한 요소라는 점이다.

반면에 위헌성을 부정하는 견해는 신문은 정기적·지속적으로 같은 독자에게 사실과 의견을 전파함으로써 독자의 의견형성에 결정적 영향을 미치고 있고, 일반적으로 여론 주도층이나 지식층을 비롯하여 일반대중들도 신문의 보도와 논평을 통해 정치적 의사 형성에 필요한 정보를 획득하고 이에 기초하여 자신들의 정치적 의사를 결정하는 것이므로 여전히 다수 신문의 존재와 경쟁은 신문의 다양성을 유지하기 위한 중요한 요소이며, 따라서 신문시장의 독과점과 집중을 방지함으로써 신문의 다양성을 확보하고자 신문기업 활동의 외적 조건을 규율하는 것은 정당하고 또 필요하다는 입장이다(헌재 2006. 6. 29, 2005헌마165).

언론의 다양성 보장을 목적으로 하는 기존 신문법의 관련규정들이 실질적으로 신문의 자유를 침해하는 것인지, 언론의 다양성을 보장하기 위한 필요한 한도 내의 제한이라고 할 것인지에 관해서는 아래에서 살펴보기로 한다.

## 2. 신문사업자 겸영금지와 위헌성 문제[54)]

### (1) 겸영금지의 입법 취지

舊신문법(제15조)은 "일간신문과 뉴스통신진흥에 관한 법률의 규정에 의한 뉴스통신은 상호 겸영할 수 없다"고 규정하고 있다.[55)] 위 조항에 의해 금지되는 겸영은 일간신문과 뉴스통신의 겸영이며, '겸영'이 금지된다는 것은 동일한 법인 내의 목적사업으로 일간신문과 뉴스통신을 함께 경영하는 것이 금지된다는 의미이다.[56)] 이렇게 해석하는 이유는 동 조항의 입법목적이 이종(異種) 미디어 간의 결합·집중을 억제하기 위한 것이기 때문이다.

문언 해석상으로도 동법 제15조 제3항에서 '다른 일간신문'이라는 표현을 사용하고 있는 점은 '상호 겸영'은 이종 미디어 간의 겸영을 의미하는 것으로 볼 수 있고, 舊신문법 제15조와 같은 취지를 규정하고 있는 방송법 제8조도 '겸영금지'와 '주식·지분 취득의 제한·금지'를 구분하여 규정하는 것은 주식이나 지분을 취득하는 방법으로 경영에 관여하는 것을 겸영의 범주에서 제외시키고 있는 것을 의미한다고 보아야 하기 때문이다.

따라서 하나의 일간신문사업자가 복수의 일간신문을 발행하는 것은 여기서 규제되는 '겸영'에 해당하지 않고, 또 일간신문법인의 주식 또는 지분의 2분

---

54) '겸영규제'라 함은 '동일사업자가 같은 지역 내에서 다른 서비스영역에 속한 두 개 이상의 사업을 동시에 소유하는 행위의 금지나 제한 또는 단일회사가 도달할 수 있는 전국범위의 시청자 점유율을 제한하는 규제'이다. 겸영규제는 기업운영의 효율성을 제고하고 시장경쟁력을 향상시키기 위해 한 사업자가 하나의 서비스시장에서 지배적 지위를 용이하게 획득하지 못하도록 하는 것을 목적으로 한다(헌법학연구 제15권 제2호, 한국헌법학회, 2009. 6, 90면).

겸영을 광범위하게 허용하는 경우 기업의 입장에서는 겸영을 통해 다양한 정보와 자원을 공유할 수 있고, 동일서비스시장에서 가격·품질경쟁력을 제고할 수 있는 장점이 있다. 반면, 겸영을 통해 일정한 서비스시장에서 한두 개의 기업들이 독점력을 가지는 경우에는 다른 후발사업자들이 이 시장에 진입하지 못함으로 인해 독과점의 폐해가 발생하게 되므로 공정거래법을 비롯하여 경제관련 법률들에서는 동일서비스시장에서 기업들의 결합과 겸영을 제한하고 있다(지성우, "방송의 자유의 입법형성 기준에 관한 연구").

55) 신문법 제15조 제2항의 규정을 위반하여 사업을 겸영한 자는 1년 이하의 징역 또는 2천만원 이하의 벌금에 처한다(동법 제40조 제3호). 역시 양벌규정이다(동법 제42조).

56) 동 조항에서의 '겸영'의 의미에 대하여는 동일법인 내에서의 경영뿐만 아니라 신문사가 뉴스통신사의 지배주주가 되어 실질적으로 일간신문과 뉴스통신사업을 함께 경영할 수 있는 상태도 금지하는 취지라는 입장도 있을 수 있으며, 동일법인 내에서의 경영뿐만 아니라 신문사가 주식이나 지분의 취득과는 상관없이 임원겸임 등의 방법으로 사실상 일간신문과 뉴스통신사업을 함께 경영하는 것을 금지하는 취지라는 입장도 존재할 수 있다.

의 1 이상을 소유하는 자가 다른 일간신문법인의 주식이나 지분의 소유를 통해 다른 일간신문의 경영에 관여하는 것은 (제15조 제 3 항에 의해 규제를 받게 됨은 별론으로 하고) 제15조 제 2 항에 의한 '겸영'에는 해당하지 않는다.

### (2) 겸영금지 규정의 위헌성(違憲性)[57] 검토

#### 1) 합헌성 견해

일간신문이 뉴스통신과 같은 이종(異種) 미디어를 겸영하는 것을 어떻게 규율할 것인가 하는 것은 고도의 정책적 접근과 판단이 필요한 분야라고 할 수 있다. 이 문제에 관하여는 저널리즘에 있어서의 기능분립이라는 관점에서 신문과 방송을 상호 분리·독립시켜 신문은 사기업으로 방송은 공적 제도로 운영하는 것이 양 미디어 간의 균형 있는 경쟁관계를 통하여 사회 전체적으로 의견의 다양성을 창출·유지하는 데 기여할 수 있다는 입장과, 보다 경제적인 관점에서 신문사의 타 미디어로의 진출이 금지될 경우 신문사의 재정기반인 광고수입의 감소로 신문사의 경영이 악화될 수 있으므로 오히려 이를 허용하는 것이 규모의 경제를 실현시켜 경쟁력을 확보할 수 있다는 입장의 두 가지 상반되는 관점이 존재할 수 있다.

舊신문법 제15조 제 2 항은 신문의 다양성을 보장하기 위해 필요한 한도 내에서 그 규제의 대상과 정도를 선별하여 제한적으로 규제하고 있다. 규제 대상을 신문의 다양성 보장과 연관성이 높은 일간신문으로 한정하고 있을 뿐만 아니라 위에서 본 바와 같이 겸영에 해당하지 않는 행위, 즉 하나의 일간신문 법인이 복수의 일간신문을 발행하는 경우나, 하나의 일간신문 법인의 지배주주가 다른 일간신문 법인이나 뉴스통신법인의 주식·지분을 2분의 1 미만의 범위 내에서 취득하는 것은 허용되며, 하나의 일간신문 법인이 이미 다른 일간신문·뉴스통신·방송사업 법인의 주식·지분의 2분의 1 이상을 소유하고 있지 않은 한, 또 다른 일간신문이나 뉴스통신 법인의 주식이나 지분을 소유하는 것은 금지되지 않는다. 결국 舊신문법 제15조 제 2 항의 규제의 대상과 정도가 살펴본 바와 같다면 이는 언론의 다양성을 보장하기 위한 필요한 한도 내의 제한이라고 할 것이고, 신문의 자유를 침해한다고 할 수 없어 동 조항은 헌법에 위반되지 않는

57) 헌재 2006. 6. 29, 2005헌마165.

다고 해석하는 입장이다.

2) 위헌성 견해

"일간신문과 뉴스통신진흥에관한법률의 규정에 의한 뉴스통신은 상호 겸영할 수 없다"라고 규정하고 있는 舊신문법 제15조 제 2 항이 위헌이라는 견해가 있는데 그 입장을 정리하면 다음과 같다.

① 언론의 자유와 관련된 정책은 쉽게 입법재량의 성역으로 허용되어서는 안 될 것이며 그 헌법적 정당성이 엄격하게 판단되어야 하므로 일간신문과 뉴스통신 간의 겸영이 광범위하게 행해지고 이로 인해 언론의 다양성이 심각하게 훼손되고 있음이 명백하다는 보편적 상황인식이 사회일반에 의해 공유되지 않는 한, 겸영의 금지는 합리적인 정책재량의 범위를 일탈한다고 보아야 한다. 그리고 언론의 자유가 지닌 기능적·우월적 성격을 고려할 때 언론의 자유에 대한 제한은 그 제한을 정당화할 만큼 긴요하고 공익 목적의 달성에 필요한 최소한의 범위 내에서만 가능한 것이다. 상호 겸영으로 인한 부정적 효과는 구체적이고 개별적인 상황에서 선별적으로 교정이 가능하다고 보는 이상, 동 조항이 일률적으로 겸영을 금지하는 것은 결국 입법수단으로서 필요한 최소한의 것이라고 볼 수 없다.

② 신문의 자유는 언론의 자유와 신문산업의 기업활동의 자유를 포함하는데, 일간신문에게 뉴스통신의 겸영을 금지하는 것은 언론의 전파방법의 자유를 제한하는 것이고 그러한 통신을 겸영할 자유를 일간신문에 한해 금지하는 것이며 또한 그것은 새로운 미디어 영역에 진출하려는 신문기업의 자유에 대한 제약을 의미하는 것이다.

③ 오늘날 일간신문의 이종매체 겸영이 가져올 수 있는 매스커뮤니케이션 발달의 긍정적 효과와 언론기업 경영의 효율성 증대는 가시적인 것임에 반해, 그러한 겸영이 초래할 언론의 독과점의 폐해나 언론의 다양성의 훼손에 대한 평가는 일률적으로 말할 수 없고 구체적 겸영 양태에 따라서 개별적으로 검토할 사항이다. 또한 신문·뉴스통신은 다 같이 매스미디어라고 하여도 그 기능과 특색이 다르며(뉴스통신은 편재된 뉴스를 다양하게 수집하여 대중언론매체에게 보급하고, 신문은 뉴스의 자세한 내용과 평론을 문자화하여 보도한다), 그에 따라 각 매체마다 언론의 기능과 효과도 다르기 때문에 동일한 사업자가 종류가 다른 미디

어를 겸영하거나 동일한 주주가 이종의 또는 동종 다수의 미디어 사업의 과반 수 주식을 소유한다고 하여 언론의 독점이 이루어지거나 언론의 다양성이 훼손 된다고 할 수 있는지 의문이다.

④ 오늘날과 같이 통신기술 및 디지털기술의 발달로 인하여 매스미디어는 다양화되고, 방송·통신 등 미디어 간의 융합을 통한 매스커뮤니케이션의 효과를 극대화하고 경영효율화를 도모할 필요성이 현저한 상황에서 동 조항에서와 같이 일간신문사의 뉴스통신사업 겸영을 일률적으로 금지하는 것은 결국 입법 수단으로서 필요한 최소한의 것이라고 볼 수 없어 언론표현 방법의 자유와 기업경영의 자유를 침해하는 것이라고 보는 입장이다.

## 3. 미디어간 소유제한의 위헌성 문제

### (1) 소유제한의 입법 취지

舊신문법(제15조 제 3 항)의 규정은 "일간신문·뉴스통신 또는 「방송법」에 따른 종합편성 또는 보도에 관한 전문편성을 행하는 방송사업을 경영하는 법인이 발행한 주식 또는 지분의 2분의 1 이상을 소유하는 자(대통령령이 정하는 동일계열의 기업이 소유하는 경우를 포함)는 다른 일간신문 또는 뉴스통신을 경영하는 법인이 발행한 주식 또는 지분의 2분의 1 이상을 취득 또는 소유할 수 없다"고 정하고 있다.

이 규정은 이종(異種) 미디어 간의 '교차소유'를 어떻게 규율할 것인지의 문제 또한 고도의 정책적 접근과 판단이 필요한 분야로서 입법자의 미디어정책적 판단이 존중되어야 하는 영역이다. 또한 舊신문법 제15조 제 3 항은 동종(同種) 및 이종(異種) 미디어 간의 '교차소유'에 대한 일정한 제한을 명시하고 있다.[58] 동 조항이 규정하고 있는 소유제한의 형태는 다음과 같다.

① 일간신문을 경영하는 법인이 발행한 주식 또는 지분의 2분의 1 이상을

58) 신문법 제15조 제3항의 규정을 위반하여 주식·지분을 취득 또는 소유한 자는 그 초과분에 대한 의결권을 행사할 수 없으며(舊신문법 제15조 제6항), 등록관청은 동법 제15조 제3항의 규정을 위반하여 주식·지분을 취득 또는 소유한 자에 대해 6개월 이내의 기간을 정해 이를 시정할 것을 명해야 한다(동법 제15조 제7항).
그리고 이와는 별개로 동법 제15조 제3항의 규정을 위반하여 사업을 주식·지분을 취득 또는 소유한 자는 1년 이하의 징역 또는 2천만원 이하의 벌금에 처한다(동법 제40조 제3호). 역시 양벌규정이다(동법 제42조).

소유한 자가 다른 일간신문을 경영하는 법인이 발행한 주식 또는 지분의 2분의 1 이상을 취득 또는 소유하는 형태, ② 뉴스통신을 경영하는 법인이 발행한 주식 또는 지분의 2분의 1 이상을 소유한 자가 일간신문을 경영하는 법인이 발행한 주식 또는 지분의 2분의 1이상을 취득 또는 소유하는 형태, ③ 「방송법」에 따른 종합편성 또는 보도에 관한 전문편성을 행하는 방송사업을 경영하는 법인이 발행한 주식 또는 지분의 2분의 1 이상을 소유한 자가 일간신문을 경영하는 법인이 발행한 주식 또는 지분의 2분의 1 이상을 취득 또는 소유하는 형태, ④ 일간신문을 경영하는 법인이 발행한 주식 또는 지분의 2분의 1 이상을 소유한 자가 뉴스통신을 경영하는 법인이 발행한 주식 또는 지분의 2분의 1 이상을 취득 또는 소유하는 형태 등 4가지의 형태이다.

### (2) 소유제한 규정의 위헌성[59] 검토

#### 1) 위헌성 견해

舊신문법 제15조 제 3 항의 내용 중 위의 ②, ③, ④의 경우처럼 이종 미디어 간의 결합을 규제하는 부분은 제15조 제 2 항에서 일간신문과 뉴스통신의 겸영을 금지하는 것과 마찬가지로 언론의 다양성을 보장하기 위한 필요한 한도 내의 제한이라고 할 것이어서 이것이 신문의 자유를 침해한다고 할 수는 없다.

그런데 제15조 제 3 항은 위의 ①의 경우에서와 같이 일간신문을 경영하는 법인의 주식 또는 지분의 2분의 1 이상을 소유하는 자가 다른 일간신문법인의 주식 또는 지분의 2분의 1 이상을 취득 또는 소유하지 못하도록 하여 일간신문 상호 간의 복수소유를 규제하고 있다. 신문의 다양성을 보장하기 위해 동일한 지배주주가 복수의 일간신문을 지배하는 것[60]을 규제하여 신문시장의 독과점과 집중을 방지할 필요가 있다는 점에서 신문기업의 복수신문 소유를 제한하는 것은 원칙적으로 헌법에 위반된다고 할 수 없지만, 모든 일간신문의 지배주주에게 신문의 복수소유를 일률적으로 금지하고 있는 것은 지나치게 신문의 자유를 침해하는 것이라고 보아야 한다. 왜냐하면 기존 신문법 제15조 제 3 항의 취지

59) 헌재 2006. 6. 29, 2005헌마165.

60) 일간신문의 복수소유와 신문들 간의 인수·합병을 규제하여 신문의 다양성이 저해되는 것을 방지하고자 하는 것을 의미한다.

가 언론의 다양성 보장에 있다면, 신문의 복수소유가 언론의 다양성을 저해하지 않거나[61] 오히려 이에 기여하는 경우도 있을 수 있는데, 위와 같이 일간신문 지배주주의 신문 복수소유를 일률적으로 금지하는 것은 정당하다고 보기 어렵기 때문이다.

신문시장에서 생존하기 어려운 상황에 처한 어떤 일간신문의 지배주주가 다른 일간신문법인의 주식 2분의 1 이상을 취득·소유하는 기업결합을 하더라도 이를 통해 신문시장에서 생존하는 길이 열리고, 이로써 얻어지는 신문의 다양성이라는 효과가 신문결합으로 인한 폐해보다 더 크다면 그러한 신문결합은 규제받지 않아야 한다.[62] 그런데 제15조 제 3 항은 이러한 가능성을 모두 봉쇄하고 있다.

신문의 복수소유에 관하여는 복수소유 규제의 대상을 일정한 매출액 이상의 신문으로 한정한다든지 또는 주식·지분 인수의 결과 발행부수가 일정한 시장점유율을 넘는 경우에만 규제한다든지 함으로써 신문의 다양성을 위협하는 실질적 관련성이 있는 경우로 그 규제 범위를 좁혀 기본권 제한을 최소화할 수 있음에도 불구하고, 동 조항은 이에 대한 아무런 배려 없이 모든 일간신문에 대하여 복수소유를 제한하고 있다. 따라서 동 조항은 신문의 자유를 지나치게 제한하는 것이다.

헌법재판소[63]는 舊신문법 제15조 제 3 항이 모든 일간신문의 지배주주에게 신문의 복수소유를 일률적으로 금지하고 있으므로 신문의 자유를 침해하는 것으로 해석해야하나 동 조항은 그 자체로 헌법에 위반되는 것이 아니라, 신문의 복수소유 규제에 관하여 부분적으로 위헌성이 있을 뿐이라는 이유로 (신문의 다양성 보장을 위한 복수소유 규제의 기준을 어떻게 설정할지의 여부는 결국 입법자의 재

61) 그러나 현대의 신문산업이 대규모 기업으로 발전하고 정보의 수집·편집·인쇄 등의 업무가 전문화되어 전문인이 이를 맡고 있는 추세에 비추어 보면 여러 신문사의 과반수 주식이 동일인에게 귀속된다고 하여 신문언론이 독과점되거나 신문언론의 다양성이 저해될 것이라고 단정하기 어렵다.

62) 예를 들어 발행부수가 적고 시장지배력이 미약하여 폐간의 위기에 처한 일간신문의 지배주주가 같은 처지에 있는 다른 신문의 주식 내지 지분을 2분의 1 이상을 취득·소유하여, 이를 통해 신문시장에서의 생존의 길이 열린다면 신문의 집중이나 독과점의 폐해는 없고, 이는 오히려 폐간의 위기에 처한 신문을 존속시켜 신문의 다양성에 기여하게 될 것이다. 또한 교육전문의 특수일간신문의 지배주주가 시너지(synergy) 효과를 통한 생존전략을 위하여 외국어일간신문을 인수한다든지 함으로써 1개의 신문이라도 건실하게 유지될 수 있다면 이 또한 금지할 이유가 없다(헌재 2006. 6. 29, 2005헌마165 참조).

63) 헌재 2006. 6. 29, 2005헌마165.

량에 맡겨져 있으므로) 동 조항에 대해서는 단순위헌이 아닌 헌법불합치결정을 선고하고, 입법자의 개선입법이 있을 때까지 계속 적용을 허용함이 상당하다고 판시하고 있다.

2) 합헌성 견해

舊신문법 제15조 제 3 항이 합헌이라는 견해[64]가 있는데, 그 입장은 다음과 같다.

① 오늘날 언론의 기업화와 상업적 영향력으로 인하여 언론이 민주적이고 다원적인 여론형성의 기능을 수행하는 과정에서 '정도언론'(正道言論)을 이탈하여 여론을 왜곡하고 사인(私人)에게 피해를 줄 가능성이 증가하고 있다. 특히 사주의 신문사 지배력이 강하고, 사주로부터의 편집권 독립이 부족하다고 지적되는 오늘날 우리 신문의 현실에서는 신문사주 개인의 장악하에 놓이는 신문이 많아진다는 것은 그만큼 신문의 다양성을 저해할 실질적 위험성이 높아진다는 것을 의미한다(특정 재벌의 경제력집중이 건전한 시장경제의 발전을 해치는 것과 마찬가지로 특정 신문사주에 의한 신문의 집중 현상 역시 신문시장의 건전한 발전 및 신문의 공적 기능 보장에 역행하는 것이다). 舊신문법 제15조 제 3 항을 통해 신문의 복수소유를 규제하는 대상은 원칙적으로 일간신문의 지배주주이지 일간신문법인은 아니며, 이와 같이 지배주주의 복수소유만을 주로 규제하는 것은 1인 사주의 지배하에 놓이는 신문의 출현을 억제하겠다는 것으로 이 또한 신문의 다양성 제고와 밀접한 관련이 있다. 언론의 자유를 보장하는 한편 정도언론을 위한 사회적 장치가 요구되고 있으며, 입법자는 그러한 사회적 현실에 기초하여 위와 같은 규제를 한 것이다. 신문법은 여러 가지 신문의 자유에 대한 제한장치를 두고 있지만, 신문의 자유 못지않게 정언(正言)을 보장하기 위한 입법적 필요성이 인정되는 이상 그러한 제한의 위헌성 심사에는 신중한 접근이 필요하고, 국민의 대표자인 입법자가 제정한 법률은 되도록 합헌성이 추정되어야 하며, 법률이 헌법에 조화하여 해석될 수 있는 경우에는 위헌으로 판단되어서는 안 된다는 것은 그간 헌법재판소가 위헌성 심사에서 중시해 온 대원칙이었다.

② 舊신문법 제15조 제 3 항이 군소 일간신문의 여하를 불문하고 규제하는 것은 시장지배력의 관점에서 신문의 다양성을 보장하려는 것이고, 이에 더하여

64) 헌재 2006. 6. 29, 2005헌마165 재판관 송인준, 재판관 이공현의 반대의견(합헌) 참조.

외형적인 다수 신문의 존재에도 불구하고 이들 신문을 특정 신문사주가 실질적으로 장악함으로써 발생할 수 있는 신문의 다양성과 언론의 폐해를 방지하려는 것이다. 동 조항은 이를 위한 규제이므로 입법적 정당성을 가지며, 이를 위해 채택된 수단에 있어서도 일간신문법인의 주식·지분의 취득·소유를 모두 금지하는 것이 아니라 제한적으로 다른 일간신문법인의 주식·지분의 2분의 1 이상을 넘는 취득·소유만을 금지하고 있다.

요약하면, 舊신문법 제15조 제 3 항이 합헌이라는 견해는 동 조항이 정당한 입법목적의 달성을 위해 허용되는 필요한 규제를 하고 있으므로 헌법에 위반되지 않는다는 것이다.

## 4. 신문 사업자료의 신고 및 공개의 위헌성 문제

### (1) 신문사업 자료의 신고 · 공개의무와 위헌성 검토

#### 1) 자료의 신고 및 공개 요구의 배경

舊신문법은 제15조 제 2 항(겸영금지)·동조 제 3 항(미디어간 주식·지분의 소유제한)·동조 제 4 항(대기업에 대한 주식·지분의 소유제한)·동조 제 5 항(미디어 법인 상호간 친족관계에 따른 이사 수의 제한)의 사실을 확인하기 위해 대통령령[65]이 정하는 바에 따라 일간신문을 경영하는 신문사업자 및 뉴스통신사업자에게 필요

65) 舊신문법 시행령 제10조(신문사업자 및 뉴스통신사업자의 자료제출)

> ① 법 제15조 제8항에 따라 시·도지사는 일간신문을 경영하는 신문사업자 및 「뉴스통신진흥에 관한 법률」에 의한 뉴스통신사업자(이하 "뉴스통신사업자"라 한다)에 대하여 다음 각 호에 해당하는 자료의 제출을 요구할 수 있다.
> 1. 총 발행주식 또는 자본금 현황, 주주(주주가 100인 이상인 경우에는 대주주 순위로 100인에 한한다. 이하 이 항에서 같다)별 주식소유수 또는 개인(단체를 포함한다. 이하 이 항에서 같다)별 지분 현황
> 2. 제1호의 규정에 의한 주주 또는 개인이 소유하는 제9조 제1항 및 제2항의 규정에 해당하는 기업의 주식소유현황 또는 지분소유현황과 그 점유율
> 3. 법인의 이사(합명회사의 경우에는 업무집행사원, 합자회사의 경우에는 무한책임사원)의 현황 및 이사 상호간에 「민법」 제777조의 규정에 의한 친족관계의 유무
>
> ② 제1항에 따라 자료의 제출요구를 받은 일간신문을 경영하는 신문사업자 및 뉴스통신사업자는 그 요구를 받은 날부터 15일 이내에 해당 자료를 제출하여야 한다. 다만, 해당 연도 결산기가 지나지 아니한 경우에는 시·도지사는 정기총회 개최일부터 15일 이내에 해당 자료를 제출하게 할 수 있다.

한 자료를 제출하게 할 수 있다(동법 제15조 제 8 항)[66]고 규정하고, 동법 제16조에 의하면, 일간신문을 경영하는 신문사업자는 해당 법인의 결산일부터 5월 이내에 직전 회계연도의 신문사업에 관한 사항 중 전체 발행부수·유가 판매부수·구독 수입·광고수입을 신문발전위원회에 신고해야 한다. 매 결산일부터 5월 이내에 총 발행주식 또는 지분총수와 자본내역, 100분의 5 이상의 주식 또는 지분을 소유한 주주 또는 사원의 개인별 내역에 관한 사항을 신문발전위원회에 신고해야 한다(동법 제16조 제 1 항·제 2 항),[67] 신문발전위원회는 홈페이지·관보 등에 게재하는 방법으로 이를 공개해야 한다(동법 제16조 제 3 항, 동법 시행령 제11조 제 2 항).

舊신문법 제16조가 위와 같이 자료신고와 그 공개제도를 둔 것은 신문시장의 투명성을 제고함으로써 신문의 다양성이라는 헌법적 요청을 구현하기 위해서이다. 또한 舊신문법은 신문시장의 다양성을 제고하기 위한 규정으로 제15조를 두고 있는데, 제15조의 겸영금지 및 소유제한 규정의 실효성을 담보하기 위해서는 그 소유관계의 구조와 내역·변동 상황을 파악하는 것이 필요하다.

한편, 신문기업 자료의 신고와 공개는 신문시장이 독과점 내지 불공정거래를 규제하는 데 있어서도 필요하다. 일간신문사업자도 공정거래법의 적용을 받으므로 공정거래법상의 불공정거래행위를 해서는 안 되는데, 신문사업자의 시장지배 정도나 불공정거래행위를 효과적으로 판별하기 위해서는 신문의 전체 발행부수나 유가 판매부수 등과 같은 자료가 신고·공개되는 것이 바람직하다. 나아가 신문의 독자와 광고주에게는 자신이 구독하거나 광고를 게재할 신문에 대해 보다 정확한 정보를 획득하여 자신의 선호에 맡는 신문을 선택하는 것이 필요하므로, 舊신문법 제16조의 자료신고와 공개는 구독자와 광고주를 위하여도 필요하다.

#### 2) 신문사업 자료의 신고 및 공개의 위헌 여부[68]검토

##### a) 합헌성 견해

헌재의 판례에 나타난 합헌의견은, 舊신문법(제16조)에서 신고·공개하도록

66) 舊신문법 제15조 제8항의 규정에 의한 자료제출 요구를 받고 이를 제출하지 않은 자는 2천만원 이하의 과태료에 처한다(동법 제43조 제1항 제3호).

67) 신문법 제16조 제1항·제2항의 규정에 의한 기간 이내에 신고하지 아니한 자는 2천만원 이하의 과태료에 처한다(동법 제43조 제1항 제4호).

68) 헌재 2006. 6. 29, 2005헌마165.

규정하고 있는 사항 중 상당부분은 이미 다른 법률에 의해 공시·공개되고 있는 것들이다. 예를 들어 신문기업도 기업이므로 일반기업에 적용되는 기업공시의 적용을 받게 되는데, 상법에 따르면 총 발행주식은 상업등기사항이고(상법 제317조 제2항 제3호), 일간신문법인이 주식을 발행할 때에는 기명식으로 해야 하는데(舊신문법 제15조 제1항), 기명주식의 경우 주주명부에 주주의 성명과 주소·각 주주가 가진 주식의 종류와 수·주식의 취득연월일을 기재해야 하고(상법 제352조 제1항), 이러한 사항이 기재된 주주명부는 회사의 본점에 비치되어 주주와 회사채권자는 영업시간 내에 언제든지 열람할 수 있다(상법 제396조). 그리고 자산총액 70억원 이상(상장법인이면 10억원 이상)인 신문사는 외부감사인에 의한 회계감사를 받아야 하는데('주식회사의 외부감사에 관한 법률' 제2조, 동법 시행령 제2조 제1항), 이를 통한 감사보고서를 증권선물위원회, 한국공인회계사회 등에 제출하여야 하며, 재무제표와 감사보고서를 회사에 비치·공시해야 한다('주식회사의 외부감사에 관한 법률' 제8조 제1항·제14조 제1항).

舊신문법 제16조에 의한 자료신고·공개 사항 중 위와 같은 사항은 다른 법률에서 이미 공시·공개토록 하고 있는 사항으로서 신문기업의 소유구조나 회계 관계에 관한 사항을 일반에 알리는 것은 신문의 투명성 확보나 독자나 광고주에 대한 정보 제공에 직·간접적으로 기여한다는 측면에서 불합리한 것이라고 할 수 없다.

舊신문법 제16조는 위와 같이 다른 법률에 의하여 공시·공개하고 있는 자료 이외에 신문 발행부수·유가 판매부수·구독수입·광고수입 등을 추가적으로 신고·공개하도록 하고 있다. 이와 관련하여 일반적으로 입법자는 기업의 공시·공개에 관하여 특별한 입법목적을 달성하기 위해 필요한 경우에는 일반법적 규율에 대체·추가하여 규율대상의 특성에 맞는 특별한 규율을 할 수 있다고 보아야 한다. 동조는 신문기업의 경우에는 신문의 투명성 확보를 통해 신문의 다양성이라는 신문 특유의 기능보장을 위해 그러한 신고·공개가 필요하다고 보아 추가적으로 전체 발행부수 등을 신고하여 공개하도록 한 것이다. 오늘날 기업은 더 이상 개인의 전유물이 아니라 이해관계가 얽힌 사회적 조직체이므로 그 현황·활동상황을 투명하게 하고 이해관계자들에게 기업정보를 제공할 필요가 있다. 특히 신문기업은 일반기업에 비하여 공적 기능과 사회적 책임이 크기 때문에 그 소유구조는 물론 경영활동에 관한 자료를 신고·공개하도록 함으로써 그 투명성을 높이고 신문시장의 경쟁질서를 정상화할 필요성이 더욱 크다.

한편 위와 같은 추가자료들에 대한 신고·공개를 통해 독자나 광고주는 신문기업에 대한 보다 정확한 정보를 획득함으로써 자신의 선호에 맞는 신문을 보다 잘 선택할 수 있게 되며, 불공정한 거래행위를 보다 효율적으로 규제할 수가 있다. 그러므로 신문기업의 경영활동과 긴밀한 관련이 있는 신문의 전체 발행부수 등과 같은 사항을 추가적으로 신고·공개하도록 한 것이 입법자의 입법재량의 한계를 넘은 것이라고 할 수는 없다. 즉, 舊신문법 제16조의 자료신고와 공개는 신문의 투명성 확보를 통하여 신문의 다양성을 보장함으로써 신문시장의 경쟁질서를 정상화하고, 구독자와 광고주에 대한 정확한 정보를 제공한다는 차원에서 정당화된다고 해석해야 한다. 따라서 舊신문법 제16조 제 1 항·제 2 항·제 3 항은 헌법에 위반되지 않는다[69]고 보는 입장이다.

b) 위헌성 견해

신문 사업자료의 신고에 관한 舊신문법 제16조 제1·2·3항이 위헌이라는 견해가 있는데,[70] 그 입장을 정리해보면 다음과 같다.

① 동법 제16조 제1·2·3항은 우선 그 입법목적의 정당성이 인정되지 않는다고 한다. 신문의 자유는 신문사가 개별적으로 지닌 자신만의 정치적, 사회적 경향성을 보호하는 것을 포함하는데, 동조항들이 신고·공개하도록 규정한 정보들은 신문사업자로서는 일반에게 공개되기를 원하지 않는 자료일 수도 있고, 특히 소유자에 대한 정보의 폭넓은 공개는 필수적으로 개인의 프라이버시를 노출시키게 되며, 그 결과 특정 신문에 대한 개인의 투자를 저해할 수도 있어 언론의 자유를 지나치게 제약하는 것이라고 한다.

69) 헌법재판소는 이에 덧붙여 신문법 제16조 제1·2·3항이 신문기업의 소유와 경영에 관한 자료를 신고·공개토록 하는 것은 일간신문의 기업활동의 자유를 제약하는 것이기는 하지만, 신문시장의 투명성을 제고하여 신문의 다양성을 실현하려는 입법취지와 합목적적으로 연결된 의무로서, 기존의 다른 법률에 의해 이미 공시된 자료나 신문시장의 특성에 비추어 필요한 자료에 한정하여 신고·공개토록 하고 있고, 그 위반행위에 대해서도 과태료 부과에 그치고 있다는 점에서 신문의 자유를 지나치게 침해한다거나, 일반 사기업에 비해 평등원칙에 반하는 차별을 가하는 위헌규정이라 할 수 없다고 판시하고 있다(헌재 2006. 6. 29, 2005헌마165).

70) 헌재 2006. 6. 29, 2005헌마165 재판관 권성, 재판관 김효종, 재판관 조대현의 반대의견(위헌) 참조.

② 독자에게 신문의 선택에 필요한 정보를 제공하거나 신문산업의 진흥을 위한 것이라면 이 규정들은 그를 위한 적정한 수단이 되지 못하고 나아가 최소침해의 원칙에도 어긋난다. 일반적으로 독자들은 신문의 내용과 논지를 기준으로 하여 신문을 선택하므로 신문을 누가 소유하고 있는지, 그 경영실적은 어떤지 하는 것은 기껏해야 부차적인 고려 사항일 뿐이므로 독자들의 선택권을 보장하고 이로써 신문의 다양성을 촉진하기 위하여서라면 이 제도는 불필요하고 부적절한 것이라고 한다.

③ 신문기업의 경영자료를 모두 공개한다면 발행부수가 적은 신문은 독자와 광고의뢰인으로부터 외면당할 위험성이 있으므로 오히려 신문산업의 발전에 도움이 되기 어렵다고 한다. 또한 신문사업자에 대한 지원 여부를 판단하기 위한 경영자료가 필요하다면 지원을 요청하는 사업자에게만 경영자료를 제출하도록 요구해도 충분할 것이고, 광고주를 위해 신문의 경영자료를 공개할 이유는 없지만 혹시 그렇게 해야 할 필요한 경우가 있는 경우에는 광고주의 요청이 있을 때 발행부수 정도의 자료를 제공하면 되므로 모든 신문사업자에게 일률적·강제적으로 소유·경영에 관한 자료의 제출을 요구하고 이를 공개하는 것은 기본권 제한의 요건으로 요구되는 수단의 적절성과 피해의 최소성을 모두 갖추지 못한 것이라고 한다.

## 5. 신문사업의 시장지배적 사업자 지정과 제재의 위헌성 문제

### (1) 지배적 사업자 추정의 근거와 위헌성 검토

#### 1) 지배적 사업자 추정의 근거

舊신문법(제17조, 시장지배적사업자)는 "일반일간신문 및 특수일간신문(정보전달을 위하여 무료로 보급되는 일간신문을 제외한다. 이하 같다)을 경영하는 신문사업자 중 ① 1개 사업자의 시장점유율이 전년 12개월 평균 전국 발행부수의 100분의 30 이상, ② 3개 이하 사업자의 시장점유율의 합계가 전년 12개월 평균 전국 발행부수의 100분의 60 이상인 경우 등 어느 하나에 해당하는 사업자는 '독점규제 및 공정거래에 관한 법률' 제 4 조의 규정에 불구하고 같은 법 제 2 조 제 7 호의 규정에 의한 시장지배적 사업자로 추정한다. 다만, 시장점유율이 100분의 10

미만인 자를 제외한다"고 규정하고 있다.

舊신문법(제17조)은 공정거래법(제 4 조)[71]이 1개 일반사업자의 시장점유율이 100분의 50 이상이거나 3개 이하 일반사업자의 시장점유율이 100분의 75 이상일 때 시장지배적 사업자로 추정하는 것과는 달리, 일반일간신문 및 특수일간신문(무료신문 제외)을 경영하는 신문사 중 1개 사업자의 시장점유율이 전년 12개월 평균 전국 발행부수의 30% 이상이거나 3개 이하 사업자의 시장점유율의 합계가 그 60% 이상(시장점유율이 10% 미만인 자 제외)인 자를 시장지배적 사업자로 추정함으로써 시장지배적 사업자 추정 판단기준을 보다 완화하고 있다.

이와 같이 舊신문법 제17조는 신문사업자를 일반사업자보다 더 쉽게 시장지배적 사업자로 추정함으로써 (신문법 제17조에 의해 시장지배적사업자로 추정되는) 해당신문사가 (후술하는 신문법 제34조 제 2 항 제 2 호에 의해) 신문발전기금의 지원을 받지 못하는 불이익을 받음은 물론 공정거래법상의 각종 규제[72]의 대상이 더 쉽게 되어버리는 불이익을 입게 된다. 이처럼 동조는 공정거래법과 신문법의 적용에 있어서 신문사업자를 다른 일반사업자에 비해 더 불리하게 차별함으로써 신문사업자의 자유를 제한하게 되는데 그러한 차별과 제한이 과연 헌법상으로 용인될 수 있는 것인지 여부가 문제된다.

### 2) 시장지배적사업자 추정의 위헌성[73] 검토

舊신문법(제17조) 규정이 신문의 다양성 보장을 목적으로 한다고 볼 때 그 목적 자체의 정당성을 인정하는 데에는 별 문제가 없을 것이지만 동 규정이 그

71) 독점규제 및 공정거래에 관한 법률 제 4 조(시장지배적사업자의 추정)

> 일정한 거래분야에서 시장점유율이 다음 각 호의 어느 하나에 해당하는 사업자(일정한 거래분야에서 연간 매출액 또는 구매액이 40억원 미만인 사업자는 제외한다)는 제2조(정의) 제7호의 시장지배적 사업자로 추정한다.
> 1. 1사업자의 시장점유율이 100분의 50 이상, 2. 3 이하의 사업자의 시장점유율의 합계가 100분의 75 이상. 다만, 이 경우에 시장점유율이 100분의 10 미만인 자를 제외한다.

72) 공정거래법상의 각종 규제 중 대표적인 것은 다음과 같은 것들이다. 즉 공정거래법 제3조의2(시장지배적 지위의 남용금지) 제1항이 규정하는 시장지배적 지위의 남용에 해당하는 행위가 있을 때에는 가격의 인하, 당해 행위의 중지, 시정명령을 받은 사실의 공표, 기타 시정을 위한 필요한 조치를 명할 수 있고(동법 제 5 조), 시장지배적 사업자에 대하여는 일반사업자의 불공정거래행위에 따른 제재(매출액의 2% 이내)보다 무거운 제재(매출액의 3% 이내)를 가하는 것(동법 제6조) 등이다.

73) 헌재 2006. 6. 29, 2005헌마165.

목적 달성을 위한 합리적이고도 적정한 수단인지의 여부에 대해서는 신중히 검토할 필요가 있다.

위헌성 견해를 보면, 단일 기준으로서의 발행부수와 시장의 동질성 및 지배력 남용의 위험 등을 쟁점으로 하여 위헌을 주장하고 있다.

첫째, 우선 신문의 시장점유율은 발행부수뿐만 아니라 신문매출액·구독자수·광고매출액 등 다양한 요인을 함께 고려하여 평가해야 함에도 불구하고 이 조항은 단지 발행부수 하나만을 기준으로 삼고 있기 때문에 그 합리성을 인정하기 어렵다.[74] 다시 말해 舊신문법 제17조가 신문이라는 상품시장에서 시장지배적사업자의 지배력을 판단하는 기준인 시장점유율을 발행부수만으로 정하고 있는 것에 대해, 신문시장의 시장지배력을 판단할 수 있는 요소로는 발행부수 이외에 신문매출액·구독자수·광고매출액 등이 다양하게 존재할 수 있는데, 발행부수만을 평가 요소로 삼아 시장지배력 여부를 평가하는 것은 합리적이지 않다는 것이다. 또한 시장지배적 사업자의 추정은 시장의 지배력을 문제 삼는 제도인데 시장지배력이라고 하는 것이 (신문의 구독시장에서 독자를 흡인하여) 언론의 다양성을 저해하는 영향력은 그렇게 크다고 볼 수 없다. 왜냐하면 신문의 선택 및 그로 인한 발행부수의 많고 적음은 기본적으로 신문의 내용에 대한 독자의 개별적인 선호에 의해 결정되기 때문이다. 그러므로 발행부수의 많음 하나만을 기준으로 시장지배력을 인정하여 시장지배적 사업자로 추정하는 것은 합리성을 인정하기 어려운 것이다. 헌법과 법이 허용하지 않는 내용의 기사나 의견을 독자에게 제공하여 신문이 그 발행부수를 늘리고 있는 것이라면, 또는 상당한 이득을 제공하고 구독을 유혹하는 것이라면 그러한 행위 자체를 법에 따라 혹은 법을 정해 규제하면 되는 것이고, 만일 독자의 선택이 잘못된 것이라고 생각한다면 올바로 선택하도록 계몽하고 설득할 일이지 발행부수 많음 자체를 문제시하여 그를 줄여 나가도록 억제하는 것은 어떤 현상의 원인과 의미를 제대로 파악하지 않은 부적절한 일이다. 이상과 같이 발행부수가 많다는 것의 의미를 종합적으로 고려해보았을 때 그 밖의 다른 사정을 고려함이 없이 (구독시장과 광고시장을 구분하지 않고) 구독시장에서의 발행부수 하나만을 기준으로 하여 시장지배적 사업자 여부를 정하는 것은 합리성과 적정성을 결하는

74) 이 점은 신문시장을 구독시장과 광고시장으로 구별하여 평가할 때 더욱 분명하다.

것이다.

둘째는 시장의 동질성에 관한 문제이다. 즉, 3개 이하의 신문의 발행부수가 60% 이상이라고 하더라도 그들 사이에 시장의 동질성을 인정할 수 있는가 하는 것이다. 신문은 일정한 스타일과 색조(色調)와 논지를 지니고 있고, 때로는 특정의 전문분야를 가지고 있으므로 신문의 선택은 외적인 시장지배적 영향력에 따라 이루어지기보다는 독자의 개별적인 선호에 따라 더 좌우되는 경향이 있기 때문이다. 그러므로 신문시장의 시장지배력을 평가함에 있어 서로 다른 경향을 가진 신문들에 대한 개별적인 선호도를 합쳐 이들을 하나의 동질적인 시장으로 묶는 것은 비합리적인 것이다. 예를 들어 일반일간신문과 특수일간신문은 그 취급분야와 독자층이 완연히 다른데도 신문구독시장과 신문광고시장에서 이들 사이에 시장의 동질성을 인정한다면 이는 매우 비합리적이다. 구체적으로 이들이 공정거래법 소정의 일정한 거래분야, 즉 거래의 객체별·단계별 또는 지역별로 경쟁관계에 있거나 경쟁관계가 성립될 수 있는 분야(공정거래법 제2조 제8호)에 해당하는지 매우 의문이다. 즉 중앙일간신문과 지방 군소일간신문, 일반일간신문과 (경제신문·스포츠신문 등의) 특수일간신문을 서로 경쟁관계에 있는 동종(同種)매체로 볼 수 있는가라는 근본적인 문제가 발생하는 것이다. 공정거래법상의 시장은 '서로 대체될 수 있는 상품시장'으로 한정하는 것이 원칙인데도, 舊신문법 제17조는 종합적인 뉴스를 다루는 '일반일간신문'과 산업·과학·종교·교육 또는 체육 등 특정분야에 국한된 사항의 보도·논평 및 여론 등을 전파하기 위하여 매일 발행하는 간행물인 '특수일간신문'을 하나의 시장으로 규정하는 등 관련시장의 범위를 부적절하게 확대했기 때문에 이 규정으로는 신문시장의 과점을 해소한다는 입법목적을 실현시킬 수 없고 불필요하고 부적절한 규제만 보탤 뿐이다. 따라서 시장의 동질성이라는 측면에서 보더라도 舊신문법 제17조는 그 입법목적의 달성과는 직접적인 관계가 없는 부적절한 수단을 사용하고 있어 입법적 한계를 넘은 것이라고 평가할 수 있다.

셋째는 지배력 남용의 위험에 대한 문제이다. 신문산업 역시 독점규제 내지 공정거래를 위한 규제에서 제외될 수 없다는 사실은 너무나도 명백하며, 신문산업을 포함한 일반 상품이나 용역시장의 경우 사업자가 단독으로 혹은 다른 사업자와 함께 상품이나 용역의 가격·수량·품질 기타의 거래조건을 결정·유지 또는 변경할 수 있는 시장지배적 지위를 갖게 된다면 그러한 지위의 남용가능성이 높기 때문에 이를 엄격히 통제할 필요가 있다. 그러나 신문의 발행부수는 주로 독자의 선호도에 의하여 결정되는 것이고 발행부수를 기준으로 하여 인정되는 시장지배적 지위는 결국 독자의 개별적·정신적·정서적 선택에 의해 형성되는 것인 만큼 그것이 불공정행위의 산물이라고 보거나 불공정행위를 초래할 위험성이 특별히 크다고 볼만한 사정은 없다. 그렇다면 신문이 시장지배적 지위를 남용할 가능성이 다른 상품이나 용역에 비하여 더 커서 이를 더 엄격히 통제해야 한다고 볼 수도 없는 것이다. 설혹 신문의 보급과정에서 나타날 수 있는 불공정행위가 문제된다면 이에 대하여는 이미 舊신문법 제10조 제 2 항·제 3 항에서 특별히 규정을 두고 있고 독점금지와 공정거래에 관한 규정들이 따로 마련되어 있으므로 그것과 별도로 시장지배적 사업자로 더 쉽게 추정까지 할 이유는 없다고 할 것이다. 이와 같이 지배력 남용의 위험이라는 관점에서 보더라도 신문사업자를 일반사업자에 비해 더 쉽게 시장지배적 사업자로 추정하도록 한 것은 역시 합리성을 결한다고 할 수 있다.

이상에서 살펴본 바와 같이 동 조항이 신문의 다양성 확보를 목적으로 하고 있는 것이라고 하더라도 이를 위해 독자의 선택 결과인 발행부수의 많음을 이유로 하여(단일의 판단기준으로 하여) 일반사업자보다 신문사업자를 더 쉽게 시장지배적 사업자로 추정하여 규제의 대상으로 삼는 것은 그 차별에 합리적인 이유가 없을 뿐만 아니라 입법목적을 달성할 수단으로서의 합리성·적정성도 인정하기 어렵다. 따라서 舊신문법 제17조는 합리적인 이유 없이 신문사업자를 공정거래법상의 다른 사업자와 차별하여 신문사업자의 평등권을 침해하고, 불합리하고 부적절하게 신문의 자유를 침해하는 것이어서 위헌이라고 보아야 할 것이다.[75]

#### 3) 시장지배적 사업자 추정의 합헌성 검토

舊신문법 제17조가 합헌이라는 견해[76]가 있는데, 동 견해의 입장을 정리해 보면 다음과 같다.

① 舊신문법 제17조가 발행부수만을 기준으로 시장점유율을 평가하도록

75) 헌재 2006. 6. 29, 2005헌마165.

76) 헌재 2006. 6. 29, 2005헌마165 재판관 주선회, 재판관 이공현의 반대의견(합헌) 참조.

한 것은 발행부수가 신문시장의 시장지배력을 판단할 수 있는 1차적이고도 직접적인 요소이며, 신문시장에서의 시장지배력은 발행부수에 의해 결정되는 것이기 때문이다(신문매출액·구독자수·광고매출액 등은 발행부수를 중심으로 형성되는 요소들에 불과하다). 따라서 舊신문법 제17조가 다른 기준이 아닌 발행부수를 시장지배력을 평가하는 기준으로 삼은 것이 신문의 자유를 지나치게 제한하고 있다고 볼 수는 없다.

② 신문사가 독자적인 사시(社是)와 논조로 의사표현 분야에서 경쟁관계에 있더라도, 그와는 별개로 경제적인 분야에서 과점적 지위를 유지하기 위해 부당한 가격결정이나 부당한 사업활동의 방해·시장진입의 제한 등 지위남용행위(공정거래법 제23조)를 단독으로 혹은 담합하여 행함으로써 시장질서를 어지럽히는 문제는 여전히 남아 있다. 따라서 경향의 유사성 여부를 불문하고 복수의 신문사업자가 결합하여 점유하는 시장지배력을 기준으로 시장지배적 사업자의 추정 여부를 판단한다 하더라도 이를 불합리한 것이라고 할 수는 없다.

③ 오늘날과 같이 독자들의 신문수요 또는 신문선택의 기준이 다양하게 분화되고 있는 현실에서 일반일간신문과 특수일간신문이 상호 경쟁관계가 성립할 수 없는 완전히 별개의 시장이라고 단언하기 어렵다. 뿐만 아니라 舊신문법 제12조가 일간·주간·월간·계간 등의 간별(刊別)을 신문 구분의 주요 표지로 삼고 있는 점을 감안하면, 일간신문 전체나 일부를 하나의 단일시장으로 규정하였다고 하여 그 입법정책적 판단이 잘못되었다고 보기는 어렵다. 만약 특수일간신문을 제외하고 일반일간신문만을 하나의 시장으로 규정한다면 단위시장의 규모가 축소되어 일반일간신문에 대한 규제 효과는 오히려 더 강화되는 결과가 될 것이다.

위의 ①, ②, ③을 종합하여 정리해보면 신문시장의 시장지배적 사업자 추정 요건에 관한 문제는 사회적·경제적 평가와 예측에 관한 문제로서 입법자에게 넓은 입법재량이 주어져 있는 분야이므로[77] 그 형성의 범위 내에서 시장지배적 사업자의 평가요소나 기준율을 정한 것이라면 이는 헌법상 정당하다고 할 것이다. 시장지배적 사업자를 평가하는 시장점유율에 관한 기준을 어떻게 설정할 것인가 하는 문제는 입법에 필요한 사실확인과 입법효과의 예측에 관한 문

77) 헌재 2002. 10. 31, 99헌바76; 헌재 2002. 11. 28, 2001헌바50 참조.

제로서 이에 대하여는 입법자에게 광범위한 판단권한이 부여되어 있다. 입법자는 여론형성이라는 공적 기능을 수행하는 신문시장의 독과점 방지가 단순한 기업법적 독과점 방지보다 훨씬 더 절실한 공익이라는 인식하에, 신문시장이 불공정한 시장요소들에 의하여 불합리한 과점시장으로 형성될 우려가 있다고 진단하고, 신문시장의 공정한 경쟁을 확보하기 위해 시장지배적 사업자의 지배력을 판단하는 기준인 시장점유율을 발행부수 기준으로 하면서 그 점유율 기준을 일반 상품시장보다 다소 낮춘 것이다. 정치적·정신적 분야와 깊은 관련이 있는 신문시장의 독과점은 다양한 의견이나 정보의 제공을 불가능하게 하고 일방적인 보도와 정보의 제공으로 여론의 왜곡을 초래할 수 있어 일반 상품시장의 독과점보다 그 폐해가 국가와 사회에 미치는 정도가 훨씬 심각하다. 이러한 신문시장의 특성을 반영하여 신문시장의 시장지배적 사업자로 추정하는 시장점유율 기준을 발행부수로 하면서 그 점유율을 일반 상품보다 다소 하향 조정하였다고 하여 이를 불합리하다고 할 수는 없다.

한편, 신문법상 특수한 효과로는 신문발전기금의 지원대상에서 제외된다는 점이 있으나(舊신문법 제34조 제 2 항 제 2 호), 이것은 舊신문법 제17조 자체에서 직접 발생하는 불이익이라고 할 수 없어, 이를 근거로 동 규정을 위헌이라고 할 수도 없다. 따라서 舊신문법 제17조는 신문이라는 언론시장의 독과점이 초래하는 폐해의 심각성을 우려하여 신문사업자의 경우 일반사업자보다 더 쉽게 시장지배적 사업자로 추정받도록 한 것이므로, 이것이 신문의 자유를 침해한다거나 다른 일반사업자와 비교하여 합리적 이유 없이 신문사업자를 차별하는 것이라고 할 수는 없다는 입장이다.

### (2) 시장지배적 사업자 제재의 위헌성 검토

#### 1) 지배적 사업자 제재의 입법 취지

舊신문법(제34조)는 “다음의 어느 하나에 해당하는 자에 대하여는 기금을 지원할 수 없다. ① 무료로 제공 또는 발행되는 신문의 사업자, ② 제17조의 규정에 해당하는 시장지배적 사업자”에 대한 발전기금 지원을 금지하는 일종의 제재초치를 규정하고 있다.

신문발전기금은 정부의 직접 출연금 등으로 조성되며(舊신문법 제33조 제 2

항) 여론의 다양성 촉진과 신문산업의 진흥을 위한 사업 등에 사용되고(동법 제34조 제 1 항) 신문발전위원회가 이 기금을 운용한다(동법 제29조 제 3 호). 이 위원회는 문화체육관광부에 설치되고 문화체육관광부장관이 위촉하는 위원으로 구성된다(동법 제27조·제28조 제 3 항). 그런데 舊신문법(제34조 제 2 항 제 2 호)은 동법 제17조의 규정에 해당하는 시장지배적 사업자에 대하여는 기금을 지원할 수 없다고 규정하여 동법 제17조의 시장지배적 사업자를 기금의 지원대상에서 배제하고 있으므로 시장점유율이 상대적으로 낮은 신문사업자만이 기금의 혜택을 보게 될 수 있어 시장지배적 사업자와 그렇지 않은 신문사업자 사이에 차별을 발생시킬 여지가 있다.

### 2) 지배적사업자 제재의 위헌성[78)]

시장지배적 사업자의 추정은 시장점유율에 의해 결정되고 시장점유율은 발행부수 하나만을 기준으로 하여 산출되므로 결국 그러한 시장지배적 사업자의 추정기준은 발행부수가 舊신문법 제17조 소정의 일정한 정도 이상으로 많은 신문사업사를 그렇지 않은 사업자에 비해 차별하는 것으로 볼 수 있다.

舊신문법 제34조 제 2 항 제 2 호가 초래하는 차별에 대해 합리성을 인정할 수 없는 이유는 다음과 같다. ① 시장점유율만을 기준으로 신문사업자를 차별하는 것은 합리적이라고 볼 수 없다. 발행부수가 많다는 것은 다른 특별한 사정이 없는 한 독자의 선호도가 높은 데 기인한다. 그렇다면 시장지배적 사업자가 받는 차별의 주된 이유는 제 3 자라고 할 독자들의 자율적인 선호라는 것인데 그러한 차별 사유가 불합리한 것임은 너무나도 명백하다.

② 공정거래법이 시장지배적 사업자 추정에 관한 규정을 두는 이유는 시장지배적 사업자에 해당하는 사업자가 시장의 지배력을 남용할 때 공정거래법상의 제재를 가하여 이를 억제하기 위한 것이다. 따라서 시장지배적 사업자라고 해도 지배력의 남용이 없는 경우에는 공정거래법상으로도 아무런 제재를 가할 필요가 없는 것이다. 어떤 신문이 높은 시장점유율을 획득하는 과정에서 위법행위가 있었다면 공정거래법이나 신문고시 등에 따라 그에 대한 제재를 가하는 것은 별론으로 하고, 이상과 같이 시장점유율만을 근거로 신문발전기금의 지원대상에서 일체 제외하는 것은 공정거래법의 취지에도 어긋나는 불합리한 차별

78) 헌재 2006. 6. 29, 2005헌마165.

이다. 발행부수가 많은 신문사업자를 공정거래법상의 시장지배적사업자제도를 이용하여 규제하려고 한다면 먼저 지배력의 남용 유무를 조사하여 그 남용이 인정될 때에만 기금지원의 배제라는 추가적 제재[79]를 가하는 것이 공정거래법의 취지 및 시장지배적사업자제도의 취지에도 부합하는 것이라고 할 수 있다. 이러한 사정을 종합적으로 고려해보았을 때 동 조항이 지배력의 남용 유무를 묻지 않고 단지 발행부수가 많다는 한 가지 사실을 이유로 발행부수가 많은 신문사업자에게 기금지원배제의 제재를 한다는 것은 공정거래법의 취지에 어긋나는 불합리한 제재라고 보아야 하며, 신문사업자에 대한 이러한 제재는 (지배력의 남용이 있을 때 비로소 제재를 받게 되는) 일반사업자와 비교하여서도 신문사업자를 불합리하게 차별하는 것이라고 할 수 있다.

③ 신문의 다양성 추구라는 면에서 보더라도 신문시장의 구도·지원대상 신문의 시장점유율·재무구조·독자층의 구성내용과 분포 등 여러 요인을 고려하여 지원의 범위와 정도에 있어 합리적 차등을 두어야 하는 것이 (관련규정의 입법목적에도 부합하는) 보편타당한 일반원칙이라고 할 수 있는데 동 조항과 같이 시장지배적 사업자로 추정된다는 이유 하나만으로 기금지원의 대상에서 아예 빼버리는 것은 입법목적과의 합리적 연관성을 전혀 인정할 수가 없다. 신문의 발행부수가 많으면 구독수입과 광고수입도 많을 것이므로 발전기금을 지원할 필요가 없다고 볼 여지도 있지만 이는 기금지원의 필요성을 판단할 때 참작할 수 있는 하나의 요소에 불과할 뿐이지 그것이 기금의 지원대상에서 아예 제외시킬 수 있는 절대적인 기준이 될 수는 없다.

④ '신문의 자유'는 개별 신문의 존재와 내용에 영향을 주는 행위뿐만 아니라 신문의 경쟁을 왜곡하는 행위까지도 금지하는 것을 요구하고 있다. 발행부수만을 기준으로 특정 신문사업자를 정부가 기금지원에서 배제하고 다른 사업자에게만 기금을 지원하는 차별적 규제를 행하는 것은 자유롭고 공정한 경쟁을 통해 형성될 신문시장의 구도를 국가가 개입하여 인위적으로 변경시키는 결과가 되는 것이고 이는 헌법이 보장하는 '자유 신문제도'에 역행하는 것이며, 자유와 창의를 존중함을 기본으로 삼는 헌법상의 시장경제질서에도 어긋나는 것이다.

따라서 위의 ①, ②, ③, ④를 종합적으로 고려해보았을 때 舊신문법 제34

79) 공정거래법이 원래 정하고 있는 제재가 아니라는 점에서 '추가'의 의미를 가진다.

조 제 2 항 제 2 호는 합리적인 이유 없이 발행부수가 많은 신문사업자를 차별하는 것이므로 평등의 원칙에 위배되어 헌법에 위반되는 규정이라고 보아야 한다[80]는 입장이다.

## 제 5 절 신문발행의 등록취소

### Ⅰ. 신문의 발행정지 및 등록취소

#### 1. 발행정지 처분

신문진흥법(제22조)은 시·도지사는 신문·인터넷신문 또는 인터넷뉴스서비스의 등록(동법 제 9 조 제 1 항)을 한 자가 다음의 어느 하나에 해당하는 경우 3개월 이내의 기간을 정해 해당 신문 등의 발행정지를 명할 수 있다. 인터넷신문의 경우는 기사의 제공정지, 인터넷뉴스서비스의 경우는 기사의 매개정지를 의미한다. ① 제 9 조 제 1 항에 따라 등록된 사항을 변경등록하지 아니하고 임의로 변경하여 그 신문 등을 발행한 경우, ② 발행인·편집인 또는 기사배열책임자가 결격사유(동법 제13조)에 의한 자격제한 조건에 해당된 경우는 신문발행을 정지할 수 있다.

#### 2. 등록취소 심판청구

시·도지사는 신문진흥법(제 9 조 제 1 항)에 따라 신문 등을 등록한 자가 다

80) 시장점유율이 높다는 이유만으로, 즉 독자의 선호도가 높아서 발행부수가 많다는 점을 이유로 신문사업자를 차별하는 것, 그것도 시장점유율 등을 고려하여 신문발전기금 지원의 범위와 정도에 있어 합리적 차등을 두는 것이 아니라 기금 지원의 대상에서 아예 배제하는 것은 합리적이 아니다. 발행부수가 많은 신문사업자를 시장지배적 사업자제도를 이용하여 규제하려고 한다면 먼저 그 지배력의 남용 유무를 조사하여 그 남용이 인정될 때에만 기금 지원의 배제라는 추가적 제재를 가하는 것이 시장지배적 사업자제도의 취지에 맞다. 따라서 舊신문법 제34조 제 2 항 제 2호는 합리적인 이유 없이 발행부수가 많은 신문사업자를 차별하는 것이므로 평등원칙에 위배된다(헌재 2006. 6. 29, 2005헌마165 재판관 전원일치).

음의 어느 하나에 해당하는 경우 6개월 이내의 기간을 정해 해당 신문 등의 발행정지를 명하거나 법원에 신문 등의 등록취소의 심판을 청구할 수 있다.

① 거짓이나 그 밖의 부정한 방법으로 등록한 사실이 있는 경우
② 신문 등의 내용이 등록된 발행목적이나 발행내용을 현저하게 반복하여 위반한 경우
③ 음란한 내용의 신문 등을 발행하여 공중도덕이나 사회윤리를 현저하게 침해한 경우

등록취소 심판청구에 대한 제 1 심 재판은 신문사업자·인터넷신문사업자 또는 인터넷뉴스서비스사업자의 보통 재판적 소재지를 관할하는 지방법원합의부의 관할로 한다. 법원은 심판청구를 접수한 날부터 3개월 이내에 재판해야 한다. 등록취소심판사건의 청구·심리·재판, 그 밖에 필요한 사항은 대법원규칙으로 정하며, 등록취소심판사건에 대하여는 「비송사건절차법」을 준용한다(동법 제22조 제3·4항).

### 3. 직권등록취소

신문진흥법(제23조)의 규정에 따라 시·도지사는 신문 등을 등록한 자가 다음의 어느 하나에 해당하는 경우에는 해당 신문 등의 등록을 취소할 수 있다. ① 정당한 사유 없이 등록 후 6개월 이내에 해당 신문 등을 발행하지 아니한 경우, ② 정당한 사유 없이 1년 이상 해당 신문 등의 발행을 중단한 경우.

시·도지사는 신문 등의 등록을 취소하고자 하는 경우 청문을 실시해야 한다(동법 제25조). 신문 또는 인터넷신문의 등록을 한 자가 해당 신문 또는 인터넷신문 또는 인터넷뉴스서비스에 대하여 등록이 취소된 때에는 그 등록이 취소된 날부터 10일 이내에 등록증을 시·도지사에게 반납해야 한다(신문진흥법 시행령 제17조 제4 호).

### 4. 과징금 부과

신문진흥법(제27조)에 따라 시·도지사는 신문사업자·인터넷신문사업자 또는 인터넷뉴스서비스사업자가 발행정지처분을 해야 하는 경우로서 그 발행정지처분이 독자에게 심한 불편을 주거나 그 밖에 공익을 해할 우려가 있는 경우에는 그 발행정지를 갈음하여 10억원 이하의 과징금을 부과·징수할 수 있다.

과징금을 부과하는 위반행위의 종별·정도 등에 따른 과징금의 금액과 그 부과절차 등에 필요한 사항은 대통령령으로 정하며, 시·도지사는 과징금을 납부해야 할 자가 납부기한까지 이를 납부하지 않은 경우에는 지방세 체납처분의 예에 따라 징수한다. 시·도지사는 제 1 항에 따라 징수한 과징금은 언론진흥기금으로 출연해야 한다.

## Ⅱ. 등록취소심의위원회

### 1. 등록취소심의위원회의 설치

신문진흥법(제22조 제 2 항)의 규정에 의한 발행정지의 명령·등록취소심판의 청구 및 동법 제23조의 규정에 의한 등록취소처분(직권등록취소)의 공정하고 객관적인 심의를 위해 시·도지사 소속으로 등록취소심의위원회를 둔다(신문진흥법 제24조 제 1 항).

### 2. 위원회의 구성·위원의 임기[81)]

등록취소심의위원회는 위원장 1명을 포함한 9명 이내의 위원으로 구성한다(신문진흥법 시행령 제18조 제 1 항). 등록취소심의위원회의 위원장은 시·도의 소속 공무원인 위원 중에서 시·도지사가 지명하는 사람이 되고, 위원은 언론에 관한 학식과 경험이 풍부한 사람 중에서 시·도지사가 위촉하는 사람과 등록업

81) 신문진흥법 제24조 제2항은 등록취소심의위원회의 구성·심의절차 그 밖의 필요한 사항은 대통령령으로 정한다고 규정하고 있고, 동법 시행령 제18~19조가 이를 규정하고 있다.

무를 담당하는 특별시·광역시·도 및 특별자치도 소속 공무원 중에서 시·도지사가 지명하는 사람이 되며(동법 시행령 제18조 제 2 항), 위촉위원의 임기는 3년으로 한다. 다만, 보궐위원의 임기는 전임자의 잔임기간으로 한다(동법 시행령 제18조 제 3 항).

## 3. 등록취소의 심의·의결

### (1) 위원회 구성 및 운영

등록취소심의위원회 위원장은 위원회를 대표하고, 위원회의 업무를 총괄한다(신문진흥법 시행령 제18조 제 4 항). 또한 위원장은 등록취소심의위원회의 회의를 소집하며 그 의장이 된다(동법 시행령 제18조 제 5 항). 등록취소심의위원회의 회의는 재적위원 과반수의 출석으로 개의하고, 출석위원 과반수의 찬성으로 의결한다(동법 시행령 제18조 제 6 항).

### (2) 위원의 제척 및 기피·회피

등록취소심의위원회의 위원은 심의 의결사항과 관련하여 ① 위원 또는 그 배우자나 배우자였던 자, ② 위원 또는 그 배우자나 배우자였던 자와 공동권리자 또는 공동의무자의 관계에 있는 자, ③ 위원과 가족관계에 있거나 그러한 관계에 있었던 자 중 어느 하나에 해당하는 자와 직접적인 이해관계가 있을 때에는 해당 심의사항에 대한 심의·의결에서 제척된다(신문진흥법 시행령 제19조 제 1 항).

그리고 등록취소심의위원회에서 심의하는 사안의 당사자는 위원이 불공정한 의결을 할 우려가 있다고 인정할 만한 상당한 이유가 있을 때에는 그 사실을 서면으로 소명하고 기피신청을 할 수 있다. 이 경우 기피신청은 위원회의 의결을 거치지 않고 위원장이 결정한다(동법 시행령 제19조 제 2 항).

또한 위원은 신문진흥법 시행령(제19조 제 1 항)이 규정하고 있는 제척사유(위의 ①·②·③) 중 어느 하나에 해당하는 사유 또는 동조 제 2 항에 따른 사유(기피사유)에 해당하는 경우에는 스스로 그 사항의 심의·의결을 회피할 수 있다(동법 시행령 제19조 제 3 항).

### 4. 등록취소의 효력

신문진흥법(제26조)는 직권말소되거나(동법 제11조) 등록취소심판사건(동법 제22조 제 2 항부터 제 4 항까지)에 대한 법원의 판결 또는 등록이 취소(동법 제23조)된 때에는 등록이 말소 또는 취소된 신문 등의 발행인 및 그와 대통령령으로 정하는 특수한 관계에 있는 자(① 배우자, ② 직계존비속, ③ 발행인이 법인 또는 단체인 경우에는 당해 법인 또는 단체의 임원, 합명회사의 경우에는 업무집행사원, 합자회사의 경우에는 무한책임사원을 말함)는 그 말소 또는 취소된 날부터 2년 이내에는 그 말소 또는 취소된 신문 등의 명칭으로 신문 등을 발행 및 등록할 수 없다.

신문진흥법 시행령에 따르면, 신문 또는 인터넷신문의 등록을 한 자가 해당 신문 또는 인터넷신문에 대해 청구된 등록취소의 심판이 청구인용으로 확정된 때에는 그 취소심판이 확정된 날부터 10일 이내에 등록증을 시·도지사에게 반납해야 한다(신문진흥법 시행령 제17조 제 3 호).

## Ⅲ. 외국신문의 지사 설치 및 허가취소

외국신문의 지사 또는 지국을 국내에 설치하고자 하는 자는 대통령령[82]으로 정하는 바에 따라 문화체육관광부장관에게 등록해야 한다(신문진흥법 제28조 제 1 항).[83] 문화체육관광부장관은 제 1 항의 규정에 의해 등록한 자가 규정위반 즉, ① 속임수 그 밖의 부정한 방법으로 허가를 받은 사실이 있는 때, ② 허가조건을 위반한 때, ③ 당해 외국신문이 국헌을 문란하게 하거나 국가안보를 현저히 해한 기사를 게재한 경우 등 어느 하나에 해당하는 경우에는 그 등록을 취소할 수 있다(동조 제 2 항).

외국신문의 지사 또는 지국을 국내에 설치한 자가 위의 ①·②·③ 중 하나에 해당하여 등록이 취소되거나 그 지사 또는 지국을 폐업한 경우에는 그 취소된 날 또는 폐업한 날부터 10일 이내에 허가증을 문화체육관광부장관에게 반납

82) 신문진흥법 시행령 제22조 참조.

83) 신문진흥법 제28조 제1항의 규정에 따른 등록을 하지 않고 국내에 외국신문의 지사 또는 지국을 설치한 자에게는 2천만원 이하의 과태료를 부과한다(동법 제39조 제1항 제13호).

하여야 한다(신문진흥법 시행령 제25조).

# 제 6 절 신문산업 진흥지원 제도

## Ⅰ. 신문산업 지원기관의 통합

개정 신문진흥법은 신문·인터넷신문의 건전한 발전과 읽기문화 확산 등을 위하여 종전의 신문발전위원회, 재단법인 한국언론재단을 통합하여 한국언론진흥재단을 신설하고, 신문유통원은 한국언론진흥재단에 두도록 하고 있다(신문진흥법 제29조·제33조 및 부칙 제 4 조). 한국언론진흥재단은 법인으로 하며(신문진흥법 제29조 제 2 항), 한국언론진흥재단은 문화체육관광부장관의 인가를 받아 주된 사무소의 소재지에서 설립등기를 함으로써 성립한다(신문진흥법 제29조 제 3 항). 한국언론진흥재단에 대해 개정 신문진흥법에 규정한 것 외에는 민법 중 재단법인에 관한 규정을 준용한다(신문진흥법 제29조 제 4 항).

## Ⅱ. 한국언론진흥재단의 신설

### 1. 한국언론진흥재단의 설치

신문 및 인터넷신문의 건전한 발전과 읽기문화 확산 및 신문 산업의 진흥을 위해 한국언론진흥재단을 두며 한국언론진흥재단은 법인으로 한다(신문진흥법 제29조). 한국언론진흥재단은 문화체육관광부장관의 인가를 받아 주된 사무소의 소재지에서 설립등기를 함으로써 성립한다. 한국언론진흥재단에 대해 이 법에 규정한 것 외에는 '민법' 중 재단법인에 관한 규정을 준용한다.

## 2. 한국언론진흥재단의 구성 및 운영

한국언론진흥재단에는 이사장 1인과 상임이사 3인을 포함한 9인 이내의 이사와 비상임 감사 1인을 둔다(신문진흥법 제30조 제 1 항). 한국언론진흥재단의 이사장은 문화체육관광부장관이 임면하고, 상임이사는 이사장이 이사회의 추천을 받은 자 중에서 문화체육관광부장관의 승인을 받아 임면하며, 이사장 및 상임이사를 제외한 이사의 선임에 대하여는 한국언론진흥재단 정관으로 정한다(신문진흥법 제30조 제 2 항). 이사장·상임이사·이사 및 감사의 임기는 3년으로 하되, 1회에 한정하여 연임할 수 있다(신문진흥법 제30조 제 3 항).

이사장은 한국언론진흥재단을 대표하고, 한국언론진흥재단의 업무를 총괄한다(신문진흥법 제30조 제 4 항). 이사장이 부득이한 사유로 직무를 수행할 수 없을 때에는 정관으로 정하는 순서에 따라 상임이사가 그 직무를 대행한다(신문진흥법 제30조 제 5 항). 감사는 한국언론진흥재단의 업무 및 회계를 감사한다(신문진흥법 제30조 제 6 항). 국가공무원법 제33조 각 호의 어느 하나에 해당하는 자는 제 1 항에 따른 한국언론진흥재단의 임원이 될 수 없다(신문진흥법 제30조 제 7 항).

## 3. 한국언론진흥재단의 직무

한국언론진흥재단은 ① 언론산업 진흥에 필요한 사업, ② 신문의 발행·유통 등의 발전을 위한 사업, ③ 한국 언론매체의 해외진출 및 국제교류 지원, ④ 동법 제34조에 따른 언론진흥기금의 조성과 관리·운용, ⑤ 언론산업 진흥 등을 위한 조사·연구·교육·연수, ⑥ 문화체육관광부장관이 위탁하는 사업, ⑦ 그 밖에 한국언론진흥재단의 목적 수행을 위하여 필요한 사업 등의 직무를 수행한다(신문진흥법 제31조).

## 4. 한국언론진흥재단의 운영재원

한국언론진흥재단의 운영재원은 언론진흥기금 등으로 하되, 국가는 한국언론진흥재단에 출연하거나 예산의 범위에서 보조금을 지급할 수 있다(신문진흥법 제32조). 한국언론진흥재단은 대통령령[84]으로 정하는 바에 따라 매년 예산편성의 기본방향과 그 규모에 관하여 문화체육관광부장관의 승인을 받아야 한다.

동법 제33조에 의거 한국언론진흥재단은 신문의 원활한 유통을 지원하기 위한 기구를 설립·운영할 수 있다. 신문유통 지원 기구의 설립·운영에 필요한 사항은 한국언론진흥재단 정관으로 정한다.

## Ⅲ. 신문유통지원기구 설치

### 1. 신문진흥법에 의한 신문유통지원

신문진흥법(제33조)은 한국언론진흥재단은 신문의 원활한 유통을 지원하기 위한 기구를 설립·운영할 수 있다고 규정하고 있으며, 신문유통 지원 기구의 설립·운영에 필요한 사항은 한국언론진흥재단 정관으로 정하도록 하였다.

舊신문법에 의해서 신문산업의 발전을 지원하는 차원에서 '신문유통원'이 이미설치 운용되고 있기 때문에 개정된 신문진흥법에 의한 신문유통지원사업도 크게 달라지지 않을 것으로 보여 신문유통원을 후술한다.

---

84) 신문진흥법 시행령 제26조(사업계획 등의 승인)

> ① 한국언론진흥재단은 법 제32조 제2항에 따라 다음 연도의 사업계획서와 예산서를 매년 11월 30일까지 문화체육관광부장관에게 제출하고, 그 승인을 받아야 한다. 다만, 한국언론진흥재단의 사업계획과 예산 중 「국가재정법」에 따라 확정된 기금운용계획에 포함된 언론산업 진흥을 목적으로 하는 사업계획과 예산인 경우에는 그러하지 아니하다.
> ② 한국언론진흥재단은 제1항에 따라 승인받은 사업계획과 예산을 변경하려면 문화체육관광부장관의 변경승인을 받아야 한다.
> ③ 한국언론진흥재단은 매 사업연도가 끝난 후 2개월 이내에 그 사업연도의 사업실적과 결산보고서에 다음 각 호의 서류를 첨부하여 문화체육관광부장관에게 제출하여야 한다.
> 1. 그 사업연도의 대차대조표 및 손익계산서
> 2. 그 사업연도의 사업계획과 집행실적 대비표
> 3. 그 밖에 결산의 내용을 확인할 수 있는 서류

### 2. 舊신문법에 의한 '신문유통원'

신문유통원은 엄밀한 의미에서 경쟁력이 취약한 군소 신문사업자들을 지원하는 취지에서 공동의 유통망을 구축하여 신문의 보급을 원만하게 할 수 있도록 지원하기 위해 마련되었다. 신문사업이 발전해 오는 과정에서 신문사업자 각자가 자체보급망을 구축하여 독자적으로 구독자를 확보하고 신문을 배달하는 체제가 정착되었다. 그러나 인건비 등으로 인하여 자체 보급망을 유지하는 데 큰 비용이 들게 되고 자본력이 약한 신문사일수록 더욱더 독자확보가 어렵게 되었다. 궁극적으로 다양성을 유지해야할 신문시장이 자본력이 강한 몇몇 신문에 독과점되는 상황으로 신행될 수밖에 없는 상황이 되고 있었다.

따라서 舊신문법(제37조 제1항)은 국민의 폭넓은 언론매체 선택권을 보장하기 위해 신문유통원을 두어야 하며, 신문유통원은 법인으로 한다(동조 제2항)고 규정하였다. 그리고 신문유통원에는 정관이 정하는 바에 따라 임원과 필요한 직원을 둔다(동조 제3항) 신문유통원은 다음의 사업을 행한다(동조 제4항).

① 신문의 공동배달
② 잡지 및 기타간행물의 배달
③ 신문수송의 대행
④ 그 밖에 신문유통원의 설립목적을 달성하는 데 필요한 사업

신문유통원의 운영에 필요한 경비는 국고에서 지원할 수 있으며(舊신문법 동조 제5항), 신문유통원에 관해 이 법에서 규정한 것을 제외하고는 민법의 재단법인에 관한 규정을 준용한다(동조 제6항).

## Ⅳ. 언론진흥기금의 설치

### 1. 언론진흥기금의 조성

신문진흥법(제34조)은 신문·인터넷신문·인터넷뉴스서비스 및 '잡지등정기

간행물의진흥에관한법률'에 따른 잡지의 진흥을 위해 종전의 신문발전기금을 폐지하되, 한국언론진흥재단에 언론진흥기금을 설치한다(신문진흥법 제34조 제1항).

언론진흥기금은 ① 정부의 출연금, ② 다른 기금으로부터의 전입금, ③ 개인 또는 법인으로부터의 출연금 및 기부금품, ④ 언론진흥기금의 운용으로 생기는 수익금, ⑤ 그 밖에 대통령령[85]으로 정하는 수입금 등의 재원으로 조성한다(신문진흥법 제34조 제2항).

## 2. 언론진흥기금의 용도

신문진흥법(제35조)은 언론진흥기금에 대한 사용범위를 다음과 같이 규정하고 있다. ① 신문·인터넷신문·인터넷뉴스서비스 및 잡지의 진흥을 위한 지원, ② 신문·인터넷신문·인터넷뉴스서비스 및 잡지 관련 인력양성, 조사·연구, 정보화 사업 지원, ③ 신문 및 잡지의 유통구조 개선을 위한 지원, ④ 독자 권익 및 언론공익사업 지원, ⑤ 한국언론진흥재단의 운영, ⑥ 신문사업자, 인터넷신문사업자 및 잡지사업자에 대한 융자, ⑦ 그 밖에 대통령령[86]으로 정하는 사업에 사용된다.

85) 신문진흥법 시행령 제27조(언론진흥기금의 재원)

> 법 제34조 제2항 제5호에서 "대통령령으로 정하는 수입금"이란 다음 각 호의 수입금을 말한다.
> 1. 법 제27조 제4항에 따른 과징금
> 2. 한국언론진흥재단의 수입금 중 이사회 의결을 거쳐 문화체육관광부장관의 승인을 받은 수입금

86) 신문진흥법 시행령 제28조(언론진흥기금의 용도)

> 법 제35조 제1항 제7호에서 "대통령령으로 정하는 사업"이란 다음 각 호의 사업을 말한다.
> 1. 제12조에 따른 여론집중도조사위원회의 사무 처리 및 여론집중도조사
> 2. 디지털 뉴스 표준 제정 관련 사업
> 3. 청소년 및 소외계층 구독료 지원 사업
> 4. 읽기 문화 진흥 등 미디어 교육 관련 사업
> 5. 신문사업자·인터넷신문사업자·인터넷뉴스서비스사업자의 자율심의 지원 사업
> 6. 언론보도 피해자 상담 및 피해 구제에 관한 사업
> 7. 법 제36조 제2항에 따른 언론진흥기금관리위원회의 운영

다만 독자들에게 무료로 제공(배포)할 목적으로 발행하는 신문사업자에 대하여는 기금을 지원할 수 없도록 하고 있다(신문진흥법 제35조 제 2 항). 무료로 배포할 목적으로 제작하여 배포하는 신문까지 지원할 경우 신문시장의 경쟁질서를 훼손하게 될 뿐만 아니라 무료배포신문의 범람 등으로 언론산업의 진흥이라는 본래의 취지에 역행하는 결과를 초래할 수 있기 때문이다.

한국언론진흥재단은 언론진흥기금의 지원기준과 지원대상 등을 매년 공고해야 한다(신문진흥법 제35조 제 3 항).

## 3. 언론진흥기금의 관리·운용

언론진흥기금은 한국언론진흥재단이 관리·운용한다(신문진흥법 제36조). 언론진흥기금의 관리·운용에 관한 종합적인 사항을 심의하게 하기 위해 한국언론진흥재단에 언론진흥기금관리위원회를 둔다. 언론진흥기금의 조성방법·관리·운용 및 언론진흥금관리위원회의 구성·운영 등에 필요한 사항은 대통령령[87]으로 정하도록 하였다.

## 4. 언론진흥기금 사용성과의 평가

문화체육관광부장관은 다음의 사업에 대한 기금 사용의 성과를 측정·평가해 그 결과를 다음 연도 3월 말까지 한국언론진흥재단에 통보해야 한다(신문진흥법 제37조 제 1 항).

① 언론산업 진흥에 필요한 사업
② 신문의 발행·유통 등의 발전을 위한 사업
③ 한국 언론매체의 해외진출 및 국제교류 지원
④ 제34조에 따른 언론진흥기금의 조성과 관리·운용
⑤ 언론산업 진흥 등을 위한 조사·연구·교육·연수
⑥ 문화체육관광부장관이 위탁하는 사업
⑦ 그 밖에 한국언론진흥재단의 목적 수행을 위하여 필요한 사업

---

87) 신문진흥법 시행령 제29-31조 참조.

문화체육관광부장관은 (동조 제 1 항에 따른) 성과를 측정·평가하기 위해 한국언론진흥재단과 협의하여 성과목표 및 평가기준을 정해야 하며(신문진흥법 제37조 제 2 항), 문화체육관광부장관은 (동조 제 1 항에 따른) 성과 평가결과 시정을 요하는 사항이 있다고 인정할 때에는 한국언론진흥재단에 시정을 요구할 수 있다(신문진흥법 제37조 제 3 항). 그리고 성과의 평가방법·절차 등에 필요한 사항은 대통령령[88]으로 정한다(신문진흥법 제37조 제 4 항).

## Ⅴ. 디지털 뉴스 분류체계 표준화 지원

신문진흥법(제20조)에 따라 문화체육관광부장관은 신문사업자·인터넷신문사업자 및 인터넷 뉴스서비스사업자에 대해 디지털 뉴스의 분류체계, 형식 등 대통령령으로 정하는 사항[89]에 관한 표준을 제정할 수 있다.

문화체육관광부장관은 동법 제20조 제 1 항에 따른 표준의 제정을 위하여 필요한 경우에는 디지털 뉴스에 관한 전문기관 또는 단체를 지정하여 표준을 제정하도록 할 수 있다. 문화체육관광부장관은 제 2 항에 따라 지정한 기관 또는 단체에 표준의 제정에 필요한 비용의 전부 또는 일부를 지원할 수 있다.

## Ⅵ. 신문 등 사업자의 연수지원

신문진흥법 제 8 조에서 신문사업자·인터넷신문사업자 및 인터넷뉴스서비스사업자는 종사자의 능력과 자질향상을 위한 연수제도를 설치·운영한다. 신문사업자·인터넷신문사업자 및 인터넷뉴스서비스사업자가 공동으로 종사자의 연

88) 신문진흥법 시행령 제33조 참조.

89) 신문진흥법 시행령 제16조 제2항

> 법 제20조 제1항에서 "디지털 뉴스의 분류체계, 형식 등 대통령령으로 정하는 사항"이란 디지털 뉴스의 제작과 관리를 위한 다음 각 호의 사항을 말한다.
> 1. 디지털 뉴스를 작성하기 위한 기술 또는 형식
> 2. 디지털 뉴스의 제작·편집·저장·교환을 위한 분류체계

수를 위한 기구를 설치·운영하는 경우 제34조에 따른 언론진흥기금에서 이를 지원할 수 있다.

## Ⅶ. 舊신문법의 신문산업 지원제도(신문발전위원회)

### 1. 신문발전위원회의 설치 및 구성

여론의 다양성을 보장하고 신문산업의 진흥을 위한 업무를 지원하며 신문발전기금을 관리·운영하기 위하여 신문발전위원회를 문화체육관광부에 설치한다(舊신문법 제27조).

위원회는 위원장과 부위원장 각 1인 등 9인으로 구성하며(동법 제28조 제1항), 위원장과 부위원장은 호선한다(동법 제28조 제2항).

### 2. 신문발전위원회의 권한 및 임기

#### (1) 위원의 권한

신문발전위원회 위원장은 위원회를 대표하고, 그 직무를 통할한다(舊신문법 시행령 제21조 제1항). 위원장이 부득이한 사유로 직무를 수행할 수 없는 때에는 부위원장이 그 직무를 대행하고, 위원장과 부위원장이 모두 부득이한 사유로 직무를 수행할 수 없는 때에는 위원장이 미리 지명한 신문발전위원회의 위원이 그 직무를 대행한다(동법 시행령 제21조 제2항). 위원은 언론에 관한 식견이 있는 자 가운데에서 문화체육관광부장관이 위촉하되, 국회의장이 추천하는 2인, 한국신문협회·전국언론노동조합·한국언론학회 및 시민단체가 추천하는 각 1인에 해당하는 자를 포함해야 하며, 여성의 참여가 이루어지도록 해야 한다(舊신문법 제28조 제3항).

#### (2) 위원의 임기

위원의 임기는 3년으로 하되 연임할 수 있으며(舊신문법 제28조 제4항), 위원에 결원이 있는 때에는 결원된 날부터 30일 이내에 제3항의 규정에 의해 결원된 인원을 위촉한다. 보궐위원의 임기는 전임자의 잔임기간으로 한다(동조 제 5 항).

### 3. 위원회의 직무

위원회는 다음의 직무를 수행한다(舊신문법 제29조).

① 여론의 다양성 보장과 신문산업 진흥을 위한 계획·정책에 관한 자문
② 제16조에 따른 신고·검증 및 공개에 관한 업무
③ 신문발전기금의 조성과 운용의 기본계획 심의·의결 및 기금의 관리·운용
④ 제33조에 의한 신문발전기금 지원대상의 선정 및 지원기준의 심의·의결
⑤ 여론의 다양성 보장과 신문산업의 진흥을 위한 교육·연구·조사
⑥ 그 밖에 위원회의 목적 수행을 위하여 필요한 사항 등의 직무를 수행하도록 규정하고 있다.

### 4. 위원회의 운영

신문발전위원회는 필요한 경우 문화체육관광부장관과 협의하여 직무를 처리하기 위한 소위원회를 설치·운영할 수 있으며(舊신문법 제30조 제 1 항), (신문발전)위원회에 소위원회를 설치하는 경우에 3인 이상의 위원으로 구성하되, 소위원회의 위원은 (신문발전)위원회의 위원 중 위원장이 지명한다(舊신문법 시행령 제22조 제 1 항).

소위원회는 분야별로 신문발전위원회에서 지정한 사항을 심의하고, 그 결과를 신문발전위원회에 보고해야 한다(동법 시행령 제22조 제 2 항). 신문발전위원회는 신문발전위원회의 심의사항과 관련하여 필요하다고 인정하는 때에는 관계 전문가 또는 이해관계인 등의 의견을 들을 수 있다(동법 시행령 제24조).

위원회의 운영을 위해 필요한 예산은 신문발전기금 또는 국고에서 지원할 수 있다(舊신문법 제30조 제 2 항). 위원회의 사무를 보조하기 위해 위원회에 사무국을 두어야 하며(동법 제30조 제 3 항), 그 밖에 위원회의 조직 및 운영에 관해 필

요한 사항은 대통령령[90]으로 정한다(동법 제30조 제 4 항).

위원회 위원은 명예직이지만, 예산의 범위 안에서 직무수행에 필요한 경비 등 실비를 지급할 수 있다(동법 제31조). 위원회 위원·사무국 직원은 업무상 알게 된 신문사업자의 영업기밀에 관한 사안들에 대해 비밀을 유지해야 한다(동법 제32조).[91]

90) 舊신문법 시행령 제23조(사무국)

> ① 법 제30조 제3항의 규정에 의한 사무국에는 사무국장 1인과 필요한 직원을 둔다.
> ② 제1항의 규정에 의한 사무국장은 신문발전위원회의 동의를 얻어 위원장이 임명한다.
> ③ 그 밖에 사무국의 조직·정원·운영 등에 관하여 필요한 사항은 문화체육관광부장관과의 협의를 거쳐 신문발전위원회가 정한다.

91) 舊신문법 제32조의 규정을 위반하여 신문사업자의 영업기밀을 누설한 위원 및 직원은 2년 이하의 징역 또는 3천만원 이하의 벌금에 처한다(동법 제39조 제3호). 역시 양벌규정이다(동법 제42조).

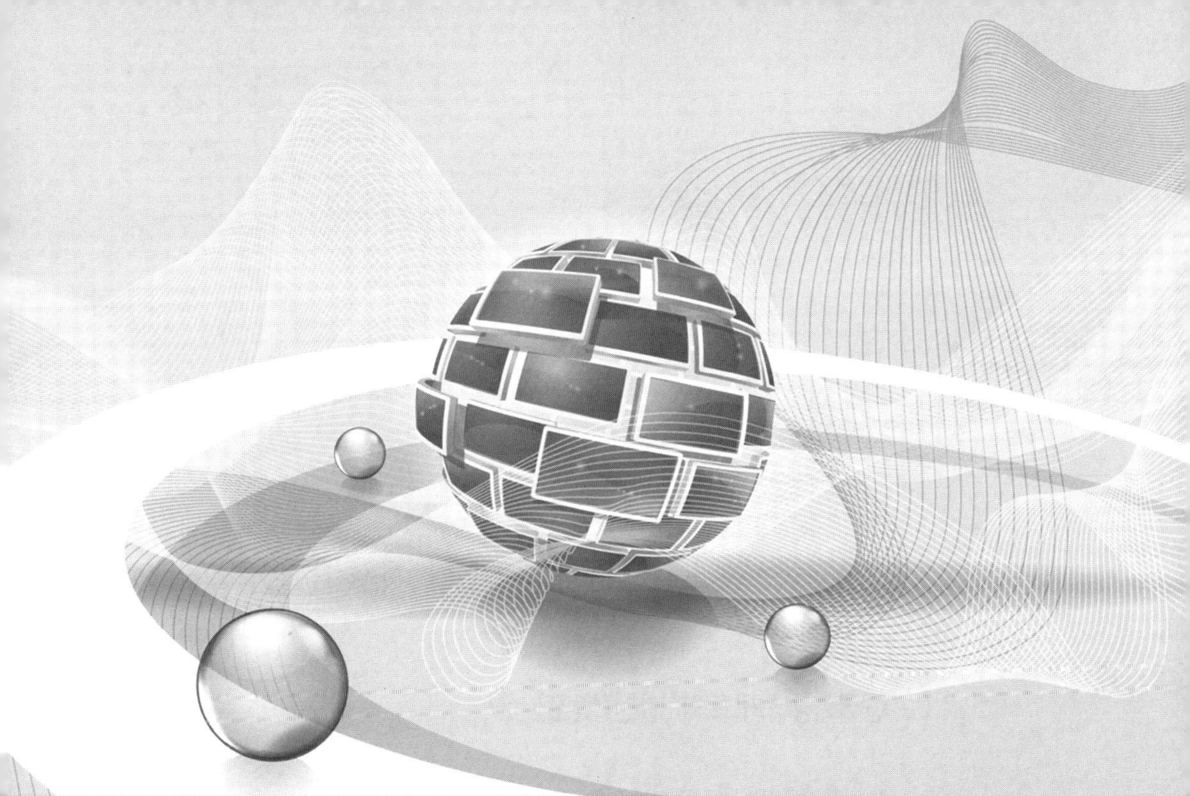

제 4 장

# 방송법

제 1 절　한국, 방송법 서설(序說)

제 2 절　방송법의 내용 및 구성

제 3 절　방송의 내용구성 및 방송사업의 운영

제 4 절　시청자의 권익보호 및 방송발전지원

제 5 절　방송법상이 방송기관

# 제 1 절 한국, 방송법 서설(序說)

## Ⅰ. 한국 방송제도의 변천(變遷)

### 1. 방송제도의 분류

한국 방송제도의 변천을 개관해 봄으로써 방송의 법제화 과정이 주는 시사점과 미디어로서 오늘의 방송법 체계를 심도 있게 이해할 수 있다.[1] 방송은 매체의 특성상 방송통신의 기술의 진보와 함께 다양한 송수신 방법의 진화를 통해 매우 빠르게 발전해 왔다. 발전과정에서 언론으로서 매체의 역할과 영향력의 크기만큼이나 존재 형식과 소유관계, 운영재원 등에 있어 복잡한 법률체계를 갖게 되었다.

세계적으로도 방송을 포함한 언론매체의 제도는 해당 국가의 시대와 정치상황을 반영하면서 언론의 본질과 이념 및 가치지향을 규정한다는 차원에서 중요한 연구대상이 되고 있다. 언론제도를 분류하는 기준은 여러 가지 방법이 있으나, 대표적으로 시버트(F. S. Sibert)는 정치철학적 관점에서 권위주의 이론, 자유주의 이론, 공산주의 이론, 사회책임주의 이론 등 '4이론'[2]을 제시한 바 있으며, 맥퀘일(D. McQuail)은 여기에 두 가지 이론을 더 추가하여 권위주의 이론, 사회적 중앙주의, 자유주의 이론, 사회책임이론, 소비에트이론, 발전이론, 민주참여이론 등 '6이론'을 제시하고 있다.

---

1) 원우현, "방송관련기구와 방송법의 개선방향," 1988. 8, 32면 이하 참조.

2) F. S. Sibert, T. Peterson & W. Schramm, Four Theories of Press(Urbana: U. of Illinois Press, 1956).

한국 방송제도를 구분하는 것은 언론학자들마다 조금씩 다르다.[3] 학자에 따라서는 미디어체제분석을 매체와 수용자와의 연결과정에 중점을 둔, 정보원-메시지-수용자-효과의 측면에 중점을 두기도 하며, 통제제도프로그램의 목표인 주대상층 반은 및 효과측정 방법의 차원에 초점을 두기도 한다.[4] 이와 같은 여러 가지 견해들을 종합할 때 일반적인 분류기준[5]은 첫째 방송의 소유구조, 둘째 방송사의 운영주체, 셋째 방송사 운영재원의 조달 방식, 넷째 방송 내용이 지향하는 목표, 다섯째 방송의 수용자, 여섯째 방송의 효과측정 방법 등이 있다. 본서는 법률학과 언론학의 통섭적 측면에서 제도를 고찰하고 있기 때문에 저자는 방송에 대한 통제적 측면에 비중을 두어 방송 매체와 정치권력과의 관계를 중심으로 하면서 매체의 진화와 정치 환경의 변화에 따른 특징을 반영하여 다음과 같이 구분하였다.

## 2. 한국 방송체제의 변천

### (1) 제국주의 시대의 단일방송체제(單一放送體制): 1927년~1946년

1905년 을사늑약과 1910년 일본의 강제합병 이후, 일본의 제국주의의 한국 식민통치가 궤도에 오르면서 1915년 일본의 무선전신법 칙령 제186호가 한국에도 적용되어 통신에 대한 통제가 본격화되기 시작하였다. 일본 제국주의는 한국에 대한 황국신민화(皇國臣民化)의 목적을 달성하기 위한 하나의 수단으로 1927년 2월16일 '사단법인 경성방송'이라는 이름으로 첫 라디오방송을 개국하고 방송을 시작했다. 이 시기의 경성방송은 단일 매체 단일 채널로서 우리말과 일본어 2개 국어로 방송되었다. 이후 1933년 출력 10Kw의 제 2 경성방송이 탄생하였으며 모든 방송의 내용은 조선총독부 체신국 방송감독계의 사전검열을 거쳐 이루어졌다.

### (2) 정부수립 시대의 단일방송체제(單一放送體制): 1945년~1953년

1945년 8월 해방과 함께 경성중앙방송국에 대한 감독권은 그해 9월부터 미

3) 최창섭, 방송총론, 법문사, 1995, 29면 참조.

4) 원우현, 매스미디어와 문화발전, 범우사, 1984, 133면.

5) 최창섭, 전게서, 47면.

군행정청 공보부로 이관되었다. 미군정(美軍政)은 군정포고령으로 언론을 통제하였으며 군정시책을 비판, 비방, 파괴하는 언론에 대해서는 매우 엄중하게 다루면서[6] 해방 이후 한국의 사회질서와 방송제도를 미국식으로 개편하는 방향으로 나아가고 있었다. 미군정청은 정부수립을 앞두고 조선방송협회로 방송국의 운영권을 반환하였고, 1948년 8월 대한방송협회로 명칭을 변경하면서 서울중앙방송국으로 명명되었으며 곧 이은 정부수립과 동시에 정부조직법에 따라 공보처 소속 방송국으로 편입되어 국영방송이 되었다. 1950년 6.25일 한국전쟁이 발발하면서 중앙방송국은 다시 국방부 정훈국에 예속되어 전시체제로 운영되었다. 국영방송으로 운영되던 기간의 방송은 정부의 정책을 전파하는 홍보기관으로서 기능하였다.

방송법제적인 차원에서 보면, 한국의 방송은 해방과 정부수립, 한국전쟁 등의 격동기를 거치면서 자연스럽게 국영방송체제가 되었다. 따라서 별도의 독립적인 법제 없이 '방송관서 설치법', '국영텔레비전 방송사업운영에 관한 임시조치법' 등 주로 방송국 설립 및 운영 등 행정절차를 규제하는 법령 위주로 시행되었다.

### (3) 민주주의 발전 초기의 국·민영 병존체제(竝存體制): 1954년~1960년

1950년 6.25일 발발한 한국전쟁이 1953년 2월27일 휴전국면으로 진입하면서 한국사회는 미국의 주도하에 민주주의 체제 정착을 위한 제반 안정화 조치가 다양하게 추진되었다. 방송분야에서도 큰 변화가 일어났다. 1956년 미국의 지원을 받아 미국상업방송의 운영체제를 모델로 한 KORCAD(HLKZ-TV)가 처음으로 개국하게 되었다. KORCAD는 미국과 한국정부의 지원 아래 상업방송체제를 갖추어 출범했지만 당시의 열악한 방송자원과 재정난 등으로 인해 1년 여 만인 1957년 DBC(대한방송주식회사)로 경영권이 넘어가게 되었다. 이후 DBC-TV는 어려운 경영난을 극복하지 못하고 61년 KBS-TV가 개국하면서 방송의 막을 내렸다.

법제적인 측면에서는DBC-TV와 같은 민영 상업방송이 등장하면서 법령의 필요성이 인식되기 시작하였다. 1958년 1월 25일 '방송의 일반적 기준에 관한 내규'를 작성하여 적용하기 시작하였다. 이후 이 내규에 근거하여 1957년 주한미

6) 최창섭, 전게서, 33면.

군을 대상으로 하는 AFKN-TV, 1959년에는 부산MBC가 상업방송 체제로 탄생하였다.

### (4) 민주주의의 정체기(停滯期)의 국·민영 경쟁체제(競爭體制): 1960년~1972년

1960년 5.16일 군부의 정권장악으로 집권한 군사정권이 안정화 단계에 들어가면서 정부의 정책홍보와 군사정부에 대한 우호적 여론조성을 목적으로 언론매체로서 방송에 대한 지원이 집중적으로 이루어졌다. 1961년 KBS TV방송국이 개국하였고, 62년 사업방송체제로 기독교방송이 출범하였다. 1964년에는 순수 민영방송으로 동양TV방송주식회사가 출범하였다. 1960년대 중반까지는 상업라디오방송의 성장기이며 TV라는 매체가 새롭게 등장한 시기였지만 기술력이나 TV보급률이 아직 대중적인 매체로까지 확산되지는 못한 실험적 과도기로 간주된다.

법제적인 측면에서, 당시 정부는 다양한 형태의 방송들이 개국하면서 법세의 필요성을 절감하게 되었고, 1963년 12월 16일 방송법(법률 제1535호)를 제정하고 1964년 2월 10일 동법의 시행령이 제정되면서 방송 제도화의 틀이 갖추어지기 시작하였다. 사실상 최초로 '방송법'이 마련되면서 그 내용에서 주목할 만한 부분은 "법률에 의한 특별한 규정이 없는 한 누구든지 어떠한 간섭이나 규제를 할 수 없다"고 규정하여 방송의 자유를 보장하였으며, 방송의 공공성과 질서 및 품위를 유지하기 위해 '방송윤리위원회'를 설치하도록 하였다. 이와 함께 방송국이 준수하여야 할 사항도 규정하고 있다. 1963년 제정된 방송법은 1964년 8월 5일 '방송윤리위원회' 규정을 폐지하는 내용의 1차 개정이 있었다. 방송법 체제 아래서 1966년 KBS-TV가 전국을 가시청권으로 하는 전국네트워크를 구축하였다. 이어서 1969년 MBC-TV가 개국하였다. 박정희 정권하에서 방송정책의 특징은 방송국의 개국에 대해 개방적이었다는 점이다. 이러한 특징이 정치권력을 운용하는 과정에서 방송을 체제에 대한 선전의 도구로 활용하려는 정책적 선택으로 읽혀지는 부분이다. MBC-TV가 개국하던 해는 박정희 정권에 의해 '3선 개헌'이 추진되었다. 1960년대 후반, 3선 개헌을 계기로 장기집권에 반대하는 학생과 정치인·재야인사들의 저항운동은 확산되고 있었으며 1971년 대통령 선거를 전후하여 전국적인 규모로 확대되었다. 정부는 위수령까지 발동(71년 10월 15일) 하였지만 박정희 정권에 반대하는 저항운동은 학계·종교계·법조계 인사들까지 참여하는 범국민적 운동으로 발전하여 '민주수호국민협의회'나 '민주수호청년협의회' 같은 재야단체 탄생하여 민주화를 주도하는 조직화 국면으로 발전하였다. 동시에 경제 상황은 60년대의 급속한 경제발전과 수출촉진 정책으로 인한 높은 인플레이션으로 서민의 생존이 위협하고 있었으며, 무분별한 차관도입으로 외채상환이 급증하였으며, 부실기업이 속출하는 등 고도성장의 문제점들이 심각하게 대두되고 있는 상황이었다.

3선 개헌의 주요 내용은 대통령의 연임금지 조항을 삭제하고 3회 연임을 허용하며, 대통령 탄핵발의에 필요한 의원정족수를 30명에서 50명으로 하며, 통과에 필요한 의원 수를 과반수에서 2/3로 상향조정하고, 국회의원들의 행정부장·차관 겸직 허용, 국회의원 최대정수를 200명에서 250명으로 증가시키는 것 등을 내용으로 하고 있다. 개헌안은 일요일인 9월 14일 새벽 2시 국회 제3별관에 모인 122명의 여당계 의원에 의해 기명투표방식을 통해 변칙·통과되고, 10월 17일 국민투표에 부쳐져 총유권자의 77.1% 투표에 65.1%의 찬성으로 통과되었다. 이 개헌으로 1971년 4월 제7대 대통령선거에서 박정희는 3선을 관철하고, 바로 다음해인 1972년 종신집권이 가능한 유신체제 수립하였다.

이 같은 정치, 경제, 사회적 환경의 변화 과정을 방송매체의 운영체제 변화와 비교·분석해 보면, 60년대 초기 부터 중반까지는 KBS를 주축으로 한 국영매체들이 박정희 정권의 정책 홍보 등 정치권력을 뒷받침해왔다. 그러나 박정희 정권의 2년차 임기 만료가 다가오는 60년대 후반에 진입하면서 관제언론(당시는 어용방송(御用放送)으로 명명하며 불신)으로는 더 이상 국민을 설득할 수 없는 상황이 되었다. 특히 1971년 12월 6일 박정희 정권이 국가비상사태를 선포하고 이어 12월 21일에는 '국가보위에 관한 특별조치법'(이하 국가보위법)을 국회에 제출하고 공화당은 12월 27일 백두진의 사회로 날치기 통과시켰다. 국가보위법의 주요 내용은 "① 대통령은 국가비상사태를 선포할 수 있으며, ② 경제규제를 명령하고 국가동원령을 선포하며, ③ 옥외집회나 시위를 규제하고, ④ 언론·출판에 대한 특별조치를 취하며, ⑤ 특정한 근로자의 단체행동권을 제한하며, ⑥ 군사상 목적을 위해 세출예산을 조정할 수 있다"는 것이었다. 이 같은 입법이 이루어지자 반체제 저항운동은 더욱 거세게 일어났으며 입법조치를 옹호한 KBS 등 제도권언론에 대한 불신은 극에 달한 상황이었다. 따라서 정부는 새로운 방송매체를 활용하여 정권을 옹호하는 권력의 도구로서의 기능을 수행하도록 할 필요성이 절실하였다.

더구나 1970년대에 들어서면서 방송매체는 기술력의 발달과 라디오 보급이 대중화되면서 서민 대중의 친구와 같은 인기를 누리는 절정기였다. 이 시기는 방송기술의 발달로 라디오FM방송이 개국되기 시작하는 것과 동시에 TV방송이 초기 성장단계로 진입하면서 매체의 대국민 영향력은 갈수록 더 강력해지던 시기였다. 이 같은 시대적 상황을 종합해 분석해 보면, 전체적으로 60년대 전반은 국영방송 중심에서 후반에는 민영방송이 중심매체로 등장하여 정권의 정당성을 옹호하는데 앞장서는 힘의 이동이 일어난다. 따라서 정부의 매체의 정책도 초기에는 '주(主)국영 종(從)민영'에서 후반에는 '주(主)민영 종(從)국영'의 경쟁체제로 운영되었던 과도기로 볼 수 있는 기간이다.

### (5) 민주주의 후퇴기(後退期)의 민영중심체제(民營中心體制): 1973년~1979년

이 시기는 산업화의 절정기로 1973년 3월 국영방송KBS가 한국방송공사법(법률 제2418호)에 의해 한국방송공사로 출범하였다. 제도적으로는 국영방송체제가 끝나고 공영방송시대의 개막이다. KBS가 국영방송으로서 오랫동안 정권의 홍보매체로써 기능해 오면서 추락한 국민의 신뢰를 회복하여 매체로서의 영향력을 복원하기 위한 측면도 배제할 수 없는 방송운영정책의 대전환이었다.

당시 방송을 둘러싼 정치 환경은 박정희 장기집권이 시작된 '유신의 시대' 개막기(開幕期)이다. 1972년 10월 17일 비상계엄이 선포되고 국회를 해산시켰다. 정당활동이 금지되었고, 비상국무회의가 전권을 장악하면서 이른바 '10월유신' 통치시대가 시작된 것이다. 유신헌법은 대통령의 임기를 6년으로 늘리고 중임 제한을 없앴다. 대통령은 긴급조치권을 행사할 수 있고, 국회의원의 3분의 1(유신정우회)을 지명할 수 있는 권한을 갖게 되었다. 유신헌법에 따라 1972년 12월 23일 통일주체국민회의는 박정희를 제 8 대 대통령으로 선출하면서 그해 12월 27일 '유신체제'로 불리는 제 4 공화국이 정식으로 출범하였다.

유신시대의 국정지표는 '한국적 민주주의'의 토착화, 자주국방과 국가안보 확립, 조국의 평화적 통일 기반 조성, 중화학공업화의 추진, 주체성 있는 민족문화 창달 등이었다. 유신체제는 긴급조치와 더불어 작동되었다. 긴급조치는 1호부터 9호까지 발동되었으며, 제 9 호는 유신헌법에 대한 찬반 여부에 상관없이 개헌논의 자체를 금지하였다. 1975년의 영부인 육영수가 피살되고 1978년 7월 6일 통일주체국민회의에 의한 체육관 선거로 박정희는 다시 대통령에 재선되었지만 개헌과 민주화를 요구하는 반체제 저항운동은 갈수록 거세게 전개되었다. 경제적인 측면에서도 2차 오일쇼크의 후유증과 무리한 중화학공업 드라이브에 따른 경제위기 등으로 노동자들의 투쟁까지 거세지는 어려운 국면이었다.

정부의 민영방송 중심적인 매체정책 등에 힘입어 1974년 동양방송(TBC)이 미국 LA에 방송국을 개국하는 등 그 영향력과 영역을 확장할 수 있었다. 반면에 상업적 민영방송의 영리추구 경영은 시청률 경쟁으로 확산되면서 방송은 선정적이며 재미 위주의 저급한 대중문화를 양산한다는 비판과 함께 많은 사회적 문제점을 야기하였다. 이 시기의 정부의 방송정책은 정치적 격변기에 체제에 대한 홍보매체로서 기능을 수행하면서 추락한 KBS의 영향력을 보강하는 차원에서 MBC와 TBC 등 민영 상업방송을 육성하여 방송을 주도하도록 하였다. 또한 이 시기는 매체의 영향력이 라디오에서 TV로 이동하는 시기였다.

### (6) 군사정부 시대의 공영방송 단일체제(單一體制): 1980년~1990년

1980년 한국이 정치적 격변의 소용돌이에 빠지면서 방송의 존재양식에도 혁명적인 변화가 일어났다. 80년 5.18 군사 쿠데타로 정권을 장악한 군부세력은 '부패 언론의 정화'를 명분으로 '언론기본법'을 제정하였고 신문과 방송 등 언론에 대한 대통합을 단행하였다. 언론기본법은 제 5 공화국 출범 직후인 1980년 12월 31일 법률 제3347호로 제정·공포되었으며 1984년 12월 31일 법률 제3786호로 부분 개정되었다.

법제적인 차원에서 언론기본법의 탄생배경은 전두환 등 신군부세력이 집권 후 정치권력을 강화하기 위해 언론통제를 목적으로 계엄령 하에서 '국가보위입법회의'를 통해 소위 개혁입법이라는 명분으로 제정하였다. 이 법은 언론에 관한 제반 사항을 모두 포괄적으로 규정하고 있어 언론규제에 관한 일반법으로서의 성격을 가지고 있었다. 이 법이 공포·시행됨으로써 '신문·통신 등의 등록에 관한 법률'과 '언론윤리위원회법', '방송법' 등 기존의 언론관계법은 폐지되었다.

이와 같은 정치적 격변의 과정에서 방송은 KBS와 MBC를 중심으로 공영방송체제로 전환하는 통폐합이 이루어졌다. TBC TV와 라디오는 KBS 2TV와 KBS 라디오 제 3 방송으로, DBS(동아방송)는 KBS 제 4 방송(라디오서울)으로 흡수 통폐합하였다. 기타 지역방송인 전일방송, 서해방송도 KBS에 흡수되고 MBS의 21개 지방사는 서울 문화방송에 주식의 51%를 양도하면서 계열사로 흡수되었고 기독교방송(CBS)은 종합편성권을 박탈하고 순수복음방송으로 기능을 제한하였다.

방송법의 제정(재입법)은, 1987년 6월 민주항쟁에 의해 이루어진 민주화 조치인 6.29 선언을 계기로 1987년 11월 28일 제 6 공화국의 출범을 앞 둔 대통령 선거운동 기간인 중 반민주 악법들이 정비되는 과정에서 '언론기본법'은 폐지되었고 방송법이 제정되었다. 그러나 방송법은 그 내용에 있어서 기존의 언론기본법이 갖고 있었던 비민주적인 내용이 해소되지 않았다는 문세세기가 계속되었다.

### (7) 민주화 시대의 다공영(多公營)·1민영체제(1民營體制): 1991년~1994년

언론기본법이 폐지되면서 제정된 방송법은 다시 1990년 8월1일 개정되어 언론의 자유의 확장에 대한 요구를 반영하는 내용을 대폭 수용하게 되었다. 이 시기는 언론은 물론, 정치·사회적으로도 제도적인 민주화로 이행된 단계이다. 방송법은 1991년 12월 31일 종합유선방송법 제정을 앞두고 다시 동년 12월14일 개정되었으며, 방송법제는 방송법, 방송법시행령, 종합유선방송법, 전파관리법, 한국방송공사법, 한국방송광고공사법, 방송심의에관한규정, 방송문화진흥회법 등으로 구성되어 있다.

정치 환경 차원에서는 노태우 정권이 임기 후반에 진입하면서 3당통합으로 이후, 각 정파 간의 차기의 대통령 후보직을 차지하기 위한 권력 경쟁이 치열했던 기간이다. 언론의 환경은 전두환 군부 정권의 절대권력으로 구축된 각종 규제들이 모두 제거되어 사실상 완전한 자유를 구가하고 있다 할 만큼 제약이 없는 환경이었다. 따라서 언론과 정치권력의 관계가 종래와는 달리 언론 우월적인 입장으로 전환된 상황이었다. 이같이 언론의 우월적 지위는 정권경쟁 과정에서 제도적 강제나 강압에 의한 협조요구보다는 상호이익의 공유를 위해 제휴하는 방식으로 전개되는 양상을 띠게 된다. 방송의 양대 공영매체인 KBS와 MBC 역시 방송에 대한 정치권력의 개입보다는 언론 내부의 절대적인 힘을 가진 노동조합의 의사가 강력하게 작동하는 시기였다.

정치권력의 전환기인 1992년, 대통령 선거를 앞두고 각 정파는 선거에서 절대적인 영향력을 행사하는 TV방송매체의 지원이 절실한 상황이었다. 정부는 선거 1년 전인 1991년 방송시장의 개방과 경쟁력 제고라는 시대적 요구를 명분으로 첫 번째로 지역 민영방송으로 수도권의 SBS서울방송 개국을 허가하였다. 그리고 김영삼 문민정부에 출범 이후, 1994년 후반에 들어 부산, 대구, 광주, 대전 등 직할시급의 지역에 민영방송이 허가되고 이후, 전주, 울산, 강원, 제주 등 지방민영방송들이 잇달아 개국하면서 다시 공·민영방송 병존체제로 돌아가게 되었다.

이 시기에 두드러진 특징은 1민영 다공영 방송체제의 등장이다. 지역방송이 개국한 이후에도 당초 지역 민영방송의 개국의 명분이었던 지역의 언론과 문화창달 및 지역발전에 교두보역을 담당한다는 목표는 현실적으로 불가능한 상황이었다. 지역방송은 열악한 제작여건으로 인해 방송내용의 자체제작 비율이 15% 내외 수준에 머물게 되었고 나머지 80% 이상의 방송을 상대적으로 재정적 기반이 탄탄한 SBS서울방송의 콘텐츠에 의존하게 된 것이다. 이로써 사실상 지역방송이 서울의 SBS에 종속화되는 현상이 계속되어 1민영 다(多)공영 방송체제의 형태가 되었다.

정부의 방송정책은 방송의 민주화로 인해 통제가 최소화된 KBS, MBC 등 공영매체보다는 이해관계의 공유를 통해 자발적인 협력을 유도할 수 있는 새로운 민영 상업방송 매체를 탄생시켜 정치권력의 지지기반을 강화하는 전략적 선택으로 선회한 것으로 해석할 수 있다.

### (8) 뉴미디어 시대의 다(多)매체 다(多)채널 경쟁체제: 1995년~2007년

1990년대 중반 이후에 들어서면서 방송은 기술적으로 혁신적이라 할 만큼 빠른 진화와 함께 다양한 매체들이 출현하게 된다. 1994년은 4개의 지역민방 선정과 함께 종합유선방송 즉, 케이블TV방송이 개국하면서 보도, 스포츠, 영화, 교육, 만화 홈쇼핑 등 26개의 전문화된 콘텐츠의 채널이 허가되고 95년부터 본방송을 시작하였다. 종합유선방송은 26개의 전문채널과 KBS, MBC, EBS, SBS 등 기존의 공중파 방송이 채널을 그대로 유지한 채 동시재전송하였다. 또한 1995년 방송통신위성인 무궁화호가 발사에 성공하면 위성방송까지 가능한 상황이 되어 본격적인 뉴미디어시대의 개막에 따른 다매체다채널 경쟁시대로 진입하게 된다.

뉴미디어란 전통적인 개념의 신문이나 공중파방송과 같은 올드미디어에 대한 상대적 개념이며, 새로운 방송과 정보통신기술에 의해 매체로서 기능을 수행하는 미디어를 상징하는 의미로 쓰인다. 따라서 뉴미디어는 특정한 미디어를 확정하는 개념보다는 진행형으로써 의미를 가지며 그 영역도 기술의 발달과 함께 계속 확장될 수밖에 없다. 기존 미디어 기술과 새로운 기술이 서로 연계·복합되면서 정보의 생산과 유통, 소비에서 새로운 매체로서 기능하는 것을 통칭하여 뉴미디어로 부른다.[7] 현재 뉴미디어는 TV수상기와 컴퓨터, 휴대전화, 방송통신위성과 초고속 광케이블 등이 결합하여 정보의 생산, 유통, 소비에 혁명적인 변화가 일어나고 있다. 가장 두드러진 변화의 특징은 정보생산의 다양화과 무제한성, 정보접근의 광역화과 지역성, 정보전송의 위성화와 무선화, 정보전달의 고속화와 비동시성, 정보내용의 전문화와 무한성(無限性), 정보수용의 개별화와 선택성, 정보저장의 영구화(永久化)와 대량성(大量性) 등이다. 이와 같은 뉴미디어의 특징은 기술과 산업적 측면에서도 발전과 성장의 가능성이 무한한 분야로 주목받게 되었으며, 세계 선진국들을 중심으로 집중적인 투자가 이루어지고 있다.

우리나라도 민주화로 인하여 정치·경제·사회·문화 등 총체적인 방송 환경의 변화를 맞게 되었다. 정부의 매체정책도 과거의 효과적인 활용을 위한 통제 목적의 규제 중심에서 획기적인 변화를 가져왔다. 국내 방송시장의 진입장벽을 제거하고 뉴미디어 매체의 등장을 허용하면서 매체간의 경쟁을 촉발시키는 한편, 미디어를 산업으로 접근하는 정책들이 도입되게 된 것이다. 대표적으

7) 언론학회 편, 언론학원론(하), 범우사, 2006, 671면 참조.

로 종합유선방송, 케이블TV의 도입으로 인해 광케이블이라는 전송망사업, 송수신에 사용되는 각종 전기 및 전자산업, 방송콘텐츠를 제작하는 카메라 등 전자와 각종 설비산업 등의 분야에 대한 투자와 고용이 창출되는 산업유발효과 까지 거두고 있다.

방송법제적 측면에서도 비민주적인 독소 조항들이 대부분 정리되고 방송매체의 공공성과 공익성, 유한성 등에 근거한 최소한의 규제들만 남기는 내용으로 정리되었다. 2000년 1월 12일 기존의 공중파 중심의 법제인 구(舊)방송법을 폐지하고, 뉴미디어로 등장한 케이블TV, 위성방송 등을 포괄한 새로운 방송체계를 반영하는 수준으로 방송법이 제정되었다.

### (9) 정보화시대의 매체융합체제(媒體融合體制): 2008년~현재

민주화 이후, 우리나라 방송매체 정책은 미디어에 대한 산업적 측면에서 획기적인 개방화 노선을 유지해 왔다. 이러한 정책의 일환으로 2008년에는 방송과 통신, 방송과 컴퓨터가 융합된 새로운 매체의 등장을 허용하는 '인터넷멀티미디어방송법(IPTV법)'이 제정되었다. IPTV는 매체의 융합을 상징하는 대표적인 매체로 이를 대상으로 기존의 방송법과 분리하여 IPTV법이라는 독립적인 특별법을 제정한 것이다.

매체의 융합이란, 방송과 통신, 컴퓨터와 다양한 전자 및 커뮤니케이션 기술 등이 결합하는 '기술의 융화(融化)'로 인해 이루어지는 매체간의 통합화 현상을 말한다. 이러한 기술의 융화는 정보의 생산, 유통, 소비의 방식에서 이미 서술한 뉴미디어의 특징을 포괄할 뿐만 아니라, 가장 핵심적인 것은 정보체계의 디지털화(digitalization)이다. 방송 매체의 차원에서 모든 정보의 처리가 디지털화되면 거의 무한대의 방송채널을 가능하게 하고 방송이 제공하는 콘텐츠의 종류와 품질은 물론 당양한 서비스를 생산하고 제공할 수 있게 된다.

따라서 이와 같은 기술의 진화에 맞추어 방송제도 측면에서도 새로운 상황에 대비하는 법제의 연구과 제정이 필수적이다. 현재 방송과 통신, 컴퓨터가 결합한 융합매체를 규제하는 IPTV법은 방송법의 구조를 기본으로 하고 있지만, 향후 디지털화가 완성될 경우에 대한 대응은 거의 무방비 상황이다.

# Ⅱ. 방송법의 변천

## 1. 방송법 변천사 개요

우리나라의 방송관련 법제는 기본법인 헌법을 최상위에 두고, 그에 근거하여 방송법, IPTV법, 전파관리법, 뉴스통신진흥법. 언론중재법, 방송문화진흥회법, 정보공개법 등으로 구성되어 있다.

지금까지 우리나라의 방송법은 방송의 공공성과 공익성 및 전파는 국가의 자원이라는 전제위에서 국가통제주의 개념에 근거하여 입법되었다. 민주주의가 정착되어 가는 정치적 격변기를 거치면서 언론의 자유를 억압하는 통제의 강도는 갈수록 약화되었다.

1980년 언론통폐합을 뒷받침하기 위해 제정된 언론기본법이 1987년 폐지되면서 방송을 관장하는 방송법(1987. 11. 28. 법률 제3978호 제정)과 신문을 관장하는 舊'정기간행물의등록등에관한법률'(1987. 11. 28. 법률 제3979호 제정)로 법체계가 분리되었다. 그 후 방송법은 2000. 1. 12. 법률 제6139호로 폐지 제정되었고, 舊'정기간행물의등록등에관한법률'은 신문법으로 재탄생되었다.

동(同) 방송법은 방송의 자유와 독립을 보장하고 방송의 공적 책임을 높임으로써 시청자의 권익보호와 민주적 여론형성 및 국민문화의 향상을 도모하고 방송의 발전과 공공복리의 증진에 이바지함을 목적으로 내세우며 새롭게 2000. 1월 제정되었다. 방송법은 이 후에도 여러 차례의 개정을 거쳐 현행 방송법에 이르고 있다. 그동안의 주요 제·개정과정을 통한 방송법의 변천을 보면 다음과 같다.

## 2. 2000년, 제정 방송법[8)]

### (1) 제정취지

2000. 1. 12 방송법의 제정은 방송환경의 급격한 변화에 능동적으로 대처하기 위해 종전의 방송법·종합유선방송법·유선방송관리법·한국방송공사법으로

8) 방송법, 2000. 1. 12 제정, 2000. 3. 13 시행.

분산된 방송법관련 법체계를 통합하는 데 주안을 주었다. 이와 더불어 방송관련 기관들의 역할을 재정립하고, 위성방송의 실시근거를 마련하였으며, 방송의 자유와 독립성 및 공공성을 확고하게 보장하기 위해 방송위원회의 위상을 강화하였다. 또한 시청자의 권익을 보장하기 위한 규정을 강화하는 한편, 미디어에 대한 산업적 측면에서 방송영상산업의 진흥을 위한 기반을 조성하려는 제도적 근거를 마련하는 취지를 담고 있다.

### (2) 주요 내용

2001. 1. 12 제정된 방송법의 주요 특징을 살펴보면 다음과 같다.

첫째, 방송의 정의를 '방송프로그램을 기획·편성 또는 제작하고 이를 공중에게 전기통신설비에 의해 송신하는 것'으로 개념을 정의함으로써 지상파방송·종합유선방송·위성방송을 방송법의 적용대상에 포함하도록 하였다.

둘째, 방송편성·제작의 자율성을 확보하기 위해 종합편성 또는 보도에 관한 전문편성을 행하는 방송사업자는 취재·제작 종사자의 의견을 들어 방송편성규약을 제정하여 이를 공표하도록 하였다.

셋째, 종합편성과 보도에 관한 전문편성을 행하는 방송사업을 제외한 종합유선방송사업 등 기타 방송사업에 대하여는 대기업·언론사 및 외국자본의 참여를 일정비율까지 허용하고, 지상파방송·종합유선방송·위성방송을 행하는 사업자간의 상호겸영을 제한적으로 허용하는 등 규제를 완화하였다.

넷째, 방송위원회 위원장에게 국무회의 출석·발언권 및 의안제출건의권을 부여하고, 예산회계법에 의한 중앙관서의 장으로 의제하여 방송위원회의 위상을 강화하였으며, 방송위원회 직무에 방송의 기본계획에 관한 사항 및 방송사업자 허가의 추천과 승인 등을 포함함으로써 그 권한을 강화하였다.

다섯째, 청소년을 보호하기 위해 방송사업자에게 방송프로그램의 폭력성·음란성 등의 유해정도, 시청자의 연령 등을 감안하여 등급을 분류하고 이를 방송 중에 표시하도록 하였다.

마지막으로, 국내방송의 경쟁력 강화를 위해 전체 방송프로그램 중 국내에서 제작된 방송프로그램을 일정 비율 이상 편성하도록 하였다.

## 3. 2004년 개정 방송법의 주요 내용[9)]

방송과 통신이 융합되고 있는 현상을 효율적으로 규율하기 위해 방송의 정의규정을 정비하고, 신규 방송서비스로 데이터방송·이동멀티미디어방송의 도입 근거를 마련하는 한편, 방송사업자 등이 겸영제한 또는 소유제한을 위반한 경우 방송위원회가 그 시정을 명할 수 있도록 하는 등 개정 이전의 제도의 운영과정에서 드러난 미비점을 개선·보완하는 취지에서 일부개정이 이루어졌다.

주요 내용은 첫째, 기존의 방송매체를 중심으로 지상파방송·종합유선방송·위성방송으로 구분하던 방송의 분류를 텔레비전방송·라디오방송·데이터방송·이동멀티미디어방송으로 분류하도록 하였다.

둘째, 방송사업자의 채널을 이용, 데이터를 위주로 하여 이에 따르는 영상·음성·음향 및 이들의 조합으로 이루어진 방송프로그램을 송신하는 방송을 데이터방송으로 정의하고, 이동 중 수신을 주목적으로 다채널을 이용하여 텔레비전방송·라디오방송·데이터 방송을 복합적으로 송신하는 방송을 이동멀티미디어방송으로 정의하여 그 도입근거를 마련하였다.

넷째, 대기업에 대한 종합유선방송사업자의 주식·지분 소유 제한에 관한 규정을 폐지하고, 종합유선방송사업·방송채널사용사업에 대한 외국자본의 출자 및 출연 상한을 종전에는 해당 법인의 주식·지분의 총수의 100분의 33까지로 제한하던 것을 이를 완화해 100분의 49까지 허용하도록 하였다.

다섯째, 방송사업자 등이 경영제한 또는 소유제한을 위반한 경우 위반행위를 한 자에 대해 방송위원회가 시정명령을 할 수 있도록 하였다.

여섯째, 방송사업자·중계유선방송사업자·전송망사업자가 외국자본의 출자 또는 출연제한 규정을 위반한 경우에는 위반의 원인을 제공한 주식·지분의 소유자의 소유분 또는 초과분에 대하여는 의결권을 행사할 수 없도록 하고, 방송위원회는 해당 사업자나 그 위반의 원인을 제공한 주식·지분의 소유자에 대하여 해당 사항에 대한 시정명령을 할 수 있도록 하였다.

마지막으로, 방송광고 사전심의제도의 실효성을 확보하기 위해 방송사업자

---

9) 2004. 3. 22 일부개정·시행.

가 심의·의결된 내용과 다르게 방송하거나 심의·의결을 받지 않은 방송광고를 방송하지 못하도록 하였다.

## 4. 2006년 개정 방송법의 주요 내용[10)]

2006. 10. 27 일부 개정된 방송법은 공동체라디오 방송사업자에 대한 법적 지위를 부여하고, 방송분쟁조정위원회를 설치하며, 해외한국어방송에 대한 지원의 법적 근거를 마련하였다. 또한 어린이 대상 방송프로그램의 방송광고 시간에 반드시 광고임을 밝히는 자막을 표기하도록 하며, 음란·폭력 등 사회적으로 용인될 수 없는 방송프로그램에 대한 제재의 실효성을 확보하기 위해 방송사업자에 의한 출연제한 및 과징금 처분의 법적 근거 마련하는 등 방송심의제도를 개선하기 위한 취지로 일부 개정하였다.

그 주요 내용 첫째, 공익목적으로 라디오방송을 하는 공동체라디오방송사업자에 대한 법적 지위를 부여하고, 그 허가대상·소유제한·허가절차·허가유효기간 및 편성비율에 관한 규정을 신설하였다.

둘째, 지상파방송사업자의 방송채널 사용사업에 대한 과도한 진입을 억제하기 위해 지상파 방송사업자의 경우 방송채널 사용사업의 겸영이나 그 주식 또는 지분의 소유를 대통령령이 정하는 범위 이내로 제한하였다.

셋째, 주식·지분의 취득 등을 통해 방송사업자 또는 중계유선방송 사업자의 최다액 출자자가 되거나 경영권을 실질적으로 지배하려는 자는 방송위원회의 승인을 얻도록 하고, 승인을 얻지 못한 경우에는 그 주식·지분에 대한 의결권을 행사를 할 수 없도록 하였다.

넷째, 방송사업자·중계유선방송사업자 등의 상호간에 발생한 방송에 관한 분쟁을 효율적으로 조정하기 위해 방송위원회에 방송분쟁위원회를 둘 수 있도록 하고, 방송분쟁위원회에서 성립된 조정은 재판상 화해와 같은 효력을 갖도록 하였다.

다섯째, 방송발전기금의 용도에 해외한국어방송에 대한 지원을 추가하고, 방송발전기금의 일부를 방송위원회의 위원장이 방송위원회의 동의를 얻어 방송

10) 2006. 10. 27 일부 개정·시행.

의 공공성·공익성 제고와 방송진흥 및 시청자복지를 위한 투·융자재원으로도 활용할 수 있도록 하였다.

여섯째, 방송사업자는 어린이를 주 시청대상으로 하는 방송프로그램의 방송광고시간 및 전후 토막광고시간에 반드시 광고임을 밝히는 자막을 표기하여 어린이가 방송프로그램과 방송광고를 구분할 수 있도록 하였다.

마지막으로, 방송심의제도를 개선하여 방송심의규정의 위반으로 제재조치를 받은 방송사업자는 해당방송출연자에 대해 경고·출연제한 등의 조치를 취할 수 있도록 하고, 음란·퇴폐 및 폭력 등에 관한 방송심의규정을 위반하는 등 그 위반의 정도가 중대한 방송프로그램의 방송사업자에 대해 1억원 이하의 과징금을 부과할 수 있도록 하였다.

## 5. 2007년 1월 및 7월 개정 방송법의 개요

### (1). 2007년 1월 개정 방송법[11]의 주요 내용

2007. 1. 26 일부 개정된 방송법은 위성방송사업자에 대한 대기업 소유 지분 한도를 100분의 33에서 100분의 49로 완화하였고, 지역방송이 지역사회의 커뮤니케이션 기능을 올바르게 수행하도록 하기 위해 방송위원회에 지역방송발전위원회를 두도록 하였다. 한국방송공사 이사회의 심의·의결의 공정성을 보장하기 위하여 이사의 제척 사유에 관한 법적 근거를 마련하였다. 그리고 중계유선방송사업자가 운영하는 채널의 운용범위에 대하여 대통령령에 위임되어 있던 사항을 법률에서 규정하도록 하고, 채널의 운영범위에 종교채널을 추가하며, 위성방송사업자·종합유선방송사업자에게 공익채널을 운용하도록 하였다. 마지막으로 방송위원회가 국민적 관심이 매우 큰 체육경기 대회 그 밖에 주요행사를 시청자 및 방송사업자 등의 의견을 들어 고시하도록 하고, 국민관심행사 등에 대한 중계방송권자등은 중계방송권을 공정하고 합리적인 가격으로 차별 없이 다른 방송사업자에게 제공하도록 하였으며, 국민관심행사 등의 고시 등에 관한 업무의 원활한 수행을 위하여 방송위원회에 '보편적 시청권[12] 보장위원회'를 두

11) 2007. 1. 26 일부개정, 2007. 4. 27 시행.

12) '보편적 시청권'이라 함은 국민적 관심이 매우 큰 체육경기대회 그 밖의 주요행사 등에 관한 방송을 일반 국민이 시청할 수 있는 권리를 말한다(방송법 제2조 제25호).

도록 하였다.[13)]

### (2) 2007년 7월 개정 방송법[14)]의 주요 내용

지상파방송사업자 간 겸영 제한 범위를 확대하여 지상파방송을 통한 여론의 독과점을 방지하고 방송의 다양성·공공성 및 시청자의 권익을 보호하려는 취지로 이동멀티미디어방송에 대해서만 적용하는 지상파방송사업자 간 겸영 제한을 텔레비전방송·라디오방송·데이터방송 등 다른 지상파 방송사업으로 확대하였다. 단, '방송문화진흥회법'에 따라 설립된 방송문화진흥회가 최다출자자인 지상파방송사업자가 동법 시행 당시 계열회사관계에 있는 다른 지상파방송사업자의 주식·지분을 소유하는 경우에는 예외로 하도록 하였다.

방송사업자에 대한 행정처분의 요건 등이 포괄적으로 위임되어 있거나 불명확하게 규정되어 있어 이를 구체적으로 명확하게 규정하여 재량행위의 투명화를 기하려는 취지로 방송사업자에 대한 행정처분의 요건을 변경허가 또는 변경승인을 받지 않거나 변경등록을 하지 않은 때 등으로 열거하였다. 또한 재난방송 이행요구 및 시정명령의 요건을 구체적으로 정하였다.

마지막으로 외국방송의 재송신제도를 효율적으로 개선하려는 취지로 종합유선방송사업자 및 위성방송사업자에 대한 외국방송 재송신 승인제도를 폐지하고, 외국방송을 국내에서 방송사업자를 통해 재송신하려면 외국방송사업자가 직접 방송위원회의 승인을 받도록 하며, 재송신하는 방송이 심의규정을 위반하면 과태료를 부과하거나 승인을 취소할 수 있도록 하였다.

---

13) 또한 2007. 1. 26. 일부 개정(2007. 4. 27 시행)된 방송법 제76조의3은 방송사업자·중계방송권자 등을 대상으로 일반 국민의 보편적 시청권을 보장하기 위해 대통령령에서 정하는 금지행위 등 준수사항을 이행하도록 하고, 위반 시 방송위원회가 이에 대한 시정조치를 명할 수 있도록 규정하였으며, 방송사업자 또는 중계방송권자 등이 정당한 사유 없이 그 시정명령을 이행하지 않을 때에는 과징금을 부과할 수 있도록 하였다.

14) 2007. 7. 27 일부개정, 2007. 10. 28 시행.

# 제 2 절 방송법의 내용 및 구성[15)]

## Ⅰ. 방송법 총설

### 1. 2009년 7월, 방송법 개정배경 및 목적

신문, 방송, 통신, 인터넷이 융합되는 새로운 미디어 환경의 변화에 부응하고 국제적 시장개방 조류에 대응하여 우리 방송산업이 경쟁력을 강화하고 미디어산업 발전에 적합한 환경을 조성하기 위한 취지로 개정하였다. 주요 내용은 현행법상의 1인 지분 소유제한과 대기업, 신문·뉴스통신 및 외국자본의 종합편성 또는 보도전문편성 콘텐츠 사업에 대한 겸영 또는 주식·지분 소유금지 등의 규제를 완화하는 내용을 담고 있다.

개정 목적은 방송의 자유와 독립을 보장하고 방송의 공적 책임을 높임으로써 시청자의 권익보호와 민주적 여론형성 및 국민문화의 향상을 도모하고 방송의 발전과 공공복리의 증진에 이바지할 수 있도록 하는 데 주안점을 두었다. 2000. 1. 12 제정(2000. 3. 13 시행)된 이래 여러 차례의 개정을 거쳐 현행 방송법에 이르고 있다.

### 2. 개정 방송법의 핵심 종합편성채널의 의의

개정 방송법의 최대의 관심사항은 종합편성채널과 보도전문채널 도입이었다. 정부는 2010년에 종합편성채널 2~3개의 방송사업자를 선정하겠다는 계획을 추진하고 있다. 케이블을 통한 종합편성채널 사업자가 신정되면 KBS, MBC, SBS 등 기존의 지상파 종합편성채널과 경쟁하는 구도가 형성되게 된다. 이렇게 될 경우 방송시장이 기존의 지상파 독점구조에서 벗어나 지상파와 유료방송의 경쟁체제를 형성할 수 있을지 여부가 주목되는 부분이다.

종합편성채널 간의 경쟁체제로 지상파방송의 일부 컨텐츠를 제공해오던

---

15) 법률 제9786호, 2009. 7. 31 일부개정, 2009. 11. 1 시행.

독립 제작사들이 과거와 같은 종속구조에서 벗어나 새로운 활성화의 전기를 맞을 수 있는 기회를 갖게 되었다. 그러나 케이블TV, 인터넷TV(IPTV), 지상파 등 기존 사업자가 신규 종합편성채널사업자에 대해 진입장벽을 형성하고 견제할 경우, 자칫 지상파방송의 프로그램의 재방송채널로 전락할 우려도 없지 않다. 이를 방지하려면 종편채널 사업자 선정의 주요 평가 기준은 기존의 방송과 콘텐츠를 차별화할 수 있는 제작인력 및 시설, 재원조달 등 방송사업 추진 역량을 갖추고 있는지를 파악하는 데 두어야 한다.

새로운 종합편성채널이 등장하면서 기존의 지상파 방송사의 독과점적 지위를 극복하고 뉴미디어와 콘텐츠 산업의 발전시킬 수 있는 획기적인 콘텐츠 진흥정책이 마련되지 않는다면 현재의 지상파중심 시장구도를 개선할 수 없을 것이다. 대다수 PP도 기존 지상파 프로그램의 포맷을 베끼는 데 급급하고 있고, 이미 방송사업을 시작한 IPTV와 디지털멀티미디어방송(DMB)도 매체의 특성을 살린 차별화된 콘텐츠 제작보다는 지상파 방송 콘텐츠의 재편집에 그치고 있는 현실이기 때문이다.

현재 지상파 계열 채널사업자(PP)의 매출액이 전체 PP 매출액의 15%, 순수익은 75%를 점유할 정도로 지상파 방송의 뉴미디어 시장지배력이 심화되고 있다. 지상파와 PP(프로그램공급사업자)의 제작역량 차이는 제작비의 차이로 이어지고 궁극적으로는 프로그램의 질 차이로 귀결되게 된다. 방송위원회의 보고서에 따르면 지상파 3사의 분당 평균 제작비는 8만8,000원인 데 비해 PP는 2만원에 불과한 것으로 알려지고 있다.[16)]

이번 방송법 개정으로 추진되는 종편채널과 방송광고 경쟁체제 도입은 방송콘텐츠 산업을 활성화시킬 수 있고 방송콘텐츠를 통해 매체간의 차별화를 이룰 수 있는 기회이기 때문에 여기에 중점을 둔 정부 차원의 전략이 필요하다. 그렇지 않고 당초의 우려대로 '선심성' 또는 '나누어 먹기식' 종편방송사업자 선정으로 진행된다면 또 한번 실패한 방송사업의 부담을 국민에게 떠안기는 결과가 될 것이다.

16) 방송위원회의, '2008년 방송산업 실태조사' 보고서.

## 3. 방송의 개념 및 종류

방송은 국가의 자산이며 공공재인 제한된 주파수를 이용한다. 이 때문에 헌법과 방송법은 방송에게 방송의 자유라는 기본권 주체로서의 지위를 부여하는 데 그치는 것이 아니라, 더 나아가 방송의 독립성을 보장하고 공정성을 강조하며, 방송의 공적 책임을 부과한다. 방송의 공정성은 방송의 최소한의 존립 이유이기도 하다. 방송이 사실을 왜곡·은폐하는 일을 일삼는 경우 방송의 공정성은 확보될 수 없다. 방송의 공적 책임과 관련하여 방송법 제5조 제1항은 "방송은 인간의 존엄과 가치 및 민주적 기본질서를 존중하여야 한다"라고 말한다. 방송의 공정성은 방송이 지향해야 할 가치를 가리킨다.

방송은 민주주의의 실현과 발전에 기여하는 기능과 책무를 수행한다. 민주주의가 지향하는 가치는 국민의 실질적 자유와 평등이고, 그 지배 형태는 국민의 의사에 따른 지배이다. 방송은 민주주의가 올바로 작동할 수 있도록 여론을 형성하고 국가권력의 행사를 감시·비판·견제하는 기능을 수행해야 한다.[17]

방송법이 규정하고 있는 '방송'의 정의는 방송프로그램을 기획·편성 또는 제작하여 이를 공중(公衆)에게 전기통신설비에 의해 송신하는 것을 말한다.[18] 여기서 '공중'이라 함은 개별계약에 의한 수신자를 포함하며 '시청자'로 부른다.

'유료방송'이라 함은 시청자와의 계약에 의해 수개의 채널단위·채널별 또는 방송프로그램별로 대가를 받고 제공하는 방송을 말한다. '채널'이라 함은 동일한 주파수 대역을 통해서 연속적인 흐름 또는 정보체계의 형태로 제공되는 텔레비전방송, 라디오방송 또는 데이터방송의 단위를 말한다.[19] 각 방송매체별 특성과 차이점을 반영하여 방송법상에서 규정하고 있는 방송의 정의는 다음과 같다.

'텔레비전방송'은 정지 또는 이동하는 사물의 순간적 영상과 이에 따르는 음성·음향 등으로 이루어진 방송프로그램을 송신하는 방송을 뜻하며, '라디오방송'은 음성·음향 등으로 이루어진 방송프로그램을 송신하는 방송을 말한다.

'데이터방송'은, 방송사업자의 채널을 이용하여 데이터 즉, 문자·숫자·도

17) 김승환, 전게 기고문 참조.
18) 방송법 제2조 제1호.
19) 방송법 제2조 20항, 20-2 참조.

형·도표·이미지 그 밖의 정보체계 등을 위주로 하여 이에 따르는 영상·음성·음향 및 이들의 조합으로 이루어진 방송프로그램을 송신하는 방송을 뜻하며, 인터넷 등 통신망을 통해 제공하거나 매개하는 경우는 데이터 방송의 범주에서 제외하고 있다.

'이동멀티미디어방송'은 이동 중 수신을 주목적으로 다채널을 이용하여 텔레비전방송·라디오방송 및 데이터방송을 복합적으로 송신하는 방송을 의미한다.

### 4. 방송사업 · 방송사업자의 개념 정의

#### (1) 방송사업의 개념 및 종류

'방송사업'이라 함은 방송을 행하는 사업을 말하며 다음과 같이 구분한다.[20)]

가. 지상파방송사업: 방송을 목적으로 하는 지상의 무선국을 관리·운영하며 이를 이용하여 방송을 행하는 사업을 뜻한다.

나. 종합유선방송사업: 종합유선방송국 즉, 다채널방송을 행하기 위한 유선방송국설비와 그 종사자의 총체인 종합유선방송국을 관리·운영하며 전송·선로설비를 이용하여 방송을 행하는 사업을 말한다.

다. 위성방송사업: 인공위성의 무선설비를 소유 또는 임차하여 무선국을 관리·운영하며 이를 이용하여 방송을 행하는 사업이다.

라. 방송채널사용사업: 지상파방송사업자·종합유선방송사업자 또는 위성방송사업자와 특정채널의 전부 또는 일부 시간에 대한 전용사용계약을 체결하여 그 채널을 사용하는 사업을 말한다.

#### (2) 방송사업자의 개념 및 종류

'방송사업자'라 함은 방송사업을 행하는 주체로서 법인격을 갖추고 방송법(제 9 조)의 규정에 의해 방송사업을 허가받은 자를 말한다. 지상파방송사업자는

20) 방송법 제2조 제2호.

지상파방송사업을 하기 위해 방송법(제9조 제1항)의 규정에 의하여 허가를 받은 자, 종합유선방송사업자는 종합유선방송사업을 하기 위해 방송법 제9조 제2항의 규정에 의해 허가를 받은 자, 위성방송사업자는 위성방송사업을 하기 위해 방송법(제9조 제1항) 규정에 의해 허가를 받은 자, 방송채널사용사업자는 방송채널사용사업을 하기 위해 방송법(제9조 제5항) 규정에 의하여 등록을 하거나 승인을 얻은 자, 공동체라디오방송사업자는 공중선전력 10와트 이하로 공익목적으로 라디오방송을 하기 위해 방송법(제9조 제11항)의 규정에 의해 허가를 받은 자를 의미한다.[21]

### (3) 기타 방송 및 방송사업자의 개념

가. '중계유선방송(中繼有線放送)'이라 함은 방송을 목적으로 하는 지상의 무선국을 이용하여 행하는 방송인 지상파방송 또는 방송법에 의한 한국방송공사 및 특별법에 의해 설립되어 인공위성의 무선국을 이용하여 행하는 방송사업자가 행하는 위성방송이나 대통령령이 정하는 방송을 수신하여 중계송신(방송편성을 변경하지 않는 녹음·녹화를 포함)하는 것을 말한다. '중계유선방송사업'이라 함은 중계유선방송을 행하는 사업을 뜻하며, 중계유선방송사업을 하기 위해 방송법(제9조 제2항)의 규정에 의해 허가를 받은 자를 '중계유선방송사업자'라 한다.

나. '음악유선방송'이라 함은 '음반·비디오물 및 게임물에 관한 법률'에 의해 판매·배포 되는 음반에 수록된 음악을 송신하는 것으로 정의한다. '음악유선방송사업'이라 함은 음악유선방송을 행하는 사업의 의미이며, '음악유선방송사업자'라 함은 음악유선방송사업을 하기 위하여 방송법(제9조 제5항)의 규정에 의해 등록을 한 자를 말한다.

다. '전광판방송(電光板放送)'이라 함은 상시 또는 일정 기간 계속하여 전광판에 보도를 포함하는 방송프로그램을 표출하는 것을 뜻한다. '전광판방송사업'이라 함은 전광판방송을 행하는 사업의 의미이며 '전광판방송사업자'라 함은 전광판방송사업을 하기 위해 방송법(제9조 제5항)의 규정에 의해 등록을 한 자를 말한다.

---

21) 방송법 제2조 제3호.

라. '전송망사업(傳送網事業)'이라 함은 방송프로그램을 종합유선방송국으로부터 시청자에게 전송하기 위해 유·무선 전송선로설비(傳送·線路設備)를 설치·운영하는 사업이며, '전송망사업자'라 함은 전송망사업을 하기 위해 방송법(제9조 제10항)의 규정에 의해 등록을 한 자를 말한다.

## 5. 방송 편성권의 자유와 독립 보장

### (1) 편성의 개념

'방송편성(放送編成)'이란 방송되는 사항의 종류·내용· 분량· 시각· 배열을 정하는 것이며, 방송편성의 단위가 되는 방송 내용물을 방송프로그램이라고 말한다. '종합편성'이라 함은 보도·교양·오락 등 다양한 방송분야 상호 간에 조화를 이루도록 방송프로그램을 편성하는 것이며, '방송분야(放送分野)'라 함은 보도·교양·오락 등으로 방송 프로그램의 영역을 분류한 것을 의미한다.[22) '보도'는 국내외 정치·경제·사회·문화 등의 전반에 관해 시사적인 취재보도·논평·해설 등의 방송프로그램을 편성하는 것을 뜻한다. '전문편성(專門編成)'이라 함은 특정 방송분야의 방송 프로그램을 전문적으로 편성하는 것을 말한다. '방송편성책임자'라 함은 방송편성에 대해 결정을 하고 책임을 지는 직위에 있는 사람을 말한다.

### (2) 편성권 보장의 의의

방송의 자유는 정치권력으로 부터의 자유, 자본으로부터의 자유, 방송의 소유권과 경영권으로부터의 자유를 그 본질적 내용으로 한다. 방송의 편성권이 방송의 자유의 핵심 내용으로 자리잡아야 하는 이유가 여기 있다. 이 때문에 학설과 판례는 방송의 자유를 가리켜 '프로그램 편성의 자유(Programm gestaltungs freiheit)'라고 말한다. 방송의 자유를 지키기 위해서는 필수적으로 방송의 독립을 보장해야 한다. 이러한 독립을 확보하지 못하면 방송의 자유는 없는 것이나 마찬가지이다.[23)]

헌법 제21조 제1항은 "모든 국민은 언론·출판의 자유와 집회·결사의 자

22) 방송법 제2조 제15항 이하 참조.
23) 김승환 프레시안 09. 11. 11 방송법 위헌청구기각관련 기고 참조.

유를 가진다"라고 규정하고 있다. 동 규정에 의해 보장되는 언론의 자유에는 방송의 자유가 포함되며, 방송의 자유는 주관적인 자유권으로서의 특성을 가질 뿐 아니라 다양한 정보와 견해의 교환을 가능하게 함으로써 민주주의의 존립·발전을 위한 기초가 되는 언론의 자유의 실질적 보장에 기여한다는 특성을 가지고 있다. 방송의 자유를 판단하는 핵심적인 기준은 편성의 자유와 독립의 보장여부로 귀결된다. 편성의 자유와 독립의 문제는 편성권의 주체가 누구인가로 귀결된다.

하급심판례[24]를 통해 이 문제를 보면 "방송법인이 이러한 방송의 자유를 행사하는 과정에서 특히 프로그램의 편성과 제작을 위한 제 권한은 법령상 방송법인을 대외적으로 대표하고 대내적으로 업무를 통괄하는 방송법인의 기관이 담당하게 된다"고 판시(判示)하고 있다. 판례의 내용을 액면 그대로 보면 법인의 대표 즉, 대표이사나 방송사의 사장이 편성권을 갖는 것으로 볼 수 있다.[25] 그러나 저자는 판례가 의미하는 것은 방송법인에 대한 대외적인 대표성 또는 상징성으로 인한 최종적인 권한과 책임의 소재(所在)를 포괄적으로 명시한 것이라고 해석한다. 왜냐하면 방송의 실무에서 방송의 편성에 대한 최종 책임은 편성을 책임진 편성본부장이 지고 있으며 방송의 개시와 종료 시 이를 공표하고 있다. 또한 방송법인의 대표는 편성책임자에 대한 임면권인 인사권 행사를 통해 편성권을 부여할 수 있는 등 편성에 대해 인사권을 통해 간접적이지만 실질적인 영향력을 행사할 수 있는 지위를 갖고 있기 때문이다.

헌법재판소[26]의 판결을 살펴보면, 방송의 자유는 주관적 권리로서의 성격과 함께 자유로운 의견형성이나 여론형성을 위해 필수적인 기능을 행하는 객관

---

24) 헌법상 방송의 자유란 방송주체의 존립과 활동이 국가권력의 간섭으로부터 벗어나 독립함을 의미할 뿐 아니라 국가권력 이외에 방송의 자유를 침해하는 사회 제 세력에 대하여도 그 효력을 주장할 수 있으나, 그 자유는 자유민주주의 헌법상 국민의사결정의 원리에 따라 다양성원칙과 공정성의무에 의해 구속받는 제도적 자유이며, 자유민주주의의 헌법체제 아래서 방송의 자유 내지 편성권의 주체는 전파법상 허가를 받고 방송을 행하는 방송국을 경영하는 방송법인이고, 방송법인이 이러한 방송의 자유를 행사하는 과정에서 특히 프로그램의 편성과 제작을 위한 제 권한은 법령상 방송법인을 대외적으로 대표하고 대내적으로 업무를 통괄하는 방송법인의 기관이 담당하게 된다(서울고판 1994. 9. 27, 92나35846).

25) 조재현, 언론법, 동아대출판부, 2007, 108면.

26) 헌재 2003. 12. 18, 2002헌바49.

적 규범질서로서 제도적 보장의 성격을 함께 가진다. 이러한 방송의 자유의 보호영역에는 단지 국가의 간섭을 배제함으로써 성취될 수 있는 방송프로그램에 의한 의견 및 정보를 표현, 전파하는 주관적인 자유권 영역 외에 그 자체만으로 실현될 수 없고 그 실현과 행사를 위해 실체적, 조직적, 절차적 형성 및 구체화를 필요로 하는 객관적 규범질서의 영역이 존재하며, 더욱이 방송매체의 특수성을 고려하면 방송의 기능을 보장하기 위한 규율의 필요성은 신문 등 다른 언론매체보다 높다. 그러므로 입법자는 자유민주주의를 기본원리로 하는 헌법의 요청에 따라 국민의 다양한 의견을 반영하고 국가권력이나 사회세력으로부터 독립된 방송을 실현할 수 있도록 광범위한 입법형성 재량을 갖고 방송체제의 선택을 비롯하여, 방송의 설립 및 운영에 관한 조직적, 절차적 규율과 방송운영주체의 지위에 관해 실체적인 규율을 행할 수 있다. 입법자가 방송법제의 형성을 통해 민영방송을 허용하는 경우, 민영방송사업자는 그 방송법제에서 기대되는 방송의 기능을 보장받으며 형성된 법률에 의해 주어진 범위 내에서 주관적 권리를 가지고 헌법적 보호를 받는다

이와 같은 헌법의 정신에 따라 국민의 다양한 의견을 반영하고 국가권력이나 사회세력으로부터 독립된 방송을 실현할 수 있도록 방송법[27]은 "방송편성[28]의 자유와 독립은 보장된다"라고 규정하고 있고, "누구든지 방송편성에 관하여 이 법 또는 다른 법률에 의하지 아니하고는 어떠한 규제나 간섭도 할 수 없다"라고 규정하고 있다. 또한 방송사업자는 방송편성책임자[29]의 자율적인 방송편성을 보장하여야 할 뿐만 아니라 특히 종합편성[30] 또는 보도[31]에 관한 전문편성[32]을 행하는 방송사업자는 방송프로그램[33] 제작의 자율성을 보장하기 위해

---

27) 방송법 제4조 제1항 및 제2항.

28) '방송편성'이란 방송되는 사항의 종류·내용·분량·시각·배열을 정하는 것을 말한다(방송법 제2조 제15호).

29) '방송편성책임자'라 함은 방송편성에 대하여 결정을 하고 책임을 지는 자를 말한다(방송법 제2조 제23호).

30) '종합편성'이라함은 보도·교양·오락 등 다양한 방송분야 상호간에 조화를 이루도록 방송프로그램을 편성하는 것을 말한다(방송법 제2조 제18호).

31) '보도'라 함은 국내외 정치·경제·사회·문화 등의 전반에 관하여 시사적인 취재보도·논평·해설 등의 방송프로그램을 편성하는 것을 말한다(방송법 제2조 제24호).

32) '전문편성'이라 함은 특정 방송분야의 방송프로그램을 전문적으로 편성하는 것을 말한다(방송법 제2조 제19호).

33) '방송프로그램'이라 함은 방송편성의 단위가 되는 방송내용물을 말한다(방송법 제2조 제17호).

취재 및 제작 종사자의 의견을 들어 방송편성규약[34]을 제정·공표해야 하는 것으로 규정함으로써 외부로부터의 방송편성의 자유는 물론이고 내부에서의 방송편성의 자유까지도 두텁게 보호하고 있다.[35]

### (3) 편성권 보장에 관한 방송법의 해석

방송편성의 자유와 독립을 명문으로 규정하고 있는 방송법 제 4 조[36] 규정의 문언을 어떻게 해석하는지에 따라 방송편성의 자유·독립의 문제에 관한 논의의 방향이 달라지게 된다. 이를 구체적으로 검토해보면 다음과 같다.

방송법 제 4 조를 해석함에 있어서, 동조 제 1 항 "방송편성의 자유와 독립은 보장된다"는 원칙적이며 신언적인 규정으로 해석하는 데 있어서는 큰 이론이 없다. 동조 제 2 항("누구든지 방송편성에 관하여 이 법 또는 다른 법률에 의하지 아니하고는 어떠한 규제나 간섭도 할 수 없다")은 국가로 대표되는 정치권력 또는 사회 각계각층의 세력집단(정부, 시민사회단체, 종교단체, 각종이익단체 등) 또는 영향력 있는 법인이나 개인에 의한 침해·간섭으로부터 방송편성의 자유와 독립을 보장하는 것을 규정한 내용으로 해석하고 있다.

동조 제 3 항("방송사업자는 방송편성책임자를 선임하고, 그 성명을 방송시간 내에 매일 1회 이상 공표하여야 하며, 방송편성책임자의 자율적인 방송편성을 보장하여야 한다")과 제 4 항("종합편성 또는 보도에 관한 전문편성을 행하는 방송사업자는 방송프로그램제작의 자율성을 보장하기 위하여 취재 및 제작 종사자의 의견을 들어 방송편성규약을 제정하고 이를 공표하여야 한다")의 경우, 저자는 언론매체로서 방송을 실질적

34) 방송법 제4조 제4항의 규정에 위반하여 방송편성규약을 제정하지 않거나 공표하지 않은 자는 1년 이하의 징역 또는 3천만원 이하의 벌금에 처한다(동법 제106조 제1항 제1호). 역시 양벌규정이다.

35) 동법 제4조 제3·4항.

36) 제4조(방송편성의 자유와 독립)

① 방송편성의 자유와 독립은 보장된다.
② 누구든지 방송편성에 관하여 이 法 또는 다른 법률에 의하지 아니하고는 어떠한 규제나 간섭도 할 수 없다.
③ 방송사업자는 방송편성책임자를 선임하고, 그 성명을 방송시간 내에 매일 1회 이상 공표하여야 하며, 방송편성책임자의 자율적인 방송편성을 보장하여야 한다.
④ 종합편성 또는 보도에 관한 전문편성을 행하는 방송사업자는 방송프로그램제작의 자율성을 보장하기 위하여 취재 및 제작 종사자의 의견을 들어 방송편성규약을 제정하고 이를 공표하여야 한다.

으로 지배하고 있는 방송사업자가 편성의 자유를 자의적으로 침해하거나 부당하게 개입하는 것을 방지하기 위한 최소한의 의무 규정으로 해석하는 것이 타당하다고 본다.

신문법에서와 마찬가지로 방송법에서도 방송편성의 자유와 독립을 규정하고 있는 방송법 제 4 조가 상정하고 있는 수범자(受範者)의 범위가 어디까지인가 하는 문제가 제기된다. 동조가 국가로 대표되는 외부세력에 의한 규제·간섭으로부터 편집의 자유와 독립을 보호하는 규정임에는 틀림없으나, 문제는 언론기업주도 개별언론인들(기자·방송제작종사자·방송편성책임자 등)에 대해 동 규정의 수범자에 해당되는가(언론기관의 내부에서 언론기업주를 상대로 개별언론인들의 언론의 자유가 보장되는지 여부)라는 점이다. 방송의 자유에 있어서도 방송의 소유주·경영주 및 광고주로부터 언론의 고유사명을 달성하기 위한 방송편성의 자유를 확보하는 방송의 내부적 자유가 중요한 문제로 부각되고 있다.[37)]

일부 학자나 판례의 경우, 동(同) 3항과 4항이 방송기업 내부에서 방송사업자와 방송편성책임자 및 방송프로그램취재·제작 종사자의 관계를 규율하는 이른바 '방송의 내부적 자유'에 관한 규정으로 보아야 한다는 견해도 있다. 이와 같은 주장의 근거, 즉 '누구든지'에 '방송사업자'가 포함되지 않는다고 보는 이유는 동조 제 2 항의 수범자는 '누구든지'로 규정되어 있는 반면, 동조 제 3 항의 수범자는 '방송사업자'로 규정되어 있다는 점 때문에 그와 같이 해석하는 것으로 보인다.

그 밖에 방송법 4조를 위반하였을 경우 그에 대한 처벌규정의 유무를 기준으로 해석의 차이를 보이고 있다. 즉, 방송법 제 4 조 제 2 항 위반행위는 동법 제105조 제 1 호에 의해 형사제재[38)]가 뒤따르지만 동조 제 3 항 후문, 즉 방송사업자는 방송편성책임자의 자율적인 방송편성을 보장해야 한다는 부분에 대하여

37) '언론의 내부적 자유'의 문제로서 언론기관 내부에서 언론의 자유가 보장되는가라는 점이 문제의 핵심이다.

38) 방송법 제4조 제2항의 규정에 위반하여 방송편성에 관하여 규제나 간섭을 한 자는 2년 이하의 징역 또는 3천만원 이하의 벌금에 처한다(동법 제105조 제1호). 동법 제107조는 "법인의 대표자, 법인 또는 개인의 대리인·사용인 기타 종업원이 그 법인 또는 개인의 업무에 관하여 제105조 또는 제106조의 위반행위를 한 때에는 행위자를 벌하는 외에 그 법인 또는 개인에 대하여도 각 해당 조의 벌금형을 과한다"라고 규정하고 있다. 즉 벌칙을 규정하고 있는 동법 제105조·106조는 양벌규정이다.

는 아무런 처벌규정이 없다는[39] 점을 들어 방송사업자는 수범자의 범주에 포함되지 않는다고 보는 주장도 있다. 그 이유에 대하여는 (신문법에서의 편집의 자유와 마찬가지로) 방송편성 대한 국가적·외부적 침해는 언론의 자유에 대한 심각한 침해로 명백히 인정되었던 반면, 방송사업자와 방송편성책임자의 관계, 이른바 방송의 내부적 자유에 관하여는 국내·외를 막론하고 이론상으로나 실정법상으로 아직 그 법적 논의가 정리되지 않은 채 다양한 주장이 제기되는 단계에 있기 때문이라고 설명하고 있다.

결론적으로 저자는 편집의 자유에 대한 수범자의 범위에 방송사업자도 포함된다고 해석한다. 왜냐하면 첫째, 동조 2항의 규정 "누구든지"는 예외를 인정하지 않는다는 원칙을 밝힌 선언적 규정이며, 둘째, 방송사업자의 경우는 편성의 자유를 침해할 가장 우월적 지위를 가지고 있어 방송을 사적(私的)인 목적이나 이해관계에 따라 활용할 수 없도록 하기 위한 제도적 보장이 필요하다. 셋째, 동조 제 3 항에서 수범주체를 '방송사업자'로 특정하고 있는 것은 방송사업자가 우월적 지위를 남용할 수 없도록 가장 중요한 편성권의 독립을 위한 근간이 되는 의무를 강제하기 위함으로 해석하는 것이 타당하다. 넷째, 처벌 규정의 유무를 기준으로 수범자의 범위를 해석하는 경우도 형사적 제재 외에 방송법에 근거한 행정적 제재는 얼마든지 가능하기 때문에 타당성을 인정하기에는 무리가 있다. 다섯째, 편성권의 문제는 언론의 자유를 보장하는 가장 실질적인 중요한 규정으로써 수범자의 범위를 언론사를 기준으로 사내 또는 사외로 구분할 성질의 것이 아니라고 본다.

결론적으로 방송편성권의 보호에 관한 조항인 방송법 제 4 조의 수범자의 범위는 정부를 비롯하여 모든 집단이나 법인 또는 개인 의한 규제·간섭으로부터 방송편성의 자유와 독립을 보호하는 규정으로 폭넓게 해석하는 것이 헌법의 정신에도 부합되는 것으로 본다. 즉, 편성의 실질적인 책임을 지고 있는 당사자를 제외한 모든 개인이나 집단 등을 수범자의 범위로 확대하는 것이 편성권의 독립을 지키도록 한 규정의 본래 취지에 합당하다고 본다(IPTV법 참조).

39) 방송법은 제108조 제1항 제1호에서 동법 제4조 제3항의 규정에 위반하여 방송편성책임자의 성명을 방송시간 내에 매일 1회 이상 공표하지 아니한 자에 대해 3천만원 이하의 과태료를 부과하고 있을 뿐, 동법 제4조 제3항의 후문과 관련한 사항, 즉 방송사업자는 방송편성책임자의 자율적인 방송편성을 보장해야 한다는 것에 대하여는 그 위반에 대해 아무런 제재도 규정하고 있지 않다.

### (4) 시청자의 권익보호와 편성권 독립의 충돌

방송 편성의 자유와 관련하여 방송법(제 3 조)은 예외적으로 개입을 허용하고 있는 부분이 있다. 시청자의 권익보호 차원에서 "방송사업자는 시청자가 방송프로그램의 기획·편성 또는 제작에 관한 의사결정에 참여할 수 있도록 해야 하고, 방송의 결과가 시청자의 이익에 합치하도록 해야 한다[40]"고 규정하고 있는 것이다.

방송의 수용자인 시청자에 대하여는 권익보호를 명분으로 방송의 편성권에 대한 개입을 인정하고 있다. 이 조항은 확대 해석하여 적용할 경우, 궁극적으로 언론의 자유에 대한 침해의 요소가 있기 때문에 위헌성의 문제로까지 확대될 수 있는 소지를 갖고 있다.

저자는 시청자의 권익을 보호를 명분으로 방송프로그램의 기획과 제작, 편성 등 사전(事前) 단계부터 의사결정에 참여할 수 있도록 한 것은 위헌의 소지가 있다고 본다. 현재 KBS 등 공영방송에서는 시청자가 직접 제작한 방송프로그램을 자체적으로 편성하여 시청자에게 제한적이기는 하지만 직접적인 참여의 기회를 주고 있으며, 감시프로그램을 통한 시청자의 의견 방송을 편성하고 있고, 자체심의 기능은 물론, 시청자위원회, 방송통신위원회 등으로 부터 방송내용의 시정이나 사과, 편성 및 제작책임자에 대한 징계 등 사후적(事後的) 제재와 감독이 가능하기 때문이다.

## 6. 방송의 공공성과 공적(公的) 책임

### (1) 방송의 공공성과 공익성

#### 1) 공공성과 공익성 의의

방송은 언론으로서 자유가 보장되어야 하는 반면에 방송의 콘텐츠를 전달하는 수단이 '전파'라는 국가의 소유의 공공재적(公共材的) 자원을 임차하여 사용하고 있기 때문에 사용권의 허가에 따른 의무와 책임을 부과하고 있다. 즉 매체의 공공성에 근거하여 공익구현의 의무를 부과하고 있는 것이다. 현행 방송법

40) 방송법 제 3 조.

의[41] 방송의 공익성 및 공적 책임에 대한 규정이 그것이다.

이러한 규정들은 방송의 자유와 시장(市場)적 접근을 제한하고 정부개입·규제를 정당화하는 근거가 되기 때문에 일종의 '방송의 자유'에 대한 제한으로서의 성격을 가지고 있다. 방송법이 헌법이 보장하고 있는 언론의 자유에 해당하는 '방송의 자유'에 대한 제한을 가하고 있는 이유는 바로 방송의 공공재적 성격 때문이다. 전파는 무한정 활용할 수 있는 자원이 아니라 전 국민이 공유해야 할 공공재이며 한정된 자원이기 때문에 방송전파에 의존하는 방송에는 공익성 및 공적 책임이 더욱 엄격하게 요구되는 것이다.

### 2) 공공성에 의한 규제

방송이 공공재적 성격 때문에 방송은 다른 언론매체에 비해 상대적으로 보다 엄격한 법적 규제를 받아 왔다. 다시 말해 방송매체는 음성과 영상을 통해 이루어지는 동시적이며, 무제한적으로 누구나 쉽게 접근할 수 있는 특징을 가지고 있어 아무런 규제 없이 자유방임 상태로 두는 것은 많은 문제점을 낳을 수 있다. 그 뿐만 아니라, 방송영상의 구성·기법·시간배정 또는 내용에 따라서는 그 영향력과 파급효과가 크기 때문에 여론 조작 등의 목적으로 각종 이해관계에 악용될 소지가 있다. 따라서 '공공의 이익'이라는 보편적 가치를 보호하는 최소한의 규제를 통해 공공성·공익성 및 공적 책임의 이행을 강조하고 있다. 방송운용의 실제에 있어서도 이러한 방송의 공공성·공익성 및 공적 책임의 수행이라는 요구를 전제로 방송법에 의해 방송의 내용과 광고 등을 규제 하는 이유가 되고 있다.[42]

---

41) 방송법 제5조 및 제6조.

42) 방송법상의 공적 책임의 의미가 갖는 특징은 방송규제의 정당화 기능이며, 이러한 기능을 하는 공적 책임 규정의 이론적 근거는 공익성에 의한 주파수의 희소성 명제와 방송매체의 사회적 영향성 명제라고 한다(차승민, "방송의 자유의 제한에 관한 연구," 법학연구 제45권 제1호, 부산대학교 법학연구소, 2004. 12, 140면).

헌법재판소 또한 방송매체의 특수성을 고려하면 방송의 기능을 보장하기 위한 규율의 필요성은 신문 등 다른 언론매체보다 높다고 할 수 있으므로 입법자는 자유민주주의를 기본원리로 하는 헌법의 요청에 따라 국민의 다양한 의견을 반영하고 국가권력이나 사회세력으로부터 독립된 방송을 실현할 수 있도록 광범위한 입법형성재량을 갖고 방송체제의 선택을 비롯하여, 방송의 설립 및 운영에 관한 조직적·절차적 규율과 방송운영주체의 지위에 관하여 실체적인 규율을 행할 수 있다고 한다(헌재 2003. 12. 18, 2002헌바49).

### 3) 공정성과 객관성의 원칙

방송에 의한 보도는 공정성과 객관성을 최우선의 원칙으로 하고 있다. 즉, 방송 보도는 공정하고 객관적이어야 하며, 방송은 성별·연령·직업·종교·신념·계층·지역·인종 등을 이유로 방송편성에 차별을 두어서는 안 된다. 방송은 상대적으로 소수이거나 이익추구의 실현에 불리한 집단·계층의 이익을 충실하게 반영하도록 노력해야 한다. 정부 또는 특정 집단의 정책 등을 공표할 경우는 의견이 다른 집단에게도 균등한 기회가 제공되도록 노력해야 하며, 각 정치적 이해당사자에 관한 방송프로그램을 편성함에 있어서도 균형성을 유지해야 한다.[43] (방송에 의한 보도는 공정하고 객관적이어야 하며, 사회정의의 전파·국민의 기본권옹호 및 국제친선의 증진에 기여해야 하고 특정한 정당·집단·이익·신념 또는 사상을 지지 또는 옹호할 수 없다고 규정하고 있는) 방송법 제 6 조는 여론의 형성에 기여하는 방송의 중대한 기능으로 말미암아 방송에 요구되는 공정성의 원칙이라고 하는 헌법적인 요청을 법률로써 명문화한 것이라고 할 수 있다.

방송법에서 정하고 있는 공정성의 원칙이란, 방송법인이 방송할 사항을 편성함에 있어서는 (인간의 존엄·존중이라는 헌법상의 기본적 합의를 토대로 한 자유민주주의 사회에서 구성원의 의견과 이익이 다양함을 전제로 하여) 각계 각층의 관심사 중 논란이 되는 현안의 쟁점을 주제로 선정하고, 그에 관련되는 모든 이해관계자의 입장이 실제상의 중요성에 상응하는 수준의 합당한 비중으로 다루어져야 한다는 것을 요하는 것이라고 할 수 있다.

판례를 통해 나타난 공정성의 원칙을 보면, “방송법인은 올바른 여론형성을 위해 프로그램 편성에 있어서 논란되는 공적 쟁점을 다루는 프로그램을 적극적으로 편성해야 할 뿐 아니라, 논란이 있을 수 있는 주제에 관하여는 공정성의 원칙에 따라 사회 내의 찬반입장 또는 다양한 세력의 이해관계가 실제상의 비중에 따라 의견이 표현되도록 프로그램을 편성하여야 하는 것인데, 이러한 공정성 요건을 충족하려면 다수의 견해가 동시에 주장되고 반박됨으로써 토론이 이루어지는 형식의 프로그램이 바람직하고, 반박과 토론이 있을 수 없는 개인의 견해를 일방적으로 주장하는 형식의 프로그램을 선택하는 것은 바람직하

43) 방송법 제 6 조 1항·2항·5항·9항.

지 않다. 부득이 개인주장 프로그램의 형식을 취하려면 여러 입장의 다양한 견해를 가진 다수 인사의 의견을 실제적 중요성이 반영될 수 있도록 함께 또는 시리즈의 형태로 편성하는 방법으로 다양성과 공정성의 요건을 충족시킬 수 있다[44]"고 판시하고 있다.

공정성의 원칙은 의견이 대립될 수 있는 모든 영역의 프로그램을 편성 또는 제작함에 있어서 적용된다. 이와 같은 편성규범은 방송주체를 수명자로 하여 명령된 규정이기 때문에 방송법인 및 그의 편성권 행사를 보조하는 소속 임직원은 편성을 행함에 있어서 이러한 법적인 기준에 구속되는 것이다.[45]

방송법 제 6 조 제 1 항에서 말하는 보도의 공정성이란 본질적으로 동등한 것을 동등하게 취급하려는 보도로시의 '균형 있는 보도'와 동일 시간이나 동량 시면을 할당하여 사물에 대한 쌍방의 견해를 편향되지 않게 취급하려는 보도경향으로서의 '형평적인 보도'를 의미하는 것이다.[46]

보도의 객관성이란 전달자가 보도대상이 되는 사건이나 사물에 대해 편견을 갖지 않고, 사실을 왜곡하지 않으며, 있는 그대로를 정확하게 보도하는 것을 의미한다.[47] 그러나 동 조항들 역시 신문법에서와 마찬가지로 방송이 보도의 공정성을 지켜나갈 것을 요구하는 추상적·선언적 규정으로서의 성격을 가지는

44) 서울고판 1994. 9. 27, 92나35846.

45) 방송에 의한 보도는 공정하고 객관적이어야 하며, 사회정의의 전파, 국민의 기본권옹호 및 국제친선의 증진에 기여해야 하고 특정한 정당, 집단, 이익, 신념 또는 사상을 지지 또는 옹호할 수 없다고 규정하는 방송법 제 5 조는 방송이 공공의 소유라고 생각되는 유한한 자원인 전파를 사용하여 공동체의 의사결정에 불가결한 여론의 형성에 기여하는 중대한 기능에 비추어 방송에 부과되는 공정성의 원칙이라고 하는 헌법적인 요청을 법률로써 명문화한 것이라고 할 수 있다.

공정성의 원칙이란 방송법인이 방송할 사항을 편성함에 있어서는 인간의 존엄, 존중이라는 헌법상의 기본적 합의를 토대로 한 자유민주주의 사회에서 구성원의 의견과 이익이 다양함을 전제로 하여 각계각층의 관심사 중 논란되는 현안의 쟁점을 주제로 선택하고 그에 관련되는 모든 이해관계의 입장이 실제상의 중요성에 상응하도록 합당한 비중으로 다루어질 것을 요하는 것이라고 할 수 있고, 방송법 제5조 제1항에 규정된 이러한 원칙은 의견이 대립될 수 있는 모든 영역의 프로그램을 편성 또는 제작함에 있어서 적용되는 것이며, 이러한 편성규범은 방송주체를 수명자로 하여 명령된 규정이어서 방송법인 및 그의 편성권행사를 보조하는 소속 임·직원은 편성을 행함에 있어서 이러한 법적인 기준에 구속되는 것이 당연하지만, 헌법상 의견표현의 자유를 보호받는 방송사 외의 기고자나 참여자와 같은 제 3 자는 이러한 방송법상의 의무를 지킬 의무가 없다(서울고판 1994. 9. 27, 92나35846).

46) 서울지판 1994. 11. 11, 93가합21447.

47) 서울지판 1994. 11. 11, 93가합21447.

것이라고 보아야 할 것이다.

### (2) 방송의 공적 책임

방송의 공적책임은 언론이 갖는 영향력에 따른 보편적인 특성으로 인해 부과되는 책무로써 매체의 소유가 민영방송처럼 사적이든, 공영방송처럼 공적이든 관계없이 공통적으로 요구되는 윤리적 규범에 속한다. 나아가 방송의 경우는 방송매체에 대한 공적 소유의 개념이 반영된 보다 엄격하게 책임의 수반을 강조하고 있다. 따라서 방송법은 신문과 달리 보다 명시적인 책임 규정을 두고 있는 것이다. 방송법이 구체적으로 적시하고 있는 내용은 다음과 같다.[48]

방송은 인간의 존엄과 가치 및 민주적 기본질서를 존중해야 하며, 방송은 국민의 화합과 조화로운 국가의 발전 및 민주적 여론형성에 이바지해야 한다.[49] 또한 지역 간·세대 간·계층 간·성별 간의 갈등을 조장해서는 안 되며, 타인의 명예를 훼손하거나 권리를 침해해서도 안 된다. 방송은 범죄 및 부도덕한 행위나 사행심 그 밖에 건전한 가정생활과 아동 및 청소년의 선도에 나쁜 영향을 끼치는 음란·퇴폐 또는 폭력을 조장해서는 안 된다고 규정하고 있다.

또한 방송은 매체의 공공성을 바탕으로 공익의 구현에 대한 책무를 부과하고 있다. 즉, 방송은 국민의 윤리적·정서적 감정을 존중해야 하고, 국민의 알 권리와 표현의 자유를 보호·신장해야 하며, 국민의 기본권옹호·지역사회의 균형 있는 발전과 민족문화의 창달, 더 나아가 국제친선의 증진에도 이바지해야 한다. 끝으로 방송은 사회교육기능을 신장하고, 유익한 생활정보를 확산·보급해야하며, 언어 순화와 표준말의 보급 및 국민의 문화생활의 질적 향상 등 공공의 이익을 증진시키는 데 기여할 책무를 명문화하고 있다.[50]

이와 같은 규정은 방송의 공적 책임 수행을 요구하는 강제적인 조항이라기

48) 방송법 제5조 제1·2·3·4·5항.

49) 여기서 공정성의 원칙이란 방송법인이 방송할 사항을 편성함에 있어서는 인간의 존엄존중이라는 헌법상의 기본적 합의를 토대로 한 자유민주주의사회에서 구성원의 의견과 이익이 다양함을 전제로 하여 각계각층의 관심사 중 논란되는 현안의 쟁점을 주제로 선택하고 그에 관련되는 모든 이해관계의 입장이 실제상의 중요성에 상응하도록 합당한 비중으로 다루어질 것을 요하는 것이라고 할 수 있고, 방송법 제5조 제1항에 규정된 이러한 원칙은 의견이 대립될 수 있는 모든 영역의 프로그램을 편성 또는 제작함에 있어서 적용되는 것이라 할 것이다(서울고판 1994. 9. 27, 92나35846).

50) 방송법 제6조 제3·4·6· 7·8항.

보다는 기본적으로 방송이 지향할 가치를 제시하는 추상적·선언적 규정으로서의 성격을 가진다고 보아야 할 것이다. 따라서 이와 같은 규정을 위반하였다 하여도 개인에 대한 명예훼손이나 사생활 침해 등 구체적인 피해 당사자가 없는 경우는 형사소추를 당하지는 않지만 방송통신심의위원회 등 감독기관으로부터 행정적 제재는 받게 된다.

## Ⅱ. 방송의 다양성 보장과 방송사업자의 자격요건

### 1. 다양성 보장 의이(意義)

헌법이 보장하고 있는 언론의 자유에는 방송의 자유가 포함된다. 방송의 자유는 주관적 권리로서의 성격과 함께 자유로운 의견형성이나 여론형성을 위해 필수적인 기능을 행하는 객관적 규범질서로서 제도적 보장의 성격을 함께 가진다.[51] 이를데면, 방송의 다양성을 보장하는 '방송의 자유의 보호'라는 영역에는 단지 국가의 간섭을 배제함으로써 성취될 수 있는 방송프로그램에 의한 의견 및 정보를 표현·전파하는 주관적인 자유권적인 영역이 있으며, 이와 더불어 다양성의 실현과 행사를 보장해 줄 수 있는 실체적·조직적·절차적 형성 및 구체화를 필요로 하는 객관적 규범질서의 영역이 존재한다는 것이다.[52]

객관적 제도로서의 '방송의 자유'는 방송의 사경제적(私經濟的)·사법적(私法的) 조직과 존립의 보장 및 그 논조·경향(傾向)·정치적 색채·세계관에 있어 국가권력의 간섭과 검열을 받지 않는 자유롭고 독립적인 방송의 보장을 내용으로 한다. 나아가 다양성의 보장은 내용만으로 이루어지는 것이 아니기 때문에 방

---

51) 헌법 제21조 제1항은 모든 국민은 언론·출판의 자유를 가진다고 규정하여 언론·출판의 자유를 보장하고 있는바, 의사표현의 자유는 바로 언론·출판의 자유에 속한다. 따라서 의사표현의 매개체를 의사표현을 위한 수단이라고 전제할 때, 이러한 의사표현의 매개체는 헌법 제21조 제1항이 보장하고 있는 언론·출판의 자유의 보호대상이 된다고 할 것이다. 그리고 의사표현·전파의 자유에 있어서 의사표현 또는 전파의 매개체는 어떠한 형태이건 가능하며 그 제한이 없다고 하는 것이 우리 재판소의 확립된 견해이다. 즉, 담화·연설·토론·연극·방송·음악·영화·가요 등과 문서·소설·시가·도화·사진·조각·서화 등 모든 형상의 의사표현 또는 의사전파의 매개체를 포함한다고 할 것이다"라고 하여 같은 입장을 취하고 있다(헌법재판소 2001. 8. 30, 2000헌가9).

52) 헌재 2003. 12. 18, 2002헌바49.

송사업에 대한 참여의 기회를 보장하는 차원에서도 다양성을 보장할 수 있는 제도적 장치가 반드시 필요하다. 즉, 방송은 소구력이 강한 영상과 음성 등으로 구성되어 있고 방송매체에 대한 공중의 접근이 쉬운 특성을 가지고 있다. 그 만큼 방송에 대한 사회적 의존성이 높은 것이 사실이고 결과적으로 강한 영향력을 발휘하는 영역이다. 따라서 방송사업이라는 시장(市場)이 특정 재벌이나 세력집단 등에 독과점·집중화되지 않고 다양성을 유지할 수 있어야 방송의 내용도 다양한 가치를 반영할 수 있다는 것을 전제로 한다. 다시 말하면 형식이 내용을 지배한다는 보편적인 사회구성의 논리에서 예외일 수 없다는 것이다.

그와 같은 목적을 달성하기 위해 현행 방송법은 (신문진흥법과 마찬가지로) 민주적 의사형성이라는 언론의 다원성[53]·다양성을 보장하기 위해 겸영금지·소유제한에 관한 여러 가지 규정을 마련해두고 있다. 신문법과 비교하여 방송법에서는 언론의 다양성 보장을 위해 방송사업에 대한 겸영·소유에 대하여 보다 강한 규제를 하고 있다. 그 이유는 방송은 아직까지 그 기술·경제적 한계가 있어서 소수의 기업이 매체를 독점하여 정보의 유통을 제어하는 정보유통 통로의 유한성이 완전히 극복되었다고 할 수 없기 때문이다. 또한 방송매체는 음성과 영상을 통하여 동시에 직접적으로 전파되기 때문에 강한 호소력이 있음은 물론 경우에 따라서는 대중조작이 가능하며, 방송매체에 대한 사회적 의존성이 증가하여 방송이 사회적으로 강한 영향력을 발휘하기 때문이다.

이와 같이 다양성을 보장하기 위한 시장진입의 제한은 언론의 자유의 영역에 속하는 언론기관설립의 자유와 충돌될 수 있다는 주장이 있을 수 있다.[54] 그

53) 미디어의 다원성은 미디어를 통해 다양하고 독립적인 목소리, 특히 다양한 정치적 의견의 표출이 이루어지고 다양한 문화적 표현이 행해지는 것을 의미하는 것이라고 한다(지성우, “방송의 자유의 입법형성 기준에 관한 연구,” 헌법학연구 제15권 제2호, 한국헌법학회, 2009. 6, 90면).

54) 방송은 신문과 마찬가지로 여론형성에 참여하는 언론매체로서 그 기능이 같지만, 아직까지 그 기술·경제적 한계가 있어서 소수의 기업이 매체를 독점하고 정보의 유통을 제어하는 정보유통 통로의 유한성이 완전히 극복되었다고 할 수 없다. 또한 누구나 쉽게 접근할 수 있는 방송매체는 음성과 영상을 통하여 동시에 직접적으로 전파되기 때문에 강한 호소력이 있고, 경우에 따라서는 대중조작이 가능하며, 방송매체에 대한 사회적 의존성이 증가하여 방송이 사회적으로 강한 영향력을 발휘하는 추세이므로 이러한 방송매체의 특수성을 고려하면 방송의 기능을 보장하기 위한 규율의 필요성은 신문 등의 인쇄매체보다 높다고 할 수 있다(헌재 2003. 12. 18, 2002헌바49).

방송부문에서 소유집중을 비롯해 다양한 제한을 가하는 가장 중요한 근거는 다원성 또는 다양성의 확보에 있으며, 미디어에 있어서 정치적·문화적 다양성을 확보하기 위해서는 미디어 소유의 다양성이 필요하다는 것이 미디어 간의 결합을 규제하자는 논거라고 한다(지성우, 전게논문, 90면).

러나 언론의 다양성 보장을 위해 방송법에 명시되어 있는 겸영금지·소유제한 등과 같은 규정은 헌법이 보장하는 언론의 자유의 한 갈래인 '방송의 자유'를 제한하는 측면이 있지만, 방송의 공공재적 성격·사회적 기능(언론매체의 하나로서 민주주의 사회에서 여론을 형성하는 데 큰 역할을 하는 것이 방송이다)·파급력 등을 고려해 보았을 때 어느 정도의 규제는 불가피하다고 보아야 할 것이다.

## 2. 방송의 다양성 보장을 위한 제도

### (1) 미디어 다양성위원회 설치

#### 1) 미디어 다양성위원회의 기능

방송법(제35조의4)은 방송의 여론 다양성을 보장하기 위해 미디어다양성위원회를 설치하도록 하였다. 미디어다양성위원회위원은 방송통신위원회위원장이 방송통신위원회의 의결을 거쳐 위촉하며 그 직무는 방송사업자의 시청점유율 조사 및 산정, 매체간 합신 영향력시수 개발, 여론 다양성 증진을 위한 조사·연구, 그 밖에 여론 다양성 보장을 위하여 필요한 사항으로서 대통령령으로 정하는 사항 등의 기능을 수행하도록 하고 있다(동법 시행령 제21조의4). 방송법의 쟁점이 되고 있는 매체간 합산 영향력지수는 2012년 12월 31일까지 개발을 완료하도록 하였다(동법 제35조의4 제 4 항).

방송법 제35조의4 제 3 항 제 4 호에 따른 여론 다양성 보장을 위하여 필요한 사항에 대하여 동법 시행령(제21조의4)은 ① 신문 구독률의 시청점유율 환산 기준·방법 결정, ② 방송 종사자에 대한 미디어다양성 교육 실시, ③ 그 밖에 방송의 여론 다양성 증진을 위해 필요하다고 인정하여 방송통신위원회 위원장이 요청하는 사항 등으로 규정하고 있다.

#### 2) 미디어다양성위원회 구성과 운영

방송법(제35조의4)에 따른 미디어다양성위원회는 위원장 1명을 포함한 7명 이상 9명 이하의 위원으로 구성하며, 미디어다양성위원회 위원장은 방송통신위원회 위원장이 미디어다양성위원회 위원 중에서 지명하도록 하였다(동법 시행령 제21조의5). 미디어다양성위원회 위원은 다음에 해당하는 사람 중에서 방송통신위원회 위원장이 위촉한다.

1. 판사·검사·변호사로 5년 이상 재직한 사람
2. 「고등교육법」 제 2 조에 따른 학교에서 신문방송, 통계, 법률, 행정, 경제 관련 학과의 교수로 5년 이상 재직한 사람
3. 방송, 신문, 인터넷 및 광고관련 업계에서 5년 이상 종사한 자로 시청률·구독률 등에 대한 지식과 경험이 풍부한 사람
4. 그 밖에 미디어다양성에 관한 지식과 경험이 풍부한 사람

미디어다양성위원회 위원의 임기는 2년으로 하며, 한 차례만 연임할 수 있다. 다만, 보궐 위원의 임기는 전임자의 남은 기간으로 한다. 미디어다양성위원회 위원장이 부득이한 사유로 직무를 수행할 수 없을 때에는 방송통신위원회 위원장이 지명하는 위원이 그 직무를 대행한다. 미디어다양성위원회는 직무수행과 관련하여 전문적인 사항을 검토하기 위하여 필요한 경우 분과위원회를 둘 수 있다. 기타 미디어다양성위원회의 운영과 분과위원회의 구성·운영 등에 필요한 사항은 방송통신위원회규칙으로 정하도록 하였다(동법 시행령 제21조의5).

### (2) 미디어다양성 위한 시청점유율 제한

미디어 다양성 보장을 위해 방송사업자의 시청점유율, 즉 전체 텔레비전 방송에 대한 시청자의 총 시청시간 중 특정 방송채널에 대한 시청시간이 차지하는 비율은 100분의 30을 초과할 수 없다. 다만, 정부 또는 지방자치단체가 전액 출자한 경우에는 예외를 인정하고 있다.

방송사업자의 시청점유율은 해당 방송사업자의 시청점유율에 특수관계자 등의 시청점유율, 즉 해당 방송사업자의 특수관계자의 시청점유율 및 해당 방송사업자가 주식 또는 지분을 소유하고 있는 다른 방송사업자의 시청점유율을 합산하여 산정하도록 하고 있다. 이 경우 특수관계자 등의 시청점유율은 가중치를 다르게 부여하여 산정할 수 있고, 일간신문을 경영하는 법인(특수관계자 포함)이 방송사업을 겸영하거나 주식 또는 지분을 소유하는 경우에는 그 일간신문의 구독률을 대통령령으로 정하는 바에 따라 일정한 비율의 시청점유율로 환산

하여 해당 방송사업자의 시청점유율에 합산해야 한다.

시청점유율 산정의 구체적인 기준·방법 등 필요한 사항은 미디어다양성위원회의 심의를 거쳐 방송통신위원회가 고시로 정하고 있다. 방송통신위원회는 시청점유율을 초과하는 사업자에 대하여는 방송사업 소유제한, 방송광고시간 제한, 방송시간의 일부양도 등 필요한 조치를 명할 수 있으며, 기준에 따라 산정한 시청점유율을 허가·승인, 변경승인, 재허가 등의 심사에 반영해야 한다.

## 3. 방송의 다양성 보장을 위한 자격제한

### (1) 소유자격 제한의 기준

방송의 공공성과 공익성 및 방송 전파자원의 공공재적 특성은 방송사업에 대한 일정 수준의 진입규제를 불가피하게 한다. 방송사업을 위한 시장의 진출입을 자유경쟁이라는 시장논리에만 맡겨 버린다면 방송사업은 일시에 자본력에 의한 독과점 구노로 재편될 수밖에 없다. 따라서 방송사업과 사업자에 대한 소유제한은 언론의 독과점 방지를 통해 여론의 왜곡과 조작을 차단하고, 정치·경제·사회·문화적 다양성과 다원성 등 공공의 가치와 이익을 보장하기 위한 것이다. 방송법[55]이 규정하고 있는 소유제한은 다음과 같다.

소유자격 제한의 기준을 설정하는 구분은 첫째, 가장 영향력이 큰 지상파방송사업자와 종합편성 또는 보도에 관한 전문편성을 행하는 방송채널사용사업자의 소유제한 기준을 정하고 둘째, 대기업의 방송사업 겸영 및 소유제한을 규정하였으며, 셋째는 신문과 뉴스통신 등 이종 미디어의 방송채널사용 사업진출을 규정하고, 넷째는 방송사업자(동종 미디어) 간의 겸영 및 소유제한 기준을 설정했으며, 끝으로 방송사업을 할 수 없는 규제대상을 적시하고 있다.

그 소유제한 기준의 개략적인 내용은 다음과 같다.

① 지상파방송사업자 및 종합편성 또는 보도에 관한 전문편성을 행하는 방송채널사용사업자의 주식 또는 지분 총수의 100분의 40을 초과하여 소유할 수 없다

② 기업집단 중 자산총액이 일정 기준에 해당하는 기업집단에 속하는 대기

55) 방송법 제8조 참조.

업과 그 계열회사(특수관계자를 포함)의 지상파방송사업자의 주식 또는 지분 총수의 100분의 10을 초과하여 소유할 수 없으며, 종합편성 또는 보도에 관한 전문편성을 행하는 방송채널사용사업자의 주식 또는 지분 총수의 100분의 30을 초과하여 소유할 수 없다.

③ 일간신문과 뉴스통신사는 지상파방송사업자의 주식 또는 지분 총수의 100분의 10을 초과하여 소유할 수 없으며, 종합편성 또는 보도에 관한 전문편성을 행하는 방송채널사용사업자의 주식 또는 지분 총수의 100분의 30을 초과하여 소유할 수 없다. 신문법에 의한 일간신문은 구독률이 100분의 20 이상인 경우에는 지상파방송사업 및 종합편성 또는 보도에 관한 전문편성을 행하는 방송채널사용사업을 겸영하거나 주식 또는 지분을 소유할 수 없다.

④ 일간신문이나 뉴스통신을 경영하는 법인은 종합유선방송사업자 및 위성방송사업자의 주식 또는 지분 총수의 100분의 49를 초과하여 소유할 수 없다.

⑤ 지상파방송사업자·종합유선방송사업자 및 위성방송사업자는 시장점유율 또는 사업자수 등을 고려하여 법정 범위를 초과하여 상호 겸영하거나 그 주식 또는 지분을 소유할 수 없다.

⑥ 지상파방송사업자·종합유선방송사업자·위성방송사업자·방송채널사용사업자 및 전송망사업자는 시장점유율, 방송분야 또는 사업자수 등을 고려하여 법정 범위를 초과하여 상호 겸영하거나 그 주식 또는 지분을 소유할 수 없다.

⑦ 지상파방송사업자·종합유선방송사업자 또는 위성방송사업자는 시장점유율 또는 사업자수 등을 고려하여 법정 범위를 초과하여 지상파방송사업자는 다른 지상파방송사업, 종합유선방송사업자는 다른 종합유선방송사업, 위성방송사업자는 다른 위성방송사업을 겸영하거나 그 주식 또는 지분을 소유할 수 없다.

⑧ 방송채널사용사업자는 시장점유율 또는 사업자수 등을 고려하여 법정 범위를 초과하여 다른 방송채널사용사업을 겸영하거나 그 주식 또는 지분을 소유할 수 없다.

⑨ 정당은 방송사업자의 주식 또는 지분을 소유할 수 없다.

⑩ 대한민국 정부와 지방자치단체, 종교단체와 정당, 기타 영리를 목적으로 공동체라디오방송사업을 영위하려는 자는 사업자가 될 수 없다.

### (2) 소유자격 제한의 구체적 내용

#### 1) 방송채널사용사업자의 소유제한

방송법의 동 조항이 소유제한의 대상을 지상파방송사업자 및 '종합편성 또는 보도에 관한 전문편성을 행하는 방송채널사용사업자'의 주식·지분에 한정하고 있다. 그 이유는 지상파방송사업 및 '종합편성 또는 보도에 관한 전문편성을 행하는 방송채널사용사업'의 경우는 '전국단위의 뉴스'를 방영할 수 있어 여론형성력 등 매체의 영향력이 매우 크다는 점을 고려한 것으로 해석된다. 지상파방송사업 및 '종합편성 또는 보도에 관한 전문편성을 행하는 방송채널사용사업'의 경우는 전국단위로 보도·논평이 선면적으로 허용되기 때문에 여론독점 상황의 발생우려가 매우 현저하다는 것이다.[56]

방송법(제 8 조 제 2 항)은 누구든지 대통령령[57]이 정하는 특수한 관계에 있는 자, 즉 '특수관계자'가 소유하는 주식·지분을 포함하여 지상파방송사업자(지상파방송사업이라 함은 방송을 목적으로 하는 지상의 무선국을 관리·운영하며 이를 이용하여 방송을 행하는 사업을 의미하며, 지상파방송사업자는 지상파방송사업을 하기 위해 허가를 받은 자) 및 '종합편성 또는 보도에 관한 전문편성을 행하는 방송채널사용사업자'의 주식·지분 총수의 100분의 40을 초과하여 소유할 수 없다고 규정하고 있다. 다만 ① 국가 또는 지방자치단체가 방송사업자의 주식 또는 지분을 소유하는 경우, ② '방송문화진흥회법'에 의해 설립된 방송문화진흥회가 방송사업자의 주식 또는 지분을 소유하는 경우, ③ 종교의 선교를 목적으로 하는 방송사업자에 출자하는 경우에 해당하는 경우에는 위와 같은 (해당 주·지분 총수의 100분의 40을 초과 소유하는 데 대한) 제한이 적용되지 않는다고 규정하였다.

#### 2) 방송법상의 특수관계자 소유제한의 범위

##### a) 특수관계자의 범위[58]

방송법(제 8 조 제 2 항부터 제 5 항 및 동조 제11항)의 특수관계자의 범위는 본인과 다음의 어느 하나에 해당하는 관계에 있는 경우를 말한다.

---

56) 지성우, 전게논문, 94면 참조.
57) 방송법 시행령 제 3 조(특수관계자의 범위).
58) 방송법 시행령 제 3 조.

① 본인이 개인인 경우는 다음의 어느 하나에 해당할 경우 특수관계로 본다.

가. 배우자(사실상의 혼인관계에 있는 자를 포함), 6촌 이내의 혈족 또는 4촌 이내의 인척

나. 본인이 단독으로 또는 가목의 자와 합하여 100분의 30 이상을 출자 또는 출연하거나 주요 경영사항에 대하여 사실상 영향력을 행사하고 있는 법인(법인격이 없는 사단 또는 재단을 포함) 및 그 임원

다. 본인이 단독으로 또는 그와 가목 또는 나목의 관계에 있는 자와 합하여 100분의 30 이상을 출자 또는 출연하거나 주요 경영사항에 대하여 사실상 영향력을 행사하고 있는 법인 및 그 임원

② 본인이 법인인 경우는 다음의 어느 하나에 해당할 때 특수관계로 본다.

가. 임원

나. 계열회사('독점규제 및 공정거래에 관한 법률' 제 2 조 제 3 호의 규정에 의한 계열회사) 및 그 임원

다. 단독으로 또는 제 1 호 각 목의 어느 하나에 해당하는 관계에 있는 자와 합하여 본인에게 100분의 30 이상을 출자 또는 출연하거나 본인의 주요 경영사항에 대하여 사실상 영향력을 행사하고 있는 개인 및 그와 제1호 각 목의 어느 하나에 해당하는 관계에 있는 개인, 법인 및 그 임원

라. 본인이 단독으로 또는 그와 가목 내지 다목의 어느 하나에 해당하는 관계에 있는 자와 합하여 100분의 30 이상을 출자 또는 출연하거나 주요 경영사항에 대하여 사실상 영향력을 행사하고 있는 법인 및 그 임원

b) 특수관계자의 예외

방송법 제 8 조 제 2 항의 경우에 한해 제 1 항 제 1 호 나목·다목[59] 및 동항 제 2 호 나목 내지 라목[60]에 해당하는 자 중 본인과 다음의 어느 하나에 해당하

59) 나) 계열회사('독점규제 및 공정거래에 관한 법률' 제2조 제3호의 규정에 의한 계열회사) 및 그 임원, 다) 단독으로 또는 제1호 각 목의 어느 하나에 해당하는 관계에 있는 자와 합하여 본인에게 100분의 30 이상을 출자 또는 출연하거나 본인의 주요 경영사항에 대하여 사실상 영향력을 행사하고 있는 개인 및 그와 제1호 각 목의 어느 하나에 해당하는 관계에 있는 개인, 법인 및 그 임원(방송법 시행령 제3조 제1항 제1호 나목 다목).

60) 나) 계열회사('독점규제 및 공정거래에 관한 법률' 제2조 제3호의 규정에 의한 계열회사) 및 그 임원, 라) 본인이 단독으로 또는 그와 가목 내지 다목의 어느 하나에 해당하는 관

는 관계에 있지 않은 자로서 본인이 법인의 주요 경영사항 또는 개인의 의사결정 등에 지배적인 영향력을 행사하지 아니하는 것으로 방송통신위원회규칙이 정하는 자는 특수관계자로 보지 않는다. ① 개인인 경우는 본인의 사용인(법인인 경우에는 임원, 개인인 경우에는 상업사용인 및 고용계약에 의한 피용인을 말한다)이었거나 사용인인 자, ② 법인인 경우는 본인과 채무보증이나 자금대차가 있는 자는 특수관계자로 보지 않는다.

여기서 '임원'이라 함은 이사·감사·무한책임사원 또는 사실상 이와 동등한 지위에 있는 자를 말한다. 동법 시행령 제1항의 규정에서 "주요 경영사항에 대하여 사실상 영향력을 행사하는" 경우라 함은 다음의 어느 하나에 해당하는 경우를 말한다. ① 단독으로 또는 다른 자와 계약 또는 합의에 의하여 당해 법인의 대표자나 임원의 과반수 이상을 선임할 수 있는 경우, ② 통상적인 범위를 초과하여 당해 법인과 자금·자산·상품·용역 등의 거래를 하고 있거나 당해 법인에 채무보증을 하거나 당해 법인으로부터 채무보증을 받고 있는 경우, ③ 제1호 및 제2호에 준하는 경우로서 방송통신위원회규칙이 정하는 경우를 말한다.

### 3) 대기업의 방송사업 겸영 및 소유제한

#### a) 대기업의 지상파 · 종합편성 · 보도전문방송사업의 소유제한

방송법 제8조 제3항은 새로운 미디어 환경 변화에 부응하고 국제적 시장개방 조류에 대응하여 우리 방송산업의 경쟁력을 강화한다는 명분으로 대기업과 그 계열회사(특수관계자 포함)는 지상파방송사업 및 종합편성 또는 보도에 관한 전문편성을 행하는 방송채널사용사업에 있어서의 대기업의 투자·참여를 일정수준까지 허용하는 방향으로 개정이 이루어진 것이다.

현행 방송법은 '독점규제 및 공정거래에 관한 법률'의 규정[61]에 의한 기업

---

계에 있는 자와 합하여 100분의 30 이상을 출자 또는 출연하거나 주요 경영사항에 대하여 사실상 영향력을 행사하고 있는 법인 및 그 임원(방송법 시행령 제3조 제1항 제1호 나목 라목).

61) 독점규제 및 공정거래에 관한 법률 제2조 (정의) 제2호

> "기업집단"이라 함은 동일인이 다음 각목의 구분에 따라 대통령령이 정하는 기준에 의하여 사실상 그 사업내용을 지배하는 회사의 집단을 말한다.
> 가. 동일인이 회사인 경우 그 동일인과 그 동일인이 지배하는 하나 이상의 회사의 집단

집단 중 자산총액 등 대통령령[62]이 정하는 기준에 해당하는 기업집단에 속하는 회사(대기업)와 그 계열회사(특수관계자 포함)는 지상파방송사업자의 주식 또는 지분 총수의 100분의 10을 초과하여 소유할 수 없으며,[63] 종합편성 또는 보도에 관한 전문편성을 행하는 방송채널사용사업자의 주식 또는 지분 총수의 100분의 30을 초과하여 소유할 수 없다[64]고 규정하고 있다.

동 조항에서 대기업의 주식·지분 소유를 제한하는 대상을 지상파방송사업 및 '종합편성 또는 보도에 관한 전문편성을 행하는 방송채널사용사업'에 한정하는 이유는 마찬가지로 두 방송사업 유형의 여론 형성력이 매우 크기 때문이다.[65]

> 2009. 7. 31 개정 이전의 방송법(법률 제9280호, 시행 2009.1.1) 제 8 조 제 3 항은 대기업과 그 계열회사(특수관계자 포함)는 지상파방송사업 및 종합편성 또는 보도에 관한 전문편성을 행하는 방송채널사용사업을 겸영하거나 그 주식·지분을 소유할 수 없다고 규정하여 대기업이 지상파방송사업 및 종합편성 또는 보도에 관한 전문편성을 행하는 방송채널사용사업을 겸영하거나 그 주식·지분을 소유하는 데 대한 가능성을 완전히 차단하고 있었다.

---

> 나. 동일인이 회사가 아닌 경우 그 동일인이 지배하는 2 이상의 회사의 집단

62) 방송법 시행령 제4조(소유제한의 범위 등)

> ① 법 제8조 제3항에 따라 지상파방송사업 및 종합편성 또는 보도에 관한 전문편성을 행하는 방송채널사용사업을 겸영하거나 그 주식 또는 지분을 소유할 수 없는 기업집단에 속하는 회사와 그 계열회사는 「독점규제 및 공정거래에 관한 법률」 제2조 제2호 및 제3호에 따른 기업집단 및 계열회사 중에서 같은 법 제14조에 따라 지정된 상호출자제한기업집단 중 상호출자제한기업집단으로 지정된 날을 기준으로 자산총액이 10조원 이상인 기업집단에 속하는 기업으로 한다.

63) 다만 방송법은 대기업이나 일간신문 또는 뉴스통신을 경영하는 법인은 2012년 12월 31일까지는 지상파방송의 최다액 출자자나 경영권을 실질적으로 지배하는 자가 될 수 없도록 규정하고 있다(방송법 부칙 제3조).

64) 방송법 제8조 제3항.

65) 방송법 제8조 제3항의 규정을 위반하여 주식·지분을 소유한 자는 그 소유분 또는 초과분에 대한 의결권을 행사할 수 없고(방송법 제8조 제12항), 방송통신위원회는 동 규정들을 위반하여 주식·지분을 소유하고 있는 자에게 6월 이내의 기간을 정해 해당 사항을 시정할 것을 명할 수 있다(방송법 제8조 제13항). 동법 제8조 제13항의 규정에 의한 시정명령을 위반한 자는 1년 이하의 징역 또는 3천만원 이하의 벌금에 처한다(동법 제106조 제1항 제2호). 역시 양벌규정이다.

b) 대기업의 위성방송사업 소유제한 폐지

현행 방송법은 "대기업과 그 계열회사를 경영하는 법인(각 특수관계자 포함)은 단독 또는 공동으로 위성방송사업자의 주식·지분 총수의 100분의 49를 초과하여 소유할 수 없다고 규정한 개정 이전의 방송법 제8조 제4항 후문을 삭제함으로써 위성방송사업에 대한 대기업의 주식·지분 소유제한을 폐지하고 있다.[66] 종래 대기업의 위성방송 소유지분한도는 100분의 33으로 제한되어 있었으나, 2007. 1. 26 방송법 개정으로 지분제한의 범위가 49%까지 확대되었고, 2009. 7. 31 일부개정으로 위성방송사업에 대한 대기업의 주식·지분 소유제한이 완전히 폐지된 것이다.

이와 같이 현행 방송법이 위성방송사업에 대해대기업의 주식·지분 소유제한을 폐지한 이유는 위성방송사업의 경우에는 대규모의 자본이 소요되기 때문에 대기업의 투자를 허용할 필요가 있고, 대기업의 자본이 투자되는 경우에도 여론독점력의 발생우려가 상대적으로 적기 때문이다. 결국 이러한 입법의 변화는 위성방송이 사업개시 이후 지속적으로 경제적인 어려움에 처해져 있었던 점을 감안하여 대기업이 위성방송사업에 적극적으로 투자할 수 있도록 함으로써 위성방송사업의 활성화를 제도적으로 지원하기 위한 것으로 해석할 수 있다.[67]

4) 이종(異種) 미디어 사업자 간의 겸영 및 소유제한

a) 신문 및 통신의 방송채널사용사업의 소유제한

2009. 7. 31 개정 이전의 방송법(법률 제9280호, 2008. 12. 31. 시행 2009. 1. 1) 제8조 제3항은 일간신문이나 뉴스통신을 경영하는 법인('특수관계자' 포함)은 지상파방송사업 및 '종합편성 또는 보도에 관한 전문편성을 행하는 방송채널사용사업'을 겸영하거나 그 주식·지분을 소유할 수 없다고 규정하여 일간신문이나 뉴스통신을 경영하는 법인('특수관계자' 포함)에 대해 지상파방송사업 및 '종합편성

66) 방송법 제8조 제2항 및 제3항의 개정규정에도 불구하고 대기업과 그 계열회사(특수관계자를 포함) 또는 일간신문이나 뉴스통신을 경영하는 법인(특수관계자를 포함한다)은 2012년 12월 31일까지 지상파방송사업자(지역방송을 제외한다)의 최다액 출자자 또는 경영권을 실질적으로 지배하는 자가 될 수 없다. 이를 위반하는 경우에 동법 제8조 제13항의 개정규정에 따른 시정조치를 명할 수 있다(동법 부칙 제3조 제1항).

67) 지성우, 전게논문, 93면 참조.

또는 보도에 관한 전문편성을 행하는 방송채널사용사업'의 겸영 및 그 주식·지분의 소유를 완전히 차단하고 있었다.

그러나 2009. 7. 31 개정 이후의 방송법에서는 일간신문, 뉴스통신법인이 지상파방송사업 및 '종합편성 또는 보도에 관한 전문편성을 행하는 방송채널사용사업'의 주식·지분의 소유하고자 할 경우 여론의 독과점을 방지하는 일정 수준의 기준을 만들어 제한함으로써 인쇄 및 통신매체의 뉴미디어 진출의 길을 열어 주고 있다. 구체적인 기준은 다음과 같다.

① '신문 등의 진흥에 관한 법률'에 의한 일간신문이나 '뉴스통신진흥에 관한 법률'의 규정에 의한 뉴스통신을 경영하는 법인('특수관계자' 포함)은 지상파방송사업자의 주식 또는 지분 총수의 100분의 10을 초과하여 소유할 수 없다.

② '종합편성 또는 보도에 관한 전문편성을 행하는 방송채널사용사업자의 주식 또는 지분 총수의 100분의 30을 초과하여 소유할 수 없다(방송법 제 8 조 제 3 항).

③ 지상파방송사업자, 종합편성 또는 보도에 관한 전문편성을 행하는 방송채널사용사업자의 주식 또는 지분을 소유하고자 하는 일간신문을 경영하는 법인(특수관계자 포함)은 경영의 투명성을 위해 대통령령으로 정하는 바에 따라 전체 발행부수, 유가 판매부수 등의 자료를 방송통신위원회에 제출하여 공개해야 한다.

④ 일간신문의 구독률(대통령령으로 정하는 바에 따라 전체 가구 중 일정 기간 동안 특정 일간신문을 유료로 구독하는 가구가 차지하는 비율을 말한다)이 100분의 20 이상인 경우에는 지상파방송사업 및 종합편성 또는 보도에 관한 전문편성을 행하는 방송채널사용사업을 겸영하거나 주식 또는 지분을 소유할 수 없다.[68)]

소유제한 완화의 주요 쟁점은 매체 융합의 시대를 맞아 인쇄매체의 뉴미디

68) 정기간행물의 등록 등에 관한 법률에 의한 일간신문이나 뉴스통신진흥에 관한 법률의 규정에 의한 뉴스통신을 경영하는 법인(특수관계자를 포함한다)은 지상파방송사업자의 주식 또는 지분 총수의 100분의 10을 초과하여 소유할 수 없으며(방송법은 제8조 제3항; 다만 현행 방송법은 부칙 제3조의 규정을 두어 대기업이나 일간신문 또는 뉴스통신을 경영하는 법인은 2012년 12월 31일까지는 지상파방송의 최다액 출자자나 경영권을 실질적으로 지배하는 자가 될 수 없도록 하고 있다), 언론의 다양성 보장·경영의 투명성을 보장하기 위해 자료공개의무 및 구독률이 일정한 기준 이상인 일간신문에 대한 지상파방송사업 및 종합편성 또는 보도에 관한 전문편성을 행하는 방송채널사용사업의 겸영 또는 주식·지분의 소유금지를 규정하고 있다(방송법 제8조 제4항).

어 분야의 진입의 기회를 제공하는 것에 초점이 모아져 있다고 할 만큼 민감한 부분이었고 논쟁이 많았던 사안이다. 신문의 방송진출 허용은 새로운 미디어 환경 변화에 부응하고 미디어 시장의 개방과 우리 미디어산업의 국제 경쟁력을 강화하기 위한 불가피한 선택이라는 점을 그 명분으로 제시하고 있다. 그러나 언론은 산업의 차원을 넘어서는 막강한 영향력을 보유하고 있는 권력적 속성을 보유하고 있기 때문에 여론시장의 독점적 지위를 용인하는 결과 즉, 방송사업자 간의 겸영 또는 주식·지분의 소유제한 완화 등 무리한 규제완화는 매우 조심스럽게 접근해야 할 문제이다.

b) 신문 및 통신의 종합유선방송사업 및 위성방송사업의 소유제한

현행 방송법은 '신문 등의 신흥에 관한 법률(신문진흥법)'에 따른 일간신문이나 뉴스통신을 경영하는 법인(각 특수관계자 포함)은 종합유선방송사업자[69] 및 위성방송사업자의 주식 또는 지분 총수의 100분의 49를 초과하여 소유할 수 없도록 규정하고 있다. 개정 이전의 방송법[70]에서는 신문이나 뉴스통신의 방송사업 진출과 관련하여 "일간신문이나 뉴스통신을 경영하는 법인('특수관계자' 포함)은 종합유선방송사업자 및 위성방송사업자의 주식·지분 총수의 100분의 33을 초과하여 소유할 수 없도록 규제하고 있었다. 크게 완화된 변화이다.

종합유선방송사업이란 기존의 공중파TV와는 달리 케이블망을 통해 시청자와 연결되어 스포츠, 영화, 역사, 다큐멘터리 등 전문화된 다채널방송을 행하기 위한 유선방송국설비와 방송사업 운영을 총체적으로 표현하는 말이다. 즉, 케이블이라는 전송·선로설비를 이용하여 방송을 행하는 사업을 의미하며, 종합유선방송사업자는 종합유선방송사업을 하기 위해 방송법(제 9 조 제 2 항)의 규정에 의해 허가를 받은 법인을 칭한다.

5) 방송사업자(同種 미디어)간 겸영·소유제한[71]

지상파방송사업자·종합유선방송사업자 및 위성방송사업자(각 특수관계자 포함[72])는 시장점유율 또는 사업자수 등을 고려하여 대통령령이 정하는 범위를

69) 방송법 제2조 제2호 나목; 동법 제2조 제3호 나목.

70) 2009. 7. 31. 일부개정 이전의 방송법(법률 제9280호, 2008. 12. 31 타법개정, 시행 2009. 1. 1) 개정 이후 현행 방송법 제8조 제5항 참조.

71) 방송법 제8조 제6·7·8·9항 참조.

72) 방송법 제8조 제11항.

초과하여 상호 겸영하거나 그 주식·지분을 소유할 수 없게 되었다.[73)]

방송법 시행령[74)]이 정하는 범위의 초과에 해당하는 경우는 다음의 어느 하나에 해당하는 경우를 말한다.

① 특정 방송사업자(방송채널사용사업자를 제외)의 매출액(결산상 매출액 중 방송광고수입, 방송수신료수입, 방송프로그램판매수입 등 방송사업으로 인한 매출액)과 당해 방송사업자와 특수관계자인방송사업자의 매출액을 합한 매출액이 전체 방송사업자의 매출액 총액 중 차지하는 비율이 100분의 33을 초과하게 되는 경우. 다만, 방송법(제 8 조 제 2 항 각호)[75)]에 규정된 방송사업자의 경우를 제외한다.

② 지상파방송사업자가 특정 위성방송사업자의 주식 또는 지분을 100분의 33을 초과하여 소유하는 경우

③ 위성방송사업자가 특정 종합유선방송사업자의 주식 또는 지분을 100분의 33을 초과하여 소유하는 경우 중 어느 하나에 해당할 때는 소유제한의 범위를 초과한 것으로 본다.

2009. 7. 31 개정 이전의 방송법(제 8 조 제 5 항)은 그 단서에서 "지상파방송사업자와 종합유선방송사업자는 상호 겸영하거나 그 주식 또는 지분을 소유할 수 없다"고 규정하여 지상파방송사업자와 종합유선방송사업자간의 상호 겸영 및 주식·지분의 소유를 특별히 보다 엄격하게 제한하고 있었다. 그러나 2009.

73) 동 조항을 위반하여 주식·지분을 소유한 자는 그 소유분 또는 초과분에 대한 의결권을 행사할 수 없고(방송법 제8조 제12항), 방송통신위원회는 동 규정을 위반하여 사업을 겸영하거나 주식·지분을 소유하고 있는 자에게 6월 이내의 기간을 정해 해당 사항을 시정할 것을 명할 수 있다(동조 제13항). 동법 제8조 제13항의 규정에 의한 시정명령을 위반한 자는 1년 이하의 징역 또는 3천만원 이하의 벌금에 처한다(동법 제106조 제1항 제2호). 역시 양벌규정이다.

74) 방송법 시행령 제4조(소유제한의 범위 등).

75) 방송법 제8조

> ② 누구든지 대통령령이 정하는 특수한 관계에 있는 자(이하 "특수관계자"라 한다)가 소유하는 주식 또는 지분을 포함하여 지상파방송사업자 및 종합편성 또는 보도에 관한 전문편성을 행하는 방송채널사용사업자의 주식 또는 지분 총수의 100분의 40을 초과하여 소유할 수 없다. 다만, 다음 각호의 1에 해당하는 경우에는 그러하지 아니하다.<개정 2004.3.22, 2006.10.27, 2009.7.31>
> 1. 국가 또는 지방자치단체가 방송사업자의 주식 또는 지분을 소유하는 경우,
> 2. 「방송문화진흥회법」에 의하여 설립된 방송문화진흥회가 방송사업자의 주식 또는 지분을 소유하는 경우,
> 3. 종교의 선교를 목적으로 하는 방송사업자에 출자하는 경우

7. 31 개정으로 그 단서가 삭제됨으로써 현행 방송법에는 그러한 제한이 없어졌다.

① 지상파방송사업자·종합유선방송사업자·위성방송사업자·방송채널사용사업자 및 전송망사업자(방송프로그램을 종합유선방송국으로부터 시청자에게 전송하기 위하여 유·무선 전송·선로설비를 설치·운영하는 사업)를 비롯하여 각각의 특수관계자 포함하여 시장점유율·방송분야(보도·교양·오락 등으로 방송프로그램의 영역을 분류한 것)·사업자수 등을 고려해 대통령령[76]이 정하는 범위를 초과하여 상호 겸영하거나 그 주식 또는 지분을 소유할 수 없다.[77]

② 지상파방송사업자·종합유선방송사업자 또는 위성방송사업자와 각각의 특수관계자 포함하여 시장점유율 또는 사업자수 등을 고려해 대통령령[78]이 정하는 범위를[79] 초과하여 지상파방송사업자는 다른 지상파방송사업, 종합유선방

76) 방송법 시행령 제4조(소유제한의 범위 등)

> ⑥ 법 제8조 제6항에서 "대통령령이 정하는 범위를 초과"하는 경우란 다음 각 호의 어느 하나에 해당하는 경우를 말한다.
> 1. 특정 지상파방송사업자가 텔레비전방송채널사용사업·라디오방송채널사용사업 및 데이터방송채널사용사업별로 각각 전체 사업자수의 100분의 3(100분의 3으로 산정한 사업자수가 6개 미만인 경우에는 6개로 한다)을 초과하여 방송채널사용사업을 경영(겸영하거나 주식 또는 지분 총수의 100분의 5 이상을 소유하는 경우를 말한다. 이하 같다)하는 경우
> 2. 특정 종합유선방송사업자 및 위성방송사업자가 텔레비전방송채널사용사업·라디오방송채널사용사업 및 데이터방송채널사용사업별로 각각 전체 사업자수의 5분의 1 초과하여 방송채널사용사업을 경영하는 경우
> 3. 방송채널사용사업자가 전체 종합유선방송구역의 3분의 1을 초과하는 구역에서 종합유선방송사업을 경영하는 경우

77) 방송통신위원회는 동 규정을 위반하여 사업을 겸영하거나 주식·지분을 소유하고 있는 자에게 6월 이내의 기간을 정해 해당 사항을 시정할 것을 명할 수 있다(방송법 제8조 제13항). 시정명령을 위반한 자는 1년 이하의 징역 또는 3천만원 이하의 벌금에 처한다(동법 제106조 제1항 제2호). 역시 양벌규정이다.

78) 방송법 시행령 제4조(소유제한의 범위 등).

79) 방송법 시행령 제4조(소유제한의 범위 등) 제2·3·4항 신설

> ② 법 제8조 제4항에 따라 지상파방송사업자, 종합편성 또는 보도에 관한 전문편성을 행하는 방송채널사용사업자의 주식 또는 지분을 소유하려는 일간신문을 경영하는 법인은 주식 또는 지분을 소유하려는 날이 속하는 사업연도의 직전 사업연도 1년간의 다음 각 호의 자료를 방송통신위원회에 제출하여야 한다.
> 1. 신문의 부수 확인 및 인증에 관한 업무의 전문성이 인정되는 기관 또는 단체 중 방송통신위원회가 문화체육관광부장관과 협의하여 지정하는 기관 또는 단체의 인증을 받은 전체발행부수 및 유가판매부수. 유가판매부수는 가구대상 판매

송사업자는 다른 종합유선방송사업, 위성방송사업자는 다른 위성방송사업을 겸영하거나 그 주식·지분을 소유할 수 없다.[80)] 다만, 방송문화진흥회법에 따라 설립된 방송문화진흥회가 최다출자자인 지상파방송사업자가 이 법 시행 당시 계열회사 관계에 있는 다른 지상파방송사업자의 주식·지분을 소유하는 경우에는 그렇지 않다.

방송법 제8조 제7항 본문의 소유지분제한의 범위 즉, 범위를 초과하는 경우란 다음의 어느 하나에 해당하는 경우를 말한다. 즉, i) 지상파텔레비전방송사업자 또는 지상파라디오방송사업자가 ㉠ 다른 지상파텔레비전방송사업자 또는 지상파라디오방송사업자의 주식 또는 지분의 100분의 7 이상을 소유하는 경우, ㉡ 자신의 주식 또는 지분을 소유하고 있는 다른 지상파텔레비전방송사업자 또는 지상파라디오방송사업자의 주식 또는 지분의 100분의 5 이상을 소유하는 경우, ㉢ 전체 지상파방송사업자수의 10분의 1을 초과하여 다른 지상파방송사업자(지상파이동멀티미디어방송사업자는 제외)의 주식 또는 지분을 소유하는 경우 어느 하나에 해당하는 경우, ii) 지상파텔레비전방송사업자 또는 지상파라디오방송사업자가 지상파이동멀티미디어방송사업을 행하는 경우에는 방송통신위원회가 행정구역 및 방송구역을 고려하여 고시하는 방송권역별로 다음, ㉠ 방송권역별 지상파이동멀티미디어방송사업자수가 3 이상 6 미만인 경우에는 방

부수, 영업장대상 판매부수 및 가판판매부수로 구분하여야 한다.
2. 재무제표 및 재무제표에 대한 회계감사인(「주식회사 외부감사에 관한 법률」 제3조 제1항에 따른 감사인을 말한다. 이하 이 항에서 같다)의 감사보고서
3. 연결재무제표 및 연결재무제표에 대한 회계감사인의 감사보고서(「주식회사 외부감사에 관한 법률」 제2조에 따른 주식회사 중 연결재무제표를 작성하는 주식회사의 경우에 한정한다)
4. 그 밖에 이사회 구성현황 등 방송통신위원회가 경영 투명성을 위해 필요하다고 인정하여 고시로 정하는 자료

③ 방송통신위원회는 제2항에 따라 자료를 제출받은 경우 그 자료를 제출한 일간신문을 경영하는 법인이 지상파방송사업자, 종합편성 또는 보도에 관한 전문편성을 행하는 방송채널사용사업자의 주식 또는 지분을 소유한 사실을 안 날부터 1개월 이내에 제출받은 자료를 공개하여야 한다.

④ 법 제8조 제4항에 따른 구독률은 「통계법」 제3조 제3호에 따른 통계작성기관이 조사·발표하는 장래가구추계통계에 따른 총가구수 중 해당 사업연도의 직전년도 총가구수에서 특정 일간신문의 연평균 유료구독 가구수 중 해당 사업연도의 직전년도 연평균 유료구독 가구수가 차지하는 비율로 산정한다.

80) 방송법 제8조 제13항의 규정에 의한 시정명령을 위반한 자는 1년 이하의 징역 또는 3천만원 이하의 벌금에 처한다(동법 제106조 제1항 제2호). 역시 양벌규정이다.

송권역별 전체 지상파이동멀티미디어방송사업자수의 3분의 1을 초과하여 경영하는 경우, ㉡ 방송권역별 지상파이동멀티미디어방송사업자수가 6 이상인 경우에는 방송권역별 전체 지상파이동멀티미디어방송사업자수의 5분의 1을 초과하여 경영하는 경우 중 어느 하나에 해당하는 경우, iii) 특정 종합유선방송사업자가 경영하는 종합유선방송사업의 가입가구수와 그 종합유선방송사업자와 특수관계자인 종합유선방송사업자의 가입가구수의 합이 전체 종합유선방송사업 가입가구수의 3분의 1을 초과하는 경우, iv) 특정 종합유선방송사업자가 전체 종합유선방송구역의 3분의 1을 초과하는 구역에서 종합유선방송사업을 경영하는 경우, v) 특정 위성방송사업자가 다른 위성방송사업자의 주식 또는 지분을 100분의 33을 초과하여 소유하는 경우, vi) 특정 위성방송사업자가 다른 위성방송사업자의 위성방송사업을 2개 이상 경영하는 경우

③ 방송채널사용사업자(특수관계자를 포함) 역시 시장점유율 또는 사업자수 등을 고려해 대통령령[81]이 정하는 범위를 초과하여 다른 방송채널사용사업을 겸영하거나 그 주식 또는 지분을 소유할 수 없다.[82] 여기서 정하고 있는 범위는 특정의 방송채널사용사업자의 매출액과 당해 방송채널사용사업자와 특수관계자인 방송채널사용사업자의 매출액을 합한 매출액이 전체 방송채널사용사업자의 매출액총액 중 차지하는 비율이 100분의 33을 초과하는 경우를 말한다. 이 경우 상품소개와 판매에 관한 전문편성을 행하는 방송채널사용사업자의 매출액은 계산에 포함하지 않는다.

### 6) 정부와 지자체, 정당 등의 소유제한

정당(政黨)은 방송사업자,[83] 즉 지상파방송사업자, 종합유선방송사업자, 위성방송사업자, 방송채널사용사업자, 공동체라디오방송사업자 등의 주식 또는 지분을 소유할 수 없다(방송법 제 8 조 제10항).[84] 또한 대한민국 정부·지방자치단

81) 방송법 시행령 제4조 (소유제한의 범위 등)

82) 동 조항을 위반하여 주식·지분을 소유한 자는 그 소유분 또는 초과분에 대한 의결권을 행사할 수 없고(방송법 제8조 제12항), 방송통신위원회는 동 규정을 위반하여 사업을 겸영하거나 주식·지분을 소유하고 있는 자에게 6월 이내의 기간을 정해 해당 사항을 시정할 것을 명할 수 있다(동조 제13항). 동법 제8조 제13항의 규정에 의한 시정명령을 위반한 자는 1년 이하의 징역 또는 3천만원 이하의 벌금에 처한다(동법 제106조 제1항 제2호). 역시 양벌규정이다.

83) 방송법 제2조 제3호(방송사업자 개념정의 참조).

84) 동 조항을 위반하여 주식·지분을 소유한 자는 그 소유분 또는 초과분에 대한 의결권을

체·종교단체·정당·'영리를 목적으로 공동체라디오방송사업을 영위하려는 자'는 공동체라디오방송사업자[85]가 될 수 없으며(동조 제14항), 공동체라디오방송사업자는 1개를 초과하여 방송국을 소유할 수 없도록(동조 제15항) 하였다.

### (3) 소유자격 제한의 위반에 대한 제재

방송법에 엄격한 소유제한이 있다 하여도 사업자들이 이를 위반할 경우는 언론의 독과점을 사실상 허용하는 결과가 되고 이에 따른 부작용도 예방할 수 없게 된다. 따라서 소유제한을 초과한 소유지분 또는 초과분에 대하여는 의결권 불인정 등을 을 통해 기존 방송사업자의 경영권을 보호하는 등 예방적 조치들이 필요하다. 방송법의 소유제한 규정에 의한 겸영금지 및 소유제한 대상자(특수관계자 포함)가 규정을 위반하여 주식 또는 지분을 소유한 경우는 그 소유분 또는 초과분에 대한 의결권을 행사할 수 없다고 하여 소유제한 위반에 대한 실효적 조치를 취할 수 있도록 하였다.

이어서 방송통신위원회는 규정을 위반하여 사업을 겸영하거나 주식 또는 지분을 소유하고 있는 자에게 6월 이내의 기간을 정하여 해당 사항을 시정할 것을 명할 수 있게 하였다.[86] 이 규정은 자칫 방송통신위원회의 재량권으로 오인될 소지가 있다. 소유제한을 초과한 주식 또는 지분에 대해 시정을 요구하는 것이 소유제한 규정의 입법 목적에 해당한다. 따라서 보다 엄격하게 "시정을 명할 수 있다"가 아니라 "시정을 명하여야 한다"로 하여 재량권 남용의 소지를 차단하고 의무적 규정으로 해석하여 실행력을 담보할 수 있도록 해야 한다.[87]

---

행사할 수 없고(방송법 제8조 제12항), 방송통신위원회는 동 규정을 위반하여 사업을 겸영하거나 주식·지분을 소유하고 있는 자에게 6월 이내의 기간을 정하여 해당 사항을 시정할 것을 명할 수 있다(동조 제13항). 동법 제8조 제13항의 규정에 의한 시정명령을 위반한 자는 1년 이하의 징역 또는 3천만원 이하의 벌금에 처한다(동법 제106조 제1항 제2호). 역시 양벌규정이다.

85) 라디오방송이라 함은 음성·음향 등으로 이루어진 방송프로그램을 송신하는 방송을 의미하며(방송법 제2조 제1호 나목), 공동체라디오방송사업자는 공중선전력 10와트 이하로 공익목적으로 라디오방송을 하기 위해 (방송법 제9조 제11항의 규정에 의해) 허가를 받은 자를 말한다(동법 제2조 제3호 마목).

86) 방송법 제8조 제13항.

87) 방송법 제8조 제13항의 규정에 의한 시정명령을 위반한 자는 1년 이하의 징역 또는 3천만원 이하의 벌금에 처한다(동법 제106조 제1항 제2호). 역시 양벌규정이다.

## Ⅲ. 방송사업을 위한 방송국 허가 및 등록

### 1. 방송사업의 허가 및 등록 요건[88)]

#### (1) 지상파방송사업·위성방송사업의 허가 · 등록

지상파방송사업 또는 위성방송사업을 하고자 할 경우는 전파법이 정하는 바에 따라 방송통신위원회의 방송국 허가를 받아야 한다.[89)] 국가·지방자치단체 또는 법인이 아닌 경우는 지상파방송사업 또는 위성방송사업을 할 수 없으며, 방송법 제18조[90)]의 규정에 의하여 허가·승인 또는 등록이 취소된 후 3년

---

88) 방송법 제9조 제1항 이하 참조.

89) 방송법 제9조의 규정에 의한 허가를 받지 않거나 승인을 얻지 않거나 등록을 하지 않고 방송사업·중계유선방송사업·음악유선방송사업·전광판방송사업 또는 전송망사업을 한 자는 2년 이하의 징역 또는 3천만원 이하의 벌금에 처한다(동법 제105조 제3호).

허위 기타 부정한 방법으로 방송법 제9조의 규정에 의한 허가를 받거나 승인을 얻거나 등록을 하여 방송사업·중계유선방송사업·음악유선방송사업·전광판방송사업 또는 전송망사업을 한 자 또한 2년 이하의 징역 또는 3천만원 이하의 벌금에 처한다(동조 제2호).

법인의 대표자, 법인 또는 개인의 대리인·사용인 기타 종업원이 그 법인 또는 개인의 업무에 관하여 방송법 제105조 또는 제106조의 위반행위를 한 때에는 행위자를 벌하는 외에 그 법인 또는 개인에 대하여도 각 해당 조의 벌금형을 과한다. 즉 양벌규정이다(동법 제107조).

90) 방송법 제18조(허가·승인·등록의 취소 등)

> ① 방송사업자·중계유선방송사업자·음악유선방송사업자·전광판방송사업자 또는 전송망사업자가 다음 각호의 어느 하나에 해당하는 때에는 방송통신위원회가 허가·승인 또는 등록을 취소하거나 6월 이내의 기간을 정하여 그 업무의 전부 또는 일부의 정지를 명할 수 있다. 다만, 제13조 제3항의 각호의 어느 하나에 해당하는 자가 법인의 대표자 또는 방송편성책임자가 된 경우로서 3월 이내에 그 임원을 변경하는 때에는 그러하지 아니하다.
>
> 1. 허위 기타 부정한 방법으로 허가·변경허가·재허가를 받거나 승인·변경승인·재승인을 얻거나 등록·변경등록을 한 때, 2. 제8조의 규정에 위반하여 주식 또는 지분을 소유한 때, 3. 제13조의 결격사유에 해당하게 된 때, 4. 제14조의 규정에 위반하여 재산상의 출자 또는 출연을 받은 때, 5. 이 법에 의한 허가를 받거나 승인을 얻거나 등록한 날부터 2년 이내에 방송 또는 사업을 개시하지 아니한 때, 6. 제15조 제1항을 위반하여 변경허가 또는 변경승인을 받지 아니하거나 변경등록을 하지 아니한 때, 7. 제77조 제2항에 따른 약관변경명령을 이행하지 아니한 때, 8. 제81조에 따른 시설의 보수·개수·이전 명령 등을 이행하지 아니한 때, 9. 제99조 제1항에 따른 시정명령을 이행하지 아니하거나 같은 조 제2항에 따른 시설개선명령을 이행하지 아니한 때, 10. 제100조 제1항에 따른 제재조치명령을 이행하 지 아니한 때

이 경과되지 않은 경우에도 방송사업을 할 수 없도록 하고 있다.[91)]

방송법(제 9 조 제 1 항)에 따라 지상파방송사업 · 위성방송사업을 하고자 할 경우는 허가신청서에 신청인에 관한 사항을 기재한 서류, 사업계획서, 시설설치계획서등의 서류를 첨부해 방송통신위원회에 제출해야 한다.[92)] 이때 지상파방송사업의 허가 신청은 방송유형별로 해야 하고, 위성방송사업의 허가 신청은 인공위성의 무선국별로 해야 하는데 이 경우 위성이동멀티미디어방송사업자[93)]가 행하는 위성방송의 난시청 해소를 위해 연주소[94)]를 갖추지 않고 개설하는 무선국의 허가절차는 '전파법 시행령'이 정하는 바에 따르도록 하고 있다.

방송통신위원회는 방송법(제 9 조 제 1 항)에 따라 방송사업을 허가할 때에는 다음의 사항을 심사하여 그 결과를 공표해야 한다.[95)]

① 방송의 공적 책임 · 공정성 · 공익성의 실현 가능성
② 방송프로그램의 기획 · 편성 및 제작계획의 적절성
③ 지역적 · 사회적 · 문화적 필요성과 타당성
④ 조직 및 인력운영 등 경영계획의 적정성
⑤ 재정 및 기술적 능력
⑥ 방송발전을 위한 지원계획
⑦ 기타 사업수행에 필요한 사항

방송통신위원회는 방송법(제10조 제 1 항)의 규정에 의한 심사를 할 때에는 시청자의 의견을 공개적으로 청취하고, 그 의견의 반영 여부를 공표해야 한다. 방송통신위원회는 방송사업에 대한 허가신청서를 접수한 때에는 접수일부터 90일 이내에 방송법(제10조 제 1 항 각호)의 사항 및 전파관계 법령이 정하는 사항을

---

③ 제 1 항의 규정에 의한 허가 · 승인 또는 등록의 취소 및 그에 따른 조치와 업무정지의 기준 및 절차 등에 관하여 필요한 사항은 대통령령으로 정한다.

91) 방송법 제13조 제 1 항.
92) 방송법 시행령 제 5 조 제 1 항 이하 참조.
93) 방송법 시행령 제1조의2 제4호 참조.
94) '연주소'란 방송사항의 제작 · 편성 및 조정에 필요한 설비와 그 종사자의 총체를 말한다(전파법 시행령 제2조 제15호).
95) 방송법 제10조 제1항 이하 참조.

심사하여 허가 여부를 결정하고, 허가를 하는 경우에는 신청인에게 허가서를 내주어야 한다.[96] 허가에 필요한 구체적인 절차·방법은 방송통신위원회규칙으로 정한다.[97]

### (2) 종합유선방송사업·중계유선방송사업의 허가·등록

#### 1) 종합유선방송사업 또는 중계유선방송사업의 허가·등록

종합유선방송사업 또는 중계유선방송사업[98]을 하고자 할 경우는 대통령령이 정하는 기준에 적합하게 시설과 기술을 갖추어 방송통신위원회의 허가를 받아야한다.[99]

중계유선방송이란 유선을 활용하여 방송을 중계송신(中繼送信)하는 것을 의미하며, 방송법은 동시중계는 물론 방송편성을 변경하지 않고 녹음·녹화하여 시차를 두고 방송하는 것까지 중계유선방송으로 규정하고 있다. 현행법은 지상파방송 즉, 방송을 목적으로 하는 지상의 무선국을 이용하여 행하는 방송과 한국방송공사 및 특별법에 의해 설립된 방송사업자가 행하는 위성방송 즉, 인공위성의 무선국을 이용하여 행하는 방송 및 기타 방송법 시행령에서 정하는 방송을 수신하여 중계송신할 수 있도록 하고 있다.[100]

국가·지방자치단체 또는 법인이 아닌 경우는 종합유선방송사업을 할 수

---

96) 방송법 제9조 제12항 및 동법 시행령 제5조 제3항 참조.

97) 방송법 시행령 제5조 제5항.

98) '중계유선방송사업'은 중계유선방송을 행하는 사업을 말하며(방송법 제2조 제5호), '중계유선방송사업자'는 중계유선방송사업을 하기 위해 (방송법 제9조 제2항의 규정에 의해) 허가를 받은 자를 말한다(동법 제2조 제6호).

반드시 수신자로부터 대가를 수령할 것을 필요로 하지는 않으나 단순히 기술적으로 방송신호를 받아 이를 수신자에게 보내는 것만으로는 부족하고, 사회일반의 관념으로 볼 때 그 행위자가 수신자와는 독립한 지위에서 수신자의 영역으로 방송신호를 송신한 것이라고 평가할 수 있어야 한다. 그러므로 수신자의 의사를 대행하거나 수신자들을 대표하여 방송의 수신 및 송신 행위를 하는 것은 여기에 해당하지 않는다(대판 2008. 9. 11, 2008도1724).

99) 방송법 제9조 제2항.

100) 방송법 제9조의 규정에 의한 허가를 받지 않거나 승인을 얻지 않거나 등록을 하지 않고 방송사업·중계유선방송사업·음악유선방송사업·전광판방송사업 또는 전송망사업을 한 자는 2년 이하의 징역 또는 3천만원 이하의 벌금에 처한다(방송법 제105조 제3호).

허위 기타 부정한 방법으로 방송법 제9조의 규정에 의한 허가를 받거나 승인을 얻거나 등록을 하여 방송사업·중계유선방송사업·음악유선방송사업·전광판방송사업 또는 전송망사업을 한 자 또한 2년 이하의 징역 또는 3천만원 이하의 벌금에 처한다. 역시 양벌규정이다(동조 제2호).

없다. 방송법(제18조)의 규정에 의하여 허가·승인 또는 등록이 취소된 후 3년이 경과되지 않은 경우에도 종합유선방송사업을 할 수 없다. 외국인 또는 외국의 정부나 단체·미성년자 또는 한정치산자·파산선고를 받은 자로서 복권되지 않은 자·방송법을 위반하여 벌금 이상의 형을 선고받고 그 집행이 종료되거나 그 집행을 받지 않기로 확정된 후 3년이 경과되지 않은 자 또는 그 집행유예기간 중에 있는 자·방송법(제18조)의 규정에 의해 중계유선방송사업의 허가 또는 등록이 취소된 후 2년이 경과되지 않은 경우는 중계유선방송사업을 할 수 없다.[101]

방송법(제 9 조 제 2 항)에 따라 종합유선방송사업·중계유선방송사업을 하려는 경우는 허가신청서에 신청인에 관한 사항을 기재한 서류, 사업계획서, 시설설치계획서 등을 첨부하여 방송통신위원회에 제출해야 한다.[102] 이때 종합유선방송사업·중계유선방송사업의 허가 신청은 방송구역별로 해야 한다. 종합유선방송사업 또는 중계유선방송사업을 하려는 법인은 방송시설 및 방송기술에 있어 ① 시설설치계획[103]이 종합유선방송사업 또는 중계유선방송사업의 기술기준에 적합하여야 하며, ② 수신자의 편의와 최소한의 방송품질을 보장할 수 있고, ③ 방송기술개발 및 시설의 고도화에 관한 정부시책에 부합해야 하는 등의 요건 등을 충족해야 한다.[104]

---

101) 방송법 제13조 제1·2항 참조.

102) 방송법 제9조 제1항 및 제2항에 따라 지상파방송사업·위성방송사업·종합유선방송사업·중계유선방송사업을 하려는 자는 허가신청서에 다음 각 호의 서류를 첨부하여 방송통신위원회에 제출하여야 한다. 1. 신청인에 관한 사항을 기재한 서류, 2. 사업계획서, 3. 시설설치계획서, 4. 일간신문을 경영하는 법인이 주식 또는 지분을 소유하고 있는 법인이 지상파방송사업의 허가를 신청하는 경우에는 제4조 제2항에서 정하는 자료(방송법 제9조 제12항; 동법 시행령 제5조 제1항).

103) 방송법 제79조(유선방송국설비 등에 관한 기술수준과 준공검사 등)

> ① 방송통신위원회는 유선방송국설비(종합유선방송국 및 중계유선방송·음악유선방송을 행하기 위한 설비를 포함한다. 이하 같다)의 설치 및 유지에 관한 사항과 전송·선로설비의 분계점 등에 필요한 기술기준(이하 "기술기준"이라 한다)을 정하여 고시하여야 한다.

104) 동법 시행령 제5조 제2.3.4항 참조.

> ② 제1항에 따른 허가 신청은 다음 각호의 기준에 따라 하여야 한다.
> 1. 지상파방송사업의 허가 신청은 방송유형별로 할 것
> 2. 위성방송사업의 허가 신청은 인공위성의 무선국별로 할 것. 이 경우 위성이동멀티미디어방송사업자가 행하는 위성방송의 난시청 해소를 위하여 연주소를 갖추지

방송통신위원회는 방송사업을 허가할 때에는 다음의 사항을 심사하여 그 결과를 공표해야 한다.[105)]

① 방송의 공적 책임·공정성·공익성의 실현 가능성
② 방송프로그램의 기획·편성 및 제작계획의 적절성
③ 지역적·사회적·문화적 필요성과 타당성
④ 조직 및 인력운영 등 경영계획의 적정성
⑤ 재정 및 기술적 능력
⑥ 방송발전을 위한 지원계획
⑦ 기타 사업수행에 필요한 사항

방송통신위원회는 방송사업의 허가 여부를 심사할 때에는 시청자의 의견을 공개적으로 청취하고, 그 의견의 반영여부를 공표해야 하며, 특히 종합유선방송사업을 하고자 하는 자를 허가할 때에는 특별시장·광역시장 또는 도지사의 의견까지도 들어야 한다.[106)][107)]

방송통신위원회는 종합유선방송사업 또는 중계유선방송사업을 허가할 때에는 일정한 방송구역 안에서 사업을 운영하는 권리 즉, 지역사업권을 부여할 수 있다.[108)] 기타 허가에 필요한 구체적인 절차·방법은 방송통신위원회규칙으

---

아니하고 개설하는 무선국의 허가절차는 「전파법 시행령」이 정하는 바에 따른다.
3. 종합유선방송사업과 중계유선방송사업의 허가 신청은 방송구역별로 할 것
③ 방송통신위원회는 제1항에 따른 허가신청서를 접수한 때에는 접수일부터 90일 이내에 법 제10조 제1항 각 호의 사항 및 전파관계 법령이 정하는 사항을 심사하여 허가 여부를 결정하고, 허가를 하는 경우에는 신청인에게 허가서를 내주어야 한다.
④ 종합유선방송사업 또는 중계유선방송사업을 하려는 자는 다음 각 호의 요건에 적합하여야 한다.
1. 시설설치계획이 법 제79조 제1항에 따른 종합유선방송사업 또는 중계유선방송사업의 기술기준에 적합할 것,
2. 수신자의 편의와 최소한의 방송품질을 보장할 것,
3. 방송기술개발 및 시설의 고도화에 관한 정부시책에 부합할 것

105) 방송법 제10조 제1항.
106) 방송법 제10조 제2. 제3항 참조.
107) 방송통신위원회는 방송법 시행령 제5조 제1항에 따른 허가신청서를 접수한 때에는 접수일부터 90일 이내에 방송법 제10조 제1항 각 호의 사항 및 전파관계 법령이 정하는 사항을 심사하여 허가 여부를 결정하고, 허가를 하는 경우에는 신청인에게 허가서를 내주어야 한다(동법 시행령 제5조 제3항).
108) 방송법 제12조 제1항의 규정에 의한 방송구역과 음악유선방송의 사업구역은 행정구역을

로 정하도록 하였다.

### 2) 중계유선방송사업자의 종합유선방송사업 겸영(兼營)

방송법과 시행령 등이 정하고 있는 기준에 해당하는 중계유선방송사업자가 종합유선방송사업을 하고자 할 경우에는 방송통신위원회의 승인을 얻어야 한다.[109)][110)] 중계유선방송사업자가 종합유선방송사업의 승인을 얻고자 하는 경우에는 방송시설 및 방송기술 등에 있어 ① 시설전환계획이 종합유선방송사업의 기술기준에 적합하고, ② 중계유선방송사업자의 가입자 수가 그가 소재하는 종합유선방송사업 구역안의 전체가구 수 중 차지하는 비율이 당해 사업구역의 범위와 특성을 고려하여 방송통신위원회가 고시하는 비율 이상이어야 하는 등의 요건을 갖추어 승인신청서에 시설전환계획서를 첨부하여 방송통신위원회에 제출해야 한다.[111)]

방송통신위원회는 승인신청서를 접수한 때에는 위의 사항을 심사한 후 그 결과를 90일 이내에 신청인에게 통보해야 한다. 또한 방송통신위원회는 시설전환계획을 승인을 할 때에는 다음의 사항 또한 심사하여 그 결과를 공표해야 하며, 이때에도 역시 방송통신위원회는 다음의 사항을 심사한 후 그 결과를 90일

---

중심으로 지역주민의 생활권 및 지리적 여건과 전기통신설비 등을 참작하여 관계중앙행정기관의 장 및 시·도지사와 협의하여 방송통신위원회가 고시한다(동법 제12조 제2항·동법시행령 제12조 제1항).

109) 방송법 시행령 제7조

> ① 법 제9조 제3항의 규정에 의하여 중계유선방송사업자가 종합유선방송사업의 승인을 얻고자 하는 경우에는 다음 각호의 요건을 갖추어 승인신청서에 시설전환계획서를 첨부하여 방송통신위원회에 제출하여야 한다.
> 1. 시설전환계획이 법 제79조 제1항의 규정에 의한 종합유선방송사업의 기술기준에 적합할 것,
> 2. 중계유선방송사업자의 가입자수가 그가 소재하는 종합유선방송사업구역안의 전체 가구수 중 차지하는 비율이 당해 사업구역의 범위와 특성을 고려하여 방송통신위원회가 고시하는 비율 이상일 것.

110) 방송법 제9조의 규정에 의한 허가를 받지 않거나 승인을 얻지 않거나 등록을 하지 않고 방송사업·중계유선방송사업·음악유선방송사업·전광판방송사업 또는 전송망사업을 한 자는 2년 이하의 징역 또는 3천만원 이하의 벌금에 처한다(동법 제105조 제3호).

허위 기타 부정한 방법으로 방송법 제9조의 규정에 의한 허가를 받거나 승인을 얻거나 등록을 하여 방송사업·중계유선방송사업·음악유선방송사업·전광판방송사업 또는 전송망사업을 한 자 또한 2년 이하의 징역 또는 3천만원 이하의 벌금에 처한다. 역시 양벌규정이다(동조 제2호).

111) 방송법 제9조 제12항; 동법 시행령 제7조 제1항.

이내에 신청인에게 통보해야 한다.[112)]

① 방송의 공적 책임·공정성·공익성의 실현 가능성
② 방송프로그램의 기획·편성 및 제작계획의 적절성
③ 지역적·사회적·문화적 필요성과 타당성
④ 조직 및 인력운영 등 경영계획의 적정성
⑤ 재정 및 기술적 능력
⑥ 방송발전을 위한 지원계획
⑦ 기타 사업수행에 필요한 사항

방송통신위원회는 종합유선방송사업을 승인할 때에는 일정한 방송구역 안에서 사업을 운영하는 권리 즉, 지역사업권을 부여할 수 있다.[113)] 방송법(제 9 조 제 3 항)에 의해 승인을 얻은 자는 승인을 얻은 때부터 종합유선방송사업자로 허가를 받은 것으로 본다.[114)] 종합유선방송사업의 승인에 필요한 구체적인 절차 및 방법에 관하여는 방송통신위원회규칙으로 정하고 있다.

### (3) 방송채널사용사업 및 전광판방송사업 · 음악유선방송사업

방송채널사용사업·전광판방송사업·음악유선방송사업을 하고자 할 경우는 방송통신위원회에 등록해야 한다.[115)] 앞에서 기술한 3가지 사업의 경우는 공공에 미치는 영향이 그렇게 크지 않다고 보기 때문에 요건을 갖추어 등록만 하면

112) 방송통신위원회는 제1항의 규정에 의하여 승인신청서를 접수한 때에는 제1항 각호의 사항 및 법 제10조 제1항 각호의 사항을 심사한 후 그 결과를 90일 이내에 신청인에게 통보해야 한다(동법 시행령 제7조 제2항).

113) 방송법 제12조 제1항의 규정에 의한 방송구역과 음악유선방송의 사업구역은 행정구역을 중심으로 지역주민의 생활권 및 지리적 여건과 전기통신설비 등을 참작하여 관계중앙행정기관의 장 및 시·도지사와 협의하여 방송통신위원회가 고시한다(동법 제12조 제2항).

114) 방송법 제9조 제4항.

115) 방송법 제9조의 규정에 의한 허가를 받지 않거나 승인을 얻지 않거나 등록을 하지 않고 방송사업·중계유선방송사업·음악유선방송사업·전광판방송사업 또는 전송망사업을 한 자는 2년 이하의 징역 또는 3천만원 이하의 벌금에 처한다(동법 제105조 제3호). 허위 기타 부정한 방법으로 방송법 제9조의 규정에 의한 허가를 받거나 승인을 얻거나 등록을 하여 방송사업·중계유선방송사업·음악유선방송사업·전광판방송사업 또는 전송망사업을 한 자 또한 2년 이하의 징역 또는 3천만원 이하의 벌금에 처한다(동조 제2호). 역시 양벌 규정이다.

사업을 개시할 수 있도록 한 것이다. 그러나 이들이 종합편성이나 보도 또는 상품소개와 판매에 관한 전문편성을 행하는 방송채널사용사업을 하고자 하는 경우는 방송통신위원회의 승인을 얻도록 하고 있다. 이 경우 데이터방송[116]을 하기 위해 등록을 하거나 승인을 받았을 경우는 등록을 하거나 승인을 받은 날부터 7일 이내에 전기통신사업법 제21조[117]의 규정에 의한 부가통신사업의 신고를 해야 한다.[118] 국가·지방자치단체 또는 법인이 아닌 경우는 방송채널사용사업을 할 수 없다.[119] 방송법(제18조)의 규정에 의하여 사업의 허가·승인 또는 등록이 취소된 후 3년이 경과되지 않은 경우에도 방송채널사용사업을 할 수 없다.

1) 방송채널사용사업을 하고자 하는 경우

a) 종합편성이나 보도 또는 상품소개와 판매에 관한 전문편성을 행하는 방송채널사용사업 이외의 방송채널사용사업을 하고자 하는 경우

방송법(제 9 조 제 5 항)에 따라 방송채널사용사업의 등록을 하려는 경우는 다음의 요건을 갖추어야 한다.[120]

① 납입자본금과 실질자본금, 즉 해당 방송채널사용사업만을 위한 자본금이 각각 5억원 이상이어야 한다. 이 경우 '자본금'은 주식회사 외의 법인의 경우에는 '출자금'으로 본다.

② 방송프로그램의 편성 및 송출 등을 종합조정하는 주조정실, 개별 방송프로그램의 제작을 조정하는 부조정실, 음성·영상·음향 등을 편집하여 개별 방송프로그램을 완성하는 종합편집실 및 송출시설을 갖추어야 한다.

---

116) '데이터방송'이라 함은 방송사업자의 채널을 이용하여 데이터(문자·숫자·도형·도표·이미지 그 밖의 정보체계를 말한다)를 위주로 하여 이에 따르는 영상·음성·음향 및 이들의 조합으로 이루어진 방송프로그램을 송신하는 방송(인터넷 등 통신망을 통하여 제공하거나 매개하는 경우를 제외한다)을 의미한다(방송법 제2조 제1호 다목).

117) 전기통신사업법 제21조(부가통신사업자의 신고 등)

> 부가통신사업을 경영하고자 하는 자는 대통령령이 정하는 요건 및 절차에 따라 방송통신위원회에 신고(정보통신망에 의한 신고를 포함한다)하여야 한다. 다만, 기간통신사업자가 부가통신사업을 경영하고자 하는 경우 또는 운영하는 전기통신설비의 규모 등 대통령령이 정하는 기준에 해당하는 소규모 부가통신사업의 경우에는 그러하지 아니하다.

118) 방송법 제9조 제5항.

119) 방송법 제13조 제1항 제1문, 제2문 참조.

120) 방송법 제9조의2 제1·2항 참조.

③ 해당 방송채널사용사업을 영위할 수 있는 사무실을 보유하고 있어야 한다.

④ 방송사업자가 사용하고 있는 다른 채널명과 동일한 채널명 또는 시청자가 동일한 채널로 오인할 수 있는 채널명을 사용해서는 안된다.

동일인이 여러 개의 방송채널사용사업을 겸영(兼營)하는 경우에 방송법(제9조의2 제1항 제1호)에 따른 자본금 요건의 적용 기준 등에 관하여 필요한 사항은 대통령령으로 정한다.[121] 방송채널사용사업을 하고자 하는 경우는 다음의 사항을 기재한 등록신청서에 편성계획서 및 사업계획서를 첨부하여 방송통신위원회에 제출해야 한다.[122]

① 사업자명
② 대표자 및 편성책임자
③ 납입자본금 및 실질자본금
④ 방송프로그램 공급분야
⑤ 발행주식 또는 지분총수의 100분의 5 이상을 가진 주주 또는 출자자의 구성
⑥ 주된 사무소의 소재지

121) 방송법 시행령 제13조의3(방송채널사용사업 등록의 자본금 요건 적용기준 등)

① 법 제9조의2 제2항에 따라 동일인이 여러 개의 방송채널사용사업을 겸영하는 경우에는 텔레비전방송채널사용사업은 각각의 텔레비전방송채널사용사업별로, 라디오방송채널사용사업은 15개 라디오방송채널사용사업별로, 데이터방송채널사용사업은 3개 데이터방송채널사용사업별로 법 제9조의2 제1항 제1호의 자본금 요건을 적용한다.
② 제1항에 따른 자본금 요건의 적용기준이 되는 방송채널사용사업 수의 산정기준은 다음 각 호와 같다.
1. 방송채널사용사업의 등록신청의 단위가 되는 텔레비전방송채널사용사업, 라디오방송채널사용사업 또는 데이터방송채널사용사업의 각각의 방송분야를 1개의 방송채널사용사업으로 산정한다.
2. 동일인이 동일한 방송분야를 일정한 시차를 두고 여러 채널을 통하여 방송하는 경우에는 이를 1개의 방송채널사용사업으로 산정한다.
3. 시청자가 특정 시간 및 특정 방송프로그램을 선택하여 시청할 수 있도록 방송프로그램을 제공하는 방송채널사용사업의 경우에는 동일인이 제공하는 동일한 방송분야별로 1개의 방송채널사용사업으로 산정한다.

122) 방송법 시행령 제8조 제1항.

⑦ 법 제 9 조의2 제 1 항 제 2 호에 따른 송출시설의 소재지

방송통신위원회는 위의 사항이 기재되고, 편성계획서 및 사업계획서가 첨부된 등록신청서를 접수한 때에는 신청내용이 법령에 위배되는지 여부와 사실관계의 확인을 거쳐 30일 이내에 신청인에게 등록증을 교부해야 한다.[123] 방송채널사용사업의 등록에 필요한 구체적인 절차 및 방법에 관하여는 방송통신위원회규칙으로 정하고 있다.

b) 종합편성, 보도, 상품소개와 판매 등 전문편성 방송채널사용사업의 경우

앞서 언급한 바와 같이 종합편성이나 보도 또는 상품소개와 판매에 관한 전문편성을 행하는 방송채널사용사업을 하고자 하는 자는 방송통신위원회의 승인을 얻어야 하고(방송법 제 9 조 제 5 항), 방송채널사용사업승인신청서에 신청인에 관한 사항 및 사업계획서를 첨부하여 방송통신위원회에 제출해야 하며,[124] 방송통신위원회는 이러한 승인신청서를 접수한 때에는 다음의 사항을 심사[125]하여 승인 여부를 결정하고, 그 결과를 공표함에 아울러 60일 이내에 신청인에게 통보해야 한다.[126]

① 방송의 공적 책임·공정성·공익성의 실현 가능성
② 방송프로그램의 기획·편성 및 제작계획의 적절성
③ 지역적·사회적·문화적 필요성과 타당성
④ 조직 및 인력운영 등 경영계획의 적정성
⑤ 재정 및 기술적 능력
⑥ 방송발전을 위한 지원계획
⑦ 기타 사업수행에 필요한 사항

종합편성이나 보도 또는 상품소개와 판매에 관한 전문편성을 행하는 방송채널사용사업의 승인에 필요한 구체적인 절차 및 방법에 관하여는 방송통신위

123) 방송법 시행령 제8조 제2·3항 참조.
124) 방송법 제9조 제12항; 동법 시행령 제10조 제1항.
125) 방송통신위원회는 (방송법 제10조 제1항의 규정에 의한) 이와 같은 심사를 할 때에는 시청자의 의견을 공개적으로 청취하고, 그 의견의 반영 여부를 공표해야 한다(방송법 제10조 제2항).
126) 방송법 제10조 제1항; 동법 시행령 제10조 제2항, 제3항 참조.

원회규칙으로 정하고 있다.

2) 전광판방송사업 또는 음악유선방송사업을 하고자 하는 경우

외국인 또는 외국의 정부나 단체·미성년자 또는 한정치산자·파산선고를 받은 자로서 복권되지 않은 자·방송법을 위반하여 벌금 이상의 형을 선고받고 그 집행이 종료되거나 그 집행을 받지 않기로 확정된 후 3년이 경과되지 않은 자 또는 그 집행유예기간 중에 있는 자·방송법 제18조의 규정에 의해 음악유선방송사업의 허가 또는 등록이 취소된 후 2년이 경과되지 않은 자는 음악유선방송사업을 할 수 없다(방송법 제13조 제2항). 방송법 제9조 제5항 본문의 규정에 의해 전광판방송사업 또는 음악유선방송사업을 하고자 하는 경우는 ⑴ 사업자명, ② 대표자 및 편성책임자, ③ 사업구역, ④ 사업목적 및 내용 등의 사항을 기재한 등록신청서를 방송통신위원회에 제출해야 한다(방송법 시행령 제9조 제1항).

방송통신위원회는 위의 사항이 기재된 등록신청서를 접수한 때에는 신청내용이 법령에 위배되는지 여부와 사실관계의 확인을 거쳐 30일 이내에 신청인에게 등록증을 교부해야 한다. 전광판방송사업 또는 음악유선방송사업의 등록에 필요한 구체적인 절차·방법에 관하여는 방송통신위원회규칙으로 정한다.[127)]

### (4) 외국 인공위성을 이용한 위성방송사업 등의 승인

외국 인공위성의 무선설비(국내에서 수신될 수 있는 것에 한한다)를 이용하여 위성방송을 행하는 사업을 하고자 하는 경우는 방송통신위원회의 승인을 얻어야 하며,[128)][129)] 외국 인공위성의 무선국(국내에서 수신될 수 있는 것에 한한다)의 특정 채널의 전부 또는 일부 시간에 대한 전용사용계약을 체결하여 그 채널을 사용하고자 하는 경우도 또한 이와 마찬가지로 방송통신위원회의 승인을 얻어

127) 방송법 시행령 제9조 제2항.

128) 방송법 제9조 제6·8항 참조.

129) 방송법 제9조의 규정에 의한 허가를 받지 않거나 승인을 얻지 않거나 등록을 하지 않고 방송사업·중계유선방송사업·음악유선방송사업·전광판방송사업 또는 전송망사업을 한 자는 2년 이하의 징역 또는 3천만원 이하의 벌금에 처한다.

동조 제2호. 허위 기타 부정한 방법으로 방송법 제9조의 규정에 의한 허가를 받거나 승인을 얻거나 등록을 하여 방송사업·중계유선방송사업·음악유선방송사업·전광판방송사업 또는 전송망사업을 한 자 또한 2년 이하의 징역 또는 3천만원 이하의 벌금에 처한다. 역시 양벌규정이다(동법 제105조 제3호).

야 한다.[130)]

### 1) 외국 인공위성을 이용한 위성방송사업의 승인

외국 인공위성의 무선설비(국내에서 수신될 수 있는 것에 한한다)를 이용하여 위성방송을 행하는 사업을 하고자 하는 자는 방송통신위원회의 승인을 얻어야 하며, 승인신청서에는 사업수행에 필요한 사항을 확인할 수 있는 서류, ① 신청인에 관한 사항을 기재한 서류, ② 외국 인공위성의 무선설비 또는 무선국의 특정채널 이용계약서, ③ 사업계획서, ④ 시설설치계획서 등의 서류를 첨부하여 방송통신위원회에 제출해야 한다.[131)]

방송통신위원회는 위 각 호의 서류가 첨부된 승인신청서를 접수한 때에는 다음 각 호의 사항을 심사[132)]한 후 승인 여부를 결정하고 그 결과를 공표함에 아울러 90일 이내에 신청인에게 통보해야 한다.[133)]

① 방송의 공적 책임·공정성·공익성의 실현 가능성
② 방송프로그램의 기획·편성 및 제작계획의 적절성
③ 지역적·사회적·문화적 필요성과 타당성
④ 조직 및 인력운영 등 경영계획의 적정성
⑤ 재정 및 기술적 능력

---

130) 방송법 제9조의 규정에 의한 허가를 받지 않거나 승인을 얻지 않거나 등록을 하지 않고 방송사업·중계유선방송사업·음악유선방송사업·전광판방송사업 또는 전송망사업을 한 자는 2년 이하의 징역 또는 3천만원 이하의 벌금에 처한다(동법 제105조 제3호). 허위 기타 부정한 방법으로 방송법 제9조의 규정에 의한 허가를 받거나 승인을 얻거나 등록을 하여 방송사업·중계유선방송사업·음악유선방송사업·전광판방송사업 또는 전송망사업을 한 자 또한 2년 이하의 징역 또는 3천만원 이하의 벌금에 처한다(동조 제2호). 역시 양벌규정이다.

131) 방송법 제9조 제12항; 동법 시행령 제11조 제1항.

132) 방송통신위원회는 (방송법 제10조 제1항의 규정) 법 제9조 제5항 단서의 규정에 의해 종합편성이나 보도 또는 상품소개와 판매에 관한 전문편성을 행하는 방송채널사용사업을 하고자 하는 자는 방송채널사용사업승인신청서에 다음 각호의 서류를 첨부하여 방송통신위원회에 제출해야 한다. 1. 신청인에 관한 사항을 적은 서류, 2. 사업계획서, 3. 일간신문을 경영하는 법인이 주식 또는 지분을 소유하고 있는 법인이 종합편성 또는 보도전문편성을 하는 방송채널사용사업의 승인을 신청하는 경우에는 제4조 제2항에서 정하는 자료, ② 방송통신위원회는 제1항의 규정에 의한 승인신청서를 접수한 때에는 법 제10조 제1항 각호의 사항을 심사하여 승인여부를 결정하고 그 결과를 60일 이내에 신청인에게 통보해야 한다(방송법 제10조 제2항).

133) 방송법 제10조 제1항; 동법 시행령 제11조 제2항.

⑥ 방송발전을 위한 지원계획

⑦ 기타 사업수행에 필요한 사항

방송법(제 9 조 제 6 항)의 규정에 의해 승인을 얻은 자에 대하여는 방송법 제2조 제 3 호 다목의 위성방송사업자에 대해 적용되는 규정을 준용한다(방송법 제9조 제 7 항). 외국 인공위성을 이용한 위성방송사업의 승인에 필요한 구체적인 절차·방법에 관하여는 방송통신위원회규칙으로 정한다.[134]

### 2) 외국 인공위성의 무선국의 특정채널 사용에 대한 승인

외국 인공위성의 무선국(국내에서 수신될 수 있는 것에 한한다)의 특정 채널의 전부 또는 일부 시간에 대한 전용사용계약을 체결하여 그 채널을 사용하고자 하는 경우는 방송통신위원회의 승인을 얻어야 한다(방송법 제 9 조 제 8 항). 채널사용 승인에 필요한 승인신청서에는 사업추진을 확인할 수 있는 서류, ① 신청인에 관한 사항을 기재한 서류, ② 외국 인공위성의 무선설비 또는 무선국의 특정채널 이용계약서, ③ 사업계획서, ④ 시실설치계획서 등의 서류를 첨부하여 방송통신위원회에 제출해야 한다.[135]

방송통신위원회는 위의 서류가 첨부된 승인신청서를 접수한 때에는 다음의 사항을 심사[136]한 후 승인 여부를 결정하고 그 결과를 공표함에 아울러 90일 이내에 신청인에게 통보해야 한다.[137]

① 방송의 공적 책임·공정성·공익성의 실현 가능성

② 방송프로그램의 기획·편성 및 제작계획의 적절성

③ 지역적·사회적·문화적 필요성과 타당성

④ 조직 및 인력운영 등 경영계획의 적정성

⑤ 재정 및 기술적 능력

⑥ 방송발전을 위한 지원계획

⑦ 기타 사업수행에 필요한 사항

134) 방송법 시행령 제11조 제3항.

135) 방송법 제9조 제12항; 동법 시행령 제11조 제1항.

136) 방송통신위원회는 (방송법 제10조 제1항의 규정에 의한) 이와 같은 심사를 할 때에는 시청자의 의견을 공개적으로 청취하고, 그 의견의 반영 여부를 공표해야 한다(방송법 제10조 제2항).

137) 방송법 제10조 제1항; 동법 시행령 제11조 제2항.

방송법(제 9 조 제 8 항)의 규정에 의해 승인을 얻은 자에 대하여는 방송채널사용사업자에 대해 적용되는 규정을 준용한다.[138] 외국 인공위성의 무선국의 특정채널을 사용하는 사업의 승인에 필요한 구체적인 절차·방법에 관하여는 방송통신위원회규칙으로 정하고 있다.[139]

### (5) 전송망사업의 경우

전송망사업을 하고자 하는 자는 방송통신위원회에 등록해야 하며,[140] 허가를 받지 않거나 승인을 얻지 않거나 등록을 하지 않고 방송사업·중계유선방송사업·음악유선방송사업·전광판방송사업 또는 전송망사업을 한 자는 2년 이하의 징역 또는 3천만원 이하의 벌금에 처한다.

등록신청은 등록신청인의 인적사항, 설립시 필요한 자금, 기술인력현황, 사업구역 등의 내용을 포함한 등록신청서와 사업계획서 및 시설설치계획서를 첨부하여 방송통신위원회에게 제출해야 한다.[141]

방송통신위원회은 위의 사항이 기재되고 사업계획서·시설설치계획서가 첨부된 등록신청서를 접수한 때에는 신청내용이 방송통신위원회 고시 기타 법령으로 정한 등록요건에 위배되는지의 여부와 사실관계의 확인을 거쳐 30일 이내에 신청인에게 등록증을 교부해야 하며,[142] 전송망사업자가 등록한 사항을 변경하고자 하는 때에는 방송통신위원회 고시가 정하는 바에 따라 방송통신위원회에게 변경등록을 해야 한다. 전송망사업의 등록에 필요한 구체적인 절차·방법에 관하여는 방송통신위원회 고시로 정하고 있다.

### (6) 공동체라디오방송사업의 경우

#### 1) 공동체라디오방송사업의 허가신청

공동체라디오방송사업을 하고자 하는 경우는 '전파법'이 정하는 바에 따라

138) 방송법 제9조 제9항.

139) 방송법 시행령 제11조 제3항.

140) 허위 기타 부정한 방법으로 방송법 제9조의 규정에 의한 허가를 받거나 승인을 얻거나 등록을 하여 방송사업·중계유선방송사업·음악유선방송사업·전광판방송사업 또는 전송망사업을 한 자 또한 2년 이하의 징역 또는 3천만원 이하의 벌금에 처한다(방송법 제105조 제2호). 역시 양벌규정이다.

141) 방송법 제9조 제12항; 동법 시행령 제12조 제1항.

142) 방송법 시행령 제12조 제2·3·4항 참조.

방송통신위원회의 방송국 허가를 받아야 하며,[143] 방송통신위원회가 정한 허가 신청서에는 ① 신청인에 관한 사항을 기재한 서류, ② 사업계획서, ③ 시설설치계획서 등의 서류를 첨부하여 방송통신위원회에 제출해야 한다.[144]

방송통신위원회는 위의 서류가 첨부된 허가신청서를 접수하면 접수일 부터 90일 이내에 다음의 사항 및 전파관계 법령이 정하는 사항을 심사하여 허가 여부를 결정하고, 허가를 하는 경우에는 신청인에게 허가서를 내주어야 하며,[145] 그 구체적인 절차·방법은 방송통신위원회 규칙으로 정하고 있다.

① 방송의 공적 책임·공정성·공익성의 실현 가능성
② 방송프로그램의 기획·편성 및 제작계획의 적절성
③ 지역적·사회적·문화적 필요성과 타당성
④ 조직 및 인력운영 등 경영계획의 적정성
⑤ 재정 및 기술적 능력
⑥ 방송발전을 위한 지원계획
⑦ 기타 사업수행에 필요한 사항

### 2) 공동체라디오방송사업자의 운영 등

공동체라디오방송사업자는 매일 6시간 이상 방송을 실시하되, 해당 채널의 매월 전체 방송시간의 100분의 60 이상을 허가를 받은 주된 방송분야의 방송프로그램으로 편성해야 하며,[146] 공동체라디오방송사업자의 재원은 기부금, 지방자치단체의 보조금, 방송법(제73조 제 2 항)에 따른 방송광고수입금, 방송법(제74조)에 따른 협찬고지 수입금, 그 밖의 수입금 등으로 충당한다.

---

143) 방송법 제9조의 규정에 의한 허가를 받지 않거나 승인을 얻지 않거나 등록을 하지 않고 방송사업·중계유선방송사업·음악유선방송사업·전광판방송사업 또는 전송망사업을 한 자는 2년 이하의 징역 또는 3천만원 이하의 벌금에 처한다(동법 제105조 제3호). 허위 기타 부정한 방법으로 방송법 제9조의 규정에 의한 허가를 받거나 승인을 얻거나 등록을 하여 방송사업·중계유선방송사업·음악유선방송사업·전광판방송사업 또는 전송망사업을 한 자 또한 2년 이하의 징역 또는 3천만원 이하의 벌금에 처한다(동조 제2호). 역시 양벌 규정이다.

144) 방송법 제9조 제12항; 동법 시행령 제13조 제1항.

145) 방송법 시행령 제13조 제2·3항 참조.

146) 방송법 시행령 제13조의2 제1·2항 참조.

## 2. 방송사업 법인의 대표 및 편성책임자의 자격요건

방송법에 의거 하여 방송사업의 승인을 받았을 경우 사업자 법인의 대표와 편성 책임자는 엄격한 자격 요건을 갖추어야 한다. 다음에 해당하는 경우는 방송사업 허가를 받은 법인의 대표자 또는 방송편성책임자가 될 수 없다.[147)]

① 대한민국의 국적을 가지지 아니한 자

② 미성년자 또는 한정치산자

③ 파산선고를 받은 자로서 복권되지 아니한 자

④ 이 법을 위반하여 벌금 이상의 형을 선고받고 그 집행이 종료되거나 그 집행을 받지 아니하기로 확정된 후 3년이 경과되지 아니한 자 또는 그 집행유예기간 중에 있는 자

⑤ 형법 제87조 내지 제90조, 제92조, 제101조, 군형법 제 5 조 내지 제 8 조, 제 9 조 제 2 항, 제11조 내지 제16조 또는 국가보안법 제 3 조 내지 제 9 조의 죄를 범하여 금고 이상의 실형의 선고를 받고 그 형의 집행이 종료되지 아니 하거나 집행을 받지 아니하기로 확정되지 아니한 자 또는 집행유예기간중에 있는 자

⑥ '보안관찰법'에 의한 보안관찰처분, '사회보호법'에 의한 보호감호 또는 '치료감호법'에 의한 치료감호의 집행 중에 있는 자

⑦ 외국의 법인 또는 단체의 대표자

## 3. 방송사업의 외국자본 출자 · 출연

### (1) 방송법 개정 내용 비교

2009. 7. 31 개정 이전의 방송법(법률 제9280호, 2008.12.31 시행 2009.1.1)[148)]은 지상파방송사업과 '종합편성 또는 보도에 관한 전문편성을 행하는 방송채널사용사업' 및 중계유선방송사업을 행하는 자는 외국의 정부나 단체·외국인·'외국의 정부나 단체 또는 '외국인이 대통령령이 정하는 비율을 초과하여 주식 또는 지분을 소유하고 있는 법인'으로부터 재산상의 출자(出資) 또는 출연(出捐)을 받

147) 방송법 제13조 제3항.

148) 舊방송법 제14조 제1항 본문 참조.

을 수 없다고 규정하고, 그 단서에서는 다만 방송사업자 및 중계유선방송사업자가 방송통신위원회의 승인을 얻은 경우에는 교육·체육·종교·자선 기타 국제적 친선을 목적으로 하는 외국의 단체로부터 재산상의 출연을 받을 수 있다고 규정하고 있었다. 이에 대해 개정 이후 방송법은 각각의 방송사업자를 구분하여 제한하고 있다.

현행 방송법 제14조 제 2 항은 개정 이전의 방송법상 지상파방송사업자와 마찬가지로 원칙적으로 외국자본의 출자 및 출연을 받는 것이 금지되는 대상이었던 '종합편성을 행하는 방송채널사용사업자' 및 중계유선방송사업자에 대해서는 해당 법인의 주식 또는 지분 총수의 100 분의 20을 소유제한으로 완화하였다.

역시 개성 이전의 현행법상 외국자본의 출자 및 출연을 받는 것이 금지되는 대상이었던 '보도에 관한 전문편성을 행하는 방송채널사용사업자'는 해당 법인의 주식 또는 지분 총수의 100분의 10을 초과하여 외국의 정부나 단체·외국인·'외국의 정부나 단체 또는 외국인이 대통령령이 정하는 비율을 초과하여 주식 또는 지분을 소유하고 있는 법인'으로부터 재산상의 출자 또는 출연을 받을 수 없다고 규정하여 그 규제를 완화하고 있다.

또한 동조 제 3 항에서는 "종합유선방송사업자·위성방송사업자·방송채널사용사업자(종합편성 또는 보도에 관한 전문편성을 하는 자를 제외) 또는 전송망사업자는 당해 법인의 주식 또는 지분 총수의 100분의 49를 초과하여 외국의 정부나 단체·외국인·'외국의 정부나 단체 또는 외국인이 대통령령이 정하는 비율을 초과하여 주식 또는 지분을 소유하고 있는 법인'으로부터 재산상의 출자 또는 출연을 받을 수 없다"고 하여 위성방송사업을 행하는 자가 외국자본의 출자 및 출연을 받는 것에 대한 제한을 대폭 완화하고 있다.

요약하면, 개정 이후 현행 방송법은 종합편성을 하는 방송채널사용사업 또는 중계유선방송사업에 대한 외국자본의 출자·출연을 해당 법인의 주식·지분 총수의 100분의 20을 초과할 수 없도록 하고, 보도전문편성을 하는 방송채널사용사업에 대해서는 100분의 10을, 위성방송사업에 대해서는 100분의 49를 각각 초과할 수 없도록 함으로써 전반적으로 해당 사업에 있어서의 외국자본의 출자 및 출연에 대한 규제를 완화하고 있다는 것이다(현행 방송법 제14조 제 2 항 및 제

3항 참조).

① 지상파방송사업자는 외국의 정부나 단체, 외국인, '외국의 정부나 단체 또는 외국인이 대통령령[149]이 정하는 비율을 초과하여 주식 또는 지분을 소유하고 있는 법인' 등으로부터는 재산상의 출자 또는 출연을 받을 수 없다.[150] 다만, 방송사업자 및 중계유선방송사업자가 방송통신위원회의 승인을 얻은 경우에는 교육·체육·종교·자선 기타 국제적 친선을 목적으로 하는 외국의 단체로부터 재산상의 출연을 받을 수 있다고 규정하고 있다. 이는 과거 개정 이전의 방송법상 외국자본의 출자 및 출연을 받는 것이 금지되는 대상에는 지상파방송사업자를 비롯하여 '종합편성 또는 보도에 관한 전문편성을 행하는 방송채널사용사업' 및 중계유선방송사업을 행하는 자가 포함되고 있었음에 비해, 개정 이후 현행 방송법은 지상파방송사업자만을 외국자본의 출자 및 출연을 받는 것이 금지되는 대상으로 하고 있다.

② 종합편성을 행하는 방송채널사용사업자 또는 중계유선방송사업자는 해당 법인의 주식 또는 지분 총수의 100분의 20을, 보도에 관한 전문편성을 행하는 방송채널사용사업자는 해당 법인의 주식 또는 지분 총수의 100분의 10을 초과하여 제 1 항 각호에 해당하는 자로부터 재산상의 출자 또는 출연을 받을 수 없다.

③ 종합유선방송사업·위성방송사업·방송채널사용사업 및 전송망사업을 하는 자는 당해 법인의 주식 또는 지분 총수의 100분의 49를 초과하여 동법 제14조 제 1 항 각호, 즉 외국의 정부나 단체·외국인·'외국의 정부나 단체 또는 외국인이 대통령령이 정하는 비율을 초과하여 주식 또는 지분을 소유하고 있는 법인'으로부터 재산상의 출자 또는 출연을 받을 수 없다.[151]

---

149) 방송법 시행령 제14조(외국자본의 출자 및 출연)

> 법 제14조 제1항 제3호에서 "대통령령이 정하는 비율"이라 함은 외국의 정부나 단체 또는 외국인이 소유하고 있는 당해 법인의 주식 또는 지분의 합이 당해 법인의 주식 또는 지분 총수의 100분의 50에 해당하는 경우(외국의 정부나 단체 또는 외국인이 최다액 출자자인 경우를 포함한다)를 말한다.

150) 방송법 제14조 제1항 본문, 단서 참조.

151) 방송법 제14조 제3항의 규정을 적용함에 있어서는 방송법 제14조 제1항 각호에 해당하는 자(외국의 정부나 단체·외국인·'외국의 정부나 단체 또는 외국인이 대통령령이 정하는 비율을 초과하여 주식 또는 지분을 소유하고 있는 법인')가 소유하고 있는 주식 또는 지분을 합산한다(동법 제14조 제4항).

문제는 개정 이후 현행 방송법 제14조 제 1 항의 본문상 외국자본의 출자 및 출연을 받는 것이 금지되는 대상이 지상파방송사업자만으로 한정되었음에도 불구하고 동조항의 단서가 여전히 개정 이전과 같이 방송통신위원회의 승인을 얻을 경우에 교육·체육·종교·자선 기타 국제적 친선을 목적으로 하는 외국의 단체로부터 재산상의 출연을 받을 수 있는 주체를 방송사업자 및 중계유선방송사업자로 규정하고 있는 것은 입법상의 오류로 보인다.

### (2) 외국자본의 출자·출연 위반에 대한 제재

지상파방송사업자가 방송법(제14조 제 1 항)의 규정을 위반하게 된 경우에 위반의 원인을 제공한 주식 또는 지분의 소유자는 그 소유분에 대한 의결권을 행사할 수 없다. 방송통신위원회는 지상파방송사업자가 규정을 위반하게 된 경우에 지상파방송사업자나 그 위반의 원인을 제공한 주식 또는 지분의 소유자에 대해 6개월 이내의 기간을 정해 해당 사항을 시정할 것을 명할 수 있다.[152)]

종합편성을 행하는 방송채널사용사업자 또는 중계유선방송사업자가 해당 법인의 주식 또는 지분 총수의 100분의 20을 초과하여 출자출연을 받았을 경우 또는 보도에 관한 전문편성을 행하는 방송채널사용사업자가 해당 법인의 주식 또는 지분 총수의 100분의 10을 초과하여 재산상의 출자 및 출연을 받아 법을 위반하게 된 경우는[153)] 위반의 원인을 제공한 주식 또는 지분의 소유자는 그 초과분에 대한 의결권을 행사할 수 없도록 하였다.[154)] 방송통신위원회는 방송법 제14조 제 2 항의 규정을 위반하게 된 경우에는 종합편성을 행하는 방송채널사용사업자·중계유선방송사업자·보도에 관한 전문편성을 행하는 방송채널사용사업자나 그 위반의 원인을 제공한 주식 또는 지분의 소유자에 대해 6개월 이내의 기간을 정해 해당 사항을 시정할 것을 명할 수 있도록 하였다.[155)]

---

152) 방송법 제14조 제6항의 규정에 의한 시정명령을 위반한 자는 1년 이하의 징역 또는 3천만원이하의 벌금에 처한다(방송법 제106조 제1항 제3호). 역시 양벌규정이다.

153) 방송법 제14조 제2항의 규정을 적용함에 있어서는 방송법 제14조 제1항 각호에 해당하는 자(외국의 정부나 단체·외국인·'외국의 정부나 단체 또는 외국인이 대통령령이 정하는 비율을 초과하여 주식 또는 지분을 소유하고 있는 법인')가 소유하고 있는 주식 또는 지분을 합산한다(동법 제14조 제4항).

154) 방송법 제14조 제5·6항 참조.

155) 방송법 제14조 제6항의 규정에 의한 시정명령을 위반한 자는 1년 이하의 징역 또는 3천만원 이하의 벌금에 처한다(방송법 제106조 제1항 제3호). 역시 양벌규정이다.

종합유선방송사업자·위성방송사업자·방송채널사용사업자·전송망사업자가 방송법 제14조 제3항의 규정을 위반하게 된 경우에 위반의 원인을 제공한 주식 또는 지분의 소유자는 그 초과분에 대한 의결권을 행사할 수 없도록 하였다. 방송통신위원회는 규정을 위반한 종합유선방송사업자·위성방송사업자·방송채널사용사업자·전송망사업자나 그 위반의 원인을 제공한 주식 또는 지분의 소유자에 대해 6개월 이내의 기간을 정해 해당 사항을 시정을 명 하도록 하였다.[156)][157)]

## 4. 방송사업의 변경

### (1) 변경허가·승인·등록

방송사업자·중계유선방송사업자·음악유선방송사업자 및 전광판방송사업자가 당해 법인의 합병 및 분할하려 할 경우, 개인이 영위하는 사업의 법인사업으로의 전환하려 할 경우, 개인이 영위하는 사업의 양도 시, 방송분야의 변경 시, 방송구역의 변경 시, 기타 대통령령[158)]이 정하는 중요한 시설의 변경을 변경하고자 하는 때에는 방송통신위원회로부터 변경허가 또는 변경승인을 얻거나 변경등록을 해야 한다. 이 경우 그 절차는 방송법(제9조 제1·2·3·5·6·8·10항)의

156) 방송법 제14조 제6항의 규정에 의한 시정명령을 위반한 자는 1년 이하의 징역 또는 3천만원이하의 벌금에 처한다(동법 제106조 제1항 제3호). 역시 양벌규정이다.

157) 2009. 7. 31. 일부개정 이전의 방송법(법률 제9280호, 2008. 12. 31. 타법개정, 시행 2009. 1. 1) 제14조 제2항은 위성방송사업을 행하는 자는 해당 법인의 주식 또는 지분 총수의 100분의 33을 초과하여 외국의 정부나 단체·외국인·'외국의 정부나 단체 또는 외국인이 대통령령이 정하는 비율을 초과하여 주식 또는 지분을 소유하고 있는 법인'으로부터 재산상의 출자 또는 출연을 받을 수 없다고 규정하고 있으며, 동조 제3항에서는 종합유선방송사업·방송채널사용사업(종합편성 또는 보도에 관한 전문편성을 제외한다)·전송망사업을 하는 자는 해당 법인의 주식 또는 지분 총수의 100분의 49를 초과하여 외국의 정부나 단체·외국인·'외국의 정부나 단체 또는 외국인이 대통령령이 정하는 비율을 초과하여 주식 또는 지분을 소유하고 있는 법인'으로부터 재산상의 출자 또는 출연을 받을 수 없다고 규정하고 있었다.

158) 방송법 시행령 제15조(변경허가 등)

> 법 제15조 제1항 제7호에서 "대통령령이 정하는 중요한 시설의 변경"이라 함은 다음 각호의 1에 해당하는 변경을 말한다. 1. 방송구역의 변경을 초래하는 주전송장치의 변경(종합유선방송사업자·중계유선방송사업자 및 음악유선방송사업자의 경우에는 주전송장치 설치장소의 이전을 포함한다), 2. 법 제79조 제1항의 규정에 의한 기술기준의 적합 여부에 영향을 미치는 운용채널 또는 시설의 변경

규정을 준용하여 적용하도록 하였다(방송법 제15조 제1항).[159]

또한 방송사업자 또는 중계유선방송사업자의 주식·지분의 취득 등을 통해 당해 사업자의 최다액출자자, 즉 당해 사업자의 출자자 본인과 그의 특수관계자의 주식·지분을 합해 의결권이 있는 주식·지분의 비율이 가장 많은 자가 되고자 하는 자와 경영권을 실질적으로 지배하고자 하는 자는 방송통신위원회의 승인을 얻어야 한다.

다만, 방송법(제9조 제5항 본문)의 규정에 의해 등록을 한 방송채널사용사업자의 최다액 출자자가 되고자 하는 자와 경영권을 실질적으로 지배하고자 하는 자는 이를 방송통신위원회에 신고해야 한다(방송법 제15조의2 제1항).[160] 방송통신위원회는 앞이 사항을 승인을 하고자 할 때에는 ① 방송의 공적 책임·공정성 및 공익성의 실현가능성, ② 사회적 신용 및 재정적 능력, ③ 시청자의 권익보호, ④ 그 밖에 사업수행에 필요한 사항 등을 심사하여 결정하도록 하였다.[161]

방송법(제15조의2 제1항 본문)의 규정에 의한 승인을 얻지 않고 최다액 출자자가 되거나 경영권을 실질적으로 지배하게 된 자는 승인을 얻지 않고 취득한 주식·지분에 대한 의결권을 행사할 수 없으며, 방송통신위원회는 6개월 이내의 기간을 정해 해당 주식·지분을 취득한 자에 대해 주식·지분의 처분 등 시정에 필요한 명령을 할 수 있다.[162] 방송법(제15조의2 제1항 및 제3항)의 규정에 따라 경영권을 실질적으로 지배하는 자에 해당하는 경우와 승인 및 신고의 절차 등에 관하여 필요한 사항은 대통령령으로 정하고 있다.[163]

### (2) 변경신고

방송사업자(방송채널사용사업자는 제외)·중계유선방송사업자가 대표자, 방

159) 방송법 제15조 제1항의 규정에 의한 변경허가를 받지 않거나 변경승인을 얻지 않거나 변경등록을 하지 않은 자는 1년 이하의 징역 또는 3천만원 이하의 벌금에 처한다(동법 제106조 제1항 제5호).

허위 기타 부정한 방법으로 방송법 제15조 제1항의 규정에 의한 변경허가를 받거나 변경승인을 얻거나 변경등록을 한 자 또한 1년 이하의 징역 또는 3천만원 이하의 벌금에 처한다(동조 제1항 제4호). 모두 양벌규정이다.

160) 방송법 제15조의2 제1항 단서의 규정에 의한 신고를 하지 않은 자는 3천만원 이하의 과태료에 처한다(동법 제108조 제1항 제2의2호).

161) 방송법 제15조의2 제1·2항 참조.

162) 방송법 제15조의2 제3항의 규정에 따른 시정명령을 위반한 자는 1년 이하의 징역 또는 3천만원 이하의 벌금에 처한다(동법 제106조 제1항 제6호). 역시 양벌규정이다.

163) 방송법 제15조의2 제4항.

송편성책임자(중계유선방송사업자를 제외), 법인명 또는 상호, 주된 사무소의 소재지 등의 사항을 변경한 때에는 이를 지체 없이 방송통신위원회에 신고해야 한다.[164]

방송채널사용사업자·음악유선방송사업자·전광판방송사업자가 대표자, 방송편성책임자(방송채널사용사업자에 한), 법인명 또는 상호, 주된 사무소의 소재지 등의 사항을 변경한 때에는 이를 지체 없이 방송통신위원회에 신고해야 한다.[165]

### (3) 변경승인

방송법(제15조의2 제 1 항 본문)에 따라 승인을 받으려는 자는 다음에 정한 기한 내에 방송통신위원회에 승인을 신청하여야 한다.[166]

① 최다액출자자(당해 사업자의 출자자 본인과 그의 특수관계자의 주식 또는 지분을 합하여 의결권이 있는 주식 또는 지분의 비율이 가장 많은 자)가 되려는 경우는 '자본시장과 금융투자업에 관한 법률'(제166조)에 따른 장외거래로 주식 또는 지분을 취득하는 경우에는 계약·합의를 한 날부터 30일 이내, 유가증권시장 또는 코스닥시장에서 주식을 취득하는 경우에는 주식을 취득하기 60일 이전에 승인을 신청해야 한다.

② 경영권을 실질적으로 지배하려는 경우는 방송법(15조의 제 2 항 제 1 호 및 제 2 호)에 해당하는 경우에는 계약 또는 합의를 한 날부터 30일 이내, 동조(제 2 항 제 3 호)에 해당하는 경우에는 의사결정에 사실상 영향력을 행사하는 원인행위를 한 날부터 30일 이내에 승인을 신청해야 한다.

방송법(제15조의2 제 4 항)에서 "경영권을 실질적으로 지배하는 자에 해당하는 경우"란 다음의 어느 하나에 해당하는 경우를 말한다. ① 주주 또는 지분권자와의 계약 또는 합의에 따라 100분의 50(지상파방송사업 및 종합편성 또는 보도에 관한 전문편성을 행하는 방송채널사용사업의 경우에는 100분의 30) 이상에 해당하는 의결권을 행사하게 되는 경우, ② 최다액출자자가 아닌 주주 또는 지분권자

164) 방송법 제15조 제2항의 규정에 의한 신고를 하지 않은 자는 3천만원 이하의 과태료에 처한다(동법 제108조 제1항 제2호).

165) 방송법 제15조 제3항의 규정에 의한 신고를 하지 않은 자는 3천만원 이하의 과태료에 처한다(동법 제108조 제1항 제2호).

166) 방송법 시행령 제15조의2(최다액출자자 등 변경승인).

들이 100분의 50(지상파방송사업 및 종합편성 또는 보도에 관한 전문편성을 행하는 방송채널사용사업의 경우에는 100분의 30) 이상에 해당하는 의결권을 공동으로 행사하기로 합의하는 경우, ③ 대표이사나 임원의 2분의 1 이상의 임면 또는 영업의 양도·양수에 관한 의사결정에 사실상 영향력을 행사하는 경우 중 어느 하나에 해당하는 것을 말한다.

방송통신위원회는 제 1 항에 따른 승인 신청을 접수하면 접수일부터 60일 이내에 그 결과를 신청인에게 통보해야 한다. 다만, 방송통신위원회는 불가피한 사유가 있으면 30일 이내의 범위에서 그 기간을 연장할 수 있다. 방송통신위원회에 의해 최다액출자자의 승인을 받은 해당 종합유선방송사업자 또는 중계유선방송사업자는 전파 관계 법령이 정하는 바에 따라 허가증을 재발급 받아야 한다.

## 5. 허가·승인의 유효기간 및 재허가·승인

### (1) 허가·승인의 유효기간

방송법의 규정에 따라 허가받은 종합유선방송사업 및 중계유선방송사업과 승인을 얻은 방송채널사용사업, 허가받은 공동체라디오방송사업의 허가 또는 승인의 유효기간은 7년을 초과하지 아니하는 범위 내에서 대통령령으로 정하도록 하였다.[167] 이에 따라 방송법 시행령은 허가·승인의 유효기간은 5년으로 규정하고 있다.[168]

---

167) 2009. 7. 31 일부개정 이전의 방송법(법률 제9280호, 2008. 12. 31 타법개정, 시행 2009. 1. 1) 제16조는 허가 또는 승인의 유효기간을 최대 '5년'으로 규정하고 있었으나, 개정 이후의 현행 방송법 제16조는 허가 또는 승인의 최대 유효기간을 종전의 '5년'에서 '7년'으로 변경하였다. 그러나 이 법 시행 당시 종전의 규정에 따라 방송사업 등의 허가 또는 승인을 받은 자의 허가 또는 승인에 관한 유효기간은 제16조의 개정규정에도 불구하고 종전의 규정에 따른다(방송법 부칙 제2조).

168) 방송법 시행령 제16조(허가 및 승인의 유효기간) ① 법 제16조의 규정에 의한 허가 및 승인의 유효기간은 5년으로 한다. ② 방송통신위원회는 제1항에도 불구하고 시청자 권익 보호, 공적책임 실현, 공정성 및 공익성 보장 등을 위하여 필요하다고 판단하는 경우에는 법 제10조 및 제17조 제3항에 따른 심사결과를 고려하여 2년을 초과하지 아니하는 범위에서 허가 및 승인의 유효기간을 단축하여 허가하거나 승인할 수 있다.

### (2) 재허가·승인

#### 1) 재허가

종합유선방송사업·중계유선방송사업자가 허가유효기간의 만료 후 계속 방송을 행하고자 하는 때에는 방송통신위원회의 재허가를 받아야 하고,[169] 이에 따라 재허가를 받으려는 자는 허가유효기간 만료 6개월 전까지 방송통신위원회에 재허가를 신청해야 한다.[170]

방송통신위원회가 재허가 신청을 접수한 때에는 방송품질 유지와 수신자 보호를 위해 방송통신위원회 고시로 정하는 바에 따라 기술·시설에 대한 검사('재허가 검사')를 실시해야 한다. 방송통신위원회가 재허가를 할 때에는 방송법에 규정한[171] ① 방송의 공적 책임·공정성·공익성의 실현 가능성, ② 방송프로그램의 기획·편성 및 제작계획의 적절성, ③ 지역적·사회적·문화적 필요성과 타당성, ④ 조직 및 인력운영 등 경영계획의 적정성, ⑤ 재정 및 기술적 능력, ⑥ 방송발전을 위한 지원계획, ⑦ 기타 사업수행에 필요한 사항 등 및 다음의 사항을 심사하고 그 결과를 공표해야 한다.[172]

1. 방송통신위원회의 방송평가
2. 방송통신위원회의 시정명령의 회수와 시정명령에 대한 불이행 사례
3. 시청자위원회의 방송프로그램 평가
4. 지역사회발전에 이바지한 정도
5. 방송발전을 위한 지원계획의 이행 여부
6. 기타 허가 또는 승인 당시의 방송사업자 준수사항 이행 여부

---

169) 방송법 제17조의 규정에 의한 재허가를 받지 않거나 재승인을 얻지 않고 방송사업·중계유선방송사업을 한 자는 2년 이하의 징역 또는 3천만원 이하의 벌금에 처한다(방송법 제105조 제3호). 허위 기타 부정한 방법으로 방송법 제17조의 규정에 의한 재허가를 받거나 재승인을 얻어 방송사업·중계유선방송사업을 한 자 또한 2년 이하의 징역 또는 3천만원 이하의 벌금에 처한다(동법 제105조 제2호). 역시 양벌규정이다.

170) 재허가의 절차에 관하여는 방송법 시행령 제5조를 준용한다(방송법 시행령 제16조 제6항).

171) 방송법10조 제1항 각호.

172) 방송법 제10조 제2항 및 제3항의 규정은 재허가의 경우에 이를 준용한다.

### 2) 재승인

방송법(제 9 조 제 5 항 단서)의 규정에 의해 승인을 얻은 방송채널사용사업자가 승인유효기간 만료 후 계속 방송을 행하고자 하는 때에는 방송통신위원회의 재승인을 얻어야 하고,[173] 이에 따라 재승인을 받고자 하는 자는 승인유효기간 만료 6월 전까지 방송통신위원회에 재승인을 신청해야 한다(동법 시행령 제16조 제 3 항).[174]

방송통신위원회가 재승인을 할 때에는 역시 방송법에 따라 ① 방송의 공적 책임·공정성·공익성의 실현 가능성, ② 방송프로그램의 기획·편성 및 제작계획의 적절성, ③ 지역적·사회적·문화적 필요성과 타당성, ④ 조직 및 인력운영 등 경영계획의 적정성, ⑤ 재정 및 기술적 능력, ⑥ 방송발전을 위한 지원계획, ⑦ 기타 사업수행에 필요한 사항 등 및 다음의 사항을 심사하고 그 결과를 공표해야 한다.[175]

1. 방송통신위원회의 방송평가
2. 방송통신위원회의 시정명령의 회수와 시정명령에 대한 불이행 사례
3. 시청자위원회의 방송프로그램 평가
4. 지역사회발전에 이바지한 정도
5. 방송발전을 위한 지원계획의 이행 여부
6. 기타 허가 또는 승인 당시의 방송사업자 준수사항 이행 여부

## 6. 허가·승인·등록의 취소

방송사업자·중계유선방송사업자·음악유선방송사업자·전광판방송사업자·전송망사업자가 다음의 어느 하나에 해당하는 때에는 방송통신위원회가 허가·

173) 방송법 제17조의 규정에 의한 재허가를 받지 않거나 재승인을 얻지 않고 방송사업·중계유선방송사업을 한 자는 2년 이하의 징역 또는 3천만원 이하의 벌금에 처한다(동법 제17조 제4항). 허위 기타 부정한 방법으로 방송법 제17조의 규정에 의한 재허가를 받거나 재승인을 얻어 방송사업·중계유선방송사업을 한 자 또한 2년 이하의 징역 또는 3천만원 이하의 벌금에 처한다(동법 제105조 제2호. 제3호). 역시 양벌규정이다.

174) 재승인의 절차에 관하여는 제10조를 준용한다(방송법 시행령 제16조 제6항).

175) 방송법 제17조 제4항. 방송법 제10조 제2항 및 제3항의 규정은 재승인의 경우에 이를 준용한다.

승인·등록을 취소하거나 6월 이내의 기간을 정해 그 업무의 전부 또는 일부를 정지하거나 광고의 중단 또는 허가·승인의 유효기간 단축을 명할 수 있다.[176]

1. 허위 기타 부정한 방법으로 허가·변경허가·재허가를 받거나 승인·변경승인·재 승인을 얻거나 등록·변경등록을 한 때
2. 방송법 제8조의 규정에 위반하여 주식 또는 지분을 소유한 때
3. 동법 제13조의 결격사유에 해당하게 된 때
4. 동법 제14조의 규정에 위반하여 재산상의 출자 또는 출연을 받은 때
5. 이 법에 의한 허가를 받거나 승인을 얻거나 등록한 날부터 2년 이내에 방송 또는 사업을 개시하지 아니한 때
6. 동법 제15조 제1항을 위반하여 변경허가 또는 변경승인을 받지 아니하거나 변경등록을 하지 아니한 때
7. 동법 제77조 제2항에 따른 약관변경명령을 이행하지 아니한 때
8. 동법 제81조에 따른 시설의 보수·개수·이전 명령 등을 이행하지 아니한 때
9. 동법 제99조 제1항에 따른 시정명령을 이행하지 아니하거나 같은 조 제2항에 따른 시설개선명령을 이행하지 아니한 때
10. 동법 제100조 제1항에 따른 제재조치명령을 이행하지 아니한 때
11. 동법 제69조의2 제5항에 따른 명령을 이행하지 아니한 때

다만, 방송사업 등을 수행할 수 없는 결격사유(缺格事由)[177]에 해당하는 자가 방송사업자가 되었지만 3월 이내에 그 임원을 변경하는 때에는 허가·승인·등록을 취소하거나, 그 업무의 전부 또는 일부를 정지하거나, 광고의 중단 또는 허가·승인의 유효기간 단축 등의 제재 조치를 가하지 않는 것으로 규정하고 있다.[178]

방송법이 규정하고 있는 방송사업자의 결격사유에 해당하는 경우는 외국인 또는 외국의 정부나 단체, 미성년자 또는 한정치산자(限定治産者), 파산선고(破産宣告)를 받고 복권되지 않은 자, 방송법을 위반하여 벌금 이상의 형을 선고받고 그 집행이 종료되거나 그 집행을 받지 않기로 확정된 후 3年이 경과되지 않은 자 또는 그 집행유예기간 중에 있는 자 등으로 이 중 어느 하나에만 해당

176) 방송법 제18조 제1항 본문.
177) 방송법 제13조 참조.
178) 방송법 제18조 제1항 단서.

하여도 방송사업법인의 대표자 또는 방송편성책임자가 될 수 없다.

방송사업자의 허가·승인·등록의 취소 또는 업무의 전부 또는 일부를 정지하거나 광고의 중단 또는 허가·승인의 유효기간 단축을 명하는 기준·절차 등에 필요한 사항은 대통령령으로 정하고 있다. 방송통신위원회가 허가·승인·등록의 취소 및 업무정지처분을 하는 경우에는 해당 방송사업자·중계유선방송사업자·음악유선방송사업자·전광판방송사업자·전송망사업자에게 서면으로 이를 통지해야 한다.[179)]

방송통신위원회가 허가·승인 또는 등록을 취소하는 경우는 시청자의 권익보호 차원에서 대통령령에서 정하는 바에 따라 해당 사업자에 대해 그 사업을 승계하는 자가 방송을 개시할 때까지 12개월의 범위 내에서 기간을 정하여 방송을 계속하도록 할 수 있다.

방송사업자·중계유선방송사업자·음악유선방송사업자·전광판방송사업자·전송망사업자가 위의 경우에 해당하여 업무정지처분을 해야 할 경우로서 그 업무정지처분이 시청자에게 심한 불편을 주거나 기타 공익을 해할 우려가 있는 때에는 그 업무정지처분에 갈음하여 1억원 이하의 과징금을 부과할 수 있다.[180)]

## 제 3 절 방송의 내용구성 및 방송사업의 운영

### Ⅰ. 방송프로그램의 편성 및 채널 운용

#### 1. 방송프로그램의 편성

##### (1) 편성의 기본원칙

방송사업자[181)]는 방송프로그램[182)]을 편성함에 있어 공정성·공공성·다양

179) 방송법 시행령 제17조 제2항.

180) 방송법 제19조 제1항.

181) 방송법 제2조 제3호 참조.

182) "방송프로그램"이라 함은 방송편성의 단위가 되는 방송내용물을 말한다(방송법 제2조 제17호).

성·균형성·사실성 등에 적합하도록 해야 한다.[183]

종합편성[184]을 행하는 방송사업자는 정치·경제·사회·문화 등 각 분야의 사항이 균형 있게 표현될 수 있도록 해야 하고, 방송프로그램의 편성에 있어서 대통령령이 정하는 기준에 따라 보도·교양 및 오락에 관한 방송프로그램을 포함해야 하며, 그 방송프로그램 상호간에 조화를 이루도록 편성해야 한다.[185] 이 경우 주 시청시간대에는 특정 방송분야의 방송프로그램이 편중되어서는 안 된다.[186] 방송법 시행령에 규정된 정하고 있는 주시청시간대는 평일은 오후 7시부터 오후 11시까지이며 토요일·일요일 및 공휴일은 오후 6시부터 오후 11시까지로 하고 있다.

방송법에서 정하고 있는 방송프로그램의 내용 분류를 보면, '보도에 관한 방송프로그램'이란 국내외 정치·경제·사회·문화 등의 전반에 관하여 시사적인 취재보도·논평 또는 해설 등의 방송프로그램을 뜻하며, 교양에 관한 방송프로그램이란 국민의 교양향상 및 교육을 목적으로 하는 방송프로그램과 어린이·청소년의 교육을 목적으로 하는 방송프로그램을 의미하고, 오락에 관한 방송프로그램이란 국민정서의 함양과 여가생활의 다양화를 목적으로 하는 방송프로그램을 말한다.

---

183) 방송법 제69조 제1항 이하 제9항까지 참조.

184) "종합편성"이라 함은 보도·교양·오락 등 다양한 방송분야 상호간에 조화를 이루도록 방송프로그램을 편성하는 것을 말한다(방송법 제2조 제18호).

185) 방송법 시행령 제50조(방송프로그램의 편성 등)

> ① 종합편성을 행하는 방송사업자는 법 제69조 제3항 전단의 규정에 의하여 보도에 관한 방송프로그램, 교양에 관한 방송프로그램 및 오락에 관한 방송프로그램이 상호간에 조화를 이루도록 편성하되, 그 구체적인 기준은 다음 각호와 같다.
> 1. 텔레비전방송프로그램 및 라디오방송프로그램의 경우 오락에 관한 방송프로그램을 당해 채널의 매월전체 방송시간의 100분의 50 이하로 편성할 것
> 2. 데이터방송프로그램의 경우 오락에 관한 방송프로그램을 당해 채널의 매월 전체 방송내용물의 100분의 60 이하로 편성할 것
>
> ③ 법 제69조 제3항 후단의 규정에 의한 주시청시간대는 다음 각호와 같다.
> 1. 평일: 오후 7시부터 오후 11시까지
> 2. 토요일·일요일 및 공휴일: 오후 6시부터 오후 11시까지

186) 방송법 제69조 제3항의 규정을 위반하여 방송프로그램을 편성한 자는 3천만원 이하의 과태료에 처한다(방송법 제108조 제1항 제4호).

### (2) 방송사업자별 편성기준

앞에서 설명한 방송프로그램 내용의 분류에 따라 종합편성방송사업자는 보도, 교양 및 오락에 관한 방송프로그램이 상호간에 조화를 이루도록 편성해야 한다. 현행 방송법 시행령은 그 구체적인 기준을 텔레비전방송프로그램 및 라디오방송프로그램의 경우는 오락 프로그램은 해당 채널의 매월 전체 방송시간의 100분의 50 이하로 편성해야 하고, 데이터방송프로그램의 경우, 오락 프로그램을 해당 채널의 매월 전체 방송내용물의 100분의 60 이하로 편성하도록 제한하고 있다.

스포츠, 음악, 바둑 등 특정의 분야나 내용만을 중심으로 하는 전문편성[187] 방송사업자는 허가를 받거나 승인을 얻거나 등록을 한 주된 방송분야가 충분히 반영될 수 있도록 대통령령이 정하는 기준에 따라 방송프로그램을 편성해야 한다.[188]

전문편성 방송사업자는 허가 또는 승인을 얻거나 등록을 한 주된 방송분야의 방송프로그램의 편성에 있어 텔레비전방송채널 또는 라디오방송채널의 경우는 지상파방송사업자는 해당 채널의 매월 전체 텔레비전방송프로그램 또는 라디오방송프로그램 방송시간의 100분의 60 이상, 종합유선방송사업자 및 위성방송사업자는 해당 채널의 매월 전체 텔레비전방송프로그램 또는 라디오방송프로그램 방송시간의 100분의 70 이상, 방송채널사용사업자는 해당 채널의 매월 전체 텔레비전방송프로그램 또는 라디오방송프로그램 방송시간의 100분의 80 이상, 데이터방송채널의 경우 해당 채널의 매월 전체 방송내용물의 100분의 60 이상 편성하도록 방송법 시행령으로 정하고 있다.

이 밖에 의무편성 기준비율 이외의 시간에 부수적으로 편성할 수 있는 방송프로그램의 범위와 종류는 교양 또는 오락에 관한 방송프로그램으로 한정하고 있다. 다만, 공공채널과 영어 등 외국어를 주 언어로 하여 국내체류 외국인에게 대한민국에 관한 정보제공을 목적으로 하는 채널 등 방송통신위원회가 고시하는 채널의 경우에는 부수적으로 편성할 수 있는 내용을 교양과 오락으로

187) "전문편성"이란 특정 방송분야의 방송프로그램을 전문적으로 편성하는 것을 말한다(방송법 제2조 제19호).

188) 방송법 제69조 제4항의 규정을 위반하여 방송프로그램을 편성한 자는 3천만원 이하의 과태료에 처한다(동법 제108조 제1항 제4호).

제한하지는 않고 있다.[189]

### (3) 지상파 방송사업자 간의 편성기준

독립적인 지상파방송사업자로 허가 받은 방송사업자가 자체적으로 방송프로그램을 제작하지 않고, 다른 방송사의 프로그램을 그대로 중계하는 경우를 예방하기 위한 편성제한이다. 지상파방송사업자가 다른 한 방송사업자의 제작물을 편성할 수 있는 비율은 지상파방송사업자의 경영상태 및 방송프로그램수급여건 등을 고려하여 방송통신위원회가 그 비율을 고시하고 있다.

방송통신위원회가 2008. 2. 29 고시한 편성기준은[190] ① 지상파텔레비전방송사업자가 다른 한 지상파텔레비전방송사업자의 제작물을 편성할 수 있는 비율은 채널별로 매월 전체 방송시간의 100분의 50 내지 100분의 85, ② 지상파라디오방송사업자가 다른 한 지상파라디오방송사업자의 제작물을 편성할 수 있는 비율은 채널별로 매월 전체 방송시간의 100분의 40 내지 100분의 80, ③ 지상파이동멀티미디어방송사업자가 다른 한 지상파방송사업자의 제작물을 편성할 수 있는 비율은 채널별로 매월 전체 방송시간의 100분의 50 이상, ④ 지상파이동멀티미디어방송사업자가 다른 한 방송채널사용사업자의 제작물을 편성할 수 있는 비율은 채널별로 매월 전체 방송시간의 100분의 50 이상으로 정하고 있다. 이 같은 비율은 지속적으로 축소함으로써 독립적인 방송사업자로서 허가받은 취지나 방송내용의 다양성을 보장하는 시청자의 권익보호 등 문제점을 해결하는 방향으로 개선되어야 한다.

다만, KBS한국방송공사 및 특별법에 의한 방송사업자(EBS 등), 방송문화진흥회가 출자한 방송사업자(MBC) 및 MBC가 출자한 방송사업자(MBC계열사 등)는 이 같은 편성비율의 규제를 받지 않는다.[191] KBS, MBC 등은 개국 당시부터 전국을 방송권역으로 하였으며, 기타 EBS 등 특별법에 의한 방송사업자는 설립의 취지에 따라 편성비율의 규제를 받지 않게 한 것이다.

---

189) 방송법 제69조 제5항의 규정을 위반하여 방송프로그램을 편성한 자는 3천만원 이하의 과태료에 처한다(동법 제108조 제1항 제4호).

190) 방송법 시행령 제50조 제6항.

191) 방송법 시행령 제50조(방송프로그램의 편성 등); 방송법 제69조 제6항의 규정을 위반하여 방송프로그램을 편성한 자는 3천만원 이하의 과태료에 처한다(동법 제108조 제1항 제4호).

### (4) 시청자 권익보호 프로그램의 편성

한국방송공사는 공영방송으로서 텔레비전방송의 채널에서 매월 100분 이상의 텔레비전방송프로그램을 시청자가 직접 제작한 시청자 참여프로그램으로 편성해야 한다. 또한 한국방송공사는 시청자 참여프로그램의 편성기준을 정하고 이를 공표해야 한다. 시청자 참여프로그램의 운영, 제작지원 및 방송권 등에 관하여 필요한 사항은 방송통신위원회가 정한 규칙에 따르도록 하고 있다.[192] 기타 공동체라디오방송사업자는 청취자 참여프로그램을 매월 전체 방송시간의 100분의 20 이상 편성해야 한다.[193]

방송사업자는 장애인의 시청을 도울 수 있도록 노력해야 하며, 필요한 경우 방송통신위원회는 기금에서 그 경비의 일부를 지원할 수 있도록 하고 있다.[194] 방송사업자는 장애인의 시청을 돕기 위해 재난방송프로그램, 장애인복지법 시행령(제14조 각호)에 따른 방송프로그램, 장애인의 방송시청이 필요하다고 판단되어 방송통신위원회규칙으로 정한 방송프로그램, 기타 장애인의 복지를 목적으로 편성된 방송프로그램에 대하여는 수화·폐쇄자막·화면해설 등을 이용한 방송을 하도록 노력해야 한다.

## 2. 시청점유율 제한

방송사업자의 시청점유율은 100분의 30을 초과할 수 없다. 다만, 정부 또는 지방자치단체가 전액 출자한 경우에는 그렇지 않다.[195] 여기서 말하는 시청점유율이란 전체 텔레비전 방송에 대한 시청자의 총 시청시간 중 특정 방송채널에 대한 시청시간이 차지하는 비율을 말한다.

방송사업자의 시청점유율은 해당 방송사업자의 시청점유율에 특수관계자 등의 시청점유율 즉, 해당 방송사업자의 특수관계자의 시청점유율 및 해당 방송사업자가 주식 또는 지분을 소유하고 있는 다른 방송사업자의 시청점유율을 합산하여 산정한다. 이 경우 특수관계자 등의 시청점유율은 가중치를 다르게

192) 방송법 시행령 제51조(시청자 참여프로그램).
193) 방송법 시행령 제52조의2(청취자 참여프로그램).
194) 방송법 시행령 제52조(장애인의 시청지원).
195) 방송법 제69조의 2(시청점유율 제한) 동조1-5까지 참조.

부여하여 산정할 수 있다. 또한 일간신문을 경영하는 법인(특수관계자에 있는 자를 포함)이 방송사업을 겸영하거나 주식 또는 지분을 소유하는 경우에는 그 일간신문의 구독률을 대통령령으로 정하는 바에 따라 일정한 비율의 시청점유율로 환산하여 해당 방송사업자의 시청점유율에 합산한다.

방송법(제69조의2 제1·2항)에 따른 시청점유율 산정의 구체적인 기준·방법 등 필요한 사항은 대통령령으로 정하는 바에 따라 '미디어다양성위원회'의 심의를 거쳐 방송통신위원회가 고시로 정한다. 방송통신위원회는 방송법에 따라[196] 산정한 시청점유율을 방송사업자의 허가·승인, 또는 변경승인 및 재허가 등의 심사에 반영해야 한다. 또한 방송통신위원회는 시청점유율을 초과하는 사업자에 대하여는 방송사업 소유제한, 방송광고시간 제한, 방송시간의 일부양도 등 필요한 조치를 명할 수 있다. 이 경우 필요한 조치의 구체적인 내용은 대통령령으로 정하고 있다.[197]

## 3. 방송 채널의 구성과 운용

### (1) 방송사업자별 채널의 구성과 운영

방송채널의 구성과 운용에 있어[198] 이동멀티미디어방송을 행하는 지상파방송사업자·종합유선방송사업자 및 위성방송사업자는 특정 방송분야에 편중되지 않고 다양성이 구현되도록 채널을 구성하고 운용해야 한다.[199] 지상파이동멀티미디어방송사업자·종합유선방송사업자 및 위성방송사업자는 사업자별로 다음의 사항을 준수해야 한다.

① 지상파이동멀티미디어방송사업자는 텔레비전방송채널·라디오방송채널·데이터방송채널 중 2개 이상의 방송채널을 포함하여 운용해야 한다.

② 종합유선방송사업자 및 일반위성방송사업자는 전체운용 텔레비전방송

196) 방송법 제69조의2 제2항.

197) 이 법은 공포 후 3개월이 경과한 날부터 시행한다. 다만, 제69조의2의 개정규정은 제35조의4 제4항의 개정규정에도 불구하고 공포 후 1년이 경과한 날부터 시행한다(방송법 부칙 제1조).

198) "채널"이라 함은 동일한 주파수 대역을 통해서 연속적인 흐름 또는 정보체계의 형태로 제공되어지는 텔레비전방송, 라디오방송 또는 데이터방송의 단위를 말한다(방송법 제2조 제20의2호).

199) 방송법 시행령 제53조(채널의 구성과 운용).

채널의 수를 70개 이상으로 하고 방송통신위원회의 승인을 받아 종합편성을 행하는 방송채널사용사업자의 채널을 포함해야 한다. 이와 함께 방송통신위원회의 승인을 받아 보도에 관한 전문편성을 행하는 방송채널사용사업자의 채널을 2개 이상 포함해야 한다.

③ 위성이동멀티미디어방송사업자는 텔레비전방송채널·라디오방송채널 및 데이터방송채널을 포함하여 전체 운용채널 수를 15개 이상으로 해야 하며, 전체 운용 텔레비전방송채널의 수가 전체 운용 채널수의 3분의 2를 초과하지 않도록 해야 한다. 종합편성을 행하는 방송채널사용사업자의 방송채널 또는 보도에 관한 전문편성을 행하는 방송채널사용사업자의 방송채널을 1개 이상 포함해야 한다.

### (2) 채널 운용의 제한 및 특수채널 운용

방송사업자는 방송법 시행령이 정하는[200] 시행령에서 정하고 있는 범위를 초과하여[201] 방송채널을 직접 사용하거나 해당 방송사업자의 특수관계자 또는 특정 방송채널사용사업자에게 채널을 임대해서는 안 된다.[202]

방송법 시행령이 정하고 있는 범위는 지상파이동멀티미디어방송사업자의 경우, 직접 사용하는 채널과 특수 관계자에게 임대하는 채널의 합이 3개 채널(직접 사용하는 채널 또는 특수 관계자에게 임대하는 채널에 데이터방송채널이 포함되는 경우에는 4개 채널)을 초과하는 경우이며, 특정 방송채널사용사업자에게 임대하는 채널의 수가 1개 채널(특정 방송채널사용사업자에게 임대하는 채널에 데이터방송채널이 포함되는 경우에는 2개 채널)을 초과하는 경우 등을 말한다.

종합유선방송사업자·위성방송사업자(이동멀티미디어방송을 행하는 위성방송사업자 제외)는[203] 국가가 공공의 목적으로 이용할 수 있는 공공채널 및 종교의 선교목적을 지닌 채널을 운용하도록 하고 있다.[204] 종합유선방송사업자 및 일

200) 방송법 제70조 제1항의 규정에 위반하여 채널을 구성·운용한 자는 3천만원 이하의 과태료에 처한다(동법 제108조 제1항 제5호).
201) 방송법 시행령 제53조(채널의 구성과 운용).
202) 방송법 제70조 제2항의 규정에 위반하여 채널을 구성·운용한 자는 3천만원 이하의 과태료에 처한다(동법 제108조 제1항 제5호).
203) 대통령 시행령 제54조(공공채널 및 종교채널의 운용).
204) 방송법 제70조 제3항의 규정에 위반하여 채널을 구성·운용한 자는 3천만원 이하의 과태료에 처한다(동법 제108조 제1항 제5호).

반위성방송사업자는 방송통신위원회가 인정하는 공공채널과 종교의 선교목적을 지닌 채널, 종교채널을 텔레비전방송 채널로 각각 3개 이상 두어야 한다. 종교채널을 두는 경우에는 특정 종교를 위한 종교채널만을 두어서는 안된다. 또한 종합유선방송사업자 및 일반위성방송사업자는 방송기술상의 문제 등 특별한 사유가 없는 한 공공채널 또는 종교채널을 통하여 방송되는 내용을 변경하여 송신해서는 안된다.

종합유선방송사업자는 대통령령[205)]이 정하는 바에 의해 지역정보 및 방송프로그램안내와 공지사항 등을 제작·편성 및 송신하는 지역채널을 운용해야 한다.[206)] 종합유선방송사업자는 1개의 텔레비전방송 채널을 지역채널로 운용해야 한다. 지역채널을 운용할 때는 지역채널운용계획서를 방송통신위원회와 특별시장·광역시장 또는 도지사에게 각각 제출하고, 지역채널운용계획서에 따라 운용해야 한다. 지역채널운용계획을 변경하고자 하는 경우에도 마찬가지이다.

지역채널을 통하여 송신할 수 있는 방송프로그램의 범위는 시청자가 자체 제작하여 방송을 요청하는 방송프로그램, 방송통신위원회규칙이 정하는 기준에 의한 종합유선방송구역안의 지역생활정보 방송프로그램, 지방자치단체의 시책 홍보를 위한 방송프로그램, 방송프로그램안내, 기타 지역사회 발전 및 지역주민 편의를 위하여 방송통신위원회 또는 지방자치단체의 장이 필요하다고 인정하는 방송프로그램 등이다.

중계유선방송사업자는 방송통신위원회규칙이 정하는 바에 의해 방송프로그램 안내와 공지사항 등을 제작·편성 및 송신하는 공지채널을 운용할 수 있다. 다만, 공지채널의 경우에는 보도·논평 또는 광고에 관한 사항은 송출할 수 없다.[207)] 중계유선방송사업자가 운용할 수 있는 채널의 범위는 다음의 어느 하나에 해당하는 방송을 중계송신(방송편성을 변경하지 않는 녹음·녹화를 포함한다)하는 채널에 한해야 한다. 다만, 전체 운용채널은 31개를 초과할 수 없으며 녹음·녹화채널은 전체 운용채널의 5분의 1을 초과할 수 없다.[208)]

---

205) 방송법 시행령 제55조(지역채널의 운용).

206) 방송법 제70조 제4항의 규정에 위반하여 채널을 구성·운용한 자는 3천만원 이하의 과태료에 처한다(동법 제108조 제1항 제5호).

207) 방송법 제70조 제5항 단서의 규정에 위반하여 채널을 운용한 자는 3천만원 이하의 과태료에 처한다(동법 제108조 제1항 제6호).

208) 동 조항의 유효기간은 2010. 6. 30까지이다. 방송법 제70조 제6항의 규정에 의한 대통령령을 위반하여 채널을 운용한 자는 3천만원 이하의 과태료에 처한다(방송법 제108조

1. 지상파방송(텔레비전방송에 한한다)
2. 공사 및 '한국교육방송공사법'에 따른 한국교육방송공사가 행하는 위성방송
3. 공공채널에서 행하는 방송
4. 제8항의 규정에 따른 공익채널에서 행하는 방송
5. 종교의 선교목적을 지닌 채널에서 행하는 방송
6. 국가기관·공익법인 또는 비영리법인이 행하는 방송으로서 당해 방송분야[209] 의 공익성 및 사회적 필요성을 고려하여 방송통신위원회가 고시한 채널에서 행하는 방송

종합유선방송사업자 및 위성방송사업자는 방송통신위원회규칙이 정하는 바에 의해 시청자가 자체 제작한 방송프로그램의 방송을 요청하는 경우에는 특별한 사유가 없는 한 이를 지역채널 또는 공공채널을 통해 방송해야 한다.[210]

또한 종합유선방송사업자, 위성방송사업자(이동멀티미디어방송을 행하는 위성방송사업자는 제외)는 해당 방송분야의 공익성·사회적 필요성을 고려하여 방송통신위원회가 고시한 방송분야에 속하는 공익채널을 운용해야 한다. 이 경우 공익채널의 선정절차·선정기준·운용범위 그 밖의 필요한 사항은 대통령령[211]

---

제1항 제6호).

209) "방송분야"라 함은 보도·교양·오락 등으로 방송프로그램의 영역을 분류한 것을 말한다(방송법 제2조 제16호).

210) 방송법 제70조 제7항의 규정에 위반하여 특별한 이유없이 시청자가 자체제작한 방송프로그램을 방송하지 않은 자는 3천만원 이하의 과태료에 처한다(동법 제108조 제1항 제7호).

211) 방송법 시행령 제56조의2(공익채널의 선정 및 운용)

① 종합유선방송사업자 및 일반위성방송사업자는 법 제70조 제8항 전단에 따라 방송통신위원회가 고시한 방송분야에 속하는 채널(이하 "공익채널"이라 한다)을 1개 이상 운용하여야 한다. 다만, 제3항에 따라 해당 방송분야별로 공익채널이 선정되지 아니한 경우에는 그러하지 아니하다.

② 법 제70조 제8항에 따라 방송통신위원회가 고시한 방송분야별로 공익채널로 선정되려는 자는 공익채널 선정신청서를 매년 9월 30일까지 방송통신위원회에 제출하여야 한다.

③ 방송통신위원회는 제2항에 따른 공익채널 선정신청서를 제출받은 경우에는 매년 11월 20일까지 다음 각 호의 사항을 심사하여 다음 연도의 공익채널의 선정 여부를 결정하고 공익채널로 선정하는 경우에는 신청인에게 공익채널선정서를 발급하여야 한다.

1. 해당 채널의 신청 방송분야에의 적합성, 2. 해당 채널의 공정성·공익성 및 실현가능성, 3. 해당 채널 운영계획의 적정성, 4. 공적 책임의식 및 사업수행능력, 5. 시청자불만 및 민원 처리 현황

으로 정한다.

### (3) 방송사업자별 제한범위의 초과의 기준

방송법(제70조 제 2 항)에서 "대통령령이 정하는 범위를 초과"하는 경우란 사업자별로 다음에 해당하는 경우를 말한다.

#### 1) 지상파이동멀티미디어방송사업자

직접 사용하는 채널과 특수관계자에게 임대하는 채널의 합이 3개 채널(직접 사용하는 채널 또는 특수관계자에게 임대하는 채널에 데이터방송채널이 포함되는 경우에는 4개 채널)을 초과하는 경우 또는 특정 방송채널사용사업자에게 임대하는 채널의 수가 1개 채널(특정 방송채널사용사업자에게 임대하는 채널에 데이터방송채널이 포함되는 경우에는 2개 채널)을 초과하는 경우가 해당 된다.

#### 2) 종합유선방송사업자 및 위성방송사업자

i) 종합유선방송사업자가 직접 사용하는 채널의 수가 3개 채널(법 제70조 제4항의 규정에 의한 지역채널을 제외)을 초과하는 경우. 다만, 전체 운용채널수가 100개를 초과하는 경우에는 위성방송사업자가 직접 사용하는 채널의 수가 운용하는 텔레비전방송채널 또는 라디오방송채널별로 각각 그 채널 수의 100분의 10(운용하는 텔레비전방송채널 또는 라디오방송채널이 10개 미만인 경우에는 각각 1개 채널, 10개 이상 40개 미만인 경우에는 각각 4개 채널)을 초과하거나, 운용하는 데이터방송채널의 100분의 30(운용하는 데이터방송채널이 3개 이하인 경우에는 1개 채널)을 초과하는 경우에 채널 허용범위 초과로 간주된다.

ii) 특수관계자에게 임대하는 채널의 수가 운용하는 텔레비전방송채널수의 100분의 20(운용하는 텔레비전방송채널이 5개 미만인 경우에는 1개 채널)을 초과하거나, 운용하는 라디오방송채널수의 100분의 50(위성이동멀티미디어방송사업자의 경우에는 100분의 20)을 초과하거나, 운용하는 데이터방송채널수의 100분의 30을 초과(운용하는 데이터방송채널이 3개 이하인 경우를 제외)하는 경우에 채널 허용

---

④ 제3항에 따른 공익채널 선정의 유효기간은 1년으로 한다.
⑤ 제1항부터 제4항까지에 규정된 것 외에 공익채널 선정에 필요한 구체적인 절차 및 방법 등에 필요한 사항은 방송통신위원회규칙으로 정한다.

범위의 초과에 해당된다.

iii) 특정 방송채널사용사업자에게 임대하는 채널의 수가 운용하는 텔레비전방송채널수의 100분의 20(운용하는 텔레비전방송채널이 5개 미만인 경우에는 1개 채널)을 초과하거나, 운용하는 라디오방송채널수의 100분의 50을 초과하거나, 운용하는 데이터방송채널수의 100분의 30을 초과(운용하는 데이터방송채널이 3개 이하인 경우를 제외)하는 경우

iv) 본인 또는 특수관계자가 지상파방송사업자인 방송채널사용사업자에게 임대하는 텔레비전방송채널(교육, 종교 또는 지역에 관한 전문편성을 행하는 채널 및 지상파방송이 재송신되는 채널은 제외)수의 합계가 운용하는 텔레비전방송채널수의 100분의 20을 초과(위성이동멀티미디어방송사업자를 제외한다)하는 경우[유효기간 2010. 12. 31]

v) 본인 또는 특수관계자가 종합유선방송사업자인 방송채널사용사업자에게 임대하는 텔레비전방송채널수의 합계가 운용하는 텔레비전방송채널수의 100분의 35를 초과(위성방송사업자는 제외)하는 경우. 다만, 다음의 방송채널사용사업자의 채널은 텔레비전방송채널수의 산정에 포함하지 않는다. ㉠ 시청자와의 계약에 따라 채널단위로 대가를 받고 제공하는 방송의 해당 채널, ㉡ 동일인이 운용하는 채널로서 동일한 방송분야를 시차를 두고 여러 채널을 통해 방송하는 채널, ㉢ 시청자가 특정시간 및 특정 방송프로그램을 선택 시청할 수 있도록 방송프로그램을 제공하는 채널, ㉣ 상품소개와 판매에 관한 전문편성을 행하는 채널[유효기간 2010. 12. 31]

## 4. 국내 방송프로그램의 편성[212)]

### (1) 국내방송프로그램 편성기준

방송사업자는 해당 채널의 전체국내에서 제작된 방송프로그램을 대통령령이 정하는 바에 따라 일정한 비율 이상 편성해야 하며,[213)] 연간 방송되는 영

212) 방송법 제71조 제1항 이하 참조.

213) 동 규정에 의한 방송프로그램의 편성비율은 방송매체와 방송분야별 특성 등을 고려해 차등을 둘 수 있다(방송법 제71조 제4항). 방송법 제71조 제1항의 규정에 위반하여 방송프로그램을 편성한 자는 3천만원 이하의 과태료에 처한다(동법 제108조 제1항 제8호).

화·애니메이션 및 대중음악 중 국내에서 제작된 영화·애니메이션 및 대중음악을 대통령령[214]이 정하는 바에 따라 일정한 비율 이상 편성해야 한다. 다만, 지상파방송사업자는 당해 채널에서 연간 방송되는 전체 프로그램 중 국내에서 제작된 애니메이션을 대통령령[215]이 정하는 바에 따라 일정한 비율 이상 신규로 편성해야 한다.[216] 또한 방송사업자는 국제문화 수용의 다양성을 보장하기 위해 외국에서 수입한 영화·애니메이션 및 대중음악 중 한 국가에서 제작한 영화·애니메이션 및 대중음악이 대통령령[217]이 정하는 바에 따라 일정한 비율 이상을 초과하지 않도록 편성해야 한다.[218][219]

### (2) 방송사업자별 국내방송프로그램 편성기준

방송사업자는 방송법(제71조 제1항)의 규정에 의해 국내에서 제작된 방송프로그램을 다음의 범위 안에서 방송통신위원회가 고시하는 비율 이상 편성해야 한다.

첫째, 지상파방송사업자 및 지상파방송채널사용사업자는 당해 채널의 매분기 전체 방송시간의 100분의 60 이상 100분의 80 이하, 둘째 종합유선방송사업자 및 위성방송사업자는 당해 채널의 매분기 전체 방송시간의 100분의 40 이상 100분의 70 이하, 셋째 지상파방송채널사용사업자를 제외한 방송채널사용사업자는 당해 채널의 매분기 전체 방송시간의 100분의 20 이상 100분의 50 이하로 편성해야 한다.

214) 방송법 시행령 제57조(국내제작 방송프로그램의 편성).

215) 방송법 시행령 제57조(국내제작 방송프로그램의 편성).

216) 동 규정에 의한 방송프로그램의 편성비율은 방송매체와 방송분야별 특성 등을 고려해 차등을 둘 수 있다(방송법 제71조 제4항). 방송법 제71조 제2항의 규정에 위반하여 방송프로그램을 편성한 자는 3천만원 이하의 과태료에 처한다(동법 제108조 제1항 제8호).

217) 방송법 시행령 제57조(국내제작 방송프로그램의 편성)

> ④ 방송사업자는 법 제71조 제3항의 규정에 의하여 외국에서 수입한 영화·애니메이션 및 대중음악 중 1개 국가에서 제작된 영화·애니메이션 및 대중음악을 분야별로 당해 채널의 매분기 전체 외국에서 수입한 영화·애니메이션 및 대중음악 방송시간의 100분의 60 이내에서 방송통신위원회가 고시하는 비율을 초과하지 아니하도록 편성하여야 한다.

218) 동 규정에 의한 방송프로그램의 편성비율은 방송매체와 방송분야별 특성 등을 고려해 차등을 둘 수 있다(방송법 제71조 제4항). 방송법 제71조 제3항의 규정에 위반하여 방송프로그램을 편성한 자는 3천만원 이하의 과태료에 처한다(동법 제108조 제1항 제8호).

219) 방송프로그램별 유료방송을 행하는 방송사업자에 대하여는 방송법 제71조의 규정을 적용하지 않는다(방송법 제85조).

방송사업자는 방송법(제71조 제2항 본문)의 규정에 따라 연간 방송되는 영화·애니메이션 및 대중음악 중 국내에서 제작된 영화·애니메이션 및 대중음악을 다음의 범위 안에서 방송통신위원회가 고시하는 비율 이상 편성해야 한다. 다만, 종교 또는 교육에 관한 전문편성을 행하는 방송사업자의 경우에는 국내에서 제작된 영화·애니메이션을 당해 채널의 연간 전체 영화방송시간 또는 애니메이션방송시간의 100분의 40 이하의 범위 안에서 방송통신위원회가 고시하는 비율 이상을 편성해야 한다. 즉, 영화는 당해 채널의 전체 영화방송시간의 100분의 20 이상 100분의 40 이하, 애니메이션은 당해 채널의 전체 애니메이션 방송시간의 100분의 30 이상 100분의 50 이하, 대중음악은 당해 채널의 전체 대중음악방송시간의 100분의 50 이상 100분의 80 이하.

지상파방송사업자는 방송법(제71조 제2항 단서)의 규정에 의해 해당 텔레비전방송채널에서 연간 방송되는 전체 프로그램 중 국내에서 제작된 애니메이션을 당해 채널의 전체 방송시간의 1,000분의 15 이하에서 방송통신위원회가 고시하는 비율 이상 신규편성하여야 한다. 다만, 공사 또는 '방송문화진흥회법'에 의한 방송문화진흥회가 최다출자자인 지상파방송사업자, 직전 3개 사업연도의 평균 매출액이 3천억원 이상인 지상파방송사업자 중 어느 하나에 해당하는 지상파방송사업자는 지상파텔레비전방송사업 방송시 허가받은 해당 텔레비전방송채널에서 연간 방송되는 전체 프로그램 중 국내에서 제작된 애니메이션을 해당 채널의 전체 방송시간의 100분의 1 이상 신규로 편성해야 한다.

방송사업자는 방송법(제71조 제3항)의 규정에 의해 외국에서 수입한 영화·애니메이션 및 대중음악 중 1개 국가에서 제작된 영화·애니메이션 및 대중음악을 분야별로 해해 채널의 매분기 전체 외국에서 수입한 영화·애니메이션 및 대중음악 방송시간의 100분의 60 이내에서 방송통신위원회가 고시하는 비율을 초과하지 않도록 편성해야 한다.

## 5. 외주제작 방송프로그램의 편성

방송사업자는 해당 채널의 전체 방송프로그램 중 국내에서 해당 방송사업자가 아닌 외부에서 제작한 방송프로그램 즉, 외주제작 방송프로그램

을 방송법과 동법 시행령이 정하는 바에 따라 일정한 비율 이상 편성해야 한다.[220)]

현행 방송법 시행령[221)]은 지상파방송사업자 및 지상파방송채널사용사업자는 방송법(제72조 제 1 항)의 규정에 의해 국내에서 해해 방송사업자가 아닌 자가 제작한 텔레비전방송프로그램(영화를 제외한 외주제작 방송프로그램)을 당해 채널의 매분기 전체 텔레비전방송시간의 100분의 40 이내에서 방송통신위원회가 고시하는 비율 이상 편성해야 한다.[222)] 이에 따른 외주제작 방송프로그램을 편성함에 있어 특수관계자가 제작한 방송프로그램을 대통령령이 정하는 바에 따라 일정한 비율 이상을 초과하지 않도록 편성해야 한다.[223)] 외주제작방송프로그램을 편성함에 있어 지상파방송사업자 및 지상파방송채널사용사업자는 방송법(제72조 제 2 항)의 규정에 의해 전체 외주제작 방송프로그램의 100분의 30의 범위 안에서 방송통신위원회가 고시하는 비율을 초과하여 방송사업자의 특수관계자가 제작한 방송프로그램을 편성해서는 안된다.[224)]

또한 종합편성을 행하는 방송사업자는 방송법(제72조 제 3 항)의 규정에 의해 외주제작 방송프로그램을 해당 채널의 매분기 주시청시간대 텔레비전방송시간의 100분의 15 이내에서 방송통신위원회가 고시하는 비율 이상 편성해야 한다.[225)][226)]

---

220) 방송법 제72조 제1항. 동 규정에 의한 외주제작방송프로그램의 편성비율은 방송매체와 방송분야별 특성 등을 고려해 차등을 둘 수 있다(동법 제108조 제1항 제9호). 방송법 제72조 제1항의 규정에 의한 편성비율을 위반하여 방송프로그램을 편성한 자는 3천만원 이하의 과태료에 처한다(동법 제108조 제1항 제9호).

221) 방송법 시행령 제58조(외주제작 방송프로그램의 편성).

222) 방송법 시행령 제58조 제1항.

223) 방송법 제72조 제2항의 규정에 의한 편성비율을 위반하여 방송프로그램을 편성한 자는 3천만원 이하의 과태료에 처한다(동법 제108조 제1항 제9호).

224) 방송법 시행령 제58조 제2항.

225) 방송법 시행령 제58조 제3항.

226) 방송법 제108조 제1항 제9호. 방송프로그램별 유료방송을 행하는 방송사업자에 대하여는 방송법 제72조의 규정을 적용하지 않는다(방송법 제85조). 방송법 제72조 제3항의 규정에 의한 편성비율을 위반하여 방송프로그램을 편성한 자는 3천만원 이하의 과태료에 처한다.

# Ⅱ. 방송광고 사업의 운영[227)]

## 1. 방송광고의 개념 및 종류

현행 방송법은 방송광고의 종류를 7가지로 구분하고 있다. ① 방송프로그램광고는 방송프로그램의 전후 즉, 방송프로그램 시작타이틀 고지 후부터 본방송프로그램 시작 전까지 및 본방송프로그램 종료 후부터 방송프로그램 종료타이틀 고지 전까지 편성되는 광고이다. ② 중간광고는 1개의 동일한 방송프로그램이 시작한 후부터 종료되기 전까지 사이에 그 방송프로그램을 중단하고 편성되는 광고, ③ 토막광고는 방송프로그램과 방송프로그램 사이에 편성되는 광고, ④ 자막광고는 방송프로그램과 관계없이 문자 또는 그림으로 나타내는 광고, ⑤ 시보광고는 현재시간 고지 시 함께 방송되는 광고, ⑥ 가상광고는 방송프로그램에 컴퓨터 그래픽을 이용하여 만든 가상의 이미지를 삽입하는 형태의 광고,[228)] ⑦ 간접광고는 방송프로그램 안에서 상품을 소품으로 활용하여 그 상품을 노출시키는 형태의 광고를 말한다.[229)]

227) "방송광고"라 함은 광고를 목적으로 하는 방송내용물을 말한다(방송법 제2조 제21호).

228) 방송법 시행령 제59조의2(가상광고)

> ① 법 제73조 제2항 제6호에 따른 가상광고의 허용범위·시간·횟수 또는 방법 등은 다음 각 호의 기준에 따른다. 1. 운동경기를 중계하는 방송프로그램의 경우에 한정하여 가상광고를 할 수 있다. 2. 경기 장소 등에 있는 선수나 심판, 관중 위에 가상광고를 노출시켜서는 아니 된다. 3. 방송광고가 금지되거나 방송광고의 허용시간을 제한받는 상품 등은 가상광고를 할 수 없다. 4. 방송사업자는 가상광고를 하려는 경우 해당 경기 주관단체 또는 중계방송권을 보유하고 있는 자 등 이해관계자와 사전에 협의하여야 한다. 5. 가상광고는 해당 방송프로그램시간의 100분의 5를 초과할 수 없다. 다만, 경기장에 설치되어 있는 광고판을 대체하는 방식의 가상광고는 그러하지 아니하다. 6. 가상광고의 노출크기는 화면의 4분의 1을 초과할 수 없다. 다만, 이동멀티미디어방송의 경우 3분의 1을 초과할 수 없다.
> ② 방송사업자는 방송프로그램에 가상광고가 포함되는 경우 해당 프로그램 방송 전에 가상광고가 포함되어 있음을 자막으로 표기하여 시청자가 명확히 알 수 있도록 하여야 한다.

229) 방송법 시행령 제59조의3(간접광고)

> ① 법 제73조 제2항 제7호에 따른 간접광고의 허용범위·시간·횟수 또는 방법 등은 다음 각호의 기준에 따른다. 1. 방송분야 중 오락과 교양 분야에 한정하여 간접광고를 할 수 있다. 다만, 어린이를 주 시청대상으로 하는 프로그램과 보도·시사·논

방송광고의 허용범위·시간·횟수 또는 방법 등에 관해 필요한 사항은 별도의 규정으로[230] 정하도록 하고 있다(방송법 제73조 제 2 항).[231][232]

## 2. 방송광고의 운용

### (1) 방송광고의 운용원칙

#### 1) 광고와 프로그램의 구분

방송사업자는 방송프로그램을 명확하게 구분함으로써 양자의 혼동을 방지해야 할 의무를 부담한다. 현행 방송법 시행령은 방송사업자가 방송광고를 운용함에 있어 방송프로그램과 혼동되지 않도록 반드시 광고임을 밝히는 자막을 표기해 어린이가 방송프로그램과 방송광고를 구분할 수 있도록 하고 있다. 방송법(제73조 제 1 항)에 따라 방송사업자는 어린이를 주 시청대상으로 하는 방송프로그램의 방송광고시간 및 전후 토막광고 시간에 화면 좌상단 또는 우상단에 화면크기의 64분의 1 이상의 크기로 광고화면과 명확하게 구분될 수 있도록 '광고방송'이라는 자막을 계속하여 표기해야 한다.[233][234]

---

> 평·토론 등 객관성과 공정성이 요구되는 방송프로그램의 경우에는 간접광고를 할 수 없다. 2. 간접광고는 방송프로그램의 내용이나 구성에 영향을 미치거나 방송사업자의 편성의 독립성을 저해해서는 아니 된다. 3. 간접광고를 포함하고 있는 방송프로그램은 해당 상품을 언급하거나 구매·이용을 권유하는 내용을 방송해서는 아니 된다. 4. 방송광고가 금지되거나 방송광고의 허용시간을 제한받는 상품 등은 간접광고를 할 수 없다. 5. 간접광고로 노출되는 상표, 로고 등 상품을 알 수 있는 표시의 노출시간은 해당 방송프로그램시간의 100분의 5를 초과할 수 없다. 다만, 제작상 불가피한 자연스러운 노출의 경우는 그러하지 아니한다. 6. 간접광고로 노출되는 상표, 로고 등 상품을 알 수 있는 표시의 크기는 화면의 4분의 1을 초과할 수 없다. 다만, 이동멀티미디어방송의 경우 3분의 1을 초과할 수 없다.
>
> ② 방송사업자는 방송프로그램에 간접광고가 포함되는 경우 해당 프로그램 방송 전에 간접광고가 포함되어 있음을 자막으로 표기하여 시청자가 명확히 알 수 있도록 하여야 한다.

230) 방송법 시행령 제59조(방송광고).

231) 상품소개 및 판매에 관한 전문편성을 행하는 방송의 경우에는 해당 상품소개 및 판매에 관한 방송내용물은 이를 방송광고로 보지 않는다(방송법 제73조 제3항).

232) 방송프로그램별 유료방송을 행하는 방송사업자에 대하여는 방송법 제73조의 규정을 적용하지 않는다(방송법 제85조). 방송법 제73조 제2항의 규정에 위반하여 방송광고를 한 자는 3천만원 이하의 과태료에 처한다(동법 제108조 제1항 제10호).

233) 방송법 제73조 제1항 이하 참조.

234) 방송법 제73조 제1항의 규정에 위반하여 방송광고를 한 자는 3천만원 이하의 과태료에 처한다(동법 제108조 제1항 제10호).

2) 공익광고의 편성의무

방송사업자 및 전광판방송사업자는 공공의 이익을 증진시킬 목적으로 제작된 비상업적 공익광고를 일정 비율 이상 편성해야 한다. 다만, 방송의 내용이 대부분 공익적인 내용인 채널로서 방송통신위원회가 고시하는 채널의 경우에는 의무편성의 대상에서 예외로 하고 있다.[235)]

방송사업자는 채널별로 매월 전체방송시간(데이터방송채널의 경우에는 전체 방송내용물)의 100분의 1 이내에서 방송통신위원회가 고시하는 비율, 전광판방송사업자는 '옥외광고물 등 관리법 시행령'(제31조 제4항 제3호)의 규정에 의해 정하는 비율을 준수해야 한다.

방송사업자 및 전광판방송사업자가 편성해야 하는 비상업적 공익광고는 첫째 국가, 지방자치단체, 공공기관 또는 비영리기관이 공익적 목적으로 제작한 광고로서 방송사업자 및 전광판방송사업자가 영리를 목적으로 하지 않고 방송하는 광고이며, 둘째는 방송사업자가 공익적 목적으로 자체적으로 제작·편성하는 광고 등 어느 하나에 해당하는 광고를 의미한다.

### (2) 방송광고의 운용기준

방송법에 따른 방송광고(비상업적 공익광고 제외)의 허용범위·시간·횟수 또는 방법 등은 방송사업자별로 구분하여 다음과 같은 기준에 따라 이루어진다.

① 지상파방송사업자(지상파이동멀티미디어방송사업자는 제외)·공동체라디오방송사업자 및 지상파방송채널사용사업자(지상파이동멀티미디어방송채널사용사업자는 제외)의 텔레비전방송채널과 라디오방송채널의 경우는 다음과 같다.

㉮ 방송프로그램 광고시간은 방송프로그램시간(방송프로그램 광고시간을 포함)의 100분의 10을 초과할 수 없다. ㉯ 중간광고를 할 수 없다. 다만, 운동경기, 문화·예술행사 등 그 중간에 휴식 또는 준비시간이 있는 방송프로그램을 송신하는 경우에는 그렇지 않다. ㉰ 토막광고의 횟수는 라디오방송에 있어서는 매시간 4회 이내 매회 4건 이내로, 텔레비전방송에 있어서는 매시간 2회 이내 매회 4건 이내로 하고, 매회의 광고시간은 라디오방송에 있어서는 1분 20초 이내

---

235) 방송법 시행령 제59조(방송광고).

로, 텔레비전방송에 있어서는 1분 30초 이내로 하되, 라디오방송에 있어서 매시간 총 광고시간은 5분을 초과할 수 없다. ㉣ 자막광고(자막으로 방송사업자의 명칭이나 방송프로그램을 안내 또는 고지하는 것은 이를 자막광고로 보지 않음)는 방송사업자의 명칭고지시 또는 방송프로그램 안내고지시에 한하되, 그 횟수는 매시간 4회 이내, 매회 10초 이내로 하며, 자막의 크기는 화면의 4분의 1을 초과할 수 없다. ㉤ 시보광고의 횟수는 매시간 2회 이내, 매회 10초 이내로 한다. 다만, 지상파방송사업자의 텔레비전방송채널의 경우에는 매시간 2회 이내, 매회 10초 이내, 매일 10회 이내로 한다.

② 종합유선방송사업자·위성방송사업자(위성이동멀티미디어방송사업자는 제외) 및 방송채널사용사업자(지상파방송채널사용사업자 및 위성이동멀티미디어방송채널사용사업자는 제외)의 텔레비전방송채널과 라디오방송채널의 경우는 다음과 같다.

㉮ 채널별 전체 광고시간은 방송프로그램광고시간, 중간광고시간, 토막광고시간, 자막광고 시간 및 시보광고시간을 포함하여 시간당 평균 10분을 초과할 수 없다. 다만, 매시간 12분(방송시간이 120분 이상인 방송프로그램이 편성되는 시간에 당해 시간의 전체 광고시간이 방송프로그램 시간의 100분의 15를 초과하지 아니하는 경우에는 매시간 15분)을 초과할 수 없다. ㉯ 중간광고의 횟수는 45분 이상 60분 미만인 방송프로그램(중간광고를 포함한다. 이하 같다)의 경우에는 1회 이내, 60분 이상 90분 미만인 방송프로그램의 경우에는 2회 이내, 90분 이상 120분 미만인 방송프로그램의 경우에는 3회 이내, 120분 이상 150분 미만인 방송프로그램의 경우에는 4회 이내, 150분 이상 180분 미만인 방송프로그램의 경우에는 5회 이내, 180분 이상인 방송프로그램의 경우에는 6회 이내로 하되, 매회 3건 이내로 하고, 매회의 광고시간은 1분 이내로 한다. 다만, 운동경기, 문화·예술행사 등 그 중간에 휴식 또는 준비시간이 있는 방송프로그램을 송신하는 경우에는 휴식 또는 준비시간에 한하여 중간광고를 할 수 있으며, 이 경우 중간광고의 횟수, 매회 광고 건수 및 매회 광고시간에 제한을 두지 않는다. ㉰ 토막광고의 횟수는 매시간 2회 이내, 매회 5건 이내로 하되, 매회의 광고시간은 1분 40초를 초과할 수 없다. ㉱ 자막광고는 방송사업자의 명칭고지시 또는 방송프로그램 안내고지시에 한하며, 그 자막광고의 횟수는 매시간 6회 이내, 매회 10초 이내로 하며,

자막의 크기는 화면의 4분의 1을 초과할 수 없다.

③ 지상파이동멀티미디어방송사업자, 지상파이동멀티미디어방송채널사용사업자, 위성이동 멀티미디어방송사업자 및 위성이동멀티미디어방송채널사용사업자의 텔레비전방송채널과 라디오방송채널의 경우는 다음과 같다.

㉮ 채널별 전체 광고시간은 방송프로그램광고시간, 중간광고시간, 토막광고시간, 자막광고시간 및 시보광고시간을 포함하여 시간당 평균 10분을 초과할 수 없다. 다만, 매시간 12분(방송시간이 120분 이상인 방송프로그램이 편성되는 시간에 해당 시간의 전체 광고시간이 방송프로그램 시간의 100분의 15를 초과하지 않는 경우에는 15분)을 초과할 수 없다. ㉯ 중간광고의 횟수는 45분 이상 60분 미만인 방송프로그램(중간광고를 포함)은 1회 이내, 60분 이상 90분 미만인 방송프로그램은 2회 이내, 90분 이상 120분 미만인 방송프로그램은 3회 이내, 120분 이상 150분 미만인 방송프로그램은 4회 이내, 150분 이상 180분 미만인 방송프로그램은 5회 이내, 180분 이상인 방송프로그램은 6회 이내로 하되, 매회 3건 이내로 하고, 매회의 광고시간은 1분 이내로 한다. 다만, 운동경기, 문화·예술행사 등 그 중간에 휴식 또는 준비시간이 있는 방송프로그램을 송신하는 경우에는 휴식 또는 준비시간에 한해 중간광고를 할 수 있으며, 이 경우 중간광고의 횟수, 매회 광고건수 및 매회 광고시간에 제한을 두지 아니한다. ㉰ 토막광고의 횟수는 매시간 4회 이내, 매회 5건 이내, 매회의 광고시간은 1분 40초 이내로 하되, 토막광고의 매시간 총 광고시간은 3분 20초를 초과할 수 없다. ㉱ 자막광고는 방송사업자의 명칭고지시 또는 방송프로그램 안내고지시에 한하며, 그 자막광고의 횟수는 매시간 10회 이내, 매회 10초 이내로 하며 자막의 크기는 화면의 3분의 1을 초과할 수 없다.

④ 데이터방송채널의 경우는 다음과 같다.

㉮ 방송사업자가 데이터방송채널을 안내하고 선택할 수 있도록 구성하는 최초화면에서의 방송광고는 자막광고에 한하고, 자막의 크기는 최초화면의 4분의 1을 초과할 수 없다. ㉯ 해당 데이터방송채널의 1차 화면(최초화면상의 데이터방송채널접속을 통하여 이동한 해당 데이터방송채널의 초기화면) 이후 에서 행하는 방송광고의 크기는 전체화면의 3분의 1을, 방송시간은 10분(동영상 및 음성이 포함된 경우에 한정)을 초과할 수 없다. 다만, 1차 화면 이후에서 방송광고임을 표

시하거나 고지하여 시청자가 해당 광고에 접속할 수 있도록 하는 경우에는 예외로 인정한다.

텔레비전방송채널의 텔레비전방송프로그램에 부가되는 데이터방송에서의 방송광고의 경우 최초화면(1차화면)에서는 방송광고를 할 수 없으며, 1차 화면 이후의 방송광고에 대해서는 제4호 나목을 준용한다. 이 경우 최초화면은 해당 텔레비전방송프로그램이 방송되는 최초화면을 말하고, 1차 화면은 최초화면의 접속을 통하여 이동하는 초기화면을 말한다.

### 3. 방송광고 판매대행제도와 방송광고[236)]

#### (1) 지상파 방송광고 판매제도의 변화

1970년대에는 지상파 방송광고의 판매에 있어 방송사들이 광고주들을 상대로 직접 영업을 할 수 있었다. 그런데 1980년 12월 31일 언론통폐합 조치의 일환으로 '한국방송광고공사법'이 제정되었고, 동법 제15조에서는 "국내 각 방송국은 공사가 대행 위탁하는 방송광고물 외에는 광고방송을 할 수 없다. 다만, 대통령령이 정하는 광고방송에 대하여는 그러하지 아니하다"라고 규정하여 한국방송광고공사(KOBACO)만이 독점적으로 지상파 방송광고물 판매대행을 할 수 있도록 하였다. 그러나 위와 같은 한국방송광고공사의 지상파 방송광고 판매대행에 대한 독점체제와 관련하여 끊임없는 비판이 제기되자,[237)] 2000년 1월 국회는 방송법을 개정하여 제73조 제 5 항에서 "지상파방송사업자는 한국방송광고공사 또는 대통령령이 정하는 방송광고 판매대행사가 위탁하는 방송광고물 이외에는 방송광고를 할 수 없다"라고 규정함으로써 지상파 방송광고 판매대행 시장에 복수 경쟁체제의 도입을 위한 기초를 마련하는 한편, 한국방송광고공사 독점의 근거가 되었던 한국방송광고공사법 제15조를 삭제하였다. 그리고 위와 같은 방송법 개정 이후 방송법시행령 제59조 제 3 항은 "법 제73조 제 5 항 본문

236) 헌재 2008. 11. 27, 2006헌마352 참조.

237) 최근에는 위성방송 등의 발달로 지상파 방송광고의 효과가 과거에 비해 감소되어 기업들이 마케팅비용에서 광고비를 줄이고 있다. 이에 지상파 방송광고 시장의 활성화를 위해서는 지상파 방송광고 판매대행 시장에 있어 제한적으로라도 경쟁체제를 도입해야 한다는 주장이 강하게 제기되었던 것이다.

에서 '대통령령이 정하는 방송광고 판매대행사'라 함은 방송광고 판매대행을 위하여 설립된 주식회사로서 한국방송광고공사가 출자한 회사를 말한다"는 규정을 두어 지상파 방송광고 판매대행 시장에 복수 경쟁체제의 가능성을 열어놓았다. 그러나 한국방송광고공사는 경영상의 판단을 이유로 민영회사에 대한 출자를 하지 않아 현재에도 한국방송광고공사만이 유일하게 지상파 방송광고 판매대행을 할 수 있을 뿐이며, 지상파 방송광고 판매대행 시장에서의 제한적 경쟁체제는 여전히 이루어지지 않아 왔다.

이후, 2008년 헌법재판소가 이에 대해 헌법 불합치 결정을 내리면서 민간사업자(민영 미디어렙)[238]도 2010년부터는 지상파 방송 광고를 판매할 수 있게 되었다.

방송광고 미디어렙 제도의 도입을 앞두고 업계의 이해관계에 따라 입장이 크게 갈리고 있다.

### (2) 방송광고제도

#### 1) 지상파방송광고의 특성과 규제

방송광고도 판매자와 구매자 사이에 거래되는 사적 재화이나 시장에서 유통되는 일반적인 사적 재화들과는 다른 특성을 지닌다. 방송광고는 그 수명이 한시적이라서 방영시간이 지나면 제품의 가치가 소멸하기 때문에 어떤 가격에라도 팔아야 하고, 공급량이 상당히 제한된 상품이라서 광고물량이 증가하더라도 방송광고시간을 늘릴 수 없으며, 요금의 상승이나 하락에도 그 수요는 거의 영향을 받지 않는다. 상품으로서의 위와 같은 특성으로 인해 방송광고는 시장적 접근에 있어 상당히 유리한 위치를 점하고 있다.

또한 방송광고는 시장적 접근을 배제하고 정부개입 내지 규제를 정당화하는 특성도 지니고 있다. 그것은 바로 방송광고를 거래하는 매개 수단인 방송의 공공재적 성격 때문이다. 방송전파는 무한정 생산되는 생산재가 아니라 전 국민이 공유하는 한정된 자원이기 때문에 방송전파에 의존하는 방송에는 공공성과 공익성이 요구되고, 방송의 주요 재원 역할을 하는 방송광고 역시 방송전파

238) 미디어렙(매체를 뜻하는 미디어(Media)와 대표자를 뜻하는 레프리젠터티브(Representative)의 합성어)이란 방송사를 대신해 광고를 유치하고 수수료를 받는 방송광고 판매 대행사를 의미한다.

에 의존해야 한다는 점에서 방송과 같이 공공성과 공익성이 요구된다.

방송의 위와 같은 공공재적 성격 때문에 방송광고는 다른 언론매체와는 달리 전통적으로 엄격한 법적 규제를 받아 왔다. 음성과 영상을 통해 이루어지는 방송매체는 동시적이며, 누구나 쉽게 접근할 수 있어서 통제하기가 어려울 뿐만 아니라 방송영상의 구성·기법·시간배정 또는 내용배정에 따라서는 대중 조작도 가능하다는 이유로 다른 미디어들보다도 공공성·공익성이 더 강조되어 왔고, 이러한 점은 방송광고를 통제하고 규제하는 이유가 되어 왔다.

#### 2) 방송광고와 미디어렙제도

미디어렙은 매체사를 대신해 광고주나 광고회사에 광고시간이나 지면을 대신 판매해 주고, 매체사로부터 판매대행 수수료를 받는 회사를 의미하는 것으로, 매체를 뜻하는 미디어(Media)와 대표자를 뜻하는 레프리젠터티브(Representative)의 합성어이다. 그런데 방송광고 판매와 관련해 당사자 간의 직거래를 제한하고 위와 같은 미디어렙을 통해서만 이를 할 수 있도록 하는 이유는 방송사가 광고를 유치하기 위해 광고주에게 압력을 행사하거나, 반대로 자본가인 광고주가 광고를 빌미로 방송사에 대해 영향을 끼치는 것을 막기 위해서이다. 만약 방송광고물을 놓고 방송사와 광고주 간에 직거래를 하게 된다면 방송사와 광고주 사이에 세력 균형이 맞지 않는 경우 공정한 거래를 하기 어렵게 될 것이다. 예컨대 상대적으로 자본력이 부족한 중소 광고주의 경우는 방송사의 여러 가지 횡포를 그대로 수용할 수밖에 없으며, 광고주가 자본력이 막강한 경우에는 방송사가 그 광고주에 의해 좌우되어 광고주의 이익을 대변하는 방송사로 전락될 위험에 처하게 될 것이다.

한편, 방송사가 미디어렙을 이용하게 되면 방송의 편성 및 제작을 광고영업과 분리시켜 전문화·효율화를 꾀함으로써 방송경영의 합리화와 수익성을 제고할 수 있고, 광고주의 입장에서도 미디어렙이 시청률 조사 등의 분석 자료를 통해 광고주들에게 적합한 방송광고를 제시함에 아울러 사후 광고효과 분석과 같은 방송광고에 관련된 제반 서비스를 제공해 주므로 자신의 조건에 맞는 최적의 프로그램을 찾아 원하는 목적을 달성할 수 있게 된다. 이러한 이유로 대부분의 국가에서는 미디어렙을 통해 방송광고의 판매와 구매를 하도록 하고 있다.

#### 3) 공영미디어렙 한국방송광고공사의 역할

한국방송광고공사는 1980년 언론통폐합 과정에서 제정된 '한국방송광고공사법'에 의거하여 설립되었다. 언론통폐합을 통해 공영과 민영이 혼재하던 방송체제가 공영방송 단일체제로 전환되었고 이 과정에서 공영방송제도 도입의 정당성을 뒷받침하기 위해 한국방송광고공사를 설립하였는데 영리를 배제하고 공익을 추구해야 하는 공영방송은 광고영업을 할 수 없다는 이유에서 방송사의 광고영업기능을 대행하는 기구로 한국방송광고공사를 설립한 것이다.

한국방송광고공사는 공공에 봉사하는 방송광고 질서를 정립하고 국민의 건전한 문화생활과 방송문화의 발전 및 방송광고 진흥에 이바지함을 목적으로 하여 그 기능은 공영미디어렙으로서 방송의 제작·편성과 광고영업분리정책의 실효성 있는 수행을 통한 공영방송의 공익성·공공성을 보장하고, 공영방송과 특수방송의 성장과 유지에 필요한 재원의 안정성을 도모하며, 공적 인프라로서 방송광고 요금을 조정하는 것이다.

그런데 한국방송광고공사는 위에서 본 것처럼 강제적인 언론통폐합 과정에서 설립되었다는 점과 지상파 방송광고 요금 규제 및 끼워 팔기 등으로 방송광고 시장에 심각한 비효율을 초래하고 있다는 점, 그리고 정부의 규제 보호막 속에서 경쟁에 노출되지 않아 국내는 물론 국제적인 광고 산업의 경쟁력을 저하시키고 있다는 점에서 그 존립의 정당성에 관해 끊임없는 비판을 받아 왔다.

### (3) 방송광고 판매제도의 헌법불합치 결정

#### 1) 방송광고 판매제도에 관한 규정

방송법(제73조 제5항 본문)은 지상파방송사업자(지상파방송사업자와 방송채널사용계약을 체결하고 그 채널을 사용하여 지상파방송을 하는 방송채널사용사업자를 포함)는 한국방송광고공사 또는 대통령령[239]이 정하는 방송광고판매대행사가 위

239) 방송법 시행령 제59조(방송광고)

> ⑤ 법 제73조 제5항 본문에서 "대통령령이 정하는 방송광고판매대행사"라 함은 방송광고판매대행을 위하여 설립된 주식회사로서 한국방송광고공사가 출자한 회사를 말한다.

2006헌마352, 2008. 11. 27, 방송법시행령 제59조 제5항(2007. 8. 7. 대통령령 제20219호로 개정된 것)은 헌법에 합치되지 아니한다. 위 규정은 2009. 12. 31을 시한으로 개정될

탁하는 방송광고물 이외에는 방송광고를 할 수 없다고 규정하고, 다만 단서에서 대통령령이 정하는 방송광고에 대하여는 그렇지 않다고 하였다.[240][241] 방송법(제73조 제 5 항 단서)에서 규정하는 방송광고는 국가 또는 지방자치단체의 방송광고물, 지상파방송사업자의 자체 행사 또는 그 사업을 소개하는 방송광고물, 기타 공익을 목적으로 하는 방송광고물 중 문화체육관광부장관이 고시하는 방송광고물 등을 말한다.[242]

### 2) 방송광고 판매제도의 헌법불합치

헌법재판소[243]는 현행 방송법 제73조 제 5 항과 동법시행령 제59조 제 5 항의 규정들이 (방송광고판매대행업자의) 직업수행의 자유를 침해하는지 여부에 대해 동 규정들이 지상파 방송광고 판매대행 시장에 제한적 경쟁체제를 도입함과 동시에 방송의 공정성과 공익성, 그리고 다양성을 확보하기 위해 한국방송광고공사와 이로부터 출자를 받은 회사에게만 지상파 방송광고 판매대행을 할 수 있도록 하고 있으나 아직까지 한국방송광고공사가 지상파 방송광고 판매대행을 할 수 있도록 출자를 한 회사는 한 곳도 없어 여전히 한국방송광고공사의 독점체제가 유지되고 있으므로 지상파 방송광고 판매대행 시장에 제한적으로라도 경쟁체제를 도입한 것이라고 볼 수 없다는 점과 입법자가 지상파 방송광고 판매대행사업을 일정한 요건을 갖춘 업체에 한해 허가제로 한다든지, 방송사의 출연금으로 기금을 조성하여 공공성이 높은 프로그램제작에 보조금을 지급한다든지 하는 등의 방법으로 동 규정들과 같은 입법목적을 달성하면서도 기본권 침해를 최소화시킬 수 있으나 입법자는 한국방송광고공사와 이로부터 출자를 받은 회사에 대해서만 지상파 방송광고 판매대행을 허용하고 있을 뿐이라는 점

---

때까지 계속 적용된다.

240) 2006헌마352, 2008. 11. 27, 방송법 제73조 제5항(2007. 1. 26. 법률 제8301호로 개정된 것)은 헌법에 합치되지 아니한다. 위 규정은 2009. 12. 31을 시한으로 개정될 때까지 계속 적용된다.

241) 방송프로그램별 유료방송을 행하는 방송사업자에 대하여는 방송법 제73조의 규정을 적용하지 않는다(방송법 제85조). 방송법 제73조 제5항의 규정에 위반하여 방송광고를 한 자는 3천만원 이하의 과태료에 처한다(동법 제108조 제1항 제10호).

242) 방송법 시행령 제59조(방송광고).

2006헌마352, 2008. 11. 27, 방송법시행령 제59조 제5항(2007. 8. 7. 대통령령 제20219호로 개정된 것)은 헌법에 합치되지 아니한다. 위 규정은 2009. 12. 31을 시한으로 개정될 때까지 계속 적용된다.

243) 헌재 2008. 11. 27, 2006헌마352.

등을 들어 동 규정들은 과잉금지원칙을 위반함으로써 방송광고판매대행업자의 직업수행의 자유를 침해하고 있다고 판단하고 있다.

또한 헌법재판소는 동 규정들(방송법 제73조 제 5 항과 방송법시행령 제59조 제5항)이 (방송광고판매대행업자의) 평등권을 침해하는지 여부와 관련하여 동 규정들의 입법목적 달성은 지상파 방송광고 판매대행사에 공적 부분의 출자가 있었는지 등의 여부를 불문하고 실질적인 경쟁관계를 형성하면서 방송의 공공성이나 다양성 등을 제고하기 위한 실질적인 제도를 구축하고 있는지 여부에 달려있는 것인데 동 규정들이 단지 지상파 방송광고 판매대행사를 한국방송광고공사와 이로부터 출자를 받은 회사로 한정하고 있는 것은 차별목적과 수단 사이에 비례성을 상실한 것으로서 방송광고판매대행업자의 평등권을 침해하는 것이라고 판시하고 있다.

요약하면, 헌법재판소는 현행 방송법 제73조 제 5 항과 동법시행령 제59조 제 5 항의 규정들에 대해 방송광고판매대행업자의 직업수행의 자유 및 평등권을 침해하는 것으로서 위헌이지만 동 규정들에 대해 단순위헌결정을 하여 당장 그 효력을 상실시킬 경우 지상파 방송광고 판매대행을 규제하는 근거 규정이 사라지게 되므로 헌법불합치결정을 하는 것이라고 판시함에 아울러 동 규정들(방송법 제73조 제 5 항과 방송법시행령 제59조 제 5 항)은 그 위헌성이 제거될 때까지 잠정적으로 적용되며, 다만 늦어도 2009. 12. 31까지는 개정을 해야 한다고 주문하였다.

### (4) 방송광고 미디어렙 체제의 도입

방송광고 판매제도의 헌법불합치결정에 따라 민영미디어렙 등 다양한 방식의 방송광고 판매제도가 도입될 수 있게 되었다. 이에 따라 현재 논의 되고 있는 방송광고 미디어렙제도는 ① 1공영·다(多)민영, ② 1공영1민영안, ③ 복수 미디어렙 등 다양한 체제가 검토되고 있지만 업계의 이해관계에 따라 찬반 의견은 엇갈리고 있다.

1공영·다민영 체제의 경우는 사실상 MBC, SBS 등 지상파 방송사들이 각각 독자적인 미디어렙을 갖도록 허용하는 것이다. 기존의 지상파방송사들이 선호하는 제도로서 헌법불합치결정을 받은 방송법을 헌법의 취지에 맞도록 개정한 취지에 부합하는 최선의 방안이라는 주장이다. 이에 대해 반대하는 입장에서는 기득권을 가지고 있으며 경쟁력 있는 시청률을 유지하고 있는 지상파 방송으로 광고의 쏠림현상이 나타나 방송 독과점이 지금보다 더 강화될 것이라는 문제를 제기하고 있다. 방송시장의 지상파 독과점을 해소하기 위해 미디어렙을 만들었는데 오히려 지상파의 독과점을 강화시키고 뉴미디어 발전을 저해하는 모순된 정책이라는 비판이다.

'1공영·1민영' 체제의 경우는 기존 지상파 방송들끼리의 광고수주의 과당경쟁을 막고 다른 매체의 피해를 최소화하기 위해 기존 KOBACO 외 1개의 민영 미디어렙만 추가로 도입하자는 것이다. 지역방송, 종교방송, 신문업계, 케이블 방송업계 등이 선호하는 제안이다. 헌법불합치결정을 받은 광고판매 독점제도를 개선하면서 방송광고판매의 과당경쟁을 예방할 수 있는 방안이라고 주장하고 있다. 광고판매 만을 목적으로 지상파 방송사간의 시청률 경쟁이 치열해 질 경우 프로그램의 선정성이 더욱 심화돼 '막장 드라마', '막말 방송'이 성행하는 것도 어느 정도 예방할 수 있다는 논거를 제시하기도 한다.

지금까지 방송광고제도가 1공영체제로 운영되어 오면서 여러 가지 장단점들이 있었다. 방송광고판매제도의 변화로 인해 가장 우려되는 부분은 역시 광고시장의 지상파 쏠림과 방송광고 판매의 과당경쟁, 시청점유율이 낮은 방송과 신문 등 기타 매체의 안정적 수익기반이 무너질 우려 등을 어떻게 최소화할 수 있도록 조율하느냐가 중요한 과제가 된다고 볼 수 있다.

### 4. 방송광고의 사전심의제도

2009. 7. 31 개정 이전의 방송법(제32조 제2·3항)은 방송통신심의위원회가 대통령령이 정하는 방송광고에 대하여는 방송되기 전에도 그 내용을 심의하여 방송여부를 심의·의결할 수 있으며, 방송사업자는 이러한(방송법 제32조 제2항의 규정에 의한) 방송광고에 대해서 방송통신심의위원회의 심의·의결의 내용과 다르게 방송하거나 심의·의결을 받지 않은 방송광고를 방송해서는 안 된다고 규정하고 있었다.

헌법재판소는 동 조항들이 규정하고 있는 방송광고 사전심의는 헌법이 금지하는 사전검열로서 청구인의 표현의 자유를 침해하여 헌법에 위반된다는 위헌결정을 하였고,[244] 이에 따라 동 규정들은 2009. 7. 31 개정과 함께 삭제되었다.

## Ⅲ. 방송프로그램의 협찬고지

### 1. 방송프로그램 협찬고지(協贊告知) 의의

방송프로그램의 제작에 있어 '협찬고지'라 함은 타인으로부터 방송프로그램의 제작에 직접적·간접적으로 필요한 경비·물품·용역·인력 또는 장소 등을 제공받고 그 타인의 명칭 또는 상호 등을 고지하는 것을 말한다.[245] 방송프로그램의 협찬고지 제도를 두고 있는 것은 프로그램의 제작 과정에서 특수한 제작 여건과 상황 및 프로그램의 특성 등을 감안하여 불가피한 협력을 받고 그것을 투명하게 공시하고자 하는 데 그 취지가 있다.

### 2. 방송프로그램 협찬고지의 목적

#### (1) 방송프로그램 협찬고지의 입법취지[246]

현행 방송법으로 통합·폐지되기 전의 구(舊)방송법이나 구(舊)한국방송광고공사법 등 관련 법률에는 협찬고지에 관한 근거규정이 없었고, 단지 1994. 12. 방송사와의 합의를 통해 만들어진 자율기준이 협찬고지에 대한 유일한 기준으로 사용되어 왔었다. 방송개혁위원회(1998. 12. 한시적으로 설치된 대통령자문기구)에서 방송재정구조 개선방안의 일환으로 협찬고지가 구(舊)방송법상 근거규정 없이 방송위원회 규칙으로 허용되어 있던 상황에서 이를 양성화할 필요가 있다는 주장과 함께 공식적으로 확대 허용할 경우 프로그램의 상업성을 부추길 우려가 크다는 주장이 제기되었다. 이 두 가지의 입장을 절충하여 허용범위·대상은 현행 수준을 유지하되 위반 시 처벌규정을 강화하는 것으로 근거규정을 명시하고, 구

244) 헌재 2008. 6. 26, 2005헌마506.
245) 방송법 제2조 제22호.
246) 헌재 2003. 12. 18, 2002헌바49 참조.

체적인 허용범위 등은 방송위원회 규칙으로 정하자는 방송개혁안을 제시하였다. 이후, 1999. 7. 3 국회의원 158인이 위 방송개혁안을 반영한 방송법안을 발의하여 소관 상임위원회에서 협찬고지의 허용범위는 대통령령으로 정하는 것으로 수정된 후 1999. 12. 28 국회 본회의에서 가결되어 2000. 1. 12 공포되었다.

협찬고지 규정의 입법목적은 첫째 방송사업의 운영에 필수적인 재원을 조달하기 위해 음성적으로 행해져 온 협찬관행을 합법화하고, 둘째 협찬고지의 허용범위는 종전 수준으로 제한하여 범위를 벗어난 협찬고지를 규제하는 근거 규정을 마련하였으며, 셋째 방만한 협찬으로 협찬주 등의 사적 이익이 방송프로그램 제작과정에 부당한 영향력을 행사해 방송프로그램의 상업성을 부채질하거나 방송편성의 자유와 독립을 해할 우려를 방지하고, 넷째 방송광고로서 금지 내지 규제되는 사항을 우회적으로 달성하거나 한국방송광고공사를 통한 위탁광고제도를 비켜가기 위한 수단으로 협찬고지를 이용하는 것을 방지함으로써 건전한 방송문화 정착과 광고질서 확립을 통해 방송의 공정성과 공익성을 기하고, 나아가 방송의 자유를 실질적으로 보장할 목적으로 입법되었다.

### (2) 협찬고지의 본질

방송법(제 2 조 제22호)이 정의하고 있는 협찬고지의 본질은 ① 협찬주가 협찬이라는 명목으로 협찬주의 명칭 또는 상호, 이미지 또는 상품을 홍보하기 위해 프로그램 등에 재원을 보조한다는 점에서 상업광고의 한 형태라고 할 수 있고, ② 그 표현 방식과 내용이 방송프로그램에 삽입하는 음성·자막·화상 등의 형태로 협찬주의 명칭 또는 상호만을 고지하는 것이라는 점에서 방송광고와 구별된다.

현행 방송법은 방송광고에 대하여는 그 시간·횟수 또는 방법 등에 관한 사항을 제한하고(방송법 제73조 제 2 항), 사전 심의를 의무화하고 있으며(방송법 제32조 제 2 항), 방송광고공사 등의 위탁이 있는 경우에 한해 행할 수 있도록 규제하고 있으나(방송법 제73조 제 5 항), 협찬고지에 대하여는 이러한 제한을 가하지 않는 대신 정의규정인 방송법 제 2 조 제22호에 의해 협찬고지의 방식을 협찬주의 명칭 또는 상호 등을 고지하는 것으로 제한하고, 방송법 제74조 제 1 항에 의해 그 허용범위 자체를 제한함으로써 그 규율에 갈음하고 있다.

따라서 협찬고지는 그 본질상 방송매체를 통한 광고이므로 실정법상 광고방송이 허용되는 범위 내에서 이루어져야 한다. 또 협찬고지는 방송광고와 달리 방송프로그램과 구분되지 않은 채 방송프로그램에 삽입하는 문구나 메시지의 형태로 특정한 협찬주의 명칭 등을 고지할 뿐만 아니라, 협찬과정에서 방송프로그램 제작과정에 영향력을 행사하여 방송프로그램의 상업성을 부채질할 가능성이 있다는 점에서 추가적으로 시청자의 권리와 이익을 위해 이를 규제할 필요가 있다.

헌법재판소의 판례[247] 또한 방송법 제74조 제 1 항은 여타의 법익을 위한 방송의 자유에 대한 제한이 아니라 방송사업의 운영을 규율하는 형성법률로서, 협찬고지를 민영방송사업의 운영에 필수적인 재원조달수단의 하나로 보장하는 한편 그 허용범위를 제한함으로써 방송사업자뿐 아니라 시청자 및 방송관련종사자 등 각 이해관계를 고려해 헌법상 방송의 자유를 실질적으로 보장하기 위해 필요한 규제이며, 그것이 방송의 자유의 객관적 보장영역으로서 필수적 요소인 민영방송사업의 수익성을 부인할 정도로 영업활동에 대한 제한을 가하거나, 민영방송사업자의 사적 자치에 의한 형성이나 결정의 기본적 요소를 박탈하는 정도에 이르지 아니하므로 헌법상 기본원리를 준수하면서 그 입법형성의 재량의 범위 내에서 행해졌다고 볼 수 있어 헌법에 합치되며, 방송사업자인 청구인의 협찬고지에 관한 방송운영의 자유 등 주관적 권리는 방송법 제74조 제 1항의 형성을 통해서 비로소, 그리고 오로지 형성된 기준에 따라 성립되는 것이므로 기본권 제한이나 침해를 내포하지 않고, 따라서 또 다른 헌법적 정당화를 필요로 하지 않는다고 판시하고 있다.

### 3. 방송프로그램 협찬고지 허용의 범위

현행 방송법(제74조 제 1 항)은 방송사업자는 방송법 시행령에서 정하는 범위 안에서 협찬을 고지할 수 있도록 정하고 있다.[248] 협찬을 고지할 수 있는 경우와 허용되지 않는 경우는 다음과 같다.[249]

247) 헌재 2003. 12. 18, 2002헌바49.

248) 방송법 시행령 제60조(협찬고지).

249) 방송법 제74조 제1항의 입법 경위와 목적, 방송법의 전반적 체제 및 협찬고지의 본질에 비추어 위 조항의 위임에 의해 대통령령으로 정해질 협찬고지의 내재적 허용범위는 실정

### (1) 협찬고지 허용기준

방송사업자는 텔레비전방송채널 및 라디오방송채널에서 다음의 경우에 한하여 협찬고지를 할 수 있다. ① 방송사업자가 행하는 공익성 캠페인을 협찬하는 경우, ② 방송사업자가 주최·주관 또는 후원하는 문화예술·스포츠 등 공익행사를 협찬하는 경우, ③ 방송프로그램을 제작하는 자(방송사업자를 제외)로서 방송사업자와 특수관계에 있지 아니한 자의 방송프로그램 제작을 협찬하는 경우, ④ 방송프로그램을 제작하는 자의 공익성이 있는 대형 기획프로그램의 제작을 협찬하는 경우, ⑤ 방송프로그램 제작과정에서 시상품 또는 경품을 제공하거나 장소·의상·소품·정보 등을 협찬하는 경우에는 고지(告知)가 가능하다.

### (2) 협찬고지 불허기준

방송사업자는 다음의 경우에는 협찬고지를 할 수 없다. ① 정당 그 밖의 정치적 이해관계를 대변하는 단체가 협찬하는 경우, ② 법령 또는 방송통신위원회규칙에 의하여 방송광고가 금지된 상품이나 용역을 제조·판매 또는 제공하는 자가 협찬하는 경우, ③ 지상파방송사업자의 시사·보도, 논평 또는 시사토론 프로그램(특별시를 방송구역으로 하는 지상파방송사업자가 외국을 취재대상으로 하여 외국에서 제작한 라디오 프로그램 및 특별시를 방송구역으로 하지 아니하는 지상파방송사업자가 외국을 취재대상으로 하여 외국에서 제작한 프로그램을 제외)을 협찬하는 경우 등은 협찬고지를 할 수 없도록 규정하고 있다.

다만, '한국마사회법'에 의한 한국마사회 등 법률의 규정에 의해 설치된 공공기관 또는 '공익법인의 설립·운영에 관한 법률'(제 2 조의 규정)에 의한 공익법인이 공익성 캠페인을 협찬하는 경우에는 협찬주 이름만을 협찬고지할 수 있다. 기타, 협찬고지의 세부기준 및 방법 등에 관하여 필요한 사항은 방송통신위

법상 광고방송이 허용되는 범위 내에서 건전한 방송문화 및 광고질서 확립을 통해 방송의 공정성과 공익성을 기하고 나아가 방송의 자유를 실질적으로 보장하는 데 기여할 수 있는 범위로 한정될 것이므로 위 조항의 수규자인 방송사업자는 해당 사건의 협찬주인 구(舊)한국담배인삼공사와 같이 방송광고가 금지된 담배 등의 상품이나 용역을 제조·판매 또는 제공하는 자로부터 협찬을 받거나 협찬고지할 수 없음을 충분히 예측할 수 있어 위임의 구체성·명확성의 요건이 충족되었다고 볼 수 있다. 그렇다면, 방송법 제74조 제1항은 입법자가 그 권한 범위 내에서 형성의 재량을 행사한 것으로서 그 위임에 의해 대통령령으로 정해질 협찬고지의 허용범위의 대강을 예측할 수 있으므로 포괄위임입법금지의 원칙에 위배되지 않는다(헌재 2003. 12. 18, 2002헌바49).

원회 규칙으로 정해 운용하도록 하고 있다.[250)]

## 4. 방송프로그램 협찬고지 위반에 대한 제재

방송법(제108조 제 1 항 제11호는 동법 제74조 제 1 항 및 제 2 항의 규정)에 위반하여 협찬고지를 한 경우에는 다음과 같은 제재를 받게 된다.[251)]

250) 방송프로그램별 유료방송을 행하는 방송사업자에 대하여는 방송법 제74조의 규정을 적용하지 않는다(방송법 제85조). 방송법 제74조 제1항 및 제2항의 규정에 위반하여 협찬고지를 한 자는 3천만원 이하의 과태료에 처한다(동법 제108조 제1항 제11호).

251) 방송법 제100조(제재조치 등)

① 방송통신위원회는 방송사업자·중계유선방송사업자 또는 전광판방송사업자가 제33조의 심의규정 및 제74조 제2항에 의한 협찬고지 규칙을 위반한 경우에는 5천만원 이하의 과징금을 부과하거나 다음 각호의 제재조치를 명할 수 있다. 제35조에 따른 시청자불만처리의 결과에 따라 제재를 할 필요가 있다고 인정되는 경우에도 또한 같다. 다만, 방송통신심의위원회는 심의규정 등의 위반 정도가 경미하여 제재조치를 명할 정도에 이르지 아니한 경우에는 해당 사업자·해당 방송프로그램 또는 해당 방송광고의 책임자나 관계자에 대하여 권고를 하거나 의견을 제시할 수 있다.
1. 시청자에 대한 사과
2. 해당 방송프로그램 또는 해당 방송광고의 정정·수정 또는 중지
3. 방송편성책임자·해당 방송프로그램 또는 해당 방송광고의 관계자에 대한 징계
4. 주의 또는 경고

② 제1항의 규정에 의한 제재조치가 해당방송프로그램의 출연자로 인하여 이루어진 경우 해당방송사업자는 방송출연자에 대하여 경고, 출연제한 등의 적절한 조치를 취하여야 한다.

③ 제1항의 규정에 불구하고 위반의 정도가 중대하다고 인정되는 다음 각호의 경우에 한하여 방송통신위원회는 1억원 이하의 과징금을 부과할 수 있다.
1. 음란, 퇴폐 및 폭력 등에 관한 심의규정을 위반하는 경우
2. 「마약류관리에 관한 법률」 제2조 제1호의 규정에 의한 마약류 복용·투약·흡입 및 음주 후 방송출연 등으로 인한 심의규정을 위반하는 경우
3. 제1항 제1호 내지 제3호의 제재조치를 받았음에도 불구하고 대통령령으로 정하는 바에 따라 동일한 사유로 반복적으로 심의규정을 위반하는 경우

④ 방송사업자·중계유선방송사업자 및 전광판방송사업자는 제1항 및 제3항에 따른 과징금처분 또는 제재조치명령을 받은 경우 지체 없이 그에 관한 방송통신위원회의 결정사항전문을 방송하고, 제재조치명령은 이를 받은 날부터 7일 이내에 이행하여야 하며, 그 이행결과를 방송통신위원회에 보고하여야 한다.

⑤ 방송통신위원회는 제1항 및 제3항에 따라 과징금처분 또는 제재조치명령을 하는 경우 미리 당사자 또는 그 대리인에게 의견을 진술할 기회를 주어야 한다. 다만, 당사자 또는 그 대리인이 정당한 사유없이 이에 응하지 아니한 때에는 그러하지 아니하다.

⑥ 제1항 및 제3항에 따른 과징금처분 또는 제재조치명령에 이의가 있는 자는 당해 제재조치명령을 받은 날부터 30일 이내에 방송통신위원회에 재심을 청구할 수

방송통신위원회는 방송사업자·중계유선방송사업자 또는 전광판방송사업자가 방송법(제33조)의 심의규정 및 협찬고지 규칙(동법 제74조 제 2 항)을 위반한 경우에는 5천만원 이하의 과징금을 부과하거나 다음의 제재조치를 명할 수 있다.

① 시청자에 대한 사과
② 해당 방송프로그램 또는 해당 방송광고의 정정·수정 또는 중지
③ 방송편성책임자·해당 방송프로그램 또는 해당 방송광고의 관계자에 대한 징계
④ 주의 또는 경고 등의 제재 조치를 취할 수 있다. 다만, 협찬고지 위반에 따른 제재조치가 해당방송프로그램의 출연자로 인해 이루어진 경우 해당방송사업자는 방송출연자에 대해 경고, 출연제한 등의 적절한 조치를 취해야 한다.

방송사업자는 과징금처분 또는 제재조치명령을 받은 경우 지체 없이 그에 관한 방송통신위원회의 결정사항전문을 방송하고, 제재조치명령은 이를 받은 날부터 7일 이내에 이행해야 하며, 그 이행결과를 방송통신위원회에 보고해야 한다.

방송통신위원회는 과징금처분 또는 제재조치명령을 하는 경우 미리 당사자 또는 그 대리인에게 의견을 진술할 기회를 주어야 한다. 다만, 당사자 또는 그 대리인이 정당한 사유없이 이에 응하지 않은 때에는 그렇지 않다. 과징금처분 또는 제재조치명령에 이의가 있을 경우는 해당 제재조치명령을 받은 날부터 30일 이내에 방송통신위원회에 재심을 청구할 수 있으며 방송통신위원회는 재심결과를 당사자 또는 그 대리인에게 통지해야 한다.

---

있다.
⑦ 방송통신위원회는 제6항의 규정에 의한 방송통신위원회의 재심결과를 당사자 또는 그 대리인에게 통지하여야 한다.

# Ⅳ. 재난방송

## 1. 재난방송의 법적 근거

종합편성 또는 보도전문편성을 행하는 방송사업자는 자연재해대책법(제 2 조)[252]의 규정에 의한 재해 또는 재난및안전관리기본법(제 3 조)[253]의 규정에 의한 재난이 발생하거나 발생할 우려가 있는 경우에는 그 발생을 예방하거나 그 피해를 줄일 수 있는 재난방송을 해야 한다(방송법 제75조 제 1 항).

방송통신위원회는 재해 또는 재난이 발생하거나 발생이 예상되는 때에는 대통령령[254]이 정하는 바에 따라 방송사업자에 대해 재해 또는 재난의 발생을 예방하거나 그 피해를 줄일 수 있는 재난방송을 행하도록 요구할 수 있다. 이 경우 방송사업자는 특별한 사유가 없는 한 재난방송을 해야 한다(동조 제 2 항).[255] 또한 방송통신위원회는 한국방송공사를 재난방송의 주관기관으로 지정할 수 있으며(동조 제 3 항), 그 밖에 재난방송에 관한 기준·방법 등에 관해 필요한 사항은 방송통신위원회규칙으로 정하도록 하였다(동조 제 4 항).[256]

## 2. 재난의 개념 및 재난방송

### (1) 재난의 개념

재난이라 함은 국민의 생명·신체 및 재산과 국가에 피해를 주거나 줄 수 있는 것으로서 ① 태풍·홍수·호우(豪雨)·강풍·풍랑·해일(海溢)·대설·낙뢰·가뭄·지진·황사(黃砂)·적조(赤潮) 그 밖에 이에 준하는 자연현상으로 인하여 발생하는 재해, ② 화재·붕괴·폭발·교통사고·화생방사고·환경오염사고 그 밖에 이와 유사한 사고로 대통령령이 정하는 규모 이상의 피해, ③ 에너지·통신·교

252) 자연재해대책법 제2조.
253) 재난 및 안전관리기본법 제3조.
254) 방송법 시행령 제60조의2(재난방송).
255) 방송법 제75조 제2항의 규정을 위반하여 특별한 사유 없이 재난방송을 하지 않은 자는 3천만원 이하의 과태료에 처한다(동법 제108조 제1항 제11의2호).
256) 방송프로그램별 유료방송을 행하는 방송사업자에 대하여는 방송법 제75조의 규정을 적용하지 않는다(방송법 제85조).

통·금융·의료·수도 등 국가기반체계의 마비와 전염병 확산 등으로 인한 피해 등을 말한다.[257] "해외재난"이라 함은 대한민국의 영역 밖에서 대한민국 국민의 생명·신체 및 재산에 피해를 주거나 줄 수 있는 재난으로서 정부차원의 대처가 필요한 재난을 말한다.

재난방송은 재난의 예방·대비·대응 및 복구를 위해 행하는 중요한 활동이며 재난방송도 재난관리활동의 일환으로 이루어지는 것이다. 방송은 재난으로 인한 시설 및 물질 등으로부터 사람의 생명·신체 및 재산의 안전을 확보하기 위하여 행하는 안전관리의 활동으로도 매우 중요한 방송의 공적 책임을 수행한다고 볼 수 있다.

"재해"란 재난으로 인하여 발생하는 피해를 말하며, 재해 중에서 태풍·홍수·호우(豪雨)·강풍·풍랑·해일·조수(潮水)·대설·낙뢰·가뭄·지진(지진해일을 포함한다)·황사 그 밖에 이에 준하는 자연현상으로 인하여 발생하는 재해를 자연재해라 한다. "풍수해"는 태풍·홍수·호우(豪雨)·강풍·풍랑·해일·조수(潮水)·대설 그 밖에 이에 준하는 자연현상으로 인하여 발생하는 재해를 말한다.[258]

### (2) 재난방송의 시행

재난방송은 일반적으로 KBS, MBC 등 지상파 공영매체를 중심으로 방송사가 자체적으로 판단하여 진행하여 왔다. 지금까지 방송사의 재난방송은 재난을 예방하거나 피해를 최소화하기 위한 목적과 함께 재난으로 인한 피해 즉, 재해를 극복하기 위한 활동에 국민적 동참이나 역량을 모으기 위해서 관행적으로 이루어져 왔다. 따라서 재난방송이라 함은 재난의 예상에서부터 재해의 극복까지의 과정에 이루어지는 것을 재난방송의 범주로 보아야 한다.

방송사들이 자체적으로 재난방송을 실시하지 않을 경우 방송통신위원회는 방송법(제75조 제 2 항)의 규정에 의하여 방송사업자에게 재난방송을 요구할 수 있다. 방송통신위원회가 재난방송을 요청할 경우에는 서면으로 해야 한다. 다만, 재해 또는 재난의 예방을 위해 긴급한 사유가 있는 때에는 전화·모사전송·정보통신망 등의 방법으로 할 수 있다.

방송통신위원회가 재난방송을 요구하는 때에는 ① 재난상황, ② 기상상황

257) 재난 및 안전관리 기본법 참조.
258) 자연재해대책법 제2조 참조.

및 기상특보 발표 내용(자연현상으로 인하여 발생하는 재해 또는 재난의 경우에 한함), ③ 재난유형별 국민행동요령, ④ 그 밖에 피해를 예방하거나 경감하기 위해 필요한 사항 등을 명시해야 한다.

## Ⅴ. 보편적 시청권의 보장

### 1. 보편적 시청권의 의의

#### (1) 보편적 시청권의 개념

'보편적 시청권'은 통신분야에서 도입되기 시작한 '보편적 서비스'에서 방송분야로 확장된 개념이다. 보편서비스(universal service) 개념은 1907년 AT&T 초대 사장인 베일(Vail)이 주창했던 '하나의 시스템, 하나의 정책, 보편적 서비스(One System, One Policy, Universal Service)'라는 슬로건에서 비롯되었다. 당시 AT&T는 경쟁관계에 있던 전화회사들을 제압하기 위해 모든 전화 가입자들이 단일의 통신망을 통해 편리하게 통화할 수 있어야 하며, 독점에 따른 전화요금 인상 가능성에 대해서는 정부의 규제를 기꺼이 받겠다고 주장했다. 즉 보편서비스 개념은, AT&T가 독점적인 사업권을 인정받기 위해 주창한 '하나의(single), 공통의(common), 단일한(uniform), 전국적인(nationwide) 통신 네트워크 구축' 구호에 의해 구체화 되었다(Simpson, 2004).

전통적인 보편적 서비스의 개념은 미국의 모든 가정에 전화에 대한 접근성이 주어져야 한다는 생각에서 출발한 최소한의 통신이용권을 내용으로 하여 1934년 미국의 통신법에서 규정한 내용이 국제적으로 확대된 것이다. 1934년 미국 통신법이 도입한 보편적 서비스 개념은 "적절한 비용(affordable price)으로 기본적 통신서비스를 모든 미국 국민들에게 널리 이용할 수 있도록 하는 것"으로 정의하고 있다.

보편적 서비스란 통신에서는 음성 유선전화서비스에 초점을 둔 '정보수단에의 접근가능성'을 주로 의미하나, 방송에서는 '방송서비스에의 보편적 접근가능성'과 '편성내용에서의 보편성'을 포괄하는 개념으로 해석하고 있다.[259] 이후,

259) 보편적서비스실현방안보고서, 2007. 7. 26, 방송통신융합추진위원회.

1990년대 후반부터 통신영역에서 인터넷 접속 등 고도정보서비스를 보편적 서비스의 개념에 포함시켜야 한다는 논의가 국제적으로 제기되고 있다.

우리나라에서 보편서비스 개념이 법제화된 것은 1995년 제정된 정보화촉진기본법에서부터이다. 이 법에서는 "정보통신기반에 대한 자유로운 접근과 활용, 지역·경제적 차별이 없는 균등한 조건의 보편적 역무 제공"을 정보통신시책의 기본원칙으로 명문화했다. 또한 1996년 정보화촉진기본법에서는 정보통신 기반에 대한 자유로운 접근과 활용(제 3 조 제 3 항), 지역, 경제적 차별이 없는 균등한 조건의 보편적 역무 제공(제 3 조 제 4 항) 등을 규정했다. 그리고 1998년 전기통신사업법 개정을 통해 보편서비스 제도를 도입하면서 최소한의 통신이용권을 음성전화 수준으로 간주하고, 지원대상이 되는 통신서비스의 범위를 지정했다. 이에 따른 후속조치로서, 1999년 3월 이후에는 보편적 내용의 역무, 제공사업자의 지정방법 및 손실보전의 원칙 등을 규정하였고 12월 이후에는 보편서비스의 제공 범위, 비용분담제도, 손실 분담금 산정, 분담 기준 및 면제기준 등 세부적인 시행방안이 마련되어 시행되고 있다.[260)]

우리나라 방송법에서는 당초에는 명시적으로 보편적 서비스에 대해 규정하지 않고 있었으며 방송의 공익성, 공공성 또는 공적 책임의 차원에서 보편적 접근 및 내용의 보편성을 추구해 왔었다. 그 후 방송법을 개정하면서(2007.1.26 발효) '보편적 시청권'을 새로이 규정함으로써 보편적 접근 개념을 직접적으로 명시하기 시작하였다. 방송법이 규정하고 있는 보편적 서비스 요소는 난시청해소를 위한 노력, 지상파방송의 동시재송신, 유료방송에서의 공공채널·공익채널 편성, 종합유선방송에서의 지역채널 편성, 재난방송의 실시, 보편적 시청권의 보장 등을 들 수 있다.

방송에서의 보편서비스 개념을 명확하게 정립하기 위해서는 방송 공익성 개념과의 관계를 이해할 필요가 있다. [표 4-1]에서 확인할 수 있듯이, 기본적으로 방송의 공익성은 사회적 공론의 역할을 통해 보편적 이익을 도출해 내는 것과 사회공동체의 다원주의의 보장을 위해 다양한 주제의 프로그램을 제공하는 것으로 요약할 수 있다. 따라서 방송의 보편서비스는 이와 같은 공익성 이념을 관철하기 위한 하나의 원칙이라고 볼 수 있다. 즉, 공익성은 보편서비스 개념을

260) 윤호진·최세경, "디지털 융합 환경하에서 방송영상콘텐츠의 공정접근과 보편적 서비스연구," 방송위원회자유, 2007. 12.

[표 4-1] 공익성과 보편서비스의 개념적 차이

| 구분 | | 공익성(public interest) | 보편서비스(universal service) |
|---|---|---|---|
| 기원 | 지역 | 서구 | 미국 |
| | 목표 | 공공이해를 우선하는 평등한 서비스 | 상업적 이해 속에서 기본적 서비스 구현 |
| | 근거 | 전파자원의 희소성/사회적 영향력 | 독점의 반대급부/사회적 형평성 |
| 구성 요인 | 공통점 | 지리적 보편성/지불의 보편성 소구의 보편성/소수계층 배려 | 지리적 보편성/지불의 보편성 이용의 보편성/소수계층 배려 |
| | 차이점 | 정치적 독립성, 수수자 배려, 지역성, 다양성, 중립성, 질적 수준 보장 | 지속성 |
| 구현 | 기본 정책 | 방송사업자 규제 정책 | 이용자 지원 정책 |
| | 정책 변화 | 프로그램 공익성에서 디지털 매체 접근권 | 망 접근권에서 서비스 향수권 강조 전화에서 전기통신/방송으로 확대 기본서비스에서 고도서비스 포함 |

출처: 이상식(2003).[261]

포괄하는 광의의 개념으로 이해할 수 있다.

보편서비스와 공공서비스의 개념적 차이를 살펴보면, 먼저 공공서비스는 사용자들 간의 차별성 정도에 관심을 갖고 차별이 심해질 경우 불평등을 완화시키기 위하여 노력한다. 반면 보편서비스는 일률적인 기준에서 모두가 어떠한 환경에 있든 동일한 접근 기회를 가지도록 노력한다. 그 결과, 공공서비스는 불평등한 상황을 개선하기 위한 정책적 개입을 필요로 하지만, 보편서비스는 개입의 필요성을 없앤다(Lapp, 1996).

261) 윤호진·최세경, 전게보고서, 44면 재인용.

### (2) 방송법상의 보편적 시청권 및 도입 배경

일반적으로 방송통신 분야에서 보편서비스가 추구되는 이유는 크게 두 가지를 실현하기 위함이다. 첫째, 소비자의 지위(position)를 보호하는 것이다. 효과적인 경쟁과 선택을 통하여 질 좋은 서비스를 공중이 이용하도록 조건을 만들고 서비스로부터 배제(exclusion)를 최소화하는 것이다. 둘째, 시장에 의해 충족되지 않는 소비자의 정보수용 의지인 니즈(needs)를 충족시키려는 것이다. 소비자의 보호와 사회적 수용(inclusion)을 적극적으로 장려하는 정책의지라 할 수 있다. 따라서 보편서비스는 전송서비스를 구현하는 필수설비에 대한 접근을 의무화하는 분야와 서비스가 제공하는 콘텐츠에 대한 보편적 접근을 의무화하는 분야로 구분될 수 있다.[262]

우리나라 방송법에 보편적 시청권이 도입되게 된 것은 방송사간의 스포츠 중계권을 둘러싼 과당경쟁과 중계권 독점으로 인한 폐단을 예방하기 위해서 이다. 방송법(방송법 제2조 제25호)은 국민적 관심이 매우 큰 체육경기대회 그 밖의 주요 행사 등에 관한 방송을 일반 국민이 시청할 수 있는 권리로 규정하고 있다. 따라서 현행 방송법에 규정된 '보편적 시청권'이란 국민적 관심이 매우 큰 체육경기대회 및 밖의 주요 행사 등에 관한 방송을 일반 국민이 시청할 수 있는 권리를 말한다.[263] 방송법은 이러한 일반 국민의 '보편적 시청권'을 실질적으로 보장하기 위해 "방송사업자는 다른 방송사업자에게 방송프로그램을 공급할 때에는 공정하고 합리적인 시장가격으로 차별 없이 제공하여야 한다"[264]라고 규정하여 방송프로그램의 공급의 일반원칙을 명시하고 있다.

이어서 방송법 제76조 제2항 제1문은 방송통신위원회가 방송법(제76조의 2)의 규정에 따른 보편적 시청권보장위원회의 심의를 거쳐 국민적 관심이 매우 큰 체육경기대회 그 밖의 국민관심행사 등 주요 행사를 고시하도록 규정하였다. 또한 동조 제2항 제2문은 "방송통신위원회는 문화체육관광부장관, 방송사업자 및 시청자의 의견을 들어야 한다"라고 규정하여 '보편적 시청권'의 대상이 되는 '국민관심행사 등'에 대한 고시의무를 명시하고 있다.

262) 윤호진·최세경, 전게보고서, 47면.
263) 방송법 제2조 제25호.
264) 방송법 제6조 제1항 이하 참조.

방송법 제76조 제3항에서는 "국민관심행사 등에 대한 중계방송권자 또는 그 대리인 등은 일반국민이 이를 시청할 수 있도록 중계방송권을 다른 방송사업자에게도 공정하고 합리적인 가격으로 차별 없이 제공하여야 한다"라고 규정하여 일반국민의 '보편적 시청권'이라는 권리의 실현에 저해요소가 될 수 있는 중계방송권의 독점 및 불공정한 거래를 명시적으로 규제하고 있다.[265)]

앞에서 설명했듯이 보편적 시청권의 개념이 방송법에 도입된 것은 월드컵 축구경기나 프로야구, 프로축구 등 국민적 관심이 높은 행사나 방송프로그램에 대한 중계권을 둘러싸고 방송사업자 간의 과당경쟁으로 인해 많은 부작용이 발생하고 있기 때문이다. 그 대표적인 부작용은 국내방송사업자 간의 과당경쟁으로 중계권료에 대한 부담이 그고, 방송사업자의 사업권역에 따라서는 시청이 불가능한 방송 수용자들이 발생하는 사례들이 있어온 것이다. 결국 방송사업자 간의 프로그램 독점권이 시청자의 시청권을 저해하는 상황이 발생하는 것을 막기 위해 '보편적 시청권의 보장'이라는 시청자 권익보호장치를 도입하게 된 것이다.

### (3) 보편적 서비스의 고도화 필요성[266)]

전통적인 보편적 서비스는 전화서비스에서 비롯되었지만, 관련 기술의 발전으로 다양한 방송통신융합 서비스들이 등장하면서 보편적 서비스의 개념 전환의 필요성이 대두되고 있다.

미국은 1996년 통신법을 통해 정보통신 기술발전 및 서비스 진전 등 시장동향을 고려하여 보편적서비스제도에 대한 정기적인 검토를 시작하였으며, 우리나라도 전기통신사업법에서 보편적 서비스의 대상을 ① 정보통신기술의 발전정도, ② 전기통신역무의 보급 정도, ③ 공공의 이익과 안전, ④ 사회복지 증진, ⑤ 정보화촉진을 고려하여 정하도록 규정(전기통신사업법 제3조의2 제3항)하고 있다. 방송과 통신이 융합되고 초고속 인터넷이 커뮤니케이션의 주요 수단으로

265) "방송사업자는 제1항 및 제3항의 규정을 위반하는 행위에 관하여 방송통신위원회에 서면으로 신고할 수 있다"라고 규정하고(방송법 제76조 제4항), "방송통신위원회는 제4항의 규정에 따른 신고를 접수한 경우에는 제35조의3의 규정에 따른 방송분쟁조정위원회의 심의를 거쳐 60일 이내에 그 결과를 통보하여야 한다"라고 규정하여 일반국민의 '보편적 시청권'의 실현을 저해하는 행위의 신고에 대한 사항과 그 결과통보 의무를 명시하고 있다(동조 제5항).

266) 이하 윤호진·최세경, 전게보고서, 97-228면 주로 참조.

대두되는 환경변화에 맞도록 보편적 서비스 제도에 대한 새로운 접근 필요하기 때문이다.

현실적으로도 방송통신융합에 따라 유료서비스가 늘어나고 사업자간, 서비스간 경쟁이 더욱 심화되어 대도시 등 고수익 지역과 저수익 지역간 서비스 보급의 격차가 확대되고 있으며, 기존의 통신영역뿐만 아니라 방송영역에서도 경쟁과 시장원리가 지배함으로써 방송서비스의 유료화 추세는 공공서비스로서의 방송 역할이 축소되는 경향이어서 보편적 서비스 차원에서 시청자의 시청권을 보호해야 할 필요성이 증가하고 있다.

이와 같은 현실은 정보와 편익의 계층별 격차로 이어져 사회적 불평등 구조가 심화될 우려가 높고, 기술발전으로 다양한 미디어가 등장함에 따라 경제적인 능력에 따른 계층간 서비스 이용이 차별화로 인한 격차가 커질 수밖에 없다. 즉, 새로운 융합환경에서 정보접근 능력을 지닌 사람은 신규 서비스의 수용으로 인하여 다양한 편익의 제고가 가능하나 소외계층에게는 정보격차로 인한 사회경제적 불이익이 발생하는 구조적 불평등이 심화될 우려가 높다.

따라서 유료화시대에 이용자의 시청권 보호, 계층 간의 정보격차 해소, 크림 스키밍(cream skimming) 방지 등을 위해 방송통신 융합시대에 맞는 보편적 서비스 강화 내지는 고도화 대책이 필요하다.

## 2. 보편적 서비스 실현을 위한 제도

### (1) 고도 보편적 서비스 제도

인터넷 접속 서비스가 급속히 확산되면서 정보격차(digital divide)가 확대되지 않도록 고도 보편적 서비스(Advanced Universal Service)제도의 도입 논의가 지속적으로 제기되고 있다. 기존의 보편적 서비스 제도는 음성전화를 보편적으로 보장해야 할 서비스로 규정하고 있으나, 고도 보편적 서비스 제도는 인터넷 접속 서비스까지 범위를 확대하고 있다. 인터넷 접속 서비스에 대한 보편적 서비스 포함의 필요성에 대해서는 상반된 견해가 대립하고 있다.

보편화를 반대하는 입장은 국내 인터넷 접속 서비스는 시장이 적절한 기능을 수행하고 있으므로 정부의 정책적 개입이 불필요하며, 외국에서도 명시적

정책을 통해 구체화된 사례가 많지 않다는 주장이다. 반면에 보편화를 찬성하는 입장은 인터넷 접속 서비스의 보급이 포화상태에 도달하여 시장을 통한 추가적 보급 확대는 어려우므로 정보격차로 인한 차별을 예방하는 차원에서 보편화를 검토해야 한다는 견해이다.

미국은 1996년 통신법을 개정한 이후, 부분적 고도 보편적 서비스를 법제도적으로 시행(학교·도서관·시골 의료기관을 대상으로 인터넷 접속 서비스 보편화 시행)하고 있다. 미국을 제외한 대부분의 국가는 인터넷 접속 서비스 보편화를 위한 명시적 제도의 도입보다는 다양한 제도를 통한 보급 확대에 노력을 기울이고 있는 추세이다. 우리나라는 국민 전체가 인터넷 혜택을 받을 수 있는 환경조성을 위해 정부재원 투입 등 다양한 정책을 추진하고 있다. 대표적으로 2006년 12월부터는 저소득층·장애인 등 사회적 소외계층에 대한 초고속인터넷 요금 감면(30% 정도)제도를 시행하고 있다.

### (2) 지상파방송의 직접 수신율 제고

우리나라의 경우 별도의 수신 장치 없이 지상파방송 시청이 어려운 가구수는 71만 4천 가구이다.[267] 특히 공동주택 비율이 전체 가구의 60% 이상인 우리나라는 빌딩 및 아파트의 고층화로 인한 인위적 난시청 지역이 많이 발생, 케이블TV나 위성방송 등 유료방송을 통해 지상파방송을 수신하고 있다. 방송위원회(2006)의 조사에 따르면, 케이블TV 가입 시 고려요인으로 'TV 수신이 잘 되기 위하여'(57.1%)가 가장 높게 나타나고 있다. 'TV 수신이 잘되기 위하여'라고 답한 비율은 대도시지역이 51.7%, 중소도시지역이 60.7%, 군지역이 70.1%에 달한다. 그만큼 난시청의 문제로 인한 보편적 시청권의 침해실태의 심각성을 보여 주고 있다.

따라서 이 같은 문제점을 해결하기 위해서는 유료방송 가입여부와 관계없이 시청자들이 지상파방송을 보편적 서비스 차원에서 직접 수신할 수 있도록

267) 전국 난시청 가구 수(단위: 천 가구).

| 지역 | 서울 | 인천 경기 | 부산 경남 | 대구 경북 | 광주 전남 | 전북 | 대전 충남 | 충북 | 강원 | 제주 | 계 |
|---|---|---|---|---|---|---|---|---|---|---|---|
| 가구수 | 0 | 128 | 149 | 160 | 74 | 30 | 33 | 51 | 87 | 2 | 714 |

자료: KBS(2007. 4월 기준).

[케이블TV 가입시 주요 고려 요인] (단위 : %)

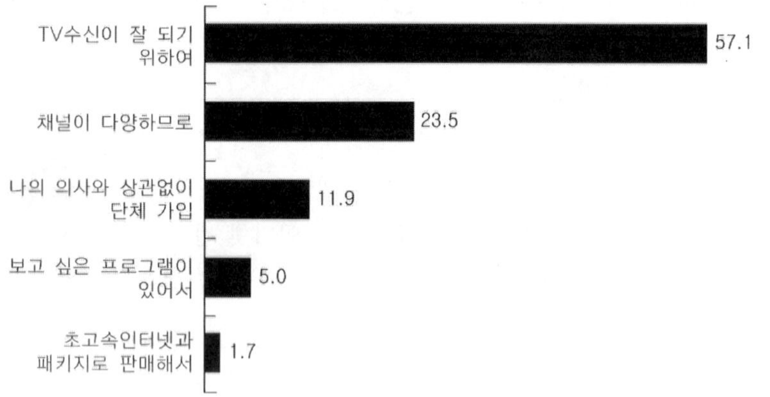


자료: 방송위원회, "TV 시청행태 연구," 2006.

공시청망(공동주택 공시청수신설비; MATV망) 설비에 대한 지원 등 접근보장정책이 필요하다.

### (3) 사회적 취약계층의 정보접근권 강화

현행 방송법은 방송위원회가 장애인 시청사업을 위해 방송발전기금에서 경비의 일부를 지원할 수 있도록 규정하고 있다. 그러나 방송통신융합 등 정보화가 진전될수록 장애인 등 사회적 취약계층의 사회적 소외감 및 격차가 오히려 증대되는 추세이기 때문에 이에 대한 지원제도를 확대함이 바람직하다.[268] 특히 시각장애나 청각장애 등으로 인하여 미디어 혜택을 받지 못하는 소외계층을 위한 기술적 지원 및 정책적 보조(방송사의 화면해설방송, 자막방송, 수화방송의 편성 확대 외에 시각장애인을 위한 화면해설방송 수신기의 보급과 청각장애인을 위한

268) 2007년도 장애인을 위한 방송프로그램 제작 지원사업(2007.1.8일 방송위원회 의결)

- 지상파방송 3사(KBS, MBC, SBS)의 자막방송을 70% 이상 편성하되,
- 드라마·뉴스 등 장애인 선호 방송프로그램의 경우 90% 이상으로 확대하는 것을 기본원칙으로 함
- 지상파방송 4사(KBS, MBC, SBS, EBS)에 대해서는 자막 및 화면해설방송 제작을 지원하며,
- 장애인방송 인프라가 취약한 지역방송 37개사에 대해서는 자체제작 로컬 뉴스프로그램 및 토론 프로그램에 대한 수화방송을 지원

자막방송 수신기의 보급 확대 등)가 필요하다.[269)]

### (4) 단말기 보급 지원

융합시대에는 단말기 자체가 이용자의 접근권을 좌우하는 주요 요소이므로 고가의 단말기로 인한 보편적 접근 제한을 해소하기 위한 단말기 가격보조 정책 등이 필요하다. 특히 디지털 전환이 완료되는 시점에 디지털TV 수상기로의 교체가 어려운 사람들을 위한 디지털TV 수상기 구입 보조금 지원 및 DtoA 컨버터 보급 정책은 중요한 문제이다.[270)]

저가 요금 또는 요금감면 정책은 경제적 측면에서의 접근성을 확보하기 위한 것으로 기술적 장애 제거와 함께 디지털 격차 해소를 위해 중요하며, 보편적 서비스 제공 차원에서 무료 서비스 제공뿐만 아니라, 유료 서비스 중심의 신규 매체들에도 접근할 수 있도록 저렴한 요금 또는 특정 대상자에 대한 요금감면 정책이 필요하다.[271)] 특히 방송통신융합시대에는 다양한 종류의 유료 융합서비스들이 증가할 것으로 예상되므로 이러한 서비스에서도 경제적 부담능력이 디지털 격차를 증가시키지 않도록 지불비용의 최소화가 이루어지도록 지원해야 한다.

### (5) 지상파방송의 권역내 재송신 보장

방송통신 융합환경에 따라 각국은 보편성 구현 측면에서 공영방송이나 지상파방송의 역할을 더욱 강조되고 있다. 정보가 개인화, 사유화, 유료화되어 가

269) 미국의 사례

- 1990년대에 모든 지상파방송사의 프라임타임대 자막방송 의무화
- TDCA(Television Decoder Circuity Act)를 통해 미국에서 판매되는 13인치 이상의 TV수상기에 Closed-Caption Decoder 장착 의무화
- 1996년 음성해설(Audio Description) 도입을 촉진하는 조항 신설

270) DtoA(Digital to Analog) 컨버터: 디지털방송 신호를 아날로그 신호로 변환하는 장치.

271) 1) 우리나라의 경우 통신분야는 1989년에 '복지통신요금제도'를 채택하여 '장애자 요금제도' 실시하고 있으며, 방송분야에서는 현재 케이블방송사들이 공익적 사업의 일환으로 지역 내 거주하는 저소득층, 독거노인, 소년소녀가장들에게 셋톱박스 설치 및 이용요금 면제하고 있다.

2) 미국은 저소득 가입자에게 월사용료를 감액시켜 주는 라이프라인(Lifeline) 제도, 설치비를 감면 해주는 링크 업(Link-up) 제도를 실시하고 있으며, 영국은 저소득자, 고령자 및 신체장애자 등을 대상으로 하는 서포트 라인(Support line) 제도 등이 있다.

는 추세 속에서 보편적인 서비스의 기초로서 공영방송이나 지상파방송의 역할이 더욱 중시될 수밖에 없다. 케이블TV는 난시청해소 차원에서 해당 방송권역의 지상파방송채널을 모두 재전송하였으나, 위성방송사업자는 지역성 구현 및 사업자간 경쟁 문제로 KBS2, MBC 등으로 논란이 되고 있다.[272] 공영방송이나 지상파방송은 보편적 서비스 차원에서 권역 내 재송신을 보장하되, 신규매체는 지역성 구현 등 지역방송 보호와 균형발전, 콘텐츠 활성화, 매체간 특성, 저작권 문제 등을 종합적으로 고려한 지상파방송 재송신 방안이 마련되어야 한다.

### 3. 보편적시청권보장위원회

방송법(제76조 제 2 항)은 국민의 시청권 보호를 위해 '국민관심행사 등의 고시' 등에 관한 업무의 원활한 수행을 위해 방송통신위원회에 '보편적시청권보장위원회'를 두게 하였다. 보편적시청권보장위원회 위원은 방송통신위원회 위원장이 방송통신위원회의 동의를 얻어 7인 이내로 위촉하며, 보편적시청권보장위원회의 구성과 운영에 관해 필요한 사항은 방송통신위원회규칙으로 정하고 있다.[273]

### 4. 보편적 시청권 보장을 위한 조치

#### (1) 보편적 시청권 저해 금지

방송사업자 및 중계방송권자등은 일반국민의 '보편적 시청권'을 보장하기 위해 대방송법 시행령에서 정하고 있는 금지행위 등 준수사항을 이행해야 한다.[274] '보편적 시청권'을 보장하기 위해 금지하고 있는 행위는 ① 중계방송권자로서 국민적 관심이 매우 큰 체육경기대회나 그 밖의 주요 행사("국민관심행사

272) 1) SkyLife(2002년 본방송 시작): 민방/지역MBC/케이블사업자들의 반대로 지상파 재송신 지연(2005년 2월 권역별 재송신 승인).
2) 위성DMB: 방송위는 사업자간 자율계약을 전제로 재송신 승인신청시 승인키로 의결(2005년 5월 지상파방송사는 지상파DMB의 경쟁력 확보시까지 재송신 보류, 2007년 7월 MBC와 'MY MBC' 채널의 수도권 재송신 계약체결).

273) 방송법 제76조 제2·4항 참조.

274) 방송법 시행령 제60조의3(금지행위).

등")의 종류 및 국민관심도 등을 고려하여 국민 전체가구 수의 100분의 60 이상 100분의 75 이하의 범위에서 방송통신위원회가 고시하는 비율 이상(올림픽이나 국제축구연맹이 주관하는 월드컵의 경우에는 국민 전체가구 수의 100분의 90 이상)의 가구가 시청할 수 있는 방송수단을 확보하지 않는 행위, ② 중계방송권을 확보하였음에도 불구하고 정당한 사유 없이 국민관심행사 등을 제 1 호의 방송수단을 통해 실시간으로 방송하지 않는 행위, ③ 정당한 사유 없이 중계방송권의 판매 또는 구매를 거부하거나 지연시키는 행위, ④ 정당한 사유 없이 국민관심행사 등에 대한 뉴스보도나 해설 등을 위한 자료화면을 제공하지 않는 행위 등을 해서는 안될 뿐만 아니라 다른 방송사업자, 중계방송권자등 또는 제 3 자로 하여금 이를 행하도록 해서는 안되는 행위로 금지하고 있다. 방송통신위원회는 금지행위 여부를 판별하기 위해 세부기준을 정해 고시할 수 있다.

### (2) 금지 위반에 대한 제재

보편적 시청권을 저해하는 금지사항을 위반한 방송사업자 및 중계방송권자등에 대해 금지행위의 중지 등 필요한 시정조치를 명할 수 있으며,[275] 동시에 ① 금지행위의 중지, ② 개선계획의 제출, ③ 그 밖에 시정을 위하여 필요한 조치 등을 함께 병과할 수 있다. 방송통신위원회가 시정조치를 명하는 경우 그 시정대상행위가 공정거래법상의 행위와 관련이 있을 경우는 사전에 공정거래위원회와 협의 거친 후 조치를 취해야 한다.

방송통신위원회는 시정조치를 명하기 전에 당사자에게 기간을 정해 의견진술의 기회를 주어야 한다. 다만, 당사자가 정당한 사유 없이 이에 응하지 않는 때에는 의견진술의 기회를 스스로 포기한 것으로 간주하고 시정조치를 취할 수 있다.

방송통신위원회는 보편적 시청권보장에 저해되는 금지사항의 위반 여부에 대한 사실관계의 조사를 위해 필요한 경우는 방송사업자 및 중계방송권자등에게 자료제출을 요청할 수 있으며,[276] 사무처의 직원으로 하여금 방송사업

275) 방송법 시행령 제60조의4(시정조치).
276) 방송법 시행령 제60조의5(자료제출)

① 방송통신위원회는 법 제76조의3 제3항에 따라 방송사업자 및 중계방송권자 등에게 다음 각호의 자료를 제출하도록 요청할 수 있다. 1. 계약서(이면합의서 및 계약 준

자 및 중계방송권자 등의 사무소 또는 사업장에 출입하여 조사를 하게 할 수 있다.[277]

방송사업자 및 중계방송권자 등이 정당한 사유 없이 시정조치를 이행하지 않는 때에는 해당 중계방송권의 총 계약금액에 100분의 5를 곱한 금액을 초과하지 않는 범위 안에서 과징금을 부과할 수 있도록 하였다.[278]

## 5. 중계방송권의 공동계약 및 중계방송의 순차편성

방송통신위원회는 '국민관심행사 등'에 대한 '보편적 시청권'을 보장하고 중계방송권 확보에 따른 과도한 경쟁을 방지하기 위해 중계방송권 계약에 있어서 방송사업자 또는 중계방송권자등에게 공동계약을 권고할 수 있도록 규정하였다(방송법 제76조의4). 또한 방송사업자는 '국민관심행사 등'에 대한 중계방송권을 사용함에 있어서 과다한 중복편성으로 인해 시청자의 권익을 침해하지 않도록 해야 하고, 채널별·매체별로 순차적으로 편성하기 위해 노력해야 하며, 방송통신위원회는 이와 같은 채널별·매체별 순차편성이 효율적으로 이루어질 수 있도록 방송사업자에 대해 권고할 수 있다.

---

> 비서류를 포함한다), 2. 판매 관련 서류, 3. 중계방송권 확보와 관련한 업무현황 자료, 4. 그 밖에 국민관심행사 등의 계약과 관련된 서류
> ② 방송통신위원회는 제1항에 따라 제출받은 자료가 외부에 유출되지 아니하도록 유의하여야 한다.

277) 방송법 제76조의3 제3항의 규정에 따라 조사를 하는 사무처의 직원은 그 권한을 표시하는 증표를 지니고 이를 관계인에게 내보여야 한다(동법 제76조의3 제5항).

278) 방송법 시행령 제60조의6(과징금 부과기준)

> ① 법 제76조의3 제4항에 따른 위반행위의 종별에 따른 과징금의 금액은 별표 2의2와 같다.
> ② 방송통신위원회는 위반행위의 동기·내용 및 횟수 등을 참작하여 제1항에 따른 과징금의 금액의 2분의 1의 범위에서 이를 가중하거나 감경할 수 있다. 이 경우 가중하는 때에도 과징금의 총액은 법 제76조의3 제4항에 따른 상한 금액을 초과할 수 없다.

## Ⅵ. 유료방송의 승인

유료방송,[279] 즉 시청자와의 계약에 의해 수개의 채널단위·채널별 또는 방송프로그램별로 대가를 받고 제공하는 방송을 하고자 하는 방송사업자·중계유선방송사업자 및 음악유선방송사업자는 이용요금 및 기타 조건에 관한 약관을 정해 방송통신위원회에 신고해야 한다.

이용요금에 대하여는 방송통신위원회의 승인을 얻어야 하며(방송법 제77조 제1항 제1문), 신고한 약관이나 승인을 얻은 이용요금을 변경하고자 하는 경우에도 승인을 얻어야 한다.[280] 그리고 방송통신위원회는 (방송법 제77조 제1항의 규정에 의한) 약관이 현저히 부당하여 시청자의 이익을 저해한다고 판단하는 때에는 유료방송을 행하는 방송사업자·중계유선방송사업자 및 음악유선방송사업자에게 상당한 기간을 정해 그 약관의 변경을 명할 수 있다.

## Ⅶ. 방송내용의 기록 및 보존

방송사업자·중계유선방송사업자·전광판방송사업자 및 음악유선방송사업자는 방송일지에 방송내용(방송프로그램 및 방송광고를 포함한다)을 기록하여 비치해야 하고, 특별한 사유가 없는 한 방송 실시결과를 방송 후 1월 이내에 방송통신위원회에 제출해야 한다(방송법 제83조 제1항).[281]

방송사업자[282]는 재송신의 경우를 제외하고는 해당 방송의 예고방송을 포

279) 방송법 제2조 제20호.

280) 방송법 제77조 제1항의 규정에 위반하여 약관의 신고 또는 변경신고를 하지 않거나 승인 또는 변경승인을 얻지 않고 유료방송을 한 자는 3천만원 이하의 과태료에 처한다(동법 제108조 제1항 제12호).

281) 방송법 제83조 제1항의 규정에 의한 방송일지를 기록하지 않거나 허위로 기록한 자 또는 방송실시결과를 제출하지 않은 자는 3천만원 이하의 과태료에 처한다(동법 제108조 제1항 제17호).

282) 방송법 제2조 제3호

> "방송사업자"라 함은 다음 각 목의 자를 말한다.
> 가. 지상파방송사업자: 지상파방송사업을 하기 위하여 제9조 제1항의 규정에 의하여

함하여 방송된 방송프로그램 및 방송광고의 원본 또는 사본을 방송 후 6월간 보존해야 한다.[283]

## Ⅷ. 방송사업의 폐업 및 휴업

방송사업자·중계유선방송사업자 및 음악유선방송사업자는 천재·지변 등 불가피한 사유가 있는 경우에 한해 휴업할 수 있다. 방송사업자·중계유선방송사업자·음악유선방송사업자 및 전광판방송사업자가 그 업무를 폐업하거나 휴업하고자 하는 때에는 방송통신위원회에 신고해야 한다.[284][285] 방송사업의 폐업 및 휴업의 신고절차 등에 관해 필요한 사항은 방송통신위원회규칙으로 정하고 있다.

---

허가를 받은 자
나. 종합유선방송사업자: 종합유선방송사업을 하기 위하여 제9조 제2항의 규정에 의하여 허가를 받은 자
다. 위성방송사업자: 위성방송사업을 하기 위하여 제9조 제1항의 규정에 의하여 허가를 받은 자
라. 방송채널사용사업자: 방송채널사용사업을 하기 위하여 제9조 제5항의 규정에 의하여 등록을 하거나 승인을 얻은 자
마. 공동체라디오방송사업자: 공중선전력 10와트 이하로 공익목적으로 라디오방송을 하기 위하여 제9조 제11항의 규정에 의하여 허가를 받은 자

283) 방송법 제83조 제1항의 규정에 의한 방송일지의 기록 및 방송실시결과의 제출시기 등과 동조 제2항의 규정에 의한 사업자별 방송프로그램 및 방송광고의 원본 또는 사본의 보존 등에 관해 필요한 사항은 방송통신위원회규칙으로 정한다(동법 제83조 제3항). 방송법 제83조 제2항의 규정에 위반하여 방송프로그램 및 방송광고의 원본 또는 사본을 보존하지 않은 자는 3천만원 이하의 과태료에 처한다(동법 제108조 제1항 제18호).

284) 방송법 제84조 제2항. 제1항 이하 참조.

285) 방송법 제84조 제1항의 규정에 의한 신고를 하지 않고 폐업하거나 휴업한 자는 3천만원 이하의 과태료에 처한다(동법 제108조 제1항 제19호).

# 제 4 절 시청자의 권익보호 및 방송발전지원

## Ⅰ. 시청자의 권익보호

### 1. 방송사업자의 자체심의 의무

방송사업자는 자체적으로 방송프로그램을 심의할 수 있는 기구를 두고, 보도에 관한 방송프로그램을 제외하고는 방송되기 전에 이를 심의해야 한다. 다만, 공동체라디오방송사업자의 경우에는 방송권역 청취자가 참여하는 방송평가회를 연 1회 이상 실시해야 한다.[286]

방송사업자는 허위, 과장 등 시청자가 오인할 수 있는 내용이 담긴 방송광고를 방송해서는 안 되며, 방송사업자는 방송광고가 방송되기 전에 자체적으로 심의하거나 방송통신위원회에 신고한 방송 관련 기관 또는 단체에 위탁하여 심의할 수 있다.[287]

### 2. 방송사업자의 시청자위원회 설치의무

#### (1) 시청자위원회의 설치

종합편성 또는 보도전문편성을 행하는 방송사업자는 시청자의 권익을 보호하기 위해 시청자위원회를 두어야 하고,[288] 각계의 시청자를 대표할 수 있는 자중에서 방송통신위원회규칙이 정하는 단체의 추천을 받아 시청자위원회의 위원을 위촉하며, 그 밖에 시청자위원회의 구성·운영에 관해 필요한 사항은 별도

---

286) 방송법 제86조 제1항의 규정에 위반하여 자체심의기구를 두지 않거나, 방송프로그램을 심의하지 않거나, 같은 조 제2항을 위반하여 허위·과장 등 시청자가 오인할 수 있는 내용이 담긴 방송광고를 방송한 자는 3천만원 이하의 과태료에 처한다(동법 제108조 제1항 제20호).

287) 방송법 제86조 제1·2·3항 참조.

288) 방송법 제87조 제1항의 규정에 위반하여 시청자위원회를 두지 않은 자는 3천만원 이하의 과태료에 처한다(동법 제108조 제1항 제21호).

의 규정[289]으로 정하고 있다.[290]

### (2) 시청자위원회의 권한과 직무

시청자위원회의 권한과 직무는 ① 방송편성에 관한 의견제시 또는 시정요구, ② 방송사업자의 자체심의규정 및 방송프로그램 내용에 관한 의견제시 또는 시정요구, ③ 시청자평가원의 선임, ④ 기타 시청자의 권익보호와 침해구제에 관한 업무 등이며, 시청자위원회의 대표자는 방송통신위원회에 출석하여 의견을 진술할 수 있다.[291]

### (3) 시청자위원회의 구성과 운영

방송법(제87조)에 의한 시청자위원회는 10인 이상 15인 이내의 위원으로 구성한다. 시청자위원회는 위원장 1인과 부위원장 1인을 두되, 시청자위원 중에서 호선한다. 시청자위원회의 회의는 위원장이 소집하며 정기회의는 매월 1회 이상, 임시회의는 위원장이 필요하다고 인정하거나 재적위원 3분의 1 이상의 요구가 있는 경우 또는 방송사업자가 요구한 경우에 이를 소집한다. 시청자위원회의 회의는 재적위원 과반수의 출석과 출석위원 과반수의 찬성으로 의결한다.

시청자위원회를 설치한 방송사업자는 시청자위원회의 심의결과에 대하여 조치가 필요한 경우에는 그 처리에 관한 계획과 처리결과를 회의 종료 후 1월 이내에 시청자위원회에 보고해야 하며, 월간 시청자위원회의 운영실적을 다음 달 20일까지 방송통신위원회에 보고해야 한다.

## 3. 시청자 평가프로그램 편성의 의무

종합편성 또는 보도전문편성을 행하는 방송사업자는 당해 방송사업자의 방송운영과 방송프로그램에 관한 시청자의 의견을 수렴하여 주당 60분 이상의 시청자 평가프로그램을 편성해야 하고,[292] 이러한 시청자 평가프로그램에는 시

289) 방송법 시행령 제64조(시청자위원회의 구성 및 운영).

290) 방송법 제87조 제1·2·3항 참조.

291) 방송법 제88조 제1·2항.

292) 방송법 제89조 제1항의 규정에 위반하여 시청자 평가프로그램을 편성하지 않은 자는 3천만원 이하의 과태료에 처한다(동법 제108조 제1항 제22호).

청자위원회가 선임하는 1인의 시청자평가원이 직접 출연해 의견을 진술할 수 있으며, 방송통신위원회는 시청자평가원의 원활한 업무수행을 위해 기금에서 경비를 지원할 수 있다.[293)]

### 4. 방송사업자의 시청자 의견수용 의무

종합편성 또는 보도전문편성을 행하는 방송사업자는 시청자위원회의 의견제시 또는 시정요구를 받은 경우에는 특별한 사유가 없는 한 이를 수용해야 하며 시청자위원회는 방송사업자가 시청자위원회의 의견제시 또는 시정요구의 수용을 부당하게 거부하는 경우에는 방송통신위원회에 시청자불만처리를 요청할 수 있다.

종합편성 또는 보도전문편성을 행하는 방송사업자는 시청자위원회가 그 권한과 직무에 속하는 사항을 수행하기 위해 필요한 자료의 제출 또는 관계자의 출석·답변을 요청하는 경우에는 특별한 사유가 없는 한 이에 응해야 하고,[294)] 시청자위원회의 심의결과 및 그 처리에 관한 사항을 방송통신위원회에 보고해야 한다.[295)]

### 5. 방송사업자의 정보공개 의무

방송사업자는 대통령령[296)]이 정하는 바에 의해 시청자가 요구하는 방송사업에 관한 정보를 공개해야 한다.[297)]

방송법(제90조 제5항)의 규정에 의해 종합편성 또는 보도전문편성을 행하는 방송사업자에 대해 정보의 공개를 요구하는 경우 그 당사자는 다음의 사항을 기재한 정보공개신청서를 방송사업자에게 제출해야 한다.

---

293) 방송법 제89조 제2·3항.

294) 방송법 제90조 제3항의 규정에 위반하여 필요한 자료의 제출 또는 관계자의 출석·답변을 거부한 자는 3천만원 이하의 과태료에 처한다(동법 제108조 제1항 제23호).

295) 방송법 제90조 제4항의 규정에 위반하여 시청자위원회의 심의결과 및 그 처리에 관한사항을 방송통신위원회에 보고하지 않은 자는 3천만원 이하의 과태료에 처한다(동법 제108조 제1항 제24호).

296) 방송법 시행령 제65조(정보의 공개).

297) 방송법 제88조 제1항 각호의 규정에 의한 직무, 제3·4·5항 참조.

① 청구인의 성명·주민등록번호 및 주소
② 공개를 요구하는 정보의 내용 및 사용목적

종합·보도방송사업자는 정보공개의 신청이 있는 때에는 신청을 받은 날부터 10일 이내에 공개 여부를 결정하고 그 결과를 신청인에게 통보해야 한다. 종합·보도방송사업자가 부득이한 사유로 10일 이내에 공개 여부를 결정할 수 없는 때에는 그 기간의 만료일 다음 날부터 기산하여 10일 이내의 범위에서 공개 여부 결정기간을 연장할 수 있다. 이 경우 종합·보도방송사업자는 연장된 사실과 연장사유를 신청인에게 지체 없이 서면으로 통지해야 한다. 종합·보도방송사업자는 신청인이 요구하는 방송사업에 관한 정보가 '공공기관의 정보공개에 관한 법률'(제 9 조 제 1 항)의 규정에 따라 비공개대상정보에 해당하는 경우에는 이를 공개하지 않을 수 있다. 기타, 정보공개의 절차와 방법 및 기타 필요한 사항은 방송통신위원회의 규칙으로 정하도록 하고 있다.

## Ⅱ. 방송발전의 지원

### 1. 방송발전지원 정책의 수립 및 시행의무

정부는 국민이 다양한 방송을 균등하게 향유할 수 있도록 하고, 방송문화의 발전 및 진흥을 위해 노력해야 한다. 그리고 문화체육관광부장관은 방송영상산업의 진흥을 위해 필요한 정책을 수립·시행해야 하며, 방송통신위원회는 방송기술 및 시설에 관해 필요한 정책을 수립·시행해야 한다.[298)]

### 2. 방송프로그램의 보관 및 활용

방송사업자는 방송프로그램의 효율적인 수집·보관·유통 및 활용 등을 위해 방송프로그램보관소를 공동으로 설립·운영할 수 있다(방송법 제93조).

298) 방송법 제92조 제1·2·3항.

### 3. 방송전문인력의 양성 등

정부는 방송전문인력을 양성하기 위해 전문교육기관 및 방송관련학과 등에 대한 지원 등에 필요한 시책을 수립할 수 있다(방송법 제94조).

### 4. 방송제작단지 조성·지원

정부는 방송사업자가 공동으로 방송제작단지를 조성하는 때에는 필요한 지원을 할 수 있으며, 이와 같은 방송제작단지가 정보통신단지 또는 영상제작단지등과 연계·운영되도록 할 수 있다.[299)]

### 5. 방송프로그램의 유통 지원

문화체육관광부장관은 영상·비디오 등 영상물이 방송프로그램으로 제작되어 방송매체별로 다단계로 유통·활용 또는 수출될 수 있도록 지원할 수 있으며, 방송통신위원회는 방송기술 및 시설의 개발·활용 및 수출이 촉진될 수 있도록 지원할 수 있다.[300)]

### 6. 방송의 국제협력

정부 또는 방송통신위원회는 외국의 방송관련기관·단체와의 국제교류, 방송프로그램의 공동제작, 방송전문인력의 상호교류 및 방송기술의 공동개발 등 국제협력을 촉진할 수 있는 사업을 지원할 수 있다(방송법 제97조).

## Ⅲ. 방송사업자의 자료제출 의무

정부 또는 방송통신위원회는 직무수행을 위해 필요한 경우에는 방송사업

299) 방송법 제95조 제1·2항.
300) 방송법 제96조 제1·2항.

자·중계유선방송사업자·전광판방송사업자·음악유선방송사업자 또는 전송망사업자에게 관련자료의 제출을 요구할 수 있다.[301] 방송사업자는 매년 말 해당 법인의 재산상황을 방송통신위원회에 제출해야 하며 방송통신위원회는 이를 공표해야 한다.[302] 또한 방송통신위원회는 시청률, 시청점유율 등의 조사 및 산정에 필요한 자료를 해당 개인, 법인·단체 또는 기관에 요청할 수 있다.[303] 만약 해당 사업자가 자료를 제출하지 않거나 거짓으로 제출할 경우는 그에 상응하는 행정적 제재를 가할 수 있도록 하고 있다.[304]

## Ⅳ. 방송통신위원회의 시정명령권

방송통신위원회는 방송사업자·중계유선방송사업자·전광판방송사업자·음악유선방송사업자가 ① 정당한 사유 없이 방송을 중단하는 등 시청자의 이익을 현저히 저해하고 있다고 인정될 때, ② 방송법 또는 허가조건·승인조건·등록요건을 위반하고 있다고 인정될 때 등 어느 하나에 해당할 경우는 시정을 명할 수 있다.

방송통신위원회는 방송사업자(방송채널사용사업자 제외)·전송망사업자·중계유선방송사업자·음악유선방송사업자가 설치한 시설이 이 법 또는 허가조건·등록요건을 위반하고 있다고 인정될 때에는 그 시설의 개선을 명할 수 있다.[305]

---

301) 방송법 제98조 제1항의 규정을 위반하여 자료제출을 하지 않거나 거짓으로 자료를 제출한 자는 3천만원 이하의 과태료에 처한다(동법 제108조 제1항 제25의2호).

302) 방송법 제98조 제2항의 규정에 위반하여 재산상황을 제출하지 않거나 거짓으로 재산상황을 제출한 자는 3천만원 이하의 과태료에 처한다(동법 제108조 제1항 제26호).

303) 방송법 제98조 제1·2·3항.

304) 방송법 제98조 제3항에 따른 자료제출을 하지 않거나 거짓으로 자료를 제출한 자는 3천만원 이하의 과태료에 처한다(동법 제108조 제1항 제25의3호).

305) 방송법 제99조 제1·2항 참조.

# 제 5 절 방송법상의 방송기관

## Ⅰ. 방송통신위원회

### 1. 방송통신위원회의 구성

#### (1) 방송통신위원회의 목적 및 운영

##### 1) 설치목적 및 구성

방송통신운영위원회는 방송과 통신의 융합 환경에 능동적으로 대응하여 방송의 자유와 공공성 및 공익성을 높이고 방송·통신의 국제경쟁력을 강화하기 위한 목적으로 설치하였다. 이 같은 역할을 효율적으로 수행할 수 있도록 방송통신위원회의 독립적 운영을 보장함으로써 국민의 권이보호와 공공복리의 증진에 이바지할 수 있도록 하기 위해 '방송통신위원회의 설치 및 운영에 관한 법률'에 따라 방송과 통신에 관한 업무를 수행하기 위해 대통령 직속기관으로 방송통신위원회를 설치하여 운영하도록 하였다.[306]

방송통신위원회의 조직체계는 다음과 같다.

306) 방송통신위원회의 설치 및 운영에 관한 법률 제3조 제1항.

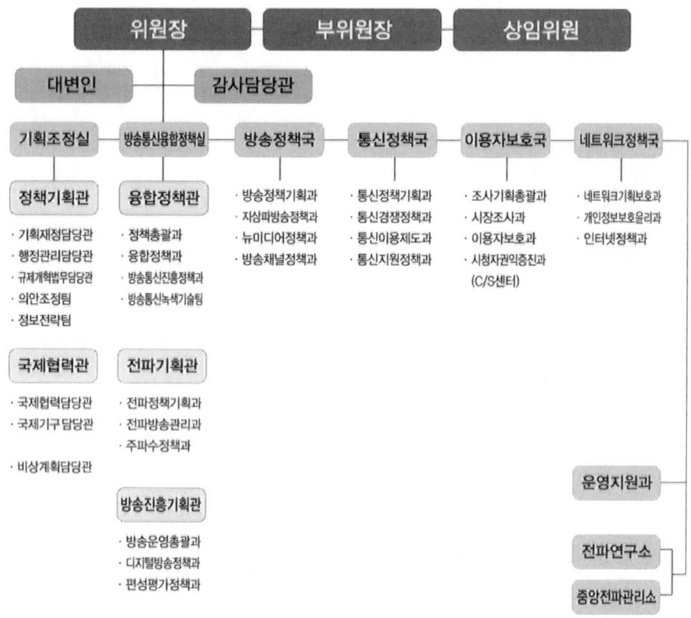


자료: 방송통신위원회 홈페이지.

위원회의 구성은 위원장 1인, 부위원장 1인을 포함한 5인의 상임위원으로 하며, 위원회 위원의 신분은 정무직 공무원으로 보임하고 있다.[307] 위원장 및 위원은 방송 및 정보통신 분야의 전문성을 고려하여 다음에 해당하는 자 중에서 대통령이 임명하며, 위원장은 국회의 인사청문을 거쳐야 한다.

> ① 방송학·언론학·전자공학·통신공학·법률학·경제학·경영학·행정학 그 밖에 방송·언론 및 정보통신 관련분야를 전공한 자로서 대학이나 공인된 연구기관에서 부교수 이상의 직에 있거나 있었던 자 또는 이에 상당하는 직에 15년 이상 있거나 있었던 자
> ② 판사·검사 또는 변호사의 직에 15년 이상 있거나 있었던 자

307) 위원은 '정부조직법' 제10조에도 불구하고 정부위원이 된다(방송통신위원회의 설치 및 운영에 관한 법률 제4조 제3항).

③ 방송·언론 또는 정보통신 그 밖의 관련분야에 관한 경험이 있는 2급 이상 또는 이에 상당하는 공무원 또는 고위공무원단에 속하는 직에 있거나 있었던 자
④ 방송·언론 또는 정보통신 관련 단체나 기관의 대표자 또는 임·직원의 직에서 15년 이상 있거나 있었던 자
⑤ 방송·언론 또는 정보통신 분야의 이용자 보호활동에 15년 이상 종사한 경력자

위원 5인 중 위원장을 포함한 2인은 대통령이 지명하고 3인은 국회의 추천을 받아 임명하도록 하였다. 국회는 위원을 추천함에 있어 대통령이 소속되거나 소속되었던 정당의 교섭단체가 1인을 추천하고, 그 외 교섭단체가 2인을 추천해야 하며, 부위원장은 위원 중에서 호선하도록 하고 있다.

2) 위원회의 운영과 독립성 보장

위원장은 위원회를 대표하고 위원회의 회의를 주재하며 소관사무 전체를 관장한다. 위원장은 필요한 경우 국무회의에 출석하여 발언할 수 있으며, 그 소관사무에 관해 국무총리에게 의안의 제출을 건의할 수 있다. 위원장은 국회에 출석하여 위원회의 소관사무에 관해 의견을 진술할 수 있으며, 국회의 요구가 있을 때에는 출석하여 보고하거나 답변해야 한다. 또한 국회는 위원장이 그 직무집행에 있어서 헌법이나 법률을 위배한 때에는 탄핵의 소추를 의결할 수 있다. 위원장의 직무수행과 관련하여 부득이한 사유로 직무를 수행할 수 없을 때에는 부위원장과 위원회가 미리 정한 위원 순서에 따라 그 직무를 대행한다.

위원의 임기는 3년으로 하되, 1회에 한해 연임할 수 있다. 위원의 결원이 있을 때에는 결원된 날부터 지체 없이 보궐위원을 임명해야 하며, 보궐위원의 임기는 전임자의 잔임기간으로 한다.

위원은 직무수행과 관련하여 독립성을 보장받는다. 위원은 정치적 견해가 다르거나 경쟁관계에 있는 국회 교섭단체에 속한 정당의 추천을 받아 임명되기 때문에 자칫 방송통신위원회가 정쟁(政爭)의 장(場)이 될 우려가 있다. 이러한 문제점을 최소화하고 가치중립적인 입장에서 위원의 직무를 수행할 수 있도록 외부의 부당한 간섭이나 지시를 받지 않고 독립적으로 그 직을 수행할 수

있도록 한 것이다. 위원이 장기간 심신장애로 인하여 직무를 수행할 수 없게 된 경우, 방송법의 규정에 따른 결격사유에 해당하는 경우, 또는 법률에 따른 직무상의 의무를 위반한 경우, 위원회의 소관직무와 관련하여 부당한 이득을 취한 경우를 제외하고는 본인의 의사에 반해 면직되지 않는 신분을 보장받도록 하고 있다.

위원의 신분은 정무직 공직자의 지위를 인정하고 있기 때문에 그에 준하는 복무규정의 준수를 요구한다. 위원은 공무 외의 영리를 목적으로 하는 업무에 종사할 수 없으며, 다른 직무를 겸할 수도 없다. 정치활동에도 관여할 수 없다. 다음에 해당하는 자는 위원이 될 수 없고, 일단 위원이 되고 난 이후에는 '정당법'(제22조)에[308] 따른 당원, 방송·통신 관련 사업에 종사하거나 위원임명 전 3년 이내에 종사하였던 자, '국가공무원법'(제33조 각호)[309]의 어느 하나에 해당하는 자, 탄핵결정에 따라 파면된 자 등 어느 하나에 해당하게 되는 때에는 위원직에서 당연 퇴직하도록 규정하고 있다.

308) 정당법 제22조(발기인 및 당원의 자격)

> ① 국회의원 선거권이 있는 자는 공무원 그 밖에 그 신분을 이유로 정당가입이나 정치활동을 금지하는 다른 법령의 규정에 불구하고 누구든지 정당의 발기인 및 당원이 될 수 있다. 다만, 다음 각 호의 어느 하나에 해당하는 자는 그러하지 아니하다.
> 1. 「국가공무원법」 제2조(공무원의 구분) 또는 「지방공무원법」 제2조(공무원의 구분)에 규정된 공무원. 다만, 대통령, 국무총리, 국무위원, 국회의원, 지방의회의원, 선거에 의하여 취임하는 지방자치단체의 장, 국회의원의 보좌관·비서관·비서, 국회 교섭단체의 정책연구위원과 「고등교육법」 제14조(교직원의 구분) 제1항·제2항의 규정에 의한 총장·학장·교수·부교수·조교수·전임강사인 교원을 제외한다. 2. 총장·학장·교수·부교수·조교수·전임강사를 제외한 사립학교의 교원, 3. 법령의 규정에 의하여 공무원의 신분을 가진 자
> ② 대한민국 국민이 아닌 자는 당원이 될 수 없다.

309) 국가공무원법 제33조(결격사유).

> 다음 각 호의 어느 하나에 해당하는 자는 공무원으로 임용될 수 없다.
> 1. 금치산자 또는 한정치산자, 2. 파산선고를 받고 복권되지 아니한 자, 3. 금고 이상의 실형을 선고받고 그 집행이 종료되거나 집행을 받지 아니하기로 확정된 후 5년이 지나지 아니한 자, 4. 금고 이상의 형을 선고받고 그 집행유예 기간이 끝난 날부터 2년이 지나지 아니한 자, 5. 금고 이상의 형의 선고유예를 받은 경우에 그 선고유예 기간중에 있는 자, 6. 법원의 판결 또는 다른 법률에 따라 자격이 상실되거나 정지된 자, 7. 징계로 파면처분을 받은 때부터 5년이 지나지 아니한 자, 8. 징계로 해임처분을 받은 때부터 3년이 지나지 아니한 자.

### (2) 방송통신위원회의 직무

위원회의 소관사무는 ① 방송에 관한 사항, ② 통신에 관한 사항, ③ 전파연구 및 관리에 관한 사항, ④ 그 밖에 방송법 또는 다른 법률에서 위원회의 사무로 정한 사항 등을 관장하며 그 세부적인 사항은 별도의 규정으로 정하고 있다.[310]

위원회는 소관사무 중 다음의 사항을 심의·의결한다.[311]

1. 방송·통신 기본계획에 관한 사항[312]
2. 방송사업자의 허가·재허가·승인·등록·취소 등에 관한 사항
3. 전기통신사업자의 허가·취소 등에 관한 사항
4. 주파수의 효율적 사용에 관한 사항
5. 방송·통신 관련 기술정책의 수립에 관한 사항
6. 방송프로그램의 유통상 공정거래 질서의 확립에 관한 사항[313]
7. 방송·통신서비스의 고도화 및 보편적 서비스에 관한 사항
8. 방송·통신사업자 상호 간의 공동사업이나 분쟁의 조정 또는 사업자와 이용자 간의 분쟁의 조정
9. 전기통신설비의 제공·공동이용·상호접속 또는 공동사용 등이나 정보제공에 관한 협정의 인가 등에 관한 사항
10. 방송사업자·통신사업자의 금지행위에 대한 조치 및 과징금 부과에 관한 사항
11. 방송프로그램 및 방송광고의 운용·편성에 관한 사항
12. 방송·통신에 관한 연구·조사 및 지원에 관한 사항
13. 시청자 불만처리 및 방송·정보통신 이용자 보호·복지에 관한 사항
14. 방송·통신 관련 기금의 조성 및 관리·운용에 관한 사항
15. 방송·통신 관련 국제협력 및 통상에 관한 사항
16. 방송·통신 관련 남북 교류·협력에 관한 사항[314]

310) 방송통신위원회의 설치 및 운영에 관한 법률 제11조 제1항; 농법 제12조 제1항 참조.

311) 방송통신위원회의 설치 및 운영에 관한 법률 제12조 제1항.

312) 위원회는 제1호의 방송에 관한 사항을 심의·의결하는 경우 방송영상정책과 관련된 사항은 문화체육관광부장관과 협의해야 한다(방송통신위원회의 설치 및 운영에 관한 법률 제12조 제2항).

313) 위원회는 제6호의 사항을 심의·의결하는 경우에는 공정거래위원회의 의견을 들어야 한다(방송통신위원회의 설치 및 운영에 관한 법률 제12조 제2항).

314) 위원회는 제16호의 사항을 심의·의결하는 경우에는 통일부장관의 의견을 들어야 한다(방

17. 위원회의 예산 편성 및 집행에 관한 사항
18. 소관 법령 및 위원회 규칙의 제·개정 및 폐지에 관한 사항
19. 이 법 또는 다른 법률에 따라 위원회의 심의·의결 사항으로 정한 사항

### (3) 방송통신위원회의 운영

#### 1) 운영원칙

방송통신위원회는 방송·통신 기술과 서비스의 발전을 장려하고, 방송과 통신 이용자의 복지·보편적 서비스의 실현 및 공정한 경쟁환경의 조성을 위해 노력해야 하며, 방송통신사업이 공공의 이익에 부합될 수 있도록 필요한 대책을 마련해야 한다.[315)]

#### 2) 위원회 회의운영 및 위원의 제척(除斥)

위원회의 회의는 위원장이 단독으로 소집할 수 있으며, 2인 이상의 위원의 요구가 있는 때에 위원장이 소집한다. 위원은 의안을 제의할 수 있고, 위원회의 회의는 공개를 원칙으로 하며, 재적위원 과반수의 찬성으로 의결한다. 그리고 위원회는 위원회 규칙이 정하는 바에 따라 회의록을 작성·보존하도록 하고 있다.

위원이 다음의 어느 하나에 해당하는 경우에 위원회는 직권 또는 당사자의 신청에 의해 제척의 결정을 한다.[316)]

1. 위원 또는 그 배우자나 배우자이었던 자가 당해 사안의 당사자가 되거나 당해 사안에 관하여 공동권리자 또는 의무자의 관계에 있는 경우
2. 위원이 당해 사안의 당사자와 친족관계에 있거나 있었던 경우
3. 위원이 당해 사안에 관하여 증언이나 감정을 한 경우
4. 위원이 당해 사안에 관하여 당사자의 대리인으로서 관여하거나 관여하였던 경우
5. 위원이 당해 사안의 대상이 된 처분 또는 부작위에 관여한 경우

---

송통신위원회의 설치 및 운영에 관한 법률 제12조 제2항).
315) 방송통신위원회의 설치 및 운영에 관한 법률 제2조 제1·2·3항.
316) 방송통신위원회의 설치 및 운영에 관한 법률 제14조 제1·2항.

위원에게 심의·결의 공정을 기대하기 어려운 사정이 있는 경우 당사자는 기피신청을 할 수 있고, 위원회는 의결로 이를 결정한다. 다만, 동일한 안건에 대해 2인 이상의 위원을 기피할 수는 없다. 왜냐하면, 위원회의 의사결정 정족수인 재적과반수에 미달하여 회의 성립 자체가 불가능하게 되기 때문이다. 따라서 위원에게 제척 또는 기피의 사유가 있는 경우에는 위원이 해당 사안에 대해 스스로 회피할 수 있도록 하여 회의는 성립하되 의사결정에는 영향을 미치지 않도록 하기 위함이다.

## 2. 방송통신위원회의 소속위원회의 구성 및 운영

### (1) 방송평가위원회

방송통신위원회는 방송사업자의 방송프로그램 내용 및 편성과 운영 등에 관해 종합적으로 평가할 수 있으며, 이러한 평가업무를 효율적으로 수행하기 위해 방송평가위원회를 둘 수 있게 하였다. 방송평가위원회 위원은 방송통신위원회 위원장이 위원회의 동의를 얻어 위촉하며, 구성과 운영에 관해 필요한 사항은 방송통신위원회규칙으로 정하도록 하고 있다.[317)]

### (2) 방송통신심의위원회

#### 1) 설치 목적 및 기능

방송통신심의위원회는 방송통신을 통해 수용자에게 제공한 내용이 공정성과 공공성 및 공적 책임을 준수하고 있는지 여부를 사후(事後)에 심의 의결하기 위해 설치 운영하고 있다. 방송법의 규정에 따르면, 방송통신위원회는 방송·중계유선방송·전광판방송의 내용과 기타 전기통신회선을 통하여 공개를 목적으로 유통되는 정보 중 방송과 유사한 것으로서 대통령령[318)]이 정하는 정보의 내

317) 방송법 제31조 제1·2·3항.

318) 방송법 시행령 제21조(방송과 유사한 정보의 심의)

> ① 법 제32조 제1항에서 "대통령령이 정하는 정보"라 함은 방송사업자·중계유선방송사업자 및 전광판방송사업자가 전기통신회선을 통하여 "방송," "TV" 또는 "라디오" 등의 명칭을 사용하면서 일정한 편성계획에 따라 유통시키는 정보를 말한다.
> ② 방송통신심의위원회는 제1항에서 규정한 정보가 법 제33조의 규정에 의한 방송심의에 관한 규정을 위반한 때에는 그 정보의 제공자에 대하여 이의 시정을 권고할

용이 공정성과 공공성을 유지하고 있는지의 여부와 공적 책임을 준수하고 있는지의 여부를 방송 또는 유통된 후 심의·의결한다. 이 경우 매체별·채널별 특성을 고려해야 한다.[319]

---

수 있다.

319) 방송법 제32조

① 방송통신위원회는 방송사업자·중계유선방송사업자 또는 전광판방송사업자가 제33조의 심의규정 및 제74조 제2항에 의한 협찬고지 규칙을 위반한 경우에는 5천만원 이하의 과징금을 부과하거나 다음 각 호의 제재조치를 명할 수 있다. 제35조에 따른 시청자불만처리의 결과에 따라 제재를 할 필요가 있다고 인정되는 경우에도 또한 같다. 다만, 방송통신심의위원회는 심의규정 등의 위반 정도가 경미하여 제재조치를 명할 정도에 이르지 아니한 경우에는 해당 사업자·해당 방송프로그램 또는 해당 방송광고의 책임자나 관계자에 대하여 권고를 하거나 의견을 제시할 수 있다.
1. 시청자에 대한 사과, 2. 해당 방송프로그램 또는 해당 방송광고의 정정·수정 또는 중지, 3. 방송편성책임자·해당 방송프로그램 또는 해당 방송광고의 관계자에 대한 징계, 4. 주의 또는 경고
② 제1항의 규정에 의한 제재조치가 해당 방송프로그램의 출연자로 인하여 이루어진 경우 해당 방송사업자는 방송출연자에 대하여 경고, 출연제한 등의 적절한 조치를 취하여야 한다.
③ 제1항의 규정에 불구하고 위반의 정도가 중대하다고 인정되는 다음 각 호의 경우에 한하여 방송통신위원회는 1억원 이하의 과징금을 부과할 수 있다.
1. 음란, 퇴폐 및 폭력 등에 관한 심의규정을 위반하는 경우, 2. 「마약류관리에관한법률」 제2조 제1호의 규정에 의한 마약류 복용·투약·흡입 및 음주 후 방송출연 등으로 인한 심의규정을 위반하는 경우, 3. 제1항 제1호 내지 제3호의 제재조치를 받았음에도 불구하고 대통령령으로 정하는 바에 따라 동일한 사유로 반복적으로 심의규정을 위반하는 경우
④ 방송사업자·중계유선방송사업자 및 전광판방송사업자는 제1항 및 제3항에 따른 과징금처분 또는 제재조치명령을 받은 경우 지체 없이 그에 관한 방송통신위원회의 결정사항전문을 방송하고, 제재조치명령은 이를 받은 날부터 7일 이내에 이행하여야 하며, 그 이행결과를 방송통신위원회에 보고하여야 한다.
⑤ 방송통신위원회는 제1항 및 제3항에 따라 과징금처분 또는 제재조치명령을 하는 경우 미리 당사자 또는 그 대리인에게 의견을 진술할 기회를 주어야 한다. 다만, 당사자 또는 그 대리인이 정당한 사유없이 이에 응하지 아니한 때에는 그러하지 아니하다.
⑥ 제1항 및 제3항에 따른 과징금처분 또는 제재조치명령에 이의가 있는 자는 당해 제재조치명령을 받은 날부터 30일 이내에 방송통신위원회에 재심을 청구할 수 있다.
⑦ 방송통신위원회는 제6항의 규정에 의한 방송통신위원회의 재심결과를 당사자 또는 그 대리인에게 통지하여야 한다.

### 2) 방송통신 심의규정의 제정

방송통신심의위원회는 방송의 공정성 및 공공성을 심의하기 위해 방송심의에 관한 규정(심의규정)을 제정·공표해야 하며, 이러한 심의규정에는 다음의 사항이 포함되어야 한다.[320] ① 헌법의 민주적 기본질서의 유지와 인권존중에 관한 사항, ② 건전한 가정생활 보호에 관한 사항, ③ 아동 및 청소년의 보호와 건전한 인격형성에 관한 사항, ④ 공중도덕과 사회윤리에 관한 사항, ⑤ 양성평등에 관한 사항, ⑥ 국제적 우의 증진에 관한 사항, ⑦ 장애인등 방송소외계층의 권익증진에 관한 사항, ⑧ 민족문화의 창달과 민족의 주체성 함양에 관한 사항, ⑨ 보도·논평의 공정성·공공성에 관한 사항, ⑩ 언어순화에 관한 사항, ⑪ 자연환경 보호에 관한 사항, ⑫ 건전한 소비생활 및 시청자의 권익보호에 관한 사항, ⑬ 법령에 따라 방송광고가 금지되는 품목이나 내용에 관한 사항, ⑭ 방송광고 내용의 공정성·공익성에 관한 사항, ⑮ 기타 방송법의 규정에 의한 방송통신심의위원회의 심의업무에 관한 사항 등 15가지의 필수적인 항목을 포함한 심의 규정을 제정하도록 하고 있다.

### 3) 방송프로그램의 등급 분류

방송통신심의위원회는 방송사업자가 아동과 청소년을 보호하기 위해 방송프로그램의 폭력성·음란성 등의 유해정도, 시청자의 연령 등을 감안하여 방송프로그램의 등급을 분류하고 이를 방송 중에 표시할 수 있도록,[321] 하기 위해 이러한 방송프로그램 등급분류와 관련하여 분류기준 등 필요한 사항을 방송통신심의위원회규칙으로 정해 공표해야 한다.[322]

방송통신심의위원회가 방송프로그램 등급분류와 관련해 분류기준을 정할 경우 방송매체와 방송분야별 특성 등을 고려해 차등을 둘 수 있다(동조 제4항).

320) 방송법 제100조 제1항의 규정에 의한 방송통신위원회의 제재조치명령을 이행하지 아니한 자는 3천만원 이하의 벌금에 처한다(동법 제106조 제2항 제2호). 역시 양벌규정이다. 또한 방송법 제100조 제2항의 규정을 위반한 방송출연자에 대한 경고, 출연제한 등의 조치를 취하지 않은 자는 3천만원 이하의 과태료에 처하며(동법 제108조 제1항 제26의2호), 방송법 제100조 제4항의 규정에 위반하여 방송통신위원회의 결정사항전문을 방송하지 않거나 그 결과를 방송통신위원회에 보고하지 않은 자 또한 3천만원 이하의 과태료에 처한다(동조 제1항 제27호).

321) 방송법 제33조 제3항의 규정에 위반하여 방송프로그램의 등급을 표시하지 않은 자는 3천만원 이하의 과태료에 처한다(동법 제108조 제1항 제3호).

322) 방송법 제33조 제3항.

방송통신심의위원회는 방송사업자가 자율적으로 부여한 방송프로그램의 등급에 대해 적절하지 않다고 판단되는 경우는 해당방송사업자에게 해당 방송프로그램의 등급분류를 조정하도록 요구할 수 있다.

### (3) 방송분쟁조정위원회

#### 1) 방송분쟁조정위원회의 설치

방송통신위원회는 방송사업자·중계유선방송사업자·음악유선방송사업자·전광판방송사업자 및 전송망사업자 상호간에 발생한 방송에 관한 분쟁을 효율적으로 조정하기 위해 방송분쟁조정위원회를 둘 수 있도록 하였다(방송법 제35조의3 제 1 항).

방송분쟁조정위원회의 분쟁의 조정은 분쟁당사자 일방 또는 쌍방의 신청에 의해 개시되며 조정의 성립은 재판상 화해와 같은 효력을 갖는다(방송법 제35조의3 제 3 항).

#### 2) 방송분쟁조정위원회 구성 및 운영[323)]

방송분쟁조정위원회 위원은 방송통신위원회 위원장이 방송통신위원회의 동의를 얻어 위촉한다. 위원회는 위원장 1명을 포함한 5명 이상 7명 이하의 위원으로 구성한다. 방송분쟁조정위원회의 위원장은 방송통신위원회 위원장이 방송분쟁조정위원회 위원 중에서 지명한다. 방송통신위원회의 위원장이 위원을 위촉할 때는 ① 판사·검사 또는 변호사로 5년 이상 재직한 자, ② 공인회계사로 5년 이상 재직한 자, ③ 법률, 행정, 경영, 회계, 신문방송 관련 학과의 대학 교수로 5년 이상 재직한 자, ④ 그 밖에 방송에 관한 지식과 경험이 풍부한 자 등 자격을 갖춘 자 중에서 어느 하나에는 해당하는 자를 위촉하여야 한다. 다만, 문화체육관광부장관이 추천하는 1명이 포함되어야 한다.

방송분쟁조정위원회 위원의 임기는 2년으로 하되, 1회에 한해 연임할 수 있다. 다만, 보궐 위원의 임기는 전임자의 잔임기간으로 한다. 방송분쟁조정위원회 위원장이 부득이한 사유로 직무를 수행할 수 없으면 방송통신위원회 위원장이 지명하는 방송분쟁조정위원회 위원이 그 직무를 대행한다.

---

323) 방송법 시행령 제21조의 3(방송분쟁조정위원회 구성 및 운영).

### 3) 방송분쟁조정위원회의 심의사항

방송법(제35조의3 제 1 항)에 따라 방송통신위원회에 두는 방송분쟁조정위원회의 심의 사항은 ① 방송프로그램의 공급 및 수급과 관련된 분쟁 조정, ② 방송사업구역과 관련된 분쟁 조정, ③ 중계방송권 등 재산권적 이해와 관련된 분쟁 조정, ④ 방송사업자의 공동사업에 관한 사항 등을 심의한다. 다만, '독점규제 및 공정거래에 관한 법률'(제19조 제 1 항 각호)의 어느 하나에 해당하는 사항은 제외한다. 그 밖에 방송사업의 운영 등에 관한 분쟁 조정도 위원회에서 심의한다. 기타 방송분쟁조정위원회의 운영, 조정 절차 등에 필요한 사항은 방송통신위원회규칙으로 정한다.

## (4) 시청자불만처리위원회

방송통신위원회는 방송에 관한 시청자의 의견을 수렴하고 시청자불만처리 및 청원사항에 관한 심의를 효율적으로 수행하기 위해 시청자불만처리위원회를 둘 수 있다.[324]

시청자불만처리위원회 위원은 방송통신위원회 위원장이 방송통신위원회의 동의를 얻어 위촉하며, 그 밖에 시청자불만처리위원회의 구성과 운영, 시청자불만처리의 절차와 분쟁의 조정 등에 관해 필요한 사항은 방송통신위원회규칙으로 정하도록 하였다.[325]

---

324) 방송법 제35조 제1·2·3항.

325) 방송법 제100조(제재조치 등)

> ⑤ 방송통신위원회는 제1항 및 제3항에 따라 과징금처분 또는 제재조치명령을 하는 경우 미리 당사자 또는 그 대리인에게 의견을 진술할 기회를 주어야 한다. 다만, 당사자 또는 그 대리인이 정당한 사유없이 이에 응하지 아니한 때에는 그러하지 아니하다.
> ⑥ 제1항 및 제3항에 따른 과징금처분 또는 제재조치명령에 이의가 있는 자는 당해 제재조치명령을 받은 날부터 30일 이내에 방송통신위원회에 재심을 청구할 수 있다.
> ⑦ 방송통신위원회는 제6항의 규정에 의한 방송통신위원회의 재심결과를 당사자 또는 그 대리인에게 통지하여야 한다.

방송법 제100조 제1항의 규정에 의한 방송통신위원회의 제재조치명령을 이행하지 않은 자는 3천만원 이하의 벌금에 처한다(동법 제106조 제2항 제2호). 역시 양벌규정이다(동법 제108조 제1항 제26의2호). 또한 방송법 제100조 제2항의 규정을 위반한 방송출연자에 대한 경고, 출연제한 등의 조치를 취하지 않은 자는 3천만원 이하의 과태료에 처하며(동조 제1항 제27호), 방송법 제100조 제4항의 규정에 위반하여 방송통신위원회의 결정사항전문방송통신위원회는 방송사업자·중계유선방송사업자 또는 전광판방송사업자가 시청자불만처리의 결과에 따라 제재를 할 필요가 있다고 인정되는 경우에는 5천만원 이하의 과징금을 부과하거나 제재조치를 명할 수 있다. 제재조치가 해당 방송프로그램의 출연자로 인해 이루어진 경우 해당 방송사업자는 방송출연자에 대하여 경고, 출연제한 등의 적절한 조치를 취해야 한다.

방송법 위반의 정도가 중대하다고 인정되는 경우 즉, 음란, 퇴폐 및 폭력 등에 관한 심의규정을 위반하는 경우, 마약류 복용·투약·흡입 및 음주 후 방송출연 등으로 인한 심의규정을 위반하는 경우, 이미 제재조치를 받았음에도 불구하고 동일한 사유로 반복적으로 심의규정을 위반하는 경우 등에 한해 방송통신위원회는 1억원 이하의 과징금을 부과할 수 있다.

다만, 방송통신심의위원회는 심의규정 등의 위반 정도가 경미하여 제재조치를 명할 정도에 이르지 않은 경우에는 해당 사업자·해당 방송프로그램 또는 해당 방송광고의 책임자나 관계자에 대하여 시청자에 대한 사과, 해당 방송프로그램 또는 해당 방송광고의 정정·수정 또는 중지, 방송편성책임자·해당 방송프로그램 또는 해당 방송광고의 관계자에 대한 징계, 주의 또는 경고 등을 권고를 하거나 의견을 제시할 수 있다.

방송사업자·중계유선방송사업자 및 전광판방송사업자는 과징금처분 또는 제재조치명령을 받은 경우 지체 없이 그에 관한 방송통신위원회의 결정사항전문을 방송하고, 제재조치명령은 이를 받은 날부터 7일 이내에 이행해야 하며, 그 이행결과를 방송통신위원회에 보고해야 한다.

### (5) 남북방송교류추진위원회

정부 또는 방송통신위원회는 남북 간 방송부문의 상호교류 및 협력을 증진할 수 있도록 노력해야 한다, 방송통신위원회는 남북 간 방송교류 및 협력을 추진하기 위해 방송통신위원회에 남북방송교류추진위원회를 둔다. 이와 같은 남북방송교류추진위원회의 구성과 운영에 관해 필요한 사항은 방송통신위원회규칙으로 정한다.[326)]

---

을 방송하지 않거나 그 결과를 방송통신위원회에 보고하지 않은 자 또한 3천만원 이하의 과태료에 처한다.

326) 방송법 제35조의2 제1·2·3항 참조.

### (6) 미디어다양성위원회(前述)

### (7) 지역방송발전위원회

#### 1) 지역방송발전위원회의 구성

방송통신위원회는 지역방송의 발전 및 지역방송콘텐츠의 경쟁력 강화와 유통구조 개선을 위해 방송통신위원회에 지역방송발전위원회를 두고 있다. 지역방송발전위원회는 위원장을 포함한 5인의 위원으로 구성하고, 위원장은 방송통신위원회 위원장이 방송통신위원회 위원 중에서 위촉한 1인으로 한다.

위원은 지역사회의 발전과 지역방송에 관하여 전문성과 경험이 풍부하고 덕망이 있는 자 중에서 방송통신위원회 위원장이 위촉하되, 위원 중 1인은 방송통신위원회 위원으로 하고, 나머지 3인은 지역방송을 대표할 수 있다고 방송통신위원회 위원장이 인정하는 단체가 각각 추천하는 자로 위촉하게 하고 있다.[327]

위원의 임기는 3년으로 하되, 연임할 수 있다. 위원에 결원이 있는 때에는 결원된 날부터 30일 이내에 결원된 위원을 위촉하며, 이 경우 보궐위원의 임기는 전임자의 잔임 기간으로 한다. 그 밖에 지역방송의 범위 및 지역방송발전위원회의 운영 등에 관해 필요한 사항은 별도의 규정[328]으로 정한다.[329]

#### 2) 지역방송발전위원회의 직무

지역방송발전위원회의 직무는 ① 지역방송발전지원계획 및 지역방송에 관한 지원정책의 심의, ② 지역방송의 전국적 유통기반 마련을 위한 시책의 평가, ③ 지역방송의 발전지원에 관한 주요 시책의 평가, ④ 지역방송발전을 위한 교육 및 연구, ⑤ 그 밖에 방송통신위원회 위원장이 요구하거나 지역방송발전위원회의 목적수행을 위하여 필요한 사항 등의 직무를 수행한다.

---

327) 방송법 제42조의3 제1·2·3항 참조.
328) 방송법 시행령 제25조의2·제25조의3 참조.
329) 방송법 제42조의3 제4·5·6항 참조.

## 3. 방송발전기금

### (1) 방송발전기금의 설치 및 조성

방송통신위원회는 방송진흥사업 및 문화·예술진흥사업을 위해 방송발전기금을 설치해야 하며,[330] 방송통신위원회는 ① 지상파방송사업자로부터 방송광고매출액의 100분의 6의 범위, 종합유선방송사업자 및 위성방송사업자로부터 연 매출액의 100분의 6의 범위, 상품소개와 판매에 관한 전문편성을 행하는 방송채널사용사업자로부터 당해 연도 결산상 영업이익의 100분의 15의 범위 안에서의 징수액, ② 방송사업자의 출연금, ③ 기타 수입금의 재원으로 기금을 조성한다.[331]

방송통신위원회는 위의 ①의 기금을 납부해야 할 자가 납부기한까지 이를 납부하지 않은 때에는 체납된 금액의 100분의 5 이내의 범위에서 대통령령[332]이 정하는 바에 따라 가산금을 부과할 수 있다.[333] 방송통신위원회는 앞의 ①의 기금 및 (방송법 제72조 제 7 항에 따른) 가산금을 납부해야 할 자가 납부기한까지 이를 납부하지 않은 때에는 국세체납처분의 예에 따라 이를 징수해야 한다(방송법 제37조 제 8 항).

### (2) 기금의 용도 및 관리·운영

#### 1) 기금의 용도

방송통신위원회 위원장은 방송통신위원회의 동의를 얻어 기금의 일부를 방

330) 방송법 제36조.

331) 방송법 제37조 제1항. 본문에서 ②, ③의 재원을 제외한 ①의 재원에 대하여는 방송사업자의 방송운용의 공공성과 수익성 등을 기준으로 방송사업자별로 그 징수율을 차등 책정할 수 있다(방송법 제37조 제5항).

332) 방송법 시행령 제23조의2(가산금의 징수 등)

> ① 법 제37조 제7항의 규정에 의한 기금체납에 대한 가산금은 체납된 금액의 100분의 3에 해당하는 금액으로 한다.
> ② 방송통신위원회는 기금을 납부하여야 할 자가 납부기한까지 이를 납부하지 아니한 때에는 납부기한이 경과한 날부터 15일 이내에 다음 각호의 사항을 명시한 독촉장을 발부하여야 한다.
> 1. 기금체납액 및 가산금, 2. 납부기한(독촉장 발부일부터 10일 이상으로 한다), 3. 납부기한 내에 납부하지 아니한 때에는 강제징수한다는 뜻

333) 방송법 제37조 제7항.

송의 공공성·공익성 제고와 방송진흥 및 시청자복지를 위하여 융자 및 투자재원으로 활용할 수 있다. 그러나 기금은 원칙적으로 방송법이 정한 사업 즉, ① 교육방송 및 기타 공공을 목적으로 운영되는 방송, ② 공공의 목적을 위한 방송사업자의 설립 및 방송프로그램 제작, ③ 방송프로그램 및 영상물 제작 지원, ④ 시청자가 직접 제작한 방송프로그램, ⑤ 교육 및 시청자단체의 활동, ⑥ 방송광고 발전을 위한 단체 및 사업 지원, ⑦ 방송기술 연구 및 개발, ⑧ 장애인등 방송소외계층의 방송접근을 위한 지원, ⑨ 문화·예술진흥사업, ⑩ 언론공익사업, ⑪ 남북간 방송 교류·협력 및 남북공동 방송프로그램 제작 지원, ⑫ 해외한국어방송에 대한 지원, ⑬ 기타 방송의 공공성 제고와 방송발전에 필요하다고 방송통신위원회가 의결한 사업 등을 추진하기 위한 목적으로 조성하고 있다.[334]

2) 기금의 관리·운용

기금은 방송통신위원회가 관리·운용하도록 하였지만 기금의 공정하고 효율적인 관리·운용을 위해 방송발전기금관리위원회를 설치하여 전담하도록 하고 있다. 방송발전기금관리위원회 위원은 방송통신위원회 위원장이 방송통신위원회의 동의를 얻어 10인 이내로 위촉한다. 다만, 방송발전기금관리위원회에는 문화체육관광부장관이 추천하는 인사가 100분의 20 이상 포함되어야 한다.

그 밖에 방송발전기금관리위원회의 구성과 운영에 관하여 필요한 사항은 방송통신위원회규칙으로 정하고 있다.[335] 방송통신위원회는 별도의 규정에 의하여[336] 기금의 관리를 한국방송광고공사에 위탁할 수 있다.[337]

334) 방송법 제38조 제1·2항.

335) 방송법 제39조 제1·2·3·4항.

336) 방송법 시행령 제24조(기금관리의 위탁)

> ① 방송통신위원회는 법 제40조의 규정에 의하여 기금의 관리업무 중 기금의 교부 및 회계관리 업무를 한국방송광고공사에 위탁한다.
> ② 한국방송광고공사는 매 분기마다 기금의 교부 및 회계관리 현황을 방송통신위원회에 보고하여야 한다.

337) 방송법 제40조.

# Ⅱ. 한국방송공사

## 1. 한국방송공사의 설치 및 운영

### (1) 한국방송공사의 설치

공정하고 건전한 방송문화를 정착시키고, 국내외 방송을 효율적으로 실시하기 위해 국가기간방송으로서 한국방송공사를 설립하며, 공사는 법인으로 한다.[338] 공사의 주된 사무소의 소재지는 정관으로 정하며 주된 사무소의 소재지에서 설립등기를 함으로써 성립한다. 공사는 업무수행을 위해 필요한 때에는 이사회의 의결을 거쳐 지역방송국을 둘 수 있다. 그 밖에 설립등기와 지역방송국의 설치등기, 이전등기, 변경등기 기타 공사의 등기에 관해 필요한 사항은 대통령령[339]으로 정한다.[340]

### (2) 공사의 공적 책임

공사는 방송의 목적과 공적 책임, 방송의 공정성과 공익성을 실현해야 함에 아울러, 국민이 지역과 주변 여건에 관계없이 양질의 방송서비스를 제공받을 수 있도록 노력해야 하고, 시청자의 공익에 기여할 수 있는 새로운 방송프로그램·방송서비스 및 방송기술을 연구하고 개발해야 하며, 국내외를 대상으로 민족문화를 창달하고, 민족의 동질성을 확보할 수 있는 방송프로그램을 개발하여 방송해야 한다.[341]

### (3) 정관의 기재사항

공사의 정관에는 다음의 사항을 기재해야 하며, 공사가 정관을 변경하고자 할 때에는 방송통신위원회의 인가를 받아야 한다.[342]

---

338) 공사의 자본금은 3천억원으로 하고 그 전액을 정부가 출자하며, 그 자본금 납입의 시기와 방법은 기획재정부장관이 정하는 바에 따른다(방송법 제43조 제5·6항).

339) 방송법 시행령 제26-31조 참조.

340) 방송법 제43조 제1·2·3·4·5·6·7·8항까지 참조.

341) 방송법 제44조 제1·2·3·4항 참조.

342) 방송법 제45조 제1·2항.

1. 목적
2. 명칭
3. 주된 사무소의 소재지
4. 공사의 조직과 이사장·이사·집행기관 및 직원에 관한 사항
5. 이사회의 운영에 관한 사항
6. 업무와 그 집행에 관한 사항
7. 시청자불만처리 및 시청자보호에 관한 사항
8. 정관의 변경에 관한 사항
9. 사채발행 및 차입에 관한 사항
10. 주식 또는 출자증권에 관한 사항
11. 손익금의 처리 등 회계에 관한 사항
12. 공고방법에 관한 사항
13. 기타 대통령령[343]이 정하는 사항

### (4) 이사회 및 집행기관

#### 1) 이사회의 설치 및 운영

공사는 공사의 독립성과 공공성을 보장하기 위해 공사 경영에 관한 최고의 결기관으로 이사회를 두어야 하고, 이사회는 이사장을 포함한 이사 11인으로 구성하며, 이사는 각 분야의 대표성을 고려하여 방송통신위원회에서 추천하고 대통령이 임명한다.

이사장은 이사회에서 호선하고, 이사장을 포함한 이사는 비상임으로 한다, 이사장은 이사회를 소집하고 그 회의의 의장이 된다.

이사회는 재적이사 과반수의 찬성으로 의결하며, 이사장이 부득이한 사유로 직무를 수행할 수 없을 때에는 정관이 정하는 바에 따라 다른 이사가 그 직무를 대행한다.[344]

343) 방송법 시행령 제32조(정관의 기재사항): 법 제45조 제1항 제13호에서 "대통령령이 정하는 사항"이라 함은 다음 각호의 사항을 말한다. 1. 재산의 관리 및 처분에 관한 사항, 2. 자본금에 관한 사항.

344) 방송법 제46조 제1·2·3·4·5·6·7·8항 참조.

### 2) 이사의 임기 및 결격사유

이사의 임기는 3년으로 하고, 이사의 결원이 있을 때에는 결원된 날부터 30일 이내에 제46조의 규정에 의해 그 보궐이사를 임명해야 하며, 보궐이사의 임기는 전임자의 잔임기간으로 한다. 임기가 만료된 이사는 그 후임자가 임명될 때까지 그 직무를 행한다.[345)]

한국방송공사의 이사의 결격사유는 대한민국의 국적을 가지지 않은 자, 정당법에 의한 당원, 국가공무원법 제33조 각호의 1에 해당하는 자로서 여기에 해당하는 경우는 이사가 될 수 없다(방송법 제48조).

### 3) 이사회의 기능

이사회의 심의·의결사항은 ① 공사가 행하는 방송의 공적 책임에 관한 사항, ② 공사가 행하는 방송의 기본운영계획, ③ 예산·자금계획, ④ 예비비의 사용 및 예산의 이월, ⑤ 결산, ⑥ 공사의 경영평가 및 공표,[346)] ⑦ 사장·감사의 임명제청 및 부사장 임명동의, ⑧ 지역방송국의 설치 및 폐지, ⑨ 기본재산의 취득 및 처분, ⑩ 장기차입금의 차입 및 사채의 발행과 그 상환계획, ⑪ 손익금의 처리, ⑫ 다른 기업체에 대한 출자, ⑬ 정관의 변경, ⑭ 정관이 정하는 규정의 제정 및 개폐, ⑮ 기타 이사회가 특히 필요하다고 인정하는 사항 등에 대해 심의 하고 의결하는 것을 주요 기능으로 하고 있다. 이사회는 특히 필요하다고 인정하는 경우에는 감사에게 공사에 대한 감사를 요청할 수 있다.[347)]

### 4) 공사 집행기관의 구성 및 직무

공사에 집행기관으로서 사장 1인, 2인 이내의 부사장, 8인 이내의 본부장 및 감사 1인을 두어야 하고, 사장은 이사회의 제청으로 대통령이 임명하며, 이사회가 사장을 제청하는 때에는 그 제청기준과 제청사유를 제시해야 한다.

감사는 이사회의 제청으로 방송통신위원회에서 임명하며, 부사장과 본부장은 사장이 임명한다. 다만, 부사장을 임명할 경우에는 이사회의 동의를 얻어야 한다. 그 밖에 집행기관의 임기 및 결격사유에 대하여는 방송법 제47조 및 제48

345) 방송법 제47조 제1·2·3항.
346) 방송법 시행령 제33조(경영평가 및 공표).
347) 방송법 제49조 제1·2항 참조.

조의 이사에 관한 규정을 준용한다.[348)]

사장은 공사를 대표하고, 공사의 업무를 총괄하며, 경영성과에 대해 책임을 진다. 사장이 부득이한 사유로 그 직무를 수행할 수 없을 때에는 부사장이 그 직무를 대행하고 부사장이 부득이한 사유로 그 직무를 수행할 수 없을 때에는 정관이 정하는 자가 그 직무를 대행하며, 사장은 정관이 정하는 바에 의하여 직원 중에서 공사의 업무에 관한 모든 재판상 또는 재판외의 행위를 할 수 있는 권한을 가진 대리인을 선임할 수 있다.

감사는 공사의 업무 및 회계에 관한 사항을 감사하며, 사장과 감사는 이사회에 출석하여 의견을 진술할 수 있다.[349)]

#### 5) 직원의 임면 및 직무상 의무

공사의 직원은 정관이 정하는 바에 따라 사장이 임면한다. 공사의 이사·집행기관은 공사와 거래를 할 수 없으며, 이사는 본인 또는 '민법' 제777조[350)]에 규정된 친족관계에 있는 자의 이해와 관련된 사항에 대하여는 이사회의 심의·의결에 관여할 수 없다. 여기서 친족의 범위는 8촌 이내의 혈족, 4촌 이내의 인척, 배우자를 말한다.

공사의 집행기관 및 직원은 그 직무외의 영리를 목적으로 하는 직무에 종사하지 못하며, 공사의 집행기관 또는 직원이나 그 직에 있었던 자는 그 직무상 알게 된 공사의 비밀을 누설하거나 도용해서는 안 된다.[351)][352)]

### (5) 한국방송공사의 업무

공사의 주요 업무는 ① 라디오방송의 실시, ② 텔레비전방송의 실시, ③ 위성방송 등 새로운 방송매체를 통한 방송의 실시, ④ 방송시설의 설치·운영 및 관리, ⑤ 국가가 필요로 하는 대외방송(국제친선 및 이해증진과 문화·경제교류 등을 목적으로 하는 방송)과 사회교육방송(외국에 거주하는 한민족을 대상으로 민족의 동질성을 증신할 복적으로 하는 방송)의 실시, ⑥ 한국교육방송공사법에 의한 한국

348) 방송법 제50조 제1·2·3·4·5·6항.

349) 방송법 제51조 제1·2·3·4·5항 참조.

350) 민법 제777조(친족의 범위).

351) 방송법 제52조 제1·2·3항 참조.

352) 방송법 제53조 제3항의 규정에 위반하여 직무상 공사의 비밀을 누설하거나 도용한 자는 3천만원 이하의 벌금에 처한다(동법 제106조 제2항 제1호). 역시 양벌규정이다.

교육방송공사가 행하는 방송의 송신 지원, ⑦ 시청자 불만처리와 시청자 보호를 위한 기구의 설치 및 운영, ⑧ 전속단체의 운영·관리, ⑨ 방송문화행사의 수행 및 방송문화의 국제교류, ⑩ 방송에 관한 조사·연구 및 발전,[353] ⑪ 업무에 부대되는 수익사업 등의 업무를 행한다.[354]

국가는 공사의 업무 중 국가가 필요로 하는 대외방송 즉, 국제친선 및 이해증진과 문화·경제교류 등을 목적으로 하는 방송과 외국에 거주하는 한민족을 대상으로 민족의 동질성을 증진할 목적으로 하는 사회교육방송의 실시업무에 대해 보조금을 지원할 수 있다.[355] 국가가 이와 같은 보조금을 지급함에 있어서는 '국가재정법'·'재정융자 특별회계법'과 '보조금의 예산 및 관리에 관한 법률' 등 관계법령이 정하는 바에 의한다.[356]

공사는 이사회의 의결을 거쳐 위의 방송법 제54조 제 1 항 각호에 해당하는 업무 또는 이와 유사한 업무를 행하는 법인에 대해 그 자본금의 전부 또는 일부를 출자할 수 있다.

### (6) 공사의 운영재원·예산의 편성·회계처리·감사

#### 1) 공사의 운영재원

공사의 경비는 방송법 제64조[357]의 규정에 의한 텔레비전방송수신료로 충당하되, 목적업무의 적정한 수행을 위해 필요한 경우에는 방송광고수입 등 대통령령이 정하는 수입으로 충당할 수 있다(방송법 제56조). 방송법(제56조)에서 '대통령령이 정하는 수입'이라 함은 방송광고수입, 방송프로그램 판매수익, 정부보조금, 협찬

353) 방송법 시행령 제34조(방송기술의 개발)

> 공사는 법 제54조 제1항 제10호의 규정에 의한 방송에 관한 조사·연구 및 발전업무를 촉진하기 위하여 매년 예산중 이사회가 정하는 일정비율 이상의 금액을 방송기술의 발전을 위한 연구개발분야에 투자하여야 한다.

354) 방송법 제54조 제1항.

355) 방송법 제54조 제1항 제5호, 2항 참조.

356) 방송법 시행령 제37조.

357) 방송법 제64조(텔레비전수상기의 등록과 수신료 납부)

> 텔레비전방송을 수신하기 위하여 텔레비전수상기(이하 "수상기"라 한다)를 소지한 자는 대통령령이 정하는 바에 따라 공사에 그 수상기를 등록하고 텔레비전방송수신료(이하 "수신료"라 한다)를 납부하여야 한다. 다만, 대통령령이 정하는 수상기에 대하여는 그 등록을 면제하거나 수신료의 전부 또는 일부를 감면할 수 있다.

수입, 위성방송 등 새로운 매체를 통한 수입, 송신업무의 수탁에 따른 수입, 사채 또는 차입금, 전년도 이월금, 기타 방송사업에 부수되는 수입을 말한다.[358]

또한 국가는 예산의 범위 안에서 대통령령이 정하는 바에 의해 공사의 업무에 필요한 비용의 일부를 보조하거나 재정자금을 융자할 수 있으며 공사의 사채를 인수할 수 있다(동법 제61조). 국가가 동 규정에 의해 공사에 대해 비용의 일부를 보조하거나 재정자금을 융자하거나 공사의 사채를 인수함에 있어서는 '국가재정법'·'재정융자특별회계법'과 '보조금의 예산 및 관리에 관한 법률' 등 관계법령이 정하는 바에 의한다(동법 시행령 제37조).

#### 2) 예산의 편성 및 운영계획의 수립

공사의 예산은 사장이 편성하고 이사회의 의결로 확정되며, 예산이 확정된 후 발생한 운영계획의 변경 기타 불가피한 사유로 인해 예산을 변경하는 경우에도 또한 같다. 공사의 사장은 천재·지변 기타 부득이한 사유로 회계연도 개시 전까지 예산이 확정되지 않은 경우에는 전년도 예산에 준해 예산을 운영할 수 있으며, 이 경우 준예산에 의해 집행된 예산은 이를 당해 연도의 예산에 의해 집행된 것으로 본다.[359] 공사의 사장은 예산이 확정된 때에는 지체 없이 이사회의 의결을 거쳐 당해 연도의 예산에 따른 운영계획을 수립해야 하며, 수립한 당해 연도의 운영계획을 예산이 확정된 후 2월 이내에 방송통신위원회에 제출해야 한다.[360]

#### 3) 회계처리 등

공사의 회계연도는 정부의 회계연도에 의하며, 그 회계처리의 기준·절차 등에 관하여는 기업회계기준 및 '정부기업예산법'을 준용한다. 공사의 사장은 매 회계연도 종료 후 2월 이내에 전(前)회계연도의 결산서를 방송통신위원회 및 국회에 각각 제출해야 하며 국회의 승인을 얻어 결산을 확정하고, 이를 공표해야 한다. 그리고 결산서에는 재무제표와 그 부속서류 및 기타 결산의 내용을 명확하게 함에 필요한 서류 등을 첨부해야 한다.[361]

---

358) 방송법 시행령 제36조(재원).
359) 방송법 제57조 제1·2항 참조.
360) 방송법 제58조 제1·2항 참조.
361) 방송법 제59조 제1·2항.

방송통신위원회는 확정된 공사의 결산을 총괄하여 6월 30일까지 감사원에 제출해야 하며, 감사원은 제출받은 결산서를 검사하고 그 결과를 9월 30일까지 방송통신위원회에 송부해야 한다.362)

#### 4) 감 사

공사의 감사는 내부감사와 외부감사로 구분되는데, 내부감사는 정관이 정하는 바에 따라 공사의 감사가 이를 실시하고, 공사의 외부감사는 감사원법이 정하는 바에 따라 감사원이 이를 실시한다.363)

### 2. 한국방송공사 경영의 평가

한국방송공사의 경영에 대한 평가는 방송법(제49조 제1항 제6호의 규정)에 의해 공사의 이사회에서 매년 실시하도록 하고 있다. 이사회가 경영을 평가할 때는 ① 경영목표 설정의 타당성 평가, ② 예산집행의 효율성 평가, ③ 인사·조직 등 경영관리제도의 평가, ④ 재무상태 등 경영실적의 평가, ⑤ 연구개발사업의 평가, ⑥ 시설투자의 평가, ⑦ 기타 공사의 발전과 경영개선을 위해 필요한 사항 등을 포함하여 평가해야 한다.

이사회는 경영평가를 실시하기 위해 경영평가단을 구성·운영해야 하고 경영평가단이 경영평가를 실시한 때에는 그 결과를 이사회에 보고해야 한다. 이사회는 경영평가 결과와 관련하여 개선을 요하는 사항이 있다고 인정하는 때에는 사장에게 개선 또는 시정조치를 요구할 수 있다. 그리고 이사회는 보고받은 내용을 매 회계연도 종료 후 5월 이내에 공표해야 한다.

공표의 방법은 공사의 자체방송을 통한 방송 및 공사의 인터넷홈페이지 게시하거나, 다른 방송사업자 및 일간신문에의 보고서 제공하는 방식으로 공표할 수 있다.

---

362) 방송법 제59조 제1·3·4항 참조.

363) 방송법 제63조 제1·2·3항.

## 3. 방송 수신료

### (1) 수신료의 납부의무와 면제

텔레비전방송을 수신하기 위해 텔레비전수상기를 소지한 자는 대통령령[364]이 정하는 바에 따라 공사에 그 수상기를 등록하고 텔레비전방송수신료('수신료')를 납부해야 한다. 다만, 대통령령[365]이 정하는 수상기에 대하여

364) 방송법 시행령 제38조(수상기의 등록)

> ① 법 제64조 본문의 규정에 의하여 텔레비전수상기(이하 "수상기"라 한다)를 소지한 자는 그 수상기를 소지한 날부터 30일 이내에 공사, 법 제67조 제2항의 규정에 의하여 공사로부터 수상기의 등록업무 및 수신료 징수업무를 위탁받은 수상기의 생산자·판매인·수입판매인 또는 공사가 지정하는 자(이하 "판매인 등"이라 한다)에게 수상기 등록신청을 하여야 한다.
> ② 공사 또는 판매인등은 제1항의 규정에 의한 수상기 등록신청을 받은 때에는 수상기등록대장에 필요한 사항을 기재하여야 한다.
> ③ 공사 또는 법 제67조 제2항의 규정에 의하여 공사가 지정하는 자로서 등록업무 및 징수업무를 위탁받은 자(이하 "지정받은 자"라 한다)는 제1항의 규정에 의한 등록을 하지 아니한 수상기 소지자에 대하여 등록을 권고할 수 있다.

365) 방송법 시행령 제39조(등록이 면제되는 수상기)

> 법 제64조 단서의 규정에 의하여 그 등록이 면제되는 수상기는 다음 각호와 같다.
> 1. 흑백수상기, 2. 수상기의 생산자가 제조한 것으로서 출고되지 아니한 수상기, 3. 수상기의 판매인 또는 수입판매인이 영업을 목적으로 보관 또는 진열하고 있는 수상기, 4. 「관세법」에 의하여 장치중인 수상기, 5. 고물상을 경영하는 자가 영업을 목적으로 보관중인 수상기, 6. 주한 외국기관 또는 외국군대의 소속원인 외국인 또는 그 가족이 소지한 수상기, 7. 군 및 전투경찰대 영내에 비치한 수상기, 8. 교도소의 수용자 또는 소년원 원생의 시청을 위하여 비치한 수상기, 9. 방송사업자 및 중계유선방송사업자의 사무소에 비치한 수상기, 10. 「초·중등교육법」 제2조 및 「고등교육법」 제2조의 규정에 의한 학교의 교실 또는 시청각실에 교육목적으로 비치한 수상기, 11. 「영유아보육법」에 의하여 설립된 보육시설의 영유아를 위하여 비치한 수상기, 12. 「사회복지사업법」에 의한 사회복지시설 중 무료시설의 수용자 및 이용자를 위하여 당해 시설에 비치한 수상기, 13. 국가 또는 지방자치단체가 일반시청을 목적으로 하지 아니하는 공무용 또는 홍보·교육용으로 비치한 수상기, 14. 국가 또는 지방자치단체가 주관하는 전시회에 전시중인 수상기, 15. 조약 또는 법령에 의하여 조세 및 이와 유사한 공과금을 면제받는 외국인 또는 그 가족이 소지한 수상기, 16. 자동차·선박 또는 항공기에 비치한 수상기, 16의2. 이동중 수신을 목적으로 하는 개인휴대용 수상기, 17. 1세대가 주거전용의 동일주택 안에 2대 이상의 수상기를 소지하는 경우 1대 외의 수상기, 18. 집단수용중인 나환자를 위하여 비치한 수상기, 19. 「전기사업법」에 의한 전기사업자가 제공하는 전기가 공급되어 있지 아니한 지역 안에 있는 수상기, 20. 노인의 후생복지를 위하여 경로당 등에 비치한 수상기, 21. 국가안보를 목적으로 설치·운영하는 유선공시청안테나시설에 가입된 수상기 중 행정안전부장관이 방송통신위원회와 협의하여 지정한 수상기, 22. 기타 방송통신위원회가 지정하는 수상기

는 그 등록을 면제하거나 수신료의 전부 또는 일부를 감면할 수 있다(방송법 제64조).

헌법재판소는 "방송법 제64조 단서는 등록면제 또는 수신료가 감면되는 수상기의 범위에 관해 아무런 조건 없이 단순히 대통령령에서 정하도록 하고 있으나, 등록면제 또는 수신료감면에 관한 규정은 국민에게 이익을 부여하는 수익적 규정에 해당하는 것이어서 이에 대해 요구되는 위임입법의 구체성·명확성의 정도는 상대적으로 완화될 수 있는 것이고, 또한 수신료 납부의무자의 범위가 '텔레비전방송을 수신하기 위하여' 수상기를 소지한 자로 되어 있으며, 수신료의 징수목적이 공사의 경비충당에 있다는 점을 감안하면 대통령령에서 정할 수신료감면 대상자의 범위는 텔레비전방송의 수신이 상당한 기간 동안 불가능하거나 곤란하다고 볼만한 객관적 사유가 있는 수상기의 소지자, 공사의 경비충당에 지장이 없는 범위 안에서 사회정책적으로 수신료를 감면해 줄 필요가 있는 수상기소지자 등으로 그 범위가 정해질 것임을 예측할 수 있다. 따라서 방송법 제64조는 포괄위임금지의 원칙에 위반되지 않는다(헌재 2008. 2. 28, 2006헌바70)"라고 판시하고 있다.

### (2) 수신료의 결정 및 징수

수신료의 금액은 이사회가 심의·의결한 후 방송통신위원회를 거쳐 국회의 승인을 얻어 확정되고, 공사가 이를 부과·징수한다. 공사는 수신료를 징수함에 있어서 수신료를 납부해야 할 자가 그 납부기간 내에 이를 납부하지 않을 때에는 그 수신료의 100분의 5의 범위 안에서 대통령령[366]이 정하는 비율에 상당하는 금액을 가산금으로 징수하고 등록을 하지 않은 수상기의 소지자에 대해 1년분의 수신료에 해당하는 추징금을 부과·징수할 수 있으며,[367] 공사는 수신료와

366) 방송법 시행령 제47조(가산금·추징금 등의 징수)

> ① 법 제66조 제1항의 규정에 의한 수신료체납에 대한 가산금은 그 수신료체납액의 100분의 5에 해당하는 금액으로 한다.
> ② 공사 또는 지정받은 자는 납부기한 내에 수신료를 납부하지 아니한 자에 대하여는 납부기한 경과 후 20일 이내에 다음 각호의 사항을 명시한 독촉장을 발부하여야 한다.
> 1. 수신료체납액 및 가산금, 2. 납부기한(독촉장 발부일부터 10일 이상으로 한다), 3. 납부장소, 4. 납부기한 내에 납부하지 아니한 때에는 강제징수한다는 뜻

367) 방송법 시행령 제47조(가산금·추징금 등의 징수)

가산금 또는 추징금을 징수함에 있어서 체납이 있는 경우에는 방송통신위원회의 승인을 얻어 국세체납처분의 예에 의해 이를 징수할 수 있다.[368]

공사는 제65조 및 제66조의 규정에 의해 징수된 수신료를 대통령령[369]이 정하는 바에 따라 한국교육방송공사법에 의한 한국교육방송공사의 재원으로 지원할 수 있다.

### (3) 수신료의 성격

헌법재판소는 '수신료'의 법적 성격에 대해 "수신료는 공영방송사업이라는 특정한 공익사업의 소요경비를 충당하기 위한 것으로서 일반 재정수입을 목적으로 하는 조세와 다르다. 또, 텔레비전방송을 수신하기 위하여 수상기를 소지한 자에게만 부과되어 공영방송의 시청가능성이 있는 이해관계인에게만 부과된다는 점에서도 일반 국민·주민을 대상으로 하는 조세와 차이가 있다. 그리고 '한국방송공사의 텔레비전방송을 수신하는 자'가 아니라 '텔레비전방송을 수신하기 위하여 수상기를 소지하는 자'가 부과대상 이므로 실제 방송시청 여부와 관계없이 부과된다는 점, 그 금액이 공사의 텔레비전방송의 수신 정도와 관계없이 정액으로 정해져 있는 점 등을 감안할 때 이를 공사의 서비스에 대한 대가나 수익자 부담금으로 보기도 어렵다. 따라서 수신료는 공영방송사업이라는 특

---

③ 공사 또는 지정받은 자는 법 제66조 제2항의 규정에 의하여 추징금을 징수하고자 하는 때에는 다음 각 호의 사항을 명시한 추징금납부통지서를 발부하여야 한다.
 1. 추징금액, 2.부과근거, 3.납부기한, 4.납부장소, 5.납부기한 내에 납부하지 않을 때는 강제징수한다는 뜻
④ 제3항의 규정에 의한 추징금납부통지서는 납부기한 10일전까지 법 제64조 단서의 규정에 의한 등록을 하지 아니한 수상기소지자에게 도달하도록 송부하여야 한다.

368) 방송법 시행령 제47조(가산금·추징금 등의 징수)

⑤ 공사는 법 제66조 제3항의 규정에 의하여 수신료·가산금 및 추징금을 체납처분하기 위하여 방송통신위원회의 승인을 얻고자 하는 때에는 체납대상범위 및 체납금액등을 명시하여 신청하여야 한다.

369) 방송법 시행령 제49조(교육방송에 대한 수신료의 지원)

공사는 법 제68조의 규정에 의하여 교육방송의 실시를 위한 경비를 지원하기 위하여 법 제54조 제1항 제6호의 규정에 의하여 한국교육방송공사가 행하는 방송에 대한 송신지원에 소요되는 금액과는 별도로 매년 수신료 수입의 100분의 3에 해당하는 금액을 한국교육방송공사에 지원하여야 한다.

정한 공익사업의 경비조달에 충당하기 위하여 수상기를 소지한 특정집단에 대하여 부과되는 특별부담금에 해당한다"라고 설시하고 있다(헌재 1999. 5. 27. 98헌바70; 헌재 2008. 2. 28, 2006헌바70).

수신료는 공영방송의 재원을 안정적으로 확보하기 위해 한국방송공사가 수행하는 각종 방송문화활동의 수혜자인 수상기 소지자에게 부과되는 부담금으로서 입법목적의 정당성이 인정되고, 공영방송이 국가나 각종 이익단체에 재정적으로 종속되는 것을 방지할 뿐만 아니라 공영방송 스스로 국민을 위한 다양한 프로그램을 자기책임하에 형성할 수 있는 계기를 제공해 준다는 점에서 입법목적을 달성하기 위한 효과적이고 적절한 수단으로 볼 수 있다. 또한 수신료의 금액, 세대별로 1대의 수상기에 대하여만 징수하는 점, 일정한 경우 수신료를 면제하도록 하고 있는 점 등을 고려할 때 침해의 최소성의 원칙에 어긋나는 것으로 볼 수 없고, 공영방송사업의 재원 마련 나아가 공영방송의 독립성 및 중립성 확보라는 입법목적에 비해 수상기 소지자가 입게 되는 재산상의 불이익은 크지 않다 할 것이므로 법익의 균형성의 원칙에 반하는 것으로도 볼 수 없다. 따라서 방송법 제64조는 수상기 소지자의 재산권을 침해하지 않는다(헌재 2008. 2. 28, 2006헌바70).

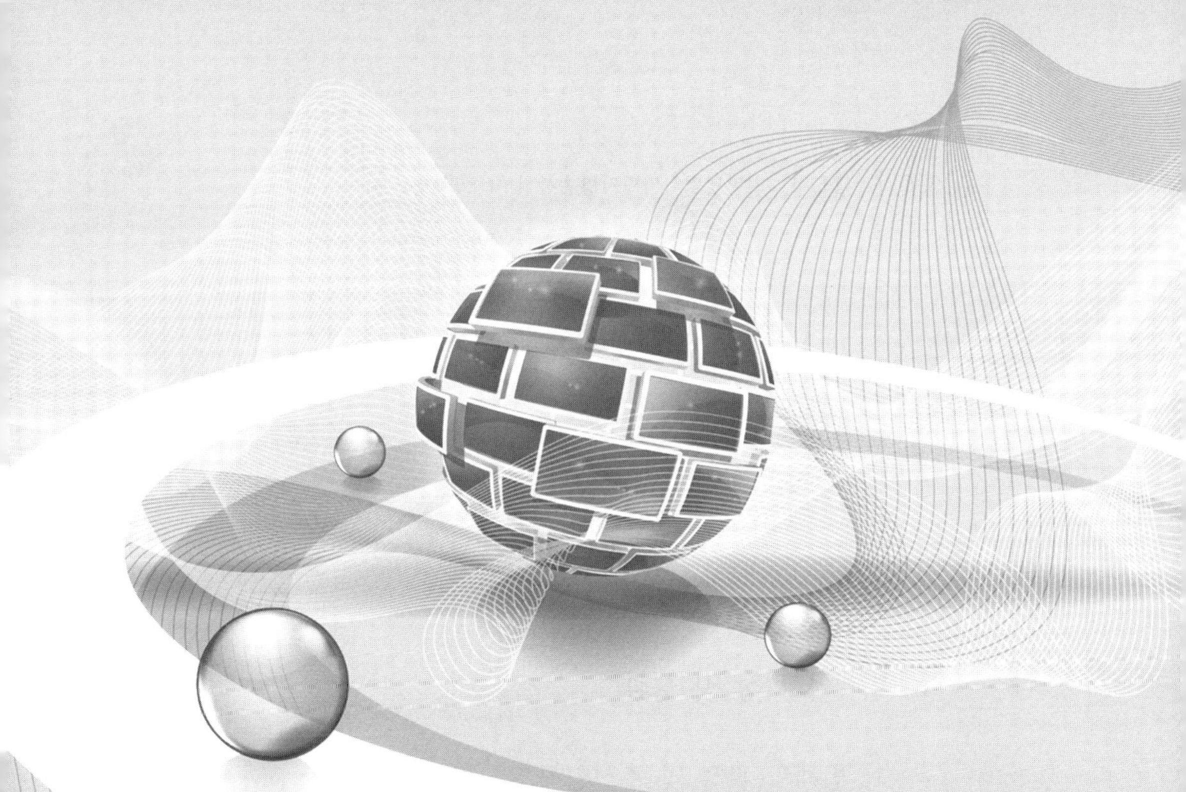

제 5 장

# 인터넷멀티미디어방송사업법 (IPTV법)


제 1 절 서설(序說)

제 2 절 IPTV법의 주요 내용

제 3 절 인터넷 멀티미디어 방송의 내용과 운용

제 4 절 IPTV법 위반에 대한 제재

# 제 5 장 인터넷멀티미디어방송사업법(IPTV법)

## 제 1 절 서설(序說)

### Ⅰ. 법제화 과정 및 쟁점

#### 1. 법제화 과정 및 추진일지

2008년 1월 '인터넷멀티미디어 방송사업법(IPTV법)'이 국회 본회의를 통과하여 본격적인 방통융합시대의 뉴미디어 등장을 법제화하였다. 그러나 제정 당시 동법의 실행을 뒷받침할 시행령을 정보통신부와 방송위원회가 공동으로 마련해야 하는 데다 방송통신융합기구법이 만들어지기 전까지 시행되는 한시적 법률이라는 문제를 갖고 있었다.

IPTV 법제화 과정을 일정별로 살펴보면, 정부는 2004년 통신사업자인 KT 등이 IPTV 도입계획 발표하고, 2004년 12월부터 국무조정실 '멀티미디어정책협의회' 및 정통부-방송위 '통신방송정책협의회'에서 IPTV 정책방향에 대해 협의에 들어가기 시작했다. 2005년 10월~11월 정보미디어사업법안과 방송법개정안이 발의되었으며, 2006년 7월 하나로텔레콤 '하나TV' 서비스를 개시했다. 2006년 9월 KT가 '메가TV' 서비스를 개시했으며, 2007년 2월 방송통신융합추진위원회에서 IPTV 도입방안에 대한 본격적인 논의에 들어갔다. 2007년 6~7월 국회방송통신특별위원회가 IPTV 도입 법안을 공동으로 발의하였다. 이후, 2007년 11월 '인터넷멀티미디어 방송사업법안' 방통특위 전체회의를 통과하고, 이어서 2007년 12월 28일 '인터넷멀티미디어 방송사업법안' 국회 본회의를 통과함으로써 최초로 법제화가 이루어졌다.

2008년 2월 29일 방송과 통신의 융합에 따를 업무를 총괄하기 위한 정부조직으로 방송통신위원회가 설치되었다. 장관급인 방송통신위원회 위원장은 대통령이 지명하고 국회 방송통신특별위원회(방통특위)의 인사청문회를 거치도록 규정하였다. 방통위 설치법에 따라 위원장을 제외한 상임위원 4자리 중 대통령과 여당이 각각 1자리 그리고 야당이 2자리를 추천하게 된다. 상임위원 중 1명은 호선을 통해 부위원장을 맡게 된다. 방통위원과 9명으로 구성되는 방송통신심의위원회 위원의 임기는 모두 3년이며 1회에 한해 연임 가능하다. 인사청문회법에 따르면 정부가 후보자를 발표한 뒤 국회에 인사청문을 요청하면 해당 상임위가 20일 이내에 청문 절차를 완료, 적격 여부 의견을 담은 경과보고서를 정부에 통보해야 한다. 그러나 이 기간 동안 국회가 청문 절차를 완료하지 못할 경우 대통령은 다시 10일을 요구할 수 있다.

2008년 5월 9일 방송통신위원회가 '인터넷멀티미디어방송사업법(일명 IPTV법) 시행령을 입법예고했다. 방송통신위원회는 인터넷멀티미디어 방송사업(IPTV)의 도입을 위해 제정된「인터넷멀티미디어방송사업법」에서 위임된 사항과 그 시행에 필요한 사항을 규정한「인터넷멀티미디어방송사업법 시행령」제정안을 입법예고하였고, 이어서 9일부터 29일까지의 입법예고기간을 가졌다. 방송통신위원회는 이 기간 동안 사업자·단체·협회 또는 개인은 동 시행령 제정안에 대하여 의견을 수렴하여 시행령 안에 반영한 후 규제개혁위원회와 법제처 심사 등을 거쳐 시행령이 공포·시행되었다. 아울러 CATV 등 규제완화를 통한 방송서비스 활성화를 위해「방송법 시행령」개정도 병행하여 추진함으로써 매체 사업자 간의 이해관계를 조정하였다.

## 2. 법제화 과정의 주요 쟁점

인터넷멀티미디어 방송법의 제정으로 IPTV에 실시간 방송 서비스를 제공할 수 있는 길이 열렸다. 그렇지만 핵심 쟁점들이었던 '전국사업권역', '시상지배적 기간통신사업자 자회사분리 없음', '시장점유율 3분의 1 제한' 등의 주요 내용을 그대로 반영하여 갈등의 소지를 남겨두고 있다. 특히 망 동등접근(網 同等接近), 시장지배력 전이방지(轉移防止) 등에 대한 상반된 주장이 첨예하게 대립하고 있어 세부 조항에 대한 상호 조율이 불투명한 상황이었다. 케이블TV방송업계는 IPTV 사업자가 의무적으로 통신망을 개방하고 통신시장 지배력이 유료방송시장에도 이어질 경우 조치를 취할 수 있는 강력한 규정을 담아야 한다고 주장하고 있었기 때문이다.

법률의 불완전성도 문제가 되었다. '인터넷멀티미디어방송사업법(이하 'IPTV법'으로 약칭)'이 법제화되었지만 하위 시행령 등을 정보통신부와 방송위원회가 공동 마련하도록 하는 등 불완전한 법률이라는 지적이 많았다. 공정거래위원회는 제 3 조 '인터넷멀티미디어 방송사업에 대해선 다른 법률에 우선해 이 법을 적용한다'는 규정이 방송사업자에 대해 경쟁당국의 법집행 권한을 원천적으로 배제하는 것이라고 지적했다. 같은 위법행위가 발생해도 방송법의 적용을 받는 방송사업자에 대해서는 공정거래위원회가, 인터넷멀티미디어 방송사업자는 방송위원회가 조치를 취하게 되는 혼선이 발생한다는 지적이다. 이에 대해 방송위원회는 동 법안이 방송사업자에 대해 경쟁 당국의 법집행 권한을 원천적으로 배제하는 규정이어서 불공정 행위가 발생해도 이를 규제하고 시정할 수 없다고 반박하는 등 논란이 계속되었다.

여기에 새 정부(이명박 정부)의 정부조직 개편이 맞물려 있어 법 시행 과정이 순탄치 않았다. 새 정부의 정부조직 개편안 내용에 따라 법률 손질이 불가피한 상황이 발생할 가능성도 배제할 수 없었다. 이 법은 정보통신부와 방송위원회라는 두 기구를 전제로 만들어져 두 기관이 다른 형태로 흡수 합병되거나 통합될 경우 법 틀을 전면적으로 수정해야 하는 상황이 발생하기 때문이다. 방송과 통신의 융합을 앞두고 방송위원회를 정보통신부에 흡수 합병하는 방안이나 정보통신부를 산업자원부 중심(전자기기 관련 산업자원부, IT 관련 연구개발 과기부, 통신산업 정책·규제권 문화부 등)으로 통합하는 방안까지 거론되기도 하였다.

## Ⅱ. 법제화의 의미와 배경

### 1. 법제화의 의의

뉴미디어를 대상으로 하는 특별법적 성격을 가지는 IPTV법은 IPTV를 '실시간 방송프로그램을 포함하여 데이터, 영상, 음성, 음향 및 전자상거래 등의 콘텐츠를 복합적으로 제공하는 방송'이라고 정의했다. 이에 따라 주문형비디오(VOD)만 제공하는 하나TV나 메가TV가 아니라 실시간 방송이 포함되어야 이 법에 따른 규제의 대상이 된다. 아울러 KT나 하나로텔레콤처럼 '필수적인 설비를 보유한 기간통신사업자'와 '사업 규모 및 시장점유율이 일정 기준을 넘는 기간통신사업자'는 전국을 대상으로 한 사업권역이 부여되었다. 따라서 KT와 하나로텔레콤 등 기간통신사업자는 단일 면허로 전국에서 IPTV 사업을 할 수 있게 되었다. 또한 네트워크를 확보하지 않은 사업자라도 IPTV 서비스를 도입할 수 있도록 인터넷포털이나 별정통신사업자 등 전기통신사업법상 기간통신사업자가 아닌 경우 일부 지역에서 서비스를 제공할 수 있도록 하위 법령에서 길을 열어주기로 하였다.

주요 쟁점이었던 독점적 사업자 출현의 방지를 위해 전체 케이블TV와 위성방송, IPTV를 포함한 전체 유료방송 시장에서 점유율이 3분의 1 이상을 넘지 못하도록 했다. 우리나라 총가구의 숫자를 1천600만 가구로 가정할 때 단일 사업자가 총 530만 가구 이상의 가입자를 확보할 수 없다는 의미이다. 또한 이미 케이블TV 사업을 하고 있는 종합유선방송사업자(SO)를 보호하기 위하여 전국을 77개 권역으로 나누어 IPTV 도입법안 시행 후 1년 동안은 시장점유율이 5분의 1을 넘지 못한다는 견제장치를 마련하였다.

공정경쟁을 보장하기 위한 장치로서 필수설비 사업자인 KT의 통신시장 지배력이 방송시장으로 전이되는 것을 막기 위해 다른 사업자가 IPTV 서비스를 제공하기 위해 전기통신설비에 대한 접근 및 이용 요청이 있을 경우 자기 보유 설비의 부족이나 영업 비밀의 보호 등 합리적이고 정당한 이유 없는 경우 거절하지 못하도록 하였다. 이와 함께 콘텐츠 사업자의 경우는 등록만 하면 IPTV에 서비스를 할 수 있도록 하였으며, 일간신문이나 뉴스통신, 외국자본 등의 방송채널 겸영을 할 수 없도록 하였다. 일반 채널은 승인을 받으면 되지만 보도전문채널, 종합편성채널, 홈쇼핑 사업자의 경우 케이블TV 사업자들과 마찬가지로 별도의 승인절차를 밟아야 한다. 하지만 KT나 SK텔레콤 등 IPTV 사업자는 케이블TV 사업자와 형평성을 맞추기 위하여 프로그램제공사업(PP)의 겸영을 허용하였다. 현재의 방송법과 같이 KBS1과 EBS는 의무적으로 재송신되며 외국방송의 재송신 역시 현재의 방송법을 그대로 준용함으로써 승인을 받도록 했다. 더불어 IPTV 사업자의 경우 외국인 지분제한 조항은 전기통신사업법 기준을 따르도록 했다. 따라서 KT나 하나로텔레콤 등 방송법상 외국인 지분 제한 조항에서 49%가 초과되는 사업자라 해도 본체에서 직접 IPTV 사업을 할 수 있게 됐다. 사업허가는 방송위원회의 추천을 받아 정보통신부 장관이 허가를 내주게 되며, 허가 기간은 5년의 범위 이내에서 대통령령으로 정하도록 하였다.

## 2. IPTV법의 매체 간의 불균형 조정 및 효과

케이블TV 업계는 IPTV법은 기존 방송법 체계를 무시한 기형법안으로 기존 방송법과 법리상 배치된다는 전제하에 IPTV가 방송서비스임에도 불구하고 법조항마다 예외조항을 넣어 통신사업자를 지나치게 배려하고 있어 매체 간의 균형발전을 저해할 우려가 있다는 문제를 제기하고 있다. 케이블TV 업계는 경쟁력을 높이기 위해 디지털 전환과 트리플플레이서비스(TPS: 방송, 인터넷, 전화의 번들상품) 확대를 통한 수익성의 다각화와 업역(業域)의 확대를 모색하고 있다.

방송통신위원회는 IPTV법 제정을 계기로 종합유선방송사업 등 뉴미디어 분야와의 규제 형평성을 통한 매체 간의 균형발전과 관련 산업의 활성화를 도모하기 위해 종합유선방송사업의 겸영 범위와 허가 기간을 확대하고, DMB의 채널 규제를 완화하는 등 뉴미디어 분야의 규제를 대폭 완화하였다. 또한 방송법 시행령이 개정되면서 방송사업 소유 등이 제한되는 대기업의 기준이 자산총액 기준 3조원 이상에서 10조원 이상으로 변경되었다. 이는 현행 방송법상 대기업의 기준(3조원 이상)이 2002년 정해졌으나 이후 2004년에 대기업의 종합유선방송사업자(SO) 소유 제한 규정이 폐지되고 경제 규모가 점차 확대됨에 따라 자산총액 기준 3조원 이상 기업이 급격히 증가한 환경을 감안한 것이다.

IPTV법 시행령에도 대기업 기준이 10조원 이상으로 정한 것과도 형평성을 맞춘 것이다. 실례로 자산총액이 3조원 이상인 기업은 2002년 34개사에서 지난해 52개사로 늘었으며 독점규제 및 공정거래에 관한 법률에서도 출자총액제한 기업집단 지정기준이 2002년 자산총액 '5조원 이상'에서 지난해 '10조원 이상'으로 확대되었다. 또한 현행 전국 77개 권역의 5분의 1, 전체 케이블TV 매출의 33% 이하로 제한된 케이블TV 사업자의 겸영 규제가 가입자 기준 3분의 1 초과금지로 완화되었다. 이는 IPTV법에서 전국 사업 면허가 허용된 것과 규제의 형평성을 맞추기 위한 것으로 향후에 MSO(복수종합유선방송사업자)를 중심으로 케이블TV 시장에서 인수합병이 활발히 이뤄질 수 있도록 하기 위한 의미를 갖고 있다.

또한 SO가 운영해야 하는 텔레비전 방송 채널의 하한선을 현행 70개에서 50개로 축소하는 방안도 포함된다. 지상파DMB 사업자의 경우 TV·라디오 방송채널 및 데이터방송채널을 모두 포함해 운용할 수 있도록 했으며 위성DMB 사업자가 운영하는 채널 수를 전체 운용 채널수의 2분의 1에서 3분의 2로 확대하고 외국방송 재송신 채널 수를 10%에서 20%로 확대하였다. 이 밖에 지상파DMB 사업자를 신규 애니메이션 편성 의무 대상에서 제외했으며 데이터 방송채널의 사막광고를 허용하는 등 광고 규제를 완화하는 내용도 포함되었다.

## 제 2 절 IPTV법의 주요 내용

### Ⅰ. 총 설

#### 1. 제정배경 및 목적

IPTV법을 제정하게 된 배경은 신문, 방송, 통신, 인터넷이 융합되는 새로운 미디어 환경 변화에 부응하고 국제적 시장개방 조류에 대응하여 우리 방송산업의 경쟁력을 강화하고 미디어산업 발전에 적합한 환경을 조성하기 위함이었으며, 다시 2009년 7월에는 대기업, 신문·뉴스통신 및 외국자본의 종합편성 또는 보도전문편성 콘텐츠 사업에 대한 겸영 또는 주식·지분 소유금지 등의 규제를 완화하기 위해 개정이 이루어지게 된다.

이 법의 목적은 방송과 통신이 융합되어 가는 환경에서 인터넷멀티미디어 등을 이용한 방송사업의 운영을 적정하게 함으로써 이용자의 권익보호, 관련기술과 산업의 발전, 방송의 공익성 보호 및 국민문화의 향상을 기하고 나아가 국가경제의 발전과 공공복리의 증진에 이바지하기 위함이다.

## 2. 인터넷 멀티미디어 방송의 개념과 내용

### (1) 인터넷의 개념 및 기원

인터넷이란 서로 연결된 컴퓨터의 국제적인 네트워크(an international network of interconnected computer)를 뜻한다. 1969년 미 국방부의 군사적인 목적으로 처음 고안된[1] 슈퍼컴퓨터 '아르파넷'을 원조로 본다. 그 후 1988년 월드와이드웹(www)이 창안되었고 1992년 웹브라우저가 개발됐다. 군사용에서 상용목적으로 보급이 확산되기 시작하였으며, 지금은 대중화되어 각 개인이 컴퓨터를 보유하게 되었다. 컴퓨터의 보급이 대중화됨에 따라 개인 간의 정보의 취득과 교환이 활발해지면서 통신 공간에서는 국경의 개념이 무너질 만큼 그 영역이 광역화되었다. 이와 더불어 1994년 야후가 정보 검색엔진을 개발하면서 정보를 전달하는 기술 및 콘텐츠의 양과 질이 동시에 고도화되었다. 현재 인터넷이라는 정보통신 매체를 수단으로 하여 네티즌(netizen)이라는 신조어로 명명된 컴퓨터 공간의 대중이 탄생하였으며 그 숫자는 2010년 현재 무려 16억 명 규모로 추산되고 있다.

네티즌으로 불리는 대중이 갖고 있는 특징은 컴퓨터라는 기기를 통해 정보의 양방향성인 송신과 수신은 물론, 생산과 가공 등에 이르기까지 막강한 영향력을 행사하고 있다는 점이다. 이제 네티즌의 실질적인 힘은 영향력의 수준을 넘어 민주주의의 헌법 체제에 따른 제도적 권력인 입법, 행정, 사법을 능가하고, 권력의 제 4 부로 통하는 전통언론의 위상을 압도하는 권력의 제 5 부로 불릴 만하다. 네티즌의 연결망 역시 기존의 유선에서 무선으로 확장되고 있어 그 영역은 시공을 초월하는 매체로 진화를 거듭하고 있다. 반면에 네티즌 등에 의해 공공재(公共財) 성격의 통신공간이 무제한적으로 개방되면서 많은 문제점들이 도출되고 있다. 인터넷 컴퓨터를 활용한 정보 등 콘텐츠와 네트워킹시스템을 개발한 포털 사업자가 등장하면서 매체속의 매체로까지 그 영역이 확장되면서 개인에 대한 정보 보호, 사생활 침해, 명예훼손 등 직접적인 피해뿐만 아니라 불확실한 정보, 음란성 정보, 사행성 정보 등으로 인해 개인과 사회공동체의 안정을 해치는 사건들이 속출하고 있다. 이 같은 문제점으로 인해 인터넷 통신공간에 대한 법제정비가 필요하게 되었으며, IPTV법은 인터넷을 매체로 네티즌을

---

1) 문재완, 언론법, 늘봄출판사, 2008, 682면.

수용자, 즉 소비자로 하여 법의 영역 안에서 허용하는 콘텐츠를 제공하도록 하는 입법조치이다.

### (2) 인터넷멀티미디어 방송의 개념

인터넷멀티미디어 방송이란 광대역 통합정보통신망 등을 이용하여 양방향성을 가진 인터넷 프로토콜 방식으로 일정한 서비스 품질이 보장되는 가운데 텔레비전 수상기 등을 통해 이용자에게 실시간 방송프로그램을 비롯한 데이터·영상·음성·음향 및 전자상거래 등의 콘텐츠를 복합적으로 제공하는 방송을 말한다. 다만 전파법 제10조 제1항 제1호에 따라 기간통신사업을 영위하기 위하여 할당받은 주파수를 이용하는 서비스에 사용되는 전기통신회선설비는 인터넷방송을 위한 통신망에서 제외시키고 있다.

광대역 통합정보통신망이란 「정보화촉진기본법」 제2조 제5호의 2에 따른 광대역 통합정보통신망과 「전기통신기본법」 제2조 제3호에 따른 전기통신회선설비를 말한다. '실시간 방송프로그램'이란 인터넷멀티미디어 방송 콘텐츠 사업자 또는 방송법 제2조 제3호에 따른 방송사업자가 편성하여 송신 또는 제공하는 방송프로그램으로서 그 내용과 편성에 변경을 가하지 않고 동시에 제공하는 것을 말한다.

### (3) 인터넷멀티미디어 방송사업의 범위

인터넷멀티미디어 방송사업을 총체적인 의미에서 정의하면 인터넷멀티미디어 방송제공사업을 뜻한다. 구체적으로는 인터넷멀티미디어 방송(IPTV)에 제공하기 위해(동법 제18조 제1항) 콘텐츠를 공급받은 IPTV 방송제공사업자가 해당 콘텐츠를 이용자에게 제공하는 사업과 인터넷멀티미디어 방송콘텐츠사업으로서 인터넷멀티미디어 방송제공사업자에게 인터넷멀티미디어 콘텐츠를 공급하는 사업까지를 포괄하여 IPTV 방송사업의 범주로 획정하고 있다.

인터넷멀티미디어 방송사업자란 인터넷멀티미디어 방송제공사업자로서 인터넷 멀티미디어 방송제공사업을 하기 위해(제4조 제1항) 허가를 받은 자, 또는 인터넷멀티미디어 방송콘텐츠사업자로서 인터넷멀티미디어 방송콘텐츠사업을 하기 위해(제18조 제2항) 신고·등록하거나 승인을 받은 자를 말한다.

## Ⅱ. IPTV 사업의 허가 및 자격요건

### 1. 방송사업의 허가(許可)

현행 IPTV법은 인터넷멀티미디어 방송제공사업을 하고자 하는 자는 정부의 담당관청(방송통신위원회)의 허가를 받아야 한다고 규정하고 있다.[2] 허가를 받을 수 있는 대상은 법인에 한정하며[3] 허가를 받으려면 허가 신청서를 방송통신위원회에 제출해야 한다. 허가신청에 필요한 사항은 ① 법인명, 주소 및 대표자의 성명, ② 콘텐츠 수급계획을 포함한 사업계획서, ③ 재정 및 기술능력을 입증하는 서류, ④ 시설계획서(주요 시설의 임차 시는 임차계획을 포함한다) 등 서류를 제출하여야 한다.

그 밖에 방송통신위원회는 인터넷멀티미디어 방송제공사업을 허가함에 있어서 심사의 대상이 되는 주요 사항은 다음과 같다.

① 방송의 공적 책임·공정성·공익성의 실현 가능성
② 콘텐츠 수급계획의 적절성 및 방송영상 산업 발전에 대한 기여도
③ 유료 방송시장에서의 공정경쟁 확보 계획의 적정성
④ 조직 및 인력운영 등 경영계획의 적정성
⑤ 재정 및 기술능력
⑥ 신청인이 설립중인 법인인 경우에는 해당 법인의 설립이 확실한지 여부
⑦ 시설계획이 적정한지 여부
⑧ 그 밖에 사업 수행에 필요한 사항 등이다.

방송통신위원회는 심사결과를 공표해야 하며, 특별한 결격사유가 없는 한 3개월 이내에 허가해야 한다. 기타 인터넷멀티미디어 방송제공사업의 허가에 필요한 절차, 심사기준에 대한 배점, 그 밖에 필요한 사항은 대통령령으로 정하도록 하였다. 동법에 의거하여 인터넷멀티미디어 방송제공사업의 허가를 득하였을 경우 그 유효기간은 5년의 범위로 하고 있다.[4]

2) IPTV법 제4조(IPTV 방송 제공사업의 허가).
3) IPTV법 제4조 제2항.
4) IPTV법 제4조 제1항.

## 2. 재허가(再許可)

인터넷멀티미디어 방송제공사업자가 허가 유효기간의 만료 후 계속 인터넷멀티미디어 방송제공사업을 하고자 하는 경우는 방송통신위원회의 재허가를 받아야 한다. 방송통신위원회가 재허가를 할 때에는 ① 이전(以前) 허가 당시의 사업계획, 허가조건 및 그 밖의 준수사항의 이행 여부, ② 방송통신위원회의 시정명령, 과징금·과태료 부과처분의 내용·횟수와 그 이행 여부 등의 사항을 심사하고 그 결과를 공표해야 한다.[5]

동법 시행령 제 4 조(재허가)에 의거하여 인터넷멀티미디어 방송제공사업자는 재허가[6]를 받으려면 허가기간이 끝나기 3개월 전까지 허가 당시와 동일하게 동법 제 4 조 제 3 항 각 호에 규정된 사항을 포함한 허가 신청서에 사업실적보고서 및 인터넷멀티미디어 방송제공사업의 허가증 사본을 첨부하여 방송통신위원회에 재허가 신청을 해야 한다.

인터넷멀티미디어 방송제공사업의 허가를 받은 자가 허가사항 중 대통령령으로 정하는 사항을 변경하고자 하는 때[7]에는 대통령령으로 정하는 바에 따라 변경허가를 받아야 한다. 변경허가의 절차 및 심사 내용 등에 대하여는 동법 제 4 조의 인터넷멀티미디어 방송제공사업의 허가 등에 관한 규정을 준용한다.

IPTV법 시행령 제 7 조는 변경허가를 받아야 하는 사항으로[8] ① 인터넷 멀티미디어 방송제공사업자의 합병 및 분할, ② 인터넷멀티미디어 방송제공사업의 전부 또는 일부의 양도. 이 경우 그 사업의 양수자는 법 제 4 조에 따른 인터넷멀티미디어 방송제공사업의 허가를 함께 받아야 한다. ③ 사업권역의 변경 등의 경우로 명시하고 있다.

5) IPTV법 제4조 제4항.
6) IPTV법 제5조의2(재허가).
7) IPTV법 제11조(허가사항의 변경).
8) IPTV법 시행령 제7조(변경허가).

## 3. IPTV 방송권역의 획정과 사업자의 자격요건

### (1) IPTV 방송권역과 방송개시 기간의 획정

인터넷멀티미디어 방송제공사업은 전국을 하나의 사업권역으로 한다.[9) 다만, 동법 제 4 조 제 1 항에 따른 사업허가 시 중소기업기본법 제 2 조 제 1 항에 따른 중소기업자의 요청이 있고 방송통신위원회가 특별히 필요하다고 인정하는 때에는 그렇지 않다. 또한 전기통신사업법 제34조 제 3 항 제 1 호 및 제 2 호에 따른 기간통신사업자가 IPTV방송제공사업 허가를 받은 경우에는 허가를 받은 날부터 대통령령으로 정하는 기간 이내에 방송을 개시해야 한다.

방송법 제12조(지역사업권) 제 1 항은 종합유선방송사업 또는 중계유선방송사업을 허가할 때에는 일정한 방송구역 안에서 사업을 운영하는 권리인 지역사업권을 부여할 수 있다고 규정하고 있다. 이어서 동조 제 2 항은 "방송구역과 음악유선방송의 사업구역은 행정구역을 중심으로 지역주민의 생활권 및 지리적 여건과 전기통신설비 등을 참작하여 관계 중앙행정기관의 장 및 市·도지사와 협의하여 방송통신위원회가 고시한다"고 정하고 있다. 이에 근거하여 인터넷멀티미디어 방송제공사업자는 방송통신위원회가 고시한 모든 방송구역에서 서비스를 개시해야 한다.

다만, 방송통신위원회는 인터넷멀티미디어 방송제공사업을 허가 받은 기간통신사업자가 천재지변이나 그 밖의 부득이한 사유로 인해 대통령령으로 정한 3년 이내에 서비스를 시작할 수 없을 때에는 그 사업자의 신청에 따라 1년의 범위에서 한 차례만 그 기간을 연장할 수 있다.[10)]

### (2) IPTV 방송 제공사업자의 자격 요건

인터넷 방송사업자는 사업의 특수성에 따라 사업을 수행할 수 있는 엄격한 자격요건에 해당하는 결격사유를 명시하고 있다.[11)] 그 결격사유는 다음과 같다.

---

9) IPTV법 제6조(사업권역).
10) IPTV법 제6조 제2항.
11) IPTV법 제7조(결격사유).

① 국가 또는 지방자치단체
② 동법 제 8 조 및 제 9 조에 따른 주식 또는 지분의 소유 제한을 초과한 법인
③ 동법 제24조 제 1 항에 따라 허가가 취소된 후 3년이 경과되지 아니한 자

또한 방송사업자로서 임원이 될 수 있는 자격요건도 엄격히 규정하고 있는데,[12] 미성년자·한정치산자 또는 금치산자, 파산선고를 받고 복권되지 않은 자, IPTV법 또는 방송법, 전기통신기본법, 전기통신사업법 및 정보통신망 이용촉진 및 정보보호 등에 관한 법률을 위반하여 벌금 이상의 형을 선고받고 그 집행이 종료(집행이 종료된 것으로 보는 경우를 포함한다)되거나 그 집행이 면제된 날부터 3년이 경과되지 않은 자, 또는 형법(제87조부터 제90조까지, 제92조, 제101조), 군형법(제 5 조부터 제 8 조까지, 제 9 조 제 2 항, 제11조부터 제16조까지) 또는 국가보안법(제 3 조부터 제 9 조까지)의 규정에 따른 죄를 범하여 금고 이상의 실형을 선고받고 그 형의 집행이 종료되지 않았거나 집행을 받지 않기로 확정되지 않은 자 또는 집행 유예기간중에 있는 자, '보안관찰법'에 따른 보안관찰처분이나 '치료감호법'에 따른 치료감호의 집행중에 있는 자, 외국인이나 외국의 법인 또는 단체의 대표자는 동법 제 4 조 제 1 항에 따라 허가를 받은 법인의 대표자가 될 수 없다.

## 4. IPTV 방송사업자의 소유제한

### (1) 방송사업자의 지분제한 및 겸영 금지[13]

IPTV방송사업자의 겸영을 금지하기 위해 인터넷 멀티미디어 방송제공사업자가 주식을 발행하는 경우에는 기명식으로 하도록 하고 있다. 「신문 등의 진흥에 관한 법률」에 따른 신문 또는 「뉴스통신진흥에 관한 법률」에 따른 뉴스통신을 경영하는 법인(대통령령으로 정하는 특수관계자를 포함한다)은 인터넷 멀티미디어 방송제공사업자의 주식 또는 지분 총수의 100분의 49를 초과하여 소유할 수 없도록 지분 소유를 제한하고 있다.

12) IPTV법 제4조 제1항(IPTV방송 제공사업의 허가).
13) IPTV법 제8조(겸영금지).

그 밖에 「독점규제 및 공정거래에 관한 법률」[14]에 따라 기업집단 중 자산총액 등 대통령령으로 정하는 기준에 해당하는 기업집단에 속하는 회사와 그 계열회사(대통령령으로 정하는 특수관계자를 포함한다) 또는 「신문 등의 진흥에 관한 법률」에 따른 신문이나 「뉴스통신 진흥에 관한 법률」에 따른 뉴스통신을 경영하는 법인(대통령령으로 정하는 특수관계자를 포함한다)은 종합편성 또는 보도에 관한 전문편성을 행하는 인터넷 멀티미디어 방송 콘텐츠사업자의 주식 또는 지분 총수의 100분의 49를 초과하여 소유할 수 없도록 하였다.

인터넷 멀티미디어 방송 제공사업자는 방송법 제 2 조(용어의 정의) 및 같은 법 시행령 제 1 조의2(용어의 정의)에 따른 텔레비전방송채널사용사업·라디오방송채널사용사업 및 데이터방송채널사용사업별로 각각 전체 사업자수의 5분의 1을 초과하여 방송채널사용사업을 경영할 수 없다. 여기서 경영할 수 없다 함은 겸영하거나 주식 또는 지분 총수의 100분의 5 이상을 소유하는 경우를 말한다. 또한 외국인의 주식소유도 제한된다.[15] 즉, 외국의 정부나 단체, 외국인, 외국의 정부나 단체 또는 외국인 「증권거래법」, 제 2 조 제20항 제 1 호에 따른 특수관계인도 주식의 소유를 제한하고 있다.

### (2) 소유제한 위반에 대한 제재(制裁)

초과소유 주주 등에 관한 제한[16] 규정을 위반한 경우 위반의 원인을 제공한 주식 또는 지분을 소유한 자는 그 소유분 또는 초과분에 대한 의결권을 행사할 수 없다. 방송통신위원회는 제 8 조(겸영금지) 또는 제 9 조(외국인의 주식소유제한)를 위반한 자나 그 위반의 원인을 제공한 주식 또는 지분의 소유자에 대해 6개월 이내의 기간을 정해 해당 사항을 시정할 것을 명할 수 있다. 시정명령을 받은 자는 그 기간 이내에 해당 사항을 시정해야 한다.

---

14) 독점규제 및 공정거래에 관한 법률 제2조 제2호.
15) 방송법 제9조(방송채널사용의 등록요건).
16) IPTV법 제10조(초과소유주주 등에 관한 제한).

## Ⅲ. IPTV 공정경쟁의 보장[17)]

### 1. 공정경쟁의 보장

정부는 인터넷 멀티미디어 방송제공사업의 효율적인 경쟁체제 구축과 공정한 경쟁 환경 조성을 위해 노력해야 하고 다른 사업에서의 지배력이 인터넷 멀티미디어 방송제공사업으로 부당하게 전이되지 않도록 해야 한다.

다른 사업의 지배력이 인터넷 멀티미디어 방송제공사업으로 부당하게 전이되지 아니하도록 하기 위하여 인터넷 멀티미디어 방송제공 사업자는 방송통신위원회가 정하여 고시하는 바에 따라 인터넷 멀티미디어 방송제공사업의 회계를 다른 사업과 구분하여 처리해야 한다.[18)] 인터넷 멀티미디어 방송제공 사업자는 작성한 회계에 관한 사항이 포함된 영업보고서를 매 회계연도 종료 후 3개월 이내에 방송통신위원회에 제출하고, 관련 장부와 근거자료를 비치해야 한다.

방송통신위원회는 제출된 영업보고서의 내용을 검증해야 한다. 방송통신위원회는 인터넷 멀티미디어 방송 제공사업자에게 제 3 항에 따른 검증을 위해 필요한 자료의 제출을 요구하거나 사실 확인에 필요한 검사를 할 수 있다.

### 2. 경쟁상황에 대한 감독 및 평가

#### (1) 경쟁상황평가위원회의 구성

IPTV 방송 제공사업자의 효율적인 경쟁체제 구축과 공정한 경쟁 환경의 조성을 위한 경쟁정책 수립과 인터넷 멀티미디어 방송 제공사업에 대한 경쟁상황 평가를 실시하기 위해 평가위원회를 구성하도록 하였다.

평가위원회의 위원은 9인으로 하며, 위원장은 방송통신위원회 위원장이 맡도록 하였다. 평가위원회는 인터넷 멀티미디어 방송제공사업자에 대해 경쟁상황 평가를 위해 필요한 자료의 제출을 요청할 수 있다. 다른 사업에서의 지배력

17) IPTV법 제12조(공정경쟁의 촉진).

18) IPTV법 시행령 제8조(공정경쟁의 촉진).

이 인터넷 멀티미디어 방송제공사업으로 부당하게 전이되지 않도록 하기 위한 구체적인 방법, 경쟁상황 평가를 위한 구체적인 평가기준·절차·방법, 평가위원회의 설치·조직·업무·위원의 선임방법·위원의 임기 및 신분 등에 대하여는 대통령령으로 정하도록 하였다.[19]

평가위원회의 위원의 임기는 2년으로 하되, 한 차례만 연임할 수 있다. 다만, 직위를 정해 임명되거나 위촉되는 위원의 임기는 그 직위에 재임하는 기간으로 한다. 평가위원은 다음의 자격요건을 갖춘 사람 중에서 위원장이 임명 하거나 위촉한다.

① 관계 행정기관의 고위공무원단에 속하는 공무원 또는 정무직 공무원,

② 「고등교육법」 제 2 조 제 1 호부터 제 3 호까지의 규정에 해당하는 학교의 방송·통신 또는 공정경쟁과 관련한 학과에서 전임강사 이상으로 10년 이상 있거나 있었던 사람,

③ 공인된 연구기관에서 방송·통신 또는 공정경쟁 관련 분야의 연구원으로 10년 이상 근무한 경력이 있거나 있었던 사람,

④ 판사·검사 또는 변호사로서 10년 이상 재직하고 있거나 재직하였던 사람,

⑤ 방송·통신 등 미디어 사업과 관련된 협회 또는 단체 등에서 임원으로 재직하고 있거나 10년 이상 재직한 경력이 있는 사람,

⑥ 시민단체(「비영리민간단체 지원법」 제 2 조에 따른 비영리민간단체를 말한다)에서 방송·통신 또는 공정경쟁에 관한 업무에 종사하고 있는 사람으로서 제 2호부터 제 4 호까지의 규정에 준하는 학식과 경험이 있는 사람 중에서 위촉한다.

### (2) 경쟁상황평가위원회의 운영

평가위원회의 회의는 위원장이 소집하고 그 회의를 주재한다. 위원장은 평가위원회의 회의를 소집하려면 회의일시·장소 및 회의안건을 회의 개최 7일 전까지 각 위원에게 서면 또는 전자문서 등으로 통지해야 한다. 다만, 긴급을 요하거나 부득이한 사유가 있는 경우에는 그렇지 않다. 평가위원회는 재적위원 과반수의 출석과 출석위원 과반수의 찬성으로 의결한다. 평가위원회는 필요한 경우에 관계 공무원 또는 관련 전문가의 의견을 들을 수 있다. 평가위

19) IPTV법 시행령 제9조(경쟁상황 평가위원회의 구성 및 운영).

원회에는 방송통신위원회 소속 공무원 중에서 위원장이 지명하는 간사 1명을 둔다.

### (3) 경쟁상황평가위원회의 직무

경쟁상황 평가위원회는 다음의 사항들을 심의한다.

① 인터넷 멀티미디어 방송제공사업에 대한 경쟁상황 분석 및 평가,
② 인터넷 멀티미디어 방송제공사업의 효율적인 경쟁체제 구축과 공정한 경쟁 환경 조성을 위한 조치,
③ 그 밖에 인터넷 멀티미디어 방송제공사업이 공정한 경쟁정책 수립을 위하여 평가위원회 위원장이 회의에 부치는 사항 등을 심의 의결한다.

평가위원회에 출석한 위원에게는 예산의 범위에서 수당을 지급할 수 있다. 다만, 공무원인 위원이 그 소관 업무와 직접 관련되어 출석하는 경우에는 수당을 지급하지 않는다.

### (4) 경쟁상황 평가의 기준 및 방법[20]

방송통신위원회는 경쟁상황 평가 결과를 토대로 인터넷 멀티미디어 방송제공사업의 효율적인 경쟁체제 구축과 공정한 경쟁환경 조성을 위한 시책을 수립·시행해야 한다.[21] 평가위원회가 경쟁상황 평가를 하기 위해 단위시장 또는 관련시장을 획정(劃定)할 때에는 ① 서비스의 수요대체성 및 공급대체성, ② 서비스의 제공범위 및 지리적 범위, ③ 구매력·협상력의 차이 또는 수요의 특수성 등 이용자의 특성 등을 고려해야 한다.

평가위원회가 경쟁상황 평가를 하는 경우에는 획정된 단위시장 또는 관련시장을 대상으로 다음의 사항을 종합적으로 고려하여야 한다.

① 시장구조: 경쟁사업자의 수, 경쟁사업자 간의 주식 또는 지분 소유관계, 진입장벽, 시장점유율, 콘텐츠의 수급관계 등
② 이용자의 대응력: 서비스 이용에 관한 정보접근의 용이성, 대체 서비스

20) IPTV법 시행령 제10조(경쟁상황 평가의 기준·절차 및 방법).
21) IPTV법 시행령 제11조(공정한 경쟁 환경 조성을 위한 시책).

또는 사업자 전환의 용이성 등

③ 시장성과: 사업자의 요금·품질의 수준, 수익성 등

④ 인터넷 멀티미디어 방송 제공사업자의 행위: 요금·품질경쟁 및 기술혁신의 정도 등

⑤ 그 밖에 인터넷 멀티미디어 방송 제공사업의 단위시장 또는 관련시장의 상황 등을 고려해야 한다.

평가위원회는 경쟁상황 평가를 위해 조사·연구 및 통계분석 등의 업무를 전문연구기관으로 하여금 수행하게 할 수 있다.

## 3. IPTV 공정경쟁을 위한 제재 및 지원

### (1) 시장점유율의 제한

방송통신위원회는 매체의 시장점유의 한계를 설정하여 독점적 지위를 확보하지 못하도록 규제하였다. 즉, 특정 인터넷 멀티미디어 방송제공사업자는 해당 사업자와 특수관계자인 인터넷 멀티미디어 방송제공사업자를 합산하여 방송법[22]에 따라 방송통신위원회가 고시한 방송 구역별로 인터넷 멀티미디어 방송, 종합유선방송, 위성방송을 포함한 유료방송사업 가입 가구의 3분의 1을 초과하여 서비스를 제공할 수 없다. 다만, IPTV법이 시행된 후 1년 이내에는 5분의 1을 초과하여 서비스를 제공할 수 없도록 하여 점증적으로 시장을 확대할 수 있도록 하여 시장에 주는 충격을 완화시키고 있다.

방송통신위원회는 인터넷 멀티미디어 방송제공사업자가 시장점유율 제한(방송법 제1항)을 위반할 경우에 해당 사업자에 대해 6개월 이내의 기간을 정하여 위반 사항을 시정하도록 명할 수 있다. 시정명령을 받은 사업자는 그 기간 이내에 위반사항을 시정해야 한다.

### (2) 전기통신설비의 동등 제공[23]

인터넷 멀티미디어 방송제공사업자는 인터넷 멀티미디어 방송 제공사업

22) 방송법 제12조 제2항(지역사업권).
23) IPTV법 제15조(이용약관의 신고).

을 하고자 하는 자로부터 해당 서비스의 제공에 필수적인 전기통신설비에의 접근 및 이용에 관한 요청이 있는 경우 전기통신설비의 동등제공 원칙에 따라 이를 거절해서는 안 된다. 다만, 자기 보유설비의 부족, 영업비밀의 보호 등 합리적이고 정당한 사유가 있을 경우는 거절할 수 있다. 즉, 인터넷 멀티미디어 방송 제공사업자는 합리적이고 정당한 사유 없이 다른 인터넷 멀티미디어 방송 제공사업자가 사용중인 자기 보유설비의 사용 등을 중단하거나 제한하지 못한다.

또한 인터넷 멀티미디어 방송제공사업자는 자기 보유설비를 다른 인터넷 멀티미디어 방송제공사업자에게 부당하게 차별적인 대가와 조건으로 제공해서는 안 된다. 즉, 방송 제공사업자가 부당하게 사용료를 차등부과하거나 사용료를 인상할 목적으로 우월적 지위를 남용하는 것을 방지하기 위함이다. 이와 관련하여 전기통신설비의 범위, 설비제공의 거절·중단·제한 사유, 설비제공의 방법·절차 및 설비 이용대가의 산정원칙 등에 관해 필요한 사항은 대통령령으로 정하도록 하였다.

## Ⅳ. IPTV 이용자 보호[24)]

### 1. 이용자에 대한 정보보호 의무

인터넷 멀티미디어 방송 제공사업자는 자신이 제공하는 서비스에 관해 이용자로부터 제기되는 정당한 의견이나 불만을 즉시 처리해야 한다. 또한 인터넷 멀티미디어 방송제공사업자는 서비스나 전기통신설비의 제공 과정에서 취득한 개별 이용자에 관한 정보를 보호하기 위한 조치를 취해야 하며, 취득한 개인정보를 공개해서는 안된다. 다만, 본인의 동의가 있거나 다른 법률의 규정에 따른 적법한 절차에 따른 경우에는 예외적으로 공개할 수 있도록 하였다.

24) IPTV법 제16조(이용자보호).

## 2. 이용자의 이익 보호

### (1) 이용자 이익 침해에 대한 손해배상

IPTV방송제공사업자는 개별이용자를 가입자로 하여 서비스를 제공하기 때문에 이용자 개인에 대한 정보를 대량으로 확보할 수 있는 위치에 있다. 따라서 사업자가 방송 이외의 목적으로 혹은 이용자 정보를 사적이익을 목적으로 활용할 경우 혼란이 빚어질 수 있을 뿐만 아니라 피해를 줄 우려가 있어 정보 유출을 엄격하게 제한하고 있다. 인터넷 멀티미디어 방송제공사업자는 개별 이용자 정보의 부당한 제공으로 이용자에게 손해를 입힌 경우에는 정당한 배상을 하여야 한다.

### (2) 이용자의 피해방지[25)]

IPTV방송제공사업자는 사업자 간의 공정한 경쟁 또는 이용자의 이익을 저해하거나 저해할 우려가 있는 행위를 하거나 제3자로 하여금 이를 행하도록 하여서는 안 된다. 즉, IPTV방송제공사업자가 정당한 사유 없이 인터넷 멀티미디어 방송서비스의 제공을 거부하거나. 이용약관의 내용과 다르게 방송 서비스를 제공하거나 이용계약과 다른 내용의 이용요금을 청구하는 행위, 인터넷 멀티미디어 방송서비스의 제공 과정에서 알게 된 이용자의 정보를 부당하게 유용하는 행위, 부당하게 이용자를 차별하여 현저하게 유리하거나 불리한 이용요금 또는 이용조건으로 인터넷 멀티미디어 방송서비스를 제공하는 행위, 우월적 지위를 이용하여 인터넷 멀티미디어 방송콘텐츠사업자에게 부당한 계약을 강요하거나 적정한 수익 배분을 거부하는 행위, 다른 방송사업자의 방송시청을 부당하게 방해하거나 서비스제공계약의 체결을 방해하는 행위, 정당한 사유 없이 다른 방송사업자의 서비스 제공에 필수적인 전주, 관로, 통신구 등 전기통신설비의 사용 또는 접근을 거절·중단하거나 제한하는 행위 등으로 이용자에게 피해를 주어서는 안 된다. 만약 이용자가 이와 같은 행위로 인해 피해를 입었을 경우는 과징금 처분을 받게 된다.

25) IPTV법 제17조(금지행위).

### 3. 이용자의 이익 침해에 대한 제재(制裁)

방송통신위원회는 공정거래위원회와 협의하여 인터넷 멀티미디어 방송제공사업자가 이용자의 이익을 침해하는 행위를 하는 경우에는 해당 인터넷 멀티미디어 방송제공사업자에게 과징금을 부과할 수 있다. 과징금을 부과할 경우는 위반행위의 내용 및 정도, 위반행위의 기간 및 횟수, 위반행위로 인해 취득한 이익의 규모 등을 고려하여 매출액 100분의 2 이하 범위 내에서 부과할 수 있다. 다만, 매출액이 없거나 매출액의 산정이 곤란한 경우로서 대통령령으로 정하는 때에는 5억원 이하의 과징금을 부과할 수 있다.

방송통신위원회는 과징금 부과 처분을 받은 자가 납부기한 이내에 과징금을 납부하지 않은 때에는 국세 체납처분의 예에 따라 징수한다. 이와 관련한 이용자 이익을 침해하는 행위의 세부적인 유형 및 기준에 필요한 사항은 대통령령으로 정하도록 하였다.

# 제 3 절 인터넷 멀티미디어 방송의 내용과 운용[26)]

## Ⅰ. IPTV 방송프로그램의 제공

### 1. 프로그램 공급자에 대한 차별금지

IPTV법은 동법에 규정하고 있는 방송프로그램 제작 제작공급업자 외에 방송법에 따른 컨텐츠 제작·공급자의 프로그램도 차별 없이 사용하도록 하였다. 그러나 이 같은 차별금지 원칙은 케이블TV 등 여타 매체와의 콘텐츠의 차별화나 콘텐츠 개발경쟁을 막게 되어 방송발선을 저해할 수 있다는 지적을 받고 있다. 방송법(제 2 조 제 3 호)에 따른 방송사업자, 전기통신사업법(제21조)에 따른 통신사업자 및 다른 법률의 규정에 따라 콘텐츠를 제작·공급하는 사업을 하는 자는 누구든지 인터넷 멀티미디어 방송용 콘텐츠를 인터넷 멀티미디어 방송제공

26) IPTV법 제18조(콘텐츠의 공급).

사업자에게 공급할 수 있다. 또한 콘텐츠를 공급하고자 하는 자는 방송통신위원회에 신고 또는 등록해야 한다. 신고, 등록 및 승인에 필요한 구체적인 절차 및 방법에 관한 사항은 대통령령으로 정한다. 다만, 인터넷 멀티미디어 방송제공사업자에게 보도 또는 상품 소개와 판매를 전문으로 하거나 보도·교양·오락 등 다양한 분야를 종합적으로 편성한 콘텐츠를 제공하고자 하는 자는 방송통신위원회의 승인을 받아야 한다.

## 2. IPTV 콘텐츠사업의 신고·등록 및 발전정책

### (1) IPTV 콘텐츠사업의 신고·등록[27)]

인터넷 멀티미디어 방송제공사업자에게 방송콘텐츠를 공급하려는 자는 방송통신위원회에 신고해야 한다. ①「방송법」 제 2 조 제 3 호에 따른 방송사업자로서 콘텐츠(종합유선방송사업자와 위성방송사업자의 경우에는 직접사용채널의 콘텐츠만 해당한다)를 인터넷 멀티미디어 방송제공사업자에게 공급하려는 자, ② '전기통신사업법' 제21조에 따라 방송통신위원회에 신고한 부가통신사업자('전기통신사업법' 제21조 단서에 따라 신고하지 아니하는 부가통신사업자를 포함한다.)가 콘텐츠를 인터넷 멀티미디어 방송제공사업자에게 공급하려는 자, ③ 다른 법률의 규정에 따라 콘텐츠를 제작·공급하는 사업을 하는 자로서 콘텐츠를 인터넷 멀티미디어 방송제공사업자에게 공급하려는 자.

IPTV 법 제18조 제 2 항 본문에 따라 다음에 해당하는 자는 방송통신위원회에 인터넷 멀티미디어 방송콘텐츠사업의 등록을 해야 한다. ① '방송법'(제 2조 제 3 호)에 따른 방송사업자로서 '방송법'에 따라 허가·등록 또는 승인받은 것이 아닌 콘텐츠(종합유선방송사업자와 위성방송사업자의 경우에는 직접사용채널의 콘텐츠만 해당한다)를 실시간 방송프로그램의 형태로 인터넷 멀티미디어 방송제공사업자에게 공급하려는 자, ② '전기통신사업법'(제21조)에 따라 방송통신위원회에 신고한 부가통신사업자 및 다른 법률의 규정에 따라 콘텐츠를 제작·공급하는 사업을 하는 자로서 실시간 방송프로그램의 형태로 인터넷 멀티미디어 방송제공사업자에게 콘텐츠를 공급하려는 자.

27) IPTV법 시행령 제16조(콘텐츠사업의 신고 및 등록 대상).

IPTV 방송콘텐츠사업의 신고 또는 등록하려면[28] 다음의 사항을 적은 인터넷 멀티미디어 방송콘텐츠사업 신고서를 방송통신위원회에 제출해야 한다. ① 사업자명, ② 대표자명, ③ 상품 또는 서비스명, ④ 콘텐츠 공급 분야, ⑤ 주된 사무소 및 주요 시설의 소재지, ⑥ 납입자본금(법인인 경우에만 해당), ⑦ 발행주식 또는 지분 총수의 100분의 5 이상을 가진 주주 또는 출자자의 구성(법인인 경우에만 해당), ⑧ 법 제 9 조에 따른 외국인의 주식소유 현황 및 관련 증명서류(법인인 경우에만 해당), ⑨ 다른 법률에 따라 콘텐츠를 제작·공급하는 사업을 하는 자임을 증명하는 서류(제16조 제 1 항 제 3 호에 따른 다른 법률의 규정에 따라 콘텐츠를 제작·공급하는 사업을 하는 자만 해당).

방송통신위원회는 제 1 항에 따른 인터넷 멀티미디어 방송콘텐츠사업이 신고를 받으면 인터넷 멀티미디어 방송콘텐츠 사업신고증을 신고인에게 발급해야 한다. 방송통신위원회에 신고한 인터넷 멀티미디어 방송콘텐츠사업자가 신고사항을 변경한 경우에는 변경한 날부터 7일 이내에 방송통신위원회에 신고해야 한다. 다만, 제 1 항 제 7 호 또는 제 8 호의 사항이 변경된 경우에는 그 해 말을 기준으로 변경된 사항을 다음 해 3월 말까지 방송통신위원회에 신고해야 한다.

인터넷 멀티미디어 방송콘텐츠사업의 승인을 받으려는 자는 인터넷 멀티미디어 방송콘텐츠 사업 승인신청서에 적어 방송통신위원회에 제출해야 한다. 다만, 법 제18조 제 1 항에 해당하는 자로서 '방송법' 제 9 조 제 5 항 단서에 따른 방송채널사용사업의 승인을 받지 않은 자의 승인에 관하여는 '방송법 시행령' 제10조를 준용한다.

인터넷 멀티미디어 방송콘텐츠사업자는 승인받은 사항 중 다음의 사항을 변경하려면 인터넷 멀티미디어 방송 콘텐츠사업의 변경승인 신청서를 방송통신위원회에 제출해야 하고, 동법 제17조 제 1 항 각호(제 4 호는 제외)의 사항을 변경하려는 경우에는 변경한 날부터 7일 이내에 방송통신위원회에 신고해야 한다. 이 경우 제 2 호 및 제 3 호에 대한 변경승인에 관하여는 '방송법 시행령' 제15조의2 제 1 항 및 제 2 항을 준용한다. ① 제17조 제 1 항 제 4 호, ② 해당 콘텐츠사업의 최다액출자자(해당 사업자의 출자자 본인과 그의 특수관계자의 주식 또는 지분을 합하여 의결권이 있는 주식 또는 지분의 비율이 가장 많은 자), ③ 경영권을 실질

28) IPTV법 시행령 제17조(콘텐츠사업의 신고 또는 등록 절차).

적으로 지배하는 자.

방송통신위원회는 제 1 항 본문 및 제 2 항 전단에 따라 승인신청서 또는 변경승인 신청서를 접수한 경우에는 그 신청서를 접수한 날부터 30일 이내에 승인 여부를 결정하고 그 결과를 신청인에게 통보해야 한다.

### (2) 콘텐츠사업 발전방안 수립

앞에서 제기 한 차별금지 원칙의 문제점을 보완하기 위하여 정부는 매체간의 특성을 살리고 차별화할 수 있도록 방송콘텐츠에 대한 발전정책을 수립하여 시행하도록 강제하고 있다. 즉, 정부는 다른 법률에서 따로 정하고 있는 경우를 제외하고는 인터넷 멀티미디어 방송제공사업자에게 공급되는 콘텐츠 간의 공정경쟁과 관련 산업의 진흥을 위해 필요한 재원의 마련 등 콘텐츠사업 발전을 위한 시책을 별도로 수립·시행하도록 규정하고 있다.[29][30]

### (3) 콘텐츠 동등접근[31]

정부는 방송콘텐츠와 관련하여 매체간의 과잉경쟁이나 독점적 이익을 향유하는 행위를 방지하기 위해 방송콘텐츠에 대한 동등접근(同等接近) 원칙을 규정하고 있다. 즉, 신고·등록하거나 승인을 받은 인터넷 멀티미디어 방송콘텐츠사업자가 제공하는 방송프로그램을 방송통신위원회가 대통령령으로 정하는 기준에 따라 고시한 경우 일반 국민이 이를 시청할 수 있도록 다른 인터넷 멀티미디어 방송제공사업자에게도 공정하고 합리적인 가격으로 차별 없이 제공해야 한다. 아울러 주요 방송프로그램의 계약 행위 등에 있어서도 시청자의 이익 및 공정거래질서를 저해하지 못하도록 규정하였다.

이로써 과거 월드컵이나 프로야구 등 국민의 관심도가 높은 프로그램의 중계권을 확보하기 위한 과당경쟁이나 독점중계가 사실상 상당한 제약을 받을 수 밖에 없게 되었다. 방송통신위원회는 이와 관련하여 '주요 방송프로그램'을 고시할 때에는 문화체육관광부장관, 방송사업자 및 시청자의 의견을 들어 결정하도록 하였다.

---

29) IPTV법 제19조(콘텐츠 사업 발전시책).

30) IPTV법 제4조 제1항.

31) IPTV법 제20조(콘텐츠 동등접근).

#### (4) 방송콘텐츠 발전 저해행위(沮害行爲)의 금지

방송통신위원회는 방송콘텐츠 동등접근 규정을 위반한 인터넷 멀티미디어 방송콘텐츠사업자에 대하여 금지행위의 중지 등 필요한 시정조치를 취할 수 있다. 이 경우 방송통신위원회는 시정조치를 취하기 전에 당사자에게 기간을 정하여 위반 사실에 대해 의견진술의 기회를 주어야 한다. 다만, 당사자가 정당한 사유 없이 이에 응하지 않은 때에는 의견진술의 기회를 생략하고 시정조치를 취할 수 있다.

## Ⅱ. IPTV 방송프로그램의 구성과 운용[32)]

### 1. 직접 사용채널 운용금지

IPTV 방송제공사업자는 직접 사용채널을 운용할 수 없다.[33)] 즉, IPTV방송에 제공하기 위해 콘텐츠를 제공받아 이를 콘텐츠 이용자에게 제공하는 사업자는 직접 사용채널을 운용할 수 없도록 하였다. 제공사업자는 케이블TV의 망사업자처럼 단지 특정 방송 콘텐츠를 전송하는 업무에만 한정토록 한 것이다. 이같이 영역의 제한을 설정한 것은 방송 콘텐츠사업자를 보호하기 위한 의미도 포함되어 있다.

### 2. IPTV방송내용의 심의

인터넷 멀티미디어 방송 콘텐츠사업자가 제공하는 실시간 방송프로그램의 내용심의에 대하여는 방송법이 정하고 있는 방송의 공정성 및 공공성 심의[34)]와

---

32) IPTV법 제21조(방송프로그램의 구성과 운용).

33) IPTV법 제21조 제1항(직접사용 채널운용금지).

34) IPTV법 제32조(방송의 공정성 및 공공성 심의) 방송통신심의위원회는 방송·중계유선방송(中繼有線放送) 및 전광판방송(電光板放送)의 내용과 기타 전기통신회선(電氣通信回線)을 통하여 공개를 목적으로 유통되는 정보중 방송과 유사한 것으로서 대통령령이 정하는 정보의 내용이 공정성과 공공성을 유지하고 있는지의 여부와 공적책임(公的 責任)을 준수하고 있는지의 여부를 방송 또는 유통된 후 심의·의결한다. 이 경우 매체별·채널별 특성을

심의규정[35]을 따르도록 하였다. 방송법의 심의 규정에 명시된 주요 심의사항은 다음과 같다.

① 헌법의 민주적 기본질서의 유지와 인권존중에 관한 사항,
② 건전한 가정생활 보호에 관한 사항,
③ 아동 및 청소년의 보호와 건전한 인격형성에 관한 사항,
④ 공중도덕과 사회윤리에 관한 사항,
⑤ 양성평등(兩性平等)에 관한 사항,
⑥ 국제적 우의(友誼) 증진에 관한 사항,
⑦ 장애인 등 방송소외계층의 권익증진에 관한 사항,
⑧ 민족문화의 창달과 민족의 주체성 함양에 관한 사항,
⑨ 보도·논평의 공정성·공공성에 관한 사항,
⑩ 언어순화에 관한 사항,
⑪ 자연환경 보호에 관한 사항,
⑫ 건전한 소비생활 및 시청자의 권익보호에 관한 사항,
⑬ 법령에 따라 방송광고가 금지되는 품목이나 내용에 관한 사항,
⑭ 방송광고 내용의 공정성·공익성에 관한 사항,
⑮ 기타 이 법의 규정에 의한 방송통신심의위원회의 심의업무에 관한 사항이다.

이와 함께 방송사업자는 아동과 청소년을 보호하기 위하여 방송프로그램의 폭력성 및 음란성 등의 유해 정도, 시청자의 연령 등을 감안하여 방송프로그램의 등급을 분류하고 이를 방송중에 표시하도록 하고 있다.

IPTV 방송제공사업자가 이와 같은 심의규정을 준수하지 않았을 경우는 역시 방송법의 규정을 준용한 제재조치를[36] 받게 된다.

---

고려하여야 한다. <개정 2008.2.29>

35) IPTV법 제33조 심의규정(審議規程) ① 방송통신심의위원회는 방송의 공정성 및 공공성을 심의하기 위하여 방송심의에 관한 규정(이하 "심의규정"이라 한다)을 제정·公表하여야 한다. <개정 2008.2.29>

36) 방송법 제100조(제재조치).

## 3. 방송프로그램 운용의 원칙

### (1) 채널의 구성과 운용 원칙

인터넷 멀티미디어 방송제공사업자가 제공하는 실시간 방송프로그램에 관하여는 방송법(제70조 제1항부터 제3항까지)의 규정을 준용하도록 하였다.[37] 즉, 채널의 구성과 운용은 다음의 기준에 따라야 한다.

① 이동멀티미디어방송을 행하는 지상파방송사업자·종합유선방송사업자 및 위성방송사업자는 특정 방송분야에 편중되지 않고 다양성이 구현되도록 방송법 시행령이 정하는 바에 의해 채널을 구성·운용해야 한다.

② 이동멀티미디어방송을 행하는 지상파방송사업자·종합유선방송사업자 및 위성방송사업자는 방송법 시행령에서 정하고 있는 범위를 초과하여 방송채널을 직접 사용하거나 당해 방송사업자의 특수관계자(特殊關係者) 또는 특정 방송채널사용사업자(使用事業者)에게 채널을 임대해서는 안 된다.

③ 종합유선방송사업자 및 위성방송사업자(이동멀티미디어방송을 행하는 위성방송사업자를 제외한다)는 시행령에서 정하는 규정에 따라 국가가 공공의 목적으로 이용할 수 있는 채널 및 종교의 선교목적을 지닌 채널을 두어야 한다. 이 규정에서 서술하고 있는 '종합유선방송사업자'는 '인터넷 멀티미디어 방송 제공사업자'로, '채널'은 '인터넷 멀티미디어 방송제공사업자가 제공하는 실시간 방송프로그램의 단위'로 간주하도록 하였다.

### (2) 시청점유율 제한

시청점유율 제한을 제한하는 제도를 도입한 배경은 방송사업자간에 시청율을 높이기 위한 과당경쟁을 제한함으로써 방송프로그램의 선정화(煽情化)를 억제하는 효과와 함께 문화와 여론의 다양성을 확보하기 위해 특정 신문이나 방송이 언론시장의 독점적 지위를 갖는 것을 예방하는 기재로 작동할 수 있도록 하기 위함이다.

이 법에서 규정하고 있는 시청점유율의 정의는 전체 텔레비전 방송에 대한 시청자의 총 시청시간 중 특정 방송채널에 대한 시청시간이 차지하는 비율을

37) 방송법 제70조(채널의 구성과 운용).

말한다.[38] IPTV방송사업자의 시청점유율은 100분의 30을 초과할 수 없도록 하였다. 다만, 정부 또는 지방자치단체가 전액 출자한 IPTV의 경우는 시청점유율에 대한 제한을 두지 않고 있다.

IPTV 방송사업자의 시청점유율은 해당 방송사업자의 시청점유율에 특수관계자 등의 시청점유율을 모두 합산하여 사정하는 방식을 도입하고 있다. 즉 해당 방송사업자의 특수관계자의 시청점유율 및 해당 방송사업자가 주식 또는 지분을 소유하고 있는 다른 방송사업자의 시청점유율까지 합산하는 의미이다. 이 경우 특수관계자 등의 시청점유율은 가중치를 다르게 부여하여 산정할 수 있고, 일간신문을 경영하는 법인이 방송사업을 겸영하거나 주식 또는 지분을 소유하는 경우에는 그 일간신문이 특수관계자에 해당된다. 따라서 그 일간신문의 구독률을 IPTV법 시행령으로 정해진 규정에 따라 일정한 비율의 시청점유율로 환산하여 해당 방송사업자의 시청점유율에 합산하도록 하였다.

시청점유율 산정의 구체적인 기준·방법 등 필요한 사항은 시행령으로 정하고 '미디어다양성위원회의' 심의를 거쳐 방송통신위원회가 고시로 정하도록 하였다.

방송통신위원회는 IPTV방송사업자의 시청점유율을 허가·승인, 변경승인, 재허가 등의 심사에 의무적으로 반영하도록 하여 강력한 실행력을 뒷받침하고 있다. 문제는 시청점유율에 대한 산정이 얼마나 과학적이며 실체적으로 검증이 가능한 것인가가 과제이다.

방송통신위원회는 시청점유율을 합산·산정하고 시청점유율을 초과하는 사업자에 대하여는 방송사업 소유제한, 방송광고시간 제한, 방송시간의 일부양도 등 IPTV법의 시행령이 정하는 기준에 맞추어 필요한 행정적 조치를 취할 수 있다.[39]

### (3) 방송프로그램의 편성[40]

#### 1) 국내제작 방송프로그램의 편성[41]

IPTV 방송사업자는 해당 방송 채널의 전체 프로그램 중 국내에서 제작(製

38) 방송법 제69조 제2항(시청점유율 제한).
39) 방송법 제69조 제2항(시행일 2010.8.1).
40) 방송법 제71조(국내방송프로그램의 편성).
41) 방송법 시행령 제57조(국내제작방송프로그램의 편성).

作)된 방송프로그램을 시행령이 정하고 있는 기준에 따라 일정한 비율 이상 편성해야 한다. 또한 연간 방송되는 영화·애니메이션 및 대중음악 중 국내에서 제작된 영화·애니메이션 및 대중음악 등에 대해서도 시행령이 정하는 바에 따라 일정한 비율 이상을 의무적으로 편성해야 한다.

방송법 시행령 제57조에 제3항에 규정한 국내제작 방송프로그램의 편성의 비율은 지상파방송채널사용사업자를 제외한 방송채널사용사업자는 당해 채널의 매분기 전체 방송시간의 100분의 20 이상 100분의 50 이하로 편성하도록 하고 있다.

또한 연간 방송되는 영화·애니메이션 및 대중음악 중 국내에서 제작된 영화·애니메이션 및 대중음악을 나음의 범위 안에서 방송통신위원회가 고시하는 비율 이상을 편성하도록 하고 있다. ① 영화는 당해 채널의 전체 영화방송시간의 100분의 20 이상 100분의 40 이하, ② 애니메이션은 당해 채널의 전체 애니메이션방송시간의 100분의 30 이상 100분의 50 이하, ③ 대중음악은 당해 채널의 전체 대중음악방송시간의 100분의 50 이상 100분의 80 이하로 정하고 있다.[42]

### 2) 해외수입 방송프로그램의 편성

외국문화에 대한 수용자의 편중을 방지하고 국제문화 수용의 다양성을 보장하기 위해 외국에서 수입한 영화·애니메이션 및 대중음악 중 한 국가에서 제작한 영화·애니메이션 및 대중음악의 편성에 대해 시행령으로 일정한 비율 이상을 초과하지 않도록 편성의 상한선을 두도록 하였다. 즉, 1개 국가에서 제작된 영화·애니메이션 및 대중음악을 분야별로 당해 채널의 매분기 전체 외국에서 수입한 영화·애니메이션 및 대중음악 방송시간의 100분의 60 이내에서 방송통신위원회가 고시하는 비율을 초과하지 못하도록 하고 있다. 단, 방송통신위원회가 편성비율을 고시할 때는 문화체육관광부장관과 사전에 합의하도록 하여 부처간 또는 대외적인 문제점을 사전에 파악하여 대응할 수 있도록 하기 위한 것으로 해석할 수 있다. 이 경우에도 방송프로그램의 편성비율은 방송매체와 방송분야별 특성 등을 고려하여 차등을 둘 수 있게 하였다.

IPTV 방송사업자는 외국에서 수입한 영화·애니메이션 및 대중음악의 구별기준은 당해 방송프로그램의 기획 및 제작의 형태, 기획 및 제작인력의 구성,

---

42) 방송법 시행령 제57조 제3항.

제작에 소요된 투자재원 등을 기준으로 하여 방송통신위원회가 정해 고시하도록 하고 있다.[43]

### (4) 외주제작 방송프로그램의 편성[44]

IPTV 방송사업자는 당해 채널의 전체 방송프로그램 중 국내에서 당해 방송사업자가 아닌 자가 제작한 방송프로그램 즉 외주제작(外注製作) 방송프로그램을 일정한 비율 이상 편성(編成)해야 하며, 그 비율은 시행령으로 정하도록 하였다. 방송사업자는 외주제작 방송프로그램을 편성함에 있어서 특수관계자(特殊關係者)가 제작한 방송프로그램을 일정한 비율 이상을 초과하지 않도록 편성하며 그비율 역시 시행령으로 정하고 있다.

IPTV의 종합편성(綜合編成)을 행하는 방송사업자는 외주제작 방송프로그램을 주시청시간대(主視聽時間帶)에 일정한 비율 이상 편성하도록 의무화하였으며 그 비율은 동법 시행령에서 정하도록 하였다. 이 밖에 외주제작 방송프로그램의 편성비율은 방송매체와 방송분야별 특성 등을 고려하여 차등을 둘 수 있도록 하고 있다.

방송법 시행령이 규정한[45] 외주제작 방송프로그램의 편성에서 종합편성을 행하는 방송사업자는 방송법(제72조 제3항)의 규정에 의해 외주제작방송프로그램을 해당 채널의 매분기 주시청시간대 텔레비전방송시간의 100분의 15 이내에서 방송통신위원회가 고시하는 비율 이상 편성하여야 한다고 규정하였으며 방송통신위원회는 편성비율을 고시하는 경우에는 문화체육관광부장관과 사전에 합의하도록 하고 있다.

### (5) 광고방송 및 협찬고지의 편성[46]

#### 1) 광고의 개념 및 종류

IPTV 방송사업자는 방송광고와 방송프로그램이 혼동되지 않도록 명확하게 구분해야 한다. 특히 어린이를 주 시청대상으로 하는 방송프로그램의 방송광고시간 및 전후 토막광고시간에는 반드시 광고임을 밝히는 자막을 표기하여 어린

43) 방송법 시행령 제57조 제6항.

44) 방송법 제72조 (외주제작 방송프로그램의 편성).

45) 방송법 시행령 제58조(외주제작 방송프로그램의 편성).

46) 방송법 제73조(광고방송), 동법 제74조(협찬고지).

이가 방송프로그램과 방송광고를 구분할 수 있도록 해야 한다.

방송법에서 규정하고 있는 방송광고의 종류는 다음과 같다.

① 방송프로그램광고는 방송프로그램의 전후에 편성되는 광고를 의미하며 구체적으로는 방송프로그램 시작타이틀 고지 후부터 본방송프로그램 시작 전까지 및 본방송프로그램 종료 후부터 방송프로그램 종료타이틀 고지 전까지를 말한다.
② 중간광고는 1개의 동일한 방송프로그램이 시작한 후부터 종료되기 전까지 사이에 그 방송프로그램을 중단하고 편성되는 광고
③ 토막광고는 방송프로그램과 방송프로그램 사이에 편성되는 광고
④ 자막광고는 방송프로그램과 관계없이 문자 또는 그림으로 나타내는 광고
⑤ 시보광고는 현재시간 고지 시 함께 방송되는 광고
⑥ 가상광고는 방송프로그램에 컴퓨터 그래픽을 이용하여 만든 가상의 이미지를 삽입하는 형태의 광고
⑦ 간접광고는 방송프로그램 안에서 상품을 소품으로 활용하여 그 상품을 노출시키는 형태의 광고를 의미한다.

### 2) 광고의 허용범위[47)]

방송광고는 무한정 허용되지 않으며 허용범위·시간·횟수 또는 방법 등에 관하여는 시행령에 규정한 원칙을 따르도록 하였다.[48)] 다만, 상품소개 및 판매에 관한 전문편성을 행하는 방송의 경우에는 해당 상품소개 및 판매에 관한 방송내용물은 이를 방송광고로 보지 않으며, 방송사업자 및 전광판방송사업자는 공공의 이익을 증진시킬 목적으로 제작된 비상업적 공익광고를 방송법 시행령이 정하는 비율 이상 편성해야 한다.

종합유선방송사업자·위성방송사업자(위성이동멀티미디어방송사업자는 제외) 및 방송채널사용사업자(지상파방송채널사용사업자 및 위성이동멀티미디어방송채널사용사업자는 제외)의 텔레비전방송채널과 라디오방송채널의 경우 편성기준은 다음과 같다.

47) 방송법 시행령 제59조 ②-2.
48) 방송법 제73조(광고방송).

① 채널별 전체 광고시간은 방송프로그램광고시간, 중간광고시간, 토막광고시간, 자막광고시간 및 시보광고시간을 포함하여 시간당 평균 10분을 초과할 수 없다. 다만, 매시간 12분(방송시간이 120분 이상인 방송프로그램이 편성되는 시간에 당해 시간의 전체 광고시간이 방송프로그램 시간의 100분의 15를 초과하지 않는 경우에는 매시간 15분)을 초과할 수 없다.

② 중간광고의 횟수는 45분 이상 60분 미만인 방송프로그램(중간광고를 포함한다)의 경우에는 1회 이내, 60분 이상 90분 미만인 방송프로그램의 경우에는 2회 이내, 90분 이상 120분 미만인 방송프로그램의 경우에는 3회 이내, 120분 이상 150분 미만인 방송프로그램의 경우에는 4회 이내, 150분 이상 180분 미만인 방송프로그램의 경우에는 5회 이내, 180분 이상인 방송프로그램의 경우에는 6회 이내로 하되, 매회 3건 이내로 하고, 매회의 광고시간은 1분 이내로 한다. 다만, 운동경기, 문화·예술행사 등 그 중간에 휴식 또는 준비시간이 있는 방송프로그램을 송신하는 경우에는 휴식 또는 준비시간에 한해 중간광고를 할 수 있으며, 이 경우 중간광고의 횟수, 매회 광고건수 및 매회 광고시간에 제한을 두지 않는다.

③ 토막광고의 횟수는 매시간 2회 이내, 매회 5건 이내로 하되, 매회의 광고시간은 1분 40초를 초과할 수 없다.

④ 자막광고는 방송사업자의 명칭 고지시 또는 방송프로그램 안내고지시에 한하며, 그 자막광고의 횟수는 매시간 6회 이내, 매회 10초 이내로 하며, 자막의 크기는 화면의 4분의 1을 초과할 수 없다.

### 3) 협찬고지[49)]

IPTV 방송사업자는 대통령령이 정하는 범위 안에서 협찬고지(協贊告知)를 할 수 있다. 협찬고지의 세부기준 및 방법 등에 관한 사항은 방송통신위원회규칙으로 정할 수 있게 하였다. 방송법 시행령이 규정하고 있는[50)] 협찬고지 사항은 방송사업자는 텔레비전방송채널 및 라디오방송채널에서 다음의 경우에 한해 협찬고지를 할 수 있다.

① 방송사업자가 행하는 공익성 캠페인을 협찬하는 경우

49) 방송법 제74조(협찬고지).

50) 방송법 시행령 제60조(협찬고지).

② 방송사업자가 주최·주관 또는 후원하는 문화예술·스포츠 등 공익행사를 협찬하는 경우
③ 방송프로그램을 제작하는 자(방송사업자를 제외한다)로서 방송사업자와 특수관계에 있지 않은 자의 방송프로그램 제작을 협찬하는 경우
④ 방송프로그램을 제작하는 자의 공익성이 있는 대형 기획프로그램의 제작을 협찬하는 경우
⑤ 방송프로그램 제작과정에서 시상품 또는 경품을 제공하거나 장소·의상·소품·정보 등을 협찬하는 경우

IPTV 방송사업자는 다음 중 어느 하나에 해당하는 경우에는 협찬고시를 할 수 없다.

① 정당 그 밖의 정치적 이해관계를 대변하는 단체가 협찬하는 경우
② 법령 또는 방송통신위원회규칙에 의하여 방송광고가 금지된 상품이나 용역을 제조·판매 또는 제공하는 자가 협찬하는 경우
③ 지상파방송사업자의 시사·보도, 논평 또는 시사토론프로그램(특별시를 방송구역으로 하는 지상파방송사업자가 외국을 취재대상으로 하여 외국에서 제작한 라디오 프로그램 및 특별시를 방송구역으로 하지 않는 지상파방송사업자가 외국을 취재대상으로 하여 외국에서 제작한 프로그램을 제외한다)을 협찬하는 경우

다만, 제 2 호의 경우로서 「한국마사회법」에 의한 한국마사회 등 법률의 규정에 의하여 설치된 공공기관 또는 「공익법인의 설립·운영에 관한 법률」 제 2 조의 규정에 의한 공익법인이 제 1 항 제 1 호의 규정에 의한 공익성 캠페인을 협찬하는 경우에는 협찬주명만을 협찬고지할 수 있다.

### (6) 재난방송의 편성[51)]

종합편성 또는 보도전문편성을 행하는 방송사업자는 전쟁, 태풍, 폭우, 지진과 같은 재난(災難)이 발생하였을 경우, 또는 자연재해대책법 제 2 조의 규정에 의한 재해 또는 재난 및 안전관리기본법 제 3 조의 규정에 의한 재난이 발생

51) 방송법 제75조(재난방송).

하거나 발생할 우려가 있는 경우에는 그 발생을 예방하거나 그 피해를 줄일 수 있도록 재난방송(災難放送)을 실시하도록 규정하고 있다. 방송통신위원회는 재해 또는 재난이 발생하거나 발생이 예상되는 때에는 대통령령이 정하는 바에 따라 방송사업자에 대하여 재해 또는 재난의 발생을 예방하거나 그 피해를 줄일 수 있는 재난방송을 행하도록 요구할 수 있다. 이 경우 방송사업자는 특별한 사유가 없는 한 재난방송을 해야 하며 KBS(한국방송공사)를 재난방송의 주관기관으로 지정할 수 있다.

방송통신위원회는 방송법(제75조 제2항)의 규정에 의해 방송사업자에게 재난방송을 요구하고자 하는 경우에는 서면으로 해야 한다. 다만, 재해 또는 재난의 예방을 위하여 긴급한 사유가 있는 때에는 전화·모사전송·정보통신망 등의 방법으로 할 수 있다.[52] 재난방송을 요구하는 때에는 ① 재난상황, ② 기상상황 및 기상특보 발표 내용(자연현상으로 인해 발생하는 재해 또는 재난의 경우에 한한다), ③ 재난유형별 국민행동요령, ④ 그 밖에 피해를 예방하거나 경감하기 위해 필요한 사항 등을 명시해야 한다.

## Ⅲ. 방송프로그램의 공급 및 보편적 시청권 보장

### 1. 보편적 시청권 보장의무

IPTV 등 방송사업자는 다른 방송사업자에게 방송프로그램을 공급할 때에는 공정하고 합리적인 시장가격으로 차별없이 제공해야 한다.[53] 방송통신위원회는 보편적시청권보장위원회의 심의를 거쳐 국민적 관심이 매우 큰 체육경기대회 그 밖의 주요 행사를 고시해야 한다. 이 경우 방송통신위원회는 문화체육관광부장관, 방송사업자 및 시청자의 의견을 들어야 한다. 국민관심행사 등에 대한 중계방송권자 또는 그 대리인(중계방송권자)은 일반국민이 이를 시청할 수 있도록 중계방송권을 다른 방송사업자에게도 공정하고 합리적인 가격으로 차별없이 제공해야 한다. 방송사업자는 규정을 위반하는 행위에 관해 방송통신위원

52) 방송법 시행령 제60조의2(재난방송).

53) 방송법 제76조(방송프로그램의 공급 및 보편적 시청권 등).

회에 서면으로 신고할 수 있다. 방송통신위원회는 신고를 접수한 경우에는 방송법(제35조의3)의 규정에 따른 방송분쟁조정위원회의 심의를 거쳐 60일 이내에 그 결과를 통보해야 한다.

## 2. 보편적 시청권 보장을 위한 조치[54]

### (1) 보편적 시청권 보장 시정조치권 부여

방송사업자 및 중계방송권자등은 일반국민의 보편적 시청권을 보장하기 위해 대통령령에서 정하는 금지행위 등 준수사항을 이행해야 한다. 방송통신위원회는 금지사항을 위반한 방송사업자 및 중계방송권자등에 대해 금지행위의 중지 등 필요한 시정조치를 명할 수 있다. 이 경우 방송통신위원회는 시정조치를 명하기 전에 당사자에게 기간을 정해 의견진술의 기회를 주어야 한다. 다만, 당사자가 정당한 사유 없이 이에 응하지 않는 때에는 그렇지 않다. 방송통신위원회는 금지사항의 위반 여부에 대한 사실관계의 조사를 위하여 필요한 경우 대통령령이 정하는 바에 따라 방송사업자 및 중계방송권자등에게 자료제출을 요청할 수 있고, 사무처의 직원으로 하여금 방송사업자 및 중계방송권자등의 사무소 또는 사업장에 출입하여 조사를 하게 할 수 있다. 조사를 하는 사무처의 직원은 그 권한을 표시하는 증표를 지니고 이를 관계인에게 내보여야 한다.

방송통신위원회는 방송사업자 및 중계방송권자등이 정당한 사유 없이 시정조치를 이행하지 않는 때에는 해당 중계방송권의 총계약금액에 100분의 5를 곱한 금액을 초과하지 않는 범위 안에서 과징금을 부과할 수 있다.

### (2) 보편적 시청권 보장을 위한 편성조정 권고

IPTV 등 방송사업자는 국민관심행사 등에 대한 중계방송권을 사용함에 있어서 과다한 중복편성으로 인해 시청자의 권익을 침해하지 않도록 하여야 하며, 채널별·매체별로 순차적으로 편성하기 위해 노력해야 한다.[55] 방송통신위원회는 채널별·매체별 순차편성이 효율적으로 이루어질 수 있도록 방송사업자에 대해 권고할 수 있다.

54) 방송법 제76조 제3항(보편적 시청권 보장조치 등).
55) 방송법 제76조의5(중계방송의 순차편성 권고 등).

### (3) 보편적시청권보장위원회의 구성[56]

방송통신위원회는 국민관심행사 등의 고시 등에 관한 업무의 원활한 수행을 위해 위원회 내에 보편적시청권보장위원회를 둔다. 보편적시청권보장위원회 위원은 방송통신위원회 위원장이 방송통신위원회의 동의를 얻어 7인 이내로 위촉한다. 보편적시청권보장위원회의 구성과 운영에 관해 필요한 사항은 방송통신위원회규칙으로 정한다.

## 3. 동시재송신(同時再送信) 의무(義務) 편성

### (1) 국내방송의 동시재송신

종합유선방송사업자·위성방송사업자 및 중계유선방송사업자(中繼有線放送事業者)는 한국방송공사 및 한국교육방송공사법에 의한 EBS(한국교육방송공사)가 행하는 지상파방송 중 라디오방송을 제외하고는 수신하여 그 방송프로그램에 변경을 가하지 않고 그대로 동시에 재송신해야 한다. 다만, 지상파방송을 행하는 당해 방송사업자의 방송구역 내에 당해 종합유선방송사업자 및 중계유선방송사업자의 방송구역이 포함되지 않는 경우에는 그렇지 않다.[57] 또한 동시재송신 의무는 이동멀티미디어방송을 행하는 위성방송사업자는 제외한다.

지상파방송사업자가 수개의 지상파방송 채널을 운용하는 경우는 동시재송신해야 하는 지상파방송은 방송통신위원회가 지상파방송사업자 별로 방송편성내용 등을 고려하여 지정·고시하는 1개의 지상파방송 채널에 한한다.

종합유선방송사업자 및 중계유선방송사업자가 해당 방송구역 외에서 허가(許可)받은 지상파방송사업자가 행하는 지상파방송을 동시재송신하고자 하거나 위성방송사업자가 의무적으로 동시재송신하는 지상파방송 이외의 지상파방송을 재송신하고자 하는 때에는 방송통신위원회의 승인을 얻어야 한다.

### (2) 외국방송사업자의 국내 재송신

외국방송사업자, 즉 외국에 설치된 방송 송출설비 또는 외국 인공위성의

56) 방송법 제76조의2(보편적시청권보장위원회).
57) 방송법 제78조(재송신).

무선설비를 이용하여 국내에서 수신되는 방송을 행하는 외국인을 말하며, 조약에 따라 이 법에 따른 방송을 할 수 있는 외국인을 포함한다. 외국방송사업자가 그가 행하는 방송을 국내에서 방송사업자를 통해 재송신하려면 방송통신위원회의 승인을 받아야 한다. 이 경우 특정 방송프로그램을 일시적으로 중계 송신하는 등 대통령령으로 정하는 기준에 해당하는 경우에는 재송신으로 보지 않는다.[58]

방송통신위원회는 외국방송사업자의 승인 신청을 받은 경우에는 ① 방송의 공정성·공익성의 실현 가능성, ② 국내 방송 및 영상산업에 미치는 영향, ③ 국내 방송 및 영상산업 발전에 대한 기여 정도, ④ 문화적 다양성 및 사회적 필요성, ⑤ 국내 지사, 국내 사무소 또는 국내 대리인이 있는지 여부 및 그 국내 지사 등이 외국방송사업자로부터 재송신에 관해 위임받은 권리와 의무에 관한 사항, ⑥ 국제친선과 상호 이해 증진에 대한 기여 정도, ⑦ 방송 내용이 제33조에 따른 심의규정, 그 밖에 '형법', '저작권법' 등 다른 법률의 규정에 위반될 가능성 등의 사항을 종합적으로 심사해야 한다.

국내 재송신 승인을 받은 외국방송사업자는 재송신하는 방송의 내용이 방송법(제33조)에 따른 심의규정에 적합하게 해야 한다. 방송통신위원회는 직무수행을 위해 필요하면 외국방송사업자(국내 지사, 국내 사무소 및 국내 대리인을 포함)에게 관련 자료의 제출을 요구할 수 있다. 국내 재송신을 승인받은 외국방송사업자의 방송을 재송신하는 방송사업자를 제외하고는 누구든지 외국방송사업자의 방송을 재송신해서는 안된다. 방송사업자가 승인을 받은 외국방송사업자의 방송을 재송신할 수 있는 범위와 기준은 대통령령으로 정한다.

방송통신위원회는 국내 재송신을 승인받은 외국방송사업자가 ① 방송 내용이 방송법(제33조)의 심의규정에 위반되는 때, ② 승인조건을 이행하지 아니한 때, ③ 방송 내용이 '형법', '저작권법' 등 다른 법률의 규정을 위반하였을 경우는 어느 하나에 해당하여도 승인을 취소할 수 있다. 승인과 승인 취소의 절차 등에 관하여 필요한 사항은 대통령령으로 정한다.

IPTV법에 준용하여 적용할 수 있도록 규정한 방송법 제 69조의2 이하부터 동법 제78조의2까지[59]의 규정(콘텐츠사업자의 프로그램 편성, 국내방송프로그램의

58) 방송법 제78조의2(외국방송사업자의 국내 재송신 승인 등).

59) 방송법 제69조의2, 제71 제72, 제73, 제74, 제75, 제76, 제76조의3, 제76조의5, 제78의①②

편성, 외주 제작 방송프로그램의 편성, 광고, 협찬고지, 프로그램의 공급, 보편적 시청권 보장을 위한 조치, 중계방송의 순차편성 권고, 재송신 등)에서 서술하고 있는 '방송사업자'는 '인터넷 멀티미디어 방송제공사업자 또는 인터넷 멀티미디어 방송콘텐츠사업자'로 본다.

## 제 4 절 IPTV법 위반에 대한 제재(制裁)

### Ⅰ. IPTV 방송사업의 휴지·폐지

#### 1. 방송사업의 사업의 휴지·폐지의 신고[60)]

인터넷 멀티미디어 방송제공사업자가 그 사업의 전부 또는 일부를 휴지 또는 폐지하고자 하는 때에는 그 휴지 또는 폐지 예정일 30일 전까지 그 내용을 해당 서비스 이용자에게 통보하고 방송통신위원회에 신고해야 한다. 인터넷 멀티미디어 방송콘텐츠사업자가 그 사업의 전부 또는 일부를 휴지 또는 폐지하고자 할 때에는 그 내용을 방송통신위원회에 신고해야 한다.

#### 2. 방송사업의 허가취소와 사업정지[61)]

방송통신위원회는 거짓이나 그 밖의 부정한 방법으로 IPTV방송제공사업의 허가를 때에는 그 허가를 취소해야 한다. 방송통신위원회는 인터넷 멀티미디어 방송 제공사업의 허가를 취소하려는 경우에는 청문을 실시해야 한다.

그 밖에 허가를 받은 날부터 1년 이내에 사업을 개시하지 않거나 1년 이상 계속하여 휴업한 때, 또는 동법 제10조의 초과소유 주주 등에 관한 제한[62)]을 위반한 자나 그 위반의 원인을 제공한 주식 또는 지분의 소유자 및 제13조의 시장

③④, 제78조의2.

60) IPTV법 제22조(사업의 휴지 또는 폐지).

61) IPTV법 제24조(허가취소 및 사업정지).

62) 표 참조(IPTV법 제8조, 제9조).

점유율 제한 등을 위반하게 된 경우로서 방송통신위원회가 해당 사업자에 대하여 6개월 이내의 기간을 정해 해당 사항을 시정할 것을 명하였으나 그 명령을 이행하지 않는 경우 허가를 취소하거나 1년 이내의 기간을 정해 사업의 정지를 명할 수 있다. 이 같은 처분의 기준, 절차, 그 밖에 필요한 사항은 대통령령으로 정하도록 하고 있다.

제 8 조(겸영금지 등) ① 인터넷 멀티미디어 방송제공사업자가 주식을 발행하는 경우에는 기명식으로 하여야 한다. ② 「신문등의 진흥에 관한 법률」에 따른 신문 또는 「뉴스통신진흥에 관한 법률」에 따른 뉴스통신을 경영하는 법인(대통령령으로 정하는 특수관계자를 포함한다)은 인터넷 멀티미디어 방송제공사업자의 주식 또는 지분 총수의 100분의 49를 초과하여 소유할 수 없다. ③ 「독점규제 및 공정거래에 관한 법률」 제 2 조 제 2 호에 따른 기업집단 중 자산총액 등 대통령령으로 정하는 기준에 해당하는 기업집단에 속하는 회사와 그 계열회사(대통령령으로 정하는 특수관계자를 포함한다) 또는 「신문 등의 진흥에 관한 법률」에 따른 신문이나 「뉴스통신진흥에 관한 법률」에 따른 뉴스통신을 경영하는 법인(대통령령으로 정하는 특수관계자를 포함한다)은 종합편성 또는 보도에 관한 전문편성을 행하는 인터넷 멀티미디어 방송콘텐츠사업자의 주식 또는 지분 총수의 100분의 49를 초과하여 소유할 수 없다.④ 인터넷 멀티미디어 방송제공사업자는 「방송법」 제 2 조 및 같은 법 시행령 제 1 조의2에 따른 텔레비전방송채널사용사업·라디오방송채널사용사업 및 데이터방송채널사용사업별로 각각 전체 사업자수의 5분의 1을 초과하여 방송채널사용사업을 경영(겸영하거나 주식 또는 지분 총수의 100분의 5 이상을 소유하는 경우를 말한다)할 수 없다.

제 9 조(외국인의 주식소유 제한 등) ① 다음 각호의 어느 하나에 해당하는 자는 다른 하나에 해당하는 자와 합산하여 인터넷 멀티미디어 방송제공사업자 또는 인터넷 멀티미디어 방송콘텐츠사업자(종합편성이나 보도에 관한 전문편성을 행하는 인터넷 멀티미디어 방송콘텐츠사업자를 제외한다)의 주식(의결권 있는 주식에 한하며 주식예탁증서 등 의결권을 가진 주식의 등가물 및 출자지분을 포함한다. 이하 같다) 또는 지분을 총 발행주식 또는 지분의 100분의 49를 초과하여 소유하지 못한다.

1. 외국의 정부나 단체, 2. 외국인, 3. 외국의 정부나 단체 또는 외국인(「증권거래법」 제 2 조 제20항 제 1 호에 따른 특수관계인을 포함한다. 이하 이 호

> 에서 같다)이 최대주주인 법인으로서 발행주식 총수의 100분의 15 이상을 그 외국정부나 단체 또는 외국인이 소유하고 있는 법인(인터넷 멀티미디어 방송제공사업자의 경우에는 해당 인터넷 멀티미디어 방송제공사업자의 발행주식 또는 지분 총수의 100분의 1 미만을 소유한 법인을 제외하고, 인터넷 멀티미디어 방송콘텐츠사업자의 경우에는 해당 인터넷 멀티미디어 방송콘텐츠사업자의 발행주식 또는 지분 총수의 100분의 1 미만을 소유한 법인을 제외한다).
>
> ② 제1항 각 호의 어느 하나에 해당하는 자는 종합편성 또는 보도에 관한 전문편성을 행하는 인터넷 멀티미디어 방송콘텐츠사업자의 주식 또는 지분 총수의 100분의 20을 초과하여 소유할 수 없다.

## Ⅱ. IPTV 방송 제공사업자의 제재(制裁)

### 1. 과징금의 부과[63)]

방송통신위원회는 인터넷 멀티미디어 방송제공사업자가 허가취소 및 사업정지(제24조) 사유 중 하나에 해당하는 때로서 그 허가의 취소나 사업의 정지가 해당 사업의 이용자 등에게 심한 불편을 주거나 그 밖에 공익을 해할 우려가 있는 경우에는 그 사업의 정지 또는 허가의 취소 처분에 갈음하여 인터넷 멀티미디어 방송 제공사업 매출액의 100분의 3 이하에 해당하는 금액의 범위 내에서 그 사업의 정지나 허가의 취소 사유 및 위반행위로 인해 취득한 이익의 규모 등을 고려하여 과징금을 부과할 수 있다.

방송통신위원회는 과징금 부과 처분을 받은 자가 납부기한 이내에 과징금을 납부하지 않은 때에는 국세 체납처분의 예에 따라 징수한다. 과징금을 부과하는 위반행위의 종별과 과징금의 금액, 그 밖에 필요한 사항은 시행령으로 정한다.

---

63) IPTV법 제25조.

## 2. 시정명령[64)]

방송통신위원회는 인터넷 멀티미디어 방송제공사업자가 ① 업무처리절차가 현저히 이용자의 이익을 저해한다고 인정되는 경우, ② 사고 등에 의해 인터넷 멀티미디어 방송제공에 지장이 발생한 경우에 필요한 조치를 신속하게 실시하지 않을 경우, ③ 그 밖에 이 법 또는 이 법에 따른 명령을 위반하는 등 어느 하나에 해당하는 경우에는 그 시정을 명해야 한다.

## 3. 서비스제공의 중지 및 시정조치

방송통신위원회는 허가를 받지 않고 인터넷 멀티미디어 방송제공사업을 경영한 자와 신고 또는 등록을 하지 않거나 승인을 받지 않고 인터넷 멀티미디어 방송콘텐츠사업을 한 자에게 해당 서비스 제공의 중지를 명할 수 있다.

방송통신위원회는 제17조(금지행위)의 제 1 항을 위반하는 행위가 있을 때에는 해당 사업자에게 위반행위의 중지, 이용약관의 변경, 계약조항의 삭제 등 시정에 필요한 조치를 명할 수 있다.

## 4. IPTV법 위반에 대한 처벌

### (1) 형사적(刑事的) 처벌[65)]

방송통신위위원회는 다음의 어느 하나에 해당하는 자에 대해 형사법 절차에 따라 2년 이하의 징역 또는 3천만원 이하의 벌금에 처한다.

① 제 4 조 제 1 항에 따른 허가(변경허가를 포함)를 받지 않고 인터넷 멀티미디어 방송제공사업을 경영한 자
② 제14조 제 1 항을 위반하여 필수적인 전기통신설비에의 접근 및 이용에 관한 요청을 합리적이고 정당한 사유 없이 거절한 자
③ 제14조 제 2 항을 위반하여 다른 인터넷 멀티미디어 방송제공사업자가

64) IPTV법 제26조.
65) IPTV법 제27조(벌칙).

사용중인 자기 보유설비의 사용 등을 합리적이고 정당한 사유 없이 중단하거나 제한한 자

④ 제14조 제 3 항을 위반하여 자기 보유설비를 다른 인터넷 멀티미디어 방송제공사업자에게 부당하게 차별적인 대가와 조건으로 제공한 자

⑤ 제16조 제 2 항을 위반하여 정보를 공개한 자

⑥ 제24조 제 1 항에 따른 사업정지명령을 위반한 자

그 밖에 법인의 대표자, 법인 또는 개인의 대리인·사용인 및 그 밖의 종업원이 그 법인 또는 개인의 업무에 관하여 제 1 항 제 2 호부터 제 4 호까지의 위반행위를 한 때에는 행위자를 벌하는 외에 그 법인 또는 개인에 대하여도 각각에 해당하는 벌금형을 과(科)한다. 다만, 법인 또는 개인이 그 위반행위를 방지하기 위하여 해당 업무에 관해 상당한 주의와 감독을 게을리하지 않았을 경우는 면책할 수 있다.

### (2) 행정적(行政的) 처벌[66]

방송통신위원회는 다음의 어느 하나에 해당하는 자에게는 1천만원 이하의 과태료를 부과한다.

① 제12조 제 4 항에 따른 자료를 제출하지 않은 자

② 제15조 제 1 항에 따른 이용약관의 신고를 하지 않거나 이용요금 승인을 받지 아니하고 인터넷 멀티미디어 방송제공사업을 한 자

③ 제15조 제 2 항에 따른 자료를 제출하지 않은 자

④ 제16조 제 2 항에 따른 이용자에 관한 정보 보호를 위한 조치를 취하지 않은 자

⑤ 제22조에 따른 신고를 하지 않은 자

⑥ 제26조에 따른 시정명령 등을 이행하지 않은 자 등에게는 대통령령으로 정하는 바에 따라 방송통신위원회가 부과·징수한다.

과태료 처분에 불복하는 자는 그 처분을 고지 받은 날부터 30일 이내에 부과권자에게 이의를 제기할 수 있다. 과태료 처분을 받은 자가 이의를 제기한 때

66) IPTV법 제28조(과태료).

에는 과태료 부과권자는 지체 없이 관할 법원에 그 사실을 통보해야 하며, 그 통보를 받은 관할 법원은 '비송사건절차법'에 따른 과태료 재판을 한다. 지정된 기간 이내에 이의를 제기하지 않고 과태료를 납부하지 않는 때에는 국세 체납처분의 예에 따라 징수한다.

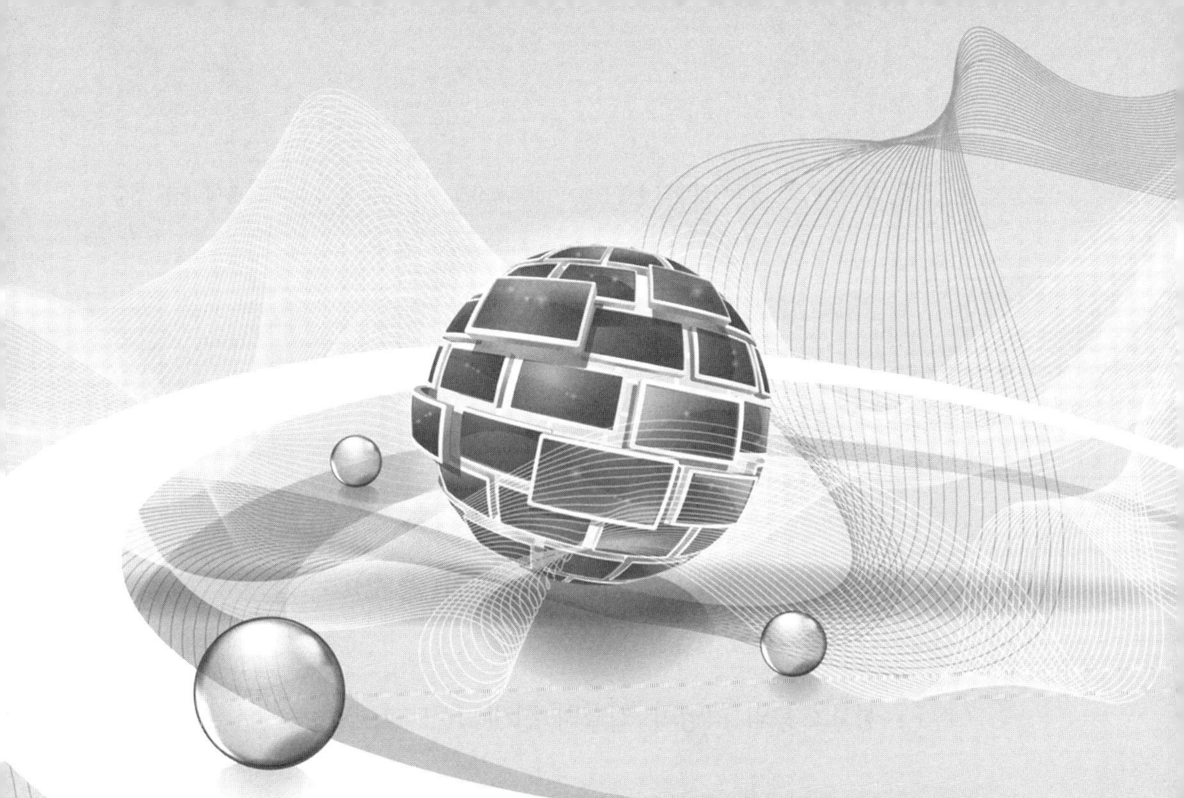

제 6 장

# 정보통신망이용촉진법–정보통신망 이용촉진 및 정보보호 등에 관한 법률

제 1 절　총설(總說)

제 2 절　정보통신망의 이용촉진

제 3 절　정보의 보호

제 4 절　정보통신망 관리

제 5 절　통신과금서비스

제 6 절　정보통신 진흥지원 기관

# 제 6 장 정보통신망이용촉진법 — 정보통신망 이용촉진 및 정보보호 등에 관한 법률

## 제 1 절 총설(總說)

### Ⅰ. 정보소통의 혁명과 입법의 전개

#### 1. 우리나라 통신의 발달과 현주소

##### (1) 한국 정보통신 산업의 전개

한국의 통신산업은 1882년 최초로 정부의 정보통신업무를 관장하는 조직으로 우정사가 설립되면서 시작되었다고 볼 수 있다. 1885년에 최초로 서울인 한성과 인천 제물포를 잇는 전신이 개통되고, 1896년에는 최초로 전화를 이용한 통신시대가 열렸다.

이후, 1948년 정부 수립으로 우정사의 기능을 인수한 체신부가 출범하였고, 한·미 간 최초의 국제직통무선전화가 개설되었다. 1956년에는 최초의 흑백TV 방송이 실시됐으며, 1962년에는 최초의 국산전화기(체신 1호)가 개발되어 보급되었다. 1975년에 이르러 가입전화시설이 100만 회선을 넘게 되었고, 1981년 개인이 직접 전화기를 구입할 수 있는 자급제가 시작되었다. 1982년 1월에는 정보통신 업무를 관장하는 독립사업기관으로 한국전기통신공사가 창립되었고, 그해 3월 한국데이터통신이 설립되면서 우리나라는 본격적인 통신서비스의 대중화 시대가 열리게 되었다. 그리고 1984년 5월 무선통신을 전담하는 한국이동통신이 설립되면서 통신서비스 부문별로 독점적인 사업구조를 갖추게 되었다. 1988년 한국이동통신이 아날로그 방식의 휴대전화서비스를 개시하면서 개인 휴대전화 시대가 열리게 되었다.

그 후, 1994년 정보통신부의 출범은 우리나라 정보통신 발달사에 대전환으로 과거 체신부의 업무와 당시의 상공자원부, 과학기술처, 공보처 등에 산재하고 있던 정보통신 관련 업무를 이관 받아 우리나라 정보통신산업 발전을 주도하는 기능을 수행하게 되었다. 2년 후인 1996년, 1988년 1가구 1전화시대의 개막으로 통신의 주류의 위치에 있던 유선을 이용한 전화통신 사업에 데이콤이 서울권역을 벗어나 유선 시외전화시장에 진출하고, 1997년 하나로통신이 서울의 유선 시내전화시장에 진출하면서 한국통신 독점의 유선 전화시장도 경쟁체제로 바뀌게 되었다.

한편, 1996년 휴대폰 보급이 본격적인 대중화로 진입하면서 한국이동통신(011)과 신세기통신(017)이 세계 최초 CDMA(코드분할다중접속) 휴대폰 서비스를 시작했다. 이어서 1997년은 KTF(016), 한솔PCS(018), LG텔레콤(019) 등 3개사가 휴대폰 사업에 진출하여 이동통신 분야도 경쟁체제로 진입하게 되었다.

### (2) 정보통신 혁명의 현주소

18, 19세기의 산업혁명처럼 인류의 존재양식을 바꾸는 대변혁이 지식정보화시대의 정보통신 혁명으로부터 시작되고 있다. 1990년대부터 본격적으로 대중화되기 시작한 개인용 컴퓨터는 대중화 초기에는 네티즌이라는 사이버 공간의 개별화된 시민들이 각자 독립적인 수용자로서 주로 정보의 바다를 유영하며 지식과 정보를 취득하는 데 활용함으로써 지식정보의 대중화라는 획기적인 변화를 가져왔다. 지식정보의 대중화는 기존의 사회질서와 교육체계의 근간을 흔드는 변화를 가져오게 되었다. 정치적인 차원에서는 정보접근의 자유화가 민주주의 확산과 발전으로 나타났으며 전자민주주의라는 이름으로 정치적 의사표현과 선거운동, 여론조사, 인터넷 투표와 개표 등 선거절차까지 인터넷에서 가능하게 되었다. 전자민주주의(teledemocracy; computerdemokratie)는 일반적으로 전자매체나 인터넷을 통한 국민의 직접 민주주의를 말한다.

21세기 정보통신혁명의 중심에는 인터넷과 휴대전화, 즉 모바일의 결합이 있다. 이 두 매체의 결합은 단순히 정보의 송수신을 넘어 인터넷과 TV, 신문 등 모든 매체를 수용하고 재가공 및 생산하는 기술까지 아우르게 되었기 때문이다. 지구상에 휴대폰을 보유하는 인구는 현재는 42억 명으로 추정되고 있으며,

2015년이면 약 50억 명에 이를 것으로 추산되고 있다.[1] 뉴미디어의 진화는 앞으로도 치열하게 전개되면서 상상 이상의 다양한 콘텐츠를 담게 될 것이다. 뿐만 아니라 정보통신 혁명은 인류의 존재양식, 즉 기존의 정치, 경제, 사회, 문화, 교육, 서비스, 생활양식 등 모든 패러다임을 바꾸어 놓을 것으로 전망된다. 심지어 기존의 정치제체를 비롯하여 국가와 민족의 개념을 뛰어넘는 새로운 이데올로기의 탄생을 예고해 볼 수도 있다. 이제 인류의 생존양식은 정보통신 기술의 진화와 함께 하게 될 것이다. 빈곤, 범죄, 교육격차, 정보격차, 자원 불균형, 기후변화 등의 모든 문제가 정보통신 기술을 통해 해결의 방법을 찾게 될 것이다. 이미 뉴미디어 매체 간의 서비스와 네트워크 간의 커튼이 사라지고 있다. 이 같은 인류의 존재 양식의 변화에 따른 축복과 재앙을 어떻게 제도화할 것이냐가 다가오는 미래 세계에 대한 인류의 고민이며 정보통신 관련 법제의 환경이자 지향점을 시사하고 있다.

## 2. 인터넷과 권리침해의 문제

### (1) 인터넷의 확산에 따른 문제의 대두

인터넷 이용자들이 네티즌으로서 본격적으로 사이버공간의 사회공통체를 형성하기 시작한 것은 2000년대로 진입하면서부터이다. 2000년대는 사이버공간이 경계영역의 차원에서 국경의 개념을 무너뜨리고 하나의 사이버월드 시대를 개막한 시기이다.

세계 인터넷 인구는 2000년 3억 7,900만 명에서 2009년 현재 17억 명으로 늘어났다. 우리나라의 인터넷 이용인구 비율은 2000년 44.7%에서 2009년 77.2%로 증가했다. 인터넷의 이용 유형은 매우 다양하다. 생활정보의 도우미(검색·쇼핑·뱅킹)이자 엔터테인먼트 파트너(게임·동영상)이며, 커뮤니케이션수단(이메일·메신저), 의사표현의 도구(블로그·게시판), 트위터(twitter)[2] 등 갈수록 다양한 방식으로

1) 매일경제신문, 2009년 11월 3일, B7면 참조.

2) 트위터(Twitter): 트위터란, 이용자가 웹사이트는 물론 휴대전화를 통해서도 최고 140자의 문자메시지를 볼 수 있는 '블로그+문자' 서비스이다. 트위터가 출시된 것은 2006년 6월이지만 본격적으로 이용되기 시작한 것은 2007년 3월 이후부터이다. 트위터 서비스를 선보인 IT업체 '오브비어스'이다. 블로그나 휴대전화를 통해 커뮤니케이션이 가능해 이용자수가 급증하고 있는 추세를 보이고 있다.

진화를 거듭해 가고 있다. 나아가 인터넷을 활용하는 개개인(네티즌)들은 개인 휴대용 전화인 모바일 기기와 결합하여 24시간의 삶을 네트워크화 시켰다. 이는 국제사회 또한 네트워크화 됨을 의미한다.

네트워크에 연결되는 사람과 도구가 늘수록 네트워크의 힘은 기하급수적으로 증폭될 수밖에 없다. 인터넷의 영향력이 갈수록 확산되면서 오랜 기간 유지해온 정치·경제·문화 등 사회적 관계와 구조를 뒤흔드는 플랫폼으로 작동하고 있는 것이다. 장덕진 서울대 교수(사회학)는 "인터넷 네트워크 구조는 수만 년간 이어져온 인류의 네트워크 구조를 근본적으로 변화시켰다"며 "그동안은 같은 태도를 지닌 사람들끼리 유사한 정보를 교환하며 자신들의 견해를 강화해왔지만, 온라인 네트워크를 통해 수많은 사람이 연결되어 다양한 정보를 교류하며 균형 잡힌 지식을 갖고 공공의제에 참여하게 됐다"고 말했다.[3] 컴퓨터끼리 정보를 주고받을 수 있도록 통신규약(TCP/IP), 인터넷 프로토콜 체계를 만든 '인터넷의 아버지' 빈트 서프(Vint Cerf)마저도 예상하지 못했던 정보소통의 대변혁이 이루어진 것이다.[4]

지난 20년 간 인류는 컴퓨터의 대중화와 인터넷을 활용한 정보통신의 혁명을 경험하면서 세상과 소통하는 커뮤니케이션의 새로운 지경을 확장하였고 그것을 향유하고 있다. 그러나 그만큼 문제점 또한 심각하게 드러나고 있다. 문제의 유형은 다양하다. 정보의 해킹, 분산서비스거부(DDoS) 공격, 프라이버시권 침해, 개인정보 불법유출, 사이버 명예훼손 등을 비롯해 법과 제도의 틀로도 규제하기 어려운 새로운 유형의 사이버 범죄들이 기하급수적으로 늘어나고 있어 정보통신망 이용자의 권익 침해가 심각한 상황이다.

이에 방송통신위원회는 2008년 7월 22일 정보통신만 이용자 보호대책을 마련해 발표하기도 하였다. 방송통신위원회의 대책은 건전한 인터넷 이용질서 확립, 개인정보 관리 및 피해 구제, 해킹 등 침해사고 예방, 정보보호 기반 조성 등 4개 전략과 이를 달성하기 위한 50개 세부 대책으로 구성되어 있

3) 한겨레, 09년 12월16일 1면 참조

4) 한겨레, 09년 6월19일자 Vint Cerf 박사 인터뷰 참조(빈트 서프는 1973년에 인터넷을 처음 설계했을 때, 인터넷 기술의 잠재력에 대한 분명한 비전은 있었다고 설명하면서 "이메일이 1971년에 개발되었고 이를 통한 소통과 협업 그리고 현재의 월드와이드웹에 대한 구체화는 더글러스 앵겔바트에 의해 발전했다. 무엇이 가능할지에 대한 다양한 비전과 인터넷 기술의 위력에 대한 기대가 있었지만 오늘날처럼 수십억의 인구가 쓰는 규모로 발전할 줄은 전혀 예상치 못했다. 매우 흥미로운 결과"라고 밝히고 있다.)

〈방송통신위원회, 인터넷정보보호 주요 내용〉

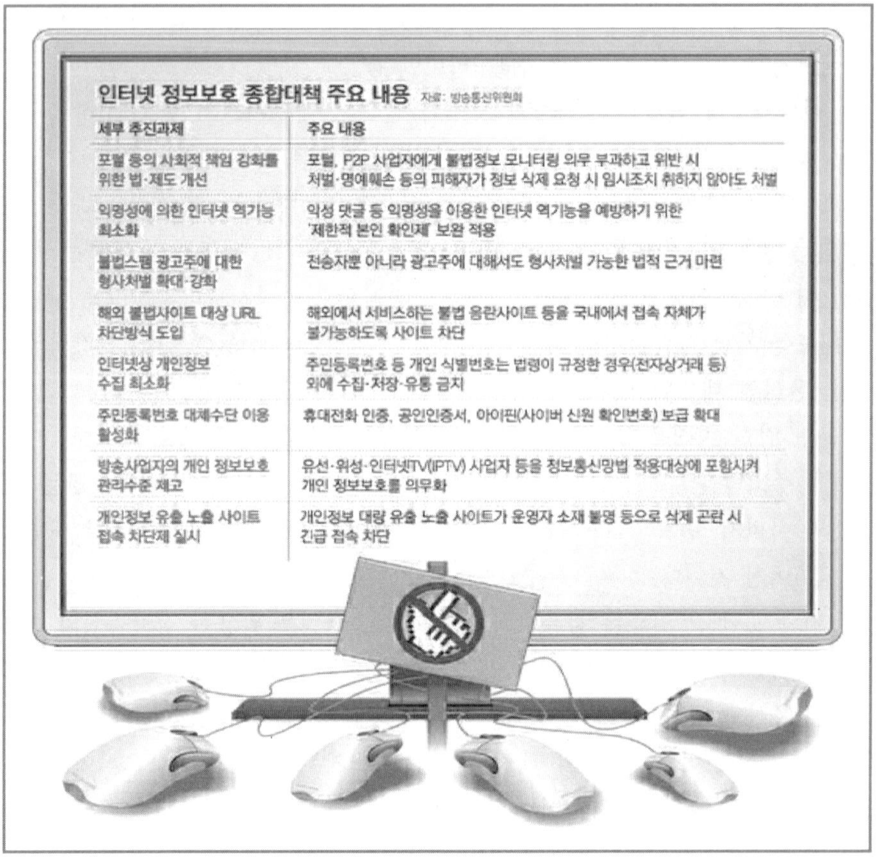

인터넷 정보보호 종합대책 주요 내용 자료: 방송통신위원회

| 세부 추진과제 | 주요 내용 |
|---|---|
| 포털 등의 사회적 책임 강화를 위한 법·제도 개선 | 포털, P2P 사업자에게 불법정보 모니터링 의무 부과하고 위반 시 처벌·명예훼손 등의 피해자가 정보 삭제 요청 시 임시조치 취하지 않아도 처벌 |
| 익명성에 의한 인터넷 역기능 최소화 | 악성 댓글 등 익명성을 이용한 인터넷 역기능을 예방하기 위한 '제한적 본인 확인제' 보완 적용 |
| 불법스팸 광고주에 대한 형사처벌 확대·강화 | 전송자뿐 아니라 광고주에 대해서도 형사처벌 가능한 법적 근거 마련 |
| 해외 불법사이트 대상 URL 차단방식 도입 | 해외에서 서비스하는 불법 음란사이트 등을 국내에서 접속 자체가 불가능하도록 사이트 차단 |
| 인터넷상 개인정보 수집 최소화 | 주민등록번호 등 개인 식별번호는 법령이 규정한 경우(전자상거래 등) 외에 수집·저장·유통 금지 |
| 주민등록번호 대체수단 이용 활성화 | 휴대전화 인증, 공인인증서, 아이핀(사이버 신원 확인번호) 보급 확대 |
| 방송사업자의 개인 정보보호 관리수준 제고 | 유선·위성·인터넷TV(IPTV) 사업자 등을 정보통신망법 적용대상에 포함시켜 개인 정보보호를 의무화 |
| 개인정보 유출 노출 사이트 접속 차단제 실시 | 개인정보 대량 유출 노출 사이트가 운영자 소재 불명 등으로 삭제 곤란 시 긴급 접속 차단 |

다[5](위 그림 참조). 방송통신위원회의 대책은 종전보다는 한층 강화된 규제내용

---

5) 방송통신위원회 '인터넷정보보호종합대책' 주요 내용: 주요 내용을 보면, ① 명예훼손 피해자가 해당 게시물에 대한 삭제 요청을 했을 때 포털이 이를 즉시 받아들이지 않으면 처벌할 수 있다. 지금까지는 포털이 임시조치(블라인드 조치)를 하지 않아도 처벌할 규정이 없어 피해자 보호절차의 실효성이 낮다는 지적이 많았다. 포털이 일정 기간 게시물을 가리는 임시 블라인드 조치를 의무화하고, 이어 방송통신심의위 등에서 위법성을 가리도록 해 억울한 피해자가 양산되는 현재의 절차를 보완했다. ② 포털이나 파일공유(P2P) 사업자에게 불법정보 모니터링 의무를 부과하였다. 이로써 허위사실 유포, 불법 복제물 등의 유통에 대한 인터넷 사업자의 책임이 무거워지게 되었다. ③일부 특정집단이 다수(多數)를 가장해 여론을 조작하고, 악성 댓글을 무차별적으로 다는 익명성의 부작용을 막기 위해 지금까지 하루 20만 명 이상이 접속하는 인터넷 언론, 30만 명 이상의 포털 등 37개 사이트에만 적용되던 '제한적 본인 확인제' 시행이 10만 명 이상의 250여 개 사이트로 확대하였다. ④ 이 밖에 국내 단속을 피해 해외에서 운영되는 불법 사이트에는 아예 국내에서 접속 자체를 하지 못하도록 하는 'URL 차단방식'이 도입된다. ⑤ 개인정보 유출

을 담고 있어 인터넷 이용자들의 표현의 자유 등 기본권을 위축시킬 수 있다는 우려도 제기되고 있다.

### (2) 인터넷상 표현의 자유와 제한

헌법 제21조 제 1 항에서 규정하고 있는 언론·출판의 자유가 보장하는 보호 대상은 의사를 표현하거나 의사를 전파하는 매개체가 어떠한 방법이나 형식이든 구분하지 않는다는 것이 확립된 판례의 입장이다.[6] 따라서 인터넷 등 온라인 매체도 의사를 표현하고 전파하는 매체로 인정되며 언론·출판의 자유에 의해서 보호된다고 할 수 있다. 그러나 인터넷상의 표현의 자유가 인간의 존엄성과 청소년 보호 등의 보장받아야 할 또 다른 가치와 충돌할 때 어떻게 조회를 찾아야 할 것인가의 문제가 대두된다.[7]

우선, 인터넷을 언론·출판의 자유의 영역에 포함시키되, 인쇄매체 또는 방송매체 어느 것으로 구분할 것이냐의 문제가 제기된다. 이에 대한 헌법재판소의 판례[8]는 "인터넷상의 표현에 대하여 질서위주의 시고민으로 규세하려 할 경우, 표현의 자유의 발전에 큰 장애를 초래할 수 있다"라고 하여 규제에 대해 소극적인 입장을 취했었다. 그러나 앞에서 설명했듯이 인터넷 매체의 기술 발전이 매체융합에 의해 상상을 초월하는 수준으로 진행되면서 법의 사각지대 또는 무법화 상태를 더 이상 방치할 수는 없다는 국민적 요구가 확산되면서 규제의 틀 속에 놓이게 되었다.

---

사고를 막기 위해 전자상거래 등 법이 규정한 경우를 제외하고는 인터넷 사이트 운영사업자가 주민등록번호 등 이용자의 각종 정보를 수집할 수 없도록 했다. 인터넷 업체들은 이미 수집한 개인의 주민등록번호나 은행 계좌번호, ID, 패스워드 등을 모두 의무적으로 암호화해 관리해야 한다. 개인정보를 대량으로 유출 또는 노출하는 사이트에 대해 운영자를 확인하기 어려워 삭제하기 어려운 경우 사이트의 접속을 아예 차단하는 조치도 취할 수 있도록 했다. ⑥ '포괄 동의' 방식의 포털 약관을 금지해 지금껏 일부 포털이 서비스 이용약관에 동의하면 개인정보 이용에도 동의하는 것으로 간주하는 등 이용자들에게 불리한 통합식 약관을 운영해 온 관행도 인정하지 않기로 했다. ⑦ 자동응답 전화나 문자메시지(SMS)를 통한 통신판매업자의 판매 권유행위를 고객의 사전 동의가 있는 경우에 한해서만 허용하기로 했다. ⑧ 악성코드 유포나 해킹 등 사고가 발생한 기업에 대해 '악성코드 삭제 요청권' 및 '시스템 접근 요청권'을 적용해 보안 사고에 적극적으로 대응한다.

6) 헌재 1992.6.2, 90헌가23.

7) 권영성, 전게서, 520면.

8) 헌재 2002.6.27, 99헌마480.

### (3) 인터넷상의 권리침해에 대한 규제

#### 1) 명예훼손의 규제

정보통신망이용촉진 및 정보보호에 관한 법률 제44조 제 1 항[9])은 정보통신망 이용자는 사생활 침해 또는 명예훼손 등 타인의 권리를 침해하는 정보를 정보통신망에 유통시켜서는 안 된다고 규정하고 있으며, 아울러 정보통신서비스 제공자에 대해 자신이 운영·관리하는 정보통신망에 그와 같은 정보가 유통되지 않도록 노력해야 한다는 책임을 부과하였다. 문제는 정보통신망을 이용한 명예훼손의 경우에 법적으로 어떻게 규제할 것인가이다. 일반적으로 언론에 의한 명예훼손의 경우에는 민사상의 피해구제와 함께 형사상의 처벌에 의한 규제를 채택하고 있다.[10)] 종래에는 온라인에 의한 명예훼손은 형법(제390조)의 규율대상이 아니라는 것이 판례의 입장[11)]이었으나 컴퓨터의 보급이 대중화되고 인터넷 인구가 폭증하면서 2001년 1월 16일 '정보통신망이용촉진 및 정보보호에

---

9) 정보통신망이용촉진법 제44조의2

> ① 정보통신망을 통하여 일반에게 공개를 목적으로 제공된 정보로 사생활 침해나 명예훼손 등 타인의 권리가 침해된 경우 그 침해를 받은 자는 해당 정보를 취급한 정보통신서비스 제공자에게 침해사실을 소명하여 그 정보의 삭제 또는 반박내용의 게재(이하 "삭제 등"이라 한다)를 요청할 수 있다.
> ② 정보통신서비스 제공자는 제1항에 따른 해당 정보의 삭제 등을 요청받으면 지체 없이 삭제·임시조치 등의 필요한 조치를 하고 즉시 신청인 및 정보게재자에게 알려야 한다. 이 경우 정보통신서비스 제공자는 필요한 조치를 한 사실을 해당 게시판에 공시하는 등의 방법으로 이용자가 알 수 있도록 하여야 한다.
> ③ 정보통신서비스 제공자는 자신이 운영·관리하는 정보통신망에 제42조에 따른 표시방법을 지키지 아니하는 청소년유해매체물이 게재되어 있거나 제42조의2에 따른 청소년 접근을 제한하는 조치 없이 청소년유해매체물을 광고하는 내용이 전시되어 있는 경우에는 지체 없이 그 내용을 삭제하여야 한다.
> ④ 정보통신서비스 제공자는 제1항에 따른 정보의 삭제요청에도 불구하고 권리의 침해 여부를 판단하기 어렵거나 이해당사자 간에 다툼이 예상되는 경우에는 해당 정보에 대한 접근을 임시적으로 차단하는 조치(이하 "임시조치"라 한다)를 할 수 있다. 이 경우 임시조치의 기간은 30일 이내로 한다.
> ⑤ 정보통신서비스 제공자는 필요한 조치에 관한 내용·절차 등을 미리 약관에 구체적으로 밝혀야 한다.
> ⑥ 정보통신서비스 제공자는 자신이 운영·관리하는 정보통신망에 유통되는 정보에 대하여 제2항에 따른 필요한 조치를 하면 이로 인한 배상책임을 줄이거나 면제받을 수 있다.

10) 권영성, 전게서, 527면.

11) 대판 1988. 10. 9, 97도158.

관한 법률'(이하 '정보통신망이용촉진법'으로 약칭)을 제정하여 형사처벌을 부과하도록 하였다(법 제61조).

### 2) 불법정보와 청소년유해정보의 규제

인터넷 등 정보통신망에서 유통되는 정보 중 정보통신망이용촉진법 등 법률에 의해 민·형사상 책임을 지울 수 있는 '불법정보'와 청소년에게 유통시켰을 경우 법적제제를 가할 수 있도록 규정한 내용을 담고 있는 '청소년유해정보'를 유통시켰을 경우는 법적 규제를 받도록 하고 있다. 여기에서 불법정보와 청소년유해정보를 구분하는 이유는 표현의 자유의 원칙상 양자에 대한 규제를 별도로 차별화하기 위한 것이다.[12] 불법정보로서 정보통신망이용촉진법(제65조 제 1 항 제 2 호)에 규정된 정보통신망이용음란죄에 해당하는 범위는 음란한 부호·문헌·음향·화상 또는 영상을 배포·판매·임대하거나 공연히 전시한 자에 대해 형사처벌하도록 하였다. 청소년 유해정보의 규제는 일정한 정보에 대해 청소년의 접근을 차단하는 것을 말하며, 누가(유해성 판단의 주체) 그 유해성의 수준을 판단하느냐와 어떠한 방법(차단방법)으로 청소년의 접근을 차단할 것인가가 그 쟁점사항이다. 전자의 경우, 우리나라는 청소년보호위원회와 같은 행정기관에 의한 통제방식을 따르고 있다. 후자의 경우, 현재 우리나라에서 채택하고 있는 방법은 청소년연령확인의무, 청소년유해매체물에 대한 표시의무, 포장의무, 구분 및 격리의무 등을 법률로써 규정하는 것이다.

이와 같이 뉴미디어의 총아로 등장한 인터넷 등 정보통신망을 이용한 정보의 생산에서 수집·가공·전파 등이 대중화 되는 추세 부응하여 정보통신망 이용자들을 보호하기 위한 것이 바로 '정보통신망이용촉진법'이 탄생하게 된 배경이다.

## 3. 입법취지와 목적

정보통신망이용촉진법은 정보통신망의 이용을 촉진하고, 정보통신서비스를 이용하는 자의 개인정보를 보호함과 아울러 정보통신망을 건전하고 안전하게 이용할 수 있는 환경을 조성하여 국민생활의 향상과 공공복리의 증진에 이

12) 권영성, 전게서, 524면.

바지하기 위함을 목적으로 제정되었다(동법 제 1 조).

인터넷의 아버지 빈트 서프(Vint Cerf)도 "기본적으로 사람들이 자신의 의견을 익명으로 표현할 수 있어야 한다"고 지지할 만큼 인터넷이라는 매체 속에서 '개인의 의사표현의 자유'는 중요한 문제이다. 그러나 인터넷상의 신분 노출이 언론의 자유라는 기본권의 문제로 국한될 경우는 이의를 제기할 수 없는 주장이다. 그렇지만, 이미 매체상의 정보의 소통방식과 속도가 대중적인 공개와 마찬가지 수준으로 확산되는 것이 현실이고 그 파급력도 대단히 커서 그로 인한 피해의 방지문제를 간과할 수 없다. 또한 전자상거래 등 사이버마켓이 활성화되면서 거래관계에서 신원을 증명하는 문제는 온라인 사이버마켓의 신뢰확보와 안정을 위해서도 매우 중요한 일이다.

실제로 인터넷상에서 표현의 자유나 명예훼손 등의 권리침해의 실태는 최근 연구사례에서도 잘 입증되고 있다. 연세대 커뮤니케이션 연구소가 발표한 연구결과[13)]에 따르면 국내 인터넷 온라인토론 사이트들에 대한 누리꾼의 참여도는 높으나 욕설과 비방의 비중이 높고 한 사이트 내에서 다양한 의견이 교환되지 않는다는 조사 결과가 나왔다.

동 보고서에 따르면 현재 인터넷 토론은 불필요한 감정적 배척으로 지속적으로 사회적 문제가 생기는 상황이며, 욕설 및 비속어가 상당 수준이라 합리적 토론의 장으로 보기엔 무리가 있다고 지적한다. 연세대 커뮤니케이션 연구소의 조사는 인지도가 높고 이용자 수가 많은 토론 사이트 및 커뮤니티 '다음 아고라' '한토마' '재오사랑' '안티 이명박' '레몬테라스' 등 5곳을 대상으로 하였다. 연구팀은 조사 대상 기간을 샘플링으로 특정하고 그 기간에 올라온 미디어관계법과 관련된 게시글 243개와 댓글 755개를 분석하였다. 연구팀은 온라인 토론 공간에서 민주주의의 실현 가능성을 평가하기 위해 합리성, 다양성, 속보성, 상호작용성, 접근성, 사이트 관리, 사이트 구조 등 7가지 지표를 사용했다고 밝히고 있다.[14)] 윤영철 연세대 교수는 "대부분의 사이트는 제기된 의견들이 정치적 지향

13) 연세대 커뮤니케이션 연구소 2009년 12월 20일 '제1차 사이버 커뮤니케이션 컨퍼런스' 연구발표 자료집 "한국인의 온라인 토론 성적표" 참조.

14) 연세대 커뮤니케이션 연구소 조사결과 ① 합리성 지표 분석에서는 국내 토론사이트 가운데 '다음 아고라'에서 욕설, 비속어 및 인신공격성 어휘의 사용 빈도가 가장 높은 것으로 나타났으며 이 사이트는 조사한 게시글의 24.75%에 부정적 어휘가 포함되어 있다. 이어 '안티 이명박'(12.0%), '한토마'(10.42%), '레몬테라스'(6.25%), '재오사랑'(2.63%)의 순이다. ② 정보 출처의 정확도에서는 '다음의 아고라'는 글에 명시된 정보 출처의 정확도가 9.7%

성을 반영하는 방향으로 편파적으로 분포돼 있었고 상대방 의견에 배타적 태도를 보였다"며 "인터넷에서 표현의 자유를 훼손하지 않기 위해는 인터넷 이용자의 자율적 노력이 필요하다"고 지적하였다.

그렇지만 인터넷이라는 정보통신망을 이용하는 생활패턴이 급속히 확장되고 다양화되면서 이용자의 보호와 정보통신 관리는 이용자의 자율에 맡기기 보다는 변화에 상응하는 신속한 법제화와 이용자 교육을 보다 강화하면서 새로운 사이버세계의 질서를 구축하는 특단의 노력이 필요한 현실이다.

## Ⅱ. 정보통신이 개념 및 용이정의

'정보통신망'이란 '전기통신기본법'(제 2 조 제 2 호)에 따른 전기통신설비를 이용하거나 전기통신설비와 컴퓨터 및 컴퓨터의 이용기술을 활용하여 정보를 수집·가공·저장·검색·송신 또는 수신하는 정보통신체제를 말하며, '정보통신서비스'란 '전기통신기본법'(제 2 조 제 7 호)에 따른 전기통신역무와 이를 이용하여 정보를 제공하거나 정보의 제공을 매개하는 것을 말한다.

'정보통신서비스 제공자'란 '전기통신사업법'(제 2 조 제 1 항 제 1 호)에 따른 전기통신사업자와 영리를 목적으로 전기통신사업자의 전기통신역무를 이용하여 정보를 제공하거나 정보의 제공을 매개하는 자를 지칭한다.

'이용자'란 정보통신서비스 제공자가 제공하는 정보통신서비스를 이용하는 자를 말하고, '전자문서'란 컴퓨터 등 정보처리능력을 가진 장치에 의하여 전자적인 형태로 작성되어 송수신되거나 저장된 문서형식의 자료로서 표준화된 것을 의미한다.

'개인정보'란 생존하는 개인에 관한 정보로서 성명·주민등록번호 등에 의

---

로 조사 대상 사이트 가운데 가장 낮았으며 '안티 이명박'(58.5%)이 가장 높았다. ③ 다양성 부문에서는 각 사이트의 정치적 성향에 따라 게시글의 성향도 편중되는 경향을 보이고 있는 것으로 나타났다. '재오사랑'은 미디어관계법에 찬성하는 글이 78.9%를 차지하고 '한토마'와 '안티 이명박'은 반대하는 글이 각각 75%, 68%이다. 조사기간 내 미디어관계법 글을 많이 올린 상위 3명이 전체 글에서 차지하는 비중은 '안티 이명박'이 56%로 가장 높았다. ④ 상호작용성은 '다음 아고라'가 게시글 한 개당 댓글이 평균 23.01개, 평균 조회수가 1,925.081로 가장 높은 것으로 조사되었다.

하여 특정한 개인을 알아볼 수 있는 부호·문자·음성·음향 및 영상 등의 정보(해당 정보만으로는 특정 개인을 알아볼 수 없어도 다른 정보와 쉽게 결합하여 알아볼 수 있는 경우에는 그 정보를 포함)를 뜻한다.

'침해사고'란 해킹, 컴퓨터바이러스, 논리폭탄, 메일폭탄, 서비스 거부 또는 고출력 전자기파 등의 방법으로 정보통신망 또는 이와 관련된 정보시스템을 공격하는 행위를 하여 발생한 사태를 말한다.

'정보보호산업'이란 정보보호제품을 개발·생산 또는 유통하는 사업이나 정보보호에 관한 컨설팅 등과 관련된 산업이며, '게시판'이란 그 명칭과 관계없이 정보통신망을 이용하여 일반에게 공개할 목적으로 부호·문자·음성·음향·화상·동영상 등의 정보를 이용자가 게재할 수 있는 컴퓨터 프로그램이나 기술적 장치를 말한다.

'통신과금서비스'란 정보통신서비스로서 타인이 판매·제공하는 재화 또는 용역의 대가를 자신이 제공하는 전기통신역무의 요금과 함께 청구·징수하는 업무 및 타인이 판매·제공하는 재화 등의 대가가 전자의 업무를 제공하는 자의 전기통신역무의 요금과 함께 청구·징수되도록 거래정보를 전자적으로 송수신하는 것 또는 그 대가의 정산을 대행하거나 매개하는 업무를 말한다. '통신과금서비스제공자'란 이 법에 의거하여 등록을 하고 통신과금서비스를 제공하는 자를 말한다.

'통신과금서비스이용자'란 통신과금서비스제공자로부터 통신과금서비스를 이용하여 재화 등을 구입·이용하는 자를 말한다.

## Ⅲ. 정보통신서비스 제공자 및 이용자의 책무

정보통신서비스 제공자는 이용자의 개인정보를 보호하고 건전하고 안전한 정보통신서비스를 제공하여 이용자의 권익보호와 정보이용능력의 향상에 이바지해야 한다. 이용자는 건전한 정보사회가 정착되도록 노력해야 한다. 정부는 정보통신서비스 제공자단체 또는 이용자단체의 개인정보보호 및 정보통신망에서의 청소년 보호 등을 위한 활동을 지원할 수 있다(정보통신망이용촉진법 제 3 조).

## Ⅳ. 정보화사회 기반조성 정책 수립

행정안전부장관, 지식경제부장관 또는 방송통신위원회는 정보통신망의 이용촉진 및 안정적 관리·운영과 이용자의 개인정보보호 등을 통해 정보사회의 기반을 조성하기 위한 국가정책의 시행방안을 마련해야 하며 그 시책에는 다음의 사항이 포함되어야 한다(정보통신망이용촉진법 제 4 조).

① 정보통신망에 관련된 기술의 개발·보급
② 정보통신망의 표준화
③ 정보내용물 및 제11조에 따른 정보통신망 응용서비스의 개발 등 정보통신망의 이용 활성화
④ 정보통신망을 이용한 정보의 공동활용 촉진
⑤ 인터넷 이용의 활성화
⑥ 정보통신망을 통해 수집·처리·보관·이용되는 개인정보의 보호 및 그와 관련된 기술의 개발·보급
⑦ 정보통신망에서의 청소년 보호
⑧ 정보통신망의 안전성 및 신뢰성 제고
⑨ 그 밖에 정보통신망 이용촉진 및 정보보호 등을 위해 필요한 사항

# 제 2 절 정보통신망의 이용촉진

## Ⅰ. 정보통신망 기술개발

지식정보화시대의 정보통신망 이용기술은 하루가 다르게 진화하고 있으며 국가의 경쟁력을 좌우하는 중요한 분야이다. 따라서 이 법은 지식경제부장관으로 하여금 정보통신망과 관련된 기술 및 기기의 개발을 효율적으로 추진하기 위하여 대통령령으로 정하는 바에 따라 관련 연구기관으로 하여금 연구개발·

기술협력·기술이전 또는 기술지도 등의 사업을 하게 하도록 규정하고 있다. 이와 관련하여 정부는 연구개발 등의 사업을 하는 연구기관에는 그 사업에 드는 비용의 전부 또는 일부를 지원할 수 있다. 기타, 비용의 지급 및 관리 등에 필요한 세부적인 사항은 대통령령으로 정하도록 하였다(정보통신망이용촉진법 제 6 조).

## Ⅱ. 기술관련 정보의 관리 및 보급

정부(지식경제부장관)는 정보통신망과 관련된 기술 및 기기에 관한 정보("기술관련 정보")를 체계적이고 종합적으로 관리해야 한다. 지식경제부장관은 기술관련 정보를 체계적이고 종합적으로 관리하기 위해 필요하면 관계 행정기관 및 국공립 연구기관 등에 대해 기술관련 정보와 관련된 자료를 요구할 수 있다. 이 경우 요구를 받은 기관의 장은 특별한 사유가 없으면 그 요구에 따라야 한다.

지식경제부장관은 기술관련 정보를 신속하고 편리하게 이용할 수 있도록 그 보급을 위한 사업을 해야 한다. 보급하려는 정보통신망과 관련된 기술 및 기기의 범위에 관해 필요한 사항은 대통령령으로 정한다(정보통신망이용촉진법 제 7 조).

## Ⅲ. 정보통신망의 표준화 및 응용서비스 개발지원

### 1. 정보통신망의 표준화

지식경제부장관은 정보통신망의 이용을 촉진하기 위하여 정보통신망에 관한 표준을 정하여 고시하고, 정보통신서비스 제공자 또는 정보통신망과 관련된 제품을 제조하거나 공급하는 자에게 그 표준을 사용하도록 권고할 수 있다. 다만, '산업표준화법'(제12조)에 따른 한국산업표준이 제정되어 있는 사항에 대하여는 그 표준에 따른다. 고시된 표준에 적합한 정보통신과 관련된 제품을 제조하거나 공급하는 자는 정보통신망이용촉진법 제 9 조 제 1 항에 따른 인증기관의 인증을 받아 그 제품이 표준에 적합한 것임을 나타내는 표시를 할 수 있다.

동법(제 2 항)에 의거하여 인증을 받은 자가 아니면 그 제품이 표준에 적합한 것임을 나타내는 표시를 하거나 이와 비슷한 표시를 하여서는 안 되며, 이와 비슷한 표시를 한 제품을 판매하거나 판매할 목적으로 진열해서는 안 된다. 지식경제부장관은 동법(제 4 항)을 위반하여 제품을 판매하거나 판매할 목적으로 진열한 자에게 그 제품을 수거·반품하도록 하거나 인증을 받아 그 표시를 하도록 하는 등 필요한 시정조치를 명할 수 있다. 표준화의 대상·방법·절차 및 인증표시, 제 5 항에 따른 수거·반품·시정 등에 필요한 사항은 지식경제부령으로 정한다(동법 제 8 조).

### 2. 인증기관의 지정

지식경제부장관은 정보통신망과 관련된 제품을 제조하거나 공급하는 자의 제품이 고시된 표준에 적합한 제품임을 인증하는 기관('인증기관')을 지정할 수 있다.

지식경제부장관은 인증기관이 속임수나 그 밖의 부정한 방법으로 지정을 받은 경우 또는 정당한 사유 없이 1년 이상 계속하여 인증업무를 하지 아니한 경우, 지정기준에 미달한 경우 중 어느 하나에 해당하면 그 지정을 취소하거나 6개월 이내의 기간을 정하여 업무의 정지를 명할 수 있다. 다만, 인증기관이 속임수나 그 밖의 부정한 방법으로 지정을 받은 경우는 경우에는 무조건 그 지정을 취소하여야 한다(정보통신망이용촉진법 제 9 조).

인증기관의 지정기준·지정절차, 지정취소·업무정지의 기준 등에 필요한 사항은 지식경제부령으로 정한다.

### 3. 정보내용물의 개발 및 정보통신망 응용서비스 개발지원

정부는 국가경쟁력을 확보하거나 공익을 증진하기 위해 정보통신망을 통해 유통되는 정보내용물을 개발하는 자에게 재정 및 기술 등 필요한 지원을 할 수 있으며(정보통신망이용촉진법 제10조) 국가기관·지방자치단체 및 공공기관이 정보통신망을 활용하여 업무를 효율화·자동화·고도화하는 응용서비스('정보통신망 응용서비스')를 개발·운영하는 경우 그 기관에 재정 및 기술 등 필요한 지원을 할 수 있다.

정부는 민간부문에 의한 정보통신망 응용서비스의 개발을 촉진하기 위해 재정 및 기술 등 필요한 지원을 할 수 있으며, 정보통신망 응용서비스의 개발에 필요한 기술인력을 양성하기 위해 다음의 시책을 마련해야 한다.

① 각급 학교나 그 밖의 교육기관에서 시행하는 인터넷 교육에 대한 지원
② 국민에 대한 인터넷 교육의 확대
③ 정보통신망 기술인력 양성사업에 대한 지원
④ 정보통신망 전문기술인력 양성기관의 설립·지원
⑤ 정보통신망 이용 교육프로그램의 개발 및 보급 지원
⑥ 정보통신망 관련 기술자격제도의 정착 및 전문기술인력 수급 지원
⑦ 그 밖에 정보통신망 관련 기술인력의 양성에 필요한 사항

### 4. 정보의 공동활용체제 구축 지원

정부는 정보통신망을 효율적으로 활용하기 위해 정보통신망 상호 간의 연계 운영 및 표준화 등 정보의 공동활용체제 구축을 권장하고, 정보의 공동활용체제를 구축하는 자에게 재정 및 기술 등 필요한 지원을 할 수 있다(정보통신망 이용촉진법 제12조).

## V. 정보통신망의 이용촉진 사업

### 1. 정보통신망의 이용촉진

#### (1) 이용촉진 사업지원

지식경제부장관은 공공, 지역, 산업, 생활 및 사회적 복지 등 각 분야의 정보통신망의 이용촉진과 정보격차의 해소를 위해 관련 기술·기기 및 응용서비스의 효율적인 활용·보급을 촉진하기 위한 사업을 대통령령으로 정하는 바에

따라 실시할 수 있고, 사업에 참여하는 자에게 재정 및 기술 등 필요한 지원을 할 수 있다.

### (2) 인터넷 이용의 확산

정부는 인터넷 이용이 확산될 수 있도록 공공 및 민간의 인터넷 이용시설의 효율적 활용을 유도하고 인터넷 관련 교육 및 홍보 등의 인터넷 이용기반을 확충하며, 지역별·성별·연령별 인터넷 이용격차를 해소하기 위한 시책을 마련하고 추진해야 한다(정보통신망이용촉진법 제14조).

지식경제부장관은 인터넷 서비스 이용자의 권익을 보호하고 인터넷 서비스의 품질 향상 및 안정적 제공을 보장하기 위한 시책을 마련하고 추진하기 위해 필요하면 정보통신서비스 제공자단체 및 이용자단체 등의 의견을 들어 인터넷 서비스 품질의 측정·평가에 관한 기준을 정해 고시할 수 있다. 정보통신서비스 제공자는 고시된 기준에 따라 자율적으로 인터넷 서비스의 품질 현황을 평가하여 그 결과를 이용자에게 알려줄 수 있다(동법 제15조).

## 2. 전자문서중계자를 통한 전자문서의 활용

### (1) 전자문서중계자 고시

국가기관이나 지방자치단체의 장이 전자문서중계설비를 관리하는 자('전자문서중계자')를 통해 법령에서 규정한 허가·인가·승인·등록·신고·신청 등을 전자문서로 처리하려면 대통령령으로 정하는 바에 따라 대상 업무와 전자문서중계자 등 필요한 사항을 정하고 고시해야 한다.

전자문서와 그 문서상의 명의인을 표시한 문자 및 '전자서명법'(제 2 조 제 3 호)에 따른 공인전자서명은 각각 해당 법령에서 정한 문서와 그 문서상의 서명날인으로 본다. 법령에서 규정한 허가·인가·승인·등록·신고·신청 등을 전자문서로 처리한 경우에는 해당 법령에서 정한 절차에 따라 처리한 것으로 본다. 전자문서중계자의 지정요건 및 지정절차에 필요한 사항은 대통령령으로 정한다(정보통신망이용촉진법 제18조).

### (2) 전자문서의 송수신

전자문서는 작성자 외의 자 또는 작성자의 대리인 외의 자가 관리하는 컴퓨터에 입력되었을 때에 송신된 것으로 본다. 전자문서는 다음의 어느 하나에 해당할 때에 수신된 것으로 본다.

① 수신자가 전자문서를 수신할 컴퓨터를 지정한 경우에는 지정한 컴퓨터에 입력되었을 때. 다만, 지정한 컴퓨터가 아닌 컴퓨터에 입력되었을 경우에는 수신자가 전자문서를 출력하였을 때를 말한다.
② 수신자가 전자문서를 수신할 컴퓨터를 지정하지 않은 경우에는 수신자가 관리하는 컴퓨터에 입력되었을 때 수신한 것으로 본다(정보통신망이용촉진법 제19조).

### (3) 전자문서 내용의 보관 및 공개

전자문서의 내용에 대하여 당사자 또는 이해관계자 사이에 다툼이 있으면 전자문서중계자의 컴퓨터의 파일에 기록된 전자문서의 내용대로 작성된 것으로 추정한다. 전자문서중계자는 '공공기록물 관리에 관한 법률'(제19조)에 따라 전자문서를 보관해야 한다(정보통신망이용촉진법 제20조).

전자문서중계자는 전자문서중계설비에 의하여 처리되는 전자문서 또는 관련 기록을 적법한 절차에 따르지 않거나 전자문서 발신자 및 수신자의 동의 없이 공개해서는 안 된다(정보통신망이용촉진법 제21조).

# 제 3 절 정보의 보호

## Ⅰ. 개인정보의 보호

### 1. 정보통신서비스 제공자의 개인정보 이용

정보통신서비스 제공자는 이용자의 개인정보를 이용하려고 수집하는 경우에는 다음의 모든 사항을 이용자에게 알리고 동의를 받아야 한다. 다음의 어느 하나의 사항을 변경하려는 경우에도 이용자에게 알리고 동의를 받아야 한다(정보통신망이용촉진법 제22조).

① 개인정보의 수집·이용 목적
② 수집하는 개인정보의 항목
③ 개인정보의 보유·이용 기간

정보통신서비스 제공자는 다음의 어느 하나에 해당하는 경우에는 동의 없이 이용자의 개인정보를 수집·이용할 수 있다.

① 정보통신서비스의 제공에 관한 계약을 이행하기 위해 필요한 개인정보로서 경제적·기술적인 사유로 통상적인 동의를 받는 것이 뚜렷하게 곤란한 경우
② 정보통신서비스의 제공에 따른 요금정산을 위해 필요한 경우
③ 이 법 또는 다른 법률에 특별한 규정이 있는 경우

### 2. 정보통신서비스 제공자의 개인정보 수집제한

#### (1) 개인정보 수집의 최소화

정보통신서비스 제공자는 사상, 신념, 과거의 병력(病歷) 등 개인의 권리·이익이나 사생활을 뚜렷하게 침해할 우려가 있는 개인정보를 수집해서는 안 된

다. 다만, 이용자의 동의를 받거나 다른 법률에 따라 특별히 수집 대상 개인정보로 허용된 경우에는 그 개인정보를 수집할 수 있다.

정보통신서비스 제공자는 이용자의 개인정보를 수집하는 경우에는 정보통신서비스의 제공을 위해 필요한 최소한의 정보를 수집해야 하며, 필요한 최소한의 정보 외의 개인정보를 제공하지 않는 것을 이유로 그 서비스의 제공을 거부해서는 안 된다(정보통신망이용촉진법 제23조).

### (2) 회원가입방법의 선택권 보장

정보통신서비스 제공자로서 제공하는 정보통신서비스의 유형별 일일 평균 이용자 수가 대통령령으로 정하는 기준에 해당하는 자는 이용자가 정보통신망을 통하여 회원으로 가입할 경우에 주민등록번호를 사용하지 않고 회원으로 가입할 수 있는 방법을 제공해야 한다. 정보통신서비스 제공자는 주민등록번호를 사용하는 회원가입 방법을 따로 제공하여 이용자가 회원가입 방법을 선택하게 할 수 있다.

## 3. 정보통신서비스 제공자의 개인정보의 이용 제한

정보통신서비스 제공자는 수집한 개인정보를 이용자로부터 동의 받은 목적이나 정보통신서비스의 제공에 관한 계약을 이행하기 위해 필요한 개인정보로서 경제적·기술적인 사유로 통상적인 동의를 받는 것이 뚜렷하게 곤란한 경우, 정보통신서비스의 제공에 따른 요금정산을 위해 필요한 경우, 정보통신망이용촉진법 또는 다른 법률에 특별한 규정이 있는 경우 등 동법 제22조 제 2 항[15]에서 정한 목적 이외의 다른 목적으로 이용해서는 안 된다.

---

15) 정보통신망이용촉진법 제22조

> ② 정보통신서비스 제공자는 다음 각 호의 어느 하나에 해당하는 경우에는 제1항에 따른 동의 없이 이용자의 개인정보를 수집·이용할 수 있다. 1. 정보통신서비스의 제공에 관한 계약을 이행하기 위하여 필요한 개인정보로서 경제적·기술적인 사유로 통상적인 동의를 받는 것이 뚜렷하게 곤란한 경우, 2. 정보통신서비스의 제공에 따른 요금정산을 위하여 필요한 경우, 3. 이 법 또는 다른 법률에 특별한 규정이 있는 경우.

## 4. 개인정보의 제공 동의

정보통신서비스 제공자는 이용자의 개인정보를 제3자에게 제공하려면 정보통신서비스의 제공에 따른 요금정산을 위하여 필요한 경우, 정보통신망이용촉진법 또는 다른 법률에 특별한 규정이 있는 경우(동법 제22조 제 2 항 제 2 호 및 제 3 호)에 해당하는 경우 외에는 다음의 모든 사항을 이용자에게 알리고 동의를 받아야 하며, 다음의 어느 하나의 사항이 변경되는 경우에도 이용자에게 알리고 동의를 받아야 한다.

① 개인정보를 제공받는 자
② 개인정보를 제공받는 자의 개인정보 이용 목적
③ 제공하는 개인정보의 항목
④ 개인정보를 제공받는 자의 개인정보 보유 및 이용 기간

정보통신서비스 제공자로부터 이용자의 개인정보를 제공받은 자는 그 이용자의 동의가 있거나 다른 법률에 특별한 규정이 있는 경우 외에는 개인정보를 제 3 자에게 제공하거나 제공받은 목적 외의 용도로 이용하여서는 안 된다.

## 5. 개인정보의 취급위탁

정보통신서비스 제공자와 그로부터 이용자의 개인정보를 제공받은 자는 제 3 자에게 이용자의 개인정보를 수집·보관·처리·이용·제공·관리·파기 등(이하 '취급'이라 한다)을 할 수 있도록 업무를 위탁하는 '개인정보 취급위탁'의 경우에는 개인정보 취급위탁을 받는 자(이하 '수탁자'라 한다), 개인정보 취급위탁을 하는 업무의 내용 등의 사항 모두를 이용자에게 알리고 동의를 받아야 하며, 어느 하나의 사항이 변경되는 경우에도 또한 이용자에게 알리고 동의를 받아야 한다(정보통신망이용촉진법 제25조).

정보통신서비스 제공자 등은 정보통신서비스의 제공에 관한 계약을 이행하기 위해 필요한 경우로서 수탁자, 개인정보 취급위탁을 하는 업무의 내용 모두를 공개하거나 전자우편 등 대통령령으로 정하는 방법에 따라 이용자에게 알

린 경우에는 개인정보 취급위탁에 따른 위의 고지절차와 동의절차를 거치지 않고 생략할 수 있다.

정보통신서비스 제공자 등은 개인정보 취급위탁을 하는 경우에는 수탁자가 이용자의 개인정보를 취급할 수 있는 목적을 미리 정해야 한다. 수탁자는 이 목적을 벗어나서 이용자의 개인정보를 취급해서는 안 된다. 정보통신서비스 제공자 등은 수탁자가 규정을 위반하지 않도록 관리·감독해야 한다. 수탁자가 개인정보 취급위탁을 받은 업무와 관련하여 규정을 위반하여 이용자에게 손해를 발생시키면 그 수탁자를 손해배상책임에 있어서 정보통신서비스 제공자 등의 소속 직원으로 본다(동법 제25조).

### 6. 개인정보의 이전

정보통신서비스 제공자등이 영업의 전부 또는 일부의 양도·합병 등으로 그 이용자의 개인정보를 타인에게 이전하는 경우에는 미리 다음의 사항 모두를 인터넷 홈페이지 게시, 전자우편 등 대통령령으로 정하는 방법에 따라 이용자에게 알려야 한다.

① 개인정보를 이전하려는 사실
② 개인정보를 이전받는 자('영업양수자 등')의 성명(법인의 경우에는 법인의 명칭)·주소·전화번호 및 그 밖의 연락처
③ 이용자가 개인정보의 이전을 원하지 않는 경우 그 동의를 철회할 수 있는 방법과 절차

영업양수자 등은 개인정보를 이전받으면 지체 없이 그 사실을 인터넷 홈페이지 게시, 전자우편 등 대통령령으로 정하는 방법에 따라 이용자에게 알려야 한다. 다만, 정보통신서비스 제공자 등이 그 이전사실을 이미 알린 경우에는 이용자에게 알리지 않아도 된다. 영업양수자 등은 정보통신서비스 제공자 등이 이용자의 개인정보를 이용하거나 제공할 수 있는 당초 목적의 범위에서만 개인정보를 이용하거나 제공할 수 있다. 다만, 이용자로부터 별도의 동의를 받은 경우에는 그렇게 하지 않아도 된다.

## 7. 개인정보의 관리 및 파기

### (1) 개인정보 관리책임자의 지정

정보통신서비스 제공자 등은 이용자의 개인정보를 보호하고 개인정보와 관련한 이용자의 고충을 처리하기 위해 개인정보 관리책임자를 지정해야 한다. 다만, 종업원 수, 이용자 수 등이 대통령령으로 정하는 기준에 해당하는 정보통신서비스 제공자 등의 경우에는 지정하지 않을 수 있다. 정보통신서비스 제공자 등이 개인정보 관리책임자를 지정하지 않는 경우에는 그 사업주 또는 대표자가 개인정보 관리책임자가 된다. 개인정보 관리책임자의 자격요건과 그 밖의 지정에 필요한 사항은 대통령령으로 정한다(정보통신망이용촉진법 제27조).

### (2) 개인정보 취급방침의 공개

정보통신서비스 제공자등은 이용자의 개인정보를 취급하는 경우에는 개인정보 취급방침을 정해 이용자가 인제든시 쉽게 확인할 수 있도록 대통령령으로 정하는 방법에 따라 공개해야 한다. 개인정보 취급방침에는 다음의 사항이 모두 포함되어야 한다.

① 개인정보의 수집·이용 목적, 수집하는 개인정보의 항목 및 수집방법
② 개인정보를 제3자에게 제공하는 경우 제공받는 자의 성명(법인인 경우에는 법인의 명칭), 제공받는 자의 이용 목적과 제공하는 개인정보의 항목
③ 개인정보의 보유 및 이용기간, 개인정보의 파기절차 및 파기방법(제29조 각 호 외의 부분 단서[16]에 따라 개인정보를 보존하여야 하는 경우에는 그 보존 근거와 보존하는 개인정보 항목을 포함)
④ 개인정보 취급위탁을 하는 업무의 내용 및 수탁자(해당되는 경우에만 취급방침에 포함)
⑤ 이용자 및 법정대리인의 권리와 그 행사방법

16) 정보통신망이용촉진법 제29조(개인정보의 파기)

> 정보통신서비스 제공자 등은 다음 각호의 어느 하나에 해당하는 경우에는 해당 개인정보를 지체 없이 파기하여야 한다. 다만, 다른 법률에 따라 개인정보를 보존하여야 하는 경우에는 그러하지 아니하다.

⑥ 인터넷 접속정보파일 등 개인정보를 자동으로 수집하는 장치의 설치·운영 및 그 거부에 관한 사항
⑦ 개인정보 관리책임자의 성명 또는 개인정보보호 업무 및 관련 고충사항을 처리하는 부서의 명칭과 그 전화번호 등 연락처

정보통신서비스 제공자 등은 개인정보 취급방침을 변경하는 경우에는 그 이유 및 변경내용을 대통령령으로 정하는 방법에 따라 지체 없이 공지하고, 이용자가 언제든지 변경된 사항을 쉽게 알아볼 수 있도록 조치해야 한다(정보통신망이용촉진법 제27조의2).

### (3) 개인정보의 보호조치

#### 1) 기술적·관리적 보호조치

정보통신서비스 제공자 등이 개인정보를 취급할 때에는 개인정보의 분실·도난·누출·변조 또는 훼손을 방지하기 위해 대통령령으로 정하는 기준에 따라 다음의 기술적·관리적 조치를 해야 한다.

① 개인정보를 안전하게 취급하기 위한 내부관리계획의 수립·시행
② 개인정보에 대한 불법적인 접근을 차단하기 위한 침입차단시스템 등 접근 통제장치의 설치·운영
③ 접속기록의 위조·변조 방지를 위한 조치
④ 개인정보를 안전하게 저장·전송할 수 있는 암호화기술 등을 이용한 보안조치
⑤ 백신 소프트웨어의 설치·운영 등 컴퓨터바이러스에 의한 침해 방지조치
⑥ 그 밖에 개인정보의 안전성 확보를 위하여 필요한 보호조치

정보통신서비스 제공자등은 이용자의 개인정보를 취급하는 자를 최소한으로 제한해야 한다.

#### 2) 개인정보의 누설금지

이용자의 개인정보를 취급하고 있거나 취급하였던 자는 직무상 알게 된 개인정보를 훼손·침해 또는 누설해서는 안 된다. 누구든지 그 개인정보가 누설된

사정을 알면서도 영리 또는 부정한 목적으로 개인정보를 제공받아서는 안 된다(정보통신망이용촉진법 제28조의2).

### 3) 개인정보의 파기

정보통신서비스 제공자 등은 다음의 어느 하나에 해당하는 경우에는 해당 개인정보를 지체 없이 파기해야 한다. 다만, 다른 법률에 따라 개인정보를 보존하여야 하는 경우에는 파기하지 않아도 된다(정보통신망이용촉진법 제29조).

① 제22조 제 1 항, 제23조 제 1 항 단서[17] 또는 제24조의2 제 1 항·제 2 항[18]에 따라 동의를 받은 개인정보의 수집·이용 목적이나 제22조 제 2 항 각호에서 정한 해당 목적을 달성한 경우

---

17) 정보통신망이용촉진법 제22조(개인정보의 수집·이용 동의 등)

> ① 정보통신서비스 제공자는 이용자의 개인정보를 이용하려고 수집하는 경우에는 다음 각 호의 모든 사항을 이용자에게 알리고 동의를 받아야 한다. 다음 각 호의 어느 하나의 사항을 변경하려는 경우에도 또한 같다. 1. 개인정보의 수집·이용 목적, 2. 수집하는 개인정보의 항목, 3. 개인정보의 보유·이용 기간
> ② 정보통신서비스 제공자는 다음 각 호의 어느 하나에 해당하는 경우에는 제1항에 따른 동의 없이 이용자의 개인정보를 수집·이용할 수 있다. 1. 정보통신서비스의 제공에 관한 계약을 이행하기 위하여 필요한 개인정보로서 경제적·기술적인 사유로 통상적인 동의를 받는 것이 뚜렷하게 곤란한 경우,2. 정보통신서비스의 제공에 따른 요금 정산을 위하여 필요한 경우, 3. 이 법 또는 다른 법률에 특별한 규정이 있는 경우

동법 제23조의2(주민등록번호 외의 회원가입 방법)

> ① 정보통신서비스 제공자로서 제공하는 정보통신서비스의 유형별 일일 평균 이용자 수가 대통령령으로 정하는 기준에 해당하는 자는 이용자가 정보통신망을 통하여 회원으로 가입할 경우에 주민등록번호를 사용하지 아니하고도 회원으로 가입할 수 있는 방법을 제공하여야 한다.

18) 정보통신망이용촉진법 제24조의2(개인정보의 제공 동의 등)

> ① 정보통신서비스 제공자는 이용자의 개인정보를 제3자에게 제공하려면 제22조 제2항 제2호 및 제3호에 해당하는 경우 외에는 다음 각 호의 모든 사항을 이용자에게 알리고 동의를 받아야 한다. 다음 각호의 어느 하나의 사항이 변경되는 경우에도 또한 같다. 1. 개인정보를 제공받는 자, 2. 개인정보를 제공받는 자의 개인정보 이용 목적, 3. 제공하는 개인정보의 항목, 4. 개인정보를 제공받는 자의 개인정보 보유 및 이용 기간
> ② 제1항에 따라 정보통신서비스 제공자로부터 이용자의 개인정보를 제공받은 자는 그 이용자의 동의가 있거나 다른 법률에 특별한 규정이 있는 경우 외에는 개인정보를 제3자에게 제공하거나 제공받은 목적 외의 용도로 이용하여서는 아니 된다.

② 제22조 제 1 항, 제23조 제 1 항 단서 또는 제24조의2 제 1 항·제 2 항에 따라 동의를 받은 개인정보의 보유 및 이용 기간이 끝난 경우
③ 제22조 제 2 항에 따라 이용자의 동의를 받지 않고 수집·이용한 경우에는 제27조의2 제 2 항 제 3 호[19]에 따른 개인정보의 보유 및 이용 기간이 끝난 경우
④ 사업을 폐업하는 경우

## Ⅱ. 이용자의 권리

### 1. 이용자의 권리

#### (1) 개인정보 이용동의 철회

정보통신서비스 이용자는 정보통신서비스 제공자 등에 대해 언제든지 개인정보 수집·이용·제공 등의 동의를 철회할 수 있다. 이용자는 정보통신서비스 제공자 등에 대해 본인에 관한 다음의 어느 하나의 사항에 대한 열람이나 제공을 요구할 수 있고 오류가 있는 경우에는 그 정정을 요구할 수 있다.

① 정보통신서비스 제공자 등이 가지고 있는 이용자의 개인정보
② 정보통신서비스 제공자 등이 이용자의 개인정보를 이용하거나 제 3 자에게 제공한 현황

---

19) 정보통신망이용촉진법 제27조의2(개인정보 취급방침의 공개)

> ② 제1항에 따른 개인정보 취급방침에는 다음 각 호의 사항이 모두 포함되어야 한다. 1. 개인정보의 수집·이용 목적, 수집하는 개인정보의 항목 및 수집방법, 2. 개인정보를 제3자에게 제공하는 경우 제공받는 자의 성명(법인인 경우에는 법인의 명칭을 말한다), 제공받는 자의 이용 목적과 제공하는 개인정보의 항목, 3. 개인정보의 보유 및 이용 기간, 개인정보의 파기절차 및 파기방법(제29조 각호 외의 부분 단서에 따라 개인정보를 보존하여야 하는 경우에는 그 보존근거와 보존하는 개인정보 항목을 포함한다), 4. 개인정보 취급위탁을 하는 업무의 내용 및 수탁자(해당되는 경우에만 취급방침에 포함한다), 5. 이용자 및 법정대리인의 권리와 그 행사방법, 6. 인터넷 접속정보파일 등 개인정보를 자동으로 수집하는 장치의 설치·운영 및 그 거부에 관한 사항, 7. 개인정보 관리책임자의 성명 또는 개인정보보호 업무 및 관련 고충사항을 처리하는 부서의 명칭과 그 전화번호 등 연락처.

③ 정보통신서비스 제공자 등에게 개인정보 수집·이용·제공 등의 동의를 한 현황

정보통신서비스 제공자 등은 이용자가 동의를 철회하면 지체 없이 수집된 개인정보를 파기하는 등 필요한 조치를 해야 한다. 정보통신서비스 제공자 등은 열람 또는 제공을 요구받으면 지체 없이 필요한 조치를 해야 한다.

### (2) 개인정보 열람 및 정정요구

정보통신서비스 제공자 등은 오류의 정정을 요구받으면 지체 없이 그 오류를 정정하거나 정정하지 못하는 사유를 이용자에게 알리는 등 필요한 조치를 해야 하고, 필요한 소지를 할 때까지는 해당 개인정보를 이용하거나 제공해서는 안 된다. 다만, 다른 법률에 따라 개인정보의 제공을 요청받은 경우에는 그 개인정보를 제공하거나 이용할 수 있다. 정보통신서비스 제공자 등은 동의의 철회 또는 개인정보의 열람·제공 또는 오류의 정정을 요구하는 방법을 개인정보의 수집방법보다 쉽게 해야 한다.

영업양수자 등에 대하여는 정보통신망이용촉진법 제30조 제 1 항부터 제 6 항까지의 규정[20]을 준용하며, 이 경우 '정보통신서비스 제공자 등'은 '영업양수

20) 정보통신망이용촉진법 제30조(이용자의 권리 등)

① 이용자는 정보통신서비스 제공자 등에 대하여 언제든지 개인정보 수집·이용·제공 등의 동의를 철회할 수 있다.
② 이용자는 정보통신서비스 제공자 등에 대하여 본인에 관한 다음 각호의 어느 하나의 사항에 대한 열람이나 제공을 요구할 수 있고 오류가 있는 경우에는 그 정정을 요구할 수 있다. 1. 정보통신서비스 제공자 등이 가지고 있는 이용자의 개인정보, 2. 정보통신서비스 제공자 등이 이용자의 개인정보를 이용하거나 제3자에게 제공한 현황, 3. 정보통신서비스 제공자 등에게 개인정보 수집·이용·제공 등의 동의를 한 현황.
③ 정보통신서비스 제공자 등은 이용자가 제1항에 따라 동의를 철회하면 지체 없이 수집된 개인정보를 파기하는 등 필요한 조치를 하여야 한다.
④ 정보통신서비스 제공자 등은 제2항에 따라 열람 또는 제공을 요구받으면 지체 없이 필요한 소지를 하여야 한다.
⑤ 정보통신서비스 제공자 등은 제2항에 따라 오류의 정정을 요구받으면 지체 없이 그 오류를 정정하거나 정정하지 못하는 사유를 이용자에게 알리는 등 필요한 조치를 하여야 하고, 필요한 조치를 할 때까지는 해당 개인정보를 이용하거나 제공하여서는 아니 된다. 다만, 다른 법률에 따라 개인정보의 제공을 요청받은 경우에는 그 개인정보를 제공하거나 이용할 수 있다.
⑥ 정보통신서비스 제공자 등은 제1항에 따른 동의의 철회 또는 제2항에 따른 개인정

자 등'으로 본다(동법 제30조).

### (3) 법정대리인의 권리

정보통신서비스 제공자 등이 만 14세 미만의 아동으로부터 개인정보 수집·이용·제공 등의 동의를 받으려면 그 법정대리인의 동의를 받아야 한다. 이 경우 정보통신서비스 제공자는 그 아동에게 법정대리인의 동의를 받기 위해 필요한 법정대리인의 성명 등 최소한의 정보를 요구할 수 있다.

법정대리인은 해당 아동의 개인정보에 대해 이용자의 권리(정보통신망이용촉진법 제30조 제 1 항 및 제 2 항)를 행사할 수 있다. 법정대리인의 동의 철회, 열람 또는 오류정정의 요구에 관하여는 이용자의 권리에 관한 동법 제30조 제 3 항부터 제 5 항까지의 규정[21]을 준용한다(동법 제31조).

### (4) 손해배상의 청구

이용자는 정보통신서비스 제공자 등이 규정을 위반한 행위로 손해를 입으면 그 정보통신서비스 제공자 등에게 손해배상을 청구할 수 있다. 이 경우 해당 정보통신서비스 제공자 등은 고의 또는 과실이 없음을 입증하지 못하면 책임을 면할 수 없다(정보통신망이용촉진법 제32조).

---

> 보의 열람·제공 또는 오류의 정정을 요구하는 방법을 개인정보의 수집방법보다 쉽게 하여야 한다.

21) 정보통신망이용촉진법 제30조

> ③ 정보통신서비스 제공자 등은 이용자가 제1항에 따라 동의를 철회하면 지체 없이 수집된 개인정보를 파기하는 등 필요한 조치를 하여야 한다.
> ④ 정보통신서비스 제공자 등은 제2항에 따라 열람 또는 제공을 요구받으면 지체 없이 필요한 조치를 하여야 한다.
> ⑤ 정보통신서비스 제공자 등은 제2항에 따라 오류의 정정을 요구받으면 지체 없이 그 오류를 정정하거나 정정하지 못하는 사유를 이용자에게 알리는 등 필요한 조치를 하여야 하고, 필요한 조치를 할 때까지는 해당 개인정보를 이용하거나 제공하여서는 아니 된다. 다만, 다른 법률에 따라 개인정보의 제공을 요청받은 경우에는 그 개인정보를 제공하거나 이용할 수 있다.

## Ⅲ. 개인정보분쟁조정위원회

### 1. 개인정보분쟁조정위원회의 설치

#### (1) 분쟁조정위원회 구성

개인정보에 관한 분쟁을 조정하기 위해 개인정보분쟁조정위원회('분쟁조정위원회')를 둔다. 분쟁조정위원회는 위원장 1명을 포함한 15명 이내의 위원으로 구성하며, 그 중 1명은 상임으로 한다(정보통신망이용촉진법 제33조 제1·3항).

위원은 다음의 어느 하나에 해당하는 자 중에서 대통령령으로 정하는 바에 따라 행정안전부장관이 임명하거나 위촉한다. 이 경우 다음의 어느 하나에 해당하는 자가 1명 이상 포함되어야 한다.

① 대학이나 공인된 연구기관에서 부교수급 이상 또는 이에 상당하는 직에 있거나 있었던 사로서 개인정보보호 관련 분야를 전공한 자
② 4급 이상 공무원(고위공무원단에 속하는 일반직공무원을 포함한다) 또는 이에 상당하는 공공기관의 직에 있거나 있었던 자로서 개인정보보호 업무에 관한 경험이 있는 자
③ 판사·검사 또는 변호사의 자격이 있는 자
④ 정보통신서비스 이용자단체의 임원직에 있거나 있었던 자
⑤ 정보통신서비스 제공자 또는 정보통신서비스 제공자단체의 임원직에 있거나 있었던 자
⑥ '비영리민간단체 지원법'(제 2 조)에 따른 비영리민간단체에서 추천한 자

#### (2) 위원의 임기 및 조정부 구성

위원의 임기는 3년으로 하고, 연임할 수 있으며 위원장은 위원 중에서 행정안전부장관이 임명한다. 분쟁조정위원회의 업무를 지원하기 위해 한국인터넷진흥원에 사무국을 둔다(정보통신망이용촉진법 제52조).

분쟁의 조정업무를 효율적으로 수행하기 위해 분쟁조정위원회에 5명 이하의 위원으로 구성되는 조정부를 두되, 그 중 1명은 변호사의 자격이 있는 자로

한다. 분쟁조정위원회는 필요하면 일부 분쟁을 제 1 항에 따른 조정부에 맡겨 조정하게 할 수 있다. 조정부의 구성 및 운영에 필요한 사항은 행정안전부령으로 정한다(동법 제33조의2). 위원은 자격정지 이상의 형을 선고받거나 심신상의 장애로 직무를 수행할 수 없는 경우 외에는 그의 의사에 반해 면직되거나 해촉되지 않는다(동법 제34조).

#### (3) 위원의 제척 · 기피 · 회피

위원은 다음의 어느 하나에 해당되면 해당 분쟁조정 청구사건의 심의·의결에서 제척된다.

① 위원 또는 그 배우자나 배우자이었던 자가 해당 사건의 당사자가 되거나 그 사건에 관해 공동권리자 또는 공동의무자의 관계에 있는 경우
② 위원이 해당 사건의 당사자와 친족관계에 있거나 있었던 경우
③ 위원이 해당 사건에 관하여 증언이나 감정을 한 경우
④ 위원이 해당 사건에 관해 당사자의 대리인 또는 임직원으로서 관여하거나 관여하였던 경우

당사자는 위원에게 심의·의결의 공정을 기대하기 어려운 사정이 있으면 분쟁조정위원회에 기피신청을 할 수 있다. 이 경우 분쟁조정위원회는 기피신청이 타당하다고 인정하는 경우에는 기피의 결정을 한다. 위원이 제 1 항 또는 제 2 항의 사유에 해당하면 스스로 그 사건의 심의·의결에서 회피할 수 있다.

### 2. 분쟁의 조정

#### (1) 조정신청

개인정보와 관련한 분쟁의 조정을 원하는 자는 분쟁조정위원회에 분쟁의 조정을 신청할 수 있다. 분쟁의 조정신청을 받은 분쟁조정위원회는 신청을 받은 날부터 60일 이내에 심사하여 조정안을 작성해야 한다. 다만, 부득이한 사정이 있는 경우에는 분쟁조정위원회의 의결로 그 기간을 연장할 수 있다. 기간을 연장한 경우에는 기간연장의 사유나 그 밖의 기간연장에 대한 사항을 신청인에

게 알려야 한다(정보통신망이용촉진법 제36조 제1·2·3항).

### (2) 자료요청

분쟁조정위원회는 분쟁조정을 위하여 필요한 자료의 제공을 분쟁당사자에게 요청할 수 있다. 이 경우 그 분쟁당사자는 정당한 사유가 없으면 요청에 따라야 한다. 분쟁조정위원회는 필요하다고 인정하면 분쟁당사자나 참고인을 분쟁조정위원회에 출석하도록 하여 그 의견을 들을 수 있다(정보통신망이용촉진법 제37조).

### (3) 조정의 효력

분쟁조정위원회는 조정안을 작성하면 지체 없이 각 당사자에게 제시해야 한다. 조정안을 제시받은 당사자는 제시받은 날부터 15일 이내에 조정안의 수락 여부를 분쟁조정위원회에 통보해야 한다. 당사자가 조정안을 수락하면 분쟁조정위원회는 즉시 조정서를 작성해야 하며, 위원장 및 각 당사자는 그 조정서에 기명날인해야 한다. 당사자가 제 3 항에 따라 조정안을 수락하고 조정서에 기명날인을 하면 당사자 간에 조정서와 같은 내용의 합의가 성립된 것으로 본다.

### (4) 조정의 거부 및 중지

분쟁조정위원회는 분쟁의 성질상 분쟁조정위원회에서 조정하는 것이 적합하지 않다고 인정하거나 부정한 목적으로 신청되었다고 인정하는 경우에는 그 조정을 거부할 수 있다. 이 경우 조정거부의 사유 등을 신청인에게 알려야 한다.

분쟁조정위원회는 신청된 조정사건에 대한 처리절차를 진행하던 중에 한쪽 당사자가 소(訴)를 제기하면 그 조정의 처리를 중지하고 이를 당사자에게 알려야 한다.

기타 분쟁의 조정방법·조정절차 및 조정업무의 처리 등에 필요한 사항은 대통령령으로 정한다.

# 제 4 절 정보통신망 관리

## Ⅰ. 정보통신망에서의 이용자 보호

### 1. 정보통신망 유통정보의 실태와 문제

#### (1) 인터넷상의 의제설정과 정보확산 양태

최근 우리나라에서는 미국산 쇠고기 수입 문제로 촉발된 '2008년 촛불집회'와 '황우석 교수파동', '미네르바사건' 등의 사회적 어젠다를 인터넷이 설정하고 확산시키는 사례를 경험하였다. 그 와 같은 정보확산의 중심에는 인터넷 세상의 'e-토론광장'이 있다. 인터넷 정보통신망에서 의제설정이 토론방이나 기사의 댓글에서부터 시작하며 국민적 관심도가 높은 의제의 경우는 폭발적인 확산력을 발휘한다. 경희대 송경재 학술연구교수는 "촛불시위에서 광우병은 짧은 글로도 찬성·반대 입장을 분명히 표현할 수 있다는 점에서 댓글에 안성맞춤인 이슈"라며 "BBK 사건이나 조류 인플루엔자(AI)처럼 이해하기 어려운 복잡한 이슈였다면 댓글이 힘을 발휘하기 힘들었을 것"이라고 말했다.[22)]

인터넷 의제설정의 핵심에는 포털사이트 다음의 '아고라'가 있었다. 아고라의 자유토론방에는 하루에 수천 개씩 토론 글이 떴다. 온라인 리서치 기관 '매트릭스'에 따르면 정부가 미국산 쇠고기 수입 고시를 발표한 2008년 5월 마지막 주 아고라의 하루 평균 방문자 수는 115만 5,000명으로 집계되었다. 네티즌은 커뮤니티와 아고라를 오가면서 사회적 의제에 대한 공감대와 공동체성을 강화할 수 있게 된 것이다. 서울대 이재열(사회학) 교수는 과거엔 불특정 다수가 서로 연결되기 어려웠는데 아고라가 '중앙허브' 역할을, 크고 작은 커뮤니티들이 '지방 허브' 역할을 하면서 한두 다리만 건너면 연결되는 '스몰 월드'(small world)가 형성되었다고 설명하고 있다. 여기에 더하여 온·오프라인의 경계가 사라진 '퓨전 시위'가 강력한 엔진 역할을 했다. 일반인이 채널을 만들어 실시간 방송을 할 수 있는 개인 인터넷 방송국 '아프리카(www.afreeca.com)'가 여과없이 현장을

22) 중앙선데이, 2008.6.8, 8면 '포커스' 전문인용 및 참조.

생중계하면서 사이버상에서 방송매체의 독점적 지위를 확보하는 현상이 나타난 것이다. 1주일간 아프리카를 통해 생중계된 촛불문화제를 본 시청자가 450만 명을 넘는 것으로 집계되었다. 시청자는 시위 현장에서 생중계하는 BJ(Broadcasting Jockey · 진행자)들이 보여 주는 화면에만 만족하지 않았다. 방송 창 옆의 채팅 창을 통해 취재 방향과 취재 대상 지역을 지시하기도 하였다. 수용자와 공급자의 동시 쌍방향 소통을 넘어 방송 콘텐츠에 대한 개입까지 가능하게 된 것이다. 게이트키핑 등 편집과 데스크를 거치는 기존의 방송의 뉴스가 나올 때까지 기다리지 않아도 바로 현장 상황을 알 수 있게 된 것이다.아고라 토론방 등을 통해 다양한 캠페인(시위) 방법이 개발되기도 하였다. 토론방에서 제안된 '신호등 촛불시위(횡단보도에 녹색 불이 켜질 때 거리를 건너며 구호를 외치는 시위)' 등을 비롯해 '유모차 시위', '예비군복시위' 등 다양한 방식이 등장했다. 송경재 교수는 이러한 양상을 '스노볼링(snowballing)' 효과로 요약했다. 작은 눈덩이가 비탈을 내려오면서 크게 불어나는 것처럼 인터넷에서 제기된 이슈가 댓글과 온라인 토론을 통해 확산되고, 다시 오프라인 시위를 통해 재결집한다는 것이다.

정보통신망에서의 토론은 반론의 장이 불가능한 일방적인 '쏠림' 현상이 나타날 우려도 있다. 실제 온라인 토론방에서 반대 의견을 제기하면 정부 등 반대측에 의해 동원된(아르바이트생) 이용자로 몰리는 경우도 많아 균형 있는 공론의 장으로 기능하는 데 큰 한계점을 안고 있다.

[정보통신망상의 정보확산 경로 — 미국산 쇠고기 사례]

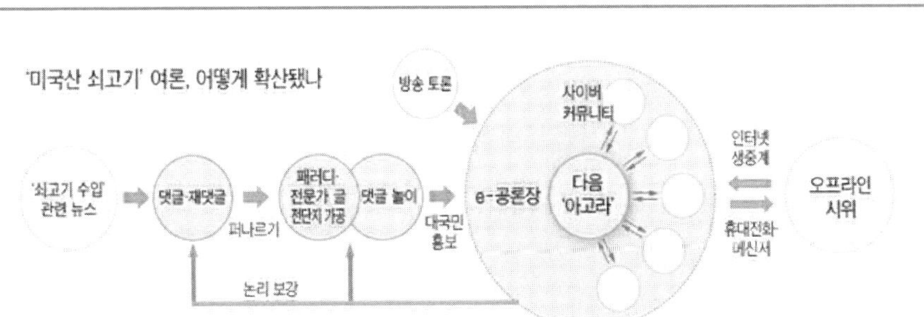


자료: 중앙선데이, 2008. 6 .8, 8면.

### (2) 인터넷 정보소통의 한계와 문제점

전세계를 연결하는 '정보기술의 총아'로 등장한 인터넷이 정보의 소통과 확산 그리고 그 파급효과에서는 상상을 초월하는 영향력을 발휘하고 있다. 그러나 이용자들의 익명성 보장으로 인해 정보의 정확성에 대한 검증이 없이 소통되는 취약점을 갖고 있어 많은 사생활 침해, 명예훼손, 공공의 법질서 교란 등 많은 부작용도 낳고 있다. 인터넷이 익명성에 기반한 괴담과 왜곡, 사이버테러에 취약한 공간이라는 점이다.[23] 괴담뿐만 아니라 합리적이고 논리적인 토론을 압도하는 욕설, 비난 등 사이버테러의 사례도 어렵지 않게 찾을 수 있다.

이용자 개인이 인터넷을 통해 정보를 생산하고 유통시키면서 정보의 양 자체는 엄청나게 증가했지만 검증할 수 있는 마땅한 장치는 마련되지 않고 있다. 도준호 숙명여대 교수는 "네트워크를 통한 의사소통은 대의 민주주의의 약점을 보완할 수도 있지만, 반대로 '과도한' 민주주의로 인해 무책임한 소수의 이익을 대변할 수 있다"며 "게이트 키핑이 체계화되지 않은 인터넷상의 내용은 끊임없이 의심해 봐야 한다"고 주장한다. 미국 일리노이대, 니컬러스 버뷸레스(Burbules) 교수는 2003년 발표한 글 '웹의 역설'에서 "인터넷상의 정보에 대해 우리가 독립적인 판단 기준을 갖고 있지 않으면 우리는 마치 '눈가림'을 한 사람들의 손에 이끌려가는 또 하나의 '눈가림'당한 사람이 될 수 있다"고 경고하면서 "인터넷에선 어떤 사항이 중요해 보이면 더 빨리 확산되지만, 일단 거짓으로 판명된 후에는 잘못된 주장을 수정하거나 철회하는 작업이 그만큼 빠르게 진행되지 않는다"고 지적하였다.[24]

개인용 컴퓨터 보급이 대중화되고 네티즌이나 시티즌의 경계가 사라지고 동일시 되어가는 상황에서 지금부터라도 인터넷이 '무분별한 배설의 공간'이라

---

23) 문화일보, 2008.6.9, 8면 전문 참조. "2008년 9월 울산에서 인간 광우병과는 무관한 크로이츠펠트야코프병(CJD) 환자가 숨졌다는 언론 보도 내용이 인터넷상에서 떠돌다 각색을 거듭, 결국 '인간 광우병 환자 사망'이라는 괴담으로 변해버린 것이다. 교육당국을 긴장하게 만들었던 '5·17 휴교' 메시지 역시 한 재수생이 장난삼아 친구에게 보낸 휴대전화 문자메시지가 발단이었던 것으로 밝혀졌다. '백골단 재등장'이라는 제목의 동영상도 파문을 일으켰다. 한 재미교포가 인터넷에 올렸다는 이 동영상은 이번 시위가 아닌 지난해 시위 진압 당시의 동영상인 것으로 판명됐다. 경찰의 과잉 시위진압 논란 와중에 터져나온 '여대생 사망설', '여성 강간설' 등도 모두 근거 없는 괴담으로 확인됐다.

24) 조선일보, 2008.5.14, A8면 전문 참조.

는 인식을 바꿔야만 그 신뢰도와 사회적 영향력을 강화할 수 있을 것이다. 정동훈 광운대 미디어영상학부 교수는 "우선 우리가 일반 시민과 구분되는 '네티즌'이 따로 존재하는 것처럼 간주하는 것이 문제"라면서 "법 정비를 통해 포털의 책임을 강화해 업체들이 자발적으로 블로거나 학생들에게 허위사실 등을 유포해서는 안 된다고 적극적으로 공지하고, 포털 나름의 필터링을 강화하면 '괴담'류의 정보는 상당부분 줄어들 것"이라고 지적한다.

그러나 인터넷이 갖고 있는 여러 가지 문제와 한계성에도 불구하고 오프라인 공동체를 대체하고 대의민주주의의 약점을 보완하는 그릇이 될 것이란 기대도 있다. 또한 일부 잘못된 정보가 유통될 때도 있지만, 네티즌들의 소통이 계속되면서 이런 왜곡된 정보들은 네티즌에 의해 스스로 걸러지게 되는 '자정 능력'을 갖고 있음을 강조하는 견해도 있다. 또한 의제에 따라서는 인터넷을 통한 과학적이고 논리적인 토론이 가능하다는 사실로 인해 인터넷이 소통의 공간으로써 희망을 보여주는 근거가 되고 있다는 주장도 있다.[25)]

## 2. 청소년 이용자 보호대책

### (1) 청소년보호대책 및 지원

방송통신위원회는 정보통신망을 통해 유통되는 음란·폭력정보 등 청소년에게 해로운 정보('청소년유해정보')로부터 청소년을 보호하기 위해 다음의 시책을 마련해야 한다.

① 내용 선별 소프트웨어의 개발 및 보급
② 청소년 보호를 위한 기술의 개발 및 보급
③ 청소년 보호를 위한 교육 및 홍보
④ 그 밖에 청소년 보호를 위해 대통령령으로 정하는 사항

방송통신위원회는 청소년 보호 시책을 추진할 때에는 '방송통신위원회의 설치 및 운영에 관한 법률'(제18조)에 따른 방송통신심의위원회, 정보통신서비스

25) 전게 신문 동일자 "황우석 교수팀의 연구 결과가 과장되고 조작되기까지 했다는 사실을 밝혀낸 것은 포항공대 생물학정보연구센터(BRIC)의 인터넷 토론방에서였다. 전문 지식으로 무장한 학자들과 연구원, 네티즌들이 한데 어우러져 최선의 소통을 이뤄낸 것이다."

제공자단체·이용자단체, 그 밖의 관련 전문기관이 실시하는 청소년 보호를 위한 활동을 지원할 수 있다(정보통신망이용촉진법 제41조).

### (2) 청소년유해매체물의 표시

전기통신사업자의 전기통신역무를 이용하여 일반에게 공개를 목적으로 정보를 제공하는 자('정보제공자') 중 '청소년보호법'(제 7 조 제 4 호)에 따른 매체물로서 같은 법 제 2 조 제 3 호에 따른 청소년유해매체물을 제공하려는 자는 대통령령으로 정하는 표시방법에 따라 그 정보가 청소년유해매체물임을 표시해야 한다(정보통신망이용촉진법 제42조).

### (3) 청소년유해매체물의 광고금지

누구든지 '청소년보호법'(제 7 조 제 4 호)에 따른 매체물로서 청소년유해매체물을 광고하는 내용의 정보를 정보통신망을 이용하여 부호·문자·음성·음향·화상 또는 영상 등의 형태로 청소년에게 전송하거나 청소년 접근을 제한하는 조치 없이 공개적으로 전시할 수 없도록 하고 있다(정보통신망이용촉진법 제42조의2).

### (4) 청소년 보호 책임자의 지정

정보통신서비스 제공자 중 일일 평균 이용자의 수, 매출액 등이 대통령령으로 정하는 기준에 해당하는 자는 정보통신망의 청소년유해정보로부터 청소년을 보호하기 위해 청소년 보호 책임자를 지정해야 한다. 청소년 보호 책임자는 해당 사업자의 임원 또는 청소년 보호와 관련된 업무를 담당하는 부서의 장에 해당하는 지위에 있는 자 중에서 지정한다.

청소년 보호 책임자는 정보통신망의 청소년 유해정보를 차단·관리하고, 청소년 유해정보로부터의 청소년 보호계획을 수립하는 등 청소년 보호업무를 해야 한다. 청소년 보호 책임자의 지정에 필요한 사항은 별도의 규정(대통령령)으로 정하고 있다(정보통신망이용촉진법 제42조의3).

### (5) 정보제공사업자의 보관의무

'청소년보호법'(제 7 조 제 4 호)에 따른 매체물로서 같은 법 제 2 조 제 3 호[26]에 따른 청소년 유해매체물을 이용자의 컴퓨터에 저장 또는 기록되지 않는 방식으로 제공하는 것을 영업으로 하는 정보제공자 중 대통령령으로 정하는 자는 해당 정보를 보관해야 한다. 정보제공자가 해당 정보를 보관하여야 할 기간은 대통령령으로 정한다(정보통신망이용촉진법 제43조).

## 3. 정보통신망에서의 권리보호

### (1) 정보통신망 유통정보 관리

정보통신망 이용자는 사생활 침해 또는 명예훼손 등 타인의 권리를 침해하는 정보를 정보통신망에 유통시켜서는 안 된다. 정보통신서비스 제공자는 자신이 운영·관리하는 정보통신망에 제 1 항에 따른 정보가 유통되지 않도록 노력하여야 한다.

방송통신위원회는 정보통신망에 유통되는 정보로 인한 사생활 침해 또는 명예훼손 등 타인에 대한 권리침해를 방지하기 위해 기술개발·교육·홍보 등에 대한 시책을 마련하고 이를 정보통신서비스 제공자에게 권고할 수 있다(정보통신망이용촉진법 제44조 제1·2·3항).

### (2) 권리침해 정보의 삭제

정보통신망을 통하여 일반에게 공개를 목적으로 제공된 정보로 사생활 침

26) 청소년보호법 제2조(정의)

> 1. "청소년"이라 함은 만 19세 미만의 자를 말한다. 다만, 만 19세에 도달하는 해의 1월 1일을 맞이한 자를 제외한다. 2. "매체물"이라 함은 제7조 각호의 1에 해당하는 것을 말한다. 3. "청소년유해매체물"이라 함은 다음 각목의 1에 해당하는 것을 말한다. 가. 제8조 및 제12조의 규정에 의하여 청소년보호위원회가 청소년에게 유해한 것으로 결정하거나 확인하여 보건복지가족부장관이 이를 고시한 매체물, 나. 제8조 제1항 단서의 규정에 의한 각 심의기관이 청소년에게 유해한 것으로 의결 또는 결정(이하 "결정"이라 한다)하여 보건복지가족부장관이 고시하거나 제12조의 규정에 의하여 청소년에게 유해한 것으로 확인하여 보건복지가족부장관이 고시한 매체물.

해나 명예훼손 등 타인의 권리가 침해된 경우에는 그 침해를 받은 사람이 해당 정보를 취급한 정보통신서비스 제공자에게 침해사실을 소명하여 그 정보의 삭제 또는 반박내용의 게재를 요청할 수 있다. 정보통신서비스 제공자는 해당 정보의 삭제 등을 요청받으면 지체 없이 삭제·임시조치 등의 필요한 조치를 하고 즉시 신청인 및 정보 게재자에게 알려야 한다. 이 경우 정보통신서비스 제공자는 필요한 조치를 한 사실을 해당 게시판에 공시하는 등의 방법으로 이용자가 알 수 있도록 해야 한다.

정보통신서비스 제공자는 자신이 운영·관리하는 정보통신망에 청소년 유해매체물표시(정보통신망이용촉진법 제42조) 표시방법을 지키지 않는 청소년유해매체물(靑少年有害媒體物)이 게재되어 있거나 청소년 접근을 제한하는 조치 없이 청소년유해매체물을 광고하는 내용이 전시되어 있는 경우에는 지체 없이 그 내용을 삭제해야 한다.

정보통신서비스 제공자는 정보의 삭제요청에도 불구하고 권리의 침해 여부를 판단하기 어렵거나 이해당사자 간에 다툼이 예상되는 경우에는 해당 정보에 대한 접근을 임시적으로 차단하는 조치인 '임시조치'를 할 수 있다. 이 경우 임시조치의 기간은 30일 이내로 한다.

정보통신서비스 제공자는 필요한 조치에 관한 내용·절차 등을 미리 약관에 구체적으로 밝혀야 한다. 정보통신서비스 제공자는 자신이 운영·관리하는 정보통신망에 유통되는 정보에 대해 필요한 조치를 하면 이로 인한 배상책임을 줄이거나 면제받을 수 있다(동법 제44조의2, 제1·2·3·4·5·6항).

### (3) 임의적 임시차단조치

정보통신서비스 제공자는 자신이 운영·관리하는 정보통신망에 유통되는 정보가 사생활 침해 또는 명예훼손 등 타인의 권리를 침해한다고 인정되면 임의로 임시조치를 할 수 있다. 정보통신서비스 제공자는 필요한 조치를 한 사실을 해당 게시판에 공시하는 등의 방법으로 이용자가 알 수 있도록 해야 한다. 이 경우 임시조치의 기간은 30일 이내로 한다. 정보통신서비스 제공자는 필요한 조치에 관한 내용·절차 등을 미리 약관에 구체적으로 밝혀야 한다(정보통신망이용촉진법 제44조의2제 2 항 후단, 제 4 항 후단 및 제 5 항).

정보통신서비스 제공자단체는 이용자를 보호하고 안전하며 신뢰할 수 있는 정보통신서비스를 제공하기 위해 정보통신서비스 제공자 행동강령을 정하여 시행할 수 있다(동법 제44조의4).

### (4) 게시판 이용자의 본인확인

다음의 어느 하나에 해당하는 자가 게시판을 설치·운영하려면 그 게시판 이용자의 본인 확인을 위한 방법 및 절차의 마련 등 대통령령으로 정하는 필요한 조치 즉, '본인확인조치'를 해야 한다.

① 국가기관, 지방자치단체, '공공기관의 운영에 관한 법률'(제5조 제3항)에 따른 공기업·준정부기관 및 '지방공기업법'에 따른 지방공사·지방공단(이하 '공공기관 등'이라 한다)

② 정보통신서비스 제공자로서 제공하는 정보통신서비스의 유형별 일일 평균 이용자 수가 10만명 이상이면서 대통령령으로 정하는 기준에 해당되는 자

방송통신위원회는 기준에 해당되는 정보통신서비스 제공자가 본인확인조치를 하지 않은 경우는 본인확인조치를 하도록 명령할 수 있다. 정부는 본인 확인을 위해 안전하고 신뢰할 수 있는 시스템을 개발하기 위한 시책을 마련해야 한다.

공공기관 등 및 정보통신서비스 제공자가 '선량한 관리자의 주의'로써 규정에 따른 본인확인조치를 한 경우에는 이용자의 명의가 제3자에 의하여 부정하게 사용됨으로써 발생한 손해에 대한 배상책임을 가볍게 줄이거나 면제받을 수 있다(정보통신망이용촉진법 제44조의5).

### (5) 이용자 정보의 제공청구

특정한 이용자에 의한 정보의 게재나 유통으로 사생활 침해 또는 명예훼손 등 권리를 침해당하였다고 주장하는 자는 민·형사상의 소를 제기하기 위해 침해사실을 소명하여 명예훼손 분쟁조정부(정보통신망이용촉진법 44조의10)에 해당 정보통신서비스 제공자가 보유하고 있는 해당 이용자의 정보(민·형사상의

소를 제기하기 위한 성명·주소 등 대통령령으로 정하는 최소한의 정보)를 제공하도록 청구할 수 있다.

명예훼손 분쟁조정부는 위의 청구를 받으면 해당 이용자와 연락할 수 없는 등의 특별한 사정이 있는 경우 외에는 그 이용자의 의견을 들어 정보제공 여부를 결정해야 한다. 이에 따라 해당 이용자의 정보를 제공받은 자는 해당 이용자의 정보를 민·형사상의 소를 제기하기 위한 목적 외의 목적으로 사용해서는 안 된다. 그 밖의 이용자 정보 제공청구의 내용과 절차에 필요한 사항은 별도의 규정(대통령령)으로 정한다(동법 제44조의6).

#### (6) 불법정보의 유통금지[27)]

누구든지 정보통신망을 통해 다음의 어느 하나에 해당하는 정보를 유통해서는 안 된다.

① 음란한 부호·문언·음향·화상 또는 영상을 배포·판매·임대하거나 공공연하게 전시하는 내용의 정보
② 사람을 비방할 목적으로 공공연하게 사실이나 거짓의 사실을 드러내어 타인의 명예를 훼손하는 내용의 정보
③ 공포심이나 불안감을 유발하는 부호·문언·음향·화상 또는 영상을 반복적으로 상대방에게 도달하도록 하는 내용의 정보
④ 정당한 사유 없이 정보통신시스템, 데이터 또는 프로그램 등을 훼손·멸실·변경·위조하거나 그 운용을 방해하는 내용의 정보
⑤ '청소년보호법'에 따른 청소년유해매체물로서 상대방의 연령 확인, 표시의무 등 법령에 따른 의무를 이행하지 않고 영리를 목적으로 제공하는 내용의 정보
⑥ 법령에 따라 금지되는 사행행위에 해당하는 내용의 정보
⑦ 법령에 따라 분류된 비밀 등 국가기밀을 누설하는 내용의 정보
⑧ '국가보안법'에서 금지하는 행위를 수행하는 내용의 정보
⑨ 그 밖에 범죄를 목적으로 하거나 교사(敎唆) 또는 방조하는 내용의 정보

---

27) 정보통신망이용촉진법 제44조의7 제1·2·3·4항.

방송통신위원회는 음란한 부호·문언·음향·화상 또는 영상을 배포·판매·임대하거나 공공연하게 전시하는 내용의 정보, 사람을 비방할 목적으로 공공연하게 사실이나 거짓의 사실을 드러내어 타인의 명예를 훼손하는 내용의 정보, 공포심이나 불안감을 유발하는 부호·문언·음향·화상 또는 영상을 반복적으로 상대방에게 도달하도록 하는 내용의 정보, 정당한 사유 없이 정보통신시스템, 데이터 또는 프로그램 등을 훼손·멸실·변경·위조하거나 그 운용을 방해하는 내용의 정보, '청소년보호법'에 따른 청소년유해매체물로서 상대방의 연령 확인, 표시의무 등 법령에 따른 의무를 이행하지 않고 영리를 목적으로 제공하는 내용의 정보, 법령에 따라 금지되는 사행행위에 해당하는 내용의 정보에 대하여는 심의위원회의 심의를 거쳐 정보통신서비스 제공사 또는 게시판 관리·운영사로 하여금 그 취급을 거부·정지 또는 제한하도록 명할 수 있다.

다만, 사람을 비방할 목적으로 공공연하게 사실이나 거짓의 사실을 드러내어 타인의 명예를 훼손하는 내용의 정보, 또는 공포심이나 불안감을 유발하는 부호·문언·음향·화상 또는 영상을 반복적으로 상대방에게 도달하도록 하는 내용의 정보의 경우에는 해당 정보로 인해 피해를 받은 자가 구체적으로 밝힌 의사에 반해 그 취급의 거부·정지 또는 제한을 명할 수 없다.

방송통신위원회는 법령에 따라 분류된 비밀 등 국가기밀을 누설하는 내용의 정보, '국가보안법'에서 금지하는 행위를 수행하는 내용의 정보, 그 밖에 범죄를 목적으로 하거나 교사(敎唆) 또는 방조하는 내용의 정보가 다음의 모두에 해당하는 경우에는 정보통신서비스 제공자 또는 게시판 관리·운영자에게 해당 정보의 취급을 거부·정지 또는 제한하도록 명해야 한다.

① 관계 중앙행정기관의 장의 요청이 있었을 것
② 관계 중앙행정기관장의 요청을 받은 날부터 7일 이내에 심의위원회의 심의를 거친 후 '방송통신위원회의 설치 및 운영에 관한 법률'(제21조 제4호)에 따른 시정 요구를 하였을 것
③ 정보통신서비스 제공자나 게시판 관리·운영자가 시정 요구에 따르지 않았을 것 등이다.

방송통신위원회는 사람을 비방할 목적으로 공공연하게 사실이나 거짓의

사실을 드러내어 타인의 명예를 훼손하는 내용의 정보, 또는 공포심이나 불안감을 유발하는 부호·문언·음향·화상 또는 영상을 반복적으로 상대방에게 도달하도록 하는 내용의 정보에 따른 명령의 대상이 되는 정보통신서비스 제공자, 게시판 관리·운영자 또는 해당 이용자에게 미리 의견제출의 기회를 주어야 한다. 다만, 다음의 어느 하나에 해당하는 경우에는 의견제출의 기회를 주지 않을 수 있다.

① 공공의 안전 또는 복리를 위해 긴급히 처분을 할 필요가 있는 경우
② 의견청취가 뚜렷이 곤란하거나 명백히 불필요한 경우로서 대통령령으로 정하는 경우
③ 의견제출의 기회를 포기한다는 뜻을 명백히 표시한 경우

## 4. 명예훼손 분쟁조정

### (1) 명예훼손 분쟁조정부 구성

심의위원회는 정보통신망을 통해 유통되는 정보 중 사생활의 침해 또는 명예훼손 등 타인의 권리를 침해하는 정보와 관련된 분쟁의 조정업무를 효율적으로 수행하기 위해 5명 이하의 위원으로 구성된 명예훼손 분쟁조정부를 두되, 그 중 1명 이상은 변호사의 자격이 있는 자로 한다. 명예훼손 분쟁조정부의 위원은 심의위원회의 위원장이 심의위원회의 동의를 받아 위촉한다.

명예훼손 분쟁조정부의 분쟁조정절차 등에 관하여는 정보통신망이용촉진법 제33조의2 제 2 항 및 동법 제35-39조까지의 규정을 준용한다. 이 경우 '분쟁조정위원회'는 '심의위원회'로, '개인정보와 관련한 분쟁'은 '정보통신망을 통해 유통되는 정보 중 사생활의 침해 또는 명예훼손 등 타인의 권리를 침해하는 정보와 관련된 분쟁'으로 본다. 명예훼손 분쟁조정부의 설치·운영 및 분쟁조정 등에 관해 그 밖의 필요한 사항은 대통령령으로 정한다(동법 제44조의10).

# Ⅱ. 정보통신망의 안정성 확보

## 1. 정보통신망 보호조치

### (1) 정보보호지침[28)]

정보통신서비스 제공자는 정보통신서비스의 제공에 사용되는 정보통신망의 안정성 및 정보의 신뢰성을 확보하기 위한 보호조치를 해야 한다. 방송통신위원회는 보호조치의 구체적 내용을 정한 정보보호조치 및 안전진단의 방법·절차·수수료에 관한 지침인 "정보보호지침"을 정해 고시하고 정보통신서비스 제공자에게 이를 지키도록 권고할 수 있다. 정보보호지침에는 다음의 사항이 포함되어야 한다.

① 정당한 권한이 없는 자가 정보통신망에 접근·침입하는 것을 방지하거나 대응하기 위한 정보보호시스템의 설치·운영 등 기술적·물리적 보호조치
② 정보의 불법 유출·변조·삭제 등을 방지하기 위한 기술적 보호조치
③ 정보통신망의 지속적인 이용이 가능한 상태를 확보하기 위한 기술적·물리적 보호조치
④ 정보통신망의 안정 및 정보보호를 위한 인력·조직·경비의 확보 및 관련 계획수립 등 관리적 보호조치

이와 같이 정보통신망 이용자를 위한 정보보호지침이 마련되어 있지만 여전히 인터넷 사이버공간에서는 이 같은 제도적인 장치들에 대한 이해가 부족하고 이용자들의 인식 부재로 인하여 인터넷상의 자구적 또는 관행적인 이용습관들이 최근 새로운 사이버문화고드이자 관행으로 자리매김 되는 현상들이 나타나고 있다.[29)]

---

28) 정보통신망이용촉진법 제45조.

29) 영국 언론 보도 '인터넷의 10가지 법칙'(중앙일보, 2009. 10. 27, 2면). 인터넷이 10월 29일로 탄생 40주년을 맞는다. 그간 인터넷은 현실 세계와 구별되는 독특한 대화·통신문화를 창조했다. 이를 통찰한 많은 작가, 인터넷 산업 종사자 등은 자신의 이름을 딴 인터넷 법

### (2) 정보통신시설의 보호

타인의 정보통신서비스 제공을 위해 집적된 정보통신시설을 운영·관리하는 사업자인 '집적정보통신시설 사업자'는 정보통신시설을 안정적으로 운영하기 위해 보호조치를 해야 한다. 집적정보통신시설 사업자는 집적된 정보통신시설의 멸실, 훼손, 그 밖의 운영장애로 발생한 피해를 보상하기 위해 법률에 정해진 바에 따라 보험에 가입해야 한다(동법 제46조).

집적정보통신시설 사업자는 다음의 어느 하나에 해당하는 경우에는 이용

---

칙들을 내놨다. 대부분 비상식적인 온라인 소통 문화를 꼬집은 것들이다. 영국 데일리 텔레그래프지는 26일 인터넷을 지배하는 10가지 법칙을 소개했다.

① 가드윈의 법칙=장시간 인터넷 논쟁은 결국 상호 비방으로 끝난다. 가장 유명한 인터넷 법칙이다. '나치', '히틀러'는 서구에서 욕설과 다름없는 비난이다. 반대자들은 여성 운동가를 '페미나치스(feminazis)'라 부른다.

② 포의 법칙=종교적 근본주의 등 극단적인 내용에 대해 토론하는 사람들은 이성을 잃는 경우가 많다. 이럴 때 웃는 표정(^^)이나 농담이라는 표시 없이 패러디 글을 올리면 공격받기 십상이다. 반대로 정말 심각하게 극단적 내용을 올리면 장난이나 농담으로 오인된다.

③ 34번째 룰=인터넷이 음란물의 온상이 된 현실을 반영하고 있다. 현재는 포털 등에서도 성적인 콘텐츠를 제공한다. 34는 창조자가 법률 조항처럼 보이게 하기 위해 임의로 설정한 숫자다.

④ 스키트의 법칙=정보·토론 사이트 등에 게재된 글들 중 상당수는 부정확하다. 이에 대해 실수를 지적하는 댓글도 인터넷에 범람하고 있지만 이 또한 정확하지 않은 경우가 많음을 말하고 있다.

⑤ 스코피의 법칙=지난해 국내를 휩쓴 광우병 괴담처럼 음모론이나 '카더라 통신'은 과학·건강 등 분야에서 가장 광범위하게 유포된다. 음모론이 난무하는 사이트에서 정통 학설이나 이론은 가장 먼저 무시되고 비웃음을 사다가 사라진다.

⑥ 단스의 법칙=인터넷 논쟁에서 당신이 억지스러운 주장을 계속 고집한다면 승리를 확신한 상대방뿐만 아니라 이를 관전하던 네티즌들도 당신의 주장을 무시해 버린다. 이때 당신이 할 수 있는 것은 단 하나. "내가 이겼다"고 선언하고 사이트를 떠나는 것뿐이다.

⑦ 포머의 법칙=인터넷 정보 중 사람의 생각을 바꿀 만큼 깊이 있는 콘텐츠를 찾기는 쉽지 않다. 그나마 인터넷 정보를 읽고 생각이 바뀐다면 아무 의견이 없다가 잘못된 방향으로 바뀌는 경우가 많다.

⑧ 드마이어의 법칙=인터넷 논쟁에선 인용구를 대거 들이댈수록 무시당하기 십상이다. 인터넷에서 타인을 인용하는 것은 타당성을 입증하기보단 대부분 자신 없음을 실토하는 것으로 받아들여지기 때문이다.

⑨ 코헨의 법칙="누구든 …하면 진다"는 명제는 논리적으로 오류다. 하지만 인터넷에서 벌어지는 논쟁에선 논리적 근거 대신 이런 식으로 상대방을 윽박지르는 경우가 많다. 많은 인터넷 토론이 이처럼 빈약한 논리로 전개된다.

⑩ 감탄사의 법칙=감탄사나 대문자가 많이 들어간 광고 e-메일은 거짓말일 가능성이 높다. 하지만 인터넷상에선 타인의 주목을 끌거나 설득력을 높이기 위해 이 같은 강조 기법들이 널리 활용되고 있다.

약관으로 정하는 바에 따라 해당 서비스의 전부 또는 일부의 제공을 중단할 수 있다.

① 집적정보통신시설을 이용하는 자인 '시설이용자'의 정보시스템에서 발생한 이상현상으로 다른 시설이용자의 정보통신망 또는 집적된 정보통신시설의 정보통신망에 심각한 장애를 발생시킬 우려가 있다고 판단되는 경우
② 외부에서 발생한 침해사고로 집적된 정보통신시설에 심각한 장애가 발생할 우려가 있다고 판단되는 경우
③ 중대한 침해사고가 발생하여 방송통신위원회나 한국인터넷진흥원이 요청하는 경우

집적정보통신시설 사업자가 해당 서비스의 제공을 중단하는 경우에는 중단사유, 발생일시, 기간 및 내용 등을 구체적으로 밝혀 시설이용자에게 즉시 알려야 한다. 집적정보통신시설 사업자는 중단사유가 없어지면 즉시 해당 서비스의 제공을 재개해야 한다(동법 제46조의2).

### (3) 정보보호 안전진단

정보의 보호를 위해 다음의 어느 하나에 해당하는 자는 방송통신위원회가 안전진단을 수행할 수 있다고 인정한 '안전진단 수행기관'으로부터 자신의 정보통신망 또는 집적정보통신시설에 대하여 매년 정보보호지침에 따른 정보보호 안전진단을 받아야 한다. 이 경우 안전진단 수행기관은 15명 이상의 정보보호 기술인력을 보유하고 최근 3년 이내에 정보보호컨설팅을 수행한 실적이 있는 법인이어야 한다.

① '전기통신사업법'(제 2 조 제 1 항 제 1 호)에 따른 전기통신사업자로서 전국적으로 정보통신망서비스를 제공하는 자인 '주요 정보통신서비스 제공자'
② 집적정보통신시설 사업자
③ 정보통신서비스 제공자로서 매출액, 이용자 수 등이 대통령령으로 정하는 기준에 해당하는 자

정보보호 안전진단을 받는 사업자는 관련 정보의 제공 및 시설·장소에의 출입 허용 등 안전진단 수행기관의 정보보호 안전진단 업무에 협력하고, 대통령령으로 정하는 바에 따라 정보보호 안전진단의 결과를 방송통신위원회에 제출해야 한다. 정보보호 안전진단을 받아야 하는 사업자가 정보통신망이용촉진법(제 9 조)에 따라 취약점의 분석·평가를 받거나 '정보통신망이용촉진및정보보호등에관한법률'(제47조)에 따른 정보보호 관리체계의 인증을 받으면 그 분석·평가를 받거나 인증을 받은 해당 연도에는 정보보호 안전진단을 받은 것으로 본다.

안전진단 수행기관은 정보보호 안전진단을 받은 사업자에게 안전진단의 결과에 따라 정보보호조치의 개선을 권고할 수 있으며, 정보보호조치의 개선을 권고하였으면 그 권고내용 및 처리 결과를 방송통신위원회에 통보해야 한다. 방송통신위원회는 제출된 정보보호 안전진단의 결과와 그에 따른 통보내용에 따라 필요하면 정보보호 안전진단을 받은 사업자에게 정보보호조치에 관한 개선명령을 할 수 있다.

정보보호 안전진단의 방법·절차·수수료, 안전진단 수행기관의 인정절차, 정보보호 기술인력의 자격기준, 정보보호컨설팅 수행실적, 그 밖에 필요한 사항은 대통령령으로 정한다. 방송통신위원회는 정보통신서비스 제공자로서 매출액, 이용자 수 등이 대통령령으로 정하는 기준에 해당하는 자의 요건에 해당하는지를 확인하기 위해 필요하면 관계 행정기관, 관련 자료 보유기관 또는 정보통신서비스 제공자에 대해 필요한 자료의 제공 또는 사실의 확인을 요청할 수 있다(정보통신망이용촉진법 제46조의3 제 8 항).

### (4) 정보보호 관리체계의 인증

#### 1) 인증기관의 지정

정보통신망의 안정성 및 신뢰성을 확보하기 위해 기술적·물리적 보호조치를 포함한 종합적 관리체계인 '정보보호 관리체계'를 수립·운영하고 있는 자는 정보보호 관리체계가 방송통신위원회가 고시한 기준에 적합한지에 관해 방송통신위원회나 한국인터넷진흥원이 지정하는 '정보보호 관리체계 인증기관'으로부터 인증을 받을 수 있다.

방송통신위원회는 인증에 관한 정보보호 관리기준 등 필요한 기준을 정해 고시할 수 있다. 정보보호 관리체계의 인증을 받은 자는 정하는 바에 따라 인증의 내용을 표시하거나 홍보할 수 있으며, 인증의 방법·절차와 그 밖에 필요한 사항은 대통령령으로 정한다. 정보보호 관리체계 인증기관 지정의 기준·절차·유효기간 등에 필요한 사항은 별도의 규정(대통령령)으로 정한다(동법 제47조).

2) 인증기관의 지정취소

방송통신위원회는 정보보호 관리체계 인증기관으로 지정받은 법인 또는 단체가 다음의 어느 하나에 해당하면 그 지정을 취소하거나 1년 이내의 기간을 정하여 해당 업무의 전부 또는 일부의 정지를 명할 수 있다.

① 거짓이나 그 밖의 부정한 방법으로 정보보호 관리체계 인증기관의 지정을 받은 경우
② 업무정지기간 중에 인증을 한 경우
③ 정당한 사유 없이 인증을 하지 않은 경우
④ 제47조 제 4 항[30]을 위반하여 인증을 한 경우
⑤ 제47조 제 5 항에 따른 지정기준에 적합하지 않게 된 경우

다만, 거짓이나 그 밖의 부정한 방법으로 정보보호 관리체계 인증기관의 지정을 받은 경우 또는 업무정지 기간중에 인증을 한 경우(제 1 호, 제 2 호)에는 그 지정을 취소해야 한다. 지정취소 및 업무정지 등에 필요한 사항은 대통령령으로 정한다(정보통신망이용촉진법 제47조의2).

## 2. 이용자의 정보보호

### (1) 이용자의 자구적 보호조치 요청

정부는 이용자의 정보보호에 필요한 기준을 정해 이용자에게 권고하고, 침

30) 정보통신망이용촉진법 제47조

④ 제1항에 따른 인증의 방법·절차와 그 밖에 필요한 사항은 대통령령으로 정한다.
⑤ 정보보호 관리체계 인증기관 지정의 기준·절차·유효기간 등에 필요한 사항은 대통령령으로 정한다.

해사고의 예방 및 확산 방지를 위해 취약점 점검, 기술 지원 등 필요한 조치를 할 수 있다. 주요 정보통신서비스 제공자는 정보통신망에 중대한 침해사고가 발생하여 자신의 서비스를 이용하는 이용자의 정보시스템 또는 정보통신망 등에 심각한 장애가 발생할 가능성이 있으면 이용약관으로 정하는 바에 따라 그 이용자에게 보호조치를 취하도록 요청하고, 이를 이행하지 않는 경우에는 해당 정보통신망으로의 접속을 일시적으로 제한할 수 있다.

'소프트웨어산업 진흥법'(제 2 조)에 따른 소프트웨어사업자는 보안에 관한 취약점을 보완하는 프로그램을 제작하였을 때에는 한국인터넷진흥원에 알려야 하고, 그 소프트웨어 사용자에게는 제작한 날부터 1개월 이내에 2회 이상 알려야 한다. 보호조치의 요청 등에 관해 이용약관으로 정해야 하는 구체적인 사항은 별도의 규정(대통령령)으로 정한다(정보통신망이용촉진법 제47조의3).

### (2) 정보통신망 이용자의 침해행위 금지

정보통신망 이용자는 누구든지 정당한 접근권한 없이 또는 허용된 접근권한을 넘어 정보통신망에 침입해서는 안 된다. 누구든지 정당한 사유 없이 정보통신시스템, 데이터 또는 프로그램 등을 훼손·멸실·변경·위조하거나 그 운용을 방해할 수 있는 '악성프로그램'을 전달 또는 유포해서는 안 된다.

누구든지 정보통신망의 안정적 운영을 방해할 목적으로 대량의 신호 또는 데이터를 보내거나 부정한 명령을 처리하도록 하는 등의 방법으로 정보통신망에 장애가 발생하게 해서는 안 된다(정보통신망이용촉진법 제48조).

## 3. 침해행위 대응

### (1) 침해사고 대응조치

방송통신위원회는 침해사고에 적절히 대응하기 위해 ① 침해사고에 관한 정보의 수집·전파, ② 침해사고의 예보·경보, ③ 침해사고에 대한 긴급조치, ④ 그 밖에 대통령령으로 정하는 침해사고 대응조치 등의 업무를 수행하고, 필요하면 업무의 전부 또는 일부를 한국인터넷진흥원이 수행하도록 할 수 있다.

주요 정보통신서비스 제공자와 집적정보통신시설 사업자 및 그 밖에 정보통신망을 운영하는 자로서 대통령령으로 정하는 자는 침해사고의 유형별 통계, 해당 정보통신망의 소통량 통계 및 접속경로별 이용 통계 등 침해사고 관련 정보를 방송통신위원회나 한국인터넷진흥원에 제공해야 한다. 한국인터넷진흥원은 정보를 분석하여 방송통신위원회에 보고해야 한다.

방송통신위원회는 정보를 제공하여야 하는 사업자가 정당한 사유 없이 정보의 제공을 거부하거나 거짓 정보를 제공하면 상당한 기간을 정하여 그 사업자에게 시정을 명할 수 있다. 방송통신위원회나 한국인터넷진흥원은 제공받은 정보를 침해사고의 대응을 위하여 필요한 범위에서만 정당하게 사용해야 한다.

방송통신위원회나 한국인터넷진흥원은 침해사고의 대응을 위해 필요하면 ① 주요 정보통신서비스 제공자, ② 집적정보통신시설 사업자, ③ 그 밖에 정보통신망을 운영하는 자로서 대통령령으로 정하는 자(정보통신망이용촉진법 제48조의2 제 2 항 각호)[31] 중 어느 하나에 해당하는 자에게 인력지원을 요청할 수 있다(동법 제48조의2).

### (2) 침해사고의 신고

정보통신서비스 제공자와 집적정보통신시설 사업자 중 어느 하나에 해당하는 자는 침해사고가 발생하면 즉시 그 사실을 방송통신위원회나 한국인터넷진흥원에 신고해야 한다. 이 경우 '정보통신기반 보호법'(제13조 제 1 항)에 따른 통지가 있으면 전단에 따른 신고를 한 것으로 본다.

방송통신위원회나 한국인터넷진흥원은 침해사고의 신고를 받거나 침해사고를 알게 되면 침해사고에 적절히 대응하기 위해 ① 침해사고에 관한 정보의 수집·전파, ② 침해사고의 예보·경보, ③ 침해사고에 대한 긴급조치, ④ 그 밖에 대통령령으로 정하는 침해사고 대응조치 등(제48조의2 제 1 항 각호) 필요한 조

31) 정보통신망이용촉진법 제48조의2

> ② 다음 각호의 어느 하나에 해당하는 자는 대통령령으로 정하는 바에 따라 침해사고의 유형별 통계, 해당 정보통신망의 소통량 통계 및 접속경로별 이용 통계 등 침해사고 관련 정보를 방송통신위원회나 한국인터넷진흥원에 제공하여야 한다. 1. 주요 정보통신서비스 제공자, 2. 집적정보통신시설 사업자, 3. 그 밖에 정보통신망을 운영하는 자로서 대통령령으로 정하는 자.

치를 해야 한다(정보통신망이용촉진법 제48조의3).

### (3) 침해사고의 원인 분석

정보통신서비스 제공자 등 정보통신망을 운영하는 자는 침해사고가 발생하면 침해사고의 원인을 분석하고 피해의 확산을 방지해야 한다. 방송통신위원회는 정보통신서비스 제공자의 정보통신망에 중대한 침해사고가 발생하면 피해 확산 방지, 사고대응, 복구 및 재발 방지를 위하여 정보보호에 전문성을 갖춘 민·관합동조사단을 구성하여 그 침해사고의 원인 분석을 할 수 있다.

방송통신위원회는 침해사고의 원인을 분석하기 위해 필요하다고 인정하면 정보통신서비스 제공자와 집적정보통신시설 사업자에게 정보통신망의 접속기록 등 관련 자료의 보전을 명할 수 있다. 방송통신위원회는 침해사고의 원인을 분석하기 위해 필요하면 정보통신서비스 제공자와 집적정보통신시설 사업자에게 침해사고 관련 자료의 제출을 요구할 수 있으며, 민·관합동조사단에게 관계인의 사업장에 출입하여 침해사고 원인을 조사하도록 할 수 있다. 다만, '통신비밀보호법'(제 2 조 제11호)에 따른 통신사실 확인자료에 해당하는 자료의 제출은 같은 법으로 정하는 바에 따라야 한다.

방송통신위원회나 민·관합동조사단은 제출받은 자료와 조사를 통해 알게 된 정보를 침해사고의 원인 분석 및 대책 마련 외의 목적으로는 사용하지 못하며, 원인 분석이 끝난 후에는 즉시 파기해야 한다. 민·관합동조사단의 구성과 제출된 침해사고 관련 자료의 보호 등에 필요한 사항은 별도의 규정(대통령령)으로 정한다(정보통신망이용촉진법 제48조의4).

### (4) 타인의 정보 보호

정보통신망을 이용하는 누구든지 정보통신망에 의하여 처리·보관 또는 전송되는 타인의 정보를 훼손하거나 타인의 비밀을 침해·도용 또는 누설해서는 안 되며(동법 제49조), 또한 정보통신망을 통해 속이는 행위로 다른 사람의 정보를 수집하거나 다른 사람이 정보를 제공하도록 유인해도 안 된다.

정보통신서비스 제공자는 정보통신망에 의해 처리·보관 또는 전송되는 타인의 정보를 훼손하거나 타인의 비밀을 침해·도용 또는 누설 등으로 법을 위반한 사실을 발견하면 즉시 방송통신위원회나 한국인터넷진흥원에 신고해야 한다.

방송통신위원회나 한국인터넷진흥원은 정보통신망을 통해 속이는 행위로 다른 사람의 정보를 수집하거나 다른 사람이 정보를 제공하도록 유인하는 등 위법으로 신고를 받거나, 정보통신망에 의해 처리·보관 또는 전송되는 타인의 정보를 훼손하거나 타인의 비밀을 침해·도용 또는 누설 등 위반한 사실을 알게 되면 먼저 ① 위반 사실에 관한 정보의 수집·전파하고, ② 유사 피해에 대한 예보·경보를 발령하며, ③ 정보통신서비스 제공자에 대한 접속경로의 차단요청 등 피해 확산을 방지하기 위한 긴급조치 등 필요한 조치를 해야 한다(정보통신망이용촉진법 제49조의2).

## Ⅲ. 광고성 정보의 전송제한

### 1. 영리목적의 광고전송 제한

누구든지 전자우편이나 그 밖에 대통령령으로 정하는 매체를 이용하여 수신자의 명시적인 수신거부의사에 반하는 영리목적의 광고성 정보를 전송해서는 안 된다. 수신자의 전화·모사전송기기에 영리목적의 광고성 정보를 전송하려는 자는 그 수신자의 사전 동의를 받아야 한다.

다만, 재화 등의 거래관계를 통하여 수신자로부터 직접 연락처를 수집한 자가 그가 취급하는 재화 등에 대한 영리목적의 광고성 정보를 전송하려는 경우 또는 '전자상거래등에서의소비자보호에관한법률'(제13조 제 1 항)에 따른 광고 및 '방문판매등에관한법률'(제 6 조 제 3 항)에 따른 전화권유의 경우에는 사전 동의를 받지 않아도 된다.

오후 9시부터 그 다음 날 오전 8시까지의 시간에 수신자의 전화·모사전송기기에 영리목적의 광고성 정보를 전송하려는 자는 그 수신자로부터 별도의 사전 동의를 받아야 한다.

## 2. 영리목적 광고전송의 사전고지 의무

영리목적의 광고성 정보를 전자우편이나 그 밖에 대통령령으로 정하는 매체를 이용하여 전송하는 자는 별도의 규정(대통령령)에 따라 ① 전송정보의 유형 및 주요 내용, ② 전송자의 명칭 및 연락처, ③ 전자우편주소를 수집한 출처(전자우편으로 전송하는 경우에만 해당), ④ 수신거부의 의사표시를 쉽게 할 수 있는 조치 및 방법에 관한 사항 등을 광고성 정보에 구체적으로 밝혀야 한다.

영리목적의 광고성 정보를 수신자의 전화·모사전송기기에 전송하는 자는 대통령령으로 정하는 바에 따라 ① 전송자의 명칭 및 연락처, ② 수신동의의 철회 의사표시를 쉽게 할 수 있는 조치 및 방법에 관한 사항을 광고성 정보에 구체적으로 밝혀야 한다.

영리를 목적으로 광고를 전송하는 자는 다음의 어느 하나에 해당하는 기술적 조치를 해서는 안 된다.

① 광고성 정보 수신자의 수신거부 또는 수신동의의 철회를 회피·방해하는 조치
② 숫자·부호 또는 문자를 조합하여 전화번호·전자우편주소 등 수신자의 연락처를 자동으로 만들어 내는 조치
③ 영리목적의 광고성 정보를 전송할 목적으로 전자우편주소를 자동으로 등록하는 조치
④ 광고성 정보 전송자의 신원이나 광고 전송 출처를 감추기 위한 각종 조치

영리목적으로 광고성 정보를 전송하는 자는 수신자가 수신거부나 수신동의의 철회를 할 때 발생하는 전화요금 등의 금전적 비용을 수신자가 부담하지 않도록 대통령령으로 정하는 바에 따라 필요한 조치를 해야 한다(정보통신망이용촉진법 제50조).

## 3. 전자우편주소의 무단 수집 금지

누구든지 인터넷 홈페이지 운영자 또는 관리자의 사전 동의 없이 인터넷

홈페이지에서 자동으로 전자우편주소를 수집하는 프로그램이나 그 밖의 기술적 장치를 이용하여 전자우편주소를 수집해서는 안 된다. 누구든지 규정을 위반하여 수집된 전자우편주소를 판매·유통해서는 안 되며, 수집·판매 및 유통이 금지된 불법성 전자우편주소임을 알면서 이를 정보 전송에 이용해서도 안 된다(정보통신망이용촉진법 제50조의2).

## 4. 영리목적 광고성 정보전송의 위탁 책임

영리목적의 광고성 정보의 전송을 타인에게 위탁한 자는 그 업무를 위탁받은 자가 영리목적의 광고성 정보전송 제한(정보통신망이용촉진법 제50조) 및 전자우편주소의 무단수집행위 등 금지(동법 제50조의2)를 위반하지 않도록 관리·감독해야 한다.

영리목적의 광고성 정보의 전송을 위탁받은 자는 그 업무와 관련한 법을 위반하여 발생한 손해의 배상책임에 있어 정보전송을 위탁한 자의 소속 직원으로 본다(동법 제50조의3).

## 5. 정보전송 역무(驛務)제공의 제한

정보통신서비스 제공자는 다음의 어느 하나에 해당하는 경우에 해당 역무(驛務)의 제공을 거부하는 조치를 할 수 있다.

① 광고성 정보의 전송 또는 수신으로 역무의 제공에 장애가 일어나거나 일어날 우려가 있는 경우
② 이용자가 광고성 정보의 수신을 원하지 아니하는 경우
③ 이용계약을 통하여 해당 정보통신서비스 제공자가 이용자에게 제공하는 서비스가 불법 광고성 정보전송에 이용되고 있는 경우

정보통신서비스 제공자는 앞의 사유에 해당하여 거부조치를 하려면 해당 역무 제공의 거부에 관한 사항을 그 역무의 이용자와 체결하는 정보통신서비스 이용계약의 내용에 포함해야 하고, 그 역무를 제공받는 이용자 등 이해관계인

에게 그 사실을 알려야 한다. 다만, 미리 알리는 것이 곤란한 경우에는 거부조치를 한 후 지체 없이 알려야 한다(정보통신망이용촉진법 제50조의4).

## 6. 영리목적의 광고성 프로그램 제한

### (1) 광고성 프로그램의 설치동의

정보통신서비스 제공자는 영리목적의 광고성 정보가 보이도록 하거나 개인정보를 수집하는 프로그램을 이용자의 컴퓨터나 그 밖에 대통령령으로 정하는 정보처리장치에 설치하려면 이용자의 동의를 받아야 한다. 이 경우 해당 프로그램의 용도와 삭제방법을 고지해야 한다(정보통신망이용촉진법 제50조의5).

### (2) 광고성정보 차단 소프트웨어의 보급

방송통신위원회는 수신자가 영리목적의 광고성 정보전송 제한(정보통신망이용촉진법 제50조)을 위반하여 전송되는 영리목적의 광고성 정보를 편리하게 차단하거나 신고할 수 있는 소프트웨어나 컴퓨터프로그램을 개발하여 보급할 수 있다.

방송통신위원회는 광고성정보 전송차단 소프트웨어의 보급(동법 제50조의6 제 1 항)에 따른 전송차단, 신고 소프트웨어 또는 컴퓨터프로그램의 개발과 보급을 촉진하기 위해 관련 공공기관·법인·단체 등에 필요한 지원을 할 수 있다.

방송통신위원회는 정보통신서비스 제공자의 전기통신역무가 영리목적의 광고성 정보전송 제한(동법 제50조)을 위반하여 발송되는 영리목적의 광고성 정보 전송에 이용되면 수신자 보호를 위하여 기술개발·교육·홍보 등 필요한 조치를 할 것을 정보통신서비스 제공자에게 권고할 수 있다.

영리목적의 광고성정보 전송차단 소프트웨어의 보급에 따른 개발·보급의 방법과 그에 따른 지원에 필요한 사항은 대통령령으로 정한다(동법 제50조의6).

### (3) 광고성 정보 게시 및 전송 제한

누구든지 인터넷 홈페이지 운영자 또는 관리자가 구체적으로 밝힌 거부의사에 반해 영리목적의 광고성 정보를 인터넷 홈페이지에 게시해서는 안 된다.

인터넷 홈페이지 운영자 또는 관리자는 영리목적의 광고성 정보게시의 제한을 위반하여 게시된 영리목적의 광고성 정보를 삭제하는 등의 조치를 할 수 있다(정보통신망이용촉진법 제50조의7).

누구든지 정보통신망을 이용하여 이 법 또는 다른 법률에서 금지하는 재화 또는 서비스에 대한 광고성 정보를 전송해서는 안 된다(동법 제50조의8).

## Ⅳ. 중요 정보의 국외유출 제한

정부는 국내의 산업·경제 및 과학기술 등에 관한 중요 정보가 정보통신망을 통해 국외로 유출되는 것을 방지하기 위해 정보통신서비스 제공자 또는 이용자에게 필요한 조치를 하도록 할 수 있다. 중요 정보의 범위는 다음과 같다.

① 국가안전보장과 관련된 보안정보 및 주요 정책에 관한 정보
② 국내에서 개발된 첨단과학 기술 또는 기기의 내용에 관한 정보

정부는 중요 정보를 취급하는 정보통신서비스 제공자에게 다음의 조치를 하도록 할 수 있다.

① 정보통신망의 부당한 이용을 방지할 수 있는 제도적·기술적 장치의 설정
② 정보의 불법파괴 또는 불법조작을 방지할 수 있는 제도적·기술적 조치
③ 정보통신서비스 제공자가 취급 중 알게 된 중요 정보의 누출을 방지할 수 있는 조치(정보통신망이용촉진법 제51조)

## Ⅴ. 국제협력

### 1. 국제협력 사항

정부는 다음의 사항을 추진할 때 다른 국가 또는 국제기구와 상호 협력해야 한다(정보통신망이용촉진법 제62조).

① 개인정보의 국가간 이전 및 개인정보의 보호에 관련된 업무
② 정보통신망에서의 청소년 보호를 위한 업무
③ 정보통신망의 안전성을 침해하는 행위를 방지하기 위한 업무
④ 그 밖에 정보통신서비스의 건전하고 안전한 이용에 관한 업무

### 2. 국외 이전 개인정보의 보호

정보통신서비스 제공자 등은 이용자의 개인정보에 관해 이 법을 위반하는 사항을 내용으로 하는 국제계약을 체결하여서는 안 된다. 정보통신서비스 제공자 등은 이용자의 개인정보를 국외로 이전하려면 이용자의 동의를 받아야 한다.

정보통신서비스 제공자 등은 위의 동의를 받으려면 미리 다음의 사항 모두를 이용자에게 고지해야 한다.

① 이전되는 개인정보 항목
② 개인정보가 이전되는 국가, 이전일시 및 이전방법
③ 개인정보를 이전받는 자의 성명(법인인 경우에는 그 명칭 및 정보관리책임자의 연락처)
④ 개인정보를 이전받는 자의 개인정보 이용목적 및 보유·이용 기간

정보통신서비스 제공자 등은 위의 동의를 받아 개인정보를 국외로 이전하는 경우 대통령령으로 정하는 바에 따라 보호조치를 해야 한다(정보통신망이용촉진법 제63조).

## Ⅵ. 정보통신망 자료관리

### 1. 자료의 제출

행정안전부장관 또는 방송통신위원회는 다음의 어느 하나에 해당하는 경우에는 정보통신서비스 제공자 등(제67조에 따라 준용되는 자를 포함)에게 관계 물

품·서류 등을 제출하게 할 수 있다(동법 제64조).

① 이 법에 위반되는 사항을 발견하거나 혐의가 있음을 알게 된 경우
② 이 법의 위반에 대한 신고를 받거나 민원이 접수된 경우
③ 그 밖에 이용자 보호를 위해 필요한 경우로서 대통령령으로 정하는 경우

방송통신위원회는 이 법을 위반하여 영리목적 광고성 정보를 전송한 자에게 다음의 조치를 하기 위해 정보통신서비스 제공자 등에게 해당 광고성 정보 전송자의 성명·주소·주민등록번호·이용기간 등에 대한 자료의 열람이나 제출을 요청할 수 있다.

① 정보통신망이용촉진법 제64조 제 4 항[32]에 따른 시정조치
② 정보통신망이용촉진법 제76조[33]에 따른 과태료 부과
③ 그 밖에 이에 준하는 조치

행정안전부장관 또는 방송통신위원회는 정보통신서비스 제공자 등이 자료를 제출하지 않거나 이 법을 위반한 사실이 있다고 인정되면 소속 공무원에게 정보통신서비스 제공자 등의 사업장에 출입하여 업무상황, 장부 또는 서류 등을 검사하도록 할 수 있다.

행정안전부장관 또는 방송통신위원회는 이 법을 위반한 정보통신서비스 제공자등에게 해당 위반행위의 중지나 시정을 위해 필요한 시정조치를 명할 수 있고, 시정조치의 명령을 받은 정보통신서비스 제공자 등에게 시정조치의 명령을 받은 사실을 공표하도록 할 수 있다. 이 경우 공표의 방법·기준 및 절차 등에 필요한 사항은 대통령령으로 정한다.

행정안전부장관 또는 방송통신위원회는 정보통신망이용촉진법 제64조 제 4

32) 정보통신망이용촉진법 제64조

> ④ 행정안전부장관 또는 방송통신위원회는 이 법을 위반한 정보통신서비스 제공자 등에게 해당 위반행위의 중지나 시정을 위하여 필요한 시정조치를 명할 수 있고, 시정조치의 명령을 받은 정보통신서비스 제공자 등에게 시정조치의 명령을 받은 사실을 공표하도록 할 수 있다. 이 경우 공표의 방법·기준 및 절차 등에 필요한 사항은 대통령령으로 정한다.

33) 정보통신망이용촉진법 제76조(과태료부과 대산 및 기준 참조).

항[34]에 따라 필요한 시정조치를 명한 경우에는 시정조치를 명한 사실을 공개할 수 있다. 이 경우 공개의 방법·기준 및 절차 등에 필요한 사항은 대통령령으로 정한다.

행정안전부장관 또는 방송통신위원회가 정보통신망이용촉진법 제64조 제 1 항 및 제 2 항[35]에 따라 자료 등의 제출 또는 열람을 요구할 때에는 요구사유, 법적 근거, 제출시한 또는 열람일시, 제출·열람할 자료의 내용 등을 구체적으로 밝혀 서면(전자문서를 포함)으로 알려야 한다.

정보통신망이용촉진법 제64조 제 3 항[36]에 따른 검사를 하는 경우에는 검사 시작 7일 전까지 검사일시, 검사이유 및 검사내용 등에 대한 검사계획을 해당 정보통신서비스 제공자 등에게 알려야 한다. 다만, 긴급한 경우나 사전통지를 하면 증거인멸 등으로 검사목적을 달성할 수 없다고 인정하는 경우에는 그 검사계획을 알리지 않는다. 검사를 담당하는 공무원은 그 권한을 표시하는 증

34) 정보통신망이용촉진법 제64조

> ④ 행정안전부장관 또는 방송통신위원회는 이 법을 위반한 정보통신서비스 제공자 등에게 해당 위반행위의 중지나 시정을 위하여 필요한 시정조치를 명할 수 있고, 시정조치의 명령을 받은 정보통신서비스 제공자 등에게 시정조치의 명령을 받은 사실을 공표하도록 할 수 있다. 이 경우 공표의 방법·기준 및 절차 등에 필요한 사항은 대통령령으로 정한다.

35) 정보통신망이용촉진법 제64조(자료의 제출 등)

> ① 행정안전부장관 또는 방송통신위원회는 다음 각호의 어느 하나에 해당하는 경우에는 정보통신서비스 제공자 등(제67조에 따라 준용되는 자를 포함한다. 이하 이 조에서 같다)에게 관계 물품·서류 등을 제출하게 할 수 있다.
> 1. 이 법에 위반되는 사항을 발견하거나 혐의가 있음을 알게 된 경우, 2. 이 법의 위반에 대한 신고를 받거나 민원이 접수된 경우, 3. 그 밖에 이용자 보호를 위하여 필요한 경우로서 대통령령으로 정하는 경우
> ② 방송통신위원회는 이 법을 위반하여 영리목적 광고성 정보를 전송한 자에게 다음 각호의 조치를 하기 위하여 정보통신서비스 제공자 등에게 해당 광고성 정보 전송자의 성명·주소·주민등록번호·이용기간 등에 대한 자료의 열람이나 제출을 요청할 수 있다.
> 1. 제4항에 따른 시정조치, 2. 제76조에 따른 과태료 부과, 3. 그 밖에 이에 준하는 조치

36) 정보통신망이용촉진법 제64조

> ③ 행정안전부장관 또는 방송통신위원회는 정보통신서비스 제공자 등이 제1항 및 제2항에 따른 자료를 제출하지 아니하거나 이 법을 위반한 사실이 있다고 인정되면 소속 공무원에게 정보통신서비스 제공자 등의 사업장에 출입하여 업무상황, 장부 또는 서류 등을 검사하도록 할 수 있다.

표를 지니고 이를 관계인에게 내보여야 하며, 출입할 때 성명·출입시간·출입목적 등이 표시된 문서를 관계인에게 내주어야 한다.

행정안전부장관 또는 방송통신위원회는 규정(동법 제64조 제1항부터 제3항까지)에 따라 자료 등을 제출받거나 열람 또는 검사한 경우에는 그 결과(조사 결과 시정조치명령 등의 처분을 하려는 경우에는 그 처분의 내용을 포함)를 해당 정보통신서비스 제공자 등에게 서면으로 알려야 한다.

행정안전부장관 또는 방송통신위원회는 규정(동법 제64조 제1항부터 제4항까지)에 따른 자료의 제출 요구 및 검사 등을 위해 인터넷진흥원의 장에게 기술적 자문을 하거나 그 밖에 필요한 지원을 요청할 수 있다.

규정(동법 제64조 제1항부터 제3항까지)[37]에 따른 자료 등의 제출 요구, 열람 및 검사 등은 이 법의 시행을 위해 필요한 최소한의 범위에서 해야 하며 다른 목적을 위해 남용해서는 안 된다.

## 2. 자료의 보호 및 폐기(정보통신망이용촉진법 제64조의2)

행정안전부장관 또는 방송통신위원회는 정보통신서비스 제공자 등으로부터 정보통신망이용촉진법 제64조에 따라 제출되거나 수집된 서류·자료 등에 대한 보호 요구를 받으면 이를 제3자에게 제공하거나 일반에게 공개해서는 안

37) 정보통신망이용촉진법 제64조(자료의 제출 등)

① 행정안전부장관 또는 방송통신위원회는 다음 각호의 어느 하나에 해당하는 경우에는 정보통신서비스 제공자 등(제67조에 따라 준용되는 자를 포함한다. 이하 이 조에서 같다)에게 관계 물품·서류 등을 제출하게 할 수 있다.
1. 이 법에 위반되는 사항을 발견하거나 혐의가 있음을 알게 된 경우, 2. 이 법의 위반에 대한 신고를 받거나 민원이 접수된 경우, 3. 그 밖에 이용자 보호를 위하여 필요한 경우로서 대통령령으로 정하는 경우

② 방송통신위원회는 이 법을 위반하여 영리목적 광고성 정보를 전송한 자에게 다음 각호의 조치를 하기 위하여 정보통신서비스 제공자 등에게 해당 광고성 정보 전송자의 성명·주소·주민등록번호·이용기간 등에 대한 자료의 열람이나 제출을 요청할 수 있다.
1. 제4항에 따른 시정조치, 2. 제76조에 따른 과태료 부과, 3. 그 밖에 이에 준하는 조치

③ 행정안전부장관 또는 방송통신위원회는 정보통신서비스 제공자 등이 제1항 및 제2항에 따른 자료를 제출하지 아니하거나 이 법을 위반한 사실이 있다고 인정되면 소속 공무원에게 정보통신서비스 제공자 등의 사업장에 출입하여 업무상황, 장부 또는 서류 등을 검사하도록 할 수 있다.

된다.

행정안전부장관 또는 방송통신위원회는 정보통신망을 통해 자료의 제출 등을 받은 경우나 수집한 자료 등을 전자화한 경우에는 개인정보·영업비밀 등이 유출되지 않도록 제도적·기술적 보안조치를 해야 한다.

행정안전부장관 또는 방송통신위원회는 다른 법률에 특별한 규정이 있는 경우 외에 다음의 어느 하나에 해당하는 사유가 발생하면 제출되거나 수집된 서류·자료 등을 즉시 폐기해야 한다. 행정안전부장관, 지식경제부장관 또는 방송통신위원회의 권한의 전부 또는 일부를 위임 또는 위탁받은 자도 또한 즉시 폐기해야 한다.

① 규정(동법 제64조)에 따른 자료제출 요구, 출입검사, 시정명령 등의 목적이 달성된 경우
② 규정(동법 제64조 제 4 항)에 따른 시정조치명령에 불복하여 행정심판이 청구되거나 행정소송이 제기된 경우에는 해당 행정쟁송절차가 끝난 경우
③ 규정(동법 제76조 제 4 항)[38]에 따른 과태료 처분이 있고 이에 대한 이의제기가 없는 경우에는 같은 조 제 5 항에 따른 이의제기기간이 끝난 경우
④ 규정(동법 제76조 제 4 항)에 따른 과태료 처분에 대해 이의제기가 있는 경우에는 해당 관할 법원에 의한 비송사건절차가 끝난 경우

---

38) 정보통신망이용촉진법 제76조

> ④ 제1항부터 제3항까지의 과태료는 대통령령으로 정하는 바에 따라 행정안전부장관 또는 방송통신위원회가 부과·징수한다.

# 제 5 절 통신과금서비스

## Ⅰ. 통신과금서비스 제공자의 등록

### 1. 통신과금서비스 사업자 등록요건

통신과금서비스를 제공하려는 자는 대통령령으로 정하는 바에 따라 ① 재무건전성, ② 통신과금서비스 이용자보호계획, ③ 업무를 수행할 수 있는 인력과 물적 설비, ④ 사업계획서 등의 사항을 갖추어 방송통신위원회에 등록해야 한다.

통신과금서비스 제공사업에 등록할 수 있는 자는 '상법'(제170조)에 따른 회사 또는 '민법'(제32조)에 따른 법인으로서 자본금·출자총액 또는 기본재산이 5억원 이상의 범위에서 대통령령으로 정하는 금액 이상이어야 한다. 통신과금서비스 제공자는 '전기통신사업법'(제21조)에도 불구하고 부가통신사업자의 신고를 하지 않을 수 있다. '전기통신사업법'(제22조 및 제25조부터 제27조까지)의 규정은 통신과금서비스 제공자의 등록사항의 변경, 사업의 양도·양수 또는 합병·상속, 사업의 승계, 사업의 휴지·폐지·해산 등에 준용한다. 기타 등록의 세부요건, 절차, 그 밖에 필요한 사항은 별도의 규정(대통령령)으로 정한다(정보통신망이용촉진법 제53조).

통신과금서비스 제공자는 통신과금서비스에 관한 약관을 정해 방송통신위원회에 신고(변경신고를 포함)해야 한다. 방송통신위원회는 약관이 통신과금서비스 이용자의 이익을 침해할 우려가 있다고 판단되는 경우에는 통신과금서비스 제공자에게 약관의 변경을 권고할 수 있다(동법 제56조).

### 2. 등록의 제한

다음의 어느 하나에 해당하는 자는 정보통신망이용촉진법 제53조에 따른 등록을 할 수 없다(동법 제54조).

① 동법 제53조 제 4 항에 따라[39] 사업을 폐지한 날부터 1년이 지나지 않은 법인 및 그 사업이 폐지될 당시 그 법인의 대주주(대통령령으로 정하는 출자자)이었던 자로서 그 폐지일부터 1년이 지나지 않은 자
② 동법 제55조 제 1 항에 따라[40] 등록이 취소된 날부터 3년이 지나지 않은 법인 및 그 취소 당시 그 법인의 대주주이었던 자로서 그 취소가 된 날부터 3년이 지나지 않은 자
③ '채무자 회생 및 파산에 관한 법률'에 따른 회생절차 중에 있는 법인 및 그 법인의 대주주
④ 금융거래 등 상거래에 있어서 약정한 기일 내에 채무를 변제하지 않은 자로서 방송통신위원회가 정하는 자
⑤ 제 1 호부터 제 4 호까지의 규정에 해당하는 자가 대주주인 법인

## 3. 등록의 취소명령

방송통신위원회는 통신과금서비스 제공자가 거짓이나 그 밖의 부정한 방법으로 등록을 한 때, 또는 등록한 날부터 1년 이내에 사업을 개시하지 않거나 1년 이상 계속하여 휴업한 때 중 어느 하나에 해당하는 때에는 등록을 취소하거나 1년 이내의 기간을 정해 사업의 정지를 명할 수 있다. 다만, 거짓이나 그 밖의 부정한 방법으로 등록을 한 때에는 등록을 취소해야 한다. 등록취소 처분의 기준, 절차, 그 밖에 필요한 사항은 대통령령으로 정한다(정보통신망이용촉진법 제55조).

---

39) 「전기통신사업법」 제22조 및 제25조부터 제27조까지의 규정은 통신과금서비스 제공자의 등록사항의 변경, 사업의 양도·양수 또는 합병·상속, 사업의 승계, 사업의 휴지·폐지·해산 등에 준용한다. 이 경우 "제19조의 규정에 의하여 별정통신사업의 등록을 한 자" 및 "별정통신사업자"는 "통신과금서비스 제공자"로 보고, "별정통신사업"은 "통신과금서비스 제공업"으로 본다(정보통신망이용촉진법 제53조 제4항).

40) 정보통신망이용촉진법 제55조(등록의 취소명령 등)

> ① 방송통신위원회는 통신과금서비스 제공자가 다음 각호의 어느 하나에 해당하는 때에는 등록을 취소하거나 1년 이내의 기간을 정하여 사업의 정지를 명할 수 있다. 다만, 제1호에 해당하는 때에는 등록을 취소하여야 한다. <개정 2008.2.29>
> 1. 거짓이나 그 밖의 부정한 방법으로 등록을 한 때, 2. 제53조 제1항에 따라 등록한 날부터 1년 이내에 사업을 개시하지 아니하거나 1년 이상 계속하여 휴업한 때

# Ⅱ. 통신과금서비스의 안전성

## 1. 통신과금서비스의 안전성 확보

통신과금서비스 제공자는 통신과금서비스가 안전하게 제공될 수 있도록 선량한 관리자로서의 주의를 다해야 한다. 통신과금서비스 제공자는 통신과금서비스를 통한 거래의 안전성과 신뢰성을 확보하기 위해 대통령령으로 정하는 바에 따라 업무처리지침의 제정 및 회계처리 구분 등의 관리적 조치와 정보보호시스템 구축 등의 기술적 조치를 해야 한다(정보통신망이용촉진법 제57조).

## 2. 통신과금서비스 이용자의 권리

통신과금서비스 제공자는 재화 등의 판매·제공의 대가를 청구할 때에 통신과금서비스 이용자에게 구매·이용 내역, 이의신청의 방법 등 대통령령으로 정하는 사항을 고지해야 한다. 통신과금서비스 제공자는 통신과금서비스 이용자가 구매·이용 내역을 확인할 수 있는 방법을 제공하여야 하며, 통신과금서비스 이용자가 구매·이용 내역에 관한 서면(전자문서를 포함)을 요청하는 경우에는 그 요청을 받은 날부터 2주 이내에 이를 제공해야 한다.

통신과금서비스 이용자는 통신과금서비스가 자신의 의사에 반해 제공되었음을 안 때에는 통신과금서비스 제공자에게 이에 대한 정정을 요구할 수 있으며(통신과금서비스 이용자의 고의 또는 중과실이 있는 경우는 제외), 통신과금서비스 제공자는 그 정정 요구를 받은 날부터 2주 이내에 처리 결과를 알려 주어야 한다.

통신과금서비스 제공자는 통신과금서비스에 관한 기록을 5년 이내의 범위에서 대통령령으로 정하는 기간 동안 보존해야 한다.

정보통신망이용촉진법 제58조 제 2 항에 따라[41] 통신과금서비스 제공자가

---

41) 정보통신망이용촉진법 제58조(통신과금서비스 이용자의 권리 등)

> ② 통신과금서비스 제공자는 통신과금서비스 이용자가 구매·이용 내역을 확인할 수 있는 방법을 제공하여야 하며, 통신과금서비스이용자가 구매·이용 내역에 관한 서

제공해야 하는 구매·이용내역의 대상기간, 종류 및 범위, 제 4 항에 따라 통신과금서비스 제공자가 보존해야 하는 기록의 종류 및 보존방법 등에 관한 사항은 대통령령으로 정한다(동법 제58조).

## 3. 통신과금서비스 분쟁해결

통신과금서비스 제공자는 통신과금서비스에 있어서 이용자의 권익을 보호하기 위하여 자율적인 분쟁해결 등을 시행하는 기관 또는 단체를 설치·운영할 수 있다. 통신과금서비스 제공자는 대통령령으로 정하는 바에 따라 통신과금서비스와 관련한 통신과금서비스 이용자의 이의신청 및 권리구제를 위한 절차를 마련해야 한다(정보통신망이용촉진법 제59조).

## 4. 통신과금서비스 이용자 손해배상

통신과금서비스 제공자는 통신과금서비스를 제공함에 있어서 통신과금서비스 이용자에게 손해가 발생한 경우에 그 손해를 배상해야 한다. 다만, 그 손해의 발생이 통신과금서비스 이용자의 고의 또는 중과실로 인한 경우에는 그렇지 않다.

통신과금서비스 이용자에게 손해가 발생한 경우 그에 따른 손해배상을 함에 있어서는 손해배상을 받을 자와 협의해야 한다. 손해배상에 관한 협의가 성립되지 않거나 협의를 할 수 없는 경우에는 당사자는 방송통신위원회에 재정을 신청할 수 있다(정보통신망이용촉진법 제60조).

## 5. 통신과금서비스의 이용제한

방송통신위원회는 통신과금서비스 제공자에게 다음의 어느 하나에 해당하는 자에 대한 서비스의 제공을 거부, 정지 또는 제한하도록 명할 수 있다(정보통

면(전자문서를 포함한다. 이하 같다)을 요청하는 경우에는 그 요청을 받은 날부터 2주 이내에 이를 제공하여야 한다.

신망이용촉진법 제61조).

① '청소년보호법' 제17조를 위반하여 청소년유해매체물을 청소년에게 판매·대여·제공하는 자
② 정보통신망이용촉진법 제50조를 위반한 영리목적의 광고성 정보 전송 및 통신과금서비스 이용자에 대한 기망 또는 부당한 유인 중 어느 하나에 해당하는 수단을 이용하여 통신과금서비스 이용자로 하여금 재화 등을 구매·이용하게 함으로써 통신과금서비스 이용자의 이익을 현저하게 저해하는 자
③ 정보통신망이용촉진법 또는 다른 법률에서 금지하는 재화 등을 판매·제공하는 자

## 제 6 절 정보통신 진흥지원 기관

### Ⅰ. 한국인터넷진흥원

#### 1. 인터넷진흥원 설치 목적

정부는 정보통신망의 고도화(정보통신망의 구축·개선 및 관리에 관한 사항을 제외)와 안전한 이용 촉진 및 방송통신과 관련한 국제협력·국외진출 지원을 효율적으로 추진하기 위해 한국인터넷진흥원("인터넷진흥원")을 설립한다(정보통신망이용촉진법 제52조). 인터넷진흥원은 법인으로 한다.

#### 2. 인터넷진흥원의 사업

인터넷진흥원은 다음의 사업을 한다.

① 정보통신망의 이용 및 보호, 방송통신과 관련한 국제협력·국외진출 등을 위한 법·정책 및 제도의 조사·연구

② 정보통신망의 이용 및 보호와 관련한 통계의 조사·분석
③ 정보통신망의 이용에 따른 역기능 분석 및 대책 연구
④ 정보통신망의 이용 및 보호를 위한 홍보 및 교육·훈련
⑤ 정보통신망의 정보보호 및 인터넷주소자원 관련 기술 개발 및 표준화
⑥ 지식정보보안 산업정책 지원 및 관련 기술 개발과 인력양성
⑦ 정보보호 안전진단, 정보보호 관리체계의 인증, 정보보호시스템 평가·인증 등 정보보호 인증·평가 등의 실시 및 지원
⑧ 개인정보보호를 위한 대책의 연구 및 보호기술의 개발·보급 지원
⑨ 분쟁조정위원회의 운영 지원과 개인정보침해 신고센터의 운영
⑩ 광고성 정보 전송 및 인터넷광고와 관련한 고충의 상담·처리
⑪ 정보통신망 침해사고의 처리·원인분석 및 대응체계 운영
⑫ '전자서명법' 제25조 제 1 항에 따른 전자서명인증관리
⑬ 인터넷의 효율적 운영과 이용활성화를 위한 지원
⑭ 인터넷 이용자의 저장정보보호 지원
⑮ 인터넷 관련 서비스정책 지원
⑯ 인터넷상에서의 이용자 보호 및 건전정보유통 확산 지원
⑰ '인터넷주소자원에관한법률'에 따른 인터넷주소자원의 관리에 관한 업무
⑱ '인터넷주소자원에관한법률' 제16조에 따른 인터넷주소분쟁조정위원회의 운영 지원
⑲ 방송통신과 관련한 국제협력·국외진출 및 국외홍보 지원
⑳ 제①호부터 제⑲호까지의 사업에 부수되는 사업
㉑ 그 밖에 이 법 또는 다른 법령에 따라 인터넷진흥원의 업무로 정하거나 위탁한 사업이나 행정안전부장관·지식경제부장관·방송통신위원회 또는 다른 행정기관의 장으로부터 위탁받은 사업

정부는 인터넷진흥원이 사업을 수행하는 데에 필요한 경비를 충당하기 위해 출연할 수 있다. 인터넷진흥원에 관해 이 법에서 정하지 않은 사항에 대하여는 '민법'의 재단법인에 관한 규정을 준용한다. 인터넷진흥원이 아닌 자는 한국인터넷진흥원의 명칭을 사용하지 못한다. 기타 인터넷진흥원의 운영 및 업무수행에 필요한 사항은 대통령령으로 정한다.

## Ⅱ. 한국정보통신산업협회(정보통신망이용촉진법 제68조)

정보통신서비스 제공자 및 정보통신망과 관련된 사업을 경영하는 자는 정보통신망 이용촉진 및 정보보호 등을 위해 대통령령으로 정하는 바에 따라 방송통신위원회의 인가를 받아 한국정보통신산업협회('협회')를 설립할 수 있다. 협회는 법인으로 한다. 협회에 관해 이 법에서 정한 것 외에는 '민법' 중 사단법인에 관한 규정을 준용한다.

정부는 협회의 사업수행을 위해 필요하면 예산의 범위에서 보조금을 지급할 수 있다. 협회의 사업 및 감독 등에 필요한 사항은 대통령령으로 정한다.

## Ⅲ. 한국정보보호산업협회(정보통신망이용촉진법 제68조의2 설립)

정보보호에 관련된 사업을 경영하는 자는 정보보호산업을 건전하게 발전시키고 국가산업 전반의 정보보호 수준을 높이기 위해 지식경제부장관의 인가를 받아 한국정보보호산업협회를 설립할 수 있다. 한국정보보호산업협회는 법인으로 한다.

한국정보보호산업협회의 인가절차·사업 및 감독 등에 필요한 사항은 대통령령으로 정한다. 한국정보보호산업협회에 관하여 이 법에서 정한 것 외에는 '민법' 중 사단법인에 관한 규정을 준용한다.

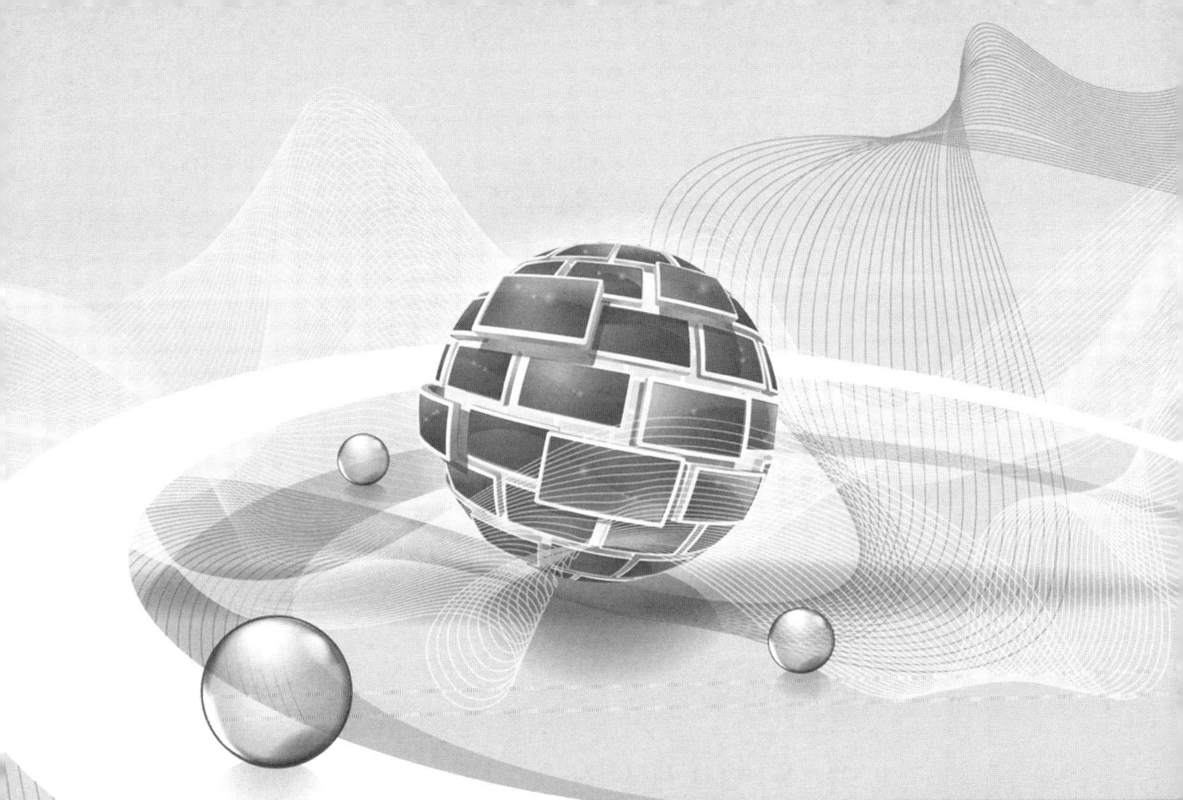

제 7 장

# 뉴스통신법-뉴스통신진흥에 관한 법률


제 1 절 서설(序說)

제 2 절 현행 뉴스통신법의 내용 및 구성

제 3 절 뉴스통신법상의 기관

제 7 장 뉴스통신법 — 뉴스통신진흥에 관한 법률

# 제 1 절 서설(序說)

## Ⅰ. 입법의 전개

### 1. 뉴스통신법의 제정취지[1)]

헌법 제21조 제 1 항은 "모든 국민은 언론·출판의 자유 … 를 가진다"라고 하여 자유민주주의체제의 제도적 기초이자 민주정치의 불가결한 전제조건으로서 국민의 언론·출판의 자유를 보장하고, 제 3 항은 "통신·방송의 시설기준과 신문의 기능을 보장하기 위하여 필요한 사항은 법률로 정한다"라고 하여 통신, 방송, 신문 등 언론기관의 지위와 기능 그리고 그 설립·운영을 위한 시설기준 등을 언론매체별로 구별하여 따로 그 지위와 기능 등을 법률로써 규율할 것을 명하고 있다. 그런데 방송, 신문과는 달리 뉴스통신에 대해서는 따로 법률을 제정하지 않고 신문 등 정기간행물의 지위와 기능 등을 정한 舊'정기간행물의 등록 등에 관한 법률'에서 이를 함께 규율하고 있는 것은 헌법의 위임취지에 어긋난다는 입법론적 비판이 있었다. 이에 따라 '뉴스통신 진흥에 관한 법률'(이하 '뉴스통신법'으로 약칭)이 뉴스통신의 자유 및 독립의 보장과 건전한 육성을 통해 민주적 여론형성을 도모하고 뉴스통신과 관련된 국익을 보호하는 한편 뉴스통신 종사자의 편집 및 제작활동을 보호함을 목적으로 제정되었다. 그 제정의 목적·이유를 구체적으로 살펴보면 다음과 같다.

첫째, 뉴스통신의 자유 및 독립의 보장과 건전한 육성을 통해 민주적 여론형성을 도모하려는 목적이다.

---

1) 법률 제6905호, 2003. 5. 29 제정, 2003. 8. 30 시행.

둘째, 뉴스통신사는 신문사·방송사 등 다른 언론매체에게 가장 기본적인 형태의 뉴스정보를 제공하기 때문에 국내는 물론이고 국가 간의 정보의 흐름에 있어서 매우 중요한 기능·역할을 수행한다고 볼 수 있으며,[2] 따라서 뉴스통신사업자로 하여금 정확·공정하고 객관적인 뉴스정보를 편집·제작·제공하도록 하고, 정부가 뉴스통신이 방송·신문 등 다른 분야의 언론과 균형 있는 발전을 할 수 있도록 필요한 시책을 강구하도록 하는 것은 뉴스통신과 관련된 국익을 보호하는 차원의 문제라는 점이다.

마지막으로 뉴스통신법의 제정은 국가기간뉴스통신사의 역할을 수행해 온 연합뉴스사의 법률적 지위·업무를 명확히 하고 국가기간뉴스통신사로서의 역할수행에 필요한 인적·물적 기반을 갖출 수 있는 근기를 마련하려는 목적도 가지고 있다.

## 2. 뉴스통신법 주요 내용

2003. 5. 29. 제정, 동년 8. 30. 시행된 뉴스통신법은 동법 제4·5조에서 뉴스통신사업자는 중단 없이 정확하고 공정하며 객관적인 뉴스정보를 편집·제작·제공해야 하고 그 보도에 있어 공정성·공익성을 확보해야 한다고 규정하였다.

그리고 동법 제 6 조에서는 정부가 뉴스통신이 방송·신문 등 다른 분야의 언론과 균형 있는 발전을 할 수 있도록 진흥시책을 강구하고 뉴스통신사업자와 구독계약을 체결할 수 있도록 규정하였고, 동법 제10조에서는 연합뉴스사가 국가기간뉴스통신사로서 정보주권을 수호하고 정보격차 해소 및 국민의 알 권리 충족을 위한 기능을 수행한다고 명시하였으며, 동법 제14조 제 2 항 및 제17조 제 1 항은 연합뉴스사의 대표이사는 뉴스통신진흥회의 추천을 받아 연합뉴스사의 이사회의 의결로 선임되며, 연합뉴스사의 주요 사항을 결정하기 위해 연합뉴스사에 이사회를 두도록 규정하였다.

또한 정부가 연합뉴스사와 구독계약을 체결하는 경우 매출액·물가상승률·경제성장률 등을 감안해 판매조건을 결정하도록 함(동법 제19조)에 아울러, 정부가 연합뉴스사에 위탁한 업무와 국민의 정보격차 해소에 필요한 사업 등에 대

2) 조재현, 전게서, 183면.

해 비용의 전부 또는 일부를 부담하거나 재정자금을 융자할 수 있도록 하였고(동법 제20조), 연합뉴스사의 대표이사에 대해 연합뉴스사의 운영계획 및 예산을 이사회의 심의·의결을 거쳐 각각 수립·편성하도록 하는 동시에 이를 뉴스통신진흥회에 제출하도록 하였으며, 결산은 이사회의 심의·의결과 뉴스통신진흥회의 승인을 얻어 확정·공표하도록 규정하였다(동법 제21조 및 제22조).

그 밖에 뉴스통신의 진흥과 공적책임을 실현하고 연합뉴스사의 독립성·공정성을 보장하기 위해 뉴스통신진흥회를 설립하고 연합뉴스사의 경영감독 및 뉴스통신의 발전과 향상을 위한 연구 및 학술사업 등을 수행하도록 하되 뉴스통신진흥회에 관한 규정은 뉴스통신진흥회가 연합뉴스사의 최대주주가 되는 날부터 시행하도록 하였다(동법 제23·25조 및 부칙 제 1 조).[3)]

그리고 뉴스통신진흥회의 이사 7인은 대통령이 임명하되 그 중 3인은 국회의장이 각 교섭단체의 대표의원과 협의해 추천한 자를 임명하고 2인은 일간신문 발행인을 대표하는 전국조직 및 지상파 방송사업자를 대표하는 전국조직이 각각 추천한 자를 임명하도록 규정하였고(동법 제26조 제 1 항·제 4 항), 뉴스통신진흥회의 운영 및 업무에 소요되는 재원에 충당하기 위해 뉴스통신진흥회에 뉴스통신진흥자금을 두도록 하였으며(동법 제32조 제 1 항), 뉴스통신진흥회는 뉴스통신진흥회와 연합뉴스사의 매 회계연도의 예산서와 결산서를 국회와 문화관광부에 제출하도록 규정하였다(동법 제33조).

## 3. 뉴스통신법의 개정

### (1) 2007. 12. 개정 뉴스통신법

최근 정보화의 진전으로 무선국에 의하지 않고 인터넷 등을 통한 뉴스공급이나 배포가 가능하게 됨에 따라 뉴스통신의 등록요건을 완화해 인터넷과 같은 정보통신기술을 이용하는 경우에는 무선국 허가를 받지 않더라도 뉴스통신의 등록이 가능하도록 하고, 뉴스통신사업의 등록취소 및 벌칙 등에 관해 '신문 등의 자유와 기능보장에 관한 법률'을 준용하도록 하던 것을 뉴스통신법에서 직접 규정하여 뉴스통신사업의 법적 안정성과 독립성을 보장하려는 취지에서 개정이

3) 제정 뉴스통신법 부칙 제5조는 연합뉴스사에 대해 이 법 공포 후 지체 없이 주주총회를 개최하고 뉴스통신진흥회의 설립을 준비하도록 규정하고 있었다.

이루어졌다. 이에 따라 등록취소 등에 관한 제 9 조의3, 등록취소심의위원회에 관한 제 9 조의4, 그리고 벌칙에 관한 제34 ~ 37조까지의 규정 등이 신설되었다.

### (2) 2008. 12. 개정 뉴스통신법

2008. 12. 26. 뉴스통신법의 일부 개정은 동 개정 이전의 양벌규정[4]이 문언상 영업주가 종업원 등에 대한 관리·감독상 주의의무를 다하였는지 여부에 관계없이 영업주를 처벌하도록 하고 있어 책임주의 원칙에 위배될 소지가 있으므로, 영업주가 종업원 등에 대한 관리·감독상 주의의무를 다한 경우에는 처벌을 면하게 함으로써 양벌규정에도 책임주의 원칙이 관철되도록 하려는 것이 그 취지였다.[5]

## 제 2 절 현행 뉴스통신법의 내용 및 구성

## Ⅰ. 총설(總說)

### 1. 개정배경 및 목적

현행 뉴스통신법[6]은 뉴스통신진흥회가 연합뉴스사의 경영실적을 평가하도록 하여 연합뉴스사의 공정성과 경영의 건전성을 높일 수 있도록 하고, 수용자

4) 2008. 12. 26. 일부 개정 이전의 뉴스통신법 제36조(양벌규정)

> 법인의 대표자나 법인 또는 개인의 대리인·사용인 및 그 밖의 종업원이 그 법인 또는 개인의 업무에 관하여 제34조 또는 제35조의 위반행위를 한 때에는 행위자를 벌하는 외에 그 법인 또는 개인에 대하여도 각 해당 조의 벌금형을 과한다.

5) 2008. 12. 26. 일부 개정 이후의 뉴스통신법 제36조(양벌규정)

> 법인의 대표자나 법인 또는 개인의 대리인·사용인 및 그 밖의 종업원이 그 법인 또는 개인의 업무에 관하여 제34조 또는 제35조의 위반행위를 하면 그 행위자를 벌하는 외에 그 법인 또는 개인에게도 해당 조문의 벌금형을 과한다. 다만, 법인 또는 개인이 그 위반행위를 방지하기 위하여 해당 업무에 관하여 상당한 주의와 감독을 게을리하지 아니한 경우에는 그러하지 아니하다.

6) 법률 제9755호, 2009. 6. 9 일부개정, 시행 2009. 12. 10.

의 권익을 보장하기 위해 연합뉴스사에 수용자권익위원회를 두는 근거를 마련하려는 취지에서 2009. 6. 9. 일부개정이 이루어졌다.

뉴스통신법은 뉴스통신의 자유와 독립을 보장하고 그 공적 책임을 높이는 한편 뉴스통신사의 건전한 육성을 도모하고 그 공익성·공공성을 제고함으로써 뉴스통신의 건전한 발전과 민주적 여론형성을 도모하고 뉴스통신과 관련된 국익을 보호함을 목적으로 한다(뉴스통신법 제 1 조).

## 2. 뉴스통신의 개념 및 용어정의

### (1) 뉴스통신의 개념

'뉴스통신'이라 함은 전파법에 의해 무선국의 허가를 받거나 그 밖의 정보통신기술을 이용하여 외국의 뉴스통신사와 뉴스통신계약을 체결하고 국내외의 정치·경제·사회·문화·시사 등에 관한 보도·논평 및 여론 등을 전파함을 목적으로 행하는 유무선을 포괄한 송수신 또는 이를 목적으로 발행하는 간행물을 말한다(뉴스통신법 제 2 조 제 1 호).

### (2) 뉴스통신사업 개념 정의

'뉴스통신사업'이라 함은 뉴스통신을 업으로 영위하는 것을 말하고, '뉴스통신사업자'라 함은 뉴스통신사업을 하기 위해(뉴스통신법 제 8 조의 규정에 의해) 등록한 자로서 뉴스통신을 경영하는 법인을 말하며, '편집인'이라 함은 뉴스통신사업자가 선임한 자로서 뉴스통신의 편집에 관해 책임을 지는 자를 말한다(뉴스통신법 제 2 조 제2·3·4호).

## 3. 뉴스통신사업자의 의무와 책임

### (1) 뉴스통신사업자의 의무

뉴스통신사업자는 종사자의 능력과 자질향상을 위한 연수제도를 설치·운영해야 하고, 종사자의 편집 및 제작활동을 보호해야 하며, 노사협조의 정신에 따라 종사자의 근무환경·처우 그 밖의 복리증진을 위해 필요한 대책을 강구해야 한다(뉴스통신법 제 3 조 제1·2·3항).

### (2) 뉴스통신사업자의 책임

뉴스통신사업자는 규칙적이고 중단 없이 정확하고 공정하며 객관적인 뉴스정보를 편집·제작·제공해야 하고, 뉴스정보를 제작·전파하는 정보공급기구로서의 기능수행에 적합한 국내외 취재망을 확보·유지해야 하며, 국제간 문화·경제교류를 활성화함에 아울러 민족의 동질성확보에 이바지할 수 있는 뉴스정보를 제작·제공해야 한다(뉴스통신법 제 4 조 제1·2·3항).

## 4. 뉴스통신의 공정성과 공익성

뉴스통신은 그 보도에 있어서 공정하고 객관적이어야 하며, 이 경우 성별·연령·직업·종교·신념·계층·지역·인종 등을 이유로 차별을 두어서는 안 된다 뉴스통신은 국민이 윤리적·정서적 감정을 존중해야 하고, 국민의 알 권리와 표현의 자유를 보호·신장해야 하며, 국민의 기본권 옹호 및 국제친선의 증진에도 이바지해야 한다. 또한 뉴스통신은 정부 또는 특정집단의 정책 등을 공표함에 있어 의견이 다른 집단에게 균등한 기회가 제공되도록 노력해야 하고, 각 정치적 이해당사자에 관한 편집에 있어서도 균형이 유지되도록 해야 하며, 더 나아가 지역사회의 균형 있는 발전과 민족문화의 창달에도 이바지해야 한다(뉴스통신법 제 5 조 제1·2·3·4·5·6항).

## 5. 뉴스통신 진흥지원

정부는 뉴스통신이 방송·신문 등 다른 분야의 언론과 균형 있는 발전을 할 수 있도록 필요한 시책을 강구해야 한다.

정부는 뉴스통신사업자가 생산한 뉴스정보를 정보격차 해소 등 공익을 목적으로 일반공중에게 제공하는 경우 대통령령이 정하는 방법에 의해 산출한 정보이용료를 해당 뉴스통신사업자에게 지급할 수 있으며, 정보이용료 산정은 ① 뉴스통신사업자가 제공하는 정보량, ② 제공되는 정보의 추정 사용자수, ③ 제공되는 정보의 추정 사용량 등의 사항을 고려하여 산출한다.[7] 정부는 등록된 뉴스통신사업자와 대통령령[8]이 정하는 바에 따라, 즉 계약기간, 서비스 공급내용, 구독료의 요율 등의 사항을 포함하여 구독계약을 체결할 수 있다(뉴스통신법 제6조 제1·2·3항).[9]

## Ⅱ. 언론의 다양성 보장

뉴스통신사업의 겸영금지 등에 관하여는 '신문 등의 자유와 기능보장에 관한 법률' 제15조를 준용한다(뉴스통신법 제7조).[10] 앞에서 자세히 설명하였으므로 여기서는 더 이상 언급하지 않기로 한다.

## Ⅲ. 뉴스통신사업의 등록 및 취소

### 1. 뉴스통신사업의 등록

뉴스통신사업을 하고자 하는 자는 '전파법'에 따라 무선국의 허가를 받거나 그

7) 뉴스통신법 시행령 제2조(정보이용료 산출방법).

8) 뉴스통신법 시행령 제3조(뉴스통신사업자의 구독계약).

9) 정부는 연합뉴스사와 뉴스통신법 제6조 제3항의 규정에 의한 구독계약을 체결하는 경우 매출액·물가상승률·경제성장률 등을 감안해 구독료의 요율 등 판매조건을 결정해야 한다(뉴스통신법 제19조 제1항).

10) 뉴스통신법 제7조에서 준용하는 '신문 등의 자유와 기능보장에 관한 법률' 제15조 제2항부터 제4항까지의 규정을 위반하여 뉴스통신사업을 겸영하거나 주식 또는 지분을 취득 또는 소유한 자는 1년 이하의 징역 또는 2천만원 이하의 벌금에 처한다(뉴스통신법 제34조 제2호).

법인의 대표자나 법인 또는 개인의 대리인, 사용인, 그 밖의 종업원이 그 법인 또는 개인의 업무에 관하여 제34조 또는 제35조의 위반행위를 하면 그 행위자를 벌하는 외에 그 법인 또는 개인에게도 해당 조문의 벌금형을 과한다. 즉 양벌규정이다(동법 제36조 본문). 다만, 법인 또는 개인이 그 위반행위를 방지하기 위해 해당 업무에 관해 상당한 주의와 감독을 게을리하지 않은 경우에는 그렇지 않다(동조 단서).

또한 뉴스통신법 제7조에서 준용하는 '신문 등의 자유와 기능보장에 관한 법률' 제15조 제8항에 따른 자료제출 요구를 받고 이를 제출하지 않은 자에게는 2천만원 이하의 과태료를 부과한다(동법 제37조 제1항 제2호). 동법 제37조 제1항 제2호는 양벌규정이 아니다.

밖의 정보통신기술을 이용하여 대통령령[11]으로 정하는 정보통신체제를 갖춘 후 외국의 뉴스통신사와 뉴스통신계약을 체결하고 대통령령[12]이 정하는 바에 따라 다음의 사항을 문화체육관광부장관에게 등록하여야 한다. 등록된 사항을 변경하고자 할 때에도 또한 같다.[13] 그리고 (뉴스통신법 제 8 조 제 1 항의 규정에 의해)

11) 뉴스통신법 시행령 제5조(등록)

> ① 법 제8조 제1항 각 호 외의 부분 전단 중 "대통령령으로 정하는 정보통신체제"란 다음 각 호의 어느 하나에 해당하는 사항을 말한다.
> 1. 「전기통신사업법 시행령」 제7조 제1호에 따른 전송역무 중 인터넷전용회선서비스를 이용할 수 있는 시설과 그 이용권리 및 같은 조 제2호에 따른 주파수를 할당받아 제공하는 역무 중 위성통신서비스를 이용할 수 있는 시설과 그 이용권리
> 2. 「전기통신사업법 시행령」 제7조 제1호에 따른 전송역무 중 인터넷전용회선서비스를 이용할 수 있는 시설과 그 이용권리 및 같은 조 제3호에 따른 전기통신회선설비임대역무를 이용할 수 있는 시설과 그 이용권리

12) 뉴스통신법 시행령 제5조(등록)

> ③ 법 제8조 제1항에 따라 뉴스통신사업의 등록을 하려는 자는 뉴스통신사업 등록신청서(전자문서로 된 신청서를 포함한다)에 다음 각호의 서류(전자문서를 포함한다)를 첨부하여 문화체육관광부장관에게 제출하여야 한다. 1. 뉴스통신사업자의 대표이사 및 편집인의 가족관계기록사항에 관한 증명서 및 이력서, 2. 뉴스통신사업을 경영하는 법인의 정관 및 그 설립을 증명하는 서류, 3. 무선국 개설허가 증명서 또는 제1항에 따른 정보통신체제를 갖추고 있음을 증명할 수 있는 서류, 4. 외국뉴스통신사와의 통신계약서

13) 뉴스통신법 시행령 제6조(등록사항의 변경)

> ① 법 제8조 제1항 각호외의 부분 후단의 규정에 따라 뉴스통신사업의 등록사항을 변경하고자 하는 자는 뉴스통신사업변경등록신청서(전자문서로 된 신청서를 포함한다)에 다음 각호의 서류(전자문서를 포함한다)를 첨부하여 문화체육관광부장관에게 제출하여야 한다. 1. 뉴스통신사업등록증, 2. 변경사실을 증명하는 자료, 3. 뉴스통신사업자의 대표이사 또는 편집인의 가족관계기록사항에 관한 증명서 및 이력서(뉴스통신사업자의 대표이사 또는 편집인을 변경하는 경우에만 한정한다), 4. 뉴스통신사업을 경영하는 법인의 정관 및 그 설립을 증명하는 서류(뉴스통신사업을 경영하는 법인을 변경하는 경우에 한한다), 5. 외국뉴스통신사와의 통신계약서(뉴스통신계약을 변경하는 경우에 한한다)
> ② 문화체육관광부장관은 뉴스통신사업자가 제1항에 따라 변경등록을 한 때에는 뉴스통신사업등록증을 재발급하여야 한다.

거짓이나 그 밖의 부정한 방법으로 제8조 제1항에 따른 등록 또는 변경등록을 하거나 등록 또는 변경등록을 하지 않고 뉴스통신사업을 한 자는 1년 이하의 징역 또는 2천만원 이하의 벌금에 처한다(뉴스통신법 제34조 제1호). 법인의 대표자나 법인 또는 개인의 대리인, 사용인, 그 밖의 종업원이 그 법인 또는 개인의 업무에 관하여 제34조 또는 제35조의 위반행위를 하면 그 행위자를 벌하는 외에 그 법인 또는 개인에게도 해당 조문의 벌금형을 과한다(동법 제36조 본문). 즉 양벌규정이다. 다만, 법인 또는 개인이 그 위반행위를 방지하기 위해 해당 업무에 관해 상당한 주의와 감독을 게을리하지 않은 경우에는 그렇지 않다(동조 단서).

뉴스통신사업의 등록을 한 때에는 문화체육관광부장관은 지체 없이 등록증을 교부해야 한다(동조 제 2 항).

① 제호
② 법인의 명칭 및 주사무소의 소재지와 그 대표이사의 성명·생년월일·주소
③ 편집인의 성명·생년월일·주소
④ 무선국 또는 그 밖의 정보통신기술을 이용한 정보통신체제로서 대통령령[14]으로 정하는 사항
⑤ 외국 뉴스통신사와의 뉴스통신계약 체결사항
⑥ 그 밖에 발행목적, 발행내용, 주된 보급대상 및 보급지역 등의 사항[15]

이미 등록된 뉴스통신의 제호 또는 ('신문 등의 자유와 기능보장에 관한 법률' 제12조에 따라) 이미 등록된 신문·인터넷신문 또는 '잡지 등 정기간행물의 진흥에 관한 법률' 제15조·제16조에 따라 이미 등록하거나 신고한 정기간행물의 제호와 동일한 제호는 등록할 수 없다(뉴스통신법 제 8 조 제 1 항 제1·2문, 제 3 항).

## 2. 뉴스통신사업자의 자격제한

### (1) 뉴스통신사업 대표이사와 편집인의 결격사유

다음에 해당하는 자는 뉴스통신사업자의 대표이사 또는 편집인이 될 수 없다(뉴스통신법 제 9 조 제 1 항).[16]

---

14) 뉴스통신법 시행령 제5조(등록)

> ② 법 제8조 제1항 제4호에서 "대통령령으로 정하는 사항"이란 다음 각호의 어느 하나에 해당하는 사항을 말한다. 1. 「전파법」에 따른 무선통신시설에 관한 사항, 2. 제1항에 따라 갖추어야 할 시설에 관한 사항.

15) 뉴스통신법 시행령 제5조(등록).

16) 뉴스통신법 제9조 제1항 각호의 어느 하나에 해당하는 자로서 대표이사 또는 편집인으로 취임한 자는 1천만원 이하의 벌금에 처한다(뉴스통신법 제35조 제1호). 동법 제9조 제1항 각 호의 어느 하나에 해당하는 자를 대표이사 또는 편집인으로 선임한 자 또한 1천만원 이하의 벌금에 처한다(뉴스통신법 제35조 제2호). 법인의 대표자나 법인 또는 개인의 대리인, 사용인, 그 밖의 종업원이 그 법인 또는 개인의 업무에 관하여 제34조 또는 제35조의 위반행위를 하면 그 행위자를 벌하는 외에 그 법인 또는 개인에게도 해당 조문의 벌

① 대한민국의 국적을 가지지 않은 자

② 대한민국에 주소를 두지 않은 자

③ 정당법에 의한 정당의 당원

④ 금고 이상의 형을 선고받고 그 형의 집행이 종료되지 않거나 집행을 받지 아니하기로 확정되지 않은 자. 다만, 형법 제87조 내지 제90조·제92조 내지 제101조, 군형법 제 5 조 내지 제 8 조·제 9 조 제 2 항·제11조 내지 제16조 또는 국가보안법 제 3 조 내지 제 9 조의 죄를 범하여 금고 이상의 형을 선고받은 경우에는 집행유예의 기간이 종료되지 않은 자를 포함한다.

⑤ '보안관찰법'에 의한 보안관찰처분, 종전의 '사회보호법'에 의한 보호감호 또는 '치료감호법'에 의한 치료감호의 집행중에 있는 자

⑥ 이 법을 위반하여 벌금 이상의 형을 선고받고 그 형의 집행이 종료되거나 형을 받지 않기로 확정된 날부터 2년이 경과되지 않은 자

⑦ 이 법을 위반하여 등록이 취소된 뉴스통신사업자의 대표이사 또는 편집인으로서 그 등록이 취소된 날부터 2년이 경과되지 않은 자

⑧ 미성년자·금치산자 또는 한정치산자

⑨ 파산선고를 받은 자로서 복권되지 않은 자

뉴스통신법(제 8 조의 규정)에 의해 등록한 뉴스통신사업자의 대표이사 또는 편집인이 결격사유에 해당하게 된 때에는 그 사유가 발생한 날부터 1월 이내에 뉴스통신사업자의 대표이사 또는 편집인의 변경등록을 해야 한다(동법 제 9 조 제 2 항).

### (2) 뉴스통신사업자의 자격제한

법인이 아닌 자는 뉴스통신사업을 할 수 없으며, 다음 즉 ① 외국정부 또는 외국의 법인이나 단체, ② 제 1 항 제 1 호 또는 제 2 호에 해당하는 자가 그 대표자로 되어 있는 법인 또는 단체, ③ 외국인 또는 외국의 법인이나 단체가 100분

---

금형을 과한다(동법 제36조 본문). 즉 모두 양벌규정이다. 다만, 법인 또는 개인이 그 위반행위를 방지하기 위해 해당 업무에 관해 상당한 주의와 감독을 게을리하지 않은 경우에는 그렇지 않다(동조 단서).

의 25 이상의 주식 또는 지분을 소유하고 있는 법인에 해당하는 자 또한 뉴스통신사업을 할 수 없다(뉴스통신법 제 9 조 제3·4항).

그 밖에 뉴스통신사업을 하거나 뉴스통신사업을 하고자 하는 자가 외국인 또는 외국의 법인이나 단체로부터 재산의 출자를 받을 때에는 외국인투자촉진법(제 5 조·제 6 조 또는 제 7 조)의 규정에 의해 지식경제부장관에게 신고된 사실을 입증하는 서류를 신고한 날부터 15일 이내 또는 등록신청 시 문화체육관광부장관에게 제출해야 한다(동조 제 5 항).[17]

### (3) 필요적 게재사항

뉴스통신사업자는 해당 뉴스통신에 그 명칭·주소·등록번호·등록연월일·제호·대표이사·편집인·발행연월일을 이용자가 알아보기 쉽게 게재 또는 공표해야 하며, 여러 명의 편집인이 있는 경우에는 그 책임분야와 함께 각자의 성명을 게재 또는 공표해야 한다. 이 경우 해당 뉴스통신이 인쇄매체로 간행되는 때에는 인쇄인·발행소에 관한 사항을 포함한다(뉴스통신법 제 9 조의2 제1·2문).[18]

## 3. 뉴스통신사업의 등록취소

### (1) 뉴스통신사업 정지명령

문화체육관광부장관은 (뉴스통신법 제 8 조 제 1 항에 따라) 뉴스통신사업자의 등록을 한 자가 ① 제 8 조 제 1 항에 따라 등록된 사항을 변경등록하지 아니하고 임의로 변경하여 뉴스통신사업을 한 때, ② 대표이사 또는 편집인이 제 9 조에 따른 결격사유에 해당된 때에는 3개월 이내의 기간을 정해 당해 뉴스통신사업자의 뉴스통신사업 정지를 명할 수 있다(뉴스통신법 제 9 조의3 제 1 항).[19]

17) 뉴스통신법 제9조 제5항에 따른 기간 이내에 서류를 제출하지 않은 자에게는 2천만원 이하의 과태료를 부과한다(뉴스통신법 제37조 제1항 제1호).

18) 뉴스통신법 제9조의2에 따른 필요적 게재사항을 게재 또는 공표하지 않은 자에게는 2천만원 이하의 과태료를 부과한다(뉴스통신법 제37조 제1항 제3호).

19) 뉴스통신법 제9조의3 제1항에 따른 사업정지의 명령을 위반하여 뉴스통신사업을 한 자는 1년 이하의 징역 또는 2천만원 이하의 벌금에 처한다(뉴스통신법 제34조 제3호).

법인의 대표자나 법인 또는 개인의 대리인, 사용인, 그 밖의 종업원이 그 법인 또는 개인의 업무에 관하여 제34조 또는 제35조의 위반행위를 하면 그 행위자를 벌하는 외에 그 법인 또는 개인에게도 해당 조문의 벌금형을 과한다. 즉 양벌규정이다(동법 제36조 본문). 다만, 법인 또는 개인이 그 위반행위를 방지하기 위해 해당 업무에 관해 상당한 주의와

### (2) 등록취소 심판의 청구

문화체육관광부장관은 뉴스통신사업을 등록한 자가 ① 속임수나 그 밖의 부정한 방법으로 등록한 사실이 있는 때, 또는 ② 음란한 내용의 뉴스통신사업으로 공중도덕이나 사회윤리를 현저하게 침해한 때에는 6개월 이내의 기간을 정해 해당 뉴스통신사업의 정지를 명하거나 법원에 뉴스통신의 등록취소의 심판을 청구할 수 있다(뉴스통신법 제 9 조의3 제 2 항).[20]

뉴스통신법(제 9 조의3 제 2 항)에 따른 등록취소의 심판청구에 대한 제 1 심 재판은 뉴스통신사업자의 보통재판적 소재지를 관할하는 지방법원 합의부의 관할로 하고, 법원은 심판청구를 접수한 날부터 3개월 이내에 재판해야 하며, 등록취소심판사건의 청구·심리·재판, 그 밖에 필요한 사항은 대법원규칙으로 정한다(동조 제 3 항).[21]

뉴스통신사업의 등록을 한 자가 해당 뉴스통신사업에 대하여 (동법 제 9 조의3 제 2 항에 따라) 청구된 등록취소의 심판이 확정된 때에는 그 취소심판이 확정된 날부터 10일 이내에 등록증을 문화체육관광부장관에게 반납해야 하며(뉴스통신법 시행령 제 7 조), (뉴스통신법 제 9 조의3 제 2 항에 따른) 또한 등록취소심판사건에 대한 법원의 재판에 따라 등록이 취소된 때에는 등록이 취소된 뉴스통신사업자의 대표이사 및 그와 대통령령으로 정하는 특수한 관계에 있는 자는 그 취소된 날부터 2년 이내에는 그 취소된 제호로 뉴스통신사업을 등록할 수 없다(동조 제 6 항). "대통령령으로 정하는 특수한 관계에 있는 자"란 배우자, 직계존비속, 뉴스통신을 경영하는 법인의 임원(합명회사의 경우에는 업무집행사원, 합자회사의 경우에는 무한책임사원)이거나 임원이었던 자 등 어느 하나에 해당하는 관계에 있는 자를 말한다.[22]

---

감독을 게을리하지 않은 경우에는 그렇지 않다(동조 단서).

20) 뉴스통신법 제9조의3 제2항에 따른 사업정지의 명령을 위반하여 뉴스통신사업을 한 자는 1년 이하의 징역 또는 2천만원 이하의 벌금에 처한다(뉴스통신법 제34조 제3호). 법인의 대표자나 법인 또는 개인의 대리인, 사용인, 그 밖의 종업원이 그 법인 또는 개인의 업무에 관하여 제34조 또는 제35조의 위반행위를 하면 그 행위자를 벌하는 외에 그 법인 또는 개인에게도 해당 조문의 벌금형을 과한다(동법 제36조 본문). 즉 양벌규정이다. 다만, 법인 또는 개인이 그 위반행위를 방지하기 위해 해당 업무에 관해 상당한 주의와 감독을 게을리하지 않은 경우에는 그렇지 않다(동조 단서).

21) 등록취소심판사건에 대하여는 '비송사건절차법'을 준용한다(뉴스통신법 제9조의3 제4항).

22) 뉴스통신법 시행령 제8조(뉴스통신 제호의 사용이 제한되는 특수관계에 있는 자의 범위).

### (3) 등록취소 처분

문화체육관광부장관은 (뉴스통신법 제 8 조 제 1 항에 따라) 뉴스통신사업을 등록한 자가 정당한 사유 없이 등록 후 6개월 이내에 당해 뉴스통신사업을 하지 아니한 때, 또는 정당한 사유 없이 1년 이상 당해 뉴스통신사업을 중단한 때에는 해당 뉴스통신사업자의 등록을 취소할 수 있으며(뉴스통신법 제 9 조의3 제 5 항),[23] 이에 따라 뉴스통신사업의 등록을 취소하고자 하는 경우에는 청문을 실시해야 한다(동조 제 7 항). 뉴스통신사업의 등록을 한 자가 해당 뉴스통신사업에 대해 등록이 취소된 때에는 그 등록이 취소된 날부터 10일 이내에 등록증을 문화체육관광부장관에게 반납해야 하며(뉴스통신법 시행령 제 7 조), (뉴스통신법 제 9 조의3 제 5 항 제 1 호 및 제 2 호에 따라) 또한 등록이 취소된 때에는 등록이 취소된 뉴스통신사업자의 대표이사 및 그와 대통령령[24]으로 정하는 특수한 관계에 있는 자는 그 취소된 날부터 2년 이내에는 그 취소된 제호로 뉴스통신사업을 등록할 수 없다(동조 제 6 항).

### (4) 등록취소심의위원회

#### 1) 설치목적

뉴스통신법(제 9 조의3 제 2 항)에 따른 사업정지의 명령·등록취소심판의 청구 및 (동조 제 5 항에 따른) 등록취소 처분의 공정하고 객관적인 심의를 위해 문화체육관광부장관 소속으로 등록취소심의위원회를 두어야 하며(뉴스통신법 제 9 조의4 제 1 항), 등록취소심의위원회의 구성·심의절차, 그 밖에 필요한 사항은 대통령령[25]으로 정한다(동조 제 2 항).

---

23) 뉴스통신법 제9조의3 제5항에 따른 등록취소 처분을 위반하여 뉴스통신사업을 한 자는 1년 이하의 징역 또는 2천만원 이하의 벌금에 처한다(뉴스통신법 제34조 제3호).
법인의 대표자나 법인 또는 개인의 대리인, 사용인, 그 밖의 종업원이 그 법인 또는 개인의 업무에 관하여 제34조 또는 제35조의 위반행위를 하면 그 행위자를 벌하는 외에 그 법인 또는 개인에게도 해당 조문의 벌금형을 과한다(동법 제36조 본문). 즉 양벌규정이다. 다만, 법인 또는 개인이 그 위반행위를 방지하기 위해 해당 업무에 관해 상당한 주의와 감독을 게을리하지 않은 경우에는 그렇지 않다(동조 단서).

24) 바로 앞의 각주 참조.

25) 뉴스통신법 시행령 제9조(등록취소심의위원회의 구성 및 운영 등).

2) 구성 및 운영

뉴스통신법(제 9 조의4)에 따른 등록취소심의위원회는 위원장 1명을 포함한 9명 이내의 위원으로 구성한다. 등록취소심의위원회의 위원장은 문화체육관광부 제1차관이 되고, 위원은 언론에 관한 학식과 경험이 풍부한 자 중에서 문화체육관광부장관이 위촉하는 자와 문화체육관광부 소속 고위공무원 중에서 문화체육관광부장관이 지명하는 자가 된다.

위촉위원의 임기는 3년으로 한다. 다만, 보궐위원의 임기는 전임자의 남은 기간으로 한다. 위원장은 등록취소심의위원회를 대표하고, 그 직무를 총괄한다. 위원장은 등록취소심의위원회의 회의를 소집하며 그 의장이 된다. 등록취소심의위원회의 회의는 재적위원 과반수의 출석으로 회의를 시작하고, 출석위원 과반수의 찬성으로 의결한다.

등록취소심의위원회의 회의에 출석하는 위원에 대하여는 예산의 범위에서 수당과 여비를 지급할 수 있다. 다만, 공무원인 위원이 그 소관 업무와 직접적으로 관련되어 출석하는 경우에는 그렇지 않다. 기타 등록취소심의위원회의 구성 및 운영에 필요한 사항은 등록취소심의위원회의 의결을 거쳐 위원장이 정한다.

## 4. 외국뉴스통신의 국내 지사 설치

외국뉴스통신의 지사 또는 지국을 국내에 설치하고자 하는 자는 대통령령[26]으로 정하는 바에 따라 문화체육관광부장관에게 등록해야 하며(뉴스통신법

26) 뉴스통신법 시행령 제10조(외국뉴스통신의 국내 지사 설치)

① 법 제9조의5 제1항에 따라 외국뉴스통신의 지사 또는 지국을 국내에 설치하려는 자는 외국뉴스통신 지사(지국) 등록신청서(전자문서로 된 신청서를 포함한다)에 다음 각 호의 서류(전자문서를 포함한다)를 첨부하여 문화체육관광부장관에게 제출하여야 한다. 1. 외국뉴스통신 본사와의 지사(지국) 설치계약서 사본 또는 그 계약 사실을 증명하는 서류, 2. 지사장 또는 지국장의 이력서

② 문화체육관광부장관은 제1항에 따라 외국뉴스통신의 지사 또는 지국이 등록을 한 때에는 지체 없이 외국뉴스통신 지사(지국) 등록증을 발급하여야 한다.

③ 제1항에 따라 외국뉴스통신의 지사 또는 지국을 등록한 자가 그 등록한 내용을 변경하려는 때에는 외국뉴스통신 지사(지국) 변경등록신청서(전자문서로 된 신청서를 포함한다)에 다음 각호의 서류(전자문서를 포함한다)를 첨부하여 문화체육관광부장

제9조의5 제1항),[27] 문화체육관광부장관은 제1항에 따라 등록한 자가 속임수나 그 밖의 부정한 방법으로 등록한 사실이 있는 때, 지사 또는 지국이 그 설치목적을 현저히 위반한 때, 당해 외국뉴스통신이 국헌을 문란하게 하거나 국가안보를 현저히 해한 기사를 게재한 때 등 어느 하나에 해당하는 경우에는 그 등록을 취소할 수 있다(동조 제 2 항).

# 제 3 절 뉴스통신법상의 기관

## Ⅰ. 연합뉴스사[28]

### 1. 설치배경 및 의의

#### (1) 국가기간뉴스통신사 지정배경

뉴스통신사는 (신문사·방송사 등) 다른 언론매체에게 가장 기본적·원시적인 형태의 뉴스정보를 제공하기 때문에 국내 및 국가 간의 정보흐름에 있어서 매우 중요한 기능·역할을 수행한다. 뉴스통신사의 오보(誤報)는 이로부터 뉴스정

---

관에게 제출하여야 한다. 1. 외국뉴스통신 지사(지국) 등록증, 2. 지사 또는 지국설치계약조건이 변경되는 경우에는 계약서 사본 또는 그 계약사실을 증명하는 서류
④ 문화체육관광부장관은 제3항에 따라 외국뉴스통신의 지사 또는 지국의 변경등록을 한 때에는 지체 없이 외국뉴스통신 지사(지국) 등록증을 재발급하여야 한다.
⑤ 외국뉴스통신의 지사 또는 지국을 국내에 설치한 자가 법 제9조의5 제2항에 따라 등록이 취소되거나 그 지사 또는 지국을 폐업한 때에는 그 취소된 날 또는 폐업한 날부터 10일 이내에 등록증을 문화체육관광부장관에게 반납하여야 한다.

27) 뉴스통신법 제9조의5 제1항에 따른 등록을 하지 않고 국내에 외국뉴스통신의 지사 또는 지국을 설치한 자는 1년 이하의 징역 또는 2천만원 이하의 벌금에 처한다(뉴스통신법 제34조 제4호). 법인의 대표자나 법인 또는 개인의 대리인, 사용인, 그 밖의 종업원이 그 법인 또는 개인의 업무에 관하여 제34조 또는 제35조의 위반행위를 하면 그 행위자를 벌하는 외에 그 법인 또는 개인에게도 해당 조문의 벌금형을 과한다(동법 제36조 본문). 즉 양벌규정이다. 다만, 법인 또는 개인이 그 위반행위를 방지하기 위해 해당 업무에 관해 상당한 주의와 감독을 게을리하지 않은 경우에는 그렇지 않다(동조 단서).

28) 현행 뉴스통신법상 제3장(연합뉴스사)의 규정은 이 법 시행일부터 6년간 효력을 갖는다(뉴스통신법 부칙 제2조).

보를 제공받는 다른 모든 언론기관의 오보로 즉시 이어지고, 반대로 뉴스통신사의 특종은 일시에 다른 모든 언론기관으로 전달되기 때문에 다른 언론매체와는 비교할 수 없을 정도로 큰 정보유통에 있어서의 파급력과 정보전달체계에 있어서의 중요성을 가진다.

한편, AP, Reuter, AFP 등 소위 세계 3대 뉴스통신사가 전(全)세계에서 발생하는 뉴스정보량의 80% 이상을 취재·배포하는 세계 뉴스정보시장의 독점적 구조 아래서 이들 뉴스통신사의 오보나 특정한 관점으로 왜곡된 뉴스정보는 곧바로 이로부터 뉴스정보를 제공받는 각국의 모든 언론매체로 전파되어 가감 없이 그대로 전달된다. 따라서 수출·수입 등 대외의존도가 높은 경제구조와 남·북한이 내립하고 있는 우리의 정치·경제적 상황에서 격변하는 국제뉴스정보를 우리의 가치와 관점으로 취재하여 이를 국내 언론기관에게 배포·전달하고, 우리와 관련한 뉴스정보를 객관적이고 공정하게 취재하여 이를 전(全)세계의 언론기관에 알리는 것은 국가의 이익과 국가의 홍보역량을 강화하는 매우 중요하고 긴요한 국가적 과제가 되었다.

이러한 배경에서 입법자는 헌법 제21조 제 3 항의 위임에 근거하여 뉴스통신사의 지위와 기능, 그리고 그 설립 및 운영의 시설기준 등을 정하는 뉴스통신에 관한 기본법인 '뉴스통신진흥에 관한 법률'을 제정함에 아울러 날로 격화되는 국가 간의 정보경쟁과 소위 메이저 뉴스통신사들의 정보독점 및 정보의 왜곡, 뉴스통신시장에 대한 개방 압력 등 뉴스통신시장의 환경변화 등에 능동적으로 대응하기 위해 뉴스통신산업에 대한 국가적 진흥방안을 마련하고, 국가를 대행하여 사실상 이러한 기능과 역할을 수행하여 오던 국내 유일의 종합뉴스통신사인 연합뉴스사를 국가기간뉴스통신사로 지정하여 그 법률적 지위와 업무의 범위를 명확히 하며, 연합뉴스사가 국가기간뉴스통신사로서의 역할을 원활하게 수행하는데 필요한 인적·물적 기반을 갖출 수 있도록 이를 지원하는 법적 근거를 마련한 것이다.

### (2) 뉴스통신사의 정부지원

뉴스통신시장의 경우 뉴스정보라는 상품이 가지는 공공재[29]로서의 성격과

29) 뉴스정보의 공공재(公共財)적 성격은 수요의 비경합성(非競合性)과 비배제성(非排除性)에서 나타난다. 수요의 비경합성은 일단 생산된 뉴스정보가 특정한 소비자에게 판매되었다

상품의 가치에 비해 생산에 엄청난 비용이 소요되는 규모의 경제로서의 특성으로 인해 이를 시장의 경쟁질서에 그대로 두어서는 필연적으로 심각한 경영난에 봉착할 수밖에 없는 취약한 산업구조를 가지고 있다. 그리고 뉴스통신사의 수익구조는 광고료 수입이 전체 매출액의 70 ~ 80% 이상을 차지하는 다른 언론매체와는 달리 오로지 기사전재료(記事轉載料) 등 뉴스정보 구독료 수입만으로 이루어져 뉴스통신사의 운영만으로는 도저히 그 비용과 수익의 균형을 달성할 수 없을 정도로 비효율적이다. 이러한 이유 때문에 뉴스통신사는 막대한 비용을 들여 자체적인 취재망을 두기보다는 전(全)세계에 걸쳐 광범위한 취재망을 운영하는 AP, Reuter, AFP 등 주요 뉴스통신사나 또는 아시아·유럽·중동 등 특정지역 중심의 취재망을 운영하는 지역거점 뉴스통신사들로부터 뉴스정보를 구매하여 이를 다시 국내 언론기관에게 제공하는 것이 수익성의 관점에서 불가피하게 되었고, 심지어 국내 뉴스정보의 경우에도 스스로 전국적인 취재망을 운영하기보다 이들 거대 뉴스통신사들의 국내지사나 취재망으로부터 뉴스정보를 구매하는 상황에까지 이르게 되었다.

결국 뉴스통신사를 시장의 경쟁질서에 그대로 두어서는 소위 메이저 뉴스통신사들의 관점과 기준으로 취재·가공된 뉴스정보를 그대로 받아들일 수밖에 없고, 국내의 뉴스정보마저 외국의 뉴스통신사에게 의존하게 되어 정보주권이 심각하게 손상되는 상황에 직면하게 되었다. 따라서 이러한 뉴스통신시장의 특수한 시장구조 및 열악한 수익구조 등을 고려할 때, 정보주권의 수호와 국민 간의 정보격차를 해소하며 국가이익보호와 국가의 홍보역량을 강화하기 위해서는 정부의 뉴스통신시장에 대한 최소한의 개입과 뉴스통신사에 대한 적절한 지원이 반드시 요청된다고 할 것이고, 이러한 차원에서 심판대상조항이 국가기간뉴스통신사를 지정하여 여러 가지 공적 임무를 부여하고, 그 임무의 수행과 관련

---

고 하더라도 그 자체가 소모되는 것이 아니고, 그 양도 줄어들지 않는다는 특징을 말한다. 수요의 비배제성은 뉴스정보를 구매하지 않는 소비자에게도 뉴스정보가 전달된다는 특징을 말한다(이에 반하여 일반적인 경제재의 경우에는 재화의 희소성으로 인하여 경합성과 배제성이 뚜렷이 나타난다). 물론 이 경우 뉴스정보가 소비자에게 전달되는 시차가 중요한 의미를 가질 수 있지만, 그 효과가 공공재로서의 특성을 상쇄할 정도로 유효한 의미를 가지지는 않는다. 이러한 공공재적 성격으로 말미암아 공공재를 구매하고자 하는 소비자는 상품의 가치에 상응하는 정당한 비용의 지불을 주저하는 경향이 있고, 비용을 지불하는 경우에도 이른바 '무임승차'를 배제하기 힘든 상황에서 소비자에게 가격결정권이 주어지는 경우가 많다(헌재 2005. 6. 30, 2003헌마841 참조).

하여 비용을 부담하며, 재정지원 등 다양한 혜택을 부여하는 등의 우대조치를 취하는 것은 그 합리성을 인정할 수 있다. 뉴스통신법상의 이러한 근거조항들은 언론기관으로서 뉴스통신사의 지위와 기능 등을 정하면서 날로 치열해져가는 국가 간의 정보쟁탈전과 소위 메이저 통신사들의 정보독점 및 왜곡, 통신시장의 개방압력 등 변화하는 뉴스통신시장의 환경에 능동적으로 적응하기 위해 뉴스통신에 대한 국가적인 진흥방안을 마련하고, 뉴스통신시장의 특수성으로 인해 고질적인 경영난에 겪는 국내 뉴스통신사를 지원하기 위한 것으로서 헌법 제21조의 언론·출판의 자유에 내포된 자유언론제도를 보장하기 위한 입법자의 의무와 헌법 제21조 제 3 항의 위임에 근거하여 그 입법목적의 정당성을 긍정할 수 있다.

## 2. 연합뉴스사의 지위와 기능

### (1) 연합뉴스의 기능

연합뉴스사는 국가기간뉴스통신사로서 정보주권을 수호하고 정보격차 해소 및 국민의 알 권리 충족을 위한 기능을 수행해야 하며(뉴스통신법 제10조 제 1 항), 이와 같은 지위를 유지하고 기능을 수행하기 위해 다음의 업무를 담당한다(동조 제 2 항).

① 국가 등 공공기관, 국내외 언론매체, 기업과 개인 등을 상대로 한 뉴스·데이터 및 화상 등의 공급,
② 외국의 주요 공공기관·언론매체·기업·단체 등에 대하여 영어, 그 밖에 대통령령[30]이 정하는 중요 외국어를 통한 뉴스·데이터 및 화상 등의 공급,
③ 대학·공공도서관·비영리 사회단체 등에 대한 뉴스·데이터 및 화상 등의 공급

30) 뉴스통신법 시행령 제11조

> 법 제10조 제2항 제2호에서 "그 밖에 대통령령이 정하는 중요 외국어"라 함은 프랑스어·스페인어·러시아어·중국어·아랍어·일본어 및 독일어 중에서 연합뉴스사가 예산의 범위 안에서 정하는 언어를 말한다.

④ 정관이 정하는 사업
⑤ 국제친선·문화교류·재외교민보호와 관련하여 국가가 필요로 하는 대외뉴스통신업무
⑥ 자연재해대책법 제2조의 규정에 의한 재난발생의 예방 및 피해 최소화를 위한 재난뉴스통신업무
⑦ 그 밖에 정부로부터 위탁받은 업무
⑧ 위 ①~⑦의 업무에 부대되는 사업

연합뉴스사는 국가기간 뉴스통신사로서의 기능을 수행하기 위해 필요한 인적·물적 기반을 갖추어야 한다(동조 제3항).

### (2) 연합뉴스의 지위에 대한 판례

정보주권의 수호와 국민 간의 정보격차를 해소하고 국가이익보호와 국가의 홍보역량을 강화하기 위해서는 정부의 뉴스통신시장에 대한 최소한의 개입과 뉴스통신사에 대한 적절한 지원이 반드시 요청된다고 할 것이고, 이러한 차원에서 심판대상조항(뉴스통신법 제10조·제19조·제20조·부칙 제4조)이 국가기간 뉴스통신사를 지정하여 이에 대해 여러 가지 공적 임무를 부여하며, 그 임무의 수행과 관련된 범위에서 비용을 부담하는 등의 우대조치를 취하는 것은 그 합리성을 인정할 수 있다.

따라서 다른 뉴스통신사와 그 기능과 역할 및 업무의 영역 측면에서 비교할 수 없을 정도로 큰 차이가 있는 것을 비롯하여 전문뉴스 제작인력의 수 등 인력구조의 면이나 매출액 등 물적 측면에서도 뚜렷한 차이가 존재하는 연합뉴스사를 국가기간 뉴스통신사로 지정하고 이에 대하여 재정지원 등 여러 가지 혜택을 부여한 심판대상조항에는 수긍할 만한 합리적인 이유가 있다고 할 것이므로, 이를 두고 평등원칙에 어긋나는 자의적 차별이라고 하기는 어렵다.

연합뉴스사에 대한 혜택의 부여로 인하여 다른 뉴스통신사의 경우 연합뉴스사와의 뉴스통신시장에서의 경쟁이 제한된다. 그러나 심판대상조항은 연합뉴스사를 선언적으로 국가기간 뉴스통신사로 지정할 뿐 그 지정으로써 당연히 어떠한 혜택이 자동적으로 연합뉴스사에게 부여되는 것은 아니고, 정부가 연합뉴스사와 실제로 뉴스정보 구독계약을 체결하거나 정부가 일정한 공익사업을 연

합뉴스사에 위임하는 경우에 비로소 재정지원 등 혜택을 부여할 수 있는 법적 근거를 마련하고 있는 데 불과하다. 그리고 그러한 혜택의 부여도 이 법 시행일로부터 "6년간"만 효력을 가지므로 이러한 경쟁제한의 효과가 영구적인 것도 또한 아니다.

따라서 심판대상조항으로 인한 기본권제한의 효과는 비교적 경미한 데 반하여, 국가기간뉴스통신사로서 연합뉴스사의 인적·물적 기반의 강화와 이를 통한 국제뉴스정보시장에서의 경쟁력의 향상이라는 공익실현의 효과는 매우 크다고 할 것으로 심판대상조항은 과잉금지원칙에 위배된다고 할 수 없다(헌재 2005. 6. 30, 2003헌마841).

## 3. 연합뉴스사의 조직 구성

### (1) 임원의 선임 및 직무

연합뉴스사에는 대표이사와 5인 이내의 이사 및 감사 1인을 두어야 하고(뉴스통신법 제14조 제 1 항), 대표이사는 뉴스통신진흥회의 추천을 받아 연합뉴스사의 이사회의 의결로 선임되며(동조 제 2 항), 이사와 감사는 뉴스통신진흥회의 추천을 받아 주주총회에서 선임된다(동조 제 3 항). 임원의 임기는 3년으로 하며, 다만 보궐임원의 임기는 전임자의 잔임기간으로 한다(동조 제 4 항). 뉴스통신법 제 9 조의 규정[31]은 연합뉴스사의 임원에 관해 이를 준용한다(동법 제16조).

---

31) 뉴스통신법 제9조(결격사유 등)

> ① 다음 각호의 1에 해당하는 자는 뉴스통신사업자의 대표이사 또는 편집인이 될 수 없다.
> 1. 대한민국의 국적을 가지지 아니한 자, 2. 대한민국에 주소를 두지 아니한 자, 3. 정당법에 의한 정당의 당원, 4. 금고 이상의 형을 선고받고 그 형의 집행이 종료되지 아니하거나 집행을 받지 아니하기로 확정되지 아니한 자. 다만, 형법 제87조 내지 제90조·제92조 내지 제101조, 군형법 제5조 내지 제8조·제9조 제2항·제11조 내지 제16조 또는 국가보안법 제3조 내지 제9조의 죄를 범하여 금고 이상의 형을 선고받은 경우에는 집행유예의 기간이 종료되지 아니한 자를 포함한다. 5. 「보안관찰법」에 의한 보안관찰처분, 「사회보호법」에 의한 보호감호 또는 「치료감호법」에 의한 치료감호의 집행 중에 있는 자, 6. 이 법을 위반하여 벌금 이상의 형을 선고받고 그 형의 집행이 종료되거나 형을 받지 아니하기로 확정된 날부터 2년이 경과되지 아니한 자, 7. 이 법을 위반하여 등록이 취소된 뉴스통신사업자의 대표이사 또는 편집인으로서 그 등록이 취소된 날부터 2년이

대표이사는 연합뉴스사를 대표하고, 연합뉴스사의 업무를 총괄하며(뉴스통신법 제15조 제 1 항), 이사는 이사회에서 정하는 바에 따라 연합뉴스사의 업무를 분장하고 대표이사가 부득이한 사유로 그 직무를 수행할 수 없을 때에는 정관이 정하는 순서에 의해 이사가 그 직무를 대행한다(동조 제 2 항). 그리고 감사는 연합뉴스사의 업무 및 회계에 관한 사항을 감사한다(동조 제 3 항).

임원 및 직원은 그 직무 외의 영리를 목적으로 하는 직무에 종사하지 못하며(동법 제18조 제 1 항), 임원 또는 직원이나 그 직에 있었던 자는 그 직무상 알게 된 비밀을 누설해서는 안 된다(동조 제 2 항).

### (2) 이사회

연합뉴스사에 관한 주요 사항을 결정하기 위해 연합뉴스사에 대표이사를 포함한 이사로 구성되는 이사회를 두어야 하고(뉴스통신법 제17조 제 1 항), 감사는 이사회에 출석해 의견을 진술할 수 있으며(동조 제 2 항), 그 밖에 이사회의 운영 등에 관하여 필요한 사항은 정관으로 정한다(동조 제 3 항).

### (3) 편집권의 독립과 편집위원회

연합뉴스사는 편집권의 독립을 보장하기 위해 편집위원회를 둘 수 있다. 편집위원회는 대통령령으로 정하는 바에 따라 연합뉴스사를 대표하는 편집위원과 취재 및 제작 활동에 종사하는 근로자를 대표하는 편집위원으로 구성한다(뉴

---

경과되지 아니한 자, 8. 미성년자·금치산자 또는 한정치산자, 9. 파산선고를 받은 자로서 복권되지 아니한 자

② 제8조의 규정에 의하여 등록한 뉴스통신사업자의 대표이사 또는 편집인이 제1항의 규정에 의한 결격사유에 해당하게 된 때에는 그 사유가 발생한 날부터 1월 이내에 뉴스통신사업자의 대표이사 또는 편집인의 변경등록을 하여야 한다.

③ 법인이 아닌 자는 뉴스통신사업을 할 수 없다.

④ 다음 각호의 1에 해당하는 자는 뉴스통신사업을 할 수 없다. 1. 외국정부 또는 외국의 법인이나 단체, 2. 제1항 제1호 또는 제2호에 해당하는 자가 그 대표자로 되어 있는 법인 또는 단체, 3. 외국인 또는 외국의 법인이나 단체가 100분의 25 이상의 주식 또는 지분을 소유하고 있는 법인.

⑤ 뉴스통신사업을 하거나 뉴스통신사업을 하고자 하는 자가 외국인 또는 외국의 법인이나 단체로부터 재산의 출자를 받을 때에는 외국인투자촉진법 제5조·제6조 또는 제7조의 규정에 의하여 지식경제부장관에게 신고된 사실을 입증하는 서류를 신고한 날부터 15일 이내 또는 등록신청시 문화체육관광부장관에게 제출하여야 한다.

스통신법 제18조의3 제1·2항).

편집위원회의 구체적 구성과 운영 및 평가에 관한 사항은 편집규약으로 정한다(뉴스통신법 제18조의3 제 3 항).

## 4. 뉴스 수용자의 권익보호

### (1) 수용자권익위원회의 설치

연합뉴스사는 수용자가 뉴스통신의 편집 또는 제작에 관한 의사결정에 참여할 수 있도록 하고, 편집 또는 제작의 기본방침이 수용자의 이익에 충실하도록 노력해야 한다(뉴스통신법 제18조의2 제 1 항). 현행 뉴스통신법은 2009. 6. 9. 일부개정시 제18조의2 규정을 신설하여 자문기구인 수용자권익위원회를 두도록 하는 등 뉴스통신사업자에게 수용자의 권익보호를 위한 노력을 하도록 명시하고 있다.

연합뉴스사는 수용자의 권익을 보호하기 위한 자문기구로 수용자권익위원회를 두어야 하며, 그 편집 또는 제작에 있어서 수용자의 권익을 보호하기 위한 회의를 매달 1회 이상 열어 이를 반영할 수 있다(뉴스통신법 제18조의2 제 2 항).

### (2) 수용자권익위원회의 구성 및 운영

수용자권익위원회의 회의는 공개를 원칙으로 하되 필요한 경우 수용자권익위원회의 결정으로 비공개할 수 있으며, 구성 및 운영에 관한 사항은 연합뉴스사의 정관으로 정한다(뉴스통신법 제18조의2 제 3 항). 또한 연합뉴스사는 수용자의 의사에 반해 구독계약을 체결·연장·해지하거나 불공정거래행위에 해당하는 행위를 해서는 안 된다(동조 제 4 항).

## 5. 뉴스정보의 구독계약

### (1) 구독계약 체결과 판매조건 결정

정부는 연합뉴스사와 뉴스통신법 제 6 조 제 3 항[32]의 규정에 의한 구독계

---

32) 뉴스통신법 제6조(뉴스통신 진흥시책의 강구 등) 제3항

약을 체결하는 경우 매출액·물가상승률·경제성장률 등을 감안하여 구독료의 요율 등 판매조건을 결정해야 한다. (동법 제19조 제 1 항에 따른) 계약은 문화체육관광부장관이 정부를 대표해 일괄하여 체결할 수 있으며, 이 경우 계약기간은 2년으로 하되, 정부는 계약 다음 연도에는 물가상승률과 경제성장률을 감안하여 구독료 또는 요율을 변경할 수 있다(동법 제19조 제 1 항, 제 2 항 제1·2문).[33][34]

### (2) 위탁업무의 비용부담

정부는 제10조 제 2 항 제 3 호[35)]·제 5 호[36)] 및 제 6 호[37)]의 업무, 동항 제 7 호[38)]의 규정에 의해 연합뉴스사에 위탁한 업무와 미디어환경 변화로 인한 국민의 정보격차 해소에 필요한 사업에 대해 예산의 범위 안에서 비용의 전부 또는 일부를 부담하거나 재정자금을 융자할 수 있다(뉴스통신법 제20조).

## 6. 연합뉴스 경영의 평가

### (1) 경영목표 설정 및 보고의무

현행 뉴스통신법은 2009. 6. 9. 일부개정시 제21조 제 1 항·제32조의2,[39)] 제

---

> 정부는 제8조의 규정에 의하여 등록된 뉴스통신사업자와 대통령령이 정하는 바에 따라 구독계약을 체결할 수 있다.

33) 현행 뉴스통신법은 2009. 6. 9. 일부개정시 제19조 제2항을 신설하여 정부와 연합뉴스사간 뉴스정보구독계약을 문화체육관광부장관이 일괄적으로 체결할 수 있도록 하되, 계약기간은 2년으로 규정하고 있다.

34) 뉴스통신법 제19조 제1항 및 제2항에 따른 계약의 구체적인 내용 및 체결절차 등에 관해 필요한 사항은 대통령령으로 정한다(동조 제3항).

35) 대학·공공도서관·비영리 사회단체 등에 대한 뉴스·데이터 및 화상 등의 공급업무.

36) 국제친선·문화교류·재외교민보호와 관련하여 국가가 필요로 하는 대외뉴스통신업무.

37) 자연재해대책법 제2조의 규정에 의한 재난발생의 예방 및 피해 최소화를 위한 재난뉴스통신업무.

38) 그 밖에 정부로부터 위탁받은 업무.

39) 뉴스통신법 제32조의2(경영실적 평가 등)

> ① 진흥회는 제21조 제1항에 따라 제출된 경영목표와 제22조 제2항에 따라 제출된 경영실적보고서를 바탕으로 연합뉴스사의 전년도 경영실적을 평가한다.
> ② 진흥회는 매년 6월 30일까지 제1항에 따른 경영실적 평가를 마치고, 그 결과를 국회와 문화체육관광부장관에게 보고하여야 한다.
> ③ 경영실적 평가에 필요한 사항은 정관으로 정한다. [본조신설 2009. 6. 9]

22조 제 2 항의 규정을 신설하여 연합뉴스사의 대표이사로 하여금 연합뉴스사의 업무와 경영환경을 고려해 중장기 경영목표를 설정함에 아울러 전년도의 경영실적을 기재한 보고서를 작성하여 뉴스통신진흥회에 제출하도록 하였으며, 또한 뉴스통신진흥회는 경영목표와 경영실적보고서를 바탕으로 연합뉴스사의 경영실적을 평가하도록 명시하고 있다.

대표이사는 연합뉴스사의 업무와 경영환경을 고려하여 다음 연도를 포함하여 3 회계연도 이상의 중장기 경영목표(이하 '경영목표'라 한다)를 설정하고, 이사회의 의결을 거쳐 확정하여 매년 10월 31일까지 진흥회에 제출해야 한다(뉴스통신법 제21조 제 1 항).

### (2) 경영계획 수립과 예산편성

대표이사는 경영목표를 바탕으로 이사회의 심의·의결을 거쳐 연합뉴스사의 운영계획을 매년 수립하고(뉴스통신법 제21조 제 2 항), 이러한 해당 연도 운영계획을 토대로 예산을 편성한다(동조 제 3 항 제 1 문). 예산의 편성 시에는 미리 이사회의 심의·의결을 거쳐야 한다(동조 제 3 항 제 2 문).

대표이사는 확정된 운영계획을 진흥회에 제출해야 하며, 제 3 항에 따라 편성된 예산을 진흥회에 제출하여 승인을 받아야 한다(동조 제 4 항 제 1 문). 예산을 승인받은 후 (뉴스통신법 제21조 제 2 항에 따른) 운영계획의 변경이나 그 밖에 불가피한 사유로 인해 (뉴스통신법 제21조 제 3 항에 따른) 예산을 변경하는 경우에도 또한 같다(동조 제 4 항 제 2 문).

### (3) 경영실적보고서 제출의무

연합뉴스사의 대표이사는 매 회계연도 종료 후 3월 이내에 이사회의 심의·의결을 거쳐 진흥회의 승인을 얻어 결산을 확정하고 이를 공표해야 한다.

대표이사는 매년 3월 31일까지 전년도의 경영실적을 기재한 보고서('경영실적보고서')를 작성하여 진흥회에 제출해야 한다(뉴스통신법 제22조 제1·2항).

## Ⅱ. 뉴스통신진흥회[40)]

### 1. 진흥회의 설립

뉴스통신의 진흥과 공적 책임을 실현하고 연합뉴스사의 독립성·공정성을 보장하기 위해 뉴스통신진흥회를 설립한다. 진흥회는 법인으로 해야 하고, 그 주된 사무소의 소재지는 정관으로 정하며, 진흥회는 주된 사무소의 소재지에서 설립등기를 함으로써 성립한다(뉴스통신법 제23조 제1·2·3·4항).

진흥회를 설립할 때는 ① 목적, ② 명칭, ③ 주된 사무소의 소재지, ④ 이사회에 관한 사항, ⑤ 임원 및 직원에 관한 사항, ⑥ 업무 및 그 집행에 관한 사항, ⑦ 뉴스통신진흥자금에 관한 사항, ⑧ 재산 및 회계에 관한 사항, ⑨ 공고의 방법에 관한 사항, ⑩ 정관의 변경에 관한 사항을 정관에 기재해야 하며, 진흥회가 정관을 변경하고자 할 때에는 문화체육관광부장관의 인가를 받아야 한다(동법 제24조 제1·2항).

### 2. 진흥회의 업무

진흥회는 뉴스통신사업의 발전을 위해 다음의 업무를 행한다(뉴스통신법 제25조).

① 뉴스통신의 발전과 향상을 위한 연구 및 학술사업
② 뉴스통신진흥자금의 운용·관리
③ 연합뉴스사의 경영 감독에 관한 사항
④ 연합뉴스사의 대표이사·이사 및 감사의 추천
⑤ 연합뉴스사의 독립성과 공적 책임에 관한 사항
⑥ 연합뉴스사의 예산 및 결산의 승인
⑦ 그 밖에 이 법 또는 다른 법률의 규정에 의해 진흥회의 직무 또는 권한으로 규정된 사항

40) 현행 뉴스통신법상 제4장(뉴스통신진흥회)의 규정은 이 법 시행일부터 6년간 효력을 갖는다(뉴스통신법 부칙 제2조).

⑧ 그 밖의 공익목적사업
⑨ 위 ①~⑧의 업무에 부대되는 업무

## 3. 임원의 선임 및 직무

### (1) 임원의 선임

진흥회에는 임원[41]으로 이사장 1인을 포함한 7인의 이사와 감사 1인을 두며, 임원의 임기는 3년으로 하고 1회에 한해 연임할 수 있다(뉴스통신법 제26조 제1항).[42] 임원에 결원이 있을 때에는 결원된 날부터 30일 이내에 제4~6항[43]의 규정에 의해 그 결원된 임원을 임명하되, 보궐임원의 임기는 전임자의 잔임기간으로 한다(동조 제2항). 임기가 만료된 임원은 그 후임자가 선임될 때까지 그 직무를 행한다(동조 제3항).

이사는 뉴스통신에 관한 전문성 및 언론 각 분야의 대표성을 고려하여 대통령이 임명하되, 그 중 3인은 국회의장이 각 교섭단체의 대표의원과 협의하여 추천한 자를 임명하고, 2인은 일간신문 발행인을 대표하는 전국조직과 지상파 방송사업자를 대표하는 전국조직이 각각 추천한 자를 임명한다(동조 제4항). 그 밖에 이사장은 이사회에서 호선하며(동조 제5항), 감사는 이사장이 이사회의 의결을 거쳐 임명한다(동조 제6항). 진흥회는 임원에게 정관이 정하는 바에 따라 직무수행경비 등 실비를 지급할 수 있다(동조 제8항).

### (2) 임원의 직무

이사장은 진흥회를 대표하고 그 업무를 총괄하며(뉴스통신법 제27조 제1항),

41) 이사장을 제외한 임원은 비상임으로 한다(뉴스통신법 제26조 제7항).
42) 뉴스통신법 제9조의 규정은 진흥회의 임원에 관하여 이를 준용한다(뉴스통신법 제28조).
43) 뉴스통신법 제26조(임원)

> ④ 이사는 뉴스통신에 관한 전문성 및 언론 각 분야의 대표성을 고려하여 대통령이 임명하되, 그 중 3인은 국회의장이 각 교섭단체의 대표의원과 협의하여 추천한 자를 임명하고, 2인은 일간신문 발행인을 대표하는 전국조직과 지상파 방송사업자를 대표하는 전국조직이 각각 추천한 자를 임명한다.
> ⑤ 이사장은 이사회에서 호선한다.
> ⑥ 감사는 이사장이 이사회의 의결을 거쳐 임명한다.

이사장이 부득이한 사유로 그 직무를 수행할 수 없을 때에는 이사 중에서 연장자의 순으로 그 직무를 대행한다(동조 제 2 항). 이사장은 국회에 출석하여 소관 사무에 관해 의견을 진술할 수 있으며, 국회의 요구가 있을 때에는 출석하여 보고하거나 답변해야 한다(동조 제 3 항). 감사는 진흥회의 업무 및 회계에 관한 사항을 감사한다(동조 제 4 항).

### 4. 이사회

#### (1) 이사회의 구성

진흥회에 관한 중요사항을 심의·의결하기 위해 진흥회에 이사회를 두어야 하며, 이사회는 이사장을 포함한 이사로 구성한다. 이사장은 이사회를 소집하고 그 의장이 되며, 다만 재적이사 과반수의 찬성으로 이사회의 소집을 요구한 때에는 이사장은 지체 없이 이사회를 소집해야 한다. 이사회는 재적이사 3분의 2 이상의 출석과 출석이사 과반수의 찬성으로 의결하되, 다만 연합뉴스사의 대표이사를 추천하는 경우에는 재적이사 3분의 2 이상의 찬성으로 의결한다(뉴스통신법 제29조 제1·2·3·4항).

이사회는 정관이 정하는 바에 따라 회의록을 작성해야 하고(동조 제 7 항), 이사회의 회의는 공개하되(동조 제 6 항 본문), 다만 이사회가 필요하다고 인정하여 의결한 경우에는 그렇지 않다(동조 제 6 항 단서). 감사는 이사회에 출석하여 의견을 진술할 수 있다(동조 제 5 항).

#### (2) 이사회의 기능

이사회는 뉴스진흥사업의 예산·자금계획 및 결산, 기본재산의 취득 및 처분, 정관이 정하는 규정의 제정 및 개폐, 정관의 변경, 제25조 진흥회의 업무와 관련된 사항, 그 밖에 이사회가 필요하다고 인정하는 사항을 심의·의결한다(뉴스통신법 제30조).

#### (3) 진흥회 사무국

진흥회의 사무를 처리하기 위해 진흥회에 사무국을 두어야 하며, 사무국에는 사무국장 1인과 필요한 직원을 둔다.

사무국장은 이사회의 동의를 얻어 이사장이 임명하되, 사무국장을 제외한 직원은 정관이 정하는 바에 의해 이사장이 임면하며, 그 밖에 사무국의 운영 등에 관해 필요한 사항은 정관으로 정한다(뉴스통신법 제31조 제1·2·3·4·5항).

## 5. 뉴스통신진흥자금 조성 및 운용

### (1) 뉴스통신진흥자금의 조성

진흥회의 운영 및 업무에 소요되는 재원에 충당하기 위해 진흥회에 뉴스통신진흥자금을 두어야 하며, 이와 같은 자금은 다음의 재원으로 조성할 수 있다(뉴스통신법 제32조 제1·2항).

① 진흥회가 출자한 연합뉴스사의 배당잉여금
② 연합뉴스의 영업이익(제 3 항[44])에 따른 출연금
③ 정부·법인·단체 또는 개인의 출연재산
④ 자금운용수익금
⑤ 그 밖의 수입금

### (2) 뉴스통신진흥자금의 운용

자금은 다음의 사업에 사용해야 하며, 그 밖에 자금의 운용·관리에 관해 필요한 사항은 정관으로 정한다(뉴스통신법 제32조 제4·5항).

① 규정에 의해 정부가 연합뉴스사에 위탁한 업무에 대한 지원(제10조 제 2 항 제 5 호[45] 및 제 6 호[46]의 업무와 동항 제 7 호)
② 연구 및 학술사업(제25조 제 1 호)[47]·그 밖의 공익목적사업(제 8 호)[48] 및

44) 연합뉴스사는 해당 연도 결산상 영업이익의 100의 10 이내에서 대통령령으로 정하는 범위의 금액을 자금의 재원으로 출연해야 한다(뉴스통신법 제32조 제3항).
45) 국제친선·문화교류·재외교민보호와 관련하여 국가가 필요로 하는 대외뉴스통신업무.
46) 자연재해대책법 제2조의 규정에 의한 재난발생의 예방 및 피해 최소화를 위한 재난뉴스통신업무.
47) 뉴스통신의 발전과 향상을 위한 연구 및 학술사업.
48) 그 밖의 공익목적사업.

그 업무에 부대되는(제 9 호)[49] 사업

③ 그 밖에 뉴스통신의 발전을 위해 필요하다고 보아 이사회가 심의·의결한 사업 등에 자금을 운용한다.

## 6. 연합뉴스 경영실적의 평가

### (1) 경영실적의 평가 및 보고

진흥회는 뉴스통신법(제21조 제 1 항)에 따라 제출된 연합뉴스의 경영목표와 동법(제22조 제 2 항)에 따라 제출된 경영실적보고서를 바탕으로 연합뉴스사의 전년도 경영실적을 평가해야 하며, 매년 6월 30일까지 (뉴스통신법 제32조의2 제 1 항에 따른) 경영실적 평가를 마치고, 그 결과를 국회와 문화체육관광부장관에게 보고해야 한다. 경영실적 평가에 필요한 사항은 정관으로 정한다(뉴스통신법 제32조의2 제1·2·3항).

### (2) 예산서 및 결산서의 제출

진흥회는 진흥회와 연합뉴스사의 매 회계연도의 예산서를 당해 회계연도 개시 전에 국회 및 문화체육관광부에 제출해야 하며, 이를 변경하고자 하는 경우에도 또한 같다. 또한 진흥회는 매 회계연도 종료 후 3월 이내에 진흥회와 연합뉴스사의 전 회계연도의 결산서를 국회 및 문화체육관광부에 제출해야 한다(뉴스통신법 제33조 제1·2항).

49) 뉴스통신법 제25조 제1호 내지 제8호 업무에 부대되는 업무.

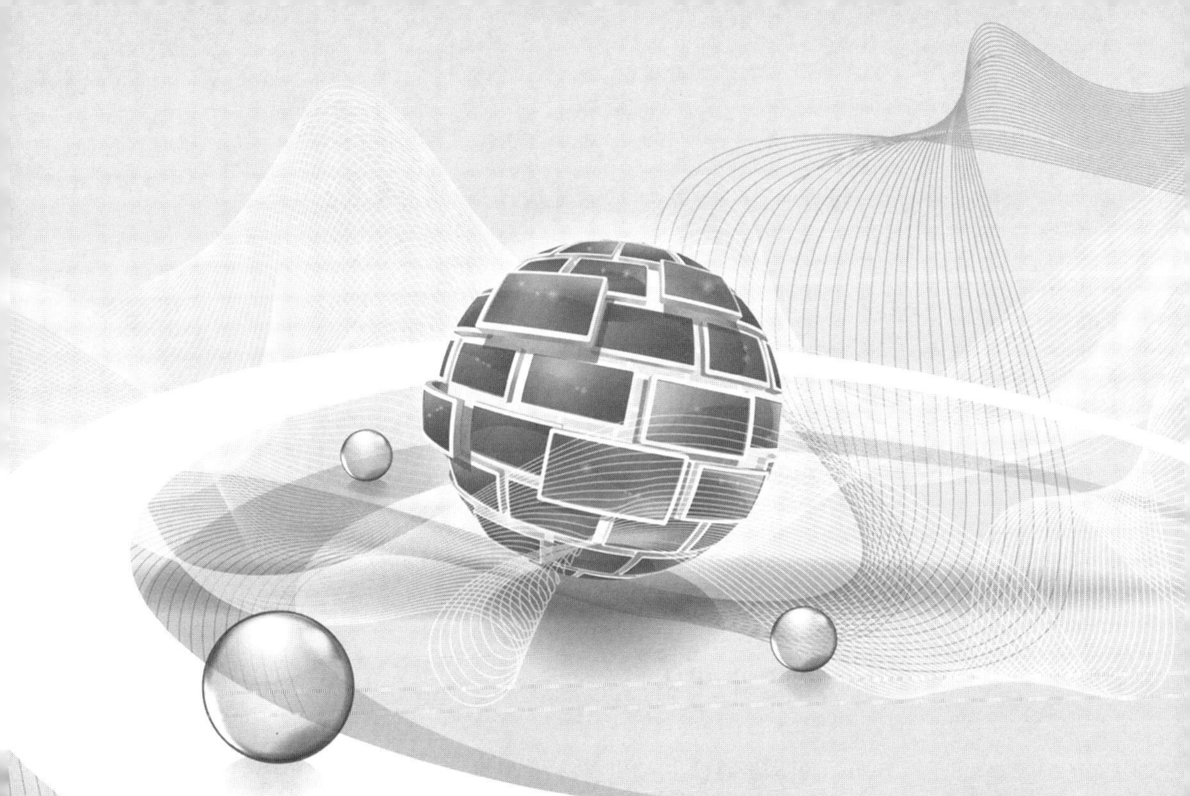

제 8 장

# 언론중재법 – 언론중재 및 피해구제 등에 관한 법률

제 1 절 서설(序說)

제 2 절 언론중재법의 주요 내용 및 구성

제 3 절 언론에 의한 권익침해 구제제도

# 제 8 장 언론중재법 — 언론중재 및 피해구제 등에 관한 법률

## 제 1 절 서설(序說)

### Ⅰ. 언론중재법의 제정

1980년 언론통폐합을 뒷받침하기 위해 제정된 언론기본법이 1987년 폐지되면서 방송을 관장하는 방송법(1987. 11. 28. 법률 제3978호 제정)과 신문을 관장하는 '정기간행물의 등록 등에 관한 법률'(1987. 11. 28. 법률 제3979호 제정)로 법체계가 분리되었다. 그 후 방송법은 2000. 1. 12. 법률 제6139호로 폐지 제정되었고, '정기간행물의 등록 등에 관한 법률'은 신문법으로 재탄생되었다. 한편, '언론중재 및 피해구제 등에 관한 법률'('언론중재법'으로 약칭)은 종전에 정간법·방송법 등 각 개별법에 분산되어 있던 언론피해구제제도를 포괄·단일화해 2005. 1. 27. 제정(법률 제7370호 시행 2005. 7. 28. 시행)되었다.

### Ⅱ. 제정 언론중재법[1)]의 취지 및 주요 내용

#### 1. 제정취지

언론의 자유가 개인의 인격발전 및 민주주의 형성에 있어 불가결한 기본권임은 누구도 부인할 수 없다. 그러나 오늘날 언론기관이 정치·사회적으로 미치는 영향력은 강력하여 언론기관이 공정성과 객관성을 유지하지 않을 경우 자칫 정치·사회적 여론을 왜곡시킬 수 있으며, 명예·사생활 비밀과 같은 개인의 소

1) 법률 제7370호, 2005. 1. 27 제정, 2005. 7. 28 시행.

중한 자유에 회복하기 어려운 피해를 입힐 수 있다. 이에 우리 헌법 제21조 제 4 항은 "언론·출판이 타인의 명예나 권리 또는 공중도덕이나 사회윤리를 침해하여서는 아니된다"라고 규정해 막중한 언론의 사회적 책임·의무를 헌법적 차원에서 강조하고 있다. 이는 언론·출판의 자유가 민주사회에서 비록 중요한 기능을 수행한다고 하더라도 그것이 인간의 존엄성에서 유래하는 개인의 일반적 인격권 등의 희생을 강요할 수는 없음이 분명한 이상, 언론기관에 의해 인격권 등의 자유·권리를 침해받은 피해자에게는 신속·적절한 방어의 수단이 주어져야 한다는 것을 의미한다.[2)]

'정기간행물의 등록 등에 관한 법률'·방송법 등 각 개별법에 분산 규정되어 있던 언론피해구제제도를 포괄·단일화하고, 언론보도로 침해된 국민의 권리구제를 확대하기 위해 청구기간을 확대하며, 종전의 중재제도를 조정과 중재로 구분하고 중재위원회의 조정이나 중재 절차에 의하여도 손해배상을 받을 수 있게 하는 한편, 언론의 자유와 독립에 상응한 언론의 사회적 책임을 분담하게 함으로써 공정한 여론형성과 언론의 공적 책임의 실현에 기여하도록 하려는 취지에서 2005. 1. 27 언론중재법의 제정이 이루어졌다.

## 2. 주요 내용

### (1) 언론중재위원회의 설치

제정 언론중재법은 언론보도 또는 게재로 인한 분쟁조정·중재 및 침해사항을 심의하기 위해 언론중재위원회(이하 '중재위원회'라 한다)를 두도록 규정하였다(동법 제 7 조).

### (2) 언론사에 대한 정정보도 청구

제정 언론중재법은 사실적 주장에 관한 언론보도가 진실하지 않음으로 인해 피해를 입은 자는 해당 언론보도가 있음을 안 날부터 3월 이내에 그 보도 내용에 관한 정정보도를 언론사에 청구할 수 있고, 정정보도의 청구에는 언론사의 고의·과실이나 위법성을 요하지 않도록 규정하였다(동법 제14조).

2) 헌재 1991. 9. 16, 89헌마165.

### (3) 언론사에 대한 반론보도 청구

제정 언론중재법은 사실적 주장에 관한 언론보도로 인해 피해를 입은 자는 그 보도내용에 관한 반론보도를 언론사에 청구할 수 있으며, 그 청구는 언론사의 고의·과실이나 위법함을 요하지 않고, 보도내용의 진실 여부를 불문하는 것으로 규정하였다(동법 제16조 제1·2항).

### (4) 조정 및 중재의 신청

제정 언론중재법은 정정보도청구 등과 관련하여 분쟁이 있는 경우 피해자 또는 언론사는 중재위원회에 조정을 신청할 수 있도록 하고, 피해자는 언론에 의한 피해의 배상에 대해 중재위원회에 조정을 신청할 수 있도록 하며, 정정보도청구 등이나 손해배상의 분쟁에 관해 분쟁의 당사자는 중재부의 종국적 결정에 따르기로 합의하고 중재를 신청할 수 있도록 규정하였다(동법 제18·24조).

### (5) 언론중재위원회의 직권조정결정

제정 언론중재법은 당사자 사이에 합의가 이루어지지 않은 경우 또는 신청인의 주장이 이유 있다고 판단되는 경우 중재부는 당사자들의 이익 그 밖의 모든 사정을 참작하여 신청취지에 반하지 않는 한도 내에서 직권으로 조정에 갈음하는 직권조정결정을 할 수 있고, 직권조정결정에 불복이 있는 자는 결정 정본을 송달받은 날부터 7일 이내에 중재부에 이의신청을 할 수 있으며, 이의신청이 있은 때에 소가 제기된 것으로 보도록 규정하고 있다(동법 제22조).

### (6) 정정보도 등 청구의 소

제정 언론중재법은 정정보도·반론보도 및 추후보도 청구의 소를 중재위원회의 절차를 거치지 않고서도 제기할 수 있도록 하고, 소는 접수 후 3월내에 판결을 선고하도록 규정하고 있다(동법 제26·27조).

### (7) 언론중재위원회의 시정권고

제정 언론중재법은 언론중재위원회는 직권 또는 피해자가 아닌 제 3 자의 신청에 의해 언론의 보도내용에 의한 국가적 법익이나 사회적 법익 또는 타인의 법익 침해사항을 심의해 필요한 경우 해당 언론사에 서면으로써 그 시정을 권고할 수 있도록 규정하고 있다(동법 제32조).

## Ⅲ. 개정 언론중재법[3)]의 취지 및 내용

### 1. 개정취지

종전 언론중재법의 일부 조항에 대한 헌법재판소의 위헌 결정에 따라 해당 규정을 정비하고, 인터넷포털이나 언론사닷컴 등의 뉴스서비스 제공으로 피해가 발생하고 있는데도 불구하고 신속하고 충분한 피해구제가 어려운 실정이므로 인터넷포털 등을 이 법의 적용 대상으로 하여 피해구제를 신속히 할 수 있도록 하는 한편, 그 밖에 현행 제도의 운영상 나타난 일부 미비점을 개선·보완하려는 취지에서 일부개정이 이루어지게 되었다.

### 2. 주요 내용

#### (1) 적용대상의 확대

사회적 영향력이 큰 인터넷 포털의 뉴스서비스에 대해서 언론중재 및 피해구제 방안이 마련되어야 한다는 여론이 지속적으로 제기되고 있는 점과 인터넷 멀티미디어 방송(IPTV) 서비스가 신규로 제공되고 있는 점을 고려할 때, 인터넷 포털과 인터넷 멀티미디어 방송을 이 법의 적용 대상에 포함할 필요가 절실하게 되었고, 이에 따라 개정 언론중재법은 제 2 조 제18 ~ 21호까지를 신설하여 동법의 적용 대상에 인터넷뉴스서비스와 인터넷 멀티미디어 방송을 추가하였다.

#### (2) 인터넷뉴스서비스의 정정보도청구

개정 언론중재법 제15조 제 1 항 단서·동조 제 8 항(모두 신설규정임)은 인터넷신문 및 인터넷뉴스서비스의 보도에 대한 정정보도청구는 계속 게재 또는 매

3) 법률 제9425호, 2009. 2. 6 일부개정, 2009. 8. 7 시행.

개 중인 언론보도 등의 내용에 대해서는 그 내용의 정정을 함께 청구할 수 있도록 하고, 인터넷신문사업자 및 인터넷뉴스서비스 사업자는 보도내용의 원본이나 사본 및 배열에 관한 전자기록을 6개월간 보관하도록 규정하고 있다. 또한 개정 언론중재법은 인터넷뉴스서비스사업자가 직접 기사를 생산하지 않고 다른 '언론사 등'의 기사를 받아 게재하는 기사에 대해 정정보도청구 등을 받은 때에는 정정보도청구 등이 있음을 알리는 표시를 하도록 하고, 이를 해당 기사를 제공한 '언론사 등'에게 통보하도록 하는 등 인터넷뉴스서비스에 대한 특칙을 신설하였다(동법 제17조의2).

### (3) 서면에 의한 이의신청

개정 언론중재법 제22조 제 3 항은 언론중재위원회의 중재결정에 대해 전자우편 등 인터넷을 통한 무분별한 이의신청으로 중재결정이 무력화되는 것을 방지하고 언론의 자유를 보장할 필요에 따라 언론중재위원회의 직권조정결정에 불복하는 경우 사유를 명시하여 서면으로 중재부에 이의신청을 하도록 규정하고 있다.

### (4) 중재결정의 취소

신설된 개정 언론중재법 제25조 제 2 항의 규정은 중재 합의 당시 당사자가 무능력자이었던 때 등에는 중재결정을 취소할 수 있도록 중재결정 취소에 관해 '중재법' 제36조를 준용하도록 명시하고 있다.

### (5) 정정보도청구의 소

언론중재법상의 정정보도청구 소송을 가처분절차에 따라 진행하게 하는 것은 언론사의 방어권을 심각하게 제약하고 공정한 재판을 받을 권리와 언론의 자유를 침해하는 것이므로 위헌이라는 헌법재판소의 결정[4]이 있었고, 이에 따라 개정 언론중재법 제26조 제 6 항은 정정보도청구의 소는 '민사소송법'의 소송절차에 따라 재판을 하도록 하고, 반론보도청구 또는 추후보도청구의 소에 대하여는 '민사집행법'의 가처분절차에 따라 재판하도록 규정하고 있다.

---

4) 헌재 2006. 6. 29, 2005헌마165.

### (6) 시정권고

개정 언론중재법은 피해자가 아닌 제 3 자의 신청에 의해서도 언론중재위원회가 언론 보도내용의 법익침해 사항을 심의하여 언론사에 그 시정을 권고할 수 있도록 한 개정 이전 언론중재법상의 조항을 언론의 자유로운 활동을 위해 삭제하였다(개정 이전의 언론중재법 제32조 제 2 항 삭제).

# 제 2 절 언론중재법[5]의 주요 내용 및 구성

## Ⅰ. 총설(總說)

### 1. 언론중재법의 목적 및 주요 개념

언론중재법은 언론사 등의 언론보도 또는 그 매개(媒介)로 인해 침해되는 명예나 권리 그 밖의 법익에 관한 다툼이 있는 경우 이를 조정하고 중재하는 등의 실효성 있는 구제제도를 확립함으로써 언론의 자유와 공적 책임을 조화함을 목적으로 한다(언론중재법 제 1 조).

이 법에서 '언론'이라 함은 방송, 신문, 잡지 등 정기간행물, 뉴스통신 및 인터넷신문을 말하며,[6] '방송'이라 함은 방송법(제 2 조 제 1 호의 규정)에 의한 텔레비전방송·라디오방송·데이터방송 및 이동멀티미디어방송을 말한다. '방송사업자'라 함은 지상파방송사업자·종합유선방송사업자·위성방송사업자 및 방송채널사용사업자를 말한다. '언론사'라 함은 방송사업자, 신문사업자, 잡지 등 정기간행물사업자, 뉴스통신사업자 및 인터넷신문사업자를 말하며, '언론사의 대표자'라 함은 언론사의 경영에 관하여 법률상 대표권이 있는 자 또는 그와 동등한 지위에 있는 자를 말한다. 다만, 외국 신문 또는 외국 잡지 등 정기간행물로서 국내에 지사 또는 지국이 있는 경우에는 '신문 등의 자유와 기능보장에 관한 법

5) 법률 제9425호, 2009. 2. 6 일부개정, 2009. 8. 7 시행.
6) 언론중재법 제2조 제1호.

률' 제26조에 따라 그 설치허가를 받은 자 또는 '잡지 등 정기간행물의 진흥에 관한 법률' 제29조에 따라 등록을 한 자를 말한다.

이 법에서 '사실적 주장'이라 함은 증거에 의해 그 존재 여부를 판단할 수 있는 사실관계에 관한 주장을 말한다. '언론보도'라 함은 언론의 사실적 주장에 관한 보도를 의미하며, '정정보도'라 함은 언론의 보도내용의 전부 또는 일부가 진실하지 아니한 경우 이를 진실에 부합되게 고쳐서 보도하는 것이고, '반론보도'라 함은 보도내용의 진실 여부에 관계없이 그와 대립되는 반박적 주장을 보도하는 것을 말한다.[7)]

## 2. 언론의 자유와 책임

언론의 자유와 독립은 보장되어야 하고, 누구든지 언론의 자유와 독립에 관해 어떠한 규제나 간섭을 할 수 없으며, 언론은 정보원(情報源)에 대해 자유로이 접근할 권리와 그 취재한 정보를 자유로이 공표할 자유를 갖는다. 이러한 언론의 자유와 권리는 헌법과 법률에 의하지 않고는 제한받지 않는다(언론중재법 제 3 조 제1·2·3·4항).

언론에 의한 보도는 공정하고 객관적이어야 하고, 국민의 알 권리와 표현의 자유를 보호·신장해야 한다. 언론은 인간의 존엄과 가치를 존중해야 하고, 타인의 명예를 훼손하거나 권리 또는 공중도덕이나 사회윤리를 침해해서는 안 되며, 공적인 관심사에 대해 공익을 대변하며 취재·보도·논평 그 밖의 방법으로 민주적 여론형성에 기여함으로써 그 공적 임무를 수행[8)]해야 한다(언론중재법 제 4 조 제1·2·3항).

---

7) 언론중재법 제2조 참조.

8) 언론의 사회적 책임 등에 관해 규정하고 있는 언론중재법 제4조에 대해 비록 그 위반에 대한 제재조항은 없지만 언론의 자유에 미치는 제한적 효과 내지 위축효과가 큰 데다가 그 불명확한 개념이 언론에 대한 권력의 포위와 압박을 가능케 할 빌미와 공간을 제공하므로 신문 등 정기간행물사업자의 언론의 자유를 침해하여 위헌이라는 견해가 있다(헌법재판소 2006. 6. 29, 2005헌마165 재판관 조대현의 반대의견 참조).

## 3. 언론 피해구제의 원칙

언론·인터넷뉴스서비스[9] 및 인터넷 멀티미디어 방송[10]은 타인의 생명·자유·신체·건강·명예·사생활의 비밀과 자유·초상·성명·음성·대화·저작물 및 사적문서 그 밖의 인격적 가치 등에 관한 권리 즉 '인격권'을 침해해서는 안 되며, 언론 등이 타인의 인격권을 침해한 경우에는 이 법에서 정한 절차에 따라 피해를 신속하게 구제해야 한다(언론중재법 제 5 조 제 1 항).

앞의 설명에서 언론과 인터넷뉴스서비스, 인터넷멀티미디어 방송을 각각 적시한 것은 본법에서 정의하는 언론의 범주에 인터넷뉴스서비스, 인터넷멀티미디어 방송이 포함되어 있지 않기 때문이다. 본문의 '인터넷뉴스서비스'란 인론의 기사를 인터넷을 통하여 계속적으로 제공하거나 매개하는 전자간행물을 말한다(언론중재법 제 2 조 제18호 본문). 다만, 인터넷신문 및 인터넷 멀티미디어 방송, 그 밖에 대통령령으로 정하는 것으로 제외한다. 언론중재법 제 2 조 제18호 단서에서 규정한 "대통령령으로 정하는 것"이란 '전기통신사업법'에 따른 부가통신사업자가 아닌 자가 인터넷을 통하여 언론의 기사를 계속적으로 제공하거나 매개(媒介)하는 전자간행물을 말한다. 또한 인터넷신문은 '신문법', 인터넷멀티미디어 방송은 '인터넷 멀티미디어 방송사업법'에 별도의 규정을 두고 있다.

언론에 의한 인격권 침해가 사회상규에 반하지 않는 한도 안에서 피해자의 동의에 의해 이루어지거나 또는 언론 등의 보도가 공공의 이익에 관한 것으로서 진실한 것이거나 진실하다고 믿는 데에 정당한 사유가 있는 경우에는 법률에 특별한 규정이 없는 한 그 보도내용과 관련해 책임을 지지 않는다(동법 제 5 조 제 2 항).[11]

---

9) '인터넷뉴스서비스'란 언론의 기사를 인터넷을 통하여 계속적으로 제공하거나 매개하는 전자간행물을 말한다. 다만, 인터넷신문 및 인터넷 멀티미디어 방송, 그 밖에 대통령령으로 정하는 것으로 제외한다(언론중재법 제2조 제18호 본문).

10) '인터넷 멀티미디어 방송'이란 「인터넷 멀티미디어 방송사업법」 제2조 제1호에 따른 인터넷 멀티미디어 방송을 말한다(언론중재법 제2조 제20호).

11) 언론중재법 제5조 제2항은 언론의 인격권 침해에 대한 위법성 조각사유를 설정하고 있다. 즉, 언론에 의한 인격권의 침해가 사회상규에 반하지 않는 한도 안에서 피해자의 동의에 의해 이루어지거나, 공적인 관심사에 대해 중대한 공익상 필요에 의하여 부득이하게 이루어진 때에는 위법성이 조각된다고 규정하고 있다(헌재 2006. 6. 29, 2005헌마165 참조).

동법 제5조 제1항의 타인에는 사망한 자를 포함하며(동법 제5조의2 제1항), 사망한 자에 대한 인격권의 침해가 있거나 침해할 우려가 있는 경우에는 이에 따른 구제절차를 유족이 수행한다(동법 제5조의2 제2항). 유족은 다른 법률에서 특별히 정함이 없으면 사망한 자의 배우자와 직계비속에 한하되, 배우자와 직계비속이 모두 없는 경우에는 직계존속이, 직계존속도 없는 경우에는 형제자매가 되며, 동순위의 유족이 2인 이상 있는 경우에는 각자가 단독으로 청구권을 행사한다(동조 제3항). 사망한 자에 대한 인격권 침해에 대한 동의는 동조 제3항에 따른 동순위 유족의 전원의 동의가 있어야 한다(동조 제4항). 다른 법률에서 특별히 정함이 없으면 사망 후 30년이 경과한 때에는 사망한 자에 대한 인격권침해 및 침해우려에 대한 구제절차를 수행할 수 없다(동조 제5항).

## 4. 고충처리인 제도

### (1) 고충처리인 배치

종합편성 또는 보도에 관한 전문편성을 행하는 방송사업자,[12] 일반일간신문('신문등의자유와기능보장에관한법률' 제2조 제2호 가목의 규정에 의한 일반일간신문을 말한다)을 발행하는 정기간행물사업자 및 뉴스통신사업자[13]는 사내에 언론피해의 자율적 예방 및 구제를 위한 고충처리인을 두어야 한다(언론중재법 제6조 제1항).

### (2) 고충처리인의 권한과 직무

고충처리인의 권한과 직무는 ① 언론의 침해행위에 대한 조사, ② 사실이 아니거나 타인의 명예 그 밖의 법익을 침해하는 언론보도에 대한 시정권고, ③ 구제를 요하는 피해자의 고충에 대한 정정보도, 반론보도 또는 손해배상의 권고, ④ 그 밖의 독자나 시청자의 권익보호와 침해구제에 관한 자문 등을 수행한다(언론중재법 제6조 제2항).

---

12) '방송사업자'라 함은 방송법 제2조 제3호 각목의 1에 따른 지상파방송사업자·종합유선방송사업자·위성방송사업자 및 방송채널사용사업자를 말한다(언론중재법 제2조 제3호).

13) '뉴스통신사업자'라 함은 '뉴스통신 진흥에 관한 법률' 제2조 제3호의 규정에 의한 뉴스통신사업자를 말한다(언론중재법 제2조 제9호).

언론사는 고충처리인의 자율적 활동을 보장해야 하고 정당한 사유가 없는 한 고충처리인의 권고를 수용하도록 노력해야 하며, 취재 및 편집 또는 제작 종사자의 의견을 들어 고충처리인의 자격·지위·신분·임기 및 보수 등에 관한 사항을 정하고 이를 공표해야 한다. 이를 변경할 때에도 또한 같다. 또한 언론사는 고충처리인의 의견을 들어 고충처리인의 활동사항을 매년 공표하여야 한다.

### (3) 고충처리인 제도의 위헌 여부[14)]

고충처리인은 언론으로 인한 피해를 예방하고 구제하기 위해 언론사 내부에 두는 자율적 기구이다. 따라서 그 설립·운영 등은 언론사의 자율에 맡기는 것이 바람직하다. 그런데 언론중재법은 이러한 내부적 제도에 관해 상기한 바와 같이 법적인 규율을 가하고 있다.

자율성이 강조되는 고충처리인 제도에 위와 같이 법적인 규율을 가하는 것이 정당한가의 여부는 고충처리인을 둠으로써 제약되는 언론기업의 자유와 이를 통해 달성하려는 언론으로 인한 피해의 예방·구제라는 공익 사이의 비교형량에 달려 있다. 그런데 언론중재법 제 6 조에 의해 신문사에게 강제되는 것은 고충처리인을 두어야 한다는 것과 고충처리인에 관한 사항을 공표해야 한다는 것일 뿐, 그 이외의 고충처리인제도의 운영에 관한 사항은 전적으로 언론사업자의 자율에 맡겨져 있다. 뿐만 아니라 고충처리인제도와 이에 관한 사항의 공표 역시 그 내용에 있어서는 실질적으로 신문사를 강제하는 효과가 적다. 언론중재법 제 6 조 제 2 항에 의하면, 고충처리인은 언론침해행위에 대한 조사, 허위보도 등에 관한 시정권고, 정정보도 등 구제행위의 권고, 독자의 권익보호 등에 대한 자문 등의 직무권한을 가지고 있으나, 문언 그 자체에서 알 수 있듯이 이들은 모두 권고나 자문에 불과하여 신문사업자를 구속하거나 강제하지 않는다.

동조 제 4 항과 제 5 항에서는 공표에 앞서 신문사업자에게 일정한 사항에 대해 취재·편집·제작 종사자 및 고충처리인이 의견청취 의무를 부과하고 있는데, 여기에서의 의견청취는 단지 의견진술의 기회를 부여하는 것에 불과하고 그 의견에 구속되는 것을 의미하는 것은 아니므로 신문사업자는 공표할 사항에 관해서도 그 정도와 범위에 대해 여전히 최종적인 결정권을 가진다. 그리고 언

14) 헌재 2006. 6. 29, 2005헌마165 참조.

론중재법 제 6 조 제 1 항과 제 4 항을 위반한다 하더라도 동법 제34조 제 1 항 제 1 호에 따라 과태료에 처해질 뿐이다. 이와 같이 고충처리인 제도와 이에 관한 사항의 공표로 인해 신문사업자가 받게 되는 기본권 제한은 미약하다고 할 수 있다.

반면, 고충처리인 제도가 원활하게 기능할 경우 달성되는 공익은 매우 크다. 고충처리인 제도는 언론피해의 예방, 피해발생시의 신속한 구제 및 분쟁해결에 있어서 정정보도청구 등의 다른 제도에 비해 적은 비용으로 효과를 나타낼 수 있다. 언론의 보도로 인해 피해가 발생할 경우 신문과 피해자 간에 갈등이 심화되기 전에 내부적인 절차에 의해 신속하게 그 구제가 이루어진다면 시간과 노력·비용을 절감할 수 있는데, 그 이익은 피해자뿐만 아니라 언론기업에도 돌아간다. 고충처리인 제도에 의한 축적된 경험은 취재·편집 등의 언론활동에 다시 반영되어 신문에 의한 피해를 줄이는 순기능을 가질 것이다. 나아가 동조 제 4 항의 고충처리인에 관한 사항의 공표는 고충처리인 제도의 목적에 비추어 독자나 피해자가 고충처리인 제도를 제대로 이용할 수 있도록 이에 대한 정보를 제공한다는 차원에서, 동조 제 5 항의 고충처리인 활동사항의 공표제도는 이를 통해 고충처리인 제도의 독립적이고 공정한 활동을 보장하고 독자나 피해자가 피해구제의 기준과 가능성·정도에 대한 정보를 획득할 수 있도록 한다는 차원에서 공익에 기여하는 바가 크다.

따라서 언론중재법 제 6 조(제 1 항·제 4 항·제 5 항)에서 규정하고 있는 고충처리인 제도는 헌법에 위반되지 않는다고 할 것이다.[15)]

---

15) 헌재 2006. 6. 29, 2005헌마165: 신문사가 언론피해의 자율적 예방이나 구제를 위하여 고충처리인을 둘 것인지 여부는 신문사가 자율적으로 정할 문제이므로 국가가 나서서 이 조항들과 같이 고충처리인을 두고 그 활동사항을 매년 공표하라고 요구하는 것은 언론사업자의 언론의 자유를 침해한다는 점, 언론의 피해에 대해서는 신문발전위원회의 시정요구제도, 정정보도청구제도, 반론보도청구제도, 손해배상제도 등이 마련되어 있으며 이들을 통하여 충분히 예방되거나 구제될 수 있기 때문에 '언론피해의 자율적 예방 및 구제'를 위한 고충처리인제도가 언론의 기능 보장을 위해 반드시 필요한 것이라고 볼 수도 없다는 점 등을 들어 언론사업자가 고충처리인 제도를 의무적으로 두어야 하고(언론중재법 제6조 제1항), 고충처리인의 자격·지위·신분·임기·보수 등에 관한 사항을 공표해야 하며(동법 제6조 제4항), 이를 위반할 경우에는 과태료를 부과하고(동법 제34조 제1항 제1호), 비록 그 위반에 대한 아무런 제재가 없긴 하지만 고충처리인의 활동사항을 신문사업자로 하여금 매년 공표하도록 한 것(제6조 제5항) 등의 규정은 언론사업자의 언론의 자유를 침해하는 것이라는 재판관 권성, 재판관 김효종의 반대의견(위헌)이 있다.

# 제 3 절 언론에 의한 권익침해 구제제도

## Ⅰ. 언론중재위원회 설치

### 1. 언론중재위원회의 구성 및 운용

언론 등의 보도 또는 매개로 인한 분쟁조정·중재 및 침해사항을 심의하기 위해 언론중재위원회(이하 '중재위원회'라 한다)를 두어야 하며(언론중재법 제 7 조 제 1 항),[16] 중재위원회는 ① 중재부의 구성에 관한 사항, ② 중재위원회규칙의 제정·개정 및 폐지에 관한 사항, ③ 제11조의 규정에 의한 사무총장의 임명동의, ④ 제32조의 규정에 의한 시정권고의 결정 및 그 취소결정, ⑤ 그 밖에 중재위원회 위원장이 부의하는 사항 등을 사항을 심의한다.

중재위원회는 40인 이상 90인 이내의 중재위원[17]으로 구성하며, 중재위원은 다음의 자격 요건을 갖추고 있는 자 중에서 문화체육관광부장관이 위촉한다(동조 제2·3항).

> 1. 중재위원 정수의 5분의 1 이상은 법관의 자격이 있는 자 중에서 법원행정 처장이 추천한 자
> 2. 중재위원 정수의 5분의 1 이상은 변호사의 자격이 있는 자 중에서 대한변호사협회장이 추천한 자
> 3. 중재위원 정수의 5분의 1 이상은 언론사의 취재·보도 업무에 10년 이상 종사

---

16) 언론중재법 시행령 제3조(사임한 중재위원의 위촉 등)

> ① 문화체육관광부장관은 법 제7조 제1항의 규정에 의한 언론중재위원회(이하 "중재위원회"라 한다)의 중재위원이 사임하거나 당연 퇴직한 때에는 사임 또는 당연 퇴직한 날부터 30일 이내에 그 후임자를 위촉하여야 한다.
> ② 후임자의 임기는 전임자의 잔여임기로 한다.

17) 중재위원은 명예직으로 한다. 다만, 대통령령이 정하는 바에 따라 수당과 실비보상을 받을 수 있다(언론중재법 제7조 제10항).

법 제7조 제10항 단서의 규정에 의하여 중재위원은 예산의 범위 안에서 중재위원회가 정하는 바에 따라 수당 및 실비보상을 받는다(언론중재법 시행령 제4조).

한 자
4. 그 밖에 언론에 관하여 학식과 경험이 풍부한 자

중재위원회에 위원장 1인, 2인 이내의 부위원장 및 2인 이내의 감사를 두되, 각각 중재위원 중에서 호선하고, 위원장·부위원장·감사 및 중재위원의 임기는 각각 3년으로 하되, 1회에 한해 연임할 수 있다(언론중재법 제 7 조 제4·5항).

위원장은 중재위원회를 대표하고 중재위원회의 업무를 총괄하고, 부위원장은 위원장을 보좌하며 위원장이 사고가 있을 때에는 중재위원회규칙이 정하는 바에 따라 그 직무를 대행한다. 그리고 감사는 중재위원회의 업무 및 회계를 감사한다(언론중재법 제 7 조 제6·7·8항).

중재위원회는 재적위원 과반수의 출석과 출석위원 과반수의 찬성으로 의결하며, 그 밖에 중재위원회의 구성·조직 및 운영에 관해 필요한 사항은 중재위원회규칙으로 정한다(동조 제9·11항).

## 2. 중재위원의 직무상 독립보장

중재위원은 법률과 양심에 따라 독립하여 직무를 행하며, 직무상 어떠한 지시나 간섭도 받지 않는다.[18] 다음에 해당하는 자는 중재위원이 될 수 없으며, 중재위원이 다음에 해당하게 된 때에는 당연히 그 직에서 해촉된다(언론중재법 제 8 조 제12·13항).

1. 국가공무원법 제 2 조[19] 및 지방공무원법 제 2 조[20]의 규정에 의한 공무원(법관의 자격을 가진 자 및 교육공무원을 제외한다)

18) 중재위원 및 직원은 형법 그 밖의 법률에 의한 벌칙의 적용에 있어서 이를 공무원으로 본다(언론중재법 제13조).

19) 국가공무원법 제2조(공무원의 구분)

① 국가공무원(이하 "공무원"이라 한다)은 경력직공무원과 특수경력직공무원으로 구분한다.

② "경력직공무원"이란 실적과 자격에 따라 임용되고 그 신분이 보장되며 평생토록 공무원으로 근무할 것이 예정되는 공무원을 말하며, 그 종류는 다음 각호와 같다.
1. 일반직공무원: 기술·연구 또는 행정 일반에 대한 업무를 담당하며, 직군(職群)·직렬(職列)별로 분류되는 공무원, 2. 특정직공무원: 법관, 검사, 외무공무원, 경찰공무원, 소방공무원, 교육공무원, 군인, 군무원, 헌법재판소 헌법연구관, 국가정보원의 직원과 특수 분야의 업무를 담당하는 공무원으로서 다른 법률에서 특정직공무원으로 지정하는 공무원, 3. 기능직공무원: 기능적인 업무를 담당하며 그 기능별로 분류되는 공무원
③ "특수경력직공무원"이란 경력직공무원 외의 공무원을 말하며, 그 종류는 다음 각호와 같다.
1. 정무직공무원: 가. 선거로 취임하거나 임명할 때 국회의 동의가 필요한 공무원, 나. 고도의 정책결정 업무를 담당하거나 이러한 업무를 보조하는 공무원으로서 법률이나 대통령령(대통령실의 조직에 관한 대통령령만 해당한다)에서 정무직으로 지정하는 공무원, 2. 별정직공무원: 특정한 업무를 담당하기 위하여 별도의 자격기준에 따라 임용되는 공무원으로서 법령에서 별정직으로 지정하는 공무원, 3. 계약직공무원: 국가와의 채용 계약에 따라 전문지식·기술이 요구되거나 임용에 신축성 등이 요구되는 업무에 일정 기간 종사하는 공무원, 4. 고용직공무원: 단순한 노무에 종사하는 공무원
④ 제3항에 따른 별정직공무원·계약직공무원 및 고용직공무원의 채용조건·임용절차·근무상한연령, 그 밖에 필요한 사항은 국회규칙, 대법원규칙, 헌법재판소규칙, 중앙선거관리위원회규칙 또는 대통령령으로 정한다.

20) 지방공무원법 제2조(공무원의 구분)

① 지방자치단체의 공무원(지방자치단체가 경비를 부담하는 지방공무원을 말하며, 이하 "공무원"이라 한다)은 경력직공무원과 특수경력직공무원으로 구분한다.
② "경력직공무원"이란 실적과 자격에 따라 임용되고 그 신분이 보장되는 공무원을 말하며, 그 종류는 다음 각호와 같다.
1. 일반직공무원: 기술·연구 또는 행정 일반에 대한 업무를 담당하며 직군·직렬별로 분류되는 공무원, 2. 특정직공무원: 공립 대학 및 전문대학에 근무하는 교육공무원, 자치경찰공무원 및 지방소방공무원과 그 밖에 특수 분야의 업무를 담당하는 공무원으로서 다른 법률에서 특정직공무원으로 지정하는 공무원, 3. 기능직공무원: 기능적인 업무를 담당하며 그 기능별로 분류되는 공무원
③ "특수경력직공무원"이란 경력직공무원 외의 공무원을 말하며, 그 종류는 다음 각호와 같다.
1. 정무직공무원: 가. 선거로 취임하거나 임명할 때 지방의회의 동의가 필요한 공무원, 나. 고도의 정책결정업무를 담당하거나 이러한 업무를 보조하는 공무원으로서 법령 또는 조례에서 정무직으로 지정하는 공무원, 2. 별정직공무원: 특정한 업무를 담당하기 위하여 별도의 자격기준에 따라 임용되는 공무원으로서 법령 또는 조례에서 별정직으로 지정하는 공무원, 3. 계약직공무원: 지방자치단체와의 채용계약에 따라 전문지식·기술이 요구되거나 임용에 신축성 등이 요구되는 업무에 일정 기간 종사하는 공무원, 4. 고용직공무원: 단순한 노무에 종사하는 공무원
④ 제3항에 따른 별정직공무원·계약직공무원 및 고용직공무원의 임용조건, 임용절차, 근무 상한연령, 그 밖에 필요한 사항은 대통령령 또는 조례로 정한다.

2. 정당법에 의한 정당원
3. 「공직선거법」에 따라 실시되는 선거에 후보자로 등록한 자
4. 언론사에 소속된 현직 언론인
5. 국가공무원법 제33조[21] 각호의 1에 해당하는 자

### 3. 중재부의 구성

중재는 5인 이내의 중재위원으로 구성된 중재부에서 하되, 중재부의 장은 법관 또는 변호사의 자격이 있는 중재위원 중에서 중재위원회 위원장이 지명하며, 중재부는 중재부의 장을 포함한 과반수의 출석과 출석위원 과반수의 찬성으로 의결한다(언론중재법 제 9 조 제1·2항).

### 4. 중재위원 직무집행의 공정성 보장

#### (1) 중재위원의 제척

중재위원회의 위원이 다음에 해당하는 경우에는 그 직무의 집행에서 제척되며(언론중재법 제10조 제 1 항),[22] 사건을 담당한 중재위원에게 제척의 원인이 있는 때에는 당해 중재위원이 속한 중재부는 직권 또는 당사자의 신청[23]에 의

21) 국가공무원법 제33조(결격사유)

다음 각호의 어느 하나에 해당하는 자는 공무원으로 임용될 수 없다.
1. 금치산자 또는 한정치산자,
2. 파산선고를 받고 복권되지 아니한 자,
3. 금고 이상의 실형을 선고받고 그 집행이 종료되거나 집행을 받지 아니하기로 확정된 후 5년이 지나지 아니한 자,
4. 금고 이상의 형을 선고받고 그 집행유예 기간이 끝난 날부터 2년이 지나지 아니한 자,
5. 금고 이상의 형의 선고유예를 받은 경우에 그 선고유예 기간중에 있는 자,
6. 법원의 판결 또는 다른 법률에 따라 자격이 상실되거나 정지된 자,
7. 징계로 파면처분을 받은 때부터 5년이 지나지 아니한 자,
8. 징계로 해임처분을 받은 때부터 3년이 지나지 아니한 자

22) 언론중재법 시행령 제5조(제척·기피신청의 방법 등).
언론중재법 시행령 제6조(제척·기피신청의 각하 등).

23) 언론중재법 시행령 제7조(조정·중재절차 등의 중지)

① 법 제10조 제2항의 규정에 의한 제척신청이 있는 때에는 해당 중재위원이 속한 중

해 제척의 결정을 한다(동조 제 2 항).[24)]

① 중재위원 또는 그 배우자나 배우자이었던 자가 당해 분쟁사건의 당사자가 되는 경우
② 중재위원이 당해 사건의 당사자와 친족관계에 있거나 있었던 경우
③ 중재위원이 당해 사건에 관하여 당사자의 대리인으로서 관여하거나 관여하였던 경우
④ 중재위원이 당해 사건의 원인인 보도 등에 관여한 경우 등

중재위원이나 조정 또는 중재절차에 관여하는 직원에 대한 제척 또는 기피신청을 하려는 경우는 그 중재위원이 소속된 중재부 또는 당해 사건 관할 중재부에 서면으로 신청하거나 조정기일 또는 중재기일에 출석하여 구술로 신청하여야 한다. 제척 또는 기피신청을 하는 때에는 제척 또는 기피신청의 이유를 명시하여야 한다. 제척 또는 기피신청 된 중재위원이나 조정 또는 중재절차에 관여하는 직원은 제척 또는 기피신청에 대한 의견서를 제출할 수 있다.

제척 또는 기피신청이 언론중재법(제 5 조)에 따른 신청방식에 위반되거나 조정절차 등의 지연을 목적으로 하는 것이 명백한 경우로써 ① 제척신청의 경우는 해당 중재위원 또는 직원이 속한 중재부, ② 기피신청의 경우는 법 제10조 제 4 항에 따라 중재위원회의 위원장이 지명하는 중재부가 결정으로 이를 각하한다.

---

재부는 그 신청에 대한 결정이 있을 때까지 조정절차 또는 중재절차를 중지하여야 한다.

② 법 제10조 제2항 및 제3항의 규정에 의하여 제척 또는 기피신청이 있는 경우에 제척·기피신청을 한 날부터 그 결정에 이르기까지 소요된 기간은 법 제19조 제2항 및 법 제22조 제1항 후단의 규정에 의한 조정처리기간 및 직권조정처리기간에 산입하지 아니한다.

24) 언론중재법 제10조 제1-6항의 규정은 조정·중재절차에 관여하는 직원에게 이를 준용한다(동조 제7항). 제척에 따라 중재부에 중재위원의 결원이 생긴 경우에는 중재위원회 위원장이 중재위원을 지명하여 해당 중재부를 보충한다(언론중재법 제10조 제8항). 중재위원 및 직원은 형법 그 밖의 법률에 의한 벌칙의 적용에 있어서 이를 공무원으로 본다(언론중재법 제13조).

### (2) 중재위원의 기피

당사자는 사건을 담당한 중재위원에게 공정한 직무집행을 기대하기 어려운 사정이 있는 경우에는 사건을 담당한 중재부에 기피신청을 할 수 있으며(언론중재법 제10조 제 3 항), 기피신청에 관한 결정은 중재위원회 위원장이 지명하는 중재부가 하고, 해당 중재위원 및 당사자 쌍방은 그 결정에 대해 불복하지 못한다(동조 제 4 항). (언론중재법 제10조 제 3 항의 규정에 의한) 기피신청이 있는 때에는 해당 중재위원이 속한 중재부는 그 신청에 대한 결정이 있을 때까지 조정·중재절차를 중지해야 한다(동조 제 6 항).[25]

### (3) 중재위원의 회피

중재위원은 제척·기피의 사유(언론중재법 제10조 제1·3항)에 해당하는 때에는 해당 사건의 직무집행에서 회피해야 하며, 이 경우 중재부의 허가를 요하지 않는다(동조 제 5 항).[26]

## 5. 언론중재위원회 사무처

중재위원회의 사무를 지원하고, 피해구제제도에 관한 조사·연구 등을 하기 위해 중재위원회에 사무처를 두어야 하고, 사무처에 사무총장 1인을 두되, 중재위원회 위원장이 중재위원회의 동의를 얻어 임명하며, 그 임기는 3년으로 한다. 사무처의 조직·운영과 그 직원의 보수 그 밖의 필요한 사항은 중재위원회규칙으로 정한다(언론중재법 제11조 제1·2·4항).

---

25) 언론중재법 제10조 제1~6항의 규정은 조정·중재절차에 관여하는 직원에게 이를 준용한다(동조 제7항). 기피에 따라 중재부에 중재위원의 결원이 생긴 경우에는 중재위원회 위원장이 중재위원을 지명하여 해당 중재부를 보충한다(언론중재법 제10조 제8항). 중재위원 및 직원은 형법 그 밖의 법률에 의한 벌칙의 적용에 있어서 이를 공무원으로 본다(언론중재법 제13조).

26) 언론중재법 제10조 제1-6항의 규정은 조정·중재절차에 관여하는 직원에게 이를 준용한다(동조 제7항). 회피에 따라 중재부에 중재위원의 결원이 생긴 경우에는 중재위원회 위원장이 중재위원을 지명하여 해당 중재부를 보충한다(언론중재법 제10조 제8항). 중재위원 및 직원은 형법 그 밖의 법률에 의한 벌칙의 적용에 있어서 이를 공무원으로 본다(언론중재법 제13조).

### 6. 중재위원회의 운영재원 및 활동보고

중재위원회의 운영재원은 (방송법 제36조의 규정에 의한) 방송발전기금으로 하되, 국가는 예산의 범위 안에서 중재위원회에 보조금을 지급할 수 있다(언론중재법 제12조).[27]

중재위원회는 매년 그 활동결과를 다음 연도 2월 말까지 국회에 보고해야 하며, 국회는 필요한 경우 중재위원회 위원장 또는 사무총장의 출석을 요구하여 그 의견을 들을 수 있다(언론중재법 제11조의2).

## Ⅱ. 언론보도에 의한 침해의 구제

### 1. 정정보도청구권(訂正報道請求權)

#### (1) 언론중재법상의 정정보도청구권 제도

1980년 말의 언론기본법은 '정정보도청구권'이란 이름의 규정을 처음으로 두었으며, 이는 1987년의 舊'정기간행물의 등록 등에 관한 법률'에도 그대로 계승되었다. 이 정정보도청구권은 문제된 언론보도의 진위 여부를 불문하며, 언론이 스스로 정정하는 것이 아니라 피해자가 작성한 보도문을 무료로 보도할 의무만을 진다는 점에서 서구의 반론권제도를 입법화한 것임에도, '정정보도'라는 용어로 인해 이 청구권의 성격에 관한 혼선이 있었다. 그러나 대법원과 헌법재판소에 의해 그 법적 성격은 반론보도청구권으로 정리되었으며,[28] 이에 따라 1995. 12. 30. 개정된 舊'정기간행물의 등록 등에 관한 법률'에서 그 용어를 종전의 '정정보도청구권'에서 '반론보도청구권'으로 개칭하여 혼란을 해소하였다.

한편, 언론중재법은 제14조에서 정정보도청구권을 규정하여 "사실적 주장에 관한 언론보도가 진실하지 않음으로 인해 피해를 입은 자"는 해당 언론보도

---

27) 언론중재법 시행령 제8조(예산 등의 협의)

> 중재위원회는 법 제12조에 따른 국고 지원이 따르는 예산 및 사업계획을 수립하는 때에는 미리 문화체육관광부장관과 협의하여야 한다.

28) 대판 1986. 1. 28, 85다카1973; 헌재 1991. 9. 16, 89헌마165.

가 있음을 안 날부터 3월 이내에, 해당 언론보도가 있은 후 6월 이내에 그 보도내용에 관한 정정보도를 언론사에 청구할 수 있도록 하고 있다.

이러한 정정보도청구권은 언론사의 고의·과실이나 위법성을 요하지 않고(동법 제14조 제 2 항), 정정보도청구의 소제기로 인해 민법 제764조의 규정에 의한 권리의 행사에 영향을 미치지 않으며(동법 제26조 제 4 항), 민법상의 불법행위로 인한 손해배상청구권의 소멸시효에 비해 현저히 짧은 제소기간을 두고 있다는 점(동법 제14조 제 1 항)에서, 보도내용의 진실 여부와 관계없이 사실적 보도에 의해 인격권을 침해당한 자가 언론사에 대해 자신의 사실적 주장을 게재해 줄 것을 청구하는 반론보도청구권이나 민법상 불법행위에 기한 청구권과는 전혀 다른 새로운 성격의 청구권이다.

### (2) 정정보도청구의 요건

사실적 주장[29]에 관한 언론보도 등이 진실하지 않음으로 인해 피해를 입은 자('피해자')는 해당 언론보도 등이 있음을 안 날부터 3개월 이내에 그 언론보도 등의 내용에 관한 정정보도[30]를 언론사·인터넷뉴스서비스사업자[31] 및 인터넷 멀티미디어 방송사업자('언론사 등')에게 청구할 수 있다(언론중재법 제14조 제 1 항 본문). 언론·인터넷뉴스서비스 및 인터넷 멀티미디어 방송의 보도 또는 매개('언론보도 등')로 피해를 입은 경우 당사자는 정정보도의 청구를 위해 언론보도 등의 원본이나 사본 및 언론보도 등의 배열에 관한 전자기록의 열람 또는 복사를 해당 언론사·인터넷뉴스서비스사업자 및 인터넷 멀티미디어 방송사업자('언론사 등')에게 신청할 수 있다.

신청을 받은 언론사 등은 피해를 입은 자가 피해사실과 관계없는 자료의 열람 또는 복사를 요청하는 등 이를 거부할 만한 정당한 사유가 없는 한 이에

29) '사실적 주장'이라 함은 증거에 의해 그 존재 여부를 판단할 수 있는 사실관계에 관한 주장을 말한다(언론중재법 제2조 제14호).

30) '정정보도'라 함은 언론의 보도내용의 전부 또는 일부가 진실하지 아니한 경우 이를 진실에 부합되게 고쳐서 보도하는 것을 말한다(언론중재법 제2조 제16호).

31) '인터넷뉴스서비스'란 언론의 기사를 인터넷을 통해 계속적으로 제공하거나 매개하는 전자간행물을 말한다(언론중재법 제2조 제18호 본문). 다만, 인터넷신문 및 인터넷 멀티미디어 방송, 그 밖에 대통령령으로 정하는 것으로 제외한다(언론중재법 제2조 제18호 단서). 그리고 '인터넷뉴스서비스사업자'란 제18호에 따른 전자간행물을 경영하는 자를 말한다(언론중재법 제2조 제19호).

응하여야 한다. 이 경우 해당 언론사 등은 복사에 소요되는 실비를 받을 수 있으며, 그 비용의 결정기준을 해당 언론사 등이 운영하는 인터넷 홈페이지에 게시해야 한다.[32]

다만, 해당 언론보도 등이 있은 후 6개월이 경과한 때에는 그렇지 않다(동조 제1항 단서). 이러한 정정보도의 청구에는 '언론사 등'의 고의·과실이나 위법성을 요하지 않으며(동조 제2항), 국가·지방자치단체, 기관 또는 단체의 장은 해당 업무에 대해 그 기관 또는 단체를 대표하여 정정보도를 청구할 수 있다(동조 제3항).[33] 또한, 민사소송법상 당사자능력이 없는 기관 또는 단체라도 하나의 생활단위를 구성하고 보도내용과 직접적인 이해관계가 있는 때에는 그 대표자가 정정보도를 청구할 수 있다.

### (3) 정정보도청구권의 행사

정정보도청구는 언론사[34] 등의 대표자[35]에게 서면으로 해야 하며, 청구서에는 피해자의 성명·주소·전화번호 등의 연락처를 기재하고 정정의 대상인 언론보도 등의 내용 및 정정을 구하는 이유와 청구하는 정정보도문을 명시해야 한다(언론중재법 제15조 제1항). 다만, 인터넷신문[36] 및 인터넷뉴스서비스의 언론보도 등의 내용이 해당 인터넷홈페이지를 통해 계속 보도 또는 매개 중인 경우에는 그 내용의 정정을 함께 청구할 수 있다(동조 제1항 단서). 이와 같은 정정보도의 청구를 받은 '언론사 등'의 대표자는 3일 이내에 그 수용 여부에 대한 통지를 청구인에게 발송해야 하며(동조 제2항 제1문),[37] 이 경우 정정의 대상인

32) 언론중재법 시행령 제9조(보도물 등의 공개 <개정 2009. 8. 5>).

33) 민사소송법상 당사자능력이 없는 기관 또는 단체라도 하나의 생활단위를 구성하고 보도내용과 직접적인 이해관계가 있는 때에는 그 대표자가 정정보도를 청구할 수 있다(언론중재법 제14조 제4항).

34) '언론사'라 함은 방송사업자, 신문사업자, 잡지 등 정기간행물사업자, 뉴스통신사업자 및 인터넷신문사업자를 말한다(언론중재법 제2조 제12호).

35) '언론사의 대표자'라 함은 언론사의 경영에 관해 법률상 대표권이 있는 자 또는 그와 동등한 지위에 있는 자를 말한다(언론중재법 제2조 제13호 본문). 다만, 외국 신문 또는 외국 잡지 등 정기간행물로서 국내에 지사 또는 지국이 있는 경우에는 '신문 등의 자유와 기능보장에 관한 법률' 제26조에 따라 그 설치허가를 받은 자 또는 '잡지 등 정기간행물의 진흥에 관한 법률' 제29조에 따라 등록을 한 자를 말한다(동조 제13호 단서).

36) '인터넷신문'이라 함은 '신문 등의 자유와 기능보장에 관한 법률' 제2조 제2호에 따른 인터넷신문을 말하며(언론중재법 제2조 제10호), '인터넷신문사업자'라 함은 '신문 등의 자유와 기능보장에 관한 법률' 제2조 제4호에 따른 인터넷신문사업자를 말한다(동조 제11호).

37) 언론중재법 시행령 제10조(수용 여부의 통지방법)

언론보도 등의 내용이 방송이나 인터넷신문·인터넷뉴스서비스 및 인터넷 멀티미디어 방송의 보도과정에서 성립한 경우에 있어서는 해당 '언론사 등'이 그러한 사실이 없었음을 입증하지 않는 한 그 사실의 존재를 부인하지 못한다(동조 제 2 항 제 2 문).

'언론사 등'이 이러한(언론중재법 제15조 제 1 항에 따른) 정정보도의 청구를 수용하는 때에는 지체 없이 피해자 또는 그 대리인과 정정보도의 내용·크기 등에 관해 협의한 후 그 청구를 받은 날부터 7일 내에 정정보도문을 방송 또는 게재(인터넷신문 및 인터넷뉴스서비스의 경우 제 1 항 단서에 따른 해당 언론보도 등 내용의 정정을 포함한다)해야 한다(동조 제 3 항 본문).[38] 다만, 신문 및 잡지 등 정기간행물의 경우 이미 편집·제작이 완료되어 부득이한 때에는 다음 발행 호에 이를 게재해야 한다(동조 제 3 항 단서).[39]

한편 '언론사 등'은 ① 피해자가 정정보도청구권을 행사할 정당한 이익이 없는 때, ② 청구된 정정보도의 내용이 명백히 사실에 반하는 때, ③ 청구된 정정보도의 내용이 명백히 위법한 내용인 때, ④ 정정보도의 청구가 상업적인 광고만을 목적으로 하는 때, ⑤ 청구된 정정보도의 내용이 국가·지방자치단체 또는 공공단체의 공개회의와 법원의 공개재판절차의 사실보도에 관한 것인 때 다음에 해당하는 사유가 있는 경우에는 정정보도청구를 거부할 수 있다(동조 제 4 항).

인터넷뉴스서비스사업자는 (언론중재법 제14조 제 1 항에 따른) 정정보도청구, (언론중재법 제16조 제 1 항에 따른) 반론보도청구 또는 (언론중재법 제17조 제 1 항에 따른) 추후보도청구('정정보도청구 등'으로 표기)를 받은 경우 지체 없이 해당 기사

---

| 언론사 등의 대표자가 법 제15조 제2항 전단에 따라 정정요구 청구에 대한 수용 여부를 통지하는 때에는 전자우편 또는 국내특급우편 등의 신속한 방법으로 하여야 한다. |
|---|

38) 언론중재법 시행령 제11조(협의문의 내용)

| 법 제15조 제3항의 규정에 의한 정정보도의 내용·크기 등에 관한 협의에는 공표할 정정보도문의 내용·크기 외에 정정보도의 회수와 정정보도문의 위치 또는 방송순서가 포함되어야 한다. |
|---|

39) 언론중재법 제15조 제3항의 규정(다른 규정에 의하여 준용되는 경우를 포함한다)을 위반하여 정정보도문 등을 방송 또는 게재하지 않은 자는 3천만원 이하의 과태료에 처한다(동법 제34조 제1항 제2호).

에 관해 '정정보도청구 등'이 있음을 알리는 표시를 하고 해당 기사를 제공한 언론사 등에 그 청구 내용을 통보해야 한다(언론중재법 제17조의2 제 1 항).

인터넷뉴스서비스사업자로 부터 (언론중재법 제17조의2 제 1 항에 따라) 정정보도청구 등이 있음을 통보 받은 경우에는 기사제공언론사도 같은 내용의 청구를 받은 것으로 본다(동법 제 2 항). 기사제공언론사가 동법 제15조 제 2 항[40](제16조 제 3 항 및 제17조 제 3 항에 따라 준용되는 경우를 포함)에 따른 청구에 대해 그 청구의 수용 여부를 청구인에게 통지하는 경우에는 해당 기사를 매개한 인터넷뉴스서비스사업자에게도 통지해야 한다(동조 제 3 항).

### (4) 정정보도의 방법 및 보도내용 보관의무

#### 1) 정정보도의 내용·방법

언론·인터넷뉴스서비스 및 인터넷 멀티미디어 방송의 보도 또는 매개('언론보도 등')로 피해를 입은 자는 언론중재법 제14조 제 1 항 본문에 따른 정정보도의 청구를 위하여 언론보도 등의 원본이나 사본 및 언론보도 등의 배열에 관한 전자기록의 열람 또는 복사를 해당 언론사·인터넷뉴스서비스사업자 및 인터넷 멀티미디어 방송사업자에게 신청할 수 있다.

언론보도 정정신청을 받은 언론사 등은 피해를 입은 자가 피해사실과 관계없는 자료의 열람 또는 복사를 요청하는 등 이를 거부할 만한 정당한 사유가 없는 한 이에 응해야 한다. 이 경우 해당 언론사 등은 복사에 소요되는 실비를 받을 수 있으며, 그 비용의 결정기준을 해당 언론사 등이 운영하는 인터넷 홈페이지에 게시해야 한다.

---

40) 언론중재법 제15조(정정보도청구권의 행사)

> ① 정정보도청구는 언론사 등의 대표자에게 서면으로 하여야 하며, 청구서에는 피해자의 성명·주소·전화번호 등의 연락처를 기재하고 정정의 대상인 언론보도 등의 내용 및 정정을 구하는 이유와 청구하는 정정보도문을 명시하여야 한다. 다만, 인터넷신문 및 인터넷뉴스서비스의 언론보도 등의 내용이 해당 인터넷홈페이지를 통하여 계속 보도 또는 매개 중인 경우에는 그 내용의 정정을 함께 청구할 수 있다.
> ② 제1항의 청구를 받은 언론사 등의 대표자는 3일 이내에 그 수용 여부에 대한 통지를 청구인에게 발송하여야 한다. 이 경우 정정의 대상인 언론보도 등의 내용이 방송이나 인터넷신문·인터넷뉴스서비스 및 인터넷 멀티미디어 방송의 보도과정에서 성립한 경우에 있어서는 당해 언론사 등이 그러한 사실이 없었음을 입증하지 않는 한 그 사실의 존재를 부인하지 못한다.

언론사 등의 대표자가 정정요구 청구에 대한 수용여부를 통지하는 때에는 전자우편 또는 국내특급우편 등의 신속한 방법으로 하여야 한다. 정정보도의 내용·크기 등에 관한 협의에는 공표할 정정보도문의 내용·크기 외에 정정보도의 회수와 정정보도문의 위치 또는 방송순서가 포함되어야 한다.[41)]

'언론사 등'이 행하는 정정보도에는 원래의 보도내용을 정정하는 사실적 진술, 그 진술의 내용을 대표할 수 있는 제목과 이를 충분히 전달하는데 필요한 설명 또는 해명을 포함하되, 위법한 내용을 제외한다(언론중재법 제15조 제 5 항). 또한 '언론사 등'이 행하는 정정보도는 공정한 여론형성이 이루어지도록 그 사실공표 또는 보도가 행하여진 동일한 채널·지면·장소에 동일한 효과를 발생시킬 수 있는 방법으로 해야 하며, 방송의 정정보도문은 자막(라디오방송 제외)과 함께 통상적인 속도로 읽을 수 있게 해야 한다(동조 제 6 항).

### 2) 정정보도의 원본 또는 사본 보관의무

방송사업자, 신문사업자, 잡지 등 정기간행물사업자 및 뉴스통신사업자는 공표된 방송보도(재송신을 제외) 및 방송프로그램, 신문, 잡지 등 정기간행물, 뉴스통신 보도의 원본 또는 사본을 공표 후 6월간 보관해야 하며(언론중재법 제15조 제 7 항),[42)] 인터넷신문사업자 및 인터넷뉴스서비스사업자는 대통령령[43)]으로 정하는 바에 따라 인터넷신문 및 인터넷뉴스서비스 보도의 원본이나 사본 및 그 보도의 배열에 관한 전자기록을 6개월간 보관해야 한다(언론중재법 제15조 제 8 항).[44)] 보관해야 하는 인터넷신문 및 인터넷뉴스서비스 보도의 배열에 관한 전자기록('배열전자기록')은 인터넷신문사업자의 경우에는 해당 인터넷신문의 최상위 화면에 게재된 기사이며, 인터넷뉴스서비스사업자의 경우에는 해당 인터넷뉴스서비스사업자가 제공하는 인터넷뉴스서비스의 최상위 화면에 게재된 기사와 해당 인터넷뉴스서비스사업자가 언론의 기사를 연결하여 종합적으로 제공하는 화면 중 연결 단계구조의 최상위 화면에 게재된 기사 중 어느 하나에 해당

---

41) 언론중재법 시행령 제9조, 제10조 참조.

42) 언론중재법 제15조 제7항을 위반하여 공표된 보도의 원본 또는 사본 보관하지않은 자는 3천만원 이하의 과태료에 처한다(동법 제34조 제1항 제3호).

43) 언론중재법 시행령 제11조의2(인터넷신문 및 인터넷뉴스서비스 배열전자기록의 보관).

44) 언론중재법 제15조 제8항을 위반하여 보도의 원본이나 사본 및 그 보도의 배열에 관한 전자기록을 보관하지 아니한 자는 3천만원 이하의 과태료에 처한다(동법 제34조 제1항 제3의2호).

하는 기사를 대상으로 한다.

배열전자기록에는 기사의 제목 및 제공 언론사의 명칭, 해당 화면에서 기사가 배열된 위치, 해당 화면에 최초 노출된 시각 및 삭제된 시각 등이 포함되어야 하며, 배열전자기록의 보관의무를 지는 자는 전년도 말을 기준으로 직전 3개월 일일평균 이용자수가 10만 명 이상인 인터넷신문사업자 및 인터넷뉴스서비스사업자로 한다.

### (5) 정정보도청구권제도의 위헌 여부[45)]

입법자는 인격권을 보호하고 있는 헌법 제10조, 언론의 사회적 책임을 규정한 헌법 제21조 제 4 항, 기본권의 일반적 법률유보조항인 헌법 제37조 제 2 항에 근거해 타인의 명예·권리 등을 보호하기 위해 언론의 자유를 제한하는 입법을 할 수 있다. 형법 제307조 이하의 명예훼손에 관한 규정들과 민법 제750조 이하의 불법행위 규정들, 그리고 언론중재법에 신설된 정정보도청구권 등이 그러한 제한입법에 해당하는 것들이다. 입법자는 언론중재법상의 정정보도청구권과 관련해 언론자유와 언론피해 구제의 적절한 조화를 위해 행위의 불법성에 초점을 맞추지 않고 진실에 반하는 보도로 인한 객관적 피해상태의 교정에 중점을 두는 정정보도청구권을 입법화하였다. 이에 의하면 허위 여부를 객관적으로 검증할 수 있는 '사실적 주장에 관한 언론보도'가 진실하지 않은 한 피해자는 언론주체의 주관적 귀책사유의 존부는 묻지 않고 그 보도내용에 관한 정정보도를 청구할 수 있다.

허위의 언론보도로 피해를 입었을 때 피해자는 기존의 민·형사상 구제제도로 보호를 받을 수도 있지만, 신문사 측에 고의·과실이 없거나 이를 입증하기 어려운 경우, 위법성조각사유가 인정되는 등의 이유로 민사상의 불법행위책임이나 형사책임을 추궁할 수 없는 경우에는 피해자는 신문보도의 전파력으로 말미암아 심각한 피해상황에서 벗어날 수 없게 된다. 이 경우 피해자가 그러한 심각한 피해상황으로부터 벗어날 수 있도록 하는 구제책이 필요하고, 이에 적합한 구제책은 신문사나 신문기자 개인에 대한 책임추궁이 아니라, 문제의 보도가 허위임을 동일한 매체를 통해 동일한 비중으로 보도·전파하도록 하는 것

45) 헌재 2006. 6. 29, 2005헌마165 참조.

이다. 여기에 기존의 불법행위법에 기초한 손해배상이나 형사책임의 추궁과 별도로 언론중재법상의 정정보도청구권을 인정한 의미가 있다(이러한 경우에 반론보도청구권을 인정하는 것만으로는 충분한 피해구제가 되지 못한다. 반론보도는 사실 여부와 무관하게 반대당사자의 반박을 게재함으로써 형평을 유지하는 데에는 기여할 수 있으나, 이미 행해진 허위보도를 진실에 부합하게 교정하는 수단은 아니기 때문이다).

신문이 공공의 이익에 관련되는 중요한 사안에 관해 위축되지 않고 신속히 보도함으로써 언론·출판의 자유가 지닌 본래의 기능을 훌륭히 수행하는 것은 매우 중요한 것이지만, 진실 또한 이에 못지않은 강한 정의(正義)의 요구이므로 언론보도가 진실하지 않아 타인의 권리를 계속해서 침해하고 있는 한, 이를 정정하지 않은 채로 그대로 내버려 두는 것은 정의에 반한다. 진실에 대해 일방적으로 침묵을 강요하는 것을 언론의 자유라는 이름으로 정당화할 수는 없다. 게다가 정정보도청구권은 그 내용이나 행사방법에 있어 필요 이상으로 언론의 자유를 제한하고 있지도 않다. 일정한 경우 정정보도를 거부할 수 있는 사유도 인정하고 있고, 제소기간도 단기간으로 제한하고 있으며, 정정보도의 방법도 동일 지면에 동일 크기로 보도문을 내도록 하여 원래의 보도 이상의 부담을 지우고 있지도 않다.[46]

이상에서 본 바와 같이 정정보도청구권제도를 규정하고 있는 언론중재법상의 규정은 정정보도로 인해 위축될 가능성이 있는 언론의 자유와 진실에 부합한 정정보도로 인해 얻어지는 피해구제의 이익 간에 조화를 이루고 있다고 할 것이므로 동 규정이 언론의 자유를 침해하는 것이라고 볼 수는 없다.[47]

## 2. 반론보도청구권

사실적 주장에 관한 언론보도 등으로 인해 피해를 입은 자는 그 보도내용에 관한 반론보도[48]를 '언론사 등'에 청구할 수 있다(언론중재법 제16조 제1항). 이와 같은 반론보도의 청구에는 '언론사 등'의 고의·과실이나 위법함을 요하지 않으며, 보도내용의 진실 여부 또한 불문한다(동조 제2항). 반론보도청구에 관

46) 언론중재법 제14조 제1항, 제15조 제4항·제6항 참조.
47) 헌재 2006. 6. 29, 2005헌마165.
48) '반론보도'라 함은 보도내용의 진실 여부에 관계없이 그와 대립되는 반박적 주장을 보도하는 것을 말한다(언론중재법 제2조 제17호).

하여는 따로 규정된 것을 제외하고 이 법(언론중재법)의 정정보도에 관한 규정을 준용한다(동조 제 3 항).

### 3. 추후보도청구권

언론 등에 의해 범죄혐의가 있거나 형사상의 조치를 받았다고 보도 또는 공표된 자는 그에 대한 형사절차가 무죄판결 또는 이와 동등한 형태로 종결된 때에는 그 사실을 안 날부터 3월 이내에 '언론사 등'에 이 사실에 관한 추후보도의 게재를 청구할 수 있다. 추후보도에는 청구인의 명예나 권리회복에 필요한 설명·해명이 포함되어야 하며, 추후보도청구권은 특별한 사정이 있는 경우를 제외하고는 언론중재법의 규정에 의한 정정보도청구권이나 반론보도청구권의 행사에 영향을 미치지 않는다. 추후보도청구권에 관하여는 언론중재법 제17조 제1·2항에 규정된 것을 제외하고는 정정보도청구권에 관한 언론중재법의 규정을 준용한다(언론중재법 제17조 제1·2·3·4항).

## Ⅲ. 언론보도에 의한 분쟁의 조정

### 1. 조정신청

#### (1) '정정보도청구 등'의 조정신청

언론중재법에 따른 '정정보도청구 등'과 관련하여 분쟁이 있는 경우 피해자 또는 '언론사 등'은 중재위원회에 조정을 신청할 수 있다. 피해자는 언론보도 등에 의한 피해의 배상에 대해 언론중재법 제14조 제 1 항의 기간 이내[49]에 중재위원회에 조정을 신청할 수 있으며, 이 경우 손해배상액을 명시해야 한다(언론중재법 제18조 제 1 항, 제 2 항 제1·2문).

49) 해당 언론보도 등이 있은 후 6개월이 경과하지 않아야 함을 전제로 하고, 해당 언론보도 등이 있음을 안 날부터 3개월 이내(언론중재법 제14조 제1항).

### (2) 조정신청의 방법 및 기한

'정정보도청구 등'과 손해배상의 조정신청은 언론중재법 제14조 제 1 항(제16조 제 3 항에 따라 준용되는 경우를 포함) 또는 동법 제17조 제 1 항의 기간 이내에 서면이나 구술 그 밖에 대통령령[50]으로 정하는 바에 따라 전자문서 등의 방법으로 해야 하며, 피해자가 먼저 '언론사 등'에 '정정보도청구 등'을 한 경우에는 피해자와 '언론사 등' 사이에 협의가 불성립된 날[51]부터 14일 이내에 해야 한다(언론중재법 제18조 제 3 항). 동법 제18조 제 3 항의 규정에 의한 조정신청을 구술로 하고자 하는 신청인은 중재사무소의 담당 직원에게 조정신청의 내용을 진술하고 이의대상인 보도내용과 정정보도청구등을 요청하는 정정보도문 등을 제출해야 하며, 담당 직원은 신청인의 조정신청의 내용을 기재한 조정신청조서를 작성하여 신청인에게 이를 확인하게 한 다음에 당해 조정신청조서에 신청인 및 담당 직원이 서명 또는 날인해야 한다. 그 밖에 중재위원회는 중재위원회규칙으로 조정신청에 대하여 수수료를 징수할 수 있고, 신청인은 조정절차 계속 중에 정정보도청구등과 손해배상청구 상호간의 변경을 포함하여 신청취지를 변경할 수 있으며, 이들을 병합하여 청구할 수도 있다(언론중재법 제18조 제4·5·6항).

---

50) 언론중재법 시행령 제12조(전자우편 등에 의한 조정신청)

> ① 법 제18조 제3항에 따라 전자문서 등의 방법으로 조정을 신청하려는 자는 전산정보처리시스템을 이용하여 신청서를 작성하여 제출하여야 한다.
> ② 제1항에 따른 전산정보처리시스템을 이용하여 제출된 신청서는 전산정보처리시스템에 전자적으로 기록된 때에 접수된 것으로 본다.
> ③ 제1항에 따른 전자문서 등의 이용·관리에 필요한 전산정보처리시스템은 중재위원회가 설치하여 운영한다.
> ④ 중재부의 장은 제1항에 따라 조정을 신청한 자에게 본인 여부를 확인할 수 있는 자료의 제출을 요구할 수 있다.
> ⑤ 제1항부터 제4항까지에서 규정한 사항 외에 전자문서 등에 의한 조정신청, 전자문서의 이용·관리 및 전산정보처리시스템의 운영에 필요한 사항은 언론중재위원회 규칙으로 정한다.

51) 언론중재법 제13조(협의 불성립)

> 법 제18조 제3항에서 "피해자와 언론사 등 사이에 협의가 불성립된 날"이란 언론사 등이 피해자의 청구를 거부한다는 명시적인 의사표시를 기재한 문서를 피해자가 수령한 날을 말한다.

## 2. 분쟁의 조정

언론보도에 의한 분쟁의 조정은 관할 중재부에서 하며, 관할 구역을 같이 하는 중재부가 다수(多數)일 경우에는 중재위원회 위원장이 중재부를 지정한다. 조정은 신청 접수일부터 14일 이내에 해야 하며 중재부의 장은 조정신청을 접수한 때에는 지체 없이 조정기일을 정해 당사자에게 출석을 요구해야 한다. 이러한 출석요구를 받은 신청인이 2회에 걸쳐 출석하지 않은 경우에는 조정신청을 취하한 것으로 보며, 피신청 '언론사 등'이 2회에 걸쳐 출석하지 않은 때에는 조정신청취지에 따라 정정보도 등을 이행하기로 합의한 것으로 본다. 다만 이러한 출석요구를 받은 자가 천재지변 그 밖의 정당한 사유로 출석하지 못한 경우에는 그 사유가 소멸한 날부터 3일 이내에 당해 중재부에 이를 소명하여 기일 속행신청을 할 수 있다. 중재부는 속행신청이 이유 없다고 인정하는 경우에는 이를 기각하고 이유 있다고 인정하는 경우에는 다시 조정기일을 정하고 절차를 속행해야 한다(언론중재법 제19조 제12·13·14항).

조정기일에 중재위원은 조정대상인 분쟁에 관한 사실관계와 법률관계를 당사자들에게 설명·조언하거나 절충안을 제시하는 등 합의를 권유할 수 있다(동조 제 5 항). 변호사 아닌 자가 신청인이나 피신청인의 대리인이 되고자 하는 때에는 미리 중재부의 허가를 받아야 하지만(동조 제 6 항), 신청인의 배우자·직계혈족·형제자매 또는 소속 직원은 신청인의 명시적인 반대의사가 없는 한 (언론중재법 제19조 제 6 항의 규정에 의한) 중재부의 허가 없이도 대리인이 될 수 있으며, 이 경우 대리인이 신청인과의 신분관계 및 수권관계를 서면으로 증명하거나 신청인이 중재부에 출석하여 대리인을 선임하였음을 확인해야 한다(언론중재법 제19조 제6·7항).

조정은 비공개를 원칙으로 하되, 참고인의 진술청취가 필요한 경우 등 필요하다고 인정되는 경우에는 중재위원회규칙이 정하는 바에 따라 참석 또는 방청을 허가할 수 있고(동조 제 8 항), 조정절차에 관하여는 이 법에 규정한 것을 제외하고는 민사조정법을 준용해야 하며(동조 제 9 항), 기타 조정의 절차와 중재부의 구성방법, 그 관할, 구술신청의 방식과 절차 그 밖의 필요한 사항은 중재위원회규칙으로 정한다(언론중재법 제19조 제8·9·10항).

## 3. 증거조사

중재부는 '정정보도청구 등' 또는 손해배상의 분쟁의 조정에 필요하다고 인정하는 경우 당사자 쌍방에게 조정대상 표현물이나 그 밖의 관련 자료의 제출을 명하거나 증거조사를 할 수 있고, 이러한 증거조사에 관하여는 조정의 성질에 반하지 않는 한 '민사소송법' 제 2 편 제 3 장의 규정을 준용하며 중재부는 필요한 경우 그 위원 또는 사무처 직원으로 하여금 증거자료를 수집·보고하게 하고 조정기일에 그에 관해 진술을 명할 수 있다(언론중재법 제20조 제1·2항).

중재부의 장은 신속한 조정을 위해 필요한 경우 제 1 회 조정기일 전이라도 (언론중재법 제20조 제 1 항 및 제 2 항에 따른) 자료의 제출이나 증거자료의 수집·보고를 명할 수 있고(동조 제 3 항), 중재부는 증거조사에 필요한 비용을 당사자 일방이나 쌍방에게 부담하게 할 수 있으며 이에 관하여는 민사소송비용법을 준용한다. 이 경우, 민사소송비용법의 규정 중 '법원'은 '중재부'로, '법관'은 '중재위원'으로, '법원서기'는 '중재위원회 직원'으로 본다(언론중재법 제20조 제 4 항 제1·2문).

## 4. 조정의 결정

중재부는 조정신청이 부적법한 때에는 이를 각하해야 하고, 신청인의 주장이 이유 없음이 명백한 때에는 조정신청을 기각할 수 있으며, 당사자 간 합의불능 등 조정에 적합하지 않은 현저한 사유가 있다고 인정되는 때에는 조정절차를 종결하고 조정불성립결정을 해야 한다(언론중재법 제21조 제1·2·3항).

당사자 사이에 합의(언론중재법 제19조 제 3 항의 규정에 따른 합의간주를 포함한다)가 이루어지지 않은 경우 또는 신청인의 주장이 이유 있다고 판단되는 경우 중재부는 당사자들의 이익 그 밖의 모든 사정을 참작하여 신청취지에 반하지 않는 한도 안에서 직권으로 조정에 갈음하는 결정('직권조정결정')을 할 수 있고, 이 경우 (언론중재법 제19조 제 2 항의 규정에 불구하고) 조정신청 접수일부터 21일 이내에 해야 하며, 직권조정결정에는 주문과 이유를 기재하고 이에 관여한 중재위원 전원이 서명·날인해야 하며 그 정본을 지체 없이 당사자에게 송달해야 한다(언론중재법 제22조 제1·2항).

직권조정결정에 불복이 있는 자는 결정 정본을 송달받은 날부터 7일 이내에 사유를 명시하여 서면으로 중재부에 이의신청을 할 수 있으며, 이 경우 그 결정은 효력을 상실한다. 이와 같이 직권조정결정에 관해 이의신청이 있는 경우 이의신청이 있은 때에 (언론중재법 제26조 제1항에 따른) 소가 제기된 것으로 보며, 피해자를 원고로 상대방인 '언론사 등'을 피고로 한다(언론중재법 제22조 제3·4항).

### 5. 조정결정의 효력

조정결과 당사자 간에 합의가 성립하거나 (언론중재법 제19조 제3항의 규정에 따라) 합의가 이루어진 것으로 간주되는 때 및 (동법 제22조 제1항의 규정에 의한) 직권조정결정에 이의신청이 없는 때에는 재판상 화해와 동일한 효력이 있다(언론중재법 제23조).

## Ⅳ. 언론보도에 의한 분쟁의 중재

### 1. 중 재

당사자 쌍방은 '정정보도청구 등' 또는 손해배상의 분쟁에 관해 중재부의 종국적 결정에 따르기로 합의하고 중재를 신청할 수 있으며, 이러한 중재신청은 조정절차 계속 중에도 할 수 있다. 이 경우 조정절차에 제출된 서면 또는 주장·입증은 중재절차에서 제출한 것으로 본다. 중재절차에 관하여는 성질에 반하지 않는 한 조정절차에 관한 언론중재법의 규정과 민사소송법 제34조·제35조·제39조·제41–45조를 준용한다(언론중재법 제24조 제1·2항 제1·2문, 제3항).[52]

52) 언론중재법 시행령 제15조(중재신청의 취하)

> ① 중재신청인은 중재결정에 이르기까지 중재신청의 일부 또는 전부를 상대방의 동의를 얻어 취하할 수 있다.
> ② 중재신청인이 중재신청을 취하하고자 하는 경우에는 상대방의 동의사실이 기재된 서면을 중재부에 제출하여야 한다.

### 2. 중재결정의 효력

중재결정은 확정판결과 동일한 효력이 있으며, 중재결정에 대한 불복과 중재결정의 취소에 관하여는 '중재법' 제36조[53]를 준용한다(언론중재법 제25조 제1·2항).

## Ⅴ. 언론보도에 대한 소송

### 1. '정정보도청구 등'의 소

#### (1) 관련규정의 내용

피해자는 언론중재법 제14조 제 1 항(제16조 제 3 항에 따라 준용되는 경우를 포

53) 중재법 제36조(중재판정취소의 소)

① 중재판정에 대한 불복은 법원에 제기하는 중재판정취소의 소에 의하여만 할 수 있다.
② 법원은 다음 각 호의 1에 해당하는 때에 한하여 중재판정을 취소할 수 있다.
  1. 중재판정의 취소를 구하는 당사자가 다음 각목의 1에 해당하는 사유를 증명하는 경우. 가. 중재합의의 당사자가 그 준거법에 의하여 중재합의 당시 무능력자이었던 사실 또는 중재합의가 당사자들이 지정한 법에 의하여 무효이거나 그러한 지정이 없는 경우에는 대한민국의 법에 의하여 무효인 사실. 나. 중재판정의 취소를 구하는 당사자가 중재인의 선정 또는 중재절차에 관하여 적절한 통지를 받지 못하였거나 기타의 사유로 인하여 본안에 관한 변론을 할 수 없었던 사실. 다. 중재판정이 중재합의의 대상이 아닌 분쟁을 다룬 사실 또는 중재판정이 중재합의의 범위를 벗어난 사항을 다룬 사실. 다만, 중재판정이 중재합의의 대상에 관한 부분과 대상이 아닌 부분으로 분리될 수 있는 경우에는 대상이 아닌 중재판정부분만을 취소할 수 있다. 라. 중재판정부의 구성 또는 중재절차가 이 법의 강행규정에 반하지 아니하는 당사자 간의 합의에 따르지 아니하거나 그러한 합의가 없는 경우에는 이 법에 따르지 아니하였다는 사실
  2. 법원이 직권으로 다음 각목의 1에 해당하는 사유가 있다고 인정하는 경우. 가. 중재판정의 대상이 된 분쟁이 대한민국의 법에 따라 중재로 해결될 수 없는 때, 나. 중재판정의 승인 또는 집행이 대한민국의 선량한 풍속 기타 사회질서에 위배되는 때
③ 중재판정취소의 소는 중재판정의 취소를 구하는 당사자가 중재판정의 정본을 받은 날부터 또는 제34조의 규정에 의한 정정·해석 또는 추가판정의 정본을 받은 날부터 3월 이내에 제기하여야 한다.
④ 당해 중재판정에 관하여 대한민국의 법원에서 내려진 승인 또는 집행판결이 확정된 후에는 중재판정취소의 소를 제기할 수 없다.

함한다) 및 동법 제17조 제 1 항의 기간 이내에 법원에 '정정보도청구 등'의 소를 제기할 수 있다.[54] 피해자는 이와 같은 소와 동시에 그 인용을 조건으로 '민사집행법' 제261조 제 1 항[55]의 규정에 의한 간접강제의 신청을 병합하여 제기할 수 있고, '정정보도청구 등의 소'를 병합하여 제기할 수도 있으며, 소송계속 중 '정정보도청구 등'의 소 상호간에 이를 변경할 수도 있다(언론중재법 제26조 제1·2·3항, 제 3 항 제 2 문).[56]

한편 언론중재법 제26조 제 6 항은 "정정보도청구의 소에 대하여는 '민사소송법'의 소송절차에 관한 규정에 따라 재판하고, 반론보도청구 및 추후보도청구의 소에 대하여는 '민사집행법'의 가처분절차에 관한 규정에 따라 재판한다. 다만, '민사집행법' 제277조 및 제287조는 적용하지 않는다"라고 규정하고 있는데, 동 규정의 본문 전단 중 '정정보도청구' 부분은 헌법에 위반된다는 헌법재판소의 결정[57]이 있었다. 이에 대해 자세히 검토해보면 다음과 같다.

### (2) 언론중재법 중 '정정보도청구' 부분의 위헌성 문제[58]

#### 1) 가처분 절차에 의한 재판

언론중재법 제26조 제 6 항 본문 전단은 정정보도청구의 소를 민사집행법상의 가처분절차에 의해 재판하도록 규정하고 있다. 그 결과 정정보도청구의 소에서는 그 청구원인을 구성하는 사실의 인정을 '증명'(證明) 대신 '소명'(疏明)으로 할 수 있게 되었다(민사집행법 제301조, 제279조 제 2 항). 여기서 '소명'이라 함은

54) 언론중재법 제26조 제1항의 규정에 의한 청구에 대한 제1심 재판은 피고의 보통재판적 소재지의 지방법원합의부의 관할로 해야 하며(언론중재법 제26조 제5항), (언론중재법 제26조 제1항의 규정은) 민법 제764조의 규정에 의한 권리의 행사에 영향을 미치지 않는다(언론중재법 제26조 제4항).

55) 민사집행법 제261조(간접강제)

> ① 채무의 성질이 간접강제를 할 수 있는 경우에 제1심 법원은 채권자의 신청에 따라 간접강제를 명하는 결정을 한다. 그 결정에는 채무의 이행의무 및 상당한 이행기간을 밝히고, 채무자가 그 기간 이내에 이행을 하지 아니하는 때에는 늦어진 기간에 따라 일정한 배상을 하도록 명하거나 즉시 손해배상을 하도록 명할 수 있다.

56) 법원은 청구가 이유 있는 경우 언론중재법 제15조 제3항·제5항 및 제6항에 따른 방법에 따라 정정보도·반론보도 또는 추후보도의 방송·게재 또는 공표를 명할 수 있으며(언론중재법 제26조 제7항), 그 밖에 '정정보도청구 등'의 소의 재판에 관해 필요한 사항은 대법원규칙으로 정한다(동조 제8항).

57) 헌재 2006. 6. 29, 2005헌마165.

58) 헌재 2006. 6. 29, 2005헌마165 참조.

'증명'에 비해 낮은 개연성, 즉 법관이 일응 확실할 것이라는 추측을 얻은 상태 또는 그와 같은 상태에 이르도록 증거를 제출하는 당사자의 노력을 말하거니와 소명은 즉시 조사할 수 있는 증거방법에 의하지 않으면 안 되며(민사소송법 제299조), 서증은 수중에 있는 것에 한한다는 제약을 받아 증명에 비해 간이하다는 특징을 갖는다.

### 2) 가처분 절차 적용의 문제점

그런데 문제는 언론중재법상의 정정보도청구소송은 통상의 가처분과는 달리 그 자체가 본안소송이고 별도의 본안소송이 따로 있는 것이 아니라는 데서 발생한다. 통상의 가처분절차와 그 본안소송절차의 관계에서는 가처분절차에서 소명에 의해 임시로 인정된 사실관계를 본안절차에서 제대로 된 증명을 통해 이를 확정하거나 바로잡을 기회가 있기 때문에 가처분절차에서 소명으로 사실관계를 일응 정리하는 것이 절차의 신속을 위해 우선 허용 가능한 것이다. 그렇지만 정정보도청구의 소에서는 가처분 이외에 별도의 본안이 없기 때문에 가처분절차에서 소명에 의해 임시로 인정된 사실관계를 증명을 통해 다시 바로잡을 기회가 없는 것이다. 결국 통상의 소송과 똑같은 정정보도청구의 소에서, 승패의 관건인 '사실적 주장에 관한 언론보도가 진실하지 아니함'이라는 사실의 입증에 대해 통상의 본안절차에서 반드시 요구하고 있는 증명을 배제하고 그 대신 간이한 소명으로 이를 대체하는 것인데 이것이 헌법상의 공정한 재판을 받을 권리, 특히 소송을 당한 언론사의 방어권을 심각하게 제약하는 것임은 굳이 설명을 필요로 하지 않는다.

물론 언론중재법(제26조 제 7 항)의 위임에 따라 제정된 '정정보도등청구사건 심판규칙'(2005. 7. 13. 대법원규칙 제1951호)은 이러한 문제점을 인식하여 정정보도청구에 관한 가처분사건은 필요적으로 변론을 열도록 하고 있고(제 3 조), 담보제공으로 소명에 갈음할 수 있도록 한 민사집행법 제280조 제 2 항 내지 제 4 항 등의 적용을 배제하고 있으며(제 3 조 제 4 항), 정정보도청구에 대한 재판에는 가처분의 집행정지에 관한 민사집행법 309조를 따르도록 하여(제 4 조 제 1 항) 문제를 완화시키려 노력하고 있다. 그러나 이 정도의 조치만으로 문제가 소멸될 수는 없다. 필요적 변론이 증명을 갈음할 수는 없고 집행정지는 예외적인 조치일 따름이기 때문이다. 더구나 정정보도청구를 인용하는 판결은 그 선고에 의해 즉시 집행력이 생기고 확정이나 가집행선고가 필요 없으며 그에 대한 불복은 항소밖에 없다(언론중재법 제28조 제1항)는 점에서 문제의 심각성은 여전히 남게 된다.

정정보도청구는 반론보도나 추후보도청구와 다른 특성을 가지고 있다. 반론보도청구권은 보도내용의 진실 여부와 관계없이 사실적 보도에 의해 인격권을 침해당한 자가 언론사에 대해 자신의 사실적 주장을 게재하여 줄 것을 청구하는 반박권이어서 언론사의 입장에서는 종전 입장을 바꿀 필요 없이 지면만 할애해 주면 족한 경우도 있을 수 있으므로 가처분절차에 의해 신속하게 절차를 진행할 필요가 있다. 또 추후보도청구의 경우, 이미 형사절차가 무죄판결 등으로 종결되어 보도내용이 진실하지 않다는 점이 사실상 추정되므로 가처분절차에 따르도록 하더라도 정정보도청구의 경우와 같이 언론사의 방어권이 침해되거나 언론사에게 부당하게 책임이 부과될 가능성은 상대적으로 적다. 그러나 정정보도청구는 보도된 사실이 진실이 아님을 그 소송절차에서 확정하고 그에 따라 언론사의 이름으로 정정보도문을 게재하여야 하기 때문에 사실인정 문제가 반론보도청구나 추후보도청구의 경우에 비해 결정적 중요성을 갖는다.

### 3) 공정한 재판을 받을 권리 및 언론의 자유에 대한 침해

정정보도청구를 위와 같이 가처분절차에 따라 소명만으로 인용될 수 있게 하는 것은 이상에서 본 바와 같이 언론사에게 충분한 방어의 기회를 보장하지 않음으로써 공정한 재판을 받을 권리를 침해하는 문제가 있을 뿐만 아니라 후술하는 바와 같이 언론의 자유를 매우 위축시킨다.

언론보도의 진실 여부는 쉽게 판명될 수 없는 경우가 많다. 진실 여부는 판단 주체에 따라 그 결론이 달라질 수도 있다. 일간신문 편집인은 마감시간에 쫓기면서 중요한 사회적 관심사에 대한 기사가 진실인지 여부를 놓고 고민하게 되는 때가 흔히 있게 된다. 정정보도청구가 인용될 경우 언론사로서는 자신의 보도가 잘못되었음을 판결의 효력에 따라 시인해야 하므로 공신력과 명예에 손상이 온다. 만일 진실에 부합하지 않을 개연성이 있다는 소명만으로 정정보도 책임을 지게 된다면 언론사로서는 사후의 분쟁에 대비하여 진실임을 확신할 수 있는 증거를 수집·확보하지 못하는 한, 사실주장에 관한 보도를 주저하게 될 것이다. 이는 중요한 사회적 관심사에 대하여 진위가 불명확하거나 신속하게 법정에서 방어할 자신이 없는 경우 그 보도를 편집에서 배제하도록 작용할 것이다(언론의 위축 효과). 이러한 언론의 위축효과는 중요한 사회적 관심사에 대한 신속한 보도를 자제하는 결과를 초래하고 그로 인해 민주주의의 기초인 자유언론의 공적 기능이 저하된다는 피해가 발생한다.

언론의 자유와 사인의 명예 또는 권리가 서로 충돌할 때에는 양자 사이에 적정한 비례관계가 유지되어야 한다.[59] 그러므로 정정보도청구권이 비록 허위의 보도로 인한 피해를 구제하기 위한 제도이긴 하지만 언론사의 고의·과실을 불문하므로 그러한 제도로 인한 언론의 위축효과는 최소화되지 않으면 안 된다.

그렇다면 정정보도청구의 소를 소명만으로 인용하고 언론사에게 충분한 증거제출이나 방어 기회를 제공하지 않는 것은 피해자의 보호만을 우선하여 언론의 자유를 합리적인 이유 없이 지나치게 제한하는 것이 되어 위헌임을 면할 수 없다.[60]

#### 4) 소 결

결국 정정보도청구의 소를 가처분절차에 따라 재판하도록 규정한 언론중재법(제26조 제 6 항 본문 전단)은 이상과 같은 이유로 언론의 자유를 침해하는 위헌의 법률로 인정된다.[61]

### 2. 정정보도청구 소(訴)의 재판

'정정보도청구 등'의 소는 접수 후 3월 이내에 판결을 선고해야 하고, 법원은 정정보도청구등이 이유있다고 인정하여 정정보도·반론보도 또는 추후보도를 명하는 때에는 방송·게재 또는 공표할 정정보도·반론보도 또는 추후보도의

59) 헌재 1991. 9. 16. 89헌마165.

60) 참고로 언론중재위원회가 2004. 6. 입안한 언론피해구제법안을 보면 정정보도청구소송에 대하여는 가처분절차가 아닌 본안소송절차에 따르도록 하고 사실의 인정을 소명이 아닌 증명에 의하도록 하며 정정보도청구를 인용하는 판결에는 특별한 사정이 없는 한 가집행 선고를 붙이도록 하고(제28조) 나아가 법원으로 하여금 특별한 경우에는 피해자의 신청에 따라 가처분을 명할 수 있도록 하였는데(제30조), 이러한 입법도 정정보도청구제도의 목적을 충분히 달성하면서 언론의 자유에 대한 제한을 최소화하는 하나의 방법이 될 수 있다. 이는 결국 이 조항이 기본권을 필요 이상으로 제한하고 있다는 것을 방증하는 셈이다.

61) 헌재 1991. 9. 16. 89헌마165.

내용·크기·시기·횟수·게재부위 또는 방송순서 등을 정해 이를 해야 하며, 법원이 제 2 항의 정정보도·반론보도 또는 추후보도의 내용 등을 정함에 있어서는 청구취지에 기재된 정정보도문·반론보도문 또는 추후보도문을 참작하여 청구인의 명예나 권리를 최대한 회복할 수 있도록 정해야 한다(언론중재법 제27조 제1·2·3항).

법원은 언론보도 등에 의해 피해를 받았음을 이유로 하는 재판은 다른 재판에 우선하여 신속히 해야 한다(언론중재법 제29조).

### 3. 재판에 대한 불복절차

'정정보도청구 등'을 인용한 재판에 대하여는 항소하는 외에 불복을 신청할 수 없고, 이와 같은 불복절차에서 심리한 결과 정정정보도청구등의 전부 또는 일부가 기각되었어야 함이 판명되는 경우에는 이를 인용한 재판을 취소해야 한다(동조 제 2 항). 또한 앞에서와 같이 불복절차에서 심리한 결과 정정정보도청구 등의 전부 또는 일부가 기각되었어야 함이 판명되는 경우 '언론사 등'이 이미 정정보도·반론보도 또는 추후보도의무를 이행한 때에는 '언론사 등'의 청구에 따라 취소재판의 내용을 보도할 수 있음을 선고하고, '언론사 등'의 청구에 따라 상대방으로 하여금 '언론사 등'이 이미 이행한 정정보도·반론보도 또는 추후보도와 취소재판의 보도를 위해 필요한 비용 및 통상의 지면게재 사용료 또는 방송 사용료로서 적정한 손해의 배상을 하도록 명해야 한다. 이 경우 배상액은 해당된 지면사용료 또는 방송의 통상적인 광고비를 초과할 수 없다(언론중재법 제28조 제 1 항 및 제 3 항 제1·2문).

### 4. 손해의 배상

언론 등의 고의 또는 과실로 인한 위법행위로 인해 재산상 손해를 입거나 인격권 침해 그 밖에 정신적 고통을 받은 자는 그 손해에 대한 배상을 언론사 등에 청구할 수 있다. 법원은 (제 1 항의 규정에 의한) 손해가 발생한 사실은 인정되나 손해액의 구체적인 금액을 산정하기 곤란한 경우에는 변론의 취지·증거조사의 결과를 참작해 그에 상당하다고 인정되는 손해액을 산정해야 한다(언론중재법 제30조 제1·2항).

(언론중재법 제30조 제 1 항에 따른) 피해자는 인격권을 침해하는 '언론사 등'에 대해 침해의 정지를 청구할 수 있고, 그 권리를 명백히 침해할 우려가 있는 '언론사 등'에 대해 침해의 예방을 청구할 수 있으며, 피해자가 이와 같은 청구를 하는 경우에는 침해행위에 제공되거나 침해행위에 의해 만들어진 물건의 폐기나 그 밖의 필요한 조치를 청구할 수 있다(동조 제3·4항).

타인의 명예를 훼손한 자에 대하여는 법원은 피해자의 청구에 의해 손해배상에 갈음하거나 손해배상과 함께 정정보도의 공표 등 명예회복에 적당한 처분을 명할 수 있다(언론중재법 제31조).

## Ⅵ. 언론보도에 의한 침해의 시정권고

중재위원회는 언론의 보도내용에 의한 국가적 법익이나 사회적 법익 또는 타인의 법익 침해사항을 심의하여 필요한 경우 해당 언론사에 서면으로 그 시정을 권고할 수 있으며, 그러한 시정권고의 기준을 정하여 공표해야 한다. 중재위원회가 시정권고를 하는 경우에는 시정권고의 대상이 되는 언론사의 명칭 및 언론사의 대표자의 이름, 시정권고의 대상이 되는 언론보도의 프로그램명·제목, 보도일시 및 지면(신문, 잡지 등 정기간행물의 경우), 시정권고의 이유 등의 사항을 명시한 서면으로 해야 한다.[62] 시정권고의 세부적인 방법·절차 그 밖에 필요한 사항은 언론중재위원회규칙으로 정한다.[63]

시정권고는 언론사에 대해 권고적 효력을 가지는 데 그친다(언론중재법 제32조 제1·2·3항).[64] 시정권고의 방법·절차 그 밖에 필요한 사항은 대통령령[65]으로

62) 언론중재법 시행령 제16조(시정권고의 방법).

63) 언론중재법 시행령 제20조.

64) 중재위원회는 각 언론사별로 시정권고한 내용을 외부에 공표할 수 있다(언론중재법 제32조 제4항).

65) 언론중재법 시행령 제17조(시정권고소위원회)

> ① 법 제32조 제1항의 규정에 의한 시정권고에 관한 사항을 심의하기 위하여 중재위원회에 시정권고소위원회를 둔다.

정한다(동조 제 8 항).

시정권고에 불복하는 언론사는 시정권고 통보를 받은 날부터 7일 이내에 중재위원회에 재심을 청구할 수 있고,[66] 재심절차에 출석하여 발언하고 관련자료를 제출할 수 있으며, 중재위원회는 재심청구가 정당하다고 인정되는 때에는 시정권고를 취소해야 한다(언론중재법 제32조 제5·6·7항).

---

> ② 제1항에 따른 시정권고소위원회는 위원장을 포함하여 중재위원회에서 선출하는 7명의 중재위원으로 구성한다.
> ③ 시정권고소위원회는 월 1회 이상 개회하며, 재적위원 3분의 2 이상의 출석과 출석위원 과반수의 찬성으로 의결한다.

66) 언론중재법 시행령 제19조(시정권고에 대한 재심)

> ① 법 제32조 제5항에 따라 재심을 청구하는 언론사는 중재위원회에 재심청구서를 제출하여야 한다.
> ② 제1항의 규정에 의한 재심청구서에는 재심청구인의 명칭과 재심을 구하는 이유를 구체적으로 명시하여야 한다.
> ③ 제1항에 따른 재심청구는 서면 또는 전자문서 등의 방법으로 할 수 있다. 이 경우 전자문서의 방법으로 신청을 하려면 제12조 제3항에 따라 설치된 전산정보처리시스템을 이용하여야 한다.
> ④ 제1항부터 제3항까지에서 규정한 사항 외에 시정권고에 대한 재심에 필요한 사항은 언론중재위원회규칙으로 정한다.

제 9 장

# 정보공개법 - 공공기관의 정보공개에 관한 법률


제 1 절 총설(總說)

제 2 절 정보의 공개

제 3 절 정보비공개에 대한 불복구제절차

## 제 1 절 총설(總說)

### Ⅰ. 입법의 배경 및 목적

공공기관의 정보공개에 관한 법률(이하 '정보공개법'으로 약칭)은 공공기관이 보유·관리하는 정보에 대한 국민의 알권리를 보호하기 위해 제정되었다. 이에 따라 이 법은 국민의 정보 공개청구 및 공공기관의 공개의무에 관하여 필요한 사항을 정하고 있다. 이 법의 시행으로 민주적 절차에 따라 국민의 알 권리와 국가의 이익을 보장하고 국정에 대한 국민의 참여와 국정운영의 투명성을 확보할 수 있도록 하는데 목적을 두고 있다.[1)]

정보공개법에서 규정하고 있는 '정보'의 정의는 '공공기관이 직무상 작성 또는 취득하여 관리하고 있는 문서(전자문서 포함)·도면·사진·필름·테이프·슬라이드 및 그 밖에 이에 준하는 매체 등에 기록된 사항'을 말한다. 또한 '공개'는 '공공기관이 이 법의 규정에 의해 정보를 열람하게 하거나 그 사본·복제물을 교부하는 것' 또는 '전자정부법'(제 2 조 제 7 호)의 규정에 의한 정보통신망('정보통신망')을 통해 정보를 제공하는 것 등을 말한다. 정보청구의 대상이 되는 '공공기관'은 '국가기관, 지방자치단체, 정부투자기관관리기본법 제 2 조의 규정에 의한 정부투자기관 그 밖에 대통령령이 정하는 기관'을 말한다.[2)]

동법 시행령으로 정하고 있는 공공기관의 범위는[3)] ① 초·중등교육법 및 고등교육법 그 밖에 다른 법률에 의하여 설치된 각급학교, ② 지방공기업법에 의한 지방공사 및 지방공단, ③ 정부산하기관관리기본법의 적용을 받는 정부산

1) 정보공개법 제1조 참조.
2) 정보공개법 제2조 참조.
3) 정보공개법 시행령 제2조(공공기관의 범위).

하기관, ④ 특별법에 의하여 설립된 특수법인, ⑤ 사회복지사업법(제42조 제 1 항)의 규정에 의해 국가 또는 지방자치단체로부터 보조금을 받는 사회복지법인과 사회복지사업을 하는 비영리법인 등으로 정하고 있다.

## Ⅱ. 정보공개의 원칙

정보공개법(제 3 조)의 규정에 따른 정보공개의 원칙은 정부를 비롯한 공공기관이 보유·관리하는 정보는 이 법이 정하는 바에 따라서만 공개할 수 있으며, 정보의 공개에 관해 다른 법률에 특별한 규정이 있는 경우를 제외하고는 정보공개법이 정하는 기준과 절차, 방법 등에 의해 공개하도록 하였다.[4)]

지방자치단체는 그 소관사무에 관하여 법령의 범위 안에서 정보공개에 관한 조례를 정할 수 있으며, 국가안전보장에 관련되는 정보 및 보안업무를 관장하는 기관에서 국가안전보장과 관련된 정보분석을 목적으로 수집되거나 작성된 정보에 대하여는 이 법의 적용대상에서 제외하고 있다. 다만, 정보공개법(제 8 조 제 1 항)의 규정에 의한 정보목록의 작성·비치 및 공개에 대하여는 정보공개법을 따르도록 하고 있다.

## Ⅲ. 정보공개청구권

### 1. 정보공개 청구권자

모든 국민은 공공의 정보에 대한 공개를 요구할 수 있는 청구권을 가진다. 다만, 외국인의 정보공개청구에 관하여는 별도로 대통령령으로 정하고 있다.

정보공개법(제 5 조 제 2 항)의 규정에 의하여 정보공개를 청구할 수 있는 외국인은 ① 국내에 일정한 주소를 두고 거주하거나 학술·연구를 위하여 일시적으로 체류하는 자, ② 국내에 사무소를 두고 있는 법인 또는 단체 등으로 규정하고 있다.

4) 정보공개법 제3·4조 참조.

## 2. 공공기관의 의무

공공기관은 정보의 공개를 청구하는 국민의 권리가 존중될 수 있도록 이 법을 운영하고 소관 관련법령을 정비해야 한다. 또한 공공기관은 정보의 적절한 보존과 신속한 검색이 이루어지도록 정보관리체계를 정비하고, 정보공개업무를 주관하는 부서 및 담당하는 인력을 적정하게 두어야 하며, 정보통신망을 활용한 정보공개시스템 등을 구축하도록 노력해야 한다(정보공개법 제 6 조).

공공기관은 ① 국민생활에 매우 큰 영향을 미치는 정책에 관한 정보, ② 국가의 시책으로 시행하는 공사(工事) 등 대규모의 예산이 투입되는 사업에 관한 정보, ③ 예산집행의 내용과 사업평가 결과 등 행정감시를 위해 필요한 정보, ④ 그 밖에 공공기관의 장이 정하는 정보에 대하여는 공개의 구체적 범위, 공개의 주기·시기 및 방법 등을 미리 정해 공표하고, 이에 따라 정기적으로 공개해야 한다. 다만, 정보공개법 제 9 조 제 1 항의 비공개대상정보에 해당하는 정보는 공표·공개하지 않는다. 공공기관은 동조 제 1 항에 규정된 사항 외에도 국민이 알아야 할 필요가 있는 정보를 국민에게 공개하도록 적극적으로 노력해야 한다.

## 3. 정보목록의 작성 및 비치

공공기관은 당해 기관이 보유·관리하는 정보에 대해 국민이 쉽게 알 수 있도록 정보목록을 작성·비치하고, 그 목록을 정보통신망을 활용한 정보공개시스템 등을 통해 공개해야 한다. 다만, 정보목록 중 정보공개법 제 9 조 제 1 항(비공개대상정보)의 규정에 의해 공개하지 않을 수 있는 정보가 포함되어 있는 경우에는 당해 부분을 비치 및 공개하지 않을 수 있다.

공공기관은 정보의 공개에 관한 사무를 신속하고 원활하게 수행하기 위해 정보공개장소를 확보하고 공개에 필요한 시설을 갖추어야 한다(동법 제 8 조). 공공기관은 정보공개절차를 국민이 쉽게 알 수 있도록 정보공개청구 및 처리절차, 정보공개청구서식, 수수료 그 밖의 주요 사항이 포함된 정보공개편람을 작성·비치하여 일반국민의 열람에 제공해야 한다. 또한 청구인의 편의를 도모하기 위해 정보공개청구서식·컴퓨터단말기 등을 비치해야 한다(동법시행령 제2·3항).

# 제 2 절 정보의 공개

## Ⅰ. 정보공개의 절차

### 1. 청구권자의 청구

정보의 공개를 청구하는 자는 당해 정보를 보유하거나 관리하고 있는 공공기관에 대해 청구인의 이름·주민등록번호·주소 및 연락처(전화번호·전자우편주소 등)와 공개를 청구하는 정보의 내용 및 공개방법 등의 사항을 기재한 정보공개청구서를 제출하거나 구술로써 정보의 공개를 청구할 수 있다(정보공개법 제10조).

정보공개 청구자가 구술로써 정보의 공개를 청구하는 때에는 담당공무원 또는 담당 임·직원의 면전에서 진술해야 하고, 담당공무원 등은 정보공개청구조서를 작성하고 이에 청구인과 함께 기명날인해야 한다. 기타 정보공개의 청구방법 등에 관해 필요한 사항은 국회규칙·대법원규칙·헌법재판소규칙·중앙선거관리위원회규칙 및 대통령령으로 정한다.

### 2. 정보공개의 결정 및 통지

#### (1) 정보공개의 결정

공공기관은 청구권자로부터 정보공개의 청구가 있는 때에는 청구를 받은 날부터 10일 이내에 공개 여부를 결정해야 한다. 부득이한 사유로 규정된 기간 이내에 공개 여부를 결정할 수 없는 때에는 그 기간의 만료일 다음 날부터 기산하여 10일 이내의 범위에서 공개 여부 결정기간을 연장할 수 있다. 이 경우 공공기관은 연장된 사실과 연장사유를 청구인에게 지체없이 문서로 통지해야 한다.

동법에서 규정한 ‘부득이한 사유’는 ① 일시에 많은 정보공개가 청구되거나 공개청구된 내용이 복잡하여 정해진 기간 내에 공개 여부의 결정이 곤란한 경우, ② 정보를 생산한 공공기관 또는 공개청구된 정보와 관련있는 제 3 자의 의견청취, 정보공개심의회 개최 등의 사유로 정해진 기간 내에 공개 여부의 결정이 곤란한 경우, ③ 전산정보처리조직에 의해 처리된 정보가 공개부분과 비공개부분을 포함하고 있고, 정해진 기간 내에 부분공개가능 여부의 결정이 곤란한 경우, ④ 천재지변, 일시적인 업무량의 폭주 등으로 정해진 기간 내에 공개여부의 결정이 곤란한 경우 등으로 규정하고 있다(정보공개법 시행령 제 7 조 제1·2·3·4항).

공공기관은 공개 청구된 공개대상 정보의 전부 또는 일부가 제 3 자와 관련이 있다고 인정되는 때에는 그 사실을 제 3 자에게 지체 없이 통지해야 하며, 필요한 경우에는 그의 의견을 청취할 수 있다. 공공기관은 공개 청구된 정보의 전부 또는 일부가 다른 공공기관이 생산한 정보인 때에는 그 정보를 생산한 공공기관의 의견을 들어 공개 여부를 결정해야 한다(동법 시행령 제 9 조). 공공기관은 다른 공공기관이 보유·관리하는 정보의 공개청구를 받은 때에는 지체없이 이를 소관기관으로 이송해야 하며, 이송을 한 공공기관은 지체 없이 소관기관 및 이송사유 등을 명시하여 청구인에게 문서로 통지해야 한다.

정보공개를 청구한 날부터 20일 이내에 공공기관이 공개 여부를 결정하지 않은 때에는 비공개의 결정이 있는 것으로 본다.[5)]

### (2) 정보공개 결정의 통지

공공기관은 정보의 공개를 결정한 때에는 공개일시·공개장소 등을 명시하여 청구인에게 통지해야 한다. 다만, 청구인이 요청하는 때에는 공개일시를 달리 정할 수 있다. 공개대상정보의 양이 과다하여 정상적인 업무수행에 현저한 지장을 초래할 우려가 있는 경우에는 정보의 사본·복제물을 일정 기간별로 나누어 교부하거나 열람과 병행하여 교부할 수 있다. 정보의 사본·복제물을 일정 기간별로 나누어 교부하거나 열람과 병행하여 교부하는 때에는 청구인으로 하여금 먼저 열람하게 한 후 사본·복제물을 교부하되, 특별한 사정이 없는 한 2월 이내에 교부를 완료해야 한다.

---

5) 정보공개법 제11조(정보공개 여부의 결정).

공공기관은 정보를 공개함에 있어 당해 정보의 원본이 오손 또는 파손될 우려가 있거나 그 밖에 상당한 이유가 있다고 인정될 때에는 당해 정보의 사본·복제물을 공개할 수 있다. 정보공개를 요구한 청구인이 통지한 공개일 후 10일이 경과할 때까지 정당한 사유없이 그 정보의 공개에 응하지 않을 때에는 이를 내부적으로 종결처리할 수 있다(정보공개법 시행령 제12조 제 3 항).

공공기관은 정보공개법(제11조)의 규정에 의해 정보의 비공개결정을 한 때에는 그 사실을 청구인에게 지체 없이 문서로 통지해야 한다. 이 경우 비공개 이유·불복방법 및 불복절차를 구체적으로 명시해야 한다(동법 제13조).

## 3. 정보의 공개

### (1) 정보공개의 방법

공공기관이 정보의 공개를 결정할 경우 공개의 방법은 ① 문서·도면·사진 등은 열람 또는 사본의 교부, ② 필름·테이프 등은 시청 또는 인화물·복제물의 교부, ③ 마이크로필름·슬라이드 등은 시청·열람 또는 사본·복제물의 교부, ④ 전자적 형태로 보유·관리하는 정보 등은 파일을 복제하여 전자우편으로 송부, 매체에 저장하여 제공, 열람·시청 또는 사본·출력물의 교부 등의 방법으로 할 수 있다.

공공기관은 정보를 공개함에 있어서 본인 또는 그 정당한 대리인임을 확인할 필요가 없는 때에는 청구인의 요청에 의하여 사본·출력물·복제물·인화물 또는 복제된 파일을 우편·모사전송 또는 전자통신망을 이용하여 송부할 수 있다. 정보를 공개하는 때에는 타인의 지적소유권, 사생활의 비밀 그 밖에 타인의 권리 또는 이익이 부당하게 침해되지 않도록 유의해야 한다.

### (2) 부분공개

공개청구한 정보가 정보공개법 제 9 조 제 1 항의 비공개대상정보에 해당하는 부분과 공개가 가능한 부분이 혼합되어 있는 경우로서 공개청구의 취지에 어긋나지 않은 범위 안에서 두 부분을 분리할 수 있는 때에는 동법 제 9 조 제 1 항, 비공개대상정보에 해당하는 부분을 제외하고 공개해야 한다(동법 제14조).

부분공개결정을 하는 때에는 비공개하는 부분에 대해 비공개이유·불복방법 및 불복절차를 구체적으로 명시해야 한다.

### (3) 전자적 공개

공공기관은 전자적 형태로 보유·관리하는 정보에 대해 청구인이 전자적 형태로 공개하여 줄 것을 요청하는 경우에는 당해 정보의 성질상 현저히 곤란한 경우를 제외하고는 청구인의 요청에 응해야 한다.

공공기관은 전자적 형태로 보유·관리하지 않는 정보에 대해 청구인이 전자적 형태로 공개하여 줄 것을 요청한 경우에는 정상적인 업무수행에 현저한 지장을 초래하거나 당해 정보의 성질이 훼손될 우려가 없는 한 그 정보를 전자적 형태로 변환하여 공개할 수 있다.

정보의 전자적 형태의 공개 등에 관하여 필요한 사항은 국회규칙·대법원규칙·헌법재판소규칙·중앙선거관리위원회규칙 및 대통령령으로 정한다(정보공개법제15조).

### (4) 즉시공개

즉시처리가 가능한 다음의 정보는 즉시 또는 구술처리가 가능한 정보에 대하여는 정보공개법 제11조의 공개 여부를 결정하는 절차를 거치지 않고 공개해야 한다.

① 법령 등에 의해 공개를 목적으로 작성된 정보
② 일반국민에게 알리기 위해 작성된 각종 홍보자료
③ 공개하기로 결정된 정보로서 공개에 오랜 시간이 걸리지 않는 정보
④ 그 밖에 공공기관의 장이 정하는 정보 등은 즉시 공개해야 한다(동법 제16조).

### (5) 정보공개 비용의 부담

정보의 공개 및 우송 등에 소요되는 비용은 실비의 범위 안에서 청구인의 부담으로 한다. 공개를 청구하는 정보의 사용목적이 공공복리의 유지·증진을 위해 필요하다고 인정되는 경우에는 그 비용을 감면할 수 있다.

정보공개에 따른 비용 및 징수 등에 관해 필요한 사항은 국회규칙·대법원규칙·헌법재판소규칙·중앙선거관리위원회규칙 및 대통령령으로 정한다(정보공개법 제17조).

## Ⅱ. 비공개대상정보(非公開對象情報)

공공기관이 보유·관리하는 정보는 공개대상이 된다. 다만, 다음에 해당하는 정보에 대하여는 이를 공개하지 않을 수 있다.

① 다른 법률 또는 법률이 위임한 명령(국회규칙·대법원규칙·헌법재판소규칙·중앙선거관리위원회규칙·대통령령 및 조례에 한한다)에 의해 비밀 또는 비공개 사항으로 규정된 정보

② 국가안전보장·국방·통일·외교관계 등에 관한 사항으로서 공개될 경우 국가의 중대한 이익을 현저히 해할 우려가 있다고 인정되는 정보

③ 공개될 경우 국민의 생명·신체 및 재산의 보호에 현저한 지장을 초래할 우려가 있다고 인정되는 정보

④ 진행중인 재판에 관련된 정보와 범죄의 예방, 수사, 공소의 제기 및 유지, 형의 집행, 교정, 보안처분에 관한 사항으로서 공개될 경우 그 직무수행을 현저히 곤란하게 하거나 형사피고인의 공정한 재판을 받을 권리를 침해한다고 인정할 만한 상당한 이유가 있는 정보

⑤ 감사·감독·검사·시험·규제·입찰계약·기술개발·인사관리·의사결정과정 또는 내부검토과정에 있는 사항 등으로서 공개될 경우 업무의 공정한 수행이나 연구·개발에 현저한 지장을 초래한다고 인정할 만한 상당한 이유가 있는 정보

⑥ 당해 정보에 포함되어 있는 이름·주민등록번호 등 개인에 관한 사항으로서 공개될 경우 개인의 사생활의 비밀 또는 자유를 침해할 우려가 있다고 인정되는 정보. 다만, 다음에 열거한 개인에 관한 정보는 제외한다. ⓐ 법령이 정하는 바에 따라 열람할 수 있는 정보, ⓑ 공공기관이 공표를 목적으로 작성하거나 취득한 정보로서 개인의 사생활의 비밀과

자유를 부당하게 침해하지 않는 정보, ⓒ 공공기관이 작성하거나 취득한 정보로서 공개하는 것이 공익 또는 개인의 권리구제를 위해 필요하다고 인정되는 정보, ⓓ 직무를 수행한 공무원의 성명·직위, ⓔ 공개하는 것이 공익을 위하여 필요한 경우로써 법령에 의해 국가 또는 지방자치단체가 업무의 일부를 위탁 또는 위촉한 개인의 성명·직업

⑦ 법인·단체 또는 개인('법인 등')의 경영·영업상 비밀에 관한 사항으로서 공개될 경우 법인 등의 정당한 이익을 현저히 해할 우려가 있다고 인정되는 정보. 다만, 다음에 열거한 정보를 제외한다. ⓐ 사업활동에 의해 발생하는 위해로부터 사람의 생명·신체 또는 건강을 보호하기 위해 공개할 필요가 있는 정보, ⓑ 위법·부당한 사업활동으로부터 국민의 재산 또는 생활을 보호하기 위해 공개할 필요가 있는 정보

⑧ 공개될 경우 부동산 투기·매점매석 등으로 특정인에게 이익 또는 불이익을 줄 우려가 있다고 인정되는 정보 등을 비공개 대상 정보로 분류하고 있다.

공공기관은 정보공개법 제 9 조 제 1 항의 비공개대상에 해당하는 정보가 기간의 경과 등으로 인해 비공개의 필요성이 없어진 경우에는 당해 정보를 공개대상으로 해야 하며, 비공개대상의 범위 안에서 당해 공공기관의 업무의 성격을 고려하여 비공개대상정보의 범위에 관한 세부기준을 수립하고 이를 공개해야 한다(동법 제 9 조 제2·3항).

## Ⅲ. 정보공개심의회의 운용

### 1. 정보공개심의회의 설치 및 구성

국가기관, 지방자치단체 및 정부투자기관관리기본법(제 2 조)에 의한 정부투자기관은 정보공개법(제11조)의 규정에 의한 정보공개여부 등을 심의하기 위해 정보공개심의회를 설치·운영하도록 되어 있다.

심의회는 위원장 1인을 포함하여 5인 내지 7인의 위원으로 구성하며, 심의

회의 위원장을 제외한 위원은 소속공무원, 임·직원 또는 외부전문가로 지명 또는 위촉하되, 그 중 2분의 1은 당해 국가기관 등의 업무 또는 정보공개의 업무에 관한 지식을 가진 외부전문가로 위촉해야 한다.

다만, 정보공개법(제 9 조 제 1 항 제 2 호)에 규정하고 있는 국가안전보장·국방·통일·외교관계 등에 관한 사항 및 제 4 호에 규정한 진행중인 재판에 관련된 정보와 범죄의 예방, 수사, 공소의 제기 및 유지, 형의 집행, 교정, 보안처분에 관한 사항에 해당하는 업무를 주로 하는 국가기관은 당해 국가기관의 장이 외부전문가의 위촉비율을 별도로 정하되, 최소한 1인 이상은 위촉해야 한다.[6]

심의회의 위원장은 제 3 항에 규정된 위원과 같은 자격을 가진 자 중에서 국가기관 등의 장이 지명 또는 위촉한다. 위원장·부위원장 및 위원 중 공무원이 아닌 자는 형법 그 밖의 법률에 의한 벌칙적용에 있어서 이를 공무원으로 본다는 규정은 심의회의 위원에 대하여 이를 준용한다(정보공개법 제23조 제 4 항 및 제 5 항).

심의회의 운영 및 기능 등에 관해 필요한 사항은 국회 규칙·대법원 규칙·헌법재판소 규칙·중앙선거관리위원회 규칙 및 대통령령으로 정한다(동법 제12조).

## 2. 심의회의 직무 및 임기

심의회는 ① 공개청구된 정보의 공개여부를 결정하기 곤란한 사항, ② 정보공개법 제18조(불복구제절차에 따른 이의신청) 및 동법 제21조 제 2 항(제 3 자의 비공개요청)의 규정에 의한 이의신청, ③ 그 밖에 정보공개제도의 운영에 관한 사항을 심의한다.

심의회의 위원의 임기는 2년으로 하며, 1차에 한해 연임할 수 있다. 다만,

---

6) 국가안전보장·국방·통일·외교관계 등에 관한 사항으로서 공개될 경우 국가의 중대한 이익을 현저히 해할 우려가 있다고 인정되는 정보(정보공개법 제9조 2항).

진행중인 재판에 관련된 정보와 범죄의 예방, 수사, 공소의 제기 및 유지, 형의 집행교정, 보안처분에 관한 사항으로서 공개될 경우 그 직무수행을 현저히 곤란하게 하거나 형사피고인의 공정한 재판을 받을 권리를 침해한다고 인정할 만한 상당한 이유가 있는 정보(동조 4항).

공무원인 위원의 임기는 그 직위에 재직하는 기간으로 한다. 심의회의 위원중 공무원이 아닌 위원에 대하여는 예산의 범위 안에서 수당·여비 그 밖에 필요한 경비를 지급할 수 있다. 기타 심의회의 운영에 관해 필요한 사항은 심의회가 설치된 국가기관 등의 장이 정한다.

## 제 3 절 정보비공개에 대한 불복구제절차(不服救濟節次)

### Ⅰ. 이의신청(異議申請)

청구인이 정보공개와 관련한 공공기관의 비공개 또는 부분공개의 결정에 대해 불복이 있는 때에는 공공기관으로부터 정보공개여부의 결정통지를 받은 날 또는 정보공개법(제11조 제 5 항)의 규정에 의한 비공개의 결정이 있는 것으로 보는 날부터 30일 이내에 해당 공공기관에 문서로 이의신청을 할 수 있다.

공공기관은 이의신청을 받은 날부터 7일 이내에 그 이의신청에 대해 결정하고 그 결과를 청구인에게 지체없이 문서로 통지해야 한다. 다만, 부득이한 사유로 정해진 기간 이내에 결정할 수 없는 때에는 그 기간의 만료일 다음 날부터 기산하여 7일 이내의 범위에서 연장할 수 있으며, 연장사유를 청구인에게 통지해야 한다.

공공기관은 이의신청을 각하 또는 기각하는 결정을 한 때에는 청구인에게 행정심판 또는 행정소송을 제기할 수 있다는 취지를 결과통지와 함께 통지해야 한다(정보공개법 제18조).

### Ⅱ. 행정심판(行政審判)

청구인이 정보공개와 관련한 공공기관의 결정에 대하여 불복이 있는 때에는 행정심판법이 정하는 바에 따라 행정심판을 청구할 수 있다. 이 경우 국가기관 및 지방자치단체외의 공공기관의 결정에 대한 감독행정기관은 관계 중앙행정기관의 장 또는 지방자치단체의 장으로 한다.

청구인은 정보공개법(제18조)의 규정에 의한 이의신청절차를 거치지 않고 행정심판을 청구할 수 있다. 행정심판위원회의 위원 중 정보공개여부결정에 관한 행정심판에 관여하는 위원은 재직중은 물론 퇴직 후에도 그 직무상 알게 된 비밀을 누설해서는 아니된다. 위원은 형법 그 밖의 법률의 벌칙적용에 있어서 이를 공무원으로 본다(동법 제19조).

## Ⅲ. 행정소송(行政訴訟)

청구인이 정보공개와 관련한 공공기관의 결정에 대하여 불복이 있는 때에는 행정소송법이 정하는 바에 따라 행정소송을 제기할 수 있다. 재판장은 필요하다고 인정되는 때에는 당사자를 참여시키지 않고 제출된 공개청구정보를 비공개로 열람·심사할 수 있다.

재판장은 행정소송의 대상이 정보공개법 제 9 조 제 1 항 제 2 호(비공개대상정보)의 규정에 의한 정보 중 국가안전보장·국방 또는 외교에 관한 정보의 비공개 또는 부분공개 결정처분인 경우에 공공기관이 그 정보에 대한 비밀지정의 절차, 비밀의 등급·종류 및 성질과 이를 비밀로 취급하게 된 실질적인 이유 및 공개를 하지 않는 사유 등을 입증하는 때에는 당해 정보를 제출하지 않게 할 수 있다.

정보공개법(제21조)의 규정에 의해 공개청구된 사실을 통지받은 제 3 자는 통지받은 날부터 3일 이내에 당해 공공기관에 대하여 자신과 관련된 정보를 공개하지 않을 것을 요청할 수 있다. 제 3 자의 비공개요청에도 불구하고 공공기관이 공개결정을 하는 때에는 공개결정이유와 공개 실시일을 명시하여 지체 없이 문서로 통지해야 하며, 제 3 자는 당해 공공기관에 문서로 이의신청을 하거나 행정심판 또는 행정소송을 제기할 수 있다. 이 경우 이의신청은 통지를 받은 날부터 7일 이내에 해야 한다. 공공기관은 제 2 항(제 3 자의 비공개요청)의 규정에 의한 공개결정일과 공개실시일의 사이에 최소한 30일의 간격을 두어야 한다(동법 제20조).

# Ⅳ. 정보공개위원회 운용

## 1. 정보공개위원회의 설치 및 구성

행정안전부 장관은 정보공개에 관한 정책의 수립 및 제도개선에 관한 사항 등을 심의 의결하기 위해 정보공개위원회를 설치해야 한다. 위원회는 위원장과 부위원장 각 1인을 포함한 9인의 위원으로 구성한다.

위원회의 위원의 위촉은 ① 대통령령이 정하는 관계부처의 차관급 또는 고위공무원단에 속하는 일반직공무원, ② 정보공개에 관하여 학식과 경험이 풍부한 자로서 행정안전부장관이 위촉하는 자, ③ 시민단체(비영리민간단체지원법 제2조의 규정에 의한 민간단체)에서 추천한 자로서 행정안전부장관이 위촉한다. 이 경우 위원장을 포함한 5인은 공무원이 아닌 자로 위촉해야 한다. 위원장·부위원장 및 위원의 임기는 2년으로 하되, 연임할 수 있다. 다만, 공무원인 위원의 임기는 그 직위에 재직하는 기간으로 한다.

위원장·부위원장 및 위원은 정보공개업무와 관련하여 알게 된 정보를 누설하거나 그 정보를 이용하여 본인 또는 타인에게 이익 또는 불이익을 주는 행위를 해서는 안 된다. 위원장·부위원장 및 위원 중 공무원이 아닌 자는 형법 그 밖의 법률에 의한 벌칙적용에 있어서 이를 공무원으로 본다.

위원회의 구성 및 의결절차 등 위원회 운영에 관해 필요한 사항은 대통령령으로 정한다(정보공개법 제23조).

## 2. 정보공개위원회의 역할

행정안전부장관 소속하에 정보공개위원회는 다음의 사항을 심의·조정한다.

① 정보공개에 관한 정책의 수립 및 제도개선에 관한 사항
② 정보공개에 관한 기준수립에 관한 사항
③ 정보공개법 제24조(제도총괄) 제 2 항 및 제 3 항의 규정에 의한 공공기관의 정보공개운영실태 평가 및 그 결과처리에 관한 사항[7)]

---

7) 정보공개법 제24조(제도총괄 등)

④ 그 밖에 정보공개에 관해 대통령령이 정하는 사항 등의 업무를 심의 의결한다(동법 제22조).

행정안전부장관은 이 법에 의한 정보공개제도의 정책수립 및 제도개선사항 등에 관한 기획·총괄업무를 관장한다. 행정안전부장관은 위원회가 정보공개제도의 효율적 운영을 위해 필요하다고 요청하는 경우에는 공공기관(국회·법원·헌법재판소 및 중앙선거관리위원회를 제외한다)에 대해 정보공개제도의 운영실태를 평가할 수 있다. 행정안전부장관은 제 2 항의 규정에 의한 평가를 실시한 경우에는 그 결과를 위원회를 거쳐 국무회의에 보고한 후 이를 공개해야 하며, 위원회가 개선이 필요하다고 권고한 사항에 대하여는 해당 공공기관에 시정요구 등의 조치를 취해야 한다.

국회사무총장·법원행정처장·헌법재판소사무처장·중앙선거관리위원회사무총장 및 행정안전부장관은 필요하다고 인정하는 경우에는 관계공공기관에 대하여 정보공개에 관한 자료의 제출 등의 협조를 요청할 수 있다(동법 제25조)

행정안전부장관은 전년도의 정보공개 운영에 관한 보고서를 매년 정기국회 개회 전까지 국회에 제출해야 한다(동법 제26조).

---

① 행정안전부장관은 이 법에 의한 정보공개제도의 정책수립 및 제도개선사항 등에 관한 기획·총괄업무를 관장한다. <개정 2008.2.29>
② 행정안전부장관은 위원회가 정보공개제도의 효율적 운영을 위하여 필요하다고 요청하는 경우에는 공공기관(국회·법원·헌법재판소 및 중앙선거관리위원회를 제외한다)에 대하여 정보공개제도의 운영실태를 평가할 수 있다. <개정 2008.2.29>
③ 행정안전부장관은 제2항의 규정에 의한 평가를 실시한 경우에는 그 결과를 위원회를 거쳐 국무회의에 보고한 후 이를 공개하여야 하며, 위원회가 개선이 필요하다고 권고한 사항에 대하여는 해당 공공기관에 시정요구 등의 조치를 취하여야 한다. <개정 2008. 2.29>

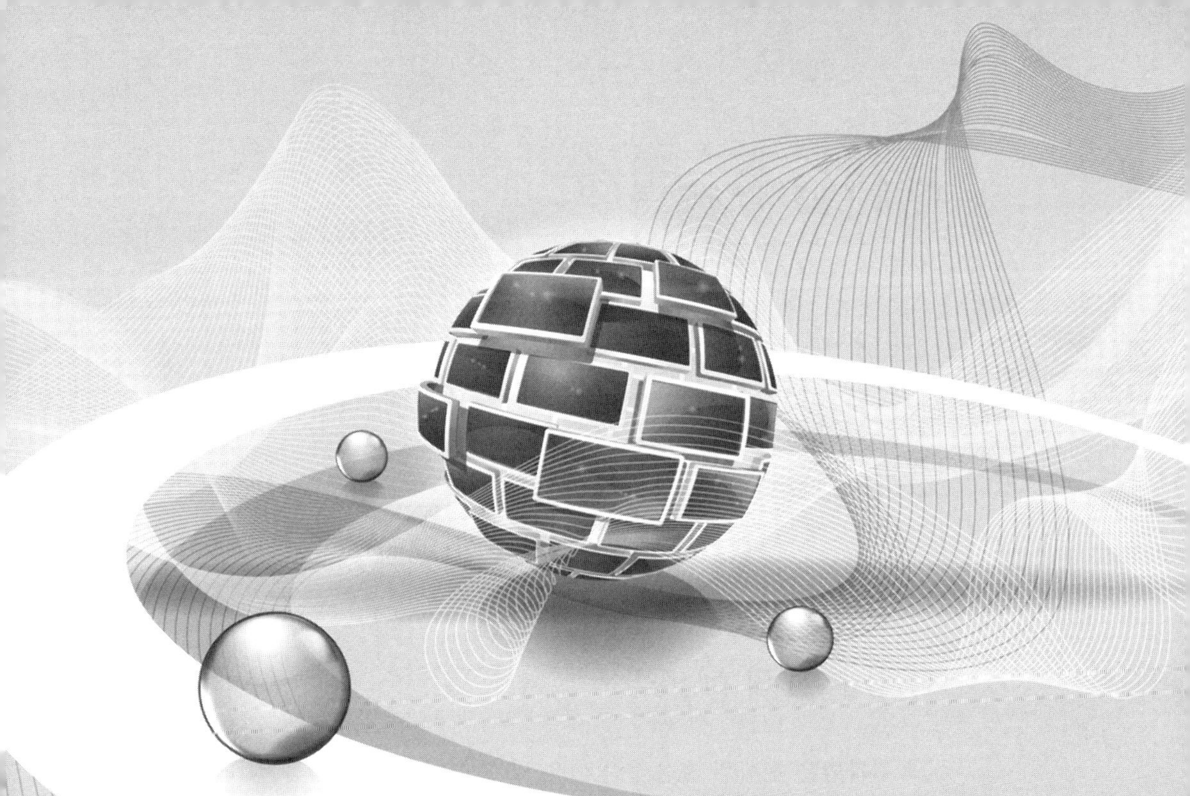

제10장

# 전파법(電波法)

제 1 절 총설(總說)

제 2 절 전파자원의 배분

제 3 절 전파자원의 이용

제 4 절 방송국의 개설허가 및 운용

제 5 절 우주통신의 유용

제 6 절 전파자원의 보호 및 진흥

제 7 절 전파법 위반에 대한 제재

## 제1절 총설(總說)

### Ⅰ. 입법취지 및 개념정의

전파법은 전파의 효율적인 이용 및 관리에 관한 사항을 정하여 전파이용과 전파에 관한 기술의 개발을 촉진함으로써 전파 관련 분야의 진흥과 공공복리의 증진에 이바지함을 목적으로 한다(동법 제1조).

'전파'란 인공적인 유도(誘導) 없이 공간에 퍼져 나가는 전자파로서 국제전기통신연합이 정한 범위의 주파수를 가진 것을 말하며, '주파수분배'란 특정한 주파수의 용도를 정하는 것을 말한다. '주파수할당'이란 특정한 주파수를 이용할 수 있는 권리를 특정인에게 주는 것을 말하며, '주파수지정'이란 허가나 신고로 개설하는 무선국에서 이용할 특정한 주파수를 지정하는 것을 말한다. '주파수회수'란 주파수할당, 주파수지정 또는 주파수 사용승인의 전부나 일부를 철회하는 것을 말하며, '주파수재배치'란 주파수회수를 하고 이를 대체하여 주파수할당, 주파수지정 또는 주파수 사용승인을 하는 것을 말한다.

'무선설비'란 전파를 보내거나 받는 전기적 시설을 말하며, '무선통신'이란 전파를 이용하여 모든 종류의 기호·신호·문언·영상·음향 등의 정보를 보내거나 받는 것을 말한다. '무선국(無線局)'이란 무선설비와 무선설비를 조작하는 자의 총체를 말한다. 다만, 방송수신만을 목적으로 하는 것은 제외한다. '무선종사자'란 무선설비를 조작하거나 설치공사를 하는 자로서 전파법(제70조 제2항) 무선종사자의 자격 규정에 따라 기술자격증을 발급받은 자를 말한다. '시설자'란 방송통신위원회로부터 무선국의 개설허가를 받거나 방송통신위원회에 개설신고를 하고 무선국을 개설한 자를 말한다.

‘방송국’이란 공중(公衆)이 방송신호를 직접 수신할 수 있도록 할 목적으로 개설한 무선국을 말한다. ‘우주국(宇宙局)’이란 인공위성에 개설한 무선국을 말하며, ‘지구국(地球局)’이란 우주국과 통신을 하기 위해 지구에 개설한 무선국을 말한다. ‘위성망’이란 우주국과 지구국으로 구성된 통신망의 총체를 말하며, ‘위성궤도’란 우주국의 위치나 궤적(軌跡)을 말한다.

‘전자파장해’란 전자파를 발생시키는 기기로부터 전자파가 방사(放射: 전자파에너지가 공간으로 퍼져나가는 것을 말한다) 또는 전도(傳導: 전자파에너지가 전원선(電源線)을 통하여 흐르는 것을 말한다)되어 다른 기기의 성능에 장해를 주는 것을 말한다. ‘전자파적합’이란 전자파장해를 일으키는 기기, 즉 ‘전자파장해기기’나 전자파로부터 영향을 받는 기기가 전파법(제56조)의 전자파장해 방지기준에 관한 규정에 따른 전자파장해 방지기준과 전자파로부터의 보호기준에 적합한 것을 말한다. 정부는 한정된 전파자원(電波資源)을 공공복리의 증진에 최대한 활용하기 위해 전파자원의 이용촉진에 필요한 시책을 마련하고 시행해야 한다(동법 제1조, 제3조).

## Ⅱ. 전파자원의 관리 운용

### 1. 전파자원의 확보

방송통신위원회는 전파자원을 확보하기 위하여 새로운 주파수의 이용기술 개발하고, 이용중인 주파수의 이용효율 향상시키며, 주파수의 국제등록과 국가간 전파의 혼신(混信)을 없애고 방지하기 위한 협의·조정 등의 시책을 마련하고 시행해야 한다(전파법 제5조).

### 2. 전파자원의 이용효율개선

방송통신위원회는 전파자원의 공평하고 효율적인 이용을 촉진하기 위해 필요할 경우, 주파수 분배의 변경, 주파수회수 또는 주파수재배치, 새로운 기술방식으로의 전환, 주파수의 공동사용, 새로운 주파수의 이용기술 개발 등의 사항을 시행해야 한다(전파법 제6조).

방송통신위원회는 주파수분배가 변경된 경우 및 주파수 이용실적이 낮은 경우 또는 주파수 대역(帶域)을 정비하여 주파수의 이용효율을 높일 필요가 있는 경우는 주파수회수 또는 주파수재배치를 할 수 있다. 주파수회수 또는 주파수재배치의 절차, 주파수 이용실적의 판단기준, 주파수 대역 정비의 요건 등에 필요한 사항은 별도의 시행령으로 정한다.

### 3. 전파 시설자의 손실보상

방송통신위원회는 주파수회수 또는 주파수재배치를 할 때에 해당 시설자와 전파법 제19조 제5항(무선국개설) 규정에 따라 주파수의 사용승인을 받은 시설자 등 에게 통상적으로 발생하는 손실을 보상해야 한다. 다만, 시설자 등의 요청에 따른 경우 또는 국제전기통신연합이 모든 국가가 공통적으로 수용하여야 할 주파수 국제분배를 변경함에 따라 주파수분배를 변경한 경우, 주파수의 용도가 제2순위 업무(해당 주파수를 운용할 때에 제1순위 업무를 보호하여야 하고, 제1순위 업무로부터 보호받을 수 없는 업무)인 주파수를 사용하는 경우는 시설자의 손실을 보상하지 않는다. 방송통신위원회가 손실을 보상한 경우는 해당 주파수에 대하여 새로 주파수할당, 주파수지정, 주파수 사용승인을 받은 신규이용자에게 보상한 금액을 징수할 수 있다. 손실보상 금액을 결정할 때에는 미리 해당 시설자등의 의견을 들어야 하며, 신규이용자가 시설자 등에게 그 손실을 직접 보상하게 할 수도 있다. 방송통신위원회는 이미 할당한 주파수가 제6조의2 제1항(주파수회수 또는 주파수재배치)의 규정에 따라 주파수분배가 변경된 경우, 주파수 이용실적이 낮은 경우 또는 주파수 대역(帶域)을 정비하여 주파수의 이용효율을 높일 필요가 있는 경우 중 어느 하나에 해당하여 할당한 주파수를 회수한 경우에는 기 허가된 이용기간 중 남은 기간에 해당하는 주파수할당 대가를 반환하여야 한다. 다만, 주파수할당을 받은 자의 요청에 따라 주파수분배를 변경한 경우에는 반환하지 않아도 된다.

전파 시설자 등은 손실보상금액에 이의가 있으면 손실보상금에 대한 통지를 받은 날부터 30일 이내에 방송통신위원회에 이의신청을 할 수 있으며, 방송통신위원회는 이의신청을 받으면 그 신청을 받은 날부터 30일 이내에 손실보상금의 증감 여부를 결정하고 지체 없이 그 결과를 이의신청한 시설자등에게 알려야 한다. 다만, 부득이한 사유가 있는 경우에는 30일의 범위에서 그 기간을 연장할 수 있다.

손실보상 및 주파수할당 대가의 반환은 「정보화촉진기본법」 제33조에 따른 정보통신진흥기금을 재원으로 한다(전파법 제7조).

## Ⅲ. 전파진흥 기본계획

방송통신위원회는 전파이용의 촉진과 전파와 관련된 새로운 기술의 개발과 전파방송기기 산업의 발전 등을 위해 전파진흥기본계획을 5년마다 세워야 한다. 방송통신위원회는 기본계획을 세우거나 기본계획 중 주파수 분배계획 등 대통령령으로 정하는 중요한 사항을 변경하는 경우에는 공청회 등을 통한 의견 수렴을 거쳐야 한다(전파법 제8조).

전파진흥 기본계획에는 다음의 사항이 포함되어야 한다.

① 전파방송산업육성의 기본방향
② 중·장기 주파수 이용계획
③ 새로운 전파자원의 개발
④ 전파이용 기술 및 시설의 고도화 지원
⑤ 전파매체의 개발 및 보급
⑥ 우주통신의 개발
⑦ 전파이용질서의 확립
⑧ 전파 관련 표준화에 관한 사항
⑨ 전파환경의 개선
⑩ 그 밖에 전파방송진흥에 필요한 사항

방송통신위원회는 기본계획에 따른 세부시행계획을 세우고 시행해야 한다. 기본계획과 시행계획을 세우거나 시행하는 데에 필요한 사항은 대통령령으로 정한다.

## 제 2 절 전파자원의 배분(配分)

### Ⅰ. 주파수분배

방송통신위원회가 주파수를 분배할 때는 여러 가지 여건, 즉 ① 국방·치안 및 조난구조 등 국가안보·질서유지 또는 인명안전의 필요성, ② 주파수의 이용 현황 등 국내의 주파수 이용여건, ③ 국제적인 주파수 사용동향, ④ 전파이용 기술의 발전추세, ⑤ 전파를 이용하는 서비스에 대한 수요 등의 사항을 고려하여 주파수분배를 해야 한다.

방송통신위원회가 주파수분배를 하는 경우에는 주파수 용도가 제 1 순위인 업무와 주파수 용도가 제 2 순위인 업무를 구분하여 주파수분배를 할 수 있다. 주파수분배를 한 경우 또는 주파수분배를 변경한 경우에도 이를 고시해야 한다 (전파법 제 9 조).

### Ⅱ. 주파수할당

#### 1. 주파수할당 신청

방송통신위원회는 전파를 활용하여 '전기통신사업법'(제 4 조 제 2 항)에 따른 기간통신사업 또는 '방송법'(제 2 조 제 2 · 13호)에 따른 종합유선방송사업이나 전송망사업을 하려는 자가 그 사업을 위해 직접 사용할 수 있는 주파수를 할당할 수 있다. 이 경우 방송통신위원회는 해당 주파수할당이 기간통신사업 등에 미치는 영향을 고려하여 할당을 신청할 수 있는 자의 범위와 할당하는 주파수의 용도 및 기술방식 등 대통령령으로 정하는 사항을 공고해야 한다. 공고된 주파수를 할당받으려는 자는 대통령령으로 정하는 바에 따라 방송통신위원회에 주파수할당을 신청해야 한다.

방송통신위원회가 주파수할당을 하려면 주파수할당을 받을 자 및 그와 대통령령으로 정하는 특수관계에 있는 자에 의한 전파자원의 독과점을 방지하고 적정한 수준의 경쟁을 촉진하기 위해 대통령령으로 정하는 바에 따라 조건을 붙일 수 있다. 방송통신위원회는 주파수할당 신청이 공고된 사항에 적합하지 않거나 신청인이 결격사유에 해당하는 경우에는 그 신청서를 되돌려 보낼 수 있다(전파법 제10조).

## 2. 주파수할당

방송통신위원회는 전파법(제10조 제 1 항)에 따라 공고된 주파수가 해당 주파수의 경제적 가치와 기술적 파급효과가 크다고 인정되는 경우, 해당 주파수에 대한 경쟁적 수요가 있다고 인정되는 경우, 그 밖에 전파 관련 분야의 진흥을 위하여 필요하다고 인정되는 경우 등 어느 하나에 해당하면 대가를 받고 주파수할당을 할 수 있다.

방송통신위원회는 전파법(제10조 제 1 항)[1]에 따라 주파수를 할당하는 경우, 또는 할당하는 주파수와 용도 및 기술방식이 동일한 주파수를 이미 할당받은 자가 주파수할당을 신청하는 경우, 그 밖에 주파수할당의 효율성과 공평성을 위하여 대통령령으로 정하는 사유에 해당하는 경우 중 어느 하나에 해당하는 경우에는 전파법(제12조)의 네 가지 사항, 즉 ① 전파자원 이용의 효율성, ② 신청자의 재정적 능력, ③ 신청자의 기술적 능력, ④ 할당하려는 주파수의 특성이나 그 밖에 주파수 이용에 필요한 사항 등과 해당 주파수할당이 기간통신사업에 미치는 영향을 심사하여 할당할 수 있다.

1) 전파법 제10조(주파수할당)

> ① 방송통신위원회는 다음 각 호의 어느 하나에 해당하는 사업을 하려는 자가 그 사업을 위하여 직접 사용할 수 있는 주파수를 할당할 수 있다. 이 경우 방송통신위원회는 해당 주파수할당이 기간통신사업 등에 미치는 영향을 고려하여 할당을 신청할 수 있는 자의 범위와 할당하는 주파수의 용도 및 기술방식 등 대통령령으로 정하는 사항을 공고하여야 한다.

## 3. 주파수할당의 대가

### (1) 유료 할당

방송통신위원회가 주파수할당 대가를 정할 때는 주파수를 할당받아 경영하는 사업에서 예상되는 매출액, 할당대상 주파수 및 대역폭 등 주파수의 경제적 가치를 고려하여 산정한다. 방송통신위원회는 주파수할당을 신청하는 자에게 주파수할당 대가의 100분의 10의 범위에서 대통령령으로 정하는 보증금을 주파수할당을 신청할 때에 내도록 할 수 있다. 방송통신위원회는 주파수할당을 신청한 자가 주파수할당의 신청기간이 지난 후에 신청을 철회하거나 할당받은 주파수를 사용하지 않고 반납하는 경우에는 제 4 항에 따른 보증금을 정보통신진흥기금의 수입금으로 편입한다. 주파수할당을 받은 자가 내는 주파수할당 대가는 정보통신진흥기금의 수입금으로 한다. 주파수할당 대가의 산정방법과 징수절차 등에 필요한 사항은 대통령령으로 정한다(전파법 제11조).

### (2) 심사 할당

방송통신위원회가 전파법(제10조 제 1 항)에 따라 공고된 주파수에 대해 유료의 주파수할당을 하지 않을 경우에는 다음의 사항을 심사하여 주파수할당을 한다(전파법 제12조).

① 전파자원 이용의 효율성
② 신청자의 재정적 능력
③ 신청자의 기술적 능력
④ 할당하려는 주파수의 특성이나 그 밖에 주파수 이용에 필요한 사항 등을 심사하여 주파수 할당을 한다.

주파수할당을 신청하였으나 ① 무선국 개설의 결격사유에 해당하는 자, ② 기간통신사업을 하려는 자로서 '전기통신사업법'(제 5 조의2)에 따른 기간통신사업 허가의 결격사유에 해당하는 자, ③ 종합유선방송사업이나 전송망사업을 하려는 자로서 '방송법'(제13조)에 따른 종합유선방송사업 허가나 전송망사업 등록의 결격사유에 해당하는 자 중 어느 하나에 해당하는 자는 주파수할당을 받을 수 없다.

## 4. 주파수할당의 취소

방송통신위원회는 전파법(제10조)에 따라 주파수할당을 받은 자가 다음의 어느 하나에 해당하는 경우에는 주파수할당을 취소할 수 있다. 다만, 다음 사항 중 제①호에 해당하는 경우에는 주파수할당을 취소해야 한다.

① 거짓이나 그 밖의 부정한 방법으로 주파수할당을 받은 경우
② 제10조에 따라 주파수할당을 받은 자가 「전기통신사업법」 제15조에 따라 기간통신사업의 허가가 취소되거나 「방송법」 제18조에 따라 종합유선방송사업의 허가나 전송망사업의 등록이 취소된 경우
③ 제10조 제 1 항에 따라 해당 주파수를 할당할 때에 정하여진 주파수 용도나 기술방식을 위반한 경우
④ 제10조 제 3 항에 따른 조건을 이행하지 아니한 경우
⑤ 제11조 제 3 항에 따른 주파수할당 대가를 내지 아니한 경우

방송통신위원회는 ① 거짓이나 그 밖의 부정한 방법으로 주파수할당을 받은 경우를 제외하고는 주파수할당을 취소하기 전에 1회에 한해 시정을 명할 수 있다(동법 제15조).

## 5. 주파수 재할당

방송통신위원회는 이용기간이 끝난 주파수를 이용기간이 끝날 당시의 주파수 이용자에게 재할당할 수 있다. 다만, 다음의 어느 하나에 해당하는 경우에는 재할당하지 않는다(전파법 제16조) .

① 주파수 이용자가 재할당을 원하지 않는 경우
② 해당 주파수를 국방·치안 및 조난구조용으로 사용할 필요가 있는 경우
③ 국제전기통신연합이 해당 주파수를 다른 업무 또는 용도로 분배한 경우

④ 제10조 제3항에 따른 조건을 위반한 경우

방송통신위원회는 재할당을 하려는 경우에는 이해관계자에게 의견을 제출하도록 할 수 있다. 방송통신위원회는 재할당을 하지 않는 경우 또는 할당한 주파수가 전파법(제11조 제1항)[2]의 어느 하나에 해당하여 주파수할당 대가를 받고 재할당하려고 하는 등 새로운 조건을 붙이려는 경우에는 이용기간이 끝나기 1년 전에 미리 주파수 이용자에게 알려야 한다.

전파법(제11조 제1항)에 따라 대가에 의한 주파수 할당에 해당하는 재할당의 경우에는 전파법(제11조 제3항부터 제5항[3]까지)의 규정을 준용하되, 그렇지 않는 경우에는 심사에 의한 주파수할당(제12조) 규정을 준용한다. 방송통신위원회는 주파수를 재할당하는 경우에도 주파수할당을 받을 자 및 그와 대통령령으로 정하는 특수관계에 있는 자에 의한 전파자원의 독과점을 방지하고 적정한 수준의 경쟁을 촉진하기 위해 대통령령으로 정하는 바에 따라 조건을 붙일 수 있다(동법 제10조 제3항).

## 6. 주파수할당의 전환

방송통신위원회는 심사(전파법 제12조)하여 할당된 주파수가 유료 주파수할당(전파법 제11조 제1항)에 해당하는 경우, 즉 ① 해당 주파수의 경제적 가치

2) 전파법 제11조(대가에 의한 주파수할당)

① 방송통신위원회는 제10조 제1항에 따라 공고된 주파수가 다음 각호의 어느 하나에 해당하면 대가를 받고 주파수할당을 할 수 있다.
1. 해당 주파수의 경제적 가치와 기술적 파급효과가 크다고 인정되는 경우
2. 해당 주파수에 대한 경쟁적 수요가 있다고 인정되는 경우
3. 그 밖에 전파 관련 분야의 진흥을 위하여 필요하다고 인정되는 경우

3) 전파법 제11조

③ 주파수할당 대가는 주파수를 할당받아 경영하는 사업에서 예상되는 매출액, 할당 대상 주파수 및 대역폭 등 주파수의 경제적 가치를 고려하여 산정한다.
④ 방송통신위원회는 제10조 제2항에 따라 주파수할당을 신청하는 자에게 제1항에 따른 주파수할당 대가의 100분의 10의 범위에서 대통령령으로 정하는 보증금을 주파수할당을 신청할 때에 내도록 할 수 있다.
⑤ 방송통신위원회는 주파수할당을 신청한 자가 주파수할당의 신청기간이 지난 후에 신청을 철회하거나 할당받은 주파수를 사용하지 아니하고 반납하는 경우에는 제4항에 따른 보증금을 정보통신진흥기금의 수입금으로 편입한다.

와 기술적 파급효과가 크다고 인정되는 경우, ② 해당 주파수에 대한 경쟁적 수요가 있다고 인정되는 경우, ③ 그 밖에 전파 관련 분야의 진흥을 위해 필요하다고 인정되는 경우 중 어느 하나에 해당된다고 인정되면 해당 주파수를 할당받은 자를 대가에 의한 주파수할당을 받은 자로 전환하게 할 수 있다(동법 제17조).

방송통신위원회는 주파수할당을 전환 받으려는 자에게 대통령령으로 정하는 기준에 따라 산정된 금액을 내도록 할 수 있다.

## Ⅲ. 주파수이용권

### 1. 주파수이용권의 양도

주파수할당을 받은 자는 해당 주파수를 배타적으로 이용할 수 있는 권리, 즉 '주파수이용권'을 가진다. 주파수할당을 받은 자는 대통령령으로 정하는 기간 이후에는 주파수이용권을 양도하거나 임대할 수 있다. 다만, 주파수할당을 받은 자가 파산하거나 경제적 여건의 급변 등 대통령령으로 정하는 사유에 해당하는 경우에는 그 기간 전에도 주파수이용권을 양도하거나 임대할 수 있다.

주파수이용권을 양수하거나 임차하려는 자는 대통령령으로 정하는 바에 따라 미리 방송통신위원회의 승인을 받아야 한다. 방송통신위원회는 주파수이용권 양수 및 임차 승인을 하는 경우에는 전파법 제12조에 규정한 전파자원 이용의 효율성, 신청자의 재정적 능력, 신청자의 기술적 능력, 할당하려는 주파수의 특성이나 그 밖에 주파수 이용에 필요한 사항 등을 고려해야 하며 전파자원의 효율적이고 공평한 이용을 위하여 필요한 조건을 붙일 수 있다.

주파수이용권 양수의 승인을 얻은 자는 주파수할당을 받은 자 및 시설자(주파수할당을 받은 자가 무선국 개설허가를 받거나 개설신고를 한 경우)의 지위를 승계한다. 주파수이용권을 양수하거나 임차하려는 자의 결격사유는 주파수할당 승인의 경우와 동일하다(전파법 제13조 준용).

### 2. 주파수의 이용기간

방송통신위원회는 주파수의 이용여건 등을 고려하여 유로로 할당하는 주파수는 20년의 범위에서, 전파법(제12조)에 따라 심사하여 할당하는 주파수는 10년의 범위에서 그 이용기간을 정해 고시한다. 주파수이용권을 양수한 경우(동법 제14조 제 2 항), 양수한 주파수의 이용기간은 할당주파수의 이용기간 중 남은 기간으로 한다(동법 제15조).

### 3. 주파수이용권 관리

방송통신위원회는 주파수이용권을 효율적으로 관리하기 위해 대통령령으로 정하는 바에 따라 주파수이용권에 관한 사항을 적은 대장, 즉 '주파수이용권 관리대장'을 유지하고 관리해야 한다. 주파수이용권 관리대장을 열람하거나 그 사본을 발급받으려는 자는 대통령령으로 정하는 바에 따라 방송통신위원회에 신청해야 한다. 주파수이용권 관리대장은 전자적 처리가 불가능한 특별한 사유가 있는 경우 외에는 전자적 방법에 따라 유지하고 관리해야 한다(전파법 제18조).

# 제 3 절 전파자원의 이용

## Ⅰ. 무선국의 허가

### 1. 무선국의 개설

무선국을 개설하려는 자는 대통령령으로 정하는 바에 따라 방송통신위원회의 허가를 받아야 한다. 다만, ① 발사하는 전파가 미약한 무선국이나 무선설비의 설치공사를 할 필요가 없는 무선국, ② 수신전용의 무선국, ③ 주파수할당을 받은 자가 전기통신역무 등을 제공하기 위해 개설하는 무선국 중 어느 하나에 해당하는 무선국으로서 국가간·지역간 전파혼신 방지 등을 위하여 주파수 또는 공중선전력을 제한할 필요가 없다고 인정되거나 인명안전 등을 목적으로 개설하는 것이 아닌 무선국 등 대통령령으로 정하는 무선국은 대통령령으로 정하는 바에 따라 방송통신위원회에 신고해야 한다.

'전기통신기본법'(제 2 조 제 7 호)에 따른 전기통신역무를 제공받기 위한 무선국으로서 대통령령으로 정하는 무선국을 개설하려는 자가 해당 전기통신역무를 제공하는 자와 이용계약을 체결하였을 때에는 그 무선국은 방송통신위원회의 허가를 받은 것으로 본다. 이 경우는 전파법 제22조, 제24조, 제26조, 제32조 및 제69조 제 1 항 제 2 호는 적용하지 않는다.

전기통신사업자는 무선국을 개설하려는 자와 이용계약을 체결하였을 때에는 대통령령으로 정하는 바에 따라 신규로 이용계약을 체결한 가입자의 수와 전체 가입자의 수를 방송통신위원회에 통보해야 한다. 발사하는 전파가 미약한 무선국 등으로서 대통령령으로 정하는 무선국은 방송통신위원회에 신고하지 않고 개설할 수 있다(동법 제19조).

방송통신위원회로부터 주파수 사용승인을 받은 자는 무선국을 개설할 수 있다.

## 2. 무선국 개설의 자격제한

무선국을 개설하려는 경우 다음의 어느 하나에 해당하는 자는 무선국을 개설할 수 없다. 다만, 전파법(제19조 제 1 항 제1·2호, 동조 제 2 항 및 제 4 항)에 따라 개설하는 것은 그렇지 않다.

① 대한민국의 국적을 가지지 않은 자
② 외국정부 또는 그 대표자
③ 외국의 법인 또는 단체
④ 이 법을 위반하여 금고 이상의 실형을 선고받고 그 집행이 끝나거나 집행을 받지 않기로 확정된 날부터 2년이 지나지 않은 자
⑤ 이 법을 위반하여 금고 이상의 형의 집행유예를 선고받고 그 유예기간 중에 있는 자
⑥ '형법' 중 내란의 죄와 외환의 죄, '군형법' 중 이적의 죄 또는 '국가보안

법'을 위반한 죄를 범하여 실형을 선고받고 그 형의 집행이 끝나거나 집행을 받지 않기로 확정된 날부터 2년이 지나지 않은 자

⑦ 전파법(제72조 제 2 항)에 따라 무선국 개설허가의 취소나 개설 신고된 무선국의 폐지 명령을 받고 그 사유가 없어지지 않은 자

## 3. 외국인의 무선국 개설

외국인으로서 무선국개설은 제한받지 않는 경우는, 대한민국의 국적을 가지지 않은 자, 외국정부 또는 그 대표자, 외국의 법인 또는 단체로서 ① 실험국 즉, 과학이나 기술발전을 위한 실험에만 사용하는 무선국, ② '선박안전법'(제29조)에 따른 선박의 무선국, ③ '항공법'(제145조 단서 및 제148조)에 따른 허가를 받아 국내항공에 사용되는 항공기의 무선국을 개설하는 것은 제한받지 않는다. 또한 대한민국의 국적을 가지지 않은 자, 외국정부 또는 그 대표자, 외국의 법인 또는 단체로서 ① 대한민국에서 해당 국가의 외교와 영사 업무를 하는 대사관 등의 공관에서 특정 지점 간의 통신을 위하여 공관 안에 개설하는 무선국, ② 아마추어국, 즉 개인적으로 무선기술에 흥미를 가지고 자기훈련과 기술연구에만 사용하는 무선국, ③ 육상이동 업무를 하는 무선국으로서 대통령령으로 정하는 무선국 등 어느 하나에 해당하는 무선국에 대하여는 적용하지 않는다.

이 밖에 ④ 대한민국의 정부·대표자 또는 국민에게 자국(自國)에서 무선국 개설을 허용하는 국가의 정부·대표자 또는 국민에게 그 국가가 허용하는 무선국과 같은 종류의 무선국, ⑤ 국내에서 열리는 국제적 또는 국가적인 행사를 위하여 필요한 경우 그 기간에만 방송통신위원회가 허용하는 무선국, ⑥ 아마추어국으로서 대한민국의 아마추어무선기사 자격을 취득한 자 또는 대한민국에 잠시 머무르는 동안 무선국을 운용하려는 자(자국에서 아마추어무선기사 자격을 취득한 자)로서 방송통신위원회가 지정하는 단체의 추천을 받은 자, ⑦ 대한민국에 들어오거나 대한민국에서 나가는 항공기나 선박에서 전기통신역무를 제공하기 위해 해당 항공기 또는 선박 안에 개설하는 무선국의 개설은 허용된다(전파법 제20조).

## 4. 무선국의 개설조건

무선국을 개설하기 위해서는 다음의 개설조건을 갖추어야 한다.

① 통신사항이 개설목적에 적합할 것
② 시설자가 아닌 타인에게 그 무선설비를 제공하는 것이 아닐 것. 다만, 전파법(제48조 제1항)에 따라 타인에게 임대하는 무선국, 업무상 긴밀한 관계가 있는 자 간의 원활한 통신을 위해 개설하는 무선국으로서 방송통신위원회가 인정하는 무선국 또는 전파법(제25조 제2항 제4호)에 따른 비상통신을 행하는 무선국의 경우에는 그렇지 않다.
③ 개설목적·통신사항 및 통신상대방의 선정이 법령에 위반되지 않을 것
④ 개설목적의 달성에 필요한 최소한의 주파수 및 공중선전력을 사용할 것
⑤ 무선설비는 인명·재산 및 항공의 안전에 지장을 주지 않는 장소에 설치할 것
⑥ 이미 개설되어 있는 다른 무선국의 운용에 지장을 주지 않을 것

이 같은 개설조건 외에 전파법(제19조 제6항)의 무선국의 분류에 따른 개설조건에 관해 필요한 사항은 대통령령으로 정한다(동법 제20조의2).

## 5. 무선국의 개설허가

### (1) 허가의 심사 및 고시

무선국의 개설허가를 받으려는 자는 대통령령으로 정하는 바에 따라 방송통신위원회에 신청해야 한다. 방송통신위원회는 신청을 받은 때에는 개설에 필요한 조건, 즉 ① 주파수지정이 가능한지의 여부, ② 설치하거나 운용할 무선설비가 전파법 제45조에 따른 기술기준에 적합한지의 여부, ③ 무선종사자의 배치계획이 전파법 제71조에 따른 자격·정원배치기준에 적합한지의 여부, ④ 무선국의 개설조건에 적합한지의 여부(동법 제20조의2) 등의 사항을 심사해야 한다.

방송통신위원회는 무선국개설의 허가를 심사할 때에 필요하다고 인정하면 신청인에게 자료 제출을 요구하거나 신청인의 의견을 들을 수 있다. 심사한 결

과 그 신청이 적합하면 무선국 개설을 허가하고 신청인에게 무선국의 준공기한과 그 밖에 대통령령으로 정하는 사항이 적힌 허가증을 발급해야 한다. 방송통신위원회는 무선국의 개설을 허가한 경우에는 대통령령으로 정하는 바에 따라 이를 고시해야 한다.

### (2) 허가 및 주파수사용승인의 유효기간

무선국 개설허가의 유효기간은 7년 이내의 범위에서, 무선국으로서 국가간·지역간 전파혼신 방지 등을 위해 주파수 또는 공중선전력을 제한할 필요가 없다고 인정되거나 인명안전 등을 목적으로 개설하는 것이 아닌 무선국 등으로 방송통신위원회에 신고한 경우 주파수 사용승인의 유효기간은 10년 이내의 범위에서 대통령령으로 각각 정하며, 그 기간이 끝나면 재허가나 재승인을 할 수 있다. 무선국 개설의 허가의 유효기간은 준공검사증명서를 발급받은 날. 다만, 전파법 제25조 제1항 각호에 따른 무선국의 개설허가는 그 허가를 받은 날로 한다. 무선국 주파수 사용승인의 유효기간은 그 승인을 받은 날부터 기산한다.

반면에 '선박안전법'이나 '항공법'에 따라 선박, 항공기 또는 경량항공기에 의무적으로 개설해야 하는 무선국의 개설허가 유효기간은 무기한으로 한다.

기타, 무선국 재허가나 주파수사용 재승인의 절차와 그 밖에 필요한 사항은 대통령령으로 정한다(동법 제22조).

## 6. 무선국개설허가의 승계

무선국개설 허가를 승계할 수 있는 경우는, ① 시설자가 사업을 양도하면서 그 사업과 관련된 무선국을 양도한 경우의 양수인, ② 시설자인 법인이 합병한 경우에 합병 후 존속하거나 합병에 따라 설립된 법인, ③ 시설자가 사망한 경우의 상속인, ④ 무선국이 있는 선박이나 항공기의 소유권 이전 또는 임대차계약 등에 의하여 선박이나 항공기를 운항하는 자가 변경된 경우에 해당 선박이나 항공기를 운항하는 자 등 어느 하나의 경우에 해당하면 시설자의 지위를 승계할 수 있다. 다만, 방송통신위원회로부터 주파수이용권을 양수 또는 임차승인(동법 제14조 제5항)을 받아 시설자의 지위를 승계하는 자를 제외한다.

무선국 시설자가 사업을 양도하면서 그 사업과 관련된 무선국을 양도한 경우의 양수인이거나 시설자인 법인이 합병한 경우에 합병 후 존속하거나 합병에 따라 설립된 법인의 경우는 대통령령으로 정하는 바에 따라 방송통신위원회의 인가를 받아야 한다.

무선국 시설자가 사망한 경우의 상속인이거나 무선국이 있는 선박이나 항공기의 소유권 이전 또는 임대차계약 등에 의하여 선박이나 항공기를 운항하는 자가 변경된 경우에 해당 선박이나 항공기를 운항하는 자인 경우를 비롯하여 대통령령으로 정하는 무선국을 승계 받으려는 자는 대통령령으로 정하는 바에 따라 방송통신위원회에 신고해야 한다. 법인의 합병이나 상속에 따라 시설자의 지위를 승계한 자가 2명 이상인 경우에는 그 중 1명을 대표자로 선정해야 한다(전파법 제23조).

무선국의 개설허가를 받은 자는 무선설비가 준공된 경우 방송통신위원회에 준공신고를 하고 그 무선설비가 기술기준 및 무신종사자의 자격·정원배치기준에 적합한지의 여부에 대해 준공검사를 받아야 한다(동법 제24조).

## Ⅱ. 무선국의 운용

### 1. 무선국의 운용

무선국은 무선국개설을 허가 받은 경우, 준공검사를 받은 후 운용해야 한다. 다만, ① 어선에 설치하는 무선국, 소규모의 무선국 및 아마추어국으로서 대통령령으로 정하는 무선국, ② 재허가를 받은 무선국, ③ 무선설비의 설치공사가 필요 없거나 간단한 무선국으로서 대통령령으로 정하는 무선국, ④ 외국에서 취득한 후 국내의 목적지에 도착하지 못한 선박이나 항공기의 무선국, 전파법 제20조 제2항 제7호[4]에 해당하는 무선국 중 시설자가 외국인인 무선국은 준공검사를 받지 않아도 된다.

4) 대한민국에 들어오거나 대한민국에서 나가는 항공기나 선박에서 전기통신역무를 제공하기 위하여 해당 항공기 또는 선박 안에 개설하는 무선국(전파법 제20조 제2항 제7호).

무선국을 운용할 때는 신고한 범위, 허가증에 적힌 사항의 범위에서 운용해야 한다. 다만, 다음의 어느 하나에 해당하는 통신을 하는 경우에는 그렇지 않다.

① 조난통신, 즉 선박이나 항공기가 중대하고 급박한 위기에 처한 경우에 조난신호를 먼저 보낸 후에 하는 무선통신
② 긴급통신, 즉 선박이나 항공기가 중대하고 급박한 위험에 처할 우려가 있는 경우나 그 밖에 긴박한 사태가 발생한 경우에 긴급신호를 먼저 보낸 후에 하는 무선통신
③ 안전통신, 즉 선박이나 항공기의 항행 중에 발생하는 중대한 위험을 예방하기 위하여 안전신호를 먼저 보낸 후에 하는 무선통신
④ 비상통신, 즉 지진·태풍·홍수·해일·화재, 그 밖의 비상사태가 발생하였거나 발생할 우려가 있는 경우로서 유선통신을 이용할 수 없거나 이용하기 곤란할 때에 인명의 구조, 재해의 구호, 교통통신의 확보 또는 질서유지를 위해 하는 무선통신
⑤ 그 밖에 대통령령으로 정하는 통신 등의 경우는 예외를 인정한다.

무선국은 준공검사의 예외를 인정하는 경우를 제외하고는 원칙적으로 전파법에 따른 준공신고를 한 후에 운용할 수 있다. 다만, 검사에 불합격한 경우에는 무선국의 운용을 정지하고 재검사를 받아야 한다(전파법 제25조).

## 2. 무선국 운용의 변경

무선국의 개설허가를 받은 자가 허가받은 사항 중 대통령령으로 정하는 사항을 변경하려면 대통령령으로 정하는 바에 따라 방송통신위원회의 허가를 받아야 한다. 방송통신위원회의 변경허가를 받은 자는 무선설비가 준공된 경우 방송통신위원회에 준공신고를 하고 변경허가를 받은 대로 변경하였는지의 여부에 대하여 검사를 받아야 한다. 변경허가에 관하여는 전파법(제21조 제2항)의 무선국 개설허가를 준용한다(동법 제26조).

## 3. 무선국 통신과 조난통신협조 의무

무선국은 방송통신위원회 고시로 정하는 바에 따라 무선국의 호출방법·응답방법·운용시간·청취의무, 그 밖에 통신방법 등에 관한 사항을 지키며 운용해야 한다(전파법 제27조). '선박안전법' 또는 '항공법'에 따라 선박, 항공기 또는 경량항공기에 의무적으로 개설하여야 하는 무선국이 갖추어야 할 사용주파수와 전파형식 등의 조건은 방송통신위원회 고시로 정한다(동법 제28조).

다음에 해당하는 무선국이 조난통신을 수신한 경우에는 다른 모든 무선통신에 우선하여 즉시 응답하고 조난을 당한 선박이나 항공기를 구조하기 위해 가장 편리한 위치에 있는 무선국에 통보하는 등 최선의 조치를 해야 하고, 긴급통신이나 안전통신을 수신한 경우에는 방송통신위원회 고시로 정하는 바에 따라 필요한 조치를 해야 한다.

① 해안국(海岸局), 즉 선박국(船舶局)과 통신을 하기 위해 육상에 개설하고 이동하지 않는 무선국
② 선박국, 즉 선박에 개설하여 해상이동 업무를 하는 무선국
③ 항공국(航空局), 즉 항공기국(航空機局)과 통신을 하기 위해 육상에 개설하고 이동하지 않는 무선국을 말한다.
④ 항공기국, 즉 항공기에 개설하여 항공이동 업무를 하는 무선국

## 4. 통신보안 준수의무

무선국은 다른 무선국의 운용을 저해할 혼신이나 그 밖의 방해를 하지 아니하도록 운용해야 한다. 무선국 시설자, 무선통신 업무에 종사하는 자 및 무선설비를 이용하는 자는 통신보안 책임자의 지정, 통신보안 교육의 이수 등 방송통신위원회 고시로 정하는 통신보안에 관한 사항을 지켜야 한다. 통신보안의 교육 등에 필요한 사항은 방송통신위원회 고시로 정한다(전파법 제30조).

실험국은 외국의 실험국과 통신을 할 수 없으며, 실험국과 아마추어국이 통신할 때에는 암어(暗語)를 사용해서는 안 된다. 아마추어국은 제3자를 위한 통신을 해서는 안된다. 다만, 다른 아마추어국을 개설한 자를 위한 통신이나 비

상·재난구조를 위한 통신의 경우에는 그렇지 않다. 아마추어국은 무선설비에 유·무선 접속장치를 접속하여 비상·재난구조를 위한 중계통신을 할 수 있다(동법 제31조).

## Ⅲ. 무선국의 폐지 및 운용 휴지

무선국 개설허가를 받은 시설자가 무선국을 폐지하려고 하거나 무선국의 운용을 1개월 이상 휴지하려는 경우 또는 1개월 이상 운용을 휴지한 무선국을 재운용하려는 경우에는 대통령령으로 정하는 바에 따라 방송통신위원회에 신고해야 한다. 무선국 시설자가 무선국 폐지를 신고하였을 때에는 그 허가의 효력은 소멸된다(전파법 제32조).

# 제 4 절 방송국의 개설허가 및 운용

## Ⅰ. 방송국의 개설허가

방송통신위원회는 전파법(제21조 제 1 항)의 무선국 개설허가와 관련된 사항, 즉 주파수지정이 가능한지의 여부, 설치하거나 운용할 무선설비가 기술기준에 적합한지의 여부, 무선종사자의 배치계획이 자격·정원배치기준에 적합한지의 여부, 무선국개설조건과 결격사유 등에 있어 무선국의 개설조건에 적합한지의 여부 등을 검토해야 한다.

방송국의 개설허가 신청을 받으면 전파법(제21조 제 2 항 제1·2·3호)의 사항 외에 방송국의 개설조건(동법 제35조) 등을 충족하는지의 여부 및 그 밖에 방송업무를 적절히 수행하기 위해 필요한 것으로서 대통령령으로 정하는 사항 등을 심사해야 한다.

## Ⅱ. 방송국의 개설조건

방송국을 개설하려는 자는 다른 방송의 수신에 혼신을 일으키지 않도록 설치해야 한다. 혼신을 방지하기 위한 방송국의 설치장소, 송신공중선(送信空中線)의 높이·출력 및 지향특성 등 방송국의 개설조건에 필요한 사항은 대통령령으로 정한다.

방송통신위원회는 방송국을 개설하려는 자의 허가신청 내용이 제2항에 따른 개설조건에 적합하지 않으면 설치장소의 이전 등 보완을 명할 수 있다(전파법 35조). 통상적으로 수신이 가능한 방송의 수신에 장애를 일으키는 건축물의 소유자는 해당 수신장애를 제거하기 위해 필요한 조치를 해야 한다. 통상적으로 수신이 가능한 방송의 기준은 방송통신위원회 고시로 정하고, 방송의 수신장애 제거에 필요한 사항은 대통령령으로 정한다(동법 제36조).

방송통신위원회는 방송사업용 주파수의 효율적 이용과 이용자의 편의를 위해 방송표준방식을 정해 고시해야 하며, 방송표준방식을 정하거나 변경하는 경우에는 미리 이해관계자의 의견을 들어야 한다(동법 제37조).

# 제5절 우주통신의 운용

## Ⅰ. 위성궤도 확보

방송통신위원회는 우주통신을 위한 위성궤도와 주파수를 확보하기 위해 필요한 시책을 마련해야 한다. 우주국을 개설하기 위하여 위성궤도 등을 확보하려는 자는 대통령령으로 정하는 바에 따라 방송통신위원회에 위성망 국제등록 신청을 요청해야 한다(전파법 제38·39조).

방송통신위원회는 위성망 국제등록 신청 요청의 내용 즉, ① 요청자가 개설하려는 우주국에 주파수의 지정이 가능할 것, ② 위성사업계획이 적정할 것,

③ 요청자가 위성망 혼신조정능력이 있을 것 등의 사항이 적합한 경우에는 '국제전기통신연합 전파규칙'에 따라 국제전기통신연합에 위성망 국제등록을 신청하고, 적합하지 않은 경우에는 그 요청서를 되돌려 보내거나 기간을 구체적으로 밝혀 보완하도록 할 수 있다.

위성망 국제등록 신청이 된 경우에 방송통신위원회에 위성망 국제등록 신청을 요청한 자는 국제전기통신연합에서 정하는 바에 따라 위성망 국제등록 비용을 부담해야 한다. 방송통신위원회는 외국이 관할하는 위성망과의 혼신을 조정하기 위해 필요한 시책을 마련해야 하며, 위성망 국제등록 신청을 요청한 자에게 혼신 조정에 필요한 자료를 제출하도록 요구할 수 있다(전파법 제38·39·40조).

## Ⅱ. 위성궤도의 할당

방송통신위원회는 '방송법'에 따른 종합유선방송사업이나 전송망사업 또는 '전기통신사업법'에 따른 기간통신사업 등 어느 하나에 해당하는 사업을 하려는 자가 그 사업을 위해 직접 사용할 수 있는 위성궤도를 할당할 수 있다. 이 경우 방송통신위원회는 해당 위성궤도의 할당이 기간통신사업 등에 미치는 영향을 고려하여 할당을 신청할 수 있는 자의 범위와 할당하는 위성궤도의 용도 및 기술방식 등 대통령령으로 정하는 사항을 공고해야 한다.

'방송법'에 따른 종합유선방송사업이나 전송망사업 또는 '전기통신사업법'에 따른 기간통신사업 등을 제외한 그 외의 자에게 위성궤도 등을 이용하게 하는 경우에는 무선국개설허가(전파법 제21조)에 따라 우주국의 개설허가를 할 때에 우주국에 위성궤도 등을 지정한다.

방송통신위원회는 위성궤도 등이 확보되면 해당 요청자, 즉 우주국을 개설하기 위하여 위성궤도 등을 확보하려는 자의 위성망 국제등록 신청을 받아야 한다. 방송통신위원회는 위성망 국제등록 신청 요청의 내용이 ① 요청자가 개설하려는 우주국에 주파수의 지정이 가능할 것, ② 위성사업계획이 적정할 것, ③ 요청자가 위성망 혼신조정능력이 있을 것 등의 사항이 적합한 경우에는 「국제전기통신연합 전파규칙」에 따라 국제전기통신연합에 위성망 국제등록을 신청하고, 적합하지 않은 경우에는 그 요청서를 되돌려 보내거나 기간을 구체적으로 밝혀 보완하도록 할 수 있다(전파법 제39조).

## Ⅲ. 우주국의 개설조건

우주국은 관제설비(管制設備)에서 원격조작에 의하여 전파의 발사를 즉시 정지할 수 있고 그 궤도를 변경할 수 있는 기능을 갖추어야 한다(전파법 제42조). 방송통신위원회는 혼신을 조정하거나 전파자원을 효율적으로 이용하기 위해 필요하다고 인정하면 목적수행에 중대한 지장을 주지 않는 범위에서 우주국의 시설자에게 위성궤도를 변경하게 할 수 있다(동법 제43조).

방송통신위원회는 「외기권에 발사된 물체의 등록에 관한 협약」에 따라 대한민국 국민이 발사한 인공위성을 국제연합에 등록해야 하며, 인공위성을 발사한 자에게 해당 인공위성의 등록에 필요한 자료를 제출하도록 요구할 수 있다. 방송통신위원회는 인공위성을 국제연합에 등록한 경우에는 등록 결과를 지체없이 교육과학기술부장관에게 알려야 한다.

# 제 6 절 전파자원의 보호 및 진흥

## Ⅰ. 전파자원의 보호

### 1. 무선설비기의 형식검정 및 등록의무

방송수신만을 목적으로 하는 무선설비를 제외한 무선설비는 주파수 허용편차와 공중선전력, 즉 공중선의 급전선(給電線)에 공급되는 전력 등 방송통신위원회 고시로 정하는 기술기준에 적합해야 한다. 무선설비의 기기를 제작하거나 수입하려는 자는 방송통신위원회가 수행하는 형식검정을 받거나 형식등록을 해야 한다. 다만, 시험·연구 또는 수출용 무선설비의 기기 등 방송통신위원회 고시로 정하는 무선설비 기기의 경우에는 그렇지 않다(전파법 제45·46조). 무선설비 기기의 형식검정 또는 형식등록의 대상기기·방법 및 절차 등에 필요한 사항은 방송통신위원회 고시로 정한다. 이 경우 대상기기를 정하려면 관계 중앙행정기관의 장과 협의해야 한다. 형식검정 또는 형식등록 대상기기는 형식검정에 합격하거나 형식등록을 한 후 방송통신위원회 고시로 정하는 형식검정 합격표시나 형식등록표시를 하지 않으면 이를 판매하거나 판매를 목적으로 제작·진열·보관 또는 운송하거나 무선국에 설치해서는 안 된다.

방송통신위원회는 제 1 항에 따른 형식검정 또는 형식등록을 할 때에 방송통신위원회가 지정하는 시험기관으로 하여금 성능시험을 하게 할 수 있다. 지정시험기관의 지정과 지정취소 등에 관하여는 「전기통신기본법」 제33조의2 및 제52조를 준용한다. 형식검정에 합격하거나 형식등록을 한 기기에 대해 기준의 내용 등과 관련하여 방송통신위원회 고시로 정하는 사항을 변경하려면 방송통신위원회에 신고해야 한다(전파법 제46조).

## 2. 무선설비의 안전시설 설치

무선설비는 인체에 위해를 주거나 물건에 손상을 주지 않도록 방송통신위원회 고시로 정하는 안전시설기준에 따라 설치해야 한다(전파법 제46조). 방송통신위원회는 무선설비 등에서 발생하는 전자파가 인체에 미치는 영향을 고려하여 전자파인체보호기준, 전자파 강도 측정기준, 전자파 흡수율 측정기준 및 측정대상 기기와 측정방법 등을 정하여 고시해야 한다.

무선국의 시설자나 무선설비 기기를 제작하거나 수입하려는 자는 무선설비로부터 방출되는 전자파 강도가 전자파 인체보호기준을 초과하지 않도록 해야 하며, 그 기준을 초과하는 장소에는 취급자 외의 자가 출입할 수 없도록 안전시설을 설치해야 한다.

공중선전력 및 설치장소 등이 대통령령으로 정하는 기준에 해당하는 무선국의 시설자는 제 1 항에 따라 고시한 전자파 인체보호기준 및 전자파 강도 측정기준에 따라 전자파 강도를 측정하여 그 결과를 방송통신위원회에 보고해야 한다.

전자파 강도를 보고해야 하는 무선국의 시설자는 무선국을 검사할 때에 방송통신위원회에 전자파 강도를 측정하도록 요청할 수 있다. 이 경우 무선국의 시설자는 전자파 강도의 보고의무를 이행한 것으로 본다. 방송통신위원회는 무선국에서 방출되는 전자파 강도가 고시한 전자파 인체보호기준을 초과할 가능성이 있다고 판단하거나 무선국의 시설자가 보고한 측정 결과의 거짓 여부를 확인할 필요성이 있다고 판단하면 무선국의 전자파 강도를 측정하거나 조사할 수 있다.

방송통신위원회는 보고·측정·조사된 전자파 강도가 전자파 인체보호기준을 초과하면 안전시설의 설치, 운용제한 및 운용정지 등 필요한 조치를 명할 수 있다. 전자파 강도의 보고 시기 및 방법, 전자파 강도의 측정 요청 시기 및 방법 등에 필요한 사항은 대통령령으로 정한다(전파법 제47조의2).

## 3. 무선설비의 효율적 이용

무선국 시설자는 무선설비를 효율적으로 이용하기 위해 필요하면 대통령령으로 정하는 바에 따라 방송통신위원회의 승인을 받아 무선국 무선설비의 전부나 일부를 다른 사람에게 임대·위탁운용하거나 다른 사람과 공동으로 사용할 수 있다. 방송통신위원회는 자연환경의 보호를 위해 필요하다고 인정하는 경우에는 시설자(施設者)에게 무선국의 무선설비의 전부 또는 일부를 공동으로 사용할 것을 명할 수 있다. 무선설비 공동사용의 대상이나 요건 등에 필요한 사항은 대통령령으로 정한다(전파법 제48조).

방송통신위원회는 전파의 효율적 이용을 촉진하고 혼신의 신속한 제거 등 전파이용 질서를 유지하고 보호하기 위해 전파감시 업무를 수행해야 한다. 전파감시 업무는 ① 무선국에서 사용하고 있는 주파수의 편차·대역폭(帶域幅) 등 전파의 품질 측정, ② 혼신을 일으키는 전파의 탐지, ③ 허가받지 않은 무선국에서 발사한 전파의 탐지, ④ 통신, 허가받지 않은 무선국에서 발사한 전파, 혼신에 관해 조사를 의뢰받은 전파 등의 방향탐지, ⑤ 전파법(제25조 및 제27조부터 제30조까지의 규정에 따른 사항)의 준수 여부, ⑥ 그 밖에 전파이용 질서를 유지하고 보호하기 위해 대통령령으로 정하는 사항 등에 대한 감시업무를 수행해야 한다(동법 제49조).

방송통신위원회는 외국의 무선국이 발사한 전파의 감시, 혼신 분석 및 제거 등 국제전파감시 업무를 수행해야 한다. 이를 위해 필요한 시설을 설치하거나 운용해야 한다(전파법 제50조).

방송통신위원회는 무선설비 및 고압송전선, 그 밖에 전기적 설비에 의한 혼신이나 전자파장해가 있다는 사실을 알게 되었을 때에는 이를 조사해야 한다. 방송통신위원회는 조사한 결과 혼신이나 전자파장해가 있다고 판단되면 해당 설비의 개선·운용중지 및 철거 등 필요한 조치를 명하거나 관계 중앙행정기관의 장에게 필요한 조치를 명하도록 요청할 수 있다(동법 제51조).

방송통신위원회는 무선방위측정장치보호구역(방송통신위원회가 설치한 무선방위측정장치의 설치장소로부터 1킬로미터 이내의 지역)에 전파를 방해할 우려가 있는 건축물 또는 공작물로서 대통령령이 정하는 것을 건설하고자 하는 자에게는 방송통신위원회의 승인을 얻도록 해야 한다.

방송통신위원회는 조사 또는 시험 결과 위반 사실이 확인되면 그 시설자·소유자·제작자 또는 이를 판매·진열·보관 또는 운송하는 자에게 방송통신위원회 고시로 정하는 바에 따라 시정·철거·파기·수거 또는 사용중지 등 필요한 조치를 명할 수 있다(동법 제53조).

무선국 시설자는 전파이용과 관련하여 다른 시설자와의 분쟁이 있으면 방송통신위원회에 분쟁 지역에서의 전파이용 현황 등 필요한 자료를 제공하도록 요청할 수 있다. 이 경우 방송통신위원회는 특별한 사유가 없으면 그 요청에 따라야 한다.

방송통신위원회는 요청받은 자료를 제공하기 위해 필요하면 소속 공무원을 파견하여 필요한 사항을 조사하거나 확인한 후 그 결과를 분쟁 당사자에게 알려야 한다.

## 4. 전파환경의 측정

방송통신위원회는 전파환경의 측정 등 전파환경을 보호하기 위해 필요한 조치를 해야 한다. 전파환경의 측정 등에 필요한 사항은 방송통신위원회 고시로 정한다. 전자파장해기기의 전자파장해 방지기준 및 전자파로부터 영향을 받는 기기의 전자파로부터의 보호기준은 대통령령으로 정한다(전파법 제56조).

전자파장해기기 또는 전자파로부터 영향을 받는 기기를 제작하거나 수입하려는 자는 그 기기에 대해 방송통신위원회에 전자파적합등록을 해야 한다. 다만, 시험·연구 또는 수출용 무선설비의 기기 등 방송통신위원회 고시로 정하는 기기와 다음 각호의 어느 하나에 해당하는 기기로서 관계 법령에 따라 이 법에 따른 전자파적합등록에 준하는 전자파장해 및 전자파로부터의 보호에 관한 검정 등을 받은 기기는 그렇지 않다.

① '산업표순화법'(제15조)에 따라 인증을 받은 품목
② '전기용품안전 관리법'(제3조)에 따른 안전인증, 동법(제5조)에 따른 안전검사, 동법(제11조)에 따른 자율안전확인신고 등, 동법(제12조)에 따른 안전검사 및 동법(제14조의3)에 따른 공급자적합성확인
③ '품질경영 및 공산품안전관리법'에 따라 안전인증을 받은 공산품
④ '전기통신기본법'에 따라 형식승인을 받은 전기통신기자재
⑤ '자동차관리법'에 따라 자기인증을 한 자동차
⑥ '소방시설설치유지 및 안전관리에 관한 법률'에 따라 형식승인을 받은 소방기기
⑦ '의료기기법'에 따라 품목허가를 받은 의료기기

## Ⅱ. 전파자원의 진흥

### 1. 전파이용의 촉진

#### (1) 주파수이용 현황의 공개

방송통신위원회는 전파이용을 촉진하기 위해 필요한 경우 주파수이용 현황을 공개해야 한다. 공개의 범위·절차 및 시기 등에 필요한 사항은 대통령령으로 정한다(전파법 제60조).

### (2) 전파의 이용촉진을 위한 연구수행

방송통신위원회는 전파이용을 촉진하고 보호하기 위해 필요한 연구를 수행해야 한다. 수행하는 연구는 다음 각 호와 같다(전파법 제61조).

① 기술기준의 연구
② 전파의 전파(傳播) 분석 및 주파수할당 기법의 연구
③ 위성망의 혼신조정 기준에 관한 연구
④ 전자파장해 및 전파가 인체에 미치는 위해에 관한 연구
⑤ 전자파 흡수율의 측정에 관한 연구
⑥ 전파기기의 측정방법 및 측정기술에 관한 연구
⑦ 우주전파 수신기술 연구 및 수신자료 분석
⑧ 지자기(地磁氣) 및 전리층(電離層)의 관측
⑨ 태양 흑점의 관측
⑩ 제 8 호와 제 9 호에 따른 관측결과의 분석 및 예보·경보

### (3) 기술개발의 촉진

방송통신위원회는 전파산업과 방송기기산업의 기반 조성에 필요한 기술의 연구·개발 및 활용을 촉진하기 위해 다음의 사항을 추진해야 한다(전파법 제62조).

① 기술수준의 조사·연구개발 및 개발기술의 평가·활용
② 기술의 협력·지도 및 이전
③ 기술정보의 원활한 유통
④ 산업계·학계 및 연구계의 공동 연구·개발
⑤ 기술개발을 위해 필요한 사항

### (4) 표준화

방송통신위원회는 전파의 효율적인 이용 촉진, 전파이용 질서의 유지 및 이용자 보호 등을 위해 전파이용 기술의 표준화에 관한 다음의 사항을 추진해

야 한다. 다만, 「산업표준화법」 제12조에 따른 한국산업표준이 제정되어 있는 사항에 대하여는 그 표준에 따른다(동법 제63조).

① 전파 관련 표준의 제정 및 보급
② 전파 관련 표준의 적합인증
③ 그 밖의 표준화에 필요한 사항

그 밖에 전파이용 기술 표준화의 추진에 필요한 사항은 대통령령으로 정한다.

### (5) 인력의 양성

방송통신위원회는 전파 관련 전문인력을 양성하기 위해 다음의 시책을 마련하고 시행해야 한다(전파법 제64조).

① 각급 학교와 그 밖의 교육기관에서 시행하는 전파 교육의 지원
② 전파 및 방송기술 전문인력 양성사업의 지원
③ 전파 관련 교육프로그램의 개발·보급 및 지원
④ 그 밖에 전파 관련 전문인력의 양성에 필요한 사항

방송통신위원회는 전파이용 기술을 향상시키기 위하여 관련 기술이나 인력의 국제교류, 국제표준화, 국제공동연구개발 등의 국제협력사업을 지원할 수 있다(동법 제65조).

## 2. 한국전파진흥원의 설치

### (1) 설립목적 및 직무

방송통신위원회는 전파의 효율적 관리 및 진흥을 위한 사업과 정부로부터 위탁받은 업무를 수행하기 위해 한국전파진흥원을 설립한다. 진흥원은 법인으로 하며, 그 주된 사무소의 소재지에서 설립등기를 함으로써 성립한다.

진흥원은 ① 전파이용 촉진에 관한 연구, ② 전파·방송 관련 국내외 기술에 관한 정보의 수집·조사 및 분석, ③ 전파·방송에 관한 연구지원 및 교육, ④

제 1 호부터 제 3 호까지의 사업에 부수되는 사업, ⑤ 그 밖에 이 법 또는 다른 법령에서 진흥원의 업무로 정하거나 위탁한 사업, ⑥ 또는 방송통신위원회가 위탁한 사업 등을 수행한다.

### (2) 진흥원의 운영경비

진흥원의 운영에 필요한 경비는 주파수이용권 관리대장의 열람 또는 사본의 발급 수수료, 검사 수수료(방송통신위원회가 진흥원에 위탁한 검사 업무에만 적용), 전자파 강도의 측정 수수료, 기술자격검정시험 응시 수수료 및 기술자격증 발급 수수료('국가기술자격법'에 따라 한국산업인력공단에 위탁한 사항은 제외), 기타 전파법에 정한 사업수행에 따른 수입금 등의 재원으로 충당한다.

정부는 진흥원의 사업수행에 필요한 경비를 충당하기 위해 예산의 범위에서 보조할 수 있다(전파법 제66조의3).

## 3. 한국전파진흥협회

다음의 사업 등을 효율적으로 수행하기 위해 한국전파진흥협회를 설립할 수 있다.

① 새로운 전파이용 기술의 실용화 및 보급 촉진
② 전파자원의 효율적인 이용과 전파산업 발전의 기반 조성에 관한 사업
③ 전파이용 기술의 표준화에 관한 사업

협회는 법인으로 하며 전기통신사업자, 시설자, 전파 관련 기기·시스템 및 부품의 제조업자, 그 밖에 협회의 정관으로 정하는 자는 협회의 회원이 될 수 있다.협회의 사업과 운영 등에 필요한 사항은 대통령령으로 정한다. 협회에 관하여 이 법에서 정한 것 외에는 '민법' 중 사단법인에 관한 규정을 준용한다.

## 4. 전파사용료

### (1) 전파사용료

방송통신위원회는 시설자(수신전용의 무선국을 개설한 자는 제외)에게 해당 무선국이 사용하는 전파에 대한 사용료 즉, '전파사용료'를 부과·징수할 수 있다.

다만, 국가나 지방자치단체가 개설한 무선국, 방송국 중 영리를 목적으로 하지 않는 방송국과 '방송법'(제37조 제2항)에 따라 방송발전기금을 내는 지상파 방송사업자의 방송국, 전파법(제19조 제2항)에 따른 무선국의 무선국 시설자에게는 전부를 면제한다.

기타 '방송법'(제37조 제3항)에 따라 방송발전기금을 내는 위성방송사업자 및 종합유선방송사업자의 방송국, 전파법(제11조)에 따라 할당받은 주파수를 이용하여 전기통신역무를 제공하는 무선국, 영리를 목적으로 하지 않거나 공공복리를 증진시키기 위해 개설한 무선국 중 대통령령으로 정하는 무선국 시설자에게는 대통령령으로 정하는 바에 따라 전부나 일부를 감면할 수 있다.

전파사용료는 전파 관리에 필요한 경비의 충당과 전파 관련 분야 진흥을 위하여 사용한다(전파법 제67조).

전파사용료의 부과기준은 시설자에 대한 전파사용료는 무선국별로 대통령령으로 정하는 바에 따라 해당 무선국이 사용하는 주파수 대역, 전파의 폭 및 공중선전력 등을 기준으로 하여 산정한다. 다만, 해당 시설자가 제10조에 따라 할당된 주파수를 이용하여 가입자에게 전기통신역무를 제공하는 기간통신사업자인 경우에는 해당 전기통신역무를 제공받는 가입자의 수를 기준으로 산정할 수 있다.

방송통신위원회는 전파사용료를 내야 할 자가 그 납부기한까지 내지 않으면 체납된 전파사용료에 대해 100분의 5의 범위에서 대통령령으로 정하는 비율에 상당하는 금액을 가산금으로 받는다. 전파사용료 및 가산금을 내지 않으면 국세 체납처분의 예에 따라 징수한다(전파법 제68조).

### (2) 수수료

다음의 어느 하나에 해당하는 자는 대통령령으로 정하는 바에 따라 수수료를 내야 한다.

> 주파수이용권 관리대장의 열람 또는 사본 발급을 신청하는 자, 허가·재허가 또는 변경허가를 신청하는 자, 전파법에 의한 검사를 받는 자, 형식검정 또는 형식등록 및 전자파적합등록을 신청하거나 기기변경의 신고를 하는 자, 전자파 강도의 측정을 요청하는 자, 기술자격검정 시험에 응시하려는 자 및 기술자격증을 발급받으려는 자

수수료는 공공복리를 증진하기 위해 필요하면 대통령령으로 정하는 바에 따라 감면할 수 있다.

## 5. 무선종사자의 관리

### (1) 무선종사자의 자격

무선종사자가 되려는 자는 국가기술자격에 관한 법령 또는 대통령령으로 정하는 바에 따라 시행하는 기술자격검정에 합격하여야 한다. 방송통신위원회는 기술자격검정에 합격한 자에게 대통령령으로 정하는 바에 따라 기술자격증을 발급한다. 무선종사자의 자격종목 및 자격종목별 종사범위는 대통령령으로 정한다.

무선국의 무선설비는 무선종사자가 아니면 이를 운용하거나 그 공사를 해서는 안 된다. 다만, 선박이나 항공기가 항행 중이어서 무선종사자를 보충할 수 없거나 그 밖에 대통령령으로 정하는 경우에는 그렇지 않다(전파법 제70조).

### (2) 무선종사자의 배치

무선국 시설자는 대통령령으로 정하는 자격 및 정원배치기준에 따라 무선종사자를 무선국에 배치해야 한다. 다만, 금치산자 또는 한정치산자, '형법' 중 내란의 죄와 외환의 죄, '군형법' 중 이적의 죄 또는 '국가보안법'을 위반하여 금고 이상의 형을 선고받고 그 집행이 끝나거나 집행을 받지 않기로 확정된 후 5년이 지나지 않은 자 등 어느 하나에 해당하는 자는 무선국에 배치할 수 없다.

# 제 7 절 전파법 위반에 대한 제재(制裁)

## Ⅰ. 위반에 대한 제재의 원칙

전파는 국가와 국민의 소중한 자산이며 인허하가 및 이용과 관련하여 엄격하게 관리하지 않으면 안 된다. 특히 전파는 국가의 정보통신체계의 구축과 운용에 있어 근간이 되는 사회간접자본의 특성을 가진 자산이며 국가의 안위와도 관련된 중요한 자원이기 때문이다.

따라서 전파법 위반에 대한 제재는 사안의 경중에 따라 형사처벌과 행정제재가 있으며 원칙적으로 양벌규정을 적용하고 있다. 즉, 법인의 법인의 대표자, 대리인, 사용인, 그 밖의 종업원이 그 법인의 업무에 관하여 전파법(제84조 또는 제86조)의 위반행위를 하면 그 행위자를 벌할 뿐만 아니라 그 법인에도 해당 조문의 벌금형을 과(科)하는 양벌규정을 원칙으로 한다. 개인의 대리인, 사용인, 그 밖의 종업원이 그 개인의 업무에 관해 전파법(제84조 또는 제86조)의 위반행위를 하면 그 행위자를 벌할 뿐만 아니라 그 개인에게도 해당 조문의 벌금형을 과한다(동법 제88조).

전파법 위반행위에 대해 제재할 수 있는 권한의 위임 및 위탁과 관련하여 전파법(제78조 제 2 항)에 따라 방송통신위원회로부터 위탁받은 업무에 종사하는 자가 '형법'(제129조부터 제132조까지)의 규정에 따른 벌칙을 적용할 때에는 공무원 신분으로 의제(擬制)하여 공무원으로 간주하도록 하였다(동법 제89조).

## Ⅱ. 전파법 위반의 형사제재

### 1. 통신내용 불법성에 대한 제재

① 전파법무선설비나 전선로에 주파수가 9킬로헤르츠 이상인 전류가 흐르는 통신설비(케이블반송설비 및 평형2선식 나선반송설비를 제외한 통신설비)

를 이용하여 '대한민국헌법' 또는 '대한민국헌법'에 따라 설치된 국가기관을 폭력으로 파괴할 것을 주장하는 통신을 한 자는 3년 이상의 유기징역 또는 금고에 처한다. 미수범도 처벌하며 예비하거나 음모한 자는 2년 이상의 유기징역 또는 금고에 처한다(전파법 제80조).

② 자기 또는 타인의 이익을 위하거나 타인에게 손해를 줄 목적으로 무선설비 또는 전선로에 주파수가 9킬로헤르츠 이상인 전류가 흐르는 통신설비(케이블반송설비 및 평형 2선식 나선반송설비를 제외한 통신설비를 말한다)에 의해 거짓으로 통신을 한 자는 3년 이하의 징역 또는 2천만원 이하의 벌금에 처한다. 선박이나 항공기의 조난이 없음에도 불구하고 무선설비로 조난통신을 한 자는 5년 이하의 징역에 처한다.

③ 무선통신 업무에 종사하는 자가 전파법(제83조 제1항)에 해당하는 행위를 하면 5년 이하의 징역 또는 2천만원 이하의 벌금에 처하고, 동조 제2항에 따른 행위를 하면 1년 이상의 유기징역에 처한다(동법 제83조).

④ 무선설비 또는 전선로에 주파수가 9킬로헤르츠 이상인 전류가 흐르는 통신설비(케이블반송설비 및 평형 2선식 나선반송설비를 제외한 통신설비)로 음란한 통신을 한 자는 2년 이하의 징역 또는 1천만원 이하의 벌금에 처한다(제85조).

## 2. 조난통신 위반에 대한 제재

다음의 어느 하나에 해당하는 자는 1년 이상의 유기징역에 처한다.

① 조난통신·긴급통신 또는 안전통신을 발신해야 할 사태에 이르렀는데도 그 선장이나 기장이 필요한 명령을 하지 않거나 무선통신 업무에 종사하는 자로서 그 명령을 받고 지체 없이 이를 발신하지 않은 자
② 무선통신 업무에 종사하는 자로서 제28조 제2항에 따른 조난통신의 조치를 하지 않거나 지연시킨 자
③ 조난통신의 조치를 방해한 자

다만, 이때 ②, ③의 경우에 있어서는 미수범까지도 처벌한다(전파법 제81조 제2항).

## 3. 무선통신 방해에 대한 제재

다음의 어느 하나의 업무에 제공되는 무선국의 무선설비를 손괴(損壞)하거나 물품의 접촉, 그 밖의 방법으로 무선설비의 기능에 장해를 주어 무선통신을 방해한 자는 10년 이하의 징역 또는 5천만원 이하의 벌금에 처한다.

① 전기통신 업무
② 방송 업무
③ 치안유지 업무
④ 기상 업무
⑤ 전기공급 업무
⑥ 철도·선박·항공기의 운행 업무

상기의 무선설비 외의 무선설비에 대해 동일한 행위(전파법 82조 제1항)를 한 자는 5년 이하의 징역 또는 3천만원 이하의 벌금에 처하며, 미수범 또한 처벌한다(동법 제82조).

## 4. 무선국개설의 위법에 대한 제재

다음의 어느 하나에 해당하는 자는 3년 이하의 징역 또는 2천만원 이하의 벌금에 처한다.

① 무선국개설과 관련하여 전파법(제19조 제1항 각호 외의 부분 본문)에 따른 허가를 받지 않거나 신고를 하지 않고 무선국을 개설하거나 운용한 자
② 무선설비의 형식점검 및 형식등록과 관련하여 전파법(제46조 제1항 본문)에 따른 형식검정에 합격하지 않거나 형식등록을 하지 않은 기기 또는 전자파 적합등록에 관한 전파법(제57조 제1항 각호 외의 부분 본문)에 따른 전자파적합등록을 하지 않은 기기를 판매할 목적으로 제작하거나 수입한 자
③ 형식검정에 합격하거나 형식등록을 한 기기 또는 전자파적합등록을 한 기기의 성능을 개조·변조·복제한 자

④ 산업 과학 의료용 전파응용설비 등과 관련하여 전파법(제58조 제1항)에 따른 허가를 받지 않고 같은 항 제2호에 따른 통신설비를 설치하거나 운용한 자(전파법 제84조)

## Ⅲ. 전파법 위반의 행정제재(行政制裁)

### 1. 과태료 처분

전파법위반의 내용이 형사제재를 가할 중하지 않거나 참작의 사유가 있을 경우는 과태료 처분 등 행정제재를 가하여 위법행위를 대해 제재를 가한다. 대표적으로 신규로 이용계약을 체결한 가입자의 수와 전체 가입자의 수를 통보하지 않거나 거짓으로 통보한 경우에는 1천만원 이하의 과태료를 부과한다(전파법 제89조).

기타, 다음의 어느 하나에 해당하는 자에게는 300만원 이하의 과태료를 부과한다. ① 무선국을 신고하지 않고 운용한 자, ② 무선국운용에 관하여 전파법(제25조 제1항 각호 외의 부분 본문)을 위반하여 무선설비를 운용한 자, ③ 무선국개설과 관련하여 전파법(제19조 제1항 제3호의 무선국을 제33조에 따라 준용되는 제24조 제1항 또는 제26조 제2항)을 위반하여 준공신고를 하지 않고 운용하거나 재검사를 받지 않고 운용하는 자, ④ 무선국의 허가 또는 신고 사항을 벗어나 무선국을 운용한 경우, ⑤ 형식검정 합격표시, 형식등록 표시 또는 전자파적합등록 표장을 부착하지 않은 기기를 판매할 목적으로 제작·진열·보관 또는 운송하거나 무선국에 설치한 자, ⑥ 혼신조사 등과 관련하여 전파법(제51조제2항)에 따른 명령을 위반하여 무선국을 운용한 자, ⑦ 산업, 과학, 의료용 전파운용설비와 관련하여 전파법(제58조 제1항 제1호)에 따른 설비를 허가받지 않고 운용한 자, ⑧ 무선국개설허가 취소 등과 관련하여 전파법 제72조 제2항 또는 제3항에 따른 운용의 제한을 위반한 자(동법 제90조) 등에는 과태료 처분에 해당하는 제재를 가한다.

## 2. 과태료징수 절차

과태료의 부과·징수에 있어 전파법(제90조부터 제92조까지)의 과태료는 대통령령으로 정하는 바에 따라 방송통신위원회가 부과·징수한다. 과태료 처분에 불복하는 자는 그 처분을 고지(告知) 받은 날부터 30일 이내에 방송통신위원회에 이의를 제기할 수 있다. 과태료 처분을 받은 자가 이의를 제기하면 방송통신위원회는 지체 없이 관할 법원에 그 사실을 통보해야 하며, 그 통보를 받은 관할 법원은 '비송사건절차법'에 따른 과태료 재판을 한다.

방송통신위원회의 과태료 처분에 대해 이의를 제기하지 않고 과태료를 내지 않으면 국세 체납처분의 예에 따라 과태료를 징수한다(전파법 제93조).

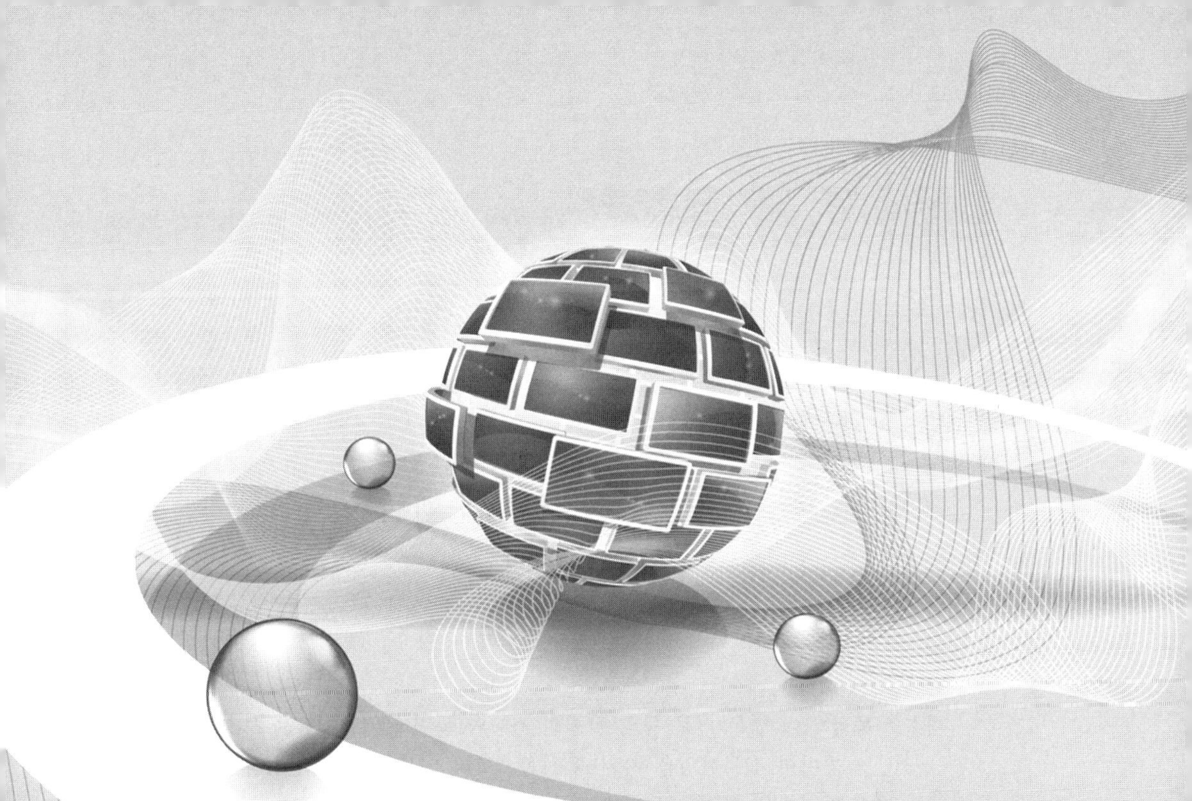

# 부록-미디어 관련 주요 법률

신문 등의 진흥에 관한 법률

방 송 법

인터넷 멀티미디어 방송사업법

정보통신망 이용촉진 및 정보보호 등에 관한 법률

언론중재 및 피해구제 등에 관한 법률

공공기관의 정보공개에 관한 법률

# 신문 등의 진흥에 관한 법률

## 제1장 총 칙

**제1조(목적)** 이 법은 신문 등의 발행의 자유와 독립 및 그 기능을 보장하고 사회적 책임을 높이며 신문산업을 지원·육성함으로써 언론의 자유 신장과 민주적인 여론형성에 기여함을 목적으로 한다.

**제2조(정의)** 이 법에서 사용하는 용어의 정의는 다음과 같다.

1. "신문"이란 정치·경제·사회·문화·산업·과학·종교·교육·체육 등 전체 분야 또는 특정 분야에 관한 보도·논평·여론 및 정보 등을 전파하기 위하여 같은 명칭으로 월 2회 이상 발행하는 간행물로서 다음 각 목의 것을 말한다.
   가. 일반일간신문: 정치·경제·사회·문화 등에 관한 보도·논평 및 여론 등을 전파하기 위하여 매일 발행하는 간행물
   나. 특수일간신문: 산업·과학·종교·교육 또는 체육 등 특정 분야(정치를 제외한다)에 국한된 사항의 보도·논평 및 여론 등을 전파하기 위하여 매일 발행하는 간행물
   다. 일반주간신문: 정치·경제·사회·문화 등에 관한 보도·논평 및 여론 등을 전파하기 위하여 매주 1회 발행하는 간행물(주 2회 또는 월 2회 이상 발행하는 것을 포함한다)
   라. 특수주간신문: 산업·과학·종교·교육 또는 체육 등 특정 분야(정치를 제외한다)에 국한된 사항의 보도·논평 및 여론 등을 전파하기 위하여 매주 1회 발행하는 간행물(주 2회 또는 월 2회 이상 발행하는 것을 포함한다)
2. "인터넷신문"이란 컴퓨터 등 정보처리능력을 가진 장치와 통신망을 이용하여 정치·경제·사회·문화 등에 관한 보도·논평 및 여론·정보 등을 전파하기 위하여 간행하는 전자간행물로서 독자적 기사 생산과 지속적인 발행 등

대통령령으로 정하는 기준을 충족하는 것을 말한다.

3. "신문사업자"란 신문을 발행하는 자를 말한다.
4. "인터넷신문사업자"란 인터넷신문을 전자적으로 발행하는 자를 말한다.
5. "인터넷뉴스서비스"란 신문, 인터넷신문, 「뉴스통신진흥에 관한 법률」에 따른 뉴스통신, 「방송법」에 따른 방송 및 「잡지 등 정기간행물의 진흥에 관한 법률」에 따른 잡지 등의 기사를 인터넷을 통하여 계속적으로 제공하거나 매개하는 전자간행물을 말한다. 다만, 제2호의 인터넷신문 및 「인터넷 멀티미디어 방송사업법」 제 2 조 제 1 호에 따른 인터넷 멀티미디어 방송, 그 밖에 대통령령으로 정하는 것을 제외한다.
6. "인터넷뉴스서비스사업자"란 제 5 호에 따른 전자간행물을 경영하는 자를 말한다.
7. 발행인"이란 신문을 발행하거나 인터넷신문을 전자적으로 발행하는 대표자를 말한다.
8. 편집인"이란 신문의 편집 또는 인터넷신문의 공표에 관하여 책임을 지는 자를 말한다.
9. "기사배열책임자"란 인터넷뉴스서비스의 기사배열에 관하여 책임을 지는 자를 말한다.
10. "인쇄인"이란 신문사업자가 선임한 자 또는 신문사업자와 인쇄계약을 체결한 자로서 그 신문의 인쇄에 관하여 책임을 지는 자를 말한다.
11. "지사" 또는 "지국"이란 기사취재 등을 목적으로 신문의 발행소 소재지 외의 지역에 설치된 사무소를 말한다.
12. "독자"란 신문을 유상 또는 무상으로 공급받는 자와 인터넷신문 또는 인터넷뉴스서비스를 유상 또는 무상으로 이용하는 자를 말한다.

**제 3 조(신문 등의 자유와 책임)** ① 신문 및 인터넷신문에 대한 언론의 자유와 독립은 보장된다.

② 신문 및 인터넷신문은 제 1 항의 언론자유의 하나로서 정보원에 대하여 자유로이 접근할 권리와 그 취재한 정보를 자유로이 공표할 자유를 갖는다.

③ 신문 및 인터넷신문은 인간의 존엄과 가치 및 민주적 기본질서를 존중하여야 한다.

**제 4 조(편집의 자유와 독립)** ① 신문 및 인터넷신문의 편집의 자유와 독립은 보장된다.

② 신문사업자 및 인터넷신문사업자는 편집인의 자율적인 편집을 보장하여야 한다.

**제 5 조(편집위원회)** 일반일간신문사업자는 편집위원회를 둘 수 있다.

**제 6 조(독자의 권리보호)** ① 신문사업자·인터넷신문사업자 및 인터넷뉴스서비스사업

자는 편집 또는 제작의 기본방침이 독자의 이익에 충실하도록 노력하여야 한다.

② 신문사업자·인터넷신문사업자 및 인터넷뉴스서비스사업자는 독자의 권익을 보호하기 위한 자문기구로 독자권익위원회를 둘 수 있다.

③ 신문·인터넷신문의 편집인 및 인터넷뉴스서비스의 기사배열책임자는 독자가 기사와 광고를 혼동하지 아니하도록 명확하게 구분하여 편집하여야 한다.

**제7조(불공정거래행위의 금지 등)** ① 신문사업자는 구독자의 의사에 반하여 구독계약을 체결·연장·해지하거나 불공정거래행위에 해당하는 무가지 및 무상의 경품을 제공하여서는 아니 된다.

② 제1항에 따른 불공정거래행위의 여부 및 그 처리 등에 관하여는 「독점규제 및 공정거래에 관한 법률」에서 정하는 바에 따른다.

**제8조(연수)** ① 신문사업자·인터넷신문사업자 및 인터넷뉴스서비스사업자는 종사자의 능력과 자질향상을 위한 연수제도를 설치·운영한다.

② 신문사업자·인터넷신문사업자 및 인터넷뉴스서비스사업자가 공동으로 종사자의 연수를 위한 기구를 설치·운영하는 경우 제34조에 따른 언론진흥기금에서 이를 지원할 수 있다.

## 제2장 신문사업 운영 등

**제9조(등록)** ① 신문을 발행하거나 인터넷신문 또는 인터넷뉴스서비스를 전자적으로 발행하려는 자는 대통령령으로 정하는 바에 따라 다음 각 호의 사항을 주사무소 소재지를 관할하는 특별시장·광역시장·도지사 또는 특별자치도지사(이하 "시·도지사"라 한다)에게 등록하여야 한다. 등록된 사항이 변경된 때에도 또한 같다. 다만, 국가 또는 지방자치단체가 발행 또는 관리하거나 법인이나 그 밖의 단체 또는 기관이 그 소속원에게 보급할 목적으로 발행하는 경우와 대통령령으로 정하는 경우에는 그러하지 아니하다.

1. 신문 및 인터넷신문의 명칭(신문 및 인터넷신문에 한정한다)
2. 인터넷뉴스서비스의 상호 및 명칭(인터넷뉴스서비스에 한정한다)
3. 종별 및 간별(신문에 한정한다)
4. 신문사업자와 신문의 발행인·편집인(외국신문의 내용을 변경하지 아니하고 국내에서 그대로 인쇄·배포하는 경우를 제외한다. 이하 같다) 및 인쇄인의 성명·생년월일·주소(신문사업자 또는 인쇄인이 법인이나 단체인 경우에는 그 명칭, 주사무소의 소재지와 그 대표자의 성명·생년월일·주소)
5. 인터넷신문사업자와 인터넷신문의 발행인 및 편집인의 성명·생년월일·주소(인터넷신문사업자가 법인이나 단체인 경우에는 그 명칭, 주사무소의 소

재지와 그 대표자의 성명·생년월일·주소)

6. 인터넷뉴스서비스사업자와 기사배열책임자의 성명·생년월일·주소(인터넷뉴스서비스사업자가 법인이나 단체인 경우에는 그 명칭, 주사무소의 소재지와 그 대표자의 성명·생년월일·주소)
7. 발행소의 소재지
8. 발행목적과 발행내용
9. 주된 보급대상 및 보급지역(신문에 한정한다)
10. 발행 구분(무가 또는 유가)
11. 인터넷 홈페이지 주소 등 전자적 발행에 관한 사항

② 제1항에 따라 등록을 하려는 자(인터넷뉴스서비스사업자를 제외한다)가 법인 또는 단체인 경우 대표이사 또는 대표자를 발행인으로 하여야 한다. 다만, 대표이사 또는 대표자를 발행인으로 할 수 없는 정당한 사유가 있는 경우에는 이사회의 의결을 거쳐 다른 이사나 임원을 발행인으로 할 수 있다.

③ 제1항에 따라 신문을 등록하려는 자는 등록사항 중 간별을 다음 각 호의 구분에 따라 명시하여야 한다.

1. 일간(격일 또는 주 3회 이상 발행하는 것을 포함한다)
2. 주간(주 2회 또는 월 2회 이상 발행하는 것을 포함한다)

④ 제1항에 따라 신문·인터넷신문 또는 인터넷뉴스서비스를 등록한 때에는 시·도지사는 지체 없이 등록증을 내주어야 한다.

⑤ 이미 등록된 신문·인터넷신문·인터넷뉴스서비스, 「잡지 등 정기간행물의 진흥에 관한 법률」에 따라 등록 또는 신고된 정기간행물 또는 「뉴스통신진흥에 관한 법률」에 따라 등록된 뉴스통신의 명칭과 같은 명칭의 신문·인터넷신문 또는 인터넷뉴스서비스는 등록할 수 없다. 다만, 해당 사업자가 명칭 사용을 허용하는 경우에는 그러하지 아니하다.

**제10조(인터넷뉴스서비스사업자의 준수사항)** ① 인터넷뉴스서비스사업자는 기사배열의 기본방침이 독자의 이익에 충실하도록 노력하여야 하며, 그 기본방침과 기사배열의 책임자를 대통령령으로 정하는 바에 따라 공개하여야 한다.

② 인터넷뉴스서비스사업자는 독자적으로 생산하지 아니한 기사의 제목·내용 등을 수정하려는 경우 해당 기사를 공급한 자의 동의를 받아야 한다.

③ 인터넷뉴스서비스사업자는 제공 또는 매개하는 기사와 독자가 생산한 의견 등을 혼동되지 아니하도록 대통령령으로 정하는 바에 따라 구분하여 표시하여야 한다.

④ 인터넷뉴스서비스사업자는 제공 또는 매개하는 기사의 제목·내용 등의 변경이 발생하여 이를 재전송받은 경우 인터넷뉴스서비스사업자의 인터넷홈페이

지에 재전송받은 기사로 즉시 대체하여야 한다.

**제11조(폐업 및 직권말소)** ① 제9조에 따라 등록을 한 자가 영업을 폐쇄한 경우에는 폐쇄한 날부터 1개월 이내에 대통령령으로 정하는 바에 따라 시·도지사에게 폐업신고를 하여야 한다.

② 시·도지사는 제1항을 위반하여 폐업신고를 하지 아니한 자에 대하여는 대통령령으로 정하는 바에 따라 폐업한 사실을 확인한 후 등록사항을 직권으로 말소할 수 있다.

**제12조(등록사항 등의 제출)** 제9조에 따른 등록 또는 제11조에 따른 폐업신고를 받은 시·도지사는 매 분기마다 등록(변경등록을 포함한다) 및 폐업신고 사항을 문화체육관광부장관에게 제출하여야 한다.

**제13조(결격사유 등)** ① 다음 각 호의 어느 하나에 해당하는 자는 신문 및 인터넷신문의 발행인 또는 편집인이 되거나 기사배열책임자가 될 수 없다.

1. 대한민국의 국민이 아닌 사람
2. 「잡지 등 정기간행물의 진흥에 관한 법률」, 「뉴스통신진흥에 관한 법률」, 「방송법」, 「인터넷 멀티미디어 방송사업법」, 「저작권법」을 위반하거나 「형법」 제87조부터 제90조까지·제92조·제101조, 「군형법」 제5조부터 제8조까지·제9조 제2항·제11조부터 제16조까지 또는 「국가보안법」 제3조부터 제9조까지의 규정에 따른 죄를 범하여 금고 이상의 실형을 선고받고 그 집행이 종료(집행이 종료된 것으로 보는 경우를 포함한다)되거나 집행을 받지 아니하기로 확정된 후 1년이 지나지 아니하거나 금고 이상의 형의 집행유예를 선고받고 그 유예기간 중에 있는 사람
3. 「잡지 등 정기간행물의 진흥에 관한 법률」, 「뉴스통신진흥에 관한 법률」, 「방송법」, 「인터넷 멀티미디어 방송사업법」, 「저작권법」을 위반하거나 「형법」 제87조부터 제90조까지·제92조·제101조, 「군형법」 제5조부터 제8조까지·제9조 제2항·제11조부터 제16조까지 또는 「국가보안법」 제3조부터 제9조까지의 규정에 따른 죄를 범하여 금고 이상의 형의 선고유예를 받고 그 유예기간 중에 있는 사람
4. 「보안관찰법」에 따른 보안관찰처분이나 「치료감호법」에 따른 치료감호의 집행 중에 있는 사람
5. 이 법을 위반하여 벌금 이상의 형을 선고받고 그 형의 집행이 종료되거나 형을 받지 아니하기로 확정된 날부터 2년이 지나지 아니한 사람
6. 이 법을 위반하여 등록이 취소된 신문·인터넷신문 및 인터넷뉴스서비스의 발행인·편집인 또는 기사배열책임자로서 그 등록이 취소된 날부터 2년이 지나지 아니한 자

7. 미성년자·금치산자 또는 한정치산자
8. 파산선고를 받고 복권되지 아니한 사람

② 제9조에 따라 등록한 신문·인터넷신문 또는 인터넷뉴스서비스의 발행인·편집인 또는 기사배열책임자가 제1항에 따른 결격사유에 해당하게 된 때에는 그 사유가 발생한 날부터 1개월 이내에 발행인·편집인 또는 기사배열책임자의 변경등록을 하여야 한다.

③ 법인이 아닌 자는 일간신문이나 일반주간신문을 발행할 수 없다.

④ 다음 각 호의 어느 하나에 해당하는 자는 신문을 발행할 수 없다. 다만, 그 소속원에게만 보급할 목적으로 발행하는 경우에는 그러하지 아니하다.

1. 외국정부 또는 외국의 법인이나 단체
2. 대한민국의 국민이 아닌 사람이 그 대표자로 되어 있는 법인 또는 단체
3. 외국인 또는 외국의 법인이나 단체가 다음 각 목의 어느 하나에 해당하는 비율 이상의 주식 또는 지분을 소유하고 있는 자
   가. 일간신문의 경우에는 100분의 30
   나. 일간신문을 제외한 신문의 경우에는 100분의 50

**제14조(사업의 승계)** ① 신문사업자 또는 인터넷신문사업자가 그 사업을 양도하거나 사망한 때 또는 법인의 합병 등이 있는 때에는 그 양수인·상속인 또는 합병 후 존속하는 법인이나 합병에 의하여 설립되는 법인 등은 그 사업자의 지위를 승계한다.

② 「민사집행법」에 따른 경매, 「채무자 회생 및 파산에 관한 법률」에 따른 환가, 「국세징수법」·「관세법」 또는 「지방세법」에 따른 압류재산의 매각, 그 밖에 이에 준하는 절차에 따라 신문 또는 인터넷신문을 인수한 자는 그 사업자의 지위를 승계한다.

③ 제1항 및 제2항에 따라 신문사업자 또는 인터넷신문사업자의 지위를 승계한 자는 대통령령으로 정하는 바에 따라 관할 시·도지사에게 신고하여야 한다.

**제15조(외국자금의 출자)** 신문 또는 인터넷신문을 발행하거나 발행하려는 자가 외국인 또는 외국의 법인이나 단체로부터 재산의 출자를 받을 때에는 「외국인투자 촉진법」 제5조·제6조 또는 제7조에 따라 지식경제부장관에게 신고한 사실을 입증하는 서류를 제9조에 따라 등록할 때나 신고한 날부터 15일 이내에 시·도지사에게 제출하여야 한다.

**제16조(일간신문의 주식발행)** 일간신문을 경영하는 법인이 주식을 발행하는 경우에는 기명식으로 하여야 한다.

**제17조(여론집중도조사 등)** ① 문화체육관광부장관은 신문, 인터넷신문, 인터넷뉴스서비스, 「방송법」 제2조 제1호에 따른 텔레비전방송, 라디오방송, 이동멀티미디어방송 등을 대상으로 여론집중도를 대통령령으로 정하는 바에 따라 조사하여 이를

공표할 수 있다. 이 경우 문화체육관광부장관은 미리 방송통신위원회위원장과 협의하여야 한다.

② 문화체육관광부장관은 제 1 항의 여론집중도조사를 위하여 필요한 자료를 개인, 단체 및 기관에 요청할 수 있다. 이 경우 요청을 받은 개인, 단체 및 기관은 이에 따라야 한다.

**제18조(대기업의 일반일간신문 소유제한 등)** ①「독점규제 및 공정거래에 관한 법률」 제 2 조 제 2 호에 따른 기업집단 중 자산총액 등 대통령령으로 정하는 기준에 해당하는 기업집단에 속하는 회사(이하 "대기업"이라 한다)와 그 계열회사(대통령령으로 정하는 특수한 관계에 있는 자를 포함한다)는 일반일간신문을 경영하는 법인이 발행한 주식 또는 지분의 2분의 1을 초과하여 취득 또는 소유할 수 없다.

② 일반일간신문을 경영하는 법인의 이사(합명회사의 경우에는 업무집행사원, 합자회사의 경우에는 무한책임사원을 말한다) 중 그 상호 간에「민법」제777조에 따른 친족관계에 있는 자가 그 총수의 3분의 1을 넘지 못한다.

**제19조(소유제한 위반 시 조치 등)** ① 제18조를 위반하여 주식 또는 지분을 취득 또는 소유한 자는 그 초과분에 대한 의결권을 행사할 수 없다.

② 시·도지사는 제18조를 위반하여 주식 또는 지분을 취득 또는 소유한 자에 대하여 6개월 이내의 기간을 정하여 이를 시정할 것을 명하여야 한다.

③ 시·도지사는 제18조에 따른 소유제한 사실을 확인하기 위하여 대통령령으로 정하는 바에 따라 신문사업자에게 필요한 자료의 제출을 요청할 수 있다. 이 경우 해당 사업자는 이에 따라야 한다.

**제20조(디지털 뉴스 분류체계 표준화 등)** ① 문화체육관광부장관은 신문사업자·인터넷신문사업자 및 인터넷뉴스서비스사업자에 대하여 디지털 뉴스의 분류체계, 형식 등 대통령령으로 정하는 사항에 관한 표준을 제정할 수 있다.

② 문화체육관광부장관은 제 1 항에 따른 표준의 제정을 위하여 필요한 경우에는 디지털 뉴스에 관한 전문기관 또는 단체를 지정하여 표준을 제정하도록 할 수 있다.

③ 문화체육관광부장관은 제 2 항에 따라 지정한 기관 또는 단체에 표준의 제정에 필요한 비용의 전부 또는 일부를 지원할 수 있다.

**제21조(필요적 게재사항)** 신문사업자 및 인터넷신문사업자는 해당 신문 및 인터넷신문에 그 명칭·등록번호·등록연월일·제호·간별·발행인·편집인·인쇄인·발행소 및 발행연월일을 독자가 알아보기 쉽게 게재 또는 공표하여야 하며, 편집인이 여럿 있는 경우에는 그 책임분야와 함께 각자의 성명을 게재 또는 공표하여야 한다. 다만, 인터넷신문의 경우 간별 및 인쇄인에 관한 사항은 그러하지 아니하다.

**제22조(신문 등의 발행정지 및 등록취소의 심판청구)** ① 시·도지사는 제 9 조 제 1 항에

따라 신문·인터넷신문 또는 인터넷뉴스서비스(이하 이 조 및 제23조부터 제26조까지의 규정에서 "신문 등"이라 한다)의 등록을 한 자가 다음 각 호의 어느 하나에 해당하는 경우 3개월 이내의 기간을 정하여 해당 신문 등의 발행정지(기사의 제공·매개 정지를 포함한다. 이하 같다)를 명할 수 있다.

1. 제 9 조 제 1 항에 따라 등록된 사항을 변경등록하지 아니하고 임의로 변경하여 그 신문 등을 발행한 경우
2. 발행인·편집인 또는 기사배열책임자가 제13조에 따른 결격사유에 해당된 경우

② 시·도지사는 제 9 조 제 1 항에 따라 신문 등을 등록한 자가 다음 각 호의 어느 하나에 해당하는 경우 6개월 이내의 기간을 정하여 해당 신문 등의 발행정지를 명하거나 법원에 신문 등의 등록취소의 심판을 청구할 수 있다.

1. 거짓이나 그 밖의 부정한 방법으로 등록한 사실이 있는 경우
2. 신문 등의 내용이 등록된 발행목적이나 발행내용을 현저하게 반복하여 위반한 경우
3. 음란한 내용의 신문 등을 발행하여 공중도덕이나 사회윤리를 현저하게 침해한 경우

③ 제 2 항에 따른 심판청구에 대한 제 1 심 재판은 신문사업자·인터넷신문사업자 또는 인터넷뉴스서비스사업자의 보통재판적 소재지를 관할하는 지방법원합의부의 관할로 한다. 법원은 심판청구를 접수한 날부터 3개월 이내에 재판하여야 한다. 등록취소심판사건의 청구·심리·재판, 그 밖에 필요한 사항은 대법원규칙으로 정한다.

④ 등록취소심판사건에 대하여는 「비송사건절차법」을 준용한다.

**제23조(직권등록취소)** 시·도지사는 제 9 조 제 1 항에 따라 신문 등을 등록한 자가 다음 각 호의 어느 하나에 해당하는 경우에는 해당 신문 등의 등록을 취소할 수 있다.

1. 정당한 사유 없이 등록 후 6개월 이내에 해당 신문 등을 발행하지 아니한 경우
2. 정당한 사유 없이 1년 이상 해당 신문 등의 발행을 중단한 경우

**제24조(등록취소심의위원회)** ① 제22조 제 2 항에 따른 발행정지의 명령·등록취소심판의 청구 및 제23조에 따른 등록취소처분의 공정하고 객관적인 심의를 위하여 시·도지사 소속으로 등록취소심의위원회를 둔다.

② 제 1 항에 따른 등록취소심의위원회의 구성·심의절차, 그 밖에 필요한 사항은 대통령령으로 정한다.

**제25조(청문)** 시·도지사는 제23조에 따라 신문 등의 등록을 취소하고자 하는 경우 청문을 실시하여야 한다.

**제26조(신문 등 명칭의 사용제한)** 제11조에 따라 직권말소되거나 제22조 제2항부터 제4항까지의 규정에 따른 등록취소심판사건에 대한 법원의 판결 또는 제23조에 따라 등록이 취소된 때에는 등록이 말소 또는 취소된 신문 등의 발행인 및 그와 대통령령으로 정하는 특수한 관계에 있는 자는 그 말소 또는 취소된 날부터 2년 이내에는 그 말소 또는 취소된 신문 등의 명칭으로 신문등을 발행 및 등록할 수 없다.

**제27조(과징금 부과)** ① 시·도지사는 신문사업자·인터넷신문사업자 또는 인터넷뉴스서비스사업자가 제22조에 해당하여 발행정지처분을 하여야 하는 경우로서 그 발행정지처분이 독자에게 심한 불편을 주거나 그 밖에 공익을 해할 우려가 있는 경우에는 그 발행정지를 갈음하여 10억원 이하의 과징금을 부과·징수할 수 있다.

② 제1항에 따라 과징금을 부과하는 위반행위의 종별·정도 등에 따른 과징금의 금액과 그 부과절차 등에 필요한 사항은 대통령령으로 정한다.

③ 시·도지사는 과징금을 납부하여야 할 자가 납부기한까지 이를 납부하지 아니한 경우에는 지방세 체납처분의 예에 따라 징수한다.

④ 시·도지사는 제1항에 따라 징수한 과징금은 제34조에 따른 언론진흥기금으로 출연하여야 한다.

**제28조(외국신문의 지사 등의 설치)** ① 외국신문의 지사 또는 지국을 국내에 설치하려는 자는 대통령령으로 정하는 바에 따라 문화체육관광부장관에게 등록하여야 한다.

② 문화체육관광부장관은 제1항에 따라 등록한 자가 다음 각 호의 어느 하나에 해당하는 경우에는 그 등록을 취소할 수 있다.

1. 거짓이나 그 밖의 부정한 방법으로 등록한 사실이 있는 경우
2. 지사 또는 지국이 그 설치목적을 현저히 위반한 경우
3. 해당 외국신문이 국헌을 문란하게 하거나 국가안보를 현저히 해한 기사를 게재한 경우

## 제3장 한국언론진흥재단

**제29조(한국언론진흥재단의 설치 등)** ① 신문 및 인터넷신문의 건전한 발전과 읽기문화 확산 및 신문 산업의 진흥을 위하여 한국언론진흥재단을 둔다.

② 한국언론진흥재단은 법인으로 한다.

③ 한국언론진흥재단은 문화체육관광부장관의 인가를 받아 주된 사무소의 소재지에서 설립등기를 함으로써 성립한다.

④ 한국언론진흥재단에 대하여 이 법에 규정한 것 외에는 「민법」 중 재단법인에 관한 규정을 준용한다.

**제30조(임원)** ① 한국언론진흥재단에는 이사장 1인과 상임이사 3인을 포함한 9인 이내

의 이사와 비상임 감사 1인을 둔다.

② 한국언론진흥재단의 이사장은 문화체육관광부장관이 임면하고, 상임이사는 이사장이 이사회의 추천을 받은 자 중에서 문화체육관광부장관의 승인을 받아 임면하며, 이사장 및 상임이사를 제외한 이사의 선임에 대하여는 한국언론진흥재단 정관으로 정한다.

③ 이사장·상임이사·이사 및 감사의 임기는 3년으로 하되, 1회에 한정하여 연임할 수 있다.

④ 이사장은 한국언론진흥재단을 대표하고, 한국언론진흥재단의 업무를 총괄한다.

⑤ 이사장이 부득이한 사유로 직무를 수행할 수 없을 때에는 정관으로 정하는 순서에 따라 상임이사가 그 직무를 대행한다.

⑥ 감사는 한국언론진흥재단의 업무 및 회계를 감사한다.

⑦ 「국가공무원법」 제33조 각 호의 어느 하나에 해당하는 자는 제1항에 따른 한국언론진흥재단의 임원이 될 수 없다.

**제31조(한국언론진흥재단의 직무)** 한국언론진흥재단은 다음 각 호의 직무를 수행한다.

1. 언론산업 진흥에 필요한 사업
2. 신문의 발행·유통 등의 발전을 위한 사업
3. 한국 언론매체의 해외진출 및 국제교류 지원
4. 제34조에 따른 언론진흥기금의 조성과 관리·운용
5. 언론산업 진흥 등을 위한 조사·연구·교육·연수
6. 문화체육관광부장관이 위탁하는 사업
7. 그 밖에 한국언론진흥재단의 목적 수행을 위하여 필요한 사업

**제32조(운영재원 등)** ① 한국언론진흥재단의 운영재원은 제34조에 따른 언론진흥기금 등으로 하되, 국가는 한국언론진흥재단에 출연하거나 예산의 범위에서 보조금을 지급할 수 있다.

② 한국언론진흥재단은 대통령령으로 정하는 바에 따라 매년 예산편성의 기본방향과 그 규모에 관하여 문화체육관광부장관의 승인을 받아야 한다.

**제33조(신문유통 지원 기구)** ① 한국언론진흥재단은 신문의 원활한 유통을 지원하기 위한 기구를 설립·운영할 수 있다.

② 신문유통 지원 기구의 설립·운영에 필요한 사항은 한국언론진흥재단 정관으로 정한다.

## 제4장 언론진흥기금

**제34조(언론진흥기금의 설치 및 조성)** ① 신문·인터넷신문·인터넷뉴스서비스 및 「잡지 등 정기간행물의 진흥에 관한 법률」에 따른 잡지(이하 "잡지"라 한다)의 진흥을 위하여 한국언론진흥재단에 언론진흥기금을 설치한다.

② 언론진흥기금은 다음 각 호의 재원으로 조성한다.

1. 정부의 출연금
2. 다른 기금으로부터의 전입금
3. 개인 또는 법인으로부터의 출연금 및 기부금품
4. 언론진흥기금의 운용으로 생기는 수익금
5. 그 밖에 대통령령으로 정하는 수입금

**제35조(언론진흥기금의 용도 등)** ① 언론진흥기금은 다음 각 호의 사업에 사용된다.

1. 신문·인터넷신문·인터넷뉴스서비스 및 잡지의 진흥을 위한 지원
2. 신문·인터넷신문·인터넷뉴스서비스 및 잡지 관련 인력양성, 조사·연구, 정보화 사업 지원
3. 신문 및 잡지의 유통구조 개선을 위한 지원
4. 독자 권익 및 언론공익사업 지원
5. 한국언론진흥재단의 운영
6. 신문사업자, 인터넷신문사업자 및 잡지사업자에 대한 융자
7. 그 밖에 대통령령으로 정하는 사업

② 무료로 제공할 목적으로 발행되는 신문사업자에 대하여는 기금을 지원할 수 없다.

③ 한국언론진흥재단은 언론진흥기금의 지원기준과 지원대상 등을 매년 공고하여야 한다.

**제36조(언론진흥기금의 관리·운용)** ① 언론진흥기금은 한국언론진흥재단이 관리·운용한다.

② 언론진흥기금의 관리·운용에 관한 종합적인 사항을 심의하게 하기 위하여 한국언론진흥재단에 언론진흥기금관리위원회를 둔다.

③ 언론진흥기금의 조성방법·관리·운용 및 언론진흥기금관리위원회의 구성·운영 등에 필요한 사항은 대통령령으로 정한다.

**제37조(성과의 평가)** ① 문화체육관광부장관은 제31조 각 호의 사업에 대한 기금 사용의 성과를 측정·평가하여 그 결과를 다음 연도 3월 말까지 한국언론진흥재단에 통보하여야 한다.

② 문화체육관광부장관은 제1항에 따른 성과를 측정·평가하기 위하여 한국언론

진흥재단과 협의하여 성과목표 및 평가기준을 정하여야 한다.

③ 문화체육관광부장관은 제1항에 따른 성과 평가결과 시정을 요하는 사항이 있다고 인정할 때에는 한국언론진흥재단에 시정을 요구할 수 있다.

④ 성과의 평가방법 및 절차 등에 필요한 사항은 대통령령으로 정한다.

## 제5장 보 칙

**제38조(권한의 위임 등)** ① 문화체육관광부장관은 이 법에 따른 권한의 일부를 대통령령으로 정하는 바에 따라 시·도지사 또는 한국언론진흥재단 이사장에게 위임 또는 위탁할 수 있다.

② 시·도지사는 이 법에 따른 권한의 일부를 대통령령으로 정하는 바에 따라 시장·군수 또는 구청장에게 위임할 수 있다.

## 제6장 벌 칙

**제39조(과태료)** ① 다음 각 호의 어느 하나에 해당하는 자에게는 2천만원 이하의 과태료를 부과한다.

1. 제9조 제1항에 따른 등록 또는 변경등록을 하지 아니하고 신문·인터넷신문 또는 인터넷뉴스서비스를 발행하거나 공표한 자
2. 거짓이나 그 밖의 부정한 방법으로 제9조 제1항에 따른 등록 또는 변경등록을 하여 신문·인터넷신문 또는 인터넷뉴스서비스를 발행하거나 공표한 자
3. 제10조를 위반하여 준수사항을 이행하지 아니한 자
4. 제11조를 위반하여 폐업신고를 하지 아니한 자
5. 제13조 제1항 각 호의 어느 하나에 해당하는 자로서 발행인·편집인 또는 기사배열책임자로 취임한 자
6. 제13조 제1항 각 호의 어느 하나에 해당하는 자를 발행인·편집인 또는 기사배열책임자로 선임한 자
7. 제14조 제3항을 위반하여 신고를 하지 아니한 자
8. 제15조를 위반하여 해당 서류를 제출하지 아니한 자
9. 제17조 제2항 및 제19조 제3항에 따른 자료제출 요구를 받고 이를 제출하지 아니한 자
10. 제18조를 위반하여 주식 또는 지분을 소유한 자

11. 제21조에 따른 필요적 게재사항을 게재 또는 공표하지 아니한 자
12. 제22조 제1항 또는 제2항에 따른 발행정지처분을 위반하여 신문 또는 인터넷신문을 발행하거나 공표한 자
13. 제28조 제1항에 따른 등록을 하지 아니하고 국내에 외국신문의 지사 또는 지국을 설치한 자

② 제1항에 따른 과태료는 대통령령으로 정하는 바에 따라 문화체육관광부장관 또는 시·도지사가 부과·징수한다.

## 부 칙 <제9785호, 2009.7.31>

**제1조(시행일)** 이 법은 공포 후 6개월이 경과한 날부터 시행한다.

**제2조(설립준비)** 부칙 제1조에도 불구하고 한국언론진흥재단설립추진단의 설치, 한국언론진흥재단의 정관 작성·정관인가 및 설립등기 등 한국언론진흥재단의 설립에 필요한 사항은 이 법 시행 전에 부칙 제3조에 따라 할 수 있다.

**제3조(한국언론진흥재단의 설립절차 등)** ① 문화체육관광부장관은 한국언론진흥재단의 설립에 관한 사무를 처리하게 하기 위하여 한국언론진흥재단설립추진단(이하 "설립추진단"이라 한다)을 설치한다.

② 설립추진단은 문화체육관광부장관이 위촉하는 5인 이내의 설립위원으로 구성하여 운영한다.

③ 설립추진단은 한국언론진흥재단의 정관을 작성하여 문화체육관광부장관의 인가를 받아야 한다.

④ 설립추진단이 제3항에 따른 인가를 받은 경우에는 지체 없이 한국언론진흥재단의 설립등기를 하여야 한다.

⑤ 제4항에 따라 한국언론진흥재단의 설립등기를 마친 경우에는 설립추진단을 이 법에 따른 한국언론진흥재단으로 본다.

⑥ 이 법 시행 전까지 한국언론진흥재단이 설립되지 아니한 경우에는 이 법 시행일부터 한국언론진흥재단이 설립될 때까지는 설립추진단이 한국언론진흥재단의 업무를 대행한다.

**제4조(종전 신문유통원 및 한국언론재단 등의 권리·의무 승계 등)** ① 종전의 제37조에 따른 신문유통원 및 「민법」에 따라 설립한 재단법인 한국언론재단은 부칙 제3조에 따라 한국언론진흥재단의 설립등기를 완료한 경우에는 「민법」 중 법인의 해산 및 청산에 관한 규정에도 불구하고 해산된 것으로 본다.

② 한국언론진흥재단은 설립등기일에 종전의 제27조에 따른 신문발전위원회, 종전의 제37조에 따른 신문유통원 및 재단법인 한국언론재단의 모든 권리·의무

및 재산을 포괄 승계한다. 다만, 종전의 제33조에 따른 신문발전기금은 언론진흥기금에 귀속된다.

**제5조(인터넷뉴스서비스 및 외국신문 등록에 관한 경과조치)** ① 이 법 시행 당시 인터넷뉴스서비스를 경영하는 인터넷뉴스서비스사업자는 이 법 시행 후 3개월 이내에 제9조에 따른 등록을 하여야 한다.

② 이 법 시행 전에 종전의 제26조에 따라 허가를 받은 경우에는 이 법에 따라 등록한 것으로 본다.

**제6조(벌칙 등에 관한 경과조치)** 이 법 시행 전의 행위에 대한 벌칙 또는 과태료의 적용에 있어서는 종전의 규정에 따른다.

**제7조(언론진흥기금의 2010년도 기금운용계획안의 수립시기에 관한 특례)** ① 한국언론진흥재단은 이 법 공포 후 지체 없이 2010년도 언론진흥기금운용계획안을 수립하고 문화체육관광부장관을 거쳐 기획재정부장관에게 제출하여야 한다.

② 정부는 제1항에 따라 마련된 2010년도 언론진흥기금운용계획안을 이 법 공포 후 60일 이내에 국회에 제출하여야 한다. 이 경우 국회는 「국회법」 제84조의2에도 불구하고 2010년도 언론진흥기금운용계획안이 국회에 제출된 날부터 60일 이내에 심의·의결하여야 한다.

③ 한국언론진흥재단은 「국가재정법」에도 불구하고 2010년도 언론진흥기금운용계획안이 국회의 의결을 거치기 전까지 부득이한 경우 문화체육관광부장관의 승인을 받아 언론진흥기금의 일부를 사용할 수 있다.

**제8조(다른 법률의 개정)** ① 국가재정법 일부를 다음과 같이 개정한다.

별표 2 제31호를 다음과 같이 한다.

31. 「신문 등의 진흥에 관한 법률」

② 공직선거법 일부를 다음과 같이 개정한다.

제8조의3 제3항 중 "「신문 등의 자유와 기능보장에 관한 법률」 제2조 제1호에 따른 정기간행물 및 「뉴스통신진흥에 관한 법률」 제2조 제1호에 따른 뉴스통신"을 "「신문 등의 진흥에 관한 법률」 제2조에 따른 신문, 「잡지 등 정기간행물의 진흥에 관한 법률」 제2조 제1호에 따른 잡지·정보간행물·전자간행물·기타간행물 및 「뉴스통신진흥에 관한 법률」 제2조 제1호에 따른 뉴스통신"으로 하고, 같은 조 제4항 중 "「신문 등의 자유와 기능보장에 관한 법률」 제2조 제2호 가목 또는 라목"을 "「신문 등의 진흥에 관한 법률」 제2조 제1호 가목 또는 다목"으로 한다.

제8조의4 제2항 중 "「신문 등의 자유와 기능보장에 관한 법률」 제2조(용어의 정의) 제2호 가목의 규정에 따른 일반일간신문"을 "「신문 등의 진흥에 관한 법률」 제2조(정의) 제1호 가목에 따른 일반일간신문"으로 한다.

제8조의5 제1항 중 "「신문 등의 자유와 기능보장에 관한 법률」 제2조(용어의 정의) 제7호의 규정에 따른 인터넷신문사업자"를 "「신문 등의 진흥에 관한 법률」 제 2조(정의) 제4호에 따른 인터넷신문사업자"로 한다.

제69조 제1항 중 "「신문 등의 자유와 기능보장에 관한 법률」 제2조(용어의 정의) 제2호의 규정에 의한"을 "「신문 등의 진흥에 관한 법률」 제2조(정의) 제1호 가목 및 나목에 따른"으로 한다.

제82조 제1항 중 "「신문 등의 자유와 기능보장에 관한 법률」 제2조 제6호에 따른 정기간행물사업자(기타간행물을 발행하는 자를 제외한다)"를 "「신문 등의 진흥에 관한 법률」 제2조 제3호에 따른 신문사업자·「잡지 등 정기간행물의 진흥에 관한 법률」 제2조 제2호에 따른 정기간행물사업자(정보간행물·전자간행물·기타간행물을 발행하는 자를 제외한다)"로 한다.

③ 금융산업의 구조개선에 관한 법률 일부를 다음과 같이 개정한다.

제5조 제3항 중 "「신문 등의 자유와 기능보장에 관한 법률」 제2조 제1호 가목에 따른 일반일간신문"을 "「신문 등의 진흥에 관한 법률」 제2조 제1호 가목에 따른 일반일간신문"으로 한다.

④ 법률 제9755호 뉴스통신진흥에 관한 법률 일부개정법률 일부를 다음과 같이 개정한다.

제7조를 다음과 같이 한다.

제7조(「신문 등의 진흥에 관한 법률」의 준용) 뉴스통신사업자의 소유제한 등에 관하여는 「신문 등의 진흥에 관한 법률」 제18조를 준용한다.

제8조 제3항을 다음과 같이 한다.

③ 이미 등록된 뉴스통신의 제호, 「신문 등의 진흥에 관한 법률」 제9조에 따라 등록된 신문·인터넷신문, 「잡지 등 정기간행물의 진흥에 관한 법률」 제15조 및 제16조에 따라 등록 또는 신고된 정기간행물의 제호와 동일한 제호는 등록할 수 없다.

⑤ 법률 제9786호 방송법 일부개정법률 일부를 다음과 같이 개정한다.

제8조 제5항 중 "「신문 등의 자유와 기능보장에 관한 법률」"을 "「신문 등의 진흥에 관한 법률」"로 한다.

⑥ 소득세법 일부를 다음과 같이 개정한다.

제21조 제1항 제15호 중 "「신문 등의 자유와 기능보장에 관한 법률」에 의한 定期刊行物"을 "「신문 등의 진흥에 관한 법률」에 따른 신문 및 「잡지 등 정기간행물의 진흥에 관한 법률」에 따른 정기간행물"로 한다.

⑦ 소비자기본법 일부를 다음과 같이 개정한다.

제28조 제3항 중 "「신문 등의 자유와 기능보장에 관한 법률」"을 "「신문 등의 진흥

에 관한 법률」"로 한다.

⑧ 인터넷 멀티미디어 방송사업법 일부를 다음과 같이 개정한다.

제8조 제2항 및 제3항 중 "「신문 등의 자유와 기능보장에 관한 법률」"을 각각 "「신문 등의 진흥에 관한 법률」"로 한다.

⑨ 저작권법 일부를 다음과 같이 개정한다.

제27조 중 "「신문 등의 자유와 기능보장에 관한 법률」"을 "「신문 등의 진흥에 관한 법률」"로 한다.

⑩ 정당법 일부를 다음과 같이 개정한다.

제10조 제2항 중 "「신문 등의 자유와 기능보장에 관한 법률」 제2조(용어의 정의)의 규정에 의한 일간신문"을 "「신문 등의 진흥에 관한 법률」 제2조(정의)에 따른 일간신문"으로 한다.

⑪ 정치자금법 일부를 다음과 같이 개정한다.

제15조 제2항 중 "「신문 등의 자유와 기능보장에 관한 법률」 제2조(용어의 정의)의 규정에 의한 정기간행물(인터넷신문을 제외한다)"을 "「신문 등의 진흥에 관한 법률」 제2조(정의)에 따른 신문 및 「잡지 등 정기간행물의 진흥에 관한 법률」 제2조(정의)에 따른 정기간행물"로 한다.

⑫ 지방세법 일부를 다음과 같이 개정한다.

제283조 제3항 중 "「신문 등의 자유와 기능보장에 관한 법률」"을 "「신문 등의 진흥에 관한 법률」"로 한다.

⑬ 청소년보호법 일부를 다음과 같이 개정한다.

제7조 제6호를 다음과 같이 한다.

6. 「신문 등의 진흥에 관한 법률」에 따른 일반일간신문(주로 정치·경제·사회에 관한 보도·논평 및 여론을 전파하는 신문을 제외한다)·특수일간신문(경제·산업·과학·종교분야를 제외한다)·일반주간신문(정치·경제분야를 제외한다)·특수주간신문(경제·산업·과학·시사·종교분야를 제외한다), 「잡지 등 정기간행물의 진흥에 관한 법률」에 따른 잡지(정치·경제·산업·과학·시사·종교분야를 제외한다) 및 대통령령으로 정하는 그 밖의 간행물(이하 "정기간행물등"이라 한다)과 정기간행물 외의 간행물 중 만화·사진첩·화보류·소설 등의 도서류, 전자출판물, 그 밖에 대통령령으로 정하는 것

⑭ 표시·광고의 공정화에 관한 법률 일부를 다음과 같이 개정한다.

제2조 제2호 중 "「신문 등의 자유와 기능보장에 관한 법률」 제2조 제1호의 규정에 의한 정기간행물, 동조 제5호의 규정에 의한 인터넷신문"을 "「신문 등의 진흥에 관한 법률」 제2조 제1호 및 제2호에 따른 신문·인터넷신문, 「잡지 등 정기간행물의 진흥에 관한 법률」 제2조에 따른 정기간행물"로 한다.

제9조(다른 법령과의 관계) 이 법 시행 당시 다른 법령에서 종전의 「신문 등의 자유와 기능보장에 관한 법률」 또는 그 규정을 인용한 경우 이 법 중 그에 해당하는 규정이 있을 때에는 종전의 규정을 갈음하여 이 법 또는 이 법의 해당 규정을 인용한 것으로 본다.

# 방 송 법

## 제1장 총 칙

**제1조(목적)** 이 법은 방송의 자유와 독립을 보장하고 방송의 공적 책임을 높임으로써 시청자의 권익보호와 민주적 여론형성 및 국민문화의 향상을 도모하고 방송의 발전과 공공복리의 증진에 이바지함을 목적으로 한다.

**제2조(용어의 정의)** 이 법에서 사용하는 용어의 정의는 다음과 같다. 〈개정 2004.3. 22, 2006.10.27, 2007.01.26〉

1. "방송"이라 함은 방송프로그램을 기획·편성 또는 제작하여 이를 공중(개별계약에 의한 수신자를 포함하며, 이하 "시청자"라 한다)에게 전기통신설비에 의하여 송신하는 것으로서 다음 각목의 것을 말한다.
   가. 텔레비전방송: 정지 또는 이동하는 사물의 순간적 영상과 이에 따르는 음성·음향 등으로 이루어진 방송프로그램을 송신하는 방송
   나. 라디오방송: 음성·음향 등으로 이루어진 방송프로그램을 송신하는 방송
   다. 데이터방송: 방송사업자의 채널을 이용하여 데이터(문자·숫자·도형·도표·이미지 그 밖의 정보체계를 말한다)를 위주로 하여 이에 따르는 영상·음성·음향 및 이들의 조합으로 이루어진 방송프로그램을 송신하는 방송(인터넷 등 통신망을 통하여 제공하거나 매개하는 경우를 제외한다. 이하 같다)
   라. 이동멀티미디어방송: 이동중 수신을 주목적으로 다채널을 이용하여 텔레비전방송·라디오방송 및 데이터방송을 복합적으로 송신하는 방송
2. "방송사업"이라 함은 방송을 행하는 다음 각목의 사업을 말한다.
   가. 지상파방송사업: 방송을 목적으로 하는 지상의 무선국을 관리·운영하며 이를 이용하여 방송을 행하는 사업
   나. 종합유선방송사업: 종합유선방송국(다채널방송을 행하기 위한 유선방송국설비와 그 종사자의 총체를 말한다. 이하 같다)을 관리·운영하며 전송·선로설비를 이용하여 방송을 행하는 사업
   다. 위성방송사업: 인공위성의 무선설비를 소유 또는 임차하여 무선국을 관리·운영하며 이를 이용하여 방송을 행하는 사업

라. 방송채널사용사업: 지상파방송사업자·종합유선방송사업자 또는 위성방송사업자와 특정채널의 전부 또는 일부 시간에 대한 전용사용계약을 체결하여 그 채널을 사용하는 사업

3. "방송사업자"라 함은 다음 각목의 자를 말한다.
   가. 지상파방송사업자: 지상파방송사업을 하기 위하여 제9조 제1항의 규정에 의하여 허가를 받은 자
   나. 종합유선방송사업자: 종합유선방송사업을 하기 위하여 제9조 제2항의 규정에 의하여 허가를 받은 자
   다. 위성방송사업자: 위성방송사업을 하기 위하여 제9조 제1항의 규정에 의하여 허가를 받은 자
   라. 방송채널사용사업자: 방송채널사용사업을 하기 위하여 제9조 제5항의 규정에 의하여 등록을 하거나 승인을 얻은 자
   마. 공동체라디오방송사업자: 공중선전력 10와트 이하로 공익목적으로 라디오방송을 하기 위하여 제9조 제11항의 규정에 의하여 허가를 받은 자
4. "중계유선방송"이라 함은 지상파방송(방송을 목적으로 하는 지상의 무선국을 이용하여 행하는 방송을 말한다. 이하 같다) 또는 이 법에 의한 한국방송공사 및 특별법에 의하여 설립된 방송사업자가 행하는 위성방송(인공위성의 무선국을 이용하여 행하는 방송을 말한다. 이하 같다)이나 대통령령이 정하는 방송을 수신하여 중계송신(방송편성을 변경하지 아니하는 녹음·녹화를 포함한다)하는 것을 말한다.
5. "중계유선방송사업"이라 함은 중계유선방송을 행하는 사업을 말한다.
6. "중계유선방송사업자"라 함은 중계유선방송사업을 하기 위하여 제9조 제2항의 규정에 의하여 허가를 받은 자를 말한다.
7. "음악유선방송"이라 함은 음반·비디오물 및 게임물에 관한 법률에 의하여 판매·배포되는 음반에 수록된 음악을 송신하는 것을 말한다.
8. "음악유선방송사업"이라 함은 음악유선방송을 행하는 사업을 말한다.
9. "음악유선방송사업자"라 함은 음악유선방송사업을 하기 위하여 제9조 제5항의 규정에 의하여 등록을 한 자를 말한다.
10. "전광판방송"이라 함은 상시 또는 일정기간 계속하여 전광판에 보도를 포함하는 방송프로그램을 표출하는 것을 말한다.
11. "전광판방송사업"이라 함은 전광판방송을 행하는 사업을 말한다.
12. "전광판방송사업자"라 함은 전광판방송사업을 하기 위하여 제9조 제5항의 규정에 의하여 등록을 한 자를 말한다.

13. "전송망사업"이라 함은 방송프로그램을 종합유선방송국으로부터 시청자에게 전송하기 위하여 유·무선 전송·선로설비를 설치·운영하는 사업을 말한다.
14. "전송망사업자"라 함은 전송망사업을 하기 위하여 제9조 제10항의 규정에 의하여 등록을 한 자를 말한다.
15. "방송편성"이라 함은 방송되는 사항의 종류·내용·분량·시각·배열을 정하는 것을 말한다.
16. "방송분야"라 함은 보도·교양·오락 등으로 방송프로그램의 영역을 분류한 것을 말한다.
17. "방송프로그램"이라 함은 방송편성의 단위가 되는 방송내용물을 말한다.
18. "종합편성"이라 함은 보도·교양·오락 등 다양한 방송분야 상호간에 조화를 이루도록 방송프로그램을 편성하는 것을 말한다.
19. "전문편성"이라 함은 특정 방송분야의 방송프로그램을 전문적으로 편성하는 것을 말한다.
20. "유료방송"이라 함은 시청자와의 계약에 의하여 수개의 채널단위·채널별 또는 방송프로그램별로 대가를 받고 제공하는 방송을 말한다.
20의2. "채널"이라 함은 동일한 주파수 대역을 통해서 연속적인 흐름 또는 정보체계의 형태로 제공되어지는 텔레비전방송, 라디오방송 또는 데이터방송의 단위를 말한다.
21. "방송광고"라 함은 광고를 목적으로 하는 방송내용물을 말한다.
22. "협찬고지"라 함은 타인으로부터 방송프로그램의 제작에 직접적·간접적으로 필요한 경비·물품·용역·인력 또는 장소 등을 제공받고 그 타인의 명칭 또는 상호 등을 고지하는 것을 말한다.
23. "방송편성책임자"라 함은 방송편성에 대하여 결정을 하고 책임을 지는 자를 말한다.
24. "보도"라 함은 국내외 정치·경제·사회·문화 등의 전반에 관하여 시사적인 취재보도·논평·해설 등의 방송프로그램을 편성하는 것을 말한다.
25. "보편적 시청권"이라 함은 국민적 관심이 매우 큰 체육경기대회 그 밖의 주요행사 등에 관한 방송을 일반 국민이 시청할 수 있는 권리를 말한다.

**제3조(시청자의 권익보호)** 방송사업자는 시청자가 방송프로그램의 기획·편성 또는 제작에 관한 의사결정에 참여할 수 있도록 하여야 하고, 방송의 결과가 시청자의 이익에 합치하도록 하여야 한다.

**제4조(방송편성의 자유와 독립)** ① 방송편성의 자유와 독립은 보장된다.

② 누구든지 방송편성에 관하여 이 법 또는 다른 법률에 의하지 아니하고는 어떠

한 규제나 간섭도 할 수 없다.

③ 방송사업자는 방송편성책임자를 선임하고, 그 성명을 방송시간내에 매일 1회 이상 공표하여야 하며, 방송편성책임자의 자율적인 방송편성을 보장하여야 한다.

④ 종합편성 또는 보도에 관한 전문편성을 행하는 방송사업자는 방송프로그램제작의 자율성을 보장하기 위하여 취재 및 제작 종사자의 의견을 들어 방송편성규약을 제정하고 이를 공표하여야 한다.

**제5조(방송의 공적 책임)** ① 방송은 인간의 존엄과 가치 및 민주적 기본질서를 존중하여야 한다.

② 방송은 국민의 화합과 조화로운 국가의 발전 및 민주적 여론형성에 이바지하여야 하며 지역간·세대간·계층간·성별 간의 갈등을 조장하여서는 아니된다.

③ 방송은 타인의 명예를 훼손하거나 권리를 침해하여서는 아니된다.

④ 방송은 범죄 및 부도덕한 행위나 사행심을 조장하여서는 아니된다.

⑤ 방송은 건전한 가정생활과 아동 및 청소년의 선도에 나쁜 영향을 끼치는 음란·퇴폐 또는 폭력을 조장하여서는 아니된다.

**제6조(방송의 공정성과 공익성)** ① 방송에 의한 보도는 공정하고 객관적이어야 한다.

② 방송은 성별·연령·직업·종교·신념·계층·지역·인종 등을 이유로 방송편성에 차별을 두어서는 아니 된다. 다만, 종교의 선교에 관한 전문편성을 행하는 방송사업자가 그 방송분야의 범위 안에서 방송을 하는 경우에는 그러하지 아니하다.

③ 방송은 국민의 윤리적·정서적 감정을 존중하여야 하며, 국민의 기본권 옹호 및 국제친선의 증진에 이바지하여야 한다.

④ 방송은 국민의 알권리와 표현의 자유를 보호·신장하여야 한다.

⑤ 방송은 상대적으로 소수이거나 이익추구의 실현에 불리한 집단이나 계층의 이익을 충실하게 반영하도록 노력하여야 한다.

⑥ 방송은 지역사회의 균형 있는 발전과 민족문화의 창달에 이바지하여야 한다.

⑦ 방송은 사회교육기능을 신장하고, 유익한 생활정보를 확산·보급하며, 국민의 문화생활의 질적 향상에 이바지하여야 한다.

⑧ 방송은 표준말의 보급에 이바지하여야 하며 언어순화에 힘써야 한다.

⑨ 방송은 정부 또는 특정 집단의 정책 등을 공표함에 있어 의견이 다른 집단에게 균등한 기회가 제공되도록 노력하여야 하고, 또한 각 정치적 이해 당사자에 관한 방송프로그램을 편성함에 있어서도 균형성이 유지되도록 하여야 한다.

**제7조(적용범위)** 방송에 관하여는 다른 법률에 특별한 규정이 있는 경우를 제외하고는 이 법이 정하는 바에 의한다.

## 제 2 장 방송사업자 등

**제 8 조(소유제한 등)** ① 방송사업자가 주식을 발행하는 경우에는 기명식으로 하여야 한다.

② 누구든지 대통령령이 정하는 특수한 관계에 있는 자(이하 "특수관계자"라 한다)가 소유하는 주식 또는 지분을 포함하여 지상파방송사업자 및 종합편성 또는 보도에 관한 전문편성을 행하는 방송채널사용사업자의 주식 또는 지분 총수의 100분의 40을 초과하여 소유할 수 없다. 다만, 다음 각호의 1에 해당하는 경우에는 그러하지 아니하다.〈개정 2004.3.22, 2006.10.27, 2009.7.31〉

1. 국가 또는 지방자치단체가 방송사업자의 주식 또는 지분을 소유하는 경우
2. 「방송문화진흥회법」에 의하여 설립된 방송문화진흥회가 방송사업자의 주식 또는 지분을 소유하는 경우
3. 종교의 선교를 목적으로 하는 방송사업자에 출자하는 경우

③ 제 2 항의 규정에 불구하고 독점규제 및 공정거래에 관한 법률 제 2 조 제 2 호의 규정에 의한 기업집단 중 자산총액 등 대통령령이 정하는 기준에 해당하는 기업집단에 속하는 회사(이하 "대기업"이라 한다)와 그 계열회사(특수관계자를 포함한다) 또는 정기간행물의 등록 등에 관한 법률에 의한 일간신문이나 뉴스통신진흥에 관한 법률의 규정에 의한 뉴스통신(이하 "뉴스통신"이라 한다)을 경영하는 법인(특수관계자를 포함한다)은 지상파방송사업자의 주식 또는 지분 총수의 100분의 10을 초과하여 소유할 수 없으며, 종합편성 또는 보도에 관한 전문편성을 행하는 방송채널사용사업자의 주식 또는 지분 총수의 100분의 30을 초과하여 소유할 수 없다.〈개정 2002.12.18, 2003.5.29, 2004.3.22, 2009.7.31〉

④ 지상파방송사업자, 종합편성 또는 보도에 관한 전문편성을 행하는 방송채널사용사업자의 주식 또는 지분을 소유하고자 하는 일간신문을 경영하는 법인(특수관계자를 포함한다)은 경영의 투명성을 위하여 대통령령으로 정하는 바에 따라 전체 발행부수, 유가 판매부수 등의 자료를 방송통신위원회에 제출하여 공개하여야 하며, 제 3 항에도 불구하고 일간신문의 구독률(대통령령으로 정하는 바에 따라 전체 가구 중 일정 기간 동안 특정 일간신문을 유료로 구독하는 가구가 차지하는 비율을 말한다. 이하 같다)이 100분의 20 이상인 경우에는 지상파방송사업 및 종합편성 또는 보도에 관한 전문편성을 행하는 방송채널사용사업을 겸영하거나 주식 또는 지분을 소유할 수 없다.〈신설 2009.7.31〉〈종전 제 4 항은 제 5 항으로 이동 2009.7.31〉

⑤ 「신문 등의 진흥에 관한 법률」에 따른 일간신문이나 뉴스통신을 경영하는 법인(각 특수관계자를 포함한다)은 종합유선방송사업자 및 위성방송사업자의 주

식 또는 지분 총수의 100분의 49를 초과하여 소유할 수 없다.〈개정 2007.01.26, 2009.7.31〉〈제 4 항에서 이동, 종전 제 5 항은 제 6 항으로 이동 2009.7.31〉

⑥ 지상파방송사업자·종합유선방송사업자 및 위성방송사업자는 시장점유율 또는 사업자수 등을 고려하여 대통령령이 정하는 범위를 초과하여 상호 겸영하거나 그 주식 또는 지분을 소유할 수 없다.〈개정 2009.7.31〉〈제 5 항에서 이동, 종전 제 6 항은 제 7 항으로 이동 2009.7.31〉

⑦ 지상파방송사업자·종합유선방송사업자·위성방송사업자·방송채널사용사업자 및 전송망사업자는 시장점유율, 방송분야 또는 사업자수 등을 고려하여 대통령령이 정하는 범위를 초과하여 상호 겸영하거나 그 주식 또는 지분을 소유할 수 없다.〈개정 2006.10.27〉〈제 6 항에서 이동, 종전 제 7 항은 제 8 항으로 이동 2009.7.31〉

⑧ 지상파방송사업자·종합유선방송사업자 또는 위성방송사업자는 시장점유율 또는 사업자수 등을 고려하여 대통령령이 정하는 범위를 초과하여 지상파방송사업자는 다른 지상파방송사업, 종합유선방송사업자는 다른 종합유선방송사업, 위성방송사업자는 다른 위성방송사업을 겸영하거나 그 주식 또는 지분을 소유할 수 없다. 다만, 「방송문화진흥회법」에 따라 설립된 방송문화진흥회가 최다출자자인 지상파방송사업자가 이 법 시행 당시 계열회사 관계에 있는 다른 지상파방송사업자의 주식 또는 지분을 소유하는 경우에는 그러하지 아니하다.〈개정 2004.3.22, 2007.7.27〉〈제 7 항에서 이동, 종전 제 8 항은 제 9 항으로 이동 2009.7.31〉

⑨ 방송채널사용사업자는 시장점유율 또는 사업자수 등을 고려하여 대통령령이 정하는 범위를 초과하여 다른 방송채널사용사업을 겸영하거나 그 주식 또는 지분을 소유할 수 없다.〈제 8 항에서 이동, 종전 제 9 항은 제10항으로 이동 2009.7.31〉

⑩ 정당은 방송사업자의 주식 또는 지분을 소유할 수 없다.〈개정 2004.3.12〉〈제 9 항에서 이동, 종전 제10항은 제11항으로 이동 2009.7.31〉

⑪ 제 6 항부터 제 9 항까지의 규정에 의한 겸영금지 및 소유제한 대상자에는 그의 특수관계자를 포함한다.〈개정 2009.7.31〉〈제10항에서 이동, 종전 제11항은 제12항으로 이동 2009.7.31〉

⑫ 제 2 항 내지 제10항의 규정을 위반하여 주식 또는 지분을 소유한 자는 그 소유분 또는 초과분에 대한 의결권을 행사할 수 없다.〈개정 2009.7.31〉〈제11항에서 이동, 종전 제12항은 제13항으로 이동 2009.7.31〉

⑬ 방송통신위원회는 제 2 항 내지 제10항의 규정을 위반하여 사업을 겸영하거나 주식 또는 지분을 소유하고 있는 자에게 6월 이내의 기간을 정하여 해당 사항

을 시정할 것을 명할 수 있다.〈신설 2004.3.22, 2008.2.29, 2009.7.31〉〈제12항에서 이동, 종전 제13항은 제14항으로 이동 2009.7.31〉

⑭ 다음 각 호의 어느 하나에 해당하는 자는 공동체라디오방송사업자가 될 수 없다.〈신설 2006.10.27〉〈제13항에서 이동, 종전 제14항은 제15항으로 이동 2009.7.31〉

1. 대한민국 정부
2. 지방자치단체
3. 종교단체
4. 정당
5. 영리를 목적으로 공동체라디오방송사업을 영위하려는 자

⑮ 공동체라디오방송사업자는 1개를 초과하여 방송국을 소유할 수 없다.〈신설 2006.10.27〉〈제14항에서 이동 2009.7.31〉

**제 9 조(허가·승인·등록 등〈개정 2008.2.29〉)** ① 지상파방송사업 또는 위성방송사업을 하고자 하는 자는 「전파법」이 정하는 바에 따라 방송통신위원회의 방송국 허가를 받아야 한다.〈개정 2008.2.29〉

② 종합유선방송사업 또는 중계유선방송사업을 하고자 하는 자는 대통령령이 정하는 기준에 적합하게 시설과 기술을 갖추어 방송통신위원회의 허가를 받아야 한다.〈개정 2008.2.29〉

③ 제 2 항의 규정에 불구하고 대통령령이 정하는 기준에 해당하는 중계유선방송사업자가 종합유선방송사업을 하고자 할 경우에는 방송통신위원회의 승인을 얻어야 한다.〈개정 2008.2.29〉

④ 제 3 항의 규정에 의하여 승인을 얻은 자는 승인을 얻은 때부터 제 2 조 제 3 호 나목의 규정에 의한 종합유선방송사업자로 허가를 받은 것으로 본다.

⑤ 방송채널사용사업·전광판방송사업 또는 음악유선방송사업을 하고자 하는 자는 방송통신위원회에 등록하여야 한다. 다만, 종합편성이나 보도 또는 상품소개와 판매에 관한 전문편성을 행하는 방송채널사용사업을 하고자 하는 자는 방송통신위원회의 승인을 얻어야 한다. 이 경우 데이터방송을 하기 위하여 등록을 하거나 승인을 얻은 자는 등록을 하거나 승인을 얻은 날부터 7일 이내에 전기통신사업법 제21조의 규정에 의한 부가통신사업의 신고를 하여야 한다.〈개정 2004.3.22, 2008.2.29〉

⑥ 외국 인공위성의 무선설비(국내에서 수신될 수 있는 것에 한한다)를 이용하여 위성방송을 행하는 사업을 하고자 하는 자는 방송통신위원회의 승인을 얻어야 한다.〈개정 2008.2.29〉

⑦ 제 6 항의 규정에 의하여 승인을 얻은 자에 대하여는 제 2 조 제 3 호 다목의 위

성방송사업자에 대하여 적용되는 규정을 준용한다.

⑧ 외국 인공위성의 무선국(국내에서 수신될 수 있는 것에 한한다)의 특정 채널의 전부 또는 일부 시간에 대한 전용사용계약을 체결하여 그 채널을 사용하고자 하는 자는 방송통신위원회의 승인을 얻어야 한다.〈개정 2008. 2.29〉

⑨ 제8항의 규정에 의하여 승인을 얻은 자에 대하여는 제2조 제3호 라목의 방송채널사용사업자에 대하여 적용되는 규정을 준용한다.

⑩ 전송망사업을 하고자 하는 자는 방송통신위원회에 등록하여야 한다.〈개정 2008.2.29〉

⑪ 공동체라디오방송사업을 하고자 하는 자는 「전파법」이 정하는 바에 따라 방송통신위원회의 방송국 허가를 받아야 한다. 이 경우 공동체라디오방송사업자의 편성, 재원 등 운영에 필요한 세부사항은 대통령령으로 정한다.〈신설 2006.10.27, 2008.2.29〉

⑫ 제1항 내지 제11항의 규정에 의한 허가·승인 및 등록의 절차 등에 관하여 필요한 사항은 대통령령으로 정한다.〈개정 2006.10.27, 2007.7.27, 2008. 2.29〉

**제9조의2(방송채널사용사업의 등록요건)** ① **제**9조 제5항 본문에 따라 방송채널사용사업의 등록을 하려는 자는 다음 각 호의 요건을 갖추어야 한다.

1. 납입자본금과 실질자본금(해당 방송채널사용사업만을 위한 자본금을 말한다)이 각각 5억원 이상일 것. 이 경우 "자본금"은 주식회사 외의 법인의 경우에는 "출자금"으로 본다.
2. 주조정실(방송프로그램의 편성 및 송출 등을 종합조정하는 장소를 말한다), 부조정실(개별 방송프로그램의 제작을 조정하는 장소를 말한다), 종합편집실(음성·영상·음향 등을 편집하여 개별 방송프로그램을 완성하는 장소를 말한다) 및 송출시설을 갖출 것
3. 해당 방송채널사용사업을 영위할 수 있는 사무실을 보유할 것
4. 방송사업자가 사용하고 있는 다른 채널명과 동일한 채널명 또는 시청자가 동일한 채널로 오인할 수 있는 채널명을 사용하지 아니할 것

② 동일인이 여러 개의 방송채널사용사업을 겸영(겸영)하는 경우에 제1항 제1호에 따른 자본금 요건의 적용 기준 등에 관하여 필요한 사항은 대통령령으로 정한다.

[본조신설 2007.7.27]

**제10조(심사기준·절차)** ① 방송통신위원회는 제9조 제1항 및 제2항의 허가, 동조 제3항·제5항·제6항 및 제8항의 규정에 의한 승인을 할 때에는 다음 각호의 사항을 심사하여 그 결과를 공표하여야 한다.〈개정 2008.2.29〉

1. 방송의 공적 책임·공정성·공익성의 실현 가능성

2. 방송프로그램의 기획·편성 및 제작계획의 적절성
3. 지역적·사회적·문화적 필요성과 타당성
4. 조직 및 인력운영 등 경영계획의 적정성
5. 재정 및 기술적 능력
6. 방송발전을 위한 지원계획
7. 기타 사업수행에 필요한 사항

② 방송통신위원회는 제1항의 규정에 의한 심사를 할 때에는 시청자의 의견을 공개적으로 청취하고, 그 의견의 반영 여부를 공표하여야 한다.〈개정 2008.2.29〉

③ 방송통신위원회는 종합유선방송사업을 하고자 하는 자를 허가할 때에는 특별시장·광역시장 또는 도지사(이하 "시·도지사"라 한다)의 의견을 들어야 한다.〈개정 2008.2.29〉

**제11조(방송분야 등의 고시)** 방송통신위원회는 방송프로그램의 전문성과 채널의 다양성이 구현될 수 있도록 하기 위하여 전문편성의 방송분야와 방송프로그램의 종류에 따른 편성비율 등을 고시할 수 있다.〈개정 2008.2.29〉

**제12조(지역사업권)** ① 방송통신위원회는 제9조 제2항에 따라 종합유선방송사업 또는 중계유선방송사업을 허가할 때에는 일정한 방송구역 안에서 사업을 운영하는 권리(이하 "지역사업권"이라 한다)를 부여할 수 있다. 제9조 제3항의 규정에 의하여 종합유선방송사업을 승인할 때에도 또한 같다.〈개정 2008.2.29〉

② 제1항의 규정에 의한 방송구역과 음악유선방송의 사업구역은 행정구역을 중심으로 지역주민의 생활권 및 지리적 여건과 전기통신설비 등을 참작하여 관계중앙행정기관의 장 및 시·도지사와 협의하여 방송통신위원회가 고시한다.〈개정 2008.2.29〉

③ 삭제〈2005.5.18〉

**제13조(결격사유)** ① 국가·지방자치단체 또는 법인이 아닌 자는 방송사업 또는 전송망사업을 할 수 없다. 제18조의 규정에 의하여 허가·승인 또는 등록이 취소된 후 3년이 경과되지 아니한 자의 경우에도 또한 같다.

② 다음 각호의 1에 해당하는 자는 중계유선방송사업·음악유선방송사업을 할 수 없다.

1. 외국인 또는 외국의 정부나 단체
2. 미성년자 또는 한정치산자
3. 파산선고를 받은 자로서 복권되지 아니한 자
4. 이 법을 위반하여 벌금 이상의 형을 선고받고 그 집행이 종료되거나 그 집행을 받지 아니하기로 확정된 후 3년이 경과되지 아니한 자 또는 그 집행유예

기간중에 있는 자

5. 제18조의 규정에 의하여 중계유선방송사업·음악유선방송사업의 허가 또는 등록이 취소된 후 2년이 경과되지 아니한 자

③ 다음 각호의 1에 해당하는 자는 제9조 제1항·제2항·제3항·제5항·제6항·제8항 및 제10항의 규정에 의하여 허가 또는 승인을 받거나 등록을 한 법인의 대표자 또는 방송편성책임자가 될 수 없다.〈개정 2005.8.4〉

1. 대한민국의 국적을 가지지 아니한 자
2. 미성년자 또는 한정치산자
3. 파산선고를 받은 자로서 복권되지 아니한 자
4. 이 법을 위반하여 벌금 이상의 형을 선고받고 그 집행이 종료되거나 그 집행을 받지 아니하기로 확정된 후 3년이 경과되지 아니한 자 또는 그 집행유예기간중에 있는 자
5. 형법 제87조 내지 제90조, 제92조, 제101조, 군형법 제5조 내지 제8조, 제9조 제2항, 제11조 내지 제16조 또는 국가보안법 제3조 내지 제9조의 죄를 범하여 금고 이상의 실형의 선고를 받고 그 형의 집행이 종료되지 아니 하거나 집행을 받지 아니하기로 확정되지 아니한 자 또는 집행유예기간중에 있는 자
6. 「보안관찰법」에 의한 보안관찰처분, 「사회보호법」에 의한 보호감호 또는 「치료감호법」에 의한 치료감호의 집행 중에 있는 자
7. 외국의 법인 또는 단체의 대표자(전송망사업의 경우는 제외한다)

**제14조(외국자본의 출자 및 출연)** ① 지상파방송사업자는 다음 각호에 해당하는 자로부터 재산상의 출자 또는 출연을 받을 수 없다. 다만 방송사업자 및 중계유선방송사업자가 방송통신위원회의 승인을 얻은 경우에는 교육·체육·종교·자선 기타 국제적 친선을 목적으로 하는 외국의 단체로부터 재산상의 출연을 받을 수 있다.〈개정 2008.2.29, 2009.7.31〉

1. 외국의 정부나 단체
2. 외국인
3. 외국의 정부나 단체 또는 외국인이 대통령령이 정하는 비율을 초과하여 주식 또는 지분을 소유하고 있는 법인

② 종합편성을 행하는 방송채널사용사업자 또는 중계유선방송사업자는 해당 법인의 주식 또는 지분 총수의 100분의 20을, 보도에 관한 전문편성을 행하는 방송채널사용사업자는 해당 법인의 주식 또는 지분 총수의 100분의 10을 초과하여 제1항 각호에 해당하는 자로부터 재산상의 출자 또는 출연을 받을 수 없다.〈개정 2009.7.31〉

③ 종합유선방송사업자·위성방송사업자·방송채널사용사업자(종합편성 또는 보도에 관한 전문편성을 하는 자를 제외한다) 또는 전송망사업자는 당해 법인의 주식 또는 지분 총수의 100분의 49를 초과하여 제1항 각호에 해당하는 자로부터 재산상의 출자 또는 출연을 받을 수 없다.〈개정 2004.3.22, 2009.7.31〉

④ 제2항 및 제3항의 규정을 적용함에 있어서는 제1항 각호에 해당하는 자가 소유하고 있는 주식 또는 지분을 합산한다.〈신설 2004.3.22〉

⑤ 방송사업자·중계유선방송사업자 또는 전송망사업자가 제1항 내지 제3항의 규정을 위반하게 된 경우에 위반의 원인을 제공한 주식 또는 지분의 소유자는 그 소유분 또는 초과분에 대한 의결권을 행사할 수 없다.〈신설 2004.3.22〉

⑥ 방송통신위원회는 방송사업자·중계유선방송사업자 또는 전송망사업자가 제1항부터 제3항까지의 규정을 위반하게 된 경우에 방송사업자·중계유선방송사업자 또는 전송망사업자나 그 위반의 원인을 제공한 주식 또는 지분의 소유자에 대하여 6개월 이내의 기간을 정하여 해당 사항을 시정할 것을 명할 수 있다.〈개정 2008.2.29〉

**제15조(변경허가 등)** ① 방송사업자·중계유선방송사업자·음악유선방송사업자 및 전광판방송사업자는 다음 각호의 사항을 변경하고자 하는 때에는 방송통신위원회로부터 변경허가 또는 변경승인을 얻거나 변경등록을 하여야 한다. 이 경우 그 절차는 제9조 제1항·제2항·제3항·제5항·제6항·제8항 및 제10항의 규정을 준용한다.〈개정 2002.12.18, 2006.10.27, 2008.2.29〉

1. 당해 법인의 합병 및 분할
2. 개인이 영위하는 사업의 법인사업으로의 전환
3. 삭제〈2006.10.27〉
4. 개인이 영위하는 사업의 양도
5. 방송분야의 변경
6. 방송구역의 변경
7. 기타 대통령령이 정하는 중요한 시설의 변경

② 방송사업자(방송채널사용사업자는 제외한다) 또는 중계유선방송사업자가 다음 각호의 사항을 변경한 때에는 이를 지체없이 방송통신위원회에 신고하여야 한다.〈개정 2002.12.18, 2008.2.29〉

1. 대표자
2. 방송편성책임자(중계유선방송사업자를 제외한다)
3. 법인명 또는 상호
4. 주된 사무소의 소재지

③ 방송채널사용사업자·음악유선방송사업자 또는 전광판방송사업자가 다음 각호

의 사항을 변경한 때에는 이를 지체없이 방송통신위원회에 신고하여야 한다. 〈개정 2002.12.18, 2008.2.29〉

1. 대표자
2. 방송편성책임자(방송채널사용사업자에 한한다)
3. 법인명 또는 상호
4. 주된 사무소의 소재지

**제15조의2(최다액출자자 등 변경승인)** ① 방송사업자 또는 중계유선방송사업자의 주식 또는 지분의 취득 등을 통하여 당해 사업자의 최다액출자자(당해 사업자의 출자자 본인과 그의 특수관계자의 주식 또는 지분을 합하여 의결권이 있는 주식 또는 지분의 비율이 가장 많은 자를 말한다. 이하 같다)가 되고자 하는 자와 경영권을 실질적으로 지배하고자 하는 자는 방송통신위원회의 승인을 얻어야 한다. 다만, 제9조 제5항 본문의 규정에 의하여 등록을 한 방송채널사용사업자의 최다액출자자가 되고자 하는 자와 경영권을 실질적으로 지배하고자 하는 자는 이를 방송통신위원회에 신고하여야 한다. 〈개정 2008.2.29〉

② 방송통신위원회는 제1항 본문의 규정에 의한 승인을 하고자 할 때에는 다음 각 호의 사항을 심사하여야 한다. 〈개정 2008.2.29〉

1. 방송의 공적 책임·공정성 및 공익성의 실현가능성
2. 사회적 신용 및 재정적 능력
3. 시청자의 권익보호
4. 그 밖에 사업수행에 필요한 사항

③ 제1항 본문의 규정에 의한 승인을 얻지 아니하고 최다액출자자가 되거나 경영권을 실질적으로 지배하게 된 자는 승인을 얻지 아니하고 취득한 주식 또는 지분에 대한 의결권을 행사할 수 없으며, 방송통신위원회는 6개월 이내의 기간을 정하여 당해 주식 또는 지분을 취득한 자에 대하여 주식 또는 지분의 처분 등 시정에 필요한 명령을 할 수 있다. 〈개정 2008.2.29〉

④ 제1항 및 제3항의 규정에 의한 경영권을 실질적으로 지배하는 자에 해당하는 경우와 승인 및 신고의 절차 등에 관하여 필요한 사항은 대통령령으로 정한다.

[본조신설 2006.10.27]

**제16조(허가 및 승인 유효기간)** 제9조 제2항의 규정에 따라 허가받은 종합유선방송사업 및 중계유선방송사업과 제9조 제5항 단서의 규정에 따라 승인을 얻은 방송채널사용사업, 제9조 제11항의 규정에 따라 허가받은 공동체라디오방송사업의 허가 또는 승인의 유효기간은 7년을 초과하지 아니하는 범위 내에서 대통령령으로 정한다. 〈개정 2009.7.31〉

[전문개정 2006.10.27]

**제17조(재허가 등)** ① 방송사업자(방송채널사용사업자는 제외한다) 및 중계유선방송사업자가 허가유효기간의 만료 후 계속 방송을 행하고자 하는 때에는 방송통신위원회의 재허가를 받아야 한다.〈개정 2008.2.29〉

② 제9조 제5항 단서의 규정에 의하여 승인을 얻은 방송채널사용사업자가 승인유효기간 만료 후 계속 방송을 행하고자 하는 때에는 방송통신위원회의 재승인을 얻어야 한다.〈개정 2008.2.29〉

③ 방송통신위원회가 제1항 및 제2항의 규정에 의하여 재허가 또는 재승인을 할 때에는 제10조 제1항 각호 및 다음 각호의 사항을 심사하고 그 결과를 공표하여야 한다.〈개정 2008.2.29〉

1. 방송통신위원회의 방송평가
2. 방송통신위원회의 시정명령의 회수와 시정명령에 대한 불이행 사례
3. 시청자위원회의 방송프로그램 평가
4. 지역사회발전에 이바지한 정도
5. 방송발전을 위한 지원계획의 이행 여부
6. 기타 허가 또는 승인 당시의 방송사업자 준수사항 이행 여부

④ 제10조 제2항 및 제3항의 규정은 제1항의 재허가 또는 제2항의 규정에 의한 재승인의 경우에 이를 준용한다.〈개정 2008.2.29〉

**제18조(허가·승인·등록의 취소 등)** ① 방송사업자·중계유선방송사업자·음악유선방송사업자·전광판방송사업자 또는 전송망사업자가 다음 각 호의 어느 하나에 해당하는 때에는 방송통신위원회가 허가·승인 또는 등록을 취소하거나 6월 이내의 기간을 정하여 그 업무의 전부 또는 일부를 정지하거나 광고의 중단 또는 제16조에 따른 허가·승인의 유효기간 단축을 명할 수 있다. 다만 제13조제3항의 각 호의 어느 하나에 해당하는 자가 법인의 대표자 또는 방송편성책임자가 된 경우로서 3월 이내에 그 임원을 변경하는 때에는 그러하지 아니하다.〈개정 2007.7.27, 2008.2.29, 2009.7.31〉

1. 허위 기타 부정한 방법으로 허가·변경허가·재허가를 받거나 승인·변경승인·재승인을 얻거나 등록·변경등록을 한 때
2. 제8조의 규정에 위반하여 주식 또는 지분을 소유한 때
3. 제13조의 결격사유에 해당하게 된 때
4. 제14조의 규정에 위반하여 재산상의 출자 또는 출연을 받은 때
5. 이 법에 의한 허가를 받거나 승인을 얻거나 등록한 날부터 2년 이내에 방송 또는 사업을 개시하지 아니한 때
6. 제15조 제1항을 위반하여 변경허가 또는 변경승인을 받지 아니하거나 변경

등록을 하지 아니한 때
7. 제77조 제2항에 따른 약관변경명령을 이행하지 아니한 때
8. 제81조에 따른 시설의 보수·개수·이전 명령 등을 이행하지 아니한 때
9. 제99조 제1항에 따른 시정명령을 이행하지 아니하거나 같은 조 제2항에 따른 시설개선명령을 이행하지 아니한 때
10. 제100조 제1항에 따른 제재조치명령을 이행하지 아니한 때
11. 제69조의2 제5항에 따른 명령을 이행하지 아니한 때

② 삭제〈2008.2.29〉

③ 제1항에 따른 명령의 기준·절차 등에 필요한 사항은 대통령령으로 정한다.〈개정 2007.7.27, 2009.7.31〉

④ 방송통신위원회는 제1항에 따라 허가·승인 또는 등록을 취소하는 경우 대통령령으로 정하는 바에 따라 해당 사업자에 대하여 그 사업을 승계하는 자가 방송을 개시할 때까지 12개월의 범위 내에서 기간을 정하여 방송을 계속하도록 할 수 있다.〈신설 2009.7.31〉

**제19조(과징금 처분)** ① 방송통신위원회는 방송사업자·중계유선방송사업자·음악유선방송사업자·전광판방송사업자 또는 전송망사업자가 제18조 제1항 각호의 1에 해당하여 업무정지처분을 하여야 할 경우로서 그 업무정지처분이 시청자에게 심한 불편을 주거나 기타 공익을 해할 우려가 있는 때에는 그 업무정지처분에 갈음하여 1억원 이하의 과징금을 부과할 수 있다.〈개정 2008.2.29〉

② 삭제〈2006.10.27〉

③ 삭제〈2006.10.27〉

④ 삭제〈2006.10.27〉

## 제3장 방송통신위원회의 소속위원회 등<개정 2008.2.29>

제20조 삭제〈2008.2.29〉

제21조 삭제〈2008.2.29〉

제22조 삭제〈2008.2.29〉

제23조 삭제〈2008.2.29〉

제24조 삭제〈2008.2.29〉

제25조 삭제〈2008.2.29〉

제26조 삭제〈2008.2.29〉

제27조 삭제〈2008.2.29〉

제28조 삭제〈2008.2.29〉

제29조 삭제〈2008.2.29〉

제30조 삭제〈2008.2.29〉

**제31조(방송평가위원회)** ① 방송통신위원회는 방송사업자의 방송프로그램 내용 및 편성과 운영 등에 관하여 종합적으로 평가할 수 있다.〈개정 2008.2.29〉

② 방송통신위원회는 제1항의 평가업무를 효율적으로 수행하기 위하여 방송평가위원회를 둘 수 있다.〈개정 2008.2.29〉

③ 방송평가위원회 위원은 방송통신위원회 위원장이 방송통신위원회의 동의를 얻어 위촉하며, 구성과 운영에 관하여 필요한 사항은 방송통신위원회규칙으로 정한다.〈개정 2008.2.29〉

**제32조(방송의 공정성 및 공공성 심의)** 방송통신심의위원회는 방송·중계유선방송 및 전광판방송의 내용과 기타 전기통신회선을 통하여 공개를 목적으로 유통되는 정보 중 방송과 유사한 것으로서 대통령령이 정하는 정보의 내용이 공정성과 공공성을 유지하고 있는지의 여부와 공적 책임을 준수하고 있는지의 여부를 방송 또는 유통된 후 심의·의결한다. 이 경우 매체별·채널별 특성을 고려하여야 한다.〈개정 2008.2.29〉

② 삭제〈2009.7.31〉

③ 삭제〈2009.7.31〉

④ 삭제〈2009.7.31〉

**제33조(심의규정)** ① 방송통신심의위원회는 방송의 공정성 및 공공성을 심의하기 위하여 방송심의에 관한 규정(이하 "심의규정"이라 한다)을 제정·공표하여야 한다.〈개정 2008.2.29〉

② 제1항의 심의규정에는 다음 각호의 사항이 포함되어야 한다.〈개정 2006.10.27, 2008.2.29, 2009.7.31〉

1. 헌법의 민주적 기본질서의 유지와 인권존중에 관한 사항
2. 건전한 가정생활 보호에 관한 사항
3. 아동 및 청소년의 보호와 건전한 인격형성에 관한 사항
4. 공중도덕과 사회윤리에 관한 사항
5. 양성평등에 관한 사항
6. 국제적 우의 증진에 관한 사항
7. 장애인 등 방송소외계층의 권익증진에 관한 사항
8. 민족문화의 창달과 민족의 주체성 함양에 관한 사항
9. 보도·논평의 공정성·공공성에 관한 사항
10. 언어순화에 관한 사항
11. 자연환경 보호에 관한 사항

12. 건전한 소비생활 및 시청자의 권익보호에 관한 사항
13. 법령에 따라 방송광고가 금지되는 품목이나 내용에 관한 사항
14. 방송광고 내용의 공정성·공익성에 관한 사항
15. 기타 이 법의 규정에 의한 방송통신심의위원회의 심의업무에 관한 사항

③ 방송사업자는 아동과 청소년을 보호하기 위하여 방송프로그램의 폭력성 및 음란성 등의 유해 정도, 시청자의 연령 등을 감안하여 방송프로그램의 등급을 분류하고 이를 방송중에 표시하여야 한다.

④ 방송통신심의위원회는 제3항의 방송프로그램 등급분류와 관련하여 분류기준 등 필요한 사항을 방송통신심의위원회규칙으로 정하여 공표하여야 한다. 이 경우 분류기준은 방송매체와 방송분야별 특성 등을 고려하여 차등을 둘 수 있다.〈개정 2008.2.29〉

⑤ 방송통신심의위원회는 제3항의 규정에 의하여 방송사업자가 자율적으로 부여한 방송프로그램의 등급에 대하여 적절하지 아니하다고 판단되는 경우 해당 방송사업자에게 당해 방송프로그램의 등급분류를 조정하도록 요구할 수 있다.〈신설 2006.10.27, 2008.2.29〉

제34조 삭제〈2008.2.29〉

**제35조(시청자불만처리위원회)** ① 방송통신위원회는 방송에 관한 시청자의 의견을 수렴하고 시청자불만처리 및 청원사항에 관한 심의를 효율적으로 수행하기 위하여 시청자불만처리위원회를 둘 수 있다.〈개정 2008.2.29〉

② 시청자불만처리위원회 위원은 방송통신위원회 위원장이 방송통신위원회의 동의를 얻어 위촉한다.〈개정 2008.2.29〉

③ 시청자불만처리위원회의 구성과 운영, 시청자불만처리의 절차와 분쟁의 조정 등에 관하여 필요한 사항은 방송통신위원회규칙으로 정한다.〈개정 2008.2.29〉

**제35조의2(남북간 방송 교류·협력)** ① 정부 또는 방송통신위원회는 남북간 방송부문의 상호교류 및 협력을 증진할 수 있도록 노력하여야 한다.〈개정 2008.2.29〉

② 남북간 방송교류 및 협력을 추진하기 위하여 방송통신위원회에 남북방송교류추진위원회를 둔다.〈개정 2008.2.29〉

③ 제2항의 규정에 따른 남북방송교류추진위원회의 구성과 운영에 관하여 필요한 사항은 방송통신위원회규칙으로 정한다.〈개정 2008.2.29〉

[본조신설 2005.5.18]

**제35조의3(방송분쟁조정위원회)** ① 방송통신위원회는 방송사업자·중계유선방송사업자·음악유선방송사업자·전광판방송사업자 및 전송망사업자 상호 간에 발생한 방송에 관한 분쟁을 효율적으로 조정하기 위하여 방송분쟁조정위원회를 둘 수 있다.〈개정 2008.2.29〉

② 방송분쟁조정위원회 위원은 방송통신위원회 위원장이 방송통신위원회의 동의를 얻어 위촉한다.〈개정 2008.2.29〉

③ 분쟁의 조정은 분쟁당사자 일방 또는 쌍방의 신청에 의하여 개시되며 조정의 성립은 재판상 화해와 같은 효력을 갖는다.

④ 방송분쟁조정위원회의 구성과 운영, 분쟁의 조정 등에 관하여 필요한 사항은 대통령령으로 정한다.

[본조신설 2006.10.27]

**제35조의4(미디어다양성위원회)** ① 방송통신위원회는 방송의 여론 다양성을 보장하기 위하여 미디어다양성위원회를 둔다.

② 미디어다양성위원회위원은 방송통신위원회위원장이 방송통신위원회의 의결을 거쳐 위촉한다

③ 미디어다양성위원회의 직무는 다음 각 호와 같다.

1. 제69조의2에 따른 방송사업자의 시청점유율 조사 및 산정
2. 매체간 합산 영향력지수 개발
3. 여론 다양성 증진을 위한 조사·연구
4. 그 밖에 여론 다양성 보장을 위하여 필요한 사항으로서 대통령령으로 정하는 사항

④ 제3항 제2호의 매체간 합산 영향력지수는 2012년 12월 31일까지 개발을 완료한다.

⑤ 미디어다양성위원회의 구성과 운영 등에 필요한 사항은 대통령령으로 정한다.

[본조신설 2009.7.31]

**제36조(방송발전기금의 설치)** 방송통신위원회는 방송진흥사업 및 문화·예술진흥사업을 위하여 방송발전기금(이하 "기금"이라 한다)을 설치한다.〈개정 2008.2.29〉

**제37조(기금의 조성)** ① 기금은 다음 각호의 재원으로 조성한다.〈개정 2005.5.18, 2006.10.27〉

1. 제2항 내지 제4항의 규정에 의한 징수액
2. 삭제〈2005.5.18〉
3. 방송사업자의 출연금
4. 삭제〈2006.10.27〉
5. 기타 수입금

② 방송통신위원회는 지상파방송사업자로부터 대통령령이 정하는 바에 의하여 방송광고매출액의 100분의 6의 범위 안에서 기금을 징수할 수 있다.〈개정 2008.2.29〉

③ 방송통신위원회는 종합유선방송사업자 및 위성방송사업자로부터 대통령령이

정하는 바에 의하여 년매출액의 100분의 6의 범위 안에서 기금을 징수할 수 있다.〈개정 2005.5.18, 2008.2.29〉

④ 방송통신위원회는 상품소개와 판매에 관한 전문편성을 행하는 방송채널사용사업자로부터 대통령령이 정하는 바에 의하여 당해연도 결산상 영업이익의 100분의 15의 범위 안에서 기금을 징수할 수 있다.〈개정 2008.2.29〉

⑤ 제1항 제1호 및 제2호의 재원에 대하여는 방송사업자의 방송운용의 공공성과 수익성 등을 기준으로 방송사업자별로 그 징수율을 차등 책정할 수 있다.

⑥ 방송통신위원회는 제2항의 규정에 의한 기금 징수를 한국방송광고공사법에 의한 한국방송광고공사(이하 "한국방송광고공사"라고 한다) 또는 대통령령이 정하는 방송광고판매대행사에 위탁할 수 있다.〈개정 2008.2.29〉

⑦ 방송통신위원회는 제2항 내지 제4항의 규정에 의하여 기금을 납부하여야 할 자가 납부기한까지 이를 납부하지 아니한 때에는 체납된 금액의 100분의 5 이내의 범위에서 대통령령이 정하는 바에 따라 가산금을 부과할 수 있다.〈신설 2004.3.22, 2008.2.29〉

⑧ 방송통신위원회는 제2항 내지 제4항의 규정에 의한 기금 및 제7항의 규정에 의한 가산금을 납부하여야 할 자가 납부기한까지 이를 납부하지 아니한 때에는 국세체납처분의 예에 따라 이를 징수한다.〈신설 2004.3.22, 2008.2.29〉

**제38조(기금의 용도)** ① 기금은 다음 각호의 1의 사업에 사용된다.〈개정 2005.5.18, 2006.10.27, 2008.2.29〉

1. 교육방송 및 기타 공공을 목적으로 운영되는 방송
2. 공공의 목적을 위한 방송사업자의 설립 및 방송프로그램 제작
3. 방송프로그램 및 영상물 제작 지원
4. 시청자가 직접 제작한 방송프로그램
5. 미디어 교육 및 시청자단체의 활동
6. 방송광고 발전을 위한 단체 및 사업 지원
7. 방송기술 연구 및 개발
8. 장애인 등 방송소외계층의 방송접근을 위한 지원
9. 문화·예술진흥사업
10. 언론공익사업
11. 남북간 방송 교류·협력 및 남북공동 방송프로그램 제작 지원

11의2. 해외한국어방송에 대한 지원

12. 기타 방송의 공공성 제고와 방송발전에 필요하다고 방송통신위원회가 의결한 사업

② 방송통신위원회 위원장은 방송통신위원회의 동의를 얻어 기금의 일부를 방송

의 공공성·공익성 제고와 방송진흥 및 시청자복지를 위하여 융자 및 투자재원으로 활용할 수 있다.〈신설 2006.10.27, 2008.2.29〉

**제39조(기금의 관리·운용)** ① 기금은 방송통신위원회가 관리·운용한다.〈개정 2008.2.29〉

② 기금의 공정하고 효율적인 관리·운용을 위하여 방송발전기금관리위원회를 둔다.

③ 방송발전기금관리위원회 위원은 방송통신위원회 위원장이 방송통신위원회의 동의를 얻어 10인 이내로 위촉한다. 다만, 방송발전기금관리위원회에는 문화체육관광부장관이 추천하는 인사가 100분의 20 이상 포함되어야 한다.〈개정 2008.2.29〉

④ 방송발전기금관리위원회의 구성과 운영에 관하여 필요한 사항은 방송통신위원회규칙으로 정한다.〈개정 2008.2.29〉

**제40조(기금관리의 위탁)** 방송통신위원회는 대통령령이 정하는 바에 의하여 기금의 관리를 한국방송광고공사에 위탁할 수 있다.〈개정 2008.2.29〉

제41조 삭제〈2008.2.29〉

제42조 삭제〈2008.2.29〉

## 제 3 장의2 지역방송발전위원회<신설 2007.1.26>

**제42조의2(지역방송발전위원회의 설치)** 지역방송의 발전 및 지역방송콘텐츠의 경쟁력 강화와 유통구조 개선을 위하여 방송통신위원회에 지역방송발전위원회를 둔다.〈개정 2008.2.29〉

[본조신설 2007.01.26]

**제42조의3(지역방송발전위원회의 구성 등)** ① 지역방송발전위원회는 위원장을 포함한 5인의 위원으로 구성한다.

② 위원장은 방송통신위원회 위원장이 방송통신위원회 위원 중에서 위촉한 1인으로 한다.〈개정 2008.2.29〉

③ 위원은 지역사회의 발전과 지역방송에 관하여 전문성과 경험이 풍부하고 덕망이 있는 자 중에서 방송통신위원회 위원장이 위촉하되, 위원 중 1인은 방송통신위원회 위원으로 하고, 나머지 3인은 지역방송을 대표할 수 있다고 방송통신위원회 위원장이 인정하는 단체가 각각 추천하는 자로 한다.〈개정 2008.2.29〉

④ 위원의 임기는 3년으로 하되, 연임할 수 있다.

⑤ 위원에 결원이 있는 때에는 결원된 날부터 30일 이내에 제3항의 규정에 따라

결원된 위원을 위촉한다. 이 경우 보궐위원의 임기는 전임자의 잔임 기간으로 한다.

⑥ 그 밖에 지역방송의 범위 및 지역방송발전위원회의 운영 등에 관하여 필요한 사항은 대통령령으로 정한다.

[본조신설 2007.01.26]

**제42조의4(지역방송발전위원회의 직무)** 지역방송발전위원회는 다음 각 호의 직무를 수행한다.〈개정 2008.2.29〉

1. 지역방송발전지원계획 및 지역방송에 관한 지원정책의 심의
2. 지역방송의 전국적 유통기반 마련을 위한 시책의 평가
3. 지역방송의 발전지원에 관한 주요시책의 평가
4. 지역방송 발전을 위한 교육 및 연구
5. 그 밖에 방송통신위원회 위원장이 요구하거나 지역방송발전위원회의 목적수행을 위하여 필요한 사항

[본조신설 2007.01.26]

## 제4장 한국방송공사

**제43조(설치 등)** ① 공정하고 건전한 방송문화를 정착시키고 국내외 방송을 효율적으로 실시하기 위하여 국가기간방송으로서 한국방송공사(이하 이 장에서 "공사"라 한다)를 설립한다.

② 공사는 법인으로 한다.

③ 공사의 주된 사무소의 소재지는 정관으로 정한다.

④ 공사는 업무수행을 위하여 필요한 때에는 이사회의 의결을 거쳐 지역방송국을 둘 수 있다.

⑤ 공사의 자본금은 3천억원으로 하고 그 전액을 정부가 출자한다.

⑥ 제5항의 자본금 납입의 시기와 방법은 기획재정부장관이 정하는 바에 따른다.〈개정 2008.2.29〉

⑦ 공사는 주된 사무소의 소재지에서 설립등기를 함으로써 성립한다.

⑧ 제7항의 규정에 의한 설립등기와 지역방송국의 설치등기, 이전등기, 변경등기 기타 공사의 등기에 관하여 필요한 사항은 대통령령으로 정한다.

**제44조(공사의 공적 책임)** ① 공사는 방송의 목적과 공적 책임, 방송의 공정성과 공익성을 실현하여야 한다.

② 공사는 국민이 지역과 주변 여건에 관계없이 양질의 방송서비스를 제공받을 수 있도록 노력하여야 한다.

③ 공사는 시청자의 공익에 기여할 수 있는 새로운 방송프로그램·방송서비스 및 방송기술을 연구하고 개발하여야 한다.

④ 공사는 국내외를 대상으로 민족문화를 창달하고, 민족의 동질성을 확보할 수 있는 방송프로그램을 개발하여 방송하여야 한다.

**제45조(정관의 기재사항)** ① 공사의 정관에는 다음 각호의 사항을 기재하여야 한다.

1. 목적
2. 명칭
3. 주된 사무소의 소재지
4. 공사의 조직과 이사장·이사·집행기관 및 직원에 관한 사항
5. 이사회의 운영에 관한 사항
6. 업무와 그 집행에 관한 사항
7. 시청자불만처리 및 시청자보호에 관한 사항
8. 정관의 변경에 관한 사항
9. 사채발행 및 차입에 관한 사항
10. 주식 또는 출자증권에 관한 사항
11. 손익금의 처리 등 회계에 관한 사항
12. 공고방법에 관한 사항
13. 기타 대통령령이 정하는 사항

② 공사가 정관을 변경하고자 할 때에는 방송통신위원회의 인가를 받아야 한다. 〈개정 2008.2.29〉

**제46조(이사회의 설치 및 운영)** ① 공사는 공사의 독립성과 공공성을 보장하기 위하여 공사 경영에 관한 최고의결기관으로 이사회를 둔다.

② 이사회는 이사장을 포함한 이사 11인으로 구성한다.

③ 이사는 각 분야의 대표성을 고려하여 방송통신위원회에서 추천하고 대통령이 임명한다.〈개정 2008.2.29〉

④ 이사장은 이사회에서 호선한다.

⑤ 이사장을 포함한 이사는 비상임으로 한다.

⑥ 이사장은 이사회를 소집하고 그 회의의 의장이 된다.

⑦ 이사회는 재적이사 과반수의 찬성으로 의결한다.

⑧ 이사장이 부득이한 사유로 직무를 수행할 수 없을 때에는 정관이 정하는 바에 따라 다른 이사가 그 직무를 대행한다.

**제47조(이사의 임기)** ① 이사의 임기는 3년으로 한다.

② 이사의 결원이 있을 때에는 결원된 날부터 30일 이내에 제46조의 규정에 의하여 그 보궐이사를 임명하여야 하며, 보궐이사의 임기는 전임자의 잔임기간으

로 한다.

③ 임기가 만료된 이사는 그 후임자가 임명될 때까지 그 직무를 행한다.

**제48조(이사의 결격사유)** 다음 각호의 1에 해당하는 자는 공사의 이사가 될 수 없다.

1. 대한민국의 국적을 가지지 아니한 자
2. 정당법에 의한 당원
3. 국가공무원법 제33조 각호의 1에 해당하는 자

**제49조(이사회의 기능)** ① 이사회는 다음 각호의 사항을 심의·의결한다.

1. 공사가 행하는 방송의 공적 책임에 관한 사항
2. 공사가 행하는 방송의 기본운영계획
3. 예산·자금계획
4. 예비비의 사용 및 예산의 이월
5. 결산
6. 공사의 경영평가 및 공표
7. 사장·감사의 임명제청 및 부사장 임명동의
8. 지역방송국의 설치 및 폐지
9. 기본재산의 취득 및 처분
10. 장기차입금의 차입 및 사채의 발행과 그 상환계획
11. 손익금의 처리
12. 다른 기업체에 대한 출자
13. 정관의 변경
14. 정관이 정하는 규정의 제정 및 개폐
15. 기타 이사회가 특히 필요하다고 인정하는 사항

② 이사회는 특히 필요하다고 인정하는 경우에는 감사에게 공사에 대한 감사를 요청할 수 있다.

**제50조(집행기관)** ① 공사에 집행기관으로서 사장 1인, 2인 이내의 부사장, 8인 이내의 본부장 및 감사 1인을 둔다.

② 사장은 이사회의 제청으로 대통령이 임명한다.

③ 이사회가 제2항의 규정에 의하여 사장을 제청하는 때에는 그 제청기준과 제청사유를 제시하여야 한다.

④ 감사는 이사회의 제청으로 방송통신위원회에서 임명한다.〈개정 2008.2.29〉

⑤ 부사장과 본부장은 사장이 임명한다. 다만, 부사장을 임명할 경우에는 이사회의 동의를 얻어야 한다.

⑥ 집행기관의 임기 및 결격사유에 대하여는 제47조 및 제48조의 이사에 관한 규정을 준용한다.

**제51조(집행기관의 직무 등)** ① 사장은 공사를 대표하고, 공사의 업무를 총괄하며, 경영성과에 대하여 책임을 진다.

② 사장이 부득이한 사유로 그 직무를 수행할 수 없을 때에는 부사장이 그 직무를 대행하고 부사장이 부득이한 사유로 그 직무를 수행할 수 없을 때에는 정관이 정하는 자가 그 직무를 대행한다.

③ 사장은 정관이 정하는 바에 의하여 직원 중에서 공사의 업무에 관한 모든 재판상 또는 재판 외의 행위를 할 수 있는 권한을 가진 대리인을 선임할 수 있다.

④ 감사는 공사의 업무 및 회계에 관한 사항을 감사한다.

⑤ 사장과 감사는 이사회에 출석하여 의견을 진술할 수 있다.

**제52조(직원의 임면)** 공사의 직원은 정관이 정하는 바에 따라 사장이 임면한다.

**제53조(이사·집행기관과 직원의 직무상 의무〈개정 2007.01.26〉)** ① 공사의 이사·집행기관은 공사와 거래를 할 수 없으며, 이사는 본인 또는 「민법」 제777조에 규정된 친족관계에 있는 자의 이해와 관련된 사항에 대하여는 이사회의 심의·의결에 관여할 수 없다.〈신설 2007.01.26〉

② 공사의 집행기관 및 직원은 그 직무외의 영리를 목적으로 하는 직무에 종사하지 못한다.

③ 공사의 집행기관 또는 직원이나 그 직에 있었던 자는 그 직무상 알게 된 공사의 비밀을 누설하거나 도용하여서는 아니된다.

**제54조(업무)** ① 공사는 다음 각호의 업무를 행한다.

1. 라디오방송의 실시
2. 텔레비전방송의 실시
3. 위성방송 등 새로운 방송매체를 통한 방송의 실시
4. 방송시설의 설치·운영 및 관리
5. 국가가 필요로 하는 대외방송(국제친선 및 이해증진과 문화·경제교류 등을 목적으로 하는 방송)과 사회교육방송(외국에 거주하는 한민족을 대상으로 민족의 동질성을 증진할 목적으로 하는 방송)의 실시
6. 한국교육방송공사법에 의한 한국교육방송공사가 행하는 방송의 송신 지원
7. 시청자 불만처리와 시청자 보호를 위한 기구의 설치 및 운영
8. 전속단체의 운영·관리
9. 방송문화행사의 수행 및 방송문화의 국제교류
10. 방송에 관한 조사·연구 및 발전
11. 제1호 내지 제10호의 업무에 부대되는 수익사업

② 국가는 제1항 제5호에 해당하는 업무에 대하여 보조금을 지원할 수 있다.

③ 공사는 이사회의 의결을 거쳐 제1항 각호에 해당하는 업무 또는 이와 유사한

업무를 행하는 법인에 대하여 그 자본금의 전부 또는 일부를 출자할 수 있다.

**제55조(회계처리)** ① 공사의 회계연도는 정부의 회계연도에 의한다.

② 공사의 회계처리의 기준과 절차 등에 관하여는 기업회계기준 및 「정부기업예산법」을 준용한다.〈개정 2008.12.31〉

**제56조(재원)** 공사의 경비는 제64조의 규정에 의한 텔레비전방송수신료로 충당하되, 목적업무의 적정한 수행을 위하여 필요한 경우에는 방송광고수입 등 대통령령이 정하는 수입으로 충당할 수 있다.

**제57조(예산의 편성)** ① 공사의 예산은 사장이 편성하고 이사회의 의결로 확정된다. 예산이 확정된 후 발생한 운영계획의 변경 기타 불가피한 사유로 인하여 예산을 변경하는 경우에도 또한 같다.

② 공사의 사장은 천재·지변 기타 부득이한 사유로 회계연도 개시 전까지 예산이 확정되지 아니한 경우에는 전년도 예산에 준하여 예산을 운영할 수 있다. 이 경우 준예산에 의하여 집행된 예산은 이를 당해연도의 예산에 의하여 집행된 것으로 본다.

**제58조(운영계획의 수립)** ① 공사의 사장은 제57조의 규정에 의하여 예산이 확정된 때에는 지체없이 이사회의 의결을 거쳐 당해연도의 예산에 따른 운영계획을 수립하여야 한다.

② 공사의 사장은 제1항의 규정에 의하여 수립한 당해연도의 운영계획을 예산이 확정된 후 2월 이내에 방송통신위원회에 제출하여야 한다.〈개정 2008.2.29〉

**제59조(결산서의 확정)** ① 공사의 사장은 매 회계연도 종료 후 2월 이내에 전회계연도의 결산서를 방송통신위원회 및 국회에 각각 제출하여야 하며 국회의 승인을 얻어 결산을 확정하고, 이를 공표하여야 한다.〈개정 2008.2.29〉

② 제 1 항의 결산서에는 다음 각호의 서류를 첨부하여야 한다.

1. 재무제표와 그 부속서류
2. 기타 결산의 내용을 명확하게 함에 필요한 서류

③ 방송통신위원회는 제1항의 규정에 의하여 확정된 공사의 결산을 총괄하여 6월 30일까지 감사원에 제출하여야 한다.〈개정 2008.2.29〉

④ 감사원은 제 3 항의 규정에 의하여 제출받은 결산서를 검사하고 그 결과를 9월 30일까지 방송통신위원회에 송부하여야 한다.〈개정 2008.2.29〉

**제60조(부동산의 취득 등의 보고)** 공사가 부동산을 취득 또는 처분하거나 취득할 당시의 목적을 변경하였을 때에는 지체없이 방송통신위원회에 보고하여야 한다.〈개정 2008.2.29〉

**제61조(보조금 등)** 국가는 예산의 범위 안에서 대통령령이 정하는 바에 의하여 공사의 업무에 필요한 비용의 일부를 보조하거나 재정자금을 융자할 수 있으며 공사의 사

채를 인수할 수 있다.

**제62조(물품구매 및 공사계약의 위탁)** 공사의 사장은 필요하다고 인정할 때에는 공사의 수요물자의 구매나 시설공사계약의 체결을 조달청장에게 위탁할 수 있다.

**제63조(감사)** ① 공사의 감사는 내부감사와 외부감사로 구분한다.

② 내부감사는 정관이 정하는 바에 따라 공사의 감사가 이를 실시한다.

③ 공사의 외부감사는 감사원법이 정하는 바에 따라 감사원이 이를 실시한다.

**제64조(텔레비전수상기의 등록과 수신료 납부)** 텔레비전방송을 수신하기 위하여 텔레비전수상기(이하 "수상기"라 한다)를 소지한 자는 대통령령이 정하는 바에 따라 공사에 그 수상기를 등록하고 텔레비전방송수신료(이하 "수신료"라 한다)를 납부하여야 한다. 다만, 대통령령이 정하는 수상기에 대하여는 그 등록을 면제하거나 수신료의 전부 또는 일부를 감면할 수 있다.

**제65조(수신료의 결정)** 수신료의 금액은 이사회가 심의·의결한 후 방송통신위원회를 거쳐 국회의 승인을 얻어 확정되고, 공사가 이를 부과·징수한다.〈개정 2008.2.29〉

**제66조(수신료 등의 징수)** ① 공사는 제65조의 규정에 의하여 수신료를 징수함에 있어서 수신료를 납부하여야 할 자가 그 납부기간 내에 이를 납부하지 아니할 때에는 그 수신료의 100분의 5의 범위 안에서 대통령령이 정하는 비율에 상당하는 금액을 가산금으로 징수한다.

② 공사는 제64조의 규정에 의한 등록을 하지 아니한 수상기의 소지자에 대하여 1년분의 수신료에 해당하는 추징금을 부과·징수할 수 있다.

③ 공사는 제65조의 수신료와 제1항 및 제2항의 가산금 또는 추징금을 징수함에 있어서 체납이 있는 경우에는 방송통신위원회의 승인을 얻어 국세체납처분의 예에 의하여 이를 징수할 수 있다.〈개정 2008.2.29〉

**제67조(수상기 등록 및 징수의 위탁)** ① 공사는 제66조의 규정에 의한 수신료의 징수업무를 시·도지사에게 위탁할 수 있다.

② 공사는 수상기의 생산자·판매인·수입판매인 또는 공사가 지정하는 자에게 수상기의 등록업무 및 수신료의 징수업무를 위탁할 수 있다.

③ 공사가 제1항 및 제2항의 규정에 의하여 수신료 징수업무를 위탁한 경우에는 대통령령이 정하는 바에 따라 수수료를 지급하여야 한다.

**제68조(수신료의 사용)** 공사는 제65조 및 제66조의 규정에 의하여 징수된 수신료를 대통령령이 정하는 바에 따라 한국교육방송공사법에 의한 한국교육방송공사의재원으로 지원할 수 있다.

## 제5장 방송사업의 운영 등

**제69조(방송프로그램의 편성 등)** ① 방송사업자는 방송프로그램을 편성함에 있어 공정성·공공성·다양성·균형성·사실성 등에 적합하도록 하여야 한다.

② 종합편성을 행하는 방송사업자는 정치·경제·사회·문화 등 각 분야의 사항이 균형있게 표현될 수 있도록 하여야 한다.

③ 종합편성을 행하는 방송사업자는 방송프로그램의 편성에 있어서 대통령령이 정하는 기준에 따라 보도·교양 및 오락에 관한 방송프로그램을 포함하여야 하고, 그 방송프로그램 상호간에 조화를 이루도록 편성하여야 한다. 이 경우 대통령령이 정하는 주시청시간대(이하 "주시청시간대"라 한다)에는 특정 방송분야의 방송프로그램이 편중되어서는 아니된다.

④ 전문편성을 행하는 방송사업자는 허가를 받거나 승인을 얻거나 등록을 한 주된 방송분야가 충분히 반영될 수 있도록 대통령령이 정하는 기준에 따라 방송프로그램을 편성하여야 한다.

⑤ 전문편성을 행하는 방송사업자가 허가를 받거나 승인을 얻거나 등록을 한 주된 방송분야 이외에 부수적으로 편성할 수 있는 방송프로그램의 범위와 종류는 대통령령으로 정한다.〈신설 2006.10.27〉

⑥ 한국방송공사 및 특별법에 의한 방송사업자, 방송문화진흥회법에 의한 방송문화진흥회가 출자한 방송사업자 및 그 방송사업자가 출자한 방송사업자를 제외한 지상파방송사업자는 다른 한 방송사업자의 제작물을 대통령령이 정하는 비율 이상 편성하여서는 아니된다.

⑦ 한국방송공사는 대통령령이 정하는 바에 의하여 시청자가 직접 제작한 시청자참여프로그램을 편성하여야 한다.

⑧ 방송사업자는 대통령령이 정하는 바에 의하여 장애인의 시청을 도울 수 있도록 노력하여야 하며, 필요할 경우 방송통신위원회는 기금에서 그 경비의 일부를 지원할 수 있다.〈개정 2002.12.18, 2008.2.29〉

⑨ 공동체라디오방송사업자는 청취자 참여프로그램을 매월 전체 방송시간의 100분의 50 범위 안에서 대통령령이 정하는 비율 이상 편성하여야 한다.〈신설 2006.10.27〉

**제69조의2(시청점유율 제한)** ① 방송사업자의 시청점유율(전체 텔레비전 방송에 대한 시청자의 총 시청시간 중 특정 방송채널에 대한 시청시간이 차지하는 비율을 말한다. 이하 같다)은 100분의 30을 초과할 수 없다. 다만, 정부 또는 지방자치단체가 전액 출자한 경우에는 그러하지 아니하다.

② 제1항에 따른 방송사업자의 시청점유율은 해당 방송사업자의 시청점유율에

특수관계자 등의 시청점유율(해당 방송사업자의 특수관계자의 시청점유율 및 해당 방송사업자가 주식 또는 지분을 소유하고 있는 다른 방송사업자의 시청점유율을 말한다. 이하 같다)을 합산하여 산정한다. 이 경우 특수관계자 등의 시청점유율은 가중치를 다르게 부여하여 산정할 수 있고, 일간신문을 경영하는 법인(특수관계자를 포함한다)이 방송사업을 겸영하거나 주식 또는 지분을 소유하는 경우에는 그 일간신문의 구독률을 대통령령으로 정하는 바에 따라 일정한 비율의 시청점유율로 환산하여 해당 방송사업자의 시청점유율에 합산한다.

③ 제1항 및 제2항에 따른 시청점유율 산정의 구체적인 기준·방법 등 필요한 사항은 대통령령으로 정하는 바에 따라 미디어다양성위원회의 심의를 거쳐 방송통신위원회가 고시로 정한다.

④ 방송통신위원회는 제2항에 따라 산정한 시청점유율을 제9조에 따른 허가·승인, 제15조의2에 따른 변경승인, 제17조에 따른 재허가 등의 심사에 반영하여야 한다.

⑤ 방송통신위원회는 제1항에 따른 시청점유율을 초과하는 사업자에 대하여는 방송사업 소유제한, 방송광고시간 제한, 방송시간의 일부양도 등 필요한 조치를 명할 수 있다. 이 경우 필요한 조치의 구체적인 내용은 대통령령으로 정한다.

[본조신설 2009.7.31][시행일 2010.8.1]

**제70조(채널의 구성과 운용)** ① 이동멀티미디어방송을 행하는 지상파방송사업자·종합유선방송사업자 및 위성방송사업자는 특정 방송분야에 편중되지 아니하고 다양성이 구현되도록 대통령령이 정하는 바에 의하여 채널을 구성·운용하여야 한다.〈개정 2004.3.22〉

② 이동멀티미디어방송을 행하는 지상파방송사업자·종합유선방송사업자 및 위성방송사업자는 대통령령이 정하는 범위를 초과하여 방송채널을 직접 사용하거나 당해 방송사업자의 특수관계자 또는 특정 방송채널사용사업자에게 채널을 임대하여서는 아니된다.〈개정 2004.3.22〉

③ 종합유선방송사업자 및 위성방송사업자(이동멀티미디어방송을 행하는 위성방송사업자를 제외한다)는 대통령령이 정하는 바에 의하여 국가가 공공의 목적으로 이용할 수 있는 채널(이하 "공공채널"이라 한다) 및 종교의 선교목적을 지닌 채널을 두어야 한다.〈개정 2004.3.22〉

④ 종합유선방송사업자는 대통령령이 정하는 바에 의하여 지역정보 및 방송프로그램안내와 공지사항 등을 제작·편성 및 송신하는 지역채널을 운용하여야 한다.

⑤ 중계유선방송사업자는 방송통신위원회규칙이 정하는 바에 의하여 방송프로그램 안내와 공지사항 등을 제작·편성 및 송신하는 공지채널을 운용할 수 있다. 다만, 공지채널의 경우에는 보도·논평 또는 광고에 관한 사항은 송출할 수 없다.〈개정 2008.2.29〉

⑥ 중계유선방송사업자가 운용할 수 있는 채널의 범위는 다음 각 호의 어느 하나에 해당하는 방송을 중계송신(방송편성을 변경하지 아니하는 녹음·녹화를 포함한다)하는 채널에 한하여야 한다. 다만, 전체 운용채널은 31개를 초과할 수 없으며 녹음·녹화채널은 전체 운용채널의 5분의 1을 초과할 수 없다.〈개정 2007.01.26, 2008.2.29〉

1. 지상파방송(텔레비전방송에 한한다)
2. 공사 및 「한국교육방송공사법」에 따른 한국교육방송공사가 행하는 위성방송
3. 공공채널에서 행하는 방송
4. 제8항의 규정에 따른 공익채널에서 행하는 방송
5. 종교의 선교목적을 지닌 채널에서 행하는 방송
6. 국가기관·공익법인 또는 비영리법인이 행하는 방송으로서 당해 방송분야의 공익성 및 사회적 필요성을 고려하여 방송통신위원회가 고시한 채널에서 행하는 방송

⑦ 종합유선방송사업자 및 위성방송사업자는 방송통신위원회규칙이 정하는 바에 의하여 시청자가 자체 제작한 방송프로그램의 방송을 요청하는 경우에는 특별한 사유가 없는 한 이를 지역채널 또는 공공채널을 통하여 방송하여야 한다.〈개정 2008.2.29〉

⑧ 종합유선방송사업자, 위성방송사업자(이동멀티미디어방송을 행하는 위성방송사업자는 제외한다)는 당해 방송분야의 공익성 및 사회적 필요성을 고려하여 방송통신위원회가 고시한 방송분야에 속하는 채널(이하 "공익채널"이라 한다)을 운용하여야 한다. 이 경우 공익채널의 선정절차, 선정기준, 운용범위 그 밖의 필요한 사항은 대통령령으로 정한다.〈신설 2007.01.26, 2008.2.29〉

**제71조(국내 방송프로그램의 편성)** ① 방송사업자는 당해 채널의 전체 프로그램 중 국내에서 제작된 방송프로그램을 대통령령이 정하는 바에 따라 일정한 비율 이상 편성하여야 한다.

② 방송사업자는 연간 방송되는 영화·애니메이션 및 대중음악 중 국내에서 제작된 영화·애니메이션 및 대중음악을 대통령령이 정하는 바에 따라 일정한 비율 이상 편성하여야 한다. 다만, 지상파방송사업자는 당해 채널에서 연간 방송되는 전체 프로그램 중 국내에서 제작된 애니메이션을 대통령령이 정하는 바에 따라 일정한 비율 이상 신규로 편성하여야 한다.〈개정 2004.3.22〉

③ 방송사업자는 국제문화 수용의 다양성을 보장하기 위하여 외국에서 수입한 영화·애니메이션 및 대중음악 중 한 국가에서 제작한 영화·애니메이션 및 대중음악이 대통령령이 정하는 바에 따라 일정한 비율 이상을 초과하지 아니하도록 편성하여야 한다.

④ 제 1 항 내지 제 3 항의 규정에 의한 방송프로그램의 편성비율은 방송매체와 방송분야별 특성 등을 고려하여 차등을 둘 수 있다.

**제72조(외주제작 방송프로그램의 편성)** ① 방송사업자는 당해 채널의 전체 방송프로그램 중 국내에서 당해 방송사업자가 아닌 자가 제작한 방송프로그램(이하 "외주제작 방송프로그램"이라 한다)을 대통령령이 정하는 바에 따라 일정한 비율 이상 편성하여야 한다.

② 방송사업자는 제 1 항의 규정에 의한 외주제작 방송프로그램을 편성함에 있어 특수관계자가 제작한 방송프로그램을 대통령령이 정하는 바에 따라 일정한 비율 이상을 초과하지 아니하도록 편성하여야 한다.

③ 종합편성을 행하는 방송사업자는 외주제작 방송프로그램을 주시청시간대에 대통령령이 정하는 바에 따라 일정한 비율 이상 편성하여야 한다.

④ 제 1 항의 규정에 의한 외주제작 방송프로그램의 편성비율은 방송매체와 방송분야별 특성 등을 고려하여 차등을 둘 수 있다.

**제73조(방송광고 등)** ① 방송사업자는 방송광고와 방송프로그램이 혼동되지 아니하도록 명확하게 구분하여야 하며, 어린이를 주 시청대상으로 하는 방송프로그램의 방송광고시간 및 전후 토막광고시간에는 대통령령이 정하는 바에 따라 반드시 광고임을 밝히는 자막을 표기하여 어린이가 방송프로그램과 방송광고를 구분할 수 있도록 하여야 한다.〈개정 2006.10.27〉

② 방송광고의 종류는 다음 각호와 같고, 방송광고의 허용범위·시간·횟수 또는 방법 등에 관하여 필요한 사항은 대통령령으로 정한다.〈개정 2005.5.18, 2009.7.31〉

1. 방송프로그램광고: 방송프로그램의 전후(방송프로그램 시작타이틀 고지 후부터 본방송프로그램 시작 전까지 및 본방송프로그램 종료 후부터 방송프로그램 종료타이틀 고지 전까지를 말한다)에 편성되는 광고
2. 중간광고: 1개의 동일한 방송프로그램이 시작한 후부터 종료되기 전까지 사이에 그 방송프로그램을 중단하고 편성되는 광고
3. 토막광고: 방송프로그램과 방송프로그램 사이에 편성되는 광고
4. 자막광고: 방송프로그램과 관계없이 문자 또는 그림으로 나타내는 광고
5. 시보광고: 현재시간 고지 시 함께 방송되는 광고
6. 가상광고: 방송프로그램에 컴퓨터 그래픽을 이용하여 만든 가상의 이미지를

삽입하는 형태의 광고
7. 간접광고: 방송프로그램 안에서 상품을 소품으로 활용하여 그 상품을 노출시키는 형태의 광고

③ 상품소개 및 판매에 관한 전문편성을 행하는 방송의 경우에는 당해 상품소개 및 판매에 관한 방송내용물은 이를 방송광고로 보지 아니한다.

④ 방송사업자 및 전광판방송사업자는 공공의 이익을 증진시킬 목적으로 제작된 비상업적 공익광고를 대통령령이 정하는 비율 이상 편성하여야 한다.

⑤ 지상파방송사업자(지상파방송사업자와 방송채널사용계약을 체결하고 그 채널을 사용하여 지상파방송을 하는 방송채널사용사업자를 포함한다)는 한국방송광고공사 또는 대통령령이 정하는 방송광고판매대행사가 위탁하는 방송광고물 이외에는 방송광고를 할 수 없다. 다만, 대통령령이 정하는 방송광고에 대하여는 그러하지 아니하다.〈개정 2007.01.26〉

**第74조(협찬고지)** ① 방송사업자는 대통령령이 정하는 범위 안에서 협찬고지를 할 수 있다.

② 협찬고지의 세부기준 및 방법 등에 관하여 필요한 사항은 방송통신위원회규칙으로 정한다.〈개정 2008.2.29〉

**第75조(재난방송)** ① 종합편성 또는 보도전문편성을 행하는 방송사업자는 자연재해대책법 제2조의 규정에 의한 재해 또는 재난 및 안전관리기본법 제3조의 규정에 의한 재난이 발생하거나 발생할 우려가 있는 경우에는 그 발생을 예방하거나 그 피해를 줄일 수 있는 재난방송을 하여야 한다.〈개정 2004.3.11〉

② 방송통신위원회는 재해 또는 재난이 발생하거나 발생이 예상되는 때에는 대통령령이 정하는 바에 따라 방송사업자에 대하여 재해 또는 재난의 발생을 예방하거나 그 피해를 줄일 수 있는 재난방송을 행하도록 요구할 수 있다. 이 경우 방송사업자는 특별한 사유가 없는 한 재난방송을 하여야 한다.〈개정 2005.5.18, 2007.7.27, 2008.2.29〉

③ 방송통신위원회는 한국방송공사를 재난방송의 주관기관으로 지정할 수 있다.〈개정 2008.2.29〉

④ 재난방송에 관한 기준 및 방법 등에 관하여 필요한 사항은 방송통신위원회규칙으로 정한다.〈개정 2008.2.29〉

**第76조(방송프로그램의 공급 및 보편적 시청권 등〈개정 2007.01.26〉)** ① 방송사업자는 다른 방송사업자에게 방송프로그램을 공급할 때에는 공정하고 합리적인 시장가격으로 차별없이 제공하여야 한다.

② 방송통신위원회는 제76조의2의 규정에 따른 보편적시청권보장위원회의 심의를 거쳐 국민적 관심이 매우 큰 체육경기대회 그 밖의 주요 행사(이하 "국민관

심행사 등"이라고 한다)를 고시하여야 한다. 이 경우 방송통신위원회는 문화체육관광부장관, 방송사업자 및 시청자의 의견을 들어야 한다.〈신설 2007.01.26, 2008.2.29〉

③ 국민관심행사 등에 대한 중계방송권자 또는 그 대리인(이하 "중계방송권자 등"이라 한다)은 일반국민이 이를 시청할 수 있도록 중계방송권을 다른 방송사업자에게도 공정하고 합리적인 가격으로 차별 없이 제공하여야 한다.〈신설 2007.01.26〉

④ 방송사업자는 제1항 및 제3항의 규정을 위반하는 행위에 관하여 방송통신위원회에 서면으로 신고할 수 있다.〈신설 2007.01.26, 2008.2.29〉

⑤ 방송통신위원회는 제4항의 규정에 따른 신고를 접수한 경우에는 제35조의3의 규정에 따른 방송분쟁조정위원회의 심의를 거쳐 60일 이내에 그 결과를 통보하여야 한다.〈신설 2007.01.26, 2008.2.29〉

**제76조의2(보편적시청권보장위원회)** ① 제76조 제2항의 규정에 따른 국민관심행사 등의 고시 등에 관한 업무의 원활한 수행을 위하여 방송통신위원회에 보편적시청권보장위원회를 둔다.〈개정 2008.2.29〉

② 보편적시청권보장위원회 위원은 방송통신위원회 위원장이 방송통신위원회의 동의를 얻어 7인 이내로 위촉한다.〈개정 2008.2.29〉

③ 보편적시청권보장위원회의 구성과 운영에 관하여 필요한 사항은 방송통신위원회규칙으로 정한다.〈개정 2008.2.29〉

[본조신설 2007.01.26]

**제76조의3(보편적 시청권 보장을 위한 조치 등)** ① 방송사업자 및 중계방송권자 등은 제76조 제3항의 규정에 따른 일반국민의 보편적 시청권을 보장하기 위하여 대통령령에서 정하는 금지행위 등 준수사항을 이행하여야 한다.

② 방송통신위원회는 제1항의 규정에 따른 금지사항을 위반한 방송사업자 및 중계방송권자등에 대하여 금지행위의 중지 등 필요한 시정조치를 명할 수 있다. 이 경우 방송통신위원회는 시정조치를 명하기 전에 당사자에게 기간을 정하여 의견진술의 기회를 주어야 한다. 다만, 당사자가 정당한 사유 없이 이에 응하지 아니하는 때에는 그러하지 아니한다.〈개정 2008.2.29〉

③ 방송통신위원회는 제1항의 규정에 따른 금지사항의 위반 여부에 대한 사실관계의 조사를 위하여 필요한 경우 대통령령이 정하는 바에 따라 방송사업자 및 중계방송권자등에게 자료제출을 요청할 수 있고, 사무처의 직원으로 하여금 방송사업자 및 중계방송권자 등의 사무소 또는 사업장에 출입하여 조사를 하게 할 수 있다.〈개정 2008.2.29〉

④ 방송통신위원회는 방송사업자 및 중계방송권자등이 정당한 사유 없이 제2항

의 규정에 따른 시정조치를 이행하지 아니하는 때에는 당해 중계방송권의 총 계약금액에 100분의 5를 곱한 금액을 초과하지 아니하는 범위 안에서 과징금을 부과할 수 있다.〈개정 2008.2.29〉

⑤ 제3항의 규정에 따라 조사를 하는 사무처의 직원은 그 권한을 표시하는 증표를 지니고 이를 관계인에게 내보여야 한다.

[본조신설 2007.01.26]

**제76조의4(중계방송권의 공동계약 권고)** 방송통신위원회는 국민관심행사 등에 대한 보편적 시청권을 보장하고 중계방송권 확보에 따른 과도한 경쟁을 방지하기 위하여 중계방송권 계약에 있어서 방송사업자 또는 중계방송권자 등에게 공동계약을 권고할 수 있다.〈개정 2008.2.29〉

[본조신설 2007.01.26]

**제76조의5(중계방송의 순차편성 권고 등)** ① 방송사업자는 국민관심행사 등에 대한 중계방송권을 사용함에 있어서 과다한 중복편성으로 인하여 시청자의 권익을 침해하지 아니하도록 하여야 하며, 채널별·매체별로 순차적으로 편성하기 위하여 노력하여야 한다.

② 방송통신위원회는 제1항의 채널별·매체별 순차편성이 효율적으로 이루어질 수 있도록 방송사업자에 대하여 권고할 수 있다.〈개정 2008.2.29〉

[본조신설 2007.01.26]

**제77조(유료방송의 약관 승인)** ① 유료방송을 행하고자 하는 방송사업자·중계유선방송사업자 및 음악유선방송사업자는 이용요금 및 기타 조건에 관한 약관을 정하여 방송통신위원회에 신고하여야 하며, 이용요금에 대하여는 방송통신위원회의 승인을 얻어야 한다. 신고한 약관이나 승인을 얻은 이용요금을 변경하고자 하는 경우에도 또한 같다.〈개정 2008.2.29〉

② 방송통신위원회는 제1항의 규정에 의한 약관이 현저히 부당하여 시청자의 이익을 저해한다고 판단하는 때에는 유료방송을 행하는 방송사업자·중계유선방송사업자 및 음악유선방송사업자에게 상당한 기간을 정하여 그 약관의 변경을 명할 수 있다.〈개정 2008.2.29〉

**제78조(재송신)** ① 종합유선방송사업자·위성방송사업자(이동멀티미디어방송을 행하는 위성방송사업자를 제외한다) 및 중계유선방송사업자는 한국방송공사 및 한국교육방송공사법에 의한 한국교육방송공사가 행하는 지상파방송(라디오방송을 제외한다)을 수신하여 그 방송프로그램에 변경을 가하지 아니하고 그대로 동시에 재송신(이하 "동시재송신"이라 한다)하여야 한다. 다만, 지상파방송을 행하는 당해 방송사업자의 방송구역 안에 당해 종합유선방송사업자 및 중계유선방송사업자의 방송구역이 포함되지 아니하는 경우에는 그러하지 아니하다.〈개정 2002.4.20, 2004.3.22〉

② 제 1 항의 규정에 의한 지상파방송사업자가 수개의 지상파방송 채널을 운용하는 경우, 제1항 본문의 규정에 불구하고 동시재송신하여야 하는 지상파방송은 방송통신위원회가 지상파방송사업자별로 방송편성 내용 등을 고려하여 지정·고시하는 1개의 지상파방송 채널에 한한다.〈신설 2002. 4.20, 2008.2.29〉

③ 제 1 항의 규정에 의한 동시재송신의 경우에는 「저작권법」 제85조의 동시중계방송권에 관한 규정은 이를 적용하지 아니한다.〈개정 2006.12.28〉

④ 종합유선방송사업자 및 중계유선방송사업자가 당해 방송구역 외에서 허가받은 지상파방송사업자가 행하는 지상파방송을 동시재송신하고자 하거나 위성방송사업자가 제 1 항 및 제 2 항의 규정에 의하여 동시재송신하는 지상파방송 이외의 지상파방송을 재송신하고자 하는 때에는 방송통신위원회의 승인을 얻어야 한다.〈개정 2002.4.20, 2008.2.29〉

⑤ 삭제〈2007.7.27〉

⑥ 제 4 항에 따른 재송신의 유형 및 승인의 요건·절차·유효기간 등에 관하여 필요한 사항은 대통령령으로 정한다.〈개정 2002.4.20, 2006.10.27, 2007.7.27〉

⑦ 공동체라디오방송사업자의 경우 다른 공동체라디오방송사업자의 방송프로그램을 대통령령이 정하는 범위 안에서 재송신할 수 있다.〈신설 2006.10.27〉

**제78조의2(외국방송사업자의 국내 재송신 승인 등)** ① 외국방송사업자(외국에 설치된 방송 송출설비 또는 외국 인공위성의 무선설비를 이용하여 국내에서 수신되는 방송을 행하는 외국인을 말하며, 조약에 따라 이 법에 따른 방송을 할 수 있는 외국인을 포함한다. 이하 같다)가 그가 행하는 방송을 국내에서 방송사업자를 통하여 재송신하려면 방송통신위원회의 승인을 받아야 한다. 이 경우 특정 방송프로그램을 일시적으로 중계 송신하는 등 대통령령으로 정하는 기준에 해당하는 경우에는 재송신으로 보지 아니한다.〈개정 2008.2.29〉

② 방송통신위원회는 제 1 항에 따라 외국방송사업자의 승인 신청을 받은 경우에는 다음 각호의 사항을 종합적으로 심사하여야 한다.〈개정 2008.2.29〉

1. 방송의 공정성·공익성의 실현 가능성
2. 국내 방송 및 영상산업에 미치는 영향
3. 국내 방송 및 영상산업 발전에 대한 기여 정도
4. 문화적 다양성 및 사회적 필요성
5. 국내 지사, 국내 사무소 또는 국내 대리인이 있는지 여부 및 그 국내 지사 등이 외국방송사업자로부터 재송신에 관하여 위임받은 권리와 의무에 관한 사항
6. 국제친선과 상호 이해 증진에 대한 기여 정도
7. 방송 내용이 제33조에 따른 심의규정, 그 밖에 「형법」, 「저작권법」 등 다른

법률의 규정에 위반될 가능성

③ 제1항에 따라 승인받은 외국방송사업자는 재송신하는 방송의 내용이 제33조에 따른 심의규정에 적합하게 하여야 한다.

④ 방송통신위원회는 직무수행을 위하여 필요하면 외국방송사업자(국내 지사, 국내 사무소 및 국내 대리인을 포함한다)에게 관련 자료의 제출을 요구할 수 있다.〈개정 2008.2.29〉

⑤ 방송통신위원회는 제1항에 따라 승인을 받은 외국방송사업자가 다음 각 호의 어느 하나에 해당하면 제1항에 따른 승인을 취소할 수 있다.〈개정 2008.2.29〉

1. 방송 내용이 제3항에 위반되는 때
2. 승인조건을 이행하지 아니한 때
3. 방송 내용이 「형법」, 「저작권법」 등 다른 법률의 규정에 위반되는 때

⑥ 제1항에 따라 승인받은 외국방송사업자의 방송을 재송신하는 방송사업자를 제외하고는 누구든지 외국방송사업자의 방송을 재송신하여서는 아니 된다.

⑦ 방송사업자가 제1항에 따라 승인을 받은 외국방송사업자의 방송을 재송신할 수 있는 범위와 기준은 대통령령으로 정한다.

⑧ 제1항 및 제5항에 따른 승인과 승인 취소의 절차 등에 관하여 필요한 사항은 대통령령으로 정한다.

[본조신설 2007.7.27]

**제79조(유선방송국설비 등에 관한 기술기준과 준공검사 등)** ① 방송통신위원회는 유선방송국설비(종합유선방송국 및 중계유선방송·음악유선방송을 행하기 위한 설비를 포함한다. 이하 같다)의 설치 및 유지에 관한 사항과 전송·선로설비의 분계점 등에 필요한 기술기준(이하 "기술기준"이라 한다)을 정하여 고시하여야 한다.〈개정 2008.2.29〉

② 종합유선방송사업자·중계유선방송사업자 및 음악유선방송사업자는 대통령령이 정하는 기한까지 기술기준이 정하는 바에 의하여 유선방송국설비를 설치하고 방송통신위원회의 준공검사를 받아야 한다. 설치한 유선방송국설비를 변경한 때에도 또한 같다.〈개정 2008.2.29〉

③ 종합유선방송사업자·중계유선방송사업자 및 음악유선방송사업자는 전송·선로설비를 자체적으로 설치하거나 전송망사업자의 전송·선로설비 또는 전기통신기본법에 의한 기간통신사업자의 전기통신설비를 이용할 수 있으며,종합유선방송사업자와 중계유선방송사업자는 전송·선로설비를 상호 이용할 수 있다.

④ 종합유선방송사업자·중계유선방송사업자 및 음악유선방송사업자는 천재·지변기타 불가피한 사유로 대통령령이 정하는 기한까지 유선방송국설비를 설치

할 수 없는 때에는 대통령령이 정하는 바에 의하여 방송통신위원회에 설비설치기한의 연기를 요청할 수 있다.〈개정 2008.2.29〉

**제80조(전송·선로설비 설치의 확인)** 종합유선방송사업자·중계유선방송사업자 및 음악유선방송사업자가 전송·선로설비를 자체적으로 설치하는 때 또는 전송망사업자나 기간통신사업자가 종합유선방송사업자나 중계유선방송사업자와 전송·선로설비의 이용계약을 체결한 때에는 기술기준이 정하는 바에 의하여 전송·선로설비를 설치하고 방송통신위원회의 확인을 받아야 한다. 설치한 전송·선로설비를 변경한 때에도 또한 같다.〈개정 2008.2.29〉

**제81조(설비개선명령 등)** 방송통신위원회는 종합유선방송사업자·중계유선방송사업자·음악유선방송사업자 및 전송망사업자가 설치한 유선방송국설비 및 전송·선로설비가 기술기준에 적합하지 아니할 때에는 그 시설의 보수·개수·이전 기타 필요한 조치를 명할 수 있다.〈개정 2008.2.29〉

**제82조(전송·선로설비의 이용)** 전송망사업자는 대통령령이 정하는 바에 의하여 전송·선로설비이용료 기타 이용조건에 관한 약관을 정하여 방송통신위원회에 신고하여야 한다. 이를 변경하고자 하는 때에도 또한 같다.〈개정 2008.2.29〉

**제83조(방송내용의 기록·보존)** ① 방송사업자·중계유선방송사업자·전광판방송사업자 및 음악유선방송사업자는 방송일지에 방송내용(방송프로그램 및 방송광고를 포함한다)을 기록하여 비치하여야 하며, 특별한 사유가 없는 한 방송 실시결과를 방송 후 1월 이내에 방송통신위원회에 제출하여야 한다.〈개정 2008.2.29, 2009.7.31〉

② 방송사업자는 방송(재송신을 제외한다)된 방송프로그램(예고방송을 포함한다. 이하 같다) 및 방송광고의 원본 또는 사본을 방송 후 6월간 보존하여야 한다.〈개정 2006.10.27, 2009.7.31〉

③ 제1항의 규정에 의한 방송일지의 기록 및 방송실시결과의 제출시기등과 제2항의 규정에 의한 사업자별 방송프로그램 및 방송광고의 원본 또는 사본의 보존 등에 관하여 필요한 사항은 방송통신위원회규칙으로 정한다.〈개정 2008.2.29, 2009.7.31〉

**제84조(폐업 및 휴업 등의 신고)** ① 방송사업자·중계유선방송사업자·음악유선방송사업자 및 전광판방송사업자가 그 업무를 폐업하거나 휴업하고자 하는 때에는 방송통신위원회에 신고하여야 한다.〈개정 2007.01.26, 2008.2.29〉

② 방송사업자·중계유선방송사업자 및 음악유선방송사업자는 천재·지변등 불가피한 사유가 있는 경우에 한하여 휴업할 수 있다.

③ 제1항 및 제2항의 규정에 의한 폐업 및 휴업의 신고절차 등에 관하여 필요한 사항은 방송통신위원회규칙으로 정한다.〈개정 2008.2.29〉

**제85조(방송프로그램별 유료방송 등의 적용배제)** 방송프로그램별 유료방송을 행하는

방송사업자에 대하여는 제71조 내지 제75조의 규정을 적용하지 아니한다.

## 제 6 장 시청자의 권익보호

**제86조(자체심의)** ① 방송사업자는 자체적으로 방송프로그램을 심의할 수 있는 기구를 두고, 방송프로그램(보도에 관한 방송프로그램을 제외한다)이 방송되기 전에 이를 심의하여야 한다. 다만, 공동체라디오방송사업자의 경우에는 방송권역 청취자가 참여하는 방송평가회를 연 1회 이상 실시하여야 한다.

② 방송사업자는 허위, 과장 등 시청자가 오인할 수 있는 내용이 담긴 방송광고를 방송하여서는 아니 된다.〈신설 2009.7.31〉

③ 방송사업자는 방송광고가 방송되기 전에 자체적으로 심의하거나 방송통신위원회에 신고한 방송 관련 기관 또는 단체에 위탁하여 심의할 수 있다.〈신설 2009.7.31〉

[전문개정 2006.10.27]

**제87조(시청자위원회)** ① 종합편성 또는 보도전문편성을 행하는 방송사업자는 시청자의 권익을 보호하기 위하여 시청자위원회를 두어야 한다.

② 제 1 항의 규정에 의한 방송사업자는 각계의 시청자를 대표할 수 있는 자 중에서 방송통신위원회규칙이 정하는 단체의 추천을 받아 시청자위원회의 위원을 위촉한다.〈개정 2008.2.29〉

③ 시청자위원회의 구성 및 운영에 관하여 필요한 사항은 대통령령으로 정한다.

**제88조(시청자위원회의 권한과 직무)** ① 시청자위원회의 권한과 직무는 다음과 같다.

1. 방송편성에 관한 의견제시 또는 시정요구
2. 방송사업자의 자체심의규정 및 방송프로그램 내용에 관한 의견제시 또는 시정요구
3. 시청자평가원의 선임
4. 기타 시청자의 권익보호와 침해구제에 관한 업무

② 시청자위원회의 대표자는 방송통신위원회에 출석하여 의견을 진술할 수 있다.〈개정 2008.2.29〉

**제89조(시청자 평가프로그램)** ① 종합편성 또는 보도전문편성을 행하는 방송사업자는 당해 방송사업자의 방송운영과 방송프로그램에 관한 시청자의 의견을 수렴하여 주당 60분 이상의 시청자 평가프로그램을 편성하여야 한다.

② 시청자 평가프로그램에는 시청자위원회가 선임하는 1인의 시청자평가원이 직접 출연하여 의견을 진술할 수 있다.

③ 방송통신위원회는 시청자평가원의 원활한 업무수행을 위하여 기금에서 경비를

지원할 수 있다.〈개정 2008.2.29〉

**제90조(방송사업자의 의무)** ① 종합편성 또는 보도전문편성을 행하는 방송사업자는 제88조 제1항 제1호 및 제2호의 규정에 의한 시청자위원회의 의견제시 또는 시정요구를 받은 경우에는 특별한 사유가 없는 한 이를 수용하여야 한다.

② 시청자위원회는 방송사업자가 시청자위원회의 의견제시 또는 시정요구의 수용을 부당하게 거부하는 경우에는 방송통신위원회에 시청자불만처리를 요청할 수 있다.〈개정 2008.2.29〉

③ 종합편성 또는 보도전문편성을 행하는 방송사업자는 시청자위원회가 제88조 제1항 각호의 규정에 의한 직무를 수행하기 위하여 필요한 자료의 제출 또는 관계자의 출석·답변을 요청하는 경우에는 특별한 사유가 없는 한 이에 응하여야 한다.

④ 종합편성 또는 보도전문편성을 행하는 방송사업자는 시청자위원회의 심의결과 및 그 처리에 관한 사항을 방송통신위원회에 보고하여야 한다.〈개정 2008.2.29〉

⑤ 종합편성 또는 보도전문편성을 행하는 방송사업자는 대통령령이 정하는 바에 의하여 시청자가 요구하는 방송사업에 관한 정보를 공개하여야 한다.

제91조 삭제〈2005.1.27〉

## 제7장 방송발전의 지원

**제92조(방송발전의 지원)** ① 정부는 국민이 다양한 방송을 균등하게 향유할 수 있도록 하고, 방송문화의 발전 및 진흥을 위하여 노력하여야 한다.

② 문화체육관광부장관은 방송영상산업의 진흥을 위하여 필요한 정책을 수립·시행하여야 한다.〈개정 2008.2.29〉

③ 방송통신위원회는 방송기술 및 시설에 관하여 필요한 정책을 수립·시행하여야한다.〈개정 2008.2.29〉

**제93조(방송프로그램의 보관 및 활용)** 방송사업자는 방송프로그램의 효율적인 수집·보관·유통 및 활용 등을 위하여 방송프로그램보관소를 공동으로 설립·운영할 수 있다.

**제94조(방송전문인력의 양성 등)** 정부는 방송전문인력을 양성하기 위하여 전문교육기관 및 방송관련학과 등에 대한 지원 등에 필요한 시책을 수립할 수 있다.

**제95조(방송제작단지 조성·지원)** ① 정부는 방송사업자가 공동으로 방송제작단지를 조성하는 때에는 필요한 지원을 할 수 있다.

② 정부는 제1항의 규정에 의한 방송제작단지가 정보통신단지 또는 영상제작단

지등과 연계·운영되도록 할 수 있다.

**제96조(방송프로그램 유통 등 지원)** ① 문화체육관광부장관은 영상·비디오 등 영상물이 방송프로그램으로 제작되어 방송매체별로 다단계로 유통·활용 또는 수출될 수 있도록 지원할 수 있다.〈개정 2008.2.29〉

② 방송통신위원회는 방송기술 및 시설의 개발·활용 및 수출이 촉진될 수 있도록 지원할 수 있다.〈개정 2008.2.29〉

**제97조(방송의 국제협력)** 정부 또는 방송통신위원회는 외국의 방송관련기관·단체와의 국제교류, 방송프로그램의 공동제작, 방송전문인력의 상호교류 및 방송기술의 공동개발 등 국제협력을 촉진할 수 있는 사업을 지원할 수 있다.〈개정 2008.2.29〉

## 제8장 보 칙

**제98조(자료제출)** ① 정부 또는 방송통신위원회는 직무수행을 위하여 필요한 경우에는 방송사업자·중계유선방송사업자·전광판방송사업자·음악유선방송사업자 또는 전송망사업자에게 관련자료의 제출을 요구할 수 있다.〈개정 2008.2.29〉

② 방송사업자는 매년말 당해 법인의 재산상황을 방송통신위원회에 제출하여야 하며 방송통신위원회는 이를 공표하여야 한다.〈개정 2008.2.29〉

③ 방송통신위원회는 시청률, 시청점유율 등의 조사 및 산정에 필요한 자료를 해당 개인, 법인·단체 또는 기관에 요청할 수 있다.〈신설 2009.7.31〉

**제99조(시정명령 등)** ① 방송통신위원회는 방송사업자·중계유선방송사업자·전광판방송사업자 또는 음악유선방송사업자가 다음 각호의 어느 하나에 해당하는 때에는 시정을 명할 수 있다.〈개정 2007.7.27, 2008.2.29〉

1. 정당한 사유 없이 방송을 중단하는 등 시청자의 이익을 현저히 저해하고 있다고 인정될 때
2. 이 법 또는 허가조건·승인조건·등록요건을 위반하고 있다고 인정될 때

② 방송통신위원회는 방송사업자(방송채널사용사업자를 제외한다)·전송망사업자·중계유선방송사업자 또는 음악유선방송사업자가 설치한 시설이 이 법 또는 허가조건·등록요건을 위반하고 있다고 인정될 때에는 그 시설의 개선을 명할 수 있다.〈개정 2008.2.29〉

**제100조(제재조치 등)** ① 방송통신위원회는 방송사업자·중계유선방송사업자 또는 전광판방송사업자가 제33조의 심의규정 및 제74조 제2항에 의한 협찬고지 규칙을 위반한 경우에는 5천만원 이하의 과징금을 부과하거나 다음 각호의 제재조치를 명할 수 있다. 제35조에 따른 시청자불만처리의 결과에 따라 제재를 할 필요가 있다고 인정되는 경우에도 또한 같다. 다만, 방송통신심의위원회는 심의규정 등의 위반 정도가

경미하여 제재조치를 명할 정도에 이르지 아니한 경우에는 해당 사업자·해당 방송프로그램 또는 해당 방송광고의 책임자나 관계자에 대하여 권고를 하거나 의견을 제시할 수 있다.〈개정 2006.10.27, 2008.2.29, 2009.7.31〉

1. 시청자에 대한 사과
2. 해당 방송프로그램 또는 해당 방송광고의 정정·수정 또는 중지
3. 방송편성책임자·해당 방송프로그램 또는 해당 방송광고의 관계자에 대한 징계
4. 주의 또는 경고

② 제1항의 규정에 의한 제재조치가 해당 방송프로그램의 출연자로 인하여 이루어진 경우 해당 방송사업자는 방송출연자에 대하여 경고, 출연제한 등의 적절한 조치를 취하여야 한다.〈신설 2006.10.27〉

③ 제1항의 규정에 불구하고 위반의 정도가 중대하다고 인정되는 다음 각 호의 경우에 한하여 방송통신위원회는 1억원 이하의 과징금을 부과할 수 있다.〈신설 2006.10.27, 2008.2.29〉

1. 음란, 퇴폐 및 폭력 등에 관한 심의규정을 위반하는 경우
2. 「마약류관리에 관한 법률」 제2조 제1호의 규정에 의한 마약류 복용·투약·흡입 및 음주 후 방송출연 등으로 인한 심의규정을 위반하는 경우
3. 제1항 제1호 내지 제3호의 제재조치를 받았음에도 불구하고 대통령령으로 정하는 바에 따라 동일한 사유로 반복적으로 심의규정을 위반하는 경우

④ 방송사업자·중계유선방송사업자 및 전광판방송사업자는 제1항 및 제3항에 따른 과징금처분 또는 제재조치명령을 받은 경우 지체 없이 그에 관한 방송통신위원회의 결정사항전문을 방송하고, 제재조치명령은 이를 받은 날부터 7일 이내에 이행하여야 하며, 그 이행결과를 방송통신위원회에 보고하여야 한다.〈개정 2008.2.29, 2009.7.31〉

⑤ 방송통신위원회는 제1항 및 제3항에 따라 과징금처분 또는 제재조치명령을 하는 경우 미리 당사자 또는 그 대리인에게 의견을 진술할 기회를 주어야 한다. 다만, 당사자 또는 그 대리인이 정당한 사유없이 이에 응하지 아니한 때에는 그러하지 아니하다.〈개정 2008.2.29, 2009.7.31〉

⑥ 제1항 및 제3항에 따른 과징금처분 또는 제재조치명령에 이의가 있는 자는 당해 제재조치명령을 받은 날부터 30일 이내에 방송통신위원회에 재심을 청구할 수 있다.〈개정 2008.2.29, 2009.7.31〉

⑦ 방송통신위원회는 제6항의 규정에 의한 방송통신위원회의 재심결과를 당사자 또는 그 대리인에게 통지하여야 한다.〈개정 2006.10.27, 2008.2.29〉

**제101조(청문)** 방송통신위원회는 다음 각 호의 어느 하나에 해당하는 경우에는 청문을

실시하여야 한다.〈개정 2007.7.27, 2008.2.29〉

1. 제17조의 규정에 의한 재허가 또는 재승인을 거부하는 경우
2. 제18조의 규정에 의한 허가·승인 또는 등록을 취소하는 경우
3. 제78조의2 제5항에 따라 승인을 취소하는 경우

**제102조(수수료)** 이 법에 의한 허가·승인·등록, 변경허가·변경승인·변경등록,재허가·재승인 신청을 하는 자와 유선방송국설비 및 전송·선로설비의 준공검사를 받고자 하는 자는 대통령령이 정하는 바에 의하여 수수료를 납부하여야 한다.

**제103조(권한의 위임·위탁)** 이 법에 의한 방송통신위원회의 권한은 그 일부를 대통령령이 정하는 바에 의하여 시·도지사, 소속기관의 장 또는 체신청장에게 위임·위탁하거나 전파법에 의한 한국전파진흥원에 위탁할 수 있다.〈개정 2005. 12.30, 2008.2.29〉

② 삭제〈2009.7.31〉

**제104조(벌칙적용에 있어서의 공무원의 의제)** 제103조에 따라 권한을 위탁받은 사무에 종사하는 자는 형법이나 그 밖의 법률에 따른 벌칙의 적용에 있어서 이를 공무원으로 본다.

[전문개정 2008.2.29]

## 제9장 벌 칙

**제105조(벌칙)** 다음 각호의 1에 해당하는 자는 2년 이하의 징역 또는 3천만원 이하의 벌금에 처한다.

1. 제4조 제2항의 규정에 위반하여 방송편성에 관하여 규제나 간섭을 한 자
2. 허위 기타 부정한 방법으로 제9조 또는 제17조의 규정에 의한 허가 또는 재허가를 받거나 승인 또는 재승인을 얻거나 등록을 하여 방송사업·중계유선방송사업·음악유선방송사업·전광판방송사업 또는 전송망사업을 한 자
3. 제9조 또는 제17조의 규정에 의한 허가 또는 재허가를 받지 아니하거나 승인 또는 재승인을 얻지 아니하거나 등록을 하지 아니하고 방송사업·중계유선방송사업·음악유선방송사업·전광판방송사업 또는 전송망사업을 한 자

**제106조(벌칙)** ① 다음 각호의 1에 해당하는 자는 1년 이하의 징역 또는 3천만원 이하의 벌금에 처한다.〈개정 2004.3.22, 2006.10.27, 2009.7.31〉

1. 제4조 제4항의 규정에 위반하여 방송편성규약을 제정하지 아니하거나 공표하지 아니한 자
2. 제8조 제13항의 규정에 의한 시정명령을 위반한 자
3. 제14조 제6항의 규정에 의한 시정명령을 위반한 자

4. 허위 기타 부정한 방법으로 제15조 제1항의 규정에 의한 변경허가를 받거나 변경승인을 얻거나 변경등록을 한 자
5. 제15조 제1항의 규정에 의한 변경허가를 받지 아니하거나 변경승인을 얻지 아니하거나 변경등록을 하지 아니한 자
6. 제15조의2 제3항의 규정에 따른 시정명령을 위반한 자

② 다음 각호의 1에 해당하는 자는 3천만원 이하의 벌금에 처한다.〈개정 2007.1.26, 2008.2.29〉

1. 제53조 제3항의 규정에 위반하여 직무상 공사의 비밀을 누설하거나 도용한 자
2. 제100조 제1항의 규정에 의한 방송통신위원회의 제재조치명령을 이행하지 아니한 자

**제107조(양벌규정)** 법인의 대표자, 법인 또는 개인의 대리인·사용인 기타 종업원이 그 법인 또는 개인의 업무에 관하여 제105조 또는 제106조의 위반행위를 한 때에는 행위자를 벌하는 외에 그 법인 또는 개인에 대하여도 각 해당 조의 벌금형을 과한다.

**제108조(과태료)** ① 다음 각호의 어느 하나에 해당하는 자는 3천만원 이하의 과태료에 처한다.〈개정 2002.4.20, 2004.3.22, 2005.5.18, 2006.10.27, 2007.7.27, 2008.2.29, 2009.7.31〉

1. 제4조 제3항의 규정에 위반하여 방송편성책임자의 성명을 방송시간 내에 매일 1회 이상 공표하지 아니한 자
2. 제15조 제2항 및 제3항의 규정에 의한 신고를 하지 아니한 자

2의2. 제15조의2 제1항 단서의 규정에 의한 신고를 하지 아니한 자

2의3. 삭제〈2009.7.31〉

3. 제33조 제3항의 규정에 위반하여 방송프로그램의 등급을 표시하지 아니한 자
4. 제69조 제3항 내지 제6항의 규정을 위반하여 방송프로그램을 편성한 자
5. 제70조 제1항 내지 제4항의 규정에 위반하여 채널을 구성·운용한 자
6. 제70조 제5항 단서의 규정에 위반하여 채널을 운용하거나, 동조 제6항의 규정에 의한 대통령령을 위반하여 채널을 운용한 자
7. 제70조 제7항의 규정에 위반하여 특별한 이유없이 시청자가 자체제작한 방송프로그램을 방송하지 아니한 자
8. 제71조 제1항 내지 제3항의 규정에 위반하여 방송프로그램을 편성한 자
9. 제72조 제1항 내지 제3항의 규정에 의한 편성비율을 위반하여 방송프로그램을 편성한 자
10. 제73조 제1항·제2항·제4항 또는 제5항의 규정에 위반하여 방송광고를

한 자

11. 제74조 제1항 및 제2항의 규정에 위반하여 협찬고지를 한 자

11의2. 제75조 제2항의 규정을 위반하여 특별한 사유 없이 재난방송을 하지 아니한 자

12. 제77조 제1항의 규정에 위반하여 약관의 신고 또는 변경신고를 하지 아니하거나 승인 또는 변경승인을 얻지 아니하고 유료방송을 한 자

13. 제78조 제1항의 규정에 위반하여 동시재송신을 하지 아니한 자

14. 제78조 제4항에 위반하여 재송신을 한 자 및 방송사업자로부터 업무를 위탁받아 방송을 위한 설비를 설치·운용하는 자로서 제78조 제4항에 위반한 재송신을 가능하게 한 자

14의2. 외국방송사업자로서 다음 각 목의 어느 하나에 해당하는 자

가. 제78조의2 제1항을 위반하여 승인받지 아니하고 재송신을 한 자

나. 제78조의2 제3항을 위반하여 재송신을 한 자

다. 제78조의2 제4항에 따른 자료제출 요구에 응하지 아니하거나 거짓으로 자료를 제출한 자

14의3. 제78조의2 제6항을 위반하여 재송신을 하거나 같은 조 제7항에 따른 재송신의 범위와 기준을 초과하여 재송신을 한 자

15. 제79조 제2항 또는 제80조의 규정에 위반하여 준공검사 또는 확인을 받지 아니한 자

16. 제82조의 규정에 위반하여 약관의 신고 또는 변경신고를 하지 아니하고 전송망사업을 행한 자

17. 제83조 제1항의 규정에 의한 방송일지를 기록하지 아니하거나 허위로 기록한 자 또는 방송실시결과를 제출하지 아니한 자

18. 제83조 제2항의 규정에 위반하여 방송프로그램 및 방송광고의 원본 또는 사본을 보존하지 아니한 자

19. 제84조 제1항의 규정에 의한 신고를 하지 아니하고 폐업하거나 휴업한 자

20. 제86조 제1항의 규정에 위반하여 자체심의기구를 두지 아니하거나 방송프로그램을 심의하지 아니하거나 같은 조 제2항을 위반하여 허위, 과장 등 시청자가 오인할 수 있는 내용이 담긴 방송광고를 방송한 자

21. 제87조 제1항의 규정에 위반하여 시청자위원회를 두지 아니한 자

22. 제89조 제1항의 규정에 위반하여 시청자 평가프로그램을 편성하지 아니한 자

23. 제90조 제3항의 규정에 위반하여 필요한 자료의 제출 또는 관계자의 출석·답변을 거부한 자

24. 제90조 제4항의 규정에 위반하여 시청자위원회의 심의결과 및 그 처리에 관한사항을 방송통신위원회에 보고하지 아니한 자

25. 삭제〈2005.1.27〉

25의2. 제98조 제1항의 규정을 위반하여 자료제출을 하지 아니하거나 거짓으로 자료를 제출한 자

25의3. 제98조 제3항에 따른 자료제출을 하지 아니하거나 거짓으로 자료를 제출한 자

26. 제98조 제2항의 규정에 위반하여 재산상황을 제출하지 아니하거나 거짓으로 재산상황을 제출한 자

26의2. 제100조 제2항의 규정을 위반한 방송출연자에 대한 경고, 출연제한 등의 조치를 취하지 아니한 자

27. 제100조 제4항의 규정에 위반하여 방송통신위원회의 결정사항전문을 방송하지 아니하거나 그 결과를 방송통신위원회에 보고하지 아니한 자

② 제1항의 규정에 의한 과태료는 대통령령이 정하는 바에 의하여 방송통신위원회(이하 "부과권자"라 한다)가 부과·징수한다.〈개정 2008.2.29〉

③ 제2항의 규정에 의한 과태료 처분에 불복이 있는 자는 그 처분의 고지를 받은 날부터 30일 이내에 그 부과권자에게 이의를 제기할 수 있다.〈개정 2008.2.29〉

④ 제2항의 규정에 의하여 과태료의 처분을 받은 자가 제3항의 규정에 의하여 이의를 제기한 때에는 부과권자는 지체없이 관할법원에 이를 통보하여야 하며, 그 통보를 받은 관할법원은 비송사건절차법에 의한 과태료의 재판을 한다.〈개정 2008.2.29〉

⑤ 제3항의 규정에 의한 기간 내에 이의를 제기하지 아니하고 과태료를 납부하지 아니한 때에는 국세체납처분의 예에 의하여 이를 징수한다.

제109조(**과징금 부과 및 징수**) ① 방송통신위원회는 이 법의 규정에 의한 과징금을 부과함에 있어서 다음 각호의 사항을 참작하여야 한다.〈개정 2008.2.29〉

1. 위반행위의 내용 및 정도
2. 위반행위의 기간 및 횟수
3. 위반행위로 인하여 취득한 이익의 규모 등

② 방송통신위원회는 이 법의 규정을 위반한 방송사업자의 합병이 있는 경우에는 당해 법인이 행한 위반행위는 합병 후 존속하거나 합병에 의해 설립된 법인이 행한 행위로 보아 과징금을 부과·징수할 수 있다.〈개정 2008.2.29〉

③ 과징금을 부과받은 당해 방송사업자가 분할 또는 분할합병되는 경우(부과일에 분할 또는 분할합병되는 경우를 포함한다) 그 과징금은 다음 각 호의 법인이 연대하여 납부할 책임을 진다.

1. 분할되는 법인
2. 분할 또는 분할합병으로 인하여 설립되는 법인
3. 분할되는 회사의 일부가 다른 회사와 합병하여 그 다른 회사가 존속하는 경우의 그 다른 법인

④ 과징금을 부과받은 방송사업자가 분할 또는 분할합병으로 인하여 해산되는 경우(부과일에 해산되는 경우를 포함한다) 그 과징금은 다음 각 호의 법인이 연대하여 납부할 책임을 진다.

1. 분할 또는 분할합병으로 인하여 설립되는 법인
2. 분할되는 법인의 일부가 다른 법인과 합병하여 그 다른 법인이 존속하는 경우의 그 다른 법인

⑤ 방송통신위원회는 과징금 납부의무자가 납부기한 내에 과징금을 납부하지 아니한 때에는 기간을 정하여 독촉을 하고, 그 지정한 기간 내에 과징금을 납부하지 아니한 때에는 국세체납처분의 예에 따라 이를 징수할 수 있다.〈개정 2008.2.29〉

⑥ 제1항의 규정에 의한 과징금의 부과기준 및 과징금의 징수에 관하여 필요한 사항은 대통령령으로 정한다.

[본조신설 2006.10.27]

## 부칙 <제6139호, 2000.1.12>

**제1조(시행일)** 이 법은 공포 후 2월이 경과한 날부터 시행하되, 부칙 제4조 제2항의 규정은 공포한 날부터 시행한다.

**제2조(다른 법률의 폐지)** 다음 각호의 법률은 이를 폐지한다.

1. 방송법
2. 종합유선방송법
3. 한국방송공사법
4. 유선방송관리법

**제3조(방송위원회 등에 관한 경과조치)** ① 이 법 제20조의 규정에 의한 방송위원회는 이 법의 시행일 30일전까지 구성하여야 한다.

② 이 법에 의한 방송위원회가 구성된 경우에는 종전의 방송법에 의한 방송위원회 또는 종합유선방송법에 의한 종합유선방송위원회는 해체된 것으로 본다.

③ 이 법 공포 당시 종전의 방송법에 의한 방송위원회의 위원은 이 법 시행전에 임기가 만료되더라도 이 법에 의한 방송위원회가 구성될 때까지 그 직무를 행한다.

④ 제 1 항의 규정에 의한 방송위원회가 구성된 경우에는 이 법 시행일 전까지 종전의 방송법에 의한 방송위원회 또는 종전의 종합유선방송법에 의한 종합유선방송위원회의 직무는 방송위원회가 행한다.

**제 4 조(한국방송공사의 정관 등에 관한 경과조치)** ① 이 법 시행 당시 종전의 한국방송공사법에 의한 한국방송공사는 이 법에 의한 한국방송공사로 본다. 이 경우 법 시행후 3월 이내에 정관을 변경하여 방송위원회의 인가를 받아야 한다.

② 1999년 12월 31일 당시 종전의 한국방송공사법에 의한 수신료의 금액은 2000년 1월 1일부터 이 법 제65조에 의한 국회의 승인을 얻은 것으로 본다.

③ 이 법에 의한 한국방송공사는 종전의 한국방송공사법에 의한 한국방송공사의 모든 권리와 의무를 승계한다.

**제 5 조(한국방송공사의 이사회·집행기관의 구성에 관한 경과조치)** ① 한국방송공사의 이사회 및 집행기관은 이 법 시행 후 3월 내에 이 법의 규정에 의하여 구성되어야 한다.

② 이 법 시행 당시의 한국방송공사의 이사장을 포함한 이사는 이 법에 의한 후임자가 선임될 때까지 그 직무를 행한다.

③ 이 법 시행 당시의 한국방송공사의 사장, 부사장 및 감사는 이 법에 의한 후임자가 선임 또는 임명될 때까지 그 직무를 행한다.

**제 6 조(공익자금 및 공익자금관리위원회에 관한 경과조치)** ① 이 법 시행 당시 한국방송광고공사법에 의한 한국방송광고공사가 조성 및 관리·운용하고 있는 공익자금은 이 법에 의하여 방송위원회가 조성 및 관리·운용하는 방송발전기금으로 본다.

② 이 법에 의한 방송발전기금관리위원회가 구성된 경우에는 종전의 한국방송광고공사법에 의한 공익자금관리위원회는 해체된 것으로 본다.

**제 7 조(일반적 경과조치)** ① 이 법 시행 당시 종전의 방송법·종합유선방송법·유선방송관리법 또는 한국방송공사법에 의하여 행정처분 등 행정기관·방송위원회·종합유선방송위원회의 행위와 각종 신고 등 행정기관·방송위원회·종합유선방송위원회에 대한 행위는 이 법에 의한 행위로 본다.

② 방송위원회는 이 법 제 9 조 제 3 항의 규정에 의한 종합유선방송사업의 승인을 별표에서 정하는 기간 동안 유예할 수 있다.

③ 종합유선방송사업자는 제 2 항의 유예기간 동안 지상파방송사업자가 행하는 방송을 녹음·녹화하여 재송신하여서는 아니된다.

④ 제 9 조 제 5 항에 의한 등록을 하여야 하는 방송채널사용사업자의 경우 2000년 12월 31일까지는 방송위원회의 승인을 얻어야 한다. 이 경우 승인의 요건과 절차에 관한 사항은 방송위원회규칙으로 정한다.

**제 8 조(방송사업 허가 등에 관한 경과조치)** ① 이 법 시행 당시 전파법에 의하여 방송

국 허가를 받은 자는 이 법 제9조 제1항의 규정에 의하여 허가를 받은 자로 본다.

② 이 법 시행 당시 종전의 종합유선방송법에 의하여 종합유선방송국 허가를 받은 자는 이 법 제9조 제2항의 규정에 의하여 허가를 받은 자로, 프로그램공급업 허가를 받은 자는 이 법 제9조 제5항의 규정에 의하여 승인을 얻거나 등록을 한 자로, 전송망사업 지정을 받은 자는 이 법 제9조 제10항의 규정에 의하여 등록한 자로 본다.

③ 이 법 시행 당시 종전의 유선방송관리법에 의하여 유선방송사업자로 허가를 받은 자는 이 법 제9조 제2항의 규정에 의하여 중계유선방송사업의 허가를 받은 자로, 음악유선방송사업자로 허가를 받은 자는 제9조 제5항의 규정에 의하여 음악유선방송사업자로 등록한 자로 본다.

④ 이 법 시행 당시 전광판방송을 행하고 있는 자는 이 법 제9조 제5항의 규정에 의하여 전광판방송사업자로 등록한 자로 본다. 다만, 이 법 시행 후 6월 이내에 등록증을 교부받아야 한다.

**제9조(방송사업자의 소유제한에 관한 특례)** ① 이 법 시행 당시 정기간행물등록 등에 관한 법률에 의한 일간신문을 경영하는 법인(특수관계자를 포함한다)으로서 종전의 종합유선방송법에 의한 보도프로그램공급업을 행하는 법인의 주식 또는 지분을 소유하고 있는 경우에는 이 법 제8조 제3항의 규정에 불구하고 그 법인이 소유하고 있는 주식 또는 지분의 한도 안에서 주식 또는 지분을 계속 소유할 수 있다.

② 이 법 시행 당시 종전의 방송법 또는 종합유선방송법에 의하여 방송사업의 허가를 받거나 그 주식 또는 지분을 소유하고 있는 자가 대기업과 그 계열회사(특수관계자를 포함한다)에 해당되게 되는 경우에는 이 법 제8조 제3항 및 제4항의 규정에 불구하고 그 자가 소유하고 있는 주식 또는 지분의 한도 안에서 주식 또는 지분을 계속 소유할 수 있다.

③ 이 법 시행 당시 법률 제5529호 방송법 부칙 제3조의 규정에 의하여 이 법 제8조 제2항의 규정에 의한 소유한도를 초과하여 방송사업자의 주식 또는 지분을 소유하고 있는 자는 그가 소유하고 있는 주식 또는 지분의 범위 안에서 주식 또는 지분을 계속하여 소유할 수 있다.

**제10조(위성방송사업자에 대한 기금의 징수)** 이 법 제37조 제3항의 규정에 의한 위성방송사업자에 대한 기금의 징수시기는 위성방송사업자의 경영상황을 고려하여 대통령령으로 정한다.

**제11조(벌칙의 적용에 관한 경과조치)** 이 법 시행 전의 행위에 관한 벌칙의 적용에 있어서는 종전의 방송법·종합유선방송법·한국방송공사법 또는 유선방송관리법의 규정에 의한다.

**제12조(다른 법률의 개정)** ① 정부조직법 중 다음과 같이 개정한다.

1. 제35조 제1항 중 "방송행정·출판"을 "영상·광고·출판"으로 하고, 부칙 제4조를 삭제한다.

② 기금관리기본법 중 다음과 같이 개정한다.

별표 2에 제128호를 다음과 같이 신설한다.

128. 방송법

**제13조(다른 법률과의 관계)** 이 법 시행 당시 다른 법률에서 종전의 방송법·종합유선방송법·한국방송공사법 또는 유선방송관리법의 규정을 인용하고 있는 경우에 이 법 중 그에 해당하는 규정이 있는 경우에는 종전의 규정에 갈음하여 이 법의 해당 규정을 인용한 것으로 본다.

# 인터넷 멀티미디어 방송사업법

## 제1장 총 칙

**제1조(목적)** 이 법은 방송과 통신이 융합되어 가는 환경에서 인터넷 멀티미디어 등을 이용한 방송사업의 운영을 적정하게 함으로써 이용자의 권익보호, 관련 기술과 산업의 발전, 방송의 공익성 보호 및 국민문화의 향상을 기하고 나아가 국가경제의 발전과 공공복리의 증진에 이바지하는 것을 목적으로 한다.

**제2조(정의)** 이 법에서 사용하는 용어의 뜻은 다음과 같다.

1. "인터넷 멀티미디어 방송"이란 광대역통합정보통신망 등(자가 소유 또는 임차 여부를 불문하고, 「전파법」 제10조 제1항 제1호에 따라 기간통신사업을 영위하기 위하여 할당받은 주파수를 이용하는 서비스에 사용되는 전기통신회선설비는 제외한다)을 이용하여 양방향성을 가진 인터넷 프로토콜 방식으로 일정한 서비스 품질이 보장되는 가운데 텔레비전 수상기 등을 통하여 이용자에게 실시간 방송프로그램을 포함하여 데이터·영상·음성·음향 및 전자상거래 등의 콘텐츠를 복합적으로 제공하는 방송을 말한다.
2. "광대역통합정보통신망 등"이란 「정보화촉진기본법」 제2조 제5호의2에 따른 광대역통합정보통신망과 「전기통신기본법」 제2조 제3호에 따른 전기통신회선설비를 말한다.
3. "실시간 방송프로그램"이란 인터넷 멀티미디어 방송 콘텐츠사업자 또는 「방송법」 제2조 제3호에 따른 방송사업자가 편성하여 송신 또는 제공하는 방송프로그램으로서 그 내용과 편성에 변경을 가하지 아니하고 동시에 제공하는 것을 말한다.
4. "인터넷 멀티미디어 방송사업"이란 다음 각 목의 사업을 말한다.
   가. 인터넷 멀티미디어 방송 제공사업: 인터넷 멀티미디어 방송에 제공하기 위하여 제18조 제1항에 따라 콘텐츠를 공급받은 인터넷 멀티미디어 방송 제공사업자가 해당 콘텐츠를 이용자에게 제공하는 사업
   나. 인터넷 멀티미디어 방송 콘텐츠사업: 인터넷 멀티미디어 방송 제공사업자에게 인터넷 멀티미디어 콘텐츠를 공급하는 사업
5. "인터넷 멀티미디어 방송사업자"란 다음 각 목의 사업자를 말한다.
   가. 인터넷 멀티미디어 방송 제공사업자: 인터넷 멀티미디어 방송 제공사업

을 하기 위하여 제4조 제1항에 따른 허가를 받은 자
나. 인터넷 멀티미디어 방송 콘텐츠사업자: 인터넷 멀티미디어 방송 콘텐츠 사업을 하기 위하여 제18조 제2항에 따라 신고·등록하거나 승인을 받은 자

**제3조(다른 법률과의 관계)** 인터넷 멀티미디어 방송사업에 대하여는 다른 법률에 우선하여 이 법을 적용한다.

## 제2장 사업의 허가

**제4조(인터넷 멀티미디어 방송 제공사업의 허가 등)** ① 인터넷 멀티미디어 방송 제공사업을 하고자 하는 자는 방송통신위원회의 허가를 받아야 한다.〈개정 2008.2.29〉

② 제1항에 따른 허가 대상자는 법인에 한한다.

③ 제1항에 따른 허가를 받고자 하는 자는 다음 사항을 포함한 허가 신청서를 방송통신위원회에 제출하여야 한다.〈개정 2008.2.29〉

1. 법인명, 주소 및 대표자의 성명
2. 콘텐츠 수급계획을 포함한 사업계획서
3. 재정 및 기술능력을 입증하는 서류
4. 시설계획서(주요 시설의 임차 시는 임차계획을 포함한다)
5. 그 밖에 대통령령으로 정하는 사항

④ 방송통신위원회는 인터넷 멀티미디어 방송 제공사업을 허가함에 있어서 다음 각 호의 사항을 심사하여 그 결과를 공표하여야 한다.〈개정 2008. 2.29〉

1. 방송의 공적 책임·공정성·공익성의 실현 가능성
2. 콘텐츠 수급계획의 적절성 및 방송영상 산업 발전에 대한 기여도
3. 유료 방송시장에서의 공정경쟁 확보 계획의 적정성
4. 조직 및 인력운영 등 경영계획의 적정성
5. 재정 및 기술능력
6. 신청인이 설립 중인 법인인 경우에는 해당 법인의 설립이 확실한지 여부
7. 시설계획이 적정한지 여부
8. 그 밖에 사업 수행에 필요한 사항

⑤ 삭제

⑥ 방송통신위원회는 허가를 함에 있어서 특별한 결격사유가 없는 한 3개월 이내에 하여야 한다.〈개정 2008.2.29〉

⑦ 제1항에 따른 인터넷 멀티미디어 방송 제공사업의 허가에 필요한 절차, 심사기준에 대한 배점, 그 밖에 필요한 사항은 대통령령으로 정한다.〈개정 2008.

2.29〉

**제 5 조(허가의 유효기간)** 제 4 조 제 1 항에 따른 인터넷 멀티미디어 방송 제공사업 허가의 유효기간은 5년의 범위에서 대통령령으로 정한다.

[전문개정 2009.5.21]

**제 5 조의2(재허가)** ① 인터넷 멀티미디어 방송 제공사업자가 허가 유효기간의 만료 후 계속 인터넷 멀티미디어 방송 제공사업을 하고자 하는 경우 방송통신위원회의 재허가를 받아야 한다.

② 방송통신위원회가 제 1 항에 따라 재허가를 할 때에는 제 4 조 제 4 항 각 호 및 다음 각 호의 사항을 심사하고 그 결과를 공표하여야 한다.

1. 이전(以前) 허가 당시의 사업계획, 허가조건 및 그 밖의 준수사항의 이행 여부
2. 방송통신위원회의 시정명령, 과징금·과태료 부과처분의 내용·횟수와 그 이행 여부

③ 제 1 항의 재허가에 관하여는 제 4 조 제 2 항·제 3 항·제 6 항 및 제 7 항을 준용한다.

[본조신설 2009.5.21]

**제 6 조(사업권역)** ① 인터넷 멀티미디어 방송 제공사업은 전국을 하나의 사업권역으로 한다. 다만, 제 4 조 제 1 항에 따른 사업허가 시 「중소기업기본법」 제 2 조 제 1 항에 따른 중소기업자의 요청이 있고 방송통신위원회가 특별히 필요하다고 인정하는 때에는 그러하지 아니하다.〈개정 2008.2.29〉

② 「전기통신사업법」 제34조 제 3 항 제 1 호 및 제 2 호에 따른 기간통신사업자가 제 4 조 제 1 항에 따른 허가를 받은 경우에는 허가를 받은 날부터 대통령령으로 정하는 기간 이내에 「방송법」 제12조 제 2 항에 따라 방송통신위원회가 고시한 모든 방송구역에서 서비스를 개시하여야 한다. 다만, 천재지변이나 그 밖의 부득이한 사유로 인하여 본문의 기간 이내에 서비스를 시작할 수 없을 때에는 방송통신위원회는 대통령령으로 정하는 기간 내에서 한 차례에 한하여 본문의 기간을 연장할 수 있다.〈개정 2008.2.29, 2009.5.21〉

**제 7 조(결격사유)** ① 다음 각 호의 어느 하나에 해당하는 자는 제 4 조 제 1 항에 따른 인터넷 멀티미디어 방송 제공사업을 할 수 없다.

1. 국가 또는 지방자치단체
2. 제 8 조 및 제 9 조에 따른 주식 또는 지분의 소유 제한을 초과한 법인
3. 제24조 제 1 항에 따라 허가가 취소된 후 3년이 경과되지 아니한 자

② 다음 각 호의 어느 하나에 해당하는 자는 제 4 조 제 1 항에 따라 허가를 받은 법인의 임원이 될 수 없다.

1. 미성년자·한정치산자 또는 금치산자
2. 파산선고를 받고 복권되지 아니한 자
3. 이 법, 「방송법」, 「전기통신기본법」, 「전기통신사업법」 및 「정보통신망 이용 촉진 및 정보보호 등에 관한 법률」을 위반하여 벌금 이상의 형을 선고받고 그 집행이 종료(집행이 종료된 것으로 보는 경우를 포함한다)되거나 그 집행이 면제된 날부터 3년이 경과되지 아니한 자
4. 「형법」 제87조부터 제90조까지, 제92조, 제101조, 「군형법」 제 5 조부터 제 8 조까지, 제 9 조 제 2 항, 제11조부터 제16조까지 또는 「국가보안법」 제 3 조부터 제 9 조까지의 규정에 따른 죄를 범하여 금고 이상의 실형을 선고받고 그 형의 집행이 종료되지 아니 하거나 집행을 받지 아니하기로 확정되지 아니한 자 또는 집행 유예기간 중에 있는 자
5. 「보안관찰법」에 따른 보안관찰처분이나 「치료감호법」에 따른 치료감호의 집행 중에 있는 자

③ 외국인이나 외국의 법인 또는 단체의 대표자는 제 4 조 제 1 항에 따라 허가를 받은 법인의 대표자가 될 수 없다.

**제 8 조(겸영금지 등)** ① 인터넷 멀티미디어 방송 제공사업자가 주식을 발행하는 경우에는 기명식으로 하여야 한다.

② 「신문 등의 자유와 기능보장에 관한 법률」에 따른 신문 또는 「뉴스통신진흥에 관한 법률」에 따른 뉴스통신을 경영하는 법인(대통령령으로 정하는 특수관계자를 포함한다)은 인터넷 멀티미디어 방송 제공사업자의 주식 또는 지분 총수의 100분의 49를 초과하여 소유할 수 없다.

③ 「독점규제 및 공정거래에 관한 법률」 제 2 조 제 2 호에 따른 기업집단 중 자산총액 등 대통령령으로 정하는 기준에 해당하는 기업집단에 속하는 회사와 그 계열회사(대통령령으로 정하는 특수관계자를 포함한다) 또는 「신문 등의 자유와 기능보장에 관한 법률」에 따른 신문이나 「뉴스통신진흥에 관한 법률」에 따른 뉴스통신을 경영하는 법인(대통령령으로 정하는 특수관계자를 포함한다)은 종합편성 또는 보도에 관한 전문편성을 행하는 인터넷 멀티미디어 방송 콘텐츠사업을 겸영하거나 그 주식 또는 지분을 소유할 수 없다.

④ 인터넷 멀티미디어 방송 제공사업자는 「방송법」 제 2 조 및 같은 법 시행령 제 1 조의2에 따른 텔레비전방송채널사용사업·라디오방송채널사용사업 및 데이터방송채널사용사업별로 각각 전체 사업자수의 5분의 1을 초과하여 방송채널사용사업을 경영(겸영하거나 주식 또는 지분 총수의 100분의 5 이상을 소유하는 경우를 말한다)할 수 없다.

**제 9 조(외국인의 주식소유 제한 등)** ① 다음 각 호의 어느 하나에 해당하는 자는 다른

하나에 해당하는 자와 합산하여 인터넷 멀티미디어 방송 제공사업자 또는 인터넷 멀티미디어 방송 콘텐츠사업자(종합편성이나 보도에 관한 전문편성을 행하는 인터넷 멀티미디어 방송 콘텐츠사업자를 제외한다)의 주식(의결권 있는 주식에 한하며 주식예탁증서 등 의결권을 가진 주식의 등가물 및 출자지분을 포함한다. 이하 같다) 또는 지분을 총 발행주식 또는 지분의 100분의 49를 초과하여 소유하지 못한다.

1. 외국의 정부나 단체
2. 외국인
3. 외국의 정부나 단체 또는 외국인(「증권거래법」 제2조 제20항 제1호에 따른 특수관계인을 포함한다. 이하 이 호에서 같다)이 최대주주인 법인으로서 발행주식 총수의 100분의 15 이상을 그 외국정부나 단체 또는 외국인이 소유하고 있는 법인(인터넷 멀티미디어 방송 제공사업자의 경우에는 해당 인터넷 멀티미디어 방송 제공사업자의 발행주식 또는 지분 총수의 100분의 1 미만을 소유한 법인을 제외하고, 인터넷 멀티미디어 방송 콘텐츠사업자의 경우에는 해당 인터넷 멀티미디어 방송 콘텐츠사업자의 발행주식 또는 지분 총수의 100분의 1 미만을 소유한 법인을 제외한다)

② 제1항 각 호의 어느 하나에 해당하는 자는 종합편성 또는 보도에 관한 전문편성을 행하는 인터넷 멀티미디어 방송 콘텐츠사업자의 주식 또는 지분을 소유할 수 없다.

**제10조(초과소유 주주 등에 관한 제한 등)** ① 제8조 또는 제9조를 위반한 경우 위반의 원인을 제공한 주식 또는 지분을 소유한 자는 그 소유분 또는 초과분에 대한 의결권을 행사할 수 없다.

② 방송통신위원회는 제8조 또는 제9조를 위반한 자나 그 위반의 원인을 제공한 주식 또는 지분의 소유자에 대하여 6개월 이내의 기간을 정하여 해당 사항을 시정할 것을 명할 수 있다.〈개정 2008.2.29〉

③ 제2항에 따라 시정명령을 받은 자는 그 기간 이내에 해당 사항을 시정하여야 한다.

**제11조(허가사항의 변경)** ① 제4조 제1항에 따라 인터넷 멀티미디어 방송 제공사업의 허가를 받은 자가 허가사항 중 대통령령으로 정하는 사항을 변경하고자 하는 때에는 대통령령으로 정하는 바에 따라 변경허가를 받아야 한다.

② 변경허가의 절차 및 심사 내용 등에 대하여는 제4조를 준용한다.

## 제3장 공정경쟁의 보장 및 촉진

**제12조(공정경쟁의 촉진)** ① 정부는 인터넷 멀티미디어 방송 제공사업의 효율적인 경쟁

체제 구축과 공정한 경쟁 환경 조성을 위하여 노력하여야 하고 다른 사업에서의 지배력이 인터넷 멀티미디어 방송 제공사업으로 부당하게 전이되지 아니하도록 하여야 한다.

② 제1항에 따른 효율적인 경쟁체제 구축과 공정한 경쟁 환경의 조성을 위한 경쟁정책 수립을 위하여 인터넷 멀티미디어 방송 제공사업에 대한 경쟁상황 평가를 실시하기 위하여 평가위원회를 구성한다.

③ 평가위원회의 위원은 9인으로 하며, 위원장은 방송통신위원회 위원장이 한다. 〈개정 2008.2.29〉

④ 평가위원회는 인터넷 멀티미디어 방송 제공사업자에 대하여 제2항에 따른 경쟁상황 평가를 위하여 필요한 자료의 제출을 요청할 수 있다.

⑤ 다른 사업에서의 지배력이 인터넷 멀티미디어 방송 제공사업으로 부당하게 전이되지 아니하도록 하기 위한 구체적인 방법, 경쟁상황 평가를 위한 구체적인 평가기준·절차·방법, 평가위원회의 설치·조직·업무·위원의 선임방법·위원의 임기 및 신분 등에 대하여는 대통령령으로 정한다.

제13조(**시장점유율 제한 등**) ① 특정 인터넷 멀티미디어 방송 제공사업자는 해당 사업자와 특수관계자인 인터넷 멀티미디어 방송 제공사업자를 합산하여 「방송법」 제12조 제2항에 따라 방송통신위원회가 고시한 방송구역별로 인터넷 멀티미디어 방송, 종합유선방송, 위성방송을 포함한 유료방송사업 가입 가구의 3분의 1을 초과하여 서비스를 제공할 수 없다. 다만, 이 법이 시행된 후 1년 이내에는 5분의 1을 초과하여 서비스를 제공할 수 없다.〈개정 2008.2.29〉

② 방송통신위원회는 인터넷 멀티미디어 방송 제공사업자가 제1항을 위반하게 된 경우에 해당 사업자에 대하여 6개월 이내의 기간을 정하여 해당 사항을 시정할 것을 명할 수 있다.〈개정 2008.2.29〉

③ 제2항에 따라 시정명령을 받은 사업자는 그 기간 이내에 해당 사항을 시정하여야 한다.

제14조(**전기통신설비의 동등제공**) ① 인터넷 멀티미디어 방송 제공사업자는 인터넷 멀티미디어 방송 제공사업을 하고자 하는 자로부터 해당 서비스의 제공에 필수적인 전기통신설비에의 접근 및 이용에 관한 요청이 있는 경우 자기 보유설비의 부족, 영업비밀의 보호 등 합리적이고 정당한 사유 없이 이를 거절하지 못한다.

② 인터넷 멀티미디어 방송 제공사업자는 합리적이고 정당한 사유 없이 다른 인터넷 멀티미디어 방송 제공사업자가 사용 중인 자기 보유설비의 사용 등을 중단하거나 제한하지 못한다.

③ 인터넷 멀티미디어 방송 제공사업자는 자기 보유설비를 다른 인터넷 멀티미디어 방송 제공사업자에게 부당하게 차별적인 대가와 조건으로 제공하여서는 아

니 된다.

④ 제1항부터 제3항까지의 규정에 따른 전기통신설비의 범위, 설비제공의 거절·중단·제한 사유, 설비제공의 방법·절차 및 설비 이용대가의 산정원칙 등에 관하여 필요한 사항은 대통령령으로 정한다.

**제15조(이용약관의 신고 등)** ① 인터넷 멀티미디어 방송 제공사업자는 그가 제공하고자 하는 서비스에 관하여 요금 및 이용조건(이하 "이용약관"이라 한다)을 정하여 방송통신위원회에 신고(변경신고를 포함한다)하여야 하고, 이용요금에 대하여는 방송통신위원회의 승인(변경승인을 포함한다)을 받아야 한다. 〈개정 2008.2.29〉

② 제1항에 따라 서비스에 관한 이용요금의 승인(변경승인을 포함한다)을 받고자 하는 자는 가입비, 기본료, 사용료, 부가서비스료, 실비 등을 포함한 요금산정의 근거자료(변경할 경우에는 신·구 내용 대비표를 포함한다)를 방송통신위원회에 제출하여야 한다. 〈개정 2008.2.29〉

**제16조(이용자 보호)** ① 인터넷 멀티미디어 방송 제공사업자는 자신이 제공하는 서비스에 관하여 이용자로부터 제기되는 정당한 의견이나 불만을 즉시 처리하여야 한다.

② 인터넷 멀티미디어 방송 제공사업자는 서비스나 전기통신설비의 제공 과정에서 취득한 개별 이용자에 관한 정보를 보호하기 위한 조치를 취하여야 하며, 취득한 개인 정보를 공개하여서는 아니 된다. 다만, 본인의 동의가 있거나 다른 법률의 규정에 따른 적법한 절차에 따른 경우에는 그러하지 아니하다.

③ 인터넷 멀티미디어 방송 제공사업자는 제2항에 따른 개별 이용자 정보의 부당한 제공으로 이용자에게 손해를 입힌 경우에는 정당한 배상을 하여야 한다.

**제17조(금지행위)** ① 인터넷 멀티미디어 방송 제공사업자는 사업자 간의 공정한 경쟁 또는 이용자의 이익을 저해하거나 저해할 우려가 있는 다음 각 호의 어느 하나에 해당하는 행위를 하거나 제3자로 하여금 이를 행하도록 하여서는 아니 된다.

1. 정당한 사유 없이 인터넷 멀티미디어 방송 서비스의 제공을 거부하는 행위
2. 이용약관의 내용과 다르게 인터넷 멀티미디어 방송 서비스를 제공하거나 이용계약과 다른 내용으로 이용요금을 청구하는 행위
3. 인터넷 멀티미디어 방송 서비스의 제공 과정에서 알게 된 이용자의 정보를 부당하게 유용하는 행위
4. 부당하게 이용자를 차별하여 현저하게 유리하거나 불리한 이용요금 또는 이용조건으로 인터넷 멀티미디어 방송 서비스를 제공하는 행위
5. 우월적 지위를 이용하여 인터넷 멀티미디어 방송 콘텐츠사업자에게 부당한 계약을 강요하거나 적정한 수익 배분을 거부하는 행위
6. 다른 방송사업자의 방송 시청을 부당하게 방해하거나 서비스제공계약의 체결을 방해하는 행위

7. 정당한 사유 없이 다른 방송사업자의 서비스 제공에 필수적인 전주, 관로, 통신구 등 전기통신설비의 사용 또는 접근을 거절·중단하거나 제한하는 행위

② 방송통신위원회는 공정거래위원회와 협의하여 인터넷 멀티미디어 방송 제공사업자가 제1항 각 호의 어느 하나에 해당하는 행위를 하는 경우에는 해당 인터넷 멀티미디어 방송 제공사업자에게 위반행위의 내용 및 정도, 위반행위의 기간 및 횟수, 위반행위로 인하여 취득한 이익의 규모 등을 고려하여 매출액 100분의 2 이하에서 대통령령으로 정하는 과징금을 부과할 수 있다. 다만, 매출액이 없거나 매출액의 산정이 곤란한 경우로서 대통령령으로 정하는 때에는 5억원 이하의 과징금을 부과할 수 있다.〈개정 2008. 2.29〉

③ 방송통신위원회는 제2항에 따라 과징금 부과 처분을 받은 자가 납부기한 이내에 과징금을 납부하지 아니한 때에는 국세 체납처분의 예에 따라 징수한다.〈개정 2008.2.29〉

④ 제1항 각 호에 따른 행위의 세부적인 유형 및 기준에 필요한 사항은 대통령령으로 정한다.

## 제4장 인터넷 멀티미디어 방송 콘텐츠

**제18조(콘텐츠의 공급 등)** ①「방송법」제2조 제3호에 따른 방송사업자,「전기통신사업법」제21조에 따른 통신사업자 및 다른 법률의 규정에 따라 콘텐츠를 제작·공급하는 사업을 하는 자는 누구든지 인터넷 멀티미디어 방송용 콘텐츠를 인터넷 멀티미디어 방송 제공사업자에게 공급할 수 있다.

② 제1항에 따라 콘텐츠를 공급하고자 하는 자는 방송통신위원회에 신고 또는 등록하여야 한다. 다만, 인터넷 멀티미디어 방송 제공사업자에게 보도 또는 상품 소개와 판매를 전문으로 하거나 보도·교양·오락 등 다양한 분야를 종합적으로 편성한 콘텐츠를 제공하고자 하는 자는 방송통신위원회의 승인을 받아야 한다.〈개정 2008.2.29〉

③ 제2항의 신고, 등록 및 승인에 필요한 구체적인 절차 및 방법에 관한 사항은 대통령령으로 정한다.

**제19조(콘텐츠사업 발전시책 등)** 정부는 다른 법률에서 따로 정하고 있는 경우를 제외하고는 인터넷 멀티미디어 방송 제공사업자에게 공급되는 콘텐츠 간의 공정경쟁과 관련 산업의 진흥을 위하여 필요한 재원의 마련 등 콘텐츠사업 발전을 위한 시책을 별도로 수립·시행하여야 한다.

**제20조(콘텐츠 동등접근)** ① 제18조 제2항에 따라 신고·등록하거나 승인을 받은 인터넷 멀티미디어 방송 콘텐츠사업자가 제공하는 방송프로그램을 방송통신위원회가

대통령령으로 정하는 기준에 따라 고시한 경우(이하 "주요 방송프로그램"이라 한다) 일반 국민이 이를 시청할 수 있도록 다른 인터넷 멀티미디어 방송 제공사업자에게도 공정하고 합리적인 가격으로 차별 없이 제공하여야 하며 주요방송프로그램의 계약 행위 등에 있어 시청자의 이익 및 공정거래질서를 저해하여서는 아니 된다. 〈개정 2008.2.29〉

② 방송통신위원회는 제 1 항의 주요 방송프로그램을 고시함에 있어서 문화체육관광부장관, 방송사업자 및 시청자의 의견을 들어야 한다. 〈개정 2008.2.29〉

③ 방송통신위원회는 제 1 항을 위반한 인터넷 멀티미디어 방송 콘텐츠사업자에 대하여 금지행위의 중지 등 필요한 시정조치를 명할 수 있다. 이 경우 방송위원회는 시정조치를 명하기 전에 당사자에게 기간을 정하여 의견진술의 기회를 주어야 한다. 다만, 당사자가 정당한 사유 없이 이에 응하지 아니하는 때에는 그러하지 아니한다. 〈개정 2008.2.29〉

**제21조(방송프로그램의 구성과 운용)** ① 인터넷 멀티미디어 방송 제공사업자는 직접사용채널을 운용할 수 없다.

② 인터넷 멀티미디어 방송 콘텐츠사업자가 제공하는 실시간 방송프로그램의 내용심의에 대하여는 「방송법」 제32조, 제33조 및 제100조를 준용한다.

③ 인터넷 멀티미디어 방송 제공사업자가 제공하는 실시간 방송프로그램에 관하여는 「방송법」 제70조 제 1 항부터 제 3 항까지의 규정을 준용한다. 이 경우 "종합유선방송사업자"는 "인터넷 멀티미디어 방송 제공사업자"로, "채널"은 "인터넷 멀티미디어 방송 제공사업자가 제공하는 실시간 방송프로그램의 단위"로 본다.

④ 「방송법」 제69조, 제71조부터 제74조까지, 제76조, 제76조의3, 제76조의5, 제78조 제 1 항부터 제 4 항까지의 규정 및 제78조의2는 콘텐츠사업자의 프로그램 편성, 국내방송프로그램의 편성, 외주 제작 방송프로그램의 편성, 광고, 협찬고지, 프로그램의 공급, 보편적 시청권 보장을 위한 조치, 중계방송의 순차편성 권고, 재송신에 관하여 이를 준용한다. 이 경우 "방송사업자"는 "인터넷 멀티미디어 방송 제공사업자 또는 인터넷 멀티미디어 방송 콘텐츠사업자"로 본다.

⑤ 재난방송에 대하여는 「방송법」 제75조를 준용한다. 이 경우 "방송사업자"는 "인터넷 멀티미디어 방송 제공사업자"로 본다.

## 제5장 보 칙

**제22조(사업의 휴지 또는 폐지)** ① 인터넷 멀티미디어 방송 제공사업자가 그 사업의 전

부 또는 일부를 휴지 또는 폐지하고자 하는 때에는 그 휴지 또는 폐지 예정일 30일 전까지 그 내용을 해당 서비스 이용자에게 통보하고 방송통신위원회에 신고하여야 한다.〈개정 2008.2.29〉

② 인터넷 멀티미디어 방송 콘텐츠사업자가 그 사업의 전부 또는 일부를 휴지 또는 폐지하고자 할 때에는 그 내용을 방송통신위원회에 신고하여야 한다.〈개정 2008.2.29〉

**제23조(사업자의 출연 등)** ① 방송통신위원회는 인터넷 멀티미디어 방송사업의 진흥 및 이용자의 복지 증진을 위한 사업에 사용하기 위하여 인터넷 멀티미디어 방송 제공사업자로 하여금 「방송법」 제36조에 따른 방송발전기금에 출연하도록 할 수 있다.〈개정 2008.2.29〉

② 제1항에 따른 출연금의 귀속, 징수 및 배분비율, 운용 및 관리 등에 필요한 사항은 대통령령으로 정한다.

**제24조(허가취소 및 사업정지)** ① 방송통신위원회는 인터넷 멀티미디어 방송 제공사업자가 다음 각 호의 어느 하나에 해당하는 때에는 이 법에 따른 해당 사업의 허가를 취소하거나 1년 이내의 기간을 정하여 사업의 정지를 명할 수 있다. 다만, 제1호에 해당하는 때에는 그 허가를 취소하여야 한다.〈개정 2008.2.29〉

1. 거짓이나 그 밖의 부정한 방법으로 제4조 제1항에 따른 허가를 받은 때
2. 제4조 제1항에 따른 허가를 받은 날부터 1년 이내에 사업을 개시하지 아니하거나 1년 이상 계속하여 휴업한 때
3. 제10조 제2항 및 제13조 제2항에 따른 명령을 이행하지 아니한 때

② 제1항에 따른 처분의 기준, 절차, 그 밖에 필요한 사항은 대통령령으로 정한다.

**제24조의2(청문)** 방송통신위원회는 제24조 제1항에 따라 인터넷 멀티미디어 방송 제공사업의 허가를 취소하려는 경우에는 청문을 실시하여야 한다.

[본조신설 2009.5.21]

**제25조(과징금)** ① 방송통신위원회는 인터넷 멀티미디어 방송 제공사업자가 제24조 제1항 각 호의 어느 하나에 해당하는 때로서 그 허가의 취소나 사업의 정지가 해당 사업의 이용자 등에게 심한 불편을 주거나 그 밖에 공익을 해할 우려가 있는 경우에는 그 사업의 정지 또는 허가의 취소 처분에 갈음하여 인터넷 멀티미디어 방송 제공사업 매출액의 100분의 3 이하에 해당하는 금액의 범위 내에서 그 사업의 정지나 허가의 취소 사유 및 위반행위로 인하여 취득한 이익의 규모 등을 고려하여 과징금을 부과할 수 있다.〈개정 2008.2.29〉

② 방송통신위원회는 제1항에 따라 과징금 부과 처분을 받은 자가 납부기한 이내에 과징금을 납부하지 아니한 때에는 국세 체납처분의 예에 따라 징수한

다.〈개정 2008.2.29〉

③ 제1항에 따라 과징금을 부과하는 위반행위의 종별과 과징금의 금액, 그 밖에 필요한 사항은 대통령령으로 정한다.

**제26조(시정명령 등)** ① 방송통신위원회는 인터넷 멀티미디어 방송 제공사업자가 다음 각 호의 어느 하나에 해당하는 때에는 그 시정을 명하여야 한다.〈개정 2008.2.29〉

1. 업무처리절차가 현저히 이용자의 이익을 저해한다고 인정되는 때
2. 사고 등에 의하여 인터넷 멀티미디어 방송 제공에 지장이 발생한 경우에 필요한 조치를 신속하게 실시하지 아니하는 때
3. 그 밖에 이 법 또는 이 법에 따른 명령을 위반한 때

② 방송통신위원회는 제4조 제1항에 따른 허가를 받지 아니하고 인터넷 멀티미디어 방송 제공사업을 경영한 자에게 해당 서비스 제공의 중지를 명할 수 있다.〈개정 2008.2.29〉

③ 방송통신위원회는 제18조 제2항에 따른 신고 또는 등록을 하지 아니하거나 승인을 받지 아니하고 인터넷 멀티미디어 방송 콘텐츠사업을 한 자에게 해당 서비스 제공의 중지를 명할 수 있다.〈개정 2008.2.29〉

④ 방송통신위원회는 제17조 제1항을 위반하는 행위가 있을 때에는 해당 사업자에게 위반행위의 중지, 이용약관의 변경, 계약조항의 삭제 등 시정에 필요한 조치를 명할 수 있다.〈개정 2008.2.29〉

## 제6장 벌 칙

**제27조(벌칙)** ① 다음 각 호의 어느 하나에 해당하는 자는 2년 이하의 징역 또는 3천만원 이하의 벌금에 처한다.

1. 제4조 제1항에 따른 허가(변경허가를 포함한다)를 받지 아니하고 인터넷 멀티미디어 방송 제공사업을 경영한 자
2. 제14조 제1항을 위반하여 필수적인 전기통신설비에의 접근 및 이용에 관한 요청을 합리적이고 정당한 사유 없이 거절한 자
3. 제14조 제2항을 위반하여 다른 인터넷 멀티미디어 방송 제공사업자가 사용중인 자기 보유설비의 사용 등을 합리적이고 정당한 사유 없이 중단하거나 제한한 자
4. 제14조 제3항을 위반하여 자기 보유설비를 다른 인터넷 멀티미디어 방송 제공사업자에게 부당하게 차별적인 대가와 조건으로 제공한 자
5. 제16조 제2항을 위반하여 정보를 공개한 자
6. 제24조 제1항에 따른 사업정지명령을 위반한 자

② 법인의 대표자, 법인 또는 개인의 대리인·사용인 및 그 밖의 종업원이 그 법인 또는 개인의 업무에 관하여 제1항 제2호부터 제4호까지의 위반행위를 한 때에는 행위자를 벌하는 외에 그 법인 또는 개인에 대하여도 각 해당 호의 벌금형을 과(科)한다. 다만, 법인 또는 개인이 그 위반행위를 방지하기 위하여 해당 업무에 관하여 상당한 주의와 감독을 게을리하지 아니한 때에는 그러하지 아니하다.

**제28조(과태료)** ① 다음 각 호의 어느 하나에 해당하는 자에게는 1천만원 이하의 과태료를 부과한다.

1. 제12조 제4항에 따른 자료를 제출하지 아니한 자
2. 제15조 제1항에 따른 이용약관의 신고를 하지 아니하거나 이용요금 승인을 받지 아니하고 인터넷 멀티미디어 방송 제공사업을 한 자
3. 제15조 제2항에 따른 자료를 제출하지 아니한 자
4. 제16조 제2항에 따른 이용자에 관한 정보 보호를 위한 조치를 취하지 아니한 자
5. 제22조에 따른 신고를 하지 아니한 자
6. 제26조에 따른 시정명령 등을 이행하지 아니한 자

② 제1항에 따른 과태료는 대통령령으로 정하는 바에 따라 방송통신위원회(이하 "부과권자"라 한다)가 부과·징수한다. 〈개정 2008.2.29〉

③ 제2항에 따른 과태료 처분에 불복하는 자는 그 처분을 고지받은 날부터 30일 이내에 부과권자에게 이의를 제기할 수 있다.

④ 제2항에 따른 과태료 처분을 받은 자가 제3항에 따라 이의를 제기한 때에는 부과권자는 지체 없이 관할 법원에 그 사실을 통보하여야 하며, 그 통보를 받은 관할 법원은 「비송사건절차법」에 따른 과태료 재판을 한다.

⑤ 제4항에 따른 기간 이내에 이의를 제기하지 아니하고 과태료를 납부하지 아니한 때에는 국세 체납처분의 예에 따라 징수한다.

## 부칙 <제8849호, 2008.1.17>

① (시행일) 이 법은 공포 후 3개월이 경과한 날부터 시행한다.

② 삭제〈2008.2.29〉

③ 삭제〈2008.2.29〉

④ (소유제한에 관한 경과조치) 이 법 시행 당시 제8조 제3항에 따른 법인이 「방송법」에 따른 보도에 관한 전문편성을 행하는 방송채널사용사업을 행하는 법인의 주식 또는 지분을 소유하고 있는 경우에 당해 방송채널사용사업자가 보도에 관한 전문편

성을 행하는 인터넷 멀티미디어 방송 콘텐츠사업을 하고자 하는 때에는 제8조 제3항에도 불구하고 그 법인이 소유하고 있는 주식 또는 지분의 한도 내에서 주식 또는 지분을 계속 소유할 수 있다.

⑤ 삭제〈2008.2.29〉

# 정보통신망 이용촉진 및 정보보호 등에 관한 법률

## 제1장 총 칙

**제1조(목적)** 이 법은 정보통신망의 이용을 촉진하고 정보통신서비스를 이용하는 자의 개인정보를 보호함과 아울러 정보통신망을 건전하고 안전하게 이용할 수 있는 환경을 조성하여 국민생활의 향상과 공공복리의 증진에 이바지함을 목적으로 한다. [전문개정 2008.6.13]

**제2조(정의)** ① 이 법에서 사용하는 용어의 뜻은 다음과 같다.〈개정 2004.1.29, 2007.1.26, 2007.12.21, 2008.6.13〉

1. "정보통신망"이란 「전기통신기본법」 제2조 제2호에 따른 전기통신설비를 이용하거나 전기통신설비와 컴퓨터 및 컴퓨터의 이용기술을 활용하여 정보를 수집·가공·저장·검색·송신 또는 수신하는 정보통신체제를 말한다.
2. "정보통신서비스"란 「전기통신기본법」 제2조 제7호에 따른 전기통신역무와 이를 이용하여 정보를 제공하거나 정보의 제공을 매개하는 것을 말한다.
3. "정보통신서비스 제공자"란 「전기통신사업법」 제2조 제1항 제1호에 따른 전기통신사업자와 영리를 목적으로 전기통신사업자의 전기통신역무를 이용하여 정보를 제공하거나 정보의 제공을 매개하는 자를 말한다.
4. "이용자"란 정보통신서비스 제공자가 제공하는 정보통신서비스를 이용하는 자를 말한다.
5. "전자문서"란 컴퓨터 등 정보처리능력을 가진 장치에 의하여 전자적인 형태로 작성되어 송수신되거나 저장된 문서형식의 자료로서 표준화된 것을 말한다.
6. "개인정보"란 생존하는 개인에 관한 정보로서 성명·주민등록번호 등에 의하여 특정한 개인을 알아볼 수 있는 부호·문자·음성·음향 및 영상 등의 정보(해당 정보만으로는 특정 개인을 알아볼 수 없어도 다른 정보와 쉽게 결합하여 알아볼 수 있는 경우에는 그 정보를 포함한다)를 말한다.
7. "침해사고"란 해킹, 컴퓨터바이러스, 논리폭탄, 메일폭탄, 서비스 거부 또는 고출력 전자기파 등의 방법으로 정보통신망 또는 이와 관련된 정보시스템을 공격하는 행위를 하여 발생한 사태를 말한다.
8. "정보보호산업"이란 정보보호제품을 개발·생산 또는 유통하는 사업이나 정

보보호에 관한 컨설팅 등과 관련된 산업을 말한다.

9. "게시판"이란 그 명칭과 관계없이 정보통신망을 이용하여 일반에게 공개할 목적으로 부호·문자·음성·음향·화상·동영상 등의 정보를 이용자가 게재할 수 있는 컴퓨터 프로그램이나 기술적 장치를 말한다.

10. "통신과금서비스"란 정보통신서비스로서 다음 각 목의 업무를 말한다.
  가. 타인이 판매·제공하는 재화 또는 용역(이하 "재화 등"이라 한다)의 대가를 자신이 제공하는 전기통신역무의 요금과 함께 청구·징수하는 업무
  나. 타인이 판매·제공하는 재화 등의 대가가 가목의 업무를 제공하는 자의 전기통신역무의 요금과 함께 청구·징수되도록 거래정보를 전자적으로 송수신하는 것 또는 그 대가의 정산을 대행하거나 매개하는 업무

11. "통신과금서비스제공자"란 제53조에 따라 등록을 하고 통신과금서비스를 제공하는 자를 말한다.

12. "통신과금서비스이용자"란 통신과금서비스제공자로부터 통신과금서비스를 이용하여 재화 등을 구입·이용하는 자를 말한다.

② 이 법에서 사용하는 용어의 뜻은 제1항에서 정하는 것 외에는 「정보화촉진기본법」으로 정하는 바에 따른다. 〈개정 2008.6.13〉

**제3조(정보통신서비스 제공자 및 이용자의 책무)** ① 정보통신서비스 제공자는 이용자의 개인정보를 보호하고 건전하고 안전한 정보통신서비스를 제공하여 이용자의 권익보호와 정보이용능력의 향상에 이바지하여야 한다.

② 이용자는 건전한 정보사회가 정착되도록 노력하여야 한다.

③ 정부는 정보통신서비스 제공자단체 또는 이용자단체의 개인정보보호 및 정보통신망에서의 청소년 보호 등을 위한 활동을 지원할 수 있다.

[전문개정 2008.6.13]

**제4조(정보통신망 이용촉진 및 정보보호 등에 관한 시책의 마련)** ① 행정안전부장관, 지식경제부장관 또는 방송통신위원회는 정보통신망의 이용촉진 및 안정적 관리·운영과 이용자의 개인정보보호 등(이하 "정보통신망 이용촉진 및 정보보호 등"이라 한다)을 통하여 정보사회의 기반을 조성하기 위한 시책을 마련하여야 한다.

② 제1항에 따른 시책에는 다음 각 호의 사항이 포함되어야 한다.

1. 정보통신망에 관련된 기술의 개발·보급
2. 정보통신망의 표준화
3. 정보내용물 및 제11조에 따른 정보통신망 응용서비스의 개발 등 정보통신망의 이용 활성화
4. 정보통신망을 이용한 정보의 공동활용 촉진
5. 인터넷 이용의 활성화

6. 정보통신망을 통하여 수집·처리·보관·이용되는 개인정보의 보호 및 그와 관련된 기술의 개발·보급
7. 정보통신망에서의 청소년 보호
8. 정보통신망의 안전성 및 신뢰성 제고
9. 그 밖에 정보통신망 이용촉진 및 정보보호 등을 위하여 필요한 사항

③ 행정안전부장관, 지식경제부장관 또는 방송통신위원회는 제1항에 따른 시책을 마련할 때에는 「정보화촉진기본법」 제5조에 따른 정보화촉진기본계획과 연계되도록 하여야 한다.

[전문개정 2008.6.13]

**제5조(다른 법률과의 관계)** 정보통신망 이용촉진 및 정보보호 등에 관하여는 다른 법률에서 특별히 규정된 경우 외에는 이 법으로 정하는 바에 따른다. 다만, 제7장의 통신과금서비스에 관하여 이 법과 「전자금융거래법」의 적용이 경합하는 때에는 이 법을 우선 적용한다.

[전문개정 2008.6.13]

## 제2장 정보통신망의 이용촉진

**제6조(기술개발의 추진 등)** ① 지식경제부장관은 정보통신망과 관련된 기술 및 기기의 개발을 효율적으로 추진하기 위하여 대통령령으로 정하는 바에 따라 관련 연구기관으로 하여금 연구개발·기술협력·기술이전 또는 기술지도 등의 사업을 하게 할 수 있다.

② 정부는 제1항에 따라 연구개발 등의 사업을 하는 연구기관에는 그 사업에 드는 비용의 전부 또는 일부를 지원할 수 있다.

③ 제2항에 따른 비용의 지급 및 관리 등에 필요한 사항은 대통령령으로 정한다.

[전문개정 2008.6.13]

**제7조(기술관련 정보의 관리 및 보급)** ① 지식경제부장관은 정보통신망과 관련된 기술 및 기기에 관한 정보(이하 이 조에서 "기술관련 정보"라 한다)를 체계적이고 종합적으로 관리하여야 한다.

② 지식경제부장관은 기술관련 정보를 체계적이고 종합적으로 관리하기 위하여 필요하면 관계 행정기관 및 국공립 연구기관 등에 대하여 기술관련 정보와 관련된 자료를 요구할 수 있다. 이 경우 요구를 받은 기관의 장은 특별한 사유가 없으면 그 요구에 따라야 한다.

③ 지식경제부장관은 기술관련 정보를 신속하고 편리하게 이용할 수 있도록 그 보급을 위한 사업을 하여야 한다.

④ 제 3 항에 따라 보급하려는 정보통신망과 관련된 기술 및 기기의 범위에 관하여 필요한 사항은 대통령령으로 정한다.

[전문개정 2008.6.13]

**제 8 조(정보통신망의 표준화 및 인증)** ① 지식경제부장관은 정보통신망의 이용을 촉진하기 위하여 정보통신망에 관한 표준을 정하여 고시하고, 정보통신서비스 제공자 또는 정보통신망과 관련된 제품을 제조하거나 공급하는 자에게 그 표준을 사용하도록 권고할 수 있다. 다만, 「산업표준화법」 제12조에 따른 한국산업표준이 제정되어 있는 사항에 대하여는 그 표준에 따른다.

② 제 1 항에 따라 고시된 표준에 적합한 정보통신과 관련된 제품을 제조하거나 공급하는 자는 제 9 조 제 1 항에 따른 인증기관의 인증을 받아 그 제품이 표준에 적합한 것임을 나타내는 표시를 할 수 있다.

③ 제 1 항 단서에 해당하는 경우로서 「산업표준화법」 제15조에 따라 인증을 받은 경우에는 제 2 항에 따른 인증을 받은 것으로 본다.

④ 제 2 항에 따른 인증을 받은 자가 아니면 그 제품이 표준에 적합한 것임을 나타내는 표시를 하거나 이와 비슷한 표시를 하여서는 아니 되며, 이와 비슷한 표시를 한 제품을 판매하거나 판매할 목적으로 진열하여서는 아니 된다.

⑤ 지식경제부장관은 제 4 항을 위반하여 제품을 판매하거나 판매할 목적으로 진열한 자에게 그 제품을 수거·반품하도록 하거나 인증을 받아 그 표시를 하도록 하는 등 필요한 시정조치를 명할 수 있다.

⑥ 제 1 항부터 제 3 항까지의 규정에 따른 표준화의 대상·방법·절차 및 인증표시, 제 5 항에 따른 수거·반품·시정 등에 필요한 사항은 지식경제부령으로 정한다.

[전문개정 2008.6.13]

**제 9 조(인증기관의 지정 등)** ① 지식경제부장관은 정보통신망과 관련된 제품을 제조하거나 공급하는 자의 제품이 제 8 조 제 1 항 본문에 따라 고시된 표준에 적합한 제품임을 인증하는 기관(이하 "인증기관"이라 한다)을 지정할 수 있다.

② 지식경제부장관은 인증기관이 다음 각호의 어느 하나에 해당하면 그 지정을 취소하거나 6개월 이내의 기간을 정하여 업무의 정지를 명할 수 있다. 다만, 제 1 호에 해당하는 경우에는 그 지정을 취소하여야 한다.

1. 속임수나 그 밖의 부정한 방법으로 지정을 받은 경우
2. 정당한 사유 없이 1년 이상 계속하여 인증업무를 하지 아니한 경우
3. 제 3 항에 따른 지정기준에 미달한 경우

③ 제 1 항 및 제 2 항에 따른 인증기관의 지정기준·지정절차, 지정취소·업무정지의 기준 등에 필요한 사항은 지식경제부령으로 정한다.

[전문개정 2008.6.13]

**제10조(정보내용물의 개발 지원)** 정부는 국가경쟁력을 확보하거나 공익을 증진하기 위하여 정보통신망을 통하여 유통되는 정보내용물을 개발하는 자에게 재정 및 기술 등 필요한 지원을 할 수 있다.

[전문개정 2008.6.13]

**제11조(정보통신망 응용서비스의 개발 촉진 등)** ① 정부는 국가기관·지방자치단체 및 공공기관이 정보통신망을 활용하여 업무를 효율화·자동화·고도화하는 응용서비스(이하 "정보통신망 응용서비스"라 한다)를 개발·운영하는 경우 그 기관에 재정 및 기술 등 필요한 지원을 할 수 있다.

② 정부는 민간부문에 의한 정보통신망 응용서비스의 개발을 촉진하기 위하여 재정 및 기술 등 필요한 지원을 할 수 있으며, 정보통신망 응용서비스의 개발에 필요한 기술인력을 양성하기 위하여 다음 각 호의 시책을 마련하여야 한다.

1. 각급 학교나 그 밖의 교육기관에서 시행하는 인터넷 교육에 대한 지원
2. 국민에 대한 인터넷 교육의 확대
3. 정보통신망 기술인력 양성사업에 대한 지원
4. 정보통신망 전문기술인력 양성기관의 설립·지원
5. 정보통신망 이용 교육프로그램의 개발 및 보급 지원
6. 정보통신망 관련 기술자격제도의 정착 및 전문기술인력 수급 지원
7. 그 밖에 정보통신망 관련 기술인력의 양성에 필요한 사항

[전문개정 2008.6.13]

**제12조(정보의 공동활용체제 구축)** ① 정부는 정보통신망을 효율적으로 활용하기 위하여 정보통신망 상호 간의 연계 운영 및 표준화 등 정보의 공동활용체제 구축을 권장할 수 있다.

② 정부는 제1항에 따른 정보의 공동활용체제를 구축하는 자에게 재정 및 기술 등 필요한 지원을 할 수 있다.

③ 제1항과 제2항에 따른 권장 및 지원에 필요한 사항은 대통령령으로 정한다.

[전문개정 2008.6.13]

**제13조(정보통신망의 이용촉진 등에 관한 사업)** ① 지식경제부장관은 공공, 지역, 산업, 생활 및 사회적 복지 등 각 분야의 정보통신망의 이용촉진과 정보격차의 해소를 위하여 관련 기술·기기 및 응용서비스의 효율적인 활용·보급을 촉진하기 위한 사업을 대통령령으로 정하는 바에 따라 실시할 수 있다.

② 정부는 제1항에 따른 사업에 참여하는 자에게 재정 및 기술 등 필요한 지원을 할 수 있다.

[전문개정 2008.6.13]

**제14조(인터넷 이용의 확산)** 정부는 인터넷 이용이 확산될 수 있도록 공공 및 민간의 인터넷 이용시설의 효율적 활용을 유도하고 인터넷 관련 교육 및 홍보 등의 인터넷 이용기반을 확충하며, 지역별·성별·연령별 인터넷 이용격차를 해소하기 위한 시책을 마련하고 추진하여야 한다.

[전문개정 2008.6.13]

**제15조(인터넷 서비스의 품질 개선)** ① 지식경제부장관은 인터넷 서비스 이용자의 권익을 보호하고 인터넷 서비스의 품질 향상 및 안정적 제공을 보장하기 위한 시책을 마련하여야 한다.

② 지식경제부장관은 제1항에 따른 시책을 추진하기 위하여 필요하면 정보통신서비스 제공자단체 및 이용자단체 등의 의견을 들어 인터넷 서비스 품질의 측정·평가에 관한 기준을 정하여 고시할 수 있다.

③ 정보통신서비스 제공자는 제2항에 따른 기준에 따라 자율적으로 인터넷 서비스의 품질 현황을 평가하여 그 결과를 이용자에게 알려줄 수 있다.

[전문개정 2008.6.13]

제16조 삭제〈2004.1.29〉

제17조 삭제〈2004.1.29〉

## 제3장 전자문서중계자를 통한 전자문서의 활용

**제18조(전자문서중계자에 의한 문서의 처리 등)** ① 국가기관이나 지방자치단체의 장이 전자문서중계설비를 관리하는 자(이하 "전자문서중계자"라 한다)를 통하여 법령에서 규정한 허가·인가·승인·등록·신고·신청 등(이하 이 조에서 "허가 등"이라 한다)을 전자문서로 처리하려면 대통령령으로 정하는 바에 따라 대상 업무와 전자문서중계자 등 필요한 사항을 정하고 고시하여야 한다.

② 제1항에 따라 처리되는 전자문서와 그 문서상의 명의인을 표시한 문자 및 「전자서명법」 제2조 제3호에 따른 공인전자서명은 각각 해당 법령에서 정한 문서와 그 문서상의 서명날인으로 본다.

③ 제1항에 따라 허가 등을 전자문서로 처리한 경우에는 해당 법령에서 정한 절차에 따라 처리한 것으로 본다.

④ 전자문서중계자의 지정요건 및 지정절차에 필요한 사항은 대통령령으로 정한다.

[전문개정 2008.6.13]

**제19조(전자문서의 송수신 시기)** ① 전자문서는 작성자 외의 자 또는 작성자의 대리인 외의 자가 관리하는 컴퓨터에 입력되었을 때에 송신된 것으로 본다.

② 전자문서는 다음 각 호의 어느 하나에 해당할 때에 수신된 것으로 본다.

1. 수신자가 전자문서를 수신할 컴퓨터를 지정한 경우에는 지정한 컴퓨터에 입력되었을 때. 다만, 지정한 컴퓨터가 아닌 컴퓨터에 입력되었을 경우에는 수신자가 전자문서를 출력하였을 때를 말한다.
2. 수신자가 전자문서를 수신할 컴퓨터를 지정하지 아니한 경우에는 수신자가 관리하는 컴퓨터에 입력되었을 때

[전문개정 2008.6.13]

제20조(**전자문서 내용의 추정 등**) ① 전자문서의 내용에 대하여 당사자 또는 이해관계자 사이에 다툼이 있으면 전자문서중계자의 컴퓨터의 파일에 기록된 전자문서의 내용대로 작성된 것으로 추정한다.

② 전자문서중계자는 「공공기록물 관리에 관한 법률」 제19조에 따라 전자문서를 보관하여야 한다.

[전문개정 2008.6.13]

제21조(**전자문서 등의 공개 제한**) 전자문서중계자는 전자문서중계설비에 의하여 처리되는 전자문서 또는 관련 기록을 적법한 절차에 따르지 아니하거나 전자문서 발신자 및 수신자의 동의 없이 공개하여서는 아니 된다

[전문개정 2008.6.13]

## 제4장 개인정보의 보호

### 제1절 개인정보의 수집·이용 및 제공 등<개정 2007.1.26>

제22조(**개인정보의 수집·이용 동의 등**) ① 정보통신서비스 제공자는 이용자의 개인정보를 이용하려고 수집하는 경우에는 다음 각 호의 모든 사항을 이용자에게 알리고 동의를 받아야 한다. 다음 각 호의 어느 하나의 사항을 변경하려는 경우에도 또한 같다.

1. 개인정보의 수집·이용 목적
2. 수집하는 개인정보의 항목
3. 개인정보의 보유·이용 기간

② 정보통신서비스 제공자는 다음 각 호의 어느 하나에 해당하는 경우에는 제1항에 따른 동의 없이 이용자의 개인정보를 수집·이용할 수 있다.

1. 정보통신서비스의 제공에 관한 계약을 이행하기 위하여 필요한 개인정보로서 경제적·기술적인 사유로 통상적인 동의를 받는 것이 뚜렷하게 곤란한 경우

2. 정보통신서비스의 제공에 따른 요금정산을 위하여 필요한 경우
3. 이 법 또는 다른 법률에 특별한 규정이 있는 경우

[전문개정 2008.6.13]

**제23조(개인정보의 수집 제한 등)** ① 정보통신서비스 제공자는 사상, 신념, 과거의 병력(病歷) 등 개인의 권리·이익이나 사생활을 뚜렷하게 침해할 우려가 있는 개인정보를 수집하여서는 아니 된다. 다만, 제22조 제1항에 따른 이용자의 동의를 받거나 다른 법률에 따라 특별히 수집 대상 개인정보로 허용된 경우에는 그 개인정보를 수집할 수 있다.

② 정보통신서비스 제공자는 이용자의 개인정보를 수집하는 경우에는 정보통신서비스의 제공을 위하여 필요한 최소한의 정보를 수집하여야 하며, 필요한 최소한의 정보 외의 개인정보를 제공하지 아니한다는 이유로 그 서비스의 제공을 거부하여서는 아니 된다.

[전문개정 2008.6.13]

**제23조의2(주민등록번호 외의 회원가입 방법)** ① 정보통신서비스 제공자로서 제공하는 정보통신서비스의 유형별 일일 평균 이용자 수가 대통령령으로 정하는 기준에 해당하는 자는 이용자가 정보통신망을 통하여 회원으로 가입할 경우에 주민등록번호를 사용하지 아니하고도 회원으로 가입할 수 있는 방법을 제공하여야 한다.

② 제1항에 해당하는 정보통신서비스 제공자는 주민등록번호를 사용하는 회원가입 방법을 따로 제공하여 이용자가 회원가입 방법을 선택하게 할 수 있다.

[본조신설 2008.6.13]

**제24조(개인정보의 이용 제한)** 정보통신서비스 제공자는 제22조 및 제23조 제1항 단서에 따라 수집한 개인정보를 이용자로부터 동의받은 목적이나 제22조 제2항 각호에서 정한 목적과 다른 목적으로 이용하여서는 아니 된다.

[전문개정 2008.6.13]

**제24조의2(개인정보의 제공 동의 등)** ① 정보통신서비스 제공자는 이용자의 개인정보를 제3자에게 제공하려면 제22조 제2항 제2호 및 제3호에 해당하는 경우 외에는 다음 각 호의 모든 사항을 이용자에게 알리고 동의를 받아야 한다. 다음 각 호의 어느 하나의 사항이 변경되는 경우에도 또한 같다.

1. 개인정보를 제공받는 자
2. 개인정보를 제공받는 자의 개인정보 이용 목적
3. 제공하는 개인정보의 항목
4. 개인정보를 제공받는 자의 개인정보 보유 및 이용 기간

② 제1항에 따라 정보통신서비스 제공자로부터 이용자의 개인정보를 제공받은 자는 그 이용자의 동의가 있거나 다른 법률에 특별한 규정이 있는 경우 외에

는 개인정보를 제 3 자에게 제공하거나 제공받은 목적 외의 용도로 이용하여서는 아니 된다.

[전문개정 2008.6.13]

**제25조(개인정보의 취급위탁)** ① 정보통신서비스 제공자와 그로부터 제24조의2 제 1 항에 따라 이용자의 개인정보를 제공받은 자(이하 "정보통신서비스 제공자등"이라 한다)는 제 3 자에게 이용자의 개인정보를 수집·보관·처리·이용·제공·관리·파기 등(이하 "취급"이라 한다)을 할 수 있도록 업무를 위탁(이하 "개인정보 취급위탁"이라 한다)하는 경우에는 다음 각 호의 사항 모두를 이용자에게 알리고 동의를 받아야 한다. 다음 각 호의 어느 하나의 사항이 변경되는 경우에도 또한 같다.

1. 개인정보 취급위탁을 받는 자(이하 "수탁자"라 한다)
2. 개인정보 취급위탁을 하는 업무의 내용

② 정보통신서비스 제공자 등은 정보통신서비스의 제공에 관한 계약을 이행하기 위하여 필요한 경우로서 제 1 항 각 호의 사항 모두를 제27조의2 제 1 항에 따라 공개하거나 전자우편 등 대통령령으로 정하는 방법에 따라 이용자에게 알린 경우에는 개인정보 취급위탁에 따른 제 1 항의 고지절차와 동의절차를 거치지 아니할 수 있다. 제 1 항 각 호의 어느 하나의 사항이 변경되는 경우에도 또한 같다.

③ 정보통신서비스 제공자 등은 개인정보 취급위탁을 하는 경우에는 수탁자가 이용자의 개인정보를 취급할 수 있는 목적을 미리 정하여야 하며, 수탁자는 이 목적을 벗어나서 이용자의 개인정보를 취급하여서는 아니 된다.

④ 정보통신서비스 제공자 등은 수탁자가 이 장의 규정을 위반하지 아니하도록 관리·감독하여야 한다.

⑤ 수탁자가 개인정보 취급위탁을 받은 업무와 관련하여 이 장의 규정을 위반하여 이용자에게 손해를 발생시키면 그 수탁자를 손해배상책임에 있어서 정보통신서비스 제공자 등의 소속 직원으로 본다.

[전문개정 2008.6.13]

**제26조(영업의 양수 등에 따른 개인정보의 이전)** ① 정보통신서비스 제공자 등이 영업의 전부 또는 일부의 양도·합병 등으로 그 이용자의 개인정보를 타인에게 이전하는 경우에는 미리 다음 각 호의 사항 모두를 인터넷 홈페이지 게시, 전자우편 등 대통령령으로 정하는 방법에 따라 이용자에게 알려야 한다.

1. 개인정보를 이전하려는 사실
2. 개인정보를 이전받는 자(이하 "영업양수자 등"이라 한다)의 성명(법인의 경우에는 법인의 명칭을 말한다. 이하 이 조에서 같다)·주소·전화번호 및 그 밖의 연락처

3. 이용자가 개인정보의 이전을 원하지 아니하는 경우 그 동의를 철회할 수 있는 방법과 절차

② 영업양수자 등은 개인정보를 이전받으면 지체 없이 그 사실을 인터넷 홈페이지 게시, 전자우편 등 대통령령으로 정하는 방법에 따라 이용자에게 알려야 한다. 다만, 정보통신서비스 제공자 등이 제1항에 따라 그 이전사실을 이미 알린 경우에는 그러하지 아니하다.

③ 영업양수자 등은 정보통신서비스 제공자 등이 이용자의 개인정보를 이용하거나 제공할 수 있는 당초 목적의 범위에서만 개인정보를 이용하거나 제공할 수 있다. 다만, 이용자로부터 별도의 동의를 받은 경우에는 그러하지 아니하다.

[전문개정 2008.6.13]

**제26조의2(동의를 받는 방법)** 제22조 제1항, 제23조 제1항 단서, 제24조의2 제1항·제2항, 제25조 제1항, 제26조 제3항 단서 또는 제63조 제2항에 따른 동의(이하 "개인정보 수집·이용·제공 등의 동의"라 한다)를 받는 방법은 개인정보의 수집매체, 업종의 특성 및 이용자의 수 등을 고려하여 대통령령으로 정한다.

[전문개정 2008.6.13]

## 제2절 개인정보의 관리 및 파기 등<개정 2007.1.26>

**제27조(개인정보 관리책임자의 지정)** ① 정보통신서비스 제공자 등은 이용자의 개인정보를 보호하고 개인정보와 관련한 이용자의 고충을 처리하기 위하여 개인정보 관리책임자를 지정하여야 한다. 다만, 종업원 수, 이용자 수 등이 대통령령으로 정하는 기준에 해당하는 정보통신서비스 제공자 등의 경우에는 지정하지 아니할 수 있다.

② 제1항 단서에 따른 정보통신서비스 제공자등이 개인정보 관리책임자를 지정하지 아니하는 경우에는 그 사업주 또는 대표자가 개인정보 관리책임자가 된다.

③ 개인정보 관리책임자의 자격요건과 그 밖의 지정에 필요한 사항은 대통령령으로 정한다.

[전문개정 2008.6.13]

**제27조의2(개인정보 취급방침의 공개)** ① 정보통신서비스 제공자 등은 이용자의 개인정보를 취급하는 경우에는 개인정보 취급방침을 정하여 이용자가 언제든지 쉽게 확인할 수 있도록 대통령령으로 정하는 방법에 따라 공개하여야 한다.

② 제1항에 따른 개인정보 취급방침에는 다음 각 호의 사항이 모두 포함되어야 한다.

1. 개인정보의 수집·이용 목적, 수집하는 개인정보의 항목 및 수집방법
2. 개인정보를 제3자에게 제공하는 경우 제공받는 자의 성명(법인인 경우에는 법인의 명칭을 말한다), 제공받는 자의 이용 목적과 제공하는 개인정보의 항목
3. 개인정보의 보유 및 이용 기간, 개인정보의 파기절차 및 파기방법(제29조 각 호 외의 부분 단서에 따라 개인정보를 보존하여야 하는 경우에는 그 보존근거와 보존하는 개인정보 항목을 포함한다)
4. 개인정보 취급위탁을 하는 업무의 내용 및 수탁자(해당되는 경우에만 취급방침에 포함한다)
5. 이용자 및 법정대리인의 권리와 그 행사방법
6. 인터넷 접속정보파일 등 개인정보를 자동으로 수집하는 장치의 설치·운영 및 그 거부에 관한 사항
7. 개인정보 관리책임자의 성명 또는 개인정보보호 업무 및 관련 고충사항을 처리하는 부서의 명칭과 그 전화번호 등 연락처

③ 정보통신서비스 제공자 등은 제1항에 따른 개인정보 취급방침을 변경하는 경우에는 그 이유 및 변경내용을 대통령령으로 정하는 방법에 따라 지체 없이 공지하고, 이용자가 언제든지 변경된 사항을 쉽게 알아볼 수 있도록 조치하여야 한다.

[전문개정 2008.6.13]

**제28조(개인정보의 보호조치)** ① 정보통신서비스 제공자 등이 개인정보를 취급할 때에는 개인정보의 분실·도난·누출·변조 또는 훼손을 방지하기 위하여 대통령령으로 정하는 기준에 따라 다음 각 호의 기술적·관리적 조치를 하여야 한다.

1. 개인정보를 안전하게 취급하기 위한 내부관리계획의 수립·시행
2. 개인정보에 대한 불법적인 접근을 차단하기 위한 침입차단시스템 등 접근 통제장치의 설치·운영
3. 접속기록의 위조·변조 방지를 위한 조치
4. 개인정보를 안전하게 저장·전송할 수 있는 암호화기술 등을 이용한 보안조치
5. 백신 소프트웨어의 설치·운영 등 컴퓨터바이러스에 의한 침해 방지조치
6. 그 밖에 개인정보의 안전성 확보를 위하여 필요한 보호조치

② 정보통신서비스 제공자 등은 이용자의 개인정보를 취급하는 자를 최소한으로 제한하여야 한다.

[전문개정 2008.6.13]

**제28조의2(개인정보의 누설금지)** ① 이용자의 개인정보를 취급하고 있거나 취급하였던

자는 직무상 알게 된 개인정보를 훼손·침해 또는 누설하여서는 아니 된다.

② 누구든지 그 개인정보가 누설된 사정을 알면서도 영리 또는 부정한 목적으로 개인정보를 제공받아서는 아니 된다.

[전문개정 2008.6.13]

**제29조(개인정보의 파기)** 정보통신서비스 제공자 등은 다음 각 호의 어느 하나에 해당하는 경우에는 해당 개인정보를 지체 없이 파기하여야 한다. 다만, 다른 법률에 따라 개인정보를 보존하여야 하는 경우에는 그러하지 아니하다.

1. 제22조 제1항, 제23조 제1항 단서 또는 제24조의2 제1항·제2항에 따라 동의를 받은 개인정보의 수집·이용 목적이나 제22조 제2항 각 호에서 정한 해당 목적을 달성한 경우
2. 제22조 제1항, 제23조 제1항 단서 또는 제24조의2 제1항·제2항에 따라 동의를 받은 개인정보의 보유 및 이용 기간이 끝난 경우
3. 제22조 제2항에 따라 이용자의 동의를 받지 아니하고 수집·이용한 경우에는 제27조의2 제2항 제3호에 따른 개인정보의 보유 및 이용 기간이 끝난 경우
4. 사업을 폐업하는 경우

[전문개정 2008.6.13]

## 제3절 이용자의 권리

**제30조(이용자의 권리 등)** ① 이용자는 정보통신서비스 제공자등에 대하여 언제든지 개인정보 수집·이용·제공 등의 동의를 철회할 수 있다.

② 이용자는 정보통신서비스 제공자 등에 대하여 본인에 관한 다음 각 호의 어느 하나의 사항에 대한 열람이나 제공을 요구할 수 있고 오류가 있는 경우에는 그 정정을 요구할 수 있다.

1. 정보통신서비스 제공자 등이 가지고 있는 이용자의 개인정보
2. 정보통신서비스 제공자 등이 이용자의 개인정보를 이용하거나 제3자에게 제공한 현황
3. 정보통신서비스 제공자 등에게 개인정보 수집·이용·제공 등의 동의를 한 현황

③ 정보통신서비스 제공자 등은 이용자가 제1항에 따라 동의를 철회하면 지체 없이 수집된 개인정보를 파기하는 등 필요한 조치를 하여야 한다.

④ 정보통신서비스 제공자 등은 제2항에 따라 열람 또는 제공을 요구받으면 지체 없이 필요한 조치를 하여야 한다.

⑤ 정보통신서비스 제공자 등은 제2항에 따라 오류의 정정을 요구받으면 지체 없이 그 오류를 정정하거나 정정하지 못하는 사유를 이용자에게 알리는 등 필요한 조치를 하여야 하고, 필요한 조치를 할 때까지는 해당 개인정보를 이용하거나 제공하여서는 아니 된다. 다만, 다른 법률에 따라 개인정보의 제공을 요청받은 경우에는 그 개인정보를 제공하거나 이용할 수 있다.

⑥ 정보통신서비스 제공자 등은 제1항에 따른 동의의 철회 또는 제2항에 따른 개인정보의 열람·제공 또는 오류의 정정을 요구하는 방법을 개인정보의 수집방법보다 쉽게 하여야 한다.

⑦ 영업양수자 등에 대하여는 제1항부터 제6항까지의 규정을 준용한다. 이 경우 "정보통신서비스 제공자 등"은 "영업양수자 등"으로 본다.

[전문개정 2008.6.13]

**제31조(법정대리인의 권리)** ① 정보통신서비스 제공자 등이 만 14세 미만의 아동으로부터 개인정보 수집·이용·제공 등의 동의를 받으려면 그 법정대리인의 동의를 받아야 한다. 이 경우 정보통신서비스 제공자는 그 아동에게 법정대리인의 동의를 받기 위하여 필요한 법정대리인의 성명 등 최소한의 정보를 요구할 수 있다.

② 법정대리인은 해당 아동의 개인정보에 대하여 제30조 제1항 및 제2항에 따른 이용자의 권리를 행사할 수 있다.

③ 제2항에 따른 법정대리인의 동의 철회, 열람 또는 오류정정의 요구에 관하여는 제30조 제3항부터 제5항까지의 규정을 준용한다.

[전문개정 2008.6.13]

**제32조(손해배상)** 이용자는 정보통신서비스 제공자 등이 이 장의 규정을 위반한 행위로 손해를 입으면 그 정보통신서비스 제공자 등에게 손해배상을 청구할 수 있다. 이 경우 해당 정보통신서비스 제공자 등은 고의 또는 과실이 없음을 입증하지 아니하면 책임을 면할 수 없다.

[전문개정 2008.6.13]

## 제4절 개인정보분쟁조정위원회

**제33조(개인정보분쟁조정위원회의 설치 및 구성)** ① 개인정보에 관한 분쟁을 조정하기 위하여 개인정보분쟁조정위원회(이하 "분쟁조정위원회"라 한다)를 둔다.

② 분쟁조정위원회는 위원장 1명을 포함한 15명 이내의 위원으로 구성하며, 그 중 1명은 상임으로 한다.

③ 위원은 다음 각 호의 어느 하나에 해당하는 자 중에서 대통령령으로 정하는 바에 따라 행정안전부장관이 임명하거나 위촉한다. 이 경우 다음 각 호의 어느

하나에 해당하는 자가 1명 이상 포함되어야 한다.

1. 대학이나 공인된 연구기관에서 부교수급 이상 또는 이에 상당하는 직에 있거나 있었던 자로서 개인정보보호 관련 분야를 전공한 자
2. 4급 이상 공무원(고위공무원단에 속하는 일반직공무원을 포함한다) 또는 이에 상당하는 공공기관의 직에 있거나 있었던 자로서 개인정보보호 업무에 관한 경험이 있는 자
3. 판사·검사 또는 변호사의 자격이 있는 자
4. 정보통신서비스 이용자단체의 임원직에 있거나 있었던 자
5. 정보통신서비스 제공자 또는 정보통신서비스 제공자단체의 임원직에 있거나 있었던 자
6. 「비영리민간단체 지원법」 제 2 조에 따른 비영리민간단체에서 추천한 자

④ 위원의 임기는 3년으로 하고, 연임할 수 있다.

⑤ 위원장은 위원 중에서 행정안전부장관이 임명한다.

⑥ 분쟁조정위원회의 업무를 지원하기 위하여 제52조에 따른 한국인터넷진흥원(이하 "한국인터넷진흥원"이라 한다)에 사무국을 둔다. 〈개정 2009.4.22〉

[전문개정 2008.6.13]

**제33조의2(조정부)** ① 분쟁의 조정업무를 효율적으로 수행하기 위하여 분쟁조정위원회에 5명 이하의 위원으로 구성되는 조정부를 두되, 그 중 1명은 변호사의 자격이 있는 자로 한다.

② 분쟁조정위원회는 필요하면 일부 분쟁을 제 1 항에 따른 조정부에 맡겨 조정하게 할 수 있다.

③ 제 1 항에 따른 조정부의 구성 및 운영에 필요한 사항은 행정안전부령으로 정한다.

[전문개정 2008.6.13]

**제34조(위원의 신분보장)** 위원은 자격정지 이상의 형을 선고받거나 심신상의 장애로 직무를 수행할 수 없는 경우 외에는 그의 의사에 반하여 면직되거나 해촉되지 아니한다.

[전문개정 2008.6.13]

**제35조(위원의 제척·기피·회피)** ① 위원은 다음 각 호의 어느 하나에 해당되면 해당 분쟁조정 청구사건(이하 이 조에서 "사건"이라 한다)의 심의·의결에서 제척된다.

1. 위원 또는 그 배우자나 배우자이었던 자가 해당 사건의 당사자가 되거나 그 사건에 관하여 공동권리자 또는 공동의무자의 관계에 있는 경우
2. 위원이 해당 사건의 당사자와 친족관계에 있거나 있었던 경우
3. 위원이 해당 사건에 관하여 증언이나 감정을 한 경우

4. 위원이 해당 사건에 관하여 당사자의 대리인 또는 임직원으로서 관여하거나 관여하였던 경우

② 당사자는 위원에게 심의·의결의 공정을 기대하기 어려운 사정이 있으면 분쟁조정위원회에 기피신청을 할 수 있다. 이 경우 분쟁조정위원회는 기피신청이 타당하다고 인정하는 경우에는 기피의 결정을 한다.

③ 위원이 제 1 항 또는 제 2 항의 사유에 해당하면 스스로 그 사건의 심의·의결에서 회피할 수 있다.

[전문개정 2008.6.13]

**제36조(분쟁의 조정)** ① 개인정보와 관련한 분쟁의 조정을 원하는 자는 분쟁조정위원회에 분쟁의 조정을 신청할 수 있다.

② 제 1 항에 따른 분쟁의 조정신청을 받은 분쟁조정위원회는 신청을 받은 날부터 60일 이내에 심사하여 조정안을 작성하여야 한다. 다만, 부득이한 사정이 있는 경우에는 분쟁조정위원회의 의결로 그 기간을 연장할 수 있다.

③ 제 2 항 단서에 따라 기간을 연장한 경우에는 기간연장의 사유나 그 밖의 기간연장에 대한 사항을 신청인에게 알려야 한다.

[전문개정 2008.6.13]

**제37조(자료요청 등)** ① 분쟁조정위원회는 분쟁조정을 위하여 필요한 자료의 제공을 분쟁당사자에게 요청할 수 있다. 이 경우 그 분쟁당사자는 정당한 사유가 없으면 요청에 따라야 한다.

② 분쟁조정위원회는 필요하다고 인정하면 분쟁당사자나 참고인을 분쟁조정위원회에 출석하도록 하여 그 의견을 들을 수 있다.

[전문개정 2008.6.13]

**제38조(조정의 효력)** ① 분쟁조정위원회는 제36조 제 2 항에 따라 조정안을 작성하면 지체 없이 각 당사자에게 제시하여야 한다.

② 제 1 항에 따라 조정안을 제시받은 당사자는 제시받은 날부터 15일 이내에 조정안의 수락 여부를 분쟁조정위원회에 통보하여야 한다.

③ 당사자가 조정안을 수락하면 분쟁조정위원회는 즉시 조정서를 작성하여야 하며, 위원장 및 각 당사자는 그 조정서에 기명날인하여야 한다.

④ 당사자가 제 3 항에 따라 조정안을 수락하고 조정서에 기명날인을 하면 당사자 간에 조정서와 같은 내용의 합의가 성립된 것으로 본다.

[전문개정 2008.6.13]

**제39조(조정의 거부 및 중지)** ① 분쟁조정위원회는 분쟁의 성질상 분쟁조정위원회에서 조정하는 것이 적합하지 아니하다고 인정하거나 부정한 목적으로 신청되었다고 인정하는 경우에는 그 조정을 거부할 수 있다. 이 경우 조정거부의 사유 등을 신청인

에게 알려야 한다.

② 분쟁조정위원회는 신청된 조정사건에 대한 처리절차를 진행하던 중에 한쪽 당사자가 소(訴)를 제기하면 그 조정의 처리를 중지하고 이를 당사자에게 알려야 한다.

[전문개정 2008.6.13]

**제40조(조정절차 등)** 제36조부터 제39조까지의 규정에서 정한 것 외에 분쟁의 조정방법·조정절차 및 조정업무의 처리 등에 필요한 사항은 대통령령으로 정한다.

[전문개정 2008.6.13]

## 제 5 장 정보통신망에서의 이용자 보호 등<개정 2007.1.26>

**제41조(청소년 보호를 위한 시책의 마련 등)** ① 방송통신위원회는 정보통신망을 통하여 유통되는 음란·폭력정보 등 청소년에게 해로운 정보(이하 "청소년유해정보"라 한다)로부터 청소년을 보호하기 위하여 다음 각 호의 시책을 마련하여야 한다.

1. 내용 선별 소프트웨어의 개발 및 보급
2. 청소년 보호를 위한 기술의 개발 및 보급
3. 청소년 보호를 위한 교육 및 홍보
4. 그 밖에 청소년 보호를 위하여 대통령령으로 정하는 사항

② 방송통신위원회는 제 1 항에 따른 시책을 추진할 때에는 「방송통신위원회의 설치 및 운영에 관한 법률」제18조에 따른 방송통신심의위원회(이하 "심의위원회"라 한다), 정보통신서비스 제공자단체·이용자단체, 그 밖의 관련 전문기관이 실시하는 청소년 보호를 위한 활동을 지원할 수 있다.

[전문개정 2008.6.13]

**제42조(청소년유해매체물의 표시)** 전기통신사업자의 전기통신역무를 이용하여 일반에게 공개를 목적으로 정보를 제공하는 자(이하 "정보제공자"라 한다) 중 「청소년보호법」 제 7 조 제 4 호에 따른 매체물로서 같은 법 제 2 조 제 3 호에 따른 청소년유해매체물을 제공하려는 자는 대통령령으로 정하는 표시방법에 따라 그 정보가 청소년유해매체물임을 표시하여야 한다.

[전문개정 2008.6.13]

**제42조의2(청소년유해매체물의 광고금지)** 누구든지 「청소년보호법」 제 7 조 제 4 호에 따른 매체물로서 같은 법 제 2 조 제 3 호에 따른 청소년유해매체물을 광고하는 내용의 정보를 정보통신망을 이용하여 부호·문자·음성·음향·화상 또는 영상 등의 형태로 같은 법 제 2 조 제 1 호에 따른 청소년에게 전송하거나 청소년 접근을 제한하는 조치 없이 공개적으로 전시하여서는 아니 된다.

[전문개정 2008.6.13]

**제42조의3(청소년 보호 책임자의 지정 등)** ① 정보통신서비스 제공자 중 일일 평균 이용자의 수, 매출액 등이 대통령령으로 정하는 기준에 해당하는 자는 정보통신망의 청소년유해정보로부터 청소년을 보호하기 위하여 청소년 보호 책임자를 지정하여야 한다.

② 청소년 보호 책임자는 해당 사업자의 임원 또는 청소년 보호와 관련된 업무를 담당하는 부서의 장에 해당하는 지위에 있는 자 중에서 지정한다.

③ 청소년 보호 책임자는 정보통신망의 청소년유해정보를 차단·관리하고, 청소년유해정보로부터의 청소년 보호계획을 수립하는 등 청소년 보호업무를 하여야 한다.

④ 제1항에 따른 청소년 보호 책임자의 지정에 필요한 사항은 대통령령으로 정한다.

[전문개정 2008.6.13]

**제43조(영상 또는 음향정보 제공사업자의 보관의무)** ① 「청소년보호법」 제7조 제4호에 따른 매체물로서 같은 법 제2조 제3호에 따른 청소년유해매체물을 이용자의 컴퓨터에 저장 또는 기록되지 아니하는 방식으로 제공하는 것을 영업으로 하는 정보제공자 중 대통령령으로 정하는 자는 해당 정보를 보관하여야 한다.

② 제1항에 따른 정보제공자가 해당 정보를 보관하여야 할 기간은 대통령령으로 정한다.

[전문개정 2008.6.13]

**제44조(정보통신망에서의 권리보호)** ① 이용자는 사생활 침해 또는 명예훼손 등 타인의 권리를 침해하는 정보를 정보통신망에 유통시켜서는 아니 된다.

② 정보통신서비스 제공자는 자신이 운영·관리하는 정보통신망에 제1항에 따른 정보가 유통되지 아니하도록 노력하여야 한다.

③ 방송통신위원회는 정보통신망에 유통되는 정보로 인한 사생활 침해 또는 명예훼손 등 타인에 대한 권리침해를 방지하기 위하여 기술개발·교육·홍보 등에 대한 시책을 마련하고 이를 정보통신서비스 제공자에게 권고할 수 있다.

[전문개정 2008.6.13]

**제44조의2(정보의 삭제요청 등)** ① 정보통신망을 통하여 일반에게 공개를 목적으로 제공된 정보로 사생활 침해나 명예훼손 등 타인의 권리가 침해된 경우 그 침해를 받은 자는 해당 정보를 취급한 정보통신서비스 제공자에게 침해사실을 소명하여 그 정보의 삭제 또는 반박내용의 게재(이하 "삭제 등"이라 한다)를 요청할 수 있다.

② 정보통신서비스 제공자는 제1항에 따른 해당 정보의 삭제 등을 요청받으면 지체 없이 삭제·임시조치 등의 필요한 조치를 하고 즉시 신청인 및 정보게

재자에게 알려야 한다. 이 경우 정보통신서비스 제공자는 필요한 조치를 한 사실을 해당 게시판에 공시하는 등의 방법으로 이용자가 알 수 있도록 하여야 한다.

③ 정보통신서비스 제공자는 자신이 운영·관리하는 정보통신망에 제42조에 따른 표시방법을 지키지 아니하는 청소년유해매체물이 게재되어 있거나 제42조의2에 따른 청소년 접근을 제한하는 조치 없이 청소년유해매체물을 광고하는 내용이 전시되어 있는 경우에는 지체 없이 그 내용을 삭제하여야 한다.

④ 정보통신서비스 제공자는 제1항에 따른 정보의 삭제요청에도 불구하고 권리의 침해 여부를 판단하기 어렵거나 이해당사자 간에 다툼이 예상되는 경우에는 해당 정보에 대한 접근을 임시적으로 차단하는 조치(이하 "임시조치"라 한다)를 할 수 있다. 이 경우 임시조치의 기간은 30일 이내로 한다.

⑤ 정보통신서비스 제공자는 필요한 조치에 관한 내용·절차 등을 미리 약관에 구체적으로 밝혀야 한다.

⑥ 정보통신서비스 제공자는 자신이 운영·관리하는 정보통신망에 유통되는 정보에 대하여 제2항에 따른 필요한 조치를 하면 이로 인한 배상책임을 줄이거나 면제받을 수 있다.

[전문개정 2008.6.13]

**제44조의3(임의의 임시조치)** ① 정보통신서비스 제공자는 자신이 운영·관리하는 정보통신망에 유통되는 정보가 사생활 침해 또는 명예훼손 등 타인의 권리를 침해한다고 인정되면 임의로 임시조치를 할 수 있다.

② 제1항에 따른 임시조치에 관하여는 제44조의2 제2항 후단, 제4항 후단 및 제5항을 준용한다.

[전문개정 2008.6.13]

**제44조의4(자율규제)** 정보통신서비스 제공자단체는 이용자를 보호하고 안전하며 신뢰할 수 있는 정보통신서비스를 제공하기 위하여 정보통신서비스 제공자 행동강령을 정하여 시행할 수 있다.

[전문개정 2008.6.13]

**제44조의5(게시판 이용자의 본인 확인)** ① 다음 각 호의 어느 하나에 해당하는 자가 게시판을 설치·운영하려면 그 게시판 이용자의 본인 확인을 위한 방법 및 절차의 마련 등 대통령령으로 정하는 필요한 조치(이하 "본인확인조치"라 한다)를 하여야 한다.

1. 국가기관, 지방자치단체, 「공공기관의 운영에 관한 법률」 제5조 제3항에 따른 공기업·준정부기관 및 「지방공기업법」에 따른 지방공사·지방공단(이하 "공공기관 등"이라 한다)

2. 정보통신서비스 제공자로서 제공하는 정보통신서비스의 유형별 일일 평균 이용자 수가 10만 명 이상이면서 대통령령으로 정하는 기준에 해당되는 자

② 방송통신위원회는 제1항 제2호에 따른 기준에 해당되는 정보통신서비스 제공자가 본인확인조치를 하지 아니하면 본인확인조치를 하도록 명령할 수 있다.

③ 정부는 제1항에 따른 본인 확인을 위하여 안전하고 신뢰할 수 있는 시스템을 개발하기 위한 시책을 마련하여야 한다.

④ 공공기관 등 및 정보통신서비스 제공자가 선량한 관리자의 주의로써 제1항에 따른 본인확인조치를 한 경우에는 이용자의 명의가 제3자에 의하여 부정사용됨에 따라 발생한 손해에 대한 배상책임을 줄이거나 면제받을 수 있다.

[전문개정 2008.6.13]

**제44조의6(이용자 정보의 제공청구)** ① 특정한 이용자에 의한 정보의 게재나 유통으로 사생활 침해 또는 명예훼손 등 권리를 침해당하였다고 주장하는 자는 민·형사상의 소를 제기하기 위하여 침해사실을 소명하여 제44조의10에 따른 명예훼손 분쟁조정부에 해당 정보통신서비스 제공자가 보유하고 있는 해당 이용자의 정보(민·형사상의 소를 제기하기 위한 성명·주소 등 대통령령으로 정하는 최소한의 정보를 말한다)를 제공하도록 청구할 수 있다.

② 명예훼손 분쟁조정부는 제1항에 따른 청구를 받으면 해당 이용자와 연락할 수 없는 등의 특별한 사정이 있는 경우 외에는 그 이용자의 의견을 들어 정보제공 여부를 결정하여야 한다.

③ 제1항에 따라 해당 이용자의 정보를 제공받은 자는 해당 이용자의 정보를 민·형사상의 소를 제기하기 위한 목적 외의 목적으로 사용하여서는 아니 된다.

④ 그 밖의 이용자 정보 제공청구의 내용과 절차에 필요한 사항은 대통령령으로 정한다.

[전문개정 2008.6.13]

**제44조의7(불법정보의 유통금지 등)** ① 누구든지 정보통신망을 통하여 다음 각 호의 어느 하나에 해당하는 정보를 유통하여서는 아니 된다.

1. 음란한 부호·문언·음향·화상 또는 영상을 배포·판매·임대하거나 공공연하게 전시하는 내용의 정보
2. 사람을 비방할 목적으로 공공연하게 사실이나 거짓의 사실을 드러내어 타인의 명예를 훼손하는 내용의 정보
3. 공포심이나 불안감을 유발하는 부호·문언·음향·화상 또는 영상을 반복적으로 상대방에게 도달하도록 하는 내용의 정보
4. 정당한 사유 없이 정보통신시스템, 데이터 또는 프로그램 등을 훼손·멸실·

변경·위조하거나 그 운용을 방해하는 내용의 정보

5. 「청소년보호법」에 따른 청소년유해매체물로서 상대방의 연령 확인, 표시의무 등 법령에 따른 의무를 이행하지 아니하고 영리를 목적으로 제공하는 내용의 정보
6. 법령에 따라 금지되는 사행행위에 해당하는 내용의 정보
7. 법령에 따라 분류된 비밀 등 국가기밀을 누설하는 내용의 정보
8. 「국가보안법」에서 금지하는 행위를 수행하는 내용의 정보
9. 그 밖에 범죄를 목적으로 하거나 교사(教唆) 또는 방조하는 내용의 정보

② 방송통신위원회는 제 1 항 제 1 호부터 제 6 호까지의 정보에 대하여는 심의위원회의 심의를 거쳐 정보통신서비스 제공자 또는 게시판 관리·운영자로 하여금 그 취급을 거부·정지 또는 제한하도록 명할 수 있다. 다만, 제 1 항 제 2 호 및 제 3 호에 따른 정보의 경우에는 해당 정보로 인하여 피해를 받은 자가 구체적으로 밝힌 의사에 반하여 그 취급의 거부·정지 또는 제한을 명할 수 없다.

③ 방송통신위원회는 제 1 항 제 7 호부터 제 9 호까지의 정보가 다음 각 호의 모두에 해당하는 경우에는 정보통신서비스 제공자 또는 게시판 관리·운영자에게 해당 정보의 취급을 거부·정지 또는 제한하도록 명하여야 한다.

1. 관계 중앙행정기관의 장의 요청이 있었을 것
2. 제 1 호의 요청을 받은 날부터 7일 이내에 심의위원회의 심의를 거친 후 「방송통신위원회의 설치 및 운영에 관한 법률」제21조 제 4 호에 따른 시정 요구를 하였을 것
3. 정보통신서비스 제공자나 게시판 관리·운영자가 시정 요구에 따르지 아니하였을 것

④ 방송통신위원회는 제 2 항 및 제 3 항에 따른 명령의 대상이 되는 정보통신서비스 제공자, 게시판 관리·운영자 또는 해당 이용자에게 미리 의견제출의 기회를 주어야 한다. 다만, 다음 각 호의 어느 하나에 해당하는 경우에는 의견제출의 기회를 주지 아니할 수 있다.

1. 공공의 안전 또는 복리를 위하여 긴급히 처분을 할 필요가 있는 경우
2. 의견청취가 뚜렷이 곤란하거나 명백히 불필요한 경우로서 대통령령으로 정하는 경우
3. 의견제출의 기회를 포기한다는 뜻을 명백히 표시한 경우

[전문개정 2008.6.13]

제44조의8 삭제〈2008.2.29〉

제44조의9 삭제〈2008.2.29〉

**제44조의10(명예훼손 분쟁조정부)** ① 심의위원회는 정보통신망을 통하여 유통되는 정

보 중 사생활의 침해 또는 명예훼손 등 타인의 권리를 침해하는 정보와 관련된 분쟁의 조정업무를 효율적으로 수행하기 위하여 5명 이하의 위원으로 구성된 명예훼손 분쟁조정부를 두되, 그 중 1명 이상은 변호사의 자격이 있는 자로 한다.

② 명예훼손 분쟁조정부의 위원은 심의위원회의 위원장이 심의위원회의 동의를 받아 위촉한다.

③ 명예훼손 분쟁조정부의 분쟁조정절차 등에 관하여는 제33조의2 제2항, 제35조부터 제39조까지의 규정을 준용한다. 이 경우 "분쟁조정위원회"는 "심의위원회"로, "개인정보와 관련한 분쟁"은 "정보통신망을 통하여 유통되는 정보 중 사생활의 침해 또는 명예훼손 등 타인의 권리를 침해하는 정보와 관련된 분쟁"으로 본다.

④ 명예훼손 분쟁조정부의 설치·운영 및 분쟁조정 등에 관하여 그 밖의 필요한 사항은 대통령령으로 정한다.

[전문개정 2008.6.13]

## 제6장 정보통신망의 안정성 확보 등

**제45조(정보통신망의 안정성 확보 등)** ① 정보통신서비스 제공자는 정보통신서비스의 제공에 사용되는 정보통신망의 안정성 및 정보의 신뢰성을 확보하기 위한 보호조치를 하여야 한다.

② 방송통신위원회는 제1항에 따른 보호조치의 구체적 내용을 정한 정보보호조치 및 안전진단의 방법·절차·수수료에 관한 지침(이하 "정보보호지침"이라 한다)을 정하여 고시하고 정보통신서비스 제공자에게 이를 지키도록 권고할 수 있다.

③ 정보보호지침에는 다음 각 호의 사항이 포함되어야 한다.

1. 정당한 권한이 없는 자가 정보통신망에 접근·침입하는 것을 방지하거나 대응하기 위한 정보보호시스템의 설치·운영 등 기술적·물리적 보호조치
2. 정보의 불법 유출·변조·삭제 등을 방지하기 위한 기술적 보호조치
3. 정보통신망의 지속적인 이용이 가능한 상태를 확보하기 위한 기술적·물리적 보호조치
4. 정보통신망의 안정 및 정보보호를 위한 인력·조직·경비의 확보 및 관련 계획수립 등 관리적 보호조치

[전문개정 2008.6.13]

제45조의2 삭제〈2007.1.26〉

**제46조(집적된 정보통신시설의 보호)** ① 타인의 정보통신서비스 제공을 위하여 집적된

정보통신시설을 운영·관리하는 사업자(이하 "집적정보통신시설 사업자"라 한다)는 정보통신시설을 안정적으로 운영하기 위하여 대통령령으로 정하는 바에 따른 보호조치를 하여야 한다.

② 집적정보통신시설 사업자는 집적된 정보통신시설의 멸실, 훼손, 그 밖의 운영장애로 발생한 피해를 보상하기 위하여 대통령령으로 정하는 바에 따라 보험에 가입하여야 한다.

[전문개정 2008.6.13]

**제46조의2(집적정보통신시설 사업자의 긴급대응)** ① 집적정보통신시설 사업자는 다음 각호의 어느 하나에 해당하는 경우에는 이용약관으로 정하는 바에 따라 해당 서비스의 전부 또는 일부의 제공을 중단할 수 있다.〈개정 2009.4.22〉

1. 집적정보통신시설을 이용하는 자(이하 "시설이용자"라 한다)의 정보시스템에서 발생한 이상현상으로 다른 시설이용자의 정보통신망 또는 집적된 정보통신시설의 정보통신망에 심각한 장애를 발생시킬 우려가 있다고 판단되는 경우
2. 외부에서 발생한 침해사고로 집적된 정보통신시설에 심각한 장애가 발생할 우려가 있다고 판단되는 경우
3. 중대한 침해사고가 발생하여 방송통신위원회나 한국인터넷진흥원이 요청하는 경우

② 집적정보통신시설 사업자는 제1항에 따라 해당 서비스의 제공을 중단하는 경우에는 중단사유, 발생일시, 기간 및 내용 등을 구체적으로 밝혀 시설이용자에게 즉시 알려야 한다.

③ 집적정보통신시설 사업자는 중단사유가 없어지면 즉시 해당 서비스의 제공을 재개하여야 한다.

[전문개정 2008.6.13]

**제46조의3(정보보호 안전진단)** ① 다음 각 호의 어느 하나에 해당하는 자는 방송통신위원회가안전진단을 수행할 수 있다고 인정한 자(이하 "안전진단 수행기관"이라 한다)로부터 자신의 정보통신망 또는 집적정보통신시설에 대하여 매년 정보보호지침에 따른 정보보호 안전진단을 받아야 한다. 이 경우 안전진단 수행기관은 15명 이상의 정보보호 기술인력을 보유하고 최근 3년 이내에 정보보호컨설팅을 수행한 실적이 있는 법인이어야 한다.

1. 「전기통신사업법」 제2조 제1항 제1호에 따른 전기통신사업자로서 전국적으로 정보통신망서비스를 제공하는 자(이하 "주요정보통신서비스 제공자"라 한다)
2. 집적정보통신시설 사업자

3. 정보통신서비스 제공자로서 매출액, 이용자 수 등이 대통령령으로 정하는 기준에 해당하는 자

② 제 1 항에 따라 정보보호 안전진단을 받는 사업자는 관련 정보의 제공 및 시설·장소에의 출입 허용 등 안전진단 수행기관의 정보보호 안전진단 업무에 협력하고, 대통령령으로 정하는 바에 따라 정보보호 안전진단의 결과를 방송통신위원회에 제출하여야 한다.

③ 제 1 항에 따라 정보보호 안전진단을 받아야 하는 사업자가 「정보통신기반 보호법」 제 9 조에 따라 취약점의 분석·평가를 받거나 제47조에 따른 정보보호 관리체계의 인증을 받으면 그 분석·평가를 받거나 인증을 받은 해당 연도에는 제 1 항에 따른 정보보호 안전진단을 받은 것으로 본다.

④ 안전진단 수행기관은 제 1 항에 따른 정보보호 안전진단을 받은 사업자에게 안전진단의 결과에 따라 정보보호조치의 개선을 권고할 수 있다.

⑤ 안전진단 수행기관은 제 4 항에 따라 정보보호조치의 개선을 권고하였으면 그 권고내용 및 처리 결과를 방송통신위원회에 통보하여야 한다.

⑥ 방송통신위원회는 제 2 항에 따라 제출된 정보보호 안전진단의 결과와 제 5 항에 따른 통보내용에 따라 필요하면 정보보호 안전진단을 받은 사업자에게 정보보호조치에 관한 개선명령을 할 수 있다.

⑦ 제 1 항에 따른 정보보호 안전진단의 방법·절차·수수료, 안전진단 수행기관의 인정절차, 정보보호 기술인력의 자격기준, 정보보호컨설팅 수행실적, 그 밖에 필요한 사항은 대통령령으로 정한다.

⑧ 방송통신위원회는 제 1 항 제 3 호의 요건에 해당하는지를 확인하기 위하여 필요하면 관계 행정기관, 관련 자료 보유기관 또는 정보통신서비스 제공자에 대하여 필요한 자료의 제공 또는 사실의 확인을 요청할 수 있다.

[전문개정 2008.6.13]

**제47조(정보보호 관리체계의 인증)** ① 정보통신망의 안정성 및 신뢰성을 확보하기 위하여 기술적·물리적 보호조치를 포함한 종합적 관리체계(이하 "정보보호 관리체계"라 한다)를 수립·운영하고 있는 자는 정보보호 관리체계가 제 2 항에 따라 방송통신위원회가 고시한 기준에 적합한지에 관하여 방송통신위원회나 한국인터넷진흥원이 지정하는 기관(이하 "정보보호 관리체계 인증기관"이라 한다)으로부터 인증을 받을 수 있다. 〈개정 2009.4.22〉

② 방송통신위원회는 제 1 항에 따른 인증에 관한 정보보호 관리기준 등 필요한 기준을 정하여 고시할 수 있다.

③ 제 1 항에 따라 정보보호 관리체계의 인증을 받은 자는 대통령령으로 정하는 바에 따라 인증의 내용을 표시하거나 홍보할 수 있다.

④ 제1항에 따른 인증의 방법·절차와 그 밖에 필요한 사항은 대통령령으로 정한다.

⑤ 정보보호 관리체계 인증기관 지정의 기준·절차·유효기간 등에 필요한 사항은 대통령령으로 정한다.

[전문개정 2008.6.13]

제47조의2(**정보보호 관리체계 인증기관의 지정취소 등**) ① 방송통신위원회는 제47조에 따라 정보보호 관리체계 인증기관으로 지정받은 법인 또는 단체가 다음 각 호의 어느 하나에 해당하면 그 지정을 취소하거나 1년 이내의 기간을 정하여 해당 업무의 전부 또는 일부의 정지를 명할 수 있다. 다만, 제1호나 제2호에 해당하는 경우에는 그 지정을 취소하여야 한다.

1. 거짓이나 그 밖의 부정한 방법으로 정보보호 관리체계 인증기관의 지정을 받은 경우
2. 업무정지기간 중에 인증을 한 경우
3. 정당한 사유 없이 인증을 하지 아니한 경우
4. 제47조 제4항을 위반하여 인증을 한 경우
5. 제47조 제5항에 따른 지정기준에 적합하지 아니하게 된 경우

② 제1항에 따른 지정취소 및 업무정지 등에 필요한 사항은 대통령령으로 정한다.

[전문개정 2008.6.13]

제47조의3(**이용자의 정보보호**) ① 정부는 이용자의 정보보호에 필요한 기준을 정하여 이용자에게 권고하고, 침해사고의 예방 및 확산 방지를 위하여 취약점 점검, 기술지원 등 필요한 조치를 할 수 있다.

② 주요 정보통신서비스 제공자는 정보통신망에 중대한 침해사고가 발생하여 자신의 서비스를 이용하는 이용자의 정보시스템 또는 정보통신망 등에 심각한 장애가 발생할 가능성이 있으면 이용약관으로 정하는 바에 따라 그 이용자에게 보호조치를 취하도록 요청하고, 이를 이행하지 아니하는 경우에는 해당 정보통신망으로의 접속을 일시적으로 제한할 수 있다.

③ 「소프트웨어산업 진흥법」 제2조에 따른 소프트웨어사업자는 보안에 관한 취약점을 보완하는 프로그램을 제작하였을 때에는 한국인터넷진흥원에 알려야 하고, 그 소프트웨어 사용자에게는 제작한 날부터 1개월 이내에 2회 이상 알려야 한다. 〈개정 2009.4.22〉

④ 제2항에 따른 보호조치의 요청 등에 관하여 이용약관으로 정하여야 하는 구체적인 사항은 대통령령으로 정한다.

[전문개정 2008.6.13]

**제48조(정보통신망 침해행위 등의 금지)** ① 누구든지 정당한 접근권한 없이 또는 허용된 접근권한을 넘어 정보통신망에 침입하여서는 아니 된다.

② 누구든지 정당한 사유 없이 정보통신시스템, 데이터 또는 프로그램 등을 훼손·멸실·변경·위조하거나 그 운용을 방해할 수 있는 프로그램(이하 "악성프로그램"이라 한다)을 전달 또는 유포하여서는 아니 된다.

③ 누구든지 정보통신망의 안정적 운영을 방해할 목적으로 대량의 신호 또는 데이터를 보내거나 부정한 명령을 처리하도록 하는 등의 방법으로 정보통신망에 장애가 발생하게 하여서는 아니 된다.

[전문개정 2008.6.13]

**제48조의2(침해사고의 대응 등)** ① 방송통신위원회는 침해사고에 적절히 대응하기 위하여 다음 각 호의 업무를 수행하고, 필요하면 업무의 전부 또는 일부를 한국인터넷진흥원이 수행하도록 할 수 있다.〈개정 2009.4.22〉

1. 침해사고에 관한 정보의 수집·전파
2. 침해사고의 예보·경보
3. 침해사고에 대한 긴급조치
4. 그 밖에 대통령령으로 정하는 침해사고 대응조치

② 다음 각 호의 어느 하나에 해당하는 자는 대통령령으로 정하는 바에 따라 침해사고의 유형별 통계, 해당 정보통신망의 소통량 통계 및 접속경로별 이용 통계 등 침해사고 관련 정보를 방송통신위원회나 한국인터넷진흥원에 제공하여야 한다.〈개정 2009.4.22〉

1. 주요 정보통신서비스 제공자
2. 집적정보통신시설 사업자
3. 그 밖에 정보통신망을 운영하는 자로서 대통령령으로 정하는 자

③ 한국인터넷진흥원은 제2항에 따른 정보를 분석하여 방송통신위원회에 보고하여야 한다.〈개정 2009.4.22〉

④ 방송통신위원회는 제2항에 따라 정보를 제공하여야 하는 사업자가 정당한 사유 없이 정보의 제공을 거부하거나 거짓 정보를 제공하면 상당한 기간을 정하여 그 사업자에게 시정을 명할 수 있다.

⑤ 방송통신위원회나 한국인터넷진흥원은 제2항에 따라 제공받은 정보를 침해사고의 대응을 위하여 필요한 범위에서만 정당하게 사용하여야 한다.〈개정 2009.4.22〉

⑥ 방송통신위원회나 한국인터넷진흥원은 침해사고의 대응을 위하여 필요하면 제2항 각 호의 어느 하나에 해당하는 자에게 인력지원을 요청할 수 있다.〈개정 2009.4.22〉

[전문개정 2008.6.13]

제48조의3(침해사고의 신고 등) ① 다음 각 호의 어느 하나에 해당하는 자는 침해사고가 발생하면 즉시 그 사실을 방송통신위원회나 한국인터넷진흥원에 신고하여야 한다. 이 경우 「정보통신기반 보호법」 제13조 제1항에 따른 통지가 있으면 전단에 따른 신고를 한 것으로 본다.〈개정 2009.4.22〉

1. 정보통신서비스 제공자
2. 집적정보통신시설 사업자

② 방송통신위원회나 한국인터넷진흥원은 제1항에 따라 침해사고의 신고를 받거나 침해사고를 알게 되면 제48조의2 제1항 각 호에 따른 필요한 조치를 하여야 한다.〈개정 2009.4.22〉

[전문개정 2008.6.13]

**제48조의4(침해사고의 원인 분석 등)** ① 정보통신서비스 제공자 등 정보통신망을 운영하는 자는 침해사고가 발생하면 침해사고의 원인을 분석하고 피해의 확산을 방지하여야 한다.

② 방송통신위원회는 정보통신서비스 제공자의 정보통신망에 중대한 침해사고가 발생하면 피해 확산 방지, 사고대응, 복구 및 재발 방지를 위하여 정보보호에 전문성을 갖춘 민·관합동조사단을 구성하여 그 침해사고의 원인 분석을 할 수 있다.

③ 방송통신위원회는 제2항에 따른 침해사고의 원인을 분석하기 위하여 필요하다고 인정하면 정보통신서비스 제공자와 집적정보통신시설 사업자에게 정보통신망의 접속기록 등 관련 자료의 보전을 명할 수 있다.

④ 방송통신위원회는 침해사고의 원인을 분석하기 위하여 필요하면 정보통신서비스 제공자와 집적정보통신시설 사업자에게 침해사고 관련 자료의 제출을 요구할 수 있으며, 제2항에 따른 민·관합동조사단에게 관계인의 사업장에 출입하여 침해사고 원인을 조사하도록 할 수 있다. 다만, 「통신비밀보호법」 제2조 제11호에 따른 통신사실확인자료에 해당하는 자료의 제출은 같은 법으로 정하는 바에 따른다.

⑤ 방송통신위원회나 민·관합동조사단은 제4항에 따라 제출받은 자료와 조사를 통하여 알게 된 정보를 침해사고의 원인 분석 및 대책 마련 외의 목적으로는 사용하지 못하며, 원인 분석이 끝난 후에는 즉시 파기하여야 한다.

⑥ 제2항에 따른 민·관합동조사단의 구성과 제4항에 따라 제출된 침해사고 관련 자료의 보호 등에 필요한 사항은 대통령령으로 정한다.

[전문개정 2008.6.13]

**제49조(비밀 등의 보호)** 누구든지 정보통신망에 의하여 처리·보관 또는 전송되는 타인

의 정보를 훼손하거나 타인의 비밀을 침해·도용 또는 누설하여서는 아니 된다.
[전문개정 2008.6.13]

**제49조의2(속이는 행위에 의한 개인정보의 수집금지 등)** ① 누구든지 정보통신망을 통하여 속이는 행위로 다른 사람의 정보를 수집하거나 다른 사람이 정보를 제공하도록 유인하여서는 아니 된다.

② 정보통신서비스 제공자는 제1항을 위반한 사실을 발견하면 즉시 방송통신위원회나 한국인터넷진흥원에 신고하여야 한다.〈개정 2009.4.22〉

③ 방송통신위원회나 한국인터넷진흥원은 제2항에 따른 신고를 받거나 제1항을 위반한 사실을 알게 되면 다음 각 호의 필요한 조치를 하여야 한다.〈개정 2009.4.22〉

1. 위반 사실에 관한 정보의 수집·전파
2. 유사 피해에 대한 예보·경보
3. 정보통신서비스 제공자에 대한 접속경로의 차단요청 등 피해 확산을 방지하기 위한 긴급조치

[전문개정 2008.6.13]

**제50조(영리목적의 광고성 정보 전송 제한)** ① 누구든지 전자우편이나 그 밖에 대통령령으로 정하는 매체를 이용하여 수신자의 명시적인 수신거부의사에 반하는 영리목적의 광고성 정보를 전송하여서는 아니 된다.

② 수신자의 전화·모사전송기기에 영리목적의 광고성 정보를 전송하려는 자는 그 수신자의 사전 동의를 받아야 한다. 다만, 다음 각 호의 어느 하나에 해당하는 경우에는 사전 동의를 받지 아니한다.

1. 재화 등의 거래관계를 통하여 수신자로부터 직접 연락처를 수집한 자가 그가 취급하는 재화 등에 대한 영리목적의 광고성 정보를 전송하려는 경우
2. 「전자상거래 등에서의 소비자보호에 관한 법률」 제13조 제1항에 따른 광고 및 「방문판매 등에 관한 법률」 제6조 제3항에 따른 전화권유의 경우

③ 오후 9시부터 그 다음 날 오전 8시까지의 시간에 수신자의 전화·모사전송기기에 영리목적의 광고성 정보를 전송하려는 자는 제2항에도 불구하고 그 수신자로부터 별도의 사전 동의를 받아야 한다.

④ 영리목적의 광고성 정보를 전자우편이나 그 밖에 대통령령으로 정하는 매체를 이용하여 전송하는 자는 대통령령으로 정하는 바에 따라 다음 각 호의 사항을 광고성 정보에 구체적으로 밝혀야 한다.

1. 전송정보의 유형 및 주요 내용
2. 전송자의 명칭 및 연락처
3. 전자우편주소를 수집한 출처(전자우편으로 전송하는 경우에만 해당한다)

4. 수신거부의 의사표시를 쉽게 할 수 있는 조치 및 방법에 관한 사항

⑤ 영리목적의 광고성 정보를 수신자의 전화·모사전송기기에 전송하는 자는 대통령령으로 정하는 바에 따라 다음 각 호의 사항을 광고성 정보에 구체적으로 밝혀야 한다.

1. 전송자의 명칭 및 연락처
2. 수신동의의 철회 의사표시를 쉽게 할 수 있는 조치 및 방법에 관한 사항

⑥ 영리를 목적으로 광고를 전송하는 자는 다음 각 호의 어느 하나에 해당하는 기술적 조치를 하여서는 아니 된다.

1. 광고성 정보 수신자의 수신거부 또는 수신동의의 철회를 회피·방해하는 조치
2. 숫자·부호 또는 문자를 조합하여 전화번호·전자우편주소 등 수신자의 연락처를 자동으로 만들어 내는 조치
3. 영리목적의 광고성 정보를 전송할 목적으로 전자우편주소를 자동으로 등록하는 조치
4. 광고성 정보 전송자의 신원이나 광고 전송 출처를 감추기 위한 각종 조치

⑦ 영리목적으로 광고성 정보를 전송하는 자는 수신자가 수신거부나 수신동의의 철회를 할 때 발생하는 전화요금 등의 금전적 비용을 수신자가 부담하지 아니하도록 대통령령으로 정하는 바에 따라 필요한 조치를 하여야 한다.

[전문개정 2008.6.13]

제50조의2(**전자우편주소의 무단 수집행위 등 금지**) ① 누구든지 인터넷 홈페이지 운영자 또는 관리자의 사전 동의 없이 인터넷 홈페이지에서 자동으로 전자우편주소를 수집하는 프로그램이나 그 밖의 기술적 장치를 이용하여 전자우편주소를 수집하여서는 아니 된다.

② 누구든지 제 1 항을 위반하여 수집된 전자우편주소를 판매·유통하여서는 아니 된다.

③ 누구든지 제 1 항과 제 2 항에 따라 수집·판매 및 유통이 금지된 전자우편주소임을 알면서 이를 정보 전송에 이용하여서는 아니 된다.

[전문개정 2008.6.13]

제50조의3(**영리목적의 광고성 정보 전송의 위탁 등**) ① 영리목적의 광고성 정보의 전송을 타인에게 위탁한 자는 그 업무를 위탁받은 자가 제50조 및 제50조의2를 위반하지 아니하도록 관리·감독하여야 한다.

② 제 1 항에 따라 영리목적의 광고성 정보의 전송을 위탁받은 자는 그 업무와 관련한 법을 위반하여 발생한 손해의 배상책임에 있어 정보 전송을 위탁한 자의 소속 직원으로 본다.

[전문개정 2008.6.13]

**제50조의4(정보 전송 역무 제공 등의 제한)** ① 정보통신서비스 제공자는 다음 각 호의 어느 하나에 해당하는 경우에 해당 역무의 제공을 거부하는 조치를 할 수 있다.

1. 광고성 정보의 전송 또는 수신으로 역무의 제공에 장애가 일어나거나 일어날 우려가 있는 경우
2. 이용자가 광고성 정보의 수신을 원하지 아니하는 경우
3. 이용계약을 통하여 해당 정보통신서비스 제공자가 이용자에게 제공하는 서비스가 불법 광고성 정보 전송에 이용되고 있는 경우

② 정보통신서비스 제공자는 제1항에 따른 거부조치를 하려면 해당 역무 제공의 거부에 관한 사항을 그 역무의 이용자와 체결하는 정보통신서비스 이용계약의 내용에 포함하여야 한다.

③ 정보통신서비스 제공자는 제1항에 따라 거부조치를 하려면 그 역무를 제공받는 이용자 등 이해관계인에게 그 사실을 알려야 한다. 다만, 미리 알리는 것이 곤란한 경우에는 거부조치를 한 후 지체 없이 알려야 한다.

[전문개정 2008.6.13]

**제50조의5(영리목적의 광고성 프로그램 등의 설치)** 정보통신서비스 제공자는 영리목적의 광고성 정보가 보이도록 하거나 개인정보를 수집하는 프로그램을 이용자의 컴퓨터나 그 밖에 대통령령으로 정하는 정보처리장치에 설치하려면 이용자의 동의를 받아야 한다. 이 경우 해당 프로그램의 용도와 삭제방법을 고지하여야 한다.

[전문개정 2008.6.13]

**제50조의6(영리목적의 광고성 정보 전송차단 소프트웨어의 보급 등)** ① 방송통신위원회는 수신자가 제50조를 위반하여 전송되는 영리목적의 광고성 정보를 편리하게 차단하거나 신고할 수 있는 소프트웨어나 컴퓨터프로그램을 개발하여 보급할 수 있다.

② 방송통신위원회는 제1항에 따른 전송차단, 신고 소프트웨어 또는 컴퓨터프로그램의 개발과 보급을 촉진하기 위하여 관련 공공기관·법인·단체 등에 필요한 지원을 할 수 있다.

③ 방송통신위원회는 정보통신서비스 제공자의 전기통신역무가 제50조를 위반하여 발송되는 영리목적의 광고성 정보 전송에 이용되면 수신자 보호를 위하여 기술개발·교육·홍보 등 필요한 조치를 할 것을 정보통신서비스 제공자에게 권고할 수 있다.

④ 제1항에 따른 개발·보급의 방법과 제2항에 따른 지원에 필요한 사항은 대통령령으로 정한다.

[전문개정 2008.6.13]

**제50조의7(영리목적의 광고성 정보 게시의 제한)** ① 누구든지 인터넷 홈페이지 운영자 또는 관리자가 구체적으로 밝힌 거부의사에 반하여 영리목적의 광고성 정보를 인터넷 홈페이지에 게시하여서는 아니 된다.

② 인터넷 홈페이지 운영자 또는 관리자는 제1항을 위반하여 게시된 영리목적의 광고성 정보를 삭제하는 등의 조치를 할 수 있다.

[전문개정 2008.6.13]

**제50조의8(불법행위를 위한 광고성 정보 전송금지)** 누구든지 정보통신망을 이용하여 이 법 또는 다른 법률에서 금지하는 재화 또는 서비스에 대한 광고성 정보를 전송하여서는 아니 된다.

[전문개정 2008.6.13]

**제51조(중요 정보의 국외유출 제한 등)** ① 정부는 국내의 산업·경제 및 과학기술 등에 관한 중요 정보가 정보통신망을 통하여 국외로 유출되는 것을 방지하기 위하여 정보통신서비스 제공자 또는 이용자에게 필요한 조치를 하도록 할 수 있다.

② 제1항에 따른 중요 정보의 범위는 다음 각호와 같다.

1. 국가안전보장과 관련된 보안정보 및 주요 정책에 관한 정보
2. 국내에서 개발된 첨단과학 기술 또는 기기의 내용에 관한 정보

③ 정부는 제2항 각호에 따른 정보를 취급하는 정보통신서비스 제공자에게 다음 각 호의 조치를 하도록 할 수 있다.

1. 정보통신망의 부당한 이용을 방지할 수 있는 제도적·기술적 장치의 설정
2. 정보의 불법파괴 또는 불법조작을 방지할 수 있는 제도적·기술적 조치
3. 정보통신서비스 제공자가 취급 중 알게 된 중요 정보의 누출을 방지할 수 있는 조치

[전문개정 2008.6.13]

**제52조(한국인터넷진흥원〈개정 2009.4.22〉)** ① 정부는 정보통신망의 고도화(정보통신망의 구축·개선 및 관리에 관한 사항을 제외한다)와 안전한 이용 촉진 및 방송통신과 관련한 국제협력·국외진출 지원을 효율적으로 추진하기 위하여 한국인터넷진흥원(이하 "인터넷진흥원"이라 한다)을 설립한다.〈개정 2009.4.22〉

② 인터넷진흥원은 법인으로 한다.〈개정 2009.4.22〉

③ 인터넷진흥원은 다음 각 호의 사업을 한다.〈개정 2009.4.22〉

1. 정보통신망의 이용 및 보호, 방송통신과 관련한 국제협력·국외진출 등을 위한 법·정책 및 제도의 조사·연구
2. 정보통신망의 이용 및 보호와 관련한 통계의 조사·분석
3. 정보통신망의 이용에 따른 역기능 분석 및 대책 연구
4. 정보통신망의 이용 및 보호를 위한 홍보 및 교육·훈련

5. 정보통신망의 정보보호 및 인터넷주소자원 관련 기술 개발 및 표준화
6. 지식정보보안 산업정책 지원 및 관련 기술 개발과 인력양성
7. 정보보호 안전진단, 정보보호 관리체계의 인증, 정보보호시스템 평가·인증 등 정보보호 인증·평가 등의 실시 및 지원
8. 개인정보보호를 위한 대책의 연구 및 보호기술의 개발·보급 지원
9. 분쟁조정위원회의 운영 지원과 개인정보침해 신고센터의 운영
10. 광고성 정보 전송 및 인터넷광고와 관련한 고충의 상담·처리
11. 정보통신망 침해사고의 처리·원인분석 및 대응체계 운영
12. 「전자서명법」 제25조 제1항에 따른 전자서명인증관리
13. 인터넷의 효율적 운영과 이용활성화를 위한 지원
14. 인터넷 이용자의 저장 정보 보호 지원
15. 인터넷 관련 서비스정책 지원
16. 인터넷상에서의 이용자 보호 및 건전 정보 유통 확산 지원
17. 「인터넷주소자원에 관한 법률」에 따른 인터넷주소자원의 관리에 관한 업무
18. 「인터넷주소자원에 관한 법률」 제16조에 따른 인터넷주소분쟁조정위원회의 운영 지원
19. 방송통신과 관련한 국제협력·국외진출 및 국외홍보 지원
20. 제1호부터 제19호까지의 사업에 부수되는 사업
21. 그 밖에 이 법 또는 다른 법령에 따라 인터넷진흥원의 업무로 정하거나 위탁한 사업이나 행정안전부장관·지식경제부장관·방송통신위원회 또는 다른 행정기관의 장으로부터 위탁받은 사업

④ 정부는 인터넷진흥원이 사업을 수행하는 데에 필요한 경비를 충당하기 위하여 출연할 수 있다. 〈개정 2009.4.22〉

⑤ 인터넷진흥원에 관하여 이 법에서 정하지 아니한 사항에 대하여는 「민법」의 재단법인에 관한 규정을 준용한다. 〈개정 2009.4.22〉

⑥ 인터넷진흥원이 아닌 자는 한국인터넷진흥원의 명칭을 사용하지 못한다. 〈개정 2009.4.22〉

⑦ 인터넷진흥원의 운영 및 업무수행에 필요한 사항은 대통령령으로 정한다. 〈개정 2009.4.22〉

[전문개정 2008.6.13]

## 제7장 통신과금서비스<신설 2007.12.21>

**제53조(통신과금서비스제공자의 등록 등)** ① 통신과금서비스를 제공하려는 자는 대통

령령으로 정하는 바에 따라 다음 각 호의 사항을 갖추어 방송통신위원회에 등록하여야 한다.〈개정 2008.2.29〉

1. 재무건전성
2. 통신과금서비스이용자보호계획
3. 업무를 수행할 수 있는 인력과 물적 설비
4. 사업계획서

② 제1항에 따라 등록할 수 있는 자는 「상법」 제170조에 따른 회사 또는 「민법」 제32조에 따른 법인으로서 자본금·출자총액 또는 기본재산이 5억원 이상의 범위에서 대통령령으로 정하는 금액 이상이어야 한다.

③ 통신과금서비스제공자는 「전기통신사업법」 제21조에도 불구하고 부가통신사업자의 신고를 하지 아니할 수 있다.

④ 「전기통신사업법」 제22조 및 제25조부터 제27조까지의 규정은 통신과금서비스제공자의 등록사항의 변경, 사업의 양도·양수 또는 합병·상속, 사업의 승계, 사업의 휴지·폐지·해산 등에 준용한다. 이 경우 "제19조의 규정에 의하여 별정통신사업의 등록을 한 자" 및 "별정통신사업자"는 "통신과금서비스제공자"로 보고, "별정통신사업"은 "통신과금서비스제공업"으로 본다.

⑤ 제1항에 따른 등록의 세부요건, 절차, 그 밖에 필요한 사항은 대통령령으로 정한다.

[본조 2007.12.21]

**제54조(등록의 결격사유)** 다음 각호의 어느 하나에 해당하는 자는 제53조에 따른 등록을 할 수 없다.〈개정 2008.2.29〉

1. 제53조 제4항에 따라 사업을 폐지한 날부터 1년이 지나지 아니한 법인 및 그 사업이 폐지될 당시 그 법인의 대주주(대통령령으로 정하는 출자자를 말한다. 이하 같다)이었던 자로서 그 폐지일부터 1년이 지나지 아니한 자
2. 제55조 제1항에 따라 등록이 취소된 날부터 3년이 지나지 아니한 법인 및 그 취소 당시 그 법인의 대주주이었던 자로서 그 취소가 된 날부터 3년이 지나지 아니한 자
3. 「채무자 회생 및 파산에 관한 법률」에 따른 회생절차 중에 있는 법인 및 그 법인의 대주주
4. 금융거래 등 상거래에 있어서 약정한 기일 내에 채무를 변제하지 아니한 자로서 방송통신위원회가 정하는 자
5. 제1호부터 제4호까지의 규정에 해당하는 자가 대주주인 법인

[본조신설 2007.12.21]

**제55조(등록의 취소명령 등)** ① 방송통신위원회는 통신과금서비스제공자가 다음 각 호

의 어느 하나에 해당하는 때에는 등록을 취소하거나 1년 이내의 기간을 정하여 사업의 정지를 명할 수 있다. 다만, 제1호에 해당하는 때에는 등록을 취소하여야 한다.〈개정 2008.2.29〉

1. 거짓이나 그 밖의 부정한 방법으로 등록을 한 때
2. 제53조 제1항에 따라 등록한 날부터 1년 이내에 사업을 개시하지 아니하거나 1년 이상 계속하여 휴업한 때

② 제1항에 따른 처분의 기준, 절차, 그 밖에 필요한 사항은 대통령령으로 정한다.

[본조신설 2007.12.21]

**제56조(약관의 신고 등)** ① 통신과금서비스제공자는 통신과금서비스에 관한 약관을 정하여 방송통신위원회에 신고(변경신고를 포함한다)하여야 한다.〈개정 2008.2.29〉

② 방송통신위원회는 제1항에 따른 약관이 통신과금서비스이용자의 이익을 침해할 우려가 있다고 판단되는 경우에는 통신과금서비스제공자에게 약관의 변경을 권고할 수 있다.〈개정 2008.2.29〉

[본조신설 2007.12.21]

**제57조(통신과금서비스의 안전성 확보 등)** ① 통신과금서비스제공자는 통신과금서비스가 안전하게 제공될 수 있도록 선량한 관리자로서의 주의를 다하여야 한다.

② 통신과금서비스제공자는 통신과금서비스를 통한 거래의 안전성과 신뢰성을 확보하기 위하여 대통령령으로 정하는 바에 따라 업무처리지침의 제정 및 회계처리 구분 등의 관리적 조치와 정보보호시스템 구축 등의 기술적 조치를 하여야 한다.

[본조신설 2007.12.21]

**제58조(통신과금서비스이용자의 권리 등)** ① 통신과금서비스제공자는 재화 등의 판매·제공의 대가를 청구할 때에 통신과금서비스이용자에게 구매·이용 내역, 이의신청의 방법 등 대통령령으로 정하는 사항을 고지하여야 한다.

② 통신과금서비스제공자는 통신과금서비스이용자가 구매·이용 내역을 확인할 수 있는 방법을 제공하여야 하며, 통신과금서비스이용자가 구매·이용 내역에 관한 서면(전자문서를 포함한다. 이하 같다)을 요청하는 경우에는 그 요청을 받은 날부터 2주 이내에 이를 제공하여야 한다.

③ 통신과금서비스이용자는 통신과금서비스가 자신의 의사에 반하여 제공되었음을 안 때에는 통신과금서비스제공자에게 이에 대한 정정을 요구할 수 있으며(통신과금서비스이용자의 고의 또는 중과실이 있는 경우는 제외한다), 통신과금서비스제공자는 그 정정 요구를 받은 날부터 2주 이내에 처리 결과를 알려주어야 한다.

④ 통신과금서비스제공자는 통신과금서비스에 관한 기록을 5년 이내의 범위에서 대통령령으로 정하는 기간 동안 보존하여야 한다.

⑤ 제2항에 따라 통신과금서비스제공자가 제공하여야 하는 구매·이용내역의 대상기간, 종류 및 범위, 제4항에 따라 통신과금서비스제공자가 보존하여야 하는 기록의 종류 및 보존방법 등에 관한 사항은 대통령령으로 정한다.

[본조신설 2007.12.21]

**第59조(분쟁해결 등)** ① 통신과금서비스제공자는 통신과금서비스에 있어서 이용자의 권익을 보호하기 위하여 자율적인 분쟁해결 등을 시행하는 기관 또는 단체를 설치·운영할 수 있다.

② 통신과금서비스제공자는 대통령령으로 정하는 바에 따라 통신과금서비스와 관련한 통신과금서비스이용자의 이의신청 및 권리구제를 위한 절차를 마련하여야 한다.

[본조신설 2007.12.21]

**第60조(손해배상 등)** ① 통신과금서비스제공자는 통신과금서비스를 제공함에 있어서 통신과금서비스이용자에게 손해가 발생한 경우에 그 손해를 배상하여야 한다. 다만, 그 손해의 발생이 통신과금서비스이용자의 고의 또는 중과실로 인한 경우에는 그러하지 아니하다.

② 제1항에 따른 손해배상을 함에 있어서는 손해배상을 받을 자와 협의하여야 한다.

③ 제2항에 따른 손해배상에 관한 협의가 성립되지 아니하거나 협의를 할 수 없는 경우에는 당사자는 방송통신위원회에 재정을 신청할 수 있다.〈개정 2008.2.29〉

[본조신설 2007.12.21]

**第61조(통신과금서비스의 이용제한)** 방송통신위원회는 통신과금서비스제공자에게 다음 각 호의 어느 하나에 해당하는 자에 대한 서비스의 제공을 거부, 정지 또는 제한하도록 명할 수 있다.〈개정 2008.2.29〉

1. 「청소년보호법」 제17조를 위반하여 청소년유해매체물을 청소년에게 판매·대여·제공하는 자
2. 다음 각 목의 어느 하나에 해당하는 수단을 이용하여 통신과금서비스이용자로 하여금 재화 등을 구매·이용하게 함으로써 통신과금서비스이용자의 이익을 현저하게 저해하는 자
   가. 제50조를 위반한 영리목적의 광고성 정보 전송
   나. 통신과금서비스이용자에 대한 기망 또는 부당한 유인
3. 이 법 또는 다른 법률에서 금지하는 재화 등을 판매·제공하는 자

[본조신설 2007.12.21]

## 제8장 국제협력<신설 2007.12.21>

**제62조(국제협력)** 정부는 다음 각호의 사항을 추진할 때 다른 국가 또는 국제기구와 상호 협력하여야 한다.

1. 개인정보의 국가간 이전 및 개인정보의 보호에 관련된 업무
2. 정보통신망에서의 청소년 보호를 위한 업무
3. 정보통신망의 안전성을 침해하는 행위를 방지하기 위한 업무
4. 그 밖에 정보통신서비스의 건전하고 안전한 이용에 관한 업무

[전문개정 2008.6.13]

**제63조(국외 이전 개인정보의 보호)** ① 정보통신서비스 제공자 등은 이용자의 개인정보에 관하여 이 법을 위반하는 사항을 내용으로 하는 국제계약을 체결하여서는 아니 된다.

② 정보통신서비스 제공자 등은 이용자의 개인정보를 국외로 이전하려면 이용자의 동의를 받아야 한다.

③ 정보통신서비스 제공자 등은 제2항에 따른 동의를 받으려면 미리 다음 각 호의 사항 모두를 이용자에게 고지하여야 한다.

1. 이전되는 개인정보 항목
2. 개인정보가 이전되는 국가, 이전일시 및 이전방법
3. 개인정보를 이전받는 자의 성명(법인인 경우에는 그 명칭 및 정보관리책임자의 연락처를 말한다)
4. 개인정보를 이전받는 자의 개인정보 이용목적 및 보유·이용 기간

④ 정보통신서비스 제공자 등은 제2항에 따른 동의를 받아 개인정보를 국외로 이전하는 경우 대통령령으로 정하는 바에 따라 보호조치를 하여야 한다.

[전문개정 2008.6.13]

## 제9장 보칙<신설 2007.12.21>

## 제10장 벌칙<신설 2007.12.21>

**제70조(벌칙)** ① 사람을 비방할 목적으로 정보통신망을 통하여 공공연하게 사실을 드러내어 다른 사람의 명예를 훼손한 자는 3년 이하의 징역이나 금고 또는 2천만원 이하의 벌금에 처한다.

② 사람을 비방할 목적으로 정보통신망을 통하여 공공연하게 거짓의 사실을 드러

내어 다른 사람의 명예를 훼손한 자는 7년 이하의 징역, 10년 이하의 자격정지 또는 5천만원 이하의 벌금에 처한다.

③ 제1항과 제2항의 죄는 피해자가 구체적으로 밝힌 의사에 반하여 공소를 제기할 수 없다.

[전문개정 2008.6.13]

**제71조(벌칙)** 다음 각 호의 어느 하나에 해당하는 자는 5년 이하의 징역 또는 5천만원 이하의 벌금에 처한다.

1. 제22조 제1항(제67조에 따라 준용되는 경우를 포함한다)을 위반하여 이용자의 동의를 받지 아니하고 개인정보를 수집한 자
2. 제23조 제1항(제67조에 따라 준용되는 경우를 포함한다)을 위반하여 이용자의 동의를 받지 아니하고 개인의 권리·이익이나 사생활을 뚜렷하게 침해할 우려가 있는 개인정보를 수집한 자
3. 제24조, 제24조의2 제1항 및 제2항 또는 제26조 제3항(제67조에 따라 준용되는 경우를 포함한다)을 위반하여 개인정보를 이용하거나 제3자에게 제공한 자 및 그 사정을 알면서도 영리 또는 부정한 목적으로 개인정보를 제공받은 자
4. 제25조 제1항(제67조에 따라 준용되는 경우를 포함한다)을 위반하여 이용자의 동의를 받지 아니하고 개인정보 취급위탁을 한 자
5. 제28조의2 제1항(제67조에 따라 준용되는 경우를 포함한다)을 위반하여 이용자의 개인정보를 훼손·침해 또는 누설한 자
6. 제28조의2 제2항을 위반하여 그 개인정보가 누설된 사정을 알면서도 영리 또는 부정한 목적으로 개인정보를 제공받은 자
7. 제30조 제5항(제30조 제7항, 제31조 제3항 및 제67조에 따라 준용되는 경우를 포함한다)을 위반하여 필요한 조치를 하지 아니하고 개인정보를 제공하거나 이용한 자
8. 제31조 제1항(제67조에 따라 준용되는 경우를 포함한다)을 위반하여 법정대리인의 동의를 받지 아니하고 만 14세 미만인 아동의 개인정보를 수집한 자
9. 제48조 제2항을 위반하여 악성프로그램을 전달 또는 유포한 자
10. 제48조 제3항을 위반하여 정보통신망에 장애가 발생하게 한 자
11. 제49조를 위반하여 타인의 정보를 훼손하거나 타인의 비밀을 침해·도용 또는 누설한 자

[전문개정 2008.6.13]

**제72조(벌칙)** ① 다음 각 호의 어느 하나에 해당하는 자는 3년 이하의 징역 또는 3천만

원 이하의 벌금에 처한다.

1. 제48조 제1항을 위반하여 정보통신망에 침입한 자
2. 제49조의2 제1항을 위반하여 다른 사람의 개인정보를 수집한 자
3. 제53조 제1항에 따른 등록을 하지 아니하고 그 업무를 수행한 자
4. 다음 각 목의 어느 하나에 해당하는 행위를 통하여 자금을 융통하여 준 자 또는 이를 알선한 자
   가. 재화 등의 판매·제공을 가장하거나 실제 매출금액을 초과하여 통신과금서비스에 의한 거래를 하거나 이를 대행하게 하는 행위
   나. 통신과금서비스이용자로 하여금 통신과금서비스에 의하여 재화 등을 구매·이용하도록 한 후 통신과금서비스이용자가 구매·이용한 재화 등을 할인하여 매입하는 행위
5. 제66조를 위반하여 직무상 알게 된 비밀을 타인에게 누설하거나 직무 외의 목적으로 사용한 자

② 제1항 제1호의 미수범은 처벌한다.

[전문개정 2008.6.13]

**제73조(벌칙)** 다음 각호의 어느 하나에 해당하는 자는 2년 이하의 징역 또는 1천만원 이하의 벌금에 처한다.

1. 제28조 제1항 제2호부터 제5호까지(제67조에 따라 준용되는 경우를 포함한다)의 규정에 따른 기술적·관리적 조치를 하지 아니하여 이용자의 개인정보를 분실·도난·누출·변조 또는 훼손한 자
2. 제42조를 위반하여 청소년유해매체물임을 표시하지 아니하고 영리를 목적으로 제공한 자
3. 제42조의2를 위반하여 청소년유해매체물을 광고하는 내용의 정보를 청소년에게 전송하거나 청소년 접근을 제한하는 조치 없이 공개적으로 전시한 자
4. 제44조의6 제3항을 위반하여 이용자의 정보를 민·형사상의 소를 제기하는 것 외의 목적으로 사용한 자
5. 제44조의7 제2항 및 제3항에 따른 방송통신위원회의 명령을 이행하지 아니한 자
6. 제48조의4 제3항에 따른 명령을 위반하여 관련 자료를 보전하지 아니한 자
7. 제49조의2 제1항을 위반하여 개인정보의 제공을 유인한 자
8. 제61조에 따른 명령을 이행하지 아니한 자

[전문개정 2008.6.13]

**제74조(벌칙)** ① 다음 각호의 어느 하나에 해당하는 자는 1년 이하의 징역 또는 1천만원 이하의 벌금에 처한다.

1. 제8조 제4항을 위반하여 비슷한 표시를 한 제품을 표시·판매 또는 판매할 목적으로 진열한 자
2. 제44조의7 제1항 제1호를 위반하여 음란한 부호·문언·음향·화상 또는 영상을 배포·판매·임대하거나 공공연하게 전시한 자
3. 제44조의7 제1항 제3호를 위반하여 공포심이나 불안감을 유발하는 부호·문언·음향·화상 또는 영상을 반복적으로 상대방에게 도달하게 한 자
4. 제50조 제6항을 위반하여 기술적 조치를 한 자
5. 제50조의2를 위반하여 전자우편주소를 수집·판매·유통하거나 정보 전송에 이용한 자
6. 제50조의8을 위반하여 광고성 정보를 전송한 자
7. 제53조 제4항을 위반하여 등록사항의 변경등록 또는 사업의 양도·양수 또는 합병·상속의 신고를 하지 아니한 자

② 제1항 제3호의 죄는 피해자가 구체적으로 밝힌 의사에 반하여 공소를 제기할 수 없다.

[전문개정 2008.6.13]

**제75조(양벌규정)** ① 법인의 대표자, 대리인, 사용인, 그 밖의 종업원이 그 법인의 업무에 관하여 제71조부터 제73조까지 또는 제74조 제1항의 위반행위를 하면 그 행위자를 벌할 뿐만 아니라 그 법인에도 해당 조문의 벌금형을 과(科)한다.

② 개인의 대리인, 사용인, 그 밖의 종업원이 그 개인의 업무에 관하여 제71조부터 제73조까지 또는 제74조 제1항의 위반행위를 하면 그 행위자를 벌할 뿐만 아니라 그 개인에게도 해당 조문의 벌금형을 과한다.

[전문개정 2008.6.13]

**제76조(과태료)** ① 다음 각호의 어느 하나에 해당하는 자와 제7호부터 제11호까지의 경우에 해당하는 행위를 하도록 한 자에게는 3천만원 이하의 과태료를 부과한다.

1. 제23조 제2항(제67조에 따라 준용되는 경우를 포함한다)을 위반하여 서비스의 제공을 거부한 자
2. 제23조의2를 위반하여 필요한 조치를 하지 아니한 자
3. 제28조 제1항 제1호 및 제6호(제67조에 따라 준용되는 경우를 포함한다)에 따른 기술적·관리적 조치를 하지 아니한 자
4. 제29조 본문(제67조에 따라 준용되는 경우를 포함한다)을 위반하여 개인정보를 파기하지 아니한 자
5. 제30조 제3항·제4항 및 제6항(제30조 제7항, 제31조 제3항 및 제67조

에 따라 준용되는 경우를 포함한다)을 위반하여 필요한 조치를 하지 아니한 자
6. 제44조의5 제 2 항에 따른 방송통신위원회의 명령을 이행하지 아니한 자
7. 제50조 제 1 항부터 제 3 항까지의 규정을 위반하여 영리 목적의 광고성 정보를 전송한 자
8. 제50조 제 4 항 또는 제 5 항을 위반하여 광고성 정보를 전송할 때 밝혀야 하는 사항을 밝히지 아니하거나 거짓으로 밝힌 자
9. 제50조 제 7 항을 위반하여 비용을 수신자에게 부담하도록 한 자
10. 제50조의5를 위반하여 이용자의 동의를 받지 아니하고 프로그램을 설치한 자
11. 제50조의7 제 1 항을 위반하여 인터넷 홈페이지에 영리목적의 광고성 정보를 게시한 자
12. 제71조부터 제74조까지, 제 1 호부터 제11호까지 및 제 2 항의 위반행위를 하여 제64조 제 4 항에 따른 행정안전부장관 또는 방송통신위원회의 시정조치 명령을 이행하지 아니한 자

② 다음 각호의 어느 하나에 해당하는 자에게는 2천만원 이하의 과태료를 부과한다.
1. 제25조 제 2 항(제67조에 따라 준용되는 경우를 포함한다)을 위반하여 이용자에게 개인정보 취급위탁에 관한 사항을 공개하지 아니하거나 알리지 아니한 자
2. 제26조 제 1 항 및 제 2 항(제67조에 따라 준용되는 경우를 포함한다)을 위반하여 이용자에게 개인정보의 이전사실을 알리지 아니한 자
3. 제27조 제 1 항(제67조에 따라 준용되는 경우를 포함한다)을 위반하여 개인정보 관리책임자를 지정하지 아니한 자
4. 제27조의2 제 1 항(제67조에 따라 준용되는 경우를 포함한다)을 위반하여 개인정보 취급방침을 공개하지 아니한 자

③ 다음 각호의 어느 하나에 해당하는 자에게는 1천만원 이하의 과태료를 부과한다.〈개정 2009.4.22〉
1. 제20조 제 2 항을 위반하여 전자문서를 보관하지 아니한 자
2. 제21조를 위반하여 전자문서를 공개한 자
3. 제42조의3 제 1 항을 위반하여 청소년 보호 책임자를 지정하지 아니한 자
4. 제43조를 위반하여 정보를 보관하지 아니한 자
5. 제46조 제 2 항을 위반하여 보험에 가입하지 아니한 자
6. 제46조의3 제 1 항을 위반하여 정보보호 안전진단을 받지 아니한 자

7. 제46조의3 제2항을 위반하여 정보보호 안전진단의 결과를 제출하지 아니하거나 거짓으로 제출한 자
8. 제46조의3 제5항에 따른 권고 내용 또는 처리 결과를 거짓으로 통보한 자
9. 제46조의3 제6항에 따른 개선명령을 이행하지 아니한 자
10. 제47조의3 제3항을 위반하여 소프트웨어 사용자에게 알리지 아니한 자
11. 제48조의2 제4항에 따른 시정명령을 이행하지 아니한 자
12. 제48조의4 제4항에 따른 사업장 출입 및 조사를 방해하거나 거부 또는 기피한 자
13. 제52조 제6항을 위반하여 한국인터넷진흥원의 명칭을 사용한 자
14. 제53조 제4항을 위반하여 사업의 휴지·폐지·해산의 신고를 아니한 자
15. 제56조 제1항을 위반하여 약관을 신고하지 아니한 자
16. 제57조 제2항을 위반하여 관리적 조치 또는 기술적 조치를 하지 아니한 자
17. 제58조 제1항을 위반하여 구매·이용 내역 및 이의신청의 방법 등 대통령령으로 정하는 사항을 통신과금서비스이용자에게 고지하지 아니한 자
18. 제58조 제2항을 위반하여 통신과금서비스이용자가 구매·이용 내역을 확인할 수 있는 방법을 제공하지 아니하거나 통신과금서비스이용자의 제공 요청에 응하지 아니한 자
19. 제58조 제3항을 위반하여 통신과금서비스이용자의 요청에 대한 처리 결과를 통신과금서비스이용자에게 알려 주지 아니한 자
20. 제58조 제4항을 위반하여 통신과금서비스에 관한 기록을 보존하지 아니한 자
21. 제59조 제2항을 위반하여 통신과금서비스이용자의 이의신청 및 권리구제를 위한 절차를 마련하지 아니한 자
22. 제64조 제1항에 따른 관계 물품·서류 등을 제출하지 아니하거나 거짓으로 제출한 자
23. 제64조 제2항에 따른 자료의 열람·제출요청에 따르지 아니한 자
24. 제64조 제3항에 따른 출입·검사를 거부·방해 또는 기피한 자

④ 제1항부터 제3항까지의 과태료는 대통령령으로 정하는 바에 따라 행정안전부장관 또는 방송통신위원회가 부과·징수한다.

⑤ 제4항에 따른 과태료 처분에 불복하는 자는 그 처분을 고지받은 날부터 30일 이내에 행정안전부장관 또는 방송통신위원회에 이의를 제기할 수 있다.

⑥ 제4항에 따라 과태료 처분을 받은 자가 제5항에 따라 이의를 제기하면 행정안전부장관 또는 방송통신위원회는 지체 없이 관할 법원에 그 사실을 통보하여야 하며, 그 통보를 받은 관할 법원은 「비송사건절차법」에 따른 과태료 재

판을 한다.

⑦ 제5항에 따른 기간에 이의를 제기하지 아니하고 과태료를 내지 아니하면 국세 체납처분의 예에 따라 징수한다.

[전문개정 2008.6.13]

# 언론중재 및 피해구제 등에 관한 법률

## 제1장 총 칙

**제1조(목적)** 이 법은 언론사 등의 언론보도 또는 그 매개(媒介)로 인하여 침해되는 명예나 권리 그 밖의 법익에 관한 다툼이 있는 경우 이를 조정하고 중재하는 등의 실효성 있는 구제제도를 확립함으로써 언론의 자유와 공적 책임을 조화함을 목적으로 한다.〈개정 2009.2.6〉

**제2조(정의)** 이 법에서 사용하는 용어의 정의는 다음과 같다.〈개정 2009.2.6〉

1. "언론"이라 함은 방송, 신문, 잡지 등 정기간행물, 뉴스통신 및 인터넷신문을 말한다.
2. "방송"이라 함은 방송법 제2조 제1호의 규정에 의한 텔레비전방송·라디오방송·데이터방송 및 이동멀티미디어방송을 말한다.
3. "방송사업자"라 함은 방송법 제2조 제3호 각목의 1에 따른 지상파방송사업자·종합유선방송사업자·위성방송사업자 및 방송채널사용사업자를 말한다.
4. "신문"이란 「신문 등의 자유와 기능보장에 관한 법률」 제2조 제1호에 따른 신문을 말한다.
5. "신문사업자"란 「신문 등의 자유와 기능보장에 관한 법률」 제2조 제3호에 따른 신문사업자를 말한다.
6. "잡지 등 정기간행물"이란 「잡지 등 정기간행물의 진흥에 관한 법률」 제2조 제1호 가목 및 라목에 따른 잡지 및 기타간행물을 말한다.
7. "잡지 등 정기간행물사업자"란 「잡지 등 정기간행물의 진흥에 관한 법률」 제2조제2호에 따른 정기간행물사업자 중 잡지 또는 기타간행물을 발행하는 자를 말한다.
8. "뉴스통신"이라 함은 뉴스통신진흥에 관한 법률 제2조 제1호의 규정에 의한 뉴스통신을 말한다.
9. "뉴스통신사업자"라 함은 뉴스통신진흥에 관한 법률 제2조 제3호의 규정에 의한 뉴스통신사업자를 말한다.
10. "인터넷신문"이라 함은 「신문 등의 자유와 기능보장에 관한 법률」 제2조 제2호에 따른 인터넷신문을 말한다.
11. "인터넷신문사업자"라 함은 「신문 등의 자유와 기능보장에 관한 법률」 제2

조 제4호에 따른 인터넷신문사업자를 말한다.

12. “언론사”라 함은 방송사업자, 신문사업자, 잡지 등 정기간행물사업자, 뉴스통신사업자 및 인터넷신문사업자를 말한다.
13. “언론사의 대표자”라 함은 언론사의 경영에 관하여 법률상 대표권이 있는 자 또는 그와 동등한 지위에 있는 자를 말한다. 다만, 외국 신문 또는 외국 잡지 등 정기간행물로서 국내에 지사 또는 지국이 있는 경우에는 「신문 등의 자유와 기능보장에 관한 법률」 제26조에 따라 그 설치허가를 받은 자 또는 「잡지 등 정기간행물의 진흥에 관한 법률」 제29조에 따라 등록을 한 자를 말한다.
14. “사실적 주장”이라 함은 증거에 의하여 그 존재 여부를 판단할 수 있는 사실관계에 관한 주장을 말한다
15. “언론보도”라 함은 언론의 사실적 주장에 관한 보도를 말한다.
16. “정정보도”라 함은 언론의 보도내용의 전부 또는 일부가 진실하지 아니한 경우 이를 진실에 부합되게 고쳐서 보도하는 것을 말한다.
17. “반론보도”라 함은 보도내용의 진실 여부에 관계없이 그와 대립되는 반박적 주장을 보도하는 것을 말한다.
18. “인터넷뉴스서비스”란 언론의 기사를 인터넷을 통하여 계속적으로 제공하거나 매개하는 전자간행물을 말한다. 다만, 인터넷신문 및 인터넷 멀티미디어 방송, 그 밖에 대통령령으로 정하는 것으로 제외한다.
19. “인터넷뉴스서비스사업자”란 제18호에 따른 전자간행물을 경영하는 자를 말한다.
20. “인터넷 멀티미디어 방송”이란 「인터넷 멀티미디어 방송사업법」 제2조 제1호에 따른 인터넷 멀티미디어 방송을 말한다.
21. “인터넷 멀티미디어 방송사업자”란 「인터넷 멀티미디어 방송사업법」 제2조 제5호에 따른 인터넷 멀티미디어 방송사업자를 말한다.

**제3조(언론의 자유와 독립)** ① 언론의 자유와 독립은 보장된다.

② 누구든지 언론의 자유와 독립에 관하여 어떠한 규제나 간섭을 할 수 없다.

③ 언론은 정보원에 대하여 자유로이 접근할 권리와 그 취재한 정보를 자유로이 공표할 자유를 갖는다.

④ 제1항 내지 제3항의 자유와 권리는 헌법과 법률에 의하지 아니하고는 제한받지 아니한다.

**제4조(언론의 사회적 책임 등)** ① 언론에 의한 보도는 공정하고 객관적이어야 하고, 국민의 알 권리와 표현의 자유를 보호·신장하여야 한다.

② 언론은 인간의 존엄과 가치를 존중하여야 하고, 타인의 명예를 훼손하거나 권

리 또는 공중도덕이나 사회윤리를 침해하여서는 아니된다.

③ 언론은 공적인 관심사에 대하여 공익을 대변하며 취재·보도·논평 그 밖의 방법으로 민주적 여론형성에 기여함으로써 그 공적 임무를 수행한다.

**제 5 조(언론 등에 의한 피해구제의 원칙〈개정** 2009.2.6〉) ① 언론·인터넷뉴스서비스 및 인터넷 멀티미디어 방송(이하 "언론 등"이라 한다)은 타인의 생명·자유·신체·건강·명예·사생활의 비밀과 자유·초상·성명·음성·대화·저작물 및 사적문서 그 밖의 인격적 가치 등에 관한 권리(이하 "인격권"이라 한다)를 침해하여서는 아니되며, 언론 등이 타인의 인격권을 침해한 경우에는 이 법에서 정한 절차에 따라 피해를 신속하게 구제하여야 한다.〈개정 2009.2.6〉

② 인격권 침해가 사회상규에 반하지 아니하는 한도 안에서 피해자의 동의에 의하여 이루어지거나 또는 언론 등의 보도가 공공의 이익에 관한 것으로서 진실한 것이거나 진실하다고 믿는 데에 정당한 사유가 있는 경우에는 법률에 특별한 규정이 없는 한 그 보도내용과 관련하여 책임을 지지 아니한다.〈개정 2009.2.6〉

③ 삭제〈2009.2.6〉

④ 삭제〈2009.2.6〉

⑤ 삭제〈2009.2.6〉

**제 5 조의2(사망자의 인격권 보호)** ① 제 5 조 제 1 항의 타인에는 사망한 자를 포함한다.

② 사망한 자에 대한 인격권의 침해가 있거나 침해할 우려가 있는 경우에는 이에 따른 구제절차를 유족이 수행한다.

③ 제 2 항의 유족은 다른 법률에서 특별히 정함이 없으면 사망한 자의 배우자와 직계비속에 한하되, 배우자와 직계비속이 모두 없는 경우에는 직계존속이, 직계존속도 없는 경우에는 형제자매가 되며, 동순위의 유족이 2인 이상 있는 경우에는 각자가 단독으로 청구권을 행사한다.

④ 사망한 자에 대한 인격권 침해에 대한 동의는 제 3 항에 따른 동순위 유족의 전원의 동의가 있어야 한다.

⑤ 다른 법률에서 특별히 정함이 없으면 사망 후 30년이 경과한 때에는 제 2 항에 따른 구제절차를 수행할 수 없다.

[본조신설 2009.2.6]

**제 6 조(고충처리인)** ① 종합편성 또는 보도에 관한 전문편성을 행하는 방송사업자, 일반일간신문(신문 등의 자유와 기능보장에 관한 법률 제 2 조 제 2 호 가목의 규정에 의한 일반일간신문을 말한다)을 발행하는 정기간행물사업자 및 뉴스통신사업자는 사내에 언론피해의 자율적 예방 및 구제를 위한 고충처리인을 두어야 한다.

② 고충처리인의 권한과 직무는 다음과 같다.

1. 언론의 침해행위에 대한 조사
2. 사실이 아니거나 타인의 명예 그 밖의 법익을 침해하는 언론보도에 대한 시정권고
3. 구제를 요하는 피해자의 고충에 대한 정정보도, 반론보도 또는 손해배상의 권고
4. 그 밖의 독자나 시청자의 권익보호와 침해구제에 관한 자문

③ 제1항에 규정된 언론사는 고충처리인의 자율적 활동을 보장하여야 하고 정당한 사유가 없는 한 고충처리인의 권고를 수용하도록 노력하여야 한다.

④ 제1항의 규정된 언론사는 취재 및 편집 또는 제작 종사자의 의견을 들어 고충처리인의 자격·지위·신분·임기 및 보수 등에 관한 사항을 정하고 이를 공표하여야 한다. 이를 변경할 때에도 또한 같다.

⑤ 제1항에 규정된 언론사는 고충처리인의 의견을 들어 고충처리인의 활동사항을 매년 공표하여야 한다.

## 제2장 언론중재위원회

**제7조(언론중재위원회의 설치)** ① 언론 등의 보도 또는 매개(이하 "언론보도 등"이라 한다)로 인한 분쟁조정·중재 및 침해사항을 심의하기 위하여 언론중재위원회(이하 "중재위원회"라 한다)를 둔다. 〈개정 2009.2.6〉

② 중재위원회는 다음 사항을 심의한다. 〈개정 2009.2.6〉

1. 중재부의 구성에 관한 사항
2. 중재위원회규칙의 제정·개정 및 폐지에 관한 사항
3. 제11조의 규정에 의한 사무총장의 임명동의
4. 제32조의 규정에 의한 시정권고의 결정 및 그 취소결정
5. 그 밖에 중재위원회 위원장이 부의하는 사항

③ 중재위원회는 40인 이상 90인 이내의 중재위원으로 구성하며, 중재위원은 다음 각호의 자 중에서 문화체육관광부장관이 위촉한다. 〈개정 2008.2.29〉

1. 중재위원 정수의 5분의 1 이상은 법관의 자격이 있는 자 중에서 법원행정처장이 추천한 자
2. 중재위원 정수의 5분의 1 이상은 변호사의 자격이 있는 자 중에서 대한변호사협회장이 추천한 자
3. 중재위원 정수의 5분의 1 이상은 언론사의 취재·보도 업무에 10년 이상 종사한 자
4. 그 밖에 언론에 관하여 학식과 경험이 풍부한 자

④ 중재위원회에 위원장 1인, 2인 이내의 부위원장 및 2인 이내의 감사를 두되, 각각 중재위원 중에서 호선한다.

⑤ 위원장·부위원장·감사 및 중재위원의 임기는 각각 3년으로 하되, 1회에 한하여 연임할 수 있다.

⑥ 위원장은 중재위원회를 대표하고 중재위원회의 업무를 총괄한다.

⑦ 부위원장은 위원장을 보좌하며 위원장이 사고가 있을 때에는 중재위원회규칙이 정하는 바에 따라 그 직무를 대행한다.

⑧ 감사는 중재위원회의 업무 및 회계를 감사한다.

⑨ 중재위원회는 재적위원 과반수의 출석과 출석위원 과반수의 찬성으로 의결한다.

⑩ 중재위원은 명예직으로 한다. 다만, 대통령령이 정하는 바에 따라 수당과 실비보상을 받을 수 있다.

⑪ 중재위원회의 구성·조직 및 운영에 관하여 필요한 사항은 중재위원회규칙으로 정한다.〈개정 2009.2.6〉

**제8조(중재위원의 직무상 독립과 결격사유)** ① 중재위원은 법률과 양심에 따라 독립하여 직무를 행하며, 직무상 어떠한 지시나 간섭도 받지 아니한다.

② 다음 각호의 1에 해당하는 자는 중재위원이 될 수 없다.〈개정 2009.2.6〉

1. 국가공무원법 제2조 및 지방공무원법 제2조의 규정에 의한 공무원(법관의 자격을 가진 자 및 교육공무원을 제외한다)
2. 정당법에 의한 정당원
3. 「공직선거법」에 따라 실시되는 선거에 후보자로 등록한 자
4. 언론사에 소속된 현직 언론인
5. 국가공무원법 제33조 각호의 1에 해당하는 자

③ 중재위원이 제2항 각호의 1에 해당하게 된 때에는 당연히 그 직에서 해촉된다.

**제9조(중재부)** ① 중재는 5인 이내의 중재위원으로 구성된 중재부에서 하되, 중재부의 장은 법관 또는 변호사의 자격이 있는 중재위원 중에서 중재위원회 위원장이 지명한다.

② 중재부는 중재부의 장을 포함한 과반수의 출석과 출석위원 과반수의 찬성으로 의결한다.

**제10조(중재위원의 제척 등)** ① 중재위원회의 위원이 다음 각호의 1에 해당하는 경우에는 그 직무의 집행에서 제척된다.

1. 중재위원 또는 그 배우자나 배우자이었던 자가 당해 분쟁사건(이하 "사건"이라 한다)의 당사자가 되는 경우

2. 중재위원이 당해 사건의 당사자와 친족관계에 있거나 있었던 경우
3. 중재위원이 당해 사건에 관하여 당사자의 대리인으로서 관여하거나 관여하였던 경우
4. 중재위원이 당해 사건의 원인인 보도 등에 관여한 경우

② 사건을 담당한 중재위원에게 제척의 원인이 있는 때에는 당해 중재위원이 속한 중재부는 직권 또는 당사자의 신청에 의하여 제척의 결정을 한다.

③ 당사자는 사건을 담당한 중재위원에게 공정한 직무집행을 기대하기 어려운 사정이 있는 경우에는 사건을 담당한 중재부에 기피신청을 할 수 있다.〈개정 2009.2.6〉

④ 기피신청에 관한 결정은 중재위원회 위원장이 지명하는 중재부가 하고, 해당 중재위원 및 당사자 쌍방은 그 결정에 대하여 불복하지 못한다.〈신설 2009.2.6〉〈종전 제4항은 제5항으로 이동 2009.2.6〉

⑤ 중재위원은 제1항 또는 제3항의 사유에 해당하는 때에는 해당 사건의 직무집행에서 회피하여야 한다. 이 경우 중재부의 허가를 요하지 아니한다.〈개정 2009.2.6〉〈제4항에서 이동, 종전 제5항은 제6항으로 이동 2009. 2.6〉

⑥ 제3항의 규정에 의한 기피신청이 있는 때에는 해당 중재위원이 속한 중재부는 그 신청에 대한 결정이 있을 때까지 조정 또는 중재절차를 중지하여야 한다.〈개정 2009.2.6〉〈제5항에서 이동, 종전 제6항은 제7항으로 이동 2009. 2.6〉

⑦ 제1항부터 제6항까지의 규정은 조정 또는 중재절차에 관여하는 직원에게 이를 준용한다.〈개정 2009.2.6〉〈제6항에서 이동 2009.2.6〉

⑧ 제척·기피 또는 회피에 따라 중재부에 중재위원의 결원이 생긴 경우에는 중재위원회 위원장이 중재위원을 지명하여 해당 중재부를 보충한다.〈신설 2009. 2.6〉

**제11조(사무처)** ① 중재위원회의 사무를 지원하고, 피해구제제도에 관한 조사·연구 등을 하기 위하여 중재위원회에 사무처를 둔다.

② 사무처에 사무총장 1인을 두되, 중재위원회 위원장이 중재위원회의 동의를 얻어 임명하며, 그 임기는 3년으로 한다.

③ 삭제〈2009.2.6〉

④ 사무처의 조직, 운영과 그 직원의 보수 그 밖의 필요한 사항은 중재위원회규칙으로 정한다.

**제11조의2(중재위원회의 활동보고)** 중재위원회는 매년 그 활동결과를 다음 연도 2월 말까지 국회에 보고하여야 하며, 국회는 필요한 경우 중재위원회 위원장 또는 사무총장의 출석을 요구하여 그 의견을 들을 수 있다.

[본조신설 2009.2.6]

**제12조(중재위원회의 운영재원)** 중재위원회의 운영재원은 방송법 제36조의 규정에 의한 방송발전기금으로 하되, 국가는 예산의 범위 안에서 중재위원회에 보조금을 지급할 수 있다.

**제13조(벌칙적용에 있어서의 공무원 의제)** 중재위원 및 직원은 형법 그 밖의 법률에 의한 벌칙의 직용에 있어서 이를 공무원으로 본다.

## 제 3 장 침해에 대한 구제

### 제 1 절 언론사 등에 대한 정정보도청구 등<개정 2009.2.6>

**제14조(정정보도청구의 요건)** ① 사실적 주장에 관한 언론보도 등이 진실하지 아니함으로 인하여 피해를 입은 자(이하 "피해자"라 한다)는 해당 언론보도 등이 있음을 안 날부터 3개월 이내에 그 언론보도 등의 내용에 관한 정정보도를 언론사·인터넷뉴스서비스사업자 및 인터넷 멀티미디어 방송사업자(이하 "언론사 등"이라 한다)에게 청구할 수 있다. 다만, 해당 언론보도 등이 있은 후 6개월이 경과한 때에는 그러하지 아니하다.〈개정 2009.2.6〉

② 제 1 항의 청구에는 언론사 등의 고의·과실이나 위법성을 요하지 아니한다.〈개정 2009.2.6〉

③ 국가·지방자치단체, 기관 또는 단체의 장은 당해 업무에 대하여 그 기관 또는 단체를 대표하여 정정보도를 청구할 수 있다.

④ 민사소송법상 당사자능력이 없는 기관 또는 단체라도 하나의 생활단위를 구성하고 보도내용과 직접적인 이해관계가 있는 때에는 그 대표자가 정정보도를 청구할 수 있다.

**제15조(정정보도청구권의 행사)** ① 정정보도청구는 언론사등의 대표자에게 서면으로 하여야 하며, 청구서에는 피해자의 성명·주소·전화번호 등의 연락처를 기재하고 정정의 대상인 언론보도 등의 내용 및 정정을 구하는 이유와 청구하는 정정보도문을 명시하여야 한다. 다만, 인터넷신문 및 인터넷뉴스서비스의 언론보도 등의 내용이 해당 인터넷홈페이지를 통하여 계속 보도 또는 매개 중인 경우에는 그 내용의 정정을 함께 청구할 수 있다.〈개정 2009.2.6〉

② 제 1 항의 청구를 받은 언론사 등의 대표자는 3일 이내에 그 수용 여부에 대한 통지를 청구인에게 발송하여야 한다. 이 경우 정정의 대상인 언론보도 등의 내용이 방송이나 인터넷신문·인터넷뉴스서비스 및 인터넷 멀티미디어 방송의 보도과정에서 성립한 경우에 있어서는 당해 언론사 등이 그러한 사실이 없었

음을 입증하지 않는 한 그 사실의 존재를 부인하지 못한다.〈개정 2009.2.6〉

③ 언론사 등이 제1항의 청구를 수용하는 때에는 지체 없이 피해자 또는 그 대리인과 정정보도의 내용·크기 등에 관하여 협의한 후 그 청구를 받은 날부터 7일 내에 정정보도문을 방송 또는 게재(인터넷신문 및 인터넷뉴스서비스의 경우 제1항 단서에 따른 해당 언론보도 등 내용의 정정을 포함한다)하여야 한다. 다만, 신문 및 잡지 등 정기간행물의 경우 이미 편집 및 제작이 완료되어 부득이한 때에는 다음 발행 호에 이를 게재하여야 한다.〈개정 2009.2.6〉

④ 다음 각호의 1에 해당하는 사유가 있는 경우에는 언론사 등은 정정보도청구를 거부할 수 있다.〈개정 2009.2.6〉

1. 피해자가 정정보도청구권을 행사할 정당한 이익이 없는 때
2. 청구된 정정보도의 내용이 명백히 사실에 반하는 때
3. 청구된 정정보도의 내용이 명백히 위법한 내용인 때
4. 정정보도의 청구가 상업적인 광고만을 목적으로 하는 때
5. 청구된 정정보도의 내용이 국가·지방자치단체 또는 공공단체의 공개회의와 법원의 공개재판절차의 사실보도에 관한 것인 때

⑤ 언론사 등이 행하는 정정보도에는 원래의 보도내용을 정정하는 사실적 진술, 그 진술의 내용을 대표할 수 있는 제목과 이를 충분히 전달하는 데 필요한 설명 또는 해명을 포함하되, 위법한 내용을 제외한다.〈개정 2009.2.6〉

⑥ 언론사 등이 행하는 정정보도는 공정한 여론형성이 이루어지도록 그 사실공표 또는 보도가 행하여진 동일한 채널, 지면 또는 장소에 동일한 효과를 발생시킬 수 있는 방법으로 이를 하여야 하며, 방송의 정정보도문은 자막(라디오방송을 제외한다)과 함께 통상적인 속도로 읽을 수 있게 하여야 한다.〈개정 2009.2.6〉

⑦ 방송사업자, 신문사업자, 잡지 등 정기간행물사업자 및 뉴스통신사업자는 공표된 방송보도(재송신을 제외한다) 및 방송프로그램, 신문, 잡지 등 정기간행물, 뉴스통신 보도의 원본 또는 사본을 공표 후 6월간 보관하여야 한다.〈개정 2009.2.6〉

⑧ 인터넷신문사업자 및 인터넷뉴스서비스사업자는 대통령령으로 정하는 바에 따라 인터넷신문 및 인터넷뉴스서비스 보도의 원본이나 사본 및 그 보도의 배열에 관한 전자기록을 6개월간 보관하여야 한다.〈신설 2009.2.6〉

**제16조(반론보도청구권)** ① 사실적 주장에 관한 언론보도 등으로 인하여 피해를 입은 자는 그 보도내용에 관한 반론보도를 언론사 등에 청구할 수 있다.〈개정 2009.2.6〉

② 제1항의 청구에는 언론사 등의 고의·과실이나 위법함을 요하지 아니하며, 보도내용의 진실 여부를 불문한다.〈개정 2009.2.6〉

③ 반론보도청구에 관하여는 따로 규정된 것을 제외하고 이 법의 정정보도에 관한 규정을 준용한다.

**제17조(추후보도청구권)** ① 언론 등에 의하여 범죄혐의가 있거나 형사상의 조치를 받았다고 보도 또는 공표된 자는 그에 대한 형사절차가 무죄판결 또는 이와 동등한 형태로 종결된 때에는 그 사실을 안 날부터 3월 이내에 언론사 등에 이 사실에 관한 추후보도의 게재를 청구할 수 있다.〈개정 2009.2.6〉

② 제1항의 규정에 의한 추후보도에는 청구인의 명예나 권리회복에 필요한 설명 또는 해명이 포함되어야 한다.

③ 추후보도청구권에 관하여는 제1항 및 제2항에 규정된 것을 제외하고는 정정보도청구권에 관한 이 법의 규정을 준용한다.〈개정 2009.2.6〉

④ 추후보도청구권은 특별한 사정이 있는 경우를 제외하고는 이 법의 규정에 의한 정정보도청구권이나 반론보도청구권의 행사에 영향을 미치지 아니한다.

**제17조의2(인터넷뉴스서비스에 대한 특칙)** ① 인터넷뉴스서비스사업자는 제14조 제1항에 따른 정정보도청구, 제16조 제1항에 따른 반론보도청구 또는 제17조제1항에 따른 추후보도청구(이하 "정정보도청구 등"이라 한다)를 받은 경우 지체 없이 해당 기사에 관하여 정정보도청구 등이 있음을 알리는 표시를 하고 해당 기사를 제공한 언론사 등(이하 "기사제공언론사"라 한다)에 그 청구 내용을 통보하여야 한다.

② 제1항에 따라 정정보도청구 등이 있음을 통보 받은 경우에는 기사제공언론사도 같은 내용의 청구를 받은 것으로 본다.

③ 기사제공언론사가 제15조 제2항(제16조 제3항 및 제17조 제3항에 따라 준용되는 경우를 포함한다)에 따른 청구에 대하여 그 청구의 수용 여부를 청구인에게 통지하는 경우에는 해당 기사를 매개한 인터넷뉴스서비스사업자에게도 통지하여야 한다.

[본조신설 2009.2.6]

## 제2절 조 정

**제18조(조정신청)** ① 이 법에 따른 정정보도청구 등과 관련하여 분쟁이 있는 경우 피해자 또는 언론사 등은 중재위원회에 조정을 신청할 수 있다.〈개정 2009.2.6〉

② 피해자는 언론보도 등에 의한 피해의 배상에 대하여 제14조 제1항의 기간 이내에 중재위원회에 조정을 신청할 수 있다. 이 경우 손해배상액을 명시하여야 한다.〈개정 2009.2.6〉

③ 정정보도청구 등과 손해배상의 조정신청은 제14조 제1항(제16조 제3항에 따라 준용되는 경우를 포함한다) 또는 제17조 제1항의 기간 이내에 서면이나

구술 그 밖에 대통령령으로 정하는 바에 따라 전자문서 등의 방법으로 하여야 하며, 피해자가 먼저 언론사 등에 정정보도청구 등을 한 경우에는 피해자와 언론사 등 사이에 협의가 불성립된 날부터 14일 이내에 하여야 한다.〈개정 2009.2.6〉

④ 제3항의 규정에 의한 조정신청을 구술로 하고자 하는 신청인은 중재사무소의 담당 직원에게 조정신청의 내용을 진술하고 이의대상인 보도내용과 정정보도청구등을 요청하는 정정보도문 등을 제출하여야 하며, 담당 직원은 신청인의 조정신청의 내용을 기재한 조정신청조서를 작성하여 신청인에게 이를 확인하게 한 다음에 당해 조정신청조서에 신청인 및 담당 직원이 서명 또는 날인하여야 한다.

⑤ 중재위원회는 중재위원회규칙으로 조정신청에 대하여 수수료를 징수할 수 있다.

⑥ 신청인은 조정절차 계속 중에 정정보도청구등과 손해배상청구 상호 간의 변경을 포함하여 신청취지를 변경할 수 있고, 이들을 병합하여 청구할 수 있다.

**제19조(조정)** ① 조정은 관할 중재부에서 한다. 관할 구역을 같이 하는 중재부가 여럿일 경우에는 중재위원회 위원장이 중재부를 지정한다.

② 조정은 신청접수일부터 14일 이내에 하여야 하며 중재부의 장은 조정신청을 접수한 때에는 지체 없이 조정기일을 정하여 당사자에게 출석을 요구하여야 한다.

③ 제2항의 출석요구를 받은 신청인이 2회에 걸쳐 출석하지 아니한 경우에는 조정신청을 취하한 것으로 보며, 피신청 언론사 등이 2회에 걸쳐 출석하지 아니한 때에는 조정신청취지에 따라 정정보도 등을 이행하기로 합의한 것으로 본다.〈개정 2009.2.6〉

④ 제2항의 출석요구를 받은 자가 천재지변 그 밖의 정당한 사유로 출석하지 못한 경우에는 그 사유가 소멸한 날부터 3일 이내에 당해 중재부에 이를 소명하여 기일 속행신청을 할 수 있다. 중재부는 속행신청이 이유 없다고 인정하는 경우에는 이를 기각하고 이유 있다고 인정하는 경우에는 다시 조정기일을 정하고 절차를 속행하여야 한다.

⑤ 조정기일에 중재위원은 조정대상인 분쟁에 관한 사실관계와 법률관계를 당사자들에게 설명·조언하거나 절충안을 제시하는 등 합의를 권유할 수 있다.〈개정 2009.2.6〉

⑥ 변호사 아닌 자가 신청인이나 피신청인의 대리인이 되고자 하는 때에는 미리 중재부의 허가를 받아야 한다.

⑦ 신청인의 배우자·직계혈족·형제자매 또는 소속 직원은 신청인의 명시적인 반

대의사가 없는 한 제6항의 규정에 의한 중재부의 허가 없이도 대리인이 될 수 있으며, 이 경우 대리인이 신청인과의 신분관계 및 수권관계를 서면으로 증명하거나 신청인이 중재부에 출석하여 대리인을 선임하였음을 확인하여야 한다.〈개정 2009.2.6〉

⑧ 조정은 비공개를 원칙으로 하되, 참고인의 진술청취가 필요한 경우 등 필요하다고 인정되는 경우에는 중재위원회규칙이 정하는 바에 따라 참석 또는 방청을 허가할 수 있다.

⑨ 조정절차에 관하여는 이 법에 규정한 것을 제외하고는 민사조정법을 준용한다.

⑩ 조정의 절차와 중재부의 구성방법, 그 관할, 구술신청의 방식과 절차 그 밖의 필요한 사항은 중재위원회규칙으로 정한다.

**제20조(증거조사)** ① 중재부는 정정보도청구 등 또는 손해배상의 분쟁의 조정에 필요하다고 인정하는 경우 당사자 쌍방에게 조정대상 표현물이나 그 밖의 관련 자료의 제출을 명하거나 증거조사를 할 수 있다.

② 제1항의 증거조사에 관하여는 조정의 성질에 반하지 않는 한 민사소송법 제2편 제3장의 규정을 준용하며 중재부는 필요한 경우 그 위원 또는 사무처 직원으로 하여금 증거자료를 수집·보고하게 하고 조정기일에 그에 관하여 진술을 명할 수 있다.

③ 중재부의 장은 신속한 조정을 위하여 필요한 경우 제1회 조정기일 전이라도 제1항 및 제2항에 따른 자료의 제출이나 증거자료의 수집·보고를 명할 수 있다.

④ 중재부는 증거조사에 필요한 비용을 당사자 일방이나 쌍방에게 부담하게 할 수 있으며 이에 관하여는 민사소송비용법을 준용한다. 이 경우, 민사소송비용법의 규정 중 "법원"은 "중재부"로, "법관"은 "중재위원"으로, "법원서기"는 "중재위원회 직원"으로 본다.

**제21조(결정)** ① 중재부는 조정신청이 부적법한 때에는 이를 각하하여야 한다.

② 중재부는 신청인의 주장이 이유 없음이 명백한 때에는 조정신청을 기각할 수 있다.

③ 중재부는 당사자간 합의 불능 등 조정에 적합하지 아니한 현저한 사유가 있다고 인정되는 때에는 조정절차를 종결하고 조정불성립결정을 하여야 한다.

**제22조(직권조정결정)** ① 당사자 사이에 합의(제19조 제3항의 규정에 따른 합의간주를 포함한다)가 이루어지지 아니한 경우 또는 신청인의 주장이 이유 있다고 판단되는 경우 중재부는 당사자들의 이익 그 밖의 모든 사정을 참작하여 신청취지에 반하지 않는 한도 안에서 직권으로 조정에 갈음하는 결정(이하 "직권조정결정"이라 한다)을

할 수 있다. 이 경우 제19조 제2항의 규정에 불구하고 조정신청 접수일부터 21일 이내에 하여야 한다.〈개정 2009.2.6〉

② 직권조정결정에는 주문과 이유를 기재하고 이에 관여한 중재위원 전원이 서명·날인하여야 하며 그 정본을 지체 없이 당사자에게 송달하여야 한다.

③ 직권조정결정에 불복이 있는 자는 결정 정본을 송달받은 날부터 7일 이내에 사유를 명시하여 서면으로 중재부에 이의신청을 할 수 있다. 이 경우 그 결정은 효력을 상실한다.〈개정 2009.2.6〉

④ 제3항의 규정에 따라 직권조정결정에 관하여 이의신청이 있는 경우 이의신청이 있은 때에 제26조 제1항에 따른 소가 제기된 것으로 보며, 피해자를 원고로 상대방인 언론사 등을 피고로 한다.〈개정 2009.2.6〉

**제23조(조정에 의한 합의 등의 효력)** 조정결과 당사자 간에 합의가 성립하거나 제19조 제3항의 규정에 따라 합의가 이루어진 것으로 간주되는 때 및 제22조 제1항의 규정에 의한 직권조정결정에 이의신청이 없는 때에는 재판상 화해와 동일한 효력이 있다.

## 제3절 중 재

**제24조(중재)** ① 당사자 쌍방은 정정보도청구 등 또는 손해배상의 분쟁에 관하여 중재부의 종국적 결정에 따르기로 합의하고 중재를 신청할 수 있다.

② 제1항의 중재신청은 조정절차 계속중에도 할 수 있다. 이 경우 조정절차에 제출된 서면 또는 주장·입증은 중재절차에서 제출한 것으로 본다.〈개정 2009.2.6〉

③ 중재절차에 관하여는 성질에 반하지 않는 한 조정절차에 관한 이 법의 규정과 민사소송법 제34조·제35조·제39조·제41조 내지 제45조를 준용한다.〈개정 2009.2.6〉

④ 삭제〈2009.2.6〉

**제25조(중재결정의 효력 등〈개정 2009.2.6〉)** ① 중재결정은 확정판결과 동일한 효력이 있다.

② 중재결정에 대한 불복과 중재결정의 취소에 관하여는「중재법」제36조를 준용한다.〈신설 2009.2.6〉

## 제4절 소 송

**제26조(정정보도청구 등의 소)** ① 피해자는 법원에 정정보도청구 등의 소를 제기할 수 있다.

② 피해자는 정정보도청구 등의 소를 병합하여 제기할 수 있고, 소송계속중 정정보도청구 등의 소 상호간에 이를 변경할 수 있다.

③ 제 1 항의 소는 제14조 제 1 항(제16조 제 3 항에 따라 준용되는 경우를 포함한다) 및 제17조 제 1 항의 기간 이내에 제기하여야 한다. 피해자는 제 1 항의 소와 동시에 그 인용을 조건으로 민사집행법 제261조 제 1 항의 규정에 의한 간접강제의 신청을 병합하여 제기할 수 있다.〈개정 2009.2.6〉

④ 제 1 항의 규정은 민법 제764조의 규정에 의한 권리의 행사에 영향을 미치지 아니한다.

⑤ 제 1 항의 규정에 의한 청구에 대한 제 1 심 재판은 피고의 보통재판적 소재지의 지방법원합의부의 관할로 한다.

⑥ 정정보도청구의 소에 대하여는 「민사소송법」의 소송절차에 관한 규정에 따라 재판하고, 반론보도청구 및 추후보도청구의 소에 대하여는 「민사집행법」의 가처분절차에 관한 규정에 따라 재판한다. 다만, 「민사집행법」 제277조 및 제287조는 적용하지 아니한다.〈개정 2009.2.6〉

⑦ 법원은 청구가 이유 있는 경우 제15조 제 3 항·제 5 항 및 제 6 항에 따른 방법에 따라 정정보도·반론보도 또는 추후보도의 방송·게재 또는 공표를 명할 수 있다.〈신설 2009.2.6〉〈종전 제 7 항은 제 8 항으로 이동 2009.2.6〉

⑧ 정정보도청구 등의 소의 재판에 관하여 필요한 사항은 대법원규칙으로 정한다.〈제 7 항에서 이동 2009.2.6〉

**제27조(재판)** ① 정정보도청구 등의 소는 접수 후 3월 이내에 판결을 선고하여야 한다.

② 법원은 정정보도청구 등이 이유 있다고 인정하여 정정보도·반론보도 또는 추후보도를 명하는 때에는 방송·게재 또는 공표할 정정보도·반론보도 또는 추후보도의 내용·크기·시기·횟수·게재부위 또는 방송순서 등을 정하여 이를 하여야 한다.〈개정 2009.2.6〉

③ 법원이 제 2 항의 정정보도·반론보도 또는 추후보도의 내용 등을 정함에 있어서는 청구취지에 기재된 정정보도문·반론보도문 또는 추후보도문을 참작하여 청구인의 명예나 권리를 최대한 회복할 수 있도록 정하여야 한다.〈개정 2009.2.6〉

**제28조(불복절차)** ① 정정보도청구 등을 인용한 재판에 대하여는 항소하는 외에 불복을 신청할 수 없다.

② 제 1 항의 불복절차에서 심리한 결과 정정정보도청구 등의 전부 또는 일부가 기각되었어야 함이 판명되는 경우에는 이를 인용한 재판을 취소하여야 한다.〈개정 2009.2.6〉

③ 제 2 항의 경우 언론사 등이 이미 정정보도·반론보도 또는 추후보도의무를 이

행한 때에는 언론사 등의 청구에 따라 취소재판의 내용을 보도할 수 있음을 선고하고, 언론사 등의 청구에 따라 상대방으로 하여금 언론사 등이 이미 이행한 정정보도·반론보도 또는 추후보도와 취소재판의 보도를 위하여 필요한 비용 및 통상의 지면게재 사용료 또는 방송 사용료로서 적정한 손해의 배상을 하도록 명하여야 한다. 이 경우 배상액은 해당된 지면사용료 또는 방송의 통상적인 광고비를 초과할 수 없다.〈개정 2009.2.6〉

**제29조(언론보도 등 관련 소송의 우선처리〈개정 2009.2.6〉)** 법원은 언론보도 등에 의하여 피해를 받았음을 이유로 하는 재판은 다른 재판에 우선하여 신속히 하여야 한다.〈개정 2009.2.6〉

**제30조(손해의 배상)** ① 언론 등의 고의 또는 과실로 인한 위법행위로 인하여 재산상 손해를 입거나 인격권 침해 그 밖에 정신적 고통을 받은 자는 그 손해에 대한 배상을 언론사 등에 청구할 수 있다.〈개정 2009.2.6〉

② 법원은 제1항의 규정에 의한 손해가 발생한 사실은 인정되나 손해액의 구체적인 금액을 산정하기 곤란한 경우에는 변론의 취지 및 증거조사의 결과를 참작하여 그에 상당하다고 인정되는 손해액을 산정하여야 한다.

③ 제1항에 따른 피해자는 인격권을 침해하는 언론사 등에 대하여 침해의 정지를 청구할 수 있으며, 그 권리를 명백히 침해할 우려가 있는 언론사 등에 대하여 침해의 예방을 청구할 수 있다.〈개정 2009.2.6〉

④ 제1항에 따른 피해자는 제3항의 규정에 의한 청구를 하는 경우에 침해행위에 제공되거나 침해행위에 의하여 만들어진 물건의 폐기나 그 밖의 필요한 조치를 청구할 수 있다.〈개정 2009.2.6〉

**제31조(명예훼손의 경우의 특칙)** 타인의 명예를 훼손한 자에 대하여는 법원은 피해자의 청구에 의하여 손해배상에 갈음하거나 손해배상과 함께 정정보도의 공표 등 명예회복에 적당한 처분을 명할 수 있다.〈개정 2009.2.6〉

## 제5절 시정권고 등

**제32조(시정권고)** ① 중재위원회는 언론의 보도내용에 의한 국가적 법익이나 사회적 법익 또는 타인의 법익 침해사항을 심의하여 필요한 경우 해당 언론사에 서면으로 그 시정을 권고할 수 있다.

② 중재위원회는 시정권고의 기준을 정하여 공표하여야 한다.〈제3항에서 이동, 종전 제2항은 삭제 2009.2.6〉

③ 시정권고는 언론사에 대하여 권고적 효력을 가지는 데 그친다.〈제4항에서 이동, 종전 제3항은 제2항으로 이동 2009.2.6〉

④ 중재위원회는 각 언론사별로 시정권고한 내용을 외부에 공표할 수 있다.〈제5항에서 이동, 종전 제4항은 제3항으로 이동 2009.2.6〉

⑤ 시정권고에 불복하는 언론사는 시정권고 통보를 받은 날부터 7일 이내에 중재위원회에 재심을 청구할 수 있다.〈제6항에서 이동, 종전 제5항은 제4항으로 이동 2009.2.6〉

⑥ 언론사는 재심절차에 출석하여 발언하고 관련자료를 제출할 수 있다.〈제7항에서 이동, 종전 제6항은 제5항으로 이동 2009.2.6〉

⑦ 중재위원회는 재심청구가 정당하다고 인정되는 때에는 시정권고를 취소하여야 한다.〈제8항에서 이동, 종전 제7항은 제6항으로 이동 2009.2.6〉

⑧ 제1항이 규정에 의한 시정권고의 방법·절차 그 밖에 필요한 사항은 대통령령으로 정한다.〈제9항에서 이동, 종전 제8항은 제7항으로 이동 2009.2.6〉

제33조 삭제〈2009.2.6〉

## 제4장 벌 칙

**제34조(과태료)** ① 다음 각호의 1에 해당하는 자는 3천만원 이하의 과태료에 처한다.〈개정 2009.2.6〉

1. 제6조 제1항 또는 제4항의 규정을 위반하여 고충처리인을 두지 아니하거나 고충처리인에 관한 사항을 제정하지 아니한 자
2. 제15조 제3항의 규정(다른 규정에 의하여 준용되는 경우를 포함한다)을 위반하여 정정보도문 등을 방송 또는 게재하지 아니한 자
3. 제15조 제7항을 위반하여 공표된 보도의 원본 또는 사본 보관하지 아니한 자

3의2. 제15조 제8항을 위반하여 보도의 원본이나 사본 및 그 보도의 배열에 관한 전자기록을 보관하지 아니한 자

4. 삭제〈2009.2.6〉

② 제1항에 따른 과태료는 대통령령으로 정하는 바에 따라 문화체육관광부장관이 부과·징수한다.〈개정 2008.2.29, 2009.2.6〉

## 부칙 <제7370호, 2005.1.27>

**제1조(시행일)** 이 법은 공포 후 6월이 경과한 날부터 시행한다.

**제2조(시행 전 언론보도에 관한 경과조치)** 이 법은 이 법 시행 전에 행하여진 언론보

도에 대하여도 이를 적용한다. 다만, 언론사에 대한 정정보도·반론보도·추후보도의 청구기간, 언론중재위원회에 대한 조정 또는 중재 신청기간에 관한 제14조 제1항, 제16조 제3항, 제17조 제1항 및 제18조 제3항의 규정은 적용하지 아니하고 종전의 규정에 의한다.

제3조(**언론중재위원회 및 법원에 계류 중인 사건에 관한 경과조치**) 이 법 시행 전종전의 정기간행물의등록등에관한법률의 규정에 따라 언론중재위원회 또는 법원에 계류 중인 사건에 대하여는 종전의 규정에 따른다.

제4조(**중재위원회에 관한 경과조치**) ① 이 법 시행 당시 정기간행물의등록등에관한법률의 규정에 의한 언론중재위원회는 이 법에 의하여 설치된 것으로 본다.

② 이 법 시행 당시 정기간행물의등록등에관한법률에 의하여 위촉 또는 임명된 중재위원 및 언론중재위원회 사무총장은 그 임기만료시까지 이 법에 의하여 위촉 또는 임명된 것으로 본다.

제5조(**다른 법률의 개정**) 방송법 중 다음과 같이 개정한다.

제91조를 삭제한다.

제108조 제1항 제25호를 삭제한다.

제6조(**다른 법령과의 관계**) 이 법 시행 당시 다른 법령에서 종전의 정기간행물의등록등에관한법률, 방송법의 규정 중 이 법에서 규정한 내용에 해당하는 규정을 인용한 경우에는 이 법 중 해당하는 규정을 인용한 것으로 본다.

# 공공기관의 정보공개에 관한 법률

## 제1장 총 칙

**제 1 조(목적)** 이 법은 공공기관이 보유·관리하는 정보에 대한 국민의 공개청구 및 공공기관의 공개의무에 관하여 필요한 사항을 정함으로써 국민의 알 권리를 보장하고 국정에 대한 국민의 참여와 국정운영의 투명성을 확보함을 목적으로 한다.

**제 2 조(정의)** 이 법에서 사용하는 용어의 정의는 다음과 같다.〈개정 2007.1.3〉

1. "정보"라 함은 공공기관이 직무상 작성 또는 취득하여 관리하고 있는 문서(전자문서를 포함한다. 이하 같다)·도면·사진·필름·테이프·슬라이드 및 그 밖에 이에 준하는 매체 등에 기록된 사항을 말한다.
2. "공개"라 함은 공공기관이 이 법의 규정에 의하여 정보를 열람하게 하거나 그 사본·복제물을 교부하는 것 또는 「전자정부법」 제 2 조 제 7 호의 규정에 의한 정보통신망(이하 "정보통신망"이라 한다)을 통하여 정보를 제공하는 것 등을 말한다.
3. "공공기관"이라 함은 국가기관, 지방자치단체, 정부투자기관관리기본법 제 2 조의 규정에 의한 정부투자기관 그 밖에 대통령령이 정하는 기관을 말한다.

**제 3 조(정보공개의 원칙)** 공공기관이 보유·관리하는 정보는 이 법이 정하는 바에 따라 공개하여야 한다.

**제 4 조(적용범위)** ① 정보의 공개에 관하여는 다른 법률에 특별한 규정이 있는 경우를 제외하고는 이 법이 정하는 바에 의한다.

② 지방자치단체는 그 소관사무에 관하여 법령의 범위 안에서 정보공개에 관한 조례를 정할 수 있다.

③ 국가안전보장에 관련되는 정보 및 보안업무를 관장하는 기관에서 국가안전보장과 관련된 정보분석을 목적으로 수집되거나 작성된 정보에 대하여는 이 법을 적용하지 아니한다. 다만, 제 8 조 제 1 항의 규정에 의한 정보목록의 작성·비치 및 공개에 대하여는 그러하지 아니한다.

## 제 2 장 정보공개청구권자와 공공기관의 의무

**제 5 조(정보공개청구권자)** ① 모든 국민은 정보의 공개를 청구할 권리를 가진다.

② 외국인의 정보공개청구에 관하여는 대통령령으로 정한다.

**제 6 조(공공기관의 의무)** ① 공공기관은 정보의 공개를 청구하는 국민의 권리가 존중될 수 있도록 이 법을 운영하고 소관 관련법령을 정비하여야 한다.

② 공공기관은 정보의 적절한 보존과 신속한 검색이 이루어지도록 정보관리체계를 정비하고, 정보공개업무를 주관하는 부서 및 담당하는 인력을 적정하게 두어야 하며, 정보통신망을 활용한 정보공개시스템 등을 구축하도록 노력하여야 한다.

**제 7 조(행정정보의 공표 등)** ① 공공기관은 다음 각호의 1에 해당하는 정보에 대하여는 공개의 구체적 범위, 공개의 주기·시기 및 방법 등을 미리 정하여 공표하고, 이에 따라 정기적으로 공개하여야 한다. 다만, 제 9 조 제 1 항 각호의 1에 해당하는 정보는 그러하지 아니하다.

1. 국민생활에 매우 큰 영향을 미치는 정책에 관한 정보
2. 국가의 시책으로 시행하는 공사(工事) 등 대규모의 예산이 투입되는 사업에 관한 정보
3. 예산집행의 내용과 사업평가 결과 등 행정감시를 위하여 필요한 정보
4. 그 밖에 공공기관의 장이 정하는 정보

② 공공기관은 제 1 항에 규정된 사항 외에도 국민이 알아야 할 필요가 있는 정보를 국민에게 공개하도록 적극적으로 노력하여야 한다.

**제 8 조(정보목록의 작성·비치 등)** ① 공공기관은 당해 기관이 보유·관리하는 정보에 대하여 국민이 쉽게 알 수 있도록 정보목록을 작성·비치하고, 그 목록을 정보통신망을 활용한 정보공개시스템 등을 통하여 공개하여야 한다. 다만, 정보목록중 제 9 조 제 1 항의 규정에 의하여 공개하지 아니할 수 있는 정보가 포함되어 있는 경우에는 당해 부분을 비치 및 공개하지 아니할 수 있다.

② 공공기관은 정보의 공개에 관한 사무를 신속하고 원활하게 수행하기 위하여 정보공개장소를 확보하고 공개에 필요한 시설을 갖추어야 한다.

## 제 3 장 정보공개의 절차

**제 9 조(비공개대상정보)** ① 공공기관이 보유·관리하는 정보는 공개대상이 된다. 다만, 다음 각호의 1에 해당하는 정보에 대하여는 이를 공개하지 아니할 수 있다.

1. 다른 법률 또는 법률이 위임한 명령(국회규칙·대법원규칙·헌법재판소규칙·중앙선거관리위원회규칙·대통령령 및 조례에 한한다)에 의하여 비밀 또는 비공개 사항으로 규정된 정보
2. 국가안전보장·국방·통일·외교관계 등에 관한 사항으로서 공개될 경우 국가의 중대한 이익을 현저히 해할 우려가 있다고 인정되는 정보
3. 공개될 경우 국민의 생명·신체 및 재산의 보호에 현저한 지장을 초래할 우려가 있다고 인정되는 정보
4. 진행중인 재판에 관련된 정보와 범죄의 예방, 수사, 공소의 제기 및 유지, 형의 집행, 교정, 보안처분에 관한 사항으로서 공개될 경우 그 직무수행을 현저히 곤란하게 하거나 형사피고인의 공정한 재판을 받을 권리를 침해한다고 인정할 만한 상당한 이유가 있는 정보
5. 감사·감독·검사·시험·규제·입찰계약·기술개발·인사관리·의사결정과정 또는 내부검토과정에 있는 사항 등으로서 공개될 경우 업무의 공정한 수행이나 연구·개발에 현저한 지장을 초래한다고 인정할 만한 상당한 이유가 있는 정보
6. 당해 정보에 포함되어 있는 이름·주민등록번호 등 개인에 관한 사항으로서 공개될 경우 개인의 사생활의 비밀 또는 자유를 침해할 우려가 있다고 인정되는 정보. 다만, 다음에 열거한 개인에 관한 정보는 제외한다.
   가. 법령이 정하는 바에 따라 열람할 수 있는 정보
   나. 공공기관이 공표를 목적으로 작성하거나 취득한 정보로서 개인의 사생활의 비밀과 자유를 부당하게 침해하지 않는 정보
   다. 공공기관이 작성하거나 취득한 정보로서 공개하는 것이 공익 또는 개인의 권리구제를 위하여 필요하다고 인정되는 정보
   라. 직무를 수행한 공무원의 성명·직위
   마. 공개하는 것이 공익을 위하여 필요한 경우로써 법령에 의하여 국가 또는 지방자치단체가 업무의 일부를 위탁 또는 위촉한 개인의 성명·직업
7. 법인·단체 또는 개인(이하 "법인 등"이라 한다)의 경영·영업상 비밀에 관한 사항으로서 공개될 경우 법인 등의 정당한 이익을 현저히 해할 우려가 있다고 인정되는 정보. 다만, 다음에 열거한 정보를 제외한다.
   가. 사업활동에 의하여 발생하는 위해로부터 사람의 생명·신체 또는 건강을 보호하기 위하여 공개할 필요가 있는 정보
   나. 위법·부당한 사업활동으로부터 국민의 재산 또는 생활을 보호하기 위하여 공개할 필요가 있는 정보
8. 공개될 경우 부동산 투기·매점매석 등으로 특정인에게 이익 또는 불이익을

줄 우려가 있다고 인정되는 정보

② 공공기관은 제 1 항 각호의 1에 해당하는 정보가 기간의 경과 등으로 인하여 비공개의 필요성이 없어진 경우에는 당해 정보를 공개대상으로 하여야 한다.

③ 공공기관은 제 1 항 각호의 범위 안에서 당해 공공기관의 업무의 성격을 고려하여 비공개대상정보의 범위에 관한 세부기준을 수립하고 이를 공개하여야 한다.〈신설 2006.10.4〉

제10조(**정보공개의 청구방법**) ① 정보의 공개를 청구하는 자(이하 "청구인"이라 한다)는 당해 정보를 보유하거나 관리하고 있는 공공기관에 대하여 다음 각호의 사항을 기재한 정보공개청구서를 제출하거나 구술로써 정보의 공개를 청구할 수 있다.

1. 청구인의 이름·주민등록번호·주소 및 연락처(전화번호·전자우편주소 등을 말한다)
2. 공개를 청구하는 정보의 내용 및 공개방법

② 제 1 항의 규정에 의하여 구술로써 정보의 공개를 청구하는 때에는 담당공무원 또는 담당임·직원(이하 "담당공무원 등"이라 한다)의 면전에서 진술하여야 하고, 담당공무원 등은 정보공개청구 조서를 작성하고 이에 청구인과 함께 기명날인하여야 한다.

③ 정보공개의 청구방법 등에 관하여 필요한 사항은 국회규칙·대법원규칙·헌법재판소규칙·중앙선거관리위원회규칙 및 대통령령으로 정한다.

제11조(**정보공개 여부의 결정**) ① 공공기관은 제10조의 규정에 의하여 정보공개의 청구가 있는 때에는 청구를 받은 날부터 10일 이내에 공개 여부를 결정하여야 한다.

② 공공기관은 부득이한 사유로 제1항에 규정된 기간 이내에 공개 여부를 결정할 수 없는 때에는 그 기간의 만료일 다음 날부터 기산하여 10일 이내의 범위에서 공개여부 결정기간을 연장할 수 있다. 이 경우 공공기관은 연장된 사실과 연장사유를 청구인에게 지체없이 문서로 통지하여야 한다.

③ 공공기관은 공개청구된 공개대상정보의 전부 또는 일부가 제 3 자와 관련이 있다고 인정되는 때에는 그 사실을 제 3 자에게 지체없이 통지하여야 하며, 필요한 경우에는 그의 의견을 청취할 수 있다.

④ 공공기관은 다른 공공기관이 보유·관리하는 정보의 공개청구를 받은 때에는 지체없이 이를 소관기관으로 이송하여야 하며, 이송을 한 공공기관은 지체없이 소관기관 및 이송사유 등을 명시하여 청구인에게 문서로 통지하여야 한다.

⑤ 정보공개를 청구한 날부터 20일 이내에 공공기관이 공개여부를 결정하지 아니한 때에는 비공개의 결정이 있는 것으로 본다.

제12조(**정보공개심의회**) ① 국가기관, 지방자치단체 및 정부투자기관관리기본법 제 2 조의 규정에 의한 정부투자기관(이하 "국가기관 등"이라 한다)은 제11조의 규정에 의

한 정보공개 여부 등을 심의하기 위하여 정보공개심의회(이하 "심의회"라 한다)를 설치·운영한다.

② 심의회는 위원장 1인을 포함하여 5인 내지 7인의 위원으로 구성한다.

③ 심의회의 위원장을 제외한 위원은 소속공무원, 임·직원 또는 외부전문가로 지명 또는 위촉하되, 그 중 2분의 1은 당해 국가기관 등의 업무 또는 정보공개의 업무에 관한 지식을 가진 외부전문가로 위촉하여야 한다. 다만, 제9조 제1항 제2호 및 제4호에 해당하는 업무를 주로 하는 국가기관은 당해 국가기관의 장이 외부전문가의 위촉비율을 별도로 정하되, 최소한 1인 이상은 위촉하여야 한다.

④ 심의회의 위원장은 제3항에 규정된 위원과 같은 자격을 가진 자 중에서 국가기관 등의 장이 지명 또는 위촉한다.

⑤ 제23조 제4항 및 제5항의 규정은 심의회의 위원에 대하여 이를 준용한다.

⑥ 심의회의 운영 및 기능 등에 관하여 필요한 사항은 국회규칙·대법원규칙·헌법재판소규칙·중앙선거관리위원회규칙 및 대통령령으로 정한다.

**제13조(정보공개여부결정의 통지)** ① 공공기관은 제11조의 규정에 의하여 정보의 공개를 결정한 때에는 공개일시·공개장소 등을 명시하여 청구인에게 통지하여야 한다.

② 공공기관은 공개대상정보의 양이 과다하여 정상적인 업무수행에 현저한 지장을 초래할 우려가 있는 경우에는 정보의 사본·복제물을 일정 기간별로 나누어 교부하거나 열람과 병행하여 교부할 수 있다.

③ 공공기관은 제1항의 규정에 의하여 정보를 공개함에 있어 당해 정보의 원본이 오손 또는 파손될 우려가 있거나 그 밖에 상당한 이유가 있다고 인정될 때에는 당해 정보의 사본·복제물을 공개할 수 있다.

④ 공공기관은 제11조의 규정에 의하여 정보의 비공개결정을 한 때에는 그 사실을 청구인에게 지체없이 문서로 통지하여야 한다. 이 경우 비공개이유·불복방법 및 불복절차를 구체적으로 명시하여야 한다.

**제14조(부분공개)** 공개청구한 정보가 제9조 제1항 각호의 1에 해당하는 부분과 공개가 가능한 부분이 혼합되어 있는 경우로서 공개청구의 취지에 어긋나지 아니하는 범위 안에서 두 부분을 분리할 수 있는 때에는 제9조 제1항 각호의 1에 해당하는 부분을 제외하고 공개하여야 한다.

**제15조(정보의 전자적 공개)** ① 공공기관은 전자적 형태로 보유·관리하는 정보에 대하여 청구인이 전자적 형태로 공개하여 줄 것을 요청하는 경우에는 당해 정보의 성질상 현저히 곤란한 경우를 제외하고는 청구인의 요청에 응하여야 한다.

② 공공기관은 전자적 형태로 보유·관리하지 아니하는 정보에 대하여 청구인이 전자적 형태로 공개하여 줄 것을 요청한 경우에는 정상적인 업무수행에 현저

한 지장을 초래하거나 당해 정보의 성질이 훼손될 우려가 없는 한 그 정보를 전자적 형태로 변환하여 공개할 수 있다.

③ 정보의 전자적 형태의 공개 등에 관하여 필요한 사항은 국회규칙·대법원규칙·헌법재판소규칙·중앙선거관리위원회규칙 및 대통령령으로 정한다.

**제16조(즉시처리가 가능한 정보의 공개)** 다음 각호의 1에 해당하는 정보로서 즉시 또는 구술처리가 가능한 정보에 대하여는 제11조의 규정에 의한 절차를 거치지 아니하고 공개하여야 한다.

1. 법령 등에 의하여 공개를 목적으로 작성된 정보
2. 일반국민에게 알리기 위하여 작성된 각종 홍보자료
3. 공개하기로 결정된 정보로서 공개에 오랜 시간이 걸리지 아니하는 정보
4. 그 밖에 공공기관의 장이 정하는 정보

**제17조(비용부담)** ① 정보의 공개 및 우송 등에 소요되는 비용은 실비의 범위 안에서 청구인의 부담으로 한다.

② 공개를 청구하는 정보의 사용목적이 공공복리의 유지·증진을 위하여 필요하다고 인정되는 경우에는 제 1 항의 규정에 의한 비용을 감면할 수 있다.

③ 제 1 항의 규정에 의한 비용 및 징수 등에 관하여 필요한 사항은 국회규칙·대법원규칙·헌법재판소규칙·중앙선거관리위원회규칙 및 대통령령으로 정한다.

## 제 4 장 불복구제절차

**제18조(이의신청)** ① 청구인이 정보공개와 관련한 공공기관의 비공개 또는 부분공개의 결정에 대하여 불복이 있는 때에는 공공기관으로부터 정보공개여부의 결정통지를 받은 날 또는 제11조 제 5 항의 규정에 의한 비공개의 결정이 있는 것으로 보는 날부터 30일 이내에 당해 공공기관에 문서로 이의신청을 할 수 있다.

② 공공기관은 이의신청을 받은 날부터 7일 이내에 그 이의신청에 대하여 결정하고 그 결과를 청구인에게 지체없이 문서로 통지하여야 한다. 다만, 부득이한 사유로 정해진 기간 이내에 결정할 수 없는 때에는 그 기간의 만료일 다음 날부터 기산하여 7일 이내의 범위에서 연장할 수 있으며, 연장사유를 청구인에게 통지하여야 한다.

③ 공공기관은 이의신청을 각하 또는 기각하는 결정을 한 때에는 청구인에게 행정심판 또는 행정소송을 제기할 수 있다는 취지를 제 2 항의 규정에 의한 결과통지와 함께 통지하여야 한다.

**제19조(행정심판)** ① 청구인이 정보공개와 관련한 공공기관의 결정에 대하여 불복이 있는 때에는 행정심판법이 정하는 바에 따라 행정심판을 청구할 수 있다. 이 경우 국

가기관 및 지방자치단체외의 공공기관의 결정에 대한 감독행정기관은 관계 중앙행정기관의 장 또는 지방자치단체의 장으로 한다.〈개정 2008.2.29〉

② 청구인은 제18조의 규정에 의한 이의신청절차를 거치지 아니하고 행정심판을 청구할 수 있다.

③ 행정심판위원회의 위원 중 정보공개여부결정에 관한 행정심판에 관여하는 위원은 재직중은 물론 퇴직 후에도 그 직무상 알게 된 비밀을 누설하여서는 아니된다.

④ 제3항의 위원은 형법 그 밖의 법률의 벌칙적용에 있어서 이를 공무원으로 본다.

**제20조(행정소송)** ① 청구인이 정보공개와 관련한 공공기관의 결정에 대하여 불복이 있는 때에는 행정소송법이 정하는 바에 따라 행정소송을 제기할 수 있다.

② 재판장은 필요하다고 인정되는 때에는 당사자를 참여시키지 아니하고 제출된 공개청구정보를 비공개로 열람·심사할 수 있다.

③ 재판장은 행정소송의 대상이 제9조 제1항 제2호의 규정에 의한 정보 중 국가안전보장·국방 또는 외교에 관한 정보의 비공개 또는 부분공개 결정처분인 경우에 공공기관이 그 정보에 대한 비밀지정의 절차, 비밀의 등급·종류 및 성질과 이를 비밀로 취급하게 된 실질적인 이유 및 공개를 하지 아니하는 사유 등을 입증하는 때에는 당해 정보를 제출하지 아니하게 할 수 있다.

**제21조(제3자의 비공개요청 등)** ① 제11조 제3항의 규정에 의하여 공개청구된 사실을 통지받은 제3자는 통지받은 날부터 3일 이내에 당해 공공기관에 대하여 자신과 관련된 정보를 공개하지 아니할 것을 요청할 수 있다.

② 제1항의 규정에 의한 비공개요청에도 불구하고 공공기관이 공개결정을 하는 때에는 공개결정이유와 공개실시일을 명시하여 지체없이 문서로 통지하여야 하며, 제3자는 당해 공공기관에 문서로 이의신청을 하거나 행정심판 또는 행정소송을 제기할 수 있다. 이 경우 이의신청은 통지를 받은 날부터 7일 이내에 하여야 한다.

③ 공공기관은 제2항의 규정에 의한 공개결정일과 공개실시일의 사이에 최소한 30일의 간격을 두어야 한다.

## 제5장 정보공개위원회 등

**제22조(정보공개위원회의 설치)** 다음 각호의 사항을 심의·조정하기 위하여 행정안전부장관 소속하에 정보공개위원회(이하 "위원회"라 한다)를 둔다.〈개정 2008. 2.29〉

1. 정보공개에 관한 정책의 수립 및 제도개선에 관한 사항

2. 정보공개에 관한 기준수립에 관한 사항
3. 제24조 제2항 및 제3항의 규정에 의한 공공기관의 정보공개운영실태 평가 및 그 결과처리에 관한 사항
4. 그 밖에 정보공개에 관하여 대통령령이 정하는 사항

**제23조(위원회의 구성 등)** ① 위원회는 위원장과 부위원장 각 1인을 포함한 9인의 위원으로 구성한다.

② 위원회의 위원은 다음 각호의 자가 된다. 이 경우 위원장을 포함한 5인은 공무원이 아닌 자로 위촉하여야 한다.〈개정 2005.12.29, 2008.2.29〉

1. 대통령령이 정하는 관계부처의 차관급 또는 고위공무원단에 속하는 일반직 공무원
2. 정보공개에 관하여 학식과 경험이 풍부한 자로서 행정안전부장관이 위촉하는 자
3. 시민단체(비영리민간단체지원법 제2조의 규정에 의한 민간단체를 말한다)에서 추천한 자로서 행정안전부장관이 위촉하는 자

③ 위원장·부위원장 및 위원의 임기는 2년으로 하되, 연임할 수 있다. 다만, 공무원인 위원의 임기는 그 직위에 재직하는 기간으로 한다.

④ 위원장·부위원장 및 위원은 정보공개업무와 관련하여 알게 된 정보를 누설하거나 그 정보를 이용하여 본인 또는 타인에게 이익 또는 불이익을 주는 행위를 하여서는 아니된다.

⑤ 위원장·부위원장 및 위원 중 공무원이 아닌 자는 형법 그 밖의 법률에 의한 벌칙적용에 있어서 이를 공무원으로 본다.

⑥ 위원회의 구성 및 의결절차 등 위원회 운영에 관하여 필요한 사항은 대통령령으로 정한다.

**제24조(제도총괄 등)** ① 행정안전부장관은 이 법에 의한 정보공개제도의 정책수립 및 제도개선사항 등에 관한 기획·총괄업무를 관장한다.〈개정 2008.2.29〉

② 행정안전부장관은 위원회가 정보공개제도의 효율적 운영을 위하여 필요하다고 요청하는 경우에는 공공기관(국회·법원·헌법재판소 및 중앙선거관리위원회를 제외한다)에 대하여 정보공개제도의 운영실태를 평가할 수 있다.〈개정 2008.2.29〉

③ 행정안전부장관은 제2항의 규정에 의한 평가를 실시한 경우에는 그 결과를 위원회를 거쳐 국무회의에 보고한 후 이를 공개하여야 하며, 위원회가 개선이 필요하다고 권고한 사항에 대하여는 해당 공공기관에 시정요구 등의 조치를 취하여야 한다.〈개정 2008.2.29〉

**제25조(자료의 제출요구)** 국회사무총장·법원행정처장·헌법재판소사무처장·중앙선거

관리위원회사무총장 및 행정안전부장관은 필요하다고 인정하는 경우에는 관계공공기관에 대하여 정보공개에 관한 자료의 제출 등의 협조를 요청할 수 있다.〈개정 2008.2.29〉

**제26조(국회에의 보고)** ① 행정안전부장관은 전년도의 정보공개 운영에 관한 보고서를 매년 정기국회 개회 전까지 국회에 제출하여야 한다.〈개정 2008.2.29〉

② 제1항의 규정에 의한 보고서 작성에 필요한 사항은 대통령령으로 정한다.

**제27조(위임규정)** 이 법의 시행에 관하여 필요한 사항은 국회규칙·대법원규칙·헌법재판소규칙·중앙선거관리위원회규칙 및 대통령령으로 정한다.

## 부칙 <제7127호, 2004.1.29>

① (시행일) 이 법은 공포 후 6월이 경과한 날부터 시행한다. 다만, 제8조 제1항의 개정규정은 공포 후 1년 6월이 경과한 날부터 시행한다.

② (위원회 설치준비) 행정자치부장관은 이 법 시행 전에 제22조 및 제23조의 개정규정에 의한 위원선임 등 위원회 설치에 관하여 필요한 사무를 처리할 수 있다.

③ (정보공개여부 결정기간 등의 단축에 관한 적용례) 제11조의 개정규정은 이 법 시행 후 정보공개청구가 있는 것부터 적용한다.

# 참고문헌

## 1. 국내문헌

계희열, 헌법학(중), 박영사, 2007.
구병삭, 신헌법원론, 박영사, 1995.
권영성, 헌법학원론, 법문사, 2009.
김동철, 자유언론법제연구, 나남출판사, 1997.
김성남, "언론중재제도의 법적 고찰," 언론중재 1989 가을호, 언론중재위원회, 1989.
김철수, 헌법학신론, 박영사, 2009.
류지태·박종수, 행정법신론, 박영사, 2009.
류한호, "편집권 개념의 쟁점과 발전방향," 광주대 사회과학연구 제6권, 1996.
문재완, 언론법, 늘봄출판사, 2008.
박선영, 언론정보법연구Ⅰ, 법문사, 2002.
박선영, 언론정보법연구Ⅱ, 법문사, 2002.
박용상, "새 정기간행물법상의 정정·추후보도청구권과 언론중재제도(상)," 인권과 정의, 1988. 3.
박용상, 언론과 개인법익, 조선일보사, 1997.
박용상, 표현의 자유, 현암사, 2002.
방석호, 미디어법학, 법문사, 1995.
보편적서비스실현방안보고서, 2007. 7. 26, 방송통신융합추진위원회.
서정우 외, 언론통제이론, 법문사, 1993.
성낙인, 언론정보법, 나남출판사, 1998.
성낙인, 헌법학, 법문사, 2009.
신평, 언론법, 삼영사, 2007.
양경승, "반론보도청구권의 제문제," 사법논집 제28호, 1997.
연세대 커뮤니케이션 연구소 2009년 12월 20일 '제1차 사이버 커뮤니케이션 컨퍼런스' 연구발표 자료집 "한국인의 온라인 토론 성적표."
원우현, 매스미디어와 문화발전, 범우사, 1984.

원우현, "방송관련기구와 방송법의 개선방향," 1988. 8.
유일상 외, 미디어와 프라이버시연구, 한국언론재단, 2003.
유일상, 매스미디어 입문, 청년사, 2005.
유일상, 언론법제론, 박영사, 2007.
윤호진·최세경, "디지털 융합 환경하에서 방송영상콘텐츠의 공정접근과 보편적 서비스연구," 방송위원회자유, 2007. 12.
이동찬, "포털뉴스의 법적 규제에 관한 논의—신문법과 언론중재법 개정안을 중심으로," 법학연구 제30집, 한국법학회, 2008.
임병국, 언론법제와 보도, 나남출판사, 2005.
조재현, 언론법, 동아대학교 출판부, 2007.
지성우, "방송의 자유의 입법형성 기준에 관한 연구," 헌법학연구 제15권 제 2 호, 한국헌법학회, 2009. 6.
차승민, "방송의 자유의 제한에 관한 연구," 법학연구 제45권 제 1 호, 부산대학교 법학연구소, 2004. 12.
최정일, 행정법의 정석, 박영사, 2009.
최창섭, 방송총론, 법문사, 1995.
팽원순, 매스커뮤니케이션법제이론, 법문사, 1988.
팽원순, 한국언론법제론, 법문사, 1994.
한국언론학회 편, 언론학원론(하), 범우사, 2006.
한국언론학회 편, 언론학원론, 범우사, 2008.
허영, 헌법이론과 헌법, 박영사, 2009.
홍성방, 헌법학, 현암사, 2009.

## 2. 국외문헌

Bagdikian, Ben, H., The Media Monopoly, 5th ed.(Boston: Beacon Press, 1997).
Barron, Jerome A. and C. Thomas Dienes, Constitutional Law in a Nutshell(St. Paul, Minn.: West Publishing Co., 1995).
Compbell, Douglas S., The Supreme Court and the Mass Media: Selected Cases, Summaries, and Analyses(New York: Praeger, 1990).
Denisov, A. et al., Theory of State and Law(Moscow: Progress Publishers, 1987).

Emerson, Thornas I., The System of Freedom of Expression Random House(New York: 1970).

Gross, Gerald(ed.), The Responsibility of the Press(New York: Simon E. Schuster, 1966).

Haiman, Franklim S., Speech and Law in a Free Society(Chicago: University of Chicago Press, 1980).

Irons, Peter(ed.), The First Amendment(New York: The New York Press, 1997).

Murray, John, The Media Law Dictionary, University Press of America, 1978.

Pember, Don. R., Mass Media Law(Boston: McGraw-Hill Companies, Inc., 2004).

Sibert, F. S., T. Peterson & W. Schramm, Four Theories of Press(Urbana: U. of Illinois Press, 1956).

Weiner, Richard(ed.), Webster's New World Dictionary of Media and Communications (New York: Macmillan, 1996).

Zuckman, Harvey L. et al., Mass Communication Law in a Nutshell, 3rd ed.(4th ed.)(St. Paul, Minnesota: West Publishing Co., 1988(1994)).

# 찾아보기


**[ㄱ]**

가상광고 365
가중다수결 12
간접광고 365
개인정보 389
개인정보 관리책임자 401
개인정보분쟁조정위원회 407
검열제 23
게시판 390
겸영금지 141
겸영금지 및 소유 제한 111
경영실적보고서 471
경쟁상황 349
경쟁상황평가위원회 349
고충처리인 486
고충처리인 제도 486
공개 518
공개대상정보 522
공공기관 518
공동체라디오방송사업 242
공동체라디오방송사업자 243
공산주의 이론 178
공영미디어렙 277
공영방송 단일체제(單一體制) 184
공영방송시대 183
공익광고 271
공정거래위원회 355
공정경쟁 349
공정성과 객관성의 원칙 208
과징금 부과 163
관제언론 182
광고 270
교차소유 111
국·민영 경쟁체제 181
국·민영 병존체제 180
국가기간뉴스통신사 462
국가기밀 40
국내방송의 동시재송신 370
국내 방송프로그램 265
국내제작 방송프로그램 362
국제협력 433
권리능력 없는 사단(社團) 29
권위주의 이론 178
권한쟁의심판 10
기본권 간의 충돌 69
기본권 20
기사배열책임자 116
기속력 16

**[ㄴ]**

남북방송교류추진위원회 320
내심적 자유 28
네티즌 342
뉴스 수용자 469
뉴스통신 452
뉴스통신법 448
뉴스통신사업 452, 454
뉴스통신사업자 452

뉴스통신 진흥에 관한 법률 348
뉴스통신 진흥자금 475
뉴스통신 진흥지원 453
뉴스통신진흥회 472

[ㄷ]
다(多)매체 다(多)채널 186
다공영·1민영체제 185
다수결의 원리 12
다양성 보장 211
다원주의(多元主義) 25
단순다수결 12
단일방송체제 179
대면 커뮤니케이션 30
데이터방송 197
독자 116
독자의견 반영 123
독점규제 및 공정거래에 관한 법률 348
동등접근(同等接近) 원칙 358
동시재송신 의무 370
등록제 81
등록취소심의위원회 163, 460
등록취소 심판청구 161
등록취소의 효력 165
디지털 뉴스 분류체계 표준화 172

[ㅁ]
망 동등접근(網 同等接近) 337
매스커뮤니케이션 3
명백(明白)·현존위험(現存危險)의 원칙 89
명예훼손 분쟁조정부 420
명예훼손 61
명확성(明確性)의 원칙 87
무선국(無線局) 534, 544
무선설비 534
무선설비기 555
무선종사자 534, 564
무선통신 534
미디어공공성포럼 10
미디어다양성위원회 213, 321
미디어렙제도 276
미디어법 2
미디어융합 현상 2
민영중심체제 183
민주참여이론 178

[ㅂ]
반론권 32
반론보도 484
반론보도 청구 480
반론보도청구권 57, 502
발전이론 178
발표의 자유 3
발행의 자유 49
발행인 116
발행정지 처분 161
방송 197, 483
방송광고 269
방송광고 사업 269
방송광고의 사전심의 280
방송광고 판매대행제도 274
방송국 535, 552
방송발전기금 322
방송분야 200
방송분쟁조정위원회 318
방송사업 198
방송사업자 198, 483

방송사업자의 정보공개 의무 305
방송 수신료 331
방송의 공적 책임 210
방송의 국제협력 307
방송의 내부적 자유 204
방송전문인력 307
방송제작단지 307
방송채널사용사업 198, 235, 236
방송통신 심의규정 317
방송통신심의위원회 315
방송통신위원회 309
방송통신위원회의 시정명령권 308
방송편성 200
방송편성책임자 200
방송평가위원회 315
방송프로그램광고 365
방송프로그램 운용 361
방송프로그램의 등급 분류 317
방송프로그램의 보관 306
방송프로그램의 선정화(煽情化) 361
방송프로그램의 유통 지원 307
방송프로그램의 협찬고지 281
배포의 자유 50
버지니아권리장전 20
법인(法人) 29
보도 200
보도에 관한 방송프로그램 256
보도의 자유 47
보도전문채널 195
보편적 서비스의 고도화 293
보편적 시청권 289
보편적시청권보장위원회 298, 370
부분공개 523
비공개결정 523
비공개대상정보 525

[ㅅ]
사생활의 비밀과 자유 68
사실적 주장 484
사이버 모욕죄 7
사회책임주의 이론 178
소비에트이론 178
소유제한 133
수용자권익위원회 469
시버트(F. S. Sibert) 178
시보광고 365
시설자 534
시장지배력 전이방지(轉移防止) 337
시장지배적 사업자 102, 110, 152
시정조치권 369
시청자 197
시청자 권익보호 프로그램 259
시청자불만처리위원회 319
시청자위원회 303
시청자의 권익보호 303
시청자 평가프로그램 304
시청점유율 259
신고제 82
신문 등의 자유와 기능보장에 관한 법률 99
신문 등의 진흥에 관한 법률 104, 348
신문발전기금 102
신문발전위원회 173
신문발행의 등록취소 161
신문사업자 116
신문사업 자료의 신고 · 공개의무 148
신문유통원 166, 169
신문유통지원기구 168

신문의 공정성 125
신문의 다양성 보장 102
신문의 사회적 책임 126
실시간 방송프로그램 356
실질비성(實質秘性) 44
실체적 정당성 11
심사 할당 540

[ㅇ]
알 권리(right to know) 21, 32, 34
액세스권 21, 32, 53
양심실현의 자유 28
양심의 자유 28
양심적 결정의 자유 28
양심형성의 자유 28
어용방송(御用放送) 182
언론 3, 483
언론기관 설립의 자유 51
언론법 4
언론보도 484
언론사 483
언론사 설립권 21, 32
언론사의 대표자 483
언론의 독과점 105
언론의 위축적(萎縮的) 효과 88
언론의 자유 3
언론중재위원회 479, 489
언론중재위원회 사무처 494
언론진흥기금 169
언론·출판의 자유 21
여론 독과점 8
여론의 다양성 8
여론집중도조사위원회 138
연합뉴스사 462
외국방송사업자의 국내 재송신 370
외국어일간신문 114
외주제작 방송프로그램 267, 364
요비닉성(要秘匿性) 44
우주국(宇宙局) 535
우주통신 553
위성궤도 535, 553
위성망 535
위성방송사업 198, 240
위성이동멀티미디어방송사업자 261
위원의 제척 및 기피·회피 164
위헌결정 16
유료방송 197, 301
유료 할당 540
음악유선방송사업 235, 239
음악유선방송사업자 199
의견진술의 기회 359
의사 33
의사정족수 12
의사표현(意思表現)의 자유 33
이용자 389
이의신청 528
이익형량(利益衡量)이론 91
이종(異種) 미디어 111
이중기준(二重基準)의 원칙 92
인격권 485
인쇄인 116
인증기관 393
인터넷 멀티미디어 방송사업법 109
인터넷 342
인터넷뉴스서비스 116
인터넷뉴스서비스사업자 109, 116
인터넷멀티미디어 방송 343
인터넷멀티미디어 방송사업 343

인터넷멀티미디어 방송사업법(IPTV법) 336
인터넷멀티미디어 방송사업자 338
인터넷상의 권리침해 386
인터넷신문 108, 114
인터넷신문사업자 116
인터넷포털 107
인터넷포털뉴스 109
일류 10
일반일간신문 114
일반주간신문 114
일사부재의 원칙 13
임의적 임시차단조치 416

【ㅈ】
자막광고 365
자연인(自然人) 29
자유 신문 25
자유주의 이론 178
잡지 등 정기간행물의 진흥에 관한 법률 103
재난방송 287
저널리즘 3
전광판방송 199
전광판방송사업 199, 235, 239
전광판방송사업자 199
전달의 자유 3
전문편성 200
전송망사업 200, 242
전송망사업자 200
전자간행물 108
전자문서 389
전자문서중계자 395
전자우편주소 430
전자적 공개 524
전자파장해 535
전자파적합 535
전파 534
전파법 534
전파사용료 563
전파 시설자 536
전파자원 535, 559
전파진흥 기본계획 537
전파환경 558
절차적 정당성 11
정기간행물의 등록 등에 관한 법률 99
정보 518
정보공개 청구권자 519
정보공개심의회 526
정보공개위원회 530
정보목록 520
정보보호 안전진단 423
정보보호산업 390
정보보호지침 421
정보원(情報源) 484
정보의 공동활용체제 394
정보전송 역무제공의 제한 431
정보제공사업자 415
정보통신 389
정보통신망 389, 391, 518
정보통신서비스 389
정보통신서비스 제공자 389, 397
정보통신진흥기금 537
정보통신 혁명 381
정보화시대의 매체융합체제 188
정정보도 484
정정보도청구 479
정정보도청구권 56, 495

정정보도청구권의 행사 497
정정보도청구의 요건 496
조난통신 566
조난통신협조 의무 551
종교의 자유 26
종교적 신념 26
종합유선방송법 185
종합유선방송사업 198, 231
종합편성 200, 256, 364
종합편성채널 195
주(主)국영 종(從)민영 183
주(主)민영 종(從)국영 183
주시청시간대 364
주요 방송프로그램 358
주파수 이용권 543
주파수 재할당 541
주파수분배 534, 538
주파수재배치 534
주파수지정 534
주파수할당 534, 538
주파수할당의 전환 542
주파수회수 534
중간광고 365
중계방송권 300
중계방송권의 공동계약 300
중계방송의 순차편성 300
중계유선방송(中繼有線放送) 199
중계유선방송사업 199, 231
중계유선방송사업자 199
즉시공개 524
지구국(地球局) 535
지국 116
지사 116
지상파 방송사업자 258
지상파방송사업 198
지상파이동멀티미디어방송사업자 260
지역방송발전위원회 321
직권등록취소 162
직권말소 132
직권조정결정 480
직접 사용채널 359
진흥회 사무국 474
집회·결사(結社)의 자유 21

[ㅊ]
채널 197
청소년보호 책임자 414
청소년보호대책 413
청소년유해매체물 414
청소년유해정보의 규제 387
추후보도청구권 59, 503
취재원묵비권 48
취재의 자유 21, 32, 47
침해사고 390, 426

[ㅋ]
커뮤니케이션 3
콘텐츠 107
콘텐츠 동등접근 358
콘텐츠사업 358
크로스 미디어 106

[ㅌ]
텔레비전방송 197
토막광고 365
통신과금서비스 390, 439
통신과금서비스이용자 390
통신과금서비스제공자 390

통신보안 준수의무 551
특수관계자 136
특수일간신문 114
특수주간신문 114

**[ㅍ]**

편성권 보장 200
편성조정 369
편집권 117
편집·편성권 21, 32
편집규약 121
편집위원회 120
편집의 자유 117
편집인 116, 452
폐업신고 132
표현의 자유 3, 21
프랑스 인권선언 20
프로그램 편성의 자유 200

**[ㅎ]**

한국방송공사 259, 324
한국방송광고공사 277
한국언론진흥재단 166
한국인터넷진흥원 443
한국전파진흥원 561
한국전파진흥협회 562
한국정보보호산업협회 445
한국정보통신산업협회 445
한류 10
합의의 원리 12
합헌성 판단기준 86
해외수입 방송프로그램 363
행정소송 529
행정심판 528
허가·검열제 73
허가제 23
헌법불합치결정 16
헌법소원심판 29
회의공개의 원칙 13

**[기타]**

EBS(한국교육방송공사) 370
IPTV 338
IPTV 콘텐츠사업 356

## 저자 약력

김명전(金明銓)

성균관대학교 법과대학 법률학과 졸업(법학사)
성균관대학교 언론정보대학원 졸업(언론학 석사)
성균관대학교 일반대학원 신문방송학과 졸업(언론학 박사)

성균관대학교 언론정보대학원 겸임교수
성균관대학교 법과대학 연구교수
경기대학교 정치매체학과 겸임교수
EBS한국교육방송공사 부사장
청와대 대통령비서실 언론비서관
KBS한국방송 프로듀서, 기자

현재, 성균관대학교 법학전문대학원 초빙교수
삼정KPMG그룹 부회장


미디어법

2010년 3월 20일 초판인쇄
2010년 3월 30일 초판발행

著 者 김 명 전
發行人 安 鍾 萬
發行處 (株)博 英 社
서울特別市 鍾路區 平洞 13-31番地
電話 (733) 6771 FAX (736) 4818
登錄 1959. 3. 11. 제300-1959-1호(倫)

www.pakyoungsa.co.kr e-mail: pys@pakyoungsa.co.kr


破本은 바꿔 드립니다. 本書의 無斷複製行爲를 禁합니다.


定 價 34,000원 ISBN 978-89-6454-529-4